EX-LIBRIS

VOYAGES OF DISCOVERY

A Visual Celebration of Ten of the Greatest Natural History Expeditions

发现之旅

历史上最伟大的十次自然探险

〔英〕托尼·赖斯 编著

林洁盈 译

黄文山 杨宗愈 审订

创于1897 商务印书馆 The Commercial Press

2019年·北京

涵芬楼文化 出品

目 录

Table of Contents

专家推荐 / 1

前 言 / 3

绪 论 / 5

大自然的艺术 / 9

第一章：航向牙买加（1687~1689）

汉斯・斯隆爵士 / 2

第二章：探索锡兰（1672~1757）

保罗・赫尔曼、约翰・吉迪恩・洛顿、彼得・迪贝维尔 / 40

第三章：居游苏里南（1699~1701）

玛丽亚・西比拉・梅里安 / 74

第四章：漫游北美洲（1753~1777）

威廉・巴特拉姆 / 104

第五章：横跨太平洋（1768~1771）

詹姆斯・库克、约瑟夫・班克斯爵士、悉尼・帕金森 / 128

第六章：回到南太平洋（1772~1775）

詹姆斯・库克、约翰・福斯特、乔治・福斯特 / 156

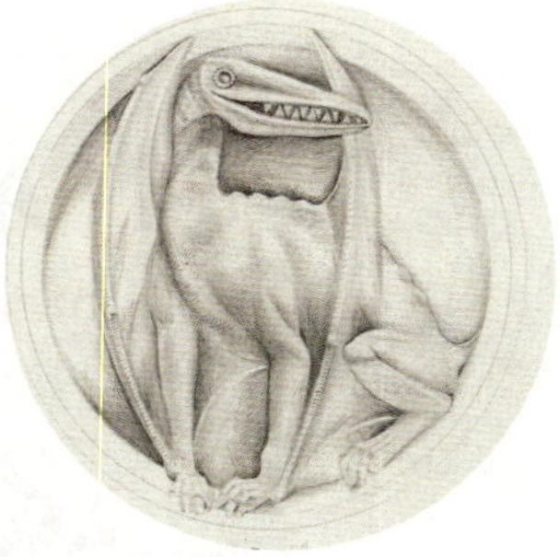

第七章：勘测澳大利亚（1801~1805）

马修·弗林德斯、费迪南德·鲍尔 / 184

第八章：小猎犬号航行（1831~1836）

查尔斯·达尔文 / 214

第九章：深入亚马孙雨林（1848~1862）

阿尔弗雷德·拉塞尔·华莱士、亨利·沃尔特·贝茨 / 242

第十章：深海探测（1872~1876）

挑战者号探险 / 272

后 记 / 300

传记精粹 / 306

参考书目 / 313

索 引 / 316

谢 辞 / 326

图像版权 / 327

重印说明 / 330

专家推荐

文◎黄文山（美国康奈尔大学生态暨演化生物学博士、中国台湾“国立自然科学博物馆”动物学研究员兼主任）

19 和 20 世纪初欧洲画家，如莫奈、塞尚或毕加索的名画，无论抽象、印象或实物临摹，幅幅价值不凡且举世皆知。但是您知道 17 世纪以来存在于伦敦自然博物馆的那些珍贵且栩栩如生的生物图画吗？这些三百年来描绘世界各地的精致详细的生物图甚至还是新种描述的主要来源呢，我相信很少人知道这些水彩图画的存在。而这些图画是怎么来的或是如何来的呢？

21 世纪的现代，不论出国或在国内旅游或野外研究观察，每个人的基本配备一定是一台相机，摄影留住人、风景或野生动植物等作为纪念，除了画家外，鲜少有人利用一支秃笔画下所经历或目击的各种环境或身边新奇的动植物。但在没有简便相机的三百年前，要留下生物的倩影仅有以笔画下来了。他必须详细观察该生物的外部形态，甚至于行为表现特征（例如本书第四章巴特拉姆的北美洲漫游对短吻鳄生殖行为的描述，当时巴特拉姆并不知道短吻鳄在干什么）和所生存的自然栖息地等，在通盘考量后才下笔描绘。或许直到现今新种的发表仍或多或少用笔临摹一二，似乎也和此一习惯有关。

18 世纪初以私人探险为主，规模较小。但到 18 世纪末以降，世界最强的殖民国家就以欧陆最盛，如英、法、西班牙和葡萄牙等国家，而国势宣传的最佳表现就是派出舰队到各地测量和宣威。此时的探险队规模较大，且因异国的风情文物在上流贵族社会蔚为风潮，因此会聘请知名的动植物艺术家随行，以更精确和严谨的角度描绘自然生物，例如库克船长三度探访太平洋、达尔文的小猎犬号探险都是最佳的例子。若没有前人的探险及不辞辛劳的绘画和编辑等工作，或许无法促成达尔文、华莱士在其野外冒险和生物（或化石）调查成果下所孕育发展而改变世人演化观念的自然选择说（本书第八和第九章）。

本书的所有绘画皆由伦敦自然博物馆收藏，其中斯隆爵士、柯林森先生和其他人士出钱出力努力搜购所得，并全部保存在大英博物馆中。本书第一章由斯隆爵士牙买加探险为开端，其中最为世人所欢迎的牛奶巧克力就是斯隆将牙买加土人难以入口的可可加入牛奶后变得可口。之后的赫尔曼、洛顿和迪贝维尔等的锡兰[1]探险、梅里安的苏里南居游、巴特拉姆的北美洲漫游、库克船长的三度太平洋探险、弗林德斯和鲍尔的澳大利亚探勘、达尔文的小猎犬号航行、华莱士和贝茨的亚马孙雨林探险和最后一章的深海探险等。章章都有精致图画保留下来。

21 世纪的现代已鲜少有如此精致的自然素描，主因是自然生态的破坏和照相技术的发达，这本书的出版在提醒我们对自然环境保护的重要性及自然艺术家对自然科学演替的贡献不容忽视。同时我们若有机会到全世界的每一个地方旅行，基本上都是一次新的探险，开启视野，航向未知的世界。当然最好是随身携带这一本书，在车上或飞机上随意翻阅，说不定对您有新的领悟与启示。

1.锡兰，为旧称，现斯里兰卡。

前言

文◎迈克尔·狄克逊（英国伦敦自然博物馆馆长）

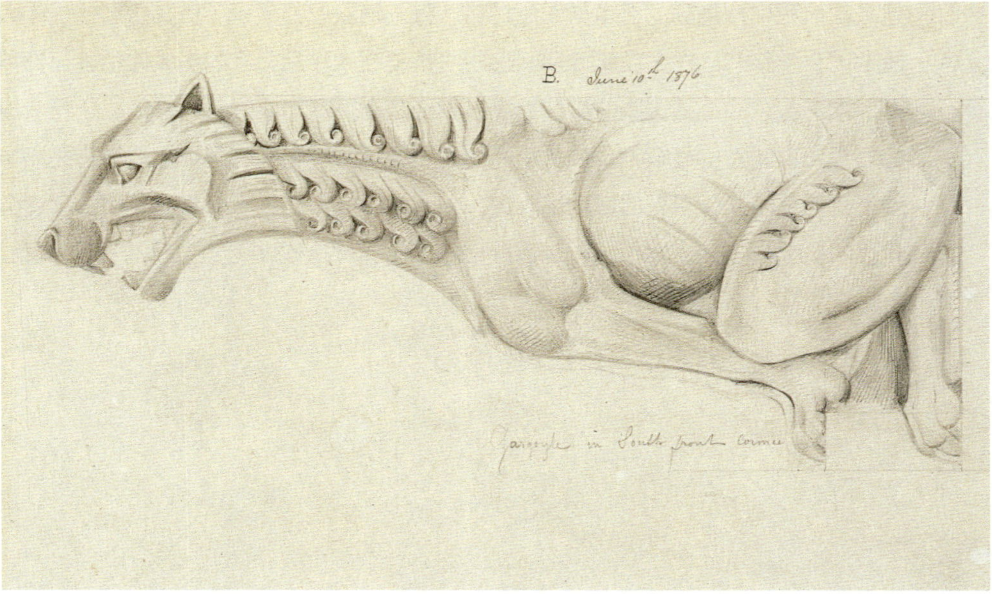

伦敦自然博物馆的建筑主体本身就是一件艺术品，馆内外美轮美奂的装饰，完全取材大自然。建筑体是建筑师阿尔弗雷德·沃特豪斯于 1870 年设计，借此反映出该馆包括现存与灭绝物种在内的博物学典藏。沃特豪斯为赤陶装饰元素绘制的铅笔素描（本页图与目录第 2 页，绪论第 5 页、大自然的艺术第 10 页），以及完成于 1876 年的建筑完稿（大自然的艺术第 12 页），都属于伦敦自然博物馆广大的艺术收藏。

伦敦自然博物馆是世界上最重要的博物馆之一。该馆由于馆藏丰富，在国际上备受瞩目，超过七千万件的动物、植物、化石、岩石与矿物标本典藏，足以阐述自古至今自然世界的多样性。姑且不提这批馆藏的规模，这些物件不论在科学或历史上，都具有无与伦比的重要性，其中包括比例相当高的模式标本，也就是在新发现物种时，被用来当作形态特征描述与命名依据的标本。因此，馆内聘用的三百多位科学家与约莫八千位访问学者都非常频繁地使用这些标本，每年花在它们身上的时间超过一万四千个工作日。

这座博物馆的收藏，同时也包括一间傲视全球的博物学图书馆，以及超过五十万件艺术品收藏，包括以鸟类、开花植物、哺乳类与昆虫等为题的精美水彩画，每件都因为其科学准确性与艺术价值而受到馆方珍藏，也因此广泛得到研究博物学与艺术史的学者运用。此外，由于博物馆积极争取对该馆本身与馆藏之社会、文化与历史层面感兴趣人士的参与，馆藏使用亦因此持续提升。

《发现之旅》一书，以过去三百年间最有趣也最重要的自然科学探索之旅为题，聚焦在这几次航程中搜集到的艺术与图像材料。每一趟旅程都累积了极其重要的标本收藏，产生重要的科学新知。许多在航行期间绘制的精美艺术作品，目前都成为伦敦自然博物馆的收藏。本书叙述的就是这些航海的故事，不论是众所周知或鲜为人知的、还是戏剧性与宏伟的旅程，再制作出最罕见也最美丽的图像。要从馆内庞大资源中选择取舍是相当困难的。本书囊括许多未曾曝光的博物馆收藏，它们绝对值得广大观众悉心鉴赏，读者会像过去一代代的科学家与历史学家一样，深深地为这些故事与图像着迷，从中获得许多阅读的乐趣。

绪论

文◎戴维·贝拉米（英国著名植物学家、畅销书作者、电视节目主持人）

我初次进入博物学世界的探索之旅，发生于六十多年前，记得那时我爬得好高好高，跟我人生中第一只梁龙面对面。到底爬了多高呢？好吧，那其实只是从地下楼到伦敦自然博物馆正门的阶梯，对我来说，即使到现在，这间博物馆仍然是世界上最令人兴奋的地方之一。

当然，它有许多竞争对手，例如到人迹罕至的珊瑚礁进行深潜，冒险穿过原始的云雾带森林，或是透过显微镜观察北极融冰水滴，不论是哪一项，对人们都具有难分轩轾的吸引力，它们都是个人的探索之旅，让人因探索未知而由衷感到兴奋。尽管如此，穿过自然博物馆赤陶色大门的探索之旅，从许多角度来看，都是更令人惊叹的，因为一旦进入博物馆，你便来到真正的史前巨兽面前，这里不仅有让展厅增色生辉的恐龙、河马、大象等厚皮动物，还有地球史上在飞机、冷气和抗疟疾药物出现前就遨游四方探险的巨大海兽。

这些动物的韧性，不只造就了这间博物馆，更是分类学、遗传学、演化、大陆漂移等理论的基石，改变了人类看待自己的看法，让人了解人类在地球生命洪流中所扮演的角色。它们的塑像与肖像被收在玻璃橱窗里展示，或者，知名采集者如库克、班克斯、林奈、达尔文等戮力搜集的文物标本，静静地躺在储藏室里，随时供人参考。深入挖掘探究，你还会找到许多无名英雄们的努力成果，倘若没有他们的娴熟技能与热心奉献，许多重要信息可能早已流失。这些英雄们亦堪称艺术家，他们所面临的风险，和那些探险巨星其实是一样的。

这本让人着迷的书，考量到历史记录所具有的主观特质，依此做了一些修正，让读者能认识到那些人类活动的失落环节，了解到这些活动也是演化过程的一部分。这栋伟大的建筑，存放着这台聚焦在三百年历史狂潮的时间机器，述说着此一关键时期的故事，让人了解到人类对自然事物的好奇如何逐渐转变成科学，珍稀收藏如何转变成标本文物，每一件标本都替我们的过去赋予新的意义，并强迫我们提问、思考未来。

公元 1699 年，人们证明昆虫从虫卵而非泥土孵化而成的数十年后，德国画家兼博物学家玛丽亚·西比拉·梅里安旅行到南美洲苏里南，绘制了一系列以蝴蝶成长过程为题的画作，其中包括幼虫与成虫的食用植物。她留下的画作如此精美，让卡尔·林奈在为所有已知动物进行分类并将研究成果出版成册时，也将梅里安所记述的物种包括在内。同样享有此殊荣的，尚有保罗·赫尔曼和彼得·迪贝维尔两位荷兰艺术家，由于他们的艺术专业，林奈得以写下斯里兰卡植物志。由于威廉·巴特拉姆的艺术天赋，北美洲部分地区的动植物宝藏才能留下图像与文件记录。

在太平洋地区，则有好几位艺术家，在几次重要航行中扮演了至关重要的角色：詹姆斯·库克船长初次远征太平洋的奋进号上，有悉尼·帕金森、约瑟夫·班克斯和瑞典博物学家索兰德共同努力；库克船长第二、第三次远征的果敢号上，有乔治·福斯特为他效命；至于探险家马修·弗林德斯船长的调查者号上，则有费迪南德·鲍尔这位最优异的博物画家。而达尔文在小猎犬号上的一连串经历，也许是史上最著名的探索发现之旅。尽管如此，倘若没有前人不辞辛劳的绘图、素描与编目，达尔文与和他同时代的阿尔弗雷德·拉塞尔·华莱士与亨利·沃尔特·贝茨，也不可能在自然选择的脉络下思索他们的调查发现结果。

这本书的出现，以及它引以为据的藏宝库，都幸亏 18 世纪晚期英国政府的卓识远见、当时为集资而举办的国家彩券，以及汉斯·斯隆穷毕生之力搜集的收藏品。斯隆最重要的收藏之一，是在他初次参与的牙买加探索之旅中累积而来，他就是在牙买加取得可可，将它介绍给全世界。此外，他更仔细地写下牙买加的岛屿自然研究，并请当地画家加勒特·穆尔牧师为其绘制标本素描。在科学与艺术相辅相成的三百年探索告终之际，恰伴随着照相技术的发明，以及人类终极未知，亦即深海探险的到来。挑战者号上的科学家，在深入海洋深处挖掘深海秘密时，便是透过一个由艺术家与摄影师所组成的团队协助记录，因而能名闻遐迩。

人们很容易梦见自己化身成为早期先锋之一，探索未知，也很容易忘记除了大海深渊以外，人类的足迹早在探险家抵达以前就已遍及各地。我们同样也很容易忘记，个人所进行的每一趟新旅程，都是前往未知领域的探险。因此，能够与这些历史伟人一起遨游世界，真的是很棒的一件事！

大自然的艺术

文◎汤姆·兰姆（伦敦嘉德拍卖公司书籍部主任兼博物艺术专家）

博物艺术的起源，最早可以回溯到史前人类的岩洞壁画，它以多样的形式在不同文化中表现，从罗马文化中以自然万物为主角的马赛克镶嵌画、中国汉代以花卉为题的帛画、中世纪欧洲以彩绘装饰的手抄书稿、欧洲文化花卉写生的发展以至 16 世纪博物学书籍中出现的版刻插图等，都可归属到博物学艺术的范畴。

除了少数例外，早期博物学图画的构图大多很形式化，甚至呈几何形状。不过到 17 世纪末期，由于牛顿科学与哲学的进展，促使艺术家按有别于前的表达自由，以更自然的手法来处理博物艺术。本书就是接受了这种兴起于 17 世纪末的表达自由所带来的挑战，领着读者了解过去三个世纪以来最重要的博物艺术家，各有何为人所称道的手法与风格。

本书着重在美洲与南极海的航程，其中可见许多欧洲最早的鸟兽花卉图像，尤其令人兴奋的是，当我们想到这些艺术家在何种环境与状况下成行，以及他们在旅行世界各地时得忍受何种艰困，这些画作更是显得弥足珍贵。博物绘画在此一探险时期的发展，反映出艺术家所扮演的角色的改变，从原本见多识广的业余爱好，到训练有素、对动植物构造具有专业知识的专业人员。读者可以借由本书从汉斯·斯隆爵士与威廉·巴特拉姆委托画家进行的素描，一直到后来挑战者号报告中慎重且仔细的科学绘图之中，感受到这样的转变。《发现之旅》一书从斯隆一直讲到挑战者号，以引人入胜的真知灼见，带领读者了解在这段探险发现的

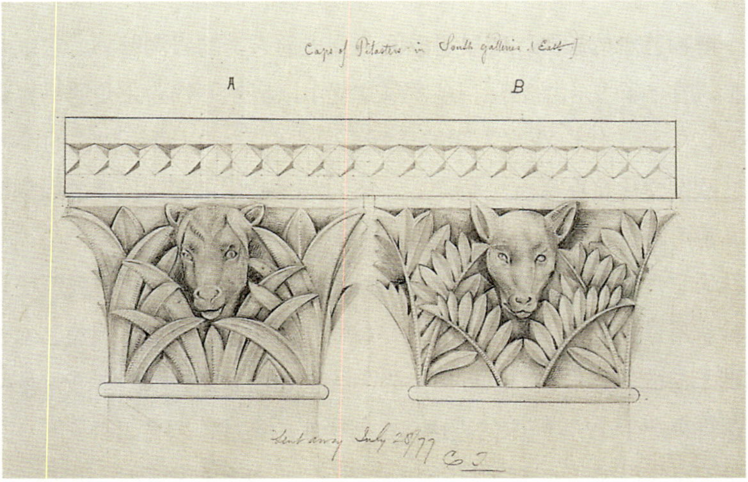

重要时期，博物艺术有着什么样的多元性与发展。

18世纪早期，许多航行都是私人筹资与筹备的。德国画家兼博物学家玛丽亚·西比拉·梅里安的苏里南之行，便属于这种私人探险之一。她在这趟旅程中，为人们带回一些精致的博物画作，在她的笔下，植物与昆虫生活的合作无间，栩栩呈现，尽管偶有错误且风格陈旧，不过总是能以丝丝入扣的构图展现出生物的精力与活力，创作出一种特殊的异国风情，无人能出其右。

到18世纪下半叶，探险队的筹备工作，在政府控管下大幅改进，库克船长远征太平洋，就是在英国海军的赞助支持下成行，而且还能聘请知名的植物艺术家如帕金森与福斯特等随行，以更精确、更严谨的科学手法来描画自然生物，举例来说，不论是植物或种子都以实物大小描绘，并针对它们所生长的环境提出说明。

库克探险队所获得的巨大成就，以及太平洋的开放，实在也是因为有这些博物学家能满足探险队的需求，伴随着库克进行动植物新种的辨识、描述与描绘，这个传统在费迪南德·鲍尔随着弗林德斯船长的调查者号出航时达到巅峰。在调查者号上，这位杰出的植物艺术家为悉尼周围与澳洲东岸的动植物留下了许多详细且令人印象深刻的图像记录。

鲍尔、帕金森等博物学家兼探险家在 18 世纪晚期所制定的标准，取代了 17、18 世纪艺术业余爱好者的标准。演变到 19 世纪早期，博物学家兼探险家的角色更加重要，洪堡、达尔文、华莱士与贝茨等人的作品，使素描艺术更朝着科学准确性靠近。像他们这样的旅行者，都必须具有画家的能力与仔细的态度，以期能准确并仔细地记录下植物或动物的结构。时至今日，科学准确性的标准早已有清楚的规范，拜 20 世纪照相技术发展之赐，才得以迎合、甚至超越这些博物画家的成就。

到了现代，自然素描的艺术仍旧存在，可惜的是，目前在地球与宇宙上的探险活动，乃透过空中或太空旅行的方式，并不容易以铅笔和写生簿作记录。科技与虚拟世界在很大程度上接管了艺术诠释的区位，只有富有且耐心等待的收藏家，偶尔才能在商业艺术市场上找到精彩的博物绘画作品。我们有幸能拥有伦敦自然博物馆的精致收藏，提醒着我们自然探险的辉煌过去，这都要感谢约瑟夫·班克斯爵士、汉斯·斯隆爵士、彼得·柯林森、英国海军以及其他赞助人士与机构，愿意照料并搜集这些图像记录，同时也幸亏有大英博物馆的成立与努力，这些图像记录才能得以保存下来，留给后世子孙欣赏。

A. Waterhouse, Mar 1876.

第一章

航向牙买加（1687～1689）

汉斯·斯隆爵士

牛奶巧克力爱好者大概无法马上明白，让他们为之疯狂的巧克力和大英博物馆的创建有何关联。巧克力与大英博物馆的奇特关联，在一位年轻的爱尔兰医师身上。这位医师是位新教徒，在17世纪末的伦敦，开始了他长久且杰出的行医生涯。1687年，汉斯·斯隆年届二十七岁之际，已是位声誉卓越的医师，在伦敦医界与科学界打下了稳固的根基。

从政治、宗教尤其哲学的角度来看，斯隆都生活在一个动荡的世界。当时有许多学者仍然深信，对待自然世界的“正确”手段应该是完全超然且假设性的，而此种信仰，导致人们在诠释包括动植物在内的自然现象时，往往基于想象而非事实。结果，大多数的博物学出版物，每每以旅人在异域马虎且欠缺严谨态度的观察作为根据时，处处充斥着饶富幻想的无稽之谈。不过，以“推广自然知识”为使命，往后更成为全世界最受敬重之科学性学会的英国皇家学会，在斯隆出生的1660年成立了。

皇家学会所秉持的精神，在于本着仔细观察与演绎推理的态度来研究大自然。这种理性态度的推手，是两位具有革命性的思想家，一位是被尊称为英国博物学之父的约翰·雷（1627~1705），另一位是身兼医师

图为鳀梨果树（*Grias cauliflora*）。斯隆爵士曾写道："西班牙人会腌渍这种植物的果实，当成芒果的替代品食用，他们将之视为珍宝，把它从西印度群岛送往西班牙本土。"

图为 19 世纪的吉百利巧克力包装纸，上面特别标示吉百利采用的是斯隆爵士的牛奶巧克力配方。斯隆将牙买加的可可豆引进英格兰，他在牙买加看到土著用可可豆准备一种“纯”巧克力饮料，不过西班牙人却喜欢在他们的巧克力饮料里加入香料，而且一天可以喝上五到六次。

与哲学家的约翰·洛克（1632~1704），他们都是斯隆的好友。这些科学“新鲜人”轻易就接受了当时的标准宗教观点，亦即上帝创造了世界与生存其间的动植物、万物永恒不变的概念。然而，他们同时也将自然现象的详细观察、记录与诠释，视为一种合情合理且值得从事的追寻。斯隆坚定地追随这个风潮，并于 1685 年获选为皇家学会会员。

斯隆对于目前所谓科学的每一个层面，从物理学、化学到地质学、古生物学以至于博物学，都极感兴趣，不过让他最投入、最始终不渝的却是植物学。这并不令人意外，因为 17 世纪的医学与“药用植物”研究有着极为密切的关联，大部分的药都来自药草。早在 1673 年，英国药剂师学会便创设了伦敦切尔西药用植物园，斯隆对植物学的兴趣，就是在他于这间植物园从事研究的时期受到启蒙。斯隆与伦敦切尔西药用植物园有极深厚的渊源，后来这间植物园更因为斯隆的金援而免于关闭的命运。

世上有许多新药草尚待发掘，这一点是毋庸置疑的，而新大陆早已向欧洲提供许多有用的农产品，如马铃薯、玉蜀黍、橡胶、奎宁与烟草等。因此，当阿尔比马尔公爵被任命为牙买加总督，提议由年轻的斯隆医师担任随扈医官时，斯隆便迫不及待地欣然接受。阿尔比马尔公爵的船队由两艘商船及一艘护航舰组成，于 1687 年 9 月 19 日自朴次茅斯港出发，中间曾在巴巴多斯停留了十天，随后于该年 12 月 19 日抵达牙买加皇家港，在当时可以说是相当平安无事的航程。

在航程中，斯隆巨细靡遗地写下航海日志，记录着他对船上日常生活、自然现象以及沿途中遇上的鸟类、鱼类与无脊椎动物等的观察。即使是在牙买加停留的十五个月中，他仍然维持着写日记的习惯，笔记主题包罗万象，从天气、地震、地形地貌，到以非洲奴隶为主的地方居民的行为等都包括在内。此外，斯隆的足迹亦遍及全岛，大量搜集并记载各种文物与动植物，他尤其着重在植物方面，尽可能地压制烘干植物标本，以便带回英国。在处理植物时，斯隆参考的是约翰·雷的《植物志》第一卷。约翰·雷试着在《植物志》一书中记下当时所有已知的植物种类，并且先将它们分为几个主要的大类别，每个大类别下再分为几个他称为属的小类别，每个属都有特征概要作为辨识与命名的辅助。相较于从前的植物志，约翰·雷的做法已经向前迈出一大步，尽管如此，它还是有使用不便与查询困难的问题，等到瑞典科学家卡尔·林奈提出一个较为简便、容易使用的命名系统时，已经是半世纪以后的事情了。

斯隆采集的许多标本，特别是果实，并无法受到适当的保存，因此他雇用了一位名为加勒特·穆尔牧师的当地艺术家，随着他旅行各地，沿途为遇到的新鲜果实、鱼、鸟、昆虫等进行素描。这些素描以及包括约莫七百种植物在内的大部分标本，最后都随着斯隆回到英国。穆尔尚未绘制的标本，在英国由另一位才华横溢的艺术家埃弗哈德斯·基修斯接手完成，可可就属于基修斯绘制的标本之一。斯隆在牙买加时发现，当地人由于可可具有疗效而广泛使用，不过“其味令人作呕且难消化”，他认为“这应该是来自（可可豆）含油量极高之故”。他更发现，在巧克力饮品中加入牛奶可以让它变得更可口，而在斯隆的一生中，这个专利配方也替他带来了相当可观的收入。到了 19 世纪，斯隆过世许久以后，这个配方由吉百利公司取得，时至今日，吉百利在世界上许多地方早已成为牛奶巧克力的代名词。

斯隆在牙买加的主要任务是照顾公爵与其随扈的健康，不过他显然也治疗了许多其他患者，其中包括原为海盗，后来改过并得到授爵、成为地方官的前牙买加总督亨利·摩尔根。尽管斯隆随侍在侧，阿尔比马尔公爵仍在 1688 年 10 月英年早逝，之后公爵夫人决定返英，斯隆被迫缩短在牙买加的停驻期，并且履行他身为随扈医官的最后一项任务，替已逝的公爵进行尸体防腐处理，以运回英国埋葬。

除了在相当悲伤的情况下启程返英之外，1689 年 3 月至 5 月的这段返乡航程也不如去程平顺，沿路衰事连连。首先，斯隆带了许多相当令人惊恐的活动物上船，包括一只鬣蜥、一只美洲鳄以及一只身长七英尺的巨蛇。然而，它们没有一只活着抵达英国。鬣蜥不慎跳船溺毙，美洲鳄自然死亡，至于斯隆“请印度人驯服，会像狗一样如影随形跟着主人”的那只蛇，某

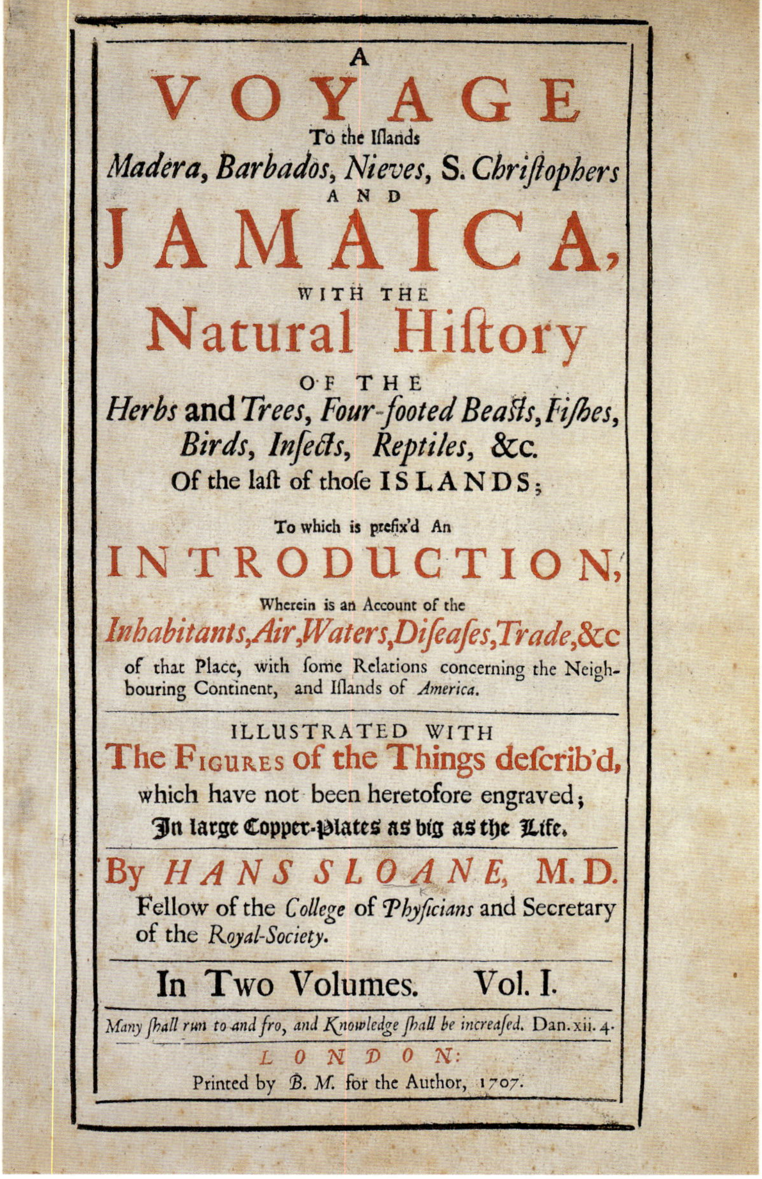

A
VOYAGE
To the Iſlands
Madera, Barbados, Nieves, S. Chriſtophers
AND
JAMAICA,
WITH THE
Natural Hiſtory
OF THE
Herbs and *Trees, Four-footed Beaſts, Fiſhes,*
Birds, Inſects, Reptiles, &c.
Of the laſt of thoſe ISLANDS;

To which is prefix'd An
INTRODUCTION,
Wherein is an Account of the
Inhabitants, Air, Waters, Diſeaſes, Trade, &c
of that Place, with ſome Relations concerning the Neighbouring Continent, and Iſlands of *America*.

ILLUSTRATED WITH
The FIGURES of the Things deſcrib'd,
which have not been heretofore engraved;
In large Copper-Plates as big as the Life.

By *HANS SLOANE*, M.D.
Fellow of the *College* of *Phyſicians* and Secretary of the *Royal-Society*.

In Two Volumes. Vol. I.

Many ſhall run to and fro, and Knowledge ſhall be increaſed. Dan. xii. 4.

LONDON:
Printed by *B. M.* for the Author, 1707.

图为《牙买加博物志》第一卷的扉页。斯隆这套书共有两卷，记述着牙买加与邻近岛屿的自然状况。他在该书序言中，对自己为何着手撰写此一巨著提出解释："人们可能会问我，这样的记述有何用？我会回答道，由于博物学知识是对事实的观察，与其他事物相较下，是更确凿无误的，依个人浅见，它比推论、假说、演绎等更不容易出错……"

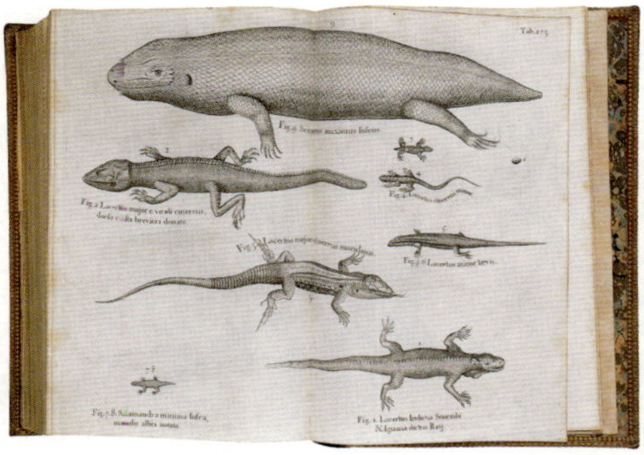

图为《牙买加博物志》第二卷的插图，该书出版于1725年。尽管两卷书中的大部分版画以植物为主，第二卷纳入了四十一张动物全版插图。第一卷还包括牙买加岛的折页地图（下页图）。

日从大坛子里溜了出来，惊吓到公爵夫人的家仆，而被一枪射死。再者，这些返乡游子对于自己回到英国时即将面临何种政治情势，有着极度的不确定感。他们离开家乡时，英国是由信奉天主教的詹姆斯二世统治，不过空气中却弥漫着一股纷争的气息。待船队接近英国沿岸时，他们才从一位渔夫那儿得知，信奉新教的威廉三世早已登基为王。

一回到伦敦，斯隆重拾原本中断的职业生涯，并迅速在科学界活跃了起来。他在阿尔比马尔公爵夫人处继续服务四年以后，回到私人医疗领域，在伦敦市内时髦的布卢姆斯伯里区开设了后来相当赚钱的诊所，当时的许多富豪名流都是斯隆的客户。由于这间诊所，加上他在1695年与同时也是伦敦参事女继承人的牙买加地主遗孀共结连理，当斯隆在1753年以九十三岁高龄辞世时，他早已步入富豪之列。斯隆不只是名医和慈善家，他更因科学家、尤其是“珍奇”收藏家的身份而声名远播。

早在青少年时期以及在伦敦和法国习医之际，斯隆就已开始搜集植物标本。在牙买加居游期间，斯隆的收藏大量增加，即便在离开牙买加以后，他仍然致力于收藏，尤其着重西印度群岛的材料，并准备将他在牙买加期间的见闻付梓出版。1696年，斯隆先出版了《植物目录》，一本232页的简单目录，记录着他在岛上发现的所有植物。在林奈于18世纪中期提出目前受到普遍接受的二名法之前，生物命名混淆的情形极为常见，然而，斯隆在该书中巨细靡遗地列出所有更早的资料来源，试着避免命名混淆的发生，借此为这类出版品设下了高标准。至于完整记述其牙买加经验的《牙买加博物志》一书，则费时更久。

《牙买加博物志》的第一卷以植物为主，于1707年出版，而包括《牙买加动物志》的第二卷，却延宕到1725年才付梓。不论是穆尔牧师于牙买加绘制的插画，还是埃弗哈德斯·基修斯稍后于英格兰接手完成的部分，都成了当时最优秀的版画家之一的迈克尔·范德古特替这两卷书绘制版画图解的根据，其中基修斯的插画尤其是范德古特引以为据的重要参考。尽管斯隆少有其他科学类著作，不过借着这两卷著作大幅替他提高声望，在1693年至1713年期间曾担任英国皇家学会秘书的斯隆，在原会长艾萨克·牛顿于1727年过世后，就被推选为新会长。斯隆一直到1741年以八十一岁高龄退休之际才卸下会长一职，并于切尔西安享晚年。

即便退休且年事已高，斯隆仍然与科学界保持广泛接触，常有许多来自海内外的访客，慕名前往求访观赏斯隆的个人收藏。据说在他长寿的一生中，每位值得认识的科学家，尤其是植物学家，都和他有私交或通信往来。斯隆除了自掏腰包进行收藏以外，也会整批取得其他植物学家的个人收藏，因此在斯隆辞世之际，其腊叶标本馆的收藏，已经拓展到超过两百六十五册皮面装帧本的巨量，其中仅有八册核心典藏是牙买加时期的收藏品。

尽管这间腊叶标本馆闻名于世，它仍旧

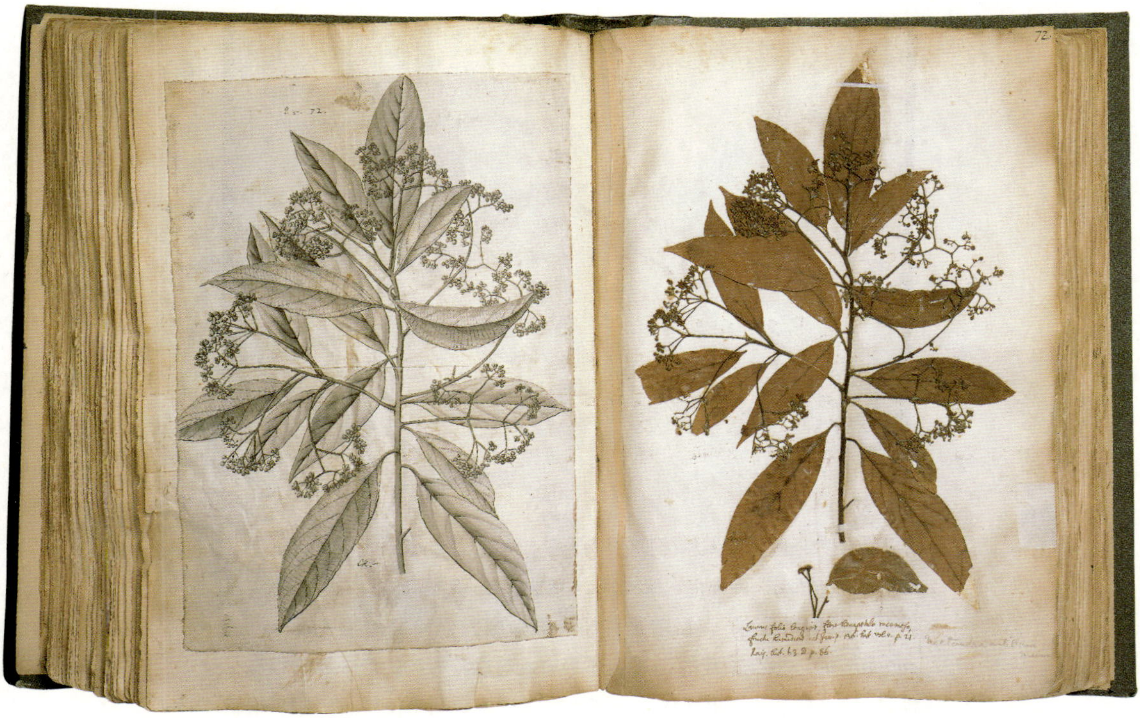

皮面装帧的标本册，这些标本是斯隆著名的牙买加腊叶标本与插画的一部分。斯隆把这些樟科灌木标本比作欧洲常见的月桂树，将它命名为 *Laurus folio longiore, flore hexapetalo racemoso, fructu humidiore*，意为“长叶月桂，六瓣花，总状花序，果实水分含量高”。根据林奈的二名法，它目前被称为西印度尼克樟（*Nectandra antillana*），俗名为板树、甜树或黄甜树。在卡尔·林奈确立植物双名制命名法的标准以前，斯隆与其他植物学家通常使用冗长且叙述性的拉丁文句作为植物学名，而这样的命名方式无可避免地造成了许多混淆，加上许多植物学家并不会去查询早期研究，看看特定植物是否已经被命名，因而使得情况更加令人困惑。然而，斯隆小心翼翼地参考前人研究，使用当时最适当的分类方式，英国植物学家约翰·雷尤其是斯隆的参考对象。

召致各种批评。1736 年，时年二十九岁的卡尔·林奈去拜访了当时已七十六岁的斯隆医师。这位多年后名气远远高过斯隆的植物学家，在斯隆面前表现出毕恭毕敬的态度，不过待他回到瑞典，马上公开批评，认为斯隆以永久装订来保存标本的方式，可以说是杂乱无章。当时的林奈已经开始采用目前已被广泛接受的标本储藏方式，将标本固定在未装订的单张台纸上，如此一来，在分类系统有所变动时，便能轻易地重新排列，同时也能毫不费力地插入新标本。

本页上图为斯隆描述姜科植物的“野姜”，学名为 *Zinziber sylvestre minus, fructu è caulium summitate exeunte*，意为“在森林里的小姜，果实从茎的上端向外生长”，目前这种植物被命名为西印度山姜（*Renealmia antillarum*）。根据斯隆的说法，牙买加人对这种植物的疗效评价很高，他说：“将野姜的根磨成泥，当成治疗癌症的敷药来使用……被普遍认为是一种具有奇效的良药，尽管这东西的发现可能该归功于我们与土著或非洲黑人建立的关系，这种药对病况严重者一直以来都能发挥绝佳的效果。”在他叙述本页下图中这种被他戏称为“可怜蝗虫树”时，特别指出这种植物的果实是可以吃的：“果肉味甜，呈白色，口感粉粉的，包着一个坚硬且呈黑褐色的硬籽，外观与胡椒粒相似，不过体积比胡椒粒稍大……8 月为果实成熟期，果实成熟后落果，当地人会捡果子到市场贩卖，供人食用，被认为是可口的甜点。”目前这种植物被称为西方山柳（*Clethra occidentalis*），俗名为皂树。

当然，斯隆丰富的收藏肯定让林奈留下深刻的印象。除了腊叶标本以外，斯隆尚有一万两千五百份以上了釉的小盒子保存着的“植物与植物类物质”，分别存放在五大柜九十个抽屉里。更何况，斯隆的收藏网并不仅限于植物学的范畴。他的动物标本收藏基本上以从牙买加带回的收藏为起点，后来累积到将近六千件贝壳，超过九千件无脊椎动物标本（半数以上为昆虫），一千五百件鱼类标本，约一千两百件鸟、蛋与鸟巢标本，以及包括完整剥制标本与数百件骨骼标本在内的三千多件脊椎动物标本，其中更包含一副小象骨骼标本、一副长达五米半的鲸鱼头骨标本以及许多奇异的人体“珍品”。

而这些仍只是斯隆个人收藏的一小部分，他的品位与收藏还包括成千上万的化石、岩石、矿物、矿石、金属、贵重宝石和半宝石的原石以及首饰、装饰品与实用物品等。他的古董收藏与人类学收藏横跨古今，将来自欧陆、新世界与东方的物件一网打尽，更有三万两千件勋章与钱币收藏。斯隆还有约莫三百件的当代艺术收藏，尽管包括阿尔布莱希特·丢勒等名家作品，不过在尺寸或品质上并无特出之处。在斯隆的众多收藏中，最受人称羡的也许是他将近五万册的图书收藏。这些出版品包括许多插画精美之作，以其相当庞大的手稿与画作，主题无所不包，无疑是当时最广泛、最完整的图书收藏之一。

晚年斯隆愈发关心这些收藏品在他死后的命运。他非常希望，对这些收藏由衷感兴趣的任何人，不论其目的为何，都能尽可能地使用这些藏品。在遍访包括英国皇家学会、医师学会、牛津阿什莫尔博物馆等机构以后，他认定当时没有任何机构适合存放这些收藏品，因而决心将它们捐赠给国家。除了一些对于物件保存、维护与使用的规定以外，他唯一的要求，是让他的两个女儿收到一笔总额两万英镑的款项，这数字远比他所估算的自己投资在收藏上的十万英镑低了许多。

斯隆于1753年1月10日去世，其遗嘱无可避免地引发了许多争议。尽管如此，最终的结果，是英国国会于1753年6月7日立法成立大英博物馆，以斯隆的收藏及另外两批分别赎置的小规模收藏，作为新机构的核心。英国政府选择透过国家彩券的方式筹募必需资金，这在18世纪的英国是很常见的做法。原本的大英博物馆，从一开始规模适中的收藏，目前已经发展成三所世界知名的大型机构，包括位于伦敦市布卢姆斯堡区、文物收藏总数高达七百万件的大英博物馆，藏书超过六千七百万册的大英图书馆，以及位于伦敦市南肯辛顿区、自然标本收藏达六千八百万件的伦敦自然博物馆。斯隆的可可标本，也就是牛奶巧克力的起源，目前仍完整地收藏在自然博物馆中。

斯隆为本页图与右页图中的这份茜草科植物标本制作的标签，其采集地点位于牙买加岛北部，上面写的是 *Laurifolia Arbor flore tetrapetalo*，意为“叶片状似月桂的树，花朵有四片花瓣”。这种树的树枝笔直，其上覆盖着深褐色的平滑树皮，围覆着白色木材。树叶在“细枝末梢”随意生长，叶长约 5 厘米，最大叶宽约 2.5 厘米，“叶面平滑光亮，叶片厚……”浅黄色簇生花，花瓣有四，果实小且呈圆形，“不如胡椒粒来得大，不过形状高雅美观”。这种树目前被命名为黑火炬树（*Erithalis fruticosa*）。

Laurifolia arbor flore tetrapetalo, fructu racemoso ro-
-tundo cannulato & coronato. cat. Jam. p. 136. hist. vol.
2. p. 20. Raij. hist. t. 3. D. p. 86.
Erithalis fruticosa Linn.

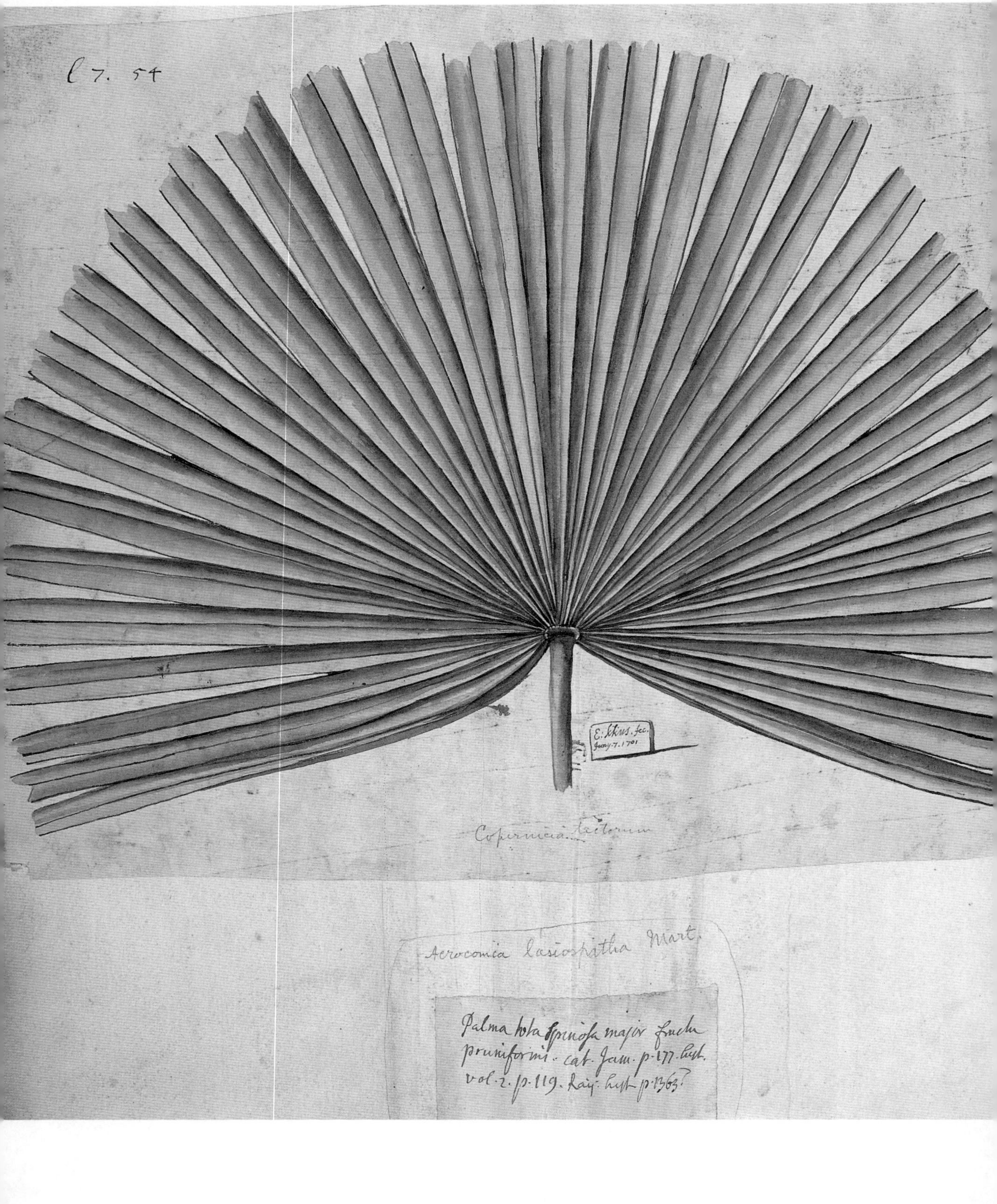

Copernicia tectorum
Acrocomia lasiospatha Mart.
Palma tota spinosa major fructu pruniformi. cat. Jam. p. 177. hist. vol. 2. p. 119. Raij. hist. p. 1363?

斯隆将左页图与本页图中的这种棕榈科植物，根据其叶片命名为 *Palma Brasiliensis prunifera folio plicatili seu flabelli formi caudice squamato*，意为“巴西棕榈，会长出李子状果实，叶面皱折或呈扇形，茎上覆鳞片”。根据斯隆的分类，它属于“会长李子状果实的树”。这种树目前被命名为大刺毛榈（*Acrocomia spinosa*）。它在牙买加当地被当成原料，有许多种用途，尤其被用来覆盖屋顶（因此英文俗名为屋顶树）。树皮通常被拿来制作箱子和篮子，木材则被做成弓箭、棍子、飞镖、箭头等。叶子被拿来当成生火用的扇子，是风箱的替代品，此外，也会用来覆盖盐以保持干燥。遇上荒年之际，居民也会食用它的树根与果实。

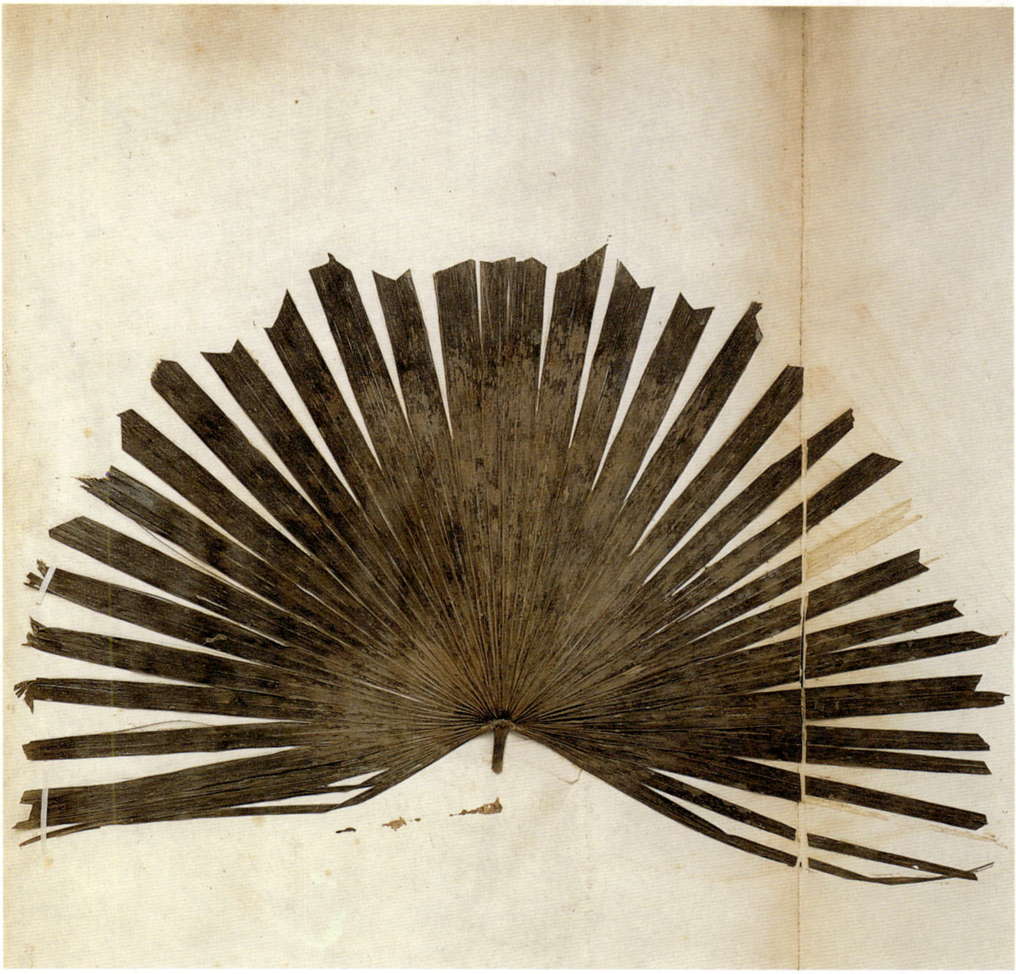

42.
E hikus

斯隆将左页图与本页图中的这种锦葵科植物称为 *Malva arborea*，*folio rotundo*，*cortice in funes ductili*，*flore miniato maximo liliaceo*，意指“锦葵树，叶圆，树皮上覆满延长的线状物，花朵呈淡红色至淡紫色”，或称为木棉或红树。这种树目前被命名为高红槿（*Hibiscus elatus*），俗称方皮木、高槿、山槿、马霍木槿。这种树具有圆形叶，花朵有五片花瓣，包围着红色“且长度与花瓣相同的花柱，花柱上有许多雌蕊，整朵花状似红色的百合花”。树皮显然有实际用途。斯隆曾经在其他著作中提到：“较厚的树皮会被用来制成粗线，再制作成马裤给黑人和奴隶穿着使用。”

TYPE SPECIMEN
Erythrodes plantaginea (L.) Fawc. + Rendl.
Satyrium plantagineum L.
J.D. Ackerman 1987
Erythrodes plantaginea

左页图与本页图中的兰花，被描述成 *Orchis elatior latifolia asphodeli-radice*，*spica strigosa*，意指“长得很高的兰花，叶宽，与日光兰相似的根，花穗上有硬毛”，生长在迪亚夫洛山的树林里。花柄约 45 厘米高，两侧都会长出互生叶，叶长 7.5 厘米，最大叶宽约 4 厘米。花型细长，由花柄顶端向外生长，“花柄弯曲，花距（花蜜储存处）圆钝，唇瓣（后方花瓣）小，盔瓣（盔状唇瓣）大，唇瓣分离，与其他同类兰花一样”。这种植物目前被命名为车前细笔兰（*Erythrodes plantaginea*）。

Edwd. kickius fecit.

许多在林奈确立二名法之前的物种学名，在现代植物学命名中仍然继续沿用。斯隆开始研究左页图与本页图中的莎草科植物时，把它归类到所谓“具有草状叶的草本植物”，命名为 *Cyperus longus odoratus*，指“具有香气的长莎草”。植物学家约翰·雷也用同样的字眼来描述这种植物的近亲——英国莎草。根据林奈二名法，斯隆的莎草最后被命名为 *Cyperus odoratus*，中文称为断节莎，而英国莎草则是 *Cyperus longus*，中文称为香根莎草、甜莎草或高莎草。

斯隆笔下夹竹桃科植物*Apocynum erectum fruticosum flore luteo maximo & speciosissimo*，指本页图中“笔直的罗布麻灌木，会开出巨大且让人惊艳的黄色花朵”或是“草原花”，目前被命名为金香藤（*Urechites lutea*）。根据斯隆的观察，这种植物“在草原里到处生长”，而且“终年开花，赏心悦目”。右页图是另一种更重要的植物，也许是斯隆调配牛奶巧克力饮料的来源——学名为*Theobroma cacao*的可可树。他在叙述可可树的果实时写道：“坚果本身由许多部分构成，状似牛肾，在敲开硬壳之前就可以看到部分果实线条，内部中空，果肉质地油润，味稍苦……”

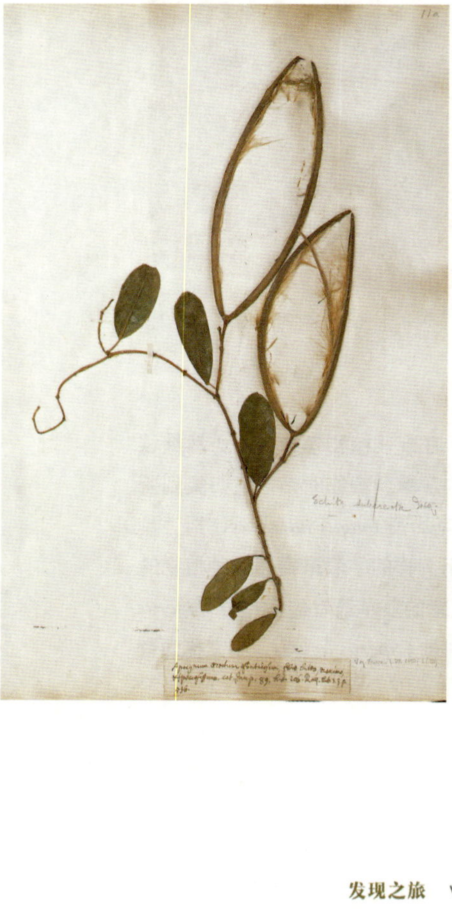

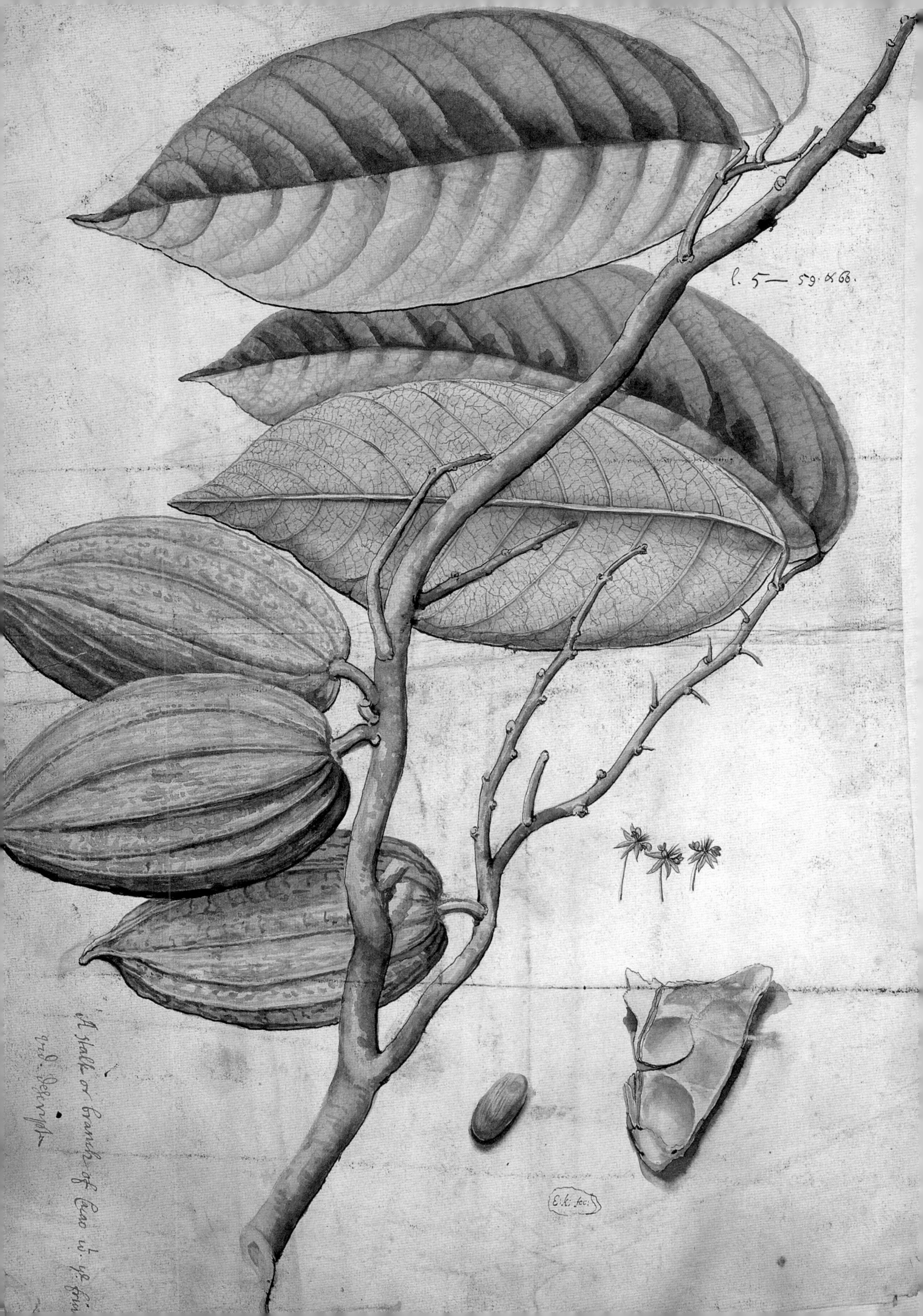
l. 5— 59. & 60.
E.K. fec.

E.k. fecit.

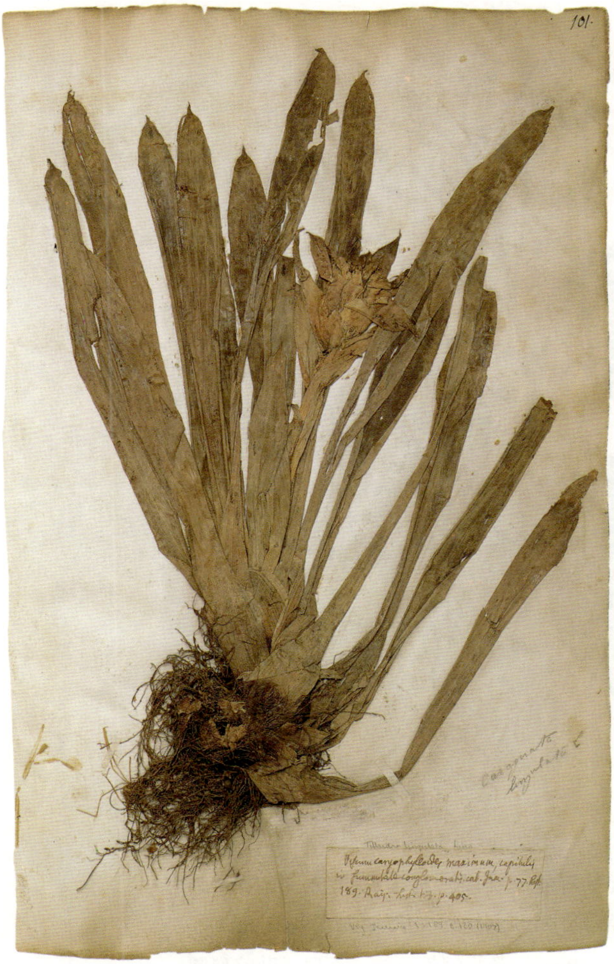

斯隆把这种凤梨科植物描述成 *Viscum Caryophylloides maximum capitulis in summitate conglomeratis*，意指“具有黏性、状似丁香的巨大花朵聚生植株顶端”。“这种植物有许多细长的深褐色根毛，牢固地附着在树木的树皮表面上，细根聚合在一起呈椭圆状……”绿色与略带红色的叶片状似玫瑰，聚生花柄顶端，其上覆盖着一层黏液，种子穗被包围在内。斯隆记载道：“这种植物生长在巨大老树树身上，不过倘若恰巧落在地上，它也能扎根生长。”它目前被称为星花凤梨（*Guzmania lingulata*），别称黄星凤梨。

本页图与右页图分别为紫草科的一种灌木标本与素描，斯隆称之为 *Caryophyllus spurius inodorus, folio subrotundo scabro flore racemoso hexapetaloide coccineo speciosissimo*，意指“假石竹，无臭，叶状稍圆，叶面粗糙，总状花序，会长出状似六瓣、令人惊叹的红色花朵”。这种植物目前被命名为赛伯破布（*Cordia sebestena*），别称仙枝花。根据斯隆的记载，这种树有垂直生长的习惯，有许多向上的枝干，披覆着“黏土色的树皮”，高度可达 2.4 至 2.7 米。叶片几乎呈圆形，表面粗糙，呈深绿色，植株会长出“许多”小巧玲珑的鲜红色花朵。斯隆说：“我从来没有找到这种植物的完整果实……它长在巴彻勒先生家后方的岩岸上，离黑色大桥不远，把河岸点缀得赏心悦目。”

l. 5.-71

Cyperus minimus Linn.
Gramen cyperoides minimum, spicis pluribus compactis ex oblongo rotundis. cat. Jam. p. 36. Hist. 1.120. Raij. Hist. t. 3. p. 625.
Voy. Jamaica 1:120 t.79 f.3 (1707)

左页图与本页图中的这种微小莎草，被斯隆命名为 *Gramen cyperoides minimum*，意指“非常细小的莎状草”，它只能长到 7.5 厘米高。这份标本的保存状况极佳，即使细根也仍旧清晰可见。斯隆对于青草和灌木在牙买加生态系统里所扮演的角色感到很困惑：“我原本很怀疑我在美洲岛屿上是否会找到任何青草，认为至少在像是欧洲内地草原的地方才应该找得到，不过等我抵达此地以后，却找到许多草原，以及与欧洲草原植物相似的青草种类……我们很难理解这些植物在大自然的功用，它们应该不是大型四蹄动物的食物来源，因为在这些岛屿中，只有一种大型四蹄动物存在，而且还是欧洲人抵达以后才引进的动物，除非就像一般所言，种子较大的玉蜀黍是为了提供人类营养，这些植物和它们的成熟种子是为了给鸟与昆虫当作食物之用。”

3

本页图与左页图分别为桑科蚁栖树层的号角树（*Cecropia peltata*）标本与素描，这种树又称蚁栖树、蛇木。斯隆将它称为“奥维耶多伞树”（*Yaruma de Oviedo*），并表示这种树木在牙买加与西印度群岛的树林里分布极广。它有许多用途：叶片和多汁的木髓被“当地土著和黑人”用来敷裹伤口，巴西人则将其枝干当成木柴使用。本页右方的两幅小图是另一种大戟科植物标本与基修斯替它绘制的素描，可追溯到1701年5月31日，因为叶子多刺，斯隆把它拿来与欧洲的冬青比较，目前被命名为冬青核果木（*Drypetes ilicifolia*），俗称花梨木、黄檀。

本页图中这份来自第三册植物标本册的天南星科植物标本，被斯隆描述为 *Arum saxatile*，*repens*，*minus*，*geniculatum* & *trifoliatum*，意指“在岩石间匍匐生长的海芋，体型小，叶呈膝曲状，叶片具有三裂”，目前被命名为三裂喜林芋（*Philodendron tripartitum*）。这是种攀缘植物，茎具有海绵质的髓，富含白色汁液。沿着主干有许多茎节，由茎节上长出“五或六个吸根……”，借由吸根牢固地附着在任何邻近的树木上。

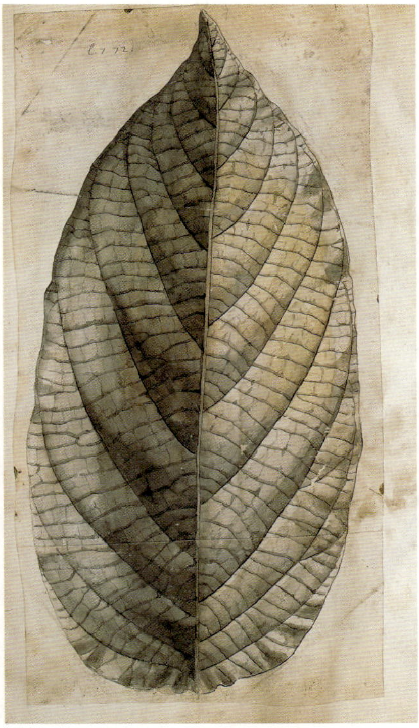

根据斯隆的说法，本页图中的叶片所属的这种紫草科植物是*Prunus racemosa*，*foliis oblongis hirsutis maximis*，*fructu rubro*，意指“具有总状花序的樱桃，叶呈椭圆状，叶片大且多毛，结红色果实”，或称“宽叶樱桃树”。在遇上未经辨识的植物时，斯隆会据其所知将该植物加以命名，因此他把这种植物归类到欧洲人熟悉的“樱属”。树叶“灰白且呈波状，如鼠尾草或毛地黄一般，有毛状物覆盖，呈嫩绿色”。这种树目前被命名为大叶破布木（*Cordia macrophylla*），俗称鱼叶树。

l. 6—5 6/7
Garrett Morre, delin.
E. Kkw. fecit.
The Jasmin tree.
vid. descript.

左图中这种夹竹桃科的“茉莉树”，被斯隆形容为 *Nerium arboreum*, *folio maximo obtusiore*, *flore incarnato*，指“叶片大而钝、具有肉质花的夹竹桃树”（目前的学名为 *Plumeria rubra*，中文名称为缅栀，别称红鸡蛋花），大约相当于苹果树的大小，具有“颜色美、气味宜人的花朵”。在牙买加、巴巴多斯与加勒比海诸岛上，这种树常用作花园装饰，不过它也有实际用途。斯隆说：“这种树的汁液会让人产生灼热感，不过根据当地土著的说法……服用两英分[1]二十四格令[2]，很容易便能将因梅毒或水肿而起的黏液和黑胆汁[3]排出，尤其是因冷体质而起的问题。”本页下方图是鸭跖草科紫鸭跖草（*Tradescantia zanonia*）的标本，出自标本册第四册。

1.Scruple 是英美药衡单位，译为英分，约 1.3 克。

2.Grain 是最小的药衡单位，译为格令，约 0.0648 克。

3.古希腊医学之父希波克拉底提出的体液论，认为人体内部具有血液、黏液、黄胆汁和黑胆汁四种体液，它们相互混合的程度决定气质。

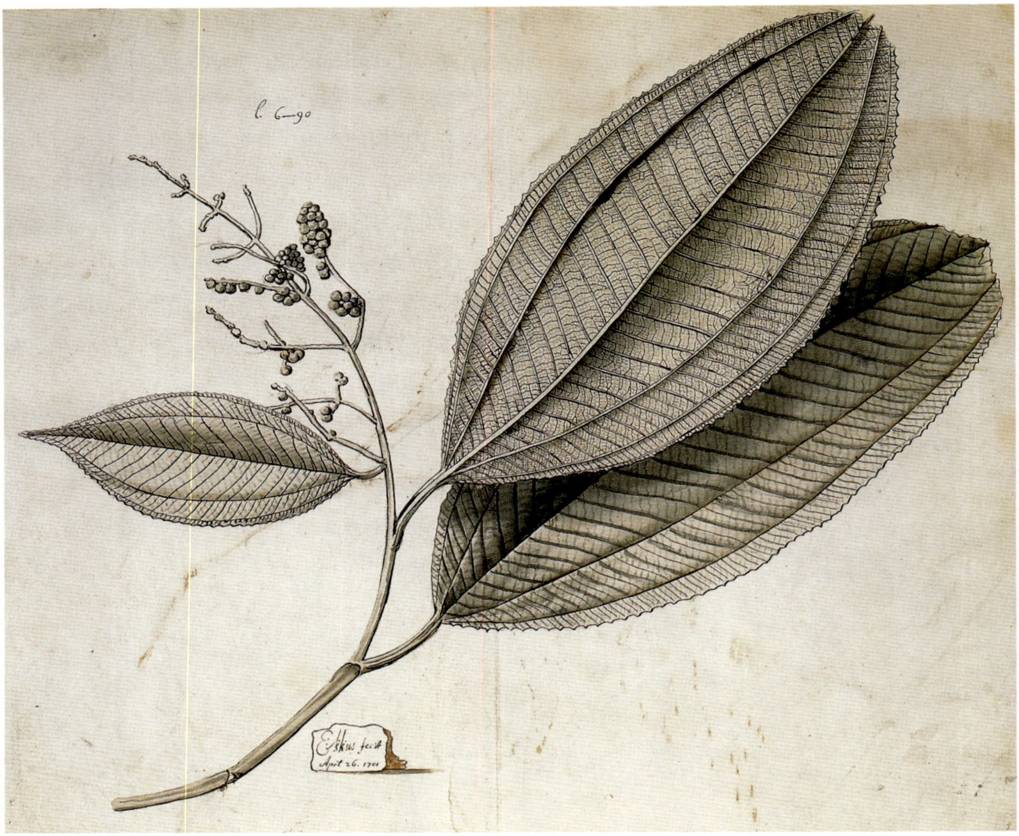

右页图中的标本与本页图是基修斯所绘制的素描，在斯隆笔下 *Grossulariae fructu arbor maxima non spinosa*，*Malabathri folio maximo inodoro*，*flore racemoso albo*，指“会长出醋栗果实的大树，无刺，叶形状似柴桂，叶大，无臭，总状花序，花呈白色”。（目前学名为 *Miconia elata*，中文称高野牡丹）这张素描于 1701 年 4 月 26 日绘制。根据斯隆的记述，这种植物的树干“与人的大腿一般粗，树皮呈赤褐色，树皮几近光滑，非常高挺，约 6 米高……”斯隆对这种植物的结论是：“它生长在内陆山林例如迪亚夫洛山的红山丘上，在柯普上校种植场的另一侧，离种植场不远……在巴巴多斯也有生长。”

4 : 114

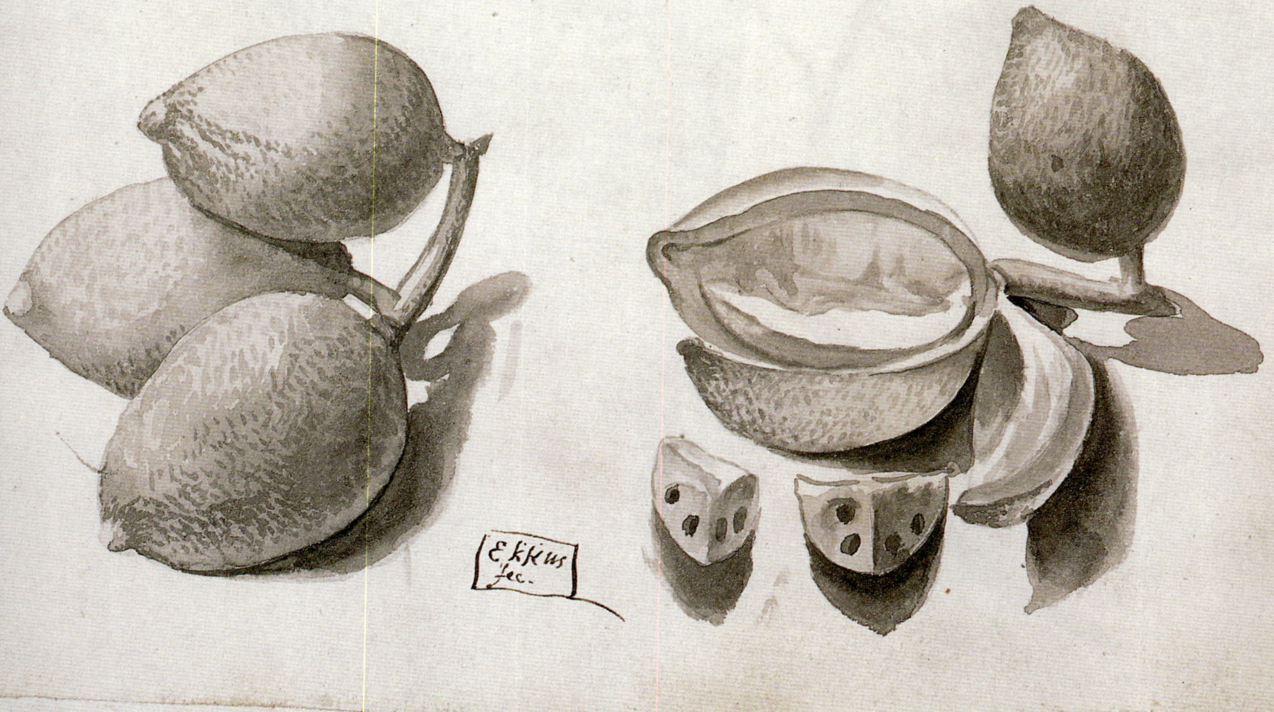

Caraguata-ac
hyst. 248. Rai

长出这些果实（左页图）的凤梨科植物，被斯隆命名为 *Caraguata-acanga*，指“多刺的卡拉瓜塔”（目前学名为 *Bromelia pinguin*，中文称企鹅红心凤梨）。他写道：“这种植物非常能解渴，当英军在伊斯帕尼奥拉[4]登陆时非常缺水，许多生命因为它这种多水的特质而获救。”不过，它也有缺点：“果实具酸味，味道差强人意，吃下以后会让人感到不舒服，也会造成口腔顶和舌头脱皮。”与一匙糖一起服用，可以治疗寄生虫、鹅口疮与口腔溃疡，同时有助退烧，也是利尿剂。它也能引发流产，“稍具知识的妓女经常利用它来堕胎”。

4. 西印度群岛中之一岛，即目前的海地岛。

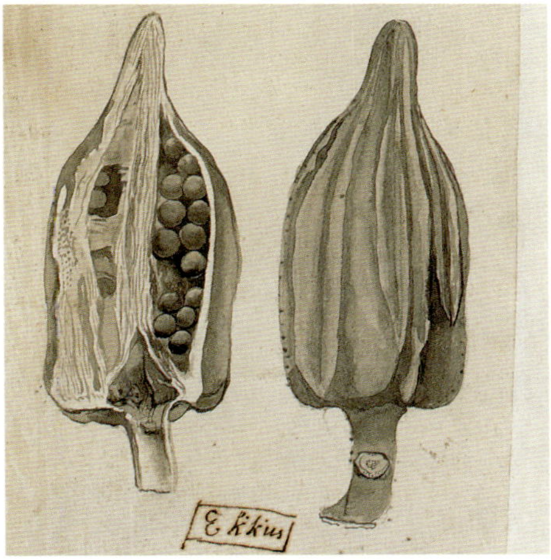

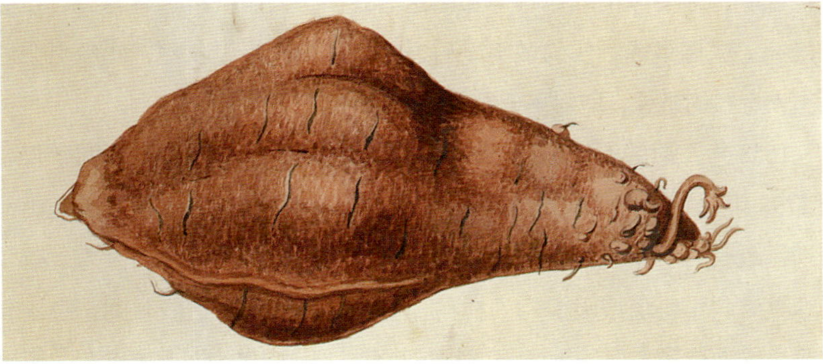

本页左上图是锦葵科植物的黄秋葵，目前的学名为 *Abelmoschus esculentus*。右上图是仙人掌科刺仙人掌（*Opuntia spinosissina*）的果实，其果汁可用来染“亚麻……以及嘴巴和手，或是任何和果汁接触到的东西……”在这些植物中，人们最熟悉的也许是本页下图学名为 *Ipomoea batatas* 的旋花科甘薯。斯隆将它称为“西班牙马铃薯”，他解释道：“它通常用水煮熟或在灰烬里烘烤，被认为是绝佳美味且营养极高的食物，加上生长迅速，很快就能收成，一般把它当成获利最高的根茎类粮食。”

第二章

探索锡兰（1672～1757）

保罗·赫尔曼、约翰·吉迪恩·洛顿、彼得·迪贝维尔

伦敦自然博物馆的收藏包含了许多无名英雄的心血结晶。尽管许多知名科学家所提出的概念，在发展时往往受惠于这群无名英雄的努力，不过他们在大多数时候都是受到忽略的一群。馆内两个典型的例子发生在英国势力尚未染指前的锡兰，也就是现在的斯里兰卡。这两个例子同时也说明，即使像伦敦自然博物馆这座存在已久的机构，有时仍会在材料已经完成搜集或制作的多年以后，才有机会获得该收藏，偶尔更会遇到出人意料的机缘，取得第一手的原始资料。

1658 年，荷兰人从葡萄牙人手上抢过锡兰，占领该岛一百四十年，至 1798 年锡兰成为英国属地为止。荷兰人统治下的锡兰，事实上是由一系列行政长官所率领的荷兰东印度公司来管理。一般可能会以为，锡兰当地具有科学价值或吸引力的材料，在荷兰人统治的这段时间，应该会被荷兰境内诸多杰出的大学与博物馆收藏，不过 1925 年，来自荷兰海牙市的书商马蒂纳斯·奈霍夫却公开出售了一批约翰·吉迪恩·洛顿在 1752 至 1757 年派驻锡兰期间所搜集的动植物图像收藏与少数手稿。当时，在原先曾在伦敦自然博物馆动物学部门担任助理、后来受到封爵并成为

芭蕉科植物的大蕉（*Musa paradisiaca*，或称粉芭蕉）的蕉苗，出自保罗·赫尔曼的植物图画集。这些蕉苗的重量可达 18 至 27 千克之间，果实只能熟食。

伦敦自然博物馆馆长的诺曼·金尼尔推荐下，博物馆以七十五英镑的价格购入此批藏品。

洛顿于1710年在荷兰乌得勒支行政区的马尔滕斯代克市出生，自1731至1757年间于荷兰东印度公司任职。他在该公司服务的前二十年，曾被派任至巴达维亚（现在的雅加达）、三宝垄、望加锡（或称锡江）等地，职位步步高升，并于1733年和出生于南非的安娜·亨莉耶塔·范博蒙共结连理。他在1752年被指派为锡兰行政长官，携妻移居科伦坡。

在治理锡兰的那五年，洛顿并不轻松。在他抵达锡兰岛时，适逢政治动荡期，当地的

本页左图是迪贝维尔画笔下的乌桕大蚕蛾（*Attacus atlas*）。乌桕大蚕蛾是印度与东南亚的原生种，在分类上属于天蚕蛾科。天蚕蛾科的昆虫，以雄性个体身上的梳状触角为特征。对天蚕蛾而言，梳状触须是敏感的气味监测器，具有攸关存活的重要功能，雄性个体能借此侦测到一定距离以外的雌性个体所散发出的性费洛蒙。本页右图的竹荪（*Phallus indusiatus*）在热带亚洲相当常见，因为外形与气味之故，通常被称为面纱菌、网纱菌，国外常以“臭角”称呼之。

僧伽罗人持续在岛内引发动乱，而且这种政局不稳定的情势一直延续到洛顿下任行政长官任职期间，逐步扩大，最终演变成荷兰人与僧伽罗人之间的全面战争，造成惨重的损失。而在洛顿的任期内，情势就已经非常危急，除了内乱以外，随时也可能面临外患侵扰，尤其是法英两国早就对此地虎视眈眈。雪上加霜的是，洛顿的妻子于1755年去世。

尽管周遭环境不利，洛顿仍然维持着他对科学的热忱，尤其是博物学的研究，这样的兴趣，其实源自于他开始派驻海外的早期。洛顿在科伦坡搜集了许多当地动植物标本，并聘请一位优秀的当地艺术家为这些标本作画。我们对这位艺术家所知有限，汇整各资料来源更会发现，连他到底姓名为何都有争议。据信这位艺术家姓迪贝维伦或迪贝维尔，这个姓在荷兰很普遍，由他的祖父威廉·亨德里克·迪贝维伦，一位与锡兰当地僧伽罗妇女生下一子的荷兰军官所传下。这位军官之子，也就是艺术家的父亲，叫作威廉兹·迪贝维尔，约在1700年出生于巴达维亚，婚后跟着荷兰东印度公司移居科伦坡，担任助理。他的儿子，亦即艺术家彼得·迪贝维尔，于1733年左右出生。在那个年代，祖父与孙辈同名极为常见，因此有人认为他叫威廉·亨德里克，与祖父同名，不过，也有人称他为彼得·科内利斯，这种对其姓名未有定见的状况，让人感到极度困惑。人们对他的青年时期、教育或早期职业生涯一无所知，即使在1757年，时年二十多岁的他随着洛顿移居巴达维亚之后，人们对他后来的生活仍然全无所闻，只知道他于1781年去世。

然而，他精致优秀的素描与绘画却被保存了下来，这些画作大多在锡兰绘制，只有少数是巴达维亚时期的作品。在伦敦自然博物馆的洛顿收藏，共有一百五十四件文物，其中包括九十八幅鸟、五幅哺乳动物、七幅鱼类、十七幅各式无脊椎动物以及十六幅植物绘画。这些画作从未被独立出版，不过在18世纪博物学家中却是非常为人所熟知的，这也许是因为洛顿在巴达维亚停驻一年多以后便退休，并在回到荷兰以后辗转来到伦敦，自1759至1765年定居于伦敦市富勒姆区，与英国妇人利蒂希娅·科茨结婚。洛顿能操流利英语，在伦敦科学圈中极受敬重，他也在1760年获选英国皇家学会会员。在这段期间，以及稍后他回到荷兰以后，他提供迪贝维尔的作品，供当时几本重要且影响甚巨的出版品使用。举例来说，英国皇家医学院的图书馆员乔治·爱德华兹于1758至1764年间出版的《博物拾遗》、库克船长第二次远征太平洋时的随船博物学家约翰·福斯特在1781年出版的著作《印度动物学》以及托马斯·彭南特于1769年出版的《印度动物学》等，都曾用到迪贝维尔的作品。在读了彭南特的著作以后，约瑟夫·班克斯爵士在库克船长初次远征出航时聘请的绘图员悉尼·帕金森，便复制了迪贝维尔的作品，这大体是洛顿有生之年，最后一次有人使用迪贝维尔的作品。洛顿于彭南特《印度动物学》出版的该年，殁于乌得勒支。

洛顿把迪贝维尔的画作遗赠给位于荷兰哈勒姆市的科学学会，到1866年为止，这批作品

图为赫尔曼植物图画集之原件，这些素描集是其植物标本收藏的一部分。图中的这两页是莲科的莲花（*Nelumbo nucifera*，亦称荷花）的叶片、花朵与莲蓬。在中国（特别是西藏地区）以及印度的传统中，荷花是圣洁的象征。印度人以荷花的梵语名 padma[1] 称呼之。就莲花的学名来说，种名 *nucifera* 是“含有坚果的”之意。如果把莲子埋到河泥中，即使经过数世纪的时间，仍旧可能发芽。

1.padma 也指印度神像下方的莲花底座。

一直都由该学会保管，之后因故散佚。它们似乎了无痕迹地消失了将近二十年，直到 1883 年，奈霍夫先生在海牙市公开销售这批作品，而事隔多年后，奈霍夫书店再度经手转卖，这批作品才在伦敦自然博物馆找到落脚之处。奈霍夫第一次经手迪贝维尔的画作时，是以三百盾[2]的价格卖给霍滕先生。霍滕针对这批作品的背景进行了相当多的研究，随后成为哈勒姆殖民博物馆委员会主席。至于它们为何没有成为该馆或其他荷兰机构的典藏，则是个谜团，也许是因为当时并没有机构愿意开出霍滕心目中的理想价格，收购这批藏品。不论如何，霍滕或他的遗嘱执行人显然在 1920 年早期，把它们又卖回给奈霍夫，之后这批作品才来到它们的最终停留处，距离约翰·洛顿在约两世纪半以前位于富勒姆区的住所仅有一到两公里距离的伦敦自然博物馆。

2.盾为荷兰在使用欧元以前的货币单位。

身为医师的赫尔曼，主要关注于锡兰的植物种类与这些植物可能的医疗用途上。尽管如此，他还是记录了岛上不少动物，图中的红瘠懒猴[3]（*Slender Loris*）便是一例。

3. 锡兰岛上可以找到两种瘠懒猴，一为红瘠懒猴（*Loris tardigradus*），一为灰瘠懒猴（*Loris lydekkerianus*）。

几乎在伦敦自然博物馆收购洛顿收藏的一世纪以前，大英博物馆收到另一批比洛顿时间更早、不过重要性相当的锡兰文物。这批文物于1827年与约瑟夫·班克斯爵士的庞大收藏一起来到博物馆，不过它们的时间却可以回溯到荷兰统治锡兰的早期。在17世纪中期至晚期，锡兰岛是荷兰一个重要的战略据点，不过也因为它身为天然产品的重要来源而备受重视，尤其因为锡兰盛产当时被欧洲人视如珍宝、据称能帮助肠道消气的肉桂。至1664年，锡兰至阿姆斯特丹的肉桂年出口量，已经从荷兰东印度公司刚接管种植场时的十一万三千四百公斤，增加到六十八万四百公斤。在这个肉桂贸易高峰的数年以后，年轻的保罗·赫尔曼医师于1672年抵达锡兰，担任荷兰东印度公司的首席医疗官，任期五年。赫尔曼关注的不只是肉桂生产，他对整个锡兰岛植物学的所有层面，都表现出极大的兴趣。

出生于1646年的赫尔曼，在抵达锡兰前才从医学院毕业没多久。不过与医学相较之下，他显然对植物学的兴趣比较高，可能把派驻锡兰当作绝佳的机会，借此在这个欧洲人几乎尚未进行勘查的地区采集植物。当时的锡兰岛虽然名义上是荷兰属地，不过荷兰人的管控只限于沿海区域，即使在之前葡萄牙人统治时期也是如此。内陆地区仍为当地原住民僧伽罗人所统治，以罗阇辛伽国王为领袖，因此想要进入欧洲人足迹罕至的锡兰岛内陆森林区，机会其实是相当受到限制的。

赫尔曼在停留锡兰岛期间搜集的植物标本就反映出当时的情况。由于以科伦坡为基地，所以他的标本大部分是科伦坡一带具有代表性的植物群，同时也有来自当地花园的植物。结果，在赫尔曼所搜集到的数百种植物标本中，大约百分之五十是外来种，完全不是锡兰本地种。在他的标本中，许多都是欧洲本地种，推测起来应该是葡萄牙与荷兰殖民带去锡兰，把它们种在花园里疏解乡愁用的。另外有包括牛心梨、番石榴、腰果、辣椒和棉等十来件标本则来自美洲，这些植物都是绝佳范例，让人们看到物种是如何迅速地从一个相对而言的新探索地传播到另一个地点。尽管有这些非本地种的存在，标本采集地点也相当受限，赫尔曼的搜集量仍然达到四册压制植物标本，加上随附的素描原图，在当时的植物学家收藏中，成为非常重要的一批。

赫尔曼在有生之年，很少有替这批收藏公开宣传的机会。结束锡兰居游以后，他在三十二岁那年受到任命，于1679年成为荷兰莱顿大学植物学系系主任，一直到他1695年英年早逝为止。然而，除了一本出版于1687年的简易收藏目录以外，赫尔曼并没有其他以锡兰植物学为题的著述。在他殁世以后，其遗孀将丈夫的标本收藏与手稿笔记送到英国牛津大学威廉·谢拉德教授处，大概希望能借由任何来自这批标本的出版成果赚点小钱。谢拉德针对赫尔曼的笔记进行编辑，按照植物在僧伽罗语中的名称，制作了一份七十一页的植物目录，并在1717年匿名出版了这本《锡兰博物馆》。这本书与相关标本收藏并没有引起太多人的注意，一直到三十年以后，来自丹麦哥本哈根的皇家药师奥古斯特·冈瑟才重新发现它们

图为乌柏大蚕蛾的腹面观，是迪贝维尔以这种奇异生物为题的系列习作之一。在所有有翅昆虫中，乌柏大蚕蛾的翼展最宽，至多可达 30 厘米，它和其他蛾与蝴蝶一样，具有被一排排微小鳞片包覆的膜状翼，这些鳞片的排列好比屋瓦或马赛克镶嵌画，形成了人类肉眼所见的彩色图案。所有的蝴蝶与蛾都属于 Lepidoptera，中文译作鳞翅目，这个希腊名称的意思就是“有鳞片的翅膀”。

的存在。当时，卡尔·林奈已经是相当出名的植物学家，冈瑟知道林奈对来自异国的植物非常有兴趣，便把整批标本送到瑞典乌普萨拉，待林奈一收到，便立即着手研究。两年后，也就是 1747 年，林奈出版了《锡兰植物群》，列出赫尔曼收藏的六百五十七种植物，其中有四百二十九种已经根据林奈分类法归属到各“属”之下，并且把林奈自己的编号和赫尔曼的笔记交互参照，以便参考。由于林奈之故，赫尔曼收藏的重要性大幅提升，在植物学史中于是有了举足轻重的地位。

林奈出生于 1707 年，是路德教会牧师之子，他违背父母希望他继承父亲衣钵担任神职的期望，到乌普萨拉大学修习医学。在他二十多岁时，他展开一系列植物研究之旅，前往北欧与西欧许多国家，足迹遍及拉普兰[4]、德国、荷兰与英国，并曾在英国与汉斯·斯隆会面。

4.拉普兰位于斯堪的那维亚北部。

之后，在短期于瑞典斯德哥尔摩执业行医以后，林奈于 1741 年受任命为母校乌普萨拉大学植物学系系主任。他出版了一系列著作记述植物标本收藏，标本来源要不来自相当受限的地区，例如赫尔曼的这批标本；要不就是从广泛来源累积者，《锡兰植物群》一书不过是此系列著作中的一本而已。这系列著作，代表着林奈发展自身理念的各个重要阶段，他的概念在过程中慢慢成形，最终形成了他带给博物学界的大礼——二名法。

所谓的二名法，就是“两个名字”的意思，当林奈在 18 世纪中期引进这个命名法以后，全世界的植物学家与动物学家，便按照这个方式给植物或动物命名，物种名称由两个拉丁文字构成。物种名称的第一个部分是属名，所有相似性高到足以被归纳到同一组或属的生物，都有相同的属名。物种名称的第二部分是一物种所特有的，搭配属名，则提供了一个只适用于该物种的独特组合。因此，人类的物种名称是 *Homo sapiens*，狮子是 *Panthera leo*，雏菊是 *Bellis perennis*。如此一来，任何科学家都能知道其他同侪在使用此类“二名”时，确切指称的是什么。这是个相当大也相当重要的进展，因为在此之前，博物学界并没有一个普遍受接受的命名系统。在林奈以前的生物命名，通常会使用一长串完整的拉丁文句叙述物种特征，尽管如此，这种方式常导致极度混淆与误解的情况。在出版《锡兰植物群》之际，林奈尚未发展出这个简单的二名法，因此书中植物并没有根据这种先进的方式加以命名。不过当他在 1753 年出版《植物种志》时，所有物种都“适当地”受到命名，林奈更仔细地列出这些物种应参阅《锡兰植物群》的哪些部分，让物种名称与赫尔曼收藏直接结合起来。“模式标本”的概念，也就是植物与动物的物种名称以特定的定名证据标本为基准的做法，在林奈的年代并不存在，而且是经过许久以后才发展出来的做法。尽管如此，回顾起来，赫尔曼搜集的标本就是林奈在为这些植物命名时引以为据的“模式标本”，伦敦自然博物馆也因此将这批标本视为珍宝。目前这批标本与相关图画集都在博物馆找到落脚之处，不过也真是拜 18 世纪收藏家网络的发达，它们才能从林奈手上辗转来到博物馆所在的伦敦南肯辛顿区。

在林奈完成赫尔曼收藏的科学检验工作以后，他把它们送回给冈瑟，而冈瑟又把它们送或卖给来自丹麦、可能住在哥本哈根的莫尔特克伯爵。在莫尔特克伯爵死后，同样来自哥本哈根的特雷肖夫教授买下这批收藏，截至当时为止，赫尔曼这批材料已经在丹麦停留数十年之久。特雷肖夫最后以七十五英镑的价格，将它们卖给当时的知名收藏家，也就是约瑟夫·班克斯爵士。班克斯累积了数量相当庞大的珍品收藏，它们在 1827 年先抵达大英博物馆，稍后终于在 1881 年来到伦敦自然博物馆。

状似枯叶的小提琴螳螂（*Gongylus gongylodes*），是彼得·迪贝维尔替锡兰行政长官洛顿绘制的图画。小提琴螳螂是贪婪的捕食者，善于拟态，会巧妙地伪装成植物的树叶或花朵，这种拟态让它们能够丝毫不受察觉地静静等待昆虫猎物到来，待距离够近，便以闪电般的速度突袭，用前肢捕捉猎物。小提琴螳螂在分类上被归纳到 *Gongylus* 属，中文译为圆头螳属，在希腊文中，*Gongylus* 是“球”的意思，主要是指这种昆虫在后肢膝关节与前肢第二节部分明显增大的外观。

右图为棕榈树种植场，图画为赫尔曼所收藏，描绘着如何从棕榈汁制作棕榈酒的各个阶段。在图片最右边和中央，有两个人正在爬棕榈树取得树液。最左边的是正在用大瓮或蒸馏器发酵或蒸馏树液。图片中央还有一群欧洲人边抽烟边饮酒作乐，而右下角似乎有人在呕吐，也许是纵情狂饮棕榈酒的结果。棕榈酒除了是酒精饮料以外，在印度传统中，也被用来代替酵母，作为膨松剂使用，跟世界上其他地方使用葡萄汁的做法是一样的。

本页图与右页图分别是赫尔曼植物图画集中睡莲科的柔毛齿叶睡莲（*Nymphaea pubescens*）叶片与全株植物。一般所谓的莲花，是许多不同属植物的通称，柔毛齿叶睡莲与一般常见的白花睡莲同属。在东方宗教中，许多不同种的莲花都有重要的象征意义。柔毛齿叶睡莲会开出白色的花朵，受到印度舞神湿婆尊崇，湿婆与梵天、毗湿奴并列印度教三大主神。

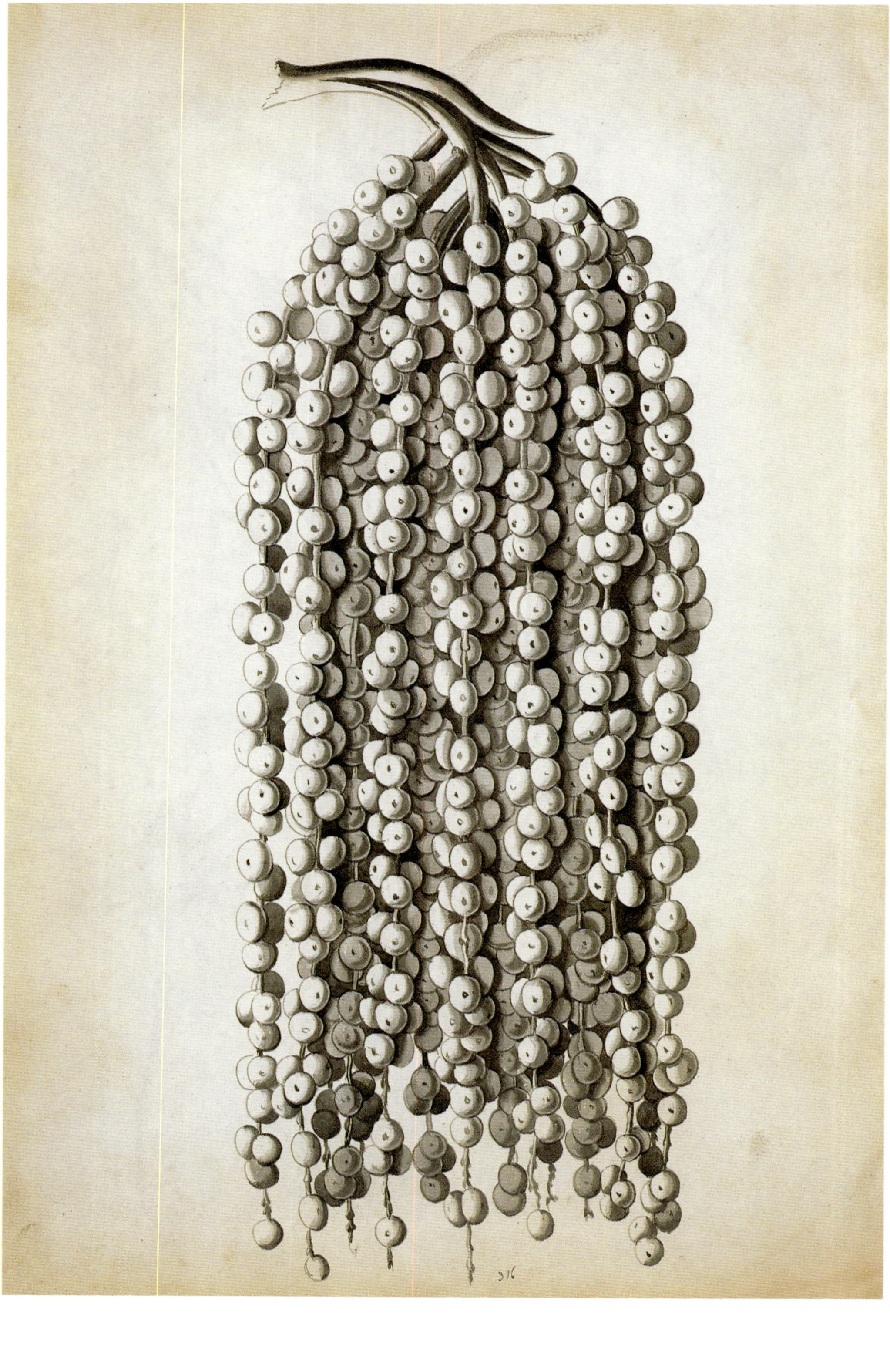

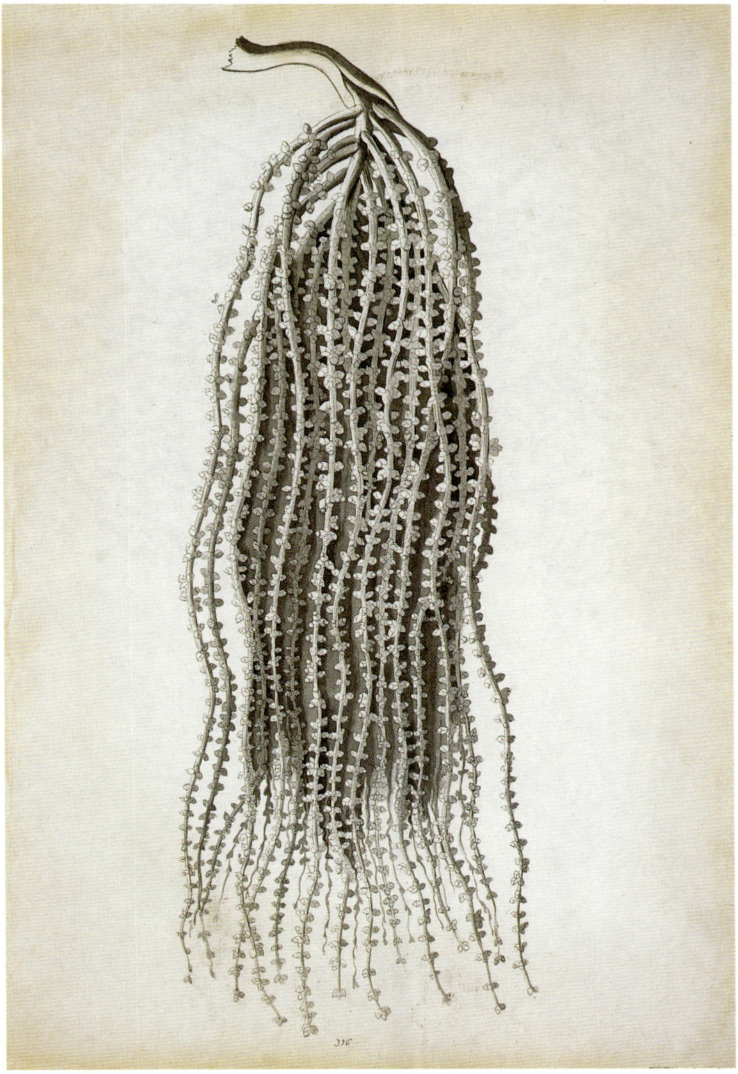

董棕（*Caryota urens*），或称酒椰子、孔雀椰子，具有如本页图所示的肉穗花序或流苏状的密生花朵。肉穗花序底部叶片形成锯齿状的佛焰苞，是人们切口集取汁液的位置，汁液取得后经发酵，制作成棕榈酒。单一花序每日可生产 7 至 14 公升的汁液，如果在同棵树上有超过一个以上的切口，至多可取得 27 公升的树汁。虽然每个结果花序（左页图）上球状的红色或黄色果实，都含有一种刺激性物质，这种植物的种子还是能够借由动物来传播。野生的董棕通常在林中空地与雨林亚冠层边缘生长，也常被当成园地栽植植物。

396

左页图为赫尔曼植物图画集中棕榈科植物的董棕，或称酒椰子、孔雀椰子。这种植物同时也是西谷米、植物纤维与棕糖的来源。董棕的嫩叶可供食用，木髓被拿来制作成淀粉食品，也就是一般所谓的西谷米，至于它的汁液，则经过脱水处理制成棕糖（一种粗糖），或经发酵制成棕榈酒。这种植物的叶柄可被制成一种名为基图[5]的纤维，再加工制作成篮子与绳子。根据当地传统，董棕亦有医疗用途：未成熟的董棕会被捣成泥或制成敷剂，以治疗蛇咬伤。赫尔曼植物图画集中的其他植物（例如本页左下图与右下图），就不如董棕般知名。当卡尔·林奈在 1745 年左右检验这些图画时，并无法辨识出这些植物的种类，这也许是因为它们不够写实之故。截至目前，这些图画中的植物仍然未受命名。

5.Kitul 的音译。

鸟类是洛顿收藏的特色。本页图是彼得·迪贝维尔画的小金背啄木鸟（*Dinopium benghalense*），图中所画的树及鸟等图像，刚好提供清楚信息以辨识出这种鸟的栖地与行为。在右页图中，寿带鸟（*Terpsiphone paradisi*）停留在紫腰花蜜鸟（*Nectarinia zeylonica*）的下方。寿带鸟会在飞行时捕捉昆虫为食。

本页图是迪贝维尔绘制的九十八幅鸟类图画之一，目前这些图画全为伦敦自然博物馆的收藏。这幅画描绘的是一只死掉的翠鸟躺在树桩上。图中这只是鹳嘴翡翠（*Pelargopsis capensis*），这张图是明确呈现出绘画题材真实状况的少数例子之一，当时几乎所有动物都是在被捕捉或杀害以后，才被拿来绘图。另外，迪贝维尔替绘画题材赋予生命力的手法更是令人激赏，例如右页图中在树枝上注视着下方的亚历山大鹦鹉（*Psittacula eupatria*）。

右图的蓝孔雀（*Pavo cristatus*），是欧洲人眼中异国风情与财富的象征。蓝孔雀原产于斯里兰卡与印度，雄性孔雀用来展示以吸引异性的羽毛，实际上并非孔雀的尾羽，而是从下背部长出、向后延长且能够直立的尾部覆羽。

左页图中的这只领角鸮（*Otus bakkamoena*）正栖息在开花的树上，是迪贝维尔的佳作之一。领角鸮有延长的耳羽，像角一样竖起。本页图所描绘的是天蚕蛾（*Antheraea sp.*）的幼虫在枝叶茂密的茎上爬行的景象，下方悬挂着的茧也是属于同一种天蚕蛾。天蚕蛾在分类上属于天蚕蛾科，在结茧时会大量吐丝。

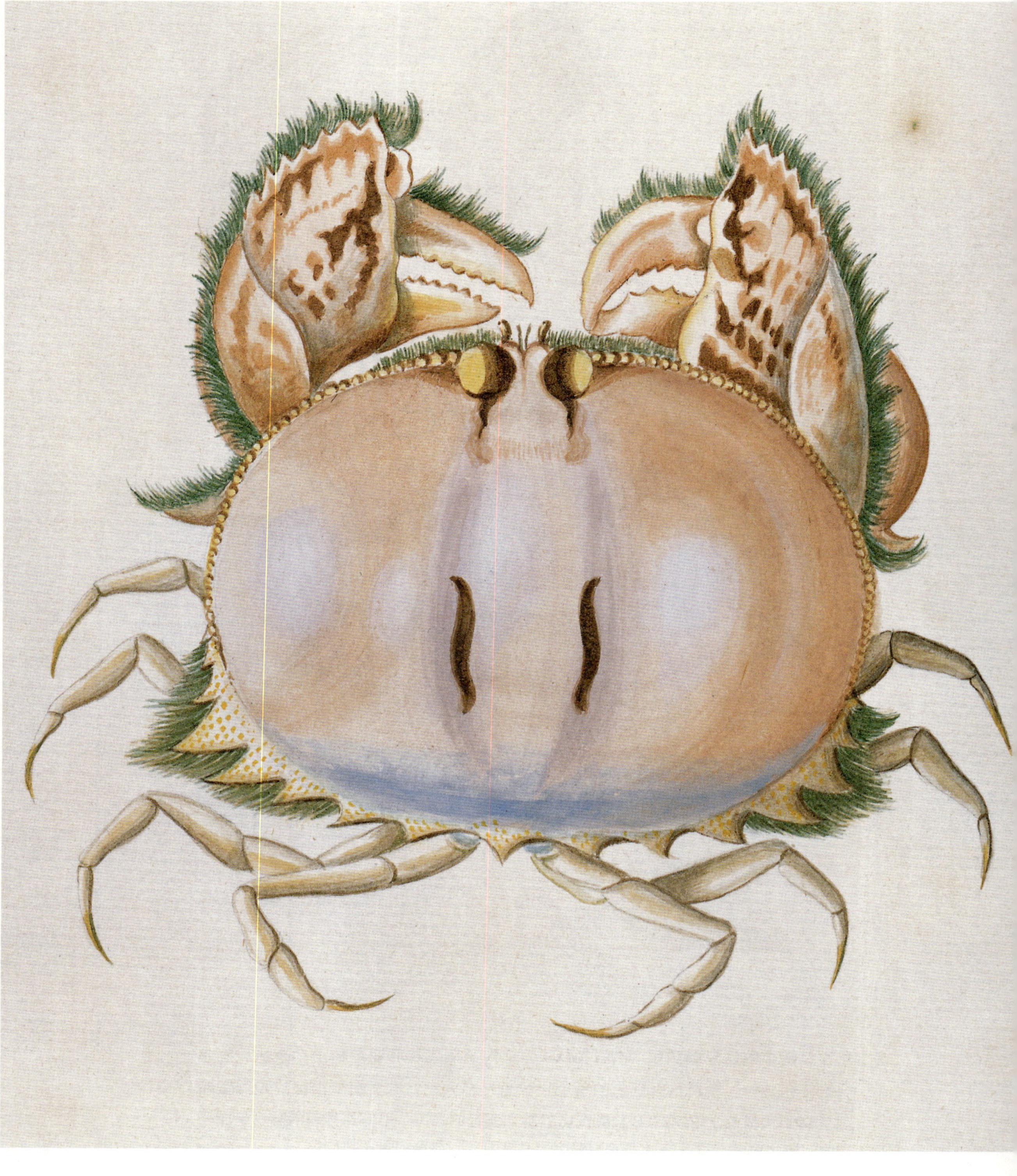

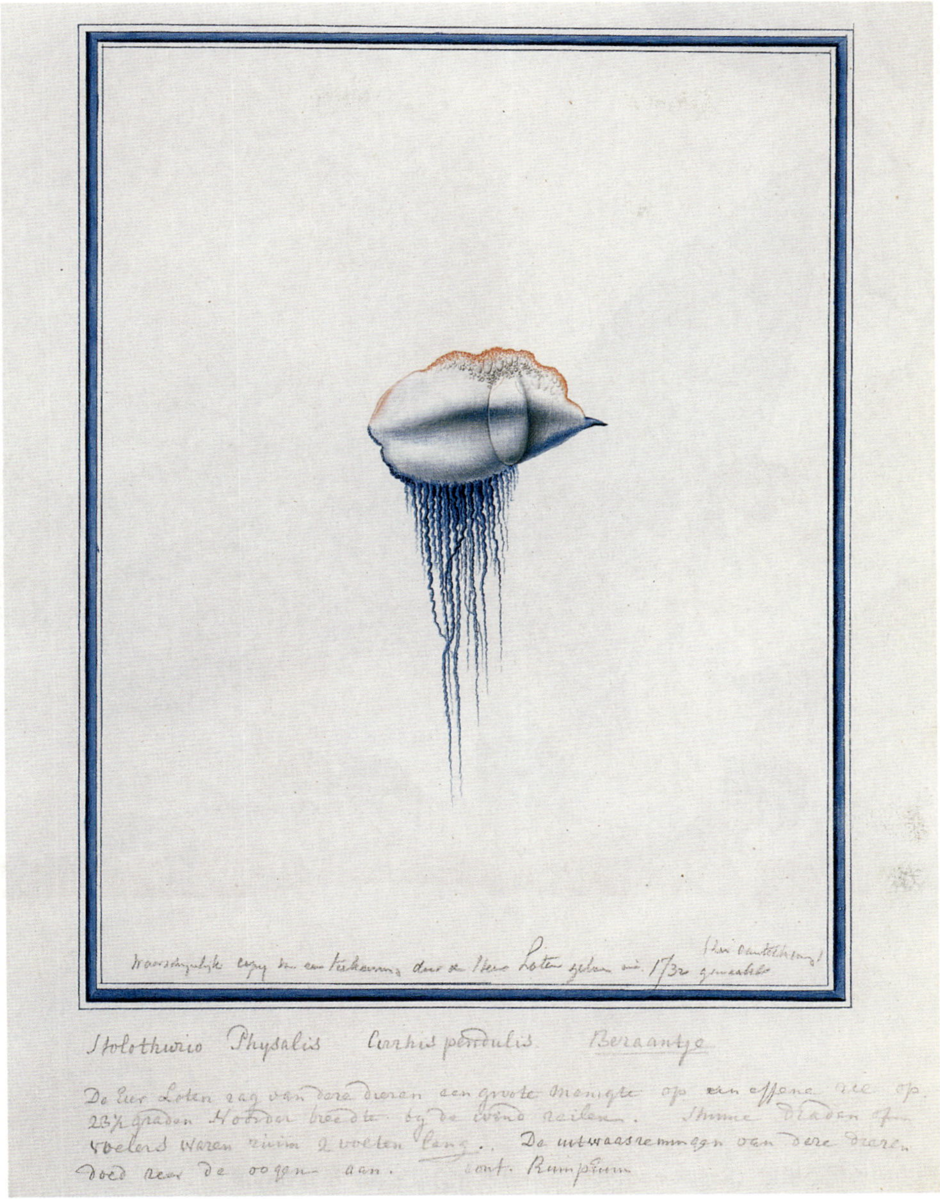

迪贝维尔有许多以鱼和海洋生物为主题的绘画作品，其中包括左页图中的逍遥馒头蟹（*Calappa philargius*）与本页图的僧帽水母。逍遥馒头蟹把螯紧贴着甲壳收起时，体型几呈盒状，因此在西方常被称为石蟹或箱蟹，中文俗称为包蚂、馒头蚂。俗称“葡萄牙战舰”的僧帽水母，并不是单一的水母体，而是漂浮海上的多型性群体动物，成簇的水螅体聚集在大型浮囊下随波逐流，具有刺胞的触手形成的保护网，是它自我防御的方式。

本页图中的长尾巨松鼠（*Ratufa macrura*）是斯里兰卡的原生种，不过在印度半岛南方的泰米尔纳德邦也有这种动物的足迹。它和其他松鼠一样，具有又长又锋利的爪子，能在攀爬时紧抓着树干，长长的尾巴则在奔跑与跳跃时有助于平衡，此图是迪贝维尔以哺乳动物为题所绘制的五张图画之一。目前，包括右页的紫脸长尾叶猴（*Semnopithecus vetulus*）在内的五张图画，全部收藏在英国伦敦自然博物馆。

鹿豚（*Babyrousa babyrussa*）。这种动物的雄性个体具有两对向上弯曲的獠牙，会让人联想到某几种鹿的鹿角，因而被称之为“鹿豚”（就其英文名称 babirusa 来说，babi 在马来语中是“猪”的意思，rusa 则是“鹿”）。鹿豚出没于印度尼西亚东部的苏拉威西，在邻近的托吉安岛与苏拉岛也可见其踪迹。它也分布到布鲁岛，不过布鲁岛上的鹿豚可能是被引进的。迪贝维尔在 1757 年同洛顿移居巴达维亚时所看到并画下此图，可能画的就是这种动物。

此图是斑鼷鹿（*Moschiola meminna*）。虽然外表上看起来像鹿，但它并不是真正的鹿，而是属于鼷鹿科（Tragulidae）的动物。就英文的字源而言，这种动物在分类学上的科名与它的俗名都与羊有关。Tragulidae 一字源自于希腊文的 tragos，也就是“羊”的意思，而其英文俗名 chevrotain 则源自于法文的羊 chèvre。这种动物是斯里兰卡与印度半岛的原生种。

第三章

居游苏里南（1699~1701）

玛丽亚·西比拉·梅里安

在汉斯·斯隆的收藏中，有一组极为精美的博物水彩画原稿，这些插画于1705年出版，出现在一本以荷兰殖民地苏里南的蝴蝶和蛾类为主题的书籍中。不论是书或插画，都出自玛丽亚·西比拉·梅里安这位伟大女性之手，这本书让她获得当时包括斯隆在内的同侪的激赏，也让后代昆虫学家及博物绘画学生对她推崇至极。这并不只是因为这些作品与附文确实具有艺术与科学价值，同时也是因为梅里安为了制作它们，经历了一趟非常困难且危险的旅程。就17世纪晚期的环境而言，一位带着女儿同行的五十二岁欧洲女性，在没有男人保护的情况下独自旅行到新世界，其实是极端激进的作为。

梅里安于1647年出生于法兰克福，是知名出版商暨雕刻师老马特乌斯·梅里安之女。梅里安三岁丧父，次年，其母约翰娜·西比拉再嫁给静物画家雅各布·马雷尔，让她得以在一个充满艺术气息的环境下成长。1665年，梅里安嫁给艺术家约翰·安德列亚斯·格雷夫，并在1670年举家迁居纽伦堡后，开始她身为花卉画家与雕刻师的生涯，于1675至1680年间出版了三本以花卉为主题的版画作品集。

梅里安在苏里南停留的两年期间，绘制了许多以昆虫与蝴蝶生命周期为主题的美丽图画。在这张图中，天蚕蛾（*Arsenura armida*）幼虫正在豆科植物褐花刺桐（*Erythrina fusca*）树上啃食树叶。

梅里安从小就醉心于昆虫学的世界，因此，昆虫也逐渐成为她艺术活动的焦点。1679年，梅里安出版了一本以欧洲蝴蝶成长过程为题的小书，收录了五十张铜版雕刻，以独具匠心的手法呈现出蝴蝶完整的生命周期。在博物绘画中，这是种极为创新的方式，加上她对细节的敏锐观察，让汉斯·斯隆对她印象深刻，买下部分版画作品用来当作水彩习作。

梅里安以欧洲蝴蝶为题的第二本著作于1683年出版，当时，她的丈夫和两个女儿已经搬回法兰克福。梅里安的婚姻并不幸福，她在1685年离开丈夫格拉夫，携女加入新教的心灵再造团体拉巴第派，搬到荷兰沃尔萨行政区内离吕伐登市不远的沃尔萨城堡。对当时富有的荷兰公民来说，收藏自然标本是很时髦的事，因此沃尔萨城堡的主人科内利斯·阿尔森·索默尔斯戴克也有私人自然标本收藏，包括来自荷兰海外殖民地的贝壳、鸟类剥制标本、矿石与蝴蝶等，其中更有许多是索默尔斯戴克在苏里南担任行政长官时搜集的昆虫标本。

与梅里安熟悉的欧洲蝴蝶种类相比，这批标本不论在尺寸、形状与颜色上都如此奇异，让她心神向往，下定决心，有朝一日要看到它们在自然环境里的形态。她在1691年离开拉巴第派搬到阿姆斯特丹，由于结识了一些包括当时阿姆斯特丹市市长尼古拉斯·维特森在内的首都权贵，她等待许久的大好机会终于到来。在维特森与其他有势力人士的支持下，梅里安在1699年年届五十二高龄时获得荷兰政府的固定津贴，在次女的陪伴下，于该年6月展开为期两个月的航程，前往苏里南首都帕拉马里博。

航程本身并不是种令人愉快的经验，船舱拥挤、通风不良且鼠患肆虐，船上饮食单调乏味且不新鲜，用水也非常受到限制。不过，苏里南可能更糟。炽热的天气，不是太湿就是太干，对于不习惯的人是很难受的。更且，苏里南实际上是个动荡不安的国度，在此殖民的种植园经营者与监工对待奴隶的非人道态度，使得奴隶反抗事件频传。两年后，尽管当地植被葱绿且昆虫遍布，梅里安仍然决定离开，携女返回荷兰。

在停留苏里南期间，梅里安完成数量相当惊人的工作，她遍寻蝶蛾幼虫，观察并描绘它们在植物宿主身上进食的模样，看着它们化蛹，照顾着这些蝶蛹蛾茧，直到它们羽化成虫。梅里安的观察几乎都是前所未见的，她在回到阿姆斯特丹以后，将她的画作制作成版画，与她在苏里南的观察一并出版成《苏里南昆虫变态图谱》，在各地受到高度赞誉。

在六十幅版画中，有部分是以非昆虫为主题，包括蛙类、蟾蜍、蛇类、蜘蛛甚至短吻鳄等，不过除了这些以外，其余全都是蝴蝶与蛾类。每张插图上有一至两种于宿主植物上觅食的蝶蛾幼虫，以及正飞离植物的成虫。

梅里安在构图上同时兼顾了艺术美观与正确性。由于当时这些蝴蝶与蛾类大多未经命名，因此只有植物用标签标明。由于梅里安优质的观察成果，后续的辨识工作很少遇到问题。

在梅里安出版该书的时代，异地自然状况记述的插图，充其量不过是艺术家以受损或保存状况极差的动植物标本为参考加以绘制而成，而且绝大部分都是凭空想象，要不就是以断章取义的二手资料为根据。梅里安替后继的绘图员订下了极高的标准，尽管许多人致力追求这样的高质量，实际上鲜有人能望其项背。

《苏里南昆虫变态图谱》以荷兰文和拉丁文出版，在荷兰境内或国外都有极佳的销售量，因而在1726年又发行了法文版，只可惜梅里安在法文版问世前的1717年去世于阿姆斯特丹，享年六十九岁。在梅里安过世以前，不论是她针对苏里南一书绘制的作品，甚至于她早期的画作，早已开始引起收藏家的注意。她的仰慕者包括俄国沙皇彼得大帝在内，许多作品目前仍然被保存在列宁格勒。梅里安是精明的商人，也是才华横溢的观察者与艺术家，她意识到此种收藏兴趣的商业潜力，也不反对将自己的获益提到最高。因此，她针对部分作品制作了不止一组的“原件”，举例来说，苏里南一书的水彩画原作在伦敦就有两组，斯隆收有一组，英格兰温莎皇家图书馆也收藏了一组。

梅里安的画作与出版品，持续地吸引众人的兴趣与赞赏，不过在她所收到的表扬中，最适切也最恒久不坠者，来自于现代动植物分类学之父卡尔·林奈对其欧洲与苏里南昆虫研究成果的仔细研读与查阅参考。由于梅里安在绘画与进行相关描述所引以为据的材料并没有受到搜集与保存，林奈无法亲自对这些昆虫进行检验。尽管如此，林奈对梅里安在观察上表现出的正确性极具信心，当他在1758年出版《自然系统》一书，针对当时他所熟知的来自世界各地的四千四百种动物，将它们加以列表、描述并命名时，某些物种就是完全以梅里安的记述作为根据。

A New Draught of SURRANAM upon the coast of Guianna Made and Sold by John Thornton Hydrographer at the signe of England Scotland and Ireland in the Minories London
Aeooreorum Regio
A Scale of Miles
1 2 3 4 5 6 7 8 9 10
Sarah creek
Armadillo hills
Kirton Creek
Delawar
Scotsmans
Truckeribo
Sir Robbart Harley
Parham hill
Tomontibo
Pacuwara
Mapanny or Willughbys River
Com ma wena
Country
Mor ganam
Lt. Gen. Byam
Kingsland
Toorarica
Sir Martin Noelias plant
Thorne
St. Martins Iland
St. Wltr. Rawlights lower house
Specklewood
cash wini
Cor mi co
Se ri no
Erackirack
Dullen
Redrock
Funck tree
Serino Iland Creek
Nocharwharf
Humphres
Pilgrim
Paramaribo
Fort
Wyatt
Wiampebo
Commawina
Cot ti co
good fishing here
Red Banck
Byams Point
Flatts
Surranam River
Leward bay
Leward Passage
Windward Passage
Breaker
Mud Creek
Pramario
Panama
Windall
Egerton House
Leekes
Merimaca
Mermo

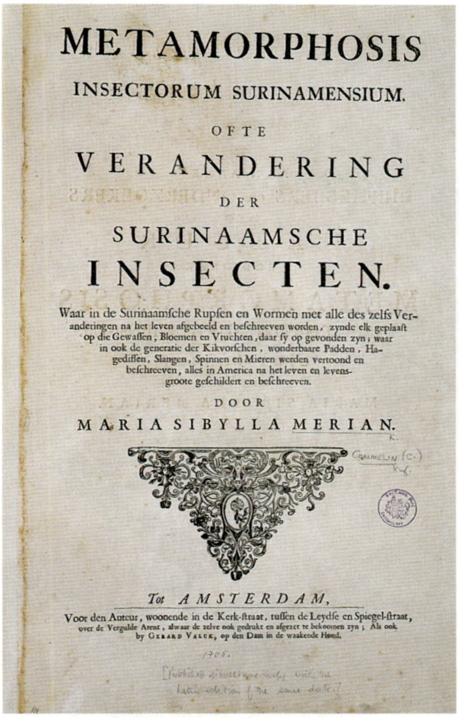
METAMORPHOSIS
INSECTORUM SURINAMENSIUM.
OFTE
VERANDERING
DER
SURINAAMSCHE
INSECTEN.
Waar in de Surinaamsche Rupsen en Wormen met alle des zelfs Veranderingen na het leven afgebeeld en beschreeven worden, zynde elk geplaatst op die Gewassen, Bloemen en Vruchten, daar sy op gevonden zyn; waar in ook de generatie der Kikvorschen, wonderbaare Padden, Hagedissen, Slangen, Spinnen en Mieren werden vertoond en beschreeven, alles in America na het leven en levensgroote geschildert en beschreeven.
DOOR
MARIA SIBYLLA MERIAN.
Tot AMSTERDAM,
Voor den Auteur, woonende in de Kerk-straat, tussen de Leydse en Spiegel-straat, over de Vergulde Arent, alwaar de zelve ook gedrukt en afgezet te bekoomen zyn; Als ook by GERARD VALCK, op den Dam in de waakende Hond.

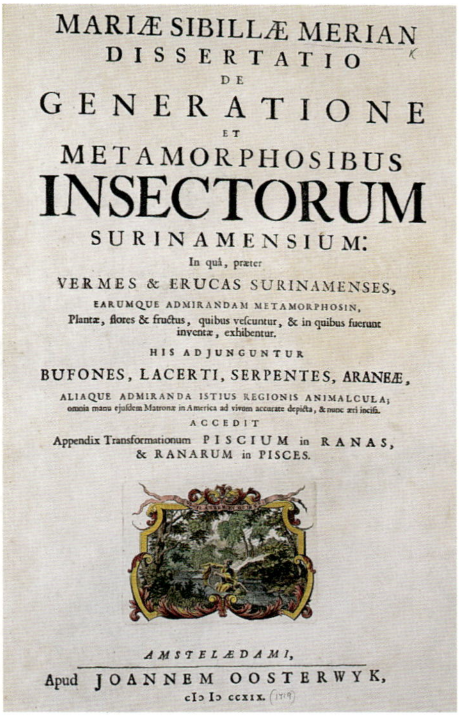
MARIÆ SIBILLÆ MERIAN
DISSERTATIO
DE
GENERATIONE
ET
METAMORPHOSIBUS
INSECTORUM
SURINAMENSIUM:
In quâ, præter
VERMES & ERUCAS SURINAMENSES,
EARUMQUE ADMIRANDAM METAMORPHOSIN,
Plantæ, flores & fructus, quibus vescuntur, & in quibus fuerunt inventæ, exhibentur.
HIS ADJUNGUNTUR
BUFONES, LACERTI, SERPENTES, ARANEÆ,
ALIAQUE ADMIRANDA ISTIUS REGIONIS ANIMALCULA;
omnia manu ejusdem Matronæ in America ad vivum accurate depicta, & nunc æri incisa.
ACCEDIT
Appendix Transformationum PISCIUM in RANAS, & RANARUM in PISCES.
AMSTELÆDAMI,
Apud JOANNEM OOSTERWYK,
cIↃ IↃ CCXIX.

本页左上图与右上图分别为梅里安主要著作《苏里南昆虫变态图谱》1705 年与 1719 年版本之扉页。这本书的插图都是梅里安在苏里南首都帕拉马里博停留的两年期间完成的。

读者可以在左页这张英文版古地图上，看到位于苏里南北部的帕拉马里博。这本书的出版，是对她坚定意志的一种赞美。梅里安写道："我既然回到了荷兰，几位自然爱好者在鉴赏过我的画作以后，便急迫地催促我将它们正式发表。他们认为，在所有以美洲为题的作品中，这些是最重要、最与众不同的画作。尽管如此，执行出版计划所牵涉到的金钱，刚开始让我感到很犹豫，不过最后我还是决定将它们付梓出版。"

第 80 页图中是芸香科的酸橙（*Citrus aurantium*）枝干，酸橙又称苦橙或塞维利亚橙树。图中的幼虫、虫茧与成虫是墨西哥皇帝蛾（*Rothschildia aurota*），被梅里安认定为极具商业潜能的物种。她写道："这种毛虫很常见，它们长得圆滚滚地，每年会出现三次，吐出来的丝很强韧，让我觉得可能可以把它们制成丝线。因此我搜集了不少这种幼虫送回荷兰，经评估也认定挺适合的，倘若有人不怕麻烦，愿意搜集这些毛虫，它们可以是优质丝线的来源，会带来良好的利润。"

第 81 页图的中央是凤眼蓝（*Eichhornia crassipes*），又称水葫芦、凤眼莲或浮水莲花，左上方为南美大田鳖（*Lethocercus grandis*），右下方是它的若虫[1]。在凤眼蓝底部，可以看到毒雨蛙（*Phrynohyas venulosa*）的卵，卵的左上方是它的蝌蚪、幼蛙与成蛙。

---

1. 若虫指不完全变态之昆虫幼体，幼虫与成虫相似。

J. Mulder Sculps.

J. Mulder Sculp.

左页与本页这两张手绘插图出自梅里安的《新花图谱》，出版于 1680 年，目前已经极为罕见。她在出版该书时便已展现出高度的艺术天分，不过事实上却是到出发前往苏里南之际才逐渐迈向成熟。这些插画表现出当时的大众审美观，然而她将昆虫纳入构图的做法，多少透露出她后来对昆虫学这门改变了她一生的学问所展现的热忱。

本页图中为芸香科的枸橼（*Citrus medica*），又名香圆的树叶与果实，它为两种昆虫提供了栖息地。梅里安并不知道下方这种“美丽的黑色甲虫”是什么，不过因为它极为罕见，仍然把它画入此图中。这种虫后来被命名为长臂天牛（*Acrocinus longimanus*）。停留在上方树叶上的是希帕佳刺蛾（*Phobetron hipparchia*）的成虫、蛾茧与幼虫。右页图中，野藤天蛾（*Eumorpha labruscae*）的幼虫、蛾茧与成虫停留在葡萄（*Vitis vinifera*）藤上。梅里安说，这些植物“与它们蓝色、绿色与白色的酿酒葡萄”，在苏里南长得又快又好，在种植后六个月就可以收成，之后便可在当地制酒，再也不必仰赖进口。她认为，把酒出口到荷兰，甚至可以产生足够的盈余。

P. Sluyter sculp.

J. Mulder Sculp

左页图中的两种天牛可能是在罂粟科植物的蓟罂粟（*Argemone mexicana*）这种植物上栖息。最上方的是桂皮薄翅天牛（*Callipogon cinnamoneus*），它肥硕的幼虫位于蓟罂粟的正中央。位于左边叶片和植株下方的则是粉长角天牛（*Taeniotes farinosus*）的幼虫和成虫。本页图以凤梨科植物的凤梨（*Ananas comosus*）为主角，梅里安热切地叙述着这种水果的味道和香气时：“……皮和人的手指一样厚，如果不削皮，果肉上有许多尖锐的茸毛，食用时会有扎舌感，让人感到非常疼痛。这种水果的味道，好像综合了葡萄、杏子、红醋栗、苹果和梨子的风味，而且入口时马上可以感受到这些水果的味道……”图片的左右两侧则是绿袖蝶（*Philaethria dido*）的成虫、幼虫与蝶蛹。

本页图中是强喙夜蛾（*Thysania agrippina*）的幼虫、蛾茧和成蛾。梅里安曾写道："1700 年 4 月，我在索默尔斯戴克女士的普罗维登夏种植场进行各种昆虫观察……"她在图片中被她称为"水滴橡胶树"的桉树上发现了这种夜蛾的幼虫。右页图中则是一些毫无关联的昆虫，其中最醒目的是飞行中的长夹大天牛（*Macrodontia cervicornis*）。图片下方未经辨识的虫茧与长得很像"洗衣刷"的不知名幼虫，被梅里安误认为图片下方兰蜂的幼虫与茧。棕榈象甲（*Rhynchophorus palmarum*）的幼虫与成虫则位于图中央。棕榈象甲的幼虫被当地人当成美食，根据梅里安的记述，"这些虫子被放在木炭上烘烤，被当成上等佳肴来食用"。

J: Mulder Sculp
48

P. Sluyter Sculp.

左页图中的素馨（*Jasminum grandiflorum*）上停留着木薯天蛾（*Erinnyis ello*）的幼虫与成蛾。木薯天蛾的幼虫以素馨和其他植物的叶片为食。梅里安也观察到，图片下方的亚马孙树蚺（*Corallus enhydris*）[2]会把身体紧密蜷曲起来，并把头部隐藏在躯体中。梅里安说，在苏里南一带，蛇、蜥蜴与绿鬣蜥等喜欢藏身在生长繁茂的茉莉灌木中，由于茉莉长得茂盛，空气中充满着茉莉的芬芳。尽管梅里安在昆虫的栖息地里辛苦地进行观察记录，《苏里南昆虫变态图谱》中还是出现了一些装饰性较高的图画，例如本页图中这幅包括昆虫、植物与贝壳的风景画。

2. 种名亦作 *Corallus hortulanus*。

1705 年版《苏里南昆虫变态图谱》中出现的六十幅图画，都是根据梅里安的水彩画所制作的版画，右页图便是一例。在这六十幅中，有些甚至由梅里安亲自动手制作。本页图出自该书于 1981 年出版的复制本。右页图中左上方的是携带着卵囊的白额巨蟹蛛（*Heteropoda venatoria*），周围可看到刚孵出的幼蛛。图中体型庞大的黑色蜘蛛是粉红趾（*Avicularia avicularia*），梅里安说："当它们找不到蚂蚁时，它们会在鸟巢中捕食体型较小的小鸟，把小鸟体内的血吸干。"最后这段叙述中的奇异情节实际上是不可能发生的，不过梅里安还是画下了粉红趾捕食蜂鸟的景象。

P. Sluyter Sculp.

本页图为蓝闪蝶（*Morpho menelaus*）。梅里安把它叙述成“……像是被最美的群青色、绿色与紫色所覆盖的抛光银，呈现出一种难以形容的美。这种美很难以画笔来表现”。尽管如此，她还是试着用细号尖头画笔，在以动物未出生雏体制成的上好羊皮纸上涂上宝石般的色彩，把蓝闪蝶画了下来。会采用这种纸，是因为它的表面比一般画布、木材或手工纸更为光滑之故。右页图画的是在蓖麻（*Ricinus communis*）上觅食的蓖麻袖蝶（*Heliconius ricini*）。在苏里南，蓖麻油被用来治疗伤口，也被当作灯油使用。

P. Sluyter Sculp.

本页图的构图以大戟科植物木薯（*Manihot esculenta*）为主要架构。梅里安说："木薯的根被擦成泥状后挤压出汁，这个汁液是有毒的。压出汁的根泥，被铺在一个状似荷兰制帽师傅所使用的铁板上，铁板下以小火加热，让根泥里剩余的水分蒸发掉。之后，以烤荷兰圆饼的方式进行烘烤，它尝起来也很像荷兰圆饼……"梅里安还说，正在木薯上觅食的条纹毛虫，是木薯田的重大害虫。盘绕在树薯树茎干上的是亚马孙树蚺（*Corallus hortulanus*），长度可至 2 米。

本页左图是正在啃食香蕉的猫头鹰环蝶（*Caligo teucer*）的幼虫与成蝶，一旁的鞭尾蜥（*Cnemidophorus lemniscatus*）完全是装饰元素，它在梅里安家的地板上筑巢并产下 4 个卵，其中 3 个如图中茎上所示。在启程返回荷兰时，梅里安把这些卵带着，它们在途中孵化，不过并没有存活下来。梅里安从美洲印第安人和黑奴身上学到，本页右图大戟科的棉叶麻风树（*Jatropha gossypifolia*）是药用植物，它的根可以被用来治疗蛇咬伤，树叶则可当成泻药，或拿来灌肠。图中肥硕的绿色毛虫、淡红色的虫茧、庞大的成蛾甚至前次蜕皮留下的空壳与茎干上的圆形粪便等，都是以棉叶麻风树为食的基黄大天蛾（*Cocytius antaeus*）所有。

在出版《苏里南昆虫变态图谱》以后，梅里安计划出版第二卷图谱，以苏里南的爬虫类和两栖类动物为主题，然而由于资金不足，终至放弃。梅里安把南美两点赤螳螂（*Stagmatoptera precaria*）生命周期的三个阶段以画笔记录在左页图中的树干上。树下背负着幼鼠的动物是梅里安所谓的“森鼠”，事实上它就是种负子鼠（*Didelphys spp.*）。本页图中状似水芹的植物是海马齿（*Sesuvium portulacastrum*），当地人经常食用。在海马齿弯曲茎下的是负子蟾（*Pipa pipa*），“当地人把它们视为美味”。在讲到负子蟾的生殖方式时，梅里安说：“雌性个体会把子代背在背上，好像把子宫放在背上一样；卵在雌性个体背部受精并发展；当卵成熟时，幼蟾努力穿破卵膜，一只一只地向外爬出来，看起来好像全部都从一个卵出生的一样。当我看到这个景象，我马上把这只雌蟾和它背上的幼蟾丢进白兰地里……”

梅里安在研究苏里南的爬虫类与两栖类动物以后，画出了左边这样的构图。她画出可能是钝吻古鳄（*Paleosuchus palpebrosus*）的苏里南凯门鳄正咬着一只被她称为“蝰蛇”的动物，后经辨识为筒蛇（*Anilius scytale*），或称南美假珊瑚蛇。在钝吻古鳄后方，有只未成熟的爬虫动物从蛋里爬出来，它并不是假设中的钝吻古鳄幼鳄，而是另一种被称为眼镜凯门鳄（*Caiman crocodilis*）的鳄鱼。梅里安对眼镜凯门鳄的成长速度留下深刻的印象，这种凯门鳄的蛋“大约鹅蛋大小”，在短期就能长到蛋的“七至八倍大”。

左图是金泰加蜥（*Tupinambis nigropunctatus*），根据梅里安的记载，这种爬虫动物生活在苏里南的森林中。梅里安对这种动物的记述不多，只说它是一种蜥蜴，尺寸介于蝾螈和鳄鱼之间。她说，这种动物是卵生，也发现它以鸟蛋为食。

第四章

漫游北美洲（1753~1777）

威廉·巴特拉姆

对植物学的发展而言，1753 年是个好年，因为被视为现代植物命名法起点的卡尔·林奈的《植物种志》，就是在这年出版的。不论植物来自何地，只要以这个新系统来命名，植物的名称就会是由两个拉丁文字组成的简单名称，植物学家从此就根除了过去植物命名时所面临的混乱与困境。对北美洲来说，新命名法的出现是再好不过了，当时的北美洲有上千种尚待发现的植物，旧世界对它们一无所知，世上没有其他地方比北美洲更需要这个新的命名系统。

在林奈提出新命名系统的同一年，后来发现许多植物新种的威廉·巴特拉姆，第一次从位于宾夕法尼亚州金瑟辛市的住家，跟着父亲约翰前往纽约州卡茨基尔山进行植物调查，当时的威廉·巴特拉姆只有十四岁。约翰·巴特拉姆（1699~1777）是位谦逊的贵格会教徒，他无师自通以务农为生，对博物学怀抱相当大的热忱。他对植物尤其感兴趣，他的几个儿子，包括威廉在内，也因此受到父亲的感染。1729 年，约翰在家里盖了间植物园，它后来成为专门向欧洲客户提供北美洲植物与种子的专业园艺苗圃，客户中包括诸如林奈这样的植物专家，

本页图中是约翰与威廉·巴特拉姆在探勘时发现的一种山茶科的树。他们把这种树命名为富兰克林树（*Franklinia alatamaha*），以此向好友兼顾问本杰明·富兰克林致敬。

最后也开始向殖民地的客户提供欧洲植物。撇开美洲植物潜在的药用与商业价值不谈，自17世纪中期开始，英格兰地区的富有地主就很爱在自家土地上种满来自世界各地的异国花草。在18世纪早期之前，北美洲一直是非常受欢迎的异国花草来源，然而到了18世纪早期以后，东方逐渐成为新兴的时髦焦点，尤其以中国为代表。尽管如此，人们对北美洲博物学的兴趣始终不减，更因为马克·凯次比在1731至1747年间出版了图文并茂的《卡罗来纳、佛罗里达州与巴哈马群岛博物志》，让北美博物学的题材更受欢迎。凯次比一书的插画原稿，目前收藏于英格兰温莎堡的皇家图书馆中。

贵格会教徒彼得·柯林森，一位住在英格兰的毛料商兼园艺家，是凯次比的赞助人之一，他后来也担任起和约翰·巴特拉姆类似的角色，居中扮演中介，替巴特拉姆和潜在客户牵线，并供应欧洲植物给巴特拉姆在殖民地区的植物爱好者。在柯林森的协助下，约翰在欧洲的生意发展得相当好，除了植物以外，他在1735至1760年间，每年大约卖出二十组种子，每组售价五基尼[1]，其中包括一百种来自北美洲的不同种植物。

约翰·巴特拉姆早在1742年，也就是在他带着年幼的威廉同行的十多年前，就已经沿着哈得逊河往上游走，针对卡茨基尔一带的植物进行调查、采集和研究，并且在十多年间多次外出进行植物采集。尽管如此，他大部分的植物收藏都来自他家所在的宾夕法尼亚州，或者是英国在北美东岸范围相当有限的殖民地，约是从新英格兰至当时甫成立的乔治亚州之间的沿海地区。在18世纪前半叶，英国在北美洲的立足点仍不稳固，上得面对法国对加拿大和北美中西部的强烈兴趣，下得应付西班牙对佛罗里达州的垂涎。

而1763年在七年战争结束时签订的巴黎条约，让情势整个改观，西班牙交出佛罗里达，法国人几乎从路易斯安那州以外的地方全面撤离。在这个表面稳定的新局势被殖民地居民打破之前的短暂期间，英国国王乔治三世原本打算对殖民地展现比过去更高的兴趣。当时的柯林森认为，尽管约翰·巴特拉姆年事已高，他的下一个目标应该是要调查佛罗里达州的植物相。抱着这样的想法，加上其他有势力人士的支持，柯林森在1765年使约翰成为英王派任在北美洲的皇室专属植物学家，年薪五十英镑。在约翰之前，这个职位由来自费城、同样从事苗圃业的德国移民威廉·扬担任。约翰就任时的薪水只相当于前任威廉的六分之一。

当时的约翰已经将近七十岁，老眼逐渐昏花。尽管如此，在1765年7月至1766年4月间，他还是动身前往南卡罗来纳州、乔治亚州

1.基尼为旧英国金币，1基尼时值1.05英镑。

停在本页图中左方树枝上的是主红雀（*Cardinalis cardinalis*），被巴特拉姆称为“红色麻雀”、“美洲红鸟”或“弗吉尼亚夜莺”。它在图中停留在木樨科植物的美洲木樨（*Osmanthus americanus*）树枝上。当巴特拉姆看到这种“奇特且具有芳香的灌木”时，说它是“凯次比曾描述过的美洲橄榄，叶片呈椭圆长矛状，会长出深紫色浆果”（Olea Americana，foliis lanceolato-ellipticis，baccis atro-purpureis Catesby），或把它称为“紫浆果月桂”，这种树生长在北卡罗来纳州恐怖角河沿岸。画中游过的那只鱼显得极不协调，物种未经确认。

和佛罗里达州北部进行采集，从乔治堡沿着圣约翰河往源头前进，旅行约六百四十公里。威廉自青少年时期就表现出高度的艺术天分，他陪伴父亲进行此次采集，除提供协助外，也给沿路遇上的动植物进行素描。这趟采集勘查十分成功，约翰和威廉一起发现了许多前所未见的植物新种，其中最精彩的无疑是富兰克林树（*Franklinia alatamaha*）这种会开花的树——名称来自巴特拉姆家族世交本杰明·富兰克林。巴特拉姆只在范围相当有限的区域找到富兰克林树，而且它甚至很快地从这些地区消失。两百多年来，这种树从野外绝迹，只有人工种植的样本存在，其中包括约翰·巴特拉姆回到宾夕法尼亚州以后栽种的那些。有些讽刺的是，该次探勘采集的第一盒植物标本，是由柯林森在1768年上呈给英王的，然而没多久以后柯林森殁世。之后，第二盒标本由本杰明·富兰克林在美国独立革命爆发的几个月前交付。

在启程前往佛罗里达进行采集时，威廉已经年届二十六。在此行之前，他一直让父亲很失望。柯林森鼓励威廉发挥自己的艺术天分，并且在他的英国友人圈里替威廉早期的作品做宣传。约翰希望儿子能从事传统行业，原本把威廉送到费城，在一位商人身边当学徒。让威廉从商的计划失败了，让他跟着叔父在北卡罗来纳州恐怖角的贸易站工作，也没有成功。此外，威廉更拒绝本杰明·富兰克林提议调教他从事印刷贸易的提议，也回绝了富兰克林鉴于他日益精进的艺术技能而建议他往雕刻之路发展的另一个提议。最后，在佛罗里达之行中，威廉因深受此地吸引，便说服父亲协助他在圣约翰河河岸设置木蓝种植场，不过这个尝试没多久也宣告失败。

在柯林森去世以后，威廉开始接受另一位英裔贵格会教徒约翰·福瑟吉尔（1712~1780）的照顾，福瑟吉尔是医师，也是植物学家，还拥有位于埃塞克斯郡阿普顿市、当时全英格兰最大的私人植物园。自1768年起，福瑟吉尔聘请威廉，替他制作植物、种子与博物学相关题材的绘画，同时也资助他前往当时已经独立的美国，在美国东南部进行惊人的探勘采集之旅。此时，威廉的父亲已经七十多岁了，因此威廉独自前往。他在1773年4月离开费城，先前往南卡罗来纳州查尔斯顿市，然后经由海路前往乔治亚州的萨瓦纳港市。在接下来的三年半，威廉不时改变他的根据地，以乘船、骑马或步行的方式进行了一系列时间长短不一的探勘，有时单独前往，有时则由被称为“花猎人”的北美原住民陪同。威廉以这样的方式走遍了南卡罗来纳州海岸区、恐怖角河、萨瓦纳河流域，并跨越乔治亚州到亚拉巴马州莫比尔港市、路易斯安那州巴吞鲁日以及波恩特库佩这个繁荣的西属密西西比法国租界。他在佛罗里达州广泛游历，将他的足迹带到从前曾与父亲一同前往的圣约翰河，以及佛州北部区域，包括卡斯考维拉这个印第安塞米诺尔族城镇。威廉对于这些旅行经历的记述《游记》，终于在1791年于费城出版，尽管其中只纳入少部分相当乏味的图片，

“图为圣约翰之鳄，此图表现的是这种可怕的怪兽在春季时大声吼叫的情景（一种求偶行为）。它们会用力让水从喉部涌出，从嘴巴里流出来的景象好像大瀑布一样，从鼻孔喷出的蒸汽状似烟雾。”巴特拉姆在写信给福瑟吉尔时，就是这样叙述着这张他最有名的作品中出现的短吻鳄。在巴特拉姆的手写日志《佛罗里达游记》中，他特别指出，鳄鱼“令人畏惧的声音”迎接着日出。这种鳄鱼在1801年被正式命名，称为美洲短吻鳄（*Alligator mississippiensis*）。

它仍旧是本相当精彩的记录，详细记载着这些地方的地景、气候、植物相、途中看到的个别动植物物种等，以及他遇上与曾经共同生活过的北美原住民有着什么样的外观、行为与生活形态。

《游记》令人赞赏的地方不仅如此。首先，它的时间次序非常不寻常。在离开好一段时间以后，威廉·巴特拉姆在1777年1月，父亲去世的几个月前回到费城。不过他似乎是有点糊涂了，认为自己多旅行了一年，因此他书中写他是在1778年回到费城。此外，他对于某些冒险经历的叙述，尤其是跟印第安原住民和动物相遇的部分，并不总是依据事实，为了让故事能更引人入胜，他似乎不愿意透露太多事实。因此，人们对该书褒贬不一、反应平淡的态度，以及对巴特拉姆某些忠实报道产生怀疑，例如他对圣约翰河里短吻鳄的生动描述，都是合乎常情的。尽管广大读者对该作品的评价是正面的，那些负面批评还是让他感到非常失望。无论如何，在该书问世后的两百年间，人们对这本书和它引以为据的旅行经历愈加崇拜，在美国尤其如此——尽管其写作手法曾招致许多批评，不过事实或许恰好相反，它正是因为写作手法而大受欢迎。

威廉·巴特拉姆另外的小心愿，就是要能受到众人认定，成为许多植物种类的发现者，不过这个心愿并未能在他有生之年达成。在受到福瑟吉尔资助时，他把包含许多新种在内的两百零九种植物与五十九幅图画送到福瑟吉尔处，不过其中有一部分一直到1780年福瑟吉尔去世以后才完成。在这些图画中，有许多是威廉写作《游记》的成果，包括许多精彩的鸟类、鱼类、两栖类动物与爬虫类图画，以及各式各样的无脊椎动物和植物。普遍来说，这些图画都相当精确，然而其中几幅的比例尺有些古怪，使得画中的动植物尺寸的放大缩小，显得奇形怪状、不伦不类。此外，有些描绘似乎想象的成分高于现实，他画笔下圣约翰河里那只会喷烟的短吻鳄就是一例。假使这些被大量宣传，它们会为威廉的批评者提供更多攻击的借口。于是，这些图画一直到1968年才被完整出版。

在福瑟吉尔去世时，包括巴特拉姆画作与植物标本在内的福氏收藏，由约瑟夫·班克斯取得，由丹尼尔·索兰德整合到他替班克斯管理的图书馆与植物标本馆中。然而，索兰德直到1783年英年早逝之前，都在全神贯注地处理太平洋地区的材料，尤其是奋进号带回的标本。因此，巴特拉姆的材料大部分都未经检查，一直到班克斯收藏于1827年由大英博物馆接收，也就是威廉·巴特拉姆过世四年以后，才受到适当处理。

在这些壮游以后，巴特拉姆的下半生相对的平静，没有太多社会赞誉。在美国独立战争的前几年，尽管巴特拉姆努力地维持着他和北美地区科学界的联系，但英国和北美之间的联系确实比以前困难许多。他终生未婚，在较务实的兄长约翰所继承并管理的自家庄园里，过着单身汉的生活。威廉在庄园里帮忙接待宾客，他按兄长指示制作了一些图画，甚至曾经到甫成立的宾夕法尼亚大学担任植物学教授，不过宾大并没有巴特拉姆的授课记录。

很不可思议的是，在完成佛罗里达州和乔治亚州的游历以后，巴特拉姆就很少再出门旅行。一部分可能是因为他在1786年间采集种子时不慎从树上跌落，摔断了腿，不过大体而言，他年轻时的懒散个性，到晚年似乎又显现了出来，因此在生命中的最后三十年，他没有太多作为，只是平淡地过生活。尽管他把许多生命用来满足当时许多热心收藏者的欲望，他并没有累积太多个人财产。根据巴特拉姆的遗嘱，在他去世之际，他只有留下两箱衣物、他睡觉用的羽毛褥垫与垫枕、两杯一盘、一个锡制信箱、几本书和一些装在一只钱包里的现金。

Fig 1

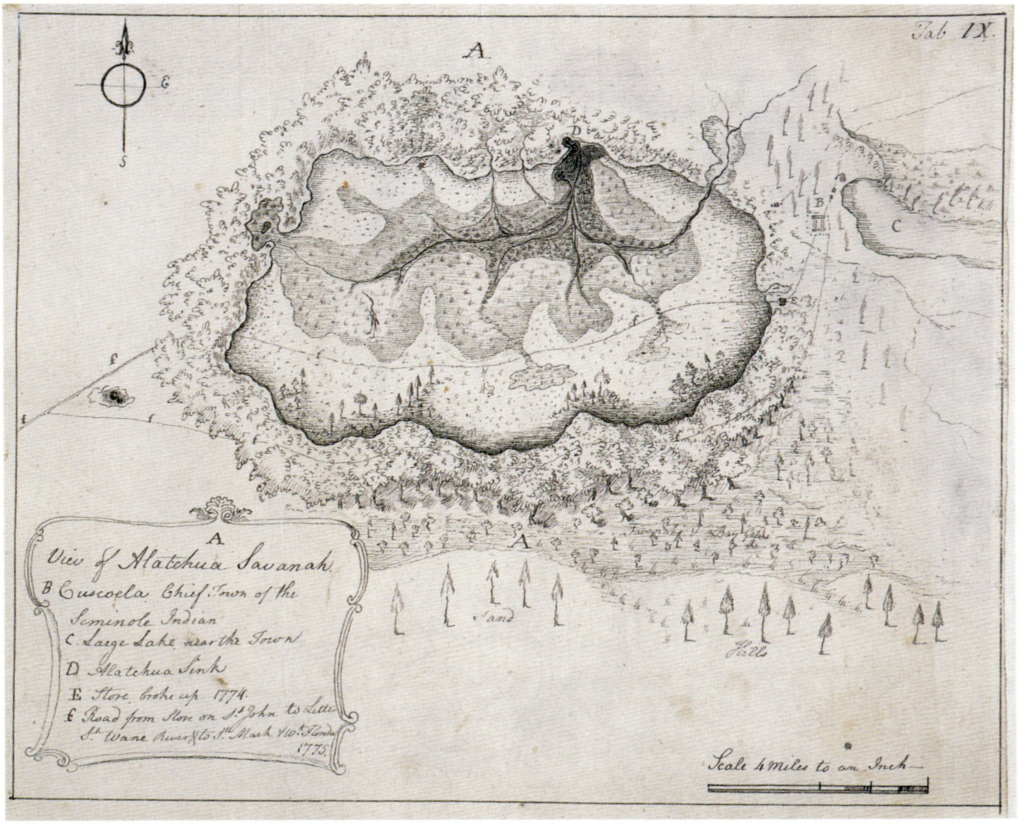

左页图中是龙胆科的巴特拉姆绮玫花（*Sabatia bartramii*），后人根据巴特拉姆的名字加以命名。巴特拉姆特别写到，这是种“常青植物，终年开花，是绿色无树平原的另一个美丽居民……花开繁盛，我曾看过 4 英寸和 5 英寸（10 至 12.5 厘米）大的花朵，在深玫瑰色中灿烂地开放，就在深红色花海中矗立着。花瓣数不一定，介于 15 至 20 或 30 之间……”

巴特拉姆在美国东南部探勘并画下的无树平原之一，现在被称为佩恩草原（本页图），它位于佛罗里达州阿拉楚阿郡，盖恩斯维尔南方，占地 34 平方公里。

巴特拉姆在绘制本页图中的葫芦科苦瓜（*Momordica charantia*）时，是用专业园丁同时也是父亲约翰·巴特拉姆种子供应生意竞争对手的詹姆斯·亚历山大所栽种的植物作为标本。右页图中莲科的黄莲（*Nelumbo lutea*）素描是巴特拉姆的重要作品之一，因为其中包括茅膏菜科的捕蝇草（*Dionaea muscipula*）的第一张植物素描，位于该图左下角的莲叶下方。与黄莲的花叶相比较，在画面前方漫步的大蓝鹭（*Ardea herodias*）比例显得相当奇怪。

就像第115页的素描一样，右图是以莲科的黄莲（*Nelumbo lutea*）莲蓬为主题，搭配白唇陆螺（*Triodopsis albolabris*）。在他的叙述中，白唇陆螺“有麦秆色的壳，壳内呈灰白色的大型陆生蜗牛。活的无壳蜗牛呈深灰色，上有不规则黑色斑点”。图左是摇曳生姿的菊科植物波形翼茎草（*Pterocaulon undulatum*），一般认为这种植物对水肿和其他疾病有相当好的疗效。同样在图片的左边，两种天南星科植物，叶片呈箭头状的箭南星（*Peltandra virginica*）和大薸（*Pistia stratiotes*）。根据巴特拉姆向福瑟吉尔的报告，“佛罗里达州居民会把箭南星的根烤或水煮来吃。”至于大薸，巴特拉姆曾经看到它和其他植物“交织纠缠地长在一起，形成庞大的沼泽”。

Fig 1
Fig 2

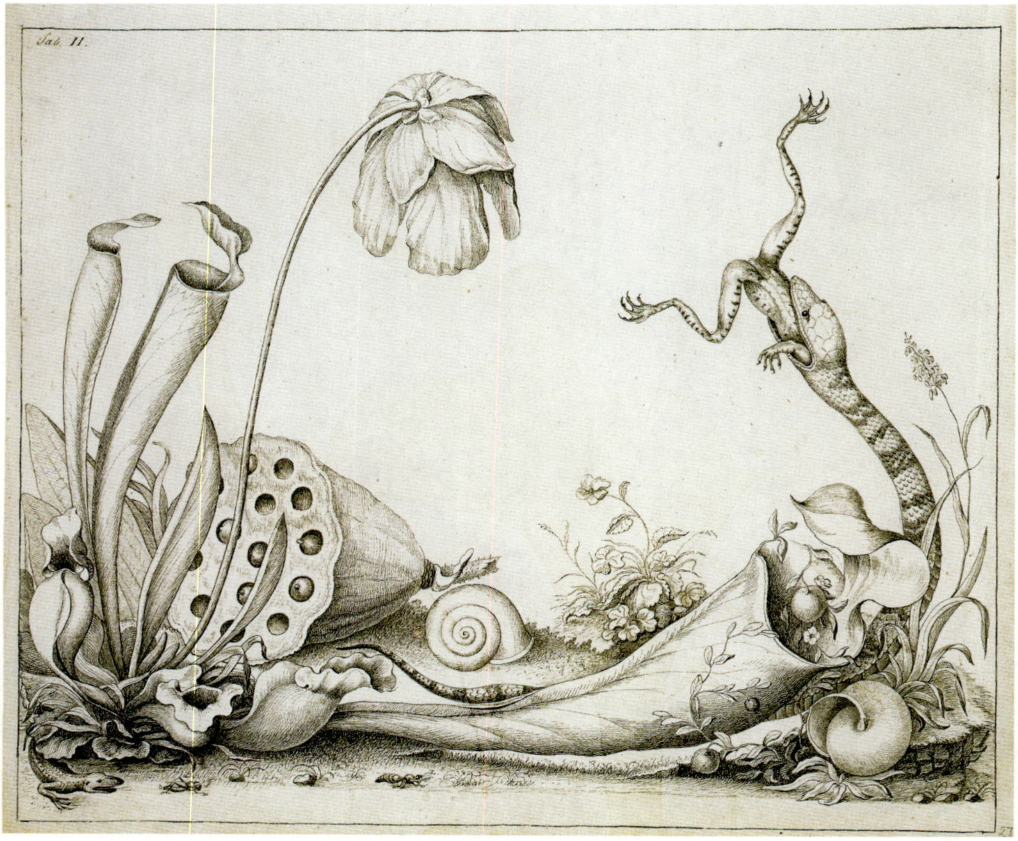

在《游记》一书中，巴特拉姆描述了被引诱到食虫植物瓶子草科的紫瓶子草（*Sarracenia purpurea*）和黄瓶子草（*Sarracenia flava*）叶片上的昆虫，被一个由向下硬毛所构成的障碍物困住，这些硬毛“防止各种被捕捉的昆虫在受邀进入管子内部表面吸吮甜美花蜜以后重获自由……”。这些昆虫无法逃脱，“溶解并混到（瓶底）液体中”。在同一张画里，猩红蛇（*Cemophora coccinea*）正在吞下它的猎物。右页图是巴特拉姆画笔下的美人蕉科植物的柔瓣美人蕉（*Canna flaccida*），他在这张画里，也把一个石管碗画了进去，据信是当他行经位于亚拉巴马州塔拉普萨河河畔的慕克拉萨时，当地的印第安原住民长老送给他的。

Nº IV.

N°1.

N°2

N° 1.
Wild Lemmon's
grows in the Province of Georgia
The Flowers are green the Fruite the size of a Damson Plumb
N°2. A very early flowering Hawthorn
grows in same Province —

身为皇家植物园创办人之子——英王乔治三世所正式指派的植物学家，巴特拉姆被要求将洪桐科植物的酸蓝果树（*Nyssa ogeche*）种子送回英国。威廉·巴特拉姆替这种植物的插枝画了一张素描（左页图）。1768 年，种子进口商彼得·柯林森从英格兰写信给巴特拉姆，抱怨道："送来的标本品质不够好是很奇怪的事。我希望能取得一些坚果。对于栽植这件事，是毫无疑问的。"左页图中比较小的插枝是从一棵"很早就开花的山楂树"上取下的，巴特拉姆也在乔治亚州发现它的踪迹。本页图可能是食虫植物黄瓶子草（*Sarracenia flava*）的花。

巴特拉姆对上面这张画的笔记，把这只鸟认定为“佛罗里达凤头红莺或弗吉尼亚夜莺”。这只鸟实际上是主红雀佛罗里达亚种（*Cardinalis cardinalis floridanus*），不同于第 107 页里出现的“弗吉尼亚夜莺”。这两种鸟其实是同种，但分属不同的亚种。它似乎是该地区的留鸟，在“给福瑟吉尔博士的报告”中，巴特拉姆写道“凤头红莺在此地终年出现”。在巴特拉姆的笔下，右页图中的沙丘鹤佛罗里达亚种（*Grus canadensis pratensis*）被他描述为“乌图拉大草原鹤，体色灰，飞羽呈灰黑色”。最初观察到的实例出现在佛罗里达州莱维郡，不过被巴特拉姆的同伴射杀并煮来吃了。

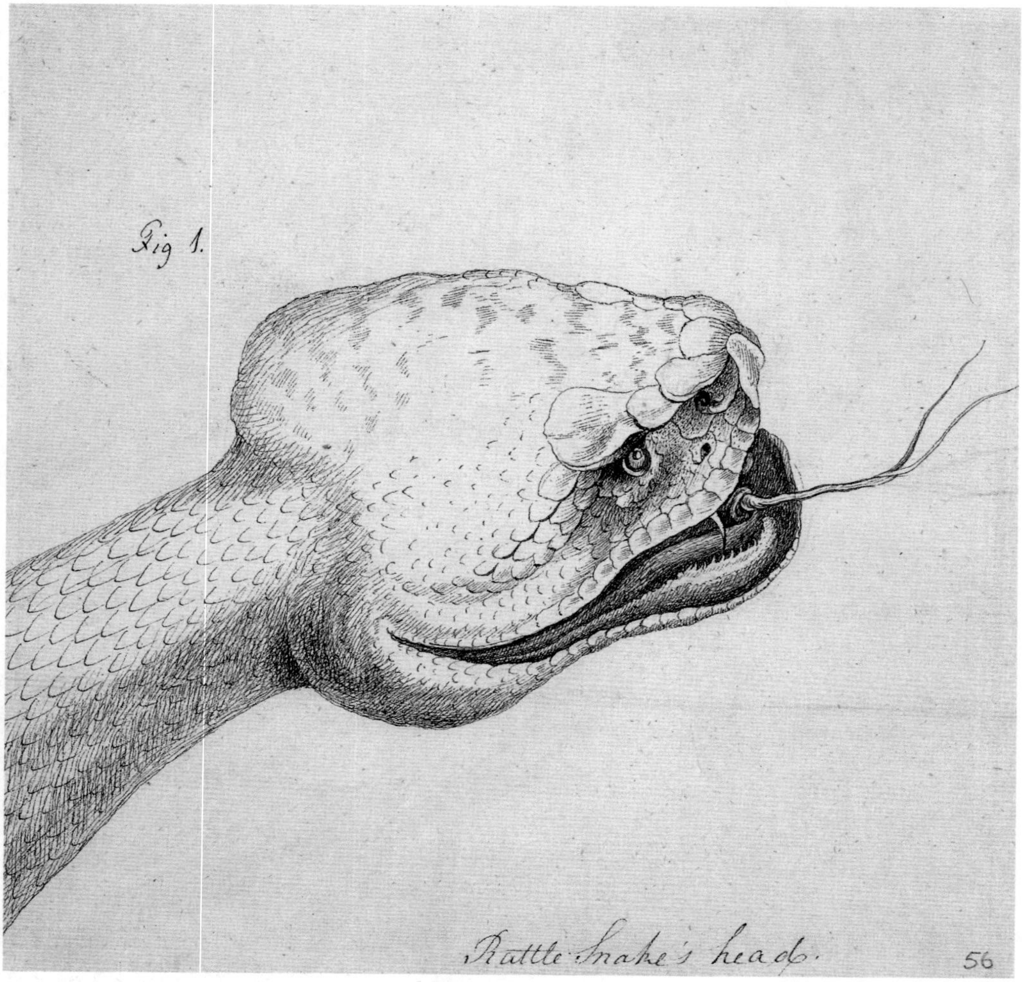
Fig 1.
Rattle Snake's head.
56

左页图是巴特拉姆口中的“巨响尾蛇”，目前命名为东部菱背响尾蛇（*Crotalus adamanteus*），是北美洲体型最大的毒蛇。在《游记》一书中，巴特拉姆叙述了在塞米诺尔印第安营地杀了“一条很大的响尾蛇”的亲身经历，说：“我拿出刀子，把它的头割了下来，然后转身，就看这群印第安人对我的英勇表现，以及我对他们的友谊，显示出赞赏之意。我拿走还在滴血的蛇头，当成我的胜利奖杯……”至于本页图的“乔治亚鳖”，巴特拉姆则写道：“……最奇特的动物族群……经水煮或烘烤后，可以连壳带肉一起吃下，被该省居民认为是相当有益健康且可口的美味。”

巴特拉姆在佛罗里达东部看到左图这只“大黑欧鳊”。这种鱼目前被命名为蓝鳃太阳鱼（*Lepomis macrochirus purpurascens*），英文俗称铜鼻欧鳊。根据巴特拉姆的叙述，这种鱼体色深紫，有泛红的黑色大眼睛。他说：“这种美丽的鱼在佛罗里达东部的淡水河、泉水和水洼中随处可见。它的嘴巴看起来出奇的小，不过它可以利用可活动的鳞甲，让嘴巴张大到足以吞下稚鱼，除了稚鱼以外，它们的猎物还包括蜗牛、螺类、蠕虫和水生爬行动物。太阳鱼在当地被认为是种美味的鱼。”在巴特拉姆提到上图的冠突鳃太阳鱼（*Chaenobryttus coronarius*）时，把它说成是“被称为‘老妇’的大黄欧鳊”。巴特拉姆在佛罗里达东部曾经看过这种鱼，说“它是一种大胆又贪吃的鱼，会像豹一样把自己藏起来，躲在洞穴或隐秘的地方，然后突然冲出去咬住路过的小鱼”。

第五章

横跨太平洋（1768~1771）

詹姆斯·库克、约瑟夫·班克斯爵士、悉尼·帕金森

1768年春天，年三十九岁，在英王乔治三世的海军担任船长的詹姆斯·库克，满心期待地认为自己即将离开怀孕的妻子与三个稚子，回到他连续任职了十年的北美洲。在过去十年间，库克在勘测工作方面早已建立起令人钦羡的名望，他通常在夏季进行野外测量，冬季则回到英格兰绘制图表。在库克的预期中，他于1768年应该重拾北美洲勘测的工作，然而，皇家海军却另有计划，打算把库克升为尉官，让他率领舰队远征太平洋。库克前后远航太平洋三次，改变了西方世界对太平洋的认识与了解。

初次远航太平洋的主要目的，是要观察金星凌日，也就是从地球上观察金星运行横过太阳的现象[1]。知道凌日现象在地表上不同观察点发生的确切时间，除了其他用途以外，主要让天文学家能计算地球与太阳之间的距离。在1768年以前的最后一次金星凌日发生在1761年，当时尽管有来自九国一百二十位观察者的努力，成果仍然欠佳，倘若错过1769年

1.金星运行到太阳和地球中间时，由于金星比月球更加远离地球，视觉上它的大小不足以完全掩盖太阳，因此当金星凌日时，太阳上就会多了一个黑色圆点，这个黑点其实就是行星的剪影，它会慢慢由太阳的一边移到太阳的另一边。

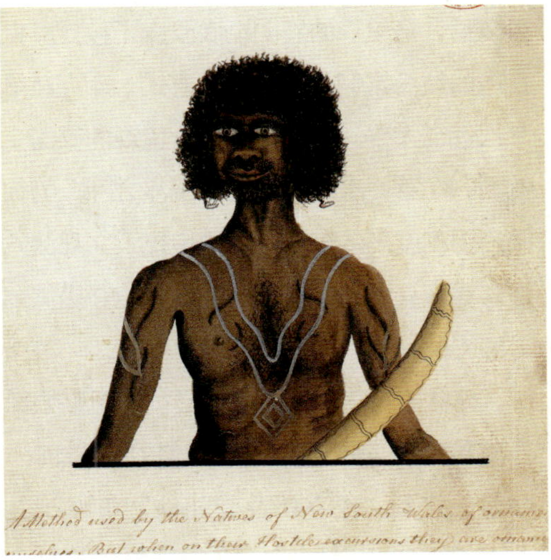

这些是欧洲人第一次描绘澳洲土著的记录，制作时间约莫是詹姆斯·库克初访澳洲的二十至三十年后，作者不详，化名为杰克逊港画家，目前为伦敦自然博物馆的收藏。

的观察机会，则必须等到1874年才能再次观察[2]。因此，这次必须做得更好，所有适合的国家，包括当时战事未止的英法两国，都急于参与。英国对于此观察计划的部分努力之一，就是由皇家海军派遣考察队伍，在1776年甫由塞缪尔·沃利斯船长率领海豚号发现的塔希提岛上进行观察。

然而，此种规模的远航必须要能满足一个以上的目的。就当时状况而言，尽管在前两世纪间，已有许多横跨太平洋的记录，但太平洋大部分地区仍然是不为人所知的秘境。库克可能有望发现新的地区，占领能造福英国王室的任何事物。这样的想法尤其因为库克即将横跨南太平洋，让他满心期待能找到迄今尚未被发现的“未知的南方大陆”。在当时的认知中，这块南方大陆应该是占据着南半球的大部分地区，能与北半球的大面积陆地相抗衡，这样的大陆肯定资源丰饶，对于第一个发现并接管该地的国家，绝对会是庞大的资产。

这次远航选择的船舰，是一艘三十三米长、在惠特比建造的运煤船，非常适合库克。船身坚固且宽敞，吃水极浅，尽管船速不快，却具有极高的机动性，在未知且具有潜在危险的水域里航行，这样的船舰非常理想。英国海军购入时，它的船龄不到四年，它被重新命名为奋进号并整修改装，船身以薄木板保护层加以强化，保护层上布满大头钉，保护船体免受热带水域中恶名昭彰的蛀船虫[3]寄生。

除了八十五名船员所需的补给以外，奋进号与库克船长也必须接受一些平民随行，其中包括协助库克观察金星凌日的天文观测人员查尔斯·格林。在前两位皇家天文学家身旁任职时，格林是以助手的身份在他们的指导下学习，后来在1763年陪同当时的皇家天文学家纳维尔·马斯基林前往巴巴多斯测试约翰·哈里森的新计时器。没多久以后，哈里森的发明彻底改变了包括库克在内的航海家们测定经度的方式，库克在第二次远征太平洋时就采用了哈里森的仪器。然而，在第一次库克初探太平洋之际，仍须采用困难度高却较不可靠的传统天文观测方法，对库克而言，格林在这方面能够提供宝贵的协助。

格林的存在意味着库克必须重新整顿部分船舱空间，不过这比起库克在起航前一个月，接到“班克斯及其随从”等至少九人亦将随行的通知后所必须进行的整顿，算是小巫见大巫了。当时的约瑟夫·班克斯年二十五岁，是位相貌堂堂、富有且聪明的年轻人，他不但人脉深厚，而且早已成为英国皇家学会会员。班克斯将这趟旅程视为增进博物学研究、尤其是植物学的绝佳契机，

2.金星凌日发生的次数很少，通常以两次为一组，一组之间的间隔时间为八年，到下一组出现金星凌日的现象则需经过一百多年的时间。

3.蛀船虫并不是虫，而是一类外壳极度退化的海生双壳类软体动物，专门寄生于浸泡在海水中的木质结构上，例如柱子、码头、木制船体等。

悉尼海岸线，本页上图是从植物学湾延伸到杰克逊港，下图是从植物学湾往南延伸的部分。这两件作品出自托马斯·沃特林之手，沃特林因伪造罪而被判刑流放悉尼，替当时被派驻殖民地的英国海军高级军医约翰·怀特画下了杰克逊港的大部分景色。在沃特林的注记中，“班克斯角”和“索兰德角”（位于植物学湾入口）所用到的人名，指的是奋进号上的约瑟夫·班克斯和他的植物学家丹尼尔·卡尔·索兰德。由于班克斯随着奋进号航行悉尼之故，后来才有将此地当作殖民地来发展之建议。

于是便说服了皇家海军，让他能自费随着库克远征太平洋。班克斯坚持要带着四位随从、一位秘书、两位画家、一位植物学家、加上两只狗和许多行李一起上路。尽管在狭小且已嫌拥挤的船舱里硬是腾出空间，确实引起某些困扰，尤其让膳宿空间直接受到影响的资浅船员们感到不快，不过班克斯和他的随行人员，对整个航程的成功的确是功不可没。当然，如果没有班克斯和他所聘请的植物学家丹尼尔·卡尔·索兰德（1736~1782），就不可能搜集到这么多的博物学与人类学材料，尤其是他们所采集到的大量植物标本。班克斯坚持聘请随行画家，也让此行得以留下绝佳的视觉记录。这样的做法也创下了在此类航程中携带专用艺术家的先例。

班克斯聘请了两位画家随行，一是专门进行人物与地景绘画记录的亚历山大·巴肯，另一位是当时已经相当知名的悉尼·帕金森（1745~1771），负责替采集到的动植

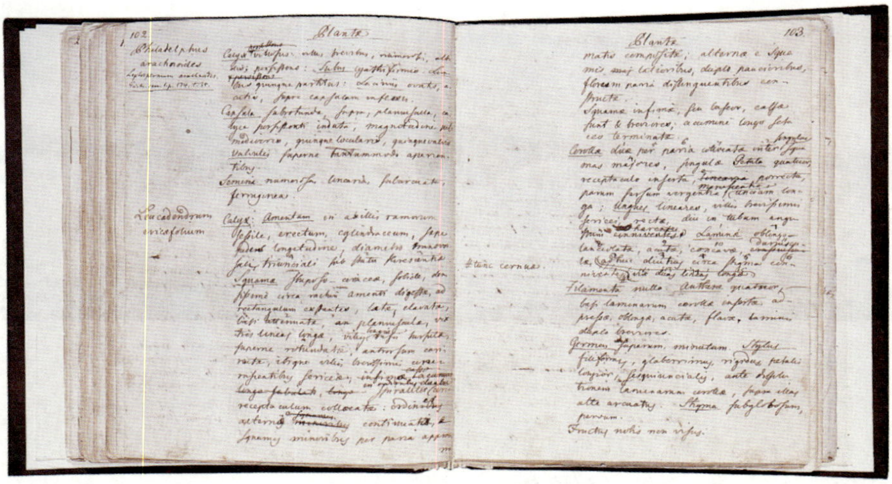

奋进号植物学家丹尼尔·卡尔·索兰德的航海日记。索兰德详实地记下航程中采集到的所有植物，这份记录让约瑟夫·班克斯印象深刻，因而决定长期聘请索兰德。

物标本作画。然而，巴肯在奋进号抵达塔希提岛后没几天过世，帕金森因此必须肩负起绘制所有画作的庞大任务，并由班克斯的瑞典秘书赫尔曼·斯波林提供部分协助，一直到1771年1月奋进号在返航途中横越印度洋时，两人在数日之隔相继辞世为止。帕金森来自爱丁堡，父亲是从事啤酒酿造的贵格会教徒。他在此之前就曾受班克斯之邀，在班氏于1766年前往加拿大纽芬兰和拉布拉多时，替途中搜集到的博物学材料进行绘图记录的工作，另外也曾临摹彼得·迪贝维尔的锡兰动物画作。而帕金森从不需要克服在上下起伏的船上如何顺利作画的问题，也不需适应在热带气候工作的不适感。

无论如何，航程在一开始是极为顺利的。库克于1768年8月离开英格兰，在11月13日抵达里约热内卢并在当地停留三周以前，途中曾在马代拉岛的丰沙尔港短暂停留。库克从里约直接航向勒梅尔海峡[4]，绕行南美洲前进，他先在火地岛登陆，之后在1769年1月下旬穿过合恩角，进入太平洋。此后，奋进号便朝西北方航行，在4月13日，金星凌日的七周前抵达塔希提岛的马塔韦湾。库克将观察站设好，并成功观察到金星凌日之后，在7月中准备返航。在停留塔希提岛的期间，帕金森出乎众人所料，对严峻的热带生活展现出极佳的适应力，然而，他还是遇上了许多问题，其中最让他困

4.位于阿根廷南端艾斯塔多岛和火地岛之间。

扰的问题之一，就是当地的苍蝇。根据班克斯的说法，这些苍蝇“……吃颜料的速度和画家上色的速度一般快，如果绘画素材是鱼，赶苍蝇比画画本身还麻烦。大伙儿想了不少权宜之计，不过没有方法比用蚊帐把椅子、画家和画作盖起来来得更好，而且光是这样还不够，蚊帐内还必须设置捕蝇器吸引这些害虫，避免它们跑去吃颜料。”

库克从塔希提岛往南航行到南纬40度以南，遵循上级指示，寻找南方大陆。然而，他没有找到任何大陆块的迹象，于是决定先往西北方再转往西南航行，最后向西来到阿贝尔·塔斯曼口中的新西兰岛的东岸。阿贝尔·塔斯曼来自荷兰，是1642年第一位踏上新西兰西岸的欧洲人。库克以逆时针方向沿着新西兰北岛沿岸航行，随后穿过库克海峡[5]以顺时针方向绕行南岛。虽然库克曾进行数次短暂的登陆勘查，不过他所绘制的精密地图，大体上却是“航行测量”的成果，亦即在沿岸航行时仔细记载地貌地物的方位、配合天文观测所综合而得的结果。

库克于1770年3月31日离开新西兰。在完成该次远航的两个主要目的以后，他可在返航时选择经过合恩角，或是绕行好望角的路线。前者东行路线由于季节之故，为时已晚，库克于是决定采行后者，并决定顺道绘制澳大利亚东岸地图，从塔斯曼在一百三十年前离开的地点往北沿着澳大利亚东岸航行。这个决定开启了航海史上最惊人的航行与地图绘制工作，即使就库克本身所订下的严峻标准而言，仍旧是困难度极高的航程。它同时也带来令人赞叹的博物学采集成果以及帕金森的几幅巅峰之作。

奋进号于4月19日抵达澳洲大陆东南端，沿着澳洲东岸航行超过两千英里（约三千两百公里），其中包括大堡礁水域里的许多险滩，更一度在珊瑚礁上搁浅三十六小时，计划几乎因此失败。在五个月极端危险且困难重重的航程中，库克除了因此制作出非常出色的地图，更借机登陆进行数次探勘，其中最重要的显然是在目前悉尼南方植物学湾所进行的勘查，植物学湾的来由，就是因为当时在此地采集到数量丰富的植物新种，因而得名。

帕金森自起航之初就没闲过，在行经大洋航路时，忙着替途中采集或射杀捕捉到的海洋生物与海鸟作画，登陆时则得绘制陆生动物与植物。然而，当船行经过澳洲东岸时，他几乎被工作给淹没。班克斯与索兰德几乎每天都带来新的材料，帕金森得发狂般地工作才能赶上进度，经常在拥挤的环境里，就着闪烁的烛光与油灯熬夜作画。尽管在奋进号航行于澳洲水域的那段期间，帕金森画出超过四百幅植物素描，不过他实际上只完成了少数作品；他采取的方式，是仔细替每种植物的重要部位进行素描，偶尔上色，大概是打算稍后借由干标本的协助再来完成。相较之下，帕金森所完成的动物作品

5.位于新西兰南北岛之间。

就比植物多了许多，不过许多已完成作品其实是航程早期绘制的鱼类与鸟类，而非那幅于1770年6月在目前昆士兰库克敦附近画下的袋鼠素描名作。事实上，帕金森画笔下的动物并不多，而且只有袋鼠和袋鼬来自澳洲。这也许一点也不奇怪，因为把植物用湿布包裹，可以在相对较长的时间保鲜，小型无脊椎动物甚至鱼类也不会太迅速地“变质”。然而，若是温血的哺乳动物，就完全是另一回事——尤其是帕金森在船上的大舱进行绘制工作，而大舱同时也是船员与平民乘客用膳的空间。

当奋进号抵达卡奔塔利亚湾东北端的约克角时，不论是船身或索具都已残破不堪，库克因此决定，在返航英格兰前，必须在荷属巴达维亚（目前的雅加达）停靠以进行修理。奋进号于1770年10月11日到达巴达维亚，一直停靠到12月26日，接着又与逆风搏斗了三周，才驶向大海，踏上返乡之路。尽管起航时，船只状况已适合航行，不过在巴达维亚的停留，对船员的健康却造成了极惨重的损害。当他们离开时，库克写道：“我深信，与世上其他类似地点相较之下，巴达维亚更让许多欧洲人担惊受怕。在抵达此地时，我们的船员健康状况良好，适合出航，不过在此地不到三个月的停留，却让我们的船在离开时跟医务船没两样，还损失了七名船员。”在奋进号离开以后，船员状况并没有好转，反而更加恶化，在1771年3月15日抵达开普敦之前，库克失去包括斯波林、帕金森与天文观测员格林等在内的二十三名船员，他们大多是因为疟疾和痢疾而病逝。

悉尼·帕金森的自画像，目前此作品属于伦敦自然博物馆的艺术收藏。帕金森并没有受过正规艺术训练，不过当他开始在伦敦展示绘画作品时，还是受到班克斯注意。

在开普敦停留的一个月，让船员调养生息，除了三名船员以外，其余皆逐渐康复，库克也借机招募新船员加入。奋进号终于在4月15日再度起航，在一段平静无事的航程之后，终于在1771年7月2日于普利茅斯港下锚。在远征期间，人们曾经数度以为奋进号已罹难，因此船员在返抵国门之际，更是受到热烈欢迎。库克大受皇家海军与科研机构的赞许，于该年 8 月升任指挥官。班克斯则摇身一变成了名人，和索兰德一起成了受伦敦上流社会广为赞誉的对象，声名远播。该次远航搜集到相当丰富的自然标本，其中包括超过一千件从未见于欧洲的植物标本，这点让卡尔·林奈印象深刻，更因此认为新南威尔士应该称为班克斯亚，以此向班克斯表达敬意。尽管林奈的建议未受采纳，不过后来确实也以班克斯之名替植物新属命名。

尽管这批标本的重要性显而易见，而且还有随即出版的《自然系统》和《植物种志》作为一流指南，这些新种的发表与相关出版工作，却不是那么顺利。班克斯当然想就这些植物学材料与动物标本出版一份完整的报告，而且不只是第一次远征的采集成果，还打算将后来库克第二与第三次远征的材料也纳入。然而这件事一直没有发生，这主要是因为班克斯日渐涉身其他事务，造成计划延宕，尤其是他担任了四十一年的皇家学会主席，更让他分身乏术。幸运的是，三次远航采集到的植物标本与大多数博物学图像都被完整地保留了下来，并在班克斯过世以后，悉数来到大英博物馆。至于动物标本，则因为班克斯本身兴趣缺乏，或送或卖至英国国内外许多私人收藏家或机构之处，而且大多都在辗转经手的过程中损坏或佚失。

然而，手上握有将近一千张帕金森所留下的已完成与未完成植物画作和速描以及数百张动物与其他主题图像作品的班克斯，仍然试着让它们充分发挥其价值。他花了将近七千英镑，聘请十八位镌版工根据帕金森的原图制作出七百五十三个印版，尽管如此，在他有生之年，仍无法将它们付梓出版。除了 20 世纪初以平版印刷的方式发表的三百一十八幅澳洲植物以及 1973 年出版的植物图像精选辑以外，《班克斯花谱》一直到 1980 年才出版，帕金森为奋进号远航所付出的努力，终于能获得公正的评价。至于帕金森绘制的动物图像，得以正式出版的数目就少了许多，不过很多都被后期的博物学家，用作新种描述的参考。不论如何，悉尼·帕金森在他悲惨短暂的一生中所做出的重大科学与艺术贡献，现在终于完全受到承认，尽管这已经是他去世两百多年以后的事了。

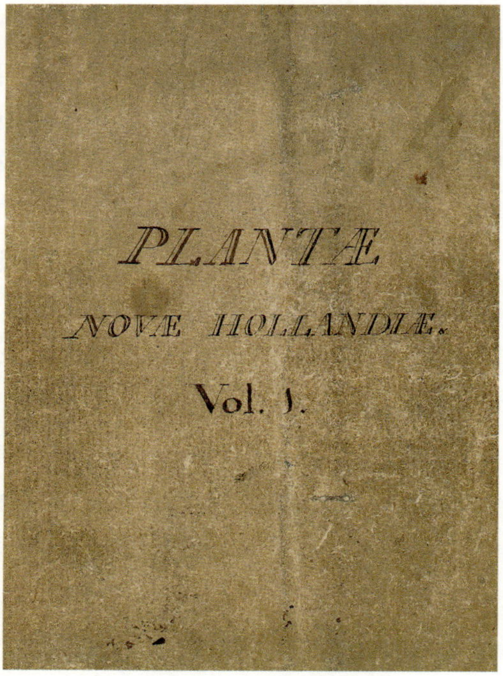

丹尼尔·卡尔·索兰德（本页左图）在1768年以年薪四百镑受雇于班克斯，以植物学家的身份随着他参加奋进号远航。保存航程中采集到的植物标本，是索兰德分内工作的一部分，右页图中由班克斯采集到蘋科植物的田字草（*Marsilea polycarpa*）就是一例。索兰德的植物笔记，被纳入《澳洲植物》（本页右图）一书中。

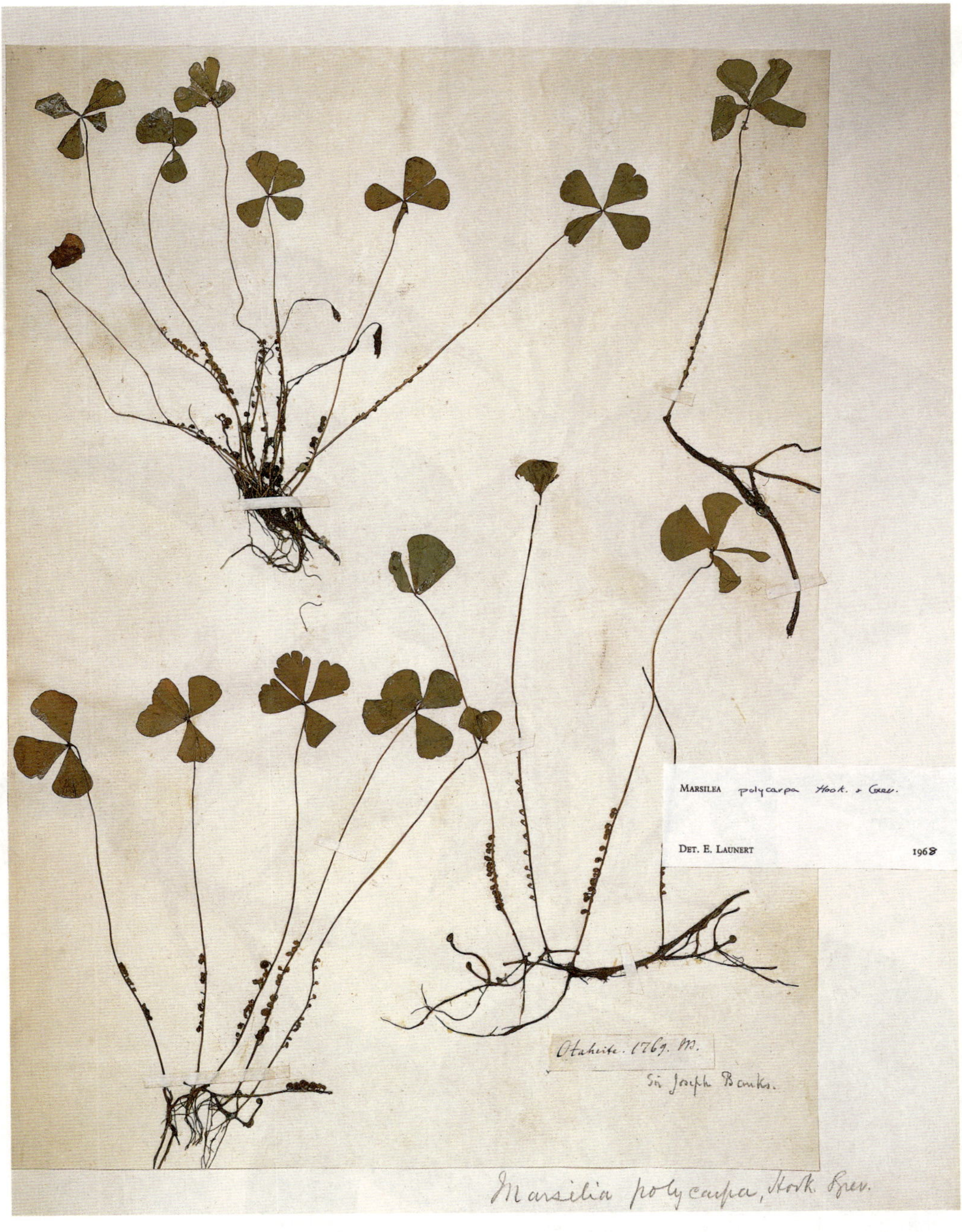
MARSILEA polycarpa Hook. & Grev.
DET. E. LAUNERT 1968
Otaheite. 1769. M.
Sir Joseph Banks.
Marsilia polycarpa, Hook. Grev.

Xylomelum pyriforme Smith

回到英格兰以后，班克斯计划把帕金森在旅行途中绘制的植物图像出版成一本版画集。每个图像都必须经过许多步骤处理，例如这两页所示不同版本山龙眼科的火木梨（*Xylomelum pyriforme*）。帕金森在奋进号上绘制的原作（本页左图），原本只有局部上色，在回到伦敦以后，由参与出版计划的艺术家约翰·弗雷德里克·米勒复制并以水彩完成上色（左页图）。之后，再根据米勒完成的作品制成雕版，并在进行彩色印刷以前以单色校样（本页右图）检验雕版。

下页两图（第 140、141 页）则是紫葳科植物束花金焰紫葳（*Deplanchea tetraphylla*）的水彩完成图与雕刻师印样。

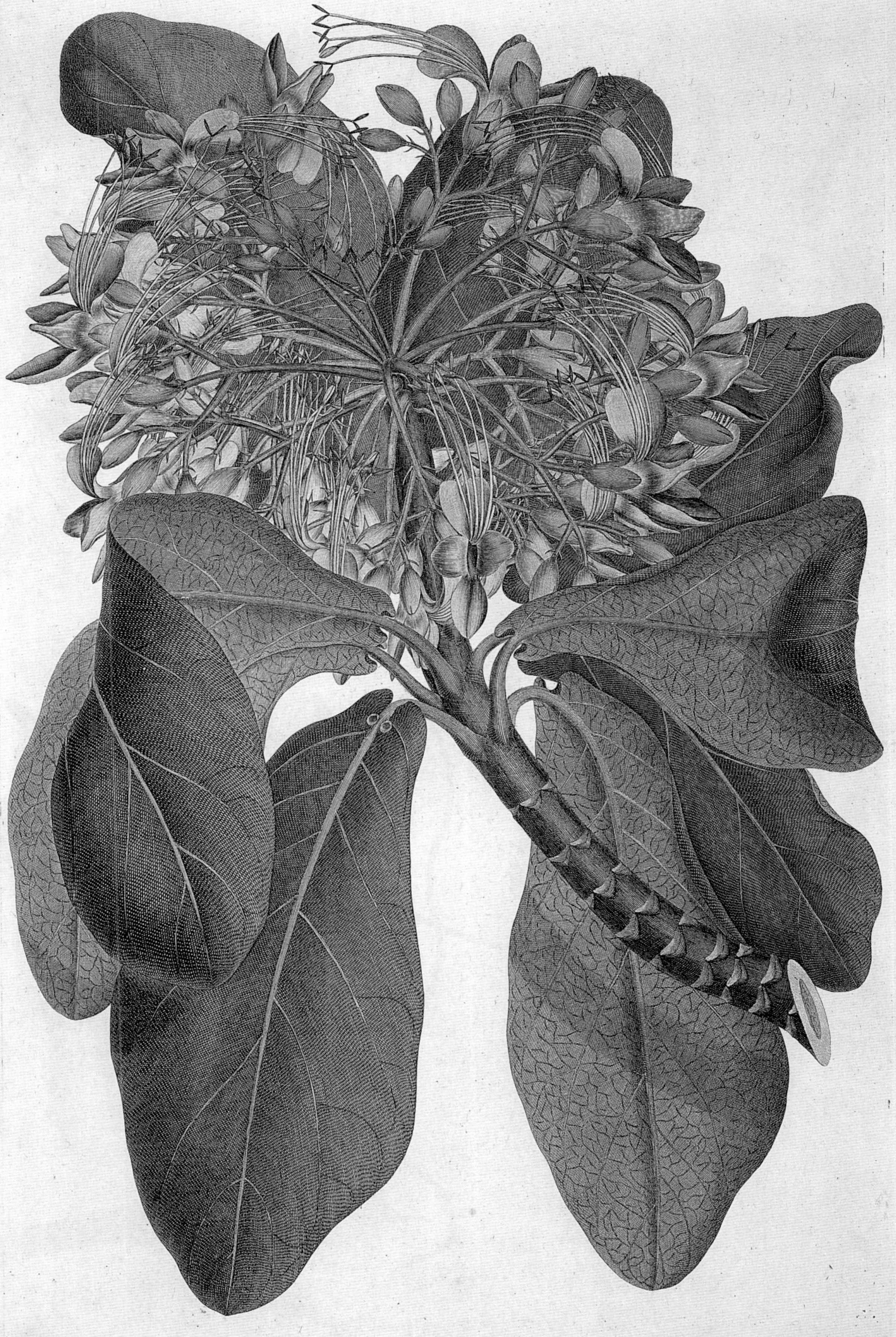

Ophioglossum scandens. Linn Sol. Flora Indic. p. 125

Lygodium volubile Sw

来自巴西的海金沙（左页图），索兰德将之命名成藤蔓瓶尔小草（*Ophioglossum scandens*），目前正式学名为旋茎海金沙（*Lygodium volubile*）。这种植物在过去被用来编织篮子、纺纱、制作垫子和捕鱼器。虽然帕金森没落款，这张很可能是他的作品。在所有被认定是出自帕金森之手的作品中，有六百九十多幅并没有落款，然而根据相关笔记上的笔迹来判定，帕氏应该是这些原作的作者（在此指的并非后期艺术家如诺德、米勒等的临摹作品）。本页图为帕金森署名的水彩画，图上题着“悉尼·帕金森 1769 年作”的字样。图片描绘的是一种塔希提岛的水生植物，称为田字草（*Marsilea polycarpa*）。帕金森在塔希提岛的时候，当地昆虫猛吃他画布上的颜料，他不得不把自己和画架用蚊帐遮盖起来，省得颜料成了昆虫的大餐。

好几位艺术家都参与了《班克斯花谱》的出版计划。雕版的制作大多根据帕金森的原作，例如本页左图碗蕨科的蕨（*Pteridium aquilinum*），不过偶尔也有根据不知名艺术家作品所制作者（本页右图）。许多水彩画都是由约翰·弗雷德里克·米勒和詹姆斯·米勒两兄弟所完成。帕金森素描的小叶佛塔树（*Banksia ericifolia*），其水彩画版本（右页图）上就题有“约翰·弗雷德里克·米勒 1773 年作”的字样，这种植物所属的佛塔树属，就是以班克斯的名字命名。班克斯在植物学湾发现这种植物，植物学湾这个地名，乃来自于在此地发现的丰富植物种类。

324
John Frederick Miller pinx^t 1773.

左页图中这幅锦葵科植物磨盘草（*Abutilon indicum ssp. albescens*）的水彩画，乃根据帕金森的素描所完成，图上题有“弗雷德·波里多尔·诺德 1778 年作”的字样。这种植物生长于澳洲的热带地区与东南亚，俗称灯笼木。在奋进号停驻里约热内卢的三周期间，班克斯和索兰德搜集了许多植物标本，其中包括生长迅速、目前被命名为纤毛蕊叶藤（*Stigmaphyllon ciliatum*）的黄褥花科常青攀缘植物，本页图即为帕金森对这种植物的描绘。一旦帕金森完成了一幅作品，索兰德就会在作品背后记下植物种名，班克斯则负责注记采集地点。

两幅是根据帕金森的素描所制作的水彩画。桑科植物的华丽榕（*Ficus superba*）的水彩画（右页图）上题着“弗雷德·波里多尔·诺德 1782 年作”，是诺德替班克斯制作的。本页图中的星芒草科的多脉聚星草（*Astelia nervosa*）也被认定是弗雷德·波里多尔·诺德（约 1770 年至 1800 年）的作品，这种植物俗称为灌木亚麻。帕金森照例在素描背后注记了植物的颜色，诺德因此得以按照帕金森的笔记，完成他的作品。有关华丽榕的笔记是这么写的：“果实未成熟时呈淡绿色，上有白色小斑点，逐渐成长后呈白绿色，斑点则带红白色，成熟的果实呈深紫色，上有白色斑点。”

RAJA testacea.

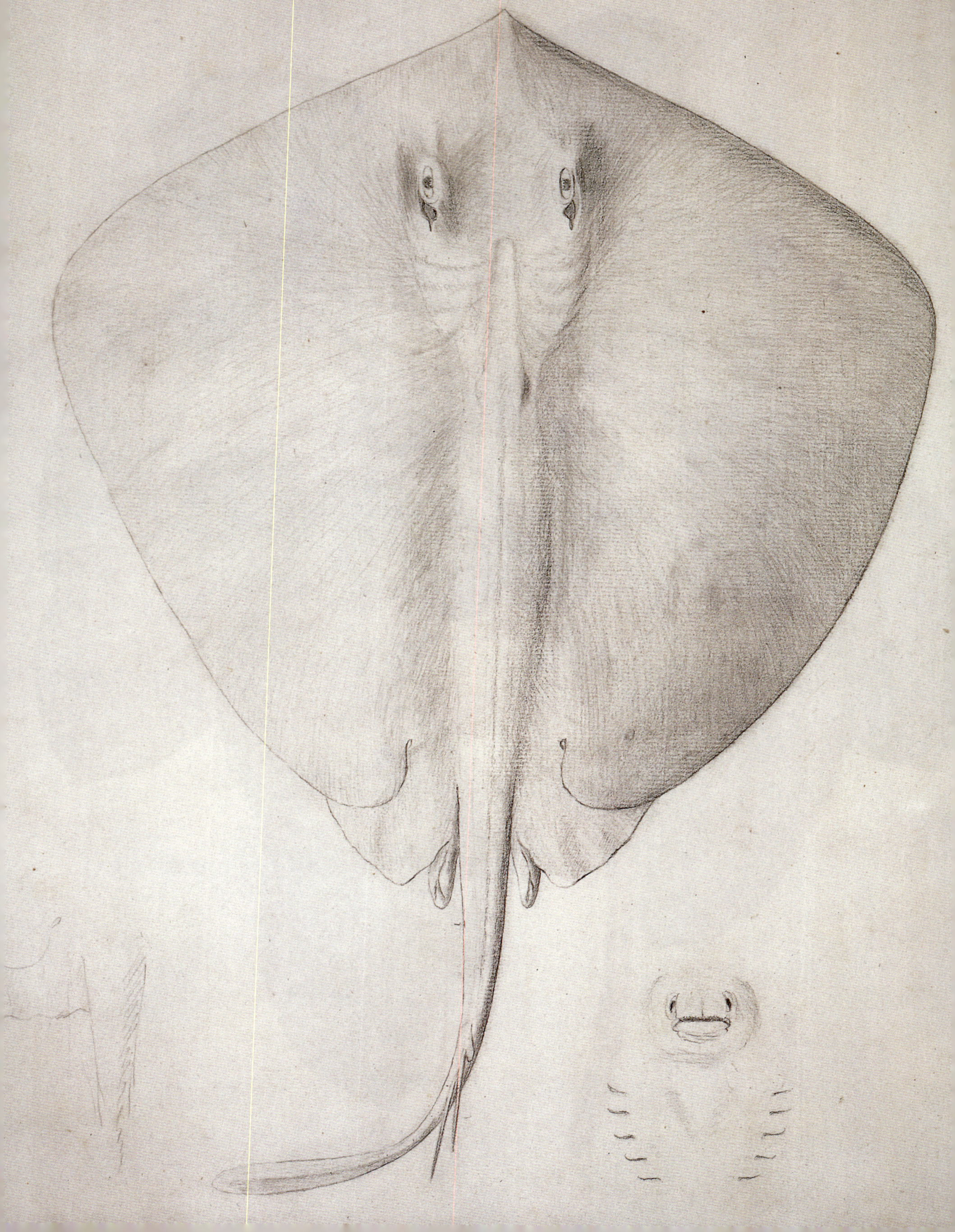

在奋进号航行期间绘制的所有素描与画作，只有四幅是以哺乳动物为题，其中一幅就是本页的袋鼠素描，它是帕金森于 1770 年 6 月在靠近现今昆士兰库克敦的奋进河边绘制的。班克斯的秘书赫尔曼·斯波林则画了左页图中学名原为 *Raja testaca* 的扁魟（*Urolophus testaceus*）。图上注记的日期为 1770 年 4 月 30 日，地点为植物学湾，当时班克斯和索兰德都把植物学湾称为刺魟湾。

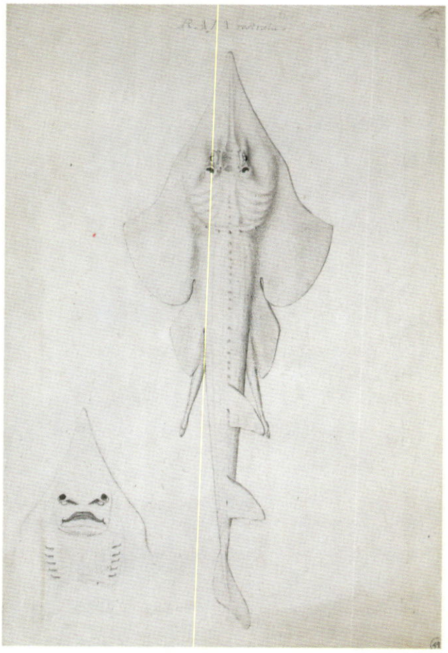

右图是帕金森于1768年在马代拉绘制的蝎子鱼。在这个阶段，帕金森尚未感受到他在后期所承受的庞大压力，因此能完成他已开始绘制的作品。在奋进号航行新西兰期间，帕金森完成了十九幅近海鱼类画作。然而，待船只航行到澳洲水域时，完成作品的数量已经大幅减少，帕金森只画了三幅，不过赫尔曼·斯波林却完成了七张鲨鱼、魟和硬骨鱼的铅笔素描，上图便为其中一幅。这种魟鱼原本被命名为突吻鳐（*Raja rostrata*），后来被重新命名为班克斯铲吻犁头鳐（*Aptychotrema banksii*）。尽管并未留下采集地点的记录，图上注记的时间为1770年4月29日，间接表示标本是在植物学湾采到的。

Scorpæna Patriarcha.
Sydney Parkinson pinx^t 1768

1769 年 4 月，奋进号抵达塔希提岛，也就是帕金森开始绘制本页图这幅雀鳝的地点。索兰德将它命名为长吻狗鱼（*Esox rostratus*），不过后来重新命名为宽尾鹤鱵（*Platybelone argala*）。塔希提岛后来为奋进号上的艺术家们提供了丰富的海生动物题材，航程中总共绘制了一百四十八幅鱼类，其中有六十六幅是塔希提岛水域的物种。在塔希提岛发现的其他海生动物，包括本页下方两幅题有“笠螺”字样的海蛞蝓，目前它被称为短身鸭嘴螺（*Scutus breviculus*）。右页图中的巨蝶鱼（*Chaetodon Gigas*）目前被称为大西洋棘白鲳（*Chaetopdipterus faber*），这幅图画是帕金森在 1769 年根据一个在里约热内卢采集到的标本绘制的。

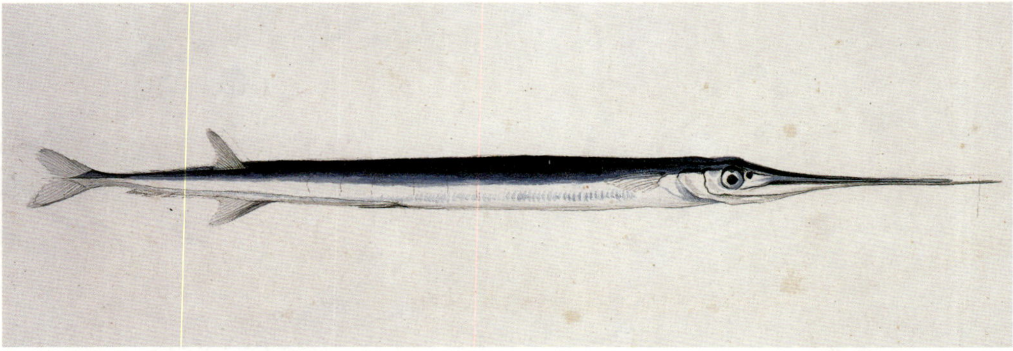

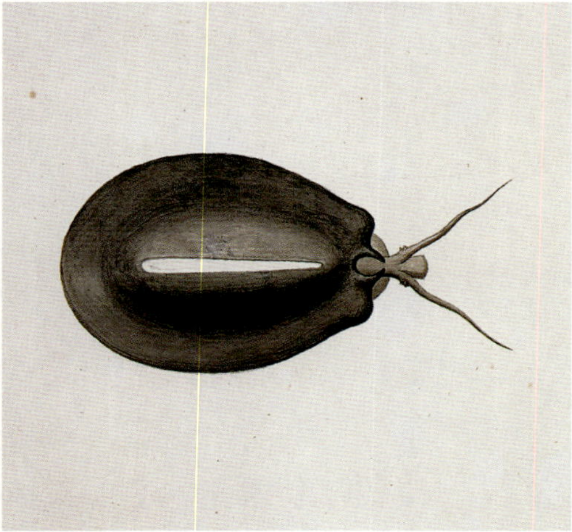

Chætodon Gigas.
Sydney Parkinson pinxt 176

第六章

回到南太平洋（1772～1775）

詹姆斯·库克、约翰·福斯特、乔治·福斯特

奋进号航行的成功，让詹姆斯·库克与约瑟夫·班克斯两人深信，另一趟南太平洋远征有其必要，以一劳永逸地解决南方是否真有巨大陆块的问题。然而，有鉴于上次航程所遭遇的困难，尤其是危机四伏的澳洲大堡礁水域，库克认为这次探险必须要派遣两艘船舰。皇家海军同意了库克的提议，1771 年 9 月底，奋进号返抵国门不到三个月后，海军委员会受命采购两艘适合此次航行任务的船舰。库克负责监视采购过程，并再次选择了与奋进号相同、于惠特比建造的运煤船：载着一百一十二位船员的果敢号由库克指挥，另一艘具有八十位船员的冒险号，则由托比亚斯·弗尔诺领队。

库克希望在 1772 年 3 月起航，不过由于他和班克斯两人意见相左，使出发时间延后到该年 7 月。班克斯提议带着一个不少于十六人的团队随行，其中包括博物学家、画家、佣人甚至两位号角手。所有随行人员都得被安置在果敢号上，而果敢号也因此必须重新调整空间配置。库克原本打算把他的船舱让给班克斯，自己搬到额外加在上层甲板的新船舱，不过当他们发现这个新船舱会让这艘船不适合航行而必须将之移除时，班

1773 年 8 月在塔希提岛的短暂停留，让福斯特父子得以采集并描绘数种植物新种，本页图中玉蕊科的棋盘脚树就是其中之一。棋盘脚树的学名原为 *Barringtonia speciosa*，目前被重新命名为 *Barringtonia asiatica*。

克斯却威胁要带着他的所有随行人员一起退出。班克斯耍这种手段为所欲为，已经很多次了，不过出乎意料的是，皇家海军这次却真的答应让他退出，并迅速地指派了自己的科学团队，其中包括博物学家约翰·莱因霍尔德·福斯特（1729~1798），以及他十八岁的儿子乔治（1754~1794）作为他的助手兼画家。

老福斯特出生于波兰，在哈勒大学研习神学与博物学，之后在波兰北部邻近但泽的乡下，当了十二年的教区牧师。老福斯特在从事神职期间结了婚，抚养着以乔治为长子的一家七口，并继续他的科学研究。1766年，他举家搬到英格兰，在备受推崇的瓦令顿新教徒研究院教授矿物学、昆虫学与其他博物学相关学门。尽管老福斯特确实有才，却因为脾气不好而在1769年被解雇，再度携家眷迁居伦敦，并逐渐在伦敦的科学圈内打响名号。这让当时的皇家海军部大臣桑威奇伯爵注意到了老福斯特，他也因此获聘为果敢号随船博物学家。然而，老福斯特喜怒无常的性格，到后来几乎激怒了船上的每一个人，使得乔治不得不肩负起替父亲打圆场的艰巨任务。

乔治·福斯特在学识与艺术方面都相当有才气。他自幼就由父亲教导博物学，更在父亲任教于瓦令顿研究院时借机拓展知识，不过，他的艺术细胞似乎是与生俱来的。在接下来的航程中，他替自己和父亲所观察或采集到的动植物进行素描作画，尤其是那些保存不易、无法稍后再行绘制的物种。乔治在果敢号上绘制的动植物画作，于1776年被约瑟夫·班克斯买下，目前是伦敦自然博物馆的收藏。至于果敢号航行期间绘制的风景画，大多出自另一位官聘画家威廉·霍奇斯（1744~1797）之手。

库克终于在1772年7月13日离开普利茅斯，计划先航向好望角，然后由此以尽量靠近南极的航路绕行地球一周，不过他这一次打算朝东走，好利用南半球高纬度地区假定存在的西风带。他的任务是调查途中遇上的任何大型陆块，不过会在南半球冬季时，将注意力转移到纬度较低的地区。在前往好望角的第一段旅程中，福斯特父子描述并绘制了不少海洋生物与水鸟，而水鸟剥制标本也慢慢地塞满了他们的船舱。果敢号在好望角停留的三周期间，以及三年后返航时再度停驻的五周，让福斯特父子借机仔细调查了包括开普敦动物园圈养动物在内的南非野生生物，乔治更初次画下了部分物种。驻扎点周遭丰富的不知名动植物，让他们眼花缭乱，因此当老福斯特遇到安德斯·斯帕尔（1748~1820）这位身兼医生、林奈门生与知名博物学家的瑞典年轻人时，便说服库克船长，让斯帕尔加入果敢号的科学团队，提供协助。

在1772年11月末离开南非以后，库克一行人持续向南方航行，并于12月10日初次看到冰山。数日后，因为受到海冰阻挡，舰队于是先向西航行了一个月，然后再往东沿着海冰边缘前进，然而沿途却毫无陆地的迹象。到了1773年1月中，往南方的航路终于畅通

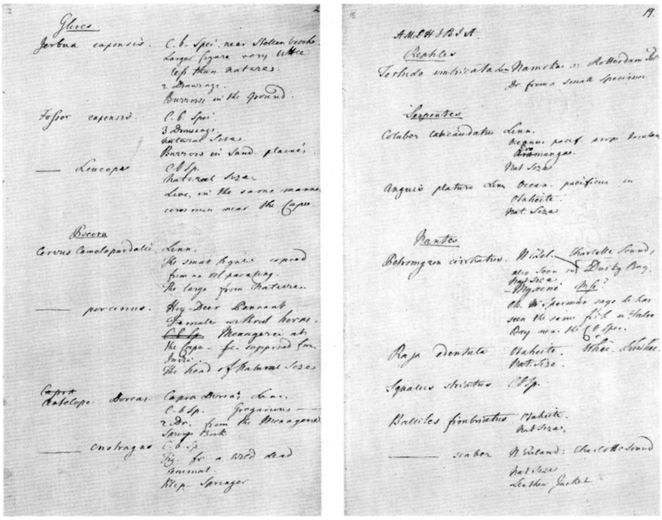

图为约翰·福斯特的手写目录，他在此为果敢号三年航程中采集到的标本，进行命名与叙述的工作。由于果敢号的停泊日数只有不到二百九十天，因此福斯特在上岸时都会全心全意、尽可能地进行物种的标本采集与描绘。

无阻，在17日当天，舰队在人类历史上头一次穿过南极圈。当舰队航行到南纬67度15分的位置，仅距离尚未被人类发现的南极大陆一百二十公里处，坚实的冰场终究还是阻挡了他们的去路。于是，库克转往东北方进入南印度洋，不过到了2月8日，因为浓雾之故，果敢号与冒险号断了联系。在这种走散的情况下，弗尔诺会奉命前往新西兰夏洛特皇后湾与果敢号集合，因此果敢号继续朝东北航行，一直到约莫南纬45度的位置后转向东南朝南纬62度前进，然而此时又再次遭遇大型冰山所阻挡。2月24日，库克终于决定不再南行，在接下来将近一个月的时间，果敢号一直朝东行进。

最后，在1773年3月17日，库克放弃了当季的高纬度搜寻，转向东北方的新西兰航行，在25日早晨，新西兰南岛终于出现在眼前。库克整个4月都待在达斯基湾，这是个离南岛南端不远的偏僻水域，是库克在奋进号航行时发现的地点。此处淡水充沛，食物资源丰富，让果敢号能借机替几乎耗尽的贮存进行补给，此外，更让库克有充分的机会探索峡湾内的各个小岛，并与毛利土著接触。到4月5日，福斯特和斯帕尔已经采集并描述了十九种鸟、三种鱼与六种植物。当他们在5月离开达斯基湾时，尽管搜集到更多物种，他们身为随船博物学家的工作却越来越令人不快。老福斯特写道，他的船

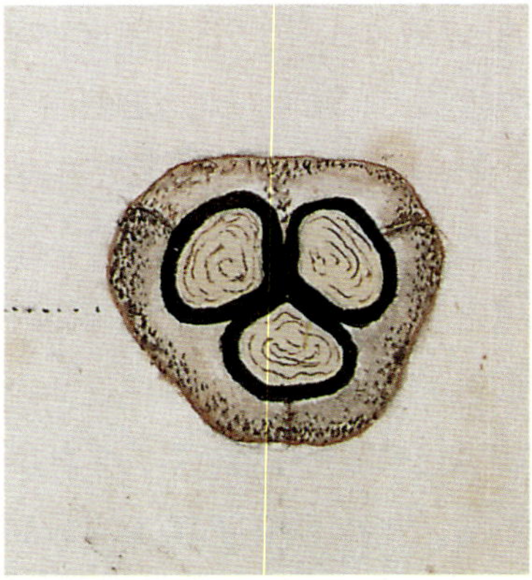

舱“这时成了各种采集标本如植物、鱼类、鸟类、贝壳、种子等的仓库，整个船舱因此变得极为潮湿又脏乱拥挤，而且还会产生有毒气体……”。

库克沿着南岛西岸航行，在4月18日抵达夏洛特皇后湾时，冒险号早在当地久候多时。在集合后，计划并未如弗尔诺和大多数船员所愿，在他们的“冬季船坞”长时间逗留休憩时，库克已打算利用这段时间搜索太平洋上另一个尚未勘查的区域。他打算从新西兰向东航行到西经135度、南纬41度至46度间的地区，就该时令而言，是纬度相当高的地方。之后，他打算转往北方，绕经塔希提岛与其他尚未完全探勘的岛群，再返回新西兰。

两艘船舰于6月7日出发，密切地遵循库克的计划。事实上，他们航行到比原来计划中更东方的地区，到达西经133度30分的区域，不过沿途并未发现任何陆地，此后，船队转向北方朝着土阿莫土群岛前进，然后往西向塔希提岛前去。一个月以后，两船载着沉甸甸的补给、大量的博物学标本和人类学文物以及乔治的画作，重新出发。然而，原本选择回到夏洛特皇后湾的最短路径，库克却往西航行，经过社会群岛和友爱群岛，终于在10月8日离开汤加。当他们在10月底朝着库克海峡西口接近，打算穿过库克海峡驶抵夏洛特皇后湾时，却受到恶劣天候所袭击。库克一直到11月3日才安全地把果敢号驶进湾区下锚停泊，不过他也发现，他再次失去了冒险号的消息。当弗尔诺终于领着冒险号抵达夏洛特皇后湾时，库克早已离开。最后，弗尔诺在12月底决定离开新西兰，取道合恩角返航，于1774年7月抵达英格兰。

在这段期间，库克再次横穿太平洋，其中包括两次南进南极圈的尝试。在抵达夏洛特皇后湾以后，库克修复了果敢号的索具，完整清理船身，修补甲板，并完成补给。他留了个瓶中信笺给弗尔诺，说明他大致的计划，包括在下一个冬天造访塔希提岛、复活岛与社会群岛。果敢号再次徒劳无功地在新西兰海岸搜寻冒险号，之后，终于在 1773 年 11 月 26 日独自驶离。在果敢号南行的途中，天气越来越糟，然而，尽管航程危险重重，库克仍执意前行，并在 12 月 20 日跨越了南极圈。果敢号在酷寒的南极圈里待了四天，在圣诞节前夕再度跨越。他们度过了一个风平浪静的圣诞节，尽管周围有许多冰山环绕，库克还是让船员以平常喝酒狂欢的方式来庆祝。然而，即使被欢乐的气氛所围绕，老福斯特却感到沮丧，因为他认为这些漫长的大洋航行正在浪费他的时间，剥夺他的机会，让他无法获得像班克斯和索兰德在前次航程所享有的重大科学发现。

果敢号在 1774 年 1 月初脱离海冰的包围，到了 11 日，已经在南纬 48 度线上航行了超过新西兰到南非航程三分之二的距离。库克在此改变航线，往合恩角的方向前进，让部分船员燃起希望，以为他们正在回家的路上。然而，果敢号没多久就再次转向南方，并在两周后再次穿越南极圈。到了 1 月 30 日，由于遭遇到冰原与浓雾，使库克深信，这些海冰会一直延伸到南极，让他不得不转向北方。

此时，果敢号最后一次离开南极圈与海冰，先朝东北再往北前进，寻找据航海家胡安·费尔南德斯所说在南纬 38 度线上找到的陆地。然而，库克并没有找到任何陆地，到了 2 月底，他决定放弃搜寻，直接前往复活岛。在果敢号启程前往新目的地之际，库克却在此时患了可能因为胆囊感染而引发的胆绞痛，病情危急，卧病在床几乎一周。在当时几乎无法取得新鲜食物的情况下，老福斯特只得把他从塔希提岛带上船的狗杀了，煮给库克吃。这方法显然管用，库克逐渐复原，众人也松了一口气。

1774 年 3 月中，果敢号在复活岛短暂停留四天后，便朝马克萨斯转往塔希提岛，再向西经过波利尼西亚群岛，最后由南往西向斐济前去，最后抵达被库克命名为新赫布里底群岛的地方。自 7 月底至 8 月底，他仔细地调查了此地的海岸线，然后才出发前往被他命名为新喀里多尼亚的太平洋第四大岛。他整个 9 月都待在新喀里多尼亚，替那四百八十公里长、危机四伏的东北海岸绘制地图。之后，库克与几位植物学家上岸待了几天，检查那外观特异、树高达三十米而树枝却不到两米长的柱状南洋杉（*Araucaria columnaris*）。这些树替船员们带来了不少娱乐，因为人缘不佳的老福斯特，在船员从船上观察这些树的时候，以一打酒为赌注，断言它们实际上是玄武岩。在从新喀里多尼亚到新西兰的半路上，他们又发现了另一个具有奇异松树的岛屿，这种树后来被命名为柱状南洋杉。最后，果敢号于 1774 年 10 月 17 日再次回到夏洛特皇后湾。

在这两次独自地毯式地搜索太平洋岛屿的航程中，库克不论在地图绘制、勘查与采集方面，都大有斩获。然而，这些基本上只是此次航行的附属产物，此行的主要目的仍旧是要寻找南方大陆。为了完成主要任务，库克在返航回英以前，必须再次横越南太平洋，以对南大西洋进行勘查。不过这最后一次的尝试，仍旧是徒费无益，以至于他在1775年1月27日写道："我可以大胆地说，没有人会比我更深入南方，永远不会有人能涉足这块南方大陆进行勘查……越往南，越会遇到浓雾、暴风雪、酷寒与其他让航程更为艰难的严苛条件，而这块土地无法言喻的恶劣条件，更大幅提高了探险的困难。这是个注定无法感受到温暖阳光的土地，永远埋没在永恒冰雪的地方。"

库克终于在1775年7月30日抵达英格兰。一回到家，他马上埋首准备将第二次远航的成果付梓出版，不过却在此过程中与老福斯特发生纠纷。老福斯特声称，之前曾经有协议，由他来撰写该次航程的报告书。尽管这不太可能是真的，库克和老福斯特还是在1776年年初达成妥协，由两人共同撰写出版这份报告。到了夏天，这个安排还是以失败告终，结果，最后出版的航程报告共有三份。在皇家海军的全力支持下，库克的两本报告于1777年5月出版，其中包括十二张地图以及五十一幅单色印刷的风景、人物与文物版画，这些图像主要是根据霍奇斯的原稿制作而成。然而，乔治·福斯特早在六周前就出版了一份与父亲一起制作的两本报告，而约翰自己的"……自然地理、博物学与人种哲学"的单册评论报告，则在次年问世。福斯特父子既无金援又时间不足，无法制作昂贵的版画，加上欠缺官方支持，因此他们的出版品中并没有附上任何图片。

尽管老福斯特为自己的报告取了这样的书名，事实上，报告中有关博物学收藏的详细资讯并不多，这和库克第一次远航的状况一样，详细的博物学相关信息，一直到很久以后才正式出版。果敢号在航行期间所采集到的许多动植物，在当时都是全新的物种，然而，由于约翰笔下许多以乔治的画作为依据的物种描述，一直到1844年，也就是约翰死后四十六年才付梓问世，而许多动植物在这段期间都已经由其他学者进行描述与命名。尽管时至今日，许多幸存的果敢号动植物收藏及图像，因为它们的历史、科学与艺术价值而受到尊崇与重视，然而在它们初抵英国的那段期间，确实没有获得应有的重视与关注。

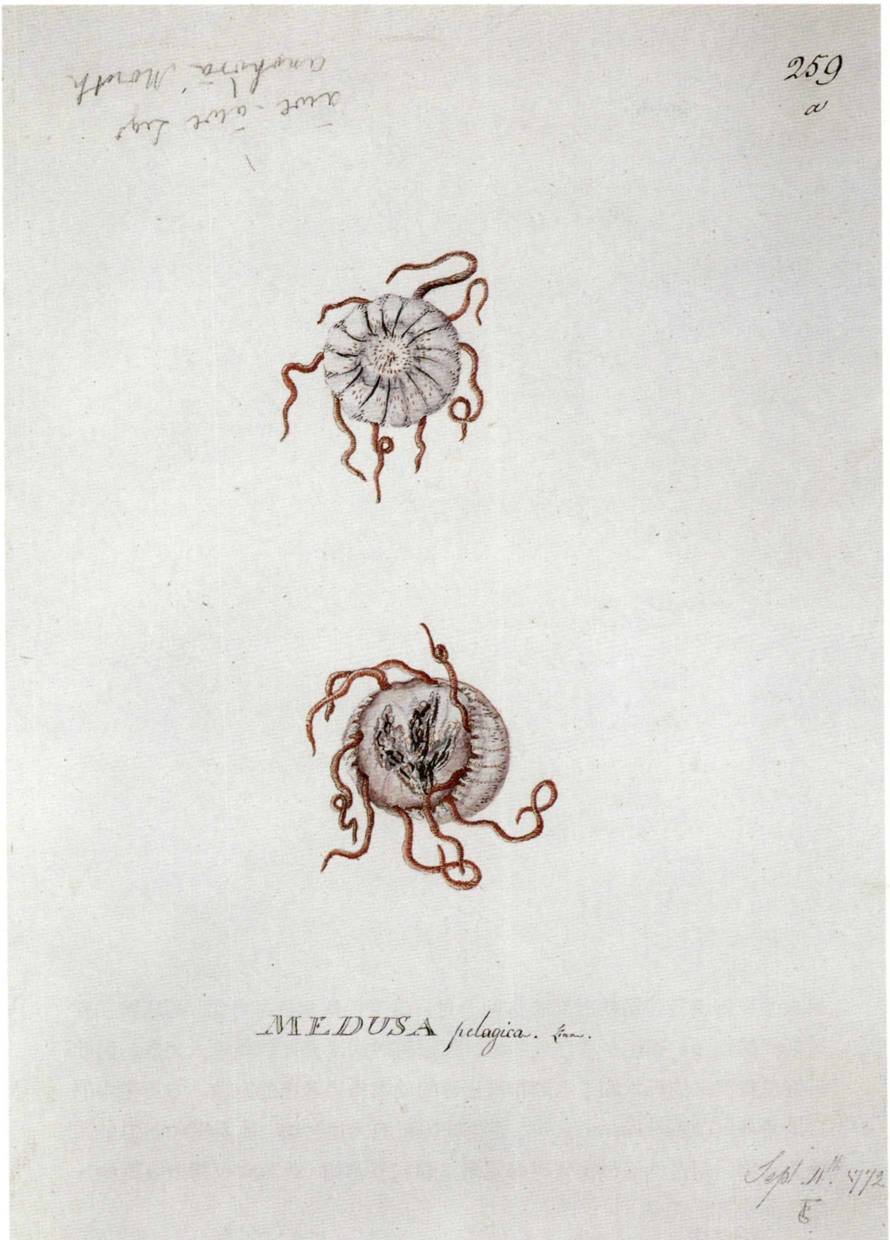

本页图为一种大洋水母的两个视图。福斯特将它称为 *Medusa pelagica*，其中 *Medusa* 一字来自于古希腊神话的蛇发女妖，将水母那发状且会螫人的触手，用来和蛇发女妖头上不停蠕动且会咬人的蛇群类比。*pelagica* 一字则意指大洋。

果敢号在好望角停留的时间长达两个月，这些铅笔素描是乔治·福斯特在那段期间的作品。不论是乔治或约翰，都没有时间离开好望角深入南非，因此只好倚赖买来的标本和当地动物园圈养的动物作为素描的对象。右页图中的白尾角马（*Connochaetes gnou*）是南非特有的大型羚类，本页图中状似长颈鹿的动物，则是乔治根据当时好望角总督约乔基姆·普莱滕贝格所收藏的一幅油画临摹而来的。

Antilope Gnu S.N. XIII. 189. 2. 25.

约翰·福斯特在笔记中提到，1772年曾在好望角动物园看到一种生活在南非的巨羚（右图）。当时，这种动物的学名是*Antilope oryx*，目前已重新命名为*Taurotragus oryx*，中文译为旋角大羚羊，学名中的*tauro*来自拉丁文的*taurus*，是公牛的意思。上图这幅有落款的完成图，是学名原本为*Rallus cafer*、后经重新命名的暗蓝秧鸡（*Rallus caerulescens*）。这是福斯特父子在好望角动物园看到的另一种动物。野外的暗蓝秧鸡以沼泽地和芦苇河滩为栖息地，乔治似乎也试着以它的原始栖地为背景作画。

30.

乔治·福斯特在1772年12月30日画下了本页图中这只栖息在“南冰洋”的雪鹱（*Pagodroma nivea*）。根据约翰·福斯特的笔记，雪海燕可见于南纬52度线以南，尤其是靠近海冰的地方。果敢号博物学家来到这极南酷寒之境的最大收获，就是能有机会观察该地区丰富且几乎毫无文献记录的不知名鸟类，例如本页图的雪海燕、右页图中的鹱鸟以及鸽锯鹱、皇帝企鹅与王企鹅等。

36 inches high
Aptenodytes patachonica J.R. Forster in Comm. Gotting. 3.p.137.

约翰·福斯特在果敢号于1772年12月初次短暂进入亚南极水域时，就已经看到过王企鹅，不过他和库克在1775年于南乔治亚岛看到的实例（左页图），让他们两人都留下深刻的印象。在南乔治亚岛与邻近岛屿栖息的王企鹅，数量多到好像用黑地毯把雪地覆盖起来一般。他们在这里也看到群居的海豹（本页图），福斯特把它们命名为南极海豹（*Phoca antarctica*）。这是库克和船员们最后一次看到王企鹅和海豹，因为库克此后便放弃搜寻这块难以到达的南方大陆，返航回到英国。

根据记录，右页图中魟鱼的采集时间为 1774 年 5 月 10 日，刚好介于果敢号第二次造访塔希提岛的期间。它的学名原为 *Raja edentula*，目前被重新命名为 *Aetobatus nariniri*，中文称为纳氏鹞鲼。这是约翰·福斯特在长子之绘画技能协助下，于塔希提岛进行的众多博物学研究之一。然而，福斯特并不只把注意力放在岛屿动植物相的调查，他同时也观察当地人种，于是也针对塔希提岛与南太平洋其他岛屿的居民进行人类学研究，并成为人类学这个新领域的先锋。他研究过的其他海洋生物，包括本页上图中的这种河豚，它的学名原为 *Tetraodon hispidus*，后被重新命名为 *Arothron meleagris*，中文叫作白点叉鼻鲀。福斯特是在社会群岛的瑞亚堤亚岛采集到这种鱼，它在受到威胁时会让自己膨胀，借此竖起身上的毒刺。本页下图中的鱼，则是在果敢号返航英格兰的途中，在好望角附近水域钓到的，其学名原为 *Blennius superciliosus*，后被重新命名为 *Clinus superciliosus*，中文称为光唇草鳚。

Raja edentula.

Tahaiti May 10th 1774

本页左图与右图分别是红胸辉鹦鹉（*Prosopeia tabuensis*）和斑布克鹰鸮（*Ninox novaeseelandiae*）的未完成图，前者来自友爱群岛，后者俗称摩雷波克猫头鹰。摩雷波克只是勤奋的福斯特父子及斯帕尔在夏洛特皇后湾所采集到的众多鸟类标本之一，他们的发现还包括新西兰鸻、新西兰鸫鹟、垂耳鸦、数种鹦鹉、斑鸬鹚以及不会飞的新西兰秧鸡。在他们所记录到的鸟类中，有好几种在一世纪以后就已灭种。右页图中的灰头翡翠鸟（*Halcyon leucocephala acteon*），是库克在前往好望角的途中，于佛得角群岛采集到的。在果敢号航程的众多作品中，这幅灰头翡翠是乔治·福斯特少数连背景也一并完成的画作。

60.
Alcedo senegalensis γ. S.N. XIII: 456.

Forstera sedifolia Fl. Austr. p. 61. n. 324.

published by Dr. Ge. Forster in Nova Acta Upsal. 3. tab. 9.

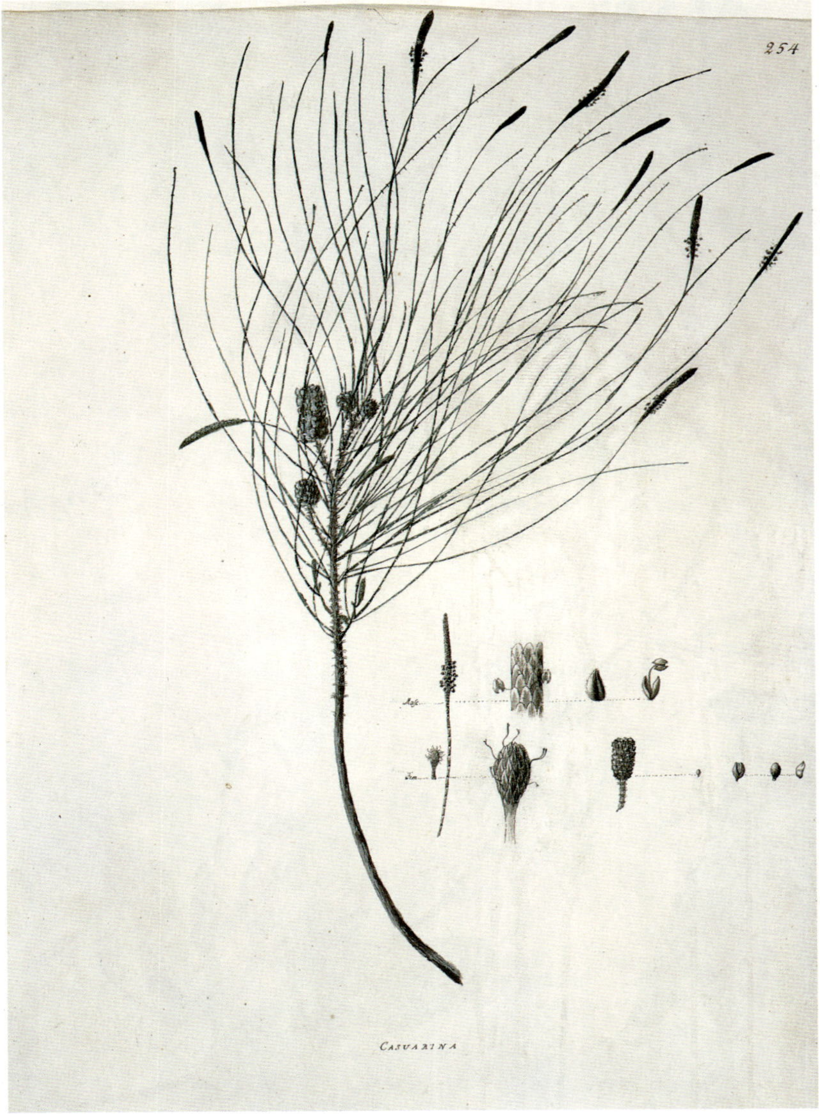

左页图中是花柱草科的福斯特草（*Forstera sedifolia*），是在达斯基湾发现的。达斯基湾是果敢号初访新西兰的第一个停靠港。这只是福斯特父子和斯帕尔记录下的众多动植物标本之一，他们的努力，大大增加了约瑟夫·班克斯爵士和植物学家丹尼尔·索兰德在库克第一次造访新西兰时所编辑的动植物清单。本页图中包括树皮、种子穗和种子等细节的木麻黄科的木贼叶木麻黄（*Casuarina equisetifolia*），采于塔希提岛。它是木麻黄属的植物，以鳞状叶为特征，其种名 equisetifolia 意指其外观状似木贼（属名 *Equisetum* 来自拉丁文的马“equus”）。

Passiflora aurantia Fl. Austr. p. 62. n. 326.

Passiflora aurantia

左页图为西番莲科的橙花西番莲（*Passiflora aurantia*）水彩完成图，其记载日期为9月8日，对应的地点为新喀里多尼亚——因此应在1773年采集。本页这张未完成图所描绘的植物，采集地点是新西兰夏洛特皇后湾，图上写有*Trichilia spectabilis*的字样，不过它现在是属于楝科植物的新西兰樫木（*Dysoxylum spectabile*）。果敢号于1773年5月初访夏洛特皇后湾，之后于1774年10月重返旧地，博物学家们在果敢号两次造访此地期间，都有进行采集。

在果敢号十一万三千公里的航程中，画家共画了三百多幅植物图像，本页与右页便是其中的两幅。本页图中的植物是桃金娘科的物种，原名称为 *Melaleuca astuosa*，目前已改银叶铁心木（*Metrosideros collina*）。虽然在近距离观察这种来自塔希提岛的植物时，会觉得它与白千层属（*Melaleuca*）有些相似之处，不过由于这些植物图像并无法表现出比例尺，确实容易造成误解。有些白千层属的植物，高度可达 12 米，不过铁树属植物却可以长到 25 米高——这种高度差异并非来自不同属的树枝标本所能呈现的。右页的植物图像包含了这种植物的种子穗和种子，由乔治·福斯特以 GF 署名，它被命名为 *Jatropha gynandra*，不过它更可能是学名为 *Jatropha curcas*，大戟科的麻风树。

JATROPHA gynandra. S.t Jago G.

Curcas? Fl. Atlant. in Commentat. Götting. 9. p. 70. n. 148.

curcas (C Humphries BM 16/7/73) t. 11.

右页图中状似蓟草的菊科植物锦毛红花（*Carthamus lanatus*），又称为藏红花，是 1772 年 8 月初作于马代拉，不过它和包括本页左图旋花科植物的掌叶旋花草（*Convolvulus digitalis*）在内的许多植物一样，直到 1773 年 2 月或 3 月间才完成。然而，根据这幅掌叶旋花草图下方的笔记，它实际上可能是地中海旋花（*C.althaeoides*）。本页右图中来自夏洛特皇后湾的桃金娘科植物，原本被命名为 *Leptospermum callistemon*，后改称攀茎铁树（*Metrosideros scandens*）。

CARTHAMUS lanatus. LINN.

第七章

勘测澳大利亚（1801～1805）

马修·弗林德斯、费迪南德·鲍尔

1778年11月，约瑟夫·班克斯获选担任大不列颠地区级别最高的科学职位——皇家学会会长，一直到他于1820年去世后才卸职。在甫上任的前几年，他提出的最重要建议之一，便是将澳洲植物学湾当作放逐罪犯的前哨站来发展，因为在1781年美国独立战争结束后，英国再也无法将罪犯放逐到北美洲。在班克斯的建议终于受到采纳后，1787年5月，由十一艘船组成的第一舰队，由斯匹特角[1]载着四百四十三位船员、八百名罪犯出发前往创建新的罪犯流放地。他们在1788年1月抵达植物学湾，不过身为舰队指挥官与殖民地第一任总督的亚瑟·菲利浦船长，对植物学湾印象平平，决定转往位于北方、距植物学湾只有数公里远的杰克逊港，也就是未来的悉尼，并且在该地安定下来。

在刚开始殖民的前几年，殖民地政府并没花多少力气调查海岸线。因此，在1795年，当年仅二十一岁的海军学校学员马修·弗林德斯，随着载着殖民地新任总督约翰·亨特的信赖号抵达悉尼时，只有悉尼南北

1.位于英格兰南部汉普夏郡索伦特海峡内的港城。

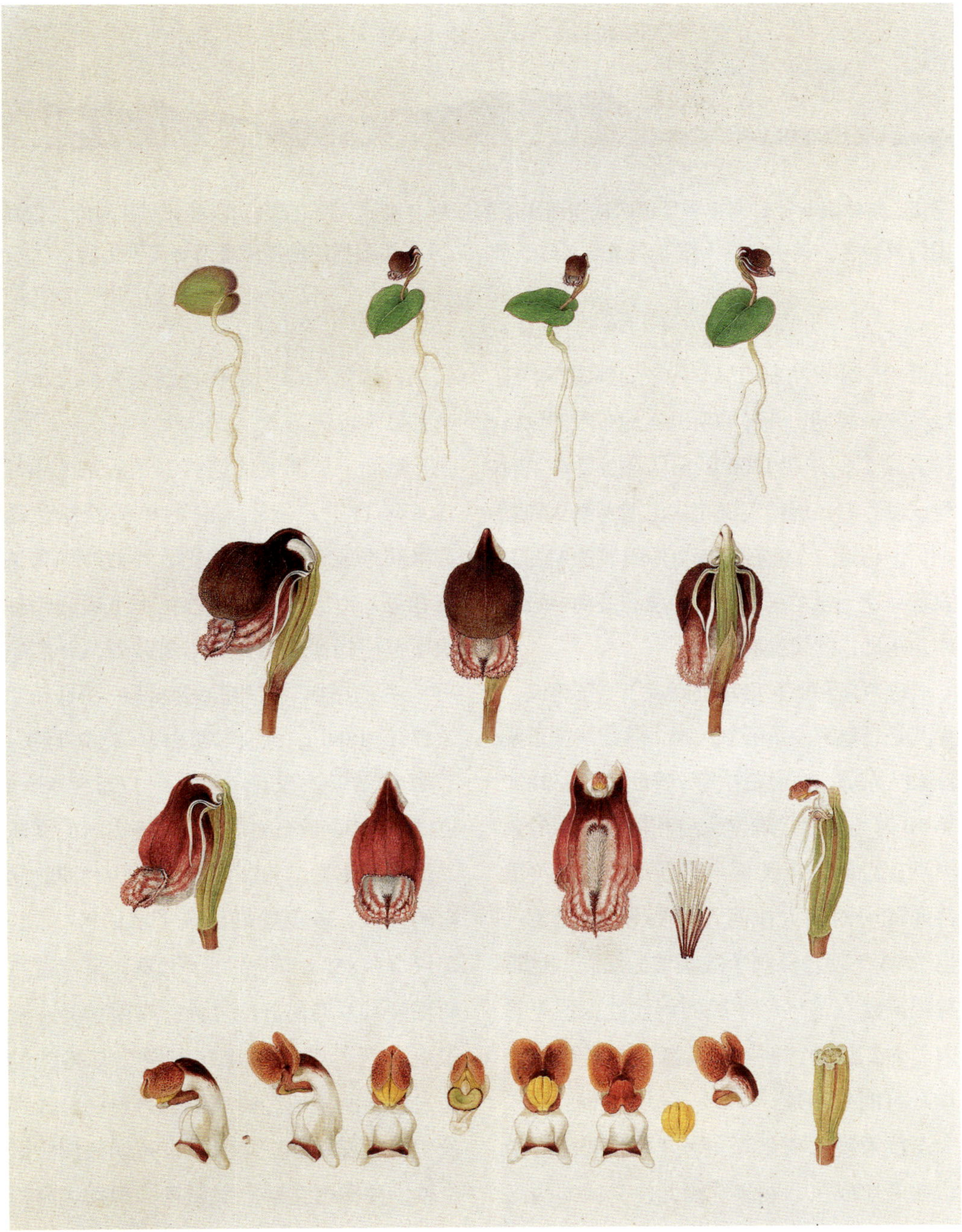

本页图中兰科植物的爪花铠兰（*Corybas unguiculatus*）至多可以长到 3 厘米高，是澳洲的原生种。费迪南德·鲍尔画的标本，可能是 1804 年在乌鲁姆鲁采集到的。

马修·弗林德斯针对调查者号远航勘查所出版的报告《澳洲大陆之旅》，以澳洲南部海岸地貌插图为其特色，其中包括上图菲利浦港入口一带，以及右页图描绘的斯潘塞海湾周围山峦。

一百六十公里左右的海岸线曾受到调查。在接下来五年间，弗林德斯以当地有限的设备扩大勘查，并在 1800 年 8 月返回英格兰时建议班克斯，促请英国正式派遣考察队到澳洲，以将近三十年前由库克所绘制的地图以及班克斯与索兰德所开启的澳洲博物学研究作为基础，继续发展。

班克斯和皇家海军都同意了这项建议，尤其是当皇家海军听到风声，获知法国正派出大队人马，由尼古拉斯·博丹船长在 1800 年 10 月率领着地理学家号和博物学家号到澳洲探勘时，英国更不愿落于人后。英国并非唯一对澳大拉西亚[2]感兴趣的国家。自 1793 年便与英国争战频繁的法国，也正着眼衡量在该地区殖民的可能性，这尤其因为人们认为当时被称为新荷兰的澳洲，也有可能并不是一个单一陆块，而是被一个连接大澳大利亚湾和卡奔塔利亚湾的南北通道切成东西两半。因此，交战的两国同时派遣探险队前往澳洲水域，并互相保证，探险队将免受敌方军事或海军干涉。结果，两队人马不论在地理与科学方面，都有重大斩获。

然而，上面说的这些都是后来的事。1800 年 11 月，三十米长的单桅帆船色诺芬号获选成为探险队主力，并被改名为调查者号，由当时已晋升为海军上尉的弗林德斯担任指挥。调查者号将载着八十名船员，以及包括官派风景画家威廉·韦斯托尔（1781~1850）、天文学家约翰·克罗斯利、矿物学家约翰·艾伦（出生于 1775 年）、一位博物学家与一位博物画家等在内的文职人员一同出发。为了满足探险队对博物学家的需求，班克斯最后选了罗伯特·布朗（1773~1858），一位二十七岁、来自安格斯郡蒙特罗斯的苏格兰人。布朗曾经在爱丁堡习医，自 1795 年起，便在苏格兰的法夫郡兵团担任少尉兼助理外科医师。在爱尔兰北部服务三年以后，布朗被调职到伦敦，并在班克斯原来属意的博物学家芒戈·帕克决定退出以后，被推荐给班克斯。在调查者号航程中，布朗的助手包括原本

2.泛指澳洲、新西兰及附近南太平洋诸岛。

在邱园服务的园丁彼得·古德（殁于1803年），以及目前被认定为世界上最伟大博物画家之一的奥地利画家费迪南德·鲍尔（1760~1826）。

鲍尔出生于当时属于下奥地利州的范尔德斯博格，不过该地在第一次世界大战后被并入捷克。他的父亲是列支敦士登亲王的御用宫廷画家，不过在费迪南德年仅周岁时去世。费迪南德遗传了父亲的艺术天分，而且自幼便格外展露出植物绘画的兴趣与技术。他原本在范尔德斯博格找到工作，后来转往维也纳大学，在植物学教授兼植物园园长尼古劳斯·雅坎教授（1727~1817）处服务。1784年，当费迪南德还在维也纳大学任职时，他认识了约翰·西布索普（1758~1796）——当时英国牛津大学的谢拉德植物学荣誉教授[3]。在西布索普的邀请下，费迪南德参加了希腊植物调查采集计划，随着西布索普去了希腊。他们在希腊待了十八个月以后，鲍尔在1787年年底，随着西布索普和旅行期间绘制的超过一千五百份素描，一起回到英格兰。鲍尔在牛津定居以后，花了好几年的时间，把这些素描转为完成作品。之后，这些画作随着西布索普的《希腊植物相》在1806至1840年间出版（其中许多作品是在鲍尔去世多年以后才问世），而且受知名英国植物学家约瑟夫·胡克认定为是"史上最伟大的植物绘画"。由于这批作品之故，班克斯知道了鲍尔这号人物的存在，并随之推荐他到调查者号上服务。

调查者号于1801年7月离开斯匹特角，在12月抵达澳洲西南的卢因角。弗林德斯的第一项任务，是要针对南边的海岸进行探勘调查，不过在正式开始以前，调查者号在乔治王湾停留了数星期，让布朗和他的团队有机会研究这个区域。短短数日间，他们搜集了五百多种植物和一些动物，其中，植物标本几乎都是新种——让鲍尔勤奋不懈地描

3.植物学家威廉·谢拉德在1728年身殁时，将他终身的藏书、植物标本收藏与一笔三千英镑捐款留给牛津大学，并指明此款项专用于资助该大学植物系主任兼植物园园长，以及植物园的运营。此后，为纪念谢拉德，便以谢拉德植物学荣誉教授作为牛津大学植物系主任的称呼。

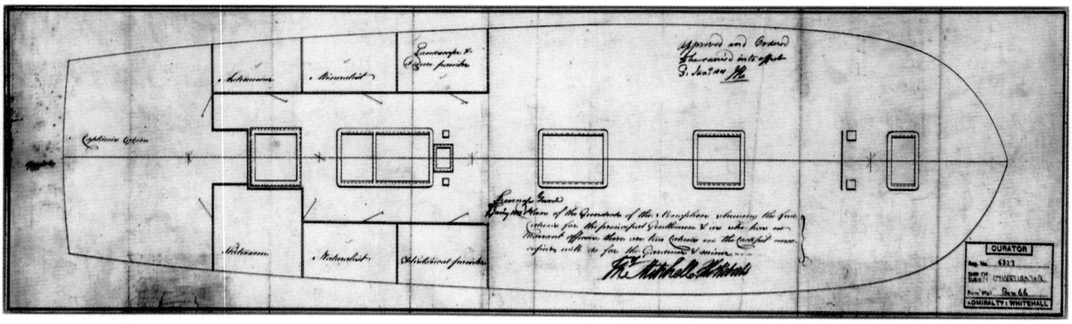

本页图为调查者号的部分蓝图。调查者号拥有足够的空间，可以承载八十名以上的船员。这部分船舱被规划为船长室和贵宾室，根据计划书上的注记，所谓的贵宾乃指随船的天文学家、矿物学家、风景画家、博物画家与博物学家等人。

绘的庞大收藏，就是这样开始的。在进行海岸调查之际，弗林德斯在勒谢什群岛安排了上岸勘查，并在大澳大利亚湾进行航行勘查，之后便来到林肯港短暂停靠。弗林德斯在靠近林肯港一带，曾派出一艘小艇寻找水源，却因此失去八名船员。在完成斯潘塞海湾与袋鼠岛一带的调查与采集以后，调查者号与法国的地理学家号在 1802 年 4 月 8 日于相遇湾遭遇，当时，博丹正领着地理学家号以反方向进行海岸调查。一个月后，两队人马陆续抵达悉尼，在悉尼湾停泊。

此时距调查者号离开英格兰已有十个月的时间，船身迫切需要修理，因此，弗林德斯在悉尼一直逗留到 7 月 21 日船身完成整修为止。在停留的这段期间，弗林德斯的日子一点也不平静。布朗和鲍尔进行了几次重要的采集勘查，其中包括前往悉尼附近的蓝山，布朗也致信班克斯，表示他们已经搜集到三百多种植物新种，而鲍尔也绘制了超过五百张素描。除此之外，这段期间也有重大政治发展，英法两国停止交战。在弗林德斯抵达悉尼时，法国的第二个船队博物学家号早已在悉尼久候多时，而载着病弱船员的地理学家号，一直到数周以后才缓慢地驶进悉尼。不论是调查者号或地理学家号，都对两国停战的消息松了一口气，尽管和平只是短暂的。

在船舰完成整修、船员调养生息以后，弗林德斯着手完成他的下一个伟大目标，环绕澳洲大陆一周，从北部海岸确认是否真有通往内陆的大型水道。调查者号向北航行，成功地通过了詹姆斯·库克在三十年前挑战过的大堡礁险滩。在几次前往澳洲本土和离岸岛屿勘查以及数度和澳洲原住民友善相遇以后，他们在 1802 年 11 月初绕着约克角进入卡奔塔利亚湾。在接下来的四个月中，弗林德斯针对卡奔塔利亚湾和阿纳姆地区以西进行海岸线调查，不过却没有找到任何通往南方的重要水道。澳大利亚确实是一个单一陆块。在这个地区，弗林德斯和澳洲土著有过几次不太友善的遭遇，至少有一次是以一名澳洲土著死亡收场。此外，与该地区植物的接触也不甚愉快，布朗、鲍尔和古德因为吃了苏铁的坚果而大病一场，尽管他们在前一年就曾在澳洲南部海岸有过同样的经验，不过他们似乎是忘了。鲍尔似乎病得特别重，但他并没有因此怠职，仍然仔细地画下这种植物和该地区的其他数百种动植物，成果丰硕。

调查者号的船身早已显示出严重耗损的迹象，到了1803年3月，弗林德斯决定，他们必须尽快完成绕行澳洲的计划，缩短仔细调查的时间，迅速返回悉尼。此时，逆风迫使他们通过帝汶海，来到帝汶的古邦湾。他们在古邦湾重新补给后，出发返航悉尼，然而这趟历时两个月的航程，却是困难重重，许多船员早已筋疲力尽，又病又累，结果又遇上痢疾爆发，在途中造成两位船员死亡，当他们终于在6月9日抵达悉尼以后，又继续损失了包括古德在内的四名船员。此刻，调查者号的状况很糟，实在无法继续调查任务。

弗林德斯与许多探险队人员决定返回英格兰，希望能弄来另一艘船，以完成原本的任务。然而，弗林德斯的厄运还在持续着。他的第一次返英尝试，在他出发的一周后，亦即1803年8月17日，因为船舰在珊瑚礁失事而告终。弗林德斯乘着船上的小型快艇，在挣扎中回到悉尼，并于9月20日领着由三艘船所组成的救援队再次出发，其中包括弗林德斯的私人船艇——二十九吨的坎伯兰号在内。按计划，救援队在抵达失事地点后，部分人员会随着一些幸存者继续前往英格兰，其余则返回悉尼。不过当救援队完成营救任务后，情况并未随之好转。坎伯兰号并不适合远航，在它绕着澳洲北部，经过帝汶朝往印度洋航行的过程中，已经承受相当程度的损害，由于它无法支持到好望角，弗林德斯决定转往法国属地法兰西岛（现在的毛里求斯）。很不幸的是，他并不知道英法两国间的战事再次爆发，而且这次的拿破仑战争持续了十多年之久。由于弗林德斯并未乘坐着他护照上列出的船舰，法兰西岛总督德加昂以从事间谍活动之嫌逮捕了弗林德斯。尽管英格兰甚至法国皆提出抗议，弗林德斯仍然蒙受了六年半的牢狱之灾，一直到德加昂被召回法国后，弗林德斯才在1810年10月回到家乡。

弗林德斯离开以后，从调查者号幸存的博物学家们，仍继续着他们的工作。当弗氏启程前往英格兰时，布朗、鲍尔和矿物学家艾伦执意留在悉尼。他们决定至多等待弗林德斯十八个月，如果他没有回到澳洲，那他们就会自己想办法回英国。他们一起在悉尼地区进行了几次短期采集之旅，一直到1803年11月布朗决定前往范迪门地（现在的塔斯马尼亚）为止。布朗原来计划的是十周旅行，然而，这趟行程最后却延长为九个月，他在此期间进行了数量惊人的采集，有了许多新的发现，其中包括后来在1930年

马修·弗林德斯终于在 1810 年 10 月返抵英格兰，并马上着手准备正式的航行报告。而弗林德斯在该报告于 1814 年 7 月出版时去世。

绝种的袋狼。布朗并未与画家同行，因为以悉尼为根据地的鲍尔有自己的旅行计划，最远曾到过在悉尼北方一百五十公里远的纽卡索。鲍尔完全不知道布朗何时会回来，到了 1804 年中，他认为自己已经把悉尼地区的自然状况研究透彻，应该往更远处前进。

此刻，原本破旧不堪的调查者号经过重新整修，准备载着鲍尔、布朗和他们的收藏一起返回英格兰。鲍尔决定独自前往澳洲东方一千公里外的诺福克岛，并预计让调查者号在数周后到诺福克岛接他。鲍尔在 1804 年 8 月布朗抵达悉尼的数日前离开，结果毫不可靠的调查者号，让他在诺福克岛停留了将近八个月后才把他接走。在这八个月期间，鲍尔仔细调查了诺福克岛，进行标本采集与绘制，并且特别着重植物的部分。这些绘画成果成了斯蒂芬·恩德利歇尔于 1833 年出版《诺福克植物大全》的基础，该书列举诺福克岛上一百五十二种植物，许多种类更以鲍尔之名命名以表敬意。调查者号终于在 1805 年 2 月底接走鲍尔，将他载回悉尼，和布朗及艾伦会合。5 月 23 日，他们带着三十六大箱收藏、鲍尔的画作以及一只活毛鼻袋熊一起出发返英。在经过一段冗长却也平顺的航程后，调查者号在 1805 年 10 月 13 日缓慢驶进利物浦，距从英国起航已有四年三个月的时间。

布朗采集到将近四千种植物，其中大约有一千七百种是新种，此外，他还收集了大约一百五十份鸟类剥制标本、许多脊椎和无脊椎动物以及数量丰富的矿物标本。鲍尔画了超过两千张动植物素描，其中约一千七百五十张为植物。这整批收藏都被搬到约瑟夫 · 班克斯爵士在伦敦苏活广场旁的屋子。接下来的十年间，布朗便在此致力整理典藏，为报告的出版做准备，鲍尔则根据之前的素描和丰富的色彩笔记，完成了数以百计的图像。这些图画大多是皇家海军的财产，皇家海军一直到 1843 年才将所有权转让给大英博物馆。

布朗原本计划以澳洲植物为题出版一系列著作，不过最后只有一本付梓，而且仅卖出两百五十本中的二十六本。鲍尔有意伴随着布朗的文字叙述出版一系列插图，不过却找不到合适的人选替他制作雕版和上色。他不得已只好自己动手，结果在发表的十五张作品中，只卖出了几份而已。鲍尔如果知道，其中一份在 1982 年以两万五千美金的价格卖出，大概会感到非常诧异。不论如何，布朗和鲍尔都在有生之年看到自身作品的出版。至于弗林德斯，尽管经历了许多磨难，他一回到伦敦，便马上着手进行其正式报告《澳洲大陆之旅》。这本书终于在 1814 年问世，其中包括由布朗负责的八十页植物附录，以及鲍尔绘制的十幅植物插图。1814 年，幻想破灭的鲍尔带着他在调查者号航行期间绘制并上色标的大量素描和少数完成图，回到家乡奥地利。鲍尔回到奥地利以后，仍持续以植物画家为生，于 1826 年殁于目前为维也纳郊区的希青。因此，鲍尔的素描目前大多为维也纳自然博物馆所有，不过有些精美的完成图却在无意间来到大英博物馆，之后成为伦敦自然博物馆的收藏，形成世上最精彩的动植物插图原稿收藏之一。

鲍尔在调查者号航程中所绘制的作品之所以了不起，是因为他能在相当有限的上岸期间内画出许多细节。鲍尔为了解决时间有限的问题，发展出一种独特的技巧。他并没有采用悉尼·帕金森在奋进号航行中部分上色的方式，而是根据自己研发出的复杂系统，在采集地花很多时间进行仔细的铅笔素描与色彩标记。在回到伦敦后，他便利用这些上了色标的素描来作画，捕捉色彩的细微差别。他完成了许多特出之作，包括右页图中的菊科植物黄刺冠菊（*Calotis lappulacea*）、本页右下图棕榈树的矮蒲葵（*Livistona humilis*）以及本页上图草海桐科的锦毛花树（*Velleia pubescens*）。

本页图中的菊科植物糙茎瘦长菊（*Leptorhynchos scaber*）来自西澳的乔治王湾，是调查者号在此地短暂停留期间所采集到的数百种植物标本之一。鲍尔在 1802 年 5 月 22 日从悉尼湾写给兄长弗朗茨的信中提到："从好望角起航的五周后，我们第一次在 1801 年 12 月 7 日看到新荷兰，并在隔日于西部的乔治王湾下锚。我们在那里一直停留到 1802 年 1 月 4 日，期间曾数次进行登陆勘查，找到许多新植物。"

在乔治王湾短暂停留期间，调查者号的科学团队累积了数以百计的植物标本，其中包括本页图中于 1802 年 1 月 1 日采集的单属种植物：土瓶草科的土瓶草（*Cephalotus follicularis*）。这种植物又称囊叶草，夏季开花。它的花长在又长又瘦的茎上，茎的底部是一群有致命杀机的壶状物，可以困住昆虫，以植物分泌的消化液将它们溶解。

本页左图为水鳖科的卵叶水车前草（*Ottelia ovalifolia*），是罗伯特·布朗于1803年11月在新南威尔士的帕拉玛塔、霍克斯伯里和里士满一带采集到的。在抵达该地区的三个月以前，布朗在昆士兰的肖尔沃特湾采到了本页右图这个结了果实的棕榈科大伞参棕（*Mackinlaya macrosciadea*）标本。这种植物的属名 Mackinlaya 是为了纪念探险家约翰·麦金利（1819~1872），他因为前往营救第一批从南到北横跨澳洲本土的欧洲探险家罗伯特·奥哈拉·伯克（1820~1861）和威廉·威尔斯（1834~1861）而名声大噪。右页图的山龙眼科深红佛塔树（*Banksia coccinea*），又称为深红花班库树，是澳洲西部的原生种，属名以约瑟夫·班克斯来命名，种名则来自拉丁文 *coccineus*，鲜红色之意。

左页图是山龙眼科蕨叶银桦（*Grevillea pteridifolia*）的黄色花朵。罗伯特·布朗确立了银桦这个包括许多种植物的属，他原本把图中的这种植物命名为黄树银桦（*Grevillea chrysodendron*），不过约瑟夫·奈特早了布朗一年，在 1809 年先将它命名为蕨叶银桦，因此根据国际命名规范，保留了蕨叶银桦的名称。[4] 在昆士兰，蕨叶银桦被称为金鹦鹉树，因为它开满大量黄色花朵，吸引了许多吸蜜鹦鹉和其他鸟类的驻足。本页图中的戟叶多须草（*Lomandra hastilis*）是一种蔺草，生长在澳洲西部。这也就是说，鲍尔采集到这份标本的时间，应该是在调查者号以乔治王湾为根据地的 1801 年 12 月到 1802 年 1 月间。

---

4. 除非物种名称违背了命名法的规定，成为不可用的名称，否则物种的命名以最早的命名为基准。

本页左图为苏铁科植物澳洲苏铁（*Cycas media*）的雄株和雄球果，本页右图为它的坚果、含有剧毒的种子、叶片与茎，右页图则为裸露的雌球果。所有苏铁属的植物都是雌雄异株，也就是说，具有花粉的雄球果和具有种子的雌球果分属在不同的植株上。库克船长的团队早在 1770 年进行澳洲勘查时便已遇上这种植物，约瑟夫 · 班克斯就曾写道："……尽管曾受警告，我们有些船员还是吃了一两颗种子，结果严重上吐下泻……"虽然其种子有毒，澳洲土著还是将它当成食物，将它磨成粉状制成西米——不过种子必须先浸泡并且煮熟才行。

探险队在昆士兰北岸的托雷斯海峡群岛采到一种原本被认为是木棉树的弯子木科的吉利弯子木（*Cochlospermum gillivraei*），本页图是鲍尔画下的荚果。弗林德斯在他的日记中写到，在岛上“……有种木棉树长得很茂盛，它荚果里的纤维很强韧，而且带有漂亮的光泽，也许可以运用在制造业上……”然而，这种树和其他木棉如吉贝木棉（*Ceiba pentandra*）并不相同。吉贝木棉产于热带美洲与非洲，其植物纤维被用作床垫填充物或运用在隔音方面。这种澳洲木棉的根，一直以来就被澳洲土著当成食物。不论是本页图的荚果或是左页图中的棕榈树，都能让人感受到鲍尔在艺术表现上的细腻度。

左图的草海龙（*Phyllopteryx taeniolatus*）可能是随着许多其他动物在乔治王湾被捞起来的。弗林德斯在 1802 年 1 月 3 日的日志中，曾提到船员们捕获各式各样的小鱼：“……它们不大能吃，不过这些贝壳、海藻和珊瑚等，替船上的博物学家（想必是布朗）和制图员（鲍尔）带来不少娱乐消遣。其中有一种挺好看的海马，还挺常见，大部分人都觉得它很漂亮……”本页上图中的棘腹蛛（*Gasteracantha mimax*）在澳洲水域也很常见。

本页图的远海梭子蟹（*Portunus pelagicus*）有许多俗名，如蓝花蟹、蓝泳蟹等，其学名来自罗马文化中的河港之神波图努斯，是可食用蟹种中最常见者。在鲍尔使用的复杂色标编码系统中，每个颜色都有一个至多四位数的号码作为代号，右页图意味着鲍尔能在样本还新鲜、尚未褪色时先加以记录，然后再以精确的原始色调绘制出水彩画。

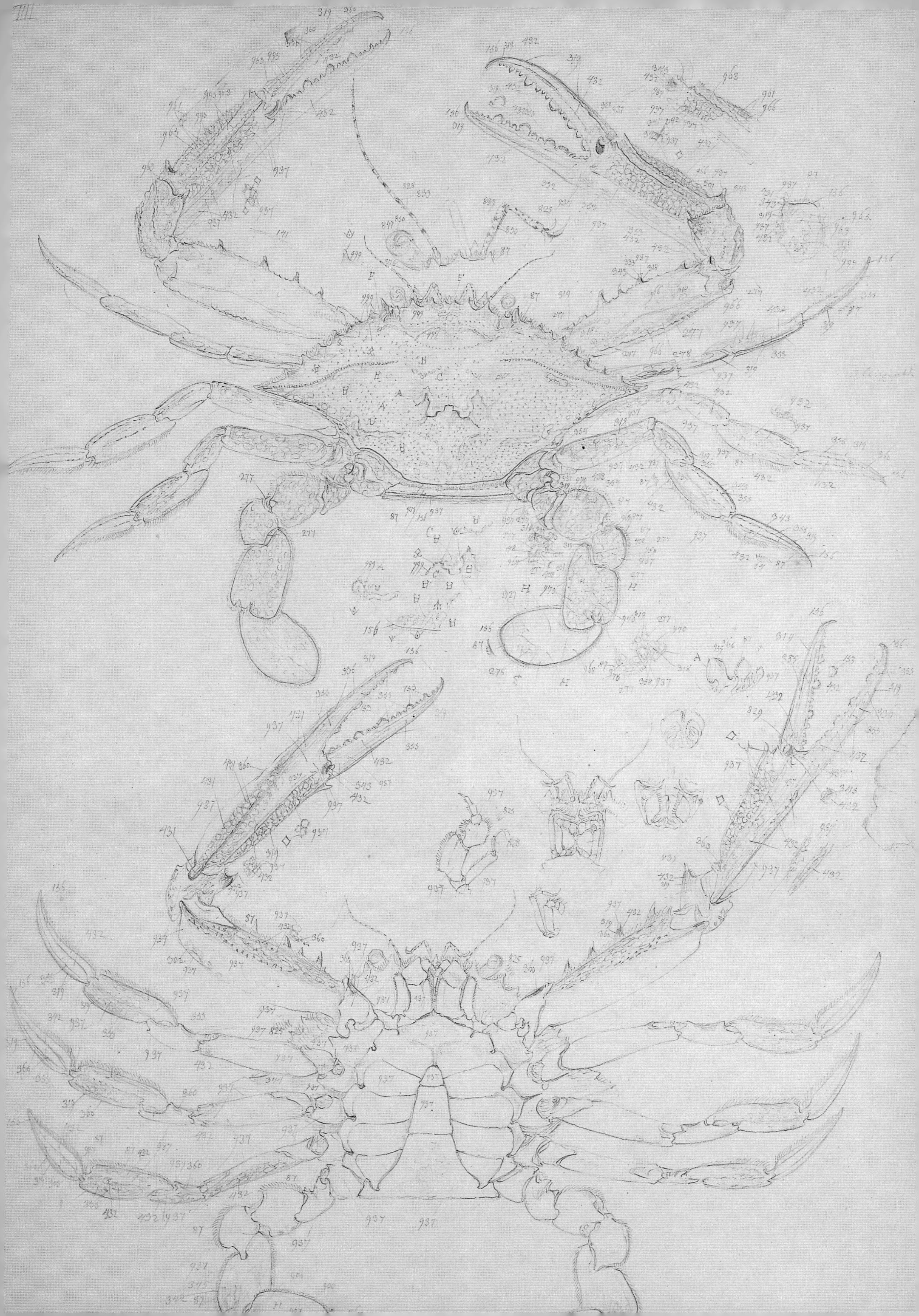

左图是鲍尔笔下的帚尾岩袋鼠（*Petrogale penicillata*）。鲍尔作画的样本，被马修·弗林德斯叙述为“……一种小型袋鼠，和我之前看过的任何种袋鼠都不一样……”布朗在发现本页上图中的杂斑石龙子（*Egernia cunninghami*）时，也有类似的反应。当时在乔治王湾停驻的布朗，在1801年12月22日的日记中写道：“他们找到许多矿企鹅（*Aptynidotes miner*）和一种我从未看过的蜥蜴……”

右页下图的布氏刺尾革鲀（*Acanthaluteres brownii*）是以罗伯特·布朗来命名的，俗称布氏革鲀。鲍尔的画作是原始物种描述的仅存信息。右页上图描绘的另一种革鲀，也显示出鲍尔作品恒久不坠的价值。这种鱼在 1846 年被命名为鲍氏短革鲀（*Brachaluteres baueri*），没人想到它和之前已经命名的杰克逊鳞鲀（*Balistes jacksoniaunus*）有何关联。1985 年，一项以鲍尔作品为题的研究显示，这两个名称事实上指的是同一物种（同物异名）。目前，这种鱼仍然被称为鲍氏短革鲀。本页图中的鱼也是鲍尔的作品，它是蓑鲉属（*Pterois*）的动物，据信是在 1802 年 8 月 28 日在昆士兰强潮海峡捕获的。

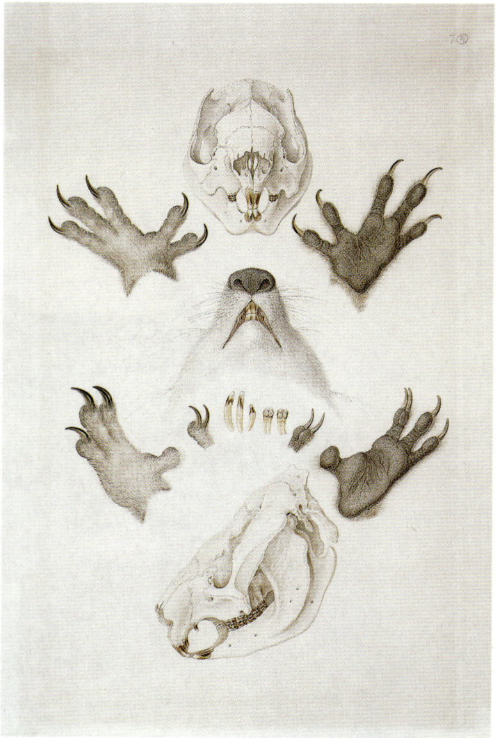

最先看到本页左图的毛鼻袋熊（*Vombatus ursinus*）的欧洲人，可能是 1797 年在巴斯海峡保护岛一带沉船的水手。这些水手和澳洲原住民一样，常常以毛鼻袋熊为食，当弗林德斯把他们救起时，也抓了一只毛鼻袋熊，并把它交给当时在悉尼的澳洲总督亨特。然而，这只毛鼻袋熊在六周后死亡，其尸体被送到伦敦的约瑟夫·班克斯手中。班克斯也希望能收到一对活的树袋熊（*Phascolarctos cinereus*，本页右图），罗伯特·布朗原本提议要送给他，不过因为树袋熊的饮食限制（吃桉树叶），最终还是无法实现。对于右页图描绘的鸭嘴兽，班克斯原本对这种动物的存在有所质疑，不过在 1800 年，当时的澳洲总督金把一个鸭嘴兽标本送到班克斯手上，两年后，鲍尔在新南威尔士的杰克逊港画下了这张图。

第八章

小猎犬号航行（1831～1836）

查尔斯·达尔文

查尔斯·达尔文搭乘着由罗伯特·菲茨罗伊船长指挥的小猎犬号环游世界的五年航行，是世界上最著名的航程之一。达尔文在旅程中搜集的大量标本与笔记，最后让他借着《物种起源》一书发表了以自然选择概念为中心的演化理论，撼动了全世界。然而，《物种起源》在1859年的出版，其实已经是很后来的事了。1831年12月，当小猎犬号从普利茅斯港出发时，达尔文才二十二岁。这个来自中上阶层的青年，放弃了在爱丁堡习医的学业，刚从剑桥拿到一个二流的神学学位，准备成为圣公会牧师，到安静的乡村教区服务。虽然他对博物学很感兴趣，尤其对甲虫的研究抱持着极度的热忱，也认识一些具有影响力的科学界友人，但当时并没有任何征兆显示，年轻的达尔文即将成为史上最伟大的生物学家之一。

另一方面，罗伯特·菲茨罗伊则似乎注定会在海军生涯上大放异彩。菲茨罗伊是英王查理二世后裔，他在1818年，以十三岁之龄进入朴次茅斯皇家海事学院就读，就学期间学科表现杰出，早已锋芒毕露。菲氏在十九岁时晋升海军上尉，并在1828年，也就是他二十三岁时被调职

达尔文在巴西的马尔多纳多看到本页图中这只以仙人掌为食的鸟，它原本被命名为达尔文风琴鸟（*Tanagra darwinii*），不过现在被重新命名为橙腹裸鼻雀（*Thraupis bonariensis*）。达尔文对鸟类研究的兴趣，实际上比他发现加拉帕戈斯地雀的时间还早。

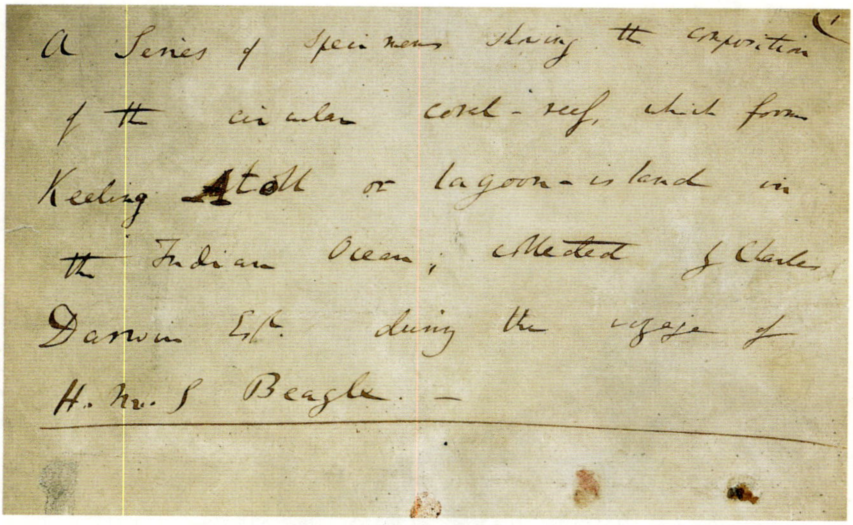
A Series of Specimens showing the composition of the circular coral-reef, which form Keeling Atoll or lagoon-island in the Indian Ocean; collected by Charles Darwin Esqr. during the voyage of H. M. S Beagle. —

图为达尔文的笔记，内容乃是关于一些他于1836年在科科斯群岛（原来称为基林群岛）研究礁脉时所采集的珊瑚标本。达尔文意识到，珊瑚礁是一漫长过程的最终结果，其中涉及古老火山岛屿的逐渐下沉，以及珊瑚结构在岛屿下沉之际同时在岛屿斜坡上增长发展。达尔文后来在1842年发表了著名的研究报告《珊瑚礁的结构与分布》。在发表该报告时，达尔文提出的珊瑚礁形成理论受到众人驳斥，不过后来的深海研究则完全证实了达尔文理论的正确性。

到里约热内卢，开始指挥小猎犬号。菲茨罗伊的调职，是为了代替自杀身亡的小猎犬号前任船长，然而，菲氏在四十年后竟也步上同样的后尘。

菲氏在成为小猎犬号船长后，花了两年时间调查南美水域，期间并完成了绘制火地岛海岸线地图的任务，此后，他在1830年10月带着四名火地岛土著回到英格兰，有意让土著们在英国接受教育，然后把他们送回家乡，让他们的社会能够从这种与“文明”的接触中受益。虽然其中一名土著死于天花，皇家海军对这个想法也不是太热衷，不过当菲氏重新接受任命为小猎犬号船长，受命继续执行南美洲调查并绕经太平洋和好望角返回英国时，他实现计划的机会来了。

根据菲茨罗伊之前的经验，他向海道测量员建议“应该寻找愿意屈就船上膳宿环境的科学家同行，借机拜访这些遥远却鲜为人知的国度，从中获益”。在获得科学界友人的推荐和大部分家人的支持，并克服来自父亲的些许阻力后，查尔斯·达尔文成为这个人选，在海军提供膳宿、部分自掏腰包以及父亲提供金援下成行。除了身为随船博物学家的任务以外，达尔文得陪菲茨罗伊用膳，在某种程度上减轻了船长本身无法避免的孤独状态。由于菲茨罗伊个性暴躁且郁郁寡欢，而达尔文非常随和，因此，在船员与极受敬重的船长间，达尔文便成了一种缓冲。

小猎犬号是艘单桅帆船，体积不大，船长二十七米，宽八米。小猎犬号得承载七十四名船员，包括海军官兵、达尔文、三名火地岛土著以及当时或多或少已经是强制性编制的官派随船画家。专业画家的存在尤其重要，因为尽管包括菲茨罗伊在内的几位海军人员都是技术高超的制图员，但达尔文却毫无艺术天赋可言。

第一位专任画家是小猎犬号起航时已经三十八岁的奥古斯塔斯·厄尔，他同时也是年纪最大的船员。厄尔是菲茨罗伊请来的，他和达尔文一样，都是由皇家海军供应膳食，不过，厄尔是个很好的选择，因为在此之前，他已经有到偏远地区绘制风景画的二十年经验，足迹遍及南美、澳洲与新西兰。而且，厄尔还是位杰出的肖像画家，在小猎犬号航行的第一年，他趁着小猎犬号行进到大西洋南美沿岸之际，画下一系列以船上生活为题的风景画和水彩画，也记录下达尔文在海里和岸边采集到的各种生物。在这段期间，达尔文在岸上有充分的时间停留，当小猎犬号在里约停驻的几周间，他和厄尔一起在岸上租房子住了下来，而接下来当小猎犬号停靠蒙得维的亚（乌拉圭首都）和布兰卡港（位于阿根廷）时，也是如此进行。然而，厄尔的健康状况并不理想，因此在小猎犬号于 1832 年 12 月第一次造访火地岛时，被迫留在蒙得维的亚。由于厄尔的缺席，该次航行由菲茨罗伊取而代之，第二次造访由厄尔的后继者康拉德·马顿斯执笔所描绘的火地岛土著，都不如预期中的那样精彩。当小猎犬号在 1833 年 4 月底回到布兰卡港时，厄尔仍然在当地停留，然而，他的身体状况不允许他重返团队，最后他自己回到伦敦，并于 1838 年去世。

同一时期，达尔文进行了两段最长的陆路旅行，先是从埃尔卡门到布宜诺斯艾利斯的九百六十公里，接下来是沿着巴拉那河上溯到圣塔菲再经原路往回走的九百六十公里，沿途都没有专业画家的随行。之后，达尔文前往蒙得维的亚和小猎犬号会合，期间还得穿过布宜诺斯艾利斯的军事封锁。在他终于和小猎犬号会合时，菲茨罗伊已经找到厄尔的替代人选。康拉德·马顿斯是位三十二岁的风景画家，他在 1833 年夏天抵达里约热内卢，正要去印度时，听到菲茨罗伊需要找位画家，他马上动身前往蒙得维的亚，向菲茨罗伊自荐。马顿斯马上受到聘用，在小猎犬号于 1833 年 12 月最后一次离开蒙得维的亚时随船起航。九个月后，小猎犬号抵达瓦尔帕莱索，由于船上再也没有能容下马顿斯的空间，马顿斯被迫上岸。马顿斯在船上的这段期间，小猎犬号第二次造访火地岛，并且穿过合恩角来到南美洲太平洋沿岸。菲茨罗伊在抵达火地岛时发现，几名受文明洗礼的土著已经恢复到他们原本的状态。尽管马顿斯在船上停留的时间不长，不过他的创作力旺盛，留下相当多的作品，因此，他的铅笔素描和水彩，成为小猎犬号航程绝大部分的图像记录。而在马顿斯离开小猎犬号以后，他造访塔希提岛、新西兰岛屿湾与悉尼，这些小猎犬号在返航英国途中亦曾停靠的地点。部分不在小猎犬号上完成的画作，后来也被菲茨罗伊用在他的正式航程报告里。

在离开瓦尔帕莱索以后，小猎犬号继续往北行，花了一年调查南美洲太平洋海岸，而达尔文则持续进行着许多迷人、有时甚至危险的陆上探勘，随时进行采集、观察与记录。当调查任务终于完成以后，小猎犬号在1835年9月离开南美洲，绕经加拉帕戈斯群岛进行第一阶段返航。小猎犬号耗费超过一年的时间返航英国，除了加拉帕戈斯群岛以外，小猎犬号还先在塔希提岛、新西兰、澳洲、科科斯群岛、开普敦、圣赫勒拿岛、阿森松等地停靠，然后再次返回布兰卡港，并由布兰卡港前往法尔茅斯，并让达尔文在1836年10月2日在此上岸。对船员而言，返航行程是相当没有压力的，不过达尔文仍持续不懈地在瓶瓶罐罐里装满了各式标本，并在笔记本上写满各种观察记录。

在快抵达加拉帕戈斯群岛时，达尔文已亲眼看到充分的证据，让他深信地球和它的居民在过去曾经经历过巨大的变化：山脉被往上推，然后受到侵蚀；海平面的重大变化，造成原本的海床裸露；以及整个岛屿和陆地的出现与消失。然而根据化石记录，在上面这些事情发生的时候，有些动物与植物族群在相当长的地质年代中似乎没有太大的改变，有些发生重大变化，有些则完全灭绝，被新物种所取代。更何况，他在所到之处观察到的生物体，都显示出奇妙的适应，在恶劣的环境中尽可能地利用变幻莫测的资源。这些包括动植物演化在内的想法都不是编造出来的故事，不过它们却让达尔文和对圣经世界观坚信不疑的菲茨罗伊产生了冲突。根据圣经的世界观，地球所有生物都是由上帝所创造且永恒不变的，而地质学上的剧变与大灭绝事件，则与圣经记载的事件有关，例如大洪水。

相信演化是一件事，证实演化是另一回事，而解释演化又完全是另一回事。达尔文接下来又花上二十年的勤奋工作，才公开提出他的自然选择理论，小猎犬号在加拉帕戈斯群岛停留的五周，的确替他后来的工作提供了关键性的信息。这与世隔绝的群岛由大约十二个小岛组成，当达尔文在岛间到处闲逛时，有两个奇特的现象让他深深着迷。首先，它们的动物相独一无二，从极为庞大的巨龟、海生与陆生鬣蜥，到小型无脊椎动物，许多生存在加拉帕戈斯群岛的物种，都是世界上其他地方找不到的。尽管它们显然与南美洲大陆物种极为相似，加拉帕戈斯群岛的物种却有着极细微的变化，有些甚至截然不同。达尔文写道："被前所未见的鸟、爬虫类、贝壳、昆虫和植物新种包围，是非常不寻常的经验。更有甚者，这些生物身上有无数值得注意的构造细节，有些甚至是鸟鸣声调和鸟类羽毛的差异，好像把南美洲巴塔哥尼亚高原的温带草原或智利北方的干燥沙漠，活灵活现地呈现在我眼前。"更令人惊异的是，有些岛屿甚至有其独特的种类，和那些在相距仅数十公里的邻近岛屿上生活的种类完全不一样。这种现象甚至也在龟类身上出现，不过在其他类动物却更为明显。

图中扬帆的小猎犬号，是欧文·斯坦利 1841 年的作品。达尔文以船长菲茨罗伊旅伴的身份上船，因为菲茨罗伊对远航南美洲绘制海岸线地图期间的寂寞感到害怕，觉得这孤独感可能会让他发疯。小猎犬号的名称，早已和达尔文以及导致达尔文提出演化理论的航程画上等号。很讽刺的是，虔诚的菲茨罗伊相信：达尔文的理论与圣经创造论相违背，于是认为达尔文的理论等同于异端邪说。

这些令人好奇的特征，在鸟类身上尤其真实，特别是那一群外观一点也不起眼、看起来非常相似、不过鸟喙形状却有极大差异的小型鸟类。这些鸟类最后被证明是十三种不同的鸟，它们的鸟喙让它们在食物来源上有所特化，以坚果、种子、昆虫甚至花果为食者都有。它们后来成为著名的“达尔文雀”，不过在发现这些鸟类的当时，年轻的达尔文并没有意识到它们的重要性。由于没有官派画家随行，加拉帕戈斯群岛的动物并未受到充分描绘记载，而绘制加拉帕戈斯群岛鸟类的画家约翰·古尔德，可能甚至从未看过小猎犬号，更别说随船航行，尽管如此，古尔德对小猎犬号的故事却有无可抹灭的贡献。古尔德和达尔文不同，他是鸟类学专家，而且他几乎马上就发觉了这些加拉帕戈斯群岛雀类标本的重要性。

当小猎犬号回到英国时，达尔文已经认识到，牧师生涯并不适合自己。十分幸运的是，他良好的财务状况，意味着他并不需要赚钱养活自己。因此，他全心全意地准备小猎犬号航程动物调查成果的出版，并长时间投入演化理论的发展工作。然而，他显然无法单凭一己之力来处理所有的动物族群，需要向专家寻求协助。因此，1837 年 1 月，他带着自己采集到的哺乳动物和鸟类标本，来到甫成立的伦敦动物学学会，而古尔德是该学会的鸟类学家。

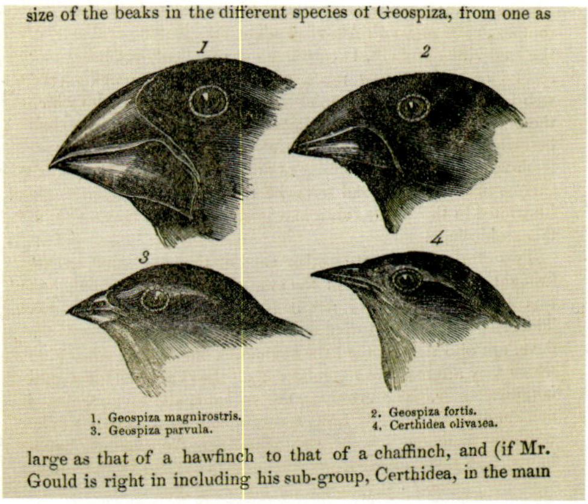

古尔德出生于1804年，是温莎堡园丁之子，他并未接受过太多正规教育，早年便随着父亲的脚步，以实习园丁的身份开始在温莎工作。在训练过程中，他接触到标本制作的艺术，在当时的环境中，园丁具备标本制作技术是很平常的事，而到古尔德二十岁时，他便已在伦敦开始了自己的标本制作事业。由于他在温莎的人脉，他替乔治四世做了几只鸟类剥制标本，并在1827年在新成立的伦敦动物学学会获得了“研究与保存专员”的职位。六年后，他晋升为该学会鸟类部门的负责人，而且早已开始了他终生的挚爱，亦即出版具有大量精致图像的鸟类专书，事业极为成功。尽管古尔德自己也是相当有才华的画家，但他众多出版品中的图像大多出自他人之手，即使宣称为古尔德所绘制者亦是如此。这些图像有很多是其妻伊丽莎白和著名打油诗人爱德华·利尔的作品。至于古尔德本身的优点，则在于他是个非常成功的出版事业家和鸟类学家，而他在鸟类学上的能力，让他能在达尔文演化理论的发展上做出重大贡献。

古尔德仔细检查了达尔文带来的所有鸟类标本，据此为其中的许多新种进行命名与描述。他对此感到非常兴奋，尤其是那些来自加拉帕戈斯群岛、看来不甚起眼的小型鸟类。由于它们的生活方式显然不同，达尔文将它们假定分成几种不同的代表性类别：鹪鹩、雀类、蜡嘴雀和拟鹂。然而，在古尔德收到标本的六天以后，他就宣布，这些鸟尽管具有形状完全不同的鸟喙，它们事实上全部都是雀类。虽然这很有趣，不过它所代表的真正含义，在当时并没有马上让人意识到什么，即使是古尔德和达尔文也没有领会到此一发现的意义。事实上，尽管这群加拉帕戈斯雀在演化论的发展中扮演了如此重要的角色，古尔德从未将这些阐明自然选择理论的证据据为己有。

达尔文渐渐意识到，他在小猎犬号航行期间采集到的雀类标本，代表着演化“自然实验”的卓越成果。在遥远的过去，当鸟类尚未在加拉帕戈斯群岛定居时，有些典型的雀类可能从南美洲大陆来到这些岛屿。由于没有其他食性特化的小型鸟类与这些始祖雀类竞争，它们经过演化与特化，占据了岛上所有可取得的“小型鸟类生态区位”，并在过程中演化出各式各样与原始雀类完全不同的鸟喙——尽管这个例子十分不寻常，它的确是由自然选择引发适应的完美范例。当然，达尔文即使没有得到古尔德的协助，最终还是会获得这样的结论，不过替演化概念播种的第一人，无疑是约翰·古尔德这位出版商与鸟类学家的杰作。

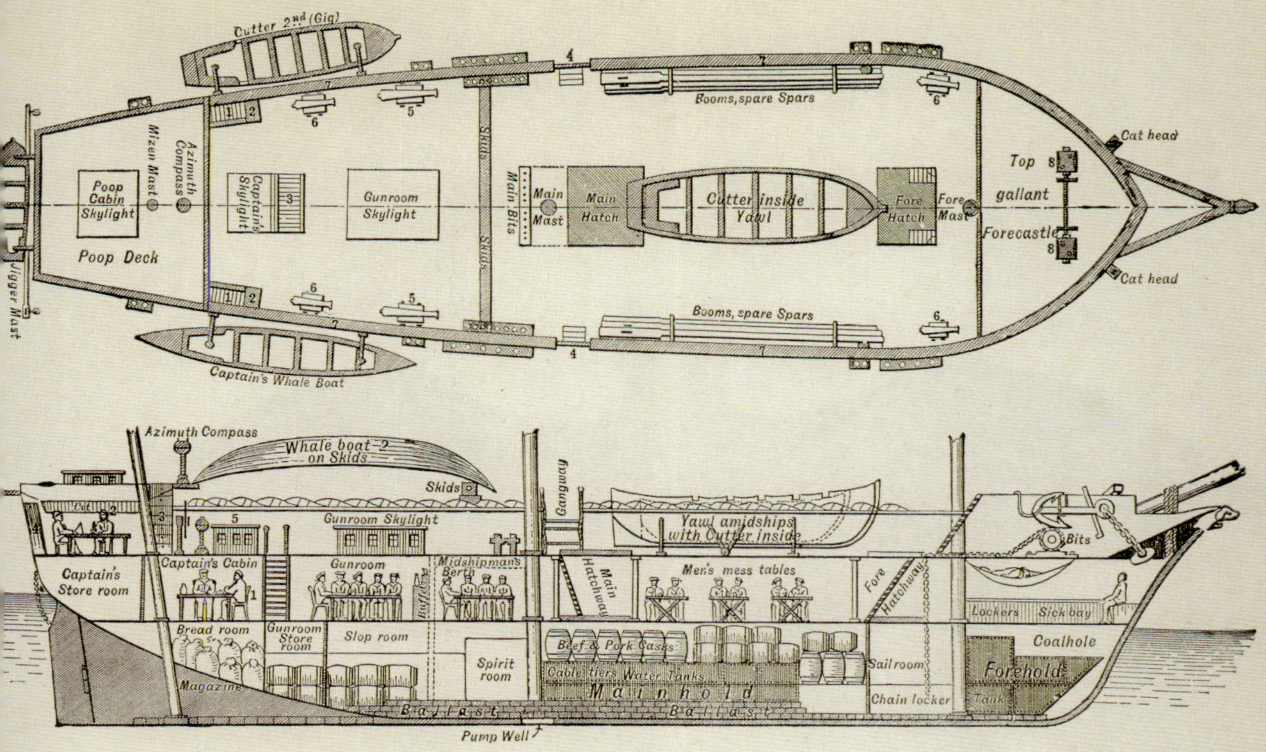

DIAGRAMS OF THE "BEAGLE."　　[To face p. I.

在左页图的达尔文研究日志中，记录了四种具有不同鸟喙的加拉帕戈斯雀。达尔文对“上帝个别创造每种生物，万物永恒不变”的观点提出质疑，写道：“由于每种生物的出生个体比存活下来的多很多，加上这现象导致生存竞争不断地发生，因此，任何生物，若以任何让自己有利可图的方式改变一下……则会有更高的机会存活下来，以此方式受自然选择……这种保存有利的个体差异及变异，淘汰不利者的现象，我将之称为自然选择，或是适者生存。”这些地雀标本随着小猎犬号（本页图）被带回伦敦。

Mammalia Pl. 2.
Phyllostoma Grayi.

达尔文在巴西布兰卡港北部的伯南布哥找到左页图与本页图中的蝙蝠，并将之命名为葛氏叶口蝠（*Phyllostoma grayi*）。他写道："这种蝙蝠似乎在伯南布哥很常见……当我在中午时分进入一个古老的石灰窑时，让一群数量相当多的蝙蝠受到惊扰。它们似乎不受光线侵扰，栖息地也比一般的蝙蝠休憩地来得明亮。"这种蝙蝠的头长与体长加起来不过 5 厘米，不过其翼展开后却有 25 厘米。

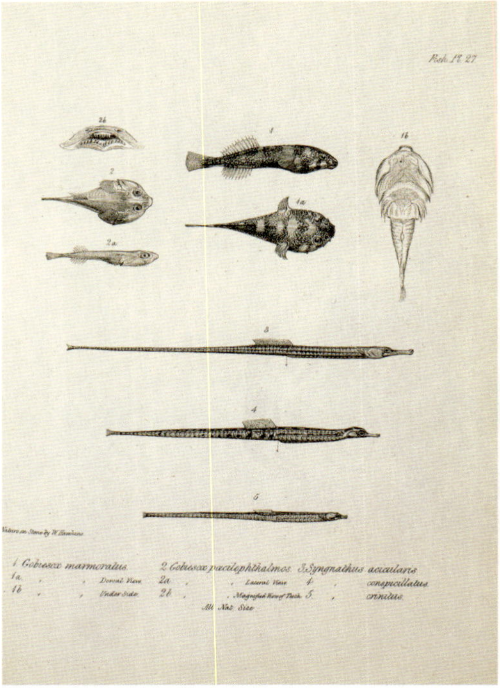

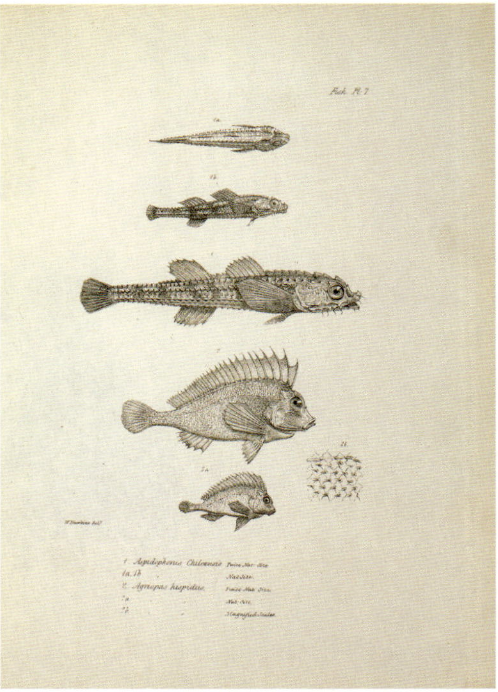

本页左图是一些来自南美洲与塔希提岛水域的鱼类，包括达尔文在南美洲西岸奇洛埃岛发现的石纹喉盘鱼（*Gobiesox marmoratus*. 1. 1a. 1b），在查塔姆岛（圣克里斯托瓦尔岛）发现的杂色阿科斯喉盘鱼（*Gobiesox poecilophthalmus*. 2. 2a. 2b）单一标本，在瓦尔帕莱索采集到的高体隆背海龙（*Leptonotus blainvilleanus*. 3），来自塔希提岛的毛小颌海龙（*Halicampus crinitus*. 4），以及来自布兰卡港的黄带冠海龙（*Corythoichthys flavofasciatus*. 5）。

本页右图中的两种小鱼来自奇洛埃岛，分别是智利拟八角鱼（*Agonopsis chiloensis*. 1. 1a. 1b）及秘鲁前鳍鲉（*Agriopus hispidus*. 2. 2a. 2b）。

达尔文在南美洲也采集到非常多蛙类，如右页图中来自巴塔哥尼亚地区的南美伪眼蛙（*Pleurodema bufonina*. 1. 1a），根据达尔文的记载，这种蛙“……出生并生活在盐度高到难以入口的水域。”

Drawn from Nature on Stone by B. Waterhouse Hawkins. C. Hullmandel Imp.

1. 1 a. *Leiuperus salarius.*
2. 2 a. 2 b. 2 c. *Pyxicephalus Americanus.*
3. 3 a. 3 b. *Alsodes monticola.*
4. 4 a. *Litoria glandulosa.*
5. 5 a. 5 b. *Batrachyla leptopus.*

1

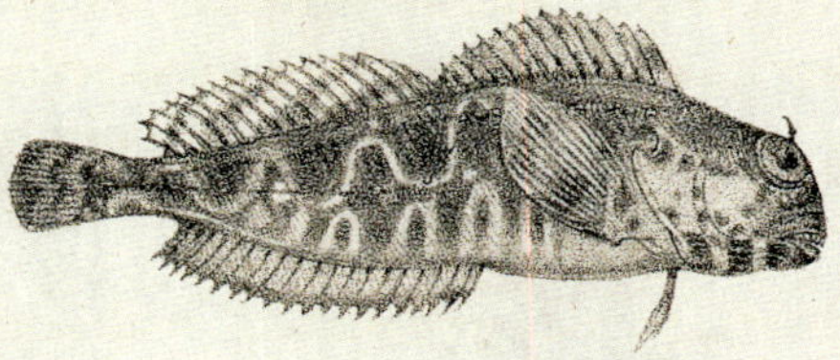

1a

2

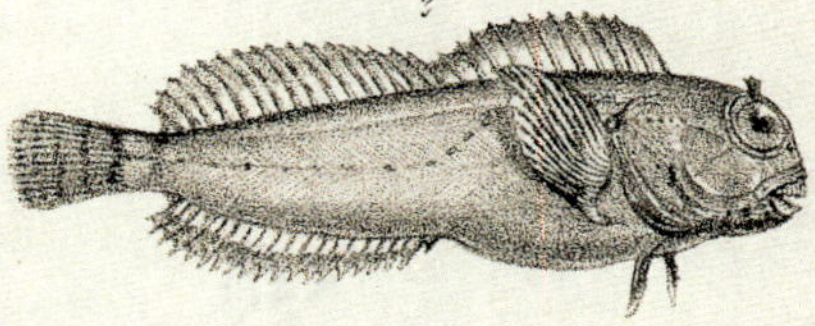

3

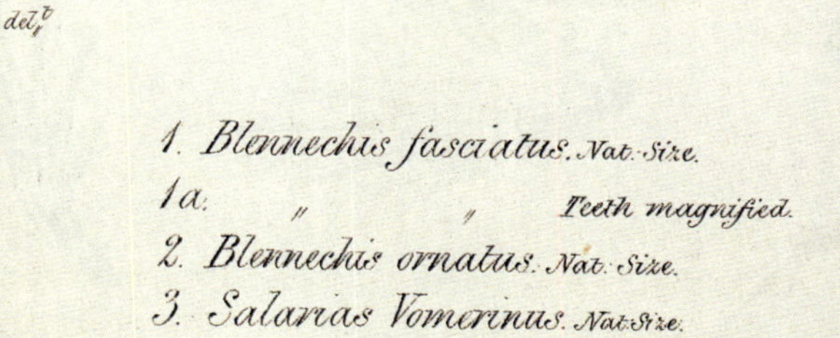

Waterhouse Hawkins del.

1. *Blennechis fasciatus*. Nat. Size.

1a. " " Teeth magnified.

2. *Blennechis ornatus*. Nat. Size.

3. *Salarias Vomerinus*. Nat. Size.

左页图中的三种鱼类包括最下方于探险早期在佛得角群岛普拉亚港捕获的红唇真蛇鳚（*Ophioblennius atlanticus*）。这种鱼的下颌上有两颗又长又尖锐的獠牙，可以在其他动物身上造成严重的伤口，根据达尔文的记录，它确实也划伤了一位小猎犬号船员的手。在南美洲采集到的众多蛙类和蟾蜍中，包括本页图中央的安第斯蟾蜍（*Phryniscus nigricans*），这种生性厌水的蟾蜍，后来被重新命名为黑昧蟾蜍（*Melanophryniscus stetcheri*）。它是在马尔多纳多的海岸沙丘上被找到的，达尔文把一只丢到淡水池里，结果发现它不会游泳，赶紧把它救了起来。达尔文的另一个重要新属发现，则是第 228、229 页图中的亚德里亚海鲉（*Scorpaena histrio*）。在此之前，人们只有在美洲东海岸和东印度群岛发现过多种鲉鱼。

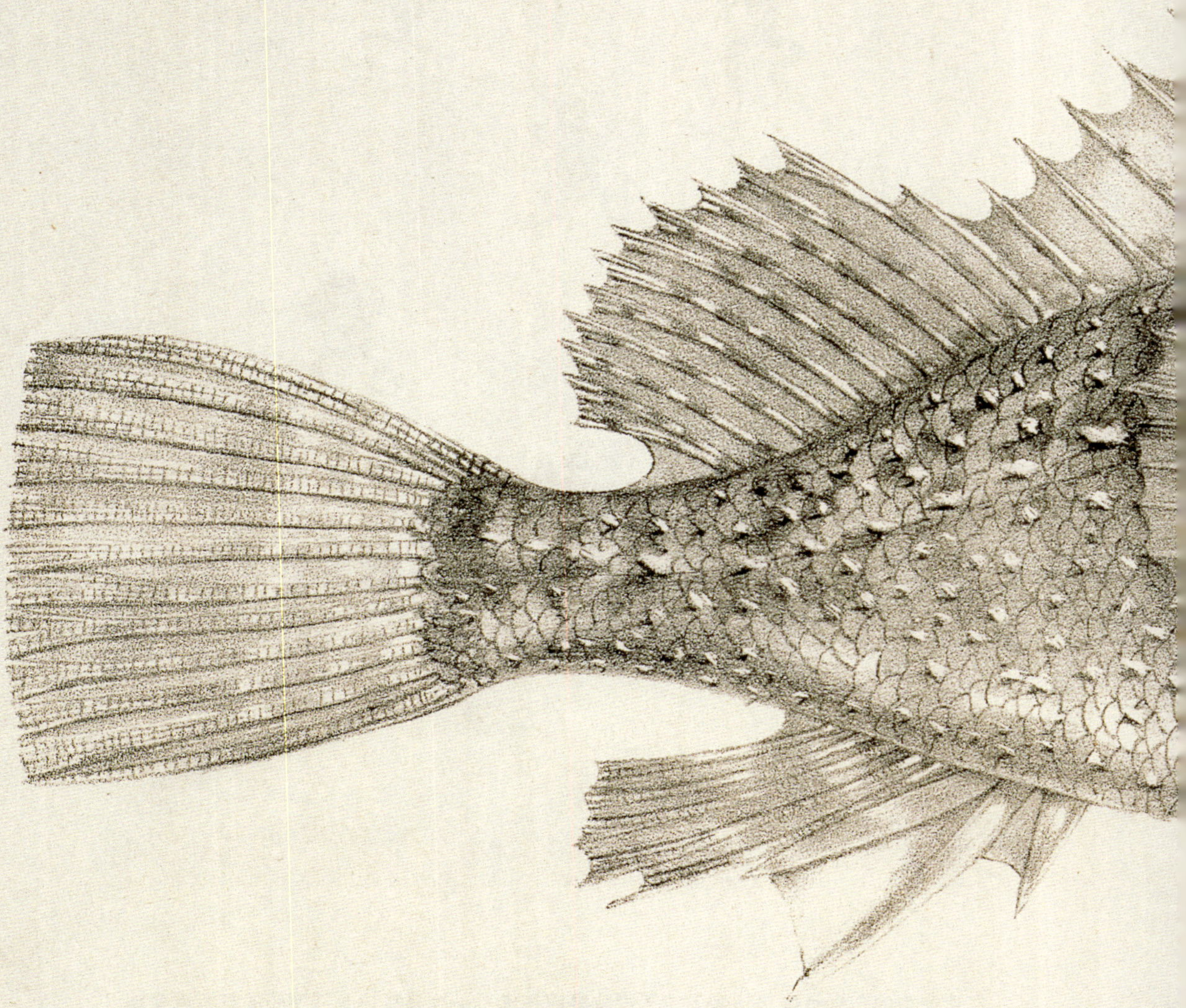

Scorpæna

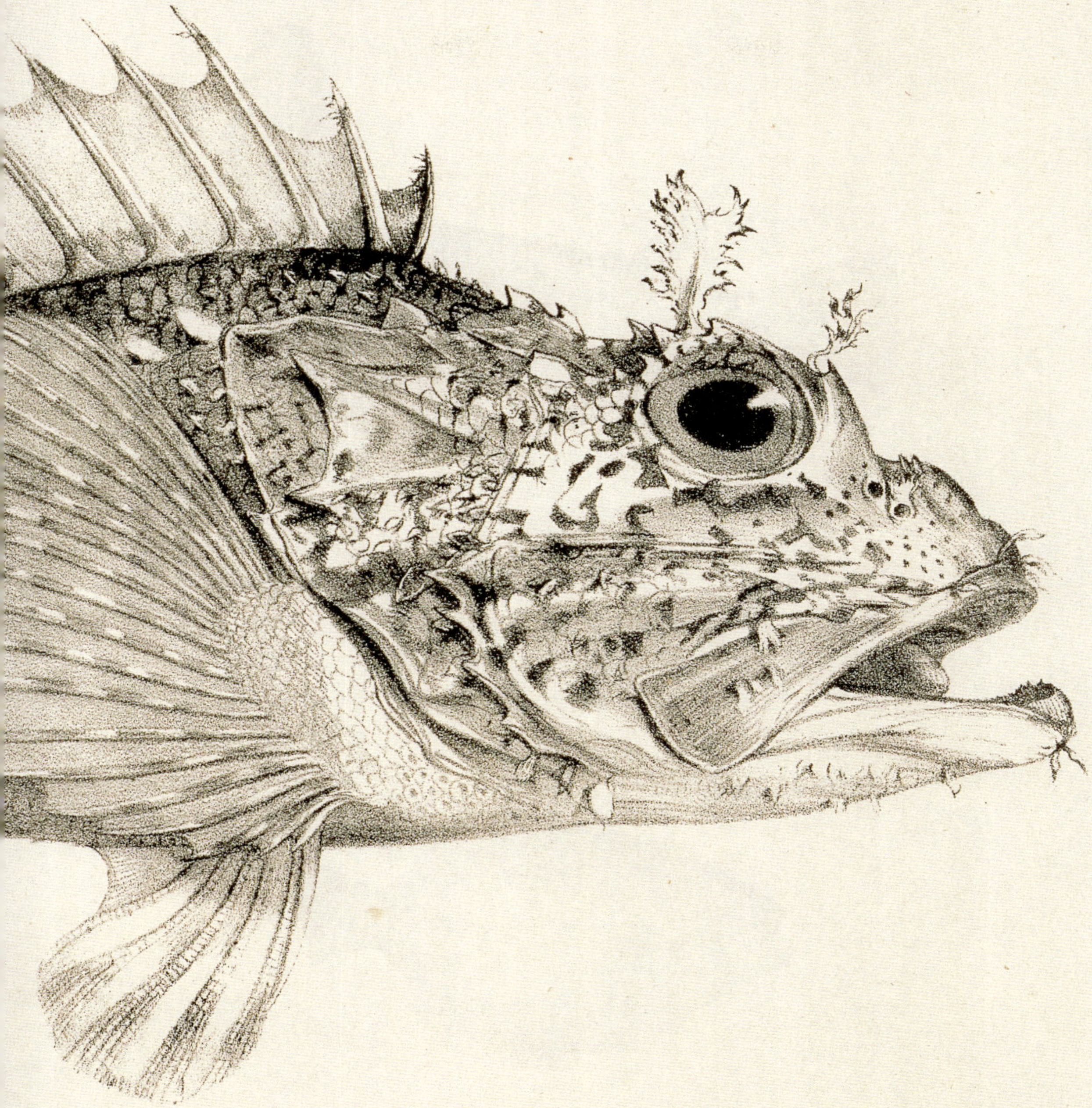

0. *Nat: Size.*

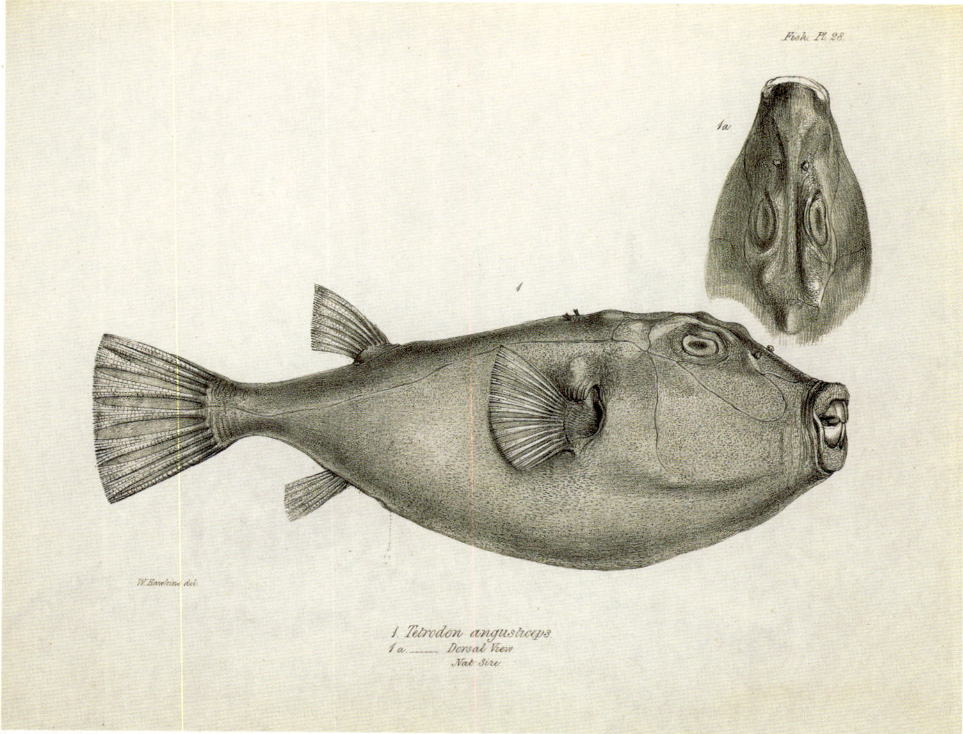
Fish. Pl. 28.
1a
1
W. Hawkins del.
1. Tetrodon angusticeps.
1 a. ——— Dorsal View
Nat. Size

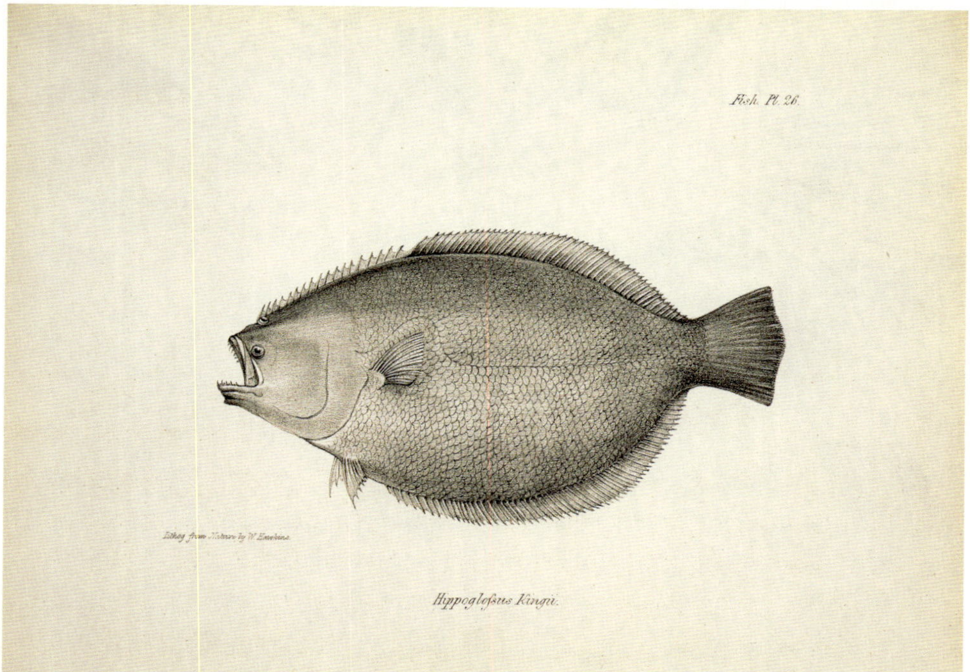
Fish. Pl. 26.
Lithog. from Nature by W. Hawkins.
Hippoglossus Kingii.

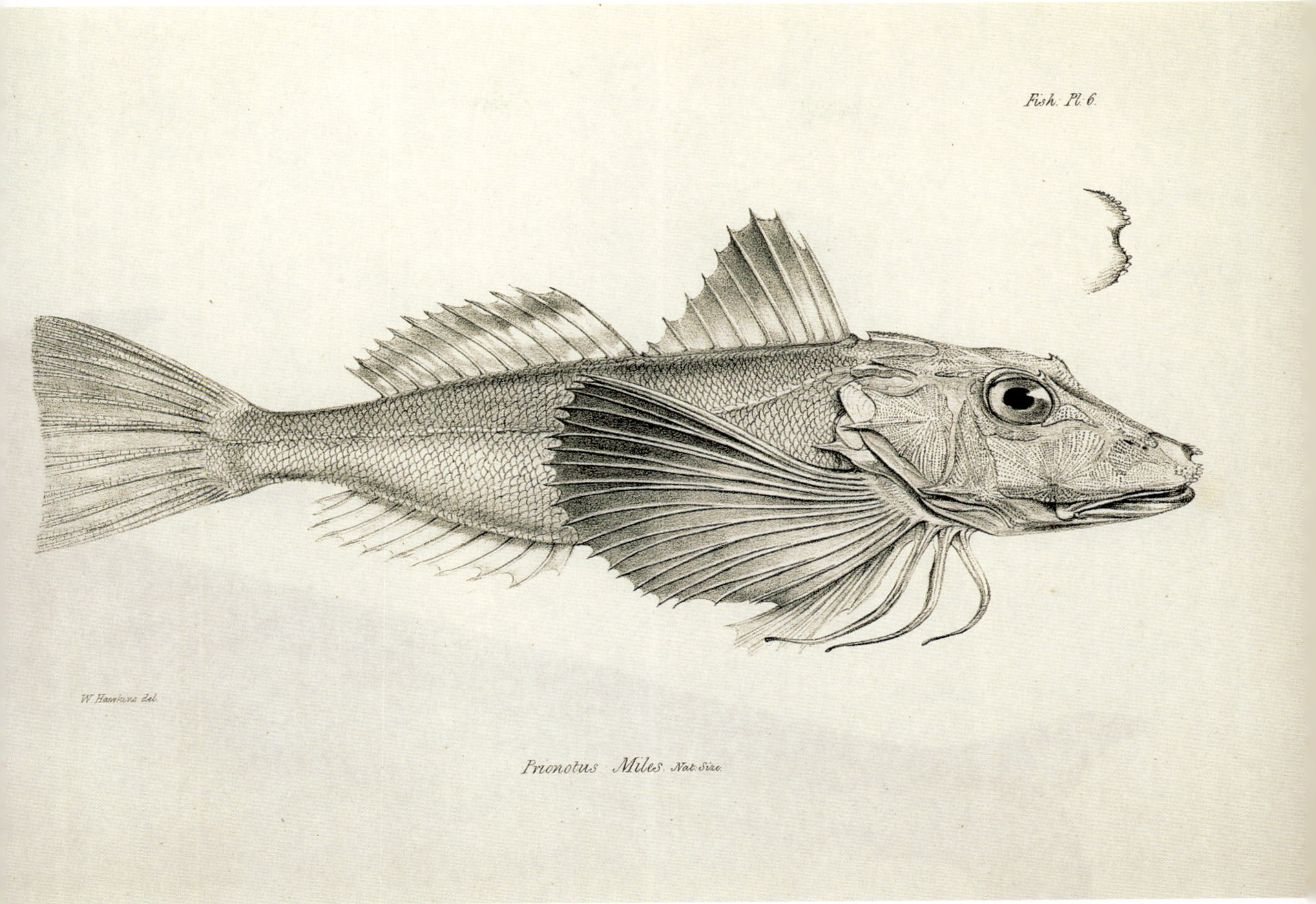

左页上图的蛇首圆鲀（*Sphoeroides angusticeps*）是在加拉帕戈斯周围海域捕获到的。达尔文的笔记中也提到，这种鱼“会膨胀”，换言之，它是一种河豚，在受到威胁时会让自己充气或充水膨胀，一直到身体涨大，体表的刺竖直为止。另一种具有奇特外观的，是左页下图双眼皆位于头部左侧的金氏鲽（*Hippoglossus kingii*），它的名称来自替菲茨罗伊绘制此鱼图像的船员菲利浦·金。本页图中的迈尔斯锯鲂鮄（*Prionotus miles*）是达尔文在加拉帕戈斯发现的惊喜，因为人们原本以为，该属鱼类只出现在大西洋。第 232、233 页中的海豚是在巴塔哥尼亚外海发现的，被达尔文命名为菲氏海豚（*Delphinus FitzRoyi*）[1]，以表达对菲茨罗伊的敬意。菲氏稍后也礼尚往来，以达尔文之名替火地岛的一座山命名。

1. 这种海豚目前被重新命名为乌色海豚（*Lagenorhynchus obscurus fitzroyi*）。

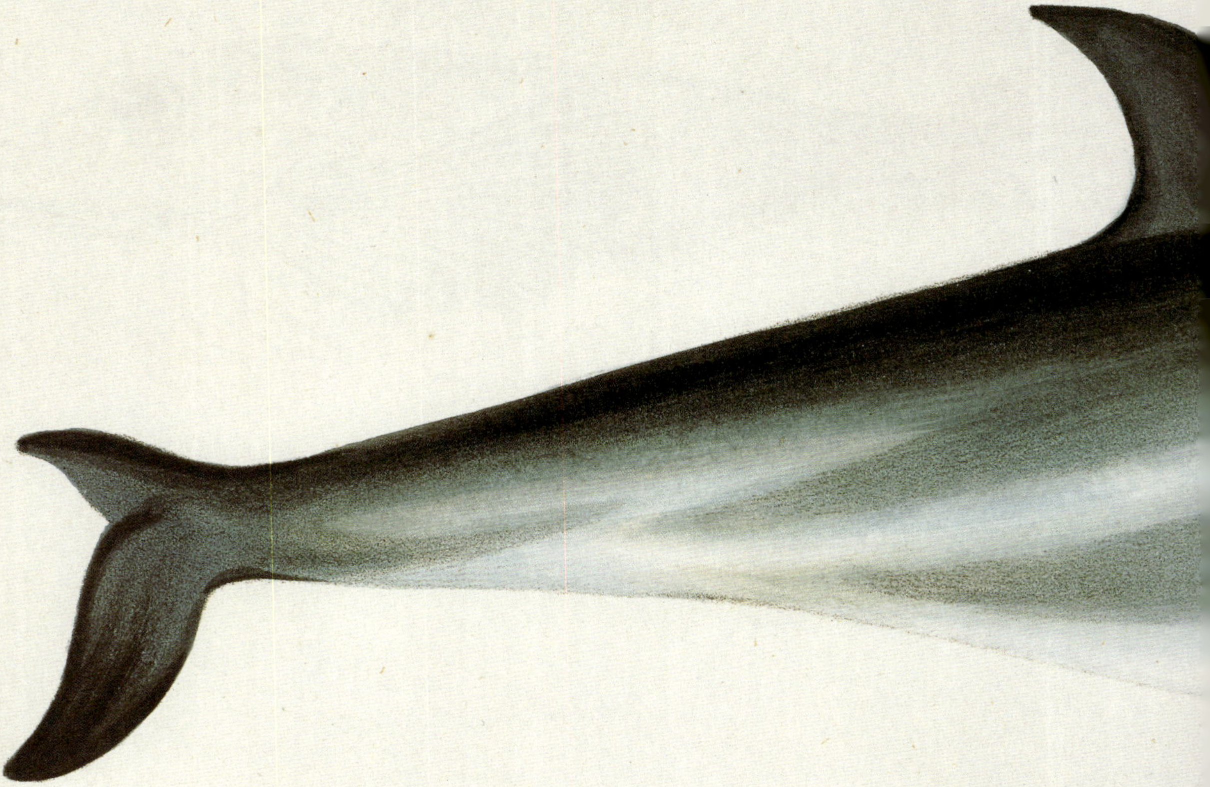

Delphinu

Royi.

两幅来自不同地方的蜥蜴图。本页图中的达尔文壁虎（*Homonota darwini*）来自巴塔哥尼亚的希望港，达尔文说，这种蜥蜴“数量非常多，一般躲在石头底下”。他又说，这种蜥蜴在被抓住的时候会发出刺耳的声音——事实上，它是一种会模仿蜥蜴声音的壁虎。这种壁虎体色呈棕色，有时亦带深绿色，体色在死亡后逐渐消失，根据达尔文的说法，“一个标本在锡盒子里放了几天以后，颜色整个变成灰色，甚至没有黑色的云状花纹……”右页图中体型较大的蜥蜴是原本被命名为翡翠守宫（*Naultinus grayii*）的绿树守宫（*Naultinus elegans*）。这种动物的身体呈“漂亮的绿色”，标本来自新西兰的岛屿湾，它生活在树上，据说会发出类似笑声的声音。

1. *Gymnodactylus Gaudichaudii.*
2. *Naultinus Grayii.*

Craxirex Galapagoensis.

达尔文《小猎犬号之旅的动物学》的鸟类图片，是约翰·古尔德与伊丽莎白·古尔德的作品。左页图中的加岛鵟（*Craxirex galapagoensis*）[2]来自加拉帕戈斯群岛，它和岛上的其他鸟类一样都很温驯，本页左图的加岛角鸮（*Otus galapagoensis*）也是一例。当达尔文来到巴塔哥尼亚时，他很渴望能找到本页右图这种在西班牙文里被称为“侏儒鸵鸟”的动物，因为之前的博物学家没人能采集到这种鸟类的标本。当探险队人员射杀到一只，并把它煮好端上桌时，达尔文过了一段时间才意识到，他百寻不着的鸟儿正躺在他面前的盘子里：“我看了看，当时却很不幸地忘了侏儒鸵鸟这档事，我以为这是一般鸵鸟，只是长得比较娇小一点而已。在我会意过来之前，他们已经把它剥了皮下了锅。不论如何，它的头部、颈部、脚、翅膀、许多较大的羽毛以及大部分外皮都被保存下来。从这些残骸中，我拼凑出一个几乎完美的标本，现在这个标本正在动物学会博物馆展示。”这种鸟被命名为达尔文鹈（*Rhea darwinii*）[3]，又称小美洲鸵。

---

2. 目前普遍使用的学名为 *Buteo galapagoensis*。
3. 目前普遍使用的学名为 *Rhea pennata*。

加拉帕戈斯地雀：右页图中为仙人掌地雀（*Geospiza scandens*），其鸟喙经演化适应，以仙人掌为食（此图的仙人掌种类分布在巴塔哥尼亚地区，出现在此并不正确）。本页图中的中地雀（*Geospiza fortis*）生活在查尔斯岛和查塔姆岛（圣玛丽亚岛和圣克里斯托瓦尔岛）。这些地雀具有不同形状的鸟喙，因此最初让达尔文把它们分到不同的亚科里，有些被他称为“蜡嘴雀”，有些是“燕雀”或“真雀”，而以仙人掌为食者，包括拟鹂和拟黄鹂等则被纳入“拟鹂科”。在达尔文回到伦敦以后，身兼鸟类学家与出版商的约翰·古尔德，将达尔文的鸟类标本重新分类，其中也包括加拉帕戈斯地雀在内。古尔德认为加拉帕戈斯地雀却是一个前所未见的新类别，每种都是一个独立且迥异的雀类。

Cactornis assimilis.

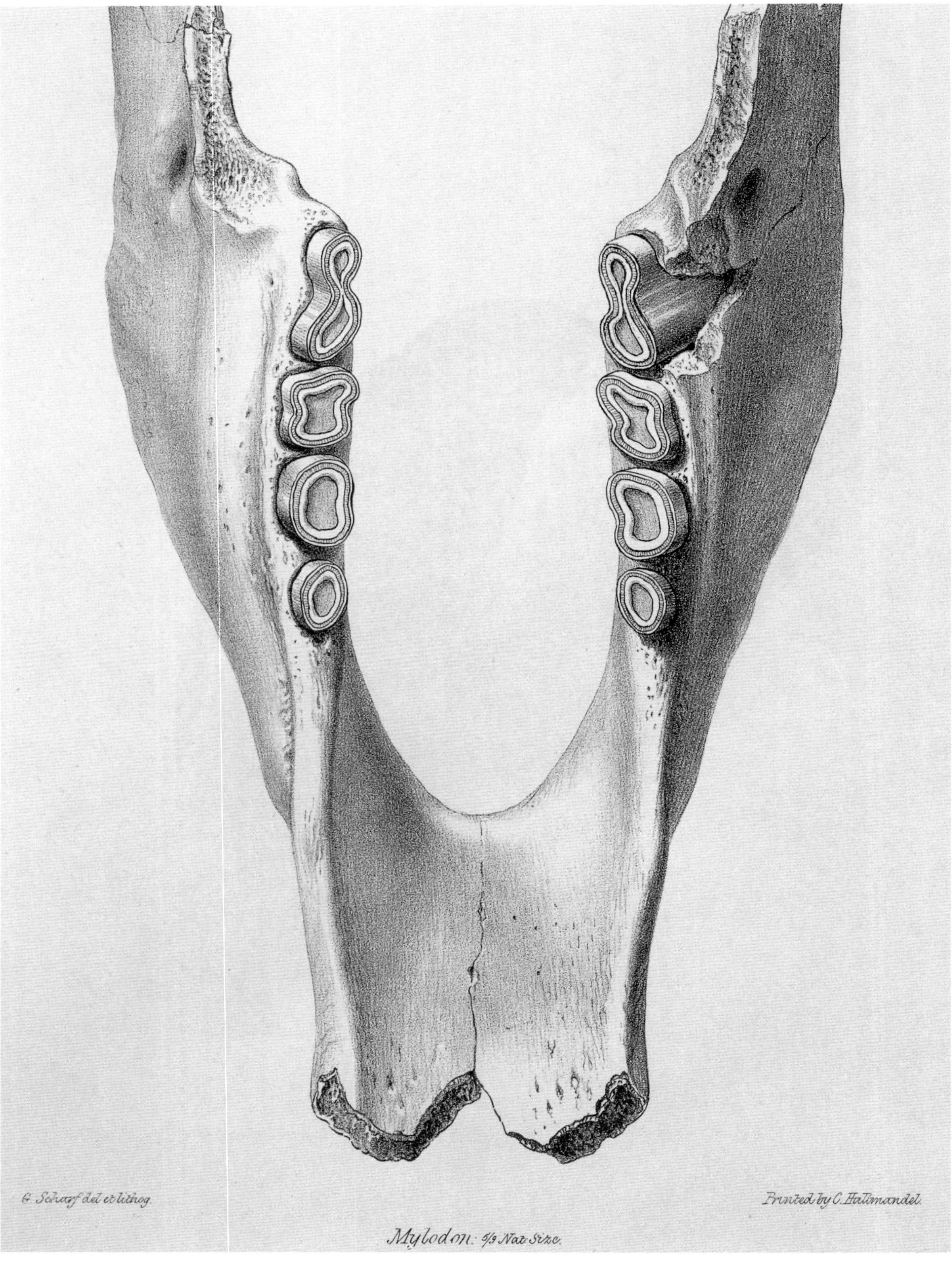

G. Scharf del. et lithog.　　Printed by C. Hullmandel.

Mylodon. 5/9 Nat. Size.

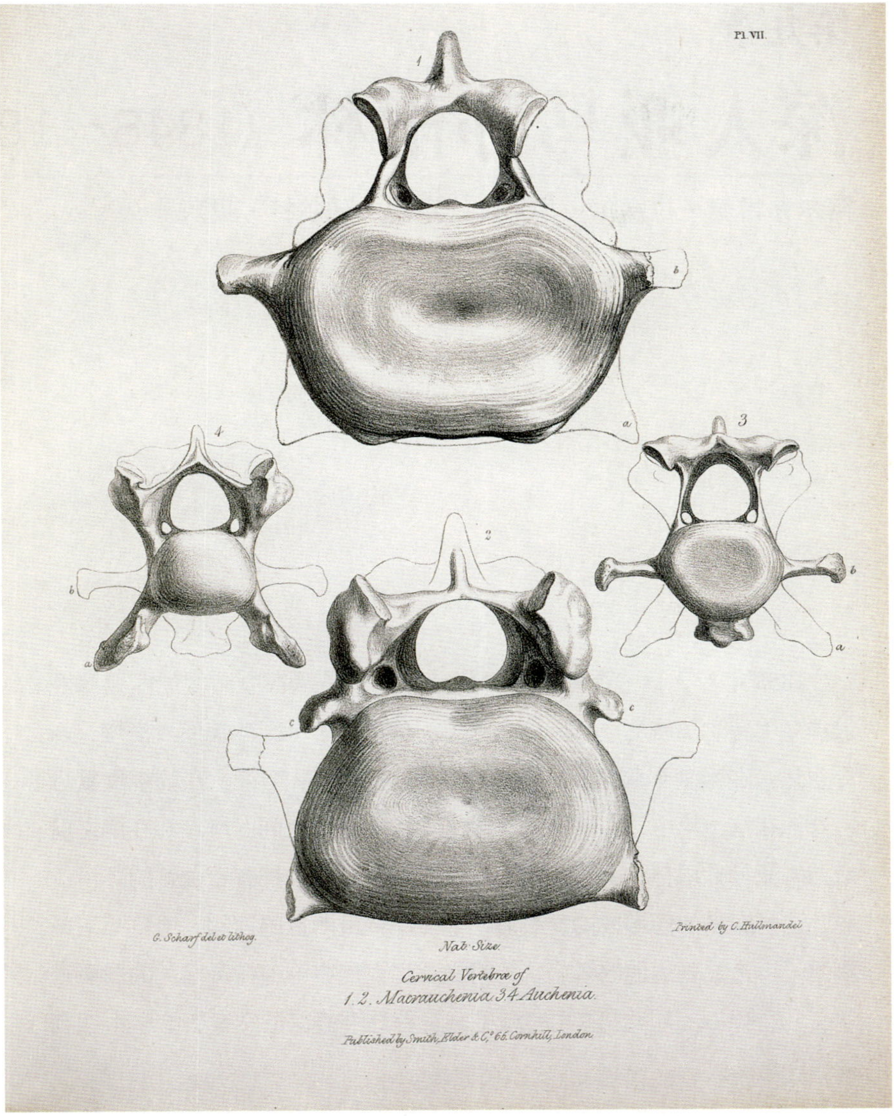

1832 年 9 月，当小猎犬号在布兰卡港停靠时，达尔文在蓬塔阿尔塔注意到一些嵌在软岩里的动物骨骼化石。他着手进行挖掘，有时彻夜工作，最后挖出三具不完整的大型动物骨骼标本，其中包括左页图中的磨齿兽（*Mylodon darwinii*）颚骨。这些发现让达尔文感到很困惑：它们显然是灭绝动物的骨骼，然而却和某些现存小型动物的骨骼非常相似。这种过去与现今物种的关系，是另一个带领他走向演化理论的联结。达尔文在巴塔哥尼亚的圣朱利安港发现了另一个哺乳动物化石，一种状似美洲驼、体积相当于骆驼大小的哺乳动物，被称为长颈驼（*Macrauchenia patachonica*）。本页图显示的较大型骨骼，是长颈驼的颈椎。

第九章

深入亚马孙雨林（1848～1862）

阿尔弗雷德·拉塞尔·华莱士、亨利·沃尔特·贝茨

1858年春天，一个三十四岁的威尔士男子躺在今印度尼西亚摩鹿加群岛中特尔那特岛上某间棕榈茅草屋的吊床上，因疟疾而发高烧，忽冷忽热。在半梦半醒之间，阿尔弗雷德·拉塞尔·华莱士在脑中反复思考着他在这十年中，在这个位于印度洋和太平洋之间的群岛和在此之前造访的亚马孙雨林，所看到过的各种动物。这些物种有着美妙的环境适应，这到底是如何形成的？最后，他在高烧最严重的期间，潦草写下一篇四千字论文表达他的看法，并将文章和附信寄给他在英格兰的同事查尔斯·达尔文，询问达尔文的意见，看看是否值得把文章寄给学术期刊发表。

三个月后，达尔文收到这篇让他目瞪口呆的文章。华莱士在这篇简短手稿中扼要说明的概念，都与达尔文自己对演化所抱持的所有主要想法不谋而合，达尔文自小猎犬号航程以后的二十年间，一直致力于这种物竞自然选择理论的发展。如果华莱士的手稿被单独出版，就等于让他以些微优势抢先一步发表这个论点。结果，达尔文的好友地质学家查尔斯·莱尔爵士和植物学家约瑟夫·胡克想出了解决之道——1858年7月，

在亨利·沃尔特·贝茨的两本亚马孙昆虫笔记中，包括数百张他在亚马孙丛林探险与在基地停留期间所绘制的精致图像（本页图）。

在亨利·沃尔特·贝茨的两本亚马孙昆虫笔记中，包括数百张他在亚马孙丛林探险与在基地停留期间所绘制的精致图像（本页图）。

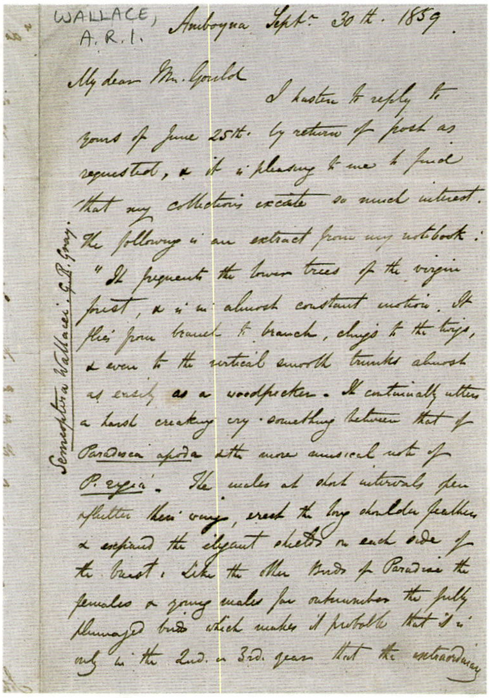
WALLACE, A.R.I. Amboyna Sept. 30th. 1859.

My dear Mr. Gould

I hasten to reply to yours of June 25th. by return of post as requested, & it is pleasing to me to find that my collections excite so much interest. The following is an extract from my notebook:

"It frequents the lower trees of the virgin forest, & is in almost constant motion. It flies from branch to branch, clings to the twigs, & even to the vertical smooth trunks almost as easily as a woodpecker. It continually utters a harsh creaking cry, something between that of Paradisea apoda & the more musical note of P. regia. The males at short intervals open & flutter their wings, erect the long shoulder feathers & expand the elegant shields on each side of the breast. Like the other Birds of Paradise the females & young males far outnumber the fully plumaged birds which makes it probable that it is only in the 2nd. or 3rd. year that the extraordinary

Semioptera Wallacei: G.R. Gray.

左图是阿尔弗雷德·拉塞尔·华莱士在1859年于安汶岛写给鸟类学家约翰·古尔德的信。这两人都非常迷恋极乐鸟，古尔德于1875年问世的《新几内亚鸟类图鉴》第一卷，就采用了好几张根据华莱士标本所制作的插图。在古尔德的插图中，这些极乐鸟是最华丽、色彩最丰富的图片，对华莱士这位世界上最伟大的动物收藏家之一来说，是最适合不过的献礼。

华莱士的论文和达尔文调查结果的概要，一起被送到伦敦林奈学会。两位作者都不在场，因为华莱士在新几内亚，达尔文则甫因猩红热遭逢丧子之痛。乍看之下，这似乎是个双方平手的解决方式，然而在这件事以后，达尔文便发狂似的着手准备将自己的概念付梓出版，其成果就是1859年问世的《物种起源》，并在十三年内加印六次。尽管华莱士的原创论点至少在该书最初几印受到认同，然而，人们渐渐把演化理论归功于达尔文，越来越少提到华莱士，最后，人们几乎忘了华莱士对演化论的贡献。十分令人惊讶的是，华莱士并未因此感到愤恨，而且到了晚年，似乎也因为人们对他的精彩游记印象深刻、认可他身为动物采集专家的技术以及开创了研究动物分布的生物地理学这门学问而感到心满意足，而对人们口中“达尔文主义”始发者的身份不以为意。

华莱士在1823年出生于威尔士南部的阿斯克，在家中排行第七，父亲是个热爱阅读却不甚成功的商人，于1828年举家迁居哈特福郡。阿尔弗雷德十四岁辍学，与分别以勘测及营建为生的两位兄长威廉与约翰一起工作，直到1844年他在莱斯特学院学校取得教职为止。在此之前，他早已对植物学产生兴趣，不过他在莱斯特的时候，认识了当地一个同样醉心于博物学的年轻小伙子亨利·沃尔特·贝茨，不过与华莱士不同的是，贝茨的兴趣主要在昆虫学。两个年轻人互相点燃了热情，决定全力投注于自身兴趣之中，如果可能的话也将以此为生。

因为华莱士和贝茨两人并不富裕（不像达尔文），在这领域唯一能让他们赚钱的方法，就是从事采集工作，针对 19 世纪中期私人与公共收藏那似乎毫无止境的强烈欲望，专门供应来自原本未开发地区的奇异新种。华莱士的哥哥威廉于 1843 年去世，他因此返回威尔士的家乡整顿兄长的勘测事业，与贝茨分开了几年。当时持续拓展的铁路系统，暂时让勘测成为很赚钱的工作，使得接管兄长事业的华莱士能在短期间累积充分的资金，支持他和贝茨共同策划的南美洲亚马孙采集之旅。

由于大英博物馆高层向华莱士与贝茨保证，所采集到的任何标本都会有现成市场，两人便于 1848 年 4 月从利物浦出发，动身前往位于亚马孙入口附近的帕拉（现今的贝伦）。除了一趟沿着托坎廷斯河顺流而下约一百六十公里的行程外，他们第一年大多留在帕拉，了解当地风俗民情与即将成为其终生事业的动物采集工作。雨林与河流周遭的动物多样性，尤其是各色各样的昆虫，让人大为惊奇。当他们开始进行采集工作的前两个月，华莱士向他们在伦敦的代理人塞缪尔·史蒂文斯说，他们采集到不下于“……五百五十三种包括蛾、蝶在内的鳞翅类……四百五十种甲虫，以及其他四百多种动物……”。

在一起沿着托坎廷斯河进行探勘以后，华莱士和贝茨通常分开行动，大概因为如此一来，他们可以涵盖较大范围的地区。华莱士在南美洲待了四年，其胞弟赫伯特在 1849 年亦加入他的行列，不过到了 1852 年，部分因为赫伯特去世之故，华莱士返回英格兰。

赫伯特陪着哥哥阿尔弗雷德进行第一次深入亚马孙的大型勘查，最远曾到达玛瑙斯，然而，他却在 1851 年 6 月因为黄热病于帕拉过世。阿尔弗雷德继续着他在亚马孙河上游的旅行，尤其集中在尼格罗河和沃佩斯河。他努力地采集各种动植物，特别是鸟类与昆虫，并且迅速地将部分标本寄给史蒂文斯贩卖，替未来的采集行程筹措资金。他利用“蒂姆博”这种以无患子科的羽叶提神藤（*Paullinia pinnata*）和豆科植物尼可豆（*Lonchocarpus nicou*）的根部制成的毒鱼剂来采集淡水鱼。华莱士描述并绘制了数百种鱼类，累积了数量相当可观的收藏。然而，当他带着这些标本搭船返乡时，船舱失火，标本全数烧毁，他仅在大火中救出一只锡盒，里面装着他的鱼类笔记与绘图，以及他在探访尼格罗河和沃佩斯河时的调查记录，其中尚有一些棕榈树与所到之地的风景素描。沉船事故幸存者乘着舢板在海上漂流了十天以后，才获救并被带回英国。

根据华莱士的说法，当他在肯特郡的迪尔上岸时，身上只有“五英镑和一件单薄的厚棉布外衣”。虽然华莱士寄给史蒂文斯贩卖而且最后都陆续成为伦敦自然博物馆收藏的少数标本，其售价足以支付他在南美洲的花费，不过他原本预期能多赚个五百英镑的那批标本

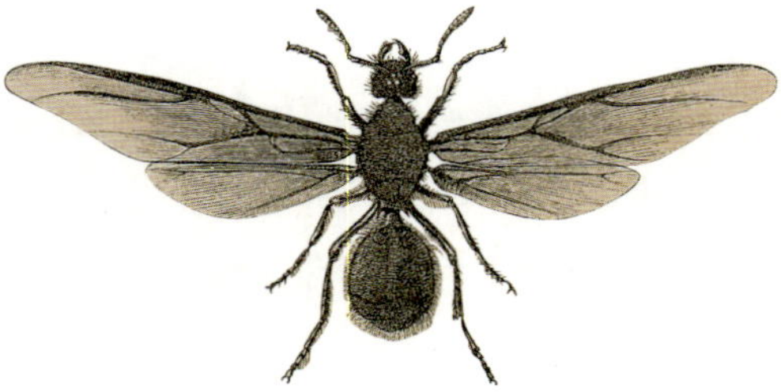

全部都付之一炬。所幸，史蒂文斯替船上的这些标本投保了一百五十英镑，或多或少有所补偿。然而比较严重的是，华莱士本来希望用他的笔记和标本，出版一本绝对能让他名垂青史的重要著作，现在这也不可能达成了。华莱士针对亚马孙经验出版的记述并未替他带来大笔收入，因此他下一趟已经规划好的采集旅行，也就变得更加重要。

华莱士选了马来群岛作为目标。相较之下，贝茨在南美洲总共停留了十一年，分别以亚马孙河下游的圣塔伦、埃加、亚马孙河上游的圣保罗欧利芬卡和索利蒙伊斯河等作为根据地，进行了广泛、有时甚至极其危险的采集考察。当贝茨在年届三十四岁的1859年回到英格兰时，据估计他已经采集了包括哺乳动物、爬虫类、鸟类、鱼类与软体动物在内的七百一十二种动物，以及大约一万四千种昆虫，其中有八千种昆虫是前所未见的新种。

和华莱士的亚马孙著作不同的是，贝茨针对他在南美洲停留期间所写下的精彩记述《亚马孙河上的博物学家》，在1863年出版以后，马上受到肯定，被视为科学记述与探险的经典之作，书中妙笔生花地叙述着亚马孙河的地貌地势、气候、自然、当地土著风俗以及动植物相。贝茨的笔记非常严谨，他寄给英国科学界同行的许多信件摘要，也在期刊上刊登发表，而他在皇家地理学会担任助理秘书的二十七年间，更撰写了许多篇重要的论文。

然而，贝茨之所以能在动物学上一举成名，主要在于他意识到一种目前被称为“贝氏拟态”的现象，他和许多达尔文主义支持者都认为，“贝氏拟态”为自然选择理论提供了有力的支持。所谓的“贝氏拟态”，是指鸟类好以为食的蝴蝶种类，与其他鸟类不喜欢吃或甚至对鸟类有害的蝴蝶种类之间，具有近似的颜色甚至外表。借由模仿有害物种，无害者尽管适口性极高，亦能免于掠食者的侵害——对演化论者来说，这是天择力量的绝佳范例。

同一时间，华莱士也对动物学做出独特的贡献。自16世纪起，欧洲人曾经好几次造访过马来半岛与澳洲之间的许多群岛，不过除了爪哇岛以外，其他岛屿并没有博物学家前往进行透彻的调查。这个地区蕴藏着各种可能性，有许多新种与有趣的生物生存其中，绝对能让华莱士弥补他在亚马孙探险时所蒙受的灾难性损失。在寄予厚望的心情下，华莱士在1854年3月离开英格兰，并在该年4月20日抵达新加坡。他在马来半岛停留了六个月，于新加坡和马六甲附近进行采集，之后便开始了他长达八年的岛屿探险，期间旅行约两万两千四百公里，改变根

图为华莱士的笔记本，其中记载了许多他在马来群岛不同地点所进行的昆虫与鸟类观察笔记及图像。

据地超过九十次。他几乎踏遍了该地区的所有岛屿群，最东曾抵达阿鲁群岛与新几内亚。华莱士跟以前一样，定期将标本寄回给史蒂文斯，第一批寄卖品包含大约一千个来自马六甲的昆虫标本，其中至少有四十种未曾发表的新种。然而，当他在 1862 年 4 月 1 日回到伦敦时，上面这数字早已显得微不足道，因为当时他总共已经累积到十二万五千件数量庞大的标本，其中大多为甲虫，不过也包括许多无脊椎动物、鸟类、哺乳动物、两栖类动物、爬虫类与鱼类。这批标本至今仍被认为是史上最重要的采集收藏，更成为许多科学论文的基础，包括华莱士自己的研究在内。

在华莱士于 1869 年出版游记《马来群岛自然考察记》之前，他已经根据这些材料发表了十八篇论文，而来自华氏收藏的将近两千种甲虫与数百种蝴蝶新种，也逐一由其他博物学家完成描述的工作。和他的亚马孙经验恰相反，《马来群岛自然考察记》深获好评，这一部分是因为这些标本的重要性受到承认，一部分是因为华莱士与达尔文理论的关联性，然而无论如何，这本游记写得很好，而他所记述的地区也存在着一些既定利益。

单纯从科学的角度来看，除了他对自然选择理论的想法以外，其研究工作的重要性，无疑来自于他在生物地理上的观察。他得到的结论是，马来群岛代表着两大动物区系的边缘地带，介于西边印度马来亚群系和东边澳洲群系之间，这个论点至今仍广为接受。这个概念所代表的含意，是指该地区的动物物种分布与实际上的整个动物相，可能与相邻两地区的地质史及目前我们所谓的演化史相关，而在那个年代，这是相当新颖的说法。华莱士在 1876 年发表《动物的地理分布》时，就进一步发展了这个概念，这本书更确立了他身为现代生物地理学之父的地

华莱士在1862年回到英国后，与妻子过着美满的生活，主要以贩卖马来群岛标本的所得以及写作科学文章及几本书籍所赚来的钱为生。他年老时把大部分时间花在园艺上，于1913年在多塞特郡布罗德斯通去世，享年九十岁。

位。就马来群岛来说，华莱士相信两个区域可以用一条假想线分隔开来，包括菲律宾、婆罗洲至爪哇等地区属于印度马来亚群系，而西里伯岛、摩鹿加群岛、帝汶岛与新几内亚等则属于澳洲群系。虽然在他发表此论点以后的下一个半世纪间，生物地理学家不停地挪动这条假想线的位置，不过目前这条假想线仍然被称为“华莱士线”，以尊重华莱士的原创论点。

然而对一般读者而言，《马来群岛自然考察记》让人向往的主要特质，在于有关该书次标题“红毛猩猩与极乐鸟之地”的篇章，因为不论是红毛猩猩或是极乐鸟，都是相当有魅力的焦点。华莱士在沙捞越停留了将近三个月，主要就是为了观察并采集红毛猩猩，以便在英国卖个好价钱。他搜集到的大部分极乐鸟标本来自阿鲁群岛，不过也发现，要找到这些鸟的踪迹并不容易。他说：“大自然似乎采取了一些预防措施，她最精选的珍品绝对不能太普遍，所以其价值也不会受到低估。”因此，尽管尽了最大的努力，他设法取得的标本只有当时十八种已知物种中的六种和一种新种，此新种后来被大英博物馆的知名鸟类学家乔治·罗伯特·格雷命名为幡羽风鸟（*Semioptera wallacii*），学名便是为了纪念其发现者华莱士。

华莱士甚至慷慨投资了一百英镑养了两只小极乐鸟（*Paradisaea minor*），并成功地将它们带回英格兰，其中一只甚至在伦敦动物园活了将近两年的时间。而当鸟类学家兼出版商约翰·古尔德在他最后一本著作《新几内亚鸟类图鉴》中采纳了华莱士的极乐鸟时，这些鸟儿又因此受到更广大的注目。

在回到英格兰以后，华莱士一方面在竞逐皇家地理学会助理秘书一职时败给了好友贝茨，后来在贝斯纳尔·格林博物馆刚成立时，又没拿到馆长的职位，因此便开始以投资、演讲与写作为生，他的演讲邀约特别多，更曾经到美国巡回演讲。他写了几本相当成功的著作，包括在1905年问世的自传《我的一生》。华莱士的兴趣广泛，从催眠术到招魂术都包括在内，让他得到一个结论，认为人类被排除在自然选择过程之外，其他星球上亦有生命存在的可能性。

尽管华莱士没有正式文凭，许多大学和科学学会还是主动表示愿意颁布荣誉学位与奖章肯定他的贡献。他大体上是采取拒绝学位而接受奖章的态度，不过当他获颁在学界享有极高声望的林奈学会皇家奖章时，他却开玩笑地与一位友人说道："发生了一件可怕的事情！我才刚请人不计成本地把奖牌盒做好，他们现在又要给我另一个奖牌！"1892年，有违他的期望，他获选为对科学家而言代表着最高荣誉的皇家学会会员。华莱士对科学的贡献也许不如查尔斯·达尔文一般地深植人心，不过他肯定因为那让人印象深刻的大量采集收藏而名留青史。

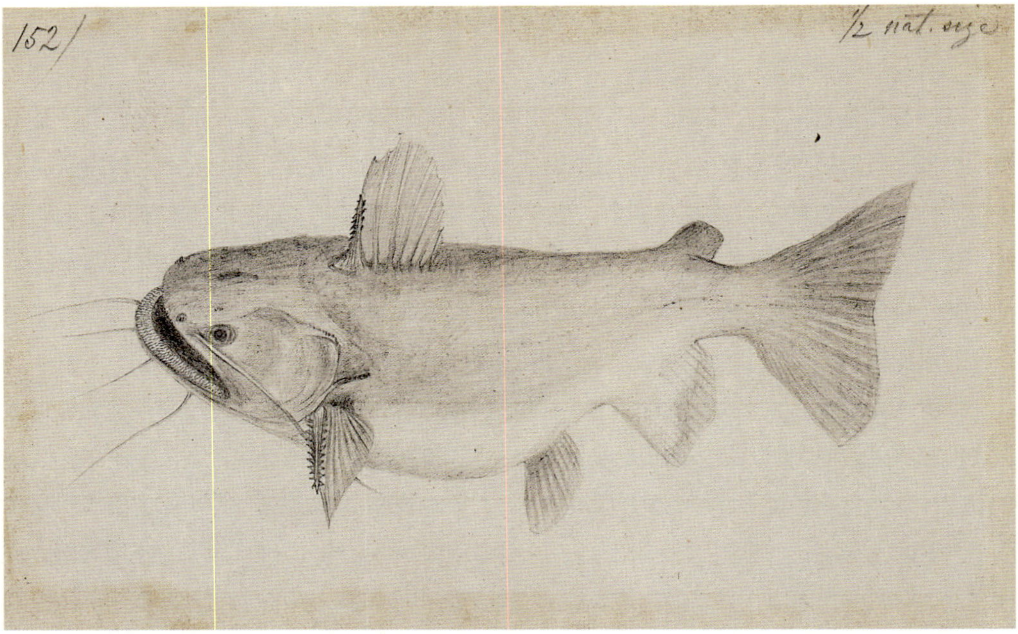

鲶鱼的种类多到让人难以置信，在热带地区更是如此。本页图中的巴西星项鲶（*Asterophysus batrachus*），大嘴中有许多细小的牙齿，是种外形怪异的颈鳍鲶。华莱士发现，这种鱼在尼格罗河上游被称为 mamyacú。华莱士描绘的其他鲶鱼有着更具恐怖性的外表，例如右页图中尚未受到确认的这种鱼。它属于棘甲鲶科，在尼格罗河上游一带被称为 caracadú。华莱士画了很多棘甲鲶科的鱼类，棘甲鲶又被称为“会说话的鲶鱼”，因为它们离开水中时会发出声音。

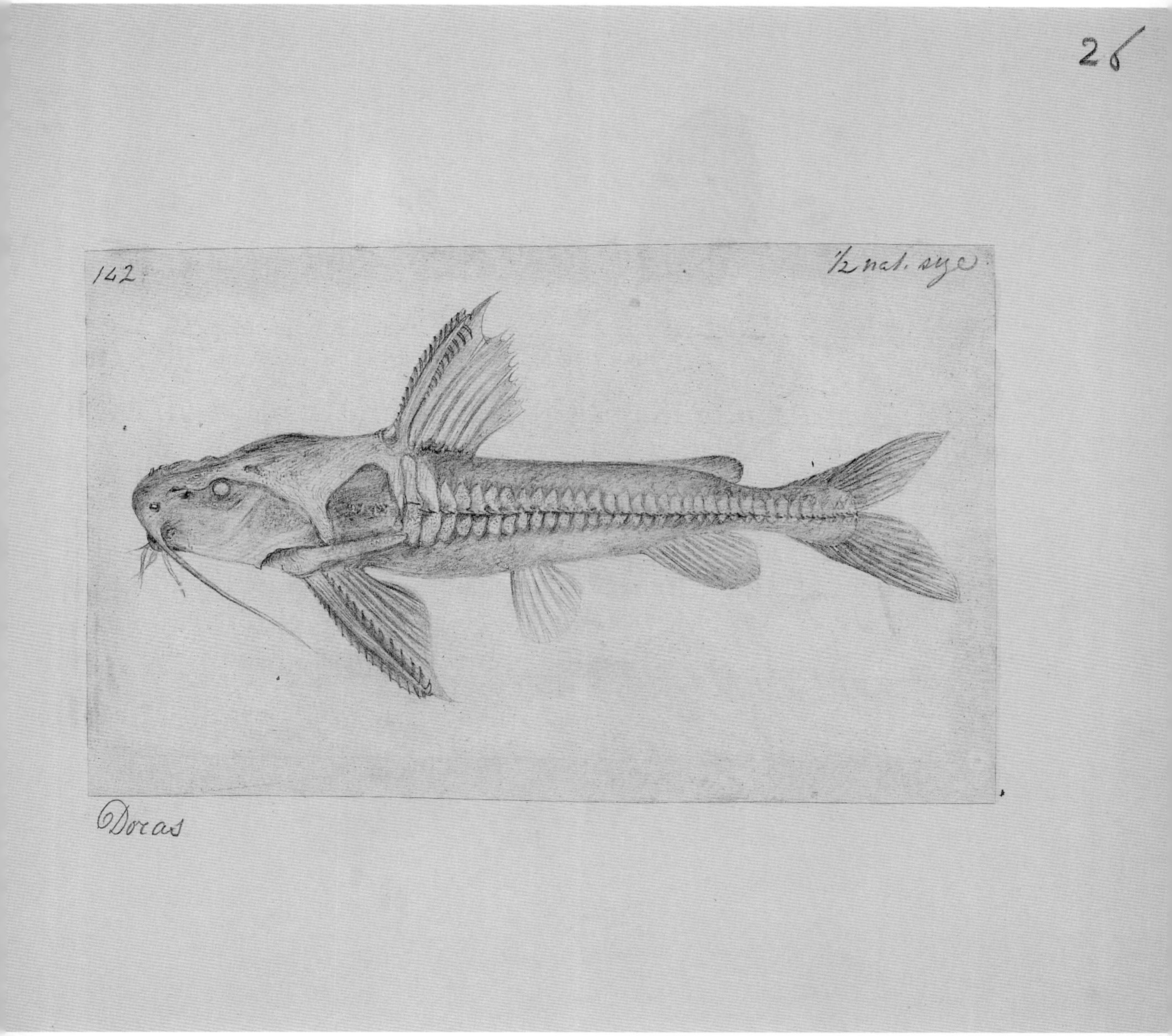
26
142
½ nat. size
Doras

在欧洲人于 16 世纪发现极乐鸟以后，人们便因为雄鸟鲜艳亮丽的色彩与奇异非凡的羽毛而对其大为赞赏，相对而言，雌鸟在外观上通常较为朴素。华莱士在马来群岛停留期间，很努力尽可能地观察并采集标本，在他观察到的鸟类中，包括本页图中华莱士命名的六线风鸟〔*Parotica sexpennis*；现称为阿法六线风鸟（*Parotia sefilata*）〕以及右页图中的黑蓝长尾风鸟（*Astrapia nigra*）。这两张都是古尔德为《新几内亚鸟类图鉴》所亲绘的图片。

17.

ASTRAPIA NIGRA.

J. Gould & W. Hart, del et lith

Walter, Imp.

23.

J. Gould & W. Hart del. et lith.

Walter Imp.

华莱士将左页图中的鸟命名为巴布亚极乐鸟（*Paradisea papuana*），目前已更名为小极乐鸟（*Paradisaea minor*）。华莱士在新几内亚本岛和几个邻近岛屿上都曾经找到这种美丽鸟类的踪迹，他不只取得保存状况良好的标本，也将第一批活的小极乐鸟带回英格兰。在将活鸟带回英国的途中，他克服了无法找到足够蟑螂来喂食的问题，趁着船在马耳他停靠时，在船上设了一罐罐装满饼干的陷阱捕捉蟑螂。最后，“……它们抵达伦敦时健康状况极佳，一只在动物园里活了一年，另一只两年，它们常常向围观的仰慕者展示着它们美丽的羽毛”。至于本页左图的威氏极乐鸟和右图的丽色极乐鸟，华莱士就没有找到状况如此上佳的标本。

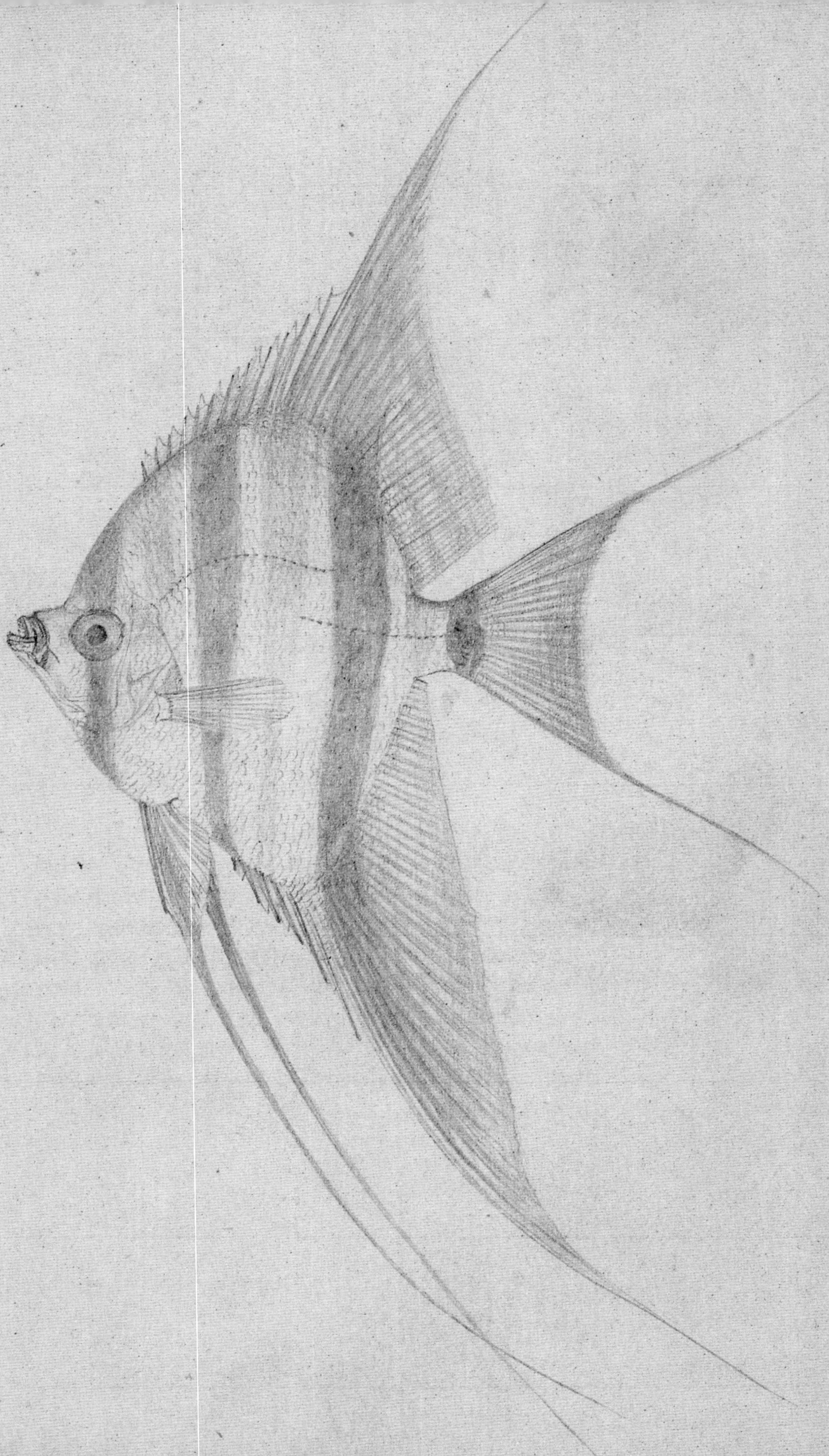

在华莱士旅行到尼格罗河和沃佩斯河时，他尽可能地将所有鱼类都画了下来。在那场让华莱士的亚马孙标本付之一炬的大火中，这些素描幸存了下来，他的亚马孙盆地动物的详细笔记，只剩下这些。左页图中的大神仙鱼（*Pterophyllum scalare*）被华莱士称为蝴蝶鱼，不过现在通常被称为天使鱼或神仙鱼，它们最早在20世纪被引进欧洲，当作水族箱宠物。神仙鱼一进欧洲，马上就引起风潮，时至今日，在市面上贩卖的神仙鱼已有数百种之多。本页图中的黑带兔脂鲤（*Leporinus nigrotaeniatus*）也可以在水族店买到。华莱士在尼格罗河画下这只鱼，当地人将它称为 uaracu murutinga。

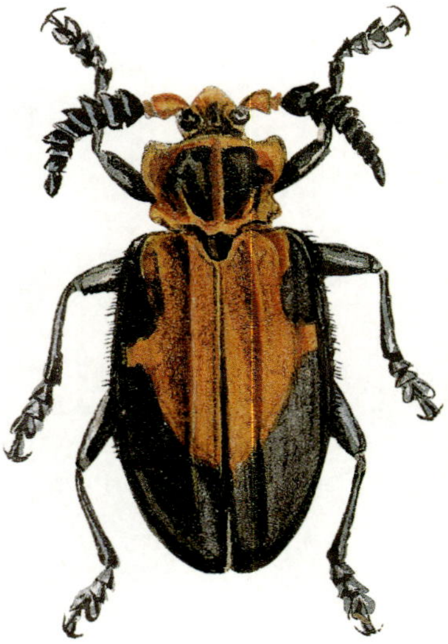

贝茨对鞘翅目或甲虫类非常感兴趣，鞘翅目是昆虫纲里物种数量最庞大的类别，有超过二十五万种昆虫。在右图中，他把甲虫演化的极端画了出来：下列与中列是五种相当原始、具有掠食性的虎甲（虎甲科）。最上列两种以植物为食的天牛，其英文名称直译为“长角甲虫”，主要是因为它们那异常巨大的触须之故（如上图所示）。

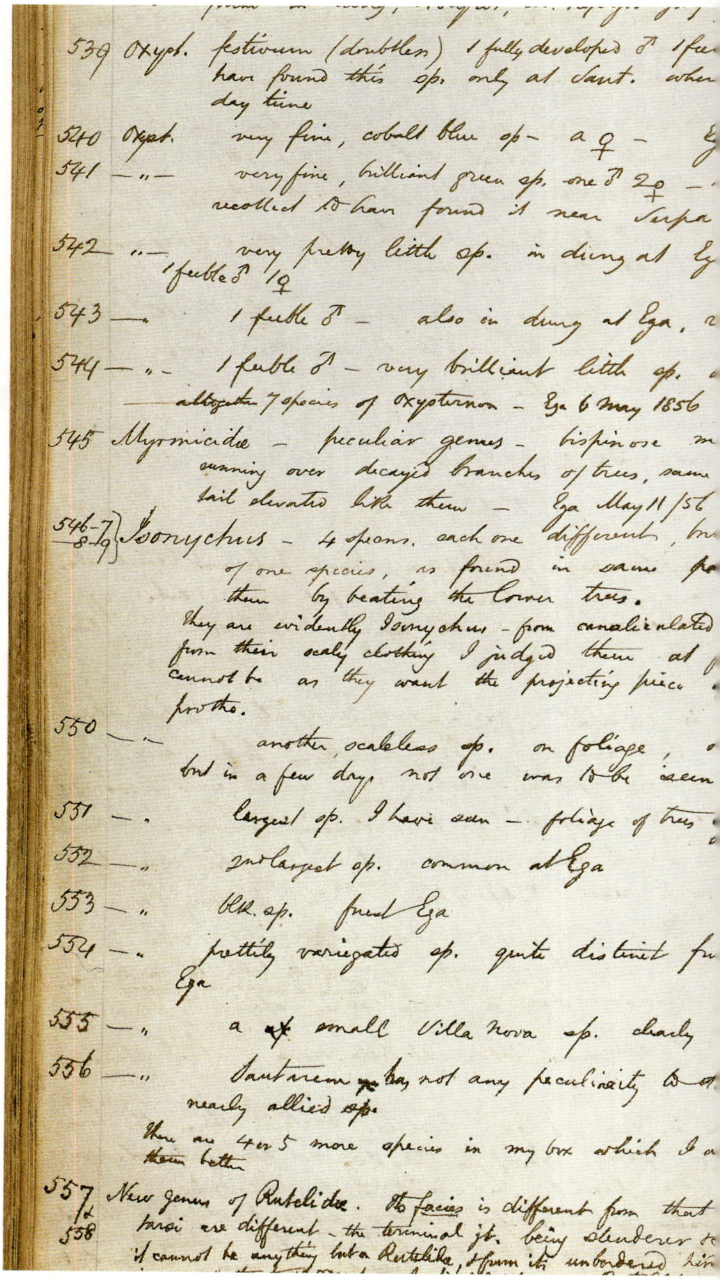
539 Oxyst. festivum (doubtless) 1 fully developed ♂
have found this sp. only at Sant.
day time
540 Oxyst. very fine, cobalt blue sp – a ♀ –
541 –„– very fine, brilliant green sp. one ♂ 2♀ –
recollect to have found it near Serpa
542 „– very pretty little sp. in dung at
1 feeble ♂ 1♀
543 –„ 1 feeble ♂ – also in dung at Ega.
544 –„– 1 feeble ♂ – very brilliant little sp.
altogether 7 species of Oxysternon – Ega 6 May 1856
545 Myrmicidae – peculiar genus – bispinose
running over decayed branches of trees, same
tail elevated like them – Ega May 11/56
546-7-8-9 Isonychus – 4 specns. each one different,
of one species, as found in same
them by beating the lower trees.
They are evidently Isonychus – from canaliculated
from their scaly clothing I judged them at
cannot be as they want the projecting piece
prostho.
550 –„– another, scaleless sp. on foliage,
but in a few days not one was to be seen
551 –„ largest sp. I have seen – foliage of trees
552 –„ 2nd largest sp. common at Ega
553 –„ blk. sp. fresh Ega
554 –„ prettily variegated sp. quite distinct
Ega
555 –„ a small Villa Nova sp. clearly
556 –„ Santarem has not any peculiarity
nearly allied sp.
There are 4 or 5 more species in my box which I
them better
557/558 New genus of Rutelidae. Its facies is different from that
tarsi are different – the terminal jt. being slenderer
it cannot be anything but a Rutelida, from its unbordered

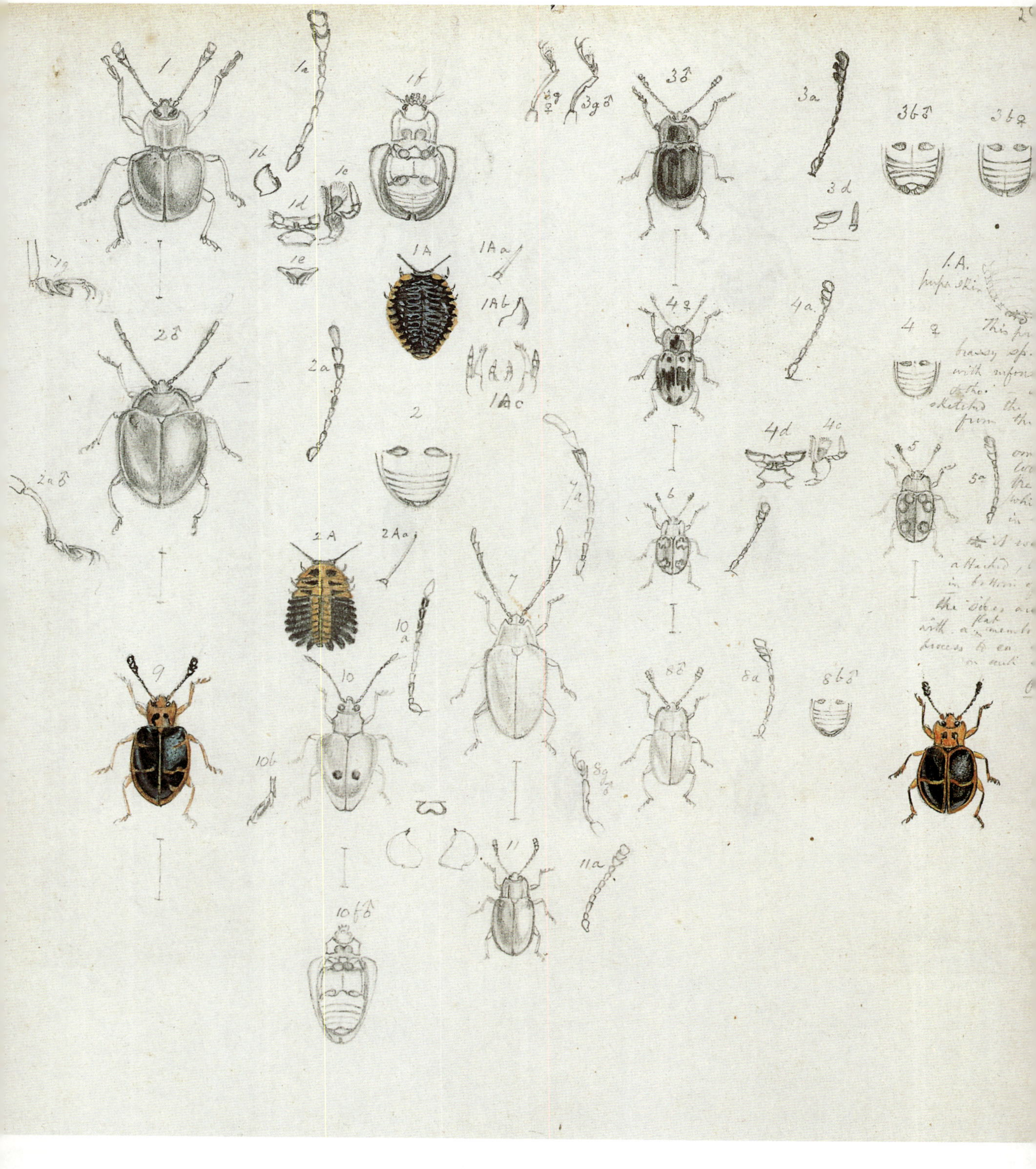
1
1a
1b
1c
1d
1e
1f
1A
1Aa
1Ab
1Ac
2♂
2a
2
2A
2Aa
3♂
3a
3b♂
3b♀
3d
4♀
4a.
4
4d
4c
5
5a
6
7
7a
8♂
8a
8b♂
9
10
10a
10b
10f♂
11
11a

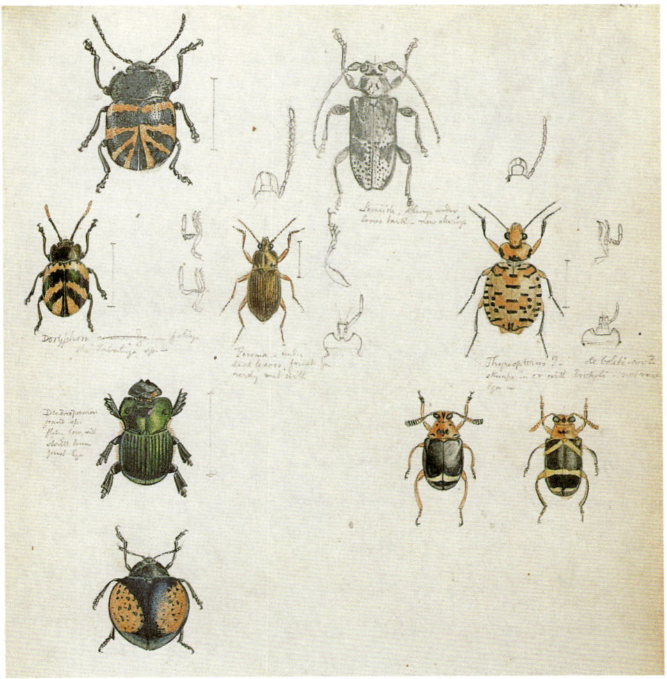

左页图、本页图与第262、263页图都是贝茨笔下的美丽甲虫插图，至今仍然和他一百五十年以前刚绘制的时候一样地生动。这些一旁写着密密麻麻注释的图片，描述着甲虫家族的所有类别，包括闪烁着金属光泽的步甲、金龟、叶甲以及一种虎甲虫。

Anisocerus
to [illegible]. colour, shape
deceptively resemble the elongated
.. on branches of fallen trees
held close together over the
4 Oct. 55

Megaderus Stigma. The lower lip is composed of a very broad & short piece a: of the same horny consistence as the general integument: its upper edge is cut out & joined to the membranous piece b: forming the intermediate piece between mentum & palpi – c: is the paraglossae or ligula or ligula & paraglossae united – it is white cartilaginous & flexible & springs (as I made quite sure) from the oesophagus as far down as the base of mentum it is one piece at its basal half & soft, membranous or tumid – its upper half is cleft: within there is the usual horny rib on each side running up each of the lobes. Now it appears to me that the ligula here is reduced & invisible externally the paraglossae being in recompense highly developed.

The roots of lab. palpi are visible & soft. e. There is no trace of the horny solidification of parts as in Ctenoscelis No 36 – except a small dark horny looking plate at the bottom of the cleft of paraglossae (d). This latter may be the remains of the reduced ligula. 5 Oct. 55

♂ Anisocerus Onca, White

Allied to Lamia & especially to
cerus. The ♂ has fore tars.
jts. fringed on sides with long h
the apical jt. of ant. shorter
the preceding jts.

The labium is on same
Megaderus & other Longic
but the mentum, altho' h
softer than the integument,
coriaceous. The other par
narrower & more elongat
Megaderus. I see no
of rib or keel on the insid
the ligula-paraglos. 5 Oct

The sp. is frequent at Ega
on branches of fallen trees,
found in cop.

The mandibles have not
[illegible] apex as in Megaderus,
faintly crenulated in the
inner side.

nsis ? ♀ Antennae mere
the length of body. In ♂
ch longer, but the terminal jt.
. Prostern. dilated after
[illegible] & rather advanced
the mesost. being broad &
, there is a narrow slit
[illegible] wh. renders
yloid cav. not closed.
ntum as in figure. I
articularly the horny piece
is elongate & narrow in
& its tip furnished with
bristles, exactly as the
in many other Coleoptera
no doubt [illegible]
. 1856

Anisocerus Egaensis White

very common at Ega
depth of forest – on f

) prost.

) mesostern.

...oprasis — the large, broad op.
...ddle lobe of maxillæ, greatly
...ted, spoon shaped, like the
...rome & unlike Trachyderes
...in — ample expanded
...ed lobes. 1st jt. of maxpalpi
..., — mandibles toothed
...ddle — &c &c.
25 March 1836

Ibidion with
maxillæ
20 June /56

mandibles

mentum, palpi

ligula
on inner side

cav. not pear shaped

...illa are as in Ibidion. The
...nall — labials attached to base
...side of ligula; the stipes being
...ll & I think fixed. The ligula
...no doubt is ... ...

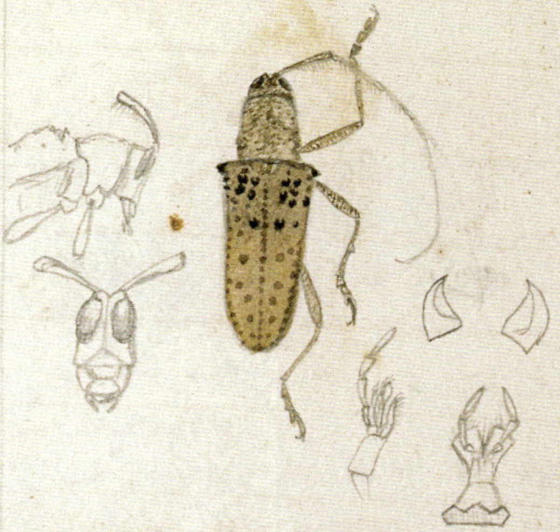

Lamiide Trachysomus — Mandibles
broad blades, simply pointed
not toothed — Front-plane
elongate, rather narrow, eyes
notched slightly at upper border
antenniferous tubercles arising
from the notch —
Ega 27 March 1856

[illegible]

Lamiide — nearest Leiopus — the
second jt. of labial & the 2nd & 3rd of
maxipalpi — much enlarged, tip jts.
thin & tapering — the lingua is
not cleft like other Longicornes, but
a single piece, scarce even a sin-
uation in its upper edge. — The
mandibles are suddenly narrowed
near the tip, the latter being a
narrow very pointed tooth.
between the tubercle of mid. tib. & tip
there is a semi-spiral furrow — similar to
...

Coremia hirtipes

Listroptera

Common small, wholly blue
½ elytra with blk. stria.
surface rugose-corroded Ega

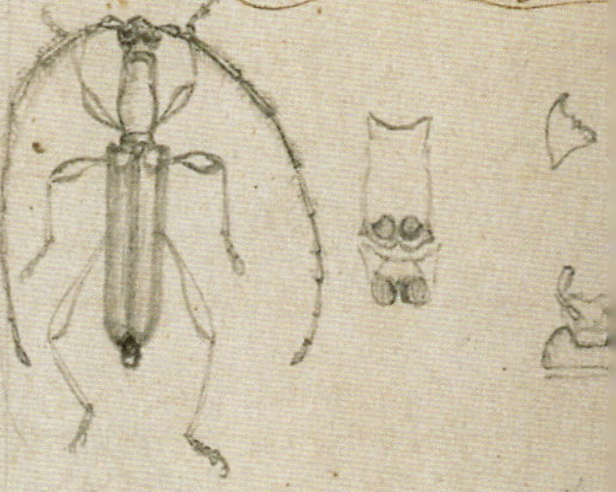

Gymnoderus basale

parts of the mouth, membranous
cartilaginous, semi transparent
the mentum & tips of palpi
ligula very feebly notched
hairs, semi transparent.
Ega 10 Ma...

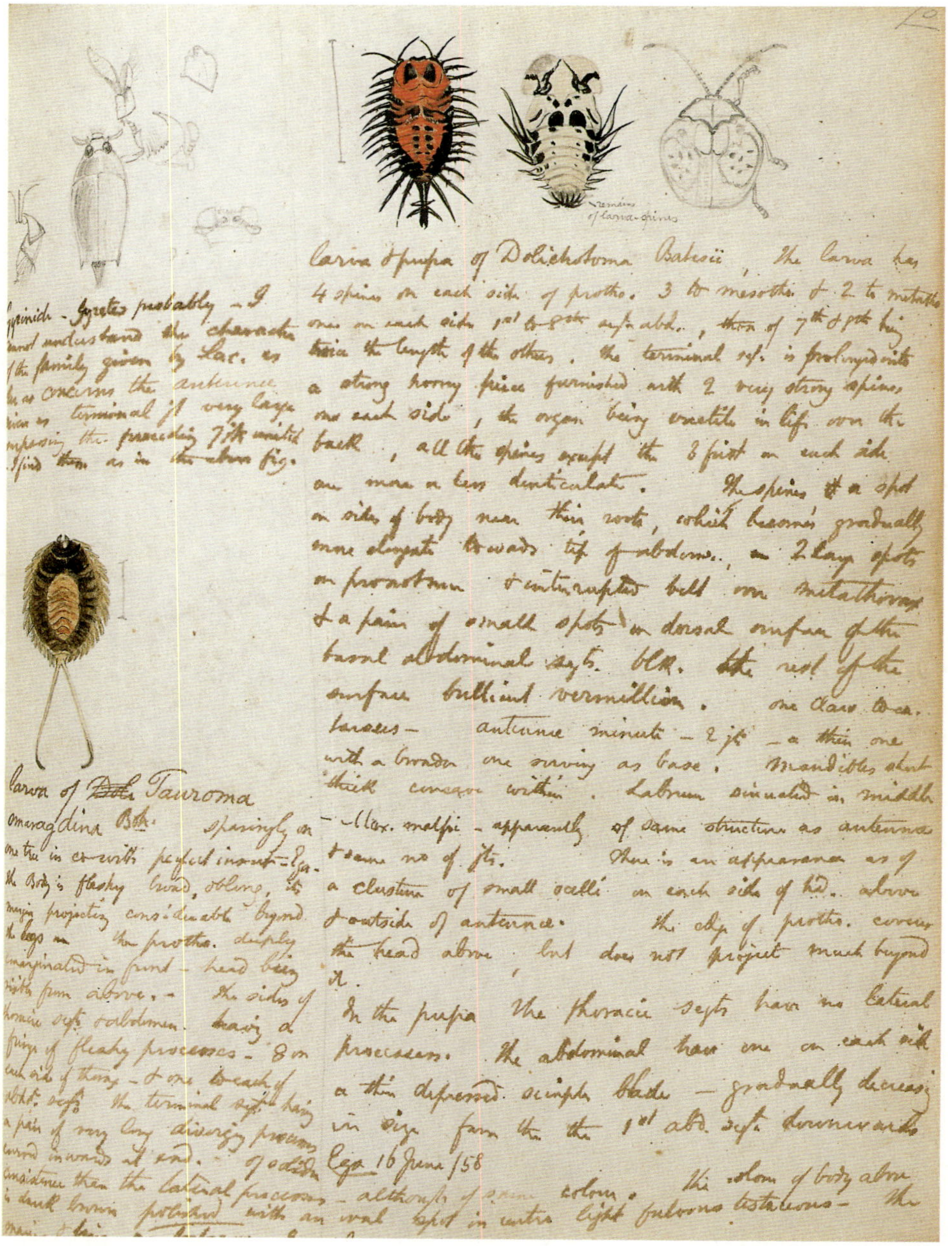

在贝茨详尽记载昆虫形态、颜色、生态与行为的笔记中，穿插着许多精美的插图（本页图）。右页图中的笔记描述的是一种只存在南美洲的蝗虫，它们的外观与竹节虫极为类似。贝茨在附带的笔记中指出，虽然它们后脚在演化适应后比较适合跳跃，它们的形态发育并不比一般蝗虫好，因此这些南美蝗虫的行动力较差。

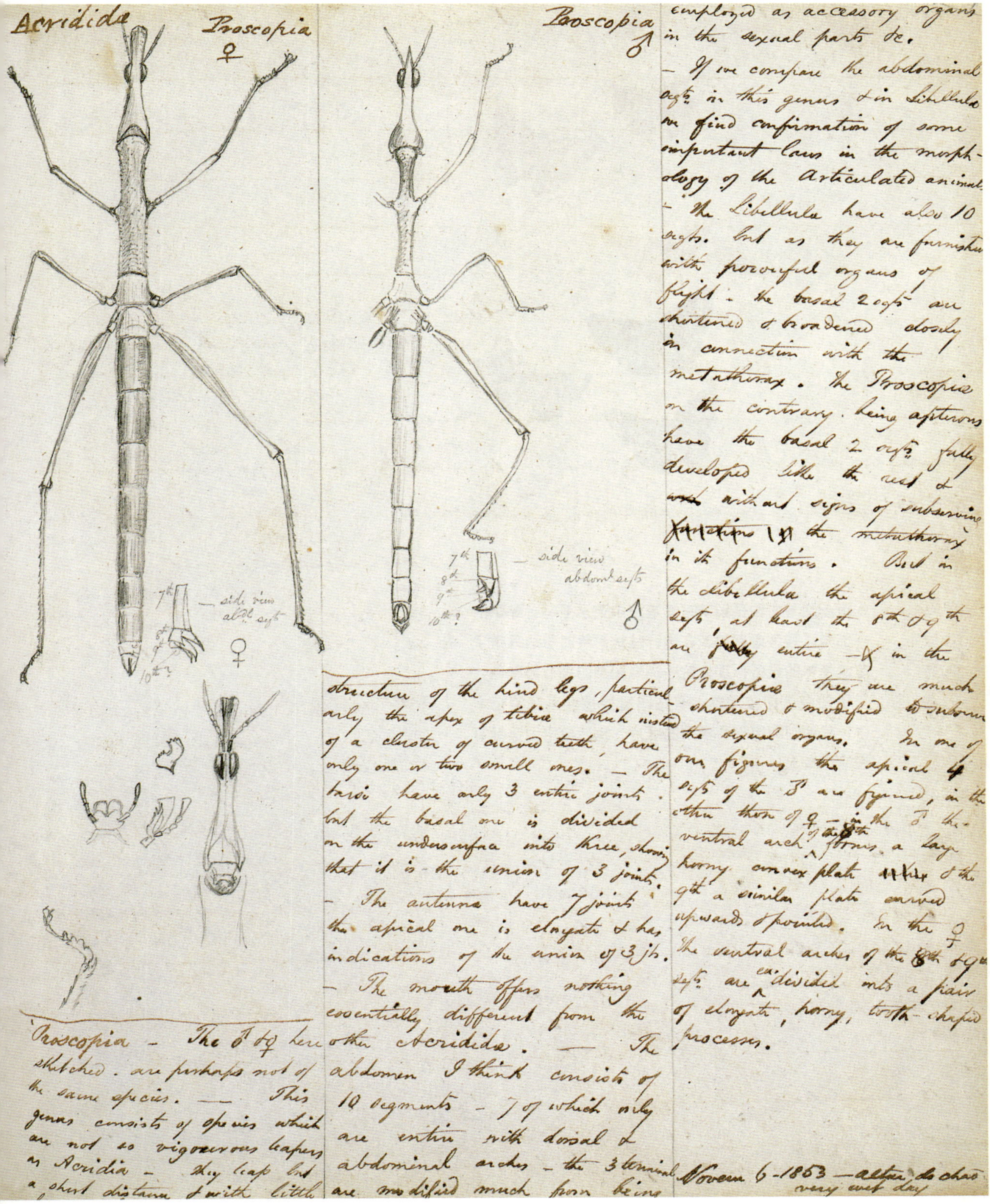

Proscopia – The ♂ ♀ here sketched. are perhaps not of the same species. — This genus consists of species which are not so vigorous leapers as Acridia – they leap but a short distance & with little

structure of the hind legs, particularly the apex of tibiae which instead of a cluster of curved teeth, have only one or two small ones. — The tarsi have only 3 entire joints. but the basal one is divided on the undersurface into three, showing that it is the union of 3 joints. — The antennae have 7 joints the apical one is elongate & has indications of the union of 3 jts. — The mouth offers nothing essentially different from the other Acridida. — The abdomen I think consists of 10 segments – 7 of which only are entire with dorsal & abdominal arches – the 3 terminal are modified much from being

employed as accessory organs in the sexual parts &c. — If we compare the abdominal segts in this genus & in Libellula we find confirmation of some important laws in the morphology of the Articulated animals. – The Libellula have also 10 segts. but as they are furnished with powerful organs of flight – the basal 2 segts are shortened & broadened closely in connection with the metathorax. The Proscopia on the contrary being apterous have the basal 2 segts fully developed like the rest & ~~with~~ without signs of subserving ~~functions~~ [illegible] the ~~metathorax~~ in its functions. But in the Libellula the apical segts at least the 8th & 9th are ~~fully~~ entire – & in the Proscopia they are much shortened & modified to subserve the sexual organs. In one of our figures the apical 4 segts of the ♂ are figured, in the other those of ♀ – in the ♂ the ventral arch of the 8th forms a large horny convex plate & the 9th a similar plate curved upwards & pointed. In the ♀ the ventral arches of the 8th & 9th segts are ea. divided into a pair of elongate, horny, tooth-shaped processes.

Novem 6 – 1853 – Altos do Chão very wet day

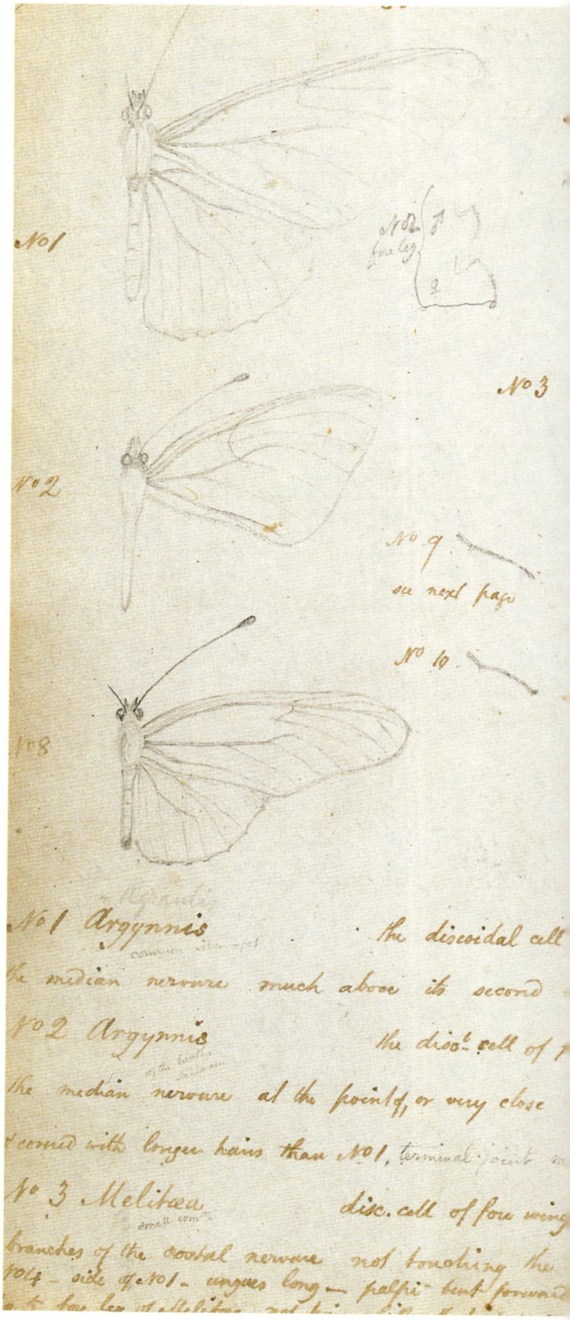

本页上图与右图是贝茨采集笔记中记录亚马孙蝴蝶的一部分。若考虑到贝茨在进行丛林探险时手边只带了非常基本的设备，那么这些蝴蝶图画的细节与颜色，又更加令人印象深刻。有些图直接被他画在笔记本中，其他则利用随手拿到的纸片，稍后再用大头针钉在笔记本上。

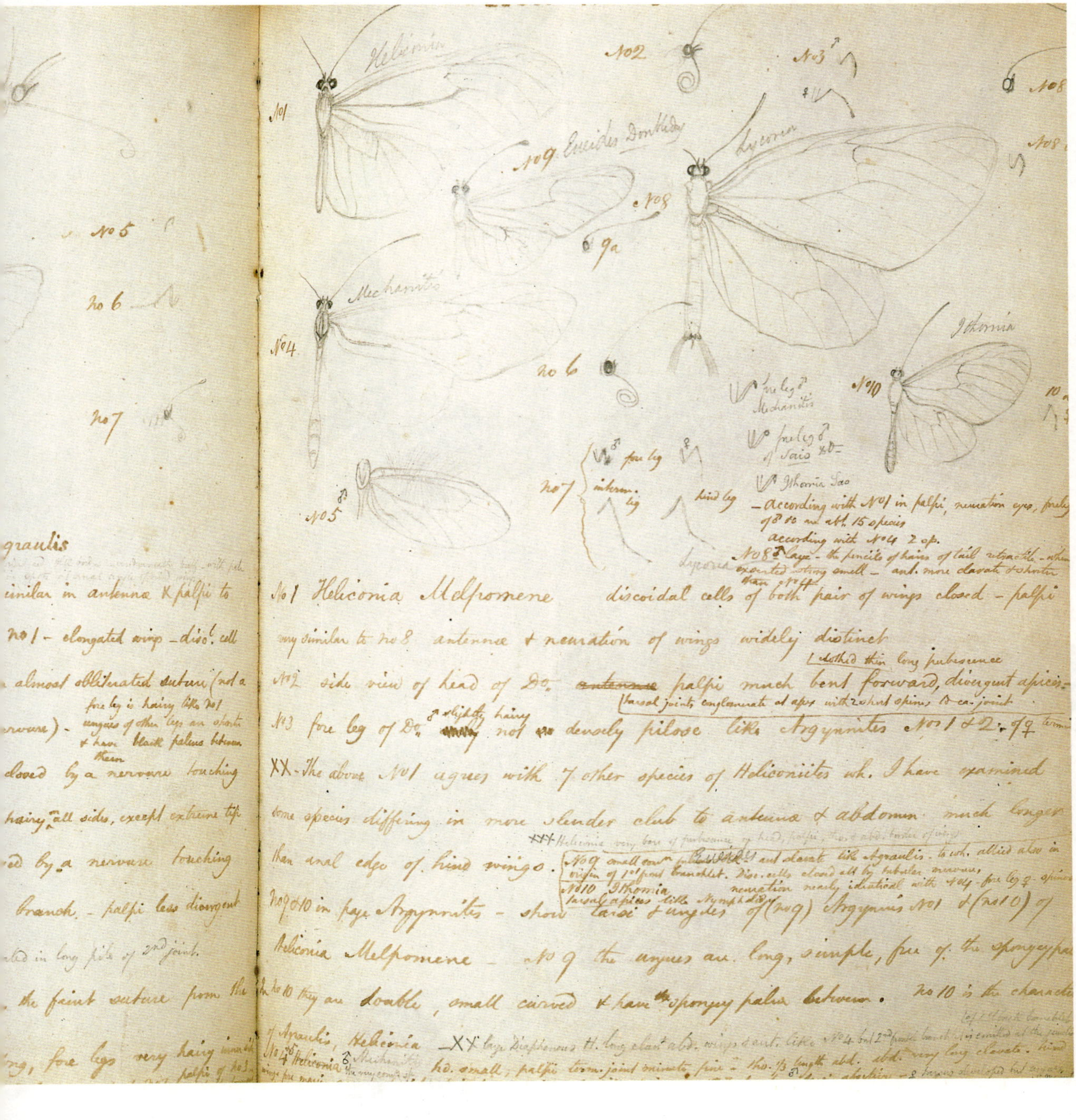
No1 Heliconia Melpomene discoidal cells of both pair of wings closed – palpi
very similar to No8 antennæ & neuration of wings widely distinct
XX- The above No1 agrees with 7 other species of Heliconiites wh. I have examined
Heliconia Melpomene

, in ♂ they

tion some

) in the fo

, Wings

左页图与本页图亦为亚马孙蝴蝶，贝茨不仅在笔记本上作画，甚至也把标本收藏在里面。他总共搜集到一万四千种不同种昆虫，每一种都需要上标签，再寄回英国。在他的书中，他曾经描述着他在丛林里的典型工作日：“我黎明即起，喝杯咖啡以后，便驾船起航追逐群鸟。我在十点用早餐，然后在十点到下午三点之间全神贯注钻研昆虫学。下午则忙着进行标本保存与储藏的工作。”

贝茨之所以备受尊敬，不只是因为他在蝴蝶与其他昆虫的研究上有条不紊又具有科学敏锐度，更因为他的艺术眼光，就后者而言，从本页图与右页图中蝴蝶水彩画的排列，便让人一目了然。这些标本除了具有美感以外，许多伦敦收藏者也因为其科学价值以及将它们当成亚马孙地区多样化生物的展示而深感兴趣。

1♂
1♂
1♀
2♂
5♂
5♂
3♂
6♂
6♀
6♂
4♂
6♀
4♀
7♂
9♂
8♂
8♂
9♂
8♀
9♀

第十章

深海探测（1872～1876）

挑战者号探险

在19世纪中叶以前，地球上所有主要大陆与大多数较小的陆块，都已经“被人们发现”，其海岸线至少也都受到相当程度的完整调查。尽管各国在超过两世纪的时间，相当密集地在全世界海洋航行，但人们对深度超过几十米以上的深海几乎是一无所知，即使是大洋盆地的海底也还是个谜。而一般都认为，深海环境具有漆黑、高压又严寒的特性，意味着深海应该是毫无生气的地方。然而，在1850与1860年，许多因素综合起来的结果，永远改变了人们的观点。

首先，在大陆之间装设水线电报与高压电缆的技术逐渐发展，导致人们必须对深海海床的地形与特质有准确的了解。再者，有些耐人寻味却又让人无法下定论的新信息，让人认为深海没有生命的看法可能是错误的。此外，早期深海捕鱼所捕获的一些动物，也就是我们现在所谓的“活化石”，让达尔文演化论的追随者以为，根据刚出版的《物种起源》一书中所提出的演化过程，深海中应该有更多不为人知的生物。深海研究的背后，显然有强烈的商业与哲学理由在支持，因此，在1872年12月21日，一艘被命名为挑战者号的皇家海军小型护卫舰，从朴次茅斯出发，

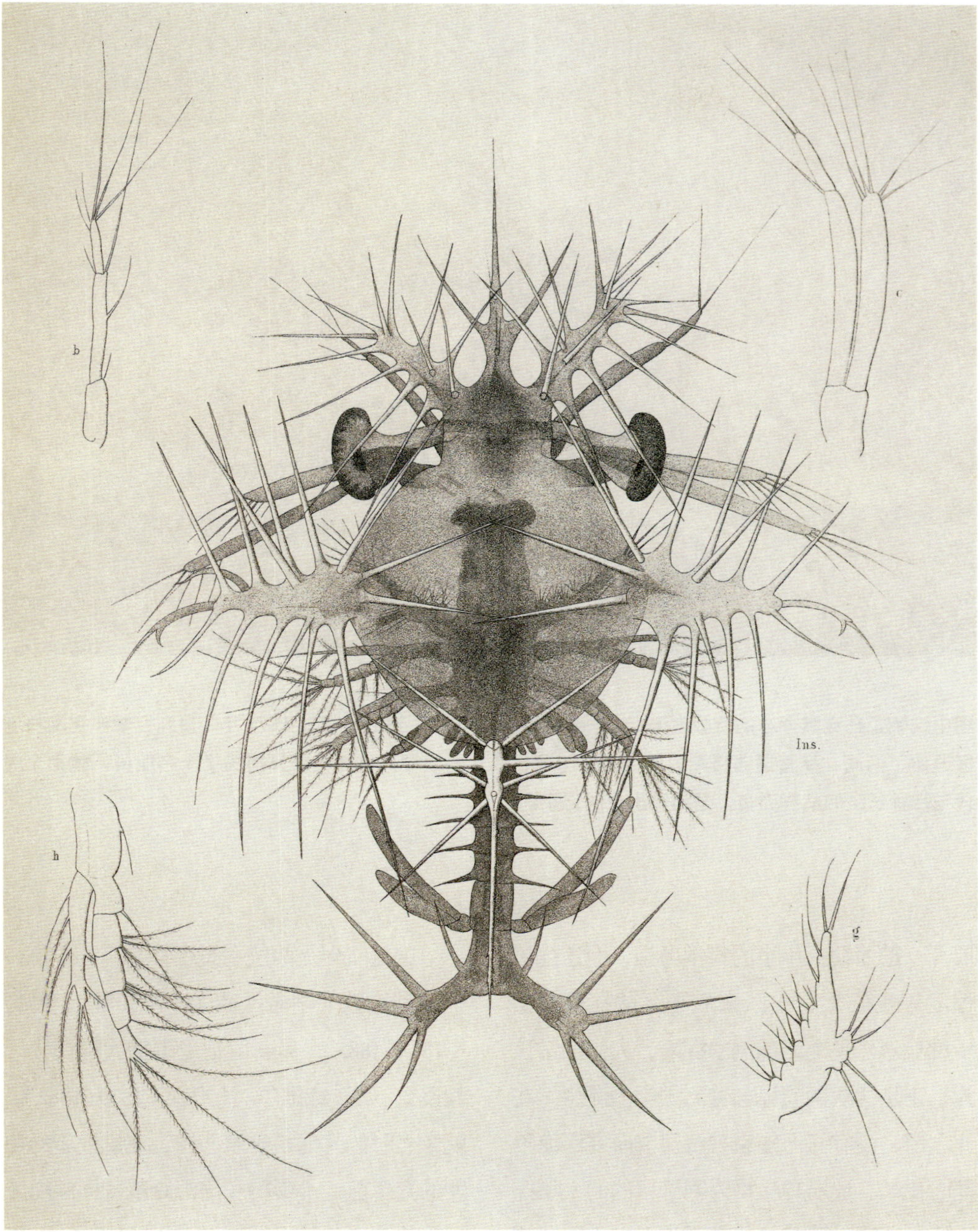

本页图为幼虫期的樱花虾，出自查尔斯·斯彭斯·贝特的挑战者号甲壳类动物报告。虽然严格说来，贝特是业余动物学家，不过他在科学方法与绘画方面确实是很内行的。

图中这幅正在穿越浮冰的挑战者号，是画家米切尔的作品。挑战者号在 1874 年 2 月间，曾经在南极地区逗留了两周。尽管遭遇极端的气候条件与危机四伏的水域，挑战者号只损失了十名船员，就那个时代与那种长度的航程而言，是相当出色的记录。

展开一趟为期三年半的科学考察，而这趟旅程后来也成为有史以来最著名的探险。由于挑战者号是史无前例的探险，人们通常认为，正是这次探险标志着海洋学的诞生。在此之前，没有任何国家曾派遣以研究深海物理、化学、地质与生物为明确目的的大型探险队，英国财政部总共花了将近二十万英镑（价值远超过今日的一千万英镑）的经费，这样的金额从来没有被花在任何一个科学任务上，因此这也让它成为世界上第一个耗费巨资的科学研究。

这趟航程是两位平民生物学家的主意，一位是伦敦大学教授威廉·本杰明·卡彭特（1813~1885），另一位是爱丁堡大学博物学教授查尔斯·威维尔·汤姆森（1830~1882）。就像当时的其他科学家一样，在挑战者号出发的几年前，卡彭特和汤姆森都赞同深海无生物的观点。然而，他们在 1868 至 1870 年间于英国沿岸几次成果不彰的短航，却让他们深信，不论深度如何，都可以在海里找到动物的存在。这些短航也消除了人们的另一个迷信，以为深海到处充满温度为 4 摄氏度的海水——这是根据一个错误的假设，认为海水跟淡水一样，在4摄氏度时密度最大。然而，他们初步航行成果却显示，靠近海底的水温可能大幅降低或升高。尽管如此，这些结果是以单一海洋中某一个角落的少数观察作为依据，卡彭特和汤姆森因此推论，需要带着适当装备进行全球探险，以调查地球上最后一个重要的未知之境。他们透过皇家学会向皇家海军提出这个大胆的提议，而且很意外地并未遭受太多反对声浪，获得首肯。

这个提议的时间刚好是大英帝国国势最盛的时期，毫无疑问，大不列颠是海上霸主，英国以主战论为中心的极端爱国主义尚且健在。因此，皇家海军内外都有不少人附和，认为英国必须在任何创新的海事活动上领导世界。而且，尽管皇家海军水文局在数十年以来一直是世界上最优秀的调查与图表制作机构，但它对深海却一直没有太大的兴趣。然而，水线电报公司在近年来频频针对深海海床向水文局提出它无法回答的问题，姑且不谈这个提议在科学上的论据，计划本身就因此受到水道专家理查兹将军的大力支持。

在计划提出的十八个月内，皇家海军便选好船舰并进行大规模翻修，在船上安置了一个为该计划量身定做的实验室、一般住宿空间与绞车，并为这个大型研究计划提供了最先进的设备——包括长度超过四百公里的绳索。这艘船将由经验老到的勘测员乔治·斯特朗·内尔斯（1831~1915）担任船长，并由大约两百二十五名船员支持此任务。非军方编制的六位科学人员由汤姆森为首席科学家，当时已经五十八岁的卡彭特，则以年事已高为由，并未参加。除了汤姆森以外的科学人员，有来自苏格兰的化学家约翰·扬·布坎南，包括英国人亨利·诺蒂奇·莫斯利、加拿大苏格兰后裔约翰·默里与德国人鲁道夫·冯·威里莫斯—苏姆在内的三位动物学家，以及瑞士画家让·雅克·怀尔德。这种奇特却也适当地组合成了海洋学的开端，国际合作也自此成为这个学科的特色。

调查团队在短暂的适应期中检查了取样技术，并且在里斯本和特内里费岛稍事停留后，工作于1873年2月15日在加那利群岛南方六十四公里、深度三千五百米处正式展开。挑战者号人员在这里设置了第一个正式观测站。当挑战者号在1876年5月21日英国女王五十七岁寿辰回到斯匹特角的时候，它已走遍除了印度洋以外的所有大洋，设置了无数观测站，航行距离达六万八千八百九十海里。尽管船上备有连接着双叶螺旋桨的四百马力燃煤蒸汽引擎，它大多还是依赖扬帆航行的方式。她在计划期间，有超过半数以上的时间都在港湾逗留，让船员和科学家能在北美洲、南美洲、南非、澳洲、新西兰、中国香港、日本各地以及一系列大西洋与太平洋岛屿停留。在上岸时，船员与科学家进行了大量的动植物与人类学采集，见到了从葡萄牙国王、日本天皇到近期内才开始不吃人肉的斐济居民等各式各样的人物。许多事件都被官派随船画家让·雅克·怀尔德给画了下来，不过有更多的事件，则同时也用照相的方式进行记录，因为挑战者号似乎是第一支经常使用这个相对

挑战者号上的摄影师使用的是与本页图类似的湿版相机，在航行期间，摄影师用这种相机拍摄了无数的风景照与人物照。然而，当时的科技不够发达，因此并无法将相机应用在科学记录上。

而言还是新颖科技的探险队。当然，当时的照相技术仍属发展初期，由于需要较长的曝光时间，因此不适合拿来拍摄动态照片，例如科学家或船员在船上的工作情形。不过，它在处理个人照、团体照与远景时仍然是个非常好的工具。事实上，在探险队的正式命令上就有一项要求是：“把握每一个机会拍摄各地土著照片。”因此，该次航程中质量均高的摄影成果，成了19世纪末期人文地理风情的重要历史记录，其中甚至包括了可能是历史上的第一张南极冰山的照片。

尽管如此，挑战者号的主要任务，当然还是在它航行海上的七百一十三天完成，平均每二至三日，它就会在三百六十二个正式观测站中的一个进行停留与勘测。在每个观测站停留时，工作人员会先测量水深并对海底沉积物进行采样。然后，再针对表面、接近海底以及不同深度的水层进行水温测量，并采样以便稍后进行化学分析。最后再以打捞或海底拖网的方式进行生物采样，也常常使用浮游生物网搜集中层水域至水深约一千五百米水层的动物。每次生物采样的成果，都必须小心整理、保存、装瓶、上标签、储存并详细记录。此外，工作团队还会经常记录表层洋流的速度与方向，不过浅层洋流的测量就比较不频繁。

在航程期间，各式各样的材料从百慕大、哈利法克斯、开普敦、悉尼、中国香港与日本等地被送回英国。汤姆森在科学报告简介中曾写道：“……当我们终于在希尔内斯清空船舱货物并进行清点以后才发现，它们总共有五百六十三箱，其中包括两千两百七十个大型玻璃罐、一千七百四十九件用塞子盖好的较小型玻璃瓶、一千八百六十个试管以及一百七十六个锡罐，所有瓶瓶罐罐都装满了用酒精保存的标本；另外还有一百八十个装有干标本的锡盒，以及二十二个用浓盐水保存标本的酒桶。”他又说：“……来自世界各地超过五千瓶以上尺寸各异的玻璃瓶与玻璃罐被存放在爱丁堡，大约只有四件损坏，也没有因为酒精挥发的问题而损失任何标本。”尽管这些标本非常重要，但采集、储存与记录的技术层面却是冗长乏味的工作，在各观测站记录各种测量数据更是个毫无止境的工作。即使对科学家来说，新鲜感在经过前几十个观测站的工作以后早已消失殆尽，更有几位军官在个人日记里写下他们在航程中的烦闷与倦怠感。对必须干粗活的一般船员来说，由于对研究成果并没有既得利益的回馈，整个航程可能还是种更糟糕的经验，也难怪有六十一名船员分别趁着挑战者号在各地靠岸停留时擅自弃职，一去不返。

然而，这种纯粹十足的例行公事，却是挑战者号探险队的优点。船上完成的工作并不绝对是最新颖的，工作上采用的是经过严格测试与验证的技术，是各国船队在过去就偶尔会使用的。挑战者号的重要性，在于其密集的观察、足迹遍布全球以及它对深海水层的着重。它最深的探测深度几乎可达八千两百米，这个在当时打破探测深度记录的地点位于太平洋西南部，也就是后来所谓的“挑战者深渊”，它离目前测量到的海底最深处只有十一公里多的距离。挑战者号在深度超过四千五百米处也进行了二十五次成功的深海捕捞，最深捕捞记录为五千七百米，完全是史无前例的创举。

研究计划所导致的庞大生物收藏，在航行期间定期被运回爱丁堡，等待挑战者号返航后一并处理。因为这就像所有科学任务一样，收藏与资料在尚未经过深入研究并正式发表研究成果之前，并没有太高的价值可言。因此，汤姆森在结束航行任务以后，在爱丁堡设立了挑战者号研究室，以进行数据整理、将生物标本派送至专门科学家以及监督研究报告出版的工作。这些工作所需的时间比整个航程还长，在1882年汤姆森过世以后，监督工作由约翰·默里（1841~1914）接手。默里在挑战者号上原本是较为资浅的博物学家，不过他命中注定成为当代最著名的科学家之一。而且到了最后，整个研究工作的规模也比原本预期中的来得庞大。根据汤姆森的估计，出版署应该可以在五年内出版十五册研究成果，结果到头来总共出版了五十册正式报告，总页数高达两万九千五百五十二页，而最后两册报告一直到航程结束后十九年的1895年才问世。

报告的准备工作，也让汤姆森和后继者默里卷入了一系列的纷争。首先，这是因为大英博物馆高层认为这批收藏应该纳入大英博物馆馆藏，并由他们来安排后续工作，而不是由在爱丁堡的汤姆森主导。很多人也认为，只有英国科学家才能从事相关材料的研究工作，而非在汤姆森期盼中不应受国籍影响的世界最佳科学团队。结果，汤姆森赢了，采集成果被送到来自法国、德国、意大利、比利时、北欧、美国与英国等地的各国专家手上，标本最后则落入伦敦自然博物馆之手，至今仍为自然博物馆收藏。然而，在整个过程中最长也最困难的，却是与英国财政部之间的抗争，因为财政部不愿意负担越来越庞大的报告出版开销。这无疑是导致汤姆森健康状况每况愈下以及在五十二岁英年早逝的原因之一。默里最终还是取得了财政部的财务支持，不过一部分也是因为默里在此间曾威胁财政部，打算自掏腰包出版报告，让财政部觉得很丢脸，才决定提供金援。

那一系列极其精彩的研究报告是挑战者号航程的最终成果，这些报告受到世界各大研究室珍藏，并常常被当代海洋学者参考。而在伦敦自然博物馆，几乎每天都有来自这些研究室的客座科学家坐在馆内研究室里仔细研究这些报告引以为据的精美标本收藏。这些报告包括了无数图像，其中有许多照片以及怀尔德的水彩画。然而，怀尔德只是位资质中庸的画家，虽然他在部分动物采样还新鲜的时候画了一些，报告中出现的大量图像，大多是出自研究该类动物的个别科学家或是他们所聘请的画家或雕刻师之手。所以，挑战者号探险的图像成果并非少数艺术家的心血，而是许多画家、雕刻师与平版印刷师共同努力的结果，其中许多人根本没有看过挑战者号，更别说是随着它出海航行了。

尽管挑战者号探险队在接下来的一又四分之一个世纪中，让许多海洋科学家对它推崇备至，这并未鼓励英国政府继续支持接下来的海洋学研究。英国财政部对这非预期的慷慨感到非常震惊，一直到数十年以后，才又开始支持花费较高的科学任务。有幸的是，挑战者号的确起了带头作用，让其他国家争相仿效。在19世纪的最后二十几年中，美国、德国、挪威、瑞典、法国、意大利与摩纳哥都曾派出大型海洋考察队，挑战者号开创的海洋学之道，正在朝着广泛国际合作的康庄大道前进，终有今日的局面。

1872 年 12 月初，皇家学会的科学界重要人物和探险队的科学家们，在停靠于希尔内斯的挑战者号上，留下上图的合影。挑战者号离开希尔内斯以后先绕着朴次茅斯沿岸航行，然后才在 12 月 21 日正式起航。在拍照时，包括位于中排中央探险队科学团队主持人汤姆森在内的有些人，保持头部不动的时间不够久，由于当时的照相设备曝光速度缓慢，使照片稍显模糊。

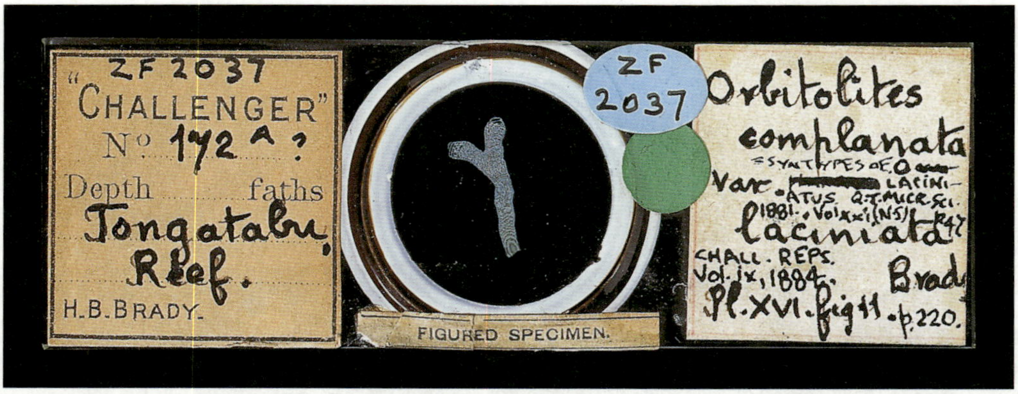
ZF 2037
"CHALLENGER"
No 172 A ?
Depth faths
Tongatabu,
Reef.
H.B.BRADY.
FIGURED SPECIMEN.
ZF
2037
Orbitolites
complanata
Chall. Reps.
Vol. ix, 1884.
Brady
Pl. XVI. fig 11. p. 220.

"CHALLENGER"
No 218 A.
Depth 16-25 faths.
Nares' Harbour
Admiralty Islds.
H.B.BRADY.
ZF
1046
Alveolina
boscii
Defr. sp.
Chall. Reps., Vol. ix,
Pl. XVII, figs. 9, 10. p. 22

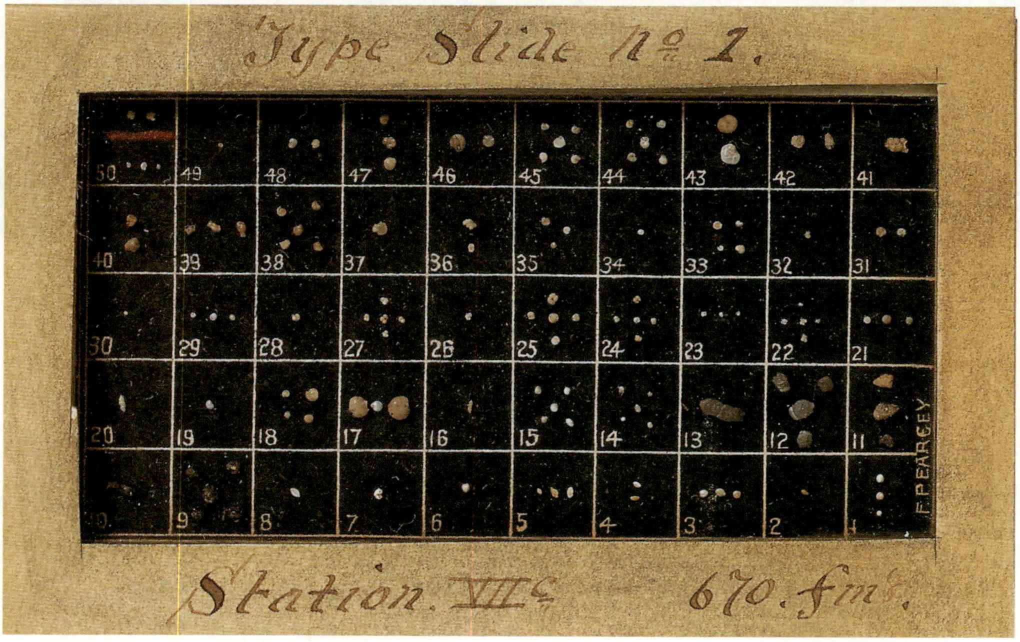
Type Slide No 1.
F.PEARCEY
Station. VII
670. fms.

本页图中的版画是挑战者号实验室，内有工作台、显微镜、瓶架与挂起来风干的鸟皮。在他们刚上船时，处理网捞捕获的“苦活”大多是在甲板上进行，要不就是在架设于主甲板后方的棚子里着手。当挑战者号抵达纬度较低的温暖地区时，这些正在风干的鸟皮也被吊挂在这个棚子里，因为若不如此处理，甲板下方的气味将会让人难以忍受。

除了挑战者号的拖网和捞网捕获的多细胞动物以外，还累积了大量的单细胞生物，尤其是有孔虫、放射虫和矽藻，其中有许多是前所未见的新种。有孔虫的外壳是深海海床沉积的主要组成，这些标本由亨利·鲍曼·布雷迪进行研究，他小心翼翼地整理干燥的海底淤泥样本，将这些微小的标本一个个地放在像左页图中的玻璃片上。这些标本目前为伦敦自然博物馆古生物学部所有。

本页上图是夏威夷活火山基拉韦厄正冒着烟的火山口。挑战者号于1875年8月抵达夏威夷群岛，访问的高潮之一就是基拉韦厄火山之旅。基拉韦厄火山高达海拔一千两百一十九米，从希洛港前往基拉韦厄火山的路途，是段又长又乏味的旅程。然而，让挑战者号人员很讶异的是，他们竟然在火山口边缘找到一间价位相当合理的旅馆，专门提供观光客住宿。1874年2月，当挑战者号在满是浮冰的南极海域航行的两周期间，摄影师从船上拍下了本页右图中的冰山，是史上第一批南极冰山照片。（照片下方的波浪状图案并不是海水，而是由冲洗照片时使用的化学遮蔽剂所造成的。）

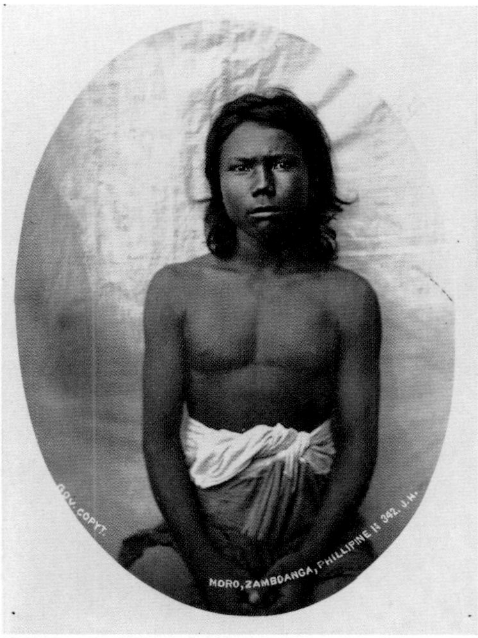

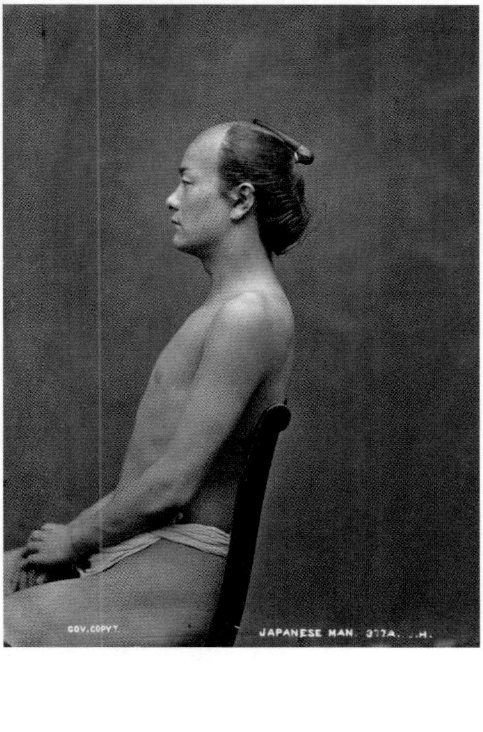

1870年的照相术，非常适合用来拍摄刻意摆好姿势的人物肖像。挑战者号的摄影师就拍了不少这样的照片，例如本页左上图来自菲律宾棉兰老岛三宝颜莫罗土著、左下图中的日本人以及右上图的汤加王国夏洛特皇后。后者所从属于航行期间拍摄的皇室肖像，是一批令人印象深刻的照片收藏，其中包括葡萄牙国王路易斯一世、日本明治天皇和夏威夷卡拉卡瓦国王。汤加王国的夏洛特皇后和乔治·图普国王尤其非常渴望能被拍摄，国王身着海军制服，皇后则穿着“一套欧洲制的轻纱服装”。其玄孙女萨洛特皇后貌似夏洛特皇后，当她在1953年出席英国女王伊丽莎白二世登基大典时，几乎抢尽了风头。

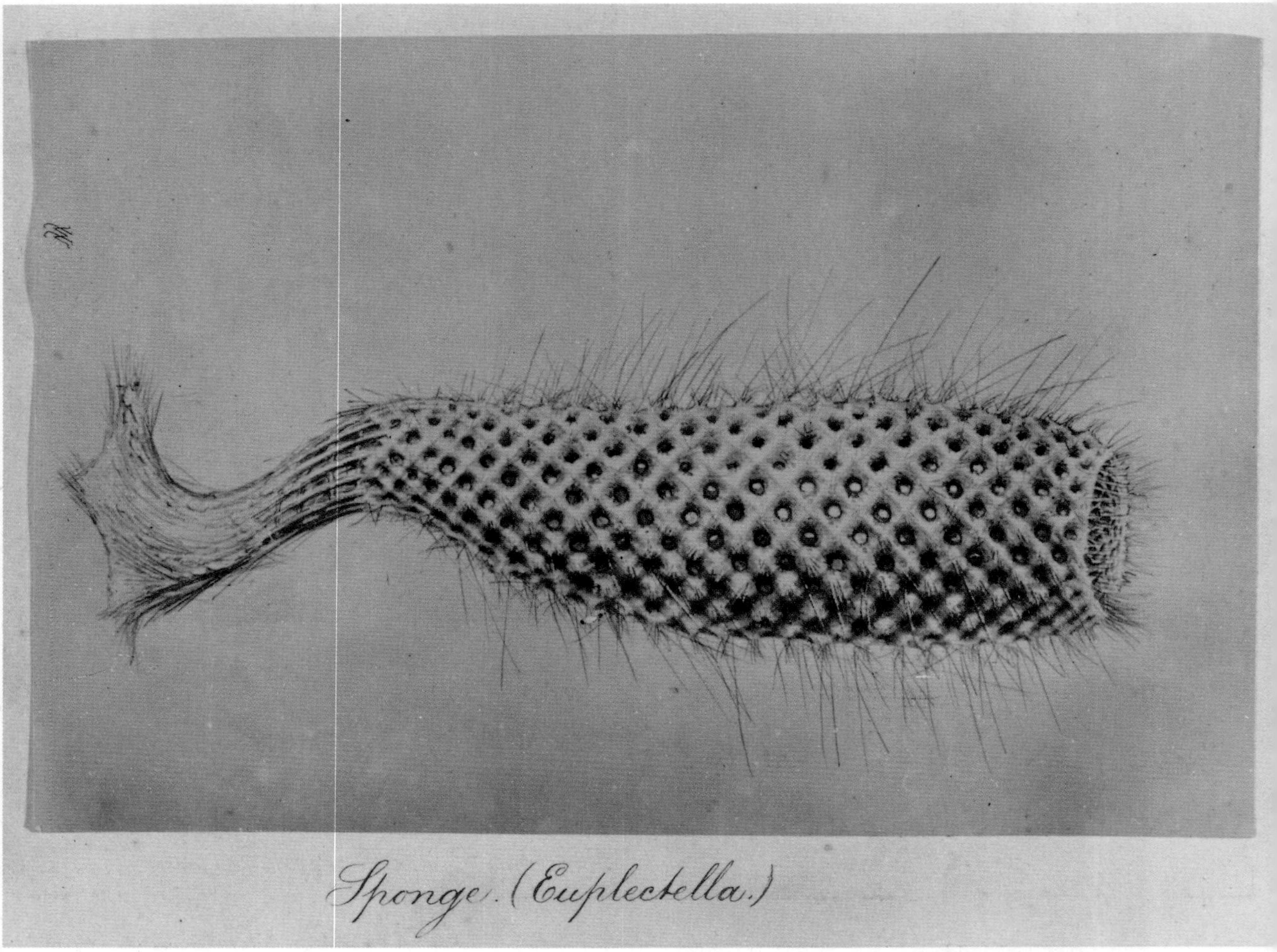

Sponge. (Euplectella.)

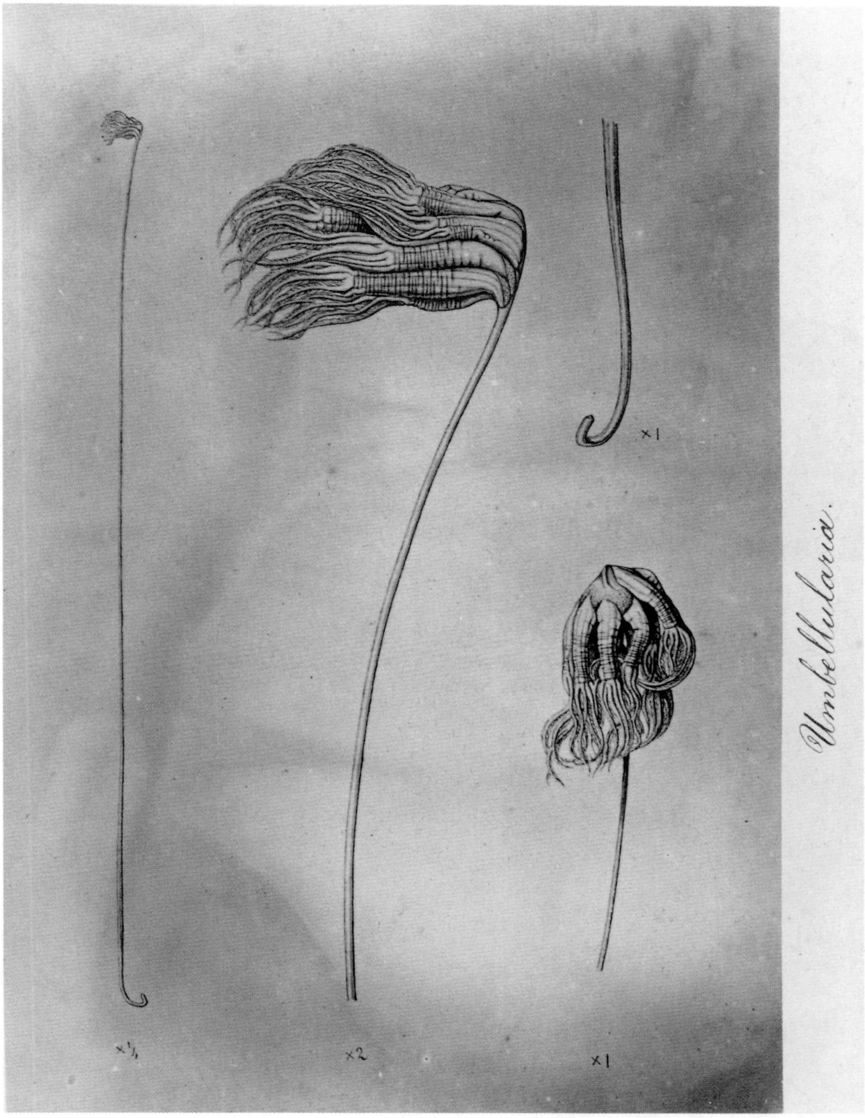

左页图为让·雅克·怀尔德笔下的玻璃海绵，可能是偕老同穴属的海绵（*Euplectella suberea*）。这张图可能是利用挑战者号在直布罗陀西部深水层以及介于南美洲伯南布哥与巴伊亚之间海域捞起的许多破碎标本“拼凑重建”而来的。怀尔德也画下了本页图中的深海海鳃，它被命名为汤姆森伞形珊瑚（*Umbellula thomsoni*），借此表扬挑战者号科学团队主持人查尔斯·威维尔·汤姆森的贡献。这些令人印象深刻、状似植物的动物是海葵、珊瑚与水母的亲戚，它们会把足盘埋在海底沉积物中并站立其中，肉柄顶端的许多滤食细胞，可在通过的水流中搜集食物微粒。

左页图中的奈氏拟鮟鱇（*Lophiodes naresi*）来自艾伯特·冈瑟的挑战者号浅水鱼类报告。目前已知奈氏拟鮟鱇分布于太平洋西南部与印度洋东南部，和欧洲水域的鮟鱇鱼、和尚鱼等是亲戚，不过在挑战者号的年代，这种鱼是尚未被发表的新种，当时以挑战者号船长乔治·斯特朗·内尔斯来命名，以兹表扬。本页图中的模式标本保存状况良好，自 1870 年起就被浸泡在同一个玻璃罐内。

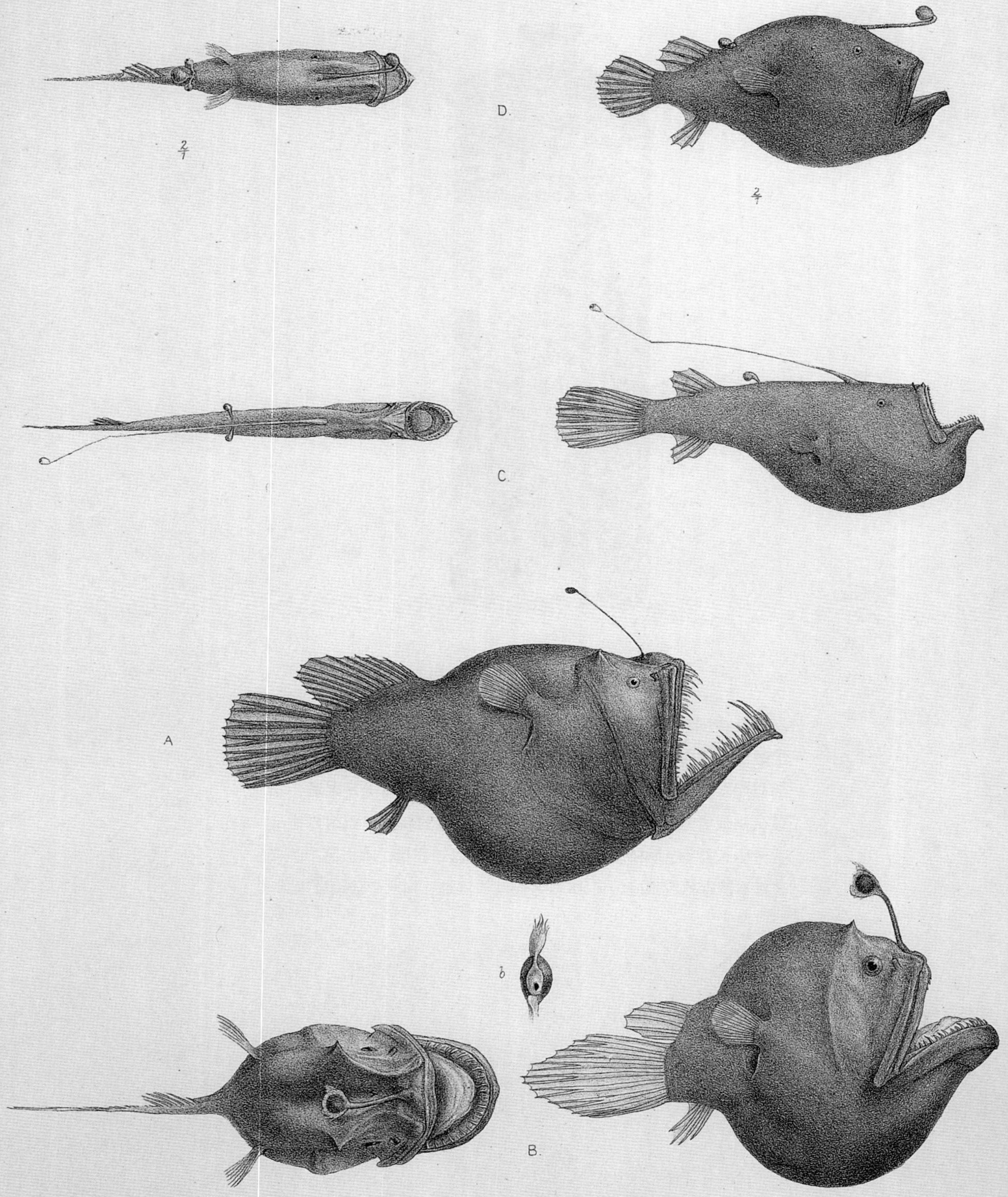

R. Mintern del et lith.

Mintern Bros. imp.

A. MELANOCETUS MURRAYI.
(Faths. 1850–2450.)

B. CERATIAS BISPINOSUS.
(Faths. 360.)

C. CERATIAS URANOSCOPUS.
(Faths. 2400.)

D. CERATIAS CARUNCULATUS.
(Faths. 345.)

左页图中是出自挑战者号报告书的深海鱼类，位于中央的是以约翰 · 默里命名的短炳黑犀鱼（*Melanocetus murrayi*）。约翰 · 默里是探险队的动物学家，最后也成为挑战者号科学团队中名气最响亮者。报告也提到像是本页图中的岸边鱼类，由上而下分别是来自阿拉弗拉海的丝尾单角鲀（*Paramonacanthus filcauda*）、来自菲律宾的密斑马面鲀（*Thamnaconus tessalatus*）、同样来自阿拉弗拉海的方斑狗母鱼（*Synodus kaianus*）以及分布于印度洋东部和西太平洋地区的贪食鳄齿鱼（*Champsodon vorax*）。

在挑战者号报告海胆卷中，有几张全页插图专门用来描述海胆刺的形态发生。右页这张图是詹姆斯·布莱克为哈佛大学比较动物学博物馆的亚历山大·阿加西（*Alexander Agassiz*）所绘制的雕版的海胆刺横切面，布莱克是为这份报告锦上添花的众多艺术家之一。本页图中则是出自艾伯特之浅水鱼报告中的两种澳洲南部鱼类，上方为光泽深鳐（*Pavoraja nitida*），下方则是棘刀海龙（*Solenognathus spinosissimus*），一种介于海龙和海马之间的刁海龙，主要栖息在澳洲东南部、塔斯马尼亚和新西兰的泥泞浅水域。

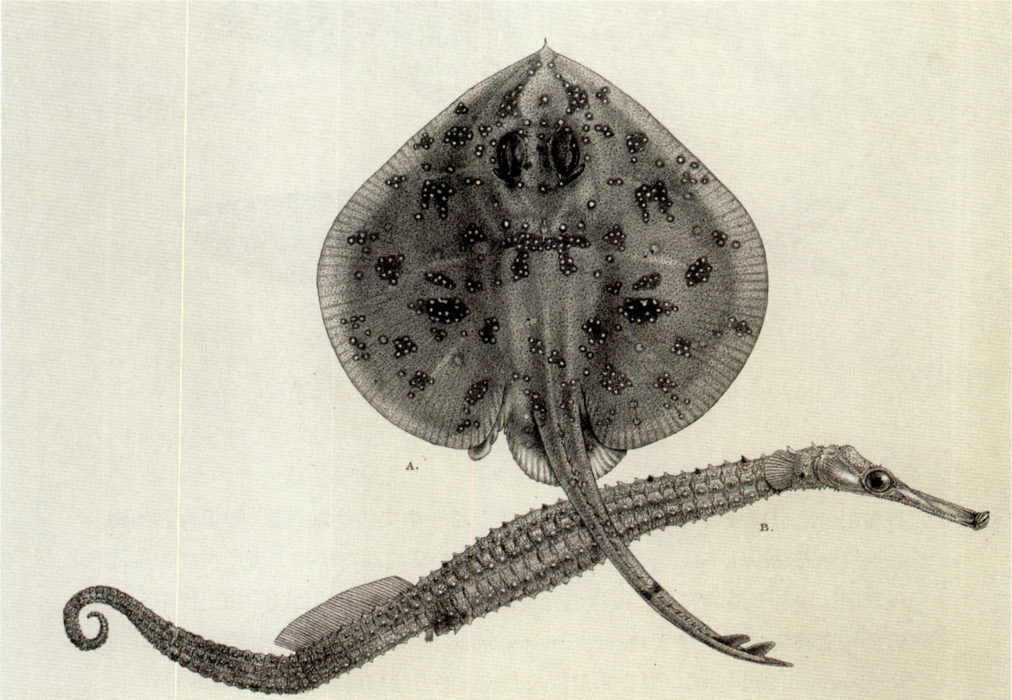

3.
5.
7.
15.
13.
4.
6.
2.
14.
8.
9.
12.
22.
21.
37.
24.
16.
33.
38.
17.
28.
36.
34.
26.
31.
25.
27.
32.
35.

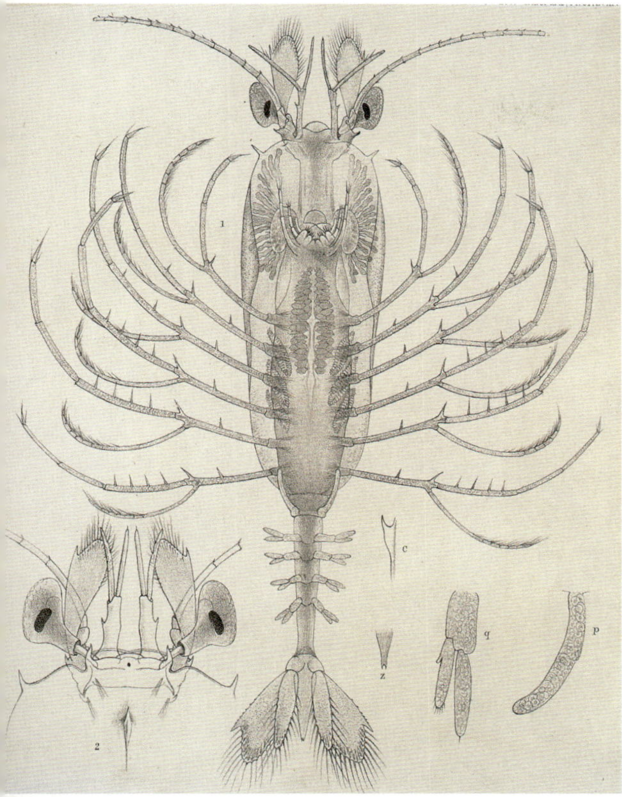

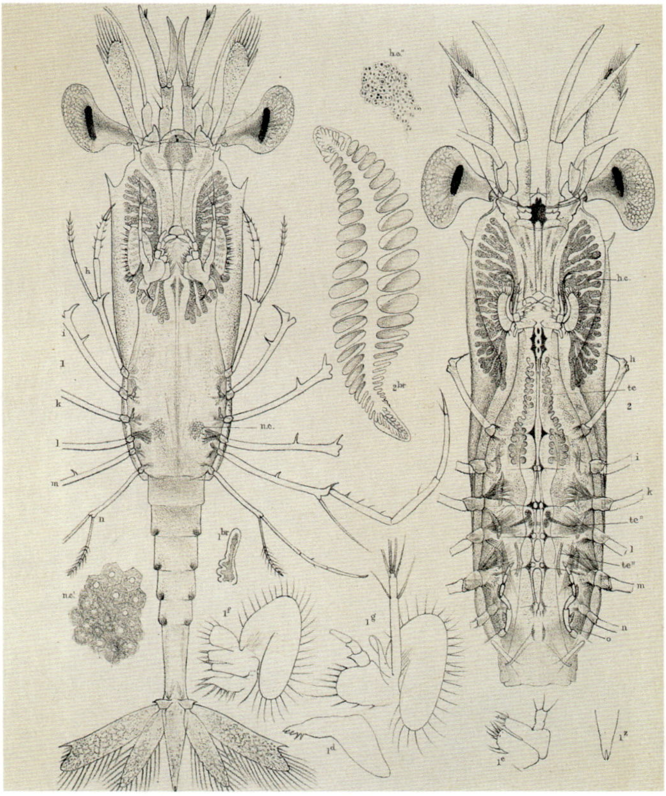

出自查尔斯·斯彭斯·贝特之挑战者号报告甲壳类动物卷的一些长尾甲壳类，包括本页左图的斗异虾（*Amphion provocatoris*）、本页右图的雷氏异虾（*Amphion reynaudii*）以及左页图中来自特里斯坦—达库尼亚群岛的龙虾。斯彭斯·贝特认为这龙虾应该属于法国动物学家亨利·米尔恩·爱德华兹所发表的兰氏龙虾（*Palinurus lalandii*），不过也认为这种龙虾和其他种的差异足以让它独立成为一个被称为钝龙虾属（*Palinostus*）的新属。斯彭斯·贝特的新属名称，很快就被另一个较早存在的静龙虾属（*Jasus*）所取代，因此，米尔恩·爱德华兹所命名的龙虾，目前的完整学名就成了南非静龙虾（*Jasus lalandii*）。然而，挑战者号的这个龙虾标本事实上并不是南非静龙虾，而是一种当时尚未发表的新种。1963 年，一位来自荷兰的甲壳类专家在仔细研究以后指出，来自特里斯坦—达库尼亚群岛的龙虾实际上是一个截然不同的种类，这当然也包括挑战者号的标本在内，目前这种龙虾被称为特里斯坦静龙虾（*Jasus tristani*）。

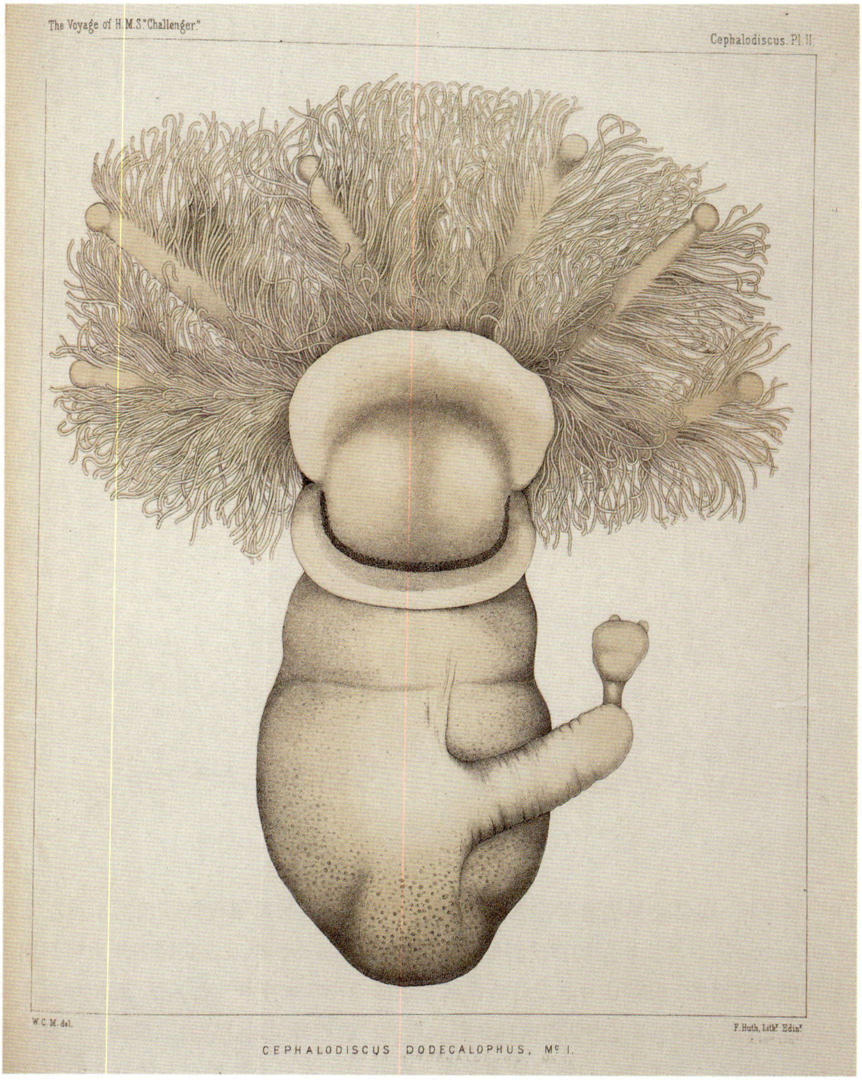

本页图中的头盘虫（*Cephalodiscus dodecalophus*）是一种体积极小的柝实虫，属于原索动物。它跟海鞘一样，是介于脊椎动物与无脊椎动物间的一类，这种动物主要利用其触手般的羽状构造搜集食物，虽然图中只看得到六支羽状构造，事实上它总共有十二支，因而得其名[1]。和头盘虫的柔和线条恰相反的，是右页图中的头帕目海胆。挑战者号采集到的头帕目海胆，由保卢斯·罗特直接用平版印刷的方式制图。

1.指头盘虫（*Cephalodiscus dodecalophus*）学名中的 *dodecalophus*，在希腊文中，dodeca 代表十二，loph 是簇或羽冠的意思。

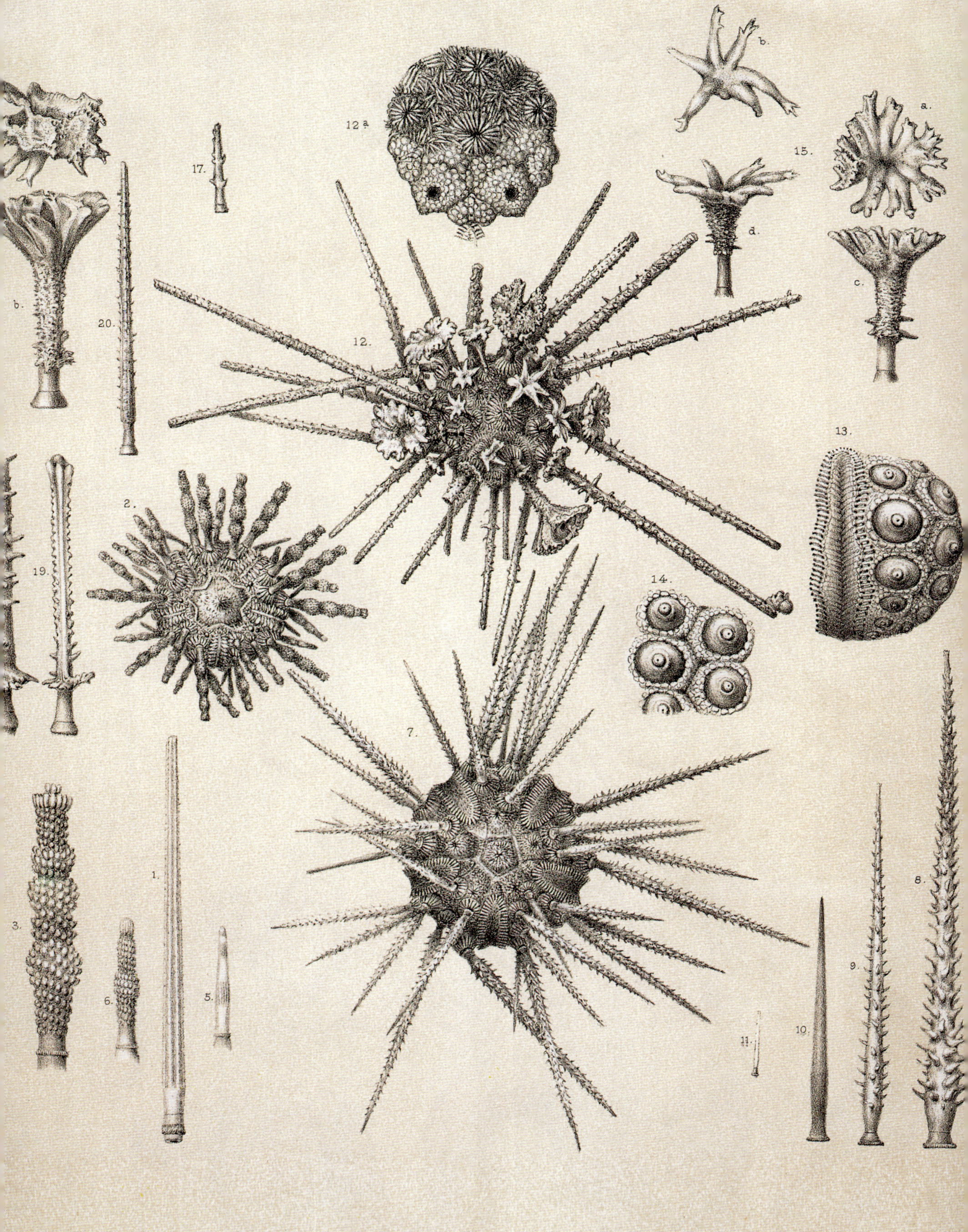
12ª
17.
b.
20.
12.
15.
a.
b.
d.
c.
13.
2.
19.
14.
7.
1.
3.
6.
5.
11.
10.
9.
8.

6.

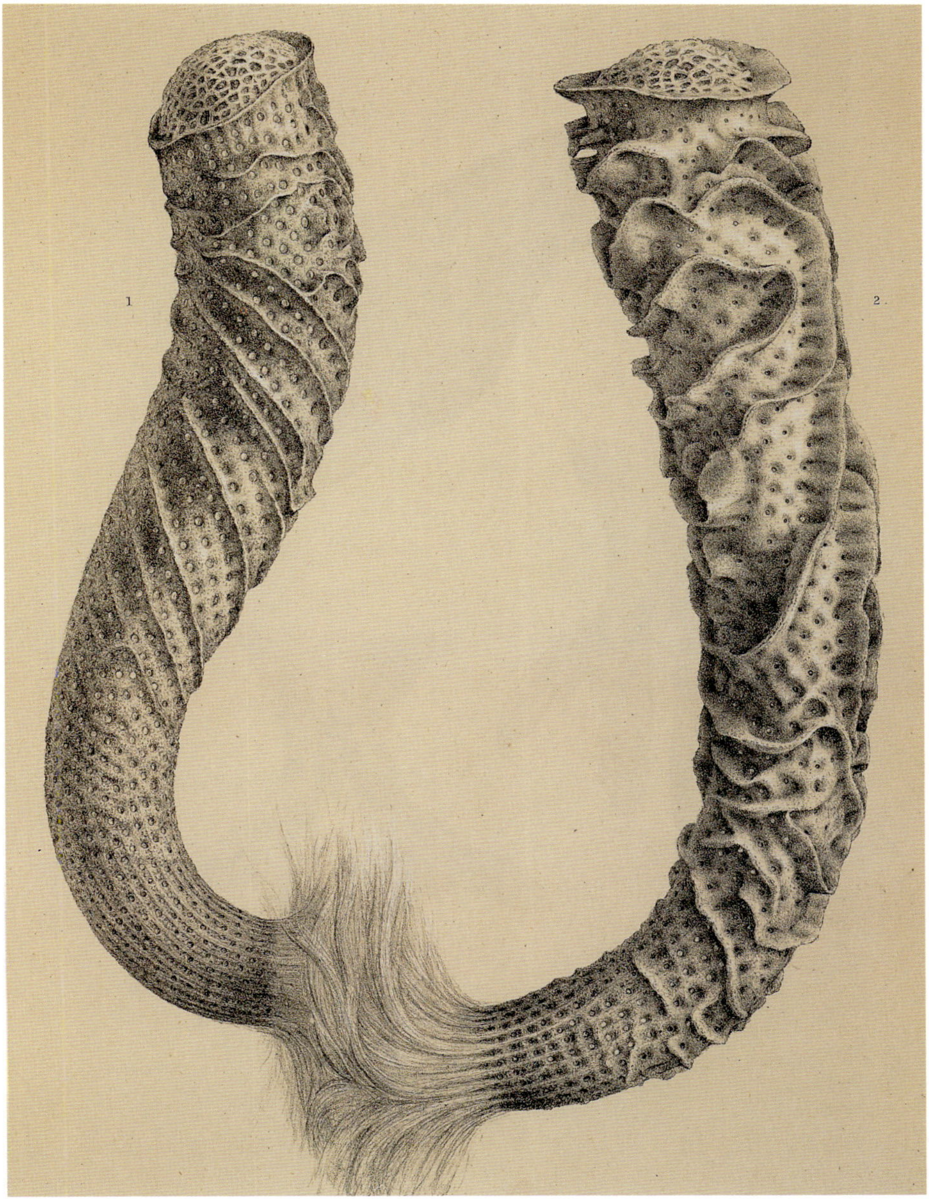

挑战者号计划的动物标本图像，有许多艺术素养极高的作品。左页图中是出没在深海至中层水域的黑伞水母（*Periphylla mirabilis*），其描绘方式就好像你从水中往上观察其自然状态一般。本页图中的两个阿氏偕老同穴（*Euplectella aspergillum*）也是相当漂亮的两个海绵标本。偕老同穴属的海绵也称为玻璃海绵，因为它们形态高雅的支持骨架和将它们固定在海床上的“根部”，是由纯矽所构成的复杂针状系统所组成。

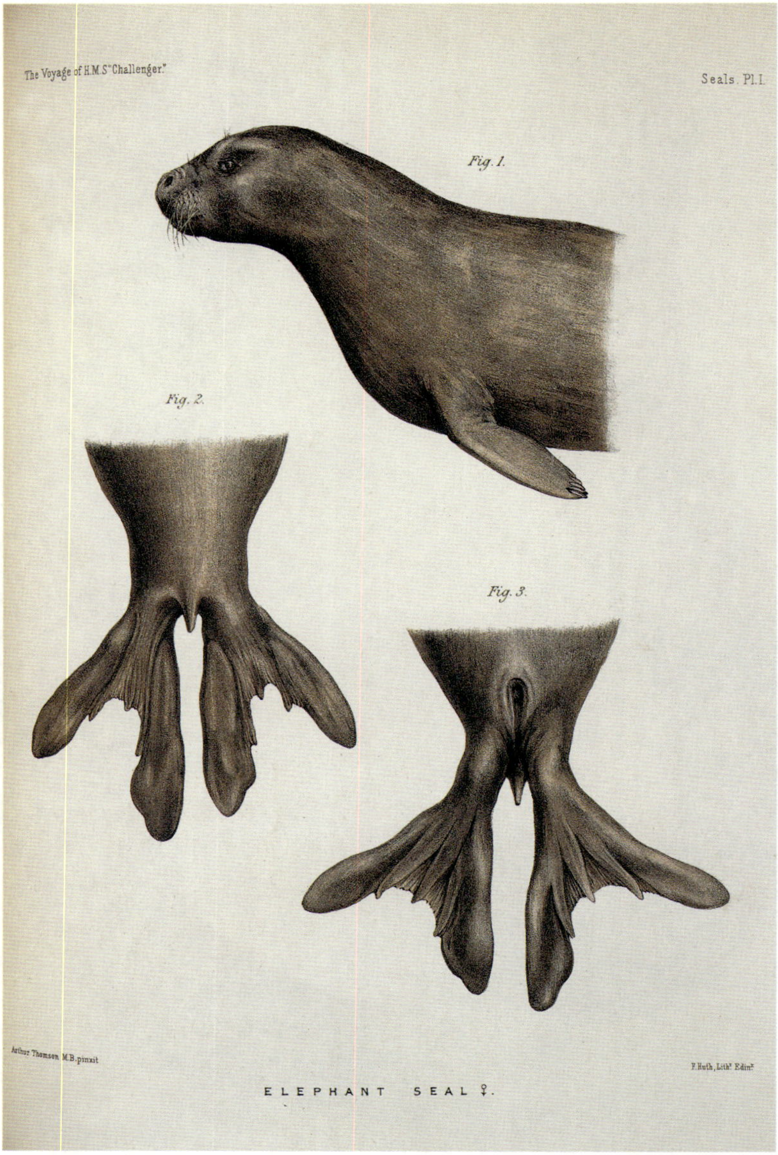

本页图是来自印度洋南方凯尔盖朗群岛的一只雌象海豹（*Macrorhinus leoninus*）的前端与后肢。虽然挑战者号以深海研究为主要目的，但研究团队同时也采集了许多人类学标本，例如右页图中来自太平洋西南部阿德默勒尔蒂群岛的人类头骨。大多数人类学标本都是工具、武器、容器之类的文物，不过有些人类遗骸也被带回英国。在阿德默勒尔蒂群岛一带，人类与动物的头骨常被拿来挂在茅草屋顶上当作装饰，岛上土著也很乐意出售这些头骨。

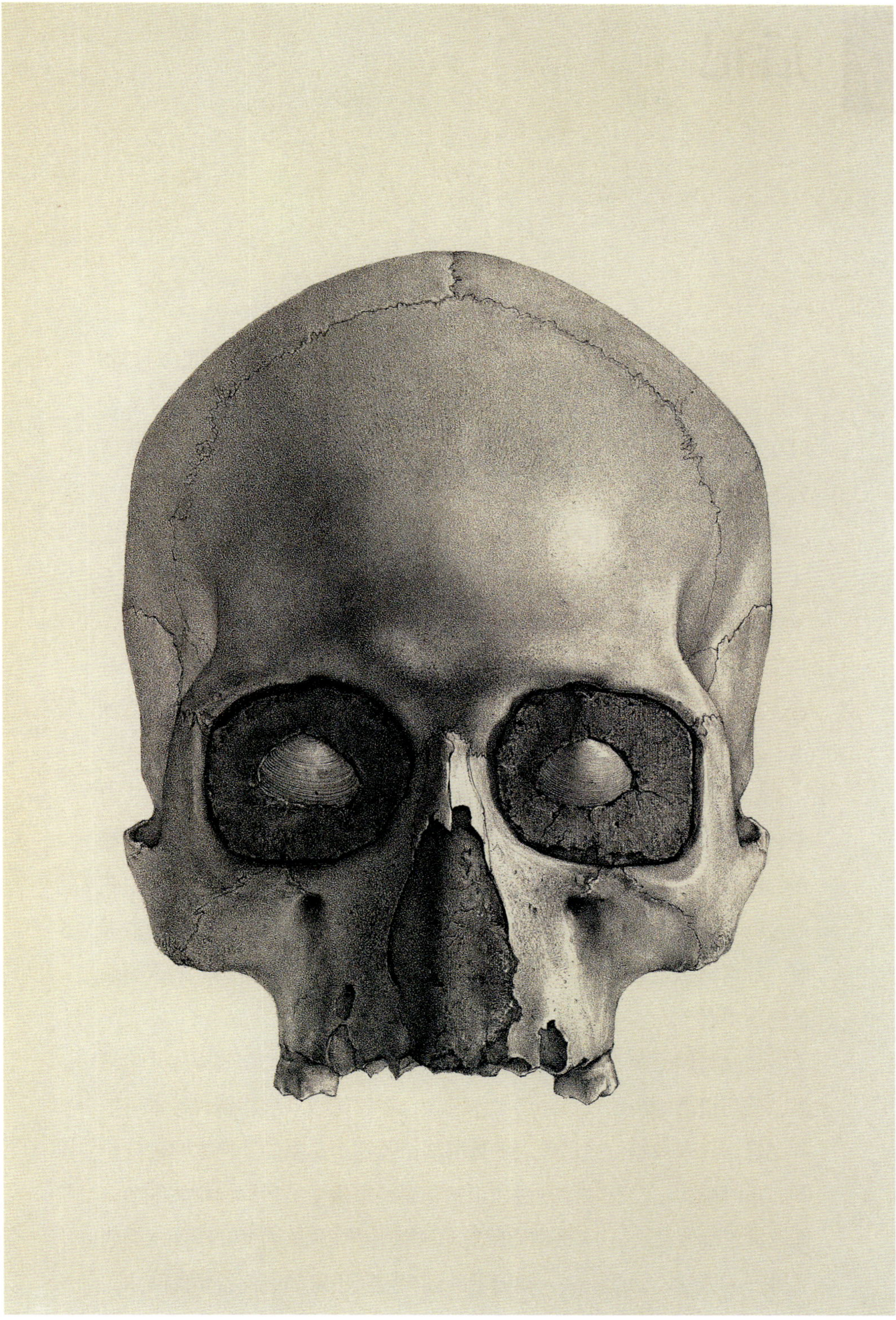

后记

本书提及的旅程，涵括了科学史上最重要也最迷人的时期，对博物学而言尤其如此。这段期间始于17世纪末期，在中世纪结束后，人们对自然现象的观察研究正迅速朝着理性或客观的方向前进，原本独立研究的科学家，特别是博物学家，由于各学会如英国皇家学会（1660）与法国自然科学学院（1666）等随之成立，而逐渐开始组织化。科学家以在专门期刊发表文章的方式，相互交流研究成果，然而，除了极少数大学教授以外，科学在许多年以后才成为一种财务上可行的职业。因此，在接下来的两世纪间，科学这个专门领域，几乎完全被富有的业余爱好者，或是以神职人员和医生为主、受过良好教育的中产阶级人士所独占。本书最末章的时间已经来到19世纪晚期，当时专业科学家已经成为一个让人足以维持生计的职业，尽管在金钱报酬上鲜少能与在法律、财务、商业、娱乐或艺术等行业获致成功者相提并论。然而，在本书所涵盖的整段期间，有一小群非常重要的专业人士，持续不断地从科学中获取金钱利益。他们就是以绘画动植物为生的博物画家，他们尽管领取报酬，却常常是无名英雄，而本书的目的，就是要褒扬这些画家遗留给后世的艺术遗产。

那段时期巡游四方的植物学家与动物学家，几乎都需要一些才华横溢、技巧精湛的技术人员协助制作图像，在这无数动植物新种标本还新鲜完好、尚未被制作成目前大多数博物馆收藏中典型的干标本时进行绘图。当时确实也没有其他方法能正确无误地提供受绘目标的相关细节，而这种正确性又恰是18世纪启蒙运动风潮所要求逼真特质，绘图因而成了唯一的方法。如此一来，在随着欧洲探险队出发的任何科学团队中，

专业画家便成了标准成员，他们的努力成果最后则落入西方世界中各种私人与公共收藏之手。

本书的最后一章，亦即挑战者号的旅程，替这一整个时期画下了句号。挑战者号不但有艺术家随行提供服务，更初次采用了在当时还相当新颖的照相技术。在1870年，照相技术的适用性仍相当有限，它牵涉到庞大笨重的设备，加上或多或少必须立即替已曝光的胶片进行显影处理，这些都严重限制了它的移动性。此外，当时可取得的感光剂反应很慢，

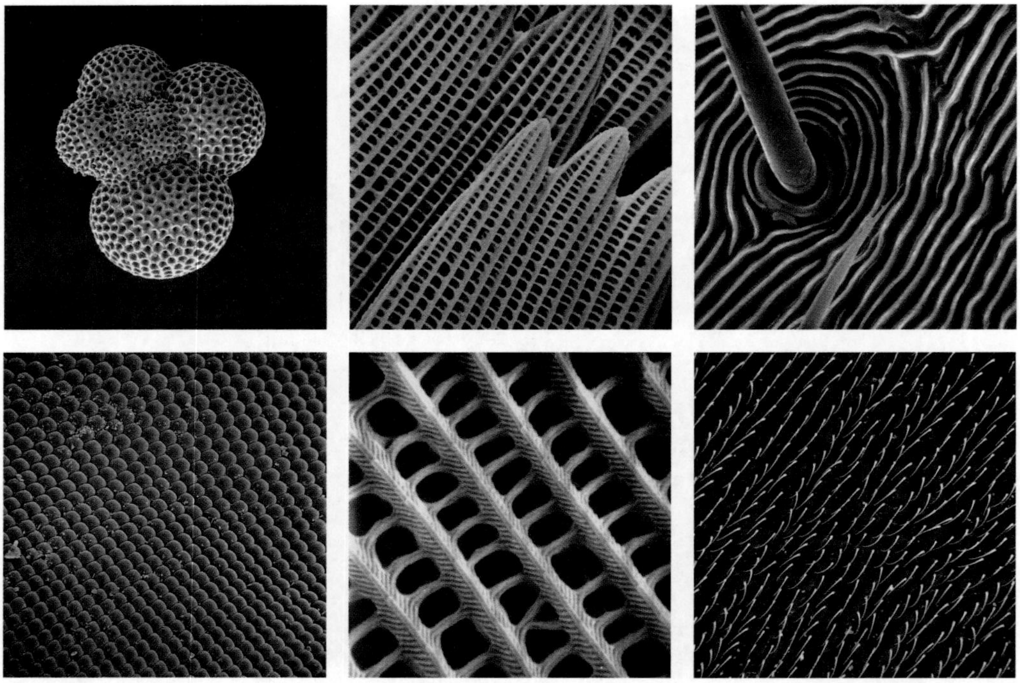

现在科学摄影能捕抓到极微小的细节，这是数世纪前的博物学家和画家很难想象的：第 301 页图中荨麻蛱蝶的头部，或本页图中自左上角顺时针方向依序出现的有孔虫、蝴蝶翅膀鳞片、蜘蛛表皮、绿头苍蝇翅膀表面、蝴蝶翅膀鳞片细节以及绿头苍蝇眼部等，都是利用扫描式电子显微镜放大数千倍的影像。

这意味着照相术只能被运用在静止物体、特定视野与对象相当僵硬的人像摄影上。然而，上面说到的这些都在短短几年内就发生了很大的改变。由于更小型、更先进设备的发展，搭配感光速度较快的胶卷，加上色彩和电影制作方面的进展，这些新科技开始能制作出传统画家几乎无法绘制的影像。约翰·古尔德若看到一台超高速摄影机，在瞬间让他最钟爱、每秒拍翅将近一百次的蜂鸟“暂停”了下来——这种他大概只能猜测的影像，他会怎么反应呢？在查尔斯·威维尔·汤姆森率领挑战者号出发的几年以前，一般人还认为深海应该是毫无生命的地方，如果让古尔德看到汤姆森替那些在深海海床上活动的动物所拍摄的照片，他又会做何观感？或者，如果让 18、19 世纪的植物学家看到显示植物分布的卫星影像，这种在他们最疯狂的梦想中都很难想象的画面，他们又会怎么想呢？

然而，照相术也没有让画家因此成了多

余的累赘。一直到本世纪为止，画家们仍然继续伴随着探险队出航，即使当他们不再固定跟着探险队上山下海进行田野调查以后，也常受聘为科学出版品绘制插画。举例来说，伦敦自然博物馆在 1960 年仍然有全职画家的编制。他们不再是正式编制的原因，并不是因为博物馆不再需要他们的服务，而是由于研究经费的限制，使他们的工作被边缘化，他们也比科学家更容易被牺牲。虽然包括全像摄影和数字摄影在内的影像技术有惊人的发展，计算机科技的进步与虚拟现实也带给人们无限惊奇，尽管如此，在必须呈现出特定形态特征或色彩细微差异并获得最大效果时，优秀博物画家的观察力和画笔，仍是无法被取代的。

插图在自然科学里仍然扮演着重要的角色。克莱尔·多尔比利用水彩与铅笔画出本页图与右页图中的地衣，她所捕捉到的形状、质地与色感，是照片很难比拟的。多尔比也能在纸上以拼凑碎片的方式创造出完美的地衣标本，而照相师则必须依赖他所能取得的标本，而且这些标本常常是已受损的不完整标本。

Caloplaca
verruculifera
– Claire Dalby 1981

传记精粹

约瑟夫·班克斯（Joseph Banks）

1743~1820，业余植物学家与收藏家

班克斯生于伦敦，是家境富裕的地主之子。他曾就读牛津大学，并在当时聘请私人教师教他植物学。班克斯曾随着詹姆斯·库克的奋进号至澳洲旅行，尽管之后他鲜少参加远航，他仍持续搜集书籍、手稿、素描、绘画与标本，尤其是植物标本。在班克斯于1820年去世以后，其收藏便托付给大英博物馆处理。

约翰·巴特拉姆（父）、威廉·巴特拉姆（子）（John & William Bartram）

1699~1777、1739~1823，顶尖的美国园艺家

约翰·巴特拉姆出生于宾夕法尼亚州，父母是虔诚的贵格会教徒。尽管约翰并未接受太多正规教育，他却对植物学深感兴趣，并在1729年于费城附近的金斯辛市建立了他自己的植物园。约翰与英国和北美的植物爱好者取得联系，将许多北美植物引进欧洲。1743年，他帮助本杰明·富兰克林创立了美国哲学协会。其子威廉·巴特拉姆在1739年于金斯辛出生。他在十五岁时已充分展现其艺术天分，年纪轻轻就陪伴父亲到野生植物带进行采集。1773年，威廉独自前往美国东南部诸州进行采集之旅。1777年1月他返回金斯辛，这时美国独立宣言已颁布了半年之久。八个月后，约翰·巴特拉姆去世。

亨利·沃尔特·贝茨（Henry Walter Bates）

1825~1892，昆虫学家与收藏家

贝茨自青少年时期就醉心于昆虫学，在十八岁时就在《动物学家》发表了第一篇文章。他在1843年认识了阿尔弗雷德·华莱士，此后，两人一起旅行至亚马孙，研究当地生物。华莱士只在南美洲停留四年，而贝茨则待了十一年，搜集到超过八千种前所未见的生物，其中大多为昆虫。贝茨在亚马孙的观察，让他坚信生物演化确实存在。

费迪南德·鲍尔（Ferdinand Bauer）

1760~1826，调查者号随船画家

鲍尔出生于奥地利，为艺术家之子。他继承了父亲的艺术天分，而且对植物绘画特别有兴趣。鲍尔在搬到英格兰之前，曾在维也纳大学担任植物画家。约瑟夫·班克斯注意到鲍尔的才华，并推荐他到调查者号上担任画家。在回到英国以后，鲍尔花了五年的时间准备《澳洲植物图鉴》的出版。他在1814年回到维也纳，继续从事植物绘画。

罗伯特·布朗（Robert Brown）

1773~1858，调查者号随船植物学家

布朗曾于爱丁堡习医，于1795年从军，担任外科助手，并利用非勤务时间研究植物学。1798年，在班克斯心目中调查者号随船博物学家第一人选决定退出后，布朗受邀担任该职务，自1801至1805年随船航行。布朗自1806至1822年担任林奈学会的“秘书兼杂勤主管”，并在1810年起开始替班克斯管理图书馆并担任秘书。布朗继承了班克斯的收藏，并有条件地将它们托付给大英博物馆管理。在布朗的要求下，大英博物馆的组织架构多出了一个以植物标本馆为重心的植物部门，并由布朗担任第一任主任研究员。

詹姆斯·库克（James Cook）

1728~1779，皇家海军军官、知名探险家、航海家与勘测专家

库克出生于约克郡马顿市，是农场工人之子。他在 1755 年进入皇家海军，并成为一位优秀的勘测专家。库克曾担任三次重要航行任务的指挥官：率领奋进号到塔希提岛观察金星凌日并勘查南太平洋；带着果敢号与冒险号彻底调查假设存在的南方大陆；领着果敢号与发现者号顺着北美沿岸寻找从太平洋通往大西洋的通道。库克在最后一次任务中，并没有成功找到预期中的北方通道，却在 1779 年 1 月返航经过夏威夷时被土著杀害。

查尔斯·达尔文（Charles Darwin）

1773~1858，小猎犬号随船博物学家、《物种起源》作者

达尔文出生于什鲁斯伯里的医师世家，父亲与祖父皆执业行医，祖父是集医师、诗人与哲学家于一身的伊拉斯谟·达尔文，外祖父是以陶器制作闻名于世的乔赛亚·韦奇伍德。他曾在爱丁堡习医，不过中途辍学，转而研习博物学。达尔文被指派为小猎犬号的博物学家，陪伴船长罗伯特·菲茨罗伊到南美洲进行海岸勘查。航程自 1831 年开始，一直到 1836 年结束，在这段期间，达尔文累积了庞大的博物学与地质收藏。这些收藏与达尔文同时进行的观察，成了他最著名作品《物种起源》的理论基础，让他借由该书提出以自然选择为中心的演化理论。

彼得·科内利斯·迪贝维尔（Pieter Cornelius De Bevere）

约莫1733年出生的荷裔锡兰画家

约于 1733 年出生于科伦坡，是荷兰东印度公司下级军官之子，除了他在 1752 年受到当时锡兰、即目前斯里兰卡的殖民地总督约翰·吉迪恩·洛顿聘请，替洛顿描绘锡兰博物资料以外，人们对迪贝维尔生平所知非常有限。1757 年，迪贝维尔随着洛顿迁居巴达维亚，继续替洛顿工作，一直到洛顿返回欧洲为止。据信迪贝维尔于 1781 年去世。

罗伯特·菲茨罗伊（Robert Fitzroy）

1805~1865，皇家海军军官、小猎犬号船长

查尔斯·菲茨罗伊勋爵之子，查理二世后裔。罗伯特·菲茨罗伊于 1819 年进入皇家海军，并且很快就受到拔擢，平步青云。他在 1828 年初次担任船长，率领小猎犬号进行南美洲海岸勘查。他在1831至1836年间再次担任小猎犬号船长，继续从事南美洲调查，期间，查尔斯·达尔文担任随船博物学家并陪伴菲茨罗伊，不过菲氏阴晴不定的个性与虔诚坚定的宗教信念，让两人因为达尔文的演化思想产生摩擦。在小猎犬号返航后，菲茨罗伊再也没有出航，不过他继续在皇家海军服务了十四年。菲茨罗伊于1865年自杀身亡。

马修·弗林德斯（Matthew Flinders）

1774~1814，皇家海军军官、水道测量专家与探险家

出生于林肯郡，是外科医师之子。弗林德斯于1790年进入皇家海军，于1795年随着信赖号抵达新南威尔士，并在接下来的五年内负责调查澳洲东南部水域，证实澳洲大陆与塔斯马尼亚之间的巴斯海峡确实存在。1801年，弗林德斯受命担任调查者号船长，负责进行澳洲海岸的长期调查。在完成绕行澳洲的航行任务以后，弗林德斯踏上了一段坎坷的返乡之路，花了超过七年的时间才回到英国。当他在1810年终于抵达国门以后，他开始准备正式的航行报告，不过却在报告出版当年，也就是1814年7月身亡。

约翰·福斯特（父）、乔治·福斯特（子）（Johann & George Forster）

1729~1798、1754~1794，果敢号上的父子档（父为博物学家、子为画家）

约翰在1729年出生于（目前位于波兰）但泽市附近的迪绍，曾在哈勒大学研习神学、古代与近代语言、医学与博物学。在1776至1777年间，约翰带着当时年十一岁的乔治到窝瓦河沿岸的新德国殖民地，替叶卡捷琳娜二世进行科学与政治调查。之后，他们举家迁居英格兰，最后在伦敦定居。约翰在伦敦定居后写了几篇论文，其中部分插图乃由乔治所绘制。这对父子档很快就在伦敦的科学与古董圈打响了名号，他们受邀随着果敢号航行，并在1772至1775年航行期间制作出许多无价之宝。福斯特父子因为果敢号航行报告该由谁来制作的问题与皇家海军闹翻，之后这对父子档便返回德国。

约翰·古尔德（John Gould）

1804~1881，鸟类学家、画家与鸟类图鉴出版商

古尔德在十四岁时，就在由父亲担任园丁工头的温莎皇家花园担任实习园丁，接受了包括剥制标本制作在内的训练，因为标本制作技术，让他在1827年于当时刚成立的伦敦动物学学会取得研究与保存专员的职位。古尔德对鸟类的兴趣与研究，让他在1833年成为该

学会鸟类部门负责人。在接下来的几十年之间，他发表了许多鸟类学论文，并且是发现来自加拉帕戈斯群岛“达尔文地雀”之重要性的第一人。古尔德同时也从事精美书籍的出版工作，在他过世之际，他已经出版了令人印象深刻的四十一本对开本，其中包括三千张精美版画。

保罗·赫尔曼（Paul Hermann）

1646~1695，植物学家

人们对保罗·赫尔曼的所知相当有限。1672年，在赫尔曼刚完成在荷兰习医的课程以后，他就受聘成为荷兰东印度公司在锡兰（今斯里兰卡）的首席医官。他在锡兰岛停留的五年间，搜集了大量植物标本与附随的相关插图，并在他回到荷兰以后，于1679年受聘成为莱顿大学植物系主任。在他1695年去世以后，他的植物标本馆被卡尔·林奈用作为许多未知物种的描述基础。

卡尔·林奈（Carl Linnaeus）

1707~1778，国际动植物命名法的发起人

林奈生于瑞典斯莫兰地区。尽管习医，其兴趣与热忱仍然是在植物学领域。他曾经独自进行了几次重要的植物采集之旅，不过他也有许多旅行至世界各地的学生与追随者，他们会将植物标本寄回，让林奈能借由这些标本依据，发表许多地区植物相研究报告。林奈的研究导致植物分类与动植物命名方面产生重大进展，他提出的“二名法”，也就是由独一无二的拉丁文属名与种名所组成的动植物学名，很快就受到世界各地的动植物学者采纳，是当今命名法的基础。

约翰·吉迪恩·洛顿（Johan Gideon Loten）

1710~1789，业余博物学家、锡兰总督

洛顿于1710年出生于荷兰马尔滕斯代克市，于1731年加入荷兰东印度公司。在巴达维亚、三宝垄与苏拉威西等地担任各种职务后，洛顿于1752年被指派为锡兰总督。在洛顿于锡兰岛停留的五年间，他聘请了当地画家彼得·科内利斯·迪贝维尔替岛上的动植物作画。在结束锡兰总督任期以后，洛顿回到荷兰，之后于1759年移居伦敦，并在1760年获选为皇家学会会员。洛顿于1765年返回荷兰。

玛丽亚·西比拉·梅里安（Maria Sibylla Merian）
1647~1717，博物学家与画家

出生于法兰克福，是出版商与雕版师之女。梅里安原本从事花卉绘画与雕版的工作，不过到后来，她越来越将焦点放在昆虫学方面。1679 年，她出版了一本以欧洲蝴蝶生活史为题的著作，书中出现的许多蝴蝶种类都和它们的摄食植物画在一起，在当时是非常新颖的表现手法。1699 年，她旅行至苏里南，期间画了许多蝴蝶和它们的寄主植物，最后都收录在她最著名的著作《苏里南昆虫变态图谱》之中。

约翰·默里（John Murray）
1841~1914，挑战者号专任博物学家

默里出生于安大略，不过他的青少年时期是与住在苏格兰的祖父一起度过。他的医学研习与对海洋生物的兴趣，让他成为挑战者号上的助理博物学家。随之而来的是他在海洋学领域的杰出职业生涯，让他因此封爵、获选为皇家学会会员并获得世界各地知名大学的荣誉学位。

悉尼·帕金森（Sydney Parkinson）
1745~1771，奋进号专任画家

帕金森出生于爱丁堡，其父从事啤酒酿造，是虔诚的贵格会教徒。在举家迁居伦敦后，帕金森开始展示他的花卉绘画，尤其是丝画。他的作品让约瑟夫·班克斯印象深刻，并因此聘请他到奋进号上担任随船画家，于 1768 至 1771 年随船航行。在航程期间，帕金森画下将近一千幅植物绘画与四百张动物素描，却不幸在返航途中病逝。

汉斯·斯隆（Hans Sloane）
1660~1753，医师、植物学家与收藏家

斯隆于 1660 年出生于爱尔兰基利莱，在完成医学课程后前往伦敦执业。在 1687 至 1689 年期间，他旅居牙买加，担任牙买加总督的私人医生。斯隆在前往牙买加之前，就已经对博物学产生兴趣，尤其对植物学展现出高度热忱。他在停留牙买加期间搜集了大量动物与植物标本，这些标本后来成为他在 1707 至 1725 年间出版《牙买加博物学》的根据。在斯隆有生之年，他搜集了包括博物学标本、绘画、手稿、书籍、手册等在内的大量文

物，在斯隆于1753年去世以后，这些文物成了大英博物馆的成立基础。

查尔斯·威维尔·汤姆森（Charles Wyville Thomson）

1830~1882，动物学家与挑战者号科学团队领导

汤姆森出生于苏格兰林利斯戈，是外科医生之子。他在1845年进入爱丁堡大学习医，不过中途放弃改而研习博物学。汤姆森参加了在英国水域的一系列航程，并在这些航程中证实了深海生物的存在。这些振奋人心的成果，直接促成了1872至1876年间由汤姆森担任首席科学家的挑战者号全球海洋调查。汤姆森稍后亦负责监督调查报告的出版工作。

阿尔弗雷德·拉塞尔·华莱士（Alfred Russel Wallace）

1823~1913，博物学家与自然选择机制的共同创议人

出生于英国的华莱士，在1854至1862年间于马来群岛研究动物分布，并由此得到与查尔斯·达尔文非常类似的演化起源结论。虽然华莱士不如达尔文有名，他在科学圈仍被认定为演化自然选择理论的共同提议人。

让·雅克·怀尔德（John James Wild）

1828~1900，挑战者号专任画家

怀尔德出生于瑞士，曾在苏黎世、伯尔尼与莱比锡求学，之后迁居英格兰教授语言，最后搬到贝尔法斯特并认识了当时在皇后大学教授博物学的查尔斯·威维尔·汤姆森。由于这段友谊，怀尔德受邀担任汤姆森在挑战者号航行期间的秘书与随船专任画家。他在航程期间画下了许多素描与绘画，部分亦被航行正式报告所采用。

参考书目

第一章

Brooks, E. St. John
1954. *Sir Hans Sloane. The Great Collector and his Circle.* London, the Batchworth Press, 234pp.

de Beer, G. R.
1953. *Sir Hans Sloane and the British Museum.* Oxford University Press, 192pp.

MacGregor, A.
[Ed], 1994. *Sir Hans Sloane. Collector, Scientist,Antiquary Founding Father of the British Museum.* British Museum Press, 308pp, October 23, 1998.

第二章

Maria Sibylla Merian
1980. *Metamorphosis Insectorum. Surinamensium* (Amsterdam, 1705). Facsimile Edition, Pion Ltd., London.

Rucker, E. & Stearn, W. T.
1982. *Maria Sibylla Merian in Surinam. Commentary to the Facsimile Edition of Metamorphosis Insectorum. Surinamensium* (Amsterdam, 1705). Based on original watercolours in the Royal Collection, Windsor Castle. Pion, London.

Stearn, W. T.
1978. *The Wondrous Transformation of Caterpillars.* Scolar Press, 1978.

Wettengl, Kurt
[Ed], 1997. *Maria Sibylla Merian 1647~1717, Artist and Naturalist.* Verlag Gerd Hatje, 275pp.

第三章

Ferguson, D.
Joan Gideon Loten, F.R.S., the naturalist Governor of Ceylon (1752~57), and the Ceylonese Artist de Bevere, J. Roy. Asiatic Soc. (Ceylon), 19: 217~268.

Trimen, H.
1887. *Hermann's Ceylon herbarium and Linnaeus's 'Flora Zeylanica'. J. Linn. Soc.* Botanical Series, 24: 129~155.

Blunt, W.
1984. *The Compleat Naturalist. A Life of Linnaeus.* William Collins Sons and Company Limited, 256pp.

第四章

Bartram, W.
1791. *Travels Through North & South Carolina, Georgia, East & West Florida, the Cherokee Country, the extensive territories of the Muscogulges, or Creek Confederacy, and the Country of the Chactaws; containing an account of the soil and natural productions of those regions, together with observations on the manners of the Indians.* Philadelphia: James and Johnson, 522pp.

Ewan, Joseph
1968. *William Bartram. Botanical and Zoological Drawings, 1756~1788.* American Philosophical Society, 180pp.

Fagin, N. Bryllion
1933. *William Bartram, Interpreter of the American Landscape.* Baltimore, Johns Hopkins Press, 229pp.

Reveal, James L.
1992. *Gentle Conquest; the Botanical Discovery of North America with Illustrations from the Library of Congress.* Starwood Publishing Inc., 160pp.

Slaughter, Thomas P.
1996. *The Natures of John and William Bartram.* Knopf, 304pp.

第五章

Beaglehole, J. G.
1974. *The Journals of Captain James Cook* IV *The Life of Captain James Cook.* The Hakluyt Society, London, 760pp.

Britten, J.
1900~1905. *Illustrations of Australian plants collected in 1770 during Captain Cook's voyage.* British Museum (Natural History), 192pp and 318 plates.

Blunt, W. & Stearn, W.
1973. *Captain Cook's Florilegium,* Lion and Unicorn Press.

Carr, D. J.
[Ed], 1983. *Sydney Parkinson; Artist of Cook's Endeavour Voyage.* London and Canberra: British Museum (Natural History), in association with Australian National University Press, XVI and 300pp.

Carter, H. B.
1988. *Sir Joseph Banks, 1743~1820.* British Museum (Natural History), London, 671pp.

Joppien, Rüdiger & Smith, Bernard
1985. *The Art of Captain Cook's Voyages.* Volume I. *The Voyage of the Endeavour 1768~1771.* Oxford University Press in association with the Australian Academy of Humanities, Melbourne, 247pp.

第六章

Beaglehole, J. G.
1974. *The Journals of Captain James Cook* IV *The Life of Captain James Cook.* The Hakluyt Society, London, 760pp.

Carter, H. B.
1988. *Sir Joseph Banks, 1743~1820.* British Museum (Natural History), London, 671pp.

Joppien, Rüdiger & Smith, Bernard
1985. *The Art of Captain Cook's Voyages,* Vol 2, *The Voyage of the Resolution and Adventure 1772~1775.* Melbourne, Oxford University Press in association with the Australian Academy of the Humanities, 274pp.

Whitehead, P.
1969. *Zoological specimens from Captain Cook's voyages.* Arch. Nat.Hist. 5 (3): 161~201.

Whitehead, P.
1978. *The Forster collection of zoological drawings in the British Museum (Natural History).* Bulletin British Museum Natural History (historical series), 6 (2): 25~47.

第七章

Brosse, Jacques
1983. *Great Voyages of Exploration. The Golden Age of Discovery in the Pacific.* David Bateman Ltd., 232pp.

Edwards, P. I.
1976. *Robert Brown (1773~1858) and the natural history of Matthew Flinders's voyage in H.M.S. Investigator 1801~1805.* Arch. Nat.Hist. 7: 385~407.

Flinders, M.
1814. *A Voyage to Terra Australis ... in the years 1801, 1802, and 1803, in His Majesty's Ship the Investigator ... 2 vols. and atlas.* G. and W. Nicol, London.

Norst, Marlene J.
1989. *Ferdinand Bauer; The Australian Natural History Drawings.* British Museum (Natural History), 120pp.

Vallance, T. G. & Moore, D.T.
1982. *Geological aspects of the voyage of HMS Investigator in Australian waters, 1801~1805.* Bull. Brit. Nat. Hist. (Hist.Ser.), 10 (1): 1~43.

第八章

Desmond, A. & Moore, J.
1991. *Darwin.* Michael Joseph Ltd., 850pp.

Keynes, R. D.
1979. *The Beagle Record. Selections from the original pictorial records and written accounts of the voyage of H.M.S. Beagle.* Cambridge University Press, 409pp.

Moorehead, A.
1969. *Darwin and the Beagle.* Hamish Hamilton, London,

280pp.

Tree, I.

1991. *The Ruling Passion of John Gould. A biography of the bird man.* Barry and Jenkins Ltd., 250pp.

第九章

Bate, H. W.

1863. *The Naturalist on the River Amazons.* London, John Murray.

Beddall, B. G.

1969. *Wallace and Bates in the Tropics.* London, Macmillan and Co., 241pp.

George, W.

1964. *Biologist Philosopher; a study of the life and writings of Alfred Russel Wallace.* Abelard-Schuman, London, 320pp.

Moon, H. P.

1976. *Henry Walter Bates F.R.S. 1825~1892. Explorer, Scientist and Darwinian.* Leicestershire Museums, Art Galleries and Records Services, 95pp.

Wallace, A. R.

1853. *A Narrative of Travels on the Amazon and Rio Negro, with an Account of the Native Tribes, and Observations on the Climate, Geology, and Natural History of the Amazon Valley.* London, Reeve and Co., 539pp.

Wallace, A. R.

1869. *The Malay Archipelago: the Land of the Orang-utan and the Bird of Paradise; a Narrative of Travel with Studies of Man and Nature.* London, Macmillan and Co., 653pp.

第十章

Linklater, E.

1972. *The Voyage of the Challenger,* London, John Murray, 288pp.

Murray, J.

1895. *A summary of the scientific results ... Report on the Scientific Results of the Voyage of H.M.S. Challenger during ...1873~76,* Summary, 1608pp, in 2 volumes, Stationery Office, London.

Wild, J. J.

1878. *At Anchor: A narrative of experiences afloat and ashore during the voyage of H.M.S. "Challenger" from 1872~76.* London and Belfast, Marcus Ward and Co., 198pp.

索引

A		
Admiralty Islands	阿德默勒尔蒂群岛	298
Adventure	冒险号	156,159,160,161
Agassiz, Alexander	亚历山大 · 阿加西	290
Albemarle, Duke of	阿尔比马尔公爵	4,5
Alexander, James	詹姆斯 · 亚历山大	114
Allen, John	约翰 · 艾伦	186
alligators	短吻鳄	76,109,110
Amazonia	亚马孙	242,243,245~248
Rio Negro	尼格罗河	246,250,257
Rio Vaupés	沃佩斯河	246,257
America, east coast	美洲东海岸	227
American War of Independence	美国独立战争	110,184
amphibians	两栖类动物	99,101,110,247
Antarctic	南极	158,159,161,171,274,276,282
Antarctic Circle	南极圈	159,160,161
Arafura Sea	阿拉弗拉海	289
Archipelago of Recherche	勒谢什群岛	188
Aru Islands	阿鲁群岛	247,248
Ascension	阿森松	218
Ashmolean Museum, Oxford	牛津阿什莫尔博物馆	11
Australasia	澳大拉西亚	186
Australia	澳洲	184~189,191,196,199,200,203,205
Botany Bay	植物学湾	131,133,144,151,152,184
Cooktown	库克敦	134,151
Great Barrier Reef	大堡礁	133,156,188
King George Sound	乔治王湾	187,194,195,199,205,209
Port Jackson	杰克逊港	131,184,212
Sydney	悉尼	133,143,184,188,189,191,194,212,218,276

B		
Bahia Blanca	布兰卡港	217,218,223,241
Banks, Sir Joseph	约瑟夫 · 班克斯	46,48,110,131,132,156,158,177,184,191,196,200,212
Florilegium	《班克斯花谱》	135,144
Banksia	佛塔树	144,196
Barbados	巴巴多斯	5,35,36,130
Bartram, John (senior)	（父）约翰 · 巴特拉姆	104,106~108,114

Bartram, John (junior)	（子）约翰·巴特拉姆	114
Bartram, William	威廉·巴特拉姆	104,105,110,111,121
Travels	《游记》	110,118,125
Bass Strait	巴斯海峡	212
Batavia	巴达维亚（雅加达）	42,43,70,134
Bate, Charles Spence	查尔斯·斯彭斯·贝特	273,293
Bates, Henry Walter	亨利·沃尔特·贝茨	243~245
Naturalist on the River Amazons	《亚马孙河上的博物学家》	246
Batesian mimicry	贝氏拟态	247
bats	蝙蝠	223
Baudin, Nicolas	尼古拉斯·博丹	186
Bauer, Ferdinand	费迪南德·鲍尔	184,185,187
Bauer, Franz	弗朗茨·鲍尔	194
Beagle	小猎犬号	214,216~221,227,237,241,242
Beaumont, Anna H. van	安娜·亨莉耶塔·范博蒙	42
beetles	甲虫	84,214,245,247,248,258,261
Bermuda	百慕大	276
Bethnal Green Museum	贝斯纳尔·格林博物馆	248
Bevere, Pieter Cornelis de	彼得·科内利斯·迪贝维尔	45,47,49,58,60,65,67,68,70,132
Bevere, Willem Hendrik de	威廉·亨德里克·迪贝维伦	43
Bevere, Willemsz de	威廉兹·迪贝维尔	43
binomial system	二名法	7,9,21,48
biogeography	生物地理学	244,248
Birds of Paradise	极乐鸟	244,248,252,255
Blake, James H.	詹姆斯·布莱克	290
Brady, Henry Bowman	亨利·鲍曼·布雷迪	281
Brown, Robert	罗伯特·布朗	186,196,199,210,212
Buchan, Alexander	亚历山大·巴肯	131
Buchanan, John Young	约翰·扬·布坎南	275
Buenos Aires	布宜诺斯艾利斯	217
Burke, Robert O' Hara	罗伯特·奥哈拉·伯克	196

C		
Cadbury	吉百利	4,5
Canaries	加那利群岛	275
Cape of Good Hope	好望角	133,158,164,166,172,174,189,194,216
Cape Horn	合恩角	132,133,160,161,217
Cape Town	开普敦	134,158,218,276
Cape Verde Islands	佛得角群岛	174,227
Cape York	约克角	134,188
Carpenter, William B.	威廉·本杰明·卡彭特	274
Catesby, Mark	马克·凯次比	106,107
Natural History	《卡罗来纳、佛罗里达州与巴哈马群岛博物志》	106

Challenger	挑战者号	绪论 7, 大自然的艺术 9,272~279,281~283,285,287,289,293,294,297,298,301,303,311,312
Challenger Deep	挑战者深渊	277
Charles II	查理二世	214
Chatham Island	查塔姆岛	224,238
Chelsea Physic Garden	切尔西药用植物园	4
Chiloe archipelago	奇洛埃岛	224
chocolate	巧克力	2,4,5,11,22
chronometer	计时器	130
cinnamon	肉桂	46
Cocos Islands	科科斯群岛	216,218
Collinson, Peter	彼得·柯林森	专家推荐 2, 大自然的艺术 11,106,108,121
Cook, James	詹姆斯·库克	专家推荐 2, 绪论 6, 大自然的艺术 10, 大自然的艺术 11,43,128~135,151,156,158~162,171,174,177,186,188,200
Cook Pine	柱状南洋杉	161
Cook Strait	库克海峡	133,160
Cotes, Letitia	利蒂希娅·科茨	43
Crosley, John	约翰·克罗斯利	186
Cumberland	坎伯兰号	189
cycad tree	苏铁	189,200

D		
Dalby, Claire	克莱尔·多尔比	304
Darwin, Charles	查尔斯·达尔文	专家推荐 2, 绪论 6, 大自然的艺术 11,214~221,223,224,227,231,234,237,238,241,242,244,245,247,249,272
Coral Reefs	《珊瑚礁的结构与分布》	216
finch	达尔文地雀	参考加拉帕戈斯地雀
Journal of Researches	研究日志	221
Origin of Species	《物种起源》	214,244,272
Zoology of the Beagle	《小猎犬号之旅的动物学》	237
Darwinism	达尔文主义	244,247
Decaen, Governor	德加昂总督	189
dolphin	海豚	231
Dolphin	海豚号	130
Dürer, Albrecht	阿尔布莱希特·丢勒	11
Dusky Sound	达斯基湾	159,177
Dutch East Indies Company	荷兰东印度公司	40,42,43,46

E		
Earle, Augustus	奥古斯塔斯·厄尔	217
East Indies	东印度群岛	227
Easter Island	复活岛	161
Edwards, George	乔治·爱德华兹	43

Edwards, Henri Milne	亨利·米尔恩·爱德华兹	293
Elizabeth II	伊丽莎白二世	283
Endeavour	奋进号	绪论 6,110,130~136,139,147,151,152,154,156,159,192
Endlicher, Stephan	斯蒂芬·恩德利歇尔	191
Enlightenment	启蒙运动	302
evolution, theory of	演化论	220,244,272

F		
faunas	动物区系	248
Fernandez, Juan	胡安·费尔南德斯	161
Fiji, Fijians	斐济，斐济人	161,275
FitzRoy, Robert	罗伯特·菲茨罗伊	214,308,309
Flinders, Matthew	马修·弗林德斯	绪论 6,184,186,190,209
Terra Australis	《澳洲大陆之旅》	186,191
Forster, George	乔治·福斯特	绪论 6,156,158,162,164,168,174,180
Forster, Johann Reinhold	约翰·莱因霍尔德·福斯特	158~164
Indische Zoologie	《印度动物学》	43
Fothergill, Dr John	约翰·福瑟吉尔	108~110
Franklin, Benjamin	本杰明·富兰克林	105,108
Franklinia alatamaha	富兰克林树	105,108
Friendly Islands	友爱群岛	160,174
Furneaux, Tobias	托比亚斯·弗尔诺	156,159,160

G		
Galapagos finches	加拉帕戈斯地雀	215,238
Galapagos Islands	加拉帕戈斯群岛	218~220
Géographe	地理学家号	186,188
George III	乔治三世	106,121,128
George IV	乔治四世	220
Gibraltar	直布罗陀	285
Good, Peter	彼得·古德	187,189
Gould, Elizabeth	伊丽莎白·古尔德	237
Gould, John	约翰·古尔德	219,221,238,244,248,303,309
Birds of New Guinea	《新几内亚鸟类图鉴》	244,248,252
Graff, Johann Andreas	约翰·安德列亚斯·格雷夫	74
Gray, G. R.	乔治·罗伯特·格雷	248
Great Australian Bight	大澳大利亚湾	186,188
Green, Charles	查尔斯·格林	130,134
Gucht, Michael van der	迈克尔·范德古特	8
Gulf of Carpentaria	卡奔塔利亚湾	134,186,188
Gunther, Albert	艾伯特·冈瑟	287,290
Günther, August	奥古斯特·冈瑟	46,48

H		
Haarlem Colonial Museum	哈勒姆殖民博物馆	45
Society of Sciences	科学学会	43
Halifax	哈利法克斯	276
Halle University, Poland	波兰哈勒大学	158
Harrison, John	约翰 · 哈里森	130
Harvard, Museum for Comparative Zoology	哈佛大学比较动物学博物馆	290
Hawaii	夏威夷	282,283
King Kalakaua	卡拉卡瓦国王	283
Hermann, Paul	保罗 · 赫尔曼	绪论 6,41,44~48,50,52,57,310
Hispaniola	伊斯帕尼奥拉（海地）	39
Hodges, William	威廉 · 霍奇斯	158,162
Hong Kong	香港	275,276
Hooker, Joseph	约瑟夫 · 胡克	187,242
horticulture	园艺	104
Houten, P. J. van	霍滕	45
Humboldt, Karl Wilhelm von	洪堡	11
Hunter, John	约翰 · 亨特	184,212

I		
icebergs	冰山	158,159,161,276,282
Ile de France (Mauritius)	法兰西岛（毛里求斯）	189
India	印度	55,62,68
Indian Ocean	印度洋	159,189,242,275,287,289,298
Indonesia	印度尼西亚	70
insectivorous plants	食虫植物	118,121
insects	昆虫	47,49,75~77,79,83,84,88,91,92,99,243,258~264,269,270,307
Investigator	调查者号	绪论 6,11,186~189,191,192,194,195,199

J		
Jacquin, Nicolaus von	尼古劳斯 · 雅坎	187
Jamaica	牙买加	专家推荐 2, 绪论 6, 绪论 7,2,4~11,15,29,31,35
James II	詹姆斯二世	7
Japan	日本	275,276,283
Emperor Matsushito	明治天皇	283
Java	爪哇	247,248

K		
kangaroos, wallabies	袋鼠	134,151,209
kapok	木棉	17,203
Keeling Islands	基林群岛	216
Kerguelen	凯尔盖朗群岛	298

Kew Gardens	皇家植物园、邱园	121,187
Kickius, Everhardus	埃弗哈德斯 · 基修斯	5,8,31,36
King, Governor	总督金	212
King, Philip	菲利浦 · 金	231
Kinnear, Sir Norman	诺曼 · 金尼尔爵士	42
Knight, Joseph	约瑟夫 · 奈特	199
koala bears	树袋熊	212

L		
Labrador	拉布拉多	132
Lapland	拉普兰	47
Lear, Edward	爱德华 · 利尔	220
lichens	地衣	304
Lichtenstein, Prince of	列支敦士登亲王	187
Linnean Society	林奈学会	244,249
Linnaeus, Carl	卡尔 · 林奈	绪论 5, 绪论 6,5,9,11,21,47,48,57,77,104,135,310
Flora Zeylanica	《锡兰植物群》	47,48
Species Plantarum	《植物种志》	48,104,135
Systema Naturae	《自然系统》	77,135
living fossils	活化石	272
lizards	蜥蜴	234
Locke, John	约翰 · 洛克	4
London Zoo	伦敦动物园	248
Loten, Johan Gideon	约翰 · 吉迪恩 · 洛顿	40,42,43,45,49,70,308
Luiz I, king of Portugal	葡萄牙国王路易斯一世	283
Lyell, Sir Charles	查尔斯 · 莱尔爵士	242

M		
Macassar	望加锡	42
Madeira	马代拉岛	132
Malacca (Malaka)	马六甲	247
Malay Archipelago	马来群岛	246~249,252
mammals	哺乳动物	43,68,134,151,220,241,246,247
Maoris	毛利土著	159
Marel, Jacob	雅各布 · 马雷尔	74
marine life	海洋生物	67,133,158,172
Marquesas	马克萨斯	161
Martens, Conrad	康拉德 · 马顿斯	217
Maskelyne, Nevil	纳维尔 · 马斯基林	130
McKinley, John	约翰 · 麦金利	196
Merian, Johanna Sibylla	约翰娜 · 西比拉 · 梅里安	74
Merian, Maria Sibylla	玛丽亚 · 西比拉 · 梅里安	6,10,74~77,79,84,87,88,91,92,94,96,99,311
Metamorphosis Insectorum Sur.	《苏里南昆虫变态图谱》	76,77,79,91,92,99

Neues Blumenbuch	《新花图谱》	83
Merian, Matthäus, the Elder	老马特乌斯 · 梅里安	74
microscope	显微镜	281
Miller, James	詹姆斯 · 米勒	144
Miller, John F.	约翰 · 弗雷德里克 · 米勒	139,144
Mitchell, W.F.	米切尔	274
Moltke, Count A.G.	莫尔特克伯爵	48
Moluccas	摩鹿加群岛	242,248
Montevideo	蒙得维的亚	217
Moore, Revd Garret	加勒特 · 穆尔牧师	绪论 7,5,8
Morgan, Henry	亨利 · 摩尔根	5
Moseley, Henry Nottidge	亨利 · 诺蒂奇 · 莫斯利	275
Murray, John	约翰 · 默里	275,277,289,311

N		
Napoleonic Wars	拿破仑战争	189
Nares, George Strong	乔治 · 斯特朗 · 内尔斯	275,287
Natural History Museum, London	伦敦自然博物馆	专家推荐 1, 专家推荐 2, 前言 3, 前言 4, 绪论 5, 大自然的艺术 11,11,40,42,43,45,48
natural selection see evolution, theory	自然选择	参考演化论
Naturaliste	博物学家号	186,188
Navy Board	海军委员会	156
Netherlands	荷兰	42,43,45~47,76,79,84
New Caledonia	新喀里多尼亚	161,179
New Guinea	新几内亚	244,247,248,252
New Hebrides	新赫布里底群岛	161
New Holland	新荷兰	186,194
New Zealand	新西兰	133,152,159,160,161,174,177,179,217,275,290
Bay of Islands	岛屿湾	218,234
Newfoundland	纽芬兰	132
Newton, Sir Isaac	艾萨克 · 牛顿爵士	8
Nijhoff, Messrs Martinus	马蒂纳斯 · 奈霍夫	40,45
Nodder, F. P.	弗雷德 · 波里多尔 · 诺德	147,148
Norfolk Island	诺福克岛	191

O		
oceanography	海洋学	274,275,278
orang-utans	红毛猩猩	248

P		
Parkinson, Sydney	悉尼 · 帕金森	43,131,134,143,192
Patagonia	巴塔哥尼亚	218,224,231,234,237,238,241
Payne' s Prairie, Florida	佛罗里达州佩恩草原	113
penguins	企鹅	168,171

Pennant, Thomas	托马斯·彭南特	43
Pennsylvania, University of	宾夕法尼亚大学	111
Pernambuco	伯南布哥	223,285
Peter the Great	彼得大帝	77
Philippines	菲律宾	248,283,289
Phillip, Arthur	亚瑟·菲利浦	184
photography	照相术	283,303
platypus	鸭嘴兽	212
Plettenberg, Joachim van	约乔基姆·普莱滕贝格	164
Polynesian islands	波利尼西亚群岛	161
Port Jackson Painter	杰克逊港画家	129
Preservation Island	保护岛	212
Punta Alta	蓬塔阿尔塔	241

Q		
Queen Charlotte Sound	夏洛特皇后湾	159

R		
Raja Singha, Emperor	罗阇辛伽国王	46
Ray, John	约翰·雷	5,9,21
Historia Plantarum	《植物志》	5
Reliance	信赖号	184
reptiles	爬虫类	99,101
Resolution	果敢号	绪论 6,156,158~162,164
Richards, Admiral G.H.	理查兹将军	275
Rio de Janeiro	里约热内卢	132,147,154,216,217
Roetter, Paulus	保卢斯·罗特	294
Royal College of Physicians	皇家医学院	43
Royal Geographical Society	皇家地理学会	246
Royal Library, Windsor	温莎皇家图书馆	77
Royal Society	皇家学会	4,11,130,184,249,275,279,300

S		
Samarang	三宝垄	42
Sandwich, Earl of	桑威奇伯爵	158
Sarawak	沙捞越	248
sea urchins	海胆	290
seals	海豹	171,298
Sherard, William	威廉·谢拉德	46
Museum Zeylanicum	《锡兰博物馆》	46
Sibthorp, John	约翰·西布索普	187
Flora Graeca	《希腊植物相》	187
Singapore	新加坡	247
Sloane, Sir Hans	汉斯·斯隆爵士	2,47,74,76,312

Catalogus Plantarum	《植物目录》	7
Natural History of Jamaica	《牙买加博物志》	6~8
Society of Apothecaries	英国药剂师学会	4
Society Islands	社会群岛	160,172
Solander, Daniel	丹尼尔 · 索兰德	绪论 6,110,131~133,135,136,143,147,151,154,177,186
Plantae Novae Hollandiae	《澳洲植物》	136
Sommelsdijk, Cornelis van Aersen van	科内利斯 · 阿尔森 · 索默尔斯戴克	76
Sommelsdyk, Misses	索默尔斯戴克女士	88
South Africa	南非	158,161,164,166,275
South Georgia	南乔治亚岛	171
South Pole	南极	159
South Seas	南太平洋	156
Southern Continent	南方大陆	162,171
Sparrman, Anders	安德斯 · 斯帕尔	158,159,174,177
spiders	蜘蛛	92
sponges	海绵	285,297
Spöring, Herman	赫尔曼 · 斯波林	132,151,152
Sri Lanka	斯里兰卡	绪论 6,40,68,73
St Helena	圣赫勒拿岛	218
Stanley, Owen	欧文 · 斯坦利	219
Stevens, Samuel	塞缪尔 · 史蒂文斯	245
Sulawesi	苏拉威西	70
Surinam	苏里南	专家推荐 2, 绪论 6, 大自然的艺术 10,74

	T	
Tahiti	塔希提岛	130,132,133,218
Tahitian flies	塔希提岛苍蝇	132
Tasman, Abel	阿贝尔 · 塔斯曼	133
Tasmania	塔斯马尼亚	189,290
Tasmanian wolf (thylacine)	袋狼	191
Terra Australis Incognita	未知的南方大陆	130
terra incognita	未知领域	绪论 7
Thomson, Charles W.	查尔斯 · 威维尔 · 汤姆森	274,312
Tierra del Fuego	火地岛	132,216,217,231
Timor	帝汶	189
Timor Sea	帝汶海	189
Tonga	汤加	160
Torres Strait Islands	托雷斯海峡群岛	203
tortoises	龟	218
Treasury	英国财政部	274
Treaty of Paris (1763)	巴黎条约（1763）	106
Treschow, Professor	特雷肖夫教授	48
Tristan da Cunha	特里斯坦－达库尼亚群岛	293

Tuamotu Islands	土阿莫土群岛	160
'type' concept	"模式标本" 概念	48

V		
Valparaiso	瓦尔帕莱索	217,224
Van Dieman's Land	范迪门地	189
Venus, transit of	金星凌日	128,130,132
Vienna Naturhistorisches Museum	维也纳自然博物馆	191
Vienna,University of	维也纳大学	187
volcano	火山	282

W		
Wallace, Alfred Russel	阿尔弗雷德·拉塞尔·华莱士	绪论 6,242,244,312
Geographical Distribution of Animals	《动物的地理分布》	248
Malay Archipelago	《马来群岛自然考察记》	248
My Life	《我的一生》	249
Wallace, Herbert	赫伯特·华莱士	246
Wallace, John	约翰·华莱士	244
Wallace, William	威廉·华莱士	244
Wallace Line	华莱士线	248
Wallace's Standard Wing	幡羽风鸟	248
Wallis, Samuel	塞缪尔·沃利斯	130
Waltha Castle	沃尔萨城堡	76
Warrington, Academy	瓦令顿新教徒研究院	158
Waterhouse, Alfred	阿尔弗雷德·沃特豪斯	前言 3
Watling, Thomas	托马斯·沃特林	131
Westall, William	威廉·韦斯托尔	186
White, John	约翰·怀特	131
Wild, Jean Jacques (John James)	让·雅克·怀尔德	275,285,312
William of Orange	奥兰治公爵（威廉三世）	7
Willimöes-Suhm, Rudolf von	鲁道夫·冯·威里莫斯－苏姆	275
Wills, William	威廉·威尔斯	196
Witsen, Nicolaas	尼古拉斯·维特森	76
wombat	毛鼻袋熊	191,212

X		
Xenophon	色诺芬号	186

Y		
Young, William	威廉·扬	106

Z		
Zoological Society of London	伦敦动物学学会	220

谢辞

本书感谢伦敦自然博物馆所有馆员的支持与专业协助，尤其感谢馆长尼尔·查默斯、博物馆出版部门的简·霍格与琳恩·米尔豪斯、摄影部的帕特·哈特、图库部的马丁·普尔斯弗德与洛德维娜·马什卡雷尼亚什、马尔科姆·比斯利、尼尔·钱伯斯、安·达塔、卡罗尔·格克切、朱莉·哈维、安·卢姆、克里斯托弗·米尔斯、约翰·撒克里以及其余图书馆工作人员。在此亦感谢在馆内服务的巴·克拉克、奥利弗·克里门、查利·贾维斯、桑德拉·纳普、丹尼斯·亚当斯、科林·麦卡锡、奈杰尔·梅里特、艾利森·保罗、菲尔·雷恩博、弗兰克·施泰因海默、罗伊·维克里和约翰·惠特克等诸位科学家。

此外，还要特别向下列诸位致谢：戴维·贝拉米博士、艾琳·布伦顿、尤特·赫克、汤姆·兰姆与大卫·穆尔。

图像版权

除非另有说明，所有图像皆来自伦敦自然博物馆附属图书馆。

请注意，部分出现在本书的图像是现存艺术作品的局部。

目录第2页、前言第3页、绪论第5页、大自然的艺术第10页：Pencil drawings by Alfred Waterhouse.

大自然的艺术第12、13页：Water colour of The Natural History Museum by Alfred Waterhouse, Victoria and Albert Museum, London.

第一章

第3、9、33页：ink drawings by various artists and original specimens collected by Hans Sloane from Volumes 1~7 of Sloane' s Herbarium, Botany Dept.

第4页：artifact from the General Library.

第6页：from A Voyage to Jamaica, Botany Library.

第7页：printed plates from The Natural History of Jamaica, Vol. 1~2, Botany Library.

第二章

第41、44、50~57页：pencil drawings from Paul Hermann' s Herbarium, Vol. 5, Botany Dept.

第42、45、47、49、58~73页：watercolours by Pieter de Bevere, General Library.

第三章

第75、87、92、96页：Facsimile 1981 edition of Metamorphosis Insectorum Surinamensium 1981, from original watercolours held in the Royal Collection, Windsor.

第78页：map library at British Library.

第79页：title pages 1705 and 1719 edition Metamorphosis.

第80、81、84~101页：Hand-coloured plates from 1705 and 1719 editions Metamorphosis.

第98~101页：Plates appear only in 1719 edition.

第82、83页：Hand-coloured plates from 1680 edition Neues Blumenbuch, Botany Library.

第四章

第105~127页：drawings & watercolours by William Bartram, Botany Library.

第五章

第129页：ink and watercolour, attr. Port Jackson Painter, General Library.

第131页：ink and watercolour by Thomas Watling, General Library.

第132页：pages from Daniel Solander' s handwritten journal Plantae Novae Hollandiae, Botany Library.

第134页：oil painting, self-portrait of Sydney Parkinson, Zoology Library.

第136、137页：title page, Daniel Solander' s handwritten journal Plantae Novae Hollandiae, Botany Library. Engraving of Daniel. Solander, 1784：drawn by James Sowerby, engraved by James Newton.

第137页：original specimen from Cryptogamic Herbarium.

第138~155页：drawings and watercolours by Sydney Parkinson and related engravings, Botany Library.

第六章

第157、160~183页：watercolours by George Forster, Zoology Library.

第159页 ：catalogue handwritten by Johann Forster, General Library.

第七章

第185、192~206、208~213页：watercolours by Ferdinand Bauer, Botany Library.

第186页：plates by various artists from A Voyage to Terra Australis by Matthew Flinders, General Library.

第188页：ink plan of HMS Investigator, National Maritime Museum Greenwich.

第190页：Engraved print of Captain Flinders, National Maritime Museum Greenwich.

第207页：pencil drawing by Ferdinand Bauer, Naturhistorisches Museum Wien.

第八章

第215、222~241页：plates by various artists, including John and Elizabeth Gould, from Zoology of the Voyage of the Beagle. Vol. 1~3.

第216页：handwritten notes by Charles Darwin, General Library.

第219页：watercolour by Owen Stanley of HMS Beagle, 1841, National Maritime Museum Greenwich.

第220页：plate from 1870 edition Darwin' s Journal of Researches, General Library.

第221页：plan of HMS Beagle from General Library.

第九章

第243、245、258~271页：pencil and watercolour illustrations by Henry Walter Bates, Entomology Library.

第244页：Letter to John Gould from Alfred Russel Wallace, General Library.

第247页：Notebooks of Alfred Russel Wallace, General Library .

第249页：Photograph of Alfred Russel Wallace, General Library.

第252、255页：Plates illustrated by John and Elizabeth Gould for John Gould' s Birds of New Guinea, Vol. 1.

第250、251、249~257页：pencil drawings by Alfred Russel Wallace, General Library.

第十章：

第282、283页：glass plate negatives by Caleb Newbold/Frederick Hodgeson/Jesse Lay, Palaeontology/Mineralogy Library.

第284、285页：Drawings by J. J. Wild, National Maritime Museum Greenwich.

第283、286、288、299页：plates by various artists from The Challenger Reports.

第274页：painting of 'HMS Challenger In The Ice' by W. F. Mitchell, National Maritime Museum Greenwich.

第276页：Royal Photographic Society.

第279、281页：National Maritime Museum Greenwich.

第280页：artifacts, Palaeontology/ Mineralogy Library.

后记

第301页：computer-coloured photographic magnification, Picture Library.

第302页：scanning electron microscope images, Picture Library.

第304、305页：watercolour and pencil, 1981, by Claire Dalby, Botany Library, reproduced courtesy of Claire Dalby.

第307页：from left：photograph, Picture Library; frontispiece of The Naturalist on the River Amazons, vol. 1, 1863 by Henry Walter Bates, Entomology Library; oil by Nathaniel Dance, National Maritime Museum Greenwich; crayon on paper drawing by Marion Walker, 1875, Zoology Library; photograph, Picture Library.

重印说明

重印时，除字词语句的修改之外，主要修订内容如下：

依照现在主流学术的使用习惯以及对于博物学的认知，natural history 一词更多的被译为博物学而非自然史。因此将原书中的“自然史”（或“自然历史”）一词依不同语境修改为“博物学”、“博物”、“自然”等；“自然历史博物馆”修改为“自然博物馆”（如伦敦自然历史博物馆改为伦敦自然博物馆），书名中的“史”修改为“志”（如《动物史》修改为《动物志》）。

生物的拉丁文学名改用斜体。

此外在重版时，还对于原书中一些动植物的中文译名做出了修正（如“鹤嘴翠鸟”修改为“鹳嘴翡翠”，“瓜科”修改为“葫芦科”，“步行虫”修改为“步甲”等）。

涵芬楼文化 出品

责任编辑：龚琬洁　刘天天
装帧设计：李明轩
排版制作：杨继龙
新浪微博：http://weibo.com/u/2192150333
豆瓣小站：http://site.douban.com/167919

Ceres
Pomona
THE
HERBALL
OR GENERALL
Historie of
Plantes.
Gathered by John Gerarde
of London Master in
CHIRVRGERIE
Very much
Enlarged and Amended by
Thomas Johnson
Citizen and Apothecarye
of
LONDON
THEOPHRASTUS
DIOSCORIDES
London Printed by
Adam Islip Joice Norton
and Richard Whitakers
Anno 1633

EX-LIBRIS

博物之旅

The Great Naturalists

〔英〕罗伯特·赫胥黎 主编
王晨 译

创于1897
商务印书館
The Commercial Press
2019年·北京

The Great Naturalists
Edited by Robert Huxley
Published by arrangement with Thames and Hudson Ltd, London

This edition first published in China in 2015 by Commercial Press/Hanfenlou Culture Co., Ltd, Beijing

中译文根据伦敦泰晤士和赫德森出版有限公司 2007 年英文版翻译

涵芬楼文化 出品

目录

"多样性中的统一性" / 1

第一章　古代先知 / 15

亚里士多德

第一位哲学家兼博物学家 / 19

泰奥弗拉斯托斯

植物学之父 / 25

珀达尼奥斯·迪奥斯科里斯

记录植物的医药用途 / 29

老普林尼

知识收藏家 / 35

第二章　文艺复兴 / 41

莱昂哈特·富克斯

插图的价值 / 46

康拉德·格斯纳《动物志》中的图片

乌利塞·阿尔德罗万迪

第一手的观察 / 58

安德烈亚·切萨尔皮诺

医生、哲学家和植物学家 / 62

皮埃尔·贝隆

比较解剖学的先驱 / 65

康拉德·格斯纳

现代动物学的开端 / 71

第三章 启蒙之光 / 79

尼古拉斯·斯坦诺

揭露地球过去的地质面貌 / 91

约翰·雷

英国的亚里士多德 / 99

罗伯特·胡克

通过显微镜研究博物学 / 107

安东尼·范·列文虎克

细菌的发现者 / 113

汉斯·斯隆爵士

大收藏家 / 121

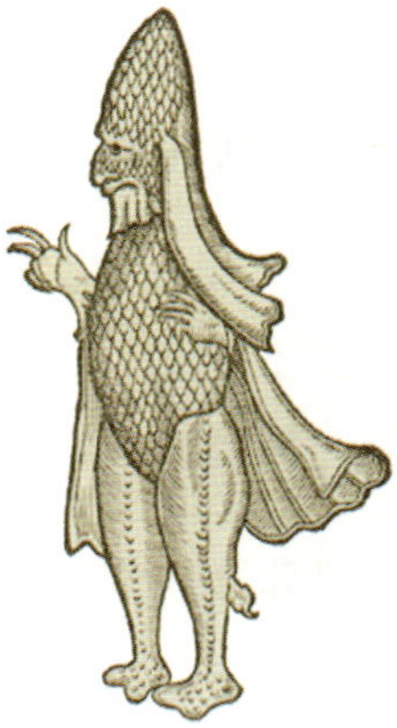

康拉德·格斯纳《动物志》中的图片

玛丽亚·西比拉·梅里安
昆虫的变态 / 129

马克·凯茨比
殖民地的博物学家和画家 / 137

卡尔·林奈
为自然界带来秩序的人 / 147

布封伯爵
大理论家 / 156

格奥尔格·斯特勒
发现阿拉斯加 / 165

米歇尔·阿当松
分类的通用方法 / 171

伊拉斯谟斯·达尔文
进化理论的开端 / 176

威廉·巴特拉姆
科学记录员和画家 / 183

约瑟夫·班克斯
航海者和博物学赞助人 / 190

约翰·克里斯蒂安·法布里丘斯
昆虫分类学家 / 199

詹姆斯·赫顿

发现地质时期 / 205

让－巴蒂斯特·拉马克

获得性性状的遗传 / 209

安东尼－劳伦·德·裕苏

植物分类的新方法 / 215

乔治·居维叶

灭绝与动物界 / 221

第四章 十九世纪 / 231

威廉·史密斯

英国地质学之父 / 239

亚历山大·冯·洪堡

自然的统一性 / 247

约翰·詹姆斯·奥杜邦

画家、博物学家和冒险家 / 255

威廉·巴克兰

描述恐龙的第一人 / 263

查尔斯·莱尔

现代地质学的倡议者 / 268

玛丽·安宁

化石寻觅者 / 273

理查德·欧文

比较解剖学之冠 / 278

让·路易斯·鲁道夫·阿加西斯

检查，观察，比较 / 284

查尔斯·达尔文

全能博物学家 / 291

阿尔弗雷德·罗素·华莱士

物种起源之谜 / 301

阿萨·格雷

美国西部的植被 / 311

撰稿人 / 318

相关阅读 / 320

插图来源 / 329

索引 / 331

重印说明 / 345

康拉德·格斯纳《动物志》中的图片

“多样性中的统一性”

在形式迥异的万物之中，多样性中存在着统一，以及

联系、相似和秩序，一个相当和谐的整体……

亚历山大·冯·洪堡，《宇宙》，1845–1862年

在世界上最大的自然博物馆之一徜徉，游客们每每惊异于那些巨大的爬行动物骨架、七彩斑斓的蝴蝶翅膀以及陈设精致的宝石和矿物。被这些标本吸引并痴迷于其中的人里，有些人会知道它们只不过是冰山一角而已，在幕后的储藏柜、层层抽屉和架子中还有数以百万计的其他藏品。也许更少的人能够意识到，这些藏品所代表的人类活动可以追溯到古希腊和古罗马时期甚至更早。它们是持续至今的人类活动的成果，各国科学家在变化得越来越快速的环境中命名、描述、分类并理解新的发现。现代自然科学的基础就建立在这些前人的工作上，他们在对自然世界进行编目和理解的追求中忍受种种危险——从暴风雨、海盗到疾病和政治动荡，他们就是大博物学家。

这些人和现代科学家的区别是什么呢，我们为什么在这本献给他们的书中以亚里士多德作为开端，又为何以查尔斯·达尔文的时代作为结尾呢？正是在达尔文的时代，科学开始从一种涉猎宽泛的业余爱好变成一门高度专业化的职业，也就是我们今天所知道的科学。造成这一结果的部分原因是欧洲海外扩张引起的自然世界知识的迅速增长，以及某些重要工具的发明，如显微镜等。在19世纪，博物学的涉猎范围已经非常庞大，单靠个人资助和业余爱好者已经无力完成相关研究了。这种挑战促进了专门化的到来，博物学家被职业生物学家和地质学家所代替，这些科学家又被进一步细分，如遗传学家、生物化学家和系统学家等，然后他们各自的研究领域又会进一步细分。

在这本书中，博物学是指对整个有机体进行发现、描述、分类和理解的活动。那些把主要兴趣放在生物的详尽内在机制或特殊地质进程的人一般并不包括在本书中，除非他们的研究有更加

左页图：玛丽亚·西比拉·梅里安描绘的帝王蛾（*Arsenura armida*）。玛丽亚对于昆虫的变形过程十分着迷，她是第一个在一幅画面里描绘昆虫生命周期所有阶段的人。她还将植物或其他作为这些昆虫食物的生物画了出来，这幅画中出现的是褐刺桐（*Erythrina fusca*）。

广泛的意义。因此威廉·哈维对于血液循环的描述以及路易·巴斯德的微生物学试验并没有纳入我们讨论的范畴。

既然人类是自然世界中不可分割的一部分，那么对于自然的研究在最早的时期肯定不可避免地以我们的利益作为出发点。早在人类刚刚诞生还没有文字记载的时候，人们就必须将植物按照食用、有毒或药用进行分类，而看到动物时首先想到的是它是否危险，有无利用价值。在接下来的漫漫岁月中，研究并认识自然世界的精确理论发生了变化。但是，和人类所有的努力一样，科学这门分支的发展进程也受到了那些总是影响着人类的因素的影响。在接下来的故事中，宗教和政治都发挥了部分作用，起作用的还有经济力量、迷信和战争。

描述和分类

公元前三千年，苏美尔人首先对博物学产生了有条理且更专门化的兴趣。他们创造了自己的文字和医学，并记载了他们掌握的许多知识。他们常用草药进行治疗，对于包括铁、铜、汞在内的金属和金属复合物也有相当程度的了解。古埃及人对于尼罗河以及它的泛滥周期有着精准的理解，这对于他们的农业非常重要，并且在制作木乃伊的过程中，他们对解剖学以及有机物质的保存都做出了许多贡献。这些知识几乎完全是经验主义的，就是说它们建立在纯粹的感知之上。“为什么”和“如何会”这样的问题在当时并没有被提出来，它们可能根本无法被提出，因为任何诸如此类的科学发展都会被小心翼翼地守护着知识解释权的祭司阻拦。

自然科学的萌芽发端于古希腊时期。值得赞叹的是，虽然古希腊人当时并不能得知我们继承至今的知识体系，而且他们在我们今天所使用的科学理论以及科学方法方面所取得的成就也十分有限，但是古希腊人得到的一些结论和我们如今普遍赞同的结论相差并不远。希腊思想将许多注意力放在了构成宇宙的四种基本而恒定的元素上——土、气、火和水。希腊思想的不同流派思考的是哪个元素起主导作用，这些元素如何进行日常世界的运行，以及宇宙是亘古不变的还是一直处于变化之中。正是在这个时期出现了第一批对自然世界进行描述和记录的尝试，并且更重要的是，人们开始首次按照生物的形态而不是它们的用途进行分类。

于是我们将亚里士多德作为第一个大博物学家。在他的时代，亚里士多德以其研究范围的广博而闻名，更重要的是，他的工作在自然科学的发展中起到了持续的重要作用。这位伟大的哲学家收集了地中海地区当时所有关于动植物的描述，并编入自己的著作《动物志》中。他还在这本著作中加入了自己的描述，其中他亲自描述的许多动植物都是自己杰出的学生亚历山大大帝从

亚里士多德在讲学：这幅插画来自13世纪艾尔-孟巴基尔的《更好的语句和最珍贵的措词》。公元前384年，亚里士多德出生于马其顿，他的兴趣囊括了科学的众多方面，不过作为博物学家，他最喜爱动物学。和许多古典学者一样，他的作品被伊斯兰学者翻译并复制后流传了下来。

遥远的陆地寄给他的。亚里士多德成功的关键在于对自然进行观察以理解它。在亚里士多德构建的世界中，生命按照如下顺序排列：冷血爬行“虫类”位于底层，恒温的哺乳动物和人类位于顶端。这些观点一直被大体保留到17和18世纪。

亚里士多德的研究内容是动物学，而他的学生和朋友泰奥弗拉斯托斯则对植物学有莫大的兴趣。泰奥弗拉斯托斯基于某些特定性状的有无对不同植物进行描述，这一先驱性的描述方法让后来的植物学家将他尊称为“植物学之父”。

和基础理论研究相比，实用主义的罗马人对在医学和农业方面实际利用自然世界更感兴趣。老普林

《雅典学园》，拉斐尔在梵蒂冈绘制的壁画。身着蓝袍的亚里士多德正在跟柏拉图讨论问题，而穿着橙色袍子的泰奥弗拉斯托斯在一旁观看。泰奥弗拉斯托斯曾向柏拉图和亚里士多德两人学习，并继承了后者学会首领的职位。泰奥弗拉斯托斯被称作“植物学之父”，他在这方面的工作是古代最重要的。

尼《博物志》中描述的数百种真实的和神话中的动物以及迪奥斯科里斯编纂的《药物论》中的草药目录都是他们百科全书式方法的典范。

从罗马帝国衰亡到文艺复兴之前，很难找到一个堪称伟大的博物学家。中世纪的黑幕吞没了整个欧洲，除了少数例外，神秘主义和巫术代替了理性思考。

膨胀的知识

文艺复兴时期对于伟大古典文明进行了重新发现，这在自然科学方面产生的影响和在艺术方面产生的影响同样重大。文艺复兴时期的学者虽然仍束缚在亚里士多德、迪奥斯科里斯以及其他人的著作上，但他们通过解剖和比较扩展了对于动植物的知识和理解，并用更先进的绘画技术和印刷文字将它们记录了下来。精确绘图有着非常现实的原因：当时的植物志是寻找药用植物的指南、草药医生和医师的参考书，所以植物绘图的精确是至关重要的。然而经过上千年的复制，古人的著作出现了许多内容不同的版本。德国医生和植物学家莱昂哈特·富克斯监督着手下的插画师，以免他们画出的作品无法用于鉴定动植物——这可能会带来灾难性的后果。富克斯的眼光并不局限于植物的药用价值，并在领先于时代的木版雕刻技术的帮助下详细描述了将近五百种植物。

如果说富克斯发现一幅好的插画抵过千言万语，那么乌利塞·阿尔德罗万迪则认识到一件真实的标本更胜百万之言。阿尔德罗万迪是博洛尼亚大学的第一位自然科学教授，他创建了一座包含一万八千件"自然物品"的博物馆，其中包括鳄鱼，还有内含压制干燥植物的书卷。这并不是纯粹出于好奇心的个人私藏，而是用于研究和博物学教学的科学收藏，是我们如今这些伟大博物馆的雏形。像富克斯一样，阿尔德罗万迪也雇用了一批木版雕刻师和插图画家，他们的工作受到严格的管控以确保精确性。

富克斯和他的同代人依据药用价值的简单分类来组织他们的植物插画和文字描述，并按照字母表顺序进行排列。然而，极具天赋的意大利哲学家安德烈亚·切萨尔皮诺基于植物的外形和结构另外设计出了一套体系。虽然他的系统只使用了相当有限的性状，而且并没有把真正相关的植物放在一起，但他仍然是第一个对自然世界的分类做出科学尝试的人。

在 17 世纪，西方世界进入了启蒙时代，又称理性时代，在以英国的弗朗西斯·培根和巴黎的勒内·笛卡尔为代表的哲学家的引领下，新的思考方式从根本上改变了博物学的面貌。试验和观察代替了迷信和盲目的信仰，研究自然变成了一项受人尊敬、令人羡慕甚至是时髦的活动。

博物学和宗教之间一直都有密切的联系。直到 17 世纪之前，宗教对于博物学施加的影响主要是负面的，因为任何胆敢挑战教廷既有世界观的人都面临着迫害甚至死亡的危险。在那些被迫在科学和信仰之间做出抉择的人物中，伽利略是最突出的一个例子。另一方面，许多从事自然科学研究的人本身就是牧师，他们常常将博物学研究看作是理解上帝造物的方式。杰出的丹麦解剖学家尼古拉斯·斯坦诺是第一个认真研究化石，以及贝壳化石为何会出现在山峰上的人。斯坦诺揭示了沉积岩的形成机理，以及其中埋藏着的曾经生活在地球上的生物的遗迹——化石。更进一步的是，他还发现地壳曾经发生移动，并使这些沉积的岩石拱起产生山峰。作为一名虔诚的路德教会信徒，斯坦诺能够将这些发现和《圣经》中的叙述互相调和。他随后转信天主教并成为了一名主教，将自己的余生献给了宗教，放弃了曾经挑战天主教教义的地质学研究。

新世界以及从未有人见过的新奇美丽的生物并不只是通过危险的远航探险才得以发现的，博物学家们在离家近得多的地方通过显微镜的镜头也发现了新的世界和生物。1665年，位于伦敦的重要科研机构皇家学会的创始人之一罗伯特·胡克出版了他的《显微图谱》，普通公众第一次得以看到跳蚤、苍蝇眼睛和植物细胞的清晰图像。胡克的工作激励了一名荷兰布匹商人安东尼·范·列文虎克，后者制作了一架更加简单但更有效的设备，在这台设备的帮助下，他在池塘的一滴水中发现了一个广大的世界，其中充斥着各种生物；他还是第一个看到细菌的人。这两位博物学家是显微技术的先驱，直到今天，显微技术仍然在科学上有着重要的应用。

自古以来，伟大博物学家们的主要活动之一就是努力为貌似混乱的自然世界带来秩序。自从亚里士多德的时代以来，已经有大量建立分类系统的尝试，试图对已知的大量生物进行有规律的安排。17世纪见证了一场朝向所谓自然分类发展的运动，这种分类方法使用许多性状来决定哪些物种是相关的。这场运动中最重要的人物是英国牧师约翰·雷，他高度系统化并且极为深入的工作为博物学引入了一种之前从未出现过的科学思想。

雷和其他人的复杂分类系统领先于他们的时代，然而虽然他们的确能够把真正有关系的植物或动物放在一起，但是当时最需要的是一种能够对全球探险中发现的大量新物种进行快速鉴定和分类的方法。所有博物学家中最负盛名的其中一位，瑞典医生卡尔·林奈成就了这一事业。他按照性器官对植物进行分类的简单方法——在当时被认为是粗暴的——意味着植物学从此向所有人打开了大门，原来大学学术机构才能够进行的研究现在乡村牧师也可以从事。林奈留下的伟大遗产是我们沿用至今的物种命名法则，它直白、易用而且清晰明确。

雷这样的人将研究自然视为了解上帝造化的方式，而其他人开始意识到这件事的世俗价值，对自然的研究成为了财富、权力和名声的潜在来源。这一点在北美不断扩展的殖民地上体现得最明显。1722年，一位有才华的年轻博物学家马克·凯茨比来到卡罗来纳殖民地接替之前一位测量员工作，后者在一次当地土著的暴动中被残忍地杀害了——这是当时的博物学家们面临的众多危险之一。凯茨比开始对未知地域进行探索、测量，并描述了那里的野生动植物和自然现象。虽然他的工作带有一些科学目的，但毫无疑问的是他为卡罗来纳的总督——凯茨比的支持者之一——提供了关于这片地区自然财富的重要信息。凯茨比是一位有着非凡本领的全能型博物学家，为了在东南部殖民地博物学研究上留下自己的伟大作品，他自学了雕版技术。他制作的插图版画上，野生动植物栩栩如生，并且鸟类和其他动物以及合适的植物出现在同一场景，这在当时并不寻常。在苏里南旅行的无畏的玛丽亚·西比拉·梅里安也采用了这种方式。他们早在生态学出现两百多年

康拉德·格斯纳的《动物志》中描绘的犀牛，这幅插画复制于阿尔布雷希特·丢勒印刷的版本。它是最经久不衰的犀牛图像，德国的科学课本直到 20 世纪还在使用它。

之前就意识到了生物之间的关系。

约瑟夫·班克斯爵士对于自然既有经济上的兴趣，又对自然世界充满了探索热情。作为詹姆斯·库克船长首航的随队博物学家，他和同事丹尼尔·索兰德是第一批搜集并记录澳大利亚和新西兰未知区域动植物的人，他们带回来的标本和绘画是这片南方新世界存在的明证。班克斯将这些收藏看作是科学研究的工具，而不是仅供把玩的珍奇物品，这和我们今天的想法一样。他还强调了好的插画的重要性，并委托画家在一系列美丽的版画中记录澳大利亚的动植物，这批版画到 1988 年才终于出版。这名富有、自我赞助的年轻先驱以许多方式从博物学中获得经济利益，如将面包果从太平洋运输到加勒比海地区种植以便为种植园的奴隶提供食物，还有将美利奴绵羊引入澳大利亚等等。

在寻找知识的过程中，博物学家常常也是无畏的探险家，为了亲自观察自然和搜集标本，他们会踏上危险的旅程。格奥尔格·斯特勒是维图斯·白令领导的俄国探险队中的成员之一，他们的目的地是堪察加半岛和阿拉斯加。这幅描述人们在棚屋中过冬场景的版画来自于斯特勒对于这次旅程的记述，这本书在他死后才出版。

到18世纪末，对于不断扩张的自然世界的排序和分类，已经从林奈简单但并不能完全反映真实情况的分类方法演变为更加自然的分类系统，这些系统和约翰·雷在一个世纪之前建立的分类系统相似，更能反映真实的物种关系。自然分类系统在当时受到了法国科学家的欢迎，例如让-巴蒂斯特·拉马克，林奈的激烈批评者——而正是他们建立了我们沿用至今的生物类群。像这本书中的许多人一样，在投身自然科学之前，拉马克也是在教会开始职业生涯的，接着还进入

许多大博物学家同时也是大画家。为这条太阳鱼（*Lepomis gulosus*）画像的威廉·巴特拉姆非常热爱观察动植物，他将对自然的美学欣赏和科学研究完美地结合了起来。

过军队。他是最早研究无脊椎动物的人，无脊椎动物这个名词就是他创造的。他的大部分分类体系一直保留到了今天，如对甲壳纲和蛛形纲动物的分类。拉马克最为著名的是他在前达尔文时代提出的进化理论，这个理论暗示只有时间和适宜的条件才是产生我们所知的这个生物世界的必要条件，而不是上帝，这种说法在拿破仑一世时期的法国是很危险的。拉马克遵从法国学界的一项重要传统，就是要系统地阐述一套能够包罗整个自然世界的理论——在这个传统上表现最突出的人是布封伯爵，他总共四十四卷的《博物志》富于表现力地记录了当时博物学的知识状态。布封的工作虽然遭到了同时代一些人的嘲笑，但他深刻影响了包括查尔斯·达尔文在内的后辈博物学家。

法国博物学家在19世纪初的活动成为了专业主义在自然科学中兴起的标志。法国大革命之后，大学、博物馆和植物园中的研究门类越来越多，学术教学和研究成为了令人尊敬的领域，这一趋势在接下来的一个世纪将席卷全球。

越过大西洋，在羽翼渐丰的美国，威廉·巴特拉姆这样的先驱博物学家在探索和描述自己国

T. 49

Icterus minor. Mas & Femina.
The basterd Baltimore Bird.

Bignonia Urucu foliis &c.
The Catalpah Tree.

家的自然财富和土著居民——他们都已经处于威胁之中。巴特拉姆和其他人想要在自然科学方面建立与自己国家相关的独立的美国式传统，而不是按照欧洲人的方式亦步亦趋。沿着这个传统走下去的还有一名法国海军上校的私生子，他也许是美国最伟大的博物学家。约翰·詹姆斯·奥杜邦对于鸟类学特别感兴趣，作为一名优秀的画家，他不只是研究和描述鸟类，还能够捕捉到它们在外形、颜色和行为上的细节。他最伟大的著作《美国鸟类》直到今天也没有能够与之相比的类似作品，其中收录了一千多种与实物同等大小的鸟类画像，这些画作是按照自然主义的方式组织的，而没有按照如林奈等人建立的分类系统排列。

挑战既有观念

对于在博物学领域活跃了几个世纪的那些富有的自我赞助的业余爱好者来说，19世纪也是他们的尾声。虽然他们已经是最后一批，但其中也有一些最伟大的博物学家。最明显的例子是亚历山大·冯·洪堡，他是一名德国贵族，进行过许多次史诗般的宏大探险，从南美洲的山峰和雨林到西伯利亚的冰原都留下了他与危险斗争的足迹。作为一名自然科学家他的成就非常丰富，除了发现、记录和收集许多科学上的新物种，他还出版了大部头的不朽著作，在其中提出了将世界作为一个互相联系的整体看待的理论，还讨论了生物世界和非生物世界之间的紧密关系，以及气候、地质和地理对于动植物物种分布的影响。他的名字长存在世界各地的几个学术机构以及南美沿岸的洪堡洋流之中，后者曾是他研究和描述的对象。洪堡对最著名的博物学家查尔斯·达尔文产生了巨大激励和影响，而达尔文正是我们这次揭示自然世界之旅的终点。

进化是19世纪最热门的话题，并且是理解自然世界的最重大也是最具挑战性的进展之一。关键不仅在于让人们接受地球的历史比之前任何人敢于想象的还要长得多，还要让人们相信它的年龄足以让地球和上面的生物能够在自然力量的驱动下逐渐发生变化。这将挑战人们对于当时流行的创造论的信仰。当然，进化的观念曾经在过去披着种种外衣出现过，但是它们都缺少证据支持。有趣的是，正是达尔文的祖父伊拉斯谟，一名杰出的知识分子和工业时代的先驱，推断出物

左页图：马克·凯茨比插画中的美国木豆树（*Catalpa bignonioides*），凯茨比可能在将这种常见观赏树木引入英国的过程中发挥了重要作用，他还画了杂交的橙腹拟鹂作为陪衬。

种可能通过性选择随着时间的推移而发生变化。他将自己的理论建立在对家养动物进行观察的基础上，支撑这一理论的还有他从地质学到胚胎学的广博知识背景，他还将自己的许多作品以诗歌的形式发表了出来。

虽然年轻的达尔文受到了洪堡和他的祖父伊拉斯谟的影响和激励，但为他的理论提供坚实基础的是他的朋友查尔斯·莱尔，一位地质学家。莱尔曾在牛津学习法律，但后来逐渐对地质学产生了兴趣，并把余生献给了从火山到冰川等地质现象的研究。他的主要兴趣是地层学——这是一门研究岩石层和其中化石的学问。莱尔去过许多地方，搜集了大量化石，精确地记录下这些化石被发现时的地点和地层，并由此断定地球上的生物是逐渐发生变化的，而不是因为《圣经》中记载的洪水等一系列灾难而发生突然改变。莱尔不光对达尔文和他的理论产生了积极的影响，他还是达尔文后来最重要的支持者之一。

达尔文和进化论激励了后来的几代生物学家、神学家、经济学家、工程师和社会学家，直至今日。但他并不是孤单一人——当时科学知识的趋势正在朝这个方向发展，而博物学家兼探险家阿尔弗雷德·罗素·华莱士已经基于自己在马来西亚雨林以及其他地方的观察得到了相似的结论。他和达尔文一样，相信物种能够发生变化，并且新的物种能够在环境压力的作用下进化出来，达尔文将这一过程称之为“自然选择”。虽然达尔文将他们的理论进行了联合发表，但关于这个改变世界的观念，人们最常记住的还是达尔文的名字。

在达尔文之后，生物科学和地质科学再也不是业余爱好者的领地了，它们变得更加专门化和职业化，并成为了工业社会的关键要素。那些对自然世界进行描述、试验和收集的先驱教会了我们理解它的方法，他们不仅让我们看到开发它的潜力，也让我们认清了对它进行保护并确保其未来发展的必要性，今天的我们应该对他们表示深深的感激。我们的自然博物馆、大学以及植物园中的大量收藏为系统学家和分类学家提供了工具，让他们对这个仍然大部分不为人知，然而正在快速缩小和受到威胁的自然世界进行命名、分类并探究它的起源。

亚历山大·冯·洪堡是最后一批自承资金的大博物学家之一。他通过陆路和水路在南美洲进行了一次史诗般的旅程。这幅瓜亚基尔河上的木筏是根据他手绘的素描绘制的。

第一章 古代先知

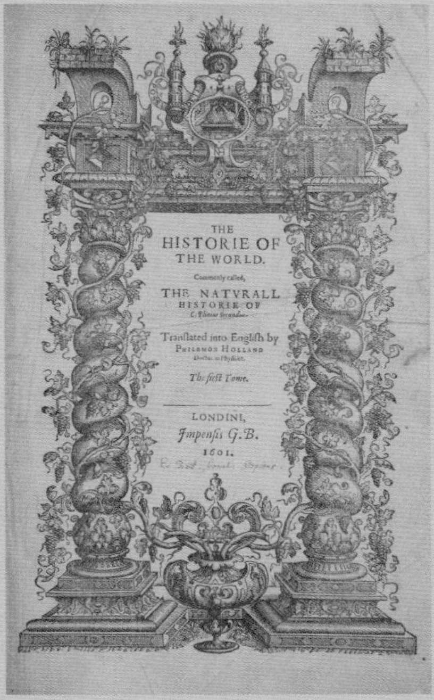
THE
HISTORIE OF
THE WORLD.
Commonly called,
THE NATVRALL
HISTORIE OF
C. Plinius Secundus.
Translated into English by
PHILEMON HOLLAND
Doctor in Physicke.
The first Tome.
LONDINI,
Impensis G.B.
1601.

亚里士多德
泰奥弗拉斯托斯
珀达尼奥斯·迪奥斯科里斯
老普林尼

在古希腊城邦中，我们所认为的第一批博物学家在那里生活、观察、提出自己的理论。在相对自由和繁荣的氛围里，无需担心宗教权威束缚的他们有时间对那些日常生活之外的事情进行思考。希腊的新思想家们不再受到迷信的阻碍，他们能够对自然现象的原因以及世界的起源和运行机制做出自己的推测。对所看、所听和所感的一切事物进行思索和推论是他们理解世界的关键，而根据亚里士多德和泰奥弗拉斯托斯等大博物学家的观察所绘制的自然世界图景，在接下来思想较不自由的社会中持续了漫长的岁月。

米利都的阿那克西曼德（公元前 6 世纪晚期）是最早的博物学家之一，他认为生物是水和泥土混合并由太阳加热后产生的，而人类曾经是没有鳞片的鱼类。这些最原始的进化思想也被其他人所接受，如公元前 5 世纪的恩培多克勒，他提出世界的四种基本元素是土、气、火和水，这四种元素在爱和恨的作用下产生了生命。在恩培多克勒的世界中，首先出现的是动物分离的四肢、头部和身体，然后它们再被爱的力量组合成为完整的动物。不是所有的东西都是完美的——某些畸形的东西也会被制造出来，例如人身羊头的怪物——但是经过选择的过程，只有那些能够适应世界的生物能够生存下来。这算不算是自然选择导致进化的早期理论呢？

在博物学方面最重要的希腊思想家毫无疑问是亚里士多德，他是柏拉图的学生，也是我们将要介绍的第一位博物学家。亚里士多德在柏拉图创办的学院中接受了训练，并就许多自然现象写下了大量著作，特别值得注意的是他通过自己的写作让研究博物学成了一项令人尊敬的科学追求。他提出生物界就像梯子一样具有高低秩序，最低等最简单的生物（在他看来是植物）位于底端，人类位于最顶点，并将这一体系视为固定不变的。他对于动物的一般性观察和描述在当时非常先进，例如：他将海豚看作哺乳动物，并详细描述了海胆复杂的进食结构，时至今日仍然有人将这种生物叫作“亚里士多德的灯笼”。

泰奥弗拉斯托斯专门研究植物而不是动物，他描述了超过三百种植物，并在无法用现存词汇描述他的想法和观念时发明了自己的术语。他的许多植物学工作在漫漫岁月中被保留下来并产生了持续的影响：他建立的基本方法到今天仍然在服务于分类学。

作为古希腊文明的延续者和继承者，古罗马人却非常讲究实用主义，作为工程师他们的成就超越了古希腊人，但他们对于博物学的理论研究则没有那么大的兴趣，而是更愿意以百科全

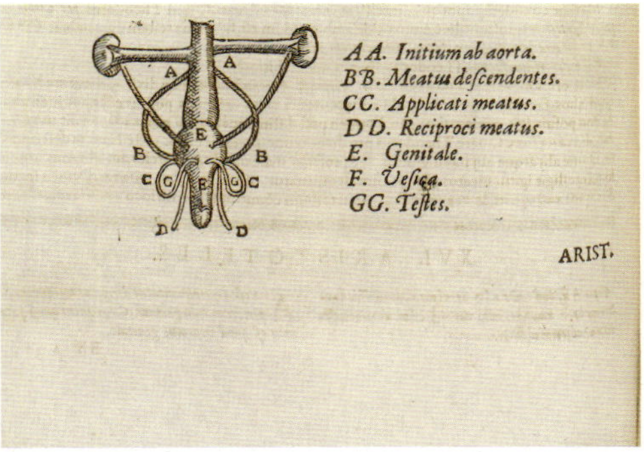

上图：这张简图解释的是身体的运行机制，摘自亚里士多德《动物志》在 17 世纪初的一个版本。

右图：迪奥斯科里斯的画像，摘自他的著作《药物论》的奥斯曼版本。这部著作沿用了千百年，被翻译成了多种语言。

书的形式列出已有的知识。老普林尼将大量动物的描述信息编纂在一起，其中包括许多虚构的神奇生物。他是一个非常勤劳而且不知疲倦的人，收集了当时关于自然世界的海量信息，据说他在公元 79 年观察维苏威火山喷发时死于有毒气体，当时他正在那不勒斯湾参加一次军事营救行动。

作为罗马战争机器的另一位成员，希腊人迪奥斯科里斯是一名被雇用的军医，他跟着大植物学家泰奥弗拉斯托斯的步伐撰写了一部极具实用价值的著作，但他关注的是植物的用途和药用价值，而不是它们自己的本质。他的著作《药物论》在接下来的一千多年里得到了广泛的复制和翻译。

随着罗马帝国的衰落，对自然世界的研究陷入了停顿——地中海地区古典学者们所描述的知识没有遇到任何挑战和发展，这一状态一直持续到文艺复兴时期。

TIMEO
ETIC

朱莉娅·布里顿/撰

亚里士多德

第一位哲学家兼博物学家
（公元前384－前322年）

在自然万物中总有些令人惊叹的东西。

亚里士多德，《动物解剖》，第一卷

在所有的早期学者中，古希腊哲学家亚里士多德最完美地诠释了“博学”的含义。他的著作所涵盖的知识范围应该比本书中任何其他一位博物学家所涉及的领域都要宽广，很难在历史的长河中找到另一位能够比他拥有更渊博知识和更强烈质疑精神的人物。他那勤于思索的头脑经受过伦理学、文学、动物学、逻辑学、心理学、气象学、天文学、形而上学和政治学等学问的锻炼，关于所有这些领域，他还著述了许多先驱性的作品。他留存至今的30本著作只代表了他所有作品的一小部分——约为三分之一至四分之一。

公元前384年，亚里士多德出生于斯塔吉拉的马其顿城镇，距离今天希腊北部的塞萨洛尼基不远。他的父亲尼科马科斯是马其顿的宫廷御医，在亚里士多德的孩提时期就去世了。17岁的时候，亚里士多德被监护人送往大哲学家柏拉图开设在雅典的学院学习，他从此在学院一直待了20年，直到柏拉图去世，亚里士多德世界观的基础应该就是在这段时期打下的。虽然他在后来发展并挑战了柏拉图的学说，坚决摒弃其中的部分观点，但他著名的老师仍然对他的工作产生了很深的影响，尽管有时候这些影响只表现在潜意识层面。

离开学院之后，亚里士多德在小亚细亚旅行了几年，他去过滨海城镇阿索斯和莱斯博斯岛，并在那里认识了一名岛上的本地居民——年轻的植物学家泰奥弗拉斯托斯（见第25

左页图：亚里士多德（右）和他德高望重的老师柏拉图，拉斐尔1510年作于梵蒂冈的壁画《雅典学园》局部。亚里士多德后来建立了自己的学院，并在学院中首次将博物学作为和其他传统学科同等重要的一门学问进行教授。

页）。亚里士多德对于海洋生物的生动描述很可能源自于他在那里的第一手观察和研究。公元前343年，马其顿国王腓力二世请他担任自己13岁儿子的导师，这个孩子就是未来的亚历山大大帝。几年之后，亚里士多德返回雅典，在学院的基础上建立了自己的学校，并很快因为其所藏浩繁的图书馆和博物馆而声名鹊起。亚里士多德在这里进行了13年的教学，研究了一系列学科，并第一次将博物学和其他传统上“受人尊敬”的学科——如数学、医学和天文学等放在了平起平坐的位置。泰奥弗拉斯托斯是他的学生之一，他对于亚里士多德有条不紊的知识组织体系十分推崇，这无疑影响了他自己在植物世界的开创性工作。当亚里士多德在公元前322年退休之后，泰奥弗拉斯托斯成为了学院的负责人，而他的老师则隐退到爱琴海埃维厄岛上哈尔基斯一处属于母亲家族的地产中生活。几个月后，他在那里去世，享年63岁。

作为一名博物学家，亚里士多德涉猎广泛，但他最钟爱的还是动物学，他在许多不同的著作中就动物的生活写下了许多论述，《动物志》就是其中的一部。这是一部包括九卷的皇皇巨著，讲述了许多动物学现象，其中既有关于动物行为的迷人传说，又有关于动物生理的详细图解。原标题中的希腊语单词“*historia*”的意思更接近于研究或调查。亚里士多德现存著作中有四分之一都和动物有关，如《动物的部位》、《动物的运动》和《动物的世代》等。

每一个对自然世界感兴趣的人都会被亚里士多德根据观察进行的写作所吸引，这些写作既包括对于海洋生物的生动描述（“当雌性乌贼被三叉渔叉刺中时，雄性乌贼会留下来帮助它；而当雄性乌贼被刺中之后，雌性乌贼则会逃之夭夭”。《动物志》，第四卷），还有对各种哺乳动物乳汁——甚至是鲜乳制成的干酪的比较和评价。超过五百种动物出现在亚里士多德的记录中，他对于这些生物表现出了极大的兴趣和迷恋。他描绘了许多动物现象，从海豚和海豹的亲子行为、蜜蜂的“舞蹈语言”，到海胆（它仍有一个诨名“亚里士多德的灯笼”，因为他在《动物志》第四卷中讲述到，若是将海胆半透明的刺去掉，它的结构就像一只灯笼）精致而复杂的口器，他那温暖而生动的笔触只能是通过对生物世界长时间而充满同情心的接触才能得到的。有时候他的观察会启发重要的发现。例如：通过观察一只抱窝母鸡孵化的一系列鸡蛋中小鸡心脏和血管的形成过程，他开始了解到心血管系统的重要性。他认为感知到的现象是非常重要的，应该更相信观察而不是理论，并批评了许多持不同想法的同辈人。亚里士多德的此类重要认知帮助科学塑造了其发展的道路。

我们如今所知的科学在古代并不存在。21世纪的化学和物理学在古代人面前毫无意义。直到16世纪和17世纪，在伽利略、艾萨克·牛顿和其他杰出先驱的带领下，以试验作为基础的现代科学才开始发展。很显然，生命科学也走过了一段漫长的道路，但令人吃惊的是，亚里士多德的动物学著作拥有早期科学写作所罕见的直接性和相关性。他的许多描述读起来就好像是昨天写成的一样，而在某些情况下，他对动物行为那些细枝末节的观察直到许多个世纪过去以后才得到重复和验证。

亚里士多德本人并不是第一位著名的科学家，他的所有想法也并不都是原创性的。他无疑受到了许多前人学者的影响——有些人如今已经佚名不知了，但这些人的著作没有存世。他还继承并发展了公元前5世纪某些已知的前人所提出的观念，如物理学家和医生恩培多克勒、医学家希波克拉底，以及提出原子理论雏形的德谟克利特。亚里士多德从古代世界继承了许多著名的科学传统，包括认为地球位于一个有限宇宙中心的地球中心说、四大元素（火、气、水、土）以及它们各自性质（热、冷、湿、干）的学说。他还相信生物界存在严格的等级秩序，先是从植物到动物（由低等到高等），然后是位于顶点的人类。

在接下来的漫漫岁月里，亚里士多德的大部分思想——无论是含有谬误的还是充满前瞻性的——得到了毫无质疑的接受，并被奉为信条。后来的科学家常常在亚里士多德的方法中发现错误，并抱怨他并没有适当地检验自己创造的许多理论和阐释，也没有进行重复试验确认自己的论据。他并不对如重量、尺寸、温度和速度等指标进行精确的记

欧鸬鹚（*Phalacrocorax aristotelis*）是以亚里士多德（Aristotle）的名字命名的几种动物中最常见的一种。

录（有时候他只是没有相应的技术做到这一点）。曾有人对他不重视数学的研究方法以及在生物分类上的偏颇（以后来的标准）做出过广为人知的批评。科学家们常常不断地争论，认为亚里士多德的思想在某种程度上阻碍过科学的发展。

然而，如果仅仅因为亚里士多德的思想无法跟得上后来人的预期和知识——这是不可避免的——就否认他的重要性，那无疑不公平。他对于后来学者影响深远，他的一些重要观念和先入为主的成见时至今日还在发挥着重大作用。亚里士多德在不同动物的分类上进行了许多思考，首先将动物分为有血动物和无血动物（粗略对应脊椎动物和无脊椎动物）、胎生或卵生、奇蹄或偶蹄，这些概念在今天仍然很重要。虽然今天我们关于种和属的观念是18世纪的林奈（见第147页）发展出来的，但这些观念在很大程度上要归功于亚里士多德的鉴定、描述，并对不同动物的特征进行归类的欲望。（有时他甚至使用希腊单词“*genos*”和“*edios*”来表达相似的含义。）他的观察以及相应的描述不可避免地会偶然出错，但在更多的情况下，它们在整整两个千年里都未被超越。

亚里士多德的工作显然很受查尔斯·达尔文（见第291页）的青睐，后者曾称他是有史以来最伟大的观察者之一。究竟是亚里士多德思想的哪些方面如此深刻地影响了达尔文，人们对此曾有争论，不过可以推测的是，他对于动物分类系统的兴趣应该是其中之一。达尔文也许还在亚里士多德的所谓“目的论”的科学方法——就是以功能或用途来解释动物的外形特征——中看到了进化论的某种雏形。

在达尔文去世之前数月，他曾收到朋友威廉·奥格尔寄来的一本书，正是亚里士多德的《动物的部位》，奥格尔刚刚翻译完这本书。1882年2月2日，作为这件礼物的回应，达尔文给奥格尔写了一封信，信中明确地说道：“我深深意识到亚里士多德的价值，但我对于他是怎样一个奇妙的人一无所知。林奈和居维叶曾被我以截然不同的方式奉若神明，然在老亚里士多德面前，他们只不过是学童。

右页图：亚里士多德的主要动物学论述被15世纪的希腊学者提奥多鲁斯·加沙翻译成拉丁文，并在1476年于威尼斯出版，书名为《论动物》。这本开创性的著作是欧洲印刷出版的最早的学术作品之一，这里展示的是它的扉页。

THEODORI:GRAECI:THESSALONICENSIS:PRAEFATIO:IN LIBROS:DE ANIMALIBVS:ARISTOTELIS:PHILOSOPHI:AD XYSTVM:QVARTVM:MAXIMVM.

LYcurgum lacedęmonium qui leges ciuibus suis constituit: Reprehendunt nō nulli Pontifex summe Xyste quarte: ꝙ ita tulerit leges ut belli potius q̃ pacis rationem habuisse uideretur. Numam uero pompilium regem Romanū laudāt maiorem in modum: ꝙ pacis adeo studiosus fuerit: ut nulla causa moueri ad bellum pateretur: quorum sententiam et si alias probo: ut debeo (nihil enim pace commodius: nihil sanctius) Tamen cum uita hominum ita ferat: ut bella uitari interdum nequeant. Sic censeo prefiniendum consulendumq; ut & bellū interdum sit suscipiendum: si res urget: & pax seruanda sit semper: si fieri potest: nec belli ratō unquā probanda sit: nisi ut demum rebus compositis quieto tranquilloq; animo uiuamus. Non enim ad pugnam & homicidia: nō ad discordias et bella nati sumus: sed ad cōcordiam & humanitatem: Itaque principis īstitutum atque officium id esse reor ut pacē summa opera petat: seruet: & colat. Quod cum Romanos pontifices fere omnes fecisse quo ad potuerint: intelligam: laudo illorum animum: Q, neque ab īstituto naturę bonę recesserint: & pręceptum autoris diuini seruarint: quod sepissime pacem conciliat: & commendat. Sed usum nō nullorum ausim reprehendere. Pace enim qua uti debuerant ad litterarum et artium bonarum studia: et uirtutum officia: illi q̄dem ad uoluptates parum honestas abusi sunt. quod cum omni hominum ordini sit turpe: tum pōtificis personę turpissimū est. fuerunt tamen & qui recte pace uterentur: & pontificatum magna cum laude gererent: quibus te similē uideo plane successisse. pręstas enim doctrina & moribus: quo fit ut nomen tuum immortalitati mandandum censeas studio potius litterarum quę nūquam peunt: q̃ uel ędificiorum quę

约翰·杰勒德的《植物志》仍旧是最著名的英国植物志之一。1633年出版的约翰·杰勒德的《植物志》第二版扉页中出现了“植物学之父”泰奥弗拉斯托斯的肖像，他位于中间那排的左侧（迪奥斯科里斯位于右侧）。

克里斯多夫·J. 汉弗莱斯 & 大卫·萨顿/撰

泰奥弗拉斯托斯

植物学之父

（约公元前 372－前 288 年）

我们必须以植物的形态学、它们在外部条件下的
行为、它们的生殖模式以及它们的整个生活史作为
出发点考虑植物的特点和一般性质。

泰奥弗拉斯托斯,《植物调查》, 第一卷

泰奥弗拉斯托斯（原名蒂尔塔默斯）是古希腊最重要的哲学家和自然科学家之一，他出生于莱斯博斯岛上的伊勒苏斯。他的父亲是一名漂洗工，经常为了不同的用途处理毛纺织物，也许这给了泰奥弗拉斯托斯对自然世界的洞察力，让他依据对真实世界的解释来理解自然现象，而不是根据当时颇为流行的形而上学的观点。泰奥弗拉斯托斯后来搬到了雅典并学习哲学，先师从柏拉图，然后是亚里士多德（见第 19 页）。正是亚里士多德给了自己最喜爱的学生“泰奥弗拉斯托斯”的名号，这是对他超凡脱俗的语言能力和辩论术的一种夸奖，亚里士多德还不顾争议地任命他为自己学院的继承人，泰奥弗拉斯托斯在这里主持了将近三十五年的工作。为了进一步表示对他的器重，亚里士多德后来还把自己的图书馆和原始手稿赠给了泰奥弗拉斯托斯，并任命他作为自己孩子的监护人。

和他的老师一样，泰奥弗拉斯托斯撰写的书籍也涵盖了几乎所有方面的知识。他的名下共有惊人的 227 本专著，涵盖了逻辑学、伦理学、博物学、数学、气象学、天文学、教育学、政治学、音乐和宗教等诸多领域。他的大部分作品如今已经遗失，主要以片段的形式留存在其他古代学者著作里对他的引用中，约三百年后，迪奥斯科里斯（见第 29 页）就引用了他的论述。通过这种方式，泰奥弗拉斯托斯的作品一直传递到文艺复兴。

虽然泰奥弗拉斯托斯明显地继承了亚里士多德的哲学教导，但他并不只是简单地仿效它

们，而是就世界的性质做出了自己基于经验主义的观察。作为他利用实验手段理解自然世界的一个例子，泰奥弗拉斯托斯制作了世界上第一个漂流瓶，目的是证明地中海是由大西洋流入的海水形成的。公元前 314 年，他还记录了电气石矿物加热后的带电现象，这是史上首次对热电现象的记录，这种现象在今天的抗静电发刷、直发器和电吹风上找到了实际用途。

实际上，泰奥弗拉斯托斯针对亚里士多德宽泛地使用目的论来解释自然世界进行了批评，并且也不同意他提出的“原动力”的存在。泰奥弗拉斯托斯曾被人以不虔诚的罪名告上法庭，但法庭宣判他无罪。愤愤不平的雅典人呼吁对他的指控者处以罚金，作为这名哲学家受到如此待遇的补偿。作为一个仁慈的人，他是希腊文化的中心人物之一，马其顿国王腓力和卡山德以及埃及的托勒密都很敬重他。

泰奥弗拉斯托斯对植物学的贡献是最广为人知的，他在这个领域的研究方法和前人有很大不同。在泰奥弗拉斯托斯幸存的著作中，有两本最重要的都是植物学著作，并且都对植物科学产生了重要的影响，决定了这门学科的形成。《植物调查》和《植物的成因》两本书都包含数卷，它们对于从古代至文艺复兴时期的植物学做出了最重要的贡献。15 世纪在教皇尼古拉斯五世的授意下，这两部由希腊文写就的著作首先由希腊出生的意大利学者提奥多鲁斯·加沙翻译成拉丁文，并于 1483 年出版。

泰奥弗拉斯托斯引用了三百多种植物的俗名，而许多与其相似的名称时至今日仍然在使用，这说明他基于植物用途进行的分类一直影响着人们在日常生活中对植物的认知。虽然他描述的大多数都是栽培植物，但他也意识到还有许多其他植物在野外生长着，但将它们视为未知植物并未加以命名。他区别出了植物的不同繁殖方式，并意识到花朵具有雌雄两部分结构。他还区分了开花植物的向心花序（位置最低或距离顶蕾最远的小花最先开花）和离心花序（顶蕾最先开花），一直到 16 世纪植物学才利用这一重要的区别进行分类。他对于种子萌发也很感兴趣，并意识到了豆类和小麦幼苗的不同，这两种植物代表我们今天所知的双子叶植物和单子叶植物两大类群。

他对植物进行的调查受到了当时术语不足的阻碍，于是泰奥弗拉斯托斯被迫引入新的词汇描述自己得到的观察。他的另一项创新是使用等级体系对植物进行分类，这和今天使用的系统树图或进化分支图有些类似。在植物学领域，他基于形态学（外部和内部形状）、生活史、繁殖模式以及对外部因素的反应来定义植物的不连续特性，这些见识让他获得了“植物学之父”的称号。

雅典学园中的老师和学生，绘于公元前5世纪的一只希腊红彩陶器上。泰奥弗拉斯托斯在莱斯博斯岛上开始接受教育，后来搬到了雅典并在那里学习哲学，先后师从柏拉图和亚里士多德。

泰奥弗拉斯托斯为当时的科学知识引入了一种系统的方法。他广泛的兴趣涉及了科学的众多方面，他也是第一个既在科学中寻找一致的观念，又为主要科学门类的区分提供理论基础的哲学家。泰奥弗拉斯托斯的影响是深远的，在他主持学院期间，学院共培养了数千名学生。泰奥弗拉斯托斯用他一生的时间成为了一名优秀的科学普及工作者。据说在他临终前的病榻上，他只抱怨了一件事情——人生太过短暂，当你刚刚开始洞察到生活中的问题时它便结束了。

Rosa
282 r.

大卫·萨顿/撰

珀达尼奥斯·迪奥斯科里斯

记录植物的医药用途
（约公元 40－公元 90 年）

Phou……生长在本都，它的叶片很像 *elaphoboscon* 或 *hipposelinon*，茎秆长约一尺以上……它地上部分长出的根约有小拇指粗并且带有须根……鲜艳的黄色，有香味，气味像甘松茅，并拥有令人变得迟钝的毒性。干制并泡酒饮用能令人发热并有利尿作用，用水煎煮的汁具有同样效果。

迪奥斯科里斯，《药物论》，第一卷

珀达尼奥斯·迪奥斯科里斯被认为是药物学和草药学之父。迪奥斯科里斯最伟大的作品《药物论》是最经久不衰的博物学著作之一。这部书由原来的希腊文翻译成了多种语言，包括阿拉伯语、波斯语和拉丁语，在接下来的一千五百年中奠定了西方药物知识的基础。

大约公元 40 年，迪奥斯科里斯出生在西里西亚的阿纳扎尔博斯，位于今土耳其南部，在当时是罗马帝国的疆域。他的早年生活不为人知，不过后来当克劳迪亚斯和尼禄在位的时候，他作为随军医生和罗马帝国的军队游历了地中海地区东部，在行军途中负责治疗战斗中受伤的士兵。在地区首府塔尔苏斯，他曾在阿列依奥斯门下学习，后者曾撰写过很多关于药物的论述（今已佚失），虽然许多早先的希腊学者为迪奥斯科里斯的著作做出了重要贡献，这些人包括克里特奥斯（公元前 120－前 60 年），还有更早的卡律司托斯的狄俄克勒斯（约公元前 380－前 293 年）以及泰奥弗拉斯托斯（见第 25 页），但他自己的贡献也不应被低估。在随军队经

左页图：法国蔷薇（*Rosa gallica*），这幅插图来自 1460 年制作的迪奥斯科里斯《药物论》抄本，为约瑟夫·班克斯爵士所有（现存于伦敦自然博物馆）。这种蔷薇属花卉是制造香水的原料之一，并在罗马时代用作缓解宿醉。

过的地方，他和当地的治病术士交谈，并对他关心的自然状况和人进行直接的观察，以此收集第一手资料。被认为是医学之父的希波克拉底知晓约一百三十种具有医药活性的物质，而迪奥斯科里斯则列出了超过一千种自然来源的药物，其中大多数来自植物。迪奥斯科里斯描述过的药物在今天可以归类为抗菌剂、消炎药、抗痉挛剂、兴奋剂和避孕药。除了列出这些具有药物活性的混合物的性质，他还提供了详细的使用指导，包括准备工作、剂量和具体的使用方法。

《药物论》由彼此独立的书卷组成，第一卷记录的是产生芳香油的植物以及用它们制成的药膏。第二卷包括动物、乳制品和谷物。第三卷则涉及植物的根、种子和药草。在第四卷中是其他药草和种子。第五卷讨论的是酒类和矿物。《药物论》的部分版本中出现了讨论毒药的第六卷。后面的两卷描述了动物毒液以及被动物咬伤的治疗方法。这套著作将不同的材料按照对人体的作用放在一起，而不是按照它们之间的亲缘关系或者字母表顺序排列，这种组织方式在当时是很不寻常的。这部巨著中出现的许多药物都和避孕、流产、生育能力和生产过程有关，这反映出当时的社会问题。尽管迪奥斯科里斯与同代人所提出的任何疾病理论都没有关系——常常还是与其矛盾的，他也没有发展出属于自己的新学说，但他自己就是一本实用的百科全书。无论疾病的原因是什么，一旦确定了症状，就能在《药物论》中找到治疗方法。

迪奥斯科里斯作品的影响

和那些在千百年后的文艺复兴时期被“重新发现”的其他古代学者不同的是，自从罗马帝国时代以来，迪奥斯科里斯的作品就连续不断地流传下来并以实用的方式得到使用。这本著作在推广草药学的基督教修道院得到复制，除了原始的希腊文版本之外，它还有至少七种不同的拉丁文译本和三种阿拉伯文译本，除此之外还被翻译成了另外八种或更多种类的语言。在这本书最初版本面世不到一个世纪时，就已经出现了带有风格化插图的各种版本，这些插图很可能是克里特奥斯的作品，迪奥斯科里斯曾称他是第一个用这种形式写作植物学作品的人。迪奥斯科里斯作品的第一本印刷本是拉丁文版本，出现在 1478 年，这时距离印刷机的发明才过了几十年。有一个 15 世纪的拉丁文版本在 16 世纪被复制出了另外 49 个版本。包括奥托·布伦费尔斯以及莱昂哈特·富克斯（见第 46 页）在内的德国早期植物学家撰写的草本植物志中都含有迪奥斯科里斯的许多贡献，当时的许多欧洲植物学作者基本上都是他的模仿者。

然而，在延续千百年的抄写复制和再复制中，复制和翻译的过程都带来了许多错误。这时的学者们开始寻求解决这些错误的办法，或者对不同的版本进行对比，或者去寻找迪奥斯科里斯所描述的原始的植物。随着更多的学者力求阐释这部著作，随之出现了两个主要的派别：一派为迪奥斯科里斯添加注释，而另一派则致力于使用当地植物创造更多的现代作品，但仍使用迪奥斯科里斯的写作风格。由于迪奥斯科里斯是基于他所熟悉的欧洲东南部动植物进行写作的，因此他的描述对于那个地区最为适合。而此时他的作品遍布全欧洲，从北大西洋到北非，从伊斯兰世界到与印度洋和太平洋相邻的国度。他的读者试着将其中简短的描述和他们所熟悉的当地植物匹配在一起，有时候这会产生灾难性的结果。

因为植物是迪奥斯科里斯描述的药物中最大的来源，所以在早期欧洲大学中植物学和药物学的教学是紧密联系在一起的。但到了 16 世纪，大学中对于迪奥斯科里斯遗产的兴趣达到顶峰，植物学、药物学和矿物学不可避免地被细分，成为了独立的内容。到了 18 世纪，植物学家们仍然在向迪奥斯科里斯表达敬意，即使那时的科学家们已经发展出了更清晰地描述形式，并使用了更写实主义的插图。

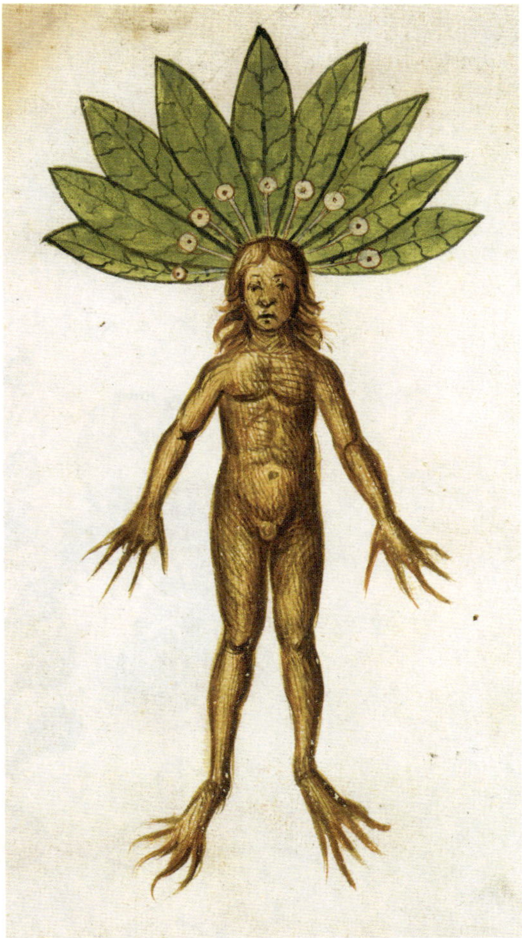

欧参茄（*Mandragora officinarum*），来自迪奥斯科里斯《药物论》的一个抄本。欧参茄具有催情功效，据传说在将其拔出泥土的时候，这种植物会发出尖叫。

18 世纪后半叶，接替了父亲牛津大学植物学教授职位的约翰·希索普开始寻找迪奥斯科里斯描述的植物，这花费了他一生的时间。他旅行至威尼斯研究现存最早的迪奥斯科里斯手稿的复制件，并在那里遇到了著名植物画家费迪南德·卢卡斯·鲍尔。1787

从撰写完成后一百年一直到中世纪及其之后，迪奥斯科里斯的《药物论》得到了大量复制。希腊文、拉丁文和阿拉伯语都有众多版本面世，除此之外它还被翻译成八种或更多种类的语言，这张描述迪奥斯科里斯和助手采集草药的插图来自于1224年在巴格达制作的一份手稿。

年，两人动身前往希腊和小亚细亚，搜集并研究迪奥斯科里斯当初有可能熟悉的植物。鲍尔负责绘制插图，而希索普进行搜集并为该地区的大型新植物志奠定了基础。在第二次去往希腊的旅途中，希索普身染疾病，并于1796年在返回英国的途中去世，年仅38岁。他将全部财产留给了牛津大学，条件是寻找另一位植物学家完成他关于希腊植物未竟的工作。希索普留下了大量笔记、约三千件标本，还有费迪南德·鲍尔绘制的精美插图。1840年，约翰·林德利根据这些原始材料写成了《希腊植物志》。

希索普对迪奥斯科里斯所描述植物的追寻可以在植物的命名上找到痕迹。例如：迪氏缬草（*Valeriana dioscoridis*）被认为是迪奥斯科里斯称为“phou”（亦作“phu”或“fu”）的植物，并被广泛描述为抗痉挛剂或抗癔症剂。许多其他植物也以这个伟人命名。1754年，卡尔·林奈（见第147页）使用薯蓣科（*Dioscoreaceae*）中的薯蓣属（*Dioscorea*）向他致敬，它是西医中某些最有效的避孕药的来源。

迪奥斯科里斯作品的影响力从他生活的时代一直延续到文艺复兴时期及以后。除了是一本药物学巨著之外，《药物论》还是古代化学史的重要文件，它对于地中海东部地区植物学的重要性一直延续到19世纪，对于今天的草药学依然有价值。有关迪奥斯科里斯的批评主要是批评中世纪对于古代智慧不加质疑的接受这样的做法，这严重阻碍了科学的发展。在地区背景之外对这部著作的误用以及在手工誊抄和翻译中产生的错误让它备受争议，但这个地位卑微的医生基于他自己的观察进行了大量信息合成并增添新信息，这样的贡献是无可置疑的。在一个许多医疗手段主要依靠迷信和道听途说的时代，迪奥斯科里斯对第一手数据进行了评价和编纂，将它们以简明、连续和理性的框架呈现了出来。

虽然他对更早的古典希腊学者表示顺从，但他作品的范围和透彻程度远远超过了他们，以及罗马帝国时代出现的所有其他东西。他进行观察、评价和简洁陈述的方法为药理科学提供了基础，而且在他身后一千五百年才有其他科学家赶得上迪奥斯科里斯的方法学并超越他令人惊叹的洞察力。

大卫·萨顿/撰

老普林尼

知识收藏家

（公元23–公元79年）

你好，自然，万物之母，

请向我展露您的恩惠，因为我，一个罗马公民，

已经赞扬了您的所有方面。

普林尼，《自然志》，37

老普林尼的全名是盖乌斯·普林尼·塞孔都斯，他是一名罗马自然哲学家和作家，以其撰写的《自然志》（*Historia Naturalis*）一书而著名。这本书的英文名称虽然是Naturalis Historia，但前文中曾提到希腊语单词“historia”的意思更接近于“研究”。这是一部涉猎广泛的真正的百科全书，涉及了自然世界的所有事物。公元23年，普林尼出生于意大利北部科莫一个较为富有的骑士阶层家庭，他在罗马接受教育，负责教育他的是普林尼父亲的朋友普布利乌斯·庞波尼乌斯·塞孔都斯，一名军事指挥官。普林尼后来还曾向修辞学家奥里利乌斯·弗斯库斯和勒密乌斯·帕莱蒙求助并可能接受了二者的指导和教学，并且他在塞内卡门下学习哲学和修辞学。普林尼在学术流派上属于斯多葛学派，对于逻辑、自然哲学以及伦理学有着坚定的信仰。对于斯多葛学者来说，生活的首要目的是根据自然法则正直地生活。为了达成这一目标，必须首先理解自然世界。因此斯多葛学派的伦理观既需要博物学研究的启示，也常常是博物学研究的结果。

左页图：描绘着夜莺和玫瑰的罗马壁画局部，这幅壁画来自被维苏威火山爆发掩埋的庞贝古城，普林尼就是因为那次火山爆发死去的。当时普林尼的一些朋友在庞贝附近的斯塔比亚，普林尼发起了营救他们的行动，结果在那里倒下并死去，很可能是因为他本人的气喘病和火山喷发的有毒气体导致的。

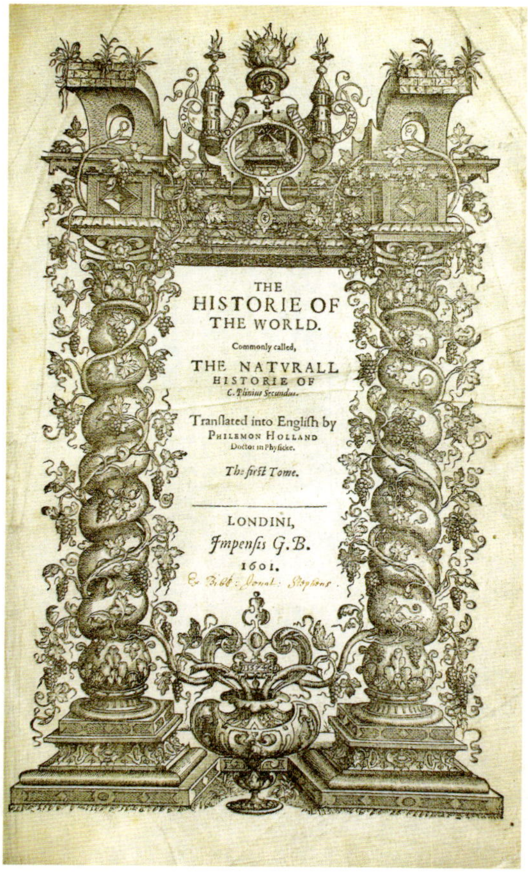

普林尼《自然志》某个版本的扉页，1601年出版于伦敦。普林尼这部百科全书式的大部头包含37卷，从植物学和动物学到农学和药物学，涵盖了大量不同的主题。

作为一名年轻人，普林尼最初的职业是一名律师，然而在21岁的时候，他离开罗马前往比利时高卢（今法国境内），并在那里成为了一名军事保民官。对于骑士阶层的年轻人来说，这种行政管理职位是步入政治生涯的一个重要台阶，然而普林尼却对军旅生活情有独钟，并被晋升为一支骑兵部队的指挥官（翼军长官，*praefectus alae*）。他从行政官员变成了军官，并驻扎在日耳曼境内的克桑顿，这里控制着莱茵河和利珀河的交汇处。在征服卡乌基人（一个日耳曼部落）的过程中，普林尼对从马背上投射发射物的方法进行了观察，他的第一本书就描述了这件事，书中还包括对役马重要特性的观察。

普林尼跟随罗马军队来到了今天的西班牙和法国，在那里学习了与罗马征服日耳曼有关的语言，并造访了相关地点。据说是一场梦境促使他编纂了日耳曼战争的历史，这是一部包含20卷的巨著，曾被后来的作家引述过。普林尼还写了一本关于修辞学的书*Studiosus*，以及一部包含八卷的语法著作*Dubii Sermonis*。公元70年，在他的朋友维帕芗皇帝在位时期，普林尼又一次担任公职，先后在高卢纳尔榜南西斯和西班牙塔拉戈纳省（分别位于今天的法国和西班牙）就任行政长官。他还曾造访北非并观察了那里的农业和矿业。返回意大利之后，普林尼被安排到新的职位，直接为维帕芗工作，他会在黎明之前面见皇帝并请求指示，然后迅速完成指派的任务，以便在当天剩下的时间里研究和写作。这是普林尼最多产的一段时期，他完成了一部31卷的史书，从尼禄在位时期一

这幅被画成插图的首字母“E”描绘的是摘葡萄和酿酒的场面，摘自普林尼的《自然志》。除了编录动植物，普林尼还对农业实践进行了描述，留下了当时对自然世界的技术和商业开发的剪影，把来自古代众多作者和哲学家的信息整合在了一起。

直记录到维帕芗在位时期。更重要的是，他写完了《自然志》的大部分内容，他自从尼禄在位时期就已经开始为这部书做计划和收集资料了。公元 77 年，这部巨著作为献给提图斯的礼物终于面世，共包含 37 卷，而最初的笔记和研究内容足有将近 160 卷。《自然志》是他唯一一部流传至今的著作，而他的其他作品都是我们通过他自己以及其他作家在写作中的引述才知道的。

维帕芗将驻扎在米塞努姆城舰队的指挥权赋予了普林尼，此地位于今那不勒斯北部。公元 79 年 8 月 24 日，他和自己 18 岁的外甥小普林尼正待在城中的别墅，普林尼突然发现海湾另一端的一座山上飘起一朵奇怪的云。

Plinio

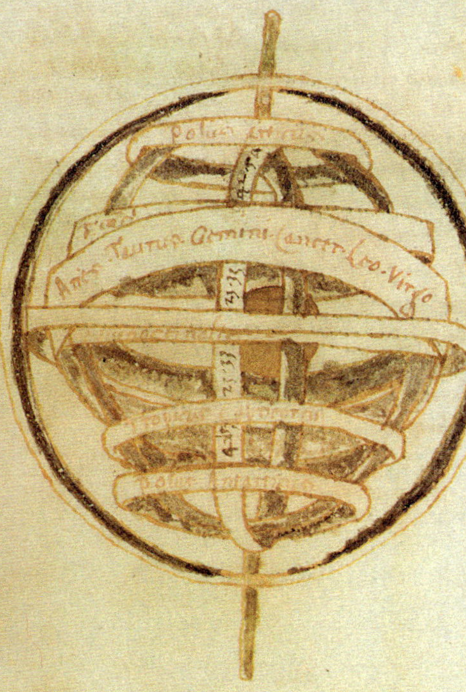

Eiorni su ci comandamo adio ;

[illegible]

Plinio el quale [illegible]

Aquella data aluento e uolti ala facha
Lassando di leuropa ogni bel seno
Passamo tra la gente cruda e trafiche
Era lo tempo lucido e sereno
Alegro laere, co̅ suaue uento
El mar quieto e di riposso pieno
Et era el sol poco piu giu chal mezo
Del montone e la luna uedea
Si uiua che cio mera un gra̅ contrato
E come i giochi ala popa uolgea
Io uidi plinio iacer sopra un letto
Secondo chiu uerona ueduto hauea
Ver lui mi trassi, e tanto fu lo effecto
Chio labraciai al luoco doue gli era
Poi mi puosi a seder nel suo cospetto
E come il sol naschost la sua spera
Cantare quei marinari salue regina
Si dolce quato in terra mai si spera
Partita quella gente peregrina
Io comenzai o dolce padre mio
Non perdiam tempo per questa marina
Tu sai el uoler, tu sai el mio disio
Perche rispost lo uado ssi impieri
In un pensier eraman tu, et io
Poi comenzo lo zodiacho dei
Tuto imaginar dodeci segni
De quagli hor di sopra ne son sei
Compresi son questi dodeci regni
Da sete stelle clone e capitane
Dolaltre perche ha ragi asai piu degni
E luna sopra laltre in modo stane
Che ciaschuna ha suo spera, o uoi dir ciello
Per loqual sempre con ordine uane

La octaua spera e longi dala terra LXV millioni CCCLII millia ς milgia ;
Saturno XLVII miliona VII XVII CCL^ta millgia
Iupiter XXVIII VIII XLVII milgia
Solle MCCCCCXLI milgia
Venus CCCCXIII VII milgia
Mercurius CCLXXXV ς XLI milgia
Luna CVIII XXXVII milgia secondo la positioe di alfagrano
laqual e piu uera dele altre

这朵云是沉寂已久的维苏威火山剧烈喷发的先兆，正是这次火山爆发毁灭了庞贝和赫库兰尼姆。普林尼对于知识的好奇以及救援朋友的欲望驱使他乘船越过海峡抵达了距离庞贝南部的斯塔比亚，这里距离庞贝只有五千米，但这个决定是致命的。普林尼在那里倒下了，再也没有起来，这很可能是由于他的气喘病加上火山喷出的有毒气体导致的，他可能死于中风或心脏病突发。

在写给罗马历史学家塔西佗的两封信中，小普林尼描述了火山喷发的情景和他舅舅的死亡："就连大海都好像在后退，大地的震颤让它战栗不已。沙滩上留下许多鱼。在另一个方向，一朵巨大的黑云腾空升起，又被曲折的闪光和浓烈的火焰撕裂开，就像是闪电，但要大得多。"小普林尼还提供了关于他舅舅的更多个人信息，在他的描述中，老普林尼在每天黎明之前就开始工作，阅读每一本他能获得的书，并对所有阅读过的东西进行摘要。他认为不进行学习的时间完全都是被浪费的时间，他只有真正沉浸在浴池中时才停止阅读，等他出来擦干身体的时候又会让别人为他朗读。他还选择乘坐轿子而不自己走路，目的是争分夺秒地阅读。

普林尼的遗产，体量庞大的《自然志》，是第一部包罗博物学全部内容的著作——它的边界位于自然世界和人类创造的物品之间。这部著作的开头是普林尼援引资料的一份长长的名单，其他各卷的内容则分别与天文学、地理学、人体生理学、动物学、植物学、动植物产品的医药用途，以及冶金学和矿物学相关。这部著作中充满了古怪的第二手评论和盲信，很少有第一手的观察。尽管受过修辞学和语法教育，而且据说普林尼喜欢就流行谬误进行理性争辩，然而他还是没忍住将当时一些最稀奇的空想纳入了自己的著作中。例如：他认为豪猪能够将自己的刚毛射出去；青蛙会在冬天变成一坨黏液，在来年春天重新变回青蛙；染病的小麦会变成燕麦。

由于没有受过科学或哲学训练，普林尼对于一些更具理论性的作品做出了有些混乱的描述，如泰奥弗拉斯托斯（见第 25 页）的植物学作品。对于植物药物学，普林尼依赖于克里特奥斯的作品，这跟他的同辈人迪奥斯科里斯一样（见第 29 页），他还通过这些作者援引更加早的作者。不过，普林尼将植物学视为一个完整的学科，其中植物在本质上就是重要的，而不仅仅是作为药物或作物的来源。令人惊奇的是，虽然这是一部博物学著作，但普林尼仍然在其

左页图：这是一位 15 世纪意大利画家所画的插画，画中人即是老普林尼，插图右侧是法齐奥·德格利·乌贝蒂写的诗文。这首诗写于约 1360 年，作者在诗中描述了自己想象中的旅行以及和古代先贤们的会面，其中就包括普林尼。

中提供了当时唯一流传至今的对古代艺术史的描述，他对于美术作品中使用的天然矿物和生物材料进行了描写。他那份长长的参考和来源名单让后人对于罗马和古希腊文献的广博程度提供了视角，其中的大多数都未能完好流传至今。这部著作还包含了许多意想不到的关于罗马社会的信息，包括他所生活的时代在技术和商业上取得的进步。

普林尼一直被后人引用到公元 8 世纪和 9 世纪，他的著作在中世纪很受重视，约有两百份该书的古代抄本流传至今。虽然他对于可疑的信息采取毫不批判的采纳态度，并且由于自身缺乏科学训练而引入了一些谬误，但普利尼的《自然志》仍然是博物学研究最重要的信息来源，直到文艺复兴时代来临。

第二章

文艺复兴

莱昂哈特·富克斯

乌利塞·阿尔德罗万迪

安德烈亚·切萨尔皮诺

皮埃尔·贝隆

康拉德·格斯纳

143
Cucurbita maior nostras urbana
fructu coloris Citrini ac subfla=
uescentis cum floribus .1.2.3.

从古典时期结束一直到 15 世纪，关于博物学的原创想法和思索基本上停滞不前。那些保留着亚里士多德和泰奥弗拉斯托斯传统的学者们被天主教会宣扬的教义紧紧地束缚着，任何想要进一步深入思考自然世界并得到科学解释的企图，得到的只是充满神秘主义或宗教色彩的阐释。

古代学者作品中包含的许多知识被阿拉伯世界的学者保存了下来，阿拉伯学者将这些作品进行了翻译和研究。不过这些阿拉伯哲学家和医生的主要兴趣在于炼金术和药物学——于是博物学研究主要被限定于植物和矿物的药用价值。

西方世界几乎没有出现关于博物学的新作品。相反的是，在伊斯兰世界被翻译、抄写并保存下来的古典学者们的作品仍在流传，其中之一就是迪奥斯科里斯的著作。12 世纪初期一个著名的例外是宾根的希尔德加德，今天人们更为熟知的是她宗教音乐作曲家的身份，她在自己撰写的《病因与疗法》中用《创世记》作为动植物分类的基础和参考。

这些被复制和注解的古典作品——它们的原本这时已经有了大约一千年的历史——被不适当地用作植物药用用途的指南。这些植物志中包含简单的插图，在多次抄写中得到了更改和“改进”。有助于准确鉴定植物种类的形态特征整体上并没有得到描述，而关于植物的传说和神奇的性质则被放在了突出的位置。

在 16 世纪中期，两位德国学者意识到了这些作品存在的问题。奥托 · 布伦费尔斯就像许多后来的植物学家一样，最初是一名医生，他写的一本植物志中有参照真实植物描绘的准确插图，而不是现有图片的复制品。他的伟大著作《植物写生图册》中包含了许多精美的插图，虽然称不上完美但也是一个巨大的进步。布伦费尔斯的工作激励了另一位德国医生，即莱昂哈特 · 富克斯，他在自己 1542 年出版的《植物志》中描述了四百多种植物。富克斯在书中也增添了植物的形态、开花时间和分布范围等细节，但和布伦费尔斯不同的是，他很少引用古典植物学家如迪奥斯科里斯等人的论述。富克斯和布伦费尔斯建立了一个相对得到完好阐释和描述

左页图：一幅葫芦科植物的插图，物种名称标记为（*Cucurbita major*），这是乌利塞 · 阿尔德罗万迪众多的收藏品之一：他强调了插图的精确对于博物学研究的必要性。

的植物语料库，其他人得以在此基础上进行建设。他们很有可能收集了干燥植物标本供自己的插图画家们参考，然而建立世界上第一个已知植物干燥标本集的荣誉却被博洛尼亚大学的植物学教授卢卡·吉尼取得。吉尼是另一位年轻医生兼植物学家安德烈亚·切萨尔皮诺的导师，后者对于植物学的贡献足以使其名列“大博物学家”之中。布伦费尔斯和富克斯的工作是受到医药的实际需要驱动的，而切萨尔皮诺则完全是因为植物本身固有的价值而对它们进行研究。受到亚里士多德“本质”概念的鼓舞，他的目标是建立一个反映植物真正亲缘关系的分类体系。他所得到的结果是基于果实的一些性状进行的分类，这些结果很有限，但他所定义的一些类群一直沿用至今，如豆科（*Leguminosae*或*Fabaceae*）等。植物学如今已经成为独立的科学门类，而切萨尔皮诺的工作启发了后来的博物学家，如约翰·雷和卡尔·林奈。

在动物的相关领域，与植物志相对应的是动物寓言集，这些作品更依赖于想象力。除了真正的动物例如猫猫狗狗之外，它们还收录了独角兽、狮身鹰首兽和斯芬克斯，而且这些作品还常常包含道德说教的意味，每种动物都被安上了某种品质——例如狐狸的狡猾。动物寓言集在整个中世纪都是通俗的大众读物，直到 17 世纪末期，它们还在用于道德教育。例如：根据动物寓言集的说法，一种被称作蚁狮的昆虫幼虫注定要挨饿，因为它体内蚂蚁的那部分天性不会以肉为食，而狮子的那部分天性不会以植物为食——这就是想要同时侍奉上帝和魔鬼的结果。

第一本我们可以视作真正动物学书籍的是瑞士博物学家康拉德·格斯纳在 1551–1558 年出版的《动物志》。就像德国植物学家布伦费尔斯和富克斯一样，格斯纳理解好的插图的价值，并且也密切关注着自己的插图画家，以确保插图的精准。他也意识到了使用真正标本的重要性，这种方法才能精准地展示特定名称下的动物或植物到底是什么样子。他给别的博物学家们写信并寄去标本，这是科学家们传统交流形式的早期范例，时至今日仍然是科学研究与合作的重要组成部分。

标本的收集以及精确的插图在博物学研究中的重要性被另一位医生乌利塞·阿尔德罗万迪在极为广泛的尺度上诠释得淋漓尽致。阿尔德罗万迪强调了第一手观察的必要性，他也是一位坚持插图精准性的科学家——这只是他对博物学的重大贡献之一。他用一万八千多件藏品描述了各种生物，并在他的家乡博洛尼亚建立了一座公共博物馆，将这些珍奇展品介绍给大众。

文艺复兴见证了人们对于古代先哲作品的浓厚兴趣，与此同时对自然世界的精确描述和分类取得了巨大的进展。然而，学者们仍然受到亚里士多德作品的束缚，对于那些胆敢打破既有观念的人，教廷和政府都为他们准备了悲惨的结果。其时，全球各处不时有令人兴奋的发现，

皮埃尔·贝隆最著名的书是《鸟类志》，这幅描述猎人用鹰来捕猎场景的插图就来自这本著作。

在面对越来越扩张的自然世界时，这种深深根植于地中海古典时期的态度成了一种阻碍。无论是在思想方式上还是探究问题的方法上，都迫切需要进行大幅度的转变——直到 18 世纪初期，这样的转变出现了。

布莱恩・W. 奥格尔维/撰

莱昂哈特・富克斯

插图的价值

（1501–1566年）

我用不着长篇大论地解释植物知识所带来的快乐，因为所有人都知道生活中最令人愉悦的事情就是在林中、山间和草地上漫步，这些地方装饰着各种各样珍奇的花卉和药草，令人不禁用热切的双眼凝望着它们。如果能够增添一些对它们用处和能力的了解，这种快乐和愉悦的程度更会大大提升。因为在学习中人们能享受的乐趣和在欣赏时所享受的一样多。

莱昂哈特・富克斯，《植物志图注》，1542年

接受过医学训练的莱昂哈特・富克斯一共写了五十多本书，大部分都是关于药物的。他最著名的博物学著作《植物志图注》出版于1542年，这也是一本医学书籍——在其中，富克斯不但描述了植物，还根据古典时期的传统讨论了它们的药用价值，并指出它们能够治疗哪些疾病。不过，通过对植物形态学的密切关注，并在自己的书中加入了一些医药价值未知的植物，富克斯在将植物学建立为独立学科方面做出了自己的贡献。

富克斯出生于一个叫作韦姆丁的巴伐利亚城镇上，年仅16岁的时候，出生于布尔乔亚家庭的富克斯就在埃尔福特大学取得了艺术学学士学位。在当了一年小学校长之后，他前往因戈尔施塔特

右页图：在文艺复兴时期的医药学中，食物和简单药物之间没有明确的分界。富克斯写到，芦笋（拉丁名为 *Asparagus officinalis*，德文名为“Spargen”）的嫩枝在肉汤中煮过之后，配以盐、醋和油，即被视为美味。根据迪奥斯科里斯的说法，煮过的芦笋枝条能够镇静腹部，还有利尿功效。西米恩・赛斯补充：它是最有营养的蔬菜，并且根据其天性可以看作是植物和动物的中间类型。

ASPARAGVS
Asperges.
Spargen.
33

这些插图来自《维也纳药典》，富克斯未能出版的《植物志图注》的第二版，展示了他的画家原创作品中的微妙细节。欧参茄（*Mandragora officinarum*，右图）是《植物志图注》中已有的木版画。甘蓝（*Brassica oleracea* var. capitata，左图）是第二版中增添的。在文本描述中，富克斯提醒读者市面上有伪造的雕刻成人形的欧参茄根（见第31页插图）。

大学求学，并在1521年取得艺术硕士学位，1524年取得医学博士学位。之后他曾短暂地当过大学讲师和宫廷医生，然后在1535年进入蒂宾根路德教会大学担任教职，并在那里度过了余下的一生。在蒂宾根，作为两名药学教授之一，富克斯教授的课程是医学理论、解剖学和药用植物学。

富克斯研究植物学的方法受到了当时起源于意大利北部的一场改革运动的启示。费拉拉大学的教授尼科洛·莱奥尼切诺认为古代医学作者所使用的植物名称和当时药剂师们所用的名称并不一致。为了给医药植物学找到正确的立足点，莱奥尼切诺将古代的典籍和真正的植物进行了比对，他的目标是为古人描述的每种植物找到相对应的现代名字。这样，医生和药剂师们才能正确地使用古代的药方。

莱奥尼切诺的一些德国学生后来将这个计划延续了下去。欧里奇乌斯·科尔都斯在1534年写了一本简短的对话体作品《植物学对话》，描述了一场进入德国森林寻找植物以便将它们与古代文本进行比对的远足。富克斯在埃尔福特大学上学的时候就认识了科尔都斯，他自己也相信医药植物学需要进行改革。他于1530年面世的第一部医学出版物是关于现代医生所犯的错误的，其中使用莱奥尼切诺的方法对植物学方面的错误提出了尖锐批评，他想用《植物志图注》这本书为植物名称、描述和医药用途提供明确的指导。

在这个目标上，富克斯并不孤单。在德国，两名同代人已经走在了他的前头：奥托·布伦费尔斯和希耶罗尼姆斯·博克——他们三人曾被合称为“德国的植物学之父”。他们每人都强调植物学研究的不同方面，而正是富克斯的工作塑造了后来文艺复兴时期植物学的面貌，不是别人。

精确的插图

15世纪中期印刷技术的发明对博物学插图起到了革命性的作用。在古典时期和中世纪，每一幅植物或动物的图画都是与众不同的。插图每次被复制的时候，都会损失其原始的部分细节，变得越来越风格化。同样发明于15世纪的木刻印版技术提供了制造完全相同复制品的可能性，但博物学家们并没有很快地开发它的潜力，早期印刷植物志中的木版插画仍然模仿着中世纪末期手稿中的粗糙且风格化的插图。

木版技术的潜力终于在1530年得到了挖掘。布伦费尔斯在他的《植物写生图册》（1530–1532年）中将古代文本中的简短文字描述放在了汉斯·维第茨绘制的木版插图旁，后者是阿尔布雷希特·丢勒的学生。维第茨的插图和前人所见过的插图差别很大，他使用原始标本制造出能够轻松转移到木版上的清晰准确的图画，可以印出几百张完全相同的复制品。这本书的标题说明了作者和出版商对于读者感受的期望。的确，对于这本书，维第茨以及它的出版商斯特拉斯堡的约翰·肖特所付出的贡献和布伦费尔斯一样大，后者之前的出版物都是关于宗教和教育的。布伦费尔斯抱怨维第茨描画了一些古人未曾描述过，其医药性质未知的“未证实的植物”。不过布伦费尔斯仍然是一位专注的博物学家，博克在他自己的书《新植物志》（1539

虞美人（*Papaver rhoeas*）。这幅木版画上的鲜艳颜色是在书出版之后手工涂上的——富克斯的《植物志图注》有许多本都是这样手工上色的。虽然上色的工作一般由薪酬水平较低的妇女和儿童完成，但手工上色的书籍仍然比黑白书籍贵很多倍。

年）的序言中还赞赏了他。

博克研究博物学的方法与布伦费尔斯的完全相反，他决定在自己的植物志中完全不用插图。相反地，他基于在野外以及自己的花园中谨慎且重复的观测，写下了自己对植物的描述。只有在亲自描述了面前的植物之后，他才会开始试图找出哪些古代的文本能够与其对应。与布伦费尔斯按照字母表排序的做法不同的是，博克基于物种间的相似性将这些植物组织成不同的类群，不过他并没有采用系统分类方法，他还将商人带回的"外来"植物与德国的本地植物分开。

在《植物志图注》中，富克斯融合了他所看到的布伦费尔斯和博克两人植物志的长处。除了雅致的全页植物木版画之外，富克斯还给出了这些植物的古代和现代几种语言的名称、对它们形状的描述、它们生长的时间和地点、它们的药性（文艺复兴时期的医药学概念）以及几位古代权威给出的药用价值。每一部分都包含富于了创新的选择。

和博克不同的是，富克斯认为插图对于自己的书是非常重要的。不过富克斯对于维第茨的方法也并不满意。维第茨使用了透视和阴影等艺术手法来增加作品的真实感，而且他还画出了撕裂和萎蔫的叶片、凋谢的花朵和眼前的标本所呈现出的其他性状。富克斯认为这并不可取。他的同辈人塞巴斯蒂安·蒙特斯和其他哲学家都认为学者并不能从插图得知与植物本质有关的任何东西，它们最多只能描述个体标本的特性。富克斯不同意这种看法，但他也看到了维第茨的方法中隐藏的危险。为了克服这一点，他始终坚持着监督自己插图的绘制流程。

富克斯雇用了三名画家组成的团队，而且不同寻常的是，这本书在最后给出了他们的群体肖像。阿尔布雷希特·迈耶绘制出原始的植物插图。海因里希·菲尔毛雷尔将每张插画复制到木版上，并在工作的时候与植物本身进行对比。最后，法伊特·鲁道夫·施佩克勒将木版上的空白挖去，留下凸起的表面，这样木版浸墨并压在潮湿的纸上后就能将插图复制在上面。

在画家们工作的同时，富克斯会检查他们的成果。他会纠正不准确的地方，并且对于插画中只代表个体标本而不会在同一物种其他植株上发现的特性也予以修正。最后得到的成果代表了该物种典型个体可能的外貌，但并不一定是某一植株特定的样子。在有些情况下，富克斯会在同一株植物上展示花朵和果实，即使这两者在自然界中从不同时出现，以便拥有他的书的博物学家们能够同时认出花和果。虽然受到了方法的限制，但是布伦费尔斯和富克斯的方法完全压倒了博克：大部分 16 世纪的植物学著作都配有大量插图。

在“画作者”的标题下，富克斯在他的《植物志图注》一书末尾给出了制图员海因里希·菲尔毛雷尔和阿尔布雷希特·迈耶以及木版雕刻师法伊特·鲁道夫·施佩克勒的肖像。文艺复兴时期的书籍很少会把画家的肖像列在书中，不过富克斯知道自己的书之所以能够取得成功，在很大程度上要归功于他们的才能。

在这幅木版画中，富克斯将三种不同的樱桃放在了一起（欧洲酸樱桃*Prunus cerasus*和甜樱桃*P. avium*），手工上色清晰地区分了它们。插图还同时展示了花和果实，以帮助辨认植物。

左图：大麻叶泽兰（*Eupatorium cannabinum*），富克斯不知道古人是否认识这种植物，如果古人认识它的话，他们又把它叫作什么。他抱怨与他同时代的药剂师们将其误认作龙牙草，德国人把它叫作“圣康妮甘达草”。

DE HISTORIA STIRPIVM COMMENTARII INSIGNES, MAXIMIS IMPENSIS ET VIGILIIS ELABORATI, ADIECTIS EARVNDEM VIVIS PLVSQVAM quingentis imaginibus, nunquam antea ad naturæ imitationem artificiosius effictis & expreſsis, LEONHARTO FVCHSIO medico hac nostra ætate longè clariſsimo, autore.

Regiones peregrinas pleriq; alij alias, sumptu ingenti, studio indefesso, nec sine discrimine uitæ nonnunquam, adierunt, ut simplicium materiæ cognoscendæ facultatem compararent sibi: eam tibi materiam uniuersam summo & impensarum & temporis compendio, procul discrimine omni, tanquam in uiuo incundiſsimoq; uiridario, magna cum uoluptate, hinc cognoscere licebit.

Acceſsit ijs succincta admodum uocum difficilium & obscurarum paſsim in hoc opere occurrentium explicatio.

Vnà cum quadruplici Indice, quorum primus quidem stirpium nomenclaturas græcas, alter latinas, tertius officinis seplasiariorum & herbarijs usitatas, quartus germanicas continebit.

PALMA ISING▸

Cautum præterea est inuictiſsimi CAROLI *Imperatoris decreto, ne quis alius impunè usquam locorum hos de stirpium historia commentarios excudat, iuxta tenorem priuilegij antè à nobis euulgati.*

BASILEÆ, IN OFFICINA ISINGRINIANA, ANNO CHRISTI M. D. XLII.

右图：《植物志图注》的扉页，漫长的标题强调了富克斯在本书上的努力和花费。作为一项特权，法国国王查理五世得到了早期版权（见底部），但这本书很快就在法国遭到了盗版。

为植物命名

富克斯的插图令人印象深刻，但是如果没有与之匹配的文本描述，它们对于医药学读者一点用处也没有。跟随着莱奥尼切诺、布伦费尔斯和博克等人的步伐，富克斯也在努力寻找植物的古希腊名称和拉丁名称。文艺复兴时期的药剂师常常将古代植物名称安在与古人所指完全不同的植物身上，这样的错误使得医药的效果很弱，无效——或者更坏的情况是有害。由于富克斯是根据盖伦、迪奥斯科里斯（见第29页）等古人的论述给出植物的药用价值的，他必须保证所用名称的准确性。

在这个任务上，富克斯并不总是成功的。植物地理学在当时刚刚得到研究，而他自己从未离开过德国。与曾在意大利开展研究的欧里奇乌斯·科尔都斯不同的是，富克斯无法掌握地中海地区植物和德国植物之间差异的第一手资料。然而，在勤奋和部分运气的帮助下，他成功地鉴定了许多古人已知的植物，即使他的失败也促进了进一步的研究。

在《植物志图注》中，富克斯在每一章开始都列出了关于“名称”的部分：包括希腊文名称、古拉丁文名称、现代拉丁文名称以及德文名称。例如：紫花堇菜“对于希腊人是*Ion porphuron*，对于古罗马人是*Viola muraria*或*purpurea*，对于德国人则是*blau Veiel*或*Merzen violen*”。而款冬在古拉丁文中是“*Tussilago*”，但文艺复兴时期的药剂师却将其写作“*Ungula caballina*”（字面上的意思是“小马蹄”）。他有时会偶尔加入植物在其他语言中的名字。

富克斯根据植物希腊文名称的首字母将自己的植物志按照字母表顺序排列，如果遇到古希腊人未知的物种，则以其拉丁文名称排列。不过他在书的前面加上了四种语言的植物名称索引：希腊文、古拉丁文、药剂师们所用的现代拉丁文和德文。通过这种方式，读者可以根据植物任意一种名称进行查阅。有时候，对于新引入的既没有古希腊文也没有古拉丁文名称的植物，富克斯会把它们放在其他植物学上相似的物种旁边。他对于相似性的判断是基于味道和气味的，这些性状往往能够指示植物的药用价值。

描述植物

富克斯常常用自己的插图向读者精确地描述植物的性状和式样。而他的文本描述与博克以及瓦勒留斯·科尔都斯（欧里奇乌斯的儿子）的描述不同，它们非常简短，有时候甚至太简短了，而常常是从迪奥斯科里斯那里复制过来的。他为一系列难以理解的植物学术语提供了定义，促进了植物学术语的

番茄（*Solanum lycopersicum*）：这幅来自《维也纳药典》的插图可能是欧洲人绘制的最早的番茄植株。尽管有不少错误，但它展示了富克斯如何继续寻找、描述和绘制新的植物。

标准化。虽然富克斯使用的许多术语如今已经不再使用或者改变了含义，但这份名单仍然是第一张植物学词汇表，并帮助了当时的学者为植物不同部位确定名称。

富克斯更富于原创性的工作是描述植物生长以及开花的地点和时间，这些信息对于采集药用植物是非常重要的，亦有助于鉴定未知的植物。他还描述了植物的“药性”，即“热、冷、湿、干”等基础性质的调和属性，古希腊名医盖伦用这些性质来判定植物如何发挥药效。在药性之后，富克斯引用迪奥斯科里斯、盖伦、老普林尼及其他医药权威的论述来指示植物的实际医药用途。

在描述植物方面，富克斯的目标是改革药用植物学。在他的描述中，形态学只是一部分，而且并不是最重要的部分。但通过他的插画，以及他试图辨别同一物种不同变形的努力，富克斯让 15 世纪 40 和 50 年代见证了对植物形态学兴趣的增长。部分地受到富克斯及其同时代人物批评的启示，这份日益增长的兴趣将引导下一代植物学家们降低医药在植物学中的作用，专注于形态学和地理分布的研究。从这个角度来说，富克斯的著作在植物学成为独立学科的过程中发挥了重要作用。

《植物志图注》之后

在写完《植物志图注》之后，富克斯继续进行着植物插图和描述的收集工作。他和他的出版商发行了《植物志图注》的德文和法文译本，还有一卷供学生使用、文字描述极少的图册。1557 年，他为增补版的《植物志图注》准备好了两卷书稿，每卷都包括 400 幅插图和更精确的文字描述，而且他已经着手准备第三版，但他的出版商去世了，他找不到其他愿意承担出版昂贵植物学著作风险的人。直到富克斯 1566 年去世，这部书稿仍未出版。在富克斯为新版书所作的序言以及他的通信中，我们能看到一个为声名所累并且怀疑对手的人，而在 1542 年的序言中，他对于自己的前辈还极为宽宏大量。他一直待在蒂宾根并在那里继续教授药学。在生命的最后三年，富克斯饱受慢性病折磨。他因为无法对自己的博物学巨著进行修订和更正郁郁而终。尽管富克斯自己后来也发现了《植物志图注》中的缺点，但它仍是文艺复兴时期博物学发展中的一座丰碑。

朱塞佩·奥尔米/撰

乌利塞·阿尔德罗万迪

第一手的观察
（1522−1605年）

对于未曾首先亲眼看到并进行内部和外部
解剖的东西，我从来都没有描述过。
乌利塞·阿尔德罗万迪

乌利塞·阿尔德罗万迪是文艺复兴时期博物学研究最伟大的革新者之一，他在博物学著作中强调了直接的个人观察以及精确制图的必要性。在大约十七岁的时候，他开始在家乡博洛尼亚进入大学学习，首先学习的是古典文学和法律，然后转向逻辑学、哲学、数学和药学。在1553年，阿尔德罗万迪从药学专业毕业，并在第二年开始了大学讲师的职业，最初教授逻辑学，然后是哲学。1561年，大学专门为他打造了一个自然哲学的席位，他因此成为博洛尼亚大学的首名全职教授。他后来说服了市政府建立起一座公共植物园，他本人被任命为植物园园长。虽然阿尔德罗万迪本人并不从事医药业，但他一直致力于改善自己城市市民所能得到的医疗服务，他相信科学应该对人“有用”，并为他们带来“好处”。在他于1574年被任命为首席医师之后，阿尔德罗万迪出版了《解毒方》一书，这是博洛尼亚的第一部官方药典，指导药剂师们正确地进行药剂的制备工作。

在他漫长而不知疲倦的学术生涯中，阿尔德罗万迪的目标是精确地鉴定并描述尽可能多的动物、植物和矿物。他清楚地认识到古人（如亚里士多德、泰奥弗拉斯托斯和老普林尼等）遗留下来的描述常常是不完整或不精确的。此外，新世界的发现以及在亚洲和非洲的探险常常带来新的动物和植物物种。他用尽一切努力，基于对“事物自然本性”的直接审视进行着自己的研究，为了达到这个目的在意大利进行了数次旅行。但由于不能去往所有的地方，他决定在自己的家中重建自然世界，将无法在遥远陆地上观察的标本收集到自己面前。他的博物馆以及其中收集的标本和图画，是让阿尔德罗万迪能够追求自己宏大计划的工具，而且这座博物馆在接近五十年的时间中不断得到丰富，常常是靠着阿尔德罗万迪广泛的交际和通信圈的帮助——这些人包括意大利国内外的大学教授、医师、药剂师、贵族和牧师。

在阿尔德罗万迪生命的末尾，这些收藏连带着作为室外展区的植物园很快成为欧洲最著名的博物馆之一，迎接着络绎不绝的访客。它囊括了 18 000 件“自然事物”（包括真实的标本和对它们的描述）和分装成 15 卷的 7000 件干制植物标本。1571 年，一位访客曾描述这座博物馆：“地上地下、空中水里自然万物的一份清单名录。”在当时基于好奇心而创造的典型百科收藏，其目的往往仅仅是为了让参观者感到震惊，而阿尔德罗万迪的自然博物馆则完全是为了科学目的建成的。这是一座学习与研究中心，让阿尔德罗万迪能够在此辨认和描述动物、植物和矿物。他还在教学中使用这座博物馆，“理论”结合“实际”地向他的学生们提供课程或书本中讨论或学过的东西的具体样本。

博洛尼亚大学图书馆的阿尔德罗万迪肖像，博洛尼亚是他的家乡。

水彩画或蛋彩画是阿尔德罗万迪的重要研究工具。他总共收集了大约八千件画作（现存约三千件，大部分保存在博洛尼亚大学图书馆），并分装成了许多图册。在这些画作的帮助下，阿尔德罗万迪得以检视缺少真实或全部样本的物种——有时他的博物馆只有某些单独部位，如角、羽毛、獠牙或尾巴等等。这些画作还用来制造木版，为他的写作提供木版画插图。在近代学者中，也许从没有人像阿尔德罗万迪那样相信插图在博物学著作中的重要性——其实是绝对的必要性。只有通过这样的插图，读者才能看到科学家们所看到的，才能检查文本描述的准确性并扩展他们对于自然世界的认知。阿尔德罗万迪收到了很多当作礼物赠送的画作，他本人也委托制作了许多图画。为了创造这座“纸上博物馆”，他雇用并训练了画家、制

阿尔德罗万迪想要鉴定和描述尽可能多的“自然事物”并参考了许多不同的来源，这有时会让他在书中收录一些奇幻的生物，如他的《蛇和龙的研究》（1640 年）中就有埃塞俄比亚龙（顶图）。下面写实主义的鲨鱼和样貌奇特的锯鳐来自 De Piscibus... et de Cetis（1613 年）。

相信插图价值的阿尔德罗万迪收集了大量动植物绘画，这让他能够观察来自自然世界但自己缺少实际标本的物种。这个生物被标记作“Coniglio dell' Indie”（意大利语，字面意思是西印度群岛的兔子），很可能是弗朗西斯科·迪·默丘里奥·利戈齐所画。

图员和木版雕刻师，这些人在他的直接严格监督下进行了几十年的工作。他之所以进行这么严密的控制，是为了限制画家们的自由发挥，确保他们不会只纯粹地追求美学效果而牺牲了真实。阿尔德罗万迪对于“自然事物”的美丽肖像完全没有兴趣，他追求的是对真实物体的精确描述。

毫无疑问，这些插图代表了阿尔德罗万迪的工作中最富于原创和创新精神的一部分，因为他的文本描述常常在庞杂的知识背景中显得面目模糊。为了尽一切可能性提供最多的信息，他致力于描述关于一切事物的一切东西。阿尔德罗万迪很少以描述自己观察和解剖的结果为止，他还要汇报自古以来前人对于这些动物、植物和矿物曾经有过的描述。他引用的作者不光是博物学家，还有神父、神学家、诗人、古文物收藏家、历史学家、寓言作家和其他各种形形色色的人。这种阐释方式意味着阿尔德罗万迪不可避免地重复了——即使常常有所说明——许多积累了千百年的有关自然的传说和幻想。

阿尔德罗万迪将自己全部研究的中心都集中在皇皇巨著《自然志》的出版上，但由于资金问题在内的各种各样的原因，他完成了部分的雄心壮志。终其一生，他只出版了一部内含三卷、关于鸟类的书《鸟类学》（1599-1601年）和一卷关于昆虫的书（1602年）。剩余的九卷（其中包括一卷《怪物志》）在1605年至1667年由博洛尼亚议院陆续出版，但编辑进行了许多改动和增补。在完成阿尔德罗万迪著作的出版工作之际，博洛尼亚官方追忆了这位杰出市民，同时对于阿尔德罗万迪向这座城市捐赠自己的博物馆、收集的画作和手稿以及一座拥有3500卷藏书图书馆的慷慨举动公开表达了感激之情。这些收藏中的大部分被保存在市政厅，成为了博洛尼亚第一个公共博物馆。

罗伯特·赫胥黎 & 克里斯多夫·J. 汉弗莱斯/撰

安德烈亚·切萨尔皮诺

医生、哲学家和植物学家
（1519–1603年）

我们寻找这些构成植物基本性质的相似点和
不同点，而不是那些偶然孤立的东西；因为对于能用
理智感知的事物，首先要基于它们的基本性质
去加以理解，孤立的事件只是第二位的。

切萨尔皮诺，《植物志》第16卷，1583年

在古代世界，植物的研究主要是基于它们的药用或魔力性质而进行的。然而切萨尔皮诺则完全是因为植物本身固有的价值而对它们进行研究，因此常被认为是世界上第一位真正的植物学家。除此之外，他还是一名医生和哲学家，并很有可能是他那个时代最伟大的知识分子之一。他广博的知识和广泛的兴趣涵盖了包括从血液循环到矿物学在内的众多领域，但他给自然科学留下的主要遗产是他对于植物切实可行的分类以及先进的——对于当时的时代来说——植物学"教科书"。他的哲学信仰和写作为他赢得了教堂和国家的尊重，但它们也同时将他带到了危险的宗教法庭的边缘。

1519年，切萨尔皮诺出生于意大利的阿雷佐，后来进入比萨大学学习，他在那里的药学导师是里尔多·科隆博，植物学导师是卢卡·吉尼。毕业之后，这位天赋极高的学生留在了学校并在接下来的40年里一直在这里工作，教授哲学、药学和植物学。除了在学校承担教学研究任务之外，他还参加过横跨意大利的植物学探险，并撰写了大量以哲学和植物学作为主题的作品。当时世界上第一个植物园于1546年在帕多瓦建成，卢卡·吉尼在比萨建成了第二座。在吉尼之后，切萨尔皮诺继任为第二任园长，任期为1554年至1558年。深受天主教会尊重的切萨尔皮诺当上了教皇克莱门特八世的医生，在年迈时还成为了教皇创立的罗马大学的药学教

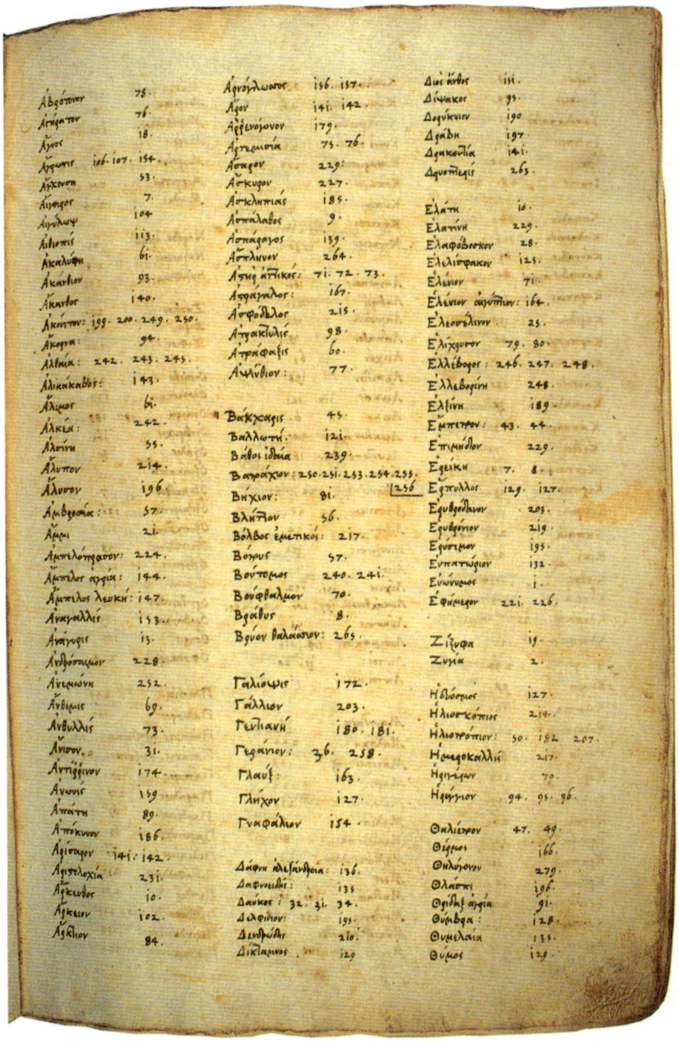

切萨尔皮诺想要将植物分类从完全依据医药用途的分类体系向依据外形特征如果实或种子的分类体系转变。这张表（希腊语）出现在他1583年出版的《植物志》上，将形态上相似的植物放在了同一类群。

授。他亦有可能当上罗马植物园的园长，但这一点不能确定。

在他的众多兴趣之中，切萨尔皮诺研究了血液的循环，并正确地宣称动物的血管起源于心脏而不是肝脏——后者是自从公元前1世纪的希腊名医盖伦以来的固有成见。像许多哲学家一样，切萨尔皮诺认为植物与动物非常相似，他提出植物也有自己的循环系统，并有一个心脏隐藏在茎干基部的某个地方，他还提到某些植物被割伤之后，会“流血”。他得到的结论说明切萨尔皮诺能够以某种方式解剖植物并观察它们的内部结构，而他在显微镜发明一个世纪之前得到这样精密的观察还是很值得称道的。包括这个观点在内的许多观念都写进了他的伟大著作《植物志》中，这本书出版于 1583 年，是献给弗朗西斯科·德·美第奇大公的作品。《植物志》是一本和当时其他作品截然不同的一本书，比如说它没有插图，这跟当时植物志的流行做法背道而驰。

切萨尔皮诺的哲学思想基本继承了亚里士多德，尽管他在一定程度上也受到了伟大的安达卢西亚-阿拉伯哲学家阿威罗伊（伊本·路世德）的影响。阿威罗伊是亚里士多德著作的主要译者，但他的教学与天主教的教义背道而驰，于是这种危险的联系几乎让切萨尔皮诺惹上宗教法庭的麻烦。像亚里士多德一样，切萨尔皮诺是一个“本质主义者”，相信存在一系列内在和固定的本质特征能够用来认知所有事情的“本质”。切萨尔皮诺将这种信条应用在植物学上，他提出通过观察果实的一些性状就有可能鉴定出任何植物的“本质”。像药用价值和味道这样的属性被认为是“偶然”的，在分类中毫无用处，虽然切萨尔皮诺像今天的我们一样认识到了这一点，然而他所建立的自然类群仍然常常拥有同样的味道和药用性质。

切萨尔皮诺的目标是将植物的分类从完全依靠医药用途转移到一个更加科学、可以应对庞大数量植物物种的分类体系，通过在意大利境内的旅途中所做的大量观察，以及他的干制植物标本集（是全世界已知最早的一批），他建立了一套仍然远远称不上完美的植物分类体系，但已经向基于真实亲缘关系的自然分类系统迈进了一步。许多切萨尔皮诺创立的植物类群保留到了今天，并与现代的植物科相对应，如豆科和菊科。

在切萨尔皮诺 1603 年死于罗马之后，他的工作继续影响着许多人，约翰·雷（见第 99 页）和卡尔·林奈（见第 147 页）对他的工作做出了很高的评价。雷在他的早期作品中使用了切萨尔皮诺的分类体系，后来他认识到这些分类体系的局限，并建立了自己的分类系统。切萨尔皮诺的名字被人们用来命名豆科的木质植物巴西红木属（*Cesalpinia*），以纪念这位伟大的植物学家。

艾伦·卡特勒/撰

皮埃尔·贝隆

比较解剖学的先驱

（1517–1564 年）

自然向我们展示了它精巧的作品，宣示着
自己作品的完美，每种生气勃勃的造物都在行使着
自己特定的角色，这更是叫它欣然自得。而且自然
还想要用多样化的方式，利用同样的设施和基础，赋予
各种动物在陆地、天空和水中生活的不同本领。

皮埃尔·贝隆，《鸟类志》，1555 年

1564 年 4 月的一个晚上，一个孤独的旅者在巴黎附近的法国乡下林间穿行时被残忍地杀害了。无论杀害他的凶手是谁，他们在他的背包里肯定找不到什么在他们看来有价值的东西：皮埃尔·贝隆进入森林很可能是为了收集植物学标本。作为第一批探险家兼博物学家中的一员，贝隆从卑微的背景中崛起，赢得了名声和国王的青睐。他的兴趣涵盖了博物学的所有方面，而他本人在脊椎动物解剖学上做出了最大的贡献，他的开创性工作为现代比较解剖学和胚胎学奠定了基础。当他在那个晚上与自己的悲剧性结局不期而遇的时候，贝隆正处于职业生涯的巅峰，年仅 47 岁。

旅行

在 16 世纪中期，法国国王弗朗西斯一世正陷于和西班牙国王查理一世的苦斗中，后者是神圣罗马帝国的统治者。弗朗西斯到处寻找可能的盟友，包括奥斯曼土耳其人在内，当时

Portraict de la Giraffe.

Quand elle court,
pieds de deuant
ſemble . Elle ſe c
ventre contre ter.
vne durté à la poi
aux cuiſſes cõme
meau. Elle ne ſçau
ſtre en terre eſtan
ſans eſlargir gra
les iambes de deua
eſt ce auec grande
té. Parquoy il eſt a
re qu'elle ne vit au
ſinon des branch
bres, ayant le col
tellemẽt qu'elle po
riuer de la teſte à
teur d'vne demie
Et l'ayants fait r
naturel, en auons
lu icy mettre le po

D'vn moult beau petit Bœuf d'Afrique, que les ancien Grecs nommerent Bubalus. Chapitre L.

他们不断扩张的帝国已经覆盖了东地中海大部分区域。1546 年，弗朗西斯派遣了一个外交使团前往君士坦丁堡，队伍中就有时年 29 岁的皮埃尔·贝隆。

出生于 1517 年的贝隆在法国北部勒芒附近的一个村庄长大，并接受了药剂师的职业训练。在一名富人的赞助下，他在德国师从瓦勒留斯·科尔都斯学习植物学。科尔都斯是一名善于鼓舞学生并且有些离经叛道的教师，他鼓励自己的学生信任自己的双眼并对自然进行观察，而不是依赖权威的文本。当贝隆准备踏上前往神秘东方的旅途时，他已经充分准备好要利用这些教诲。贝隆的旅程持续了三年，他走过了意大利、希腊、小亚细亚、巴勒斯坦、阿拉伯半岛和埃及。回到法国之后，他出版了一部非常成功的作品《希腊、亚洲、朱迪亚、埃及、阿拉伯半岛和其他异域国度奇闻轶事之观察》。对于世界这些部分的植物、动物、人类和风景，他的目击和描述一下子就攫住了欧洲读者的想象，他们在此之前只能通过古典时期作家的写作了解这些地区。贝隆尽可能地将事实与传说区分开，他记录了自己对于古希腊文明遗迹以及埃及金字塔的印象，并第一次对长颈鹿和其他异域野兽进行了科学描述。不光是他关于这些地区的写作在后来的许多年内都被当作权威，而且他的远征奠定了后来的科学探险家们的行为模式，包括林奈（见第 147 页）和查尔斯·达尔文（见第 291 页）。

鱼类和鸟类研究

在贝隆于 1549 年回到法国之后，他开始进行一系列动物学研究，这也是他如今最为人熟知的研究方向。在当时，大多数关于动物主题的写作都采取一种文学性、宗教性或“象征性”的手法——就是说，它们的作者对于作为象征和喻体的动物更感兴趣，而不是活生生的血肉组成的生物。于是，这些书籍在道德说教上着墨颇多，而在我们今天所视为的严肃科学描述上下笔吝啬。

贝隆是第一批打破这个传统的博物学家之一。1551 年他出版了《部分奇异鱼类志》一书，在书中他没有使用诗歌，而是专注于他所发现的事实。这是第一本有关鱼类的出版作品，不过

左页图：来自于贝隆对意大利、希腊、小亚细亚、巴基斯坦阿拉伯半岛和埃及之旅的记述，出版于 1551 年。这本书让欧洲读者第一次见识到了许多异域生物，如这幅图中的长颈鹿。

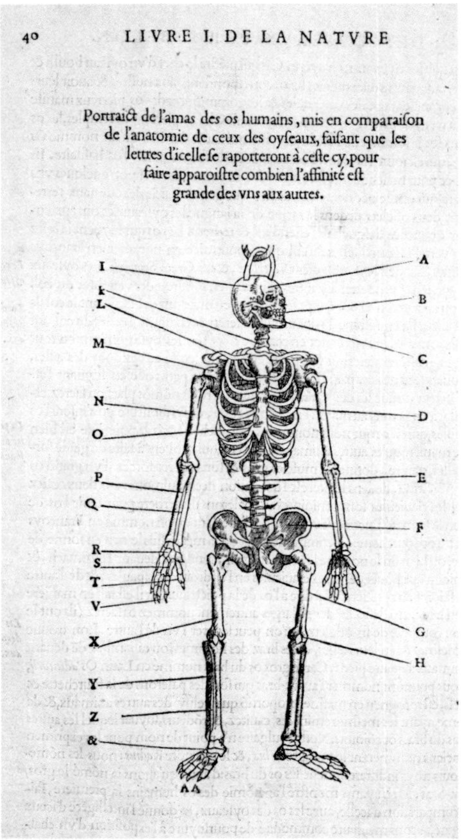

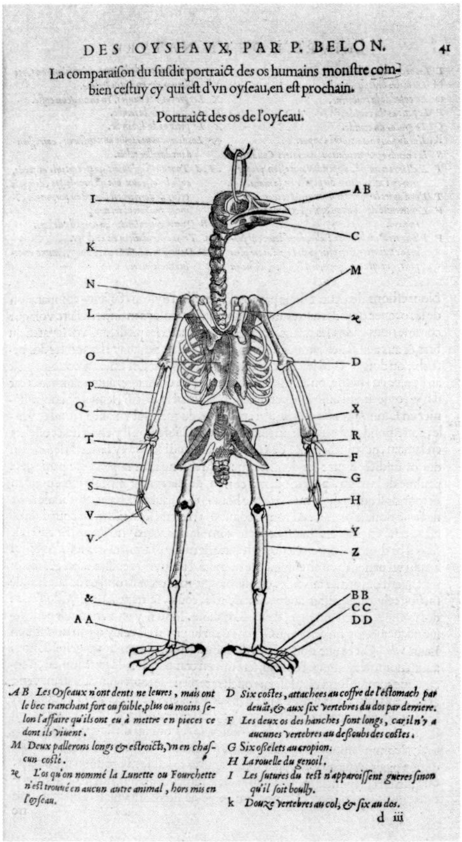

《鸟类志》中的插图，出版于 1555 年。贝隆记录了人类和鸟类骨架的同源性。他未下有进化意义的结论，而是惊叹于自然秩序的统一性。

当时的贝隆觉得“鱼”就是任何在水中生活的生物。实际上这本书大部分内容描述的生物在现代生物学家看来都不是鱼类，如鲸目动物（鲸和海豚）、河马和鹦鹉螺。在这本书 55 页的篇幅内，只有大约 10 页左右的内容描述的是现代意义上的鱼类。在后来的作品中，他将鱼类物种的名单扩增到了一百多个。不过，《部分奇异鱼类志》一书的真正价值不是贝隆的分类，而是他基于亲自解剖进行的解剖学描述。贝隆虽然将海豚当作鱼类，但他发现海豚与陆地哺乳动物一样有呼吸空气的肺、乳腺、四腔心脏以及胎盘，它出现在一幅海豚胎儿的木版插画里。贝隆对于海豚胎儿的描画常常被视作胚胎学的起源。

火鸡，包括雄鸟和雌鸟，来自手工上色版的《鸟类志》。这种鸟当时刚刚从美洲引进欧洲。

贝隆的最后也是最著名的一部作品是关于鸟类的专著《鸟类志》，出版于1555年，他为这本书解剖了大约两百种鸟类。基于它们的生活习性和解剖学特征，贝隆将鸟类分为六个类群：捕猎鸟类，平足水鸟，无平足水鸟，在地面上做巢的鸟类，在树篱和灌木丛中栖息的鸟类，以及可在几种生境中生活的鸟类。虽然他的分类体系与现代鸟类分类学相比还十分粗糙，但与之前作者按照字母表排序的做法相比，已经前进了一大步。

同源性

一张图画胜过千言万语，贝隆的《鸟类志》中就有这样一幅图，它对于科学所产生的影响比他出版的所有文字加在一起所产生的还要大。这幅图将鸟和人类的骨架并排放在一起，每块相对应的骨骼都做了标记，通过这幅图可以看出，虽然鸟类和人类的外形存在巨大差异，但是它们的骨架是根据相同的基本框架构建起来的；它们拥有相同的部位，只是这些部位呈现出一定程度的变形。这个被称之为同源性的观念可以追溯至亚里士多德，但它从未被如此清晰明了地表达出来。不同生物器官和身体结构的同源性是一个非常重要的概念，它直接导致了进化思想在后面几个世纪的出现。不过对于贝隆来说，这只是说明了生物的统一性，并没有迹象表明他曾经考虑过一种生物转变为另一种生物的可能性。这是一个供后来思想家们考虑的问题。

最后的岁月

贝隆关于鸟类的书籍为他赢得了荣誉：弗朗西斯的继任者亨利二世批准将这本书献给自己，并向贝隆许诺了一笔皇家津贴（这个承诺他很快就忘掉了——贝隆在上诉了几年之后才拿到钱）。在后来的职业生涯中，贝隆将注意力转移到了科学的实际应用中。他拿到了行医执照，还花费大量精力试验，试图在法国驯化外来作物。

他的暴力死亡事件仍然是个谜。他有可能只是偶然被强盗所害，不过据有些人推测，考虑到他的声望以及与皇室的联系，这是一场政治暗杀。

楠川幸子 / 撰

康拉德·格斯纳

现代动物学的开端

(1516–1565 年)

是怎样的人才能够用他的智慧宣扬小小的蚂蚁和
蜜蜂令人赞叹的勤劳精神,……是傻乎乎的
事情,仍然充满了高贵可称道的品质……

爱德华·托普塞,《四足野兽志》,1607 年

今天人们铭记着康拉德·格斯纳在两个领域做出的贡献:目录学和博物学。1545 年,他编写了《世界书目》,在这本著作中列出了自从古典时期以来所有作者写出的所有书的标题,这次尝试也让他成为了现代目录学的先驱。在博物学方面,他最著名的作品是简明扼要的《动物志》。格斯纳还写过"从泥土中挖出的物体"(即化石),他发现这些东西和自然界中的其他物体很相似:他也因此成为第一个出版物中用插图描绘化石的人。格斯纳不太出名的工作领域也许是他在植物学上的大量研究,大量植物素描(有些是格斯纳亲笔所画)以及相应的庞大注释保留到了今天,但他没能在有生之年将自己的《植物志》出版。

1516 年,格斯纳出生于苏黎世,他是一名皮毛商人的儿子。他拥有古典语言学的天赋,曾在斯特拉斯堡、巴塞尔和巴黎求学。他在洛桑市教了三年希腊语,造访了蒙彼利埃,并在那里遇到了法国博物学家纪尧姆·龙德莱和皮埃尔·贝隆(见第 65 页),然后于 1541 年在巴塞尔取得药学博士学位。从那一年起,他开始在苏黎世的卡洛林神学院讲授亚里士多德哲学,并从 1554 年起担任城市医师。除了一次前往意大利的远途旅行,他在苏黎世的职位限制了他的广泛游猎,但格斯纳的房子里堆满了异域动植物的图画、干制标本、宝石、矿物和化石。他还与一名当地外科医生和一位药剂师共享一座收藏颇丰的花园。为了补贴收入,格斯纳写作并编辑了许多书籍。当他在不到 50 岁死于瘟疫的时候,他已经编辑或写作了 60 多本书。

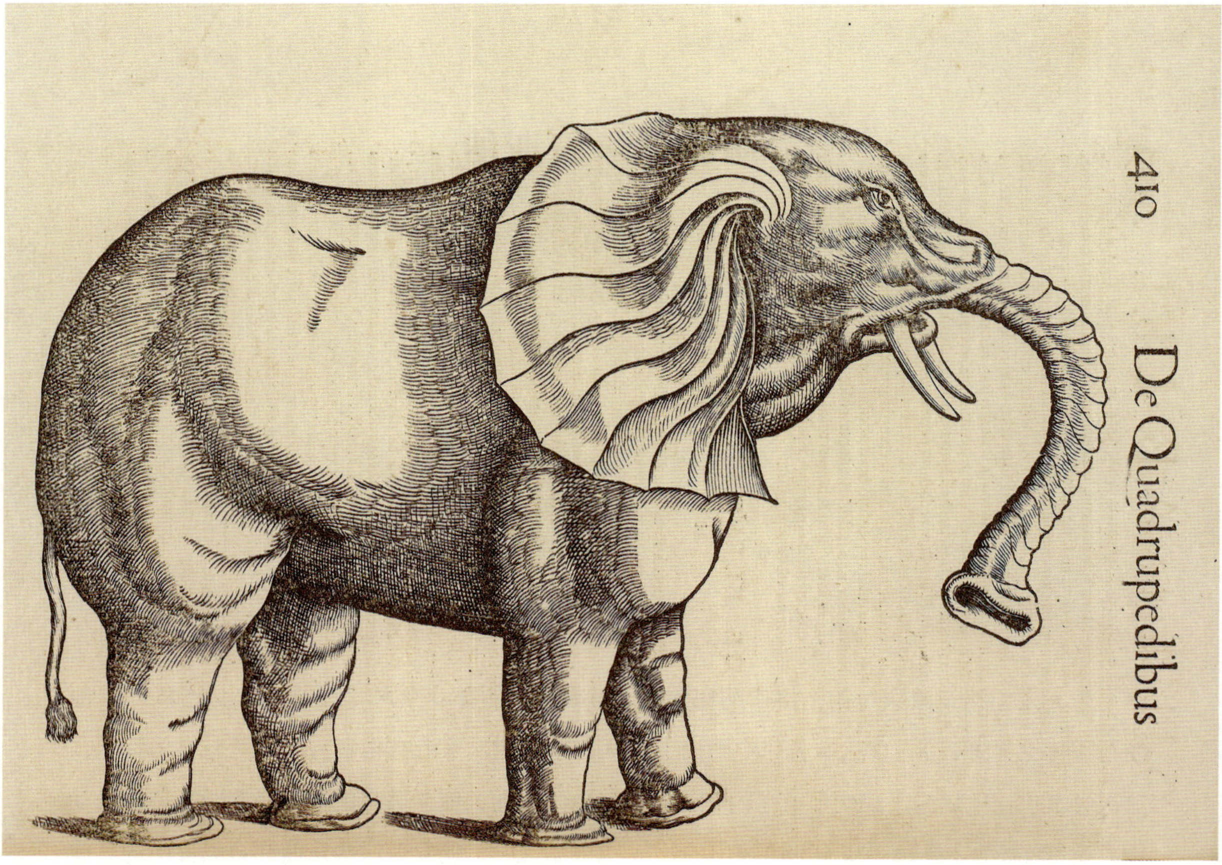

格斯纳的《动物志》中每一个条目都有一幅插图，这里是一头大象；每个条目分成八个部分，最长的那部分往往是关于文献学的。

格斯纳的医生身份是很重要的，因为那个时代对植物、动物和矿物的研究主要都是医生在进行着，是自然药物研究（本草）的一部分。作为一名文艺复兴时期的学者，格斯纳也非常尊崇古希腊和古罗马的古典文明，并以同等的精力研究了许多方面的问题。在他与通信者（其中也有几名医药从业者）交流的信件中，充满了关于书籍的新闻、对迪奥斯科里斯提到过的植物的鉴定（见第 29 页）、医药处方、稀有的动植物和珠宝。这些信件常常附带着真正的种子、动植物图画、干制标本和书籍及其手稿。

动物志

因而，格斯纳最著名的博物学著作《动物志》(1551–1558年)是一名文艺复兴学者、文献学家和医生的作品，它是在大量通信的基础上写成的。这本书的标题当然是在向亚里士多德的同名作品致敬，它也沿用了亚里士多德的分类：第一卷讲述的是胎生四足动物，第二卷是卵生四足动物，第三卷是鸟类，第四卷是水生动物。关于巨蛇的第五卷在格斯纳死后才出版(1587年)。但格斯纳收录的物种比亚里士多德多得多，他还想收集所有现存的有关动物的著述。在这个意义上，格斯纳就像一个涉猎广博的书目编制人那样为自己的早期作品添砖加瓦。格斯纳的《动物志》并不是一本可以从头读到尾的有关动物分类学或形态学的系统性和原创性研究著作，它的用法更像一部词典或参考书。

每个条目都以一幅图画作为开端，然后分为八个部分。在第一部分，格斯纳用各种语言列出该动物的名字，比如：大象在希腊语和拉丁语中叫作“elephas”，在希伯来语和波斯语中叫作“phil”，意大利语叫作“leophante”，德语中称为“helfant”，英语中叫“olyfant”，而在伊利里亚语中是“slon”。第二部分介绍该动物生活的地区，以及不同地区的种类有怎样的不同之处：非洲象要比印度象更高更强壮。

第三部分描述该动物的外形特征和生活习性：大象的坚硬深色皮肤看起来好像是剥了皮又结痂的样子；它利用皮肤的褶皱抓苍蝇；它的声音像是低沉的小号；它吃大麦、无花果、葡萄和洋葱，但它要是吃了变色龙，除非用野橄榄解毒，否则一定会中毒死去。这部分常常能让格斯纳运用自己关于植物的知识。在描述狼时这一部分就占了50页，其中有16页用来讨论“狼毒药剂”的真正特性，迪奥斯科里斯认为这是一类对狼有毒性的物质。第四部分列出了动物的性格：大象热爱家乡，崇拜星星、太阳和月亮，群居生活，坚贞，对监护人忠诚，讨厌老鼠，害怕火。

第五部分涉及的是动物除了食物或药物之外的用途。例如：格斯纳在这里列出了包括汉尼拔在内的历史著名人物，他曾在军事行动中使用过大象。第六部分给出了如何吃整个动物或某些部位的详细方法。大象这一部分的内容相当简短，而野兔、猪、鸡和鸡蛋的相关内容极其充实，格斯纳引用了大量古希腊名医盖伦对它们营养价值的论断以及古罗马美食家阿比修斯的菜谱。第七部分列出了动物的药用价值：根据老普林尼的说法(见第35页)，大象的血对于风湿病和坐骨神经痛有治疗作用；拉齐指出泡在醋里的大象肉干和茴香种子会导致流产；据迪

612 De Auibus

¶ Sunt qui hanc auem Germanicè Lufftuogel appellent, hoc est auem aeris: siue quòd in aere semper ferè degat, siue quòd eo etiam uiuere uulgò existimetur. Quidam receptaculum putant sub alis habere fœminam, ubi oua foueat. ¶ Reges Marmin (in Moluccis insulis) paucis antè annis immortales animas esse credere cœpere; haud alio argumento ducti, quàm quòd auiculam quandam pulcherrimam, nunquam terræ aut cuiquã alīj rei quæ in terra esset insidere animaduerterent, sed aliquando ex summo æthere exanimem in humum decidere. Et cum Mahumethani qui ad eos commercij causa commearent, hanc auiculam in paradiso ortam, paradisum uerò locum animarum quæ uita functę essent, attestarentur, induerunt hi reguli Mahumethi sectam, quòd hæc de hoc animarum loco mira polliceretur. Auiculam uerò mamuco diata, id est auiculã dei appellant: quam adeò sanctè religioseq; habent, ut se ea reges tutos in bello existimēt, etiamsi suo more in prima acie collocati

这幅天堂鸟是格斯纳从学者兼古文物收藏家康拉德·波伊廷格那里得到的。格斯纳记述到一只天堂鸟在纽伦堡可以卖到100泰勒（德国旧银币名）。

奥斯科里斯所言，象牙粉末调成的糊状物可以治疗甲沟炎。这一部分对于医生特别有用，他们可以发现某种动物全面的医药价值。

最后一部分是文献学的：在这里，格斯纳列出了动物名称所有可能的意义和用法。它包括词源、诨名（大象又被称之为“绅士”、“亲爱的”和“大块头”）、比喻性用法（如象皮病是麻风病的一种）、动物的象征、以动物命名的生物、岩石和植物（如“象皮兔”是一种拥有坚硬黑色皮肤的野兔）；从动物名称衍生出来的地名（根据古希腊地理学家斯特拉博的说法，阿拉伯半岛的一座山名曰“象山”）和一切与“大象”这个词有关的说法，如谚语“印度象从不为蚊子的叮咬操心”。这部分是格斯纳的真正本行，也正是这部分才让这部巨著变得如此丰满。

格斯纳关于大象的条目典型地代表了他在整部《动物志》中使用的方法。在基于好奇心进行的检视中，它好像只是呈现了关于动物的一系列真实和虚构的描述，罗列出了医学、动物学、文献学和历史上的信息。但作为一名文艺复兴学者，格斯纳的首要目标是编纂与某种特定动物有关的所有记述。从这个角度来看，一味地评价他在博物学研究中的“原创性”是不可取的。例如：他关于鸟类的一卷严重地依赖乌利塞·阿尔德罗万迪（见第 58 页）的作品，而关于鱼类的一卷广泛引用了纪尧姆·龙德莱、皮埃尔·贝隆（见第 65 页）和希波吕托斯·萨尔维亚尼的书籍。甚至连图片也常常是从不同的来源那里借用过来的——驯鹿的图片来自于奥劳斯·马格纳斯的地图，长颈鹿的一幅图片来自于伯恩哈德·冯·布莱顿巴赫的《通向神圣之地的旅程》，而最为人熟知的是，犀牛的形象复制于阿尔布雷希特·丢勒著名的木版画。

来源纲要

格斯纳在犬类的八个部分共耗费了 197 页，与之相比，他对新世界动物种类进行的描述更短且不完整，这很容易理解。并不是格斯纳描述的所有动物、鸟类和鱼类都事先经过他本人的第一手观察，了解这一点很重要。像大象和犰狳这样的动物非常稀有，要想得到它们更是超出一般的艰难和昂贵，简直就像要拥有独角兽的角一样。于是格斯纳利用一切可能依靠自己的通信者寄来图画、描述和稀有动物的部位，由于直接确认某种稀有动物的存在是非常困难的，它的确认只能最终通过文字来建立。这就是为什么在格斯纳的《动物志》中，大象、犰狳和独

ACCIDIT errore quodam, ut pictor dum stirpes aliquot è meo pictarum stirpium thesauro pro his Cordi libris depingeret, has etiam numero quinq; ad Cordi libros nõ pertinentes, in formis ligneis expresserit. quod ne frustrà factum esset (nostrum enim stirpibus quod meditamur uolumen, an cum eiusmodi aut aliter factis iconibus, olim Deo largiente edituri simus, nondum constituimus.) Cordi libris hîc eas subiungere, & ad tuam humanitatem, optimè & charissimè mi Colline, mittere uolui. tu enim inter Pharmacopœos eruditione excellis, & meum in Stirpibus inuestigandis studium benignè iuuas, communicandis subindè ijs quæ in patria tua herbarum feracissima, non uulgaria tibi se offerunt. His igitur fruere interim, donec tandem nostrum etiam De Fontibus Heluetiæ & Germaniæ medicatis, iam dudum in tuam gratiam inchoatũ, & propter alias occupationes intermissum librum absoluero. Vale. Tiguri decimo Calend. Ianuarij, instantis anni M. D. LX.

DE TVLIPA TVRCARVM.

HOC Anno à natiuitate Domini M. D. LIX. initio Aprilis, Augustæ, in horto magnifici uiri Ioannis Heinrichi Heruuarti uidi herbam hîc exhibitam, ortam è semine quod Byzantio (uel ut alii, è Cappadocia) allatum erat. Florebat tũ temporis, flore uno pulcherrimè rubente, magno, instar lilii rubri, octonis condito foliis: quorum quatuor foris sũt, & totidem intus, odore suauissimo, leni, & subtili, qui breui euanescit. Color interius pallidus est aut subflauus: & stamina tanquam croci, in medio intercepta ceu geniculo, ipsa quoq; octona, ex
[...]bus itidem alia exterius paulò sunt, alia interius. Calix nullus. Caulis est circiter (id est
[...]itos octo) longa, Orcheωn ferè foliorum figura, modice recuruato margine,
[...]on adeò quidem ut pictura præ se fert, quam anteà expressam amicus quidam

Aa ij

郁金香的第一张印刷图片，1561 年：格斯纳于 1559 年 4 月在奥格斯堡的约翰·海因里希·赫瓦特的花园中见到了一棵红色郁金香。他的朋友，来自托尔高的医生约翰内斯·肯特曼曾经跟他说过，郁金香（*Tulip*）的名字来源于土耳其人对一种达尔马西亚式帽子的称呼。

角兽享有同样的信任程度。就像格斯纳在对独角兽进行描述的那一部分中记录了《圣经》以及亚里士多德、伊良、老普林尼和大艾伯特作品中提到的独角野兽那样，在天堂鸟的形态学描述（没有脚）和起源（来自摩鹿加群岛）上，他还引用了当时很受人们尊敬的医生们的说法，并引述了从皇室秘书马克西米利安·特兰西尔瓦努那里得到的消息，称摩鹿加群岛的统治者们曾将这些鸟类作为礼物送给了法王查理五世。这样的文献来源并不是只在为稀有动物增添可信度时才引用：即使是格斯纳本人拥有活的标本并能够提供自己的描述的时候——以豚鼠为例——他仍然引用了捐赠者富格尔家族的医生约翰·海因里希·蒙青格尔的描述，还增加了彼得·马特尔在他关于新世界的书中对这种动物的叙述。

格斯纳在记录和报告同辈人文字的时候跟他对待古代作家同样小心。在有些情况下，这些描述构成了对已知物种进行比较和构建相似之处的基础。于是 1531 年在萨尔茨堡发现的一种后腿较长的四足动物被认为是萨梯（希腊神话中的森林之神，具有部分人身和部分马、羊身，好女色），因为有大量可以引用的古典时期和中世纪描述为证。这就是一个新奇动物如何被吸纳入传统类别的例子。并不是所有新世界的动物种类都能以这种方式处理，但它们的数量还尚未达到令已有的知识结构无法容纳的关键节点。相反地，在这个时代，格斯纳仍然可以寄希望于让自己周围的世界在过去和现在学者的话语中保持合理性。这是一种非常学究气的组织知识的方式，现代历史学称之为“博学者的经验主义”。格斯纳对待植物的方式相似：在检视未知的植物物种时，他常常会参考关于“药物学”的古典和当代作品。

格斯纳的《动物志》还展示了他对于词语的迷恋：作为一名文艺复兴时期的学者，他将丰沛的词语和表达视作文明的标记，他对于语言多样性也非常感兴趣。对于格斯纳来说，语言是上帝赐予的礼物，它将人类与其他生物区别开来。实际上，他说过每种动物的历史都是献给造物主上帝的赞美诗。于是格斯纳的博物学研究是一项充满信仰的事业，既带有追溯古典世界的厚重历史感，又装点着人类语言的多样性和财富。

第三章

启蒙之光

尼古拉斯·斯坦诺
约翰·雷
罗伯特·胡克
安东尼·范·列文虎克
汉斯·斯隆爵士
玛丽亚·西比拉·梅里安
马克·凯茨比
卡尔·林奈
布封伯爵
格奥尔格·斯特勒
米歇尔·阿当松
伊拉斯谟斯·达尔文
威廉·巴特拉姆
约瑟夫·班克斯
约翰·克里斯蒂安·法布里丘斯
詹姆斯·赫顿
让-巴蒂斯特·拉马克
安东尼-劳伦·德·裕苏
乔治·居维叶

文艺复兴时期的博物学家们在对自然世界的描述和分类上已经做出了重要的进步，摆脱了博物学对于医药和其他实际用途的依赖，但这个学科仍然受到古人的束缚。即使是更激进的思想家如康拉德·格斯纳这样一位依据图画甚或真实标本进行命名和描述的人，在很大程度上也不过只是在阐明亚里士多德关于“狮子”或“老虎”的概念，而不是依赖自己用有判断性的眼光观察它们。但随着大量充满着异域风情的新奇动植物被发现，欧洲人第一次觉察到这种保守的方法学不足以应付这种局面。将新动物硬塞进古典分类体系的过程在某些北美动物的俗名中留下了印记——美洲狮（cougar）被叫作山狮（Moutain Lion），因为古典时期的世界只有狮子，于是这个名字才会被教会接受。

然而，到了 16 世纪末，博物学家们和哲学家们对于当时理解和描述世界的方式产生了质疑。科学和发现的全新时代开始了，这个时代的发端受到了两个人相当程度的影响：一位是英国政治家、散文家和哲学家弗朗西斯·培根，另一位是法国哲学家和数学家勒内·笛卡尔。培根将自己在剑桥的导师们形容为“一群拥有敏锐智慧的人，但脑子里只有几个古代学者，主要是亚里士多德，他们的独裁者”，这说明他对于只从古代文本获取知识的依赖性非常反感。相反地，他鼓励人们“对自然发问”，通过观察和试验的方式了解上帝的作品。像培根一样，笛卡尔也挑战了古典学者的主导地位，并且看到了试验在理解世界中的重要性，但他的情况是要构建一个预先成型的理论。他的机械论哲学认为宇宙中所有活着的生物都受到某种钟表般机械装置的驱动，这一观点为后来的 17 世纪科学家如罗伯特·胡克和艾萨克·牛顿爵士提供了启示。

这些观察并描述自然世界的新方法强烈地影响了一批于 1640 年代开始在英国聚会的学者，当时护国公奥利弗·克伦威尔的统治对科学研究较为友好，他们的活动得到了鼓励。到了 1660 年代，这个学术团体接受了皇家宪章（这也许有点讽刺，因为它们起源于共和主义者），于

右页图：查尔斯·达尔文的祖父伊拉斯谟斯·达尔文是英国启蒙运动的领导人物之一。他感兴趣的范围十分广泛，从机械装置到胚胎学、农业和进化。这幅细部叶片结构的雕版画来自于他的著作《农业和园艺的植物学或哲学》（1800 年）。

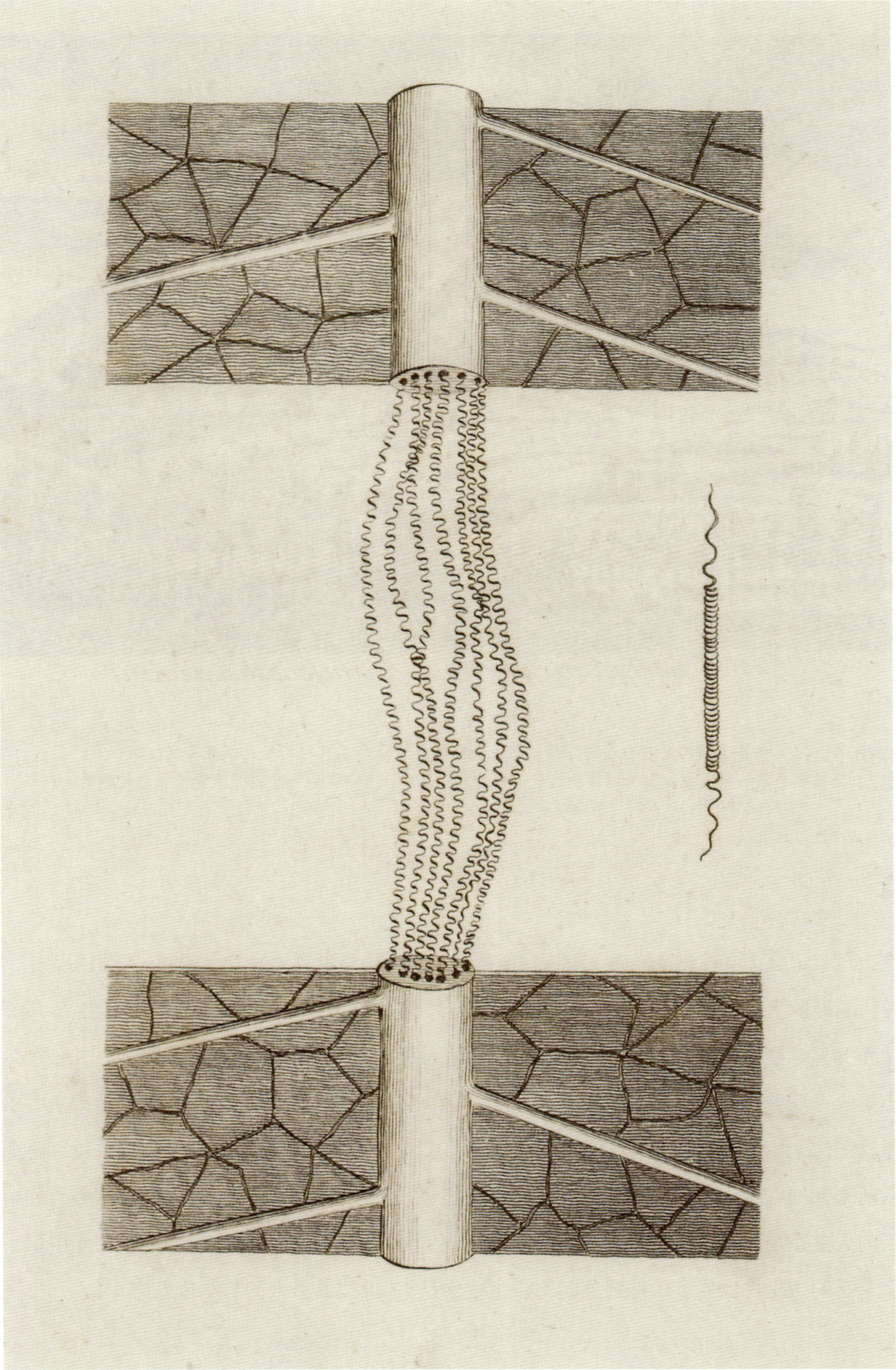

堪察加半岛，格奥尔格·斯特勒在白令领导的俄国北极探险队中领略了这样的风光，并将其收录在自己出版的旅行记述中。斯特勒是第一批受雇参加大型探险远航的博物学家之一，并且是第一个描述大量北极动植物的人。

是伦敦皇家学会（或称皇家学会）就这样诞生了，至今仍是世界上最有声望的科学组织之一。启蒙时代的许多伟大博物学家都是学会的成员和官员，还有些人担任过备受尊崇的学会主席。

作为皇家学会的成立人之一，罗伯特·胡克被任命为学会试验活动的策划人，并被视为世界上第一个职业科学家。在他的其他成就中，胡克还是显微镜学的先驱之一，在他的主要著作《微物图志》中，胡克通过他的显微镜展示了许多奇观，如：以巨大尺寸呈现的跳蚤和许多其他以前未知的结构，包括细胞在内。胡克的工作极大地鼓舞了一位只受过很少正规教育的荷兰布匹商人安东尼·范·列文虎克，后者用自己简单但制作精良的设备在一滴池塘的水中展示了一个全新的微生物世界。由他建立起的微生物学是17世纪最重大的科学成就之一。

收集和分类

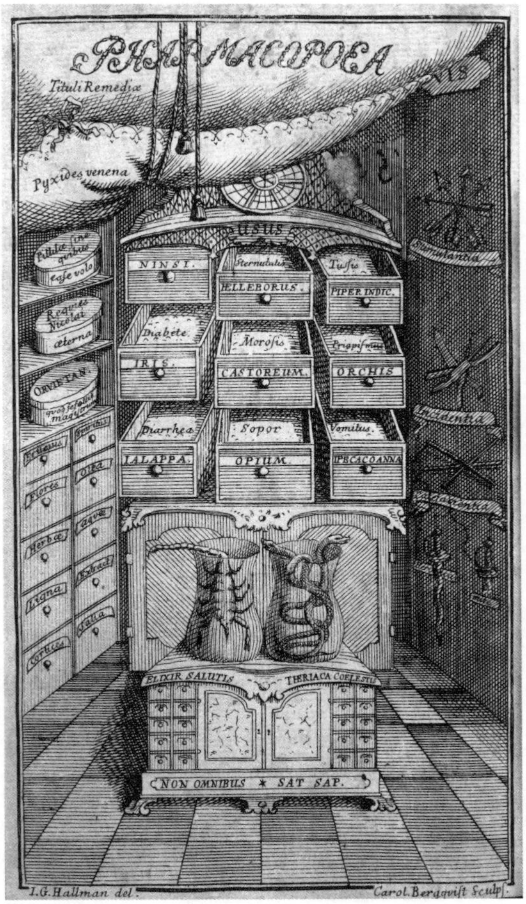

药剂师的橱柜，这幅图构成了卡尔·林奈《药物学第一书，植物》(1749年)的扉页。林奈是一位瑞典医生，他发明了一种基于植物性器官的简单可行的分类系统——这在当时震惊并惹怒了许多人。

科学革命所面对的最具有挑战性的智力难题是对自然世界的命名和分类。没有这样一个框架，生物学中的任何进展都是不可能发生的。切萨尔皮诺等人在文艺复兴时期取得了一些进步，但他们仍然坚持着亚里士多德的信条，认为人类拥有进行分类的能力，并且使用一系列既定的“本质的”性状，如植物果实和花朵的某些特定部位来理解物种之间的关系。这种哲学不仅受到了博物学家的挑战，当时的哲学家如约翰·洛克也否认人类拥有认知这样的所谓本质的能力。洛克的朋友，牧师约翰·雷，第一次将严格的科学方法应用在这个问题上。雷基于一整套性状设计了自然分类系统，这一系统可将不同的物种真实地按照亲缘关系联系在一起。不幸的是，雷的分类系统过于麻烦，难以用于此时的科学家们面对的大量新发现的动植物。

颇有些矛盾的是，瑞典医生卡尔·林奈促进了但也阻碍了生物界秩序的建立。对于雷试图创造自然系统的努力，林奈表示非常尊敬，不过他设计了一个更为简单和实用主义的系统，可以让博物学家们快速直接地鉴定和定名新物种。他的系统与之前“本质主义”的方法相似，只使用一些花部性状来定义类群，虽然这种分类方法相对容易使用，但它却把一些明显相关的物种分到了不同的类群中。这套分类方法的简单促进了英国和其他地方人们对博物学研究的兴趣，这一点是林奈应得的荣誉。不过，他为现代科学留下的最大一笔遗产是用于物种命名的双

哥本哈根大学的解剖室，这里是尼古拉斯·斯坦诺接受医学训练的地方。作为一名聪慧的解剖学家，斯坦诺后来对化石着了迷，这反过来又让他开始推测岩石的形成机制以及它们是如何一层层堆积起来的。

名法。雷这一代人仍然使用长长的拉丁语句（多词学名）来命名植物，例如：犬堇菜被称作*Viola caule demum adscendente, foliis oblongo-cordatis*（描述了其生活习性和叶子的形状）。

林奈推行了一种更为简单的双名系统，其中第一个词代表该生物所属的较大类群，属——如这个例子中的*Viola*（堇菜属）；第二个词代表这个属内的某个具体的物种——在这里应是*canina*（犬）；于是*Viola canina*（犬堇菜）这个名字就可以指代这种特定的植物，而不是其他物种。例如：作为现代人类的我们，拉丁学名是*Homo sapiens*（智人），而我们已经灭绝了的近亲尼安德特人的学名是*Homo neanderthalensis*。

林奈提出的新分类方法在法国遭到了大规模的抵制，那里对自然系统的研究仍在延续着雷的工作思路。正是在这个知识气息浓郁的地方，人类取得了一些关键的哲学上的进步。首先，布封伯爵暗示也许同一类群，如同一科的生物，来源于共同的祖先——这是一个相对低调的猜测，它预示着两百年后以进化为基础的现代分类系统。直接推动分类系统发展的是植物学家家族裕苏家族和他们的同事米歇尔·阿当松在创造自然分类方法上所做出的努力。

阿当松对于自己在塞内加尔收集的新奇植物进行了观察，并得到这样的结论：为得到自然的分类结果，不但必须研究植物的大量形状，而且在对这些植物进行透彻研究并理解其结构之前不能事先选择出这些形状进行研究。因此，他坚决地反对林奈只选用少量基础性状的分类方法。在当时，阿当松的理论并没有受到应有的注意，一直到安东尼-劳伦·德·裕苏才将这种新的方法学应用于实践。裕苏将植物界分为数百个科，其中某些科一直沿用到今天，他还认识到并不是所有的性状都有同样的重要性——有些性状在分类中比其他形状更有价值。

植物分类学的革命在昆虫世界也有所反映，主要体现在丹麦昆虫学家约翰·克里斯蒂安·法布里丘斯的工作上。像他的导师林奈一样，法布里丘斯更喜欢用一些基础性状来创造自己的类群。他的人为分类体系并未能沿用下来，但他的确成了那个时代——或许是所有时代——最受人尊敬的昆虫学家之一，他一个人完成了描述一万种昆虫的伟大成就。

罗伯特·胡克最著名的是他通过显微镜对自然进行的研究，但他对于自然科学的其他方面也很有兴趣。这是他发明的一个装置，“可以描绘任何东西的草稿”，他在1694年将这个装置送到了皇家学院。

探险家和先驱

当然，所有这些分类者和描述者的活动都要依赖标本的收集。有时他们自己收集标本，但更常见的情况是他们依赖于那些探险家兼博物学家，这些人冒着生命危险在不断扩张的自然中采集并记录。这些先驱者的背景各异，有时候他们的利益会让他们置身于意想不到的境况之中。威廉·丹皮尔因其三次环游世界而闻名，又因其与滋扰东印度公司的海盗们的联系而声名狼藉。作为一个博物学家的他不应该被低估，早在库克船长抵达植物学湾七十多年前，丹皮尔就已经在澳大利亚西北部采集植物了。查尔斯·达尔文非常重视他的日记，并将他称为“老丹皮尔”。也许汉斯·斯隆爵士是最伟大的收藏家之一，这位著名的医生兼科学家在一次前往牙买加的航行中为自己采集了许多标本，他的著作《牙买加博物志》对这次航行做了描述，而且他收集的物品超过了四十万件，这些

马克·凯茨比是第一批研究美国内陆动植物的博物学家之一，他在自己的《卡罗来纳、佛罗里达和巴哈马群岛博物志》(1732–1743年)一书中发表了亲自绘画的卡罗来纳鹦哥(*Conuropsis carolinensis*)。大约一百年后，约翰·詹姆斯·奥杜邦也画了这种鸟类(见第255页)；后来它在野外灭绝了。

物品不光来自自然界，还有印刷品、图画、古董和硬币。这些物品在他去世时被卖给了英国，它们构成了大英博物馆的基础。

斯隆是皇家学会的一名富有且极具影响力的成员，他还愿意赞助其他年轻的博物学家。其中有一位年轻人，就是探索美国内陆的先驱马克·凯茨比。在斯隆和其他有名望的人如卡罗来纳殖民地总督的支持下，凯茨比成为了最伟大的博物学家之一，并被认为是美国鸟类学的奠基人。他用出众的天赋留下了许多鸟类、植物收藏和精美水彩画。

凯茨比虽然出生于英国，他却帮助建立了北美博物学研究的传统，这些传统又被后来的先驱们所继承。威廉·巴特拉姆就是其中之一，他是第一个土生土长的著名美国博物学家。巴特拉姆在美国南部进行了广泛的游历，采集、记录并描画着自然世界。他出版了关于自己新生祖国植物的著作，并得到了美国总统托马斯·杰斐逊非常高的尊重。他将科学探索和浪漫的描述结合起来，鼓舞了美国和世界各地的追随者。

当凯茨比和巴特拉姆在北美内陆冒着生命危险追求知识的时候，一名年轻的德国科学家正在寒冷的北方经受考验。格奥尔格·斯特勒是第一批被雇用加入大型探险远航的博物学家之一，陪伴他的是维图斯·白令领导的一支俄国探险队，他们的目标是测绘堪察加半岛和阿拉斯加可能存在的新领地。斯特勒经受住了极端恶劣的条件（白令则没有挺过去），进行着收集和观察，并成为了第一个描述大量北美北极地区动植物（包括现已灭绝的斯特勒海牛）的欧洲人。

斯特勒的日记曾被后来的探险家们使用，特别是詹姆斯·库克船长在他的北极远航中参考了它们。库克最为人熟知的是他去往太平洋岛屿、澳大利亚和新西兰的第一次航行。他表面上是为航海用途记录金星凌日的天文现象，其实真正的任务是寻找据说存在于南太平洋的南方大陆。库克像白令一样，也随船带着博物学家，这次他带的是约瑟夫·班克斯和丹尼尔·索兰德，他们对沿途地域的动植物进行了首次记录和收集。于是，就像在他之前的充满热情的年轻人凯茨比和斯特勒一样，班克斯可以视作一股更强大力量——西方帝国的扩张——的手段。博物学研究在经济和政治上的潜力日益明显，班克斯成了它的最大推手之一。

进化学说的背景

生物界的分类和描述的确是一个智力上的挑战，但越来越多的博物学家们也在凝视着脚下的坚实土地，思索为什么会有这多么不同种类的岩石，地球的面貌是否始终如一。这样的疑问与宗教信仰是冲突的，也在考验着他们自己的信念。

尤色大主教曾根据《圣经》推算出地球是在公元前 4004 年 10 月 26 日那天创造出来的。

这幅图是伊拉斯谟斯·达尔文的作品，他认为胚胎形成于双亲的“微小颗粒”，并将变异与有性繁殖联系了起来，为进化理论的建立提供了一定程度的基础。

但地球表面的侵蚀痕迹和深深的峡谷沟壑说明这些过程所经历的时间更久远得多。与此同时，坚固的岩石中镶嵌着的古老生物——化石——的发现也成了一个亟待解释的难题。化石激起了丹麦医生尼古拉斯·斯坦诺的强烈兴趣，他将活鲨鱼的牙齿和被称为舌石（*glossopetrae*）的物体进行比较，发现这些东西显然是古代鲨鱼的残留遗体，从而确信化石是有机起源的。他将兴趣从解剖学转移到搜集化石，并推测自己发现的各种贝类化石是在曾覆盖地球的海洋中生活的生物遗迹，或者它们曾在淡水河和湖泊中生存，后来被诺亚洪水冲入海中。斯坦诺还意识到岩石的分层现象，并推测山脉是其中的泥层陷落变成空腔而形成的。

这个时代还出现过许多其他理论，其中有些就像斯坦诺的理论一样在后来证明是错误的，但至少它们是以理性的方式诞生的，不再那么依赖传说和神话。富于雄心壮志的布封伯爵致力于博物学的所有研究领域，包括地球的性质在内。根据一度熔化的地球以一定速度冷却的理论，布封曾推测地球的年龄为大约七十五万年。这几乎让他与天主教会产生危险的冲突，但布封聪明地将自己的理论和《圣经》中的七日创世记以及人类的出现结合了起来。

在18世纪后半叶，两个关于地球起源的主要理论成为了主流。第一种理论与斯坦诺的学说相似，以水的力量为基础，代表人物是德国地质学家亚伯拉罕·沃纳。他设想了一个一度被水覆盖的世界，其中岩石是由矿物质结晶形成的，而火山只不过是无足轻重的在地下燃烧的煤而已。与沃纳和“水成论者”截然对立的是“火成论者”。苏格兰地质学家詹姆斯·赫顿认为地球的外貌是由火山活动和侵蚀作用共同造成的结果，而且最重要的是，这个过程仍然在进行之中。赫顿相信地球在周期性的过程中发生变化，这个想法本身是正确的，但他没能正确理解有关内部机制。不过他的科学研究方法和做出的巨大贡献为自己在伟大博物学家中争得一席之地。

赫顿取得的进展在一位极具影响力的法国解剖学家乔治·居维叶那里得到了证实。作为一个聪明而固执的人，居维叶用他的灾变说统治了科学舞台，这个学说认为世界和其中的生命形式是由一系列灾难性的洪水决定的，最后一次这样的洪水就是《圣经》中描述的诺亚洪水。这个有权势的人几乎长年阻碍了地质学的发展，他也坚定地反对任何进化观点，但的确承认化石是已经不再存在的世界留给现在的浮光掠影，并通过他的灾变说理论解释化石现象：这些灭绝的生物在洪水中走到了尽头。不过，居维叶是一位优秀的比较解剖学家，并使用自己的能力鉴定了已经灭绝的大型树懒大地懒（*Megatherium*）以及其他化石。

无论这些不同的理论各有怎样的价值，它们至少都基于一个前提：地球是变化的——虽然怎么变和变化速度这样的问题仍然处于争论之中。但是生物界呢？18世纪初期的流行观点是生物界是既定不变的，地球上业已生长繁殖的动植物在创世纪的那一刻便已经存在于世界上。然而，日益增长的化石证据让这个说法越来越站不住脚。

正是查尔斯·达尔文的祖父伊拉斯谟斯·达尔文首先提出了可靠的进化理论。作为一个极具智慧的博学者，伊拉斯谟斯·达尔文使用散文和诗歌的形式出版了自己的理论，这一做法在浪漫主义运动中受到了很大的欢迎。

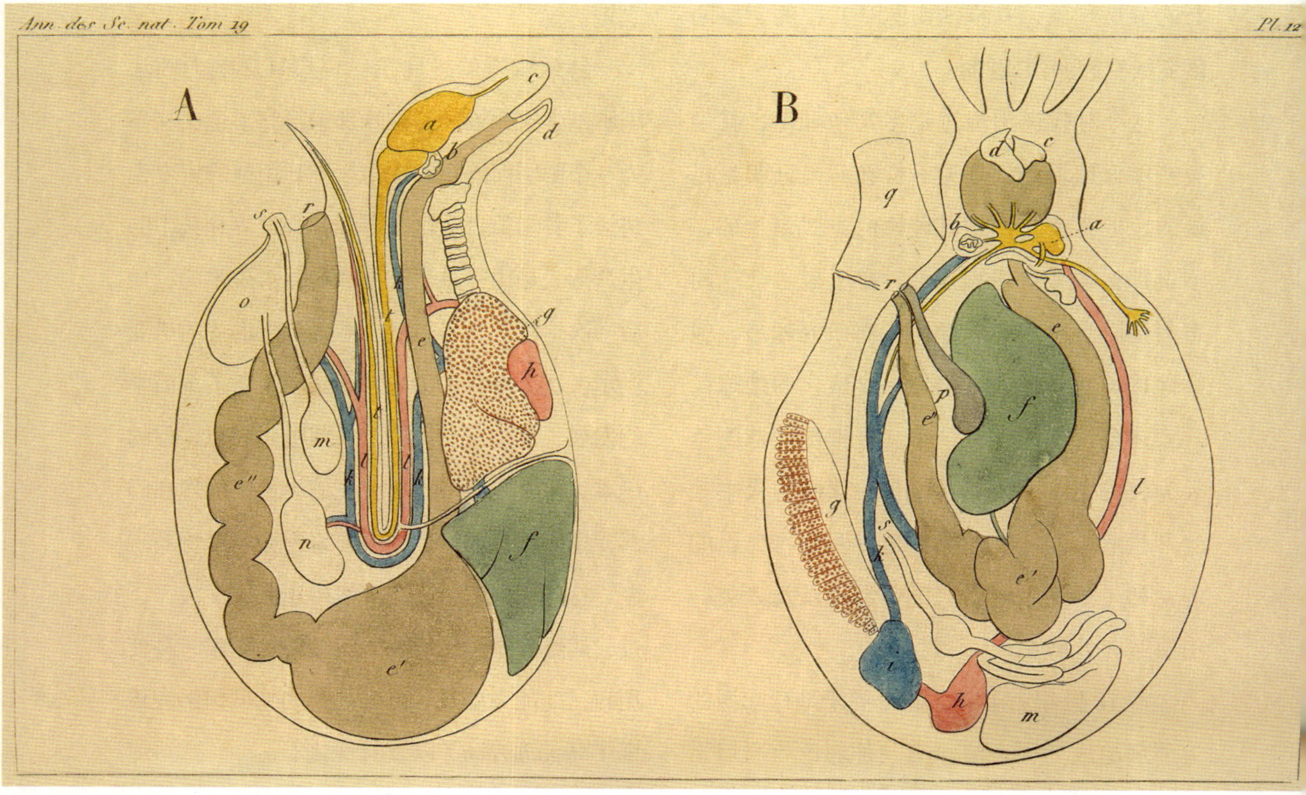

乔治·居维叶是一名伟大的科学家和技艺高超的比较解剖学家——这幅版画摘自他的《自然科学年鉴》(1830年)，它比较了脊椎动物和头足类动物的解剖结构。然而，居维叶一直坚定不移地反对进化观念。

虽然他并没有提到自然选择这样的东西，但他的确利用自己对自然世界和胚胎学的观察说明了物种可以通过竞争和性选择发生变化。

前达尔文时代最著名的进化理论之一是让-巴蒂斯特·拉马克提出来的。拉马克对于进化现象的推测——获得性遗传——常常得到不公平的误解，他本人也因为这些被后人记住并品头论足，但少有人记住他作为一个声誉卓著的科学家对物种永恒性观念进行的挑战，以及他在无脊椎动物分类方面做出的杰出成就。拉马克和居维叶都对查尔斯·达尔文产生了影响，他们和赫顿及其他人一起为下一世纪开创性进化理论的提出奠定了基石。

艾伦·卡特勒/撰

尼古拉斯·斯坦诺

揭露地球过去的地质面貌
（1638-1686年）

我们的思维认为没有什么东西能够为自己的知识设限，但当它撤退到自己的居所的时候，它却无法描述这个居所，并且不再了解自己。

尼古拉斯·斯坦诺，《大脑解剖志》，1669年

尼古拉斯·斯坦诺打开了通往地球广阔的地质历史的大门。常常被称为地质学之父的他是第一个提出地质学科学原则的人，通过这些原则，研究地球的学生们可以用研究岩层的方式揭开它的历史。但斯坦诺（他的丹麦本名是尼尔斯·斯坦森）并不仅仅是一名早期地质学家，他首先是一名解剖学家并拥有极高超的解剖技术，他所进行的调查颠覆了当时关于肌肉、心脏和大脑的流行观念。

出生于1638年的斯坦诺生活在一个科学成为世界新智力力量的时代，而他的热情和智力上的严密帮助了科学方法的塑造，并决定了科学的发展轨迹。然而在声誉正盛的时候，他却选择抛弃了自己的科学事业并成为了一名牧师，慰藉德国北部穷苦人的灵魂，直到1686年去世，享年仅48岁。

心脏与灵魂

1665年年初的一天，巴黎的知识精英们汇聚一堂，前来聆听来自丹麦的一位年轻解剖学家的演讲。尼古拉斯·斯坦诺是哥本哈根一名金匠的儿子，他已经因为许多重要发现赢得了荣

TAB. IV.

·LAMIAE PISCIS CAPVT·

·EIVSDEM LAMIAE DENTES·

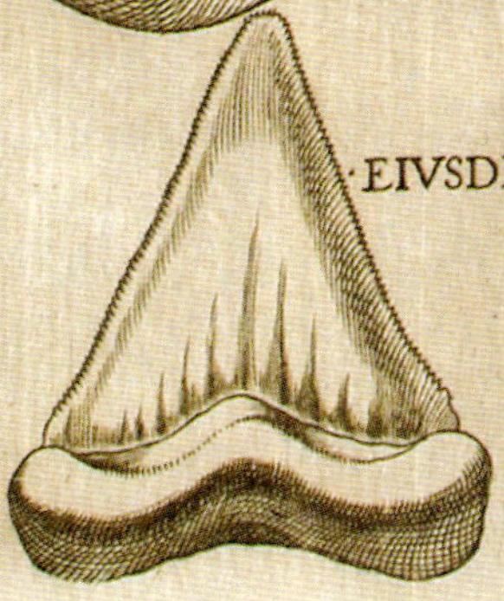

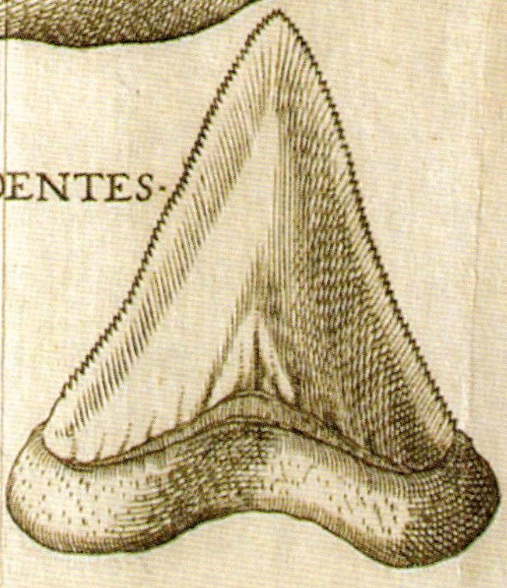

誉。他拥有进行精密解剖的本事，能够用解剖刀梳理出最精细的解剖学结构，就像巴黎的一份报纸记载的那样："他呈现的内容是如此生动，人们不得不相信，他们思考的只有一件事，那就是为什么这些会逃过之前所有解剖学家的眼睛。"

在这个时候，所谓的科学革命正处于顶峰。伽利略已经死去了 20 年，但他的思想仍在欧洲产生着广泛的影响。在英国的剑桥大学，一个名叫艾萨克·牛顿的学生开始思索重力之谜。那些自称为自然哲学家的人们为生活中的谜团寻找机械主义的解释，而不是魔幻的说法。对于这些谜团中最大的一个，他们只需将目光放在自己的身体上就能发现。

在机械主义的观点看来，一个物理实体是没有办法自己产生运动的。必须有什么东西通过某种方式推动它。但肌肉是如何运作的呢？动物和人如何能够让自己的身体运动？心脏又是怎么回事呢？是什么让它保持跳动？斯坦诺之前的发现在这些问题上迈出了重大的一步。在仔细地解剖了肌肉之后，他认定肌肉是由一束束可伸缩的纤维组成的，而不是像其他人所断言的那样是气球一样的结构，当注入"动能精神"的时候就会膨胀起来。他解剖心脏后得到的结论也

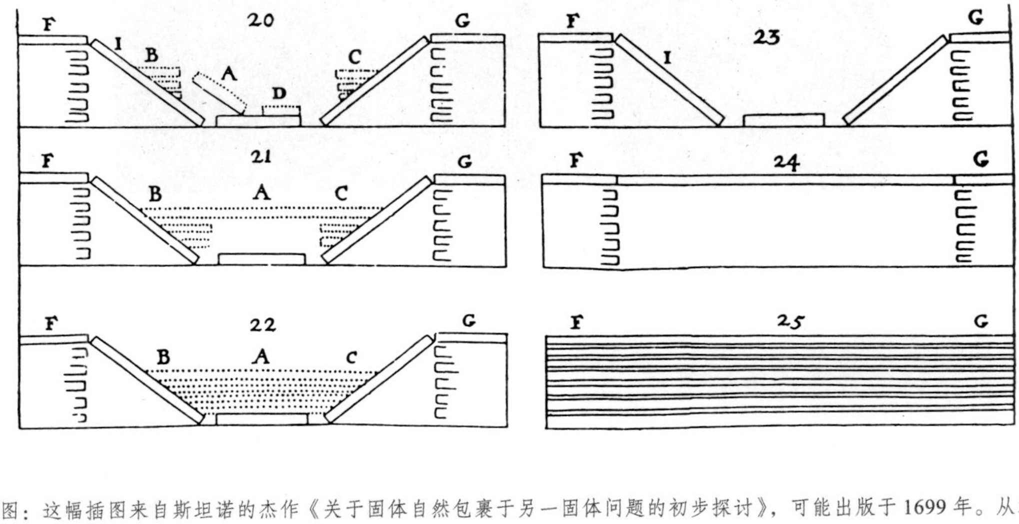

上图：这幅插图来自斯坦诺的杰作《关于固体自然包裹于另一固体问题的初步探讨》，可能出版于 1699 年。从右下角开始，这幅图展示了托斯卡纳地区岩层堆积的不同阶段和地形的形成过程。这是第一幅出版的地质剖面图。

左页图：这幅插图来自于斯坦诺的《鲨鱼头部解剖》，1667 年出版于佛罗伦萨。鲨鱼的牙齿和被称作舌石的一种化石极为相似，这给斯坦诺留下了深刻的印象。这让他决定调查化石以及包裹它们的岩石的起源。

斯坦诺肖像，绘制于1667年或1668年，他当时生活在佛罗伦萨，正专注于地质学工作。

和当时的主流想法背道而驰——心脏并不是盛满沸腾血液的锅炉，也不是灵魂的居所。它不是由什么特殊材料构成的，仔细地观察显示心脏只不过是肌肉而起。然而根据机械主义哲学，这是不可能的。许多斯坦诺的同事拒绝接受心脏的肌肉性质这一说法，即使在他向他们亲自演示了自己的解剖之后。

斯坦诺在巴黎的演讲还涉及了灵魂栖居之所的另一个可能：大脑。大脑的柔韧组织让它非常难以进行解剖。于是，各种关于它的结构和运作方式的推测层出不穷，法国数学家和哲学家勒内·笛卡尔曾推断灵魂位于坚果形状的松果腺里。松果腺位于大脑中间，笛卡尔设想它通过扭曲和转动扯动大脑组织，从而像拉线木偶那样控制身体，但笛卡尔得到这个结论更多的是依靠推理而不是通过解剖学观察。这次演讲的听众们希望这位天才的年轻解剖学家能够用自己无可匹敌的解剖技术发现能够一劳永逸地解决这个问题的细节。

这次演讲是一次精心杰作。斯坦诺涉及了当时已知的关于大脑结构的一切方面，并马上颠覆了笛卡尔的理论。那在解剖学上根本说不通：松果腺没有自由运动的空间，它不能像笛卡尔所设想的那样发生旋转。科学必须建立在对自然的观察上，而不能依赖纯粹的推理，无论这种推理是多么精致，斯坦诺如是警示着自己的听众。科学不会受任何既定方法或哲学的束缚，一个人必须沿着自己的观察所指引的方向前进。关于大脑的基本结构还有太多未知之处，这给其工作机理的推测带来了很大空间。至于人类的灵魂及其本质——或许这根本不是科学能够解决的问题。

化石之谜

第二年，斯坦诺前往意大利，他是以费迪南德·德·美第奇大公的客人身份来到佛罗伦萨的。费迪南德曾是伽利略的赞助人，并赞助成立了一所学院，让伽利略的门徒在其中进行试验和科学研究。当有人在托斯卡纳海岸附近捕到一只巨型鲨鱼的时候，费迪南德邀请斯坦诺前来对它进行解剖。在很多方面，这对斯坦诺都只是一次例行的解剖过程，但这次解剖中的一个发现改变了他的职业道路和科学发展的道路。斯坦诺注意到这只鲨鱼的牙齿在每个细节上都极像一种药用石头，当时叫作“舌石”。这些石头当时被认为是在泥土中长出来的，或者是在暴风雨中从天上掉下来的，但斯坦诺认为牙齿和石头的相似性绝不是巧合。

人们自古代以来就发现了贝类或其他海洋生物形状的岩石，高山上以及距离海边很遥远的地方都能看到这种石头。一个解释是它们是一次大洪水留下的遗迹，很可能和《圣经》中提到的诺亚洪水有关。但很难解释的是洪水怎么会让贝壳石化，以及为什么它们会深深地埋在地球的地壳中。而且在有些地方它们的数量非常巨大，很难相信是一次短时间的事件如诺亚洪水造成了这种现象。

亚里士多德（见第19页）和其他希腊学者提出，陆地和海洋每隔一段漫长的时间就会交换位置，但这个观点对于大多数17世纪的欧洲人都难以接受。根据《圣经》学者的说法，《创世记》中所描述的地球的创造过程只不过发生在不到6000年前。没人相信在这么短的时间内，高山能够隆起，海洋可以干涸。关于贝类化石最合理的解释或许是它们只不过是地球中长出的不寻常的石头，尽管它们的样子长得很像海洋生物。

然而斯坦诺不能接受这个解释。作为一名解剖学家，他相信动物体内任何一个器官或组织的所有细节都是有其功能的。拥有完美形状的牙齿和贝壳并不是偶然形成的，但是贝壳和牙齿是怎么嵌入坚硬的岩石中的？而它们在陆地上干什么呢？这个问题让斯坦诺着迷不已，他将自己的解剖学研究放到一边，将全部的时间花在调查化石上面。费迪南德也明显动了兴趣，他同意赞助斯坦诺在托斯卡纳周游，以搜集化石和研究这里的岩床。

固体中的固体

斯坦诺的努力换来的是他的杰作：《关于固体自然包裹于另一固体问题的初步探讨》，又称为斯坦诺的《初步探讨》或《论固体》，它包含了地质科学的基本原理。斯坦诺记录了非生物固体（如水晶）和生物固体（如贝壳和骨头）在生长上的区别。他意识到包含化石的岩石最早是柔软的沉积物，它们是在贝壳或骨头被埋进之后才硬化变成坚硬的岩石的。虽然今天的地质学家们知道并不是所有的岩石都是从沉积物变化而来的——火成岩来自于冷却凝固的液态岩浆，而变质岩是其他岩石在高温高压下变质转化而成的——但斯坦诺对于沉积岩的认识仍然是地质学发展中的关键一步。

在进一步的洞见中，斯坦诺意识到水晶或贝壳的增加，或者说贝壳埋藏在沉积物中的推理及论证过程，也可以同样运用在更大的尺度中：地球的岩层。岩层是在漫长的时间里按顺序一层层堆积而成的。地理学家们把这种现象叫作斯坦诺的“叠覆律”：在一系列沉积岩层中，最底部的岩层是最古老的（最先堆积的），它上面的岩层则越来越年轻。岩层（以及埋藏在其中的化石）因此成了地球过去历史时期的记录。斯坦诺还宣称水成沉积物都是水平分层堆积的（“初始水平性”原则），而且它们会横向扩展，形成连续不断的片状结构（“横向连续性”原则）。因此，倾斜或折叠的岩层说明过去曾经发生了地壳运动，而缺少顶层的岩层说明发生了断层现象或者岩床被侵蚀了。

斯坦诺无法预料到的是，后来的科学家们根据他确立的原则推算出地球的年龄是46亿年，海洋也起起落落了很多次，以及地球的地壳是由一直在运动着的不同板块形成的。在他对托斯卡纳岩层的观察中，他能够推断出的是这里的陆地至少被海洋覆盖过两次，并且岩层至少发生过一次倾斜和移动。在当时，唯一被广泛接受的地球早期历史记录是《创世记》。虽然其中的记录是权威性的，至少在忠实的信徒看来，但它缺少细节。斯坦诺将自己的科学视为填补其中一些空白的方式，自然这部鸿篇巨制和《圣经》中的章节应该是互补的。它们都出自于同一个神圣的作者，因而不可能有自相矛盾之处。似乎让斯坦诺感到满意的是，至少在一般意义上，《圣经》的经文和岩层传达了同一个信息：无论什么时候，只要上帝愿意，他都有淹没大地或升起高山的力量。

斯坦诺的遗产

《论固体》中呈现的地质学观念并没有立刻受到斯坦诺同代人的认同。他有一些很有名望的支持者，如英国科学家罗伯特·波义耳和德国数学家戈特弗里德·莱布尼茨，但对于大多数人来说，地质变化的观念仍然是不可想象的。斯坦诺计划进行一段更长久的工作，但这个计划很快就因为自己的私务搁浅了。1667年，在忍受了长年的精神痛苦之后，他放弃了出生以来一直信奉的路德宗教义，改皈天主教。最后，神学将他从地质学身边带走，就像当初地质学让他远离了解剖学一样。1675年他接受了神职并成为一名牧师。短短两年之后，他就被升任主教并被派往德国北部，为那里人数不多的天主教信众服务。宣誓安贫守贞之后，他过着苦行主义的生活，生活的严厉毁了他的健康。他去世于1686年。

在斯坦诺死后的那一个世纪，工业革命中对煤炭和其他资源的需求促进了对地球地壳结构的研究兴趣，而斯坦诺的地质学观念最终得到了证实。为他宗教职业生涯而授予的荣誉到来得要晚一些：1988年，教皇约翰·保罗二世为他行了宣福礼。

METHODUS
PLANTARUM
NOVA

罗伯特·赫胥黎/撰

约翰·雷

英国的亚里士多德

（1627–1705年）

不要满足于从书本上学习，只是阅读他人已经写就的东西并且相信谬误甚于相信真理，让我们自己来审视万物，就像与书本对话那样与自然对话吧。

约翰·雷，《上帝的智慧》，1691年

在17世纪中期，英国正在经历一场政治和经济上的骚乱和动荡，与此同时科学思想也正发生激进的变化。自然世界的学生们在此之前必须在很大程度上依赖古人的智慧，如亚里士多德——他被教会视为唯一的权威。哲学家兼政治家弗朗西斯·培根爵士已经挑战了这一教条，提出人应该通过试验和观察“对自然发问”，而不是不加批判地像奴隶一样重复着早已逝去的人们的作品。约翰·雷就出现在这样的背景下，他是一个出身卑微的虔诚的宗教人士，他一丝不苟而且讲究逻辑的方法为生物界的理解、命名和分类奠定了准确的科学基础。

1627年，雷出生于埃塞克斯郡的布莱克诺特利，他是一名乡村铁匠的儿子。他的母亲是一名草药医生，她激发了雷对于自然世界尤其是植物的兴趣。雷的学术能力很早就得到了赏识，在一项赞助贫困学生的奖学金的帮助下，他得以在1644年进入剑桥大学的凯瑟琳城堡（如今的圣凯瑟琳学院）学习，等待他的是一份神职。不久之后，他转入三一学院，那里更注重数学和语言的学习，跟他的兴趣更接近。1648年，他取得了学位并掌握了成为演说家、语言学家和博物学家的全部技能，随后他在剑桥大学的一系列高级职位上履职，并始终保持着传教士的身

左页图：缪斯女神低头看着两个儿童，他们篮子中的鲜花和水果好像是采自植物园中：这是雷1682年出版的《植物新方法》一书的藏书票，他在这本书中发表了自己的植物自然分类系统。

份。雷是一名很受学生欢迎和爱戴的导师，他的很多学生都成了他的密友和同事。其中之一是一位富有的年轻人弗朗西斯·威洛比，他在后来对雷的工作产生了巨大影响。在教学和传教之余，雷还进行了博物学研究，在三一学院的空地上建立了一座小型植物园。即使是在不佳的健康状况中（恶劣的健康状况时断时续，追随了他一生），他仍然高效地利用自己的时间收集并研究了剑桥郡乡间的植物，并在1660年匿名出版了《剑桥植物名录》，他第一本关于自然世界的作品。书中包括对约六百七十一个植物物种的描述，出版这本书的目的是促进人们对植物学的兴趣，当时这门学科在剑桥被忽视得非常严重。雷和他的朋友们甚至常常因为他们不合时宜的追求遭到嘲笑。

在这本书的前言中，雷写道："我现在的目的是想用一种方式复兴几乎断绝了的植物学研究……前方还有更广阔的图景。这本小书也许能激励其他人在他们自己所在的地方进行类似的调查，乃至于完成全本的《大英植物志》。"正如其所清晰地宣称的那样，这本书被视为一场编纂英国动植物的更大工程的一部分。雷和威洛比为此在英伦三岛进行了数次远行。在1661年的一次远行中，他们遭遇了被处决后身首异处的阿盖尔伯爵和詹姆斯·格思里教士——这提醒着他们自己所生活的时代，也预示着雷的一生将要发生的剧烈变化。

雷在剑桥生活的时期正是英国历史上最动荡和狂乱的时代，内战爆发，国王被处决，不遵守英国国教圣公会的共和体制代替了君主制。这些事件并没有对倾向于清教徒的雷产生太大的影响，但当君主制复辟、圣公会重新建立之后，严厉的法律和限制也随即引入。其中有一条"宗教统一法案"要求所有牧师以及剑桥学者都必须宣誓抛弃之前在共和体制下宣过誓的一条誓言。

雷之前实际上并没宣过这条誓言，并在1660年就被英国圣公会授予了圣职，但他强烈地反对任何迫使人们打破一项庄严誓言的体制。出于原则，他辞去了自己在剑桥的职位，因此失去了接触庞大图书馆以及其知识氛围的机会，也断了生计。雷富有的朋友威洛比施以援手，才将他从穷困中拯救出来，威洛比还为他提供了一份适度的收入，并在自己位于沃里克郡米德尔顿城堡的家中收留了雷。

接下来的十年中，雷将大部分的时间花在了周游英国和一次充满灵感的欧洲之旅上。1663年，雷和威洛比以及一个学生一起从多佛起航出发，造访了包括比利时、荷兰、德国、意大利和法国在内的几个国家。他们收集并一丝不苟地记录了在乡间遇到的动植物，描述了他们在市场和码头见到的鱼类，还会见了几位一流的欧洲博物学家。

1666 年，法国国王下令所有英国人必须离开法国，他们被迫回家。据说雷是乘坐一辆拉鱼的手推车回到家来的，对于这位日后成为地中海鱼类世界权威的人来说，倒也不失为一种合适的交通方式。

雷这时已经成为了自然科学界的一个重要人物，并在羽翼未丰的皇家学会的会报上发表了许多论文，1667 年他被接收为皇家学会会员。然而，1672 年他人生的第二次重大打击到来了，威洛比在这一年去世，年仅 37 岁。雷还能和新婚不久的妻子在米德尔顿短暂停留一段时间，但尽管他拥有很高的个人魅力，威洛比的遗孀却并不欢迎他，于是他选择了离开，失去了接触威洛比的笔记和多年收藏的机会。雷最终偕妻子和两个女儿回到了埃塞克斯郡，并在自己母亲弥留之际搬到了她在布莱克诺特利的村舍。之后他一直在这里生活并在每况愈下的健康状况下继续着自己的工作，直到 1705 年去世。

约翰·雷的肖像，作者未知。作为一名虔诚的基督徒，雷认为自然界的复杂不可能是随机产生的结果。

植物的分类

虽然雷将自己智慧和逻辑的方法应用在了自然世界的所有领域，不过他的主要兴趣在于植物学，特别是植物的分类。到 17 世纪末，博物学家们面临的最重要的挑战是为从全球新开发的土地来到欧洲的大量动植物物种进行命名和分类。当时大部分分类系统都来源于古代，并且严重依赖或真实或想象的医药性质。一些之前的博物学家如安德烈亚·切萨尔皮诺（见第 62 页）采取了更为科学的方法，但他们的分类只基于一或两个性状将植物分成不同类群。这些“人为”分类系统可以将植物严格地分门别类，但很少能够揭示它们真实的亲缘关系。虽然雷曾在自己的早期作品中做过分类的尝试，但他还是把主要的精力更多地集中在了通过观察和试验更详细地了解植物的结构和生物学机制上面，而且他通过这种方式明确了许多基本原则。例如：通过对种子的解剖和观察，他注意到植物可以根据拥有一或两片子叶分为两大类。单子叶植物纲和双子叶植物纲直到今天还是重要的基础分类类群。雷对科学最重要而持久的贡献是物种的观念。当时人们对于分类基本单位的认知常常是很奇怪的，例如：有些学者认为蝴蝶和毛虫是不同的物种。雷给出的物种定义是：一群共享许多性状并且这些性状能够被后代继承的个体。而且他进一步列出了如植物高度等其他在分类中没有价值，应该避免使用的性状。他写道："无论个体或物种中存在怎样的变异，只要它们产生于某一植株与该植株的种子长成的植株，它们都是偶然的随机变异，不能用来区分物种。"

雷认为分类系统应该使用尽可能多的性状，才能得到所谓的"自然分类系统"，将真正相关的植物归为同一类群。使用这些基本规则和收集到的大量信息，雷在 1682 年出版的《植物新方法》一书中发表了自己的系统。这个分类系统并不完美——例如：它将乔木、灌木和草本植物分为单独的类群——但可以公正地说它是第一个可信的植物自然分类系统。既然现在有了可行的系统，他又在自己最伟大的著作《植物志》中将它运用到了更宽广的尺度上，这部巨著由三部分组成，分别在 1686 年、1688 年和 1704 年陆续出版。在自己的《植物志》中，雷描述了当时已知的所有植物，这些植物的信息要么来自于自己的收藏，要么来自朋友们如汉斯·斯隆爵士搜集的标本（见第 121 页），或者来自可靠的文献来源。超过一万八千种植物被分成一百二十五个类别，其中的许多类别与现代植物分类中的各科对应。这部鸿篇巨制的部分内容实际上是一本植物学教科书，其中包括雷的许多与植物建成、机能、繁殖和施肥相关的试验性工作。

科学和宗教

从 1680 年代末期，雷将注意力转向了动物学、地质学以及自己的宗教信仰所激发的写作。他曾经和威洛比共同研究过几个项目，威洛比去世之后，他感到有义务将这些工作完成。在他的努力下，这些工作成果最后陆续出版，分别是《威洛比鸟类学》（1676 年）、《威洛比鱼类志》（1686 年）和《动物和爬行动物概述》（1691 年）。后来雷又使用威洛比的收藏完成了一部关于昆虫的博物学著作，并在其中补充了自己病弱期间妻子和女儿们为他采集的昆虫，这

这幅雕版插图来自于《威洛比鸟类学》一书，雷在他朋友英年早逝之后，于1676年将这本书出版。

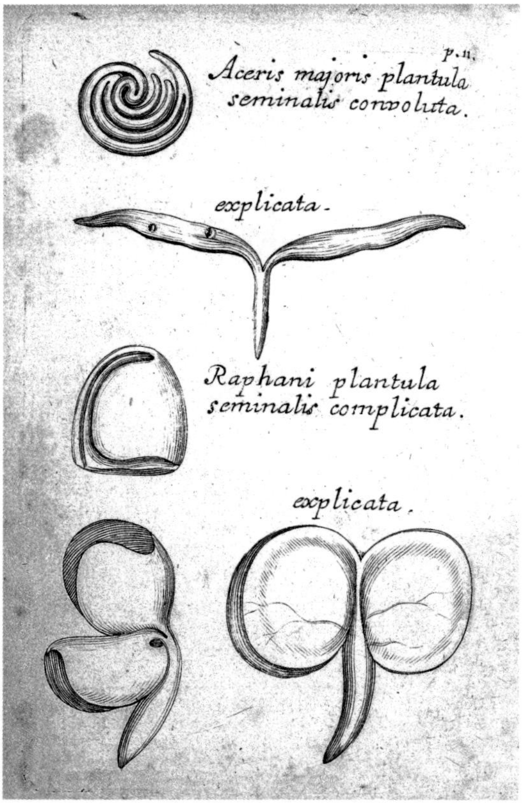

在准备关于植物分类系统的著作时，雷对各种种子进行了试验和解剖，如这张插图所示。他鉴定出了植物的两大类群：单子叶植物纲和双子叶植物纲。

部著作到他死后的1710年才出版。跟他的植物学作品一样，雷将现存的文献收集在一起并剔除了不必要的异名，在需要的地方增添了自己的描述，并致力于创造基于一系列稳定性状的自然分类系统。在这些有精美插图的著作中，就像他在《威洛比鸟类学》的前言里所说的那样，没有空间容纳那些奇幻而神秘的“凤凰、狮身鹰首兽、鸟身女妖等等”。

在他的动物学写作中，雷抓住机会嘲笑了当时流行的自然发生理论——例如：有人相信旅鼠是由腐烂的物质形成的或者是从乌云变成的，因为这能够解释它们突然大规模的出现。雷用嘲讽的口吻指出：“我不相信任何自然发生论，无论是四足动物的还是昆虫的……但我不能忽略这样一个事实，对那些从天而降的生物进行解剖后发现它们体内有刚刚吃进去的草。所以说老鼠和草应该都是在乌云里生成的：奇怪的是天上好像从来没下过草料。”

雷还是英国地质学的先驱之一。在旅行中，他搜集并描述了许多化石物种，并成为第一批最早使用科学方法研究化石的人之一。他在法国遇到了大博物学家尼古拉斯·斯坦诺（见第91页），并对化石是曾经活在地球上的生物遗迹的说法表示赞同——当时大多数其他人都相信化石是地球内部生长出来的，或者是作为一种信仰的考验由上帝放在那里的。雷写道：“最初也最有可能的意见是，它们在最开始是活的鱼类和其他海洋动物的贝壳或骨头。这是古代学者的普遍想法，斯坦诺也是这么说的。”不过，雷一开始并不接受灭绝的概念，尽管他见过无数鹦鹉螺的化石，但他相信它们还在别的什么地方生活着，有待发现。

雷对宗教的强烈热情和使命感极大地影响了他的科学研究，1691年，他出版了一本将自己的信仰和博物学结合起来的著作。《上帝的智慧》中收录了他的博物学观察和他在剑桥时的一系列布道。通过对自然世界的描述和分类为生物建立秩序之后，他现在开始着手解释整个体系的运行机制。所有这些都属于自然神学的范畴，或者说从自然而不是从神圣启示中领悟上帝的存在。在雷看来，自然世界的复杂程度只可能出自于强大的思维和双手，绝不会只是运气使然。他还认为自然万物都是为了人类而存在的，即使是叮人的牛虻和黄蜂。“在庄严地组织起来的天空和大地上，每一部分和每一成员都有其目的和用处，秩序井然，安排周密，这样令人敬仰的艺术和智慧即是神存在的明证，没有比这更好的证据了。”

在他 77 年的一生中，雷引导了充满谬论和传说的生物研究，为其奠定了坚实的科学基础。他的目的不是为了自我夸耀，而是要清晰地理解上帝的作品并为后来人提供研究的工具。他的物种观念几乎没有变化地保留到了今天，虽然他比较笨拙的分类系统被林奈的简单、人为的系统取代了很多年，但从长远来看，它给予了如今正在使用的基于许多性状的各种自然分类系统以灵感。

Fig: 1.

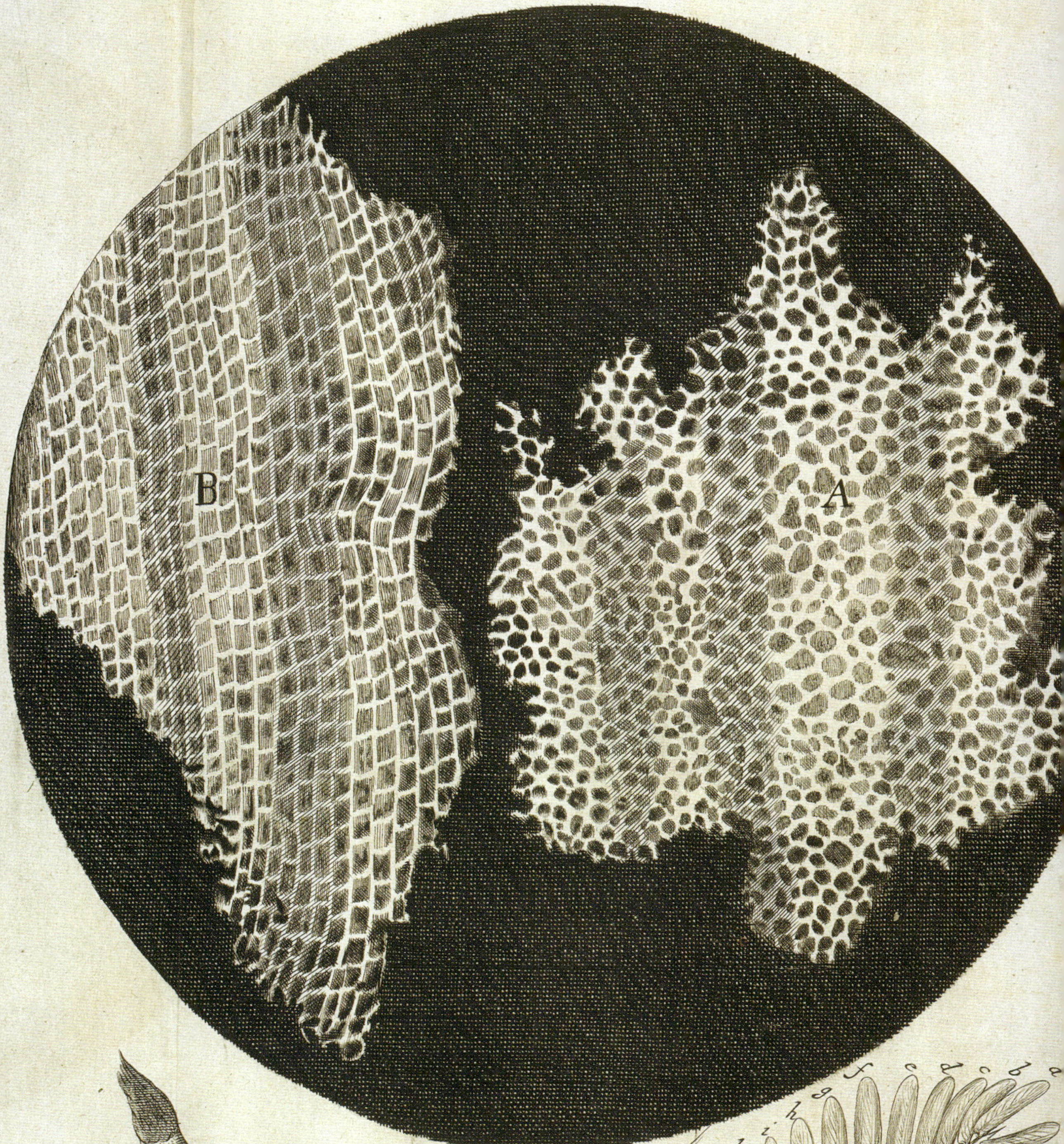

Fig: 2.

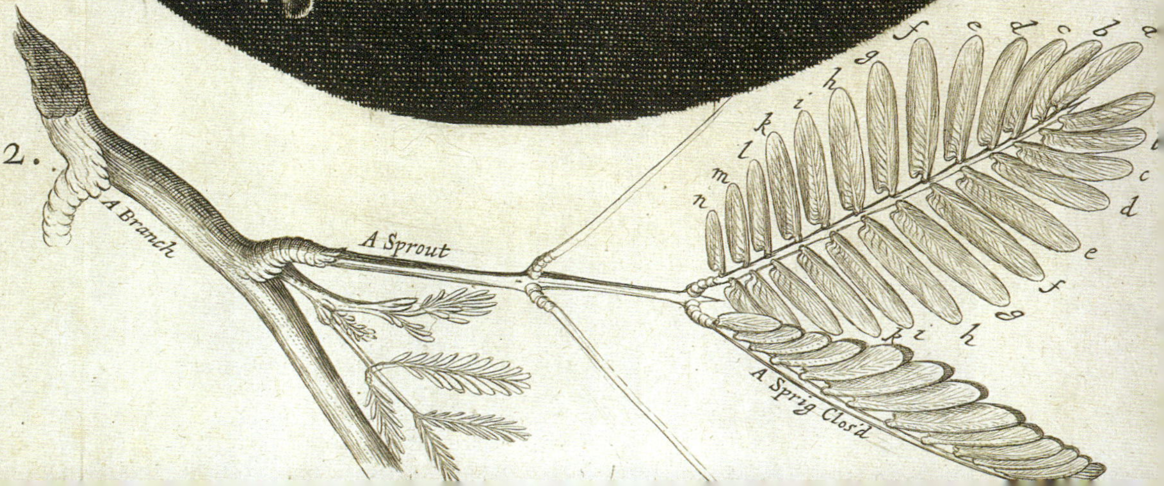

布莱恩·J. 福特/撰

罗伯特·胡克

通过显微镜研究博物学
（1635–1703年）

我常常想，也许有一种方法能够制造出人工合成的黏性物质，这种物质能够达到与蚕分泌出的蚕丝非常高的相似性，或者跟蚕丝一样好，甚至质量更高……我希望，这一线索能够给一些富有天才和探索精神的人们进行试验的动力，如果试验成功，我就达到了我的目标，而我想他们也没有理由不感到高兴。

这段充满洞察力的有关人造纤维的预言摘自早期科学最重要的一批著作之一。这是一部对开本的大部头，名叫《微物图志》，出版于1665年。它的作者罗伯特·胡克是第一位职业科学家，1662年3月25日伦敦皇家学会让他在学会的每次会议期间都进行显微镜演示。他的书中充满了对各式各样物体的推测和描述——从月球陨石坑、针、剃刀到织物样品。大多数页码都是通过显微镜进行的博物学研究：胡克对蚂蚁、虱子、跳蚤和蚊子进行的研究得到了令人惊叹的结果。《微物图志》很快成了畅销书并在两年后再版印刷，本书标志着大众科学时代的到来，它的反响穿越了几个世纪，仍然回荡在今天。甚至今天还可能买到这本书，多年以来已经出版了许多拓本，市面上依然有售。

左页图：罗伯特·胡克最著名的插图展示了纵切（左）和横切（右）的软木塞样本。胡克记录到软木塞是由微型的矩形箱状结构组成的，就像一个个小房间那样——于是他创造了“细胞”（英语中小室的意思）这个术语，并一直沿用至今。1663年4月13日，他在皇家学会的一次会议上进行了这次演示，后来在他的伟大著作《微物图志》（1665年）中将其收录为图11。

这份635页的皇家学会会议记录是胡克记下并用于自己参考的。2006年3月，它出现在伦敦的一场拍卖会上，但在拍卖开始之前由皇家学会以100万英镑购回。这些文件在胡克死后由他的编辑威廉·德勒姆进行了编目，并在德勒姆家族保留了三个多世纪。

1635年7月18日，罗伯特·胡克出生于怀特岛上的弗雷什福德，他幼年多病，甚至无法上学。年幼的罗伯特喜欢在家制造科学玩具——包括日晷和钟表，他的希腊语学得很好，好到足以让威斯敏斯特中学接收。还在上中学的时候，据说他就已经发明了“30种不同的飞行方法”。后来，在牛津大学，他得到了伟大的罗伯特·波义耳的注意，成为了他的研究助手。1660年，波义耳帮助成立了皇家学会，1662年胡克被任命为学会的试验策划人。

显微镜的发现

与流行观点相反的是，《微物图志》并不是第一本有关显微镜的书，皮埃尔·博雷尔在1656年出版的《显微镜观察》才是。博雷尔的作品是一本只有45页的小书，而罗伯特·胡克的大部头不但开本大，还有折叠式插图。胡克最著名的显微镜观察是对木塞进行的，1663年4月13日他进行了演示，发现木塞是由一个个微型的小室组成的。“细胞”（在英文中的意思即小室）这个术语就是这样进入生物学的——但胡克观察的不是木塞中的活细胞，而是死亡细胞干燥的细胞壁。有趣的是，他已经在一周之前观察过活细胞了，4月8日他用显微镜观察了墙壁上苔藓的叶片。发表出来的插图清晰地显示了这些细胞，可当之无愧地视作博物学的里程碑。

在演示过苔藓和木塞之后，他展示的是凯特灵岩石的样本，接踵而来的是其他发现：4月22日是泡在醋里的水蛭和皮革上的霉；4月29日是燧石中的钻石和一只拥有六只眼睛的蜘蛛；雄性和雌性蚊子（5月6日）；针尖，一只蚂蚁和一只苍蝇的头（5月20日）。6月24日，胡克被安排与“威尔金斯博士和雷恩博士”合作，扩大他的演示内容。约翰·威尔金斯是切斯特市的主教，还是学会的秘书，而克里斯多夫·雷恩是一名医生，不过如今人们更熟悉他的建筑，特别是伦敦的圣保罗大教堂。

胡克的洞察力为后来的科学做了许多准备工作。例如：他认为光的自然性质是“以极短振幅横向振动，并且在均匀介质中以直线向前传播”，艾萨克·牛顿正是以此为出发点，才在光学研究上取得了著名的成就。胡克将牛顿视为自己想法的剽窃者，他一定会被“牛顿环”——两块玻璃板压在一起时出现的彩色边缘——这个现代术语激怒。胡克是这一现象的最初研究者，他的名字也真的应该和这种现象联系在一起。他发明的湿度计和对毛细管（他称之为“小玻璃棍”）的研究也同样富于创新性。

胡克的遗产

胡克在1661年至1682年间参加皇家学会会议时所做的记录最近被重新发现，又扩展了我们对他广博学识的认知。这些笔记本来要在2006年被拍卖，但在即将开拍的最后时刻皇家

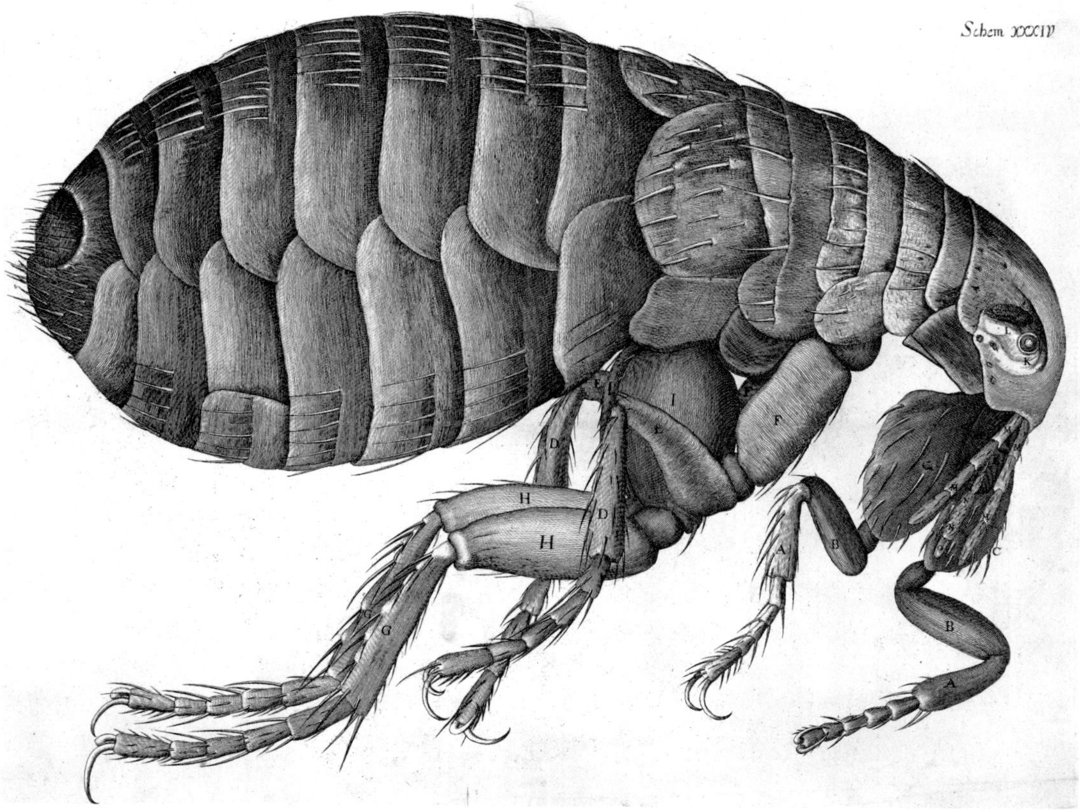

胡克在《微物图志》中加入了两幅折叠式大型插图。有趣的是，这两幅最大的插图展示的是他的读者们最熟悉的两种微小的寄生虫——一只虱子和一只跳蚤，人蚤（*Pulex irritans*）出现在《微物图志》图 34 中，与该书第 201 页相对。

学会将其买走。笔记中包括胡克为精确计时器所做的设计，用试验证明地球自转的提议以及他使用显微镜进行的早期研究的记录。胡克对于机械的兴趣贯穿了一生，他还将自己的信念应用到博物学的世界中去。《微物图志》贯穿始终的主题是如何用物理学解释博物学。

虽然博物学是这本书的主要内容，但其他令人着迷的新奇的讨论也掺杂其中。正是胡克严肃地看待动植物遗留下来的化石并识别出了它们的真正来源，例如：鹦鹉螺的化石在当时被称之为"蛇石"，人们以为它是被诅咒的蛇变成的石头。胡克揭露了真相，他写到，在他看来，一场洪水、地震或风暴曾将它们扔在一起，"含有泥土或黏土，或具有硬化功能的水""在时间

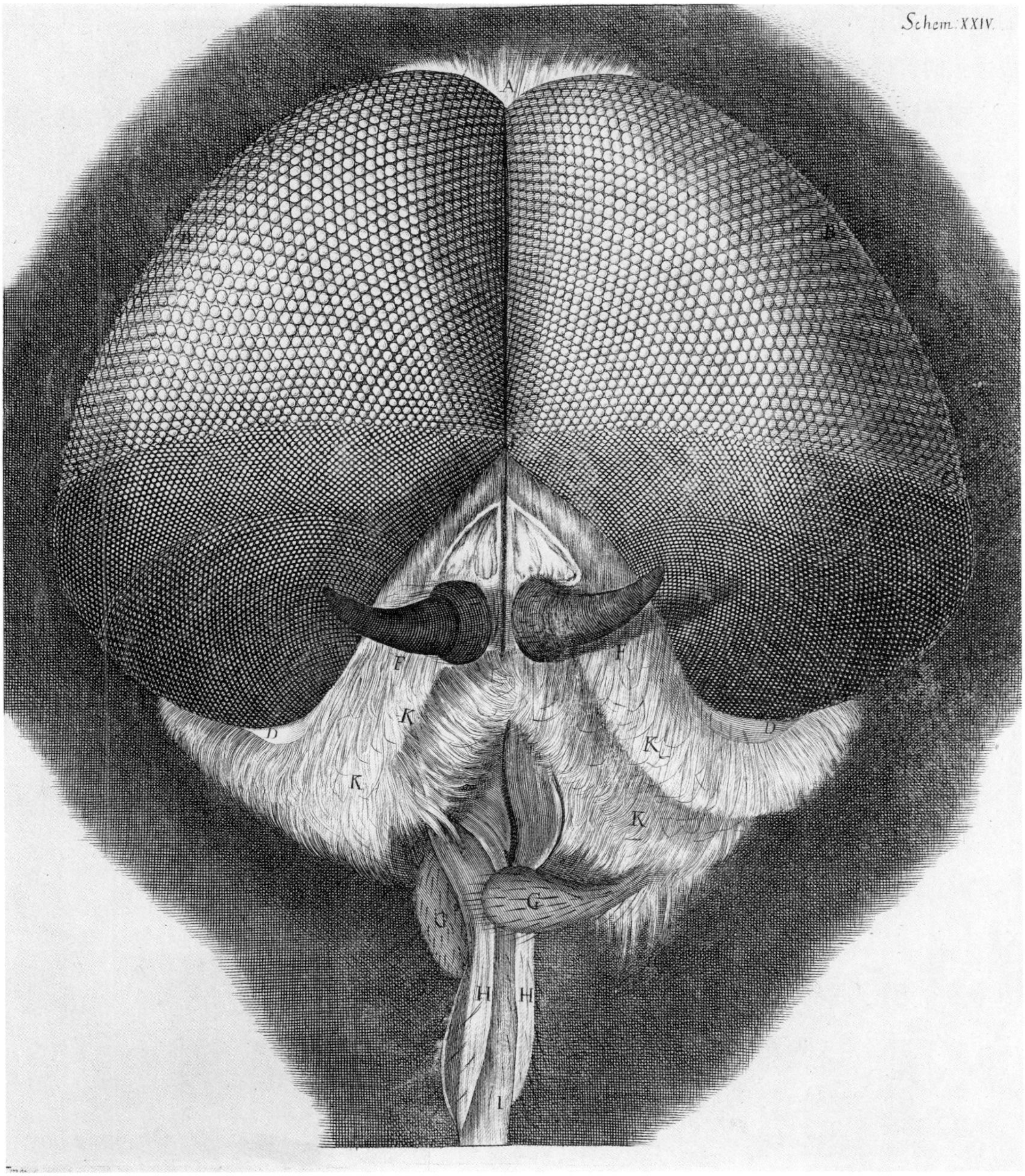

弗朗西斯科·斯泰卢蒂曾在1630年第一次描绘昆虫的复眼。胡克绘制了一幅令人印象深刻的家蝇头部图，图中展示出它那一对巨大的复眼，在《微物图志》中是图24。

的漫漫长河中……在这些贝壳状的模具中积淀并硬化”，直到在现代被人发现。这是对化石形成过程的首创而又精准的洞见。

罗伯特·胡克在今天因为一项以他命名的法则为人铭记，即弹簧拉伸的长度与施加的力成正比，但他留在生后的是一项更重要，而且更为具体的遗产——例如：1666 年伦敦大火之后，他成为伦敦的首席测量员，并和雷恩一起合作，重建了这座城市。后来，他和艾萨克·牛顿之间的宿怨愈演愈烈，于是牛顿竭尽所能地从科学记录中清除胡克的名字。不过到最后，牛顿的伎俩没有达成任何目的。胡克被公正地视作一位伟大的先驱，第一个将显微镜下的自然百态介绍给大众的人。

更值得赞叹的是，他的书时至今日仍然以拓本的形式被现代自然科学的学生广泛阅读。这本书未编页码的前言中讲述的是如何制作一台单目镜高倍显微镜。荷兰布匹商人安东尼·范·列文虎克（见第 113 页）在 1668 年造访伦敦时向胡克详细请教了这一部分。当列文虎克开始作为显微镜学家的职业生涯时，他重复的是胡克做过的观察，并且制造的是胡克设计的显微镜。

如果胡克知道他所说过的话语在今天比牛顿的话语更多地被人们阅读的话，他一定会很高兴。而且即使如今我们有了非牛顿物理学，胡克却一直未变。经过一生争取名誉的磨难和苦斗，他的声誉得到了保证。

布莱恩·J. 福特/撰

安东尼·范·列文虎克

细菌的发现者

（1632－1733年）

看着这滴水……这些微小动物的动作是这么敏捷，而且这么多样——向上，向下，迂回，真是奇妙的景象。根据我的判断，这些细微生物中某些种类的大小只有我在奶酪皮上见到的那些东西的不到千分之一。

这些词句标志着现代微生物学的开端。1674年9月，它们在荷兰的代尔夫特被一名布匹商人兼文官写下，这封信的作者，安东尼·范·列文虎克是微生物学之父。通过发现微生物，他实现了生物学在整个17世纪最伟大的一次进步，也是自然科学全部历史中最重要的进步之一。他在一生中表现出的对于博物学的兴趣超出了我们一般人的想象，这种独特的兴趣也是促进我们认知自然界的关键。

一勺土壤中含有的微生物数量比整个地球的人口数量还要多。它们之间的差异令人吃惊，而它们的重要性时至今日仍然了解甚少，比以往任何时候都更多的研究正在这些肉眼不可见的生物中进行着。然而在列文虎克将小玻璃瓶中的池塘水放置在他的显微镜之下的那一历史性时刻之前，从未有人意识到世界上存在这样一个微型生物界。

1632年10月24日，列文虎克出生于代尔夫特，并在同年11月4日受洗，他的名字和代尔夫特最伟大的画家扬·弗米尔出现在洗礼登记簿的同一页上。有趣的是，当年轻的弗米尔去世的时候，列文虎克（当时他是当地一名公务员）被指派为弗米尔财产的遗嘱执行人，但并无证据显示两人曾见过面。在父亲去世、母亲改嫁之后，6岁的列文虎克被送到寄宿学校，随后和一个叔叔一起生活。在预定好的人生轨道里，他在阿姆斯特丹定居并学习布匹贸易，但是在

kleijne Schepsels, die ons bloote oog ontwijken, beschouwde.
Onder dese beschouwinge sag ik een soort, die boven veel an-
dere in grootheijt uijt staaken, die te samen gekoppelt waren
in welk doen sij seer stil tegen het glas bleven sitten, t en
ware een grooter soort haar met te na quamen, in welk stil
sitten, men sedig de werktuijgen, waar mede sij haar baar-
dig konnen bewegen konde bekennen, en selfs ook de bewe-
ginge van eenige deelen in haar lighaam, waar uijt eenige
wel besluijten souden, dat ze de Circulatie van het bloet
sagen, maar ik wil een gelooven, dat het de Chijl inde
darm was, dese dierkens waren soo groot, dat men deselve
in een glase Tuba met klaar water sijnde konde beken-
nen, en onder veel soorten van dierkens, quamen mij dier-
kens voor vande groote als santjens, die van een volkome
maaksel waren, als onse Tuijn Spinnekoppen.
Hier hebt gij Hoog Edele Heeren, mijne aanteekeninge dierk-
ent beschouwen van kroost, en kleijne dierkens hebbe gehouden
in welk doen ik tot mijn selven hebbe geseijt, wat sijnder al
Schepsels die ons onbekent sijn, en hoe weijnig ist dat wij
weten. Jk sal onder tusschen blijven Haare

Hoog Edele Heeren.

Onderdanige Dienaar

Antonij van Leeuwenhoek

列文虎克雇用的画匠画的这幅铅笔画，展示了代尔夫特一条运河中的浮萍和微生物。1702 年 12 月 25 日，这幅画和列文虎克的信一起被寄往伦敦皇家学会，画中图 8（fig.8）中的细长结构是显微镜下浮萍的根。同样得到清晰描绘的是轮虫、水螅和钟形虫。这幅图被刻成雕版并发表在《皇家学会哲学学报》（第 23 卷，第 1291 页）和《通信集 1939–1999》（第 14 卷，图 9）上。

1654 年，他回到了代尔夫特，并在那里度过了自己漫长而杰出的余生。1668 年，列文虎克在工作途中造访伦敦，在那里他看到了一本非凡的书，里面充满了用显微镜观察的跳蚤和虱子、蜜蜂和种子、苍蝇、蚊子和霉菌的图片。这本书已经是第二版印刷了，名叫《微物图志》，其中充斥着跟显微镜展示的图像有关的各种信息，它的作者是年轻的罗伯特・胡克（见第 107 页）。两个年轻人当时都才只有三十多岁。

《微物图志》是当时伦敦的热门话题，所以这位来自荷兰的游客注意到这本书也并不稀奇。而且，其中包括五幅织物的显微图像，这些图像一定能激起列文虎克的兴趣，因为布匹商人经常用透镜放大布料以检查质量。回到家后，列文虎克一定想起了胡克的

《微物图志》和其中令人震惊的发现。最终，他开始设计构造简单的显微镜，就像罗伯特·胡克在自己书中前言所描述的一模一样，并且很快得到了别人的注意。1673 年，雷尼尔·德·格拉夫医生给伦敦皇家学会写了一封信，信中报告：“这里有一位叫作列文虎克的天才人物，他设计的显微镜远远胜过我们之前所见过的类型。”这是在 4 月。8 月又来了一封信函，这次是康斯坦丁·惠更斯的来信，他写这封信是为了支持“我们最诚实的市民列文虎克……一位勤奋的研究者”。

列文虎克的第一批观察

列文虎克第一次用显微镜观察的物体是霉、一只蜜蜂和一只虱子——这些都出现在胡克的《微物图志》中。1674 年 6 月，他做了一些极为精细的生物材料切片，并将它们寄到了伦敦，而在 308 年之后，我在皇家学会的档案馆里重新发现了它们，这是他灵巧手艺的证明。

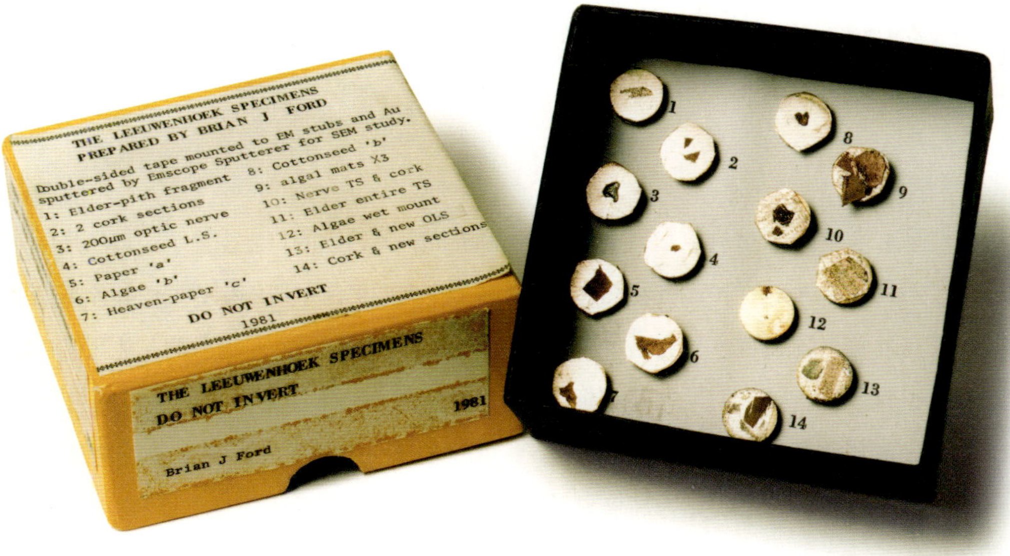

本文作者发现的列文虎克制备的样本，这种样本已经有三个世纪的历史，标志着显微学的里程碑。在时任皇家学会主席安德鲁·赫胥黎（他本人也是一名著名显微学家）的许可下，这些样本的一小部分被固定在铝片上，并在表面镀上黄金使其导电，然后由作者在卡迪夫大学用电子显微镜观察。

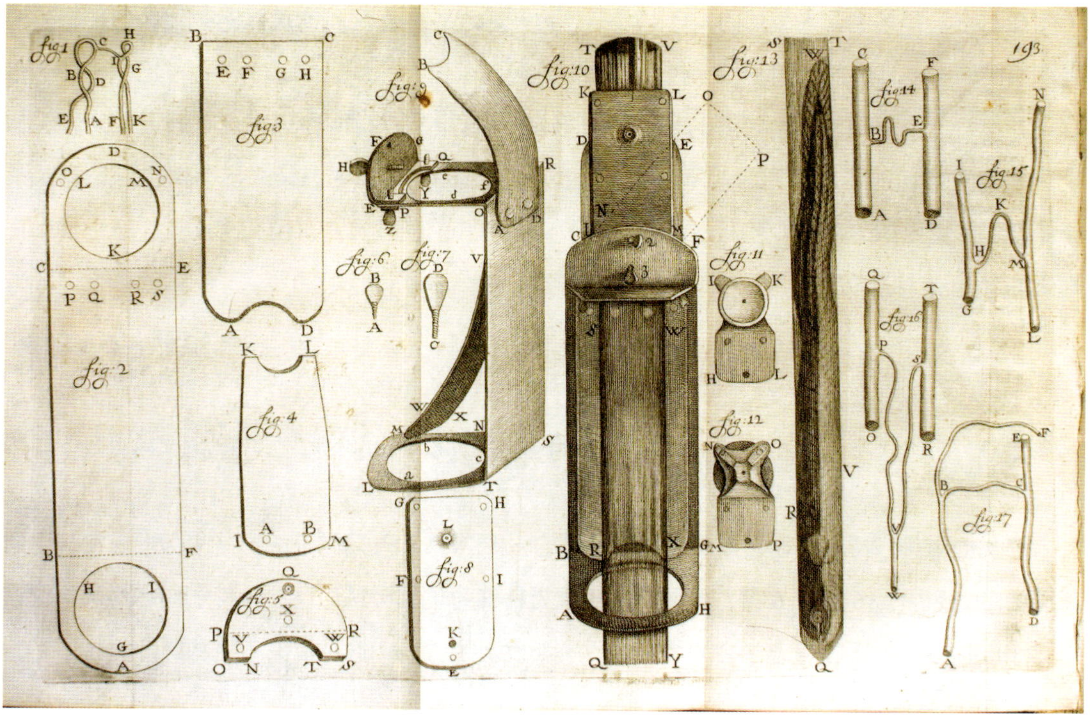

当沙俄的彼得大帝来到代尔夫特学习造船时，他安排了一次与列文虎克的会面，后者送给他一台自己的显微镜。这幅图（1695年出版的《由安东尼·范·列文虎克发现的大自然的秘密》一书中的插图）中展示的就是荷兰显微学家赠给沙皇的显微镜类型，沙皇将它带回了圣彼得堡。

在写给皇家学会的每封信中，列文虎克都提出自己对罗伯特·胡克在《微物图志》中的描述存有异议。罗伯特·胡克已经在显微镜下观察了软木塞、一根羽毛的髓和柄，与之相应地，列文虎克选择了同样的样本进行了自己的描述，使用的是胡克为高倍显微镜所做的设计。

然后是1674年9月7日的那一封具有重大历史意义的信函。列文虎克用他惯常的亲切和充满地方特色的口吻描述了：自己是如何穿过一个名叫博凯尔斯梅尔的湖泊并停下来观察湖水的。在冬天湖水是清澈的，他写道：但当夏季到来，湖水中好像开始生长出白色或绿色的东西。当地人告诉列文虎克这是晚上的露水导致的，但他不能相信。“我在小玻璃瓶中装了一点水，”他写道，“第二天在显微镜下观察时，我发现其中漂浮着无数多种多样的微粒……”

他说，有些像是人的头发，但内部有绿色的螺旋。毫无疑问，他描述的是水绵属（*Spirogyra*）绿藻类生物。这类物种的叶绿素——对光合作用至关重要——包含在沿细胞纵轴的螺旋形条状物内，看起来就像是绿色的弹簧，这就是他所说的“绿色的螺旋”。有些是圆的，他说，还有些是椭圆形。他看到一些种类“在头部伸出两个小小的腿，而在身体最末端长出两个小鳍”。这些一定是我们今天称之为轮虫的微生物。这些微小的生物刚好可以被肉眼看到，它们通过毛发状的纤毛互相击打来移动，看起来就像车轮一样。“其他的，”他写道，“中间是绿色，而前面和后面是白色。”你可能会觉得这个描述很熟悉——它是中学生物课本里常常出现的绿藻类生物绿眼虫（*Euglena viridis*）。

第二年，列文虎克开始系统地观察淡水样本，并很快报告说看到了长着微小肢体的细微生物在水中不停地运动。它们肯定不是水蚤：“这些微小动物的尺寸在我看来，只有斯瓦姆默丹先生发现的那些被他称作水蚤的生物的万分之一……”后者，列文虎克写到，是可以用肉眼观察到的。他自己观察到的生物太小，根本无法用肉眼看到。

1676 年 10 月 9 日，他将完整的记录寄给了皇家学会的秘书亨利·奥尔登伯格，这份记录的摘要于 1677 年 2 月出现在了每两周举行一次的学会会议上。这封信的一部分发表在了 1677 年 3 月的《皇家学会哲学》学报上。另一份摘要被寄往法国，并刊登在 1678 年的《学者》杂志上。他的观察这时已经被自然哲学家们广泛地讨论着——列文虎克正前无古人地观察着显微镜下的生命，他的发现即将对博物学产生革命性的影响。

制作显微镜

一个人怎样才能像列文虎克那样，自己在家制造出足以观察细菌、真菌、微型藻类和原生动物细胞的显微镜呢？秘密在于结构的简单。一般来说，17 世纪中期的显微镜（和现代显微镜下差不多）都是高大的设计，使用不同的透镜来接近样本和锁定图像。透镜会产生像差，虚假的颜色和不规则的视野会扭曲观察到的图像。当图像合在一起时，它们更会将像差放大。

有个简单的方法能解决这个问题——只使用一个透镜代替数个。图钉帽那样大的一只小透镜就能产生放大几百倍的图像，扭曲程度非常小。列文虎克会磨出这样的一只小透镜，然后将它固定在带孔的两块金属片中。连接在金属片上的一系列螺丝钉可以让使用者移动和锁定样

乌得勒支大学博物馆中收藏的这台显微镜大小不超过一枚邮票，它是列文虎克亲手制造的。不同寻常的是，它的透镜是吹制的而不是打磨的。

本。这就是解决这个难题的方法，它难以言喻地简单，并且让列文虎克生产出几百台显微镜，没有任何复杂的设备制造过程。两个问题随即出现了。第一，为什么列文虎克不像当时的其他显微镜学家那样使用一台复合式显微镜呢？第二，既然列文虎克的设计根据的是胡克的《微物图志》的前言，为什么罗伯特·胡克自己不使用简单式显微镜呢，特别是在其观察结果这么令人印象深刻的情况下？列文虎克使用单透镜制造的显微镜可以放大300倍，而胡克书中大部分图像的放大倍数只有这个数字的十分之一。

胡克喜欢复合式显微镜的原因是这种显微镜是一种令人印象深刻的优美工具，并且是专业制造的。此外，他的显微镜是皇家学会为他的工作专门购买的。列文虎克不认识任何显微镜设备制造商，即使他认识，他也负担不起这样的一台显微镜。他是一个掌握的资源极其稀少的业余爱好者，但拥有制造显微镜的炽烈热情。至于胡克和简单式显微镜，真相是他的确使用了它们。他对虱子和跳蚤进行的研究的确是用复合式显微镜进行的，但这种设备不可能揭示出胡克在自己的精致雕版插图中展示的细节，这些细节必须用简单式显微镜才能观察到。很显然，胡克使用复合式显微镜得到概貌，然后用简单式显微镜补充细节。

正是列文虎克的决心、固执和执拗的热情让他在接下来50年的微生物学职业生涯中继续使用简单式显微镜。罗伯特·胡克数年之后就放弃了，主要是因为手持式简单显微镜使用起来比较困难。这样的问题对于列文虎克来说则根本不是阻碍。

描述显微镜下的自然

列文虎克的描述是生动自然的。1675 年 9 月中旬，他坐在那里，手持自己的显微镜，观察着固定在既定位置的细小玻璃管。随着观察的进行，他用羽毛笔时断时续地记录着，热切地看着这个微小的世界中发生的一切。

> 它们有时候会伸出两只小小的角，像马耳朵那样不停地转动着。这两只角之间的部位是平的，而它们身体的其他部位是圆的，或者说它们呈圆弧状掠向身体后部的尖端；在尖端结束的地方长出一条尾巴，长度为整个身体的将近四倍，在我的显微镜的观察下，就像蜘蛛网那样厚。在尾巴末端有一个小球，大小和它体内的小球一样，我没观察到它们在水中使用这条尾巴……我看到了几百个微生物，它们呈丝状一个挨一个地连在一起，躺在一粒粗砂的周围。

这么清晰地描述不可能被误读，人们也很难不被其中纯粹的兴奋和坚定的热情感染，正是这些驱使着列文虎克对微观生物群落进行着孜孜不倦的研究。列文虎克正在开创新的领域，他自己也明白这一点。1686 年，他感觉自己的成就足以在名字中增添一个“范”（译注：“范”在荷兰是贵族姓氏），于是此后他就以安东尼·范·列文虎克的名字为人所知了。皇室注意到了他，政治家们前来拜访他，他还经过选举成为皇家学会会员。

涉猎广泛的进取

在他高产的一生中，列文虎克将自己的显微镜对准了自己能找到的一切东西。而他的声誉主要建立在对于微生物的广泛研究上，他的描述十分清晰并且客观，容得下自我批评。不过，一直都有批评和贬低他的人存在。在一代人之前，学生们会被告知列文虎克不可能观察到他声称看到的东西，而且他常常被认为是一个一知半解的家伙，写的很多东西都是想象出来的。所以列文虎克到底有没有可能看到他声称看到的微生物呢？由本文作者使用单透镜显微镜的当代复制品以及保存至今的列文虎克式显微镜——其中包括乌得勒支大学科学史博物馆收藏的原

列文虎克的肖像，扬·维尔科齐绘于1686年。他在画中手持着一台自己著名的显微镜。

物——进行的试验显示，单透镜显微镜能够看出列文虎克描述过的藻类和原生动物的结构，甚至可以看到活细菌。对血液样本的研究能够清楚地看到红细胞，甚至是白细胞的已经分裂的细胞核。

虽然直到40岁才开始显微学的职业生涯，但列文虎克却将接下来的几乎半个世纪献给了持续不断的研究，并做出了许多重要发现。当他躺在床上即将去世时，90岁高龄的列文虎克当时仍然在从事显微研究，为东印度公司的客户检验含金的沙子。他在生命尽头所忍受的呼吸系统症状得到了如此清晰地描述，以至于今天我们将其称之为列文虎克综合征。没有人能够想象，对浑浊的湖水进行的一次偶然观察触动了这么多科学的洞见……甚至连安东尼·范·列文虎克本人也想不到这一点。

罗伯特·赫胥黎/撰

汉斯·斯隆爵士

大收藏家

（1660–1753年）

我不得不再次向您的勤奋表示钦佩，您在这么短的时间里收集了如此多的物种，而且不光是收集，还对它们进行了准确的观察和描述。

摘自约翰·雷写给汉斯·斯隆的一封信，1693年2月28日

在他93年的岁月里，著名的医生、科学家和收藏家汉斯·斯隆爵士积聚了他那个时代最庞大的一批收藏，其中包括植物、动物、古物和硬币，还有许多其他物件。这批收藏后来成为大英博物馆以及后来的伦敦自然博物馆的建馆核心藏品。

1660年，斯隆出生于北爱尔兰的基利莱，他是当地地主经纪人的儿子。斯隆从童年起就喜欢观察自然，他后来回忆到自己是怎样“从年幼时就乐于研究植物以及自然的其他领域”。例如：他曾经记录了当地人咀嚼红皮藻治疗坏血病（维生素缺乏导致的疾病）的案例。1679年，斯隆来到伦敦的药剂师学院学习化学，还在切尔西的药用植物园研究自己最感兴趣的植物学。他很快和当时最具影响力的一些自然科学家交上了朋友，其中包括著名的“英国的亚里士多德”，约翰·雷，以及伟大的物理学家、化学家和发明家罗伯特·波义耳。

像这个时期的许多年轻人一样，斯隆于1683年离开英国在外学习和增长见识，来到了法国。在游学中，他学习了解剖学、医学和植物学，并遇到了当时的一些大植物学家和医生，如马尼奥尔教士，木兰属（*Magnolia*）就是以他的名字命名的。斯隆被这些一流科学家发现、描述和命名新动植物的激情所鼓舞，在他1684年回到英国的时候，他的热情找到了用武之地。

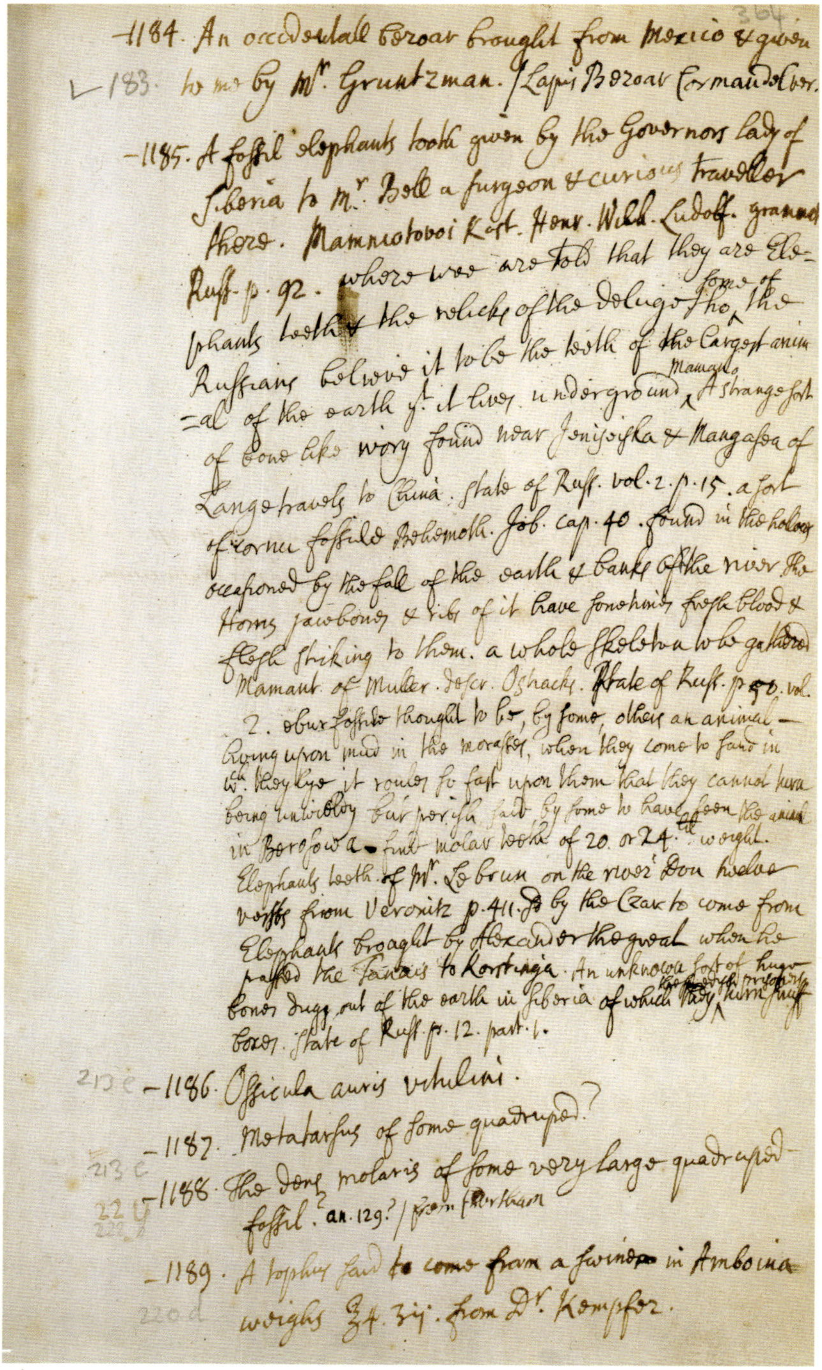
1184. An occidentall Bezoar brought from Mexico & given
183. to me by Mr. Gruntzman. Lapis Bezoar [illegible].
1185. A fossil elephants tooth given by the Governors lady of Siberia to Mr. Bell a surgeon & curious traveller there. Mammotovoi Kost. Henr. Wilh. Ludolf. grammat. Russ. p. 92. where wee are told that they are Elephants teeth & the reliques of the deluge tho some of the Russians believe it to be the teeth of the largest animal of the earth wch it lives underground, Mamant. A strange sort of bone like ivory found near Jenisofska & Mangasea of Langes travels to China. state of Russ. vol. 2. p. 15. a sort of horne fossile Behemoth. Job. cap. 40. found in the hollows occasioned by the fall of the earth & banks of the river. the horns jawbones & ribs of it have sometimes fresh blood & flesh sticking to them. a whole skeleton to be gathered Mamant of Muller. descr. Ostiacks. State of Russ. p. 50. vol. 2. [illegible] thought to be, by some, others an animal living upon mud in the morasses, when they come to land in wch they live it [illegible] so fast upon them that they cannot [illegible] [illegible] perish. said by some to have seen the animal in Berezowa. [illegible] molar tooth of 20 or 24 lb weight. Elephants teeth of Mr. Le Brun on the river Don twelve versts from Veronitz p. 411. [illegible] by the Czar to come from Elephants brought by Alexander the great when he passed the Tanais to Kostinga. An unknown sort of huge bones dugg out of the earth in Siberia of which they [illegible] make snuff boxes. State of Russ. p. 12. part. 1.
1186. Officula auris vitulini.
1187. Metatarsus of some quadruped?
1188. The dens molaris of some very large quadruped fossil. an. 129? / from Parkhurst
1189. A tophus said to come from a swine in Amboina weighs ℥4. ʒij. from Dr. Kempfer.

汉斯·斯隆的化石目录第五卷中手写的一页

上图：可可树（*Theobroma cacao*）的干燥压制标本，斯隆收集于牙买加，旁边是埃弗哈德·奇可丘斯和加勒特·穆尔教士描绘的插图。穆尔是牙买加的一名当地画家，他做出最初的草图，然后在斯隆回到伦敦后再由奇可丘斯进行补充和完善。

下图：斯隆的植物标本集中收录的“野姜”，如今称为印度山姜（*Renealmia antillarum*）。斯隆还观察并记录了当地人如何使用可可树。斯隆收集的植物标本共有365卷之多，至今还在被人们参阅。

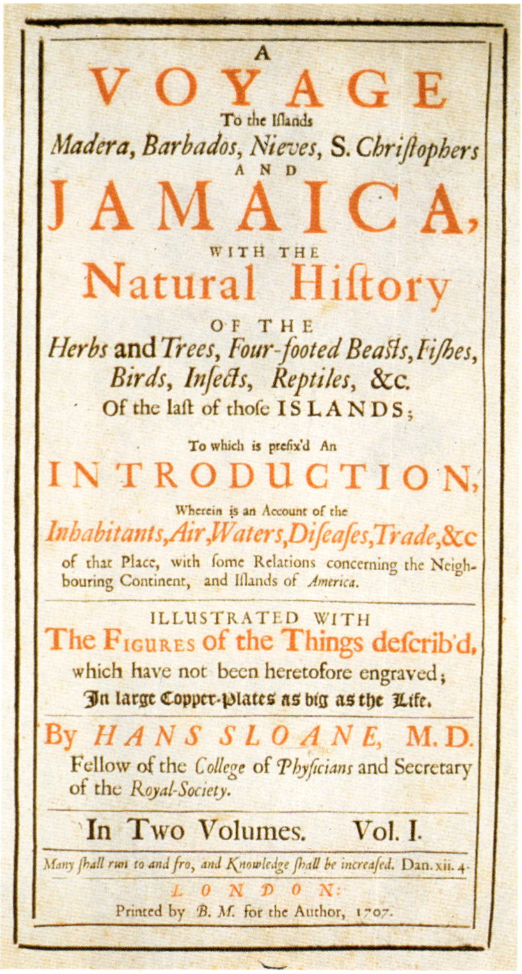

A
VOYAGE
To the Islands
Madera, Barbados, Nieves, S. Christophers
AND
JAMAICA,
WITH THE
Natural History
OF THE
Herbs and Trees, Four-footed Beasts, Fishes,
Birds, Insects, Reptiles, &c.
Of the last of those ISLANDS;
To which is prefix'd An
INTRODUCTION,
Wherein is an Account of the
Inhabitants, Air, Waters, Diseases, Trade, &c
of that Place, with some Relations concerning the Neighbouring Continent, and Islands of America.
ILLUSTRATED WITH
The Figures of the Things describ'd,
which have not been heretofore engraved;
In large Copper-Plates as big as the Life.
By HANS SLOANE, M.D.
Fellow of the College of Physicians and Secretary of the Royal-Society.
In Two Volumes. Vol. I.
Many shall run to and fro, and Knowledge shall be increased. Dan. xii. 4.
LONDON:
Printed by B. M. for the Author, 1707.

汉斯·斯隆的《牙买加博物志》第一卷扉页，出版于1707年。在牙买加度过的15个月里，斯隆收集了大量信息并采集了从自然到当地文化的有关该岛各方面的物品。

1687年，斯隆被任命为新任牙买加总督阿尔伯马尔公爵的医生。在前往西印度群岛的航行途中，他随身带着一份名单，上面列出的是自己要为博物学家同事马丁·利斯特和约翰·雷收集的标本。他迫不及待地开始了搜集信息的工作，在三个月的海上航行中，他观察了自己遇到的自然现象和野生生物，整段航行让他成为了一名自然世界的收集者以及准确的描述者。斯隆在牙买加度过了15个月，期间他把主要精力都用在了研究自然科学上面，在包括动植物、气候和当地文化等许多方面上，他都做了大量笔记和收集。他基于这次远行而写的著作直到1707年才付梓印刷，1725年出版第二卷。这部《牙买加博物志》包含许多对斯隆遇到的动植物的准确而生动的描述，还记录了当地人是如何利用岛上的自然资源的。斯隆没有将自己的观察局限于动植物的外形特征，他还描述了它们的习性和分布。例如，他这样描述一种蚂蚁：“这是一种深棕色的蚂蚁，体型很小，有两个非常长的触角。它们什么都吃，我试图保存蜂鸟的皮肤和羽毛，为了防范这些蚂蚁，我不得不将它们悬挂在天花板上，然而就算这样，这些蚂蚁也会从天花板上爬过去，把它们都毁掉。”

就像他在这段叙述里描述的那样，在炎热潮湿的牙买加保存标本是极为困难的事，谨慎的斯隆意识到许多标本会在回到英国之前褪去颜色或者完全分解，所以他用图画进行了记录。他雇用了当地的一名插画师加勒特·穆尔教士绘出初始的草图，后来又请了一位荷兰画家埃弗哈德·奇可丘斯在上面继续加工。

摘自斯隆《牙买加博物志》的鸟类插图。最小的鸟很可能是短尾鴗（*Todus todus*），斯隆叫它“绿麻雀”或“绿蜂鸟”，称其为“我见过的最美丽的小鸟之一”。

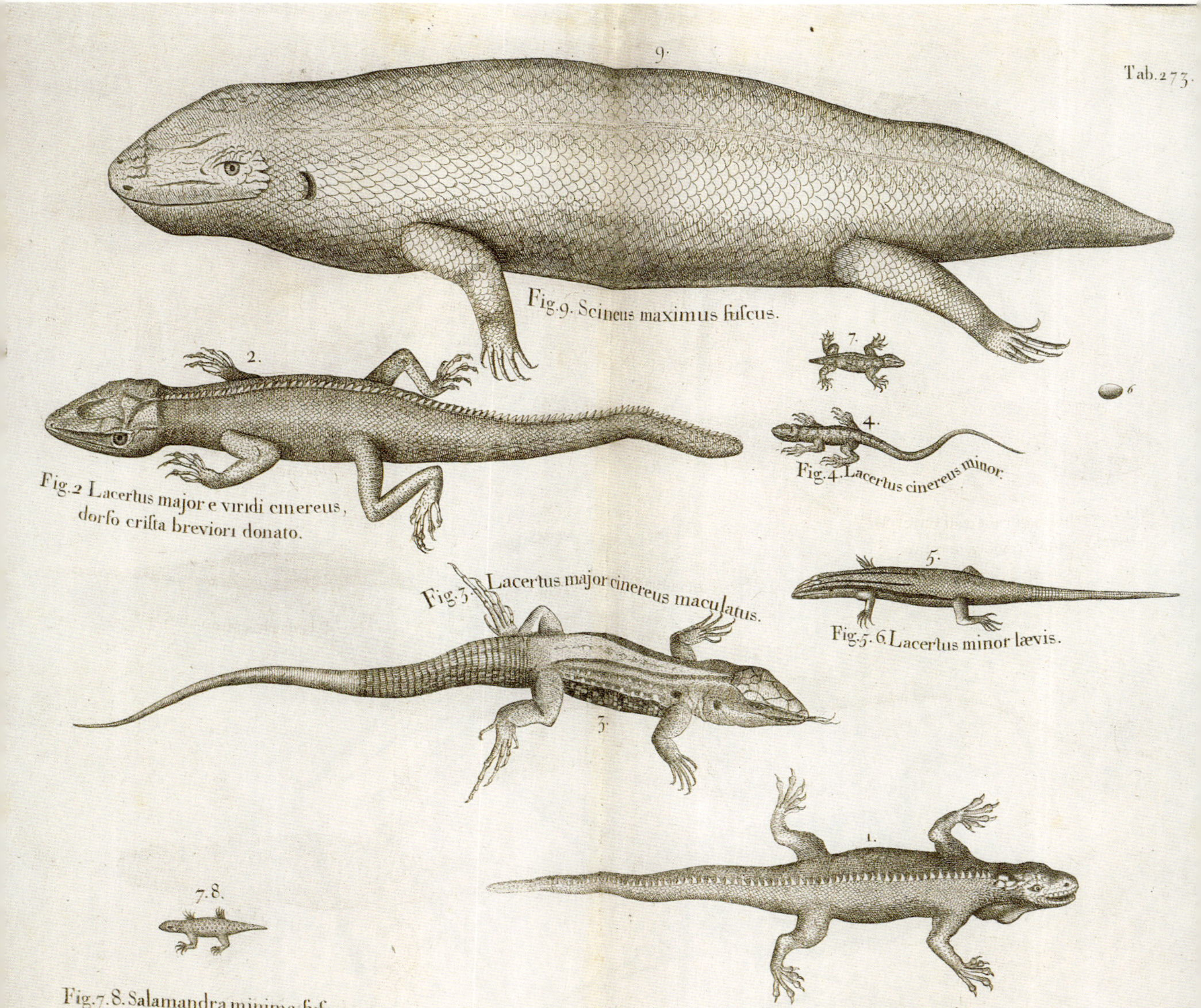

摘自斯隆《牙买加博物志》的蜥蜴插图。最大的种类是牙买加巨草蜥（*Celestus occiduus*），据信已在19世纪灭绝。

回到伦敦之后，斯隆继续为阿尔伯马尔公爵夫人服务，然后于1695年在布鲁姆斯伯里行医，成了一名成功的上流社会医生。他在1685年成为了声誉卓著的皇家学会的会员，并于1727年接替伟大的艾萨克·牛顿爵士担任学会主席。在进行医学工作的同时，斯隆还逐渐打造自己作为一名高水平科学家和收藏家的声誉，他加入了一个由皇家学会会员和其他人组成的非正式植物学学术团体——西敏寺咖啡屋植物学俱乐部。在这里，他会和其他常客交换新植物物种的描述和标本，伦敦主教兼女王的植物学家伦纳德·普拉肯内特也经常光顾这里。普拉肯内特性格古怪，常常公开粗鲁地批评自己的同事，斯隆常常和他发生争执。斯隆不信任普拉肯内特的鉴定结果，并怀疑普拉肯内特将已知植物描述为新物种。与之相反的是，斯隆的描述很有说服力，而且他对于描述新物种的态度既是超前的，又能不受与同事的竞争心理影响。在经过对照比较之后，他能够轻松地承认自己原以为是新物种的植物和其他植物学家已经描述过的植物是相同的物种。他的植物描述非常精确，时至今日还能使用。

和他的许多同代人不同的是，斯隆还力图避免总结自然世界在理论上的"如何"以及"为什么"的问题，而更喜欢单纯地描述和分类。他写道："博物学的知识就是对事实的观察，这比大多数东西都更实在，而且在我看来，它比推理、假设和推论更不容易犯错。"然而，他在牙买加发现的动植物活体与在英国发现的化石之间存在的相似性让他惊讶不已，他推测英国的地理和气候曾在过去发生过变化，并就此评论到"真是非常奇怪"。

斯隆后来成了一位富有且极具影响力的人，部分是因为婚姻，但也有部分原因是他在医药职业和新疗法推广上取得了成功。一向精明的他并不反对在自己的博物学观察上投资，在尝过了牙买加当地的可可饮料之后，他将其包装成一种药物，声称其"能够舒缓胃痛，并且对所有类型的肺病都有治疗作用"。斯隆发现当地产的饮料"油腻而且令人反胃"，但加牛奶和糖煮过之后就变成了一种味道可口而且可商品化的产品——巧克力饮料就这样诞生了。

斯隆的收藏随着对其他藏品的购买、与朋友和通信人的交换以及馈赠而迅速增长，它们占据了斯隆房子的一大部分，他不得不雇用一个全职管理者和助手。这些藏品是当时已知生物界的缩影，囊括了北美、南非和日本及其他地区的代表性物种。它们成为了未来博物学家的可贵资源，瑞典大博物学家卡尔·林奈（见第147页）后来根据斯隆"博物馆"中的标本和绘画描述与命名了许多植物新物种。

1753年，斯隆去世，他的遗嘱对藏品的处理做了交代："……应该保持在一起，不能分散，首选保留地是伦敦及周边，这里有我大部分的财产，而且它们对于聚集在这里的精英们最

马来犀鸟（*Buceros rhinoceros*）的头盖骨，汉斯·斯隆庞大收藏当中的一件藏品，汉斯的收藏最终形成了伦敦自然博物馆的建馆基础。

有用处。”最终，他的藏品以 20 000 英镑的价格卖给了英国，这在当时是一笔很大的数目，但抵不上它们的真正价值。这笔钱是通过彩票募集而来的，于是斯隆的收藏成为了位于布鲁姆斯伯里的大英博物馆，以及后来衍生的位于南肯辛顿的自然博物馆的建馆基础。

完好地保留到现在的藏品主要是斯隆的植物收藏，不过也有一些昆虫、贝壳和其他物品。他的 365 卷干燥植物标本集是自然博物馆的重要藏品，时至今日还在被科学家和历史学家们参阅。

H. 沃尔特・莱克 / 撰

玛丽亚・西比拉・梅里安

昆虫的变态
（1647-1717 年）

这样的情况啊一次次地重复着：最美丽和
最独特的毛虫会变成外貌最朴实的
动物，而最不起眼的毛虫变成了
最美丽的……蝴蝶。

玛丽亚・西比拉・梅里安，《不可思议的毛虫变态》，1705 年

用现代的标准来看，玛丽亚・西比拉・梅里安既是博物学插图画家、博物学家，在某种程度上，还是一名企业家。她留下了大量对动植物尤其是昆虫的绘画记录（如今多已散失），以及一些文本、描述和信件。梅里安的生活和工作之所以受到关注，有三个原因：第一，因为她是一名女性博物学插图画家和博物学家，而这是一个传统上由男性主导的领域。第二，她持久关注动物的变态性，特别是蝴蝶和其他昆虫的变态，这让她成为一名早期昆虫学家。第三，在苏里南度过的几个月让她成为了一名研究热带动植物的先驱。

梅里安的一生极不寻常。1647 年 4 月 2 日，她出生于美因河畔的法兰克福，她的父亲是著名的雕刻师和出版商老马特乌斯・梅里安，但她 3 岁的时候父亲就去世了。她的母亲嫁给了梅里安的继父雅各布・马里尔，他是画家乔治・弗莱格尔的学生，专攻花卉和静物，马里尔后来成为了梅里安的导师和支持者。18 岁的时候，梅里安嫁给了约翰・安德烈亚斯・格拉夫，一名建筑画家，后来生育了两个女儿，约翰娜・海伦娜和多罗西娅・玛丽亚。他们一家搬到了纽伦堡，在这里出版了梅里安的第一本书，但后来又回到了法兰克福的母亲身边。1685 年，在经过婚姻不睦和分居后，四位女士决定共同脱离家庭，并搬到荷兰共和国吕伐登市附近的沃尔萨城堡，她们生活在那里的一个虔诚的修道院社区中。

上图：这幅梅里安的作品画的是来自苏里南的两只蝴蝶（犊皮纸上的水彩和水粉，画于1706年前），几乎可以断定，这幅画就是《不可思议的毛虫变态》一书第122页插图2中两只蝴蝶的模板。

左页图：梅里安所画的瓷瓶中的鲜花，陪衬的还有蝴蝶、甲虫和苍蝇。犊皮纸上的水彩，约1680年。

梅里安从小时候起就痴迷于昆虫生命的多样性，特别是它们的变态现象。她在13岁的时候就用蚕做过试验——她肯定是迷上了这种从虫子变成一团丝线又变成蛾子的昆虫，她还在继父的法兰克福画室中学习了绘画、制备颜料——后来她曾经做过颜料贸易、制作铜版以及印刷流程。1679年，32岁的她在纽伦堡出版了《不可思议的毛虫变态》。这部书还有两本分册，一本出版于1683年，另一本在1717年梅里安死后才面世。梅里安对于作为毛虫食物的植物特别感兴趣，对某些植物的特殊需求进行了推测。她的通信人会寄给她一些昆虫的幼虫，梅里安在小盒子里面喂养它们，详细地描述它们的不同生长阶段并绘制插画。植物的多样性是她最喜欢的另一个主题，她也描绘了众多花园植物。她的第一部作品《第一束花》于1675年出版于纽伦堡，其中大部分是对博物学画家尼古拉斯·罗伯特作品的改编，这部作品的目的是为了

上图：普罗旺斯月季。纸上水彩，梅里安作于1675年。她在上面写下了“人的一生就像一朵花”的标题。这幅画摘自一本原属于纽伦堡E. C. 阿诺德教授的画册。

右页图：1705年出版于阿姆斯特丹的《不可思议的毛虫变态》中的插图2。这幅彩色版画展示了一只菠萝、两只蝴蝶和其他昆虫。

给刺绣提供模板，后来又出了两个分册，总共包括36幅铜版画。

和丈夫离婚之后，梅里安从未再嫁，1691年她搬到了阿姆斯特丹定居，并进入了那里的博物学家圈子，其中有卡斯帕·科默兰和安东尼·范·列文虎克（见第113页）。1699年，她和多罗西娅·玛丽亚一起前往荷兰在南美洲的苏里南殖民地，她们在那里的一个如今称为帕拉马里博的宗教社区生活了21个月，观察并记录着热带动植物，主要是蝴蝶。感染疟疾之后，梅里安被迫返回阿姆斯特丹，她在市政厅展示了自己的战利品并继续着自己作为博物学插画作家的工作。她描绘了范围极广的博物学事物，这些作品出版在G. E. 拉姆修斯的《安汶岛珍奇录》中，拉姆修斯死后，这部书才在1705年出版于阿姆斯特丹。同一年，她著名的《苏里南

P. Sluyter sculp.

这幅彩色版画是梅里安《不可思议的毛虫变态》中的插图56，其中展示了一株凤眼莲，以及一只青蛙和一只水生昆虫的变态过程。不同元素的缩放比例相差极大，这是当时的流行做法。

变态昆虫》面世，其中包括60幅彩色插图，这本书有荷兰语和拉丁语两个版本。为了这本宏伟巨著，梅里安准备了热带植物和许多昆虫、蜘蛛和其他动物在一起的肖像，这些都是她在苏里南的时候记录的，然后她再拼到单独的插图中。和当时的传统一致的是，同一张插图中的不同元素比例差别很大。梅里安的文本和图画都提供了丰富的信息，许多后来的科学家都参考了这部作品，卡尔·林奈（见第147页）就是其中之一。

然而，由于这本书在商业的成就有限，她后来作品质量的下降以及一场让她坐上轮椅的中风，梅里安的晚年生活非常窘迫，她于1717年1月13日在阿姆斯特丹去世，享年69岁。在她去世当天，俄国沙皇彼得大帝的一名经纪人以3000荷兰盾的价格买走了她的许多绘画作品。

梅里安的作品包括花卉和静物画，但判别画作的归属常常是很困难的——她只在一部分作品上签了名，几乎从不注明日期和制造副本。另一方面，许多归在她名下的匿名作品可能并不出自于她的手笔。另外，梅里安的博物学绘画——大部分是画在犊皮纸上的水粉，很少是纸上的水彩——如今已经变得非常分散。位于圣彼得堡的俄罗斯科学院和温莎的英国皇家图书馆收藏了很大一部分。当她在世的时候，她只把少量精选绘画作品以缩印铜版画的形式加以出版，再加上她的文字描述，形成了三本附带插图的书，如今这些书非常稀有，只有在艺术品市场上才能找到。这些书中的插图只有很少的一部分是她亲自上色的。她死后的版本印刷质量较低劣，更是让情况变得扑朔迷离。

梅里安作为一名企业家的活动少有人知。她收集并买卖昆虫，其中有些物种来自卡尔斯鲁厄，然后从苏里南买回昆虫、蜘蛛、鳄鱼、蛇和乌龟，用于博物学收藏。她还是自己《不可思议的毛虫变态》一书的出版商。

作为个人而言，玛丽亚·西比拉·梅里安是难以捉摸的。她的叙述和信件主要针对技术与财务问题，很难从中看出她本人的个性。作为众多女性文学描述的对象，她无疑是一位拥有特殊品质的女性，一个敏锐的观察者和高产的博物学插图画家，将精确的科学记录和美学体验结合起来。她的代表作《不可思议的毛虫变态》被当之无愧地视为昆虫学发展历史上的一座里程碑。

T. 65.

Lacertus *Stirax Aceris folio.*

史蒂夫·卡弗蒂/撰

马克·凯茨比

殖民地的博物学家和画家
（1683-1749年）

由于我并不是个从小接受绘画训练的真正画家，所以我希望人们
对我的插画在透视和其他细节上出现的一些错误表示更多的
理解，因为我是在窘迫的公寓里构思这些植物和其他东西的，
而我的这种方式也许在某种程度上比更大胆的画家的方式
更能满足博物学的要求……而且在可行的地方，我还将
鸟类和提供食物或有其他关系的植物放在了一起。

马克·凯茨比，《卡罗来纳、佛罗里达和巴哈马群岛博物志》，1732-1743年

对博物学的强烈热情以及强大的自我驱动力让马克·凯茨比成为了18世纪早期最有影响的博物学家之一。他最著名的作品是分为两卷出版的《卡罗来纳、佛罗里达和巴哈马群岛博物志》（1732-1743年），这部书在出版之后的一百多年中一直是美国博物学特别是有关鸟类的最具权威性的著作，而凯茨比也常常被称为“美国鸟类学创始人”。

然而，凯茨比并不仅仅是一名植物学家、鸟类学家或博物学家，他的作品包括了更广泛的内容。他研究了自己在野外观察到的各种生物之间的关系和联系，还对旅途中遇到的当地人的起源进行了观察和推测。因此可以说凯茨比还是一位生态学家和人类学家。此外，对于有潜在园艺和经济价值的植物，他也特别感兴趣，特别是那些他认为能够从北美原产地运回英国栽培的物种。

左页图：北美枫香（*Liquidambar styraciflua*）在今天是一种常见的观赏乔木，是凯茨比引入英国的。他在图中还画了一只卡罗来纳的绿蜥蜴。

上图：一只陆栖蟹用螯夹着塔皮亚树（*Tapia*）的树枝，这幅插图摘自凯茨比著作的第二卷。凯茨比这样描述这种属："这些树木的果实是这些螃蟹的食物之一。"

右页图：这只象牙嘴啄木鸟后来在北美灭绝了，虽然2005年在阿肯色州有过一次野外目击记录，但在这里与这种啄木鸟一起出现的是柳叶栎（*Quercus phellos*）。

1683年，凯茨比出生于英国南部埃塞克斯郡的赫丁厄姆堡，在他年幼时，全家搬到了萨德伯里，他的父亲在那里当了一段时间的市长。凯茨比的舅父尼古拉斯·杰基尔是一名当地历史学家，还是著名的植物学家约翰·雷（见第99页）的朋友。他舅父的另外一个朋友是植物学家塞缪尔·戴尔，他住得离凯茨比家很近，正是凯茨比与戴尔的相遇对他成为一名博物学家的轨迹施加了巨大影响。通过戴尔，凯茨比得以进入英国博物学知识分子的圈子，这些最终给予了凯茨比极大的支持以进行他如火如荼的事业。

Willow Oak.
Largest White Bill'd Woodpecker.
T. 16.

美洲之旅

凯茨比的第一个机会到来于1712年，他离开英国去美洲看望自己的妹妹，后者已经在弗吉尼亚结婚并定居。他在美国一直待到1719年，并在这段时间收集了许多植物学标本，他将这些标本寄给了自己的舅父杰基尔和戴尔。值得一提的是，凯茨比还将一些植物寄给了托马斯·费尔切尔德，一名生活在伦敦的园丁，凯茨比之前曾在他那里学习过园艺。在第一次美洲之旅中，凯茨比还造访了牙买加，很可能是受到了汉斯·斯隆爵士（见第121页）的《牙买加博物志》的鼓舞。虽然凯茨比自称第一次美洲殖民地之行无甚产出，但实际上这七年对自然世界的收集和观察是为更深入的研究做准备的一次绝佳演练，这段经历很快就受到了他在英国的导师们的关注。

在18世纪早期，对于英国的学者来说，北美殖民地是一块全新而令人兴奋的科学信息的来源地。在凯茨比之前，关于殖民地自然志的最早著作是约翰·劳森的《通往卡罗来纳的全新旅程》（1709年）。劳森的赞助人是詹姆斯·佩蒂夫，一名药剂师兼植物学家，还是汉斯·斯隆爵士的相识，在佩蒂夫的资助下，劳森再次着手对美国东南部进行一次更广泛的博物学调查，但在1711年不幸遇害。这样的悲剧于1718年以佩蒂夫的死继续着，此时威廉·谢拉德成为了探索北美殖民地的主要推手。谢拉德曾担任英国驻士麦那领事，还是皇家学会会员，后来在牛津大学创立了植物学教授职位。他是好几位博物学家的赞助人，是一个颇具影响力的人。参与凯茨比第一次美洲航行的塞缪尔·戴尔将这位年轻的博物学家介绍给了谢拉德，后者立即将他视作代替劳森的理想人选，并提出愿意为凯茨比第二次前往美洲提供赞助。在这次新的远航中，凯茨比的支持者中包括时任南卡罗来纳总督、约翰·斯隆爵士、东印度公司的查尔斯·杜布瓦，以及谢拉德本人。

经历三个月的艰苦海上航行之后，凯茨比在1722年5月23日第二次来到北美，这一次他从已经相对为人熟知的弗吉尼亚转向了当时少有人探索的卡罗来纳。凯茨比是一名勤奋熟练的野外考察员，常常独自一人一次持续工作很多天。他进行了大量旅行，常常深入遥远偏僻的地方，还会在一年中的不同时间来到同一个地方，以便全面地了解那里的自然状况。就像第一次北美之旅一样，他用田野调查中搜集的标本来回报赞助人的支持，许多这样的标本如今在牛津的谢拉德植物标本集以及伦敦自然博物馆的斯隆和戴尔植物标本集中还可以看到。凯茨比的植物收集还以《埃尔特姆植物园》（1732年）中插图的形式流传了下来，这本书是约翰·雅各

红翅椋鸟。这种鸟总是和紫寒鸦出现在一起，凯茨比说道："它们结起伙儿来，好像准备进行各种各样的恶作剧。"

布·蒂伦尼乌斯重要的前林奈时代的作品。威廉·谢拉德的兄弟詹姆斯当时住在伦敦东南的埃尔特姆，蒂伦尼乌斯被他雇来描述自己花园中种植的植物并绘制插图，这些植物中有许多都是由凯茨比寄给谢拉德的种子培育而成的。

活体植物的样本也借给了英国的许多园丁，费尔切尔德又是其中一位。凯茨比对于北美殖民地植物在园艺上潜力的兴趣持续了一生。许多如今在英国种植的常见观赏植物都要归功于凯茨比的引种，包括美国木豆树（*Catalpa bignonioides*）和北美枫香（*Liquidambar styraciflua*）等。

出版的难题

谢拉德和其他人的赞助让凯茨比能够与当时的一流博物学家保持联系，这些人在他回到英国准备出版自己开创性的工作时起到了重要的作用。凯茨比顶住了之前斯隆方面的压力，坚持保留自己在北美殖民地创作的素描和插图。他清晰地看到了自己想要创造的作品的构架，唯一缺少的东西就是资金。他曾提议将自己的作品分为10册出版，每册包含20幅插图，然后用一册的销售收益来资助下一册的印刷出版。然而即使是这样的计划其实也超出了凯茨比的能力之外。幸运的是，他最终得到了彼得·科林森的支持，后者是一名布匹商人和博物学赞助人，他还资助过约翰·巴特拉姆，即威廉（见第183页）的父亲。科林森借给了凯茨比几笔无息贷款，帮助他出版自己的作品。此外，凯茨比还在伦敦的几个一流育苗圃中工作来补贴自己，还让留在北美的朋友继续寄来植物材料用于有商业潜力的育种计划。

此时仍然有其他的问题需要克服，包括如何为作品制造插图的重要问题。一如既往务实的凯茨比指定了一个新鲜的计划——他本人开始着手学习如何制作版画，这是一个辛苦而困难的过程。凯茨比在《卡罗来纳、佛罗里达和巴哈马群岛博物志》中制作的版画之所以著名，是因为好几个原因。凯茨比没有采用当时传统的交叉影线画法，而是在自己的鸟类绘画中按照羽毛的自然线条进行描绘，这种方法非常费工，但会产生更自然的效果。另外一个创新之处是，他将鸟类和与之有关系的植物——有些为鸟类提供食物，有些提供筑巢之所等等——放在了同一个画面中。这种方法在鸟类学插图的绘制中是开创性的，并且在大多数情况下对植物和鸟类的描绘都很精确。也许这就是为什么凯茨比是一名植物学家，但他最著名的书却是因为其中的鸟类绘画而出名的原因。第一卷完成于1732年，并在同一年呈给了皇家学会（虽然书中印的出版日期早了一年），随后凯茨比被提选为皇家学会会员。在接下来的十年中，为学会承担部分制图义务的同时，凯茨比继续为自己的书劳碌着，直到1743年第二卷最终出版。这是一部质量很高、广受欢迎的书，后来又出了两版，第三版面世于1771年。虽然凯茨比的大部分植物学绘画只被林奈（见第147页）以二次文献的方式加以引用，但这位大植物学家在命名鸟类时直接使用了许多凯茨比作品中出现的鸟类。

死去的卡罗来纳田鸫。凯茨比把它和弗吉尼亚的马兜铃属植物（*Aristolochia* sp.）画在了一起，这种植物据说可治疗蛇咬，凯茨比对此很怀疑——这幅图可能就是想向自己同时代的人传达这样的信息。

20

除了在鸟类学插图上的著名成就之外，凯茨比还通过自己皇家学会会员的身份在博物学知识的传播上发挥了作用。除了为学会绘图之外，他还参加了许多会议，在会上朗读朋友或植物学家同事寄来的信。另一项凯茨比对科学知识做出的著名贡献是他的一篇名为《鸟类迁徙》（1747 年）的随笔，首次描述了和鸟类迁徙有关的众多细节。虽然在某些方面，凯茨比表现出了当时常见的对鸟类迁徙的天真认知，但他的理解仍然超出了许多当时的著名人物，而这并不是凯茨比的思想超前于时代的唯一领域。在第一次来到北美殖民地时，他注意到当地土著人和亚裔人在面部特征上的相似性。基于这点，他提出了一个假设，认为在古代的阿拉斯加和亚洲之间肯定有一座陆路桥梁，这个假设如今已经得到了证实，但在凯茨比的时代根本不能确定。即使在其 1749 年去世之后，凯茨比仍然在影响着园艺，很大程度上是通过他死后出版的唯一一部纯粹的植物学著作《英美花园》，这本书出版于 1767 年，收录了许多有用的和观赏的美洲植物。

凯茨比不但是一位杰出的博物学观察者和记录者、不知疲倦的野外考察员，他的研究还为许多后来更著名的博物学家们铺平了道路。

左页图：北美野牛。凯茨比说虽然他已经在著作的第一卷中描绘了这种动物，但当时只有一张并不生动的素描，而他现在能够“完美地展示这种可怕的生物”。

克里斯多夫·J. 汉弗莱斯 & 罗伯特·赫胥黎/撰

卡尔·林奈

为自然界带来秩序的人
（1707–1778年）

上帝创造，林奈整理。

卡尔·林奈

卡尔·林奈（或称卡尔·冯·林奈）是一名瑞典医生和博物学家，他相信自己是上帝派来为自然界带来秩序的，这种信念鼓舞着他发展了一套能够用于所有生物的分类体系。特别是他发明的由属名和种加词组合而成的双名命名法，为科学家们提供了简单易记的鉴定物种的工具，而且能在全世界应用推广，便于理解。也许我们如今难以理解为什么这样一套看起来很简单的分类系统会有如此深远的影响，但应该记住的一个事实是当时还没有一个广为接受的系统，只在欧洲提出了几个不同的分类体系。更重要的是，林奈著名的根据植物性器官进行的分类体系建立在他自己对植物花朵解剖观察的基础上，这套系统显示了他朴实的幽默态度，也表明他并不只是一个令人索然无味的科学学者，也是俗世中的普通人。

林奈出生于瑞典斯马兰地区拉沙尔特镇一个虔诚的宗教家庭。他的父亲是一名牧师，在牧师住所修建了一个大花园，卡尔就是在这里走进植物学的大门的。林奈对于各种生物尤其是植物非常痴迷，尽管父母想让他继承父亲在教堂的工作，但他决定选择博物学为职业。1727年，他来到隆德大学学习医学。第二年，他转学来到了乌普萨拉，那里的医学口碑更好，还有一座植物园，其中包括许多本地植物和各种各样的外来珍稀植物。他有两位导师兼赞助人，他们是

左页图：林奈在命名植物时将凯茨比（见第137页）绘制的插图当作二次文献加以引用。这是凯茨比描绘的一株木兰属植物，林奈将其命名为弗吉尼亚锐叶木兰（*Magnolia virginiana var. acuminata*），如今一般简称为锐叶木兰（*Magnolia acuminata*）。

18世纪绘制的一幅林奈肖像，画中的他穿着拉普兰（萨米兰）的传统服装，拿着萨满教道士的鼓。

植物学家小奥洛夫·鲁德贝克和奥洛夫·摄尔修斯，他们开发了林奈对植物的热情。

通过大学植物园管理人的职务以及开设私人课程，林奈能够勉力维持自己的生活。他以这种方式继续着自己的研究，在熟悉了当时众多植物学分类现有系统〔特别是约瑟夫·皮顿·德·图尔纳弗和约翰·雷（见第99页）的系统〕的基础上，在1730年写了一篇文章，提出了根据自己的植物性理论创建的新分类方法。他后来又进一步深化了这些想法并将它们发表出去，得到了意义重大的成果。

1732年，乌普萨拉科学学会为林奈提供了一笔前往拉普兰（如今称为萨米兰）的资金，他在那里进行了大量观察和绘画，深深认识到了当地植物的巨大价值。1734年，他游历了瑞典中部的达拉纳地区。一年之后，林奈再次启程，来到荷兰的哈尔德韦克大学，他打算在那里待一周的时间，进行自己关于疟疾症状和治疗的博士学位论文的答辩。事实上，他在那里度过了接下来三年的时间，同时游历了其他欧洲国家并和当时的一流植物学家们保持通信。1730年代的荷兰是欧洲的主要教育和出版中心，这里还有好几所大学是博学之士的家园。林奈享受到了莱顿大学的医生赫尔曼·布尔哈夫和植物学家J. F. 赫罗诺维厄斯的赞助，在他们的帮助下，林奈将自己的手稿出版成为一系列令人印象深刻的书籍。1735年，从莱顿返回不久后，林奈出版了《自然系统》，这是他众多著作中第一部提出自己对自然进行全新分类整理的作品，介绍了他的双名命名法和植物分类的性系统。这立刻引起了惊人的反应：圣彼得堡的一名植物学家约翰·格奥尔格·西格斯贝克狂怒不已，从神学和道德上对林奈大加批判——英国博物学家威廉·古迪纳夫也持同样的观点，他被林奈的“令人恶心的名字、他的轻浮的双名法、粗俗的猥亵态度和思想中的淫乱”吓坏了。

林奈在1738年回到瑞典，此时他已经是一个功成名就的生物学家，并和萨拉·伊丽莎白·摩瑞结婚，后者的收入为林奈的研究提供了资金支持。他在1739年成为海军部医生，并在瑞典科学院的建立过程中发挥了重要作用。1742年，他被任命为乌普萨拉大学的实用医学教授，后来调任植物学、饮食学和药物学的系主任。他在这个职位上度过了自己的一生，这个安排能让他继续进行植物分类研究。

林奈的主要作品

1751年，林奈出版了《植物哲学》，这是他之前出版的《植物学基础》（1736年）的修订版，他在其中提出了双名命名法的内在原则，定义了一些术语并陈述了他的方法。林奈认为自然的分类系统来自于上帝创始的不变的世界，这个分类系统可以按照植物之间的真正关系安排位置，而不是基于药用性质或浮浅的人类认知而进行的分类。但只有知道了地球上全部的植物物种之后，才有可能发现这样的一个分类系统。在这样全面的知识能够被掌握之前，林奈推出了自己的人为分类系统，依据的是能够在任何物种中轻易地识别并加以比较的少数特定性状。特别是对于植物，林奈的分类方法极其简单，他只是用雄蕊的数目来确定纲，用雌蕊的数目来

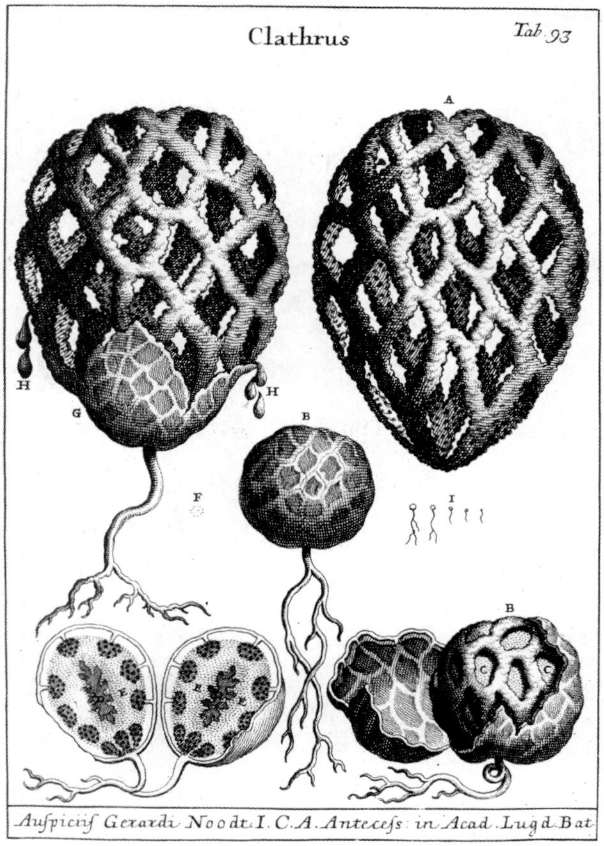

虽然林奈给出的一些动植物的名字已经发生了变化，但他的双名命名法一直沿用至今。彼得罗·安东尼奥·米切利描绘的这幅插图是一种真菌的模式标本，今称为红笼头菌（*Clathrus ruber*）。模式标本是某人描述一个物种时所使用的真实标本，起到永久性参考的作用。

确定目。这个分类系统为植物的分类和鉴定提供了一套简单实用的工具，即使是业余爱好者也能轻松使用，大大刺激了对植物学研究的兴趣〔并鼓舞了伊拉斯谟斯·达尔文（见第176页）写出了长诗《植物花园》〕。

两年之后的1753年，林奈出版了《植物种志》，书中陈述了他用于植物的命名法系统。林奈命名法的核心是“双名法”：属名和种加词。林奈打算用这个方法代替之前的多名法，

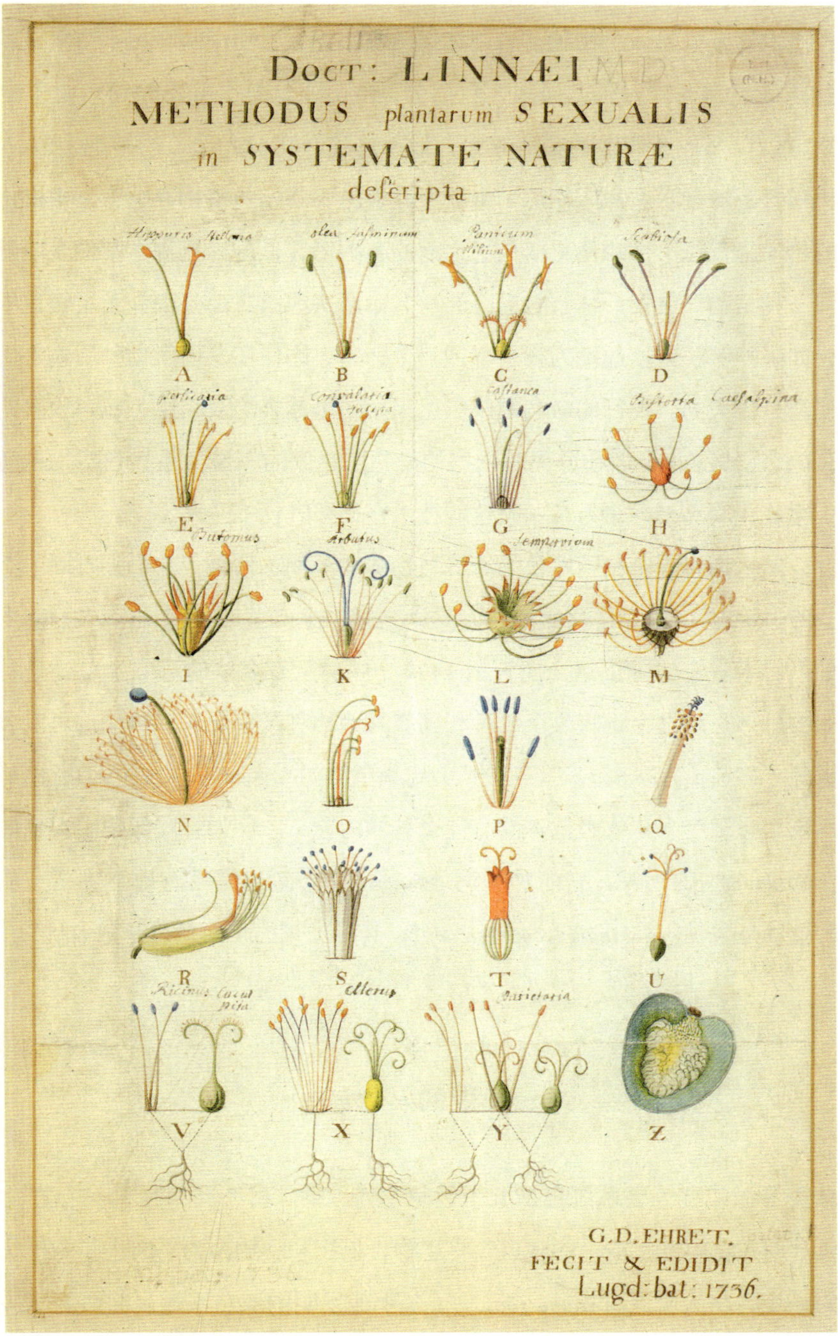

这幅《自然系统》中的水彩插图是格奥尔格·埃雷特绘制的，描述的是林奈用于植物分类的性系统。《自然系统》初版面世于1735年，但随着林奈不断发展自己的观点并收到越来越多的标本，这部著作又出了好几卷。

后者需要一长串术语来描述一个物种。通过林奈的方法，只要使用两个拉丁语单词就能区分所有的生物，这样的名字非常好记，通用性也很强。实际上，林奈并不是第一个提出双名法系统的人，在这方面以及他工作中的其他方面，他都是建立在前人理论的基础上的。早在1623年，瑞士植物学家兼解剖学家加斯帕德·鲍欣就在自己的著作《植物界纵览》中提出了双名法概念。当时的科学语言拉丁文的使用取代了之前的各国语言，这样植物学家们就能够确定他们在谈论的是同一种植物。最初，林奈将自己的双名命名法的第二部分视为无足轻重的名字，但他很快看到，如果能够一劳永逸地为物种增加一个标签，即使在发现新物种后也不用变更此标签，这样的便利是巨大的。现行的命名系统仍然采用的是林奈的双名法（属名代表的分类级别较高，种加词的级别较低），但在分类时依据的是它们之间的系统关系，判断物种间关系的手段包括DNA、生物化学和形态学方法——这些技术在林奈时代都还未实现。

简而言之，属是拥有固定相同性状的一群植物（或动物）物种，它们拥有同一个属名。例如：*Solanum*这个拉丁单词指的是茄属植物，其中包括一系列乔木、灌木和草本植物，如我们大家都熟悉的马铃薯——实际上这个属包括1400个物种。双名法的第二个单词是种加词，表示某个确切的物种，正是这个词将某个物种和同属其他物种区分开来。种加词可以表明很多信息，从地理来源（如e. g. *japonica*，“日本的”）到颜色（如e. g. *alba*，“白色”）、结构或株型特征，或者是用来纪念某个人，或者根本没有什么具体的含义。例如：就像刚刚提到的那样，马铃薯是茄属（*Solanum*）的物种，它的种加词是*tuberosum*，意思是具有地下块茎。茄属另外一个广为人知的植物是番茄（*Solanum lycopersicum*），其种加词的字面意思是“狼桃”。

分类的等级

林奈的分类等级或称等级系统包括五个级别（界、纲、目、属和种）。“存在之链”是一种来源于古典时期并在中世纪流行的观点，将矿物、植物和动物视为不断进步的等级，而林奈跨出了大胆的一步，将人类或称*Homo sapiens*（基于他发明的双名法得到的命名）放在了链条的顶端，并声称人类也是动物。亚里士多德也曾经提出过类似的分类等级，将植物放在了底端，人类位于顶峰。林奈创造了灵长类动物这一类群，其中包括人类、类人猿和猴子，这些术语是在他后来出版的《自然系统》中发展而来的。

约翰·雅各布·蒂伦尼乌斯在《埃尔特姆植物园》中绘制的插图，图中的植物头花小牵牛被林奈命名为 ***Ipomoea tamnifolia***（如今重新命名为 ***Jacquemontia tamnifolia***）。

卡斯帕·科默兰是阿姆斯特丹的一位植物学家，他在1706年出版了自己的《阿姆斯特丹园艺和药用植物》。其中包括许多外来植物，林奈使用了书中的插图来命名物种。这株仙人掌类植物如今被归入乳突球属，其学名为*Mammilaria mammilaris*。

林奈还对动物分类学做出过重要贡献，虽然他没能达到自己在植物学工作上的清晰程度。他为自己划定的六个动物纲中的四个选择了不同器官作为分类基础——哺乳动物纲选择的是牙齿，鸟纲选择的是喙，鱼类是鳍，而昆虫是翅膀。林奈将剩余动物中没有脊椎的种类通称蠕虫，根据它们的外部形态来区分类别。错误的是，犀牛被分到了啮齿动物类中，但林奈是第一个将鲸认作哺乳动物的人。他的系统在19世纪被广泛地接受。

林奈的遗产

1762年，林奈被授予爵位并拥有选择继承人的权力，他在第二年就行使了这项特权，将爵位遗赠给自己的儿子，小卡尔·林奈。林奈死于1778年，在他儿子死后，英国医生詹姆斯·爱德华·史密斯在1783年购买了他的全部植物学收藏和藏书。史密斯在1788年于伦敦成立了林奈学会。林奈学会旨在推广林奈的思想，并且直到今天还储存着林奈最初的收藏和大量出版的藏书，如今它是研究林奈物种的官方机构。

在那个时代，林奈的双名法以及他的分类系统中的其他方面减少了生物学研究中的混乱，他在自然分类系统出现之前提供了一种实用的方法，促进了植物学和动物学的进步。虽然这些基于有限性状建立起来的人为分类系统，后来被更自然的能够反映物种间真正关系的系统取代了，但林奈还是提供了一种简便易用的分类系统，促进了18世纪人们对博物学研究的兴趣。他的双名命名法一直沿用至今，没有经过任何改动。

桑德拉·科纳普 / 撰

布封伯爵

大理论家

（1707-1788 年）

总的来说，博物学是一部博大的
学问，它包含了宇宙呈现在我们面前的
一切。众多纷繁多样的四足动物、鸟类、
鱼类、昆虫、植物、矿物等等，为人类精神的好奇心
展示了一幅广阔的图景，这幅图景的全貌
看起来如此庞大，而它真的就是这么
庞大，庞大到无法穷尽。

布封伯爵，《博物志》，第一卷，1749 年

在巴黎植物园的南侧有一条布封街，它正好位于植物园最长的轴线上，这座植物园如今容纳着一座自然博物馆和一个动物园。这条街是以布封的名字命名的，正是他将皇家植物园（这座植物园当时的名字）从满足国王乐趣的私藏转变为一座博物学研究中心。布封伯爵出生时的名字是乔治-路易·勒克莱尔，是从蒙巴尔搬到勃艮第的一个贵族家庭最小的儿子。在他 10 岁的时候，他的母亲——据说他是从母亲那里遗传来的智慧和动力——继承得到了布封地区的大片私有土地，这让她的丈夫本杰明成为了布封和蒙巴尔的领主。这次继承让这个家庭搬到了勃艮第省会第戎市，本杰明还在勃艮第的议会当上了一名议员。对于小儿子，本杰明的计划是从事法律工作，然后进入议会，但很快他就发现乔治-路易对于法律并不感兴趣——他真正喜欢的是数学。

于是布封丢弃法律学习，转而去昂热学习数学——这在当时的法国是不求进取的行为，因为数学这样的职业是为小资产阶级的儿子而不是为议会贵族的儿子准备的。在途中他将自己

布封耸动的民粹主义风格在这张相当梦幻的插图中展示得淋漓尽致，图中是一只巨型章鱼在袭击一艘船，摘自布封1805年出版的《软体动物志》。这种生物并不存在，这幅图是根据旅行者们口口相传的巨型乌贼的传说绘制的，巨型乌贼是真实存在的物种，但极少被人看到，也从不袭击船只。

的名字改为乔治-路易·勒克莱尔·德·布封，从而宣称了自己在家庭中的位置。昂热的自由氛围很适合布封，他在给朋友的信中写道："只需要离开家，你就能得到自己重视的东西，并且至少以自己应得的程度感受到欣赏和爱……只要让我尽量久地远离第戎，我什么事也愿意干。"布封精力充沛地追求着自己的道路，并和当时活跃的数学家保持着通信，如日内瓦科学院的加布里埃尔·克拉默；他第一次阅读了艾萨克·牛顿的作品，并挤出时间研究植物，还在医学院里上了几门课。

除了在数学学习上表现优异之外，布封还是社交明星。然而，在昂热待了两年之后，他和一名"军官"起了争执并和对方进行了一场决斗，有人说他把对手干掉了。他被迫灰头土脸地回到自己鄙夷的省会第戎，这时人们都把他看成是不可靠的愣头青。之后他又立即离开这里并在欧洲游历，跟他一起上路的是金斯敦公爵，一位年轻的英国地主，陪同他们的还有公爵和蔼的导师纳塔涅尔·希克曼。当三人在旅途中时，布封收到了母亲的死讯，母亲将自己的财产遗赠给了布封，给了他变得非常富有并且进入他所盼望的社交圈子的机会。但他父亲仅仅一年后的再婚让所有的前景变得危险起来，于是布封将自己的父亲告上了法庭以保卫母亲留给自己的财产。诉讼有没有继续进行如今已经不清楚了，但布封重新获得了母亲的遗产，并用这些钱买下了父亲一直管理不善的位于蒙巴尔的家族产业。布封打算得到法国旧制度中自己应当的一席之地。

布封继续进行着自己的数学研究，将几何学用于概率的计算上，解决了"针的问题"——又称为布封投针问题。运用牛顿发明的微积分，他计算出了一根针从空中扔到画着平行线的地面上时穿过或不穿过某些线的概率，他就此问题写的论文寄到法国科学院之后给人留下了深刻的印象。这时布封和他的朋友们开始为他谋求职位，迈出通向法国科学界的第一步。1734 年，在海军部长莫尔帕伯爵的强烈支持下，布封被法国国王路易十五指派到法国科学院任职。布封之前通过自己在木材抗拉强度方面的研究得到了莫尔帕的注意，这些试验都是在他位于蒙巴尔的土地上进行的，那里如今已经完全换了面貌，种上了树木。

国王的花园

布封把一年中的大多数时间都花在了自己在勃艮第的产业上，这让他在科学院的同事们愤愤不平，但这也能让他放开手去做如今他最感兴趣的事情，对自然进行观察和试验。他种植树木，记录它们的生长和生理，目的是增加林业生产效率和避免浪费。布封相信观察的必要性："为了判断已经发生了什么甚或将要发生什么，只需要观察现在正在发生的。"他越来越沉浸于博物学研究中，1739年他要求从科学院的力学部（数学所属的部门）调到植物学部去。事实证明这次调动是布封交好运的开始——当伯纳德·德·裕苏升职之后，布封代替了他的职位，并且不久之后又通过自己在朝堂上有权势的朋友们积极又秘密地谋求皇家植物园园长的位置。在国王信任的莫尔帕等人的帮助下，布封得到了这个工作，击败了许多比他更年长而且更有资格的候选人。这种政治花招让他收获了同事们长期的憎恶，但布封打算竭尽全力去得到他想要的东西——职位、地位和金钱，而伴随着法国科学界最高职位之一的任命，他实现了自己的野心。

具体特定的博物学

在提名他成为皇家植物园园长之后，莫尔帕要求布封为国王的收藏写一部集子——特别是为这些收藏编一份目录。布封没有完成这样一部实务性作品的打算，于是将它交给了自己的新助手路易·让-玛丽·道本顿完成，后者是一名来自蒙巴尔的医师，还是布封的亲戚。布封自己的目标是创造一部能够改变人们看待博物学方式的作品——《博物志》。这并不只是简单地叙述所有博物的作品，它还包含了博物学的哲学，超脱并升华于"纯粹"或特定的描述。这时毕竟已经到了哲学家兼博物学家的时代了。然而他的批评者认为现在即使是去想象对博物学的总体概括都还为时尚早，因为人类所知的具体的特定的博物学还只是很少的一部分，他们甚至开始质疑布封作为博物学家的资格。

布封写出的50卷作品，其中只有44卷得以出版。前三卷面世于1749年，涵盖了众多主题，从地球历史到包括人类在内的动物的自然志。布封的这部书不是为了自己的同

乔治-路易·勒克莱尔（布封伯爵）是最后的法国贵族。

大军舰鸟（*Fregata minor*）。这幅版画和《博物志》中的许多插图一样，都是手工上色的，它在鸟的外形及飞行姿态上都很精准。在交配季节时，雄鸟会将喉部充气，鼓成红色的气囊。

事学者写的，而是面向受过教育、有哲学思辨能力的大众。他为自己非常了解的受众写作——那些有钱有闲的富有贵族。附有大量插图，文体优美华丽，布封的《博物志》立刻就在市场上获得了成功。第一版在六周内全部售罄，这部书成了18世纪受众面最广泛的作品——它成了沙龙聚会上讨论的谈资，这让布封在科学院的学者同事们非常恼火和沮丧。有人愤怒地说这部书“在受过教育的人们那里无法取得成功”，还说“相反地，女人对它来说最重要”。他们对作者本人也做出了对这部作品同样多的恶意批评，说他炫耀卖弄、自私自利。

布封作品在大众中受到的广泛欢迎大大促进了许多专门化收藏的建立和增长。他的写作使博物学变成了流行时尚——不仅是阅读自然志，同时还要进行收藏和展览。这样的私人收藏反过来又促进了对博物学的研究，并向所有社会阶层的人打开了这个方兴未艾的职业的大门。布封因此被赞誉到“将博物学转变为大众的需求”，并增加了公众的兴趣，让那些能够负担得起的人“想要拥有一座博物藏馆，就像过去人们想要拥有一座图书馆一样”。

布封的科学院同事们做出的批评很容易被人接受，他们将《博物志》视作纯粹的通俗读物，内容空洞浮夸，几乎没有真正的科学价值。但通过自己的著作，布封以一种从前的学者从未有过的方式真正地改变了博物学的面貌，而且他知道自己在干什么。《博物志》中包含许多革命性的观念——这些观念我们今天视作理所当然，但在18世纪中期是非常激进的想法。他将人视作一种动物，能够思索推理的动物，但毕竟还是动物，并且谈论人和猿类的相似之处。他描述了一种通过“有机粒子”产生有机生命的方法——相当漫无边际，但他在跟这些新颖复杂的想法较着劲儿。在后来的作品《自然时代》中，

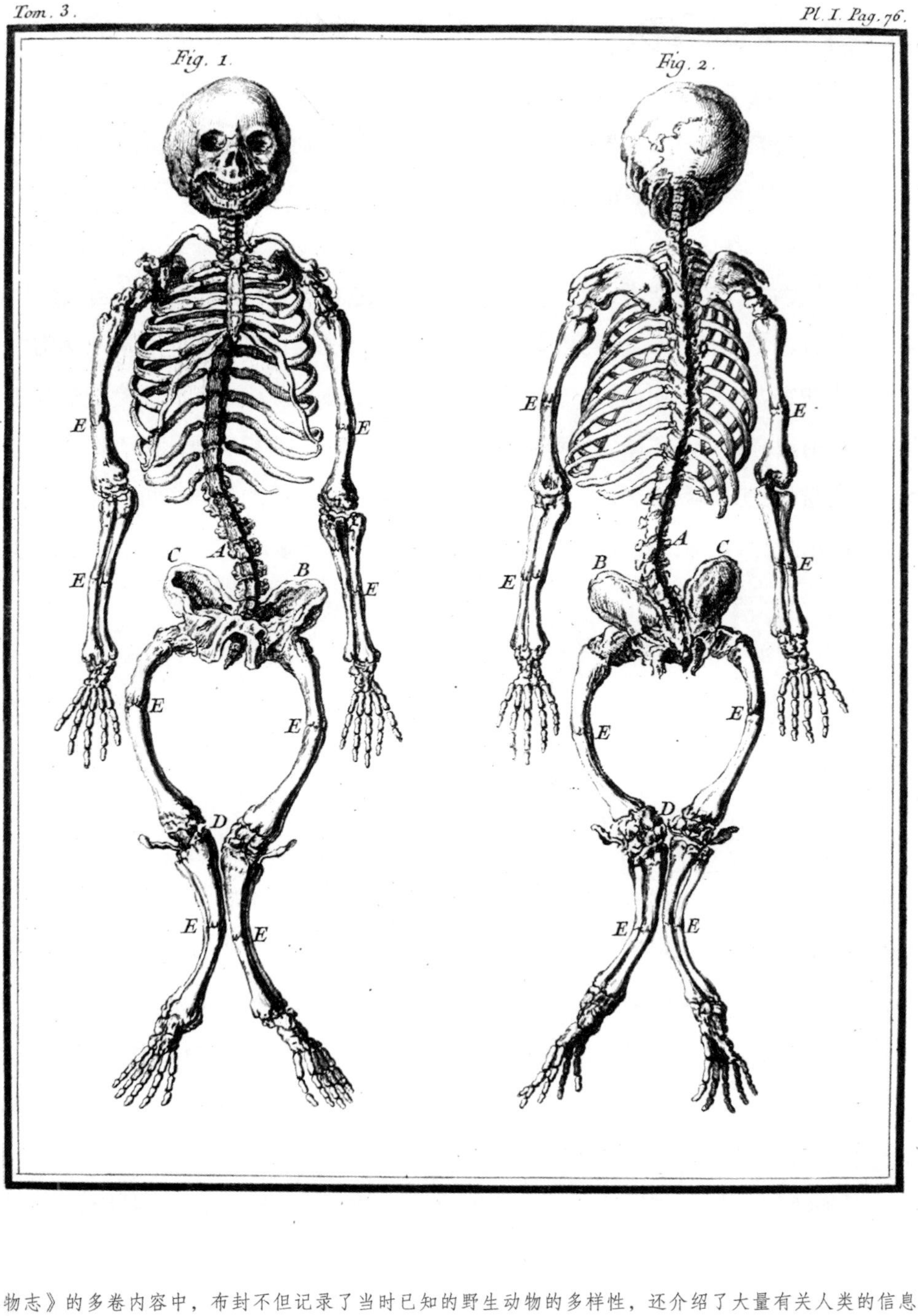

在《博物志》的多卷内容中，布封不但记录了当时已知的野生动物的多样性，还介绍了大量有关人类的信息。这幅插画展示的是佝偻病患者的骨架，如今已经知道这种病是因为缺乏维生素D造成的骨骼变形引起的。将人与动物的内容放在一起出版在18世纪时是很具争议的。

他甚至提出地球的历史要比教会宣称的几千年古老得多。但他在写作时采取了必要的警惕，尽量不触犯流行的正统说法。

布封的文笔辞藻华丽，其中的思想几乎是隐藏起来的，这点也常常遭到学者们的批评，但也正是这一点让他的书以及书中的观念得以继续印刷传播。他对于年龄和死亡的描述中包含了一些可以看作是相当激进的思想，但笼罩在这种语言风格下几乎遁形于无踪："自然万物都在变化，所有东西都在改变、消逝；人的身体在开始腐烂的时候才到达最完美的顶峰……死亡，这种被赋予恐惧标签的变化状态，本质上不过是前述状态的最后一抹阴影……当我们开始活着的时候，我们逐渐地生活，终止于死亡。"布封对于动物的描述读起来也充满了奇幻的想象："狮子的外表和它内在的品质如一；它拥有一个魁梧的身躯，一副威风的面貌，充满自信的举止和令人畏惧的声音；个头不像大象和犀牛那样庞大臃肿……而相反地，狮子的身体是如此匀称均衡，是力量与机敏的完美结合；它结实强健，没有一丝多余的赘肉脂肪，全都是筋骨和肌肉。"无怪乎受过良好教育的贵族对其反响热烈——这些文字读起来就像是浪漫主义的小说，而不是干巴巴的科学专著。

批评

虽然有反对布封作品的声音，但当时法国知识界的意见太分裂了，以至于他的批评者们总是忙着用他的著作来互相攻击，而不是联合起来和这种新的哲学战斗。然而，虽然书中含有"自然是上帝的外部王座：对其进行思考、研究的人渐渐领略到万能的主的真正权威，他会向造物主显示敬仰……"这样的语句，但《博物志》还是没能逃脱宗教审查的魔爪。这部书被指责与《创世记》相矛盾并毁坏了所有人类和道德的价值，有被列入黑名单的危险。布封收到了巴黎神学院（官方审查机构）的一封信，信中列出了他的书中与教会教义矛盾的地方——实际上是让他撤销书籍的出版。他的回应非常虚伪，但的确让自己的著作得以继续出版——他"坚定地相信（《圣经》里的）《创世记》中讲述的一切，既包括时间顺序，也包括所有事实发生时的环境"，而自己的理论"只是作为一种纯粹的哲学假设"。

对于那些年青一代的科学家，他们急于打破布封对皇室影响力和资源的把持，而布封这种自私的虚伪又一次证明了他是个难以逾越的障碍。布封对于林奈（见第 147 页）的性分类系统

布封不仅是在《博物志》的文本中强调了狮子帝王般的风度和气质，插图中也展露无遗。读者无疑会对这种动物的重要性和个性产生深刻的印象。

布封的博物学书籍非常受欢迎，乃至于出版了儿童版本，将他的影响力扩展到了下一代。这张封面来自《布封的青年时期》(第二版，约1870年)，在上面充满想象力地描绘了动物们在一起和谐生活的场景。

极为反对，嘲笑它是一个基于单一性状的人为分类系统；他觉得哲学家兼博物学家的使命是解释自然，而不是对其进行排列。布封还反对新技术："用显微镜得到的新发现极为有限，因为人是用思维的眼睛来看到所有这些小东西的真实存在的，而不是用显微镜。"布封对新思想的扼制再加上其作为皇家植物园园长的稳固位置，他对资金的把持以及个人的傲慢，所有这一切在法国导致了一场强烈的思潮，希望将博物学从布封的庇护中松绑，并将其转变为一门科学而不是文学和投机的追求。这是时代的声调：18世纪末期，自由和多元化的声音以及脱离传统的解放运动盛行一时，布封是旧时代的最后一个大人物了。

当布封于1788年4月16日去世时，19岁的乔治·居维叶无法掩盖自己的喜悦："这一次，布封伯爵终于死去并且埋掉了。"在为布封致悼词时，科学院的孔多塞侯爵也没忘了抓住机会攻击他，这时候的布封已经没有办法回应对手的最后一击了。孔多塞将布封描述成了一个趋炎附势的人，而他的作品被评价为好的散文，但是在科学上是糟糕的，因为他只选择那些支持自己论点的事实。布封之死的反应很快就到来了，几个月前成立林奈学会的新一代科学家们如今在布封支持者们的强烈反对下把持了局面。但是，布封死后发生的这些不能简单地视作林奈与布封思想的对决，当时法国知识界的情况要复杂得多。对布封以及他对科学的扼制进行的反击，意味着布封支持者们在理论和机构调整中都遭受了巨大冲击。但如果跟接下来法国将要发生的事情相比的话，这些根本都算不上什么：1788年8月8日，布封死后仅仅五个月，路易十六召开了三级会议；又过了不到一年，巴黎人民攻陷巴士底狱，永远地改变了法国和法国科学的发展进程。

罗伯特·普雷斯/撰

格奥尔格·斯特勒

发现阿拉斯加

（1709–1746 年）

只要事物在远离我们的地方生存、消逝，而我们又毫不知情，对此缄默不谈，它们就被视为虚构和想象——而在我们所生活的地方，在我们的好奇心的驱使下，事物都可以毫不费力地被看到——辽阔的海洋将我们与这些事物隔得远远的，它们至今还不为人知，无人探索，这毫不奇怪。

格奥尔格·斯特勒，《海洋动物》，1751 年

格奥尔格·斯特勒是一位医生、植物学家和先驱探险家，他是第一个对北极地区的自然状况进行大规模描述的人。1709 年 3 月 10 日，他出生在德国纽伦堡附近的温茨海姆，原名格奥尔格·斯托勒。他早年的生活和兴趣不为人知，不过他好像在很早的年纪就确定了清晰的职业发展计划，目标是去俄国工作。

当时对北太平洋的探险除了要满足科学目的外，还有出于政治、军事和商业上的考虑。与该地区相关的争议之一是有无可能从西伯利亚北海岸开辟一条从欧洲通往日本、中国和西印度群岛的海上航路——即所谓的东北航道，亚洲和美洲之间的精确地理关系当时亦不能确定。俄国人在该地区早期探险中成绩卓著：18 世纪的沙俄正在迅速发生改变，以便与其他欧洲强国竞争。在将近五十年的时间里，彼得大帝和他的继任者们将大量金钱和资源投入科学领域，特别是科学探险，尤其是西伯利亚地区的科学探险。北方大探险是 18 世纪进行的全世界规模最大，也是最昂贵的一次探险。它实际上是一系列探险活动的总称，目的是绘制俄国的北冰洋海岸线，探索西伯利亚的荒野，并在北太平洋进行众多航行。这次探险的总负责人是维图斯·白

位于堪察加半岛东海岸阿瓦查湾的彼得罗巴甫洛夫斯克是白令第二次远航的出发点。两艘船圣彼得号和圣保罗号离开了港口，只有圣保罗号回到了这里。

令，一个曾经在沙俄海军服役的丹麦人。

1734年，在来到俄国之后，斯特勒（他已经改了原来斯托勒的名字）被任命为俄国科学院的博物学家，并被接受为北方大探险的科学家成员。他的目标首先是研究东西伯利亚的自然状况，然后加入驶向日本的远航。斯特勒在冬天动身前往堪察加半岛，花了一年多时间穿越了8000公里的土地，来到东西伯利亚，沿途走走停停，搜集各个地点的植物。但在他还没加入预定的远航之前，白令引诱他加入了另一场寻觅美洲东北部的航行。

这是白令的第二次远航，仅是准备工作就进行了十年之久。1741年，两艘船离开堪察加半岛的阿瓦查湾，一艘由白令指挥，另一艘由阿列克谢·奇里科夫指挥，但它们很快和对方失去了联系，再也没有会合过。两艘船最终都分别看到了美洲，但只有跟白令和斯特勒一起在海上航行了46天的圣彼得号成功地进行了登陆——登陆地点是圣伊莱亚斯角（卡亚克岛）。在进行了大量争论之后，斯特勒被允许上岸十个小时。在这短暂的时间里，他成了第一个收集并描述大量美洲植物和动物的欧洲人，其中包括西蓝冠鸦（或称斯特勒松鸦），他意识到这种鸟类和一个普通的美洲物种有一定关系，因为他“在对卡罗来纳的鸟类和动植物的最新记录中看到了相似的画面和描述”（马克·凯茨比的《卡罗来纳、佛罗里达和巴哈马群岛博物志》，第137页）。斯特勒记录道，“这种鸟证明了我们真的是在美洲”。随后，圣彼得号在阿拉斯加半岛沿岸的舒马金群岛抛锚停泊，当地的阿留申人第一次见到了欧洲人。

在返程途中，圣彼得号在如今的白令岛搁浅，此地距堪察加半岛约一百六十公里。船上的75名船员中，包括白令在内的将近一

斯特勒第一次测量大海牛或斯特勒海牛（*Hydrodamalis gigas*）时的样子。这是一头名副其实的巨兽，长接近 8 米，饱餐一顿海藻之后体重可达 11 196 公斤。它的肉吃起来像牛肉，皮肤结实可用于造船，很快它就因为滥捕而灭绝了。

半船员都死在了这里，主要死于坏血病。剩下的人之所以能存活下来，很大程度上要归功于斯特勒在堪察加半岛的时候从堪察加人那里学到的知识。实际上，斯特勒是第一个成功地治疗坏血病的随船医生，比英国海军提出的最著名的坏血病防治方法还要早。在白令岛上度过了严酷的冬天后，剩余的船员将圣彼得号的残骸拼凑成一条小船，乘着它回到了堪察加半岛。这次航行共花了 15 个月才完成。

斯特勒又在堪察加半岛和千岛群岛度过了两年，探索当地自然状况并为其编纂目录。1744 年，他被召回圣彼得堡，但他返回的旅程被打断了两次，每次都是中途被迫返回伊尔库茨克处理伪造的治疗堪察加犯人的费用。在第三次返回圣彼得堡途中，他突然得了热病，并于 1746 年死于西伯利亚的秋明市。

斯特勒从未将自己的大量手稿、目录和清单发表，其中详细记述了几百种欧洲人之前从不知道的动植物，他美洲之旅的航海日记也没有出版。许多记录都散失了，少量存世的作品在他

许多由斯特勒首次发现和描述的物种后来都以他的名字进行了命名。小绒鸭（*Polysticta stelleri*）是最小的绒鸭，斯特勒在白令岛上对它们进行了研究。这幅画出自约翰·古尔德之手。

死后才得以出版或者融入了别人的作品中。前者包括出版于 1751 年的《海洋动物》，是对白令岛上的动物进行的详细描述。其中包括北海豹、斯特勒海狮、海獭和斯特勒海牛，一种巨大的海牛目哺乳动物，和南方水域中的海牛以及儒艮有亲缘关系，只分布于白令岛和铜岛周围。在 27 年内，斯特勒海牛就因为捕猎而灭绝，只有斯特勒留下的记录成为对该动物活体的唯一科学描述。在严酷的自然环境中，斯特勒在短短几年内完成了自己的科学考察工作，这是一笔宝贵的遗产，虽然多年之后人们才认识到它们的价值。他第一次记录了一个充满野生生命的世界，这些描述为了解该地区提供了独特的视角，虽然是别的作者因此获得了巨大荣誉，但他们使用的是斯特勒提供的信息。沙俄政府一面挖掘他的工作成果，一面试图保密，防止其他人干一样的事情。在斯特勒出生 60 年后，俄国的猎人已经航行到了远至加利福尼亚的地方，与此同时西班牙传教士们正在那里设立定居点。最终还是走漏了风声。斯特勒一丝不苟的记录与绘画是观察和记录的模范，让我们在今天还能研究许多生物——甚至是那些被发现后很快灭绝的种类。

斯特勒还详细记录了堪察加人、阿留申人和其他当地民族，当时这些文化正在或即将遭到蹂躏和破坏。他意识到了亚洲人和美洲人之间的联系，并基于文化的相似性提出美洲土著来源于蒙古人种——他是第一个做出这种假设的人。他的一个发现还促进了现代世界的形成。白令和奇里科夫的远航让俄国取得了对阿拉斯加的主权——斯特勒对西蓝冠鸦的描述提供了俄国人在欧洲人之前踏入美洲东北部的确实证据。于是，沙俄获得了当时对阿拉斯加的使用权和所有权。当然，这片面积大约为一百七十万平方公里的地区，最终在 1867 年以 720 万美元的价格卖给了美利坚合众国——一场世纪大甩卖。

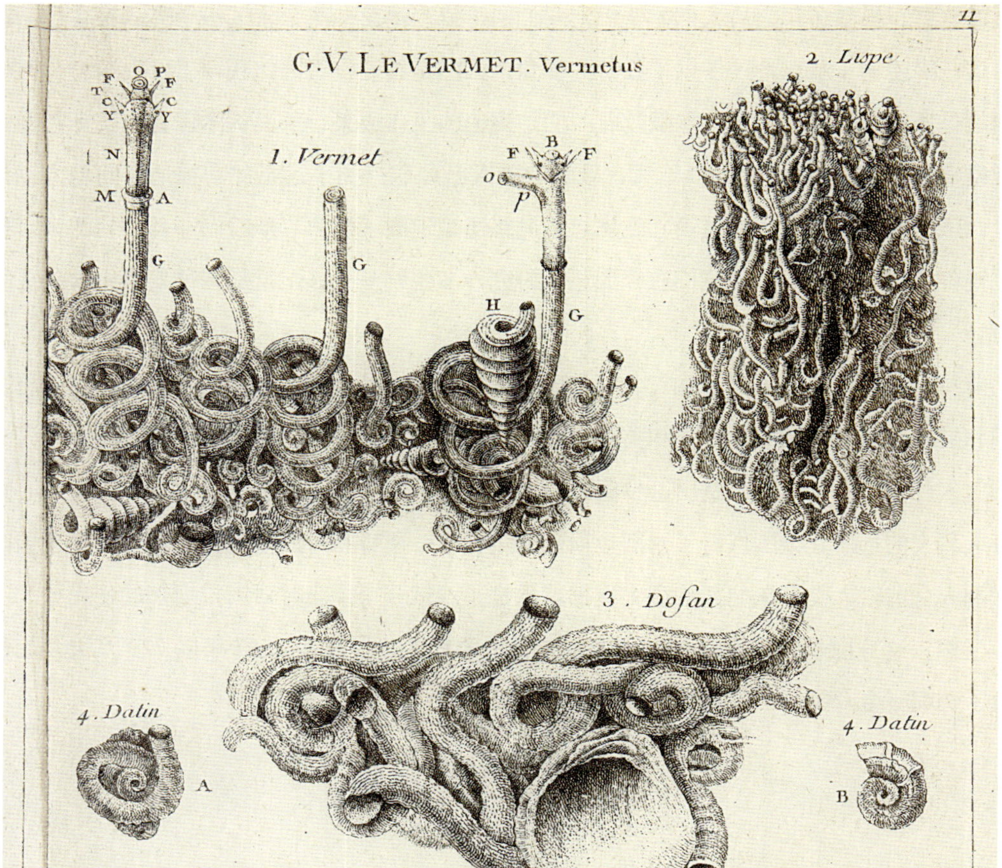
G.V. LE VERMET. Vermetus
1. Vermet
2. Lispe
3. Dosan
4. Datin
4. Datin
5. Masier
6. Jelin
Dessiné et gravé d'ap. nat. par M. Th. Reboul.

丹尼斯·雷梅/撰

米歇尔·阿当松

分类的通用方法

(1727–1806年)

自然的方法一定是独特、通用和普遍的。

米歇尔·阿当松在他1763–1764年出版的《植物科志》一书的第一卷中如此写道。在阿当松本人的描述中，他的自然分类方法必须“毫无例外”，并且“独立于我们的意志，而且要基于万物的自然本性，这些本性是它们各部分和各种品质决定的”。通过他的工作和写作，阿当松阐明了植物学并不仅仅是命名的科学，它还是事实的科学。他对于植物学最大的贡献是建立了现代植物分类中科的概念，将其作为独立和普遍的分类类群。

阿当松出生于法国南部的普罗旺斯地区艾克斯，他从小就对博物学产生了兴趣。在21岁时，他前往非洲旅行，但他的身份不是享有一切便利条件的皇家植物学家，而是一名东印度公司的书籍保管员。他已经在皇家植物园学习了物理学、解剖学、化学和植物学，如今阿当松想要通过第一手的观察来研究自然。他在塞内加尔待了六年(1748–1754年)，收集矿物样本和动植物标本，记录它们被发现时所处的自然环境，并记录了所有生态学和人种学信息。他从土著人口中了解到这些动植物的当地名字，询问它们的传统用途和生长习性，他还对沃洛夫语进行了音译改写。在冈比亚，阿当松发现了热带植物的巨大多样性，并且越来越意识到图尔纳弗和林奈(见第147页)的分类系统在面对自己新收集植物时的局限性。相反地，阿当松检视了每种植物的所有性状，并且在分类中对每个性状都同等看待，无轻重之分。1750年，在给杰

左页图：阿当松对软体动物的分类被居维叶(见第221页)认为比之前所有的分类系统都更完善，这也是对软体动物进行现代命名的开端。阿当松的《塞内加尔博物志·贝类》的图11展示了蛇螺属(*Vermetus*)的六个物种，不过第六个物种实际上是一种水螅而不是软体动物。

出植物学家伯纳德·德·裕苏的信中，他强调了自己自然分类“通用方法”的基础。

当阿当松回到法国时，他已经被非洲的经历大大地丰富了，同时还成为了一名坚决反对奴隶制度的人士。他开始着手出版自己的收藏，预计写出一套包含八卷的巨著。1757 年，第一卷面世了，名为《塞内加尔博物志·贝类》。英译本直到 1759 年才出版，中间的耽搁是由于当时打打停停的七年战争（1756–1763 年）引起的敌对情绪造成的，这场战争的战场遍布欧洲、北美和印度，卷进了好几个国家，包括位于对立阵营的法国和英国。虽然阿当松在 1763 年被选为英国皇家学会会员，但他只给出了对自己所做发现的一份摘要，略去了所有可能对敌国有用的信息。

顾名思义，他的作品是对在非洲收集的贝类的描述，阿当松实际上在书中建立了他日后用于植物学的基本原则。阿当松坚定地相信，生物分类需要对每个标本进行描述和互相比较，而且不应该基于单一性状进行描述。例如：不仅对于贝壳背身，阿当松还对贝壳里面的动物有着浓厚的兴趣。从这个意义上说，他被视作软体动物学的创始人，他提出的软体动物的某些属和种一直沿用至今。

1759 年，阿当松生活在伯纳德·德·裕苏在巴黎的宅子里，两位植物学家在一起亲密地工作，后来伯纳德的侄子安东尼–劳伦·德·裕苏（见第 215 页）又在 1765 年加入了他们的行列。阿当松就是在这个时期逐渐发展出他的自然方法的观念的，并且在他的《植物科志》（1763–1764 年）一书中进行了阐述。此书的第一卷由两个紧密联系的部分组成，其标题为《关于植物学科的古代与当代理论的前言》，其中除了关于植物组织、解剖学和性质等的最近试验结果之外，还给出了植物学老方法和新方法的历史性叙述，并按照年代顺序列出了一份植物学家名单。阿当松还发展出了自己的哲学，将自己对分类自然方法的贡献放到植物学发展的历史中评价。在第一卷的结论中，阿当松声称自然方法是普遍适用的，因为它必须要考虑某种植物的全部性状，包括那些通过显微镜观察到的性状。

《植物科志》的第二卷涉及的是阿当松对于植物科的描述，这些科都是他基于它们全套的性状提出的。他为每个物种列出了一串长长的性状表现名单，从这份名单中，他推理出了属内及更高类群内的相似性。阿当松认为每个科都有自己独有的特征，也就是说，一个科的成员拥有独一无二的一组性状，有助于鉴定属和种是否属于这个科。他还指出某个特定的性状可能有助于在一个科内鉴定物种，但在别的科中可能毫无分类学价值：能够区分同科（菊科）物种雏菊和菊花的特征，并不一定会在区分另外两种同科（豆科）植物香豌豆和菜豆时有任何用处。

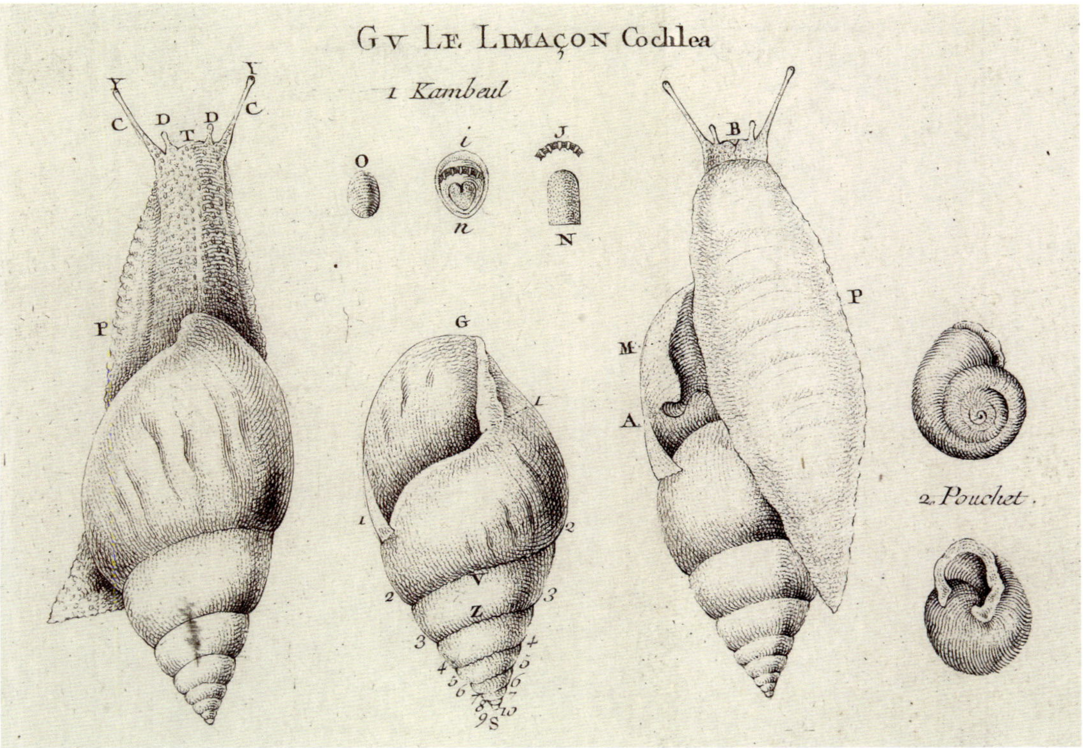

这是《塞内加尔博物志·贝类》一幅插图的局部，阿当松描绘了两种蜗牛。阿当松认为必须研究生物的所有性状——既包括壳，又包括壳中的动物——才能得到自然的分类系统。

阿当松对寄给自己的大量标本进行了分析，结果都支持他的结论，但他的书中最有价值的是他个人对热带植被以及在其生态环境中生活的物种的认知。根据性状的相似性原则，阿当松提出了 58 个科——前 5 个以及最后一个科都是隐花植物（性器官隐藏起来的植物，包括蕨类、苔藓、藻类和真菌），其他 52 个科包括显花植物（性器官可见的植物）。

《植物科志》是第一本提出通向分类新方法的哲学路径的书。它还包括许多创新性的思想，这些思想直到多年后才被其他植物学家重新发现。所以，为什么阿当松的作品在出版后就被迅速埋没、遗忘了呢？可能的原因有很多。首先，这本书的外观不是特别吸引人，尤其是阿当松使用了拼音正词法，试图以此实现植物名字发音和拼写的标准化（例如：删除不发音的字

Longitudes à l'Occident de Paris
Carte Generale du Senegal
Corrigée, et Augmentée de plusieurs détails par M. Adanson correspondant de l'Acad. Rle des Sc.
Dressée et executée par les soins de Philippe Buache
1756.
Lieues marines de France.
Lieues communes de France.
Ocean Atlantique
Premier Meridien
Terrein Sablonneux sans Pierres Plat
Pays frequenté par les Arabes que l'on apelle Maures au Senegal
Cap Blanc
Portandic
Lac Caer
Peuls
Empire du Bourba Ouolof
Rme de Kaior
Baol Rme
Sin Rme
Salm Rme
Kombo Rme
Galam
Kasson Rme
Bondou
Hauts Yani Rme
Bas Yani Rme
Tomani Rme
Kantor Royaume
Jaka Rep. de Mandingues
L'Empire du Banbarena
Tanda
Bagnon Rme
Papels
Balante Rep.
Biafar Rme
Nalous
Landemans
Cocolis
Vagres
Malus
Zape Rme
Partie de la Haute Guinee
C. Verd
C. Rouge
C. Verga
Longitudes prises du Premier Méridien de l'Isle de Fer.
Laurent Sculpsit

母，或者省略发音相同的字母），这让书中的文本变得难以阅读和理解。其次，阿当松非常强调前人对植物的认识，他启用了古老的植物名称和地方性名称，而反对林奈的植物名称改革。因此，即使双名法在科学界的接受程度变得越来越高，他也没有意识到林奈的双名命名法多么富有创见。最终，阿当松从未获得过高的科学职位，尽管他与伯纳德·德·裕苏关系密切，后者可以帮助他传播自己的观念。

不过，阿当松经常保持着和皇家科学院的联系，并接受了官方职位，包括1782年被授予的“可享受退休津贴的植物学家”，1795年，他被选为新成立的国家学院的成员。尽管如此，植物学界仍一直忽视阿当松的作品，他也没有自己的学生为自己的这些思想辩护、传播。他那极为细密周全的性情也许不会有助于帮他改善这种处境——这种态度被有些人认为是脾气暴躁的标志。

阿当松常常自认哲学家，并计划在国王的支持下撰写一部包含自然万物的百科全书。1775年2月15日，他在科学院同仁面前宣读了这部包括27本书的巨著的写作计划。然而，他的计划被否决了——评委们认为这样的工作量不是一个人能够完成的。阿当松对他们的建议充耳不闻，从1780年代开始闭门谢客，专心投入到实现百科全书的梦想中去。

后来，遭受疾病和家庭问题困扰的阿当松又失去了资金来源，因为法国大革命已经镇压了科学院，他的退休津贴没了来路。幸运的是，他得到了仆人的帮助，让他能够继续工作。虽然他最终进入了科学院，但他的退休金直到1803年才恢复。他在贫困中死去，最后一个愿望是坟墓上能够安放一个代表自己提出的58个植物科的花圈。

终其一生，阿当松始终希望包罗博物学的一切，并将各部分联系起来。他对于软体动物和植物的研究应该是他广博的知识中最为人熟知的方面，其实他一丝不苟地对自然的方方面面都进行了观察，从微生物到气象学，包罗万象。阿当松的工作在其活着的时候并未得到重视，第一个向他致敬的现代植物学家是亨利·巴永，他在自己1876年出版的《植物学词典》的序言中为阿当松的方法进行了辩护，并创立了一本新的期刊《阿当松》，至今还在出版。最终，对于这样一位在非洲学习博物学的人，最合适的纪念方式就是将遍及非洲，并且具有重大经济价值的猴面包树的属名以阿当松的名字命名为*Adansonia*（猴面包树属）。

左页图：摘自阿当松作品中的塞内加尔地图，图中展示了他工作和旅行过的地方，还添加了大量人类学和历史信息。

罗伯特·普雷斯/撰

伊拉斯谟斯·达尔文

进化理论的开端

（1731—1802 年）

达尔文医生拥有的知识也许比欧洲
任何一个人都要广博，他还是
最富有创造力的人。
塞缪尔·泰勒·柯勒律治

作为当时的大人物之一，伊拉斯谟斯·达尔文身上表现出众多矛盾之处。在那个时代，伦敦牢牢地吸引着那些追逐成功和影响力的人们，他却将自己的时间花在外省。基于自己的背景和专业，他支持激进的想法和改变。他是一名反基督教、反饮酒的医生，即使对于富有的病人，也采取严格粗粝的方法，即使如此，他还是受邀成为英国国王乔治三世的医生。作为一个其貌不扬而且还口吃的人，他却在社交圈里和赌场上都取得了成功。作为一名科学家兼发明家，他还成为了当时最著名和最畅销的诗人。但达尔文的成就远远不止这些，他对于自然科学的最大贡献在于进化理论领域。

达尔文出生于诺丁汉郡附近的埃尔斯顿庄园，在剑桥和爱丁堡接受教育，并在爱丁堡取得了医师资格。回到诺丁汉郡，他开办诊所的第一次尝试不幸取得了失败，但搬到利奇菲尔德之后，他迅速积聚了一大批主顾，最终成为当时一流的医师。他像其他人一样严重地依赖当时流行的疗法，如放血疗法，但他也引入了对付医疗难题的新颖方法，这些方法也常常很有效。作为一名乡村医生，达尔文拥有大量的时间和机会进行观察和试验，他也拥有足够的智力和好奇心将两者充分地进行下去。

达尔文对机械装置痴迷了一辈子。这些东西既有异想天开的古怪装置，如旋转的磁铁驱动的蜘蛛模型，也有实用的设备。许多这样的东西永远地停留在他的“读书札记”上面——他在这本备忘录上记录了许多想法和念头。这个本子上记录了一只用压缩空气驱动的人造鸟类、复制文件的工具，以及一台只留下了想法的说话机等等。其中有些成为了现实，尽管它们常常被别人发展并取得了专利。运河升船机、水平风车和静电发生器都得到了良好的运用。

月光社

利奇菲尔德和伯明翰有一圈志同道合的人称自己为月光社，达尔文也是其中之一。他们之所以取这个名字，是因为他们总在满月之夜进行晚餐聚会和讨论，然后趁着月光踏上回家的路。月光社集体提供了支撑英国工业革命的主要智力驱动力，他们成立了部分第一批新工厂，并创造了新的生产流程、工作纪律和社会基础设施。和月光社的其他成员一样，达尔文对法国大革命前夕的许多理想都十分推崇，特别是那些关于知识和权力之间关系的想法，以及要求社会和政治变革的呼声。对于月光社，尤其是达尔文，科学是进行这些改变的工具。后来，随着法国大革命演变为大恐怖，暴徒横行，随便处决，他们的理想逐渐幻灭，但至少他们最初隔着英吉利海峡热烈地期盼过。欧洲科学家们包括那些身在法国的科学家们，都在提出

《植物之爱》中的杓兰属（*Cypripedium*）植物。达尔文将这种花比作“一只蜘蛛膨胀的腹部和有节的肢”，“将精美的外形隐藏起来，掩饰起它那茂密丛生的魅力”。

伊拉斯谟斯·达尔文的肖像，由德比郡的约瑟夫·赖特所作。根据诗人安娜·苏厄德所言，达尔文“个头中等偏上，体型壮硕”，但根据同事鲁那迪克·理查德·埃奇沃思的说法，他只不过是个“大块头，肥胖而且相当笨拙的人”。

各种理论，挑战教会和国家提出的既定观念，博物学领域表现得最为突出。

达尔文通过自己博物学与农业方面的作品得到了公众的注意。其中有两部作品在内容和形式上都值得一提，它们都是长诗，是当时跨越18世纪的一场关于科学技术的诗意辩论的一部分。虽然达尔文说写作它们是“仅供消遣”，但这两部长诗中却包括许多常常很长的注脚，从中能学到许多知识。它们中的第一部《植物园》在1789年和1791年分两部分出版，让他成为了英国最著名的诗人。另外一部作品《动物生理学：或称有机生命的法则》（1794–1796年）虽是一部旨在揭示疾病理论的医药学著作，但他也在其中陈述了自己关于进化的观点。

进化理论

在18世纪，对于物种的起源、物种是否拥有变化的能力以及有多少变化能够传递到后代中去等问题，学界有着强烈的对立意见。教会强烈支持的观点是所有的生物都是独立创造出来并且永不改变的，但是也有人认为新的物种起源于已经灭绝的物种，到底哪种意见是正确的呢？是否每个个体内都包含着完美的已经成形的后代胚胎（而且这些胚胎之中又包含着它们自己已经成形的后代，就像无穷无尽的俄罗斯套娃那样），还是胚胎在临近生产的过程中从简单的结构不断发育成复杂的结构？之前的科学家们如布封伯爵（见第156页，达尔文是他热烈的拥护者）曾试图解决这些问题，但并未能提供完全令人信服的解释。

达尔文认为无论是单独的物种还是作为整体的世界，自然在变化过程中会逐渐变得更复杂和完美，而物种的变化对他是个极为明显的事实。他认同林奈（见第147页）的观点，认为新的物种是通过杂交的方法从现存物种起源而来的。他还指出了选择育种的结果，清晰地列出了许多动物育种的范例，如犬类和鸽子，以及动物在发育成熟过程中出现的巨大变化。很明显，不仅是最初的性状会遗传到下一代，这些性状还会在亲本和子代中产生一定程度的变化，甚至可能出现全新的性状。

在达尔文看来，自然就是一场为了生存而进行的永不停歇的斗争，概括为他的第一条有机生物法则，即“吃掉或被吃掉”。他列出了生物的三大“需求”：性欲、饥饿和安全，这些需求会影响许多生物的形态，反过来让生物能够满足这些需求。他还相信获得性状能够遗传，这一观点后来在拉马克那里得到了进一步扩充和发展。这种观点过去曾遭到嘲笑，而如今被认为至少是部分正确的。达尔文认为在内部和外部压力下产生变化的能力会让生物更适应生存，这就是进化的驱动力，在这样的过程中，一个物种可以“不断改变它们固有的活动……一代代地传递到它们的后代中去，无穷无尽”。

然而，上帝创造世界及其秩序（以及人类在其中的位置）这样的观念是所谓神的旨意的体现，挑战这样的观念是极为危险的。所有鼓励社会“自然秩序”变化——这是正在法国发生的事情——的思想和活动必须不惜一切代价避免。因此，达尔文非常小心，努力将自己的思想隐藏在符合神学的词句之间，比如将上帝称为“第一推动力”这样的措辞。这到底是因为模糊的自然神论信仰、天然的少言寡语或政治上的便利，到现在仍不清楚。

对于达尔文，生物最大的“需求”是性欲，即繁殖，这对于物种的进化至关重要，但人们在当时对这一领域还知之甚少。在宽泛的尺度上，生殖机制是明显的，但人们需要更多细节。达尔文自己最初持有的也是当时广泛流行的观点，认为子代的性状完全是由雄性亲本决定的，雌性亲本只为胚胎提供营养和安全的庇护所，但他的观察让他改变了自己的观点，并推测胚胎是由双亲提供的“微粒”结合后形成的。达尔文还记录到，虽然有性繁殖会在子代中产生变异，但无性繁殖的后代不会产生变异或极少变异。考虑到当时根本没有任何遗传学背景知识，他能够提出这些观念并加以传播就显得更不容易了。尽管如此，他还是清晰地阐述了变异和繁殖之间的联系，为他的孙子查尔斯在进化论的工作上提供了基础。

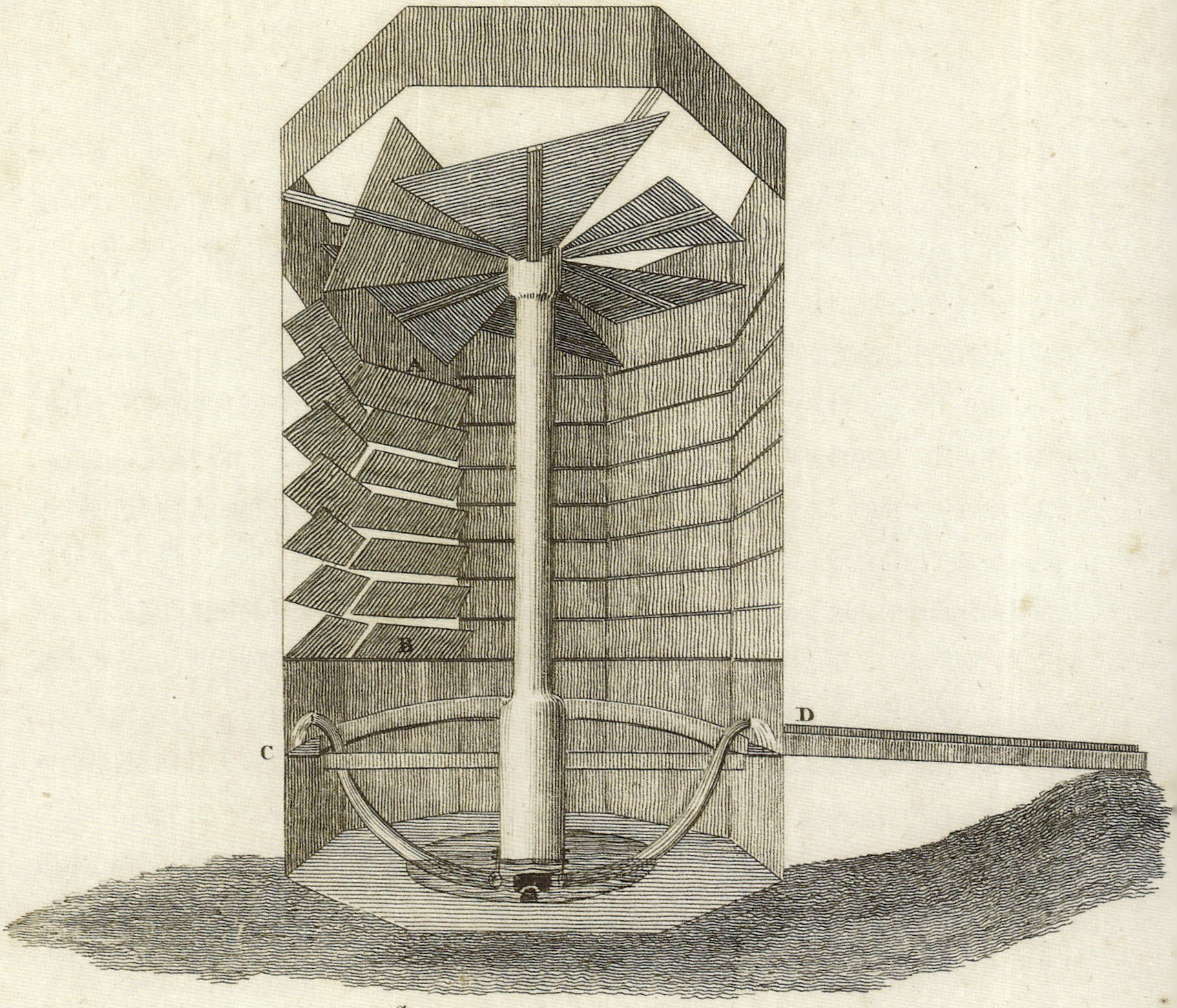
A
B
C
D

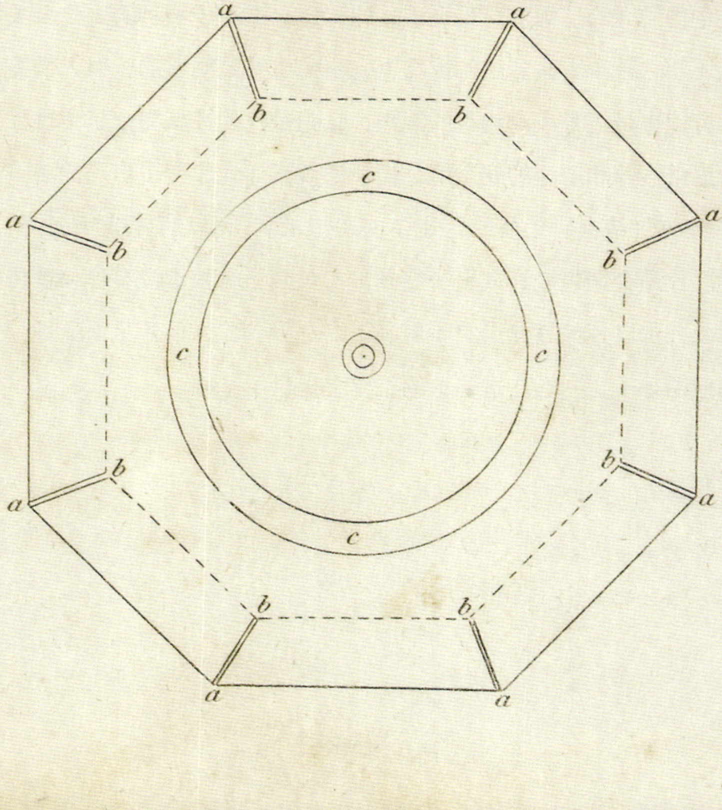
a
b
c

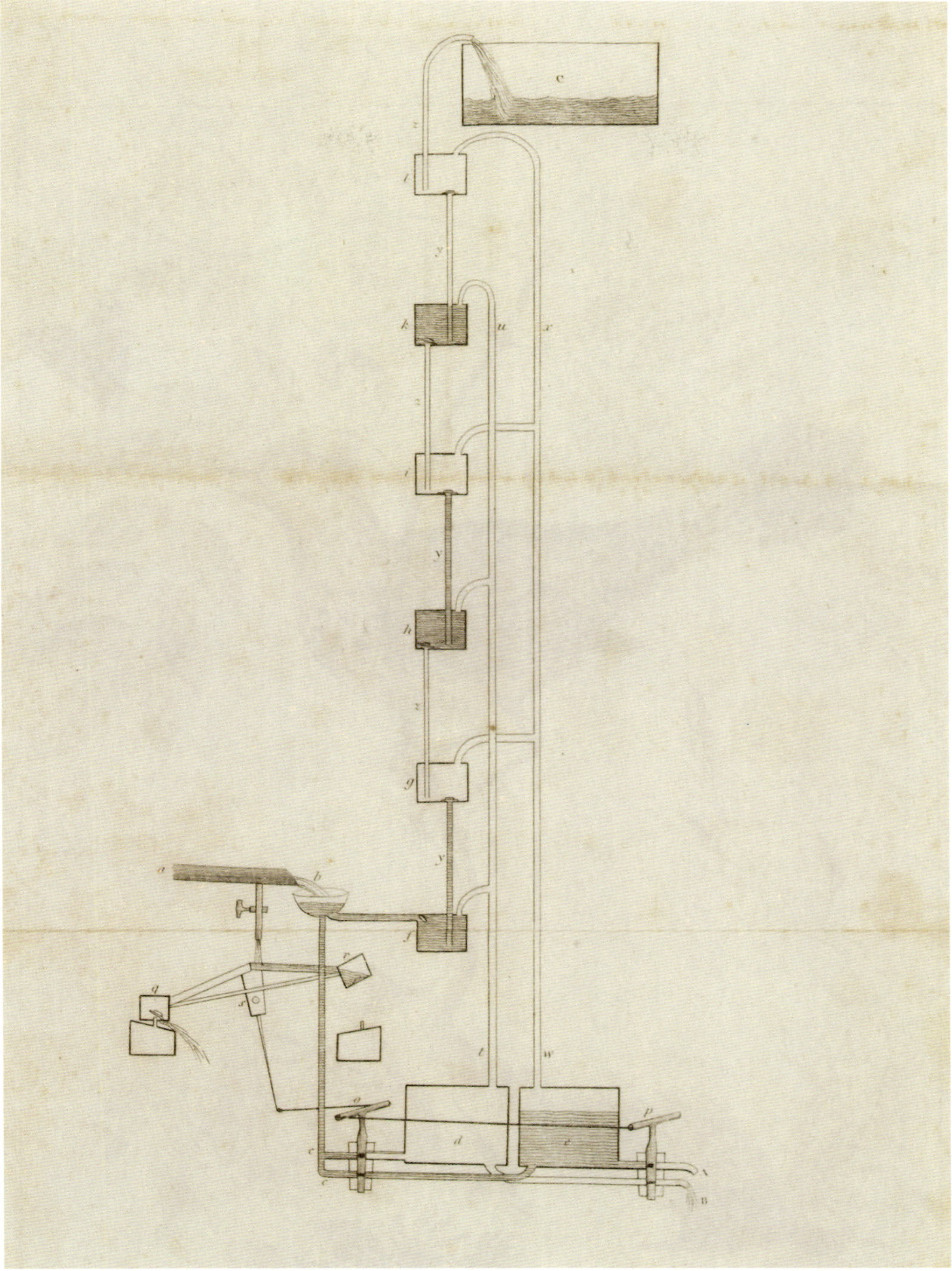

达尔文设计的两个机械装置。他的水平风车（左页图）最初是为了对沼泽地进行排水的，但在伊特鲁利亚的韦奇伍德工厂建造的第一台实体水平风车成功地磨了14年的颜料。简易式抽水装置（上图）配有很长的文字说明，部分文字如下：“这些水会将空气从水箱e中压升到空气管w和x中，然后将水中小水箱g、i、l中压入水箱h和k以及大水箱c中。”尽管这么复杂，但它倒是能正常运转的！

巴特拉姆寄给过伦敦的乔治·爱德华兹几幅画，这幅纹胸林莺（*Dendroica magnolia*）就是其中之一，爱德华兹将这幅画复制后用在了自己的一本书上。画上的标注日期是1757年，从通信中可以判断它很可能是1755-1756年完成的，当时巴特拉姆只有16岁。

朱迪思·麦基/撰

威廉·巴特拉姆

科学记录员和画家

（1739–1823 年）

在永不满足的好奇心之下，我不断地
追寻自然的新产物，完美而万能的
造物主拥有无限的力量、威严，我的
快乐主要来自于对它们的追求。

这些语句出自于威廉·巴特拉姆之手，摘自他 1791 年出版的《南北卡罗来纳、佐治亚与东西佛罗里达之旅》。这本书讲述的是他在北美东南部对自然状况进行探索、发现、收集和绘画的经历。在四年的时间里，巴特拉姆或步行或骑马，或乘帆船或坐独木舟，穿过了佐治亚和佛罗里达大片未被科学探索过的土地，最远到达了密西西比河。他在旅途中要经受众多考验：暴风雨、肆虐的蚊虫、野熊和鳄鱼，以及有时候陪同他一起上路的贸易商的粗鲁且常常不人道的行为。巴特拉姆的作品对博物学家和诗人都产生了影响，他超前的自然观将世界看作是一个有机整体，是多种多样、互相联系的生命形式构成的生机勃勃的组合。

巴特拉姆对博物学做出了巨大贡献，这表现在他把自然美学与基于长期观察得到的精确数据记录结合起来的能力上。作为一名科学家，巴特拉姆意识到了这样系统的描述和记录的必要性。巴特拉姆相信正是自己长年累月的观察让他更进一步地了解了自然世界的全部复杂性。他发现旷野地貌的美丽令人震惊和敬畏，并且如此充满力量，这让他有时候觉得自己对万物的认识和理解每天都在提升。

1739 年，威廉·巴特拉姆出生于费城附近的金瑟星，他可正谓生逢其时。作为一个贵格会教徒家庭的孩子，他在成长过程中受到了启蒙思想和理想思维的熏陶。这是一个由科学驱动的时代，理性代替了教条和迷信，人类走上了不断发展和进步的道路。在 18 世纪下半叶时，将秩序应用到对调查世界中的观念已经成为了主流趋势。然而，随着18世纪步入尾声，对于自然世界的想法产生了剧烈的转变。牛顿的科学方法和林奈的分类体系所取得的成功，正在受到新一代作家、艺术家和哲学家的挑战。这是浪漫主义运动的曙光，这股思潮认为单靠理性永远也不可能充分全面地理解世界。想象力、情感和感官体验如同试验和命名法一样重要。作为启蒙运动中诞生的孩子，威廉也是这场在19世纪初席卷欧洲的新浪漫主义运动的一份子。

威廉的父亲约翰·巴特拉姆在欧洲的园艺和科学圈子很有名气，他从事美洲种子和植物的贸易，并因此在1765年被任命为英国皇家植物学家。少年时，威廉就跟随自己的父亲参加搜集植物的旅途，沿着当时尚属英国殖民地的北美东海岸南北奔波。他在这里学习了与植物、动物、矿物以及地球组成的有关的知识，并画了很多自己遇到的事物。威廉是九个孩子中的老五，他也是唯一一个得以进入费城学院（宾夕法尼亚大学的前身）学习的孩子，但他接受的教育并不包括任何正式的艺术训练。对他产生影响的是那些附带插图的著作，如马克·凯茨比（见第137页）、汉斯·斯隆爵士（见第121页）和乔治·爱德华等人的作品，这些书籍都是作为礼物由这些受人尊敬的作者送给巴特家的。他认真钻研了这些书籍和其中的版画，在风格和技巧上，他自己的绘画也常常受到这些插图的影响。他的技艺十分纯熟，富有的英国植物收藏家和博物学家彼得·科林森在1767年收到一幅威廉的绘画之后，表达了自己的震惊，说自己和儿子"很是为这到底是一幅版画还是一幅绘画争论了一番"。

旅行和观察

威廉·巴特拉姆成年后的早期生活充满了挣扎，为了得到父亲所称的"合理的体面生活"，他几乎苦斗到了绝望的边缘。他所有的努力都换不来父亲所期望的成功，直到1773年，已经34岁的他做出了一个重大决定，决心放弃任何试图取悦或依赖自己家庭的想法，并启程踏上自己的旅途，这时他已经从一名伦敦贵格派教徒约翰·佛瑟吉尔医生那里找到了赞助。巴特拉姆和种植园主以及贸易商人生活在一起，跟着他们一起来到美洲土著的城镇和定居点。他对克里克人和切诺基人进行的有记录的观察被认为是当时最详细和准确的。

当巴特拉姆进行着自己的旅行的时候，美洲殖民地正在进行自己革命性的变化，而他本人并未受到动乱的影响。而到了1776年春，他活跃于佐治亚的达连湾一带，参加了阻止英国部

林奈的博物学绘画风格在物种鉴定方面给了这位科学家很大的帮助，但他常常将标本抽离于环境单独描画。巴特拉姆更喜欢展示物种之间的相互关系，就像上面这幅画一样。

队穿越圣玛丽河的行动。这次行动规模很小，但局势的不稳和与日俱增的暴力让巴特拉姆决定返回费城，并于1777年1月回到了家。巴特拉姆的旅行游记最终出版于1791年，最初在欧洲比在美国受欢迎得多。在初版后的十年中，这本书在六个不同的国家印刷了八个版本，直到今天还在出版。《南北卡罗来纳、佐治亚与东西佛罗里达之旅》是一本科学著作，其中包括对该地区动植物及鸟类的详细描述和名单，它对于科学做出了重要贡献，也得到了应有的评价。而且这本书不仅仅是一本学术著作，还是一部用叙事诗般的语言写成的精美作品，其中充满了巴特拉姆细腻的叙述和精美的图画。他对自然充满感情的描述受到了欧洲浪漫主义诗人如塞缪尔·泰勒·柯勒律治和威廉·华兹华斯的极大喜爱，他们在自己诗歌的许多地方都借鉴了他的作品。巴特拉姆所描述的“短吻鳄的力量”、“乳白色的芳香花朵”、“黑紫色的水蛇”，以及年轻的切诺基少女“在微风吹拂中展示她们的美丽”，都可以看作浪漫主义诗歌。

巴特拉姆在《南北卡罗来纳、佐治亚与东西佛罗里达之旅》一书中涉及的几个主题都挑战了当时科学界和社会上流行的观点。他质疑了从非生物物质到最复杂的生物是从低到高这样的自然界等级观念，这种理论起源于千百年前，在18世纪更是主导了生命科学的研究。万物之间都存在普遍联系，巴特拉姆对此并无疑问，但他认为植物、动物和人类之间并不存在什么区别。对于巴特拉姆来说，所有东西都被注入了宇宙的灵魂，从中都能识别出造物主的痕迹。他问道：“豆子、桃树以及其他种类植物和树木的种子，以及卵生动物的卵，它们之间的本质区别在哪里呢?”他还认为动物和人类的情感是一码事，宣称“动物对自己后代的喜爱，它们的情感和依赖，就像人类一样热情、活跃和忠诚”。巴特拉姆还在描述捕蝇草（*Dionaea muscipula*）时进行了进一步的争论。这是一种能够对刺激做出反应、好像拥有感觉的植物。根据巴特拉姆的说法，它是一种“运动植物”。“在我们看过了这样东西之后，难道还会犹豫不决地不肯承认植物也具有与动物相似的感觉能力么；它们是有机的、活生生的、能够自我运动的物体，就像我们在这株植物上观察到的那样，既有动作又能决断。”

美国独立

在崭新的美利坚合众国发展过程中，威廉·巴特拉姆还是其中一位重要的科学人物。他清楚地认识到建立属于美国的独立科学界的必要性，美国科学永远不能再依赖欧洲，无论是在物质上，还是在对于美国自然物产的智力理解上。巴特拉姆意识到为了控制他们自己的科学，美国人必须开始自己对本土动植物进行命名、描述和分类，而且这样做对于一个独立国家的建立也是一种贡献。巴特拉姆很熟悉法国博物学家布封（见第156页）及其追随者们的观点，他们认为美国的自然物产，无论动物还是植物，都已经随着时间的过去发生了退化。布封解释到，欧洲的物种在过去迁徙到了美洲大陆，在那里，由于恶劣的环境条件如气候和饮食，它们退化得更加弱小，不如与之对应的欧洲物种。布封还将这种理论应用在美洲的土著居民身上。巴特拉姆并不反对不同地区的环境条件对物种产生影响的论断，这一理论在19世纪还得到了洪堡的进一步发展。美国物种发生了退化这样的论调是他驳斥的对象，他的行动是描述了该地区动植物以及人类的壮丽、宏大和辉煌。根据巴特拉姆所言，切诺基人是“体型最大的人类种族”，而一位塞米诺族的王子是他曾见过的“最完美的人体形象”。

在《南北卡罗来纳、佐治亚与东西佛罗里达之旅》中，巴特拉姆用了很多篇幅讨论美国土著人，描述他们的外貌、生活方式和文化，将他们和欧洲人进行比较，得到的结论是双方是平等的。对于他们的宗教信仰和实践、农业耕作方式、语言和音乐，巴特拉姆都进行了详细的描述。他甚至对该地区发现的大型土堆的来源进行了解释，认为它们是“印第安人的”。他将这些土堆中发现的手工艺品和当时北美土著所使用的手工艺品进行了比较，并断定这些手工艺品的相似性足以证明早期北美土著最初就住在这些遗址中。他的理论在当时没有得到重视，但现在我们知道这是正确的。巴特拉姆非常仰慕克里克人和切诺基人的生活方式及文化，特别是他们和大自然的关系，其中印证了许多他自己的观点。在旅行之前还是雏形的泛神论观点在遇到美洲土著之后得到了坚实的基础。

在他的写作和绘画中，巴特拉姆努力试图在死板地对自然的分类和标注以及整体地理解自然世界之间取得平衡，当时前者是科学大部分领域的主流方法。对他来说，自然研究意味着理解物种之间是如何关联并依赖于周围环境的，而环境又对当地动植物施加了什么样的影响。巴特拉姆引入了对自然的美学欣赏，对于纯粹的理性研究是一种补充。他毫无疑问地认为世界有其内在的和谐，而物种之间的互相联系和依赖在他的自然观念中至关重要。

威廉·巴特拉姆，查尔斯·威尔逊·皮尔所作。

到19世纪早期，巴特拉姆的声名远播，全美各地的政治家、科学家和哲学家都前来拜访。1782年，他成为了宾夕法尼亚大学第

2.
1.
3.

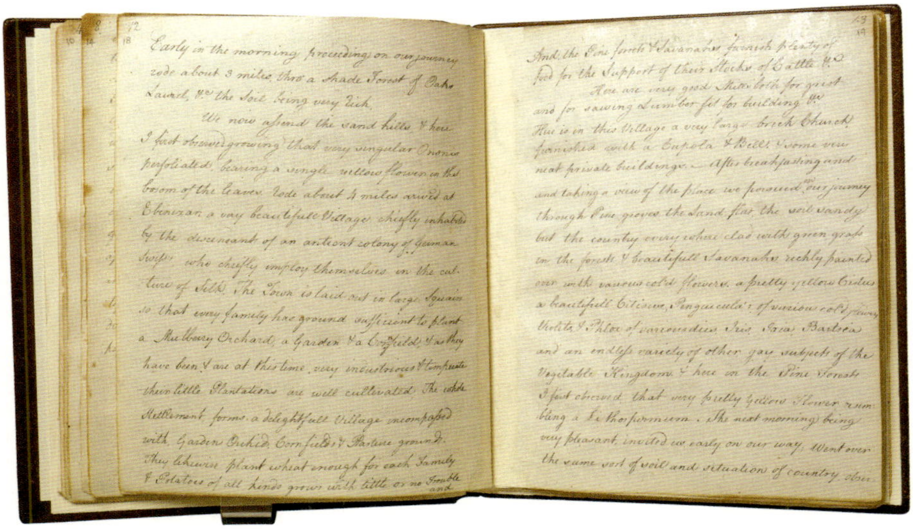

上图：巴特拉姆从 1773 年至 1775 年在佐治亚和佛罗里达旅行时所记的日记，他后来将这些日记寄给了自己在伦敦的赞助人约翰·佛瑟吉尔。

左页图：富兰克林树在 1765 年被约翰·巴特拉姆和威廉·巴特拉姆发现，如今已在野外灭绝。它在人工栽培中的存活要归功于威廉·巴特拉姆，这种植物是威廉为纪念本杰明·富兰克林命名的。

一位植物学教授，但他从未在那里教过课。他被选为美国哲学学会和自然科学院成员，但从不参加他们的会议。当时的美国总统托马斯·杰斐逊邀请他参加红河探险，虽然他感到受宠若惊，但巴特拉姆并未接受这次邀请。许多当时一流的博物学家都来拜访他，与他就自然问题进行讨论和争辩，还会在他家中长期停留或者在探险活动的间隙来到他家中做客。

1823 年 7 月的一个清晨，威廉·巴特拉姆死在自己心爱的花园中。他的一生经历了许多重大的时刻，他对于这段时期的诗人和思想家产生的影响是毋庸置疑的。亚历山大·冯·洪堡（见第 247 页）的自然观念与巴特拉姆相似，在他的著作《宇宙》中，洪堡这样描写自然：“多样性中的统一，而在外形差异极大的造物中，有着互相联系的相似性和秩序，一个共同的和谐的整体。”直到 19 世纪后半叶，人们才开始使用生态学这个术语并开始研究环境科学，但它们的根源就来自于早期浪漫主义运动中博物学家们的观念，以及威廉·巴特拉姆的写作和绘画之中。

塔尼亚·戴路德/撰

约瑟夫·班克斯

航海者和博物学赞助人
（1743–1820年）

我所见到的那片国度，其中充斥着大量多种多样的动植物，大多数都从未被我们的博物学家们描述过，因为很少有人有机会来到这里。实际上，自从马克格拉维和皮索在大约1640年来到这里之后，据我所知，从未有过拥有足够好奇心的人再次前来，所以很容易猜到这样一个国度所处的状态。

约瑟夫·班克斯，巴西，1768年11月26日

约瑟夫·班克斯最为人熟知的事迹也许就是他跟随詹姆斯·库克船长在奋进号上的远航，人们普遍认为，他对于上两个世纪的博物学产生了重大而深远的影响。班克斯的旅行和众多产业在他的时代为自己赢得了名声和地位，而且直到今天人们还记得他的成就。班克斯于1743年出生于林肯郡的一个富有家庭，他利用自己的财富和地位进行远航，要么自己亲自上路，或者派遣别人去探险，对那些既有科学价值又有经济效益的动植物进行鉴定和收集。在位于邱区的国王的植物学收藏（如今的皇家植物园邱园）的建立过程中，他也起到了重要作用。

据说班克斯一开始对学习并不上心，他最初在哈罗公学上学，然后在1756年9月来到伊顿公学，在那里他宁愿把时间花费在打猎消遣上也不愿学习。他在学习上的糟糕表现引起了关注，不过在1757年的复活节后，他的态度突然发生了极大的转变。班克斯对于自然研究的热情就是在这个时候开始的，并且一直持续到他去世。杰勒德的《草本志》等书籍点燃了他的兴趣，他的家距离当地乡间很近，于是在假期，班克斯就沿着林肯郡的泰晤士河沿岸搜集植物、昆虫和贝类。

植物标本集中的一页，约瑟夫·班克斯和丹尼尔·索兰德在1769年收集于新西兰莫图阿鲁岛托拉格湾的特噶度湾。这件标本是伦敦自然博物馆植物学部存放的班克斯植物标本集中的一部分。

铅笔画，中年后的班克斯（未标注日期）。

1760 年，班克斯来到牛津大学的基督教堂学院学习，然而他在大学的第一年里父亲就去世了，于是他回到了自己的家，由里夫斯比修道院改造的乡间别墅。班克斯当时只有 18 岁，还不能继承家族产业，在年满 21 岁之前，他的母亲萨拉和叔叔罗伯特·班克斯-霍奇金森是他财产的监护人。萨拉·班克斯和她的两个孩子搬到了切尔西的药用植物园附近。班克斯正是在切尔西遇到了菲利普·米勒，那里的一位杰出园艺师，从此以后，他一直都是班克斯最重要的联系人之一，并鼓励班克斯开展研究。从 1760 年至 1765 年，班克斯将时间分配在了牛津大学的课程以及他自己的庄园中，他在那里和自己的叔叔一起忙着管理产业和处理财务问题。在这段时间，他仍然保持着对博物学的兴趣，他在学校的朋友把他当成一个拥有怪癖的人。优裕的财务状况赋予了班克斯许多特权，例如：他自己出一笔钱得到了剑桥大学的准许，请那里的一位导师伊斯雷尔·莱昂斯为他讲授一期植物学夏季短期课程。

1765 年夏天从牛津大学肄业离开之后，班克斯成为了大英博物馆阅览室的常客。他与丹尼尔·索兰德的合作很可能就是从这时开始的。索兰德是林奈（见第 147 页）的学生，他是应富有的博物学赞助人彼得·科林森之邀来到伦敦的，当时正在为大英博物馆动物收藏的系统编目进行准备工作。

这时的班克斯面临着抉择——他可以成为一个悠闲的地主，靠自己的产业生活，或者去追随自己对自然世界的好奇心。他选择了二者兼顾，在聪明地经营着自己的土地同时，使用这些收入支持自己的众多兴趣：植物学、博物学、发现之旅、大英帝国的贸易扩张，以及对英国及其殖民地各种产品的多样化。这是一个帝国扩张、各种创新和科学发现涌现的时代，欧洲各国都在进行着一场竞赛，去获得依然未知的地域，扩张它们在经济和政治上的影响力。

约瑟夫·班克斯爵士藏于伦敦苏豪广场32号府邸中的植物标本集和部分藏书，这幅画由弗朗西斯·博特绘于1820年。它一直在那里挂到1827年，直到被搬到当时位于蒙塔古大厦的大英博物馆。

班克斯的三次远航

正是通过三次史诗般的远航探险，班克斯才能成为一名伟大的博物学家。第一次踏上远航之路时，他才只有23岁。这次远航的目的地是加拿大的纽芬兰和拉布拉多地区，乘坐的是皇家海军舰艇尼日尔号（1766年4月-1767年1月），由托马斯·亚当斯上校指挥。班克斯和一位伊顿公学的老朋友康斯坦丁·约翰·菲普斯中尉一起作为额外船员登上了尼日尔号。在旅途

约瑟夫·班克斯的昆虫收藏，如今存放在伦敦自然博物馆的昆虫学部。

中，班克斯花时间搜集植物、动物和地质学标本，并在被允许上岸的时候登陆探索；他还尝试与爱斯基摩人接触，虽然并没有成功。对于班克斯来说，这是一次收获满满的航行，然而在返程途中里斯本附近的一场大风袭击了尼日尔号，让他损失了很多活体植物和种子。尽管遭受了这场挫折，他还是设法带回了在冰岛收集的大量植物，以及为威尔士博物学家托马斯·彭南特收集的鸟类。他还带回了许多伊比利亚半岛、亚速尔群岛和南美洲的植物，这些是他在里斯本的时候从杰勒德·德维姆和多明戈·万戴利那里获得的。返回伦敦之后，班克斯立即请了几位画家（悉尼·帕金森是其中之一）为他的部分收藏绘画。

班克斯最著名的是他的第二次远航，目的地是南太平洋，乘坐的是皇家海军舰艇奋进号（1768 年 7 月–1771 年 7 月），指挥的是詹姆斯·库克船长（实际上这两个人曾经共同出现在纽芬兰一小段时间，虽然并没有他们相遇的记录）。1767 年年底，皇家学会开始讨论观察金星凌日的问题，目的是帮助海军的航行，从而增强英国的海洋实力。学会在执行这项任务的合适人选、进行观察的可能地点以及寻找一艘足够坚固的舰艇方面进行了大量讨论。班克斯一人作为额外船员进行了这次航行，这很大程度上是因为他为这次远征赞助了一大笔钱，甚至比英国国王乔治三世拨出的款项还多。1768 年 7 月，他带着八个随从登上了奋进号：一位植物学家丹尼尔·索兰德；三名画家——悉尼·帕金森、亚历山大·巴肯、赫尔曼·斯珀林格；还有四个仆人——彼得·布里斯科、詹姆斯·罗伯茨、乔治·多尔顿以及托马斯·列治文。

由于预定日期的恶劣天气，这次任务的第一个目标即观察金星凌日失败了，这时库克开始执行第二个命令。这第二个任务是寻找传说中但从未有人发现过的所谓“南方大陆”，并记录在那里发现的所有自然材料。正是这个任务让这次远航变得如此成功和著名。班克斯对于自己在澳大利亚发现的植被表现出巨大的热情，以至于他说服了库克将自己最著名的登陆点命名为植物学湾。在奋进号之旅中，班克斯和索兰德收集了大约三万件植物标本，其中大约有一千四百种是科学界的新物种，还有超过一千件各种动物标本，既包括陆地动物，还有海洋动物。除了这些宝贵的收藏，还有大量的图画记录资料，主要出自悉尼·帕金森之手。最终的成果包括 18 卷植物学作品，其中包括 269 幅全部完成和 673 幅部分完成的绘画，以及 3 卷动物学作品，其中包括 298 幅绘画。班克斯希望将自己的收藏出版成一部包含 14 卷的巨著，在他们返回英国之后索兰德就开始着手进行这方面的工作。然而，由于索兰德在 1782 年去世，班克斯本人又杂务缠身，这部令人翘首以待的作品未能在他活着的时候面世（关于这次远航的作品最终出版于 1988 年）。

奋进号之旅还成功地测绘了澳大利亚东海岸和新西兰的全部海岸线。班克斯对于远征中遇到的许多人类文化也很感兴趣，不过，悲剧的是，当奋进号首次停泊在波弗蒂湾的时候，双方之间的误解导致英国人向毛利人开枪，夺去了许多毛利人的性命。

当库克在海军部的组织下准备进行第二次去往南太平洋的航行时，班克斯也在准备自己的第三次远航，这次他要自己指挥。这次航行的目的地是赫布里底群岛、冰岛和奥克尼群岛，乘坐的是皇家海军舰艇劳伦斯爵士号（1772 年 7 月–1772 年 12 月），船长是詹姆斯·亨特。当在苏格兰西海岸附近的斯塔法岛上探索的时候，班克斯对著名的芬戈尔洞进行了首次拜访、测量和描述。

在 30 岁之前，约瑟夫·班克斯已经完成了他一生中唯一的三次远航。从此之后，他就成为了一名科学赞助人，很少有时间亲自参加探险了。不过，他仍然不知疲倦地支持新的发现之旅并传播有关博物学的知识。

邱园

经人引荐，于 1771 年 7 月面见国王乔治三世之后，班克斯后来成为了国王在邱区的皇家植物园顾问。在他的管理下，这座花园成为了世界上最大的植物园。班克斯担任的是非正式园长的角色，并且和当时的皇家园艺师威廉·艾顿一起大量增加了邱园的植物收藏，进口了许多异域植物，使用了大量植物标本集和图书馆参考书目当作支撑材料。例如：在 1793 年，由于班克斯接触的三次远航——澳大利亚的植物学湾、加拿大的温哥华及北美西北部，还有太平洋的塔希提岛——的返回，他在新植物学样本的获得上发挥了关键的作用。班克斯还和加尔各答皇家植物园（建立于 1793 年 11 月）的负责人威廉·罗克斯堡进行了通信，请他从印度向伦敦寄来植物样本以便进行鉴定和描述。罗克斯堡源源不断地寄来了 20 年的植物样本，皇家植物园邱园通过他获得了大量新物种。

在这段时期，班克斯还对有经济价值的植物产生了兴趣。例如：他认定印度的阿萨姆邦是种植茶叶供应英国的理想地点。半个世纪之后，这个计划就实现了，阿萨姆邦成为了重要的茶叶出口地。班克斯还让东印度公司将注意力集中在靛蓝染料、咖啡、可可、香草、胭脂红和棉花的生产上——他的想法是通过这样的做法让英国从殖民地获得供应稳定的原材料。与此同时，他还渐渐认识到了西班牙美利奴羊毛的重要性和优良的质量，并希望对它进行利润丰厚的贸易，以及打破西班牙的垄断。班克斯还希望从巴西获得胭脂仙人掌和胭脂虫（它能产生一种红色的颜料），他已经从洪都拉斯走私得到了一批样本。在法国海军部的正式支持下，他将两个胭脂虫的品种从墨西哥转移到了圣多明各，但经过八年的惨淡经营，班克斯最终放弃了这个计划。1791 年，他还派遣两艘舰艇在詹姆斯·布莱船长的指挥下前往塔希提，目标是搜集面包果树和其他植物。离开塔希提后，他们按照命令继续前进并来到牙买加，在那里将许多植物引入栽培。参加这次航行的园艺学家将其中一些具有经济价值的植物带回了邱园，还有几种在牙买加得到的当地野生植物。这些植物最终在 1793 年抵达英国，进一步增加了邱园的活体收藏。

除了所有的这些，从 1778 年起至 1820 年止，班克斯还担任皇家学会的主席，他在这个职位上也做了许多事情。在担任学会主席期间，他建议将澳大利亚的植物学湾作为派遣犯人的殖民点。之前英国政府曾将犯人作为强制劳力送往美洲，但随着冲突的爆发，必须找到新的方法解决当时拥挤的监狱问题。两个另外的备选目的地——非洲的冈比亚河和奥兰治自由邦——都被发现是不切实际的，于是英国政府采纳了班克斯的建议。他还成功地促使乔治三世支持弗朗西斯・马森对马德拉群岛、加那利群岛、亚速尔群岛进行植物学探险，这次探险得到的藏品如今都保存在伦敦自然博物馆中。

热情与赞助

在他对博物学进行资助的过程中，班克斯还在 18 世纪末支持出版了许多重要的书籍。他与索兰德合作，为康斯坦丁・约翰・菲普斯 1774 年出版的官方游记《奉国王之命走向北极点的旅程，1773 年》一书中的动植物提供了分类和描述。约翰・韦伯在库克的第三次也是最后一次太平洋航行中的绘画，在出版时的雕版师也是班克斯负责监督的。后来，班克斯直接参与了库克最后一次命丧夏威夷航行的日志出版工作，并且在成功的谈判之后，得到了用于插图的高质量法国纸。班克斯赞助博物学著作出版的例子还包括为威廉・休斯顿的两部作品中的目录和版画提供出版资金及编辑：一部是 1781 年出版的加勒比海和中美洲地区的植物志，书名为《休斯顿遗迹》，另一部是 1794 年出版的《科罗曼德沿岸植物》。

班克斯终其一生保持着对于自然的热情。无论在旅程中的任何地方，他都能找时间搜集标本，即使是在 1766 年去往纽芬兰和拉布拉多的尼日尔号因故滞留在英国的普利茅斯时。他还通过博物学家同事和朋友们的努力扩大了自己的收藏。从班克斯那个时代直到现在，他的形象出现在众多的书籍中，以不同的方式被描述着：贵族地主、植物学家、博物学家、探险家、科学管理人和赞助者。除了这些正面形象之外，班克斯也被有些人看作是贪恋权力的机会主义者和专横的人物，炮制了许多讽刺画、滑稽诗以及各种流言蜚语和笑话，给他的形象增添了很多

首次在澳大利亚植物学湾收集的山龙眼科的锯齿佛塔树（*Banksia serrata*）。纸上的水彩画被归功于画家约翰·弗雷德里克·米勒，但这幅画是1773年他在悉尼·帕金森部分上色的素描的基础上完成的。班克木属是澳大利亚的本土物种，并以约瑟夫·班克斯爵士的名字命名。

负面影响。

虽然在自己的众多计划和投资中不可避免地经历了失败，但班克斯还是在许多事业上取得了成功。班克斯通过自己的同事和在邱园的职位引入的大量植物是他留下的一笔重要遗产，他还在全球经济作物的交流上发挥了重要作用，例如：将南太平洋的面包果树引入西印度群岛，将茶从中国引入印度。他收集的干制植物标本、昆虫和贝类现在都存放在伦敦自然博物馆，它们对于今天的科学家和历史学家们仍然有着巨大的作用。

R. I. 维恩－赖特 / 撰

约翰·克里斯蒂安·法布里丘斯

昆虫分类学家

（1745—1808 年）

昆虫的物种数量几乎是无穷无尽的，如果不为
它们带来秩序，昆虫学将
一直处于混沌中。

J. C. 法布里丘斯，《昆虫学哲学》，1778 年

1668 年，弗朗西斯科·雷迪用试验证明了腐肉自动生蛆是错误的观念。但是当 18 世纪生物学的知识在进步时，却仍然缺少可靠的生物进化理论，看起来对于物种起源的最好解释也许就是《创世记》中上帝创造万物的故事了。然而，随着欧洲的力量及其在世界上的影响力逐渐增长，无数新物种被发现，人们意识到地球上的生物种类远远比之前想象的更复杂多样。试图应付大量涌现的物种是一个现实问题，而约翰·克里斯蒂安·法布里丘斯将会成功地处理这个问题；试图对庞大的生物界加以理解则导致了一场我们对于现实认知的革命，引领我们的先驱是查尔斯·达尔文和阿尔弗雷德·华莱士。

法布里丘斯是一位著名丹麦医生的小儿子。他出生于 1745 年 1 月 7 日，在岑讷长大，他的父母“以开明而自由的精神”对他进行教育。这种教育不仅关注智力发展，还强调培养体格，两者对于法布里丘斯的一生都很重要。从年纪很小的时候他就对博物学产生了兴趣，包括对植物和昆虫的研究。

1761 年，法布里丘斯的父亲成为了哥本哈根弗雷德里克医院的医生，第二年，他安排自己的小儿子前往乌普萨拉，在那里法布里丘斯在林奈（见第 147 页）门下进行了两年的学习。许多年后，他写道：“……这是我一生最重要的时期……我经常怀着巨大的愉悦回望这段时期，心中泛起对我伟大导师的温暖的感激……他为我们的知识打下了坚实的基础，并在我们的

思维中留下了深深的烙印，让我们在对科学的研究中不断追求系统的秩序。”

昆虫学的创立

到 18 世纪中期，林奈的等级分类方法以及双名命名法开始为日益混乱的生物界重新带来秩序。然而，对于昆虫纲，林奈只基于翅的数量和形状提供了一个相当粗糙的框架，并为大约三千个物种进行了正式命名。在他的《自然系统》第十版面世四年之后，林奈遇到了年轻的约翰·克里斯蒂安·法布里丘斯，并鼓励他挑战昆虫世界的多样性。

法布里丘斯后来成为了林奈最伟大的门徒，他还是 18 世纪最重要和最多产的昆虫系统学家。在一系列重要著作如《系统昆虫学》（1775 年）、《昆虫属志》（1776 年）、《昆虫学哲学》（1778 年）、《昆虫种志》（1782 年）、《尾数昆虫》（1787 年）和《昆虫系统学》（1792–1794 年，1798 年）中，他为昆虫学的未来奠定了基础。他不但描述并命名了将近一万个物种（这对于一个人是巨大的数字，虽然如今其中只有 1%拥有名字，而只有不到 0.2%现存于世），他的《昆虫学哲学》还成为了第一本通用的昆虫学教材，而且他还在《系统昆虫学》中重铸了昆虫系统学的实践基础。

跟随着林奈的亚里士多德式方法，法布里丘斯将成年昆虫的口器而不是翅膀作为最重要的分类性状。之所以选择这个性状并不只是为了实用，他认为聚焦于某个在整个类群生物中都至关重要的特征，可以得到更自然更真实的分类体系。他认为分类系统应该在解剖学上反映功能，这种观念领先于他所处的时代。从他的写作中也可以看出，他相信新的物种和变种可以从杂交、渐进式变化、环境影响和性偏好等现象中出现。在 1804 年发表的一篇文章中，他甚至提出人类可能是“大型猿类”进化而来的。

法布里丘斯还在实践层面上写作（如 1774 年就植物病理学的写作，以及 1784 年出版的《桑德农事纲要》中的园艺学部分），此外他在政治和丹麦经济上亦有著述。他的观点常常受到别人的攻击。一本 88 页的小册子《论人口增长与丹麦的关系》（1781 年）更是引起了轰动——可惜的是罗伯特·马尔萨斯没有注意到他的这部作品，这位经济学家以其对人口增长的灰暗论调而著称。

离开乌普萨拉之后，20 岁的法布里丘斯来到德国，然后是荷兰和苏格兰，成了一名积习难改的旅行家。1767 年秋天离开爱丁堡之后，他花了三个月骑马来到伦敦，沿途进行了大量研究。第

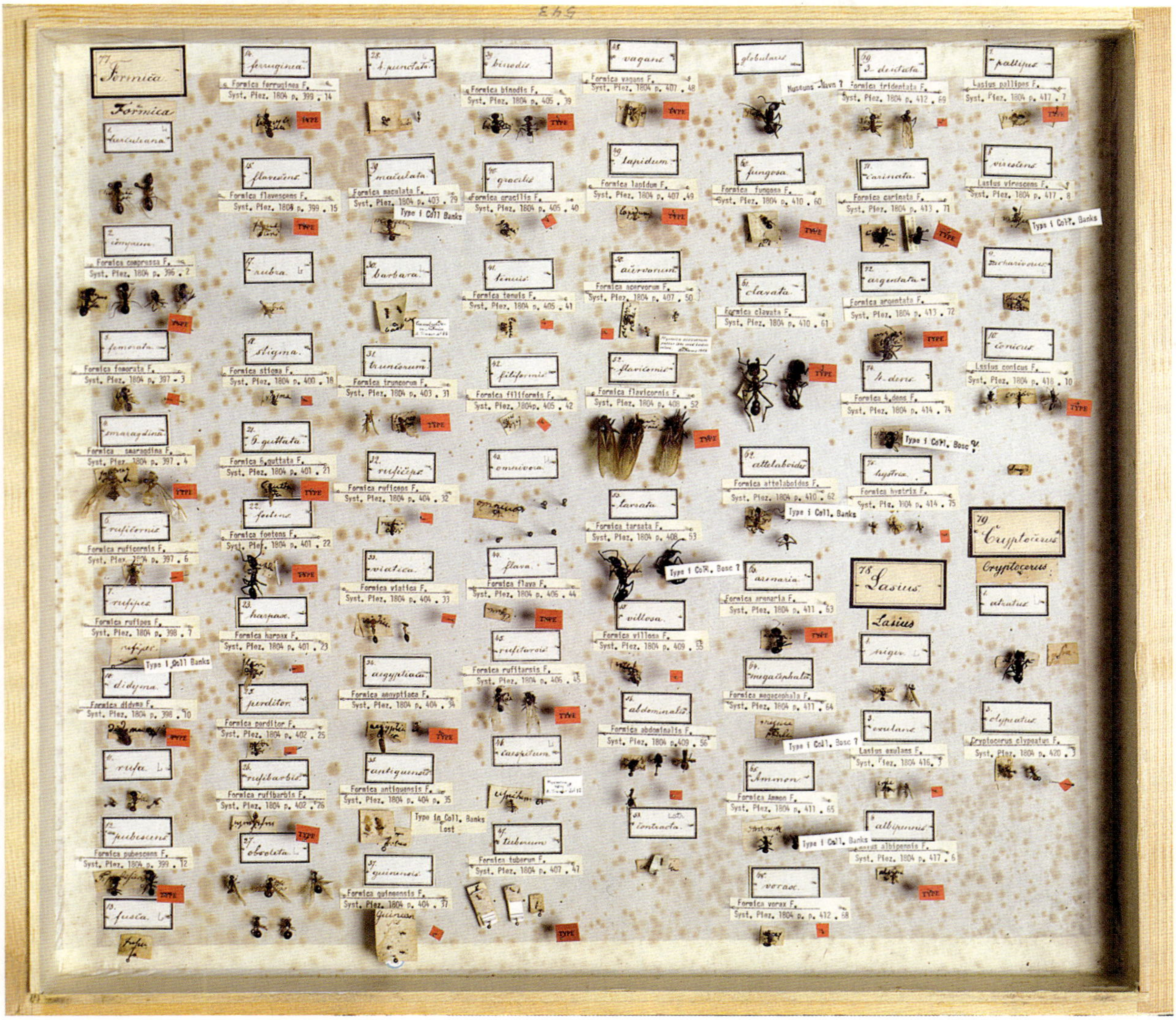

法布里丘斯博物馆的蚂蚁，哥本哈根。法布里丘斯命名了所有昆虫类群的新物种。这里所展示的标本大部分是“变型”，它们是18世纪的原始材料，法布里丘斯的部分蚂蚁物种就是用这些标本进行鉴定和命名的。这些标本如今还在被专家参阅，以保证正确地使用法布里丘斯命名的名字。

法布里丘斯奖章创始于1941年，由德国昆虫学学会秘书长颁发。奖章上的法布里丘斯头像来自G. L. 拉哈德的著名蚀刻板画。

二年中，他遇到了约瑟夫·班克斯（见第190页）、丹尼尔·索兰德、约翰·亨特以及威廉·亨特、德鲁·德鲁里、托马斯·彭南特以及许多其他以伦敦为基地的博物学家，他和这些人结下了深厚的友谊。威廉·琼斯形容他是“一个讨人喜欢的人；开朗、大方、随和、率直、真挚自然”。1768年年底，他搬到了巴黎，然后在法国广泛游历之后前往意大利。1769年春天，他抵达奥地利，直到当年秋天才返回哥本哈根。接下来，他多次往返丹麦与伦敦、巴黎之间，有时去往更远的奥地利、瑞士和德国，然后他还在1778年造访挪威，在1786年抵达圣彼得堡。在自传里，他提到了在旅途中和他保持通信的八十多个人——其中包括班克斯、安东尼-劳伦·德·裕苏（见第215页）和乔治·居维叶（见第221页）。

因此，法布里丘斯是一个真正的“网络沟通者”。此外，他不只对博物学感兴趣。1790年，他偕妻子和女儿来到巴黎看望自己的朋友鱼类学家P. M. A. 布鲁索内，同时研究法国昆虫学家们收集的大量新昆虫，他在这里见证了巴士底狱被攻陷之后法国的政治动荡。法布里丘斯结识了几位法国大革命的领导人物，包括让·玛丽和罗兰夫人，并参加了国民大会和雅各宾俱乐部。然而，由于女儿遭受了一场严重的意外，他和家人在1791年夏天离开巴黎并回到了基尔。不到两年，他挚爱的女儿去世了，他的朋友罗兰夫人被送上了断头台，让·玛丽选择了自杀。

法布里丘斯的旅行还反映出这样一个事实，那就是他和他的家人缺少一个真正永久性的正式职位或归宿。基尔大学曾经许诺为他争取一个教授职位，但一直未能履行诺言。1768 年，法布里丘斯被哥本哈根的夏洛特堡学院任命为教授，但当他两年后来到这里的时候，这个职位已经转移到了哥本哈根大学，价值也大打折扣。自 1775 年起，他终于得到了基尔大学的正式任命，但他从没得到基尔大学曾经许诺的或者他期望的便利和支持。1796 年，他的妻子搬回巴黎，从此他在巴黎度过夏天，其余的时间在基尔和哥本哈根两地度过。

1768 年，法布里丘斯曾帮助班克斯和索兰德准备与詹姆斯·库克一起进行重大远航，但他从未亲自到过热带。他最好的机会发生在 1787 年造访伦敦时，海军上校查尔斯·卡思卡特建议他作为随队博物学家参加英国政府组织的一次东印度群岛探险。当时法布里丘斯刚刚结婚不久，他试图与东印度公司沟通购买一份人身保险，以防自己有去无回。东印度公司没有答应，卡思卡特率领皇家海军舰艇维纳斯号，在没有带博物学家的情况下起航出发了——并死于巽他海峡。法布里丘斯又活了 21 年，在 1808 年 3 月 3 日死于基尔，享年 63 岁——据他妻子所言，在得知哥本哈根被自己挚爱的英国朋友轰炸的消息后，法布里丘斯心都碎了。不过这时他已经在博物学家的圣殿中取得了自己的一席之地。虽然他的人为分类系统（他自己的主要出发点是实用性）以及细节的频繁缺少遭到了批评，但所有人都承认这位富有魅力而谦逊的丹麦人在科学史上的地位：昆虫系统学的奠基人。

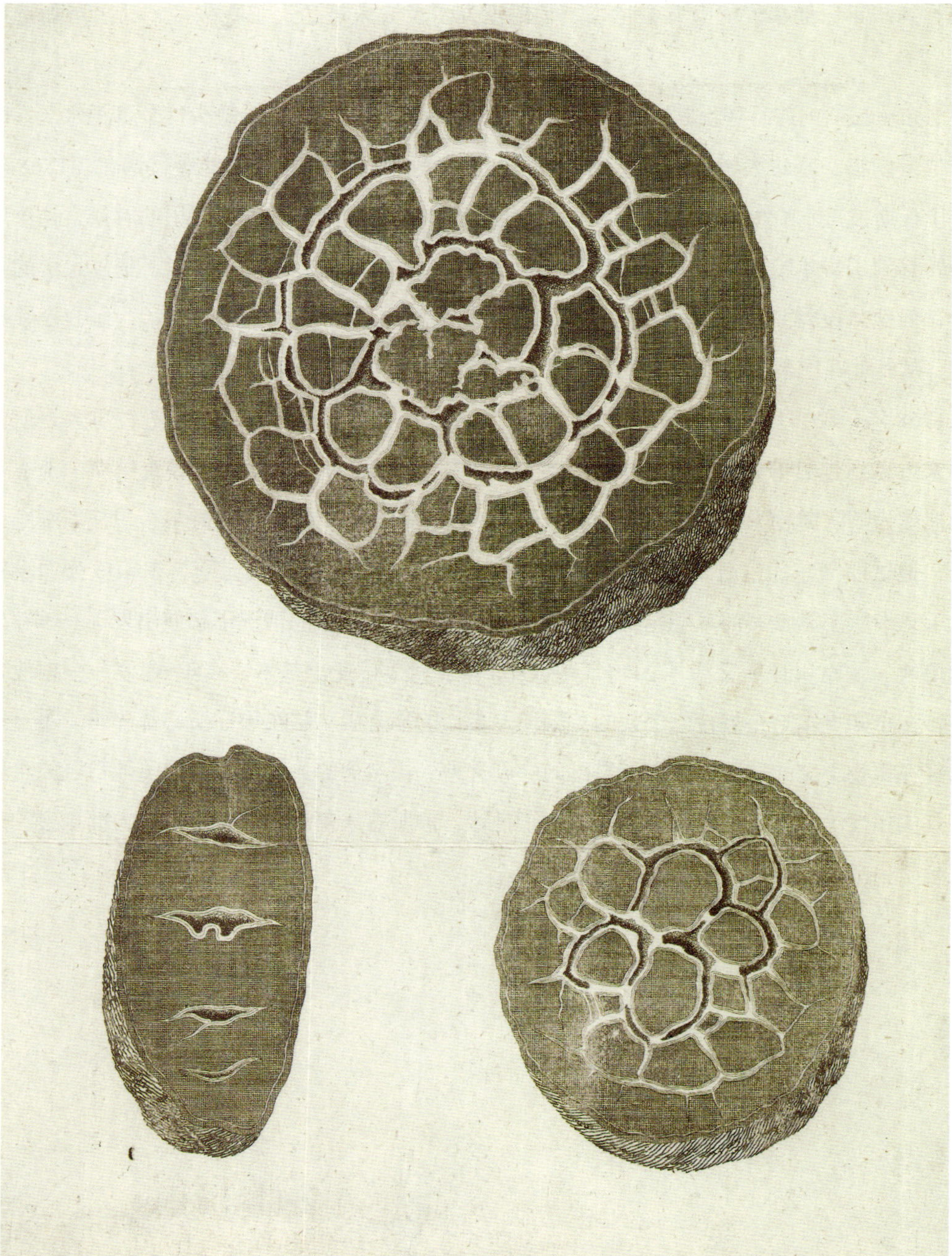

来自爱丁堡附近煤矿的龟甲结核，这幅图是赫顿作品的普莱费尔版本（1802 年）中的图版 1。结核内部的缝隙或称“隔板”中填充着方解石，这些裂缝没有接触到结核的外表。这让赫顿提出它们一定是熔化后产生的结果，而不可能是沉淀造成的。

吉尔·库克/撰

詹姆斯·赫顿

发现地质时期
（1726–1797年）

> 如今我们所进行的调查结果是，我们找不到开始的遗迹，也看不见结束的图景。
>
> 摘自赫顿1785年在爱丁堡皇家学会宣读的论文，发表在《爱丁堡学会学报》，第一卷，1788年

在18世纪，学术圈已经广泛认为地球的年龄肯定比依据《圣经》中记载的历史计算出的6000年久远得多。但到底有多久远呢？如何才能发现地球的年龄呢？亚里士多德（见第19页）世界永恒的观念不仅在理论基础上被否定，而且当时的舆论认为地球自从形成以来就在不断地发生侵蚀，并最终会不复存在。依据地球当时的状况，法国的布封伯爵（见第156页）和德国的亚伯拉罕·沃纳都将地球的年龄估算为100万年。对于詹姆斯·赫顿来说，这有些荒谬。他怀疑上帝会把人类创造在一个日益衰弱、注定消亡的世界里。为了解答自己的疑惑，他发现了地质时期的浩瀚。

地球的塑造

此时的爱丁堡，自然科学十分兴盛。在爱丁堡大学，詹姆斯·罗伯逊正在老师沃纳的鼓励下进行岩石形成机制的研究。这些人相信地球正在逐渐衰弱，因为侵蚀作用以及偶尔的灾难性事件，如诺亚洪水不断塑造着它的表面。赫顿不能接受这个观点，他开始学的是法律，后来学习医学，此时是一个现代化的农场主。他意识到如果陆地表面在受到侵蚀的同时不进行修复的

赫顿 1795 年版《地球理论》中的图版 3，描绘的是位于苏格兰南部高地的杰德堡的地层断面，图中展示了地球表面如何在抬升力的作用下进行岩石的循环和更新。他看到位置较低的片岩层在被抬升之前是水平层积的，然后又被推到一边，成了垂直的状态。砂岩层积在其顶部之前，位置较高的片岩层又受到了侵蚀。进一步的抬升以及砂岩遭受的风化，让砂岩上面的土壤得以产生。这幅剖面图完美地展示了赫顿心中的不断循环往复的世界。在野外看到这处证据之后，约翰·普莱费尔说道：“我们还能有比这更清楚的证据么……向时间的深渊中窥探得这么远，思维仿佛变得眩晕起来了。”

话，生命会逐渐减少乃至消亡。赫顿认为这是一个很差的设计。相反地，他提出上帝将地球创造为一个良好运转的机械，通过不断循环往复的侵蚀、降解、岩石的形成和抬升过程实现永久的更新。由于每个连续不断的循环冲刷掉了上一个循环留下的痕迹，因此“我们找不到开始的遗迹，也看不见结束的图景”。换句话说，他认为地球的年龄是巨大然而不确定的。这种庞大的时间尺度并不会对《圣经》中所涉及的人类历史长度产生影响，也没有改变赫顿的观念，他还是认为化石中呈现的生命形式在被创造出来之后就不加改变地一直存在着。他对于时间的兴趣还让他提出了这样的理论，认为地球的外观是由缓慢而且可观察的过程而不是诺亚洪水那样的灾难塑造的。他认为："自然行动"如风化、土壤侵蚀、火山爆发、地层移动，以及"在地层或海洋深处发生的不可见的过程"，这些"微小的事情长久地持续着……足以达到我们现在观察到的效果"。

机械运转的能量

既然提出地球是一个不断更新的有活力的主体，赫顿就需要弄清楚它的运行机制。如同对于地球年龄的观念一样，他对于这个问题的答案也震惊了同时代的人。他从对最新式蒸汽机的了解中得到了启发，提出地球内部热量的膨胀力可以让岩石提升，形成海底的岩床，上面覆盖着从陆地中来的被侵蚀下来的沉积物。从这个方面来说，他为未来人们理解地层移动或"构造地质学"奠定了基础，不过他关于热量的想法并没有停留在这里。

除了提供提升并扭曲岩石的能量之外，赫顿提出热量还是将沉积物固化形成岩石的机制。这个假说在当时所谓的"岩石水成论者"（沃纳是他们的领导人物）那里引起了很大争议，他们认为所有岩石都是"沉积的"，由沉积物在海底压缩、胶结形成。这对于沉积岩来说并不错，但赫顿意识到某些岩石如花岗岩和玄武岩是火山活动形成的或者称"火成"岩。他认为这些岩石曾经是熔融状态，这一观点是正确的，但在当时引起了很大争议，他还观察到它们的热量改变了附近的沉积岩岩层的状态。这挑战了自斯坦诺（见第 91 页）以来支配地质学界的初生岩石和次生岩石的简单观念，因为赫顿提供的证据显示像花岗岩和玄武岩这样的初生岩石可以从较老的沉积岩中被挤上来，而这些沉积岩在之前都被认为是较年轻的。

1785 年，赫顿理论的第一份草稿在爱丁堡皇家学会宣读，并在 1789 年发表，但因为缺少证据遭到了攻击。在接下来的五年中，赫顿着手进行进一步的野外调查，将他发现的证据增添到了包含三卷的增订版《附带证明和图示的地球理论》（1795−1797 年）中。不幸的是，这部著作没能为他赢得认可，因为其中包含大量费解的理论辩解和冗长的法文注释。不过，多亏了他的朋友数学家约翰·普莱费尔的贡献，他的理论在 1802 年出版了一部精简现代版，得以让后来的历史学家们将赫顿认作现代地质学的创始人。

T. 470
Solanum pyracanthon.

桑德拉·纳普/撰

让-巴蒂斯特·拉马克

获得性性状的遗传
（1744-1829年）

例如：设想一下，将草地中的一粒草种转移到干旱、贫瘠、满是石头而且多风的高地上，任其在那里萌发生长；如果植株能在这样的地方存活，它会一直遭受着恶劣条件的考验；如果它还能产生继续在这么恶劣的环境中存活的后代，那么这些后代个体就会形成一个与原来草地上的物种完全不同的种类。

J.-B.拉马克，《动物学哲学》，1809年

当我们听到拉马克的名字时，首先浮现在脑海中的画面也许是一群长颈鹿伸长脖子去吃其他食草动物够不着的高高的树叶的场景，获得这个优势后，它还会通过遗传传递给它们的后代——这就是获得性性状的遗传，或称拉马克进化学说。但是让-巴蒂斯特·皮埃尔·安东尼·德莫内·德·拉马克——又称让-巴蒂斯特·拉马克——在成为动物学家之前是一名植物学家，而且他的兴趣涵盖了博物学的各个领域。人们常常将他和查尔斯·达尔文（见第291页）相提并论，但实际上他和查尔斯的祖父伊拉斯谟斯·达尔文（见第176页）才是同一时代的人。拉马克常常被当作查尔斯·达尔文展现其真正天才时使用的无足轻重的假想对手，这是一个完全不公正的判断。

左页图：拉马克描述了来自世界各地的植物，不只局限于法国本土植物。收集者们向巴黎的皇家植物园寄去种子和植株，它们就在那里进行栽培和分类。这株豪猪茄（*Solanum pyracanthon*）来自马达加斯加，因其密布红刺而得名。

拉马克作为植物学教授的正式肖像，肖像顶部的植物象征着他作为法国一流植物学家的地位。他还发明了“无脊椎动物”这个术语。

拉马克是来自法国皮卡第的一个没落贵族家庭的第十一个孩子，也是最小的孩子，父亲想让作为小儿子的他去教堂担任神职。他不情愿地开始了在神学院的学习，但当他15岁的时候，他的父亲去世了，于是让-巴蒂斯特·拉马克决心转而选择军事当作职业。法国当时正和普鲁士进行着战争，他启程去往前线，并且在战斗中表现出色。当战争在1763年结束时，拉马克所在的部队驻扎在摩纳哥，他在那里对博物学尤其是植物学着了迷。当了四年士兵后，拉马克离开了军队——当时的背景很不清晰，有人说他得了肿瘤，有人说他和自己战友的关系闹得很僵。

复员的拉马克先在巴黎当了一名银行职员。在空闲时间，他学习植物学和博物学，参加了许多课程和讨论。拉马克逐渐得到了当时法国著名博物学家、坚定反对林奈的乔治-路易·勒克莱尔，即布封伯爵（见第156页）的注意，并成为了皇家植物园博物学家小圈子的成员。沿着导师的脚步，在他编纂的三卷法国植物手册（第一本同类书籍）《法国全境植物志》中，拉马克在前言中引用了布封，并激烈地批评了林奈的人为分类系统。对于拉马克来说，哲学家兼博物学家的任务是发现自然独特的、真正的秩序，像林奈这样的分类学家所提出的条理分明的人为系统根本毫无用处。这给布封留下了深刻的印象，布封亲自安排用法国政府的经费将这本植物志出版，并赞扬了它的价值。拉马克的这本1778年——正好是林奈去世的那一年——出版的《法国全境植物志》是一部与众不同的科学著作。他在其中使用了植物的俗名（而不是当时流行的拉丁名），而且他还第一次使用了方便物种鉴定的二分检索表——这是今天常用的手段，但在当时是一大创新。

除了在植物学上的兴趣之外，拉马克还是一个贪婪的贝类收集者和卖主。软体动物学和植物学一样都是在18世纪“业余”博物学家中流行的消遣，而稳定的贝类化石市场意味着拉马克可以轻松地补贴自己相当贫乏的收入。虽然他同意布封反对人为分类系统的观点，并且在书中对其大加赞扬，但拉马克对于布封后来的许多理论并不赞同，如形态的退化论——但和这位当时最有权势的博物学家争论不是什么好策略。布封为拉马克在皇家植物园谋得了一个不付薪水的“通讯员”职位，并雇用他作为自己儿子的导师，从而确立了他在巴黎科学界的地位。

但随着布封在法国大革命前夕去世，法国科学界开始了分裂，不是沿着进化路线进行分裂，而是在很大程度上按照“布封派”和“反布封派”（即林奈派）进行分裂。值得一提的是，拉马克这样一位布封门徒、出身贵族的人最终挺过了法国大革命的动荡，活了下来。在1793年皇家植物园并入自然博物馆时，拉马克并未被授予植物学工作——只有那些皇家植物园曾经的“专业”植物学家得到了职位，如安东尼-劳伦·德·裕苏和勒内·卢伊什·德方丹。拉马克被转移到了动物学方向，并被任命为蠕虫研究的管理人——这在当时无疑是一个二流的工作。他当时的生活状况就如同教授名单上列出的那样：“50岁，第二次婚姻，妻子怀孕，六个孩子，昆虫、蠕虫和微生动物学教授。”

新的方向

虫子不是什么有趣的主题——当时人们更重视脊椎动物或“高级”动物的研究。但拉马克接受了挑战，并完全颠覆了人们对于这些生物的理解。在拉马克之前，博物学家们还没有将甲壳纲动物（螃蟹及其同类）和蛛形纲动物（蜘蛛）分开，只有蠕虫和非蠕虫之分。在被任命为蠕虫研究管理人的时候，拉马克自己的知识只局限于它们的壳，但通过一丝不苟的勤奋研究，他对“无脊椎动物”——他自己发明的术语——进行了重新分类，分成了七个纲，至今这七个纲还在使用。拉马克强调了所有生物之间的相互联系，并且发现了我们今天称之为同源性的东西——由相同祖先传递下来的相似结构。他将生命看作是一系列从简单到复杂的组织形式，而之前流行的观点认为构造简单的生物是退化的结果，因而更低级。他为展示这种复杂程度的阶梯而画的树状分支图是今天仍然在使用的树状图的基础，虽然二者所依据的理论有很大差别。和18世纪的许多其他博物学家一样，很容易用后见之明看出拉马克的理论中远远领先那个时

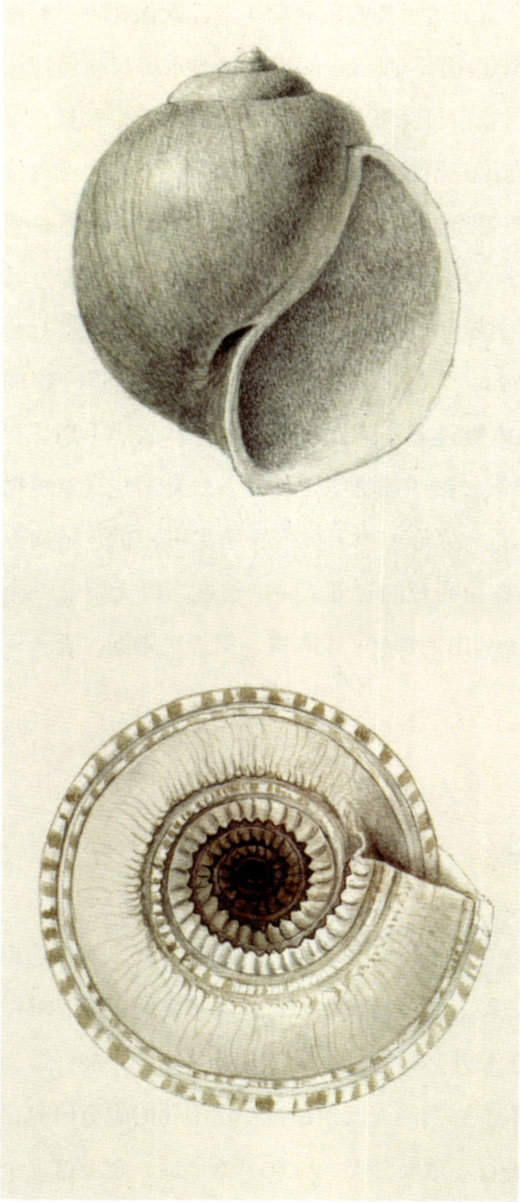

这些精美的贝类（上图为苹果螺*Ampullaria guyanensis*，底图为黑线车轮螺*Architectona perspectiva*）水彩画出自安娜·阿特金斯之手，它们后来被制成版画，成了她父亲约翰·乔治·奇尔德伦翻译的拉马克《贝类属志》一书中的插图。安娜由时任英国皇家学会秘书的父亲抚养长大，并接受了19世纪中期不同寻常的科学教育。

代的观念，但重要的是要记住我们是通过进化的观点来审视这一切的——我们已经知道了达尔文所提出的进化机制，早先的几代人都在寻觅它，而我们在他的前辈中看到了进化理论的闪光。

在专注于动物学哲学和无脊椎动物的分类时，拉马克还发展了化学理论，这套理论和当时皮埃尔·拉瓦锡及其同事们所提出的观念截然相反。拉马克认为学科的专门化是糟糕的，而博物学——当时包括我们今天所称的科学的所有门类——应该是有内在联系、相互依赖的，博物学研究应该致力于发现普遍适用的法则。他试图在所有方面做出贡献，并在这一过程中发展了一门全新的化学，既没有被当时的科学家们接受，也很快被我们如今所熟知的化学所取代。但拉马克在试图整体地理解自然、自然的运作机制以及自然从何处来。他在寻找能够解释一切事物的理论，这一点跟布封很相似。他将研究生物的科学称为“地球物理学”——在1802年宣称“好的地球物理学必须先要考虑与地球大气层相关的因素；其次，还要考虑地球外层地壳状态，以及它在不断进行着的修饰和变化；最终要考虑的是与生物体起源和发展有关的同类因素”。因此，所有这些考虑因素自然地导致地球物理学分为三个基本部分，第一个部分必然包括大气理论，即气象学；第二个部分关注的是地球的外层地壳，即水文地质学；最终，关注生物体的即是生物学。就这样，拉马克成为了第一个使用“生物学”这个术语的人，这个术语如今已经代替了博物学用来指代对生物的研究。博物学向现代学科的细分就这样开始了。

除了所有好的理念之外，拉马克还有过一些真正古怪的想法。例如：他曾认为生物不断从地壳的原始软泥中再生；他努力奋斗创建了自己的另一套化学；他和几乎每个人争论。或许，他是自己最坏的敌人。尽管脾气不好，拉马克还是被授予了荣誉勋章军团的骑士称号，大概是在 1803 年，和他一同受封的还有博物馆成立时的所有教授。后来他没再得到过进一步的认可，可能是因为拿破仑对他并不重视。

拉马克法则

然而，拉马克被人记住的主要原因并不是他的无脊椎动物分类工作，也不是他发明了“生物学”这个术语，亦不是他不朽的著作《法国全境植物志》，而是他在《动物学哲学》（1809 年）中提出的两条“法则”，这两条法则被认为是反达尔文的“获得性性状遗传”教条。其内容是：

第一法则：“在每个尚未度过发育极限的动物中，对某一器官频繁而持续的使用会渐渐使该器官强化、发育并变大，并且让它长到与使用时间相匹配的尺寸。而对某一器官的长期不使用将会让该器官以极细微的程度变弱并退化，并逐渐使其失去功能性，直至完全消失。”

第二法则：“通过某物种所置身环境的长期影响，以及由此造成的某一器官的强化使用或不再使用，从而使得自然对于个体造成了改变；所有这些改变都能通过繁殖的方式保存在生产的新个体中，只要两个性别的物种获得的改变是同样的，或者至少那些产生下一代的个体改变类型是一样的。”

拉马克试图用这些原则解释一种众所周知的自然现象，即结构的功能适应性——在海岸线上生活的鸟类拥有长长的腿，能让它们涉水觅食；和气候良好湿润地区的植物相比，干旱地区的植物更小、开花更快；长颈鹿拥有长脖子，能够吃到别的动物够不着的树叶，等等。为便于理解，对他的法则可以进行这样的简述：“长颈鹿伸长了它们的脖子，它们的孩子也得到了长脖子。”然而阅读拉马克的原话，你会发现这并不是他的意思。他强调了世代（如今所说的

“遗传”）和环境（“适应”）的作用——终究没有那么奇怪。

虽然拉马克没有阐释出有机生命产生的真正机制，但他已经在逐渐接近了，就像伊拉斯谟斯·达尔文那样。这些博物学家们已经摒弃了创世论的观点，并为自己观察发现到的周围世界的变化寻找合理的解释。1797年，拉马克大胆地宣称：“生命……是一种物质事实，尽管它的原则有些复杂。”1809年，当他在写作《动物学哲学》时，他甚至变得更加确定了——“就像我曾经说过的那样，看起来时间和适宜的环境是自然用来创造万物的两个主要方法。我们都知道时间是没有尽头的，因此万物一直在它的处置之下”——换句话说，生命的出现并不需要超自然的力量或是上帝，时间和适宜的环境就足够了。在当时公开发表这样的观点是很危险的，拿破仑已经和罗马教廷签订了一份协议，增加天主教会在法国的力量。

拉马克的健康在19世纪初开始恶化，由于慢性病的困扰，他拒绝了科学学院提供的动物学研究职位。到1818年，他几乎失去了视力。在1822年出版了自己最后一部关于无脊椎动物学的著作后，他在1829年去世。在说英语的国家和地区，拉马克给人留下的记忆许多都来自法国大解剖学家乔治·居维叶（见第221页）为他写的悼词。这种悼词一般是用来圣化或者中伤自己同事的——居维叶选择了后者。这篇悼词的文笔微妙又刻薄，将拉马克刻画成这样一个人：“他孜孜不倦地运用生动的想象力得到更加可疑的结果”，以及“在向那些拥有施予恩惠的权力的人推荐自己时，他对于和流行科学观念毫无关系的系统的痴迷没有被计算在内”。这是一个相当恶毒的评价，特别是它来自于这样聪明又受人尊敬的居维叶。拉马克是一位拥有伟大想象力和毅力的博物学家，是18世纪科学圣殿中的一位，他值得这样的纪念，而不应该成为下一世纪的教科书中树立起来的与科学对立的形象。

丹尼斯·雷梅/撰

安东尼-劳伦·德·裕苏

植物分类的新方法

（1748-1836年）

《植物属志》之所以极具影响力，不单因为它是第一本按照自然顺序清楚地描述了属及属以上所有植物分类单位的著作，还因为其中清晰地概述了使用自然分类方法时的原则。

P. F. 史蒂文斯，《生物系统学的发展》，1994年

1789年是一个著名的年份，在这一年的7月14日，巴黎人民攻陷巴士底狱——这是法国大革命的一个转折点。在植物学的历史上，这也是值得纪念的一年，安东尼-劳伦·德·裕苏的著名作品《按照自然秩序记录的巴黎花园植物属志》(简称《植物属志》)面世了，书中描述了植物分类的革命性新方法。

对于裕苏之前的许多植物学家，如英国的约翰·雷（见第99页）、瑞典的卡尔·林奈（见第147页）以及法国的皮埃尔·马尼奥尔和米歇尔·阿当松（见第171页）来说，植物分类的“自然方法”是他们梦寐以求的圣杯。虽然并不能因此说裕苏是自然分类方法之“父”，但他的确向自然分类的实现迈进了一大步。在他的《植物属志》里所列出的指导方针中，裕苏并没有宣称得到了明确的解决方案，但他提出可行的分类方法应该在科学需要和实用性之间找到平衡。

杰出的裕苏世家

1748年出生于里昂的安东尼-劳伦来自于一个杰出的植物学世家，裕苏家族三代都在

皇家植物园（后来在1793年成为自然博物馆）担任植物学家的职务。最早的是裕苏家的三兄弟，安东尼（1686–1758年）、约瑟夫（1704–1779年）和伯纳德（1699–1777年），他们都是法国皇家科学院的成员。安东尼·德·裕苏曾在蒙彼利埃学习过医学，在那里皮埃尔·马尼奥尔向他传授植物学，马尼奥尔也写过一本关于植物学的自然分类的著作。安东尼在1708年来到巴黎，正赶上大植物学家约瑟夫·皮顿·德·图尔纳弗去世，而安东尼接替他成为了皇家植物园的植物学教授。1716年，他前往西班牙研究伊比利亚半岛的植物，陪同他的是最小的弟弟伯纳德以及插画师查尔斯–路易斯·西蒙尼。这次旅行为伯纳德提供了良好的机会，在兄长的指导下研究植物学。

伯纳德·德·裕苏于1720年医学博士毕业，可以将他看作是家族中的理论家。他接替了塞巴斯蒂安·瓦利恩特的位置，成为皇家植物园的一名“编外植物学家”。安东尼–劳伦·德·裕苏是安东尼和伯纳德的侄子，他在1765年来到巴黎，并和伯纳德住在一起生活了十几年，并毫无疑问地从叔叔的教导中受益匪浅。他在1770年成为医学博士，并在1773年被皇家科学院任命为助理植物学家，后来在1793年被任命为新成立的自然博物馆的植物学教授。他的儿子阿德里安·德·裕苏（1797–1853年）在1826年继承了父亲的教授职位，从而强化了家族传统。

从安东尼到阿德里安，裕苏家族一直以自然分类方法作为追求的目标。林奈的性系统只基于一个单独的性状进行分类，如一朵花中雄蕊的数量，而自然分类方法则分析来自植物各个部位的多重性状。在这一点上，裕苏家族和当时法国科学界的想法是一致的。例如：担任皇家植物园园长50年的布封伯爵（见第156页）就坚定地反对林奈和人为分类系统。法国植物学界的精英，特别是皇家植物园的科学家们，大体上都不喜欢林奈的系统。虽然图尔纳弗和林奈的系统在命名植物时很有用，但它们没有考虑植物的整体结构以及植物不同部位之间的关系。对于大量性状的分析才是自然分类方法所需要的。

自然分类方法

在寻找这样一种自然方法的过程中，安东尼–劳伦·德·裕苏获得了最多荣誉。尽管他的两个长辈安东尼和伯纳德也促进了这个方法的形成，但二人都没有出版作品来阐述自己的理论并将它们介绍给更广泛的受众。伯纳德有很多杰出的学生，如米歇尔·阿当松（见第171页），这位著名的植物学家也在追求自然分类系统。1759年，伯纳德对位于凡尔赛特里阿农的路易十五皇家花园中的植物进行了

75893

ANTONII LAURENTII DE JUSSIEU

REGI A CONSILIIS ET SECRETIS, DOCTORIS MEDICI PARISIENSIS, REGIÆ SCIENTIARUM ACADEMIÆ REGIÆQUE SOCIETATIS MEDICÆ PARISIENSIS, NECNON ACADEMIARUM UPSAL. MATRIT. LUGD. SOCII, ET IN HORTO REGIO PARIS. BOTANICES PROFESSORIS.

GENERA PLANTARUM

SECUNDUM

ORDINES NATURALES

DISPOSITA,

JUXTA METHODUM IN HORTO REGIO PARISIENSI EXARATAM, ANNO M. DCC. LXXIV.

PARISIIS,

Apud Viduam HERISSANT, Typographum, viâ novâ B. M. sub signo Crucis Aureæ.

Et THEOPHILUM BARROIS, ad ripam Augustinianorum.

1789.

1789年出版的《植物属志》的扉页，裕苏在这本书中陈述了他的植物分类新方法。他的目标是实现自然分类——这种方法需要基于对植物整体结构进行研究和分析，而不是林奈发明的只关注特定部位的人为分类系统。

安东尼-劳伦·德·裕苏，出生于法国植物学家族，这幅肖像是朱利安·利奥波德·布瓦伊的作品。

组织整理。他在这里提出了从真菌到松柏植物包括65个类群的自然秩序，得到了一个间断很少的连续序列。但伯纳德并未解释自己的方法，而且特里阿农园并不是公共花园，也不用于教学。

安东尼-劳伦·德·裕苏是在一篇名为《毛茛科植物回顾》的备忘录中第一次阐述自己新方法的理念的，1773年他在巴黎向皇家科学院呈上了这篇文章。他提出应该对植物的形态学特征加以比较，以便按照物种之间的自然关系将它们归入不同的类群，从而形成与植物学界已经广泛接受的“自然”科（如伞形科，包括胡萝卜、毒芹和茴香等）相似的科。此外，他还认为每个性状在用于物种的比较时所占的权重并不相等。比如：花色在同一物种内都会产生很大变化，而种子的结构在同一个属内都是相同的。

第二年，在皇家科学院举办的一场名为“使用皇家园林的植物演示植物新秩序”的演讲中，安东尼-劳伦呈现了植物分类的新系统。通过提出对巴黎皇家植物园中的植物进行重新组织的方案，他获得了在实践中演示自己方法的机会。自从在18世纪初按照图尔纳弗设计的基于花冠（一朵花的所有花瓣）的系统进行安排之后，这座植物园的组织结构就再也没有改变过。安东尼-劳伦为皇家植物园所提出的新组织形式和他叔叔伯纳德为凡尔赛特里阿农园所做的新设计很相似——实际上，安东尼-劳伦的方法原则直接来自于伯纳德的教导。而且，安东尼-劳伦对皇家植物园中植物的组织安排既用于教学，又是植物分类的自然方法原则的生动演示，他后来又在自己最具影响力的著作《植物属志》中进一步发展了这些原则。

基本原则

从方法学的观点来看，裕苏的作品中有两个基本要素。第一个要素是基于连续性原则之上的。他建立的类群是在对一种植物的每个器官的每个部位进行分析和比较的结果上得到的，物种之间的关系也是基于大量性状的相似程度得到的。然后这些类群就可以按照从最简单到更复杂的生物进行排列（从真菌到松柏植物）。第二个原则称作“性状的从属”。裕苏指出，特定分类类群中的某些性状比其他性状更加稳定，不会发生变化。因此在对植物进行分类时，并不是所有性状的重要性都一样。于是，不同性状被赋予了相对值，表现突出、不易变化的性状或性状组合可用于分类。这是一种解析性方法，考虑到了发育或功能性性状之间的相互关系。

使用这第二种方法，根据子叶有无及数量，植物界被分成三大类群，这是安德烈亚·切萨尔皮诺（见第 62 页）和约翰·雷已经在 16 和 17 世纪提出过的。这最初的三个类群是：无子叶植物（不产生子叶的植物，包括隐花植物和部分水生植物：真菌、苔藓、藻类等）；单子叶植物（只有一片子叶的植物，如百合、兰花、小麦等等）；以及双子叶植物（有两片子叶，包括豆类、雏菊等等）。然后再分出下一级的 15 个类别，根据的是少数花部性状，例如：花冠和雄蕊与雌蕊的相对位置像上下或周围等，将这些类别分为上位植物、下位植物和周位植物。

最终，安东尼–劳伦·德·裕苏研究了 1754 个属的植物，并分出了 100 个科，比林奈以及自己的叔叔伯纳德所列出的科的数目多出了 36 个。在研究裕苏的过程中，P. F. 史蒂文斯写到“他的工作为科中属的真正分类，以及纲和目中科的分类奠定了基础”，并进一步提到自《植物属志》出版以来，裕苏所用的 76 个科的名字一直沿用到今天。

裕苏在 1826 年离开了巴黎，主要是因为日益衰减的视力，并于 1836 年去世。他第一个提出了实用而稳固的植物自然分类系统，以及沿用至今或者说至少部分沿用至今的方法学。

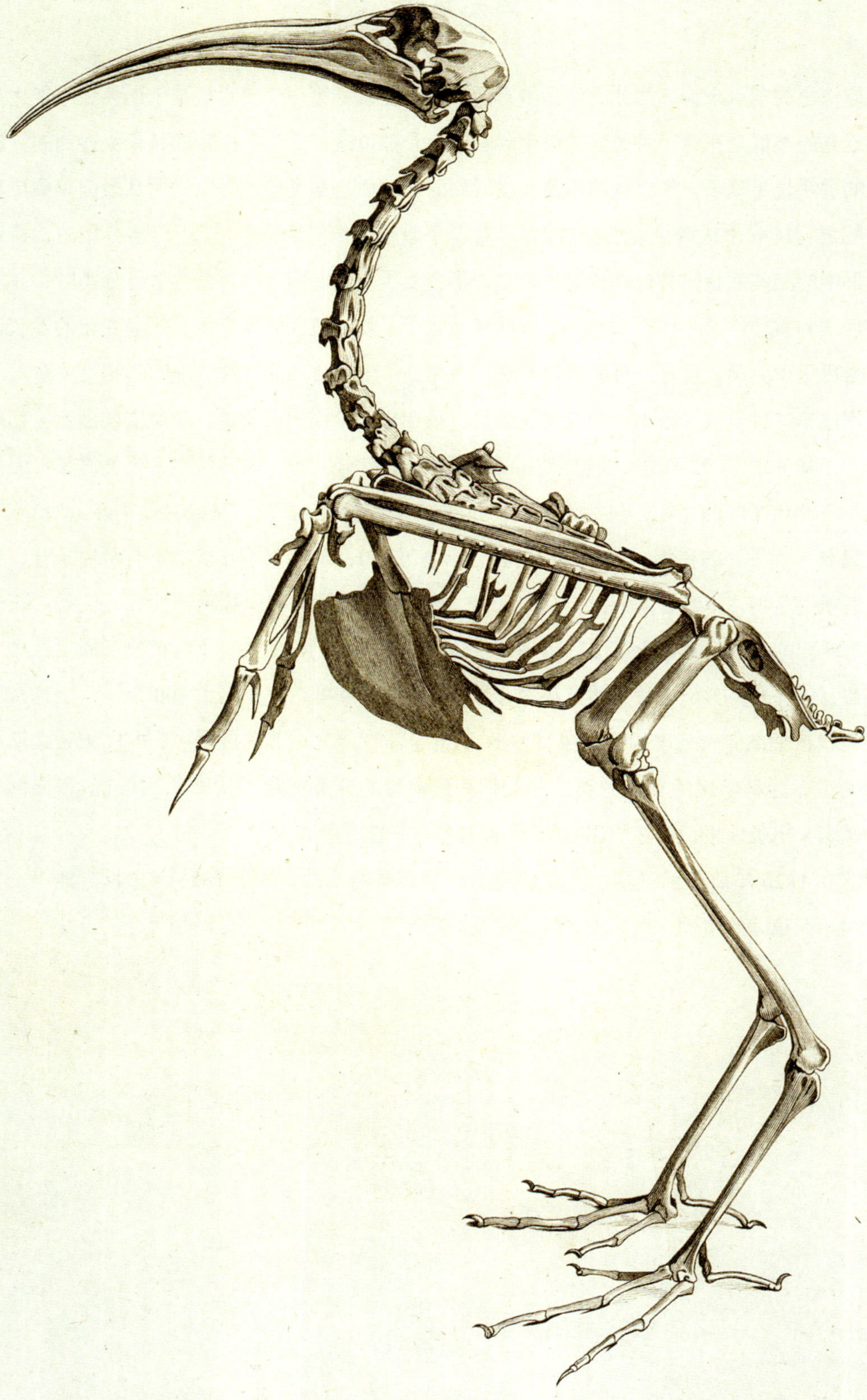

Squelette d'Ibis, tiré d'une momie de Thèbes en Egypte.

菲力普·塔凯/撰

乔治·居维叶

灭绝与动物界

（1769–1832年）

超越时间的限制，通过某些观察重新
发现人类诞生之前发生在这个世界上的
历史和一连串事件，这对于人类来说
难道不是一种荣耀么？

1825年，乔治·居维叶在他的《论地球灾变》一书中写下这些句子，他被认为是第一个对消逝世界中的动物群体进行重构的人。作为19世纪最伟大的科学人物之一，他的不朽作品创立了比较解剖学这门学科，并为脊椎动物古生物学打下了坚实的基础。事实上，居维叶检验、解剖并画下了当时动物界已知的几乎所有样式。他揭示了发现于地球深处的化石骨骼的本质和多样性，并同时指出这些遗物属于已经消逝的物种——换句话来说就是已经灭绝的动物。

1769年，居维叶出生于法国东部（当时属于符腾堡公爵的领地）信奉路德教会的蒙贝莱，他是一个小军官的儿子，从这样的身世背景中很难看出他日后会成为著名而杰出的博物学家。虽然在非常年幼的时候，他就发现了布封（见第156页）《博物志》中的插画，但直到在斯图加特学习期间，他才对昆虫学和植物学产生了极大的兴趣，并且开始大量阅读林奈（见第147页）的作品，对于林奈的分类方法倾慕不已。

为了维持生计，居维叶为诺曼底的一个贵族家庭当家庭教师，然后又在1788年搬到了卡昂。利用自己的大量业余时间，居维叶将大量精力花在描述海洋动物、软体动物和节肢动物

左页图：埃及圣鹮（*Threskiornis aethiopicus*）的骨架，居维叶所作，并在1805年发表在他写的论文中。居维叶强烈地反对动物物种会随着时间发生变化的理论，为了支持自己的观点，他解剖了包括朱鹮在内的古埃及动物木乃伊，只是为了论证它们和现代动物是完全一样的。

居维叶 1778 年出版的《动物学日记》中的一页。这些令人印象深刻的昆虫和其他生物是居维叶在斯图加特上学时画的，那时候他总是描画着周围遇到的各种动植物。

上。阅读亚里士多德（见第19页）的《动物志》后，他决定早早着手，写一部新的雄心勃勃的博物学。正当居维叶在诺曼底生活和工作的时候，拉瓦锡在巴黎发表了自己发现的化学的新原则，而安东尼-劳伦·德·裕苏（见第215页）在他的《植物属志》中提出了新的植物学分类系统。裕苏的分类方法反映了自然的真实，不仅揭示了花朵不同部位之间存在的相关性，还提出了性状的从属关系原则——即在分类中各个性状的价值并不等同。这两位科学家的新发现让居维叶十分兴奋，他决定从它们的方法中汲取灵感用于改造动物学，使其焕然一新。

1789年7月14日，当居维叶还在卡昂解剖和研究比目鱼的时候，巴黎市民摧毁了巴士底狱。大革命迅速席卷了整个法国，骚乱、食物紧缺以及持续数年的恐怖统治打断了居维叶的研究。1795年3月，应博物学家艾奇恩那·若弗鲁瓦·圣-蒂莱尔的邀请，居维叶来到了巴黎，这时他已经拥有优秀博物学家的好名声了。在很短的时间内，他就相继担任了在大革命中催生的中央理工学院教师、自然博物馆的动物解剖学教授助理，最终进入皇家科学院解剖学与动物学部任职。

在巴黎植物园，居维叶运用自己的天才、雄心和能量创建了一座动物比较解剖学的博物馆。在短短数年中，有赖于他高效的组织和一支受过专门训练的团队的帮助，这座博物馆成为了全欧洲最大最著名的一座，其中陈列了16 665件动物学标本，并向公众开放。英国地质学家查尔斯·莱尔（见第268页）参观了这座博物馆，并表达了强烈的仰慕之情："我昨天去了居维叶的至圣所，那里真是关于他本人的最好阐释。在博物馆的每个区域都显示着非凡的组织整理的能力，这样的惊人壮举是他年复一年地做出来的，并且好像毫不费力，这真是个让人好奇的秘密。"博物馆的陈列组织方式完美地反映了居维叶的思想，动物们都按照动物学上的分类等级进行排列，并展示了形式和功能之间的关系。居维叶的目标是摒弃18世纪被广为接受的观念"存在之链"，它是由瑞士博物学家查尔斯·邦尼特提出的，这种观念认为存在一条逐渐升级的连续序列，从最简单的物质到人类再到天上居住的智慧神明。

1812年，在经过大量工作和研究后，居维叶提出了自己对动物界不同类群的新排列方式。他将动物界分为四个亚界：脊椎动物、关节动物、软体动物和辐射对称动物（如水母、海葵和海星）。对"存在之链"观念的摒弃以及其被居维叶的亚界观念代替，这对于生物界组织方式的全新理解来说是必要的初级阶段，是通向拉马克的思想（见第209页）和达尔文的进化理论（见第291页）的必由之路。

居维叶曾研究过猩猩的骨架，并在1795年与艾奇恩那·若弗鲁瓦·圣－蒂莱尔合作出版了《猩猩志》。这幅插画来自《动物界》的一个版本，是圣－蒂莱尔和居维叶的兄弟弗雷德里克整理的。

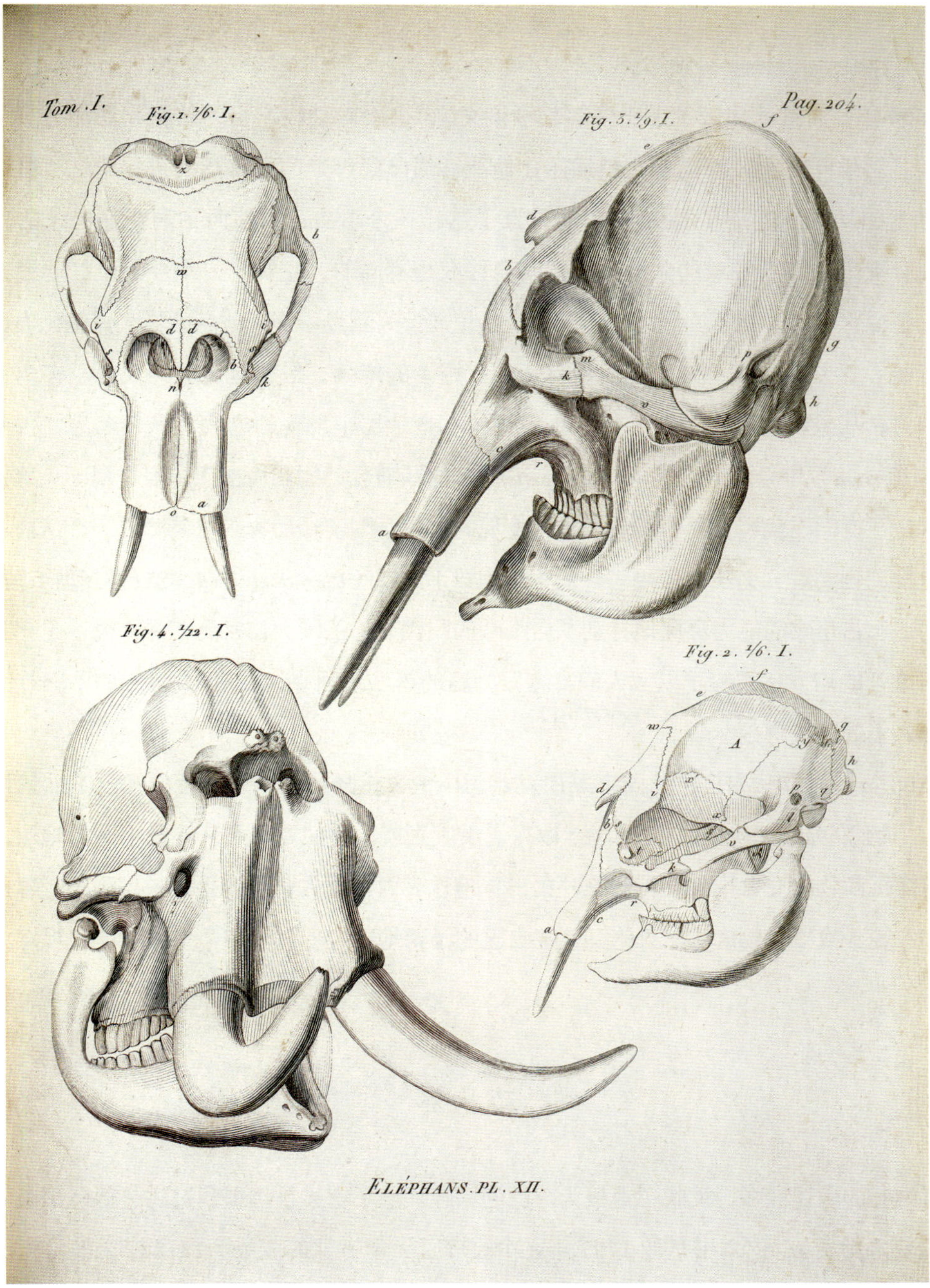

这些大象头盖骨的图画来自居维叶的《四足动物化石骨骸的研究》，第一版于1812年面世。在对猛犸象下颚骨进行的研究中，居维叶证明了：虽然猛犸象与印度象和非洲象很相似，但它们是不同的物种，今天已经不存在了——即是灭绝了。

灭绝与灾变

1800 年，居维叶出版了《比较解剖学讲义》，书中对动物器官的结构和功能进行了详细的检视。居维叶对比较解剖学的精通还让他能够用已经灭绝的脊椎动物进行研究，并得到了非同寻常的结果。还是在 1800 年，他论证了这样一个事实：虽然西伯利亚猛犸象的象牙化石和现存亚洲象和非洲象的象牙很相似，但终究是不同的，它属于一个今天已经不存在的物种，就是说它已经灭绝了。居维叶还对马斯特里赫特采石场中那个著名的巨大完整化石头盖骨进行了研究，发现它是一种属于巨蜥科（如巨蜥）的蜥蜴，但如今也已经灭绝。在离家乡更近的地方，居维叶将在巴黎蒙马特尔山下面的石膏地层中发现的动物遗骸命名为“古兽马”（*Paleotherium*）和“无防兽”（*Anoplotherium*）。这些哺乳动物和貘很像，但也属于灭绝物种。他还鉴定了德国巴伐利亚的石版质灰岩中发现的一只小型爬行动物，将其归入一个从前不为人知的脊椎动物类群，会飞的蜥蜴——他称之为翼手龙属（*Pterodactylus*）。这种对动物进行比较并重构遥远古生物的能力深深地打动了居维叶的同代人。法国大作家奥诺雷·德·巴尔扎克受到了居维叶的启发，撰写了以“人间喜剧”为题的著名系列小说，对 19 世纪的法国社会进行了鞭辟入里的比较解剖。

1808 年，居维叶和自己的同事兼朋友亚历山大·布隆尼亚尔开始写作《巴黎盆地地质学描述》。他们的研究在地层古生物学上取得了重大进展，并使用化石来区分不同的地层，而淡水和海洋沉积物的交替出现使得居维叶提出：地球表面在过去曾经发生过一系列灾变事件，正是这些灾变导致了动物的突然灭绝。他在自己的《论地球灾变》一书中发表了这些观点。

动物界

居维叶的著述很多，反映了他极为广泛的兴趣。除了上述已经提到过的，他还出版了《动物志的基本画面》，这本书是他 1797 年在中央理工大学讲课的成果。1812 年，他将自己所有关于灭绝脊椎动物的论文收录在一起，出版了包含四卷的《四足动物化石骨骸的研究》第一版，并在 1821 年出版了包含五卷的第二版。但他最重要也最著名的作品也许是 1817 年出版的四卷《按结构分类的动物界》（包含五卷的第二版面世于 1829–1830 年），这部著作的重要性不亚于林奈的《自然系统》。

《动物界》试图为动物界列出一张全面的清单，并在“部位相关性”（即动物的所有部位在功能上都是相互联系的，因此通过研究一根骨头就可以对整个动物下结论）以及性状从属性的原则下制定一套自然分类方法。在这部作品中，居维叶让博物学变得清晰起来，精确地重现了动物的真实秩序。对于他来说，每种动物都是由形态上的相似性构成的独一无二的复合体，同时又有一些明确无误的区别将其与其他形式区分开。

居维叶后来几乎将自己的全部精力投入到了鱼类学的研究上。从1820年起，他和同事阿希尔·瓦朗谢讷开始一起着手写作巨著《鱼类志》，准备在其中描述当时已知的所有鱼类物种。这部巨著包括22卷、11 253页和650幅图版，对4055个物种进行了描述，其中有2311个物种是科学上的新物种。

在投身于繁忙且多产的科学生涯的同时，居维叶出色的工作和组织技巧意味着从1800年起，他还承担了许多学术管理的工作。1802年，他被任命为负责新中学建立工作的代表，在1803年他被选举为科学院的固定秘书，这个职位他一直保留到1832年去世。1809年，拿破仑任命居维叶为法兰西新帝国意大利省份督学委员会的主席。1811年，他又在荷兰担任了相似的职务。除了这些，他还有众多其他与教育和博物学有关的职位。居维叶的名声让他能够接触当时法国国内外的所有大博物学家。尽管他极为厌恶旅行，但仍然去过两次英国，其中一次是在1818年6月，去参观伦敦皇家外科医学院的收藏并拜访牛津大学的威廉·巴克兰（见第263页）。

乔治·居维叶的肖像，他因为出色的工作得到了法国政府授予的许多荣誉。

居维叶在巴黎的解剖学藏馆是所有外国旅行者来到这座城市的必去之处。理查德·欧文（见第278页）在1831年来到这里研究藏品的陈列和组织，并以此为基础对伦

1.a

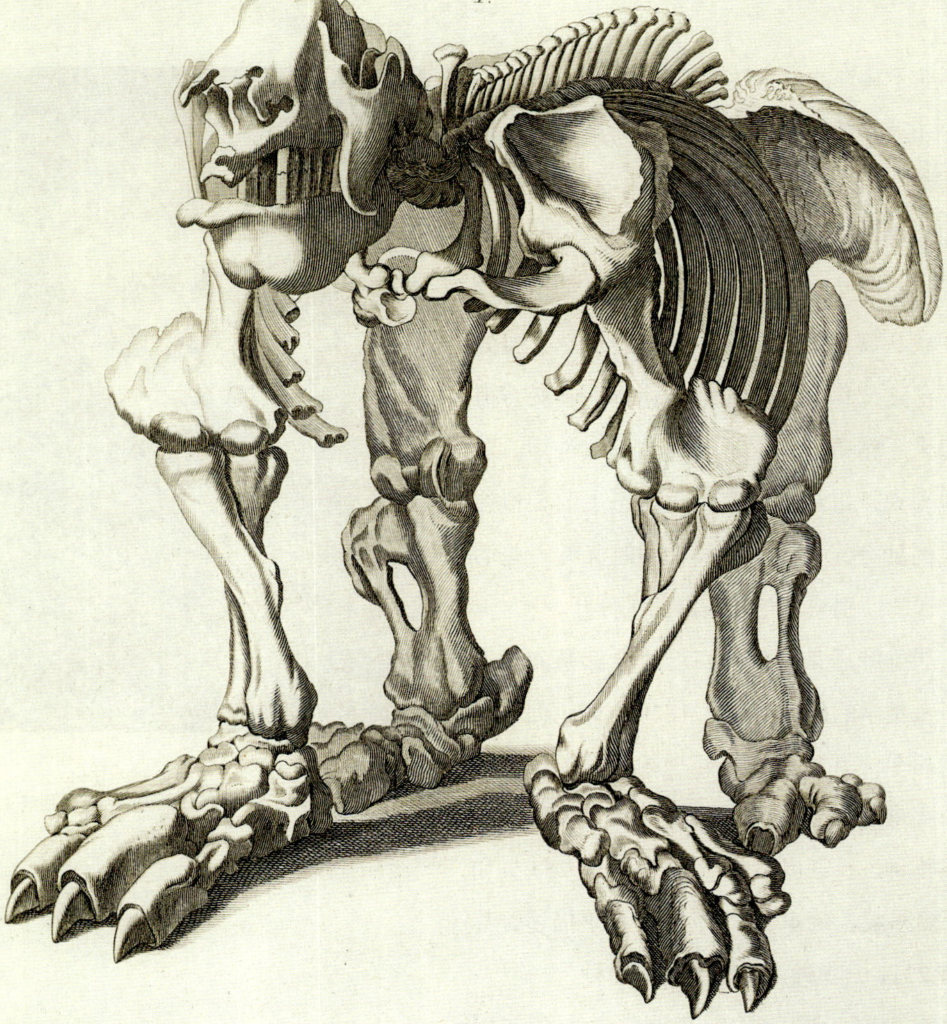

1

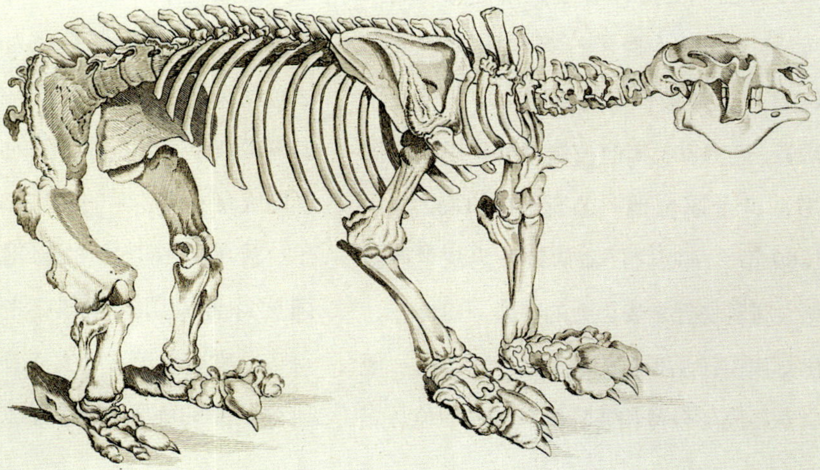

MEGATHERIUM (Megatherium)

Annedouche sc.

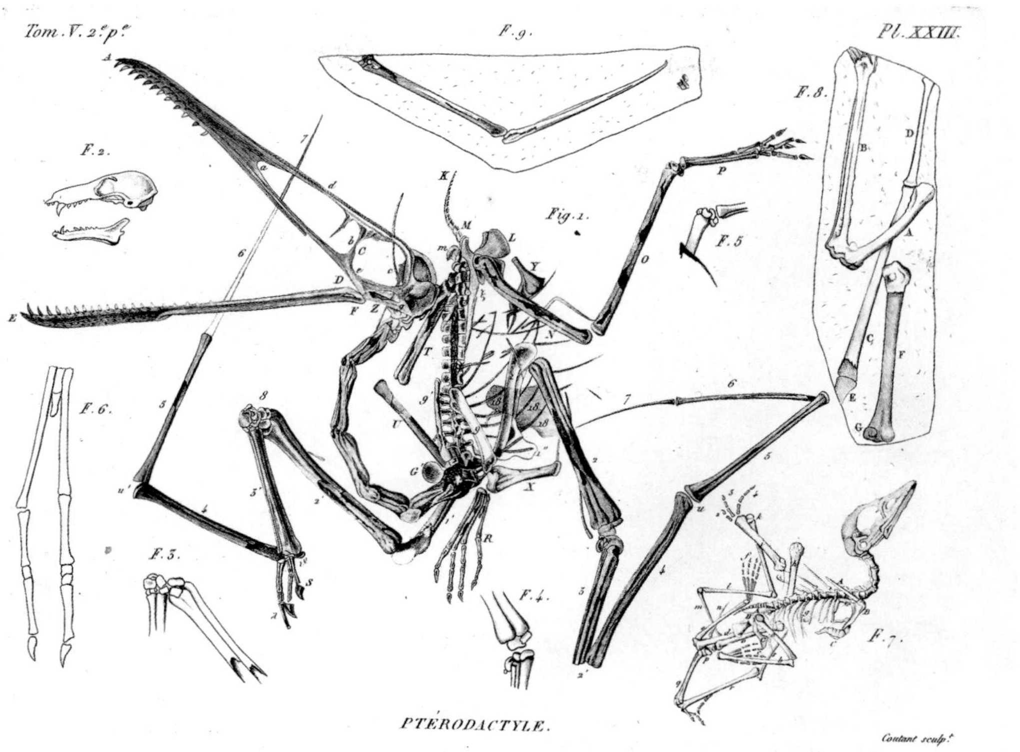

上图：是一只翼手龙的骨架——居维叶是第一个鉴定这种会飞的蜥蜴并为其命名的人。居维叶是一名出色的比较解剖学家，他的技巧不但能鉴定现存物种，还能鉴定灭绝物种。

左页图：是一只大地懒属（*Megatherium*）动物的骨架。

敦皇家外科医学院的收藏进行了重新组织，他还受到鼓舞并着手于自己的计划，创立了一个致力于自然科学研究的新机构——大英博物馆（自然）。

对自己精准而详细的解剖学描述极为自信的居维叶拒绝提出任何推演的假说和理论。他反对拉马克的物种变化学说，认为各动物亚界截然不同的形式之间是不可能发生过渡的。因为同样的原因，他还与艾奇恩那·若弗鲁瓦·圣-蒂莱尔争吵，认为所有生命形式都遵从同一个全盘计划的观念是断然不可接受的。尽管他是受路德宗教会的教育并持有路德宗信仰，不过居维叶试图将宗教信仰和对自然的理解分开。但他坚定不移地拒绝考虑研究人类的古代遗物，也不打算承认物种进化的可能性。颇为矛盾的是，正是他精确的解剖学描述和化石研究，为居维叶的后来者们提供了支持动物物种进化观点的论据。达尔文就在自己的《物种起源》中称颂了杰出的居维叶。

第四章

十九世纪

威廉·史密斯
亚历山大·冯·洪堡
约翰·詹姆斯·奥杜邦
威廉·巴克兰
查尔斯·莱尔
玛丽·安宁
理查德·欧文
让·路易斯·鲁道夫·阿加西斯
查尔斯·达尔文
阿尔弗雷德·罗素·华莱士
阿萨·格雷

尽管身处战争和革命造成的巨大动荡中，博物学家们依然踏着稳健的步伐进入了 19 世纪，他们拥有的是不断扩展的世界带来的大量信息以及理解这个世界的日益理性的方法。生物界和地球不断变化的本质得到了认同，而对于世界如何变化以及它已经在多长的时间维度上发生了变化的问题，也出现了有力的推测。林奈提供了对新发现的大量物种进行分类的实用的暂时解决方法，但他的工作正在被法国科学家们更自然也更有意义的分类系统取代。随着工业化的发展，科学——尤其是自然科学——的职业化趋势愈加明显。充满热情的业余爱好者仍然是博物学的一股力量，但职业化的博物学家们引领了趋势，渐渐向今天这样专门化且主要由国家公共财政支持的生物学家们转变。

亚历山大・冯・洪堡是最后一批业余探险家兼博物学家之一，他的写作风格和探险方法日后影响了查尔斯・达尔文。洪堡在中美洲和南美洲进行广泛的游历，收集大量标本并描述了许多新的物种，还指出生物和包括气候及地质等因素在内的生存环境之间存在紧密的联系，这一点对于达尔文思想的发展非常重要。

当研究自然世界的方法变得日益理性时，在同一时代出现了一个与其多少有些矛盾的事物，浪漫主义运动，威廉・华兹华斯、约翰・沃尔夫冈・冯・歌德以及其他名字常常与这场运动联系在一起，它认为科学过于束缚人类的智慧并且抛弃了情感和想象力的作用。最能代表这股趋势的博物学家也许是伟大的插图画家和鸟类学家约翰・詹姆斯・奥杜邦，他自认为是博物学家兼画家，为科学和美学之间的裂隙搭起了一座桥梁。《美国鸟类》中那配着抒情诗般文字描述的精美绘画，见者无不被深深打动，他的这本著作至今在许多方面都未曾被超越。

18 世纪末和 19 世纪初，地球科学进入了所谓“地质学黄金时代”。地球的发育问题吸引了全社会的兴趣，许多关于地球年龄的理论应运而生，而且地球随着时间发生变化的性质也得到了确立。出身卑微而且几乎没受过正规教育的威廉・史密斯通过奋斗确立了自己在地质学上的成就。他绘制了第一张英国全国范围内的地质图，认识到特定类型的化石和不同的岩层有关，并且这种同样的相关顺序在别处的岩石中也可以找到——这一方法仍然在今天的地质学中使用着。

在生物如何消亡以及消亡生物和现存生物之间关系的激烈争论中，化石——即曾经存活的

1823 年，威廉·巴克兰牧师在牛津大学讲课，身旁堆放着各种化石、绘画和地图。巴克兰是一位地质学先驱，他戏称这门学科为“地下学”。

物种的遗迹——是其中的焦点。例如：在牛津大学讲授地质学（他幽默地称之为“地下学”）的威廉·巴克兰牧师发展了居维叶的灾变说，提出地球上发生过数次这种事件，清除了一系列已经变成化石的动物。通过将诺亚洪水纳入这些事件中，巴克兰觉得自己调和了《圣经》和化石证据之间的矛盾，尽管他后来又提出冰川才是毁灭生物的主要力量。巴克兰带着他传奇的蓝色袋子，在乡间大步流星地穿行，收集并描述了许多新的化石物种，包括第一只恐龙。他和“化石捕手”玛丽·安宁交换了很多标本和想法，后者来自英国南部莱姆里杰斯，她靠在家乡附近的悬崖地区挖掘和处理化石做起了生意。玛丽·安宁是一位很有能力的古生物学家，还是第一个描述蛇颈龙和鱼龙的人。安宁的发现鼓舞了很多崭露头角的地质学家，包括苏塞克斯郡

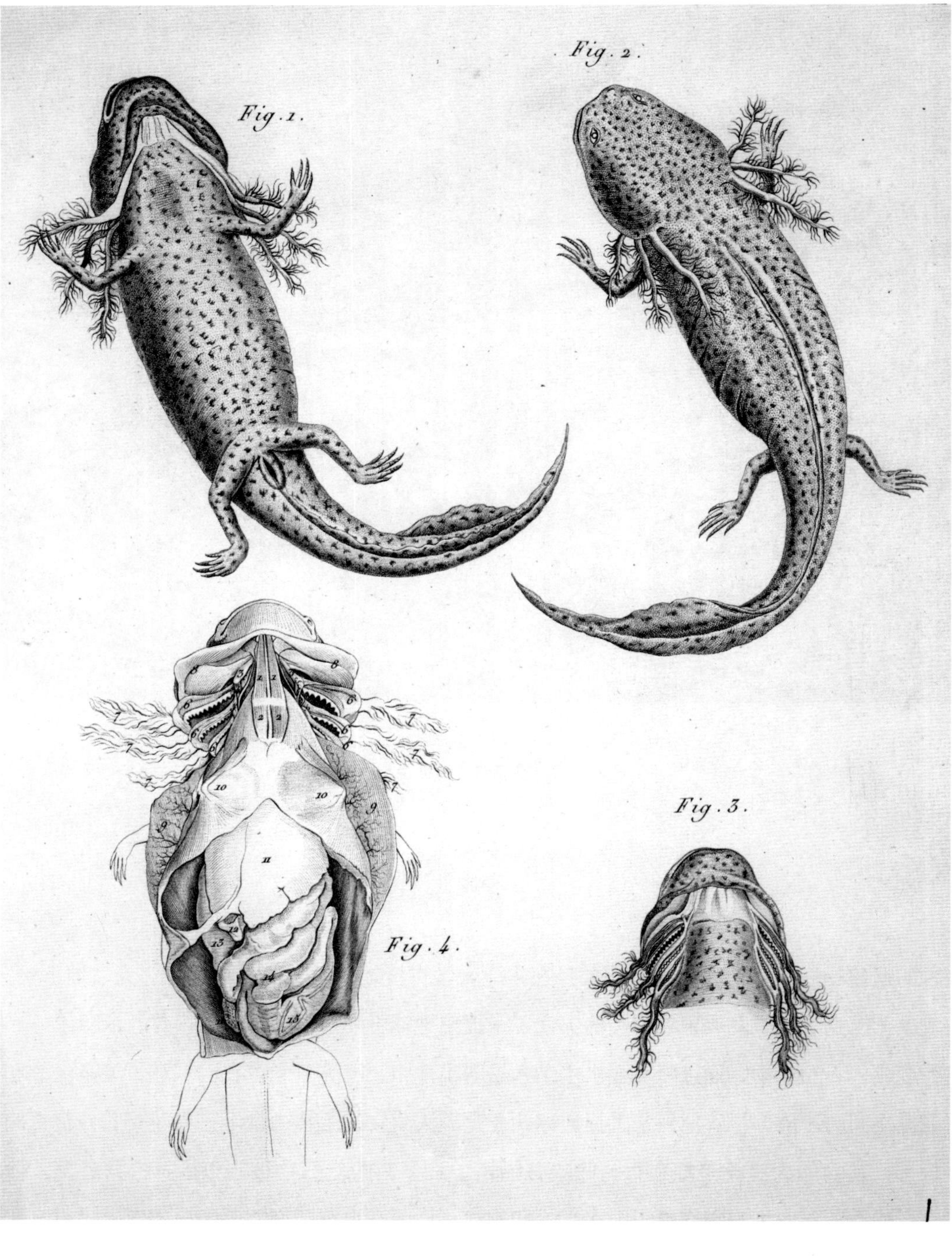

钝口螈（*Ambystoma mexicanum*），摘自亚历山大·冯·洪堡和艾梅·邦普朗合著的《动物比较解剖学观察》一书，1811 年出版。

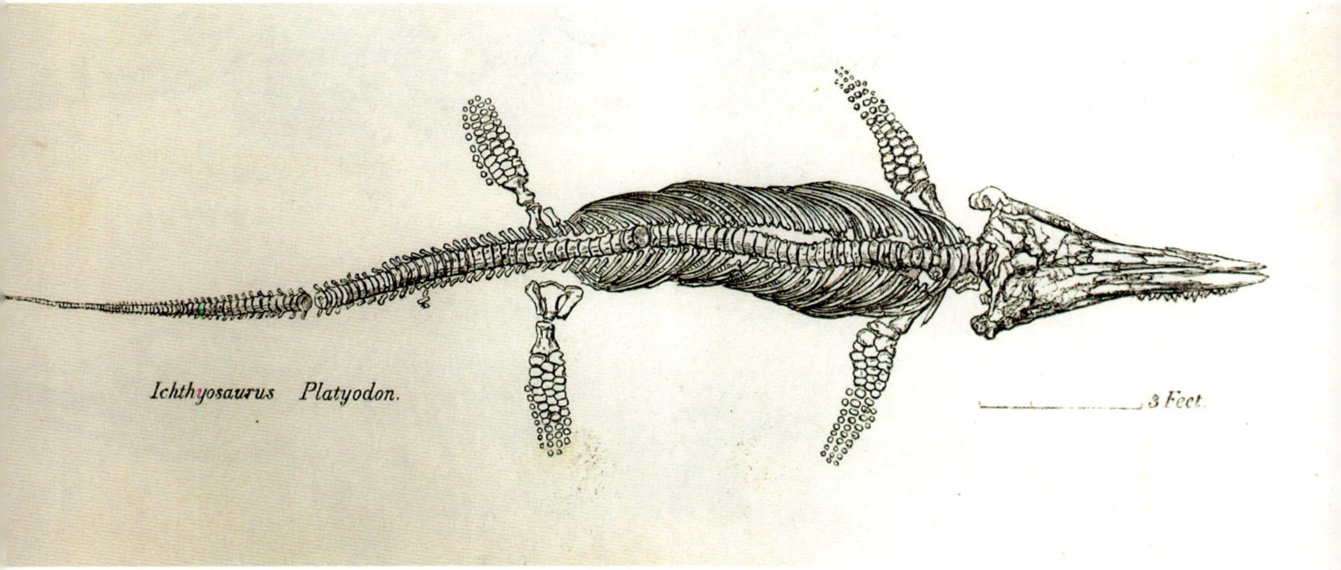

这幅版画中是海洋爬行动物鱼龙（*Ichthyosaurus platyodon*）的化石，威廉·巴克兰绘制。天才的化石收集者玛丽·安宁和她的兄弟一起拼出了世界上第一副鱼龙骨架。

的妇产科医师吉迪恩·曼特尔，后者发表了很多关于化石的著述，并被认为是第一个发现并鉴定禽龙牙齿的人。

发明“恐龙”（dinosaur）这个词语的荣誉属于理查德·欧文，他是达尔文的批评者，一个充满争议的人物，他的成就远远不止于创造这个术语。作为一名天才的比较解剖学家和化石的解读者，欧文鉴定出了体型巨大的灭绝鸟类恐鸟，所用的仅仅是一根小小的骨头以及他对鸟类解剖学知识的精确把握。欧文在自己的领域做出了巨大贡献，他帮助大英博物馆的庞大博物学藏品创立了一个新的家园，一座“博物学大教堂”，即如今的伦敦自然博物馆。

在地质学上给查尔斯·达尔文施加重要影响的人是查尔斯·莱尔，他成功地挑战了地球是像《创世记》中记录的那样被创造出来的观念，认为它应该是在缓慢变化的过程中变成今天这个样子的。莱尔正确地提出，根据地球现在的变化进程可以了解到许多地球过去的历史——这是一种“现实主义”理论，和50年前詹姆斯·赫顿的想法相似，但更加现实可行。

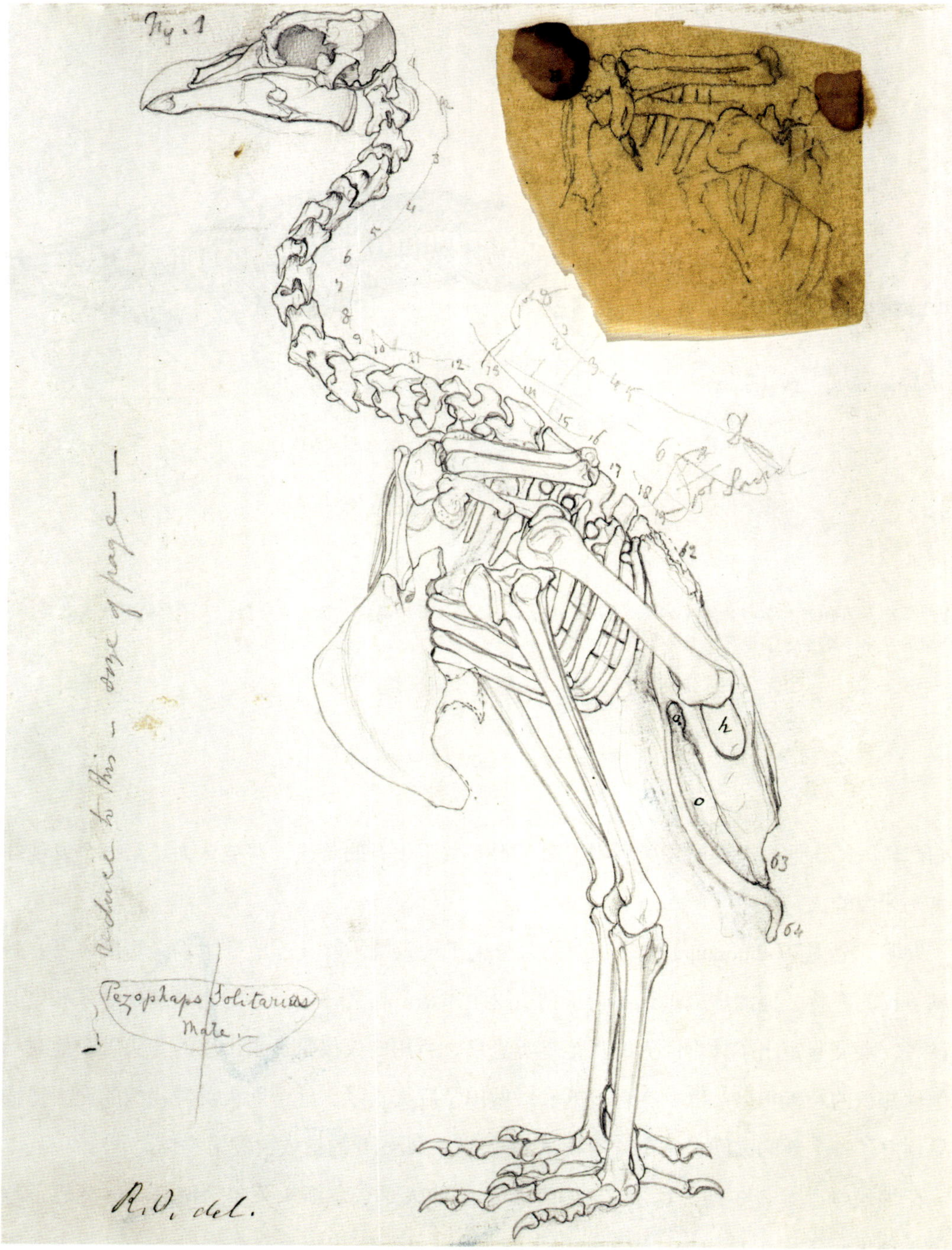

理查德·欧文绘制的罗德里格斯渡渡鸟（*Pezophaps solitaria*）骨架，这是与渡渡鸟亲缘关系最近的物种。作为第一个鉴定并描述已灭绝渡渡鸟的人，欧文还发明了“恐龙”这个词语。

他的《地质学原则》是这门学科的基准，并为达尔文自己的理论提供了平台。莱尔的工作证明地球的年龄比人们之前所想的还要古老得多，这样足够庞大的时间尺度才能让达尔文提出的通过自然选择实现生物进化成为可能。

当查尔斯·达尔文在专注于自己的藤壶研究，并且根据小猎犬号航行中进行的收集和观察逐步发展自己的思想时，另一位伟大的博物学家正在马来西亚的森林中探索和收集，他进行的观察会让自己独立地得到与达尔文相同的结论。阿尔弗雷德·罗素·华莱士用信函将自己革命性的想法告知了达尔文，这位伟人虽然开始有些沮丧，但最终大度地邀请华莱士共同发表这一理论。历史对于华莱士并不公平，这个智慧的人总是活在达尔文的阴影中。在本质上，达尔文和华莱士都断定拥有适宜变异的生物个体才能生存，并且它们的后代也比其他不那么幸运的生物个体的后代更多。在合适的环境中，经过许多世代后，这些变异会被选择下来不断保留积累，直到它们变成普遍的性状，于是物种就这样在自然选择的过程中发生了变化——即进化。

达尔文的思想不可避免地引起了公众的骚动，并且招致许多其他科学家如理查德·欧文的反对。思想的碰撞以一场辩论达到高潮，一方是牛津主教塞缪尔·威尔伯福斯，另一方是生物学家托马斯·亨利·赫胥黎，他常自称“达尔文的斗犬”。对于维多利亚时代的社会，最富争议的是达尔文提出人类和所有其他生物一样，是以同样的方式从共同的祖先进化而来的。在美国，最激烈地反对达尔文的博物学家莫过于路易斯·阿加西斯，他是一位出生于瑞士的生物学家、冰川学家和地质学家。阿加西斯被认为是美国现代科学思想的先驱，出版了大量关于北美动物的重要作品并促进了解剖学的发展。他对于科学的最大贡献也许是提出任何有意义的分类系统都应该将生物的化石记录、地质学、胚胎学、生态学信息和地理分布考虑在内，而不是仅仅基于外在形态。阿加西斯的宗教信仰意味着他绝不能接受自然世界不是“宏大设计”创造的结果，他还是约翰·雷等人在两个世纪前提出的自然神学理论的最后一批拥护者之一。然而，他自己的思想也被部分同代人和后来者称道，认为这些思想为进化论准备了道路。

将达尔文的理论介绍到北美的是阿加西斯的对手阿萨·格雷，他是最伟大的美国植物学家之一，哈佛大学的干燥植物标本集就是用他的名字命名的。格雷不仅对北美特别是西部各州的植物研究做出了重大贡献，并且在板块学说出现很早之前就提出美洲和欧洲曾经出现在同一块巨大陆地上。

在这里，我们大博物学家的故事就讲完了，他们创造了一个坚实可靠的平台，让生物科

虽然约翰·詹姆斯·奥杜邦主要是因为美丽的鸟类绘画而出名的，但他也研究哺乳动物，这幅美洲豹猫（*Leopardus pardalis*）就是因此而来的，不过他没能完成对哺乳动物的研究。

学得以发展成为今天我们所熟知的高度专门化的各个学科，他们也继续激励着所有业余爱好者和职业科学家。在自古代以来的前人们的基础上，19 世纪的博物学家们彻底改变了我们看待自然世界的方式，并将博物学变成了如今这样非常普及而且重要的科学。他们的工作让我们理解周围的世界，并提供了用以面对未来巨大挑战的工具。

约翰·L. 莫顿 / 撰

威廉·史密斯

英国地质学之父

（1769–1839 年）

我将心怀感激地说起从史密斯先生那里得到的
实用课程。追随他的脚步，手中拿着他的
地图，走过他在将近三十年前走过的威尔特郡
和英国各郡，我才第一次了解鲕粒岩层……我将向
那些为学会的力量做出贡献的人们表达仰慕
之情……在我们想起任何其他人之前，先将
第一次致敬献给这位英国地质学之父。

摘自 1831 年亚当·塞奇威克教授在伦敦地理学会为地球矿物结构研究者设立的渥拉斯顿奖章第一届颁奖典礼上的演讲，获此殊荣者正是威廉·史密斯。

在 19 世纪前夕的 1796 年，威廉·史密斯发现可以对岩层追踪很远的距离，并且岩石中较古老化石类群向较年轻化石类群的同样顺序出现在英国的许多地方，他是第一个观察到这种现象的英国人。他很快就证实了自己早期的判断，即所有的岩层都向东南方向下降倾斜。他进一步推理得出如果岩石中的化石都一样，岩石本身的年龄肯定是相似的，并称之为动物区系连续性原则，并将其与叠加性原则联系了起来。实际上尼古拉斯·斯坦诺（见第 91 页）早在 17 世纪就提出了这样的观点，但史密斯几乎完全不知道这一点，当时很难找到关于地理学的书籍和文章。这些在今天看来可能非常基础，但应该放到当时具体的环境中去，教会宣称地球是在公元前 4004 年被创造出来的，而所有沉积岩都是诺亚洪水造成的结果，他们计算后为此给出的时间是公元前 3290 年。化石被认为是古代生物在洪水中的残骸——因此比包裹他们的岩石更古老。

A
DELINEATION
STRATA
ENGLAND AND WALES,
SCOTLAND;
THE COLLIERIES AND MINES
VARIETIES OF SOIL
THE GERMAN OCEAN
IRISH SEA
THE
ST GEORGE'S CHANNEL
BRISTOL CHANNEL
THE ENGLISH CHANNEL
CARDIGAN BAY
EXPLANATION

威廉·史密斯出生在牛津郡的丘吉尔，出身卑微，是一个村庄铁匠的儿子。他只受过非常基础的教育，在 11 岁时就离开了学校。在青少年时期，史密斯自学了几何学和测绘学，并投奔山地斯托附近的一名测量员爱德华·韦布。在测量了位于巴斯西南 16 公里的斯托伊的一处不动产后，他被附近的煤矿雇了下来。在那里工作的时候，他熟悉了极深岩层的结构，又过了一些年后，在 1799 年，他向一位朋友口述了“巴斯附近的岩层”，史密斯在其中列出了从白垩到煤炭的 23 种岩层，并且描述了每个岩层中最有特色的化石。与此同时，他还参与了索默塞特郡煤炭运河的规划，这项工程计划将巴斯西南部产出的煤运到肯尼特河和埃文运河交汇的琳姆普雷斯托克，再向前运送到巴斯的各个磨坊和千家万户。

1798 年至 1818 年，史密斯住在巴斯附近米德福德的塔基米尔府邸。不过他经常进行一系列测绘工作，在全英国奔波不已。从 1805 年至 1807 年，他不间断地进行着工作，阻止海水将诺福克郡和萨福克郡的沼泽地区淹没，并成功地将海水阻拦在 90 个教区——面积超过 16 187 公顷——之外。1808 年，他被任命主持苏塞克斯郡乌斯航道的延伸工程，在接下来的四年中他将这条航道向内陆延伸了 11.2 千米，从谢菲尔德布里奇一直到库克菲尔德附近的巴尔肯贝道。他向位于刘易斯的治安官员提交了一份计划，提出增加一条分支，在克劳利附近与规划中的南方大运河交汇，而后者一旦建成，会将查塔姆和朴次茅斯的船坞连在一起，这样当英法交战时就可以不走英吉利海峡了。1809 年，在寻找建造水闸和桥梁材料的过程中，史密斯造访了库克菲尔德附近的一个采石场，矿场主让他观看了被他称之为“超大块骨头”的东西。1979 年，这些骨头当中的一块被自然博物馆的艾伦·查理格博士鉴定为禽龙的大腿骨。所以，尽管并不知道这些东西到底是什么，史密斯仍是第一批拿过恐龙骨头的人之一，比杰出的地质学家兼医生吉迪恩·曼特尔早了一个年代。

史密斯在 1799 年就绘制了巴斯附近地区的地质图，并在 1801 年绘制了《英格兰和威尔士岩层总图》，这是第一张英国全国范围的地质图。接下来，史密斯在工作中的广泛游历让他对英国地质观察到了极细微的程度，使得他在 1815 年出版了自己最伟大的杰作《英格兰和威尔士岩层的描述》（显示煤矿和矿山、最初泛滥着海水的沼泽地和湿地，以及根据下层岩层的差异而形成的土壤类别）。这幅巨大地图的比例为五英里比一英寸，尺寸为 1.8 米 × 2.6 米。

左页图：史密斯 1815 年出版的地质图《英格兰和威尔士岩层的描述》中包含了海量信息，考虑到它是一个人完成的工作，堪称一项巨大的成就。

这幅地图的一个特点是，在边界的地方颜色会变深，强调一种类型岩石的结束和另一种岩石的开始出现。它一共使用了 20 种不同的颜色，一个画家需要八天才能为一幅图上完色。这幅地图共制作了约四百张，现存至今的不超过一百张。史密斯相信这幅地图对于英国的经济至关重要，为制作它不惜以自己破产作为代价，还因为欠债坐了十个星期的牢。他的另外一张杰出作品是《从斯诺登峰到伦敦的地质剖面图》（1817 年），这幅地质图采用了和他 1815 年的地图一样的上色方案。图中包括大三角测量工程得到的各山峰高度，并展示了整个断面的岩层变化和其他观察结果。

破产之后，史密斯和他的外甥约翰·菲利普斯一起来到约克郡生活。他们在一起制作了许多英国郡县的地质图。史密斯运用地质学知识改善了海滨度假胜地斯卡伯勒的淡水供应，那

威廉·史密斯 1815 年绘制的地质矿产图的局部，他因为这幅地图获得了地质学学会 50 几尼的奖金，以表彰他在艺术、生产和贸易的促进上做出的贡献。

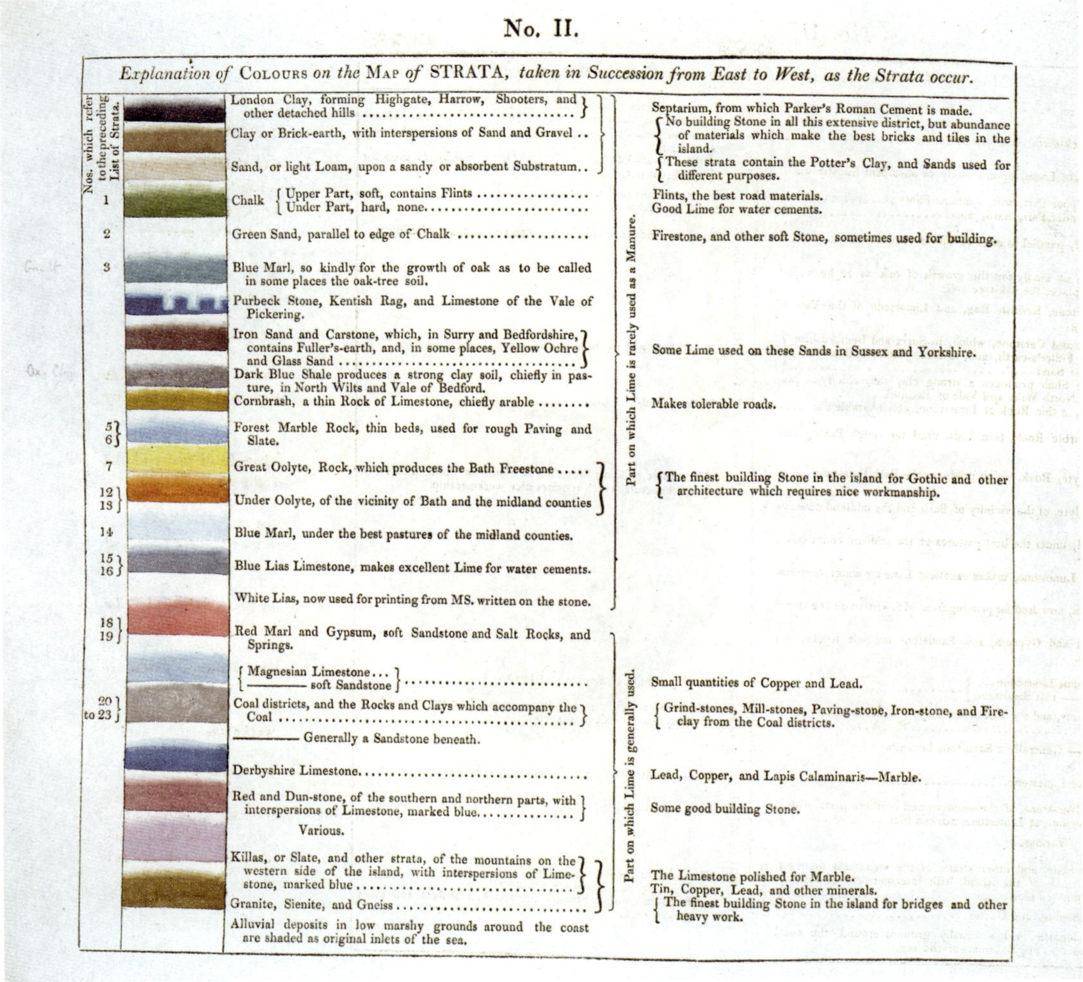

No. II.

Explanation of Colours *on the* Map *of* STRATA, *taken in Succession from East to West, as the Strata occur.*

Nos. which refer to the preceding List of Strata.		
	London Clay, forming Highgate, Harrow, Shooters, and other detached hills	Septarium, from which Parker's Roman Cement is made.
	Clay or Brick-earth, with interspersions of Sand and Gravel	No building Stone in all this extensive district, but abundance of materials which make the best bricks and tiles in the island.
	Sand, or light Loam, upon a sandy or absorbent Substratum	These strata contain the Potter's Clay, and Sands used for different purposes.
1	Chalk { Upper Part, soft, contains Flints / Under Part, hard, none	Flints, the best road materials. Good Lime for water cements.
2	Green Sand, parallel to edge of Chalk	Firestone, and other soft Stone, sometimes used for building.
3	Blue Marl, so kindly for the growth of oak as to be called in some places the oak-tree soil.	
	Purbeck Stone, Kentish Rag, and Limestone of the Vale of Pickering.	
	Iron Sand and Carstone, which, in Surry and Bedfordshire, contains Fuller's-earth, and, in some places, Yellow Ochre and Glass Sand	Some Lime used on these Sands in Sussex and Yorkshire.
	Dark Blue Shale produces a strong clay soil, chiefly in pasture, in North Wilts and Vale of Bedford.	
	Cornbrash, a thin Rock of Limestone, chiefly arable	Makes tolerable roads.
5 6	Forest Marble Rock, thin beds, used for rough Paving and Slate.	
7	Great Oolyte, Rock, which produces the Bath Freestone	The finest building Stone in the island for Gothic and other architecture which requires nice workmanship.
12 13	Under Oolyte, of the vicinity of Bath and the midland counties	
14	Blue Marl, under the best pastures of the midland counties.	
15 16	Blue Lias Limestone, makes excellent Lime for water cements.	
	White Lias, now used for printing from MS. written on the stone.	
18 19	Red Marl and Gypsum, soft Sandstone and Salt Rocks, and Springs.	
	Magnesian Limestone… / ——— soft Sandstone	Small quantities of Copper and Lead.
20 to 23	Coal districts, and the Rocks and Clays which accompany the Coal	Grind-stones, Mill-stones, Paving-stone, Iron-stone, and Fire-clay from the Coal districts.
	——— Generally a Sandstone beneath.	
	Derbyshire Limestone	Lead, Copper, and Lapis Calaminaris—Marble.
	Red and Dun-stone, of the southern and northern parts, with interspersions of Limestone, marked blue	Some good building Stone.
	Various.	
	Killas, or Slate, and other strata, of the mountains on the western side of the island, with interspersions of Limestone, marked blue	The Limestone polished for Marble. Tin, Copper, Lead, and other minerals.
	Granite, Sienite, and Gneiss	The finest building Stone in the island for bridges and other heavy work.
	Alluvial deposits in low marshy grounds around the coast are shaded as original inlets of the sea.	

Part on which Lime is rarely used as a Manure.

Part on which Lime is generally used.

“岩层图”的颜色注释，摘自史密斯的《英格兰和威尔士岩层的描述》。

里每年夏天都会涌入大量游客。他将泉水堵塞住，从而将水留在小镇上方岩石之间的自然空腔中，并修建了一个巨大的人工水库，是英国最大的密闭式储水库。斯卡伯勒新博物馆（圆形大厅）的环状设计是他的建议，目的是更好地陈列其中的展品。他还当过六年土地管事，受雇于约翰·万登·伯姆泊德·约翰斯通爵士，后者在斯卡伯勒附近的哈克尼斯拥有大片不动产。史密斯就当地地质写了大量论文，并在几个重要的学会发表了演说，他自己就是许多科学学会的

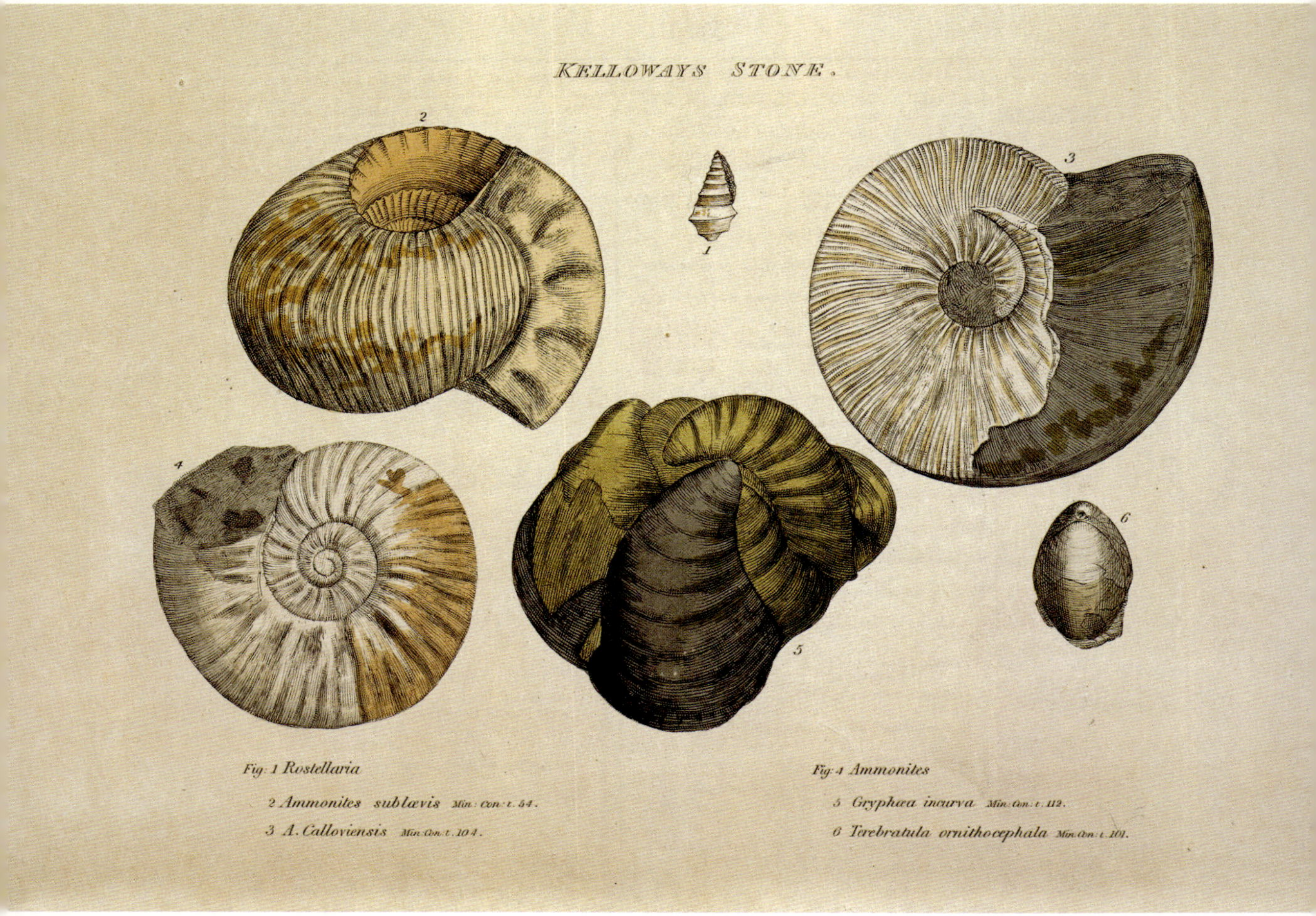

晚侏罗世的标准化石，发现于卡洛维岩中，摘自史密斯的《利用有组织的化石鉴定岩层》。史密斯想让这本书成为一本实用手册，任何人都能用它在野外鉴定化石并以此为依据鉴定发现化石的岩层。

幕后推手，促进了化石收集的流行。

威廉·史密斯在早年职业生涯中曾获得“岩层”史密斯的绰号，因为他总是充满热情地展示地质学通过排水和灌溉方面在土地改良中的价值。新成立（1807 年）的地质学学会中的社会特权阶层不愿承认他的知识和成就，很可能是因为傲慢和势利，但在 1835 年，史密斯毫无预料地被都柏林圣三一学院颁发了荣誉法学博士学位。1838 年，他被英国政府任命参加一个

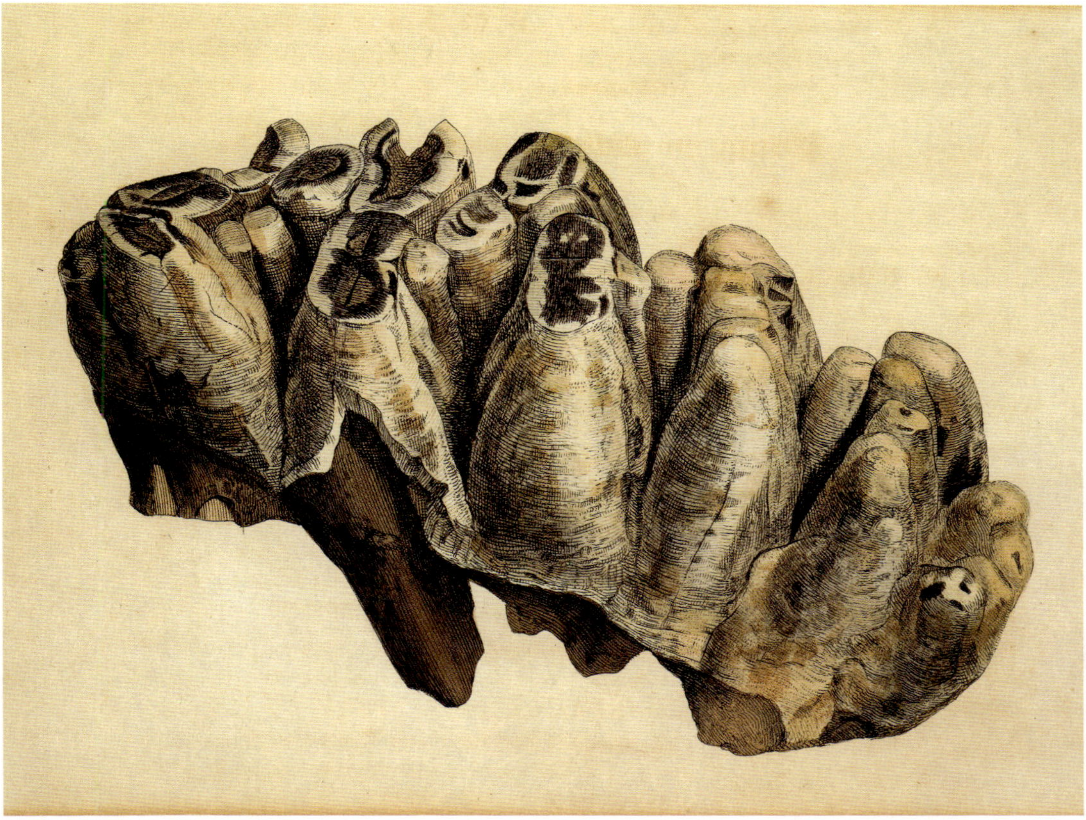

来自诺福克郡惠特灵汉姆（Whitlingham）的灭绝动物牙齿化石，摘自威廉·史密斯的《利用有组织的化石鉴定岩层》。

小型委员会，为新威斯敏斯特宫的修建选择石材，同他一起工作的是查尔斯·巴里爵士（新建筑的建筑师）和亨利·托马斯·德·拉·贝什（地质学调查工程的负责人）。

1839 年 8 月 28 日，史密斯去世，很可能死于流感。尽管他在地质学上取得了伟大的成就，他的工作对人民和社会也十分有益，但不光彩的是，史密斯却下葬于不起眼的北安普敦郡梅尔菲尔圣彼得公墓。1837 年由于格·富罗绘制的史密斯肖像悬挂在伦敦地质学学会在伯灵顿宫的办公室中，而迪西勋爵在他出生的村庄丘吉尔树立了一座纪念碑，那里的人们今天回忆起他仍然很骄傲。1977 年，地质学学会为应用地质学设立了威廉·史密斯奖章，并且决定今后每年开设一次威廉·史密斯讲座。

朱迪思·麦基/撰

亚历山大·冯·洪堡

自然的统一性
（1769–1859年）

我总是竭尽全力地通过物体之间的普遍联系来理解它们，并将自然作为一个被内在力量驱动的整体加以呈现，这就是引导我前进的首要动力。如果不经热忱的努力获得各分支学科的知识，所有描画宇宙整体图景的尝试都只能是无用的空中楼阁。

亚历山大·冯·洪堡，《宇宙》，1845–1862年

1832年，当查尔斯·达尔文乘坐海军皇家舰艇小猎犬号踏上第一次巴西热带雨林之旅时，他向自己的朋友约翰·亨斯洛这样说道："从前我钦佩洪堡，现在我几乎崇拜他了。"从所有时代最伟大最有影响力的博物学家口中说出这样的称赞是不容易的。在达尔文之前约30年，亚历山大·冯·洪堡已经游历了南美洲，对今天的委内瑞拉、哥伦比亚、厄瓜多尔和秘鲁等地进行了首次科学探险，他还去了墨西哥和古巴以及美国。通过这次探险，洪堡开创了一门新的科学分支，他称之为植物地理学；洪堡还精确地定位了地球的地磁赤道，证实地球的磁场会随着维度变化而变化，并为气候学和海洋学等学科奠定了基础。支撑着洪堡所有研究的思想内核是他将自然世界看作一个有机整体的观念，即自然是多种多样且互相联系的生命形式活跃

左页图：墨西哥东北部形成的玄武岩，洪堡和邦普朗出现在左下角，根据洪堡的草图绘制。洪堡描述了这些高达30米的石柱，并记录了它们和法国维瓦赖以及爱尔兰安特里姆玄武岩石柱的相似性，提出是相同的地质力量在不同大陆及不同时期产生作用，得到了这种效果。

卡嘉姆伯山（Cajambe）远景，根据洪堡的草图绘制。根据洪堡所言，卡嘉姆伯山是科迪勒拉山系排在钦博拉索山之后的第二高峰。他将其描述为“自然用来标记地球表面分区的永恒奇迹”之一。

的统一，而不是某种机械的结构。洪堡发展了这种普适性的自然观念，预示着生态学和环境保护研究即将到来。

1769年，亚历山大·冯·洪堡出生于柏林的一个小贵族家庭，他在家接受了私人导师的教育，后来又前往奥得河畔法兰克福大学和哥廷根大学。他在这里的几位杰出导师门下学习，这些人都是德国哲学家伊曼努尔·康德的拥趸。康德不赞同林奈的分类系统，提出它忽视了连接复杂自然现象的整体综合过程。洪堡吸收了这些思想，并逐步认识到自然界中物种之间复杂联系和关系的重要性，这比它们表面的性状和描述更重要。

在哥廷根大学学习的时候，洪堡遇到了奥格尔格·福斯特，他很可能是对洪堡产生过最大影响的人，被洪堡称作“指路明灯”。在孩提时，洪堡就痴迷于远洋航海家的故事，如法国航海家路易斯-安托万·德·布干维尔和进行过三次环球航行的詹姆斯·库克船长。奥格尔格·福斯特曾陪同自己的父亲约翰·莱因霍尔德·福斯特，以助理博物学家的身份参加过库克的第二次远航。1790 年，洪堡第一次品尝到科学探险的滋味也是在福斯特的陪伴下，他们顺着莱茵河来到低地国家（荷兰、比利时、卢森堡），然后又取道法国前往英国。洪堡发现福斯特与自己精神相通。他们都是出色的语言学家，都有一样的漫游癖、求知欲以及对自然和科学的热量；两人都是共和主义者，都持有强烈的自由主义和人道主义观点；他们还都对当时的德国浪漫主义运动持同情态度，在他们游记的写作风格中可以看出这场运动带来的影响。

洪堡成为了德国浪漫主义运动中的先锋科学人物，他还是唯一一个为剧作家弗里德里希·席勒主编的月刊《时序》撰稿的科学家。洪堡受邀进入了以排外著称的德国文学圈，并成为了歌德一生的挚友，还将自己德文版的《论植物地理学》献给了他。在他对自然的理解中，可以看出浪漫主义运动对洪堡的影响：他认为如果要理解事物的内在实质，必须将对自然的美学欣赏和严格的实证调查结合起来——后者即通过测量、收集和观察得到精确的数据记录。

与福斯特共同的旅行点燃了洪堡的热情，他决定献身于科学探险。1791 年，他进入位于萨克森的弗莱贝格矿业学院学习，想要掌握尽可能多的实用技术，为将来的旅行做好准备。训练完成后，洪堡成了一名普鲁士矿产部的矿区检查员，他在这个职位上干了五年。他利用这段时间进行动物电学试验，调查地质分层现象，还在植物学、地下气候和地磁等领域进行了研究。在任期结束的时候，洪堡已经在博物学的所有领域取得了广博的知识，熟练掌握了试验的技巧，并且成为了一名机智果敢的调查员。

南美之旅

洪堡 9 岁的时候父亲就去世了，当他母亲在 1796 年 11 月追随先夫而去的时候，洪堡继承了他们的遗产。这让他获得了财务保障和独立，于是他辞去了矿产部的职位，立即开始准备自己的旅行。然而接下来的计划不周、拿破仑战争和坏运气总是阻碍行程，直到两年后洪堡才获得了所有自己认为这次长途航行必备的科学装备。他携带的科学装备的数量和范围惊人地庞大，所有的东西都是最高技术水平的。他的设备可以测量任何东西，包括气体、液体和固体，还能检测大气中磁场和电流的变化。还有能够进行天文学观测的设备和在野外实施较复杂试验的仪器。在踏上旅途之前，洪堡在巴黎生活了几个月，并在那里遇到了艾梅·邦普朗，后者本来要作为随队植物学家在博丹上校的领导

洪堡的肖像，弗里德里希·格奥尔格·魏特施的作品（1806年），出现在画面中的还有一件植物标本和一卷标本集。

下参加法国政府组织的探险，但计划被无限期推迟了。邦普朗同意加入洪堡，踏上19世纪最伟大的科学探险旅程之一。

1799年，29岁的洪堡和他的伙伴邦普朗登上皮萨罗号起航出发，穿越大西洋前往新世界。他们从西班牙国王那里获得了皇家护照，可以不受限制地出入西班牙在南美的所有殖民地。洪堡早就梦想着有一天一睹太平洋的面貌，如今这个梦想就要成为现实。整个旅行持续了五年，他们还成为了第一批对亚马孙流域进行科学考察的欧洲人。这是充满了艰难、疾病和不适的五年；大量收集标本、数据和进行观测的五年；但也是充满了庄严自然之美带来的无限快乐的五年。

在南美，洪堡和邦普朗在委内瑞拉、哥伦比亚、秘鲁、厄瓜多尔的雨林、平原和高山中穿行、攀爬，还造访了墨西哥和古巴岛。两人绘制了走过的大片陆地，提供了该地区最精确的地图，这对于将来的旅行家、贸易商和政治家都很有用。他们还测绘了奥里诺科河和尼格罗河的河道，并证明了卡西基亚雷水道的存在，这条水道通过尼格罗河将奥里诺科河和亚马孙河连在一起。他们攀爬了许多高山，包括安第斯山脉最高峰钦博拉索山并抵达了距山顶400米的地方，还探索了亚马孙流域，发现了许多从前科学界未知的动植物。

无论到达何处，洪堡总是不间断地记录着精确测量结果、温度和气压。他认为自己的地磁学研究是美洲之旅最重要的成果，并且让他能够定位地球的地磁赤道和确定地球磁场。他的地质学观察表明地下岩石是热量形成的，并且经受着剧烈的动荡。这个结论支持岩石的火山形成说，并帮助洪堡抛弃了他在旅行之前赞同的水成学说，该学说认为岩石是海洋中的沉积物层积而成的。洪堡和

洪堡主要是一名地质学家，不过他仍然为科学界介绍了大量新世界动物，写下了许多关于电鳗、水虎鱼和南美森林中猴类的文章，图中的猴子是黑头秃猴（*Cacajao melanocephalus*）。

邦普朗共收集了大约 60 000 件植物标本，其中有 3000 个物种是科学界未知的。洪堡是第一个描述水虎鱼的人，他还首次鉴定并命名了磁暴；他对鸟粪石性质的描述使其被引入欧洲充当肥料。在对海水温度精确测量的基础上，洪堡发现了太平洋沿岸冷水上涌造成的重要洋流，如今这股洋流已用他的名字进行了命名。

洪堡的众多研究得出的最重要的结果也许是他后来所称的植物地理学。早在 1793 年，洪堡就在《弗莱贝格植物标本》一书中就此方面进行了写作，他观察了环境对植物产生的影响。洪堡在南美之旅中不断发展着这些观点，论证了海拔、温度、气候和地理是决定植物生长地点的主要因素。通过比较世界各地同一海拔的植物，他发现物质现象和植被之间存在

毛鹿草（*Rhexia sarmentosa*），摘自《赤道地区之旅》①。这种植物产自厄瓜多尔和秘鲁，是洪堡和邦普朗在南美之旅沿途发现的36种鹿草属植物（*Rhexia*）之一。

① 该书全名为《赤道地区之旅的个人叙述》，亦简称《个人叙述》。——译者注

联系。在攀爬钦博拉索山的过程中，洪堡定义了不同的植被带，从山脚的热带植物到山巅的寒带植物。洪堡断定地球由截然不同的区域组成，每个区域都具有当地气候和环境条件所决定的独特特性，这些区域的组合形成了一个互相连接的整体组织。洪堡将自己在这方面的研究成果发表在了他的《植物地理杂文》中。

两位旅行家是取道美国回到欧洲的。他们在美国待了六周，许多杰出的美国科学家在费城为他们举行了欢迎晚宴。洪堡和邦普朗还受邀前往美国首都华盛顿，时任总统托马斯·杰斐逊还以个人名义在自己位于蒙蒂塞洛的家中款待了他们。两人的许多壮举已经见诸报端，所以当他们于 1804 年 7 月 9 日离开费城的时候，巴黎已经在紧锣密鼓地准备欢迎他们了。

科学结果

洪堡被视作英雄，他作为一名伟大国际主义科学家的声誉永远也不会褪色。定居在巴黎后，洪堡将接下来的三十多年时间全都用来出版自己南美之行的游记和调查结果。这部巨著达 30 卷之多，其中不但包括博物学，还有政治经济学的内容、美洲探索史、人种学，以及他对前哥伦布时代美洲艺术、遗迹和文化的研究。

虽然是终其一生的共和主义者，但洪堡也得到了皇室的示好。在 1805 年，他被任命为波茨坦皇室的皇家内侍，并得到了一笔每年拨发的津贴。但洪堡直到 1827 年才回到自己出生的柏林，而且是在皇室征召下才回去的。同一年，他接到俄国沙皇的邀请前往乌拉尔探险。洪堡欣然接受，在 1829 年 4 月，他的探险队从柏林出发前往圣彼得堡。年届 60 岁的洪堡穿过乌拉尔地区，最远抵达位于巴蒂的中俄边境，即如今的哈萨克斯坦境内。回程穿过哈萨克斯坦大草原抵达里海，然后途经莫斯科到达圣彼得堡，在圣诞节刚刚过后抵达柏林家中。在所有的著作中，洪堡都指出了世界不同地区科学家们进行合作的重要性，而他本人常常在这种合作的维系中发挥着重要作用。西伯利亚之旅结束后，他紧接着提出在全世界建立一系列地磁观测站，每个观测站都使用相同的设备来记录。在 1839 年，从圣彼得堡到北京，从欧洲到美洲以及英国海外领地的所有重要地点，这样的观测站已经处于运行中了。

19 世纪和 20 世纪见证了科学和教育的专门化趋势，这与洪堡的共性论方法截然相反。洪堡对于各科学分支的广泛兴趣和知识是他整体自然观念的基础。他认识到了所有科学分支的相互联系；在研究某特定科学门类并展示其法则时，也反过来揭示了“某些其他更高更普遍法则的存在”。洪堡宣称“自然的图景应该是普遍、宏大而自由的”，他工作的本质是揭示“特殊之中存在的紧密普遍性联系”，因为尽管自然界存在千变万化的现象，但还存在一个统一的内核支撑着。

洪堡的最后一部伟大著作《宇宙》出版于 1845 年至 1862 年，这部书共有五卷，最后一卷是别人用他的笔记整理并在他死后出版的。他于 5 月 6 日在柏林去世，差 4 个月就是他 90 岁的生日。如这部著作的副标题所解释的那样，《宇宙》是对“总体世界的物理性描述”。20 岁出头时的洪堡就在构思这样一部作品，而这部著作囊括了他对自然以及驱动自然运作的内在力量的全部理解。它意识到了多种多样的物理现象和所有生物之间的内在关系和相互依赖。

洪堡对自由主义和人道主义的支持反映在他的写作中。他公开谴责奴隶制度以及自己在南美亲眼看见的对当地人的野蛮对待方式。他终生都秉持这样一个信念，即科学本身带来进步，因此这样的知识不但要能够普及到每一个人，它实际上还是“社会中所有阶级的共同财产”。他成功地将自己的科学数据和分析与对自然的美学欣赏融合在一起，并通过这样的方式获得了比大多数博物学家更广泛的受众。洪堡还是一位杰出的画家，他为自己的许多著作绘制了精美的插图，内容包括动植物标本、风景以及对人类和器物的人种学描画。

亚历山大・冯・洪堡对科学的兴趣达到了非凡的广度和深度，在当时无人能及，以后也许不会有人能够再度达到。他坚称自己的研究以及研究所得到的结论：只有通过对原始数据的严格采集、精确记录和对自然的直接观察才能获得。他激励了整整一代科学家，其中许多人在他们各自的领域取得了优秀的成绩。查尔斯・达尔文在 1845 年写给约瑟夫・虎克的信中这样说道：“我永远也不会忘记，自己的全部人生轨道都是因为在年轻时阅读和重读了洪堡的《个人叙述》。”他对作为整体的科学产生了显著的影响，这在众多学科中都能看得出来，包括地质学、自然地理学、动物学和植物学等。通过建立植物地理学这一植物学分支，他为植物生态学在 20 世纪的诞生奠定了基础。洪堡还为其他学科如气候学、海洋学和气象学打下了基础，并为后来的科学家们提供了沿用至今的工作方法，这套方法对于所有生物科学领域关注地球多样性的人都至关重要。

罗伯塔·J. M. 奥尔森/撰

约翰·詹姆斯·奥杜邦

画家、博物学家和冒险家
（1785–1851年）

天空安详清澈，空气中弥漫着芬芳，成千上万声悦耳的音符由那些我尚未知晓的鸟儿唱出，催促我起身前去追寻这些美丽又快乐的生灵。然后我会发现自己长出了巨大而有力的翅膀，像鹰一样扑打着空气，我将起飞，满怀喜悦地飞跃我所渴望的事物……许多次，这样的想法振奋了我的精神。如今，亲爱的读者，任务已经完成了。无论健康或疾病，富有或贫困，酷暑或寒冬，在朋友们的喝彩和仇敌们的怒视中，我完成了《美国鸟类》的描绘，并在这些鸟儿自由漫游在独特的栖息地时研究了它们的生活习性。

J. J. 奥杜邦，《鸟类学档案》，1831–1839年

作为美国最伟大的博物学家和水彩画家之一，约翰·詹姆斯·奥杜邦同时涉足自然科学和艺术，公然反抗分门别类的编目方法。在他的写作和绘画工作中，包括最伟大的成就《美国鸟类》（1827–1838年）在内，奥杜邦将博物学家的好奇心、艺术家的眼光和诗人的表达风格结合在了一起，使自己成为博物学圣殿中独一无二的一位。他的写作——信件、日记和书籍——中充满了生动的故事，让读者们身临其境般地感受到他所观察、研究和记录的鸟类生活。

奥杜邦（他父亲的姓）本来由母亲取名为让·拉比纳，他出生于圣多明戈，是一名法国船长的私生子。在3岁的时候，父亲将他送到法国并为他重新取名为让-雅克·富热尔——这是为了安抚法国革命当局，并帮助掩饰他私生子的身份（他在1794年被合法收养）。奥杜邦正是在这里开始画鸟的。1803年，他离开法国前往宾夕法尼亚的格罗夫·米尔检查家族的产业，另一方面也是为了逃避拿破仑的兵役。抵达美国之后，他立刻就对当地的野生动物着了迷，成为

了这个国家的拥护者并在1812年入籍成为美国公民。奥杜邦对实务不感兴趣，他捕捉并描绘鸟类，将自己造就成了一个劲头十足的森林人，就像他心目中的英雄丹尼尔·布恩那样。为了找点事做，他尝试了各种商业投资，在快速消失的美国荒野边缘四处奔波。作为一个富有魅力的探险家，奥杜邦会剑术、歌唱、拉小提琴、吹长笛和其他木管乐器、跳舞、骑马、打猎和绘画。

在一开始，奥杜邦敏锐地认识到了博物学领域的前辈，还意识到自己的博物学研究时机已经成熟。他首先画布封的《博物志》（见第156页）插图中的鸟类，并在上面题写了布封的名字。他之所以决定要出版一本关于北美鸟类的综合巨著，是受了亚历山大·威尔逊的《美国鸟类学》（1808-1814年）的影响。1810年二人的一场会面是关键，当时威尔逊正在为他的作品征集认购款。尽管奥杜邦在向威尔逊展示自己的水彩画时并没有“将我的劳动果实呈现给世界的丝毫想法”，然而这次相遇却让奥杜邦开始有了将这些画作按照威尔逊的模板出版的念头。奥杜邦一直都想证明自己作为野外博物学家和鸟类学家的荣誉，他尝试进入费城的科学圈子，但没有成功。在1819年至1820年之交，他决定追随自己的热情，认真地为自己宏伟的计划收集材料。奥杜邦受到鼓舞的愿景成为了决定他一生轨迹的痴迷。

美国鸟类

对于奥杜邦，鸟类代表了与人类经验相对应的平行世界，他还总是将拉·方丹的《寓言》当作指导。他为了支撑家庭经年累月地为别人绘制肖像，再加上长年鸟类研究的经验，让他能够捕捉到每种鸟类最引人注目的画面。他笔下的鸟常常以捕食者的姿态出现，因为他遇到鸟时它们大多数情况都在觅食或捕猎。奥杜邦一开始的绘画形式是用石墨做出轮廓后再用粉蜡描绘，后来又使用了许多复杂的介质。对绘画材料拥有天赋的他试验了众多种类——抽象拼贴画、水彩、水粉、粉蜡、油墨、油画、水溶性釉及黏合剂、金属颜料和白垩，成为了全美最富创新性的画家。奥杜邦最开始作画时使用的是死亡的标本，但他常常希望重新赋予它们生命，

左页图：卡罗来纳鹦哥（*Conuropsis carolinensis*），美国唯一一种本土鹦鹉，最后一次被人观察到是在1920年。今天它只活在了奥杜邦的画作中，他用一层鲜艳的颜料展现了它们羽毛的质地，羽毛上的晕彩效果是用闪闪发亮的石墨一丝不苟地涂在所有羽毛的每根小羽枝上形成的。

而他的画作最终做到了这一点。在《爱丁堡科学》杂志（1828年）的一篇文章中，奥杜邦描述了自己的鸟类绘画方法。由于常常使用刚刚死亡、摆成生活姿态的标本，他就运用了一套支架系统来为标本增添活泼感。在一块带有网格状线条的平板表面上伸出许多细金属线，他将自己描绘的鸟类标本搭在上面。一旦有可能，奥杜邦更喜欢使用活的鸟类，比如：这只雌性巨翅鵟："我将这只鸟放在了固定在我桌子上的直立棍子上。它只是动了动脚，抓住棍子……但羽毛都竖起来了……我用手抚摸它，想让羽毛舒展下来……它动也不动……它的眼睛与我的目光相对，露出一种真正的哀伤，那种忧郁让我非常不自在。我用圆规测量了它喙的长度，开始画出轮廓，继续测量……一直到画完的时候这只鸟都没有动过一次……画完之后，我打开窗户，将这只可怜的鸟儿放回到蓝天之中……"

奥杜邦将《美国鸟类》构思为反映北美鸟类生活的视觉奇幻历险。虽然有人批评他不使用林奈的分类，但奥杜邦还是对他的图画进行了有机的组织，赋予了鸟类栩栩如生的外貌，好像是在自然环境中观察它们一样。虽然奥杜邦认为自己关于环境相互作用的研究是高度个人化的，但其实它们反映了18世纪出现的反系统化趋势，如威廉·巴特拉姆（见第183页）的作品中呈现出的那样。虽然如此，至今在规模和范围上仍然没有能与《美国鸟类》（现存大约完整的有120本）及其指南手册《鸟类学档案》匹敌的作品出现。

《美国鸟类》的问世出版是企业家精神、难以抑制的献身精神以及协作的传奇。由于在费城找不到雕版师，奥杜邦在1826年启程前往英国并抵达利物浦，并在那里办了一场广受好评的画展。来到爱丁堡后，他雇用了威廉·霍姆·利扎斯作为自己的版画复制匠，而后者的配色师却在制作完第十幅图版后罢工了，奥杜邦不得不返回伦敦再寻找一位雕版师。他在那里发现了聪明的小罗伯特·哈维尔，后者成了他理想的合作伙伴。从此以后，这个跨越大西洋的项目成为了一项家族事务，牵扯到奥杜邦的许多直系亲属和远亲。它的成功取决于奥杜邦为寻找标本和认购人在美国与欧洲之间进行的繁忙奔波，他一共穿越了八次大西洋，并在英国居住了很长时间，以便监督图版的生产。

为了复制奥杜邦的水彩画，哈维尔通过一系列复杂的过程制造图片，包括版刻、蚀刻和凹版腐蚀制版，然后再手工上色，在版画制作上取得了史无前例的成就。他们通过认购进行的分期销售策略需要进行繁重的生产和营销活动。最终，每位认购人为435幅手工上色的图版（分为87部分，每部分五张图版）支付了大约1050美元（约560英镑），这在当时是很高的价格。这部著作的版面大小为英式最大尺寸（40英寸×27英寸），其中有1065只实物大小的鸟

美洲鹈鹕（*Pelecanus erythrorhynchos*）。奥杜邦如此描述它的大皮囊："薄、透明、有弹性、多皱纹、密布血管，像网一样收缩自如。"在某次同时看到上百只美洲鹈鹕后，他首次将这种鸟和它的欧洲亲戚区别开，写道："它从不张开翅膀从空中降下捕捉猎物，这是褐鹈鹕的习性……"

在这幅兰斯·卡尔金绘制的肖像中，奥杜邦的穿着就像一位波希米亚绅士，这是为了吸引潜在的欧洲客户。

类图像，代表了489个物种。这部经过绝佳设计和执行的书籍让所有其他作品都黯然失色，并被认为是使用凹版腐蚀制版技术制作的最精美的作品。它也是最后一批使用这种技术的书籍之一，因为在大约1830年，平版印刷开始在美术书籍的制作中代替雕版印刷。

在缺乏机构支持的情况下，奥杜邦成为了营销机器。对于欧洲人，这个穿着鹿皮装的美国人就是詹姆斯·费尼莫尔·库柏的《先驱》(1823年)中高尚的纳蒂·班波的化身。为了吸引额外的认购者，他在英国各地举办了成功的水彩画画展以寻求对出版项目的资助。关于其中一次画展，一位伦敦评论家这样写道："它们的羽毛闪耀着自然的色泽；你能看到形态各异的鸟，有运动或休息的、嬉戏或搏斗的、怒气冲冲的或是充满爱意的、鸣唱的、奔跑的、熟睡的、睡眼惺忪的、拍打着翅膀的、掠过波浪的，以及在打斗中互相撕扯的……这样一幅新世界的图景。"

奥杜邦为《美国鸟类》准备的所有435幅原始水彩画如今都由纽约历史学学会收藏，该学会在1863年从奥杜邦的遗孀露西·贝克韦尔·奥杜邦手中购买了其中的434幅；最后一幅作品在1966年被赠予了该学会。这435幅水彩是435幅图版中433幅的预备图版；第84张和第155张图版的原画已经找不到了。在这些令人目眩的绘画中，奥杜邦的创新性体现得很明显。他不但按照实物大小描摹鸟类，而且捕捉了它们在鸟类生活中的所有戏剧性场面，还为它们增添了人格化的神态。

奥杜邦的《鸟类学档案》(1831–1839年)是为《美国鸟类》中巨幅图片所配的文本，是根据他的日记编写的。这本包含五卷的著作为稚嫩的鸟类学做出了开创性的贡献。它第一次包含了对鸟类生活习性的准确叙述，而不仅仅是科学描述，不过这方面的内容它也涵盖了，并且还有基于解剖得到的信息。作为一本博物学著作，它的笔调清晰、生动，极具个人风格，适合更广泛的受众。在书中，奥杜邦记录的不仅有鸟类活动，还有美国这个年轻国家的风景、人物和文化。最终的手稿由露西誊写和编辑，她承担着奥杜邦生活秘书和文书助理的角色。这部著作的另一位幕后英雄是威廉·麦季理斐，一位训练有素的苏格兰博物学家，查尔斯·达尔文的朋友，他在鸟类解剖学、科学辞典和英语语法等方面帮了很多忙。

后来又出版了包含七卷的八开本版《美国鸟类》(1840–1844 年)，其中的图版都按照系统分类进行排列。它由《鸟类学档案》中的文本（鸟类解剖学、习性和生活地点的描述）和 500 幅 J. T. 鲍恩制作的平版印刷图片组成，每张图片的大小是原画的八分之一（用描像器缩小）。八开本版的价格更容易承受，尺寸也更小，很快就成了畅销书。1840 年至 1870 年间，这本书印刷了大约七版。

随着奥杜邦的健康每况愈下，他的画家儿子们（维克托·吉福德和约翰·伍德豪斯）开始参与他们父亲绘制的哺乳动物图谱的出版工作。这部包含三卷名为《北美胎生四足动物》的著作一直是不完整的，但还是在 1845 年至 1848 年间分阶段逐步出版了。书中文本的作者是奥杜邦的朋友，博物学家约翰·巴克曼教士。

科学和环保荣誉

作为一个复杂又常常富于矛盾性的当代传奇，奥杜邦被授予了许多荣誉，包括入选英国皇家学会和林奈学会。奥杜邦被认为是美国第一位大水彩画家，而他将科学和艺术融合在一起的能力展示了非凡的天才。然而，直到最近的一百年，人们才将他的名字和美国野生动物及荒野的保护联系在了一起。

1829 年 11 月，奥杜邦富有预见性地写道："当……我想起我们的国家的大片广袤土地上呈现的不再是自然状态，而是或多或少地覆盖着村庄、农场和城镇……；森林在白天的利斧下和晚上的火焰中快速消失……；当我看到欧洲的过剩人口来到这里帮助毁坏森林，人类文明进驻到其中最幽深的地方——当我想起这些剧烈的变化全都发生在短短的 20 年内，我不禁停下来深思，尽管我知道这些的确发生了，但简直不能相信它的真实性。"1841 年，被这些变化敲响了警钟的奥杜邦拜访了美国国务卿丹尼尔·韦伯斯特，试图"建立一所由我本人负责的博物学机构，促进我们对于自然科学的理解"。遗憾的是他的提议没有得到批准。在 1843 年

山齿鹑（*Colinus virginianus*）和赤肩鵟（*Buteo lineatus*）。这幅极具张力的画作是奥杜邦唯一一次将被捕食的鸟类当作首要目标进行描画，画面中央的这只幼年赤肩鵟惊动了共 18 只的一群山齿鹑。

最后一次美国西部探险之后，奥杜邦的视力开始逐渐退化，到 1847 年已经不能画画了。他的健康状况很快急剧恶化，然后又得了痴呆症，最终在 1851 年去世。

今天，奥杜邦对生态问题的意识以及对自然环境的重视在“奥杜邦”组织（前美国奥杜邦学会）中找到了表达的出口。他对鸟类的热情促成了《美国鸟类》的面世，这确保了他的不朽功绩。奥杜邦的成功在许多方面超越了自己最大的雄心壮志。他的目标是将美国鸟类的绘画出版成一部版面巨大、美丽并有科学意义的作品，而他完成的比这多得多。如今，奥杜邦的名字不但成为了热爱鸟类和自然的代名词，还代表着对环境的保护，如果他在天有灵，一定会感到非常欣慰。

吉尔·库克/撰

威廉·巴克兰

描述恐龙的第一人

（1784–1856年）

地质档案记录了人类被创造之前
各时代的状态，后来，地质学家们
成为了第一批也是唯一一批
史料编纂者。

威廉·巴克兰，《地质学和矿物学》，1836年

虽然他本人并不是激进的思想者，但威廉·巴克兰教士的职业生涯对19世纪地质学、古生物学和考古学的发展都产生了重要的影响。他还是第一个在出版书籍中对恐龙进行科学描述的人。巴克兰的成功来自于对野外证据的开阔研究思路。

1801年，巴克兰前往牛津大学学习神学，以便日后担任英国国教圣公会牧师。不过这时的他已经对地质学产生了兴趣，并通过参加矿物学、化学和解剖学课程来追求自己的兴趣。1807年地质学学会的成立促进了一个更宽泛的地质学家圈子的形成，到1810年，他已经是这个圈子的一份子，并开始使用威廉·史密斯（见第239页）开创的方法来到野外搜集能证明地质岩层连续的证据。巴克兰使用这些信息来制造地层表，1811年至1821年，这些地层表又得到了修正和补充，他在这十年里收集了英国的新数据并进行了多次国外旅行，以便用欧洲大陆的数据进行相关分析。

1813年，当牛津大学矿物学讲师的位子空缺时，巴克兰是理所当然的候选人。他并不想仅仅只是将岩石作为材料来研究它们的物理学和化学性质，而是立即将岩石的环境和历史的研究——地质学——引入了课程中。他的讲授取得了巨大的成功，短短五年之内，他就成为了牛津大学的第一位地质学高级讲师，也因此成了英国第一位正式的专业地质学家。巴克兰的就

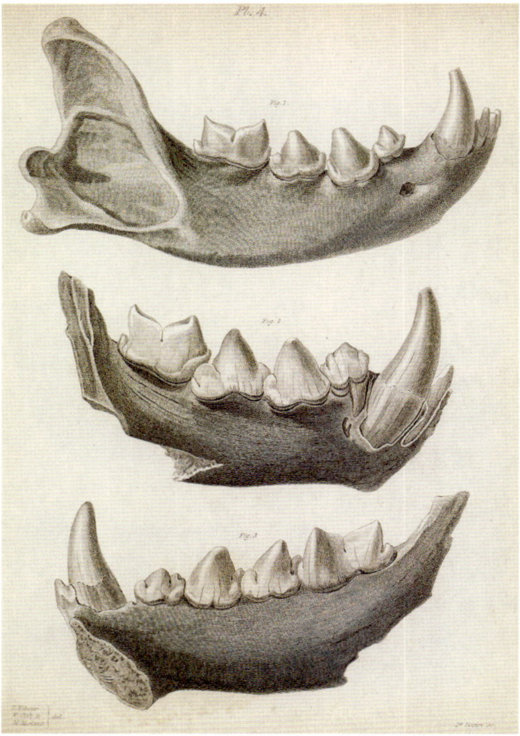

《洪水遗迹》的图版4将现代好望角鬣狗的下颚骨（上）与柯克代尔洞中发现的已灭绝鬣狗物种的下颚骨进行了对比。

职演讲毫不辜负牛津大学对他的信任。他说起地质学如何与《圣经》达到和解，并提供了九个地质学“证据”，表明地球曾经被灾难性的洪水淹没，巴克兰将其与诺亚洪水联系了起来。他的证据包括地貌形态、洞穴中的动物化石以及沉积在地表的黏土、沙子和砾石，以及被称作漂砾的从起源地运输到很远地方去的岩石。这些现象让巴克兰和其他欧洲地质学家质疑詹姆斯·赫顿（见第205页）的理论，后者认为现在的地貌是缓慢的地质过程在漫长的时间中作用的结果。然而，巴克兰在“灾变说者”中也是与众不同的，他认为地球地貌可以归因于一次单独的事件，而且他开始准备证明自己的论点。

1823年，巴克兰出版了自己的第一本书《洪水遗迹》。书中的第一部分描述了他在约克郡柯克代尔洞进行的发掘，他在那里发现了许多灭绝物种，如猛犸象和披毛犀，还有在欧洲已无踪影的鬣狗和狮子。使用现代类比物并对这些骨骼的情况进行仔细分析之后，巴克兰断定这些动物遗迹是居住在洞穴中的鬣狗拖进来的。这个优秀的古生态学研究案例是史上头一遭。它说明这些化石遗迹代表的所有动物都曾在该地区共同生活过。在证明了这些骨骼并不是被洪水从别处带到这里并沉积下来的之后，巴克兰必须解释这些物种是如何灭绝的，这些骨头都躺在淤积的泥沙中，于是他将其归咎于人类出现之前的世界大泛滥。

在第二部分，巴克兰进一步评论了英国和欧洲的各个洞穴和地表沉积层中的骨骼证据，还描述了其他地形和漂砾证据以支持自己的观点，即在人类历史之前曾发生过一次灾难性的世界大泛滥。正当他在写作《洪水遗迹》时，巴克兰已经有了证据说明可能发生过不止一次灾难性事件，而且都发生在比《圣经》和人类

威廉·巴克兰在讲课：他使用的地图、图表、插图和标本都反映了对证据的坚持。他的讲授和野外旅行都很受欢迎，虽然巴克兰古怪的幽默感并不总能被人接受。

历史久远得多的地质时期。他对玛丽·安宁（见第273页）发现的巨型化石很感兴趣，并和她保持着密切的联系。1824年，受到朋友乔治·居维叶（见第221页）的鼓励以及吉迪恩·曼特尔在苏塞克斯郡的发现的鼓舞，巴克兰出版了第一部对理查德·欧文（见第278页）后来称之为恐龙的事物进行科学描述的著作。这些化石包括半块下颚骨和其他骨骼，是巴克兰从开采板岩

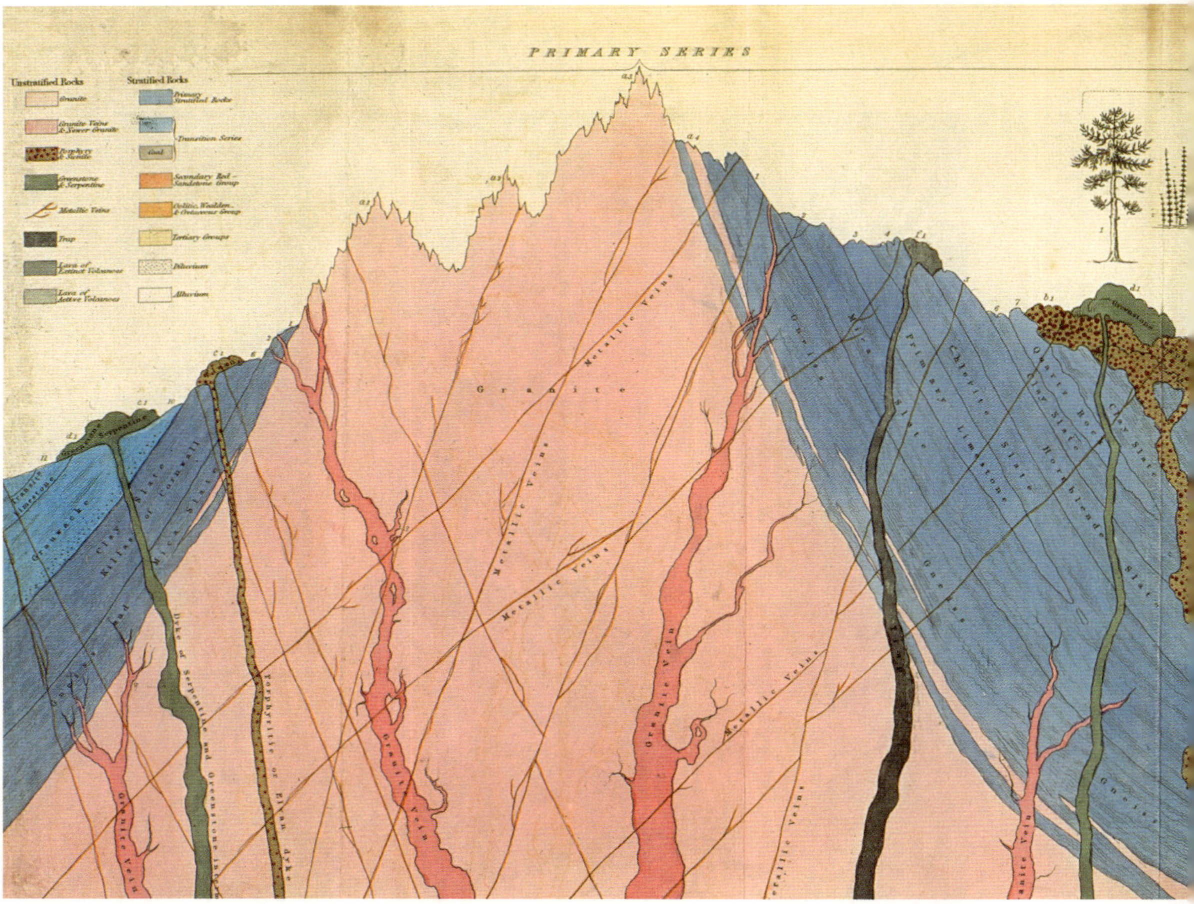

地壳剖面简图局部，来自巴克兰《以自然神学为参照的地质学和矿物学》（1836 年）中的一幅插图，这幅图总结了他对岩层连续性以及能够揭示气候变化对生态产生影响的独特动植物群落的研究。

的工人那里获得的，产自牛津郡斯通斯菲尔德侏罗纪石灰岩的上层板岩中。他将这些化石命名为斑龙（*Megalosaurus*，字面意思是巨大的蜥蜴）。如今已知这是一种肉食性恐龙，来自一亿八千一百万年至一亿六千九百万年前，巴克兰描述了它锋利的锯齿状牙齿，并预言它拥有庞大的体型。

随着巴克兰在英国和欧洲大陆继续研究地质岩层及化石的连续性，他发现了一系列消逝的世界，其中有许多独特的生态系统。他将这些工作简要纳入了《以自然神学为参照的地质学和矿物学》（1836 年）的第一幅插图中。这本非常流行的书提供了鼓励他人思考动植物物种进化的语境，但相信连续创造说的巴克兰将自己的注意力转移到了新的理论上，要为他在《洪水遗迹》和其他科学论文中记录的灾难现象寻找解释。

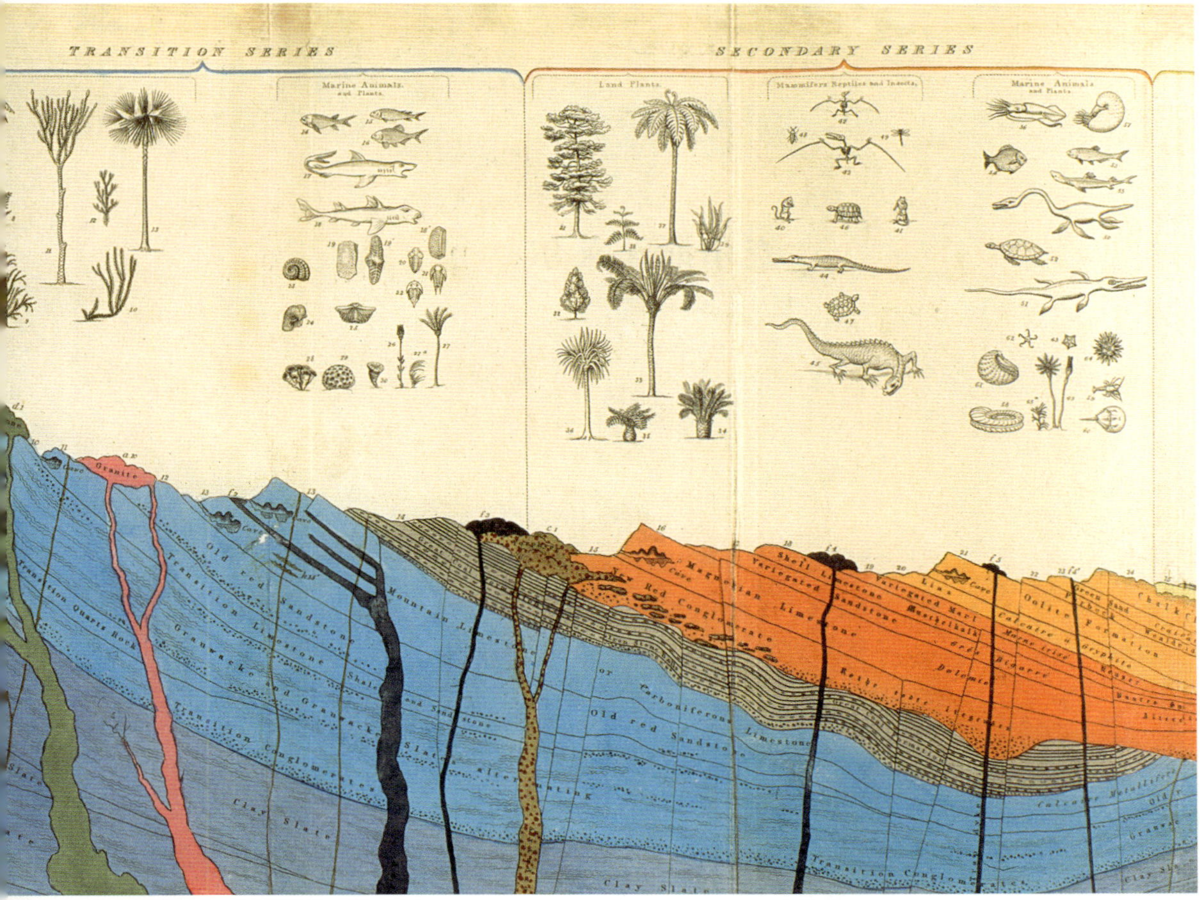

冰期

听说让·路易斯·鲁道夫·阿加西斯（见第284页）认为冰雪曾一度覆盖地球广大范围的理论后，巴克兰在1838年陪同他一起前往瑞士观察冰川活动。然后二人又来到苏格兰，并在那里发现了大量与冰川作用有关的侵蚀和沉积过程的证据。巴克兰这时确定了他曾经准确描述过的现象的真正原因。他准备撤销自己之前的理解并出版新版《地质学和矿物学》，但没能做到这一点。

1845年，巴克兰被任命为威斯敏斯特大教堂的主持牧师，但继续在牛津讲课。虽然晚年疾病缠身，但他已经取得了巨大成就。地质学成为了大学的一门学科，冰期的发生和效果都得到了承认。虽然巴克兰本人相信连续创造说，但通过展示气候和生态随时间发生的变化，他也在无意之中为进化理论提供了基础。

吉尔·库克/撰

查尔斯·莱尔

现代地质学的倡议者

(1797–1875年)

……无论是什么从最早的时期,

……到目前,起过作用,而且现在仍在起作用。

查尔斯·莱尔,给罗德里克·默奇森爵士的信,1829年1月15日

当查尔斯·莱尔在1816年进入牛津大学的时候,地质学正开始成为一个独立的学科,虽然它的理论基础仍然根植于宗教和哲学。莱尔的职业生涯让他成为了一个伟大的改革家而不是充满创新性的天才,他将地质学与宗教和哲学之间的联系斩断,并为今天的现代地质学创立了基本原则。

不断发展的信念

在牛津大学学习古典文学和数学时,莱尔得以参加威廉·巴克兰(见第263页)的地质学讲座,他从中了解到了旅行、野外考察和事实证据的重要性,这些也成了他一生的追求。不过,虽然他从巴克兰那里学到了很多,但莱尔也阅读了詹姆斯·赫顿(见第205页)的理论,这让他对自己老师的某些说法产生了质疑,如某些地形的形成和动物物种的灭绝是灾难性事件,如诺亚洪水造成的。莱尔自己的观察显示赫顿的理论更为可信。1821年,当他和杰出的英国地质学家吉迪恩·曼特尔前往苏塞克斯郡进行野外考察时,这样的观点又进一步被强化了。

在威尔德地区,莱尔看到了古代生命进行赫顿式循环的证据。曾经支持着生命繁衍的三角洲已经被淹没并覆盖上了白垩沉积物;一大块新的岩石被提升并剥落了外层,形成了现在的地

莱尔《地质学原则》第一卷（1830年）的卷首插图，我们如今已经知道它是意大利那不勒斯附近的一个被掩埋的市场，但当时它被误称为塞拉皮斯庙。过去的两千多年中，海洋软体动物在柱子上留下的孔说明这座建筑曾经被海水淹没，后来又升了上来。对于莱尔，这诠释了自己书中所描述的作用过程。

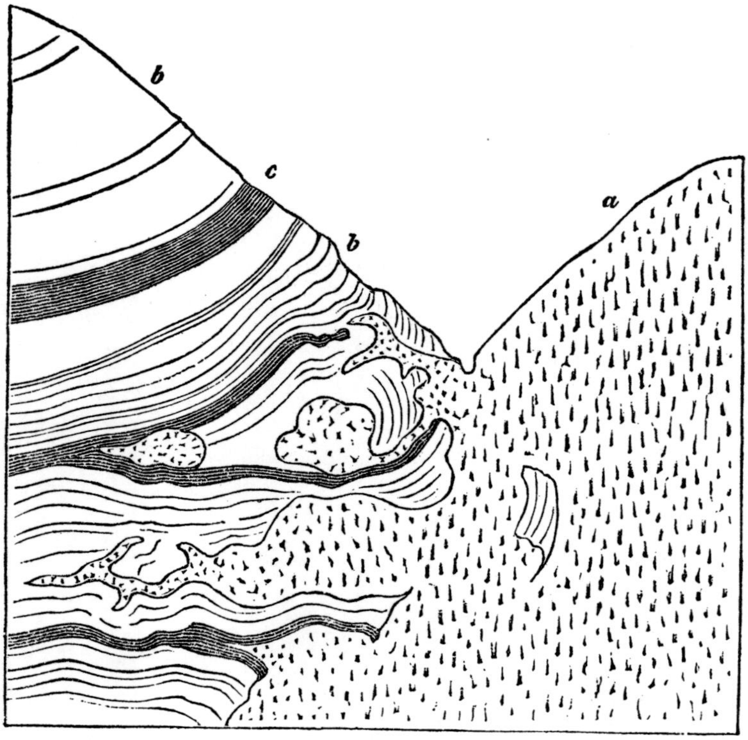

《地质学原则》第三卷（1833年）中的插图，图中展示了苏格兰格伦倾斜岩层的剖面，赫顿在这里证明了花岗岩（a）是火成岩（火山岩），并且能被挤压进入较老的沉积岩如石灰岩（b）。莱尔增添了术语“变质岩”来描述被这种侵入改变了性质的沉积岩（c）。

貌。莱尔对于他看到的东西兴奋不已。在不情愿地从事法律以维持生计的同时，他还研究地质学并造访了欧洲大陆。1829年，莱尔想要将地质学变成建立在事实上的科学，而不是总参照着《圣经》，于是他开始了写作。

莱尔的三卷《地质学原则》出版于1830年至1833年。这部书的全名展示了它的内容和意图：“通过如今仍在起作用的原因解释地球表面曾经发生过的变化。”莱尔在第一卷开篇叙述了地质学的历史，揭示了由于缺乏定义自然力量运作机制的清晰原则，地质学的发展是如何受到阻碍的。他重新引用赫顿的观点，宣称并不需要特殊的或灾难性事件来解释地球的自然界。

《地质学原则》第三卷中的贝壳化石。莱尔使用这些贝类化石来鉴定第三纪中新世的地质形成结构。

目前正在运行着的过程一直在漫长的时间维度内发挥着作用。这些，他说道："地质学的字母表和语法……理解所有地质学现象的关键。"现在是通向过去的一把钥匙，这个原则后来被称作"均变论"。

《地质学原则》的第一卷广受好评，但许多人担心它会打开通往拉马克物种变化观点（见第 209 页）的大门。莱尔本人反对这些观点，并将第二卷用来驳斥拉马克。虽然他并未提出关于物种起源的观点，但莱尔认为物种灭绝可以在没有灾难性事件的情况下逐步发生。他对生物会不会变成化石进行了首次全面的思考，强调不同的保存条件会造成化石记录的偏差。运用这些原则，最后一卷描述了地壳的构成并讨论了岩石的相对年龄。虽然莱尔并不接受进化的可能，但他知道化石会随着时期发生改变，可以用来鉴定不同年龄的岩层。使用这个原则，他将第三纪（六千五百万年至一百六十万年前）的岩石形成分成了三个阶段，并按照时间顺序命名为始新世、中新世和上新世。

影响

莱尔对物种变化的反对态度防止了宗教审判的干扰，让他的观点得到了更广泛的接受，彻底改革了地质学的实践。查尔斯·达尔文（见第 291 页）在小鹰号之旅中带上船阅读的书就包括莱尔的《地质学原则》。达尔文自称是莱尔的"狂热信徒"，他是一代博物学家的典型代表，认为《地质学原则》改变了"人的整体思维，因此当你看到莱尔从未见过的东西时，你在一定程度上是通过莱尔的双眼看到它的"。

随着莱尔在欧洲和北美进行旅行和游历，他不断对《地质学原则》进行修订并出版了 13 个版本。这既是一大笔收入来源，又是一场莱尔和同代人的对话。虽然他个人难以接受进化的理念，但他却为其提供了理论框架。莱尔激励了达尔文和阿尔弗雷德·华莱士（见第 301 页）二人，并在《人类遗物》（1863 年）一书中发表了自己对人类曾与某些已灭绝哺乳动物共存的调查。在这里，他最终接受了自然选择导致进化的观念，而进化学说的这场革命正是他本人通过地质学改革无意之中开始的。

克里斯宾·蒂克尔/撰

玛丽·安宁

化石寻觅者

（1799–1847 年）

年幼时的安宁小姐，从来不会

对地上的针置之不理；

而是将它拾起，于是最终她就这样

发现了一条鱼龙。

J. W. 普雷斯顿，1884 年

玛丽·安宁被称作古生物学的公主并不是空穴来风，她在非同一般的环境中表现出了非凡的才能。作为一个木匠的女儿，她在 1799 年出生于英格兰南部莱姆里杰斯的一个不遵守英国国教的家庭。作为副业，玛丽的父亲理查德从附近的悬崖中采集并贩卖一些“珍奇物件”：这些化石有很多诨名，如美人指、舌石、魔鬼脚趾甲、脊椎骨块和比索尔石（因为据说它们长得像比索尔山羊的胆结石）。从悬崖上摔下并患上肺痨之后，理查德在 1810 年去世，将一位遗孀和两个孩子（还有七个在婴儿时期就夭折了）留在了贫穷困苦中。他们一直在接受教区的救济，之后的五年左右时间每星期只花大约三个先令。

没有比这更灰暗的前景了。但从一开始，安宁就表现出了她的与众不同。15 个月大的时候，安宁被雷电击中，护士以为她死了，但她挺了过来。根据她侄子的说法，安宁曾经十分迟钝沉闷但后来变得活泼并机智。她曾经和兄弟约瑟夫一起与父亲寻觅过化石，父亲去世后，她帮助母亲发展起了后来成为家族产业的化石生意。

我们现在很难想象 19 世纪一二十年代人们的精神世界。在远离偏僻贫穷的莱姆里杰斯的某些圈子，深邃时间的概念正在开始生根。1795 年詹姆斯·赫顿（见第 205 页）就发现“找不到开始的遗迹——也看不见结束的图景”。别的地区的其他人也正在得到相似的结论。但对

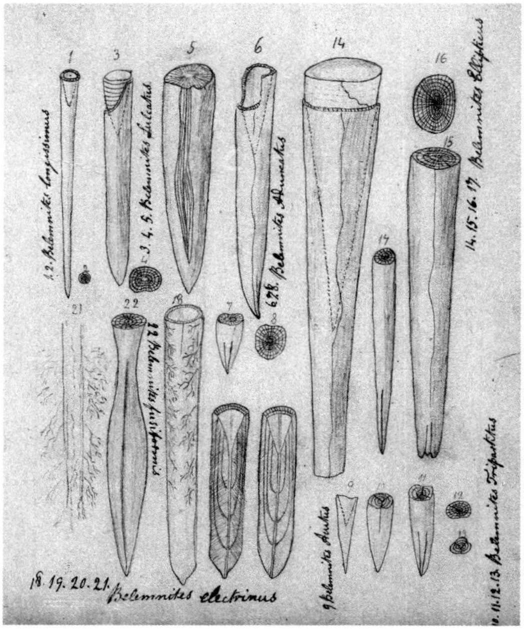

箭石类化石——一种和乌贼类似的头足类动物，这幅插图来自玛丽·安宁的手稿。在安宁生活的莱姆里杰斯，那里的悬崖中富含这种化石。

大多数人来说，《圣经》才是年代表的权威，而提出其他想法都是在亵渎神明。对化石的最好解释是它们是被大洪水埋起来的生物，即使这样的生物在当地已经不存在了，它们也很可能在地球上别的地方生存下来。甚至有人说它们是上帝留下来当作信仰的考验。

我们如今知道莱姆里杰斯的早侏罗世悬崖在大约两亿年前坐落在一片泥泞的海底。在食物链的底层是牡蛎、藤壶和海百合等生物；中间是软体动物，包括箭石类和菊石类；食物链顶端是鱼类以及大型海洋和飞行爬行生物：鱼龙、蛇颈龙、上龙和翼手龙。当它们死去的时候，遗骸就沉入海底，由于那里缺乏氧气，许多都得到了完善的保留。随着千百万年的板块运动，它们像三明治那样被压缩，并出现在了西多塞特海岸的沉积岩悬崖上。

玛丽·安宁没有接受过正式教育，本来要吸收那些关于周遭世界的传统智慧。但在收集化石这个古怪的工作过程中，她学会了阅读和写作，并在 14 岁的时候借了自己阅读的第一本地质学著作。这也许是她了解莱姆里杰斯附近悬崖的开始。1811 年至 1830 年，安宁做出的发现无论怎样计算都是令人深刻的。她和自己的兄弟约瑟夫拼出了第一只鱼龙，随后又发现了另外两只。安宁发现的其他生物还包括两只蛇颈龙、一只头足类动物、一只翼手龙和一条鱼类（当时被理解成鲨鱼和鳐鱼的过渡类型）的化石。头足类动物保存得非常完整，她的一个朋友甚至用化石中内含的墨作画。此外安宁还发现了大量粪化石，她是第一个将它们鉴定为粪便化石的人。

不过玛丽并不仅仅只是一个收集者。她能看到别人看不到的东西，几乎用直觉就能觉察出悬崖上的化石。一旦确定了化石的位置，她要用超凡的努力和耐心将它挖出或指导别人挖出，同时不对它造成破坏。她最好

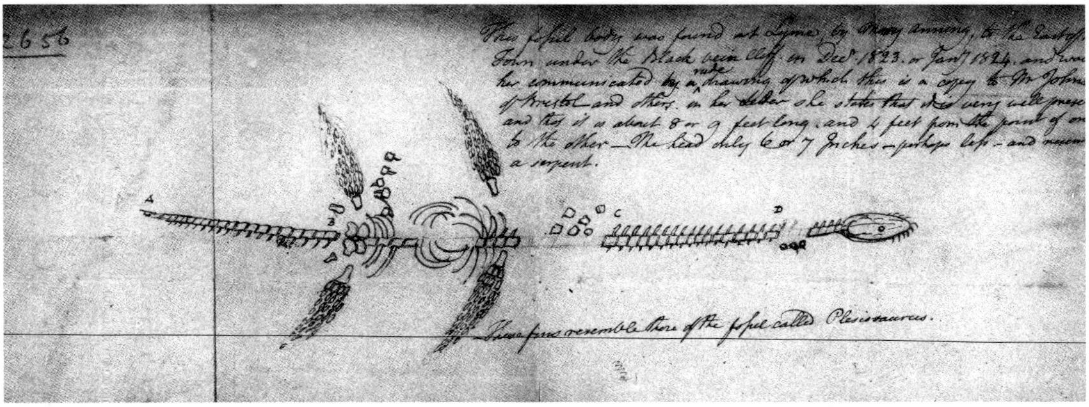

蛇颈龙的钢笔画，玛丽·安宁画于 1824 年。作为一个杰出的化石收集者，玛丽·安宁和她的兄弟约瑟夫一起拼出了第一只鱼龙，并发现了第一只蛇颈龙。

的技术之一是将化石拼在一起的能力。就像西尔维斯特夫人在 1824 年 9 月 17 日记录的那样（当时玛丽只有 25 岁）：“这位年轻女人身上最令人惊叹的是，她对于这门学科是如此熟悉，以至于刚找到任何骨头，她就能立刻判断出它们是属于什么种类的生物。”相似地，在 1834 年出版的《莱姆里杰斯历史》中，乔治·罗伯茨提到她：“在挖掘动物方面有超凡的判断力和无限高超的技巧。”简而言之，她知道如何进行化石研究工作。

她还有的是运气。随着深邃时间的发现，地质学成为了科学中的皇后。随着在莱姆里杰斯和别处寻觅化石的活动不断发展，人们——通常是富有的爱好者绅士——通过收集来满足他们的好奇心。关于地球历史的学术争论也在发展。他们其中最引人注目的是威廉·巴克兰（见第 263 页），他在追求地质学和《圣经》的调和。灾变论者们将地球历史看作是一系列相对突然或间断性的事件组成的。火成论者们认为地球是火山活动塑造的，而水成论者们相信地球岩层是原始海洋结晶形成的。最后是均变论者，如詹姆斯·赫顿、威廉·史密斯（见第 239 页）和查尔斯·莱尔（见第 268 页），他们将所有的变化看成是逐渐发生的，并对查尔斯·达尔文（见第 291 页）产生了巨大的影响。

尽管她有众多不利条件，这些都来源于男性世界中女人的身份，但玛丽·安宁最后还是成为了名人。西尔维斯特夫人还这样写道：“这肯定是神明庇佑的结果——这个贫穷

玛丽·安宁站在莱姆里杰斯海边，B. J. 唐纳作于 1847 年。虽然社会地位很低，并且是自学成才而且是一个处于男性世界中的女人，但她一生当中都是名人。

又蒙昧无知的小姑娘一定是受到了上帝的祝福，通过阅读和实践，她的知识程度已经足以与这方面的教授和其他聪明人进行书面和口头讨论，而且他们都认为她对于这门科学的了解比英国其他任何人都多。”

伴随知识而来的是自信以及某种程度的科学怀疑主义。托马斯·艾伦，一位从安宁手中购买化石的业余地质学家，就她与巴克兰的争论评论道：“她对巴克兰的解剖科学极为轻视”，但巴克兰仍然是她一生的朋友。她还为医生兼博物学家吉迪恩·曼特尔送行，后者将她描述为：“一个拘谨、书呆子样，看起来有点刻薄的瘦弱女性，言谈机灵又爱挖苦。”后来，她的朋友安娜·玛丽亚·平尼写到自己的感觉：“世界如此恶劣地利用了她，但她并不在意，根据她的说法，这些学者们吸干了她的脑髓并通过出版著作功成名就，而她自己什么也得不到……”

的确，她发现并卖出的化石很少以她自己的名字命名，荣誉都给了这些化石的主人或捐赠人。在她的一生中，只有两个她发现的物种以她的名字命了名，命名人是瑞士科学家路易斯·阿加西斯（见第 284 页）。虽然她很享受富有名人的关注和陪伴，但她从没改过自己的多赛特口音，也只离开过一次莱姆里杰斯前往伦敦。实际上她总是怀着某种戏谑的态度对待访客们，在 1828 年写给默奇森夫人的信中，她这样写道：“我真喜欢跟这些大佬们唱对台戏啊。”据安娜·玛丽亚·平尼所说：“她坦率地承认自己所处阶层的社会已经不合自己的口味了，但她对自己所有的亲戚仍然非常好，她通过收集化石挣到的钱都给了他们或者其他任何想要这些钱的人那里。”

终其一生，她从未期望或接受过专业认可。但在她最后的岁月里，杰出的工作成就为她赢得了一笔不多不少的津贴。她去世后，时任伦敦地质学学会主席的亨利·德·拉·贝什在主席就职演说中向她表达了敬意。所有曾写到她的人都能够证实她的聪慧、坚强、思维独立，虽然有时刻薄，但总体尚属宽厚的秉性。在她的一生以及随后的岁月，她成为了某种标志。因此，她依然存在于这个世界上。

大卫·威廉姆斯/撰

理查德·欧文

比较解剖学之冠

（1804–1892年）

它前肢的结构组成基本与鸟类的翅膀一样，
说明它的前肢与鸟类翅膀是同源的；但它翼的结构
与鸟类翅膀的结构完全不同，虽然行使着
与其相同的功能，是同功的……但总体上说，同源
器官常常也是同功器官。由于行使着相同的功能……
飞鱼的胸鳍与鸟类翅膀同功，而且和飞蜥
不同的是，它还与鸟类翅膀同源。

理查德·欧文，《论脊椎动物骨架的原型和同源性》，1847年

人们常常说理查德·欧文爵士活得太长了。他在89岁时去世，见证了妻子（死于1873年）和独子（在1886年自杀）的死。他还活过了查尔斯·达尔文（死于1882年），这个间接导致他衰落的人。欧文还见证了许多自己的观念寿终正寝。然而就在最近，欧文的某些理论又得到了复兴和修订，如今他对比较解剖学做出的贡献得到了承认。

在19世纪中叶，欧文引入、推广并研究了当时所谓的“同源性解剖学”，即现在所称的比较解剖学。1847年，他在呈给英国科学促进协会的长篇报告中总结了自己开创性的工作，并在一年后将其整理出版，书名为《论脊椎动物骨架的原型和同源性》。起初，他的思想取得了巨大的广泛成功。然而到了19世纪50年代末和60年代，“同源性分析”衰落，被新的达尔文生物学所取代。这一切都源自达尔文《物种起源》的面世以及托马斯·亨利·赫胥黎对达尔文学说的不懈推广。理查德·欧文爵士跨立了两个截然不同的时代，一个是他功成名就的时代（同源性解剖学），另一个（达尔文生物学）是他衰落的时代。

1804年7月20日，欧文出生于英国兰开斯特。在欧文5岁时，他的父亲就去世了，一年之后，他进入兰开斯特语法学校学习。1820年，欧文开始接受医学训练，跟随兰开斯特的一个外科医生当学徒。通过在这些年中的尸体解剖，他逐渐对解剖学产生了兴趣。欧文并未完成自己的学徒训练，然后在1824年进入爱丁堡医科大学学习。而年轻的欧文对爱丁堡医科大学也并不满意，他没有完成自己的学业，而是好好利用了解剖学家约翰·巴克利的课程。巴克利建议他跟随古怪且极富争议性的外科医生约翰·阿伯内西再当一段学徒。阿伯内西在1826年帮助欧文进入外科皇家学院，他本人时任院长，并任命欧文为管理员助理。

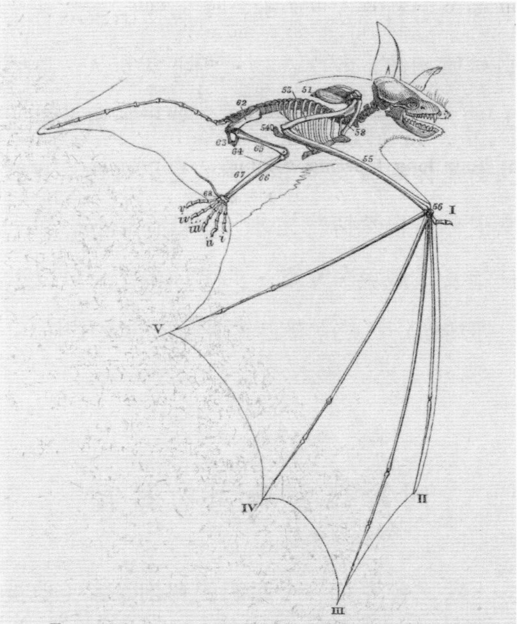

蝙蝠的翅膀，这幅插图摘自欧文的《论四肢的性质》（1849年）。在一系列插图中，欧文描绘了许多脊椎动物的前肢。为便于同源性比较，欧文为每根骨头进行了编号，其中肩胛骨（51）出现在所有脊椎动物身上，虽然形状有所不同，但“本质上”是一样的。

欧文的任务是为亨特利安藏品中数量庞大的解剖标本编纂目录。在这些藏品的主人约翰·亨特死后六年，英国政府在1799年将它们买下。后来它们被移交给皇家外科学院，条件是编纂一份标本目录，建造一座容纳它们的博物馆，并开办推广它们的系列讲座。上一任助理管理员埃弗哈德·霍姆爵士因为害怕被发现剽窃，将许多记录都毁坏了，这让欧文的任务变得更艰难。即使这些记录都完好地保存着，这样的挑战依然令人头疼。尽管如此，欧文还是在1830年完成了这份目录，然后在1836年成为了皇家外科学院的比较解剖学和生理学教授。1849年他成为了亨特利安藏品的管理员，并一直在那待到了1856年，那一年欧文被任命为大英博物馆博物学藏品的监管人。

由于意识到这些博物学藏品需要一座独立的建筑，欧文开始耐心地列出修建一座新博物馆的众多原因。最终，经过二十多年的不懈坚持，一座为博物学在伦敦南肯辛顿区修建的博物馆于1881年对公众开放，即大英博物馆（自然）。如今这座博物馆被简称为自然博物馆。欧文在这里担任负责人（监管人），一直到1884年为止，然后他戴着骑士头衔退休后搬到了里士满的势恩旅馆。在欧文退休后自然博物馆才开始任命馆长，第一任馆长是威廉·亨利·弗劳尔爵士。欧文的一座雕像仍然伫立在自然博物馆的大厅中。

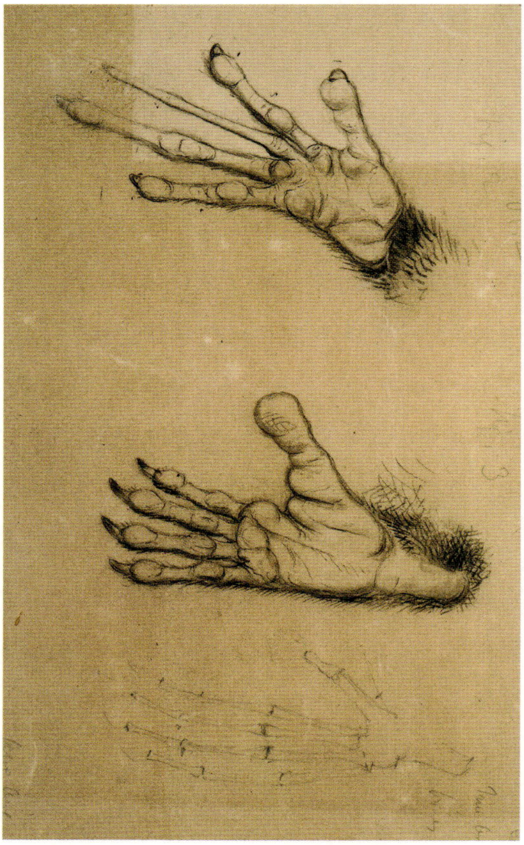

马达加斯加指猴（*Daubentonia madagascariensis*）的“手”，来自约瑟夫·沃尔夫所作的水彩。指猴拥有变异的中指，可以用来探索食物，这个特征由欧文在1866年首次描述。

同源器官和同功器官

欧文首先是一个聪明的解剖学家（他被称为“英国的居维叶”，见第221页），他的许多科学成就都是详细而令人印象深刻的解剖学专著，始于1832年出版的经典著作《鹦鹉螺备忘录》。他研究了许多脊椎动物类群，并出版了很多关于“鱼类”、“爬行动物”（他将一类体型庞大的“爬行动物”称为“恐龙”）、鸟类和哺乳动物的著作，包括《脊椎动物比较解剖学和生理学讲义》（1846年）、《英国爬行动物化石史》（1849-1884年）、《论四肢的性质：在英国科学研究所发表的演讲》（1849年）、《古生物学，或灭绝动物与其地质学关系的系统总结》（1860年）以及《论脊椎动物解剖学》（1866-1868年）。

1830年，欧文在巴黎参与了一场著名的争论，迎来了他的转折点，在这场争论中乔治·居维叶和艾奇恩那·若弗鲁瓦·圣-蒂莱尔就动物（及其化石遗迹）关系的意义和内涵相争不下。对于圣-蒂莱尔，动物之间的详细对比背叛了“计划统一”的原则。这个见解发展成了他的“同功器官理论”——不同生物不同部位所展示出的共性。居维叶又反过来指出圣-蒂莱尔的更不着边际的比较，并表示对动物结构设计的功能性方面更感兴趣。就是说，圣-蒂莱尔和居维叶在为形式和功能相对来说孰轻孰重而争论。

无论是居维叶强调的功能性，还是圣-蒂莱尔强调的“设计统一”原则，欧文都产生了极大兴趣。怀着对后者的敬意，欧文开始理解了圣-蒂莱尔发现“共同计划”的方法：“同功器官理论”。圣-蒂莱尔的“同功器官”变成了欧文的同源器官，1843年，他将其定义为“不同动物的同一器官，在形式和功能上常常表现出各种变化”。例如：蝙蝠的翅膀、鼹鼠的前肢以及儒艮的鳍状肢是同源的，它们是根据相同的计划构建起来的，并且来源于相同的“起点”。

与同源器官这个术语形成对比的是同功器官，欧文对此的定义完全取决于功能：腿是用来行走的，翼是用来飞的（见正文前对他的引用，他在其中讨论了飞蜥*Draco volans*）。因此，同源性和同功性会以四种组合方式出现。例如：对于欧文来说，人的上肢和猴子的前肢既是同源的也是同功的，而人的上肢和鸟类的翅膀是同源的但不是同功的。

欧文的意图是发现所有生物的所有同源性器官，以便不同生物的不同部位可以相互联系起来，这就是他所理解的“同源性解剖学”的总体目标。不过，由于生物建立在同一套计划上，并且拥有相同的路线和“起点”，这使得欧文开始考虑生物体结构的基础到底是什么。有鉴于此，欧文创造出了他的原型，或者说最泛化的动物的“画面”，这是一种所有生物都与之“相关”的“类型”。欧文只提出了脊椎动物的原型，但他也曾有过为其他“大”类群生物制定原型的想法。虽然其他人曾经讨论过原型（欧文将这个荣誉献给了约瑟夫·马克莱斯，另一位医生），但正是欧文通过对同源性进行重新定义，修改了圣-蒂莱尔的“同功器官理论”才发现了它们的内在关系，即都衍生于共同的来源：原型。欧文认为，如果不对原型进行参考和理解，同源器官的概念根本毫无意义。

达尔文的进化

当然，欧文对于达尔文世界观的曙光初现并未完全准备好。不过，在《物种起源》——这部书强烈地依赖于欧文的研究和理念——中，达尔文写道：

> 博物学家们经常说颅骨是变态的脊椎骨；螃蟹的螯是变态的肢；花的雄蕊和雌蕊是变态叶……然而，博物学家们只在变态的观念上使用这类语言；但他们远远不是在说，各种原生器官经过漫长的遗传演变……转化成了颅

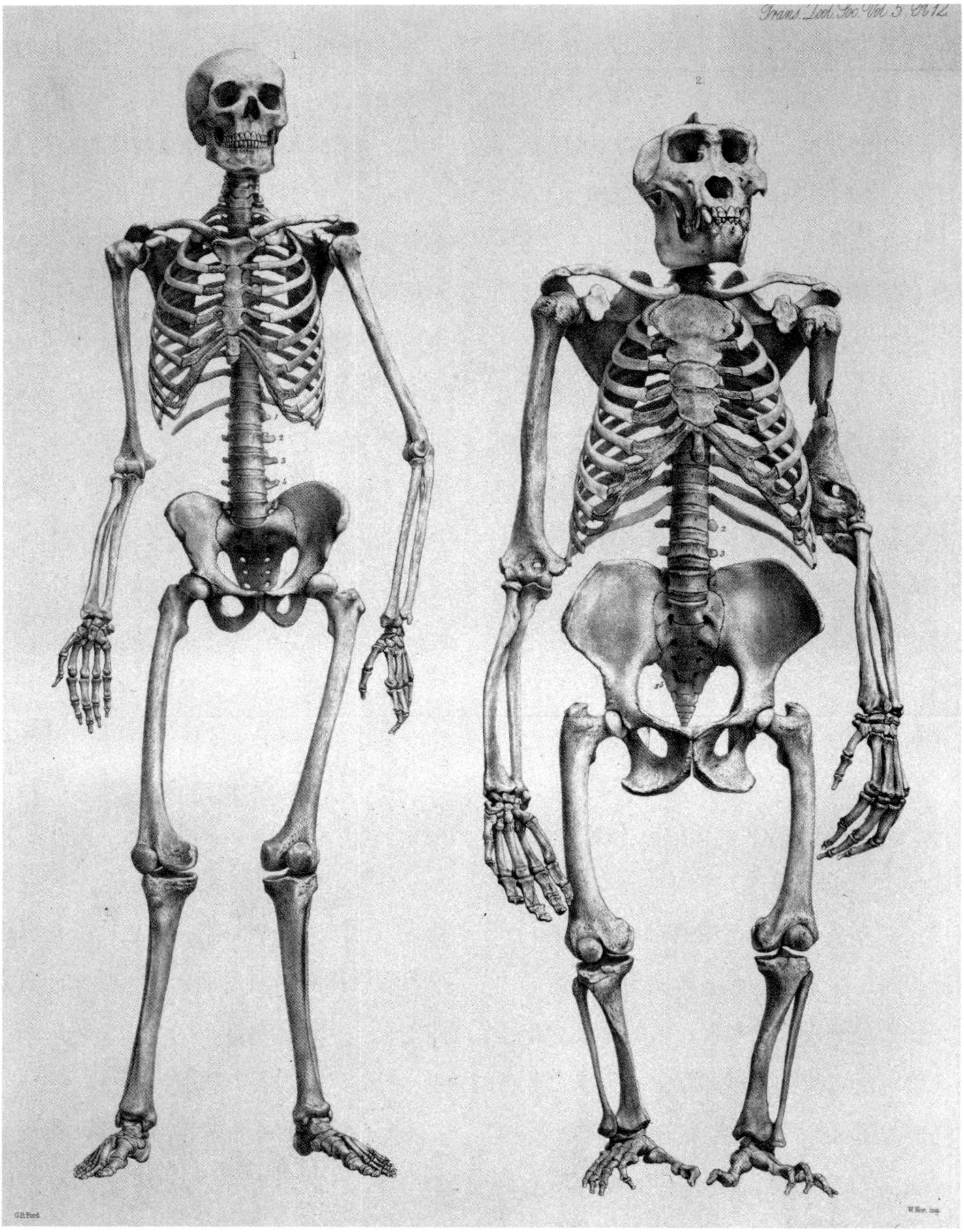

智人和大猩猩（*Gorilla gorilla*）的骨架，这幅图由欧文在1866年出版。虽然他在它们的骨架上看到了许多相似之处，但在海马体——大脑的一部分——上他看出了人类的独特性：他认为人类大脑拥有海马体，而大猩猩的大脑则没有。这又让托马斯·亨利·赫胥黎与欧文进行了一次争论，他认为两个物种都有海马体，赫胥黎赢了。

骨和螯。然而这种修饰的程度是如此之大，使得博物学家们很难避免在语言中沾染这层浅显的含义。在我看来，可按照字面意思将这些术语使用……

于是，欧文所说的原型成了达尔文所说的祖先，比较解剖学和比较生物学的式微开始了。

欧文的最后岁月是在势恩旅馆度过的，这处产业是维多利亚女王在1852年移交给他的。在他去世的时候，欧文的名声已经褪色，他的存在差不多被抹去，新一代信奉达尔文的生物学家将他写出了历史。

有些讽刺的是，总结欧文科学成就的任务落在了赫胥黎身上，后者是欧文最雄辩的宿敌。在为《理查德·欧文的一生》撰稿的一篇文章中，赫胥黎对自创始以来的解剖学和形态学进行了长篇综述（“面向那些普通的公众，对于他们中的大多数，解剖学就是一本像高等数学一样尘封的书”），其中提到欧文明确地提出并清晰地区分“同源性”和“同功性”两个概念，这是他对解剖生物学做出的重大贡献。赫胥黎很显然对自己的任务十分纠结。在1894年2月4日寄给约瑟夫·虎克的一封信中，他这样写道：“我为写作关于欧文的章节劳心不已，而且我相信他在冥王那里的灵魂正在嘲笑着一筹莫展的我。最令我烦恼的是，他与我以及我们所争论的一切都属于远古。用这些陈年古物来烦扰现代世界，这几乎是粗鲁无礼的。”在总结欧文的成就时，他还写道：“除了研究解剖学的历史学家，我不知道还会有谁再想起他。”的确，最先论述欧文和他的贡献的人是历史学家，最开始是从狭义的达尔文观点来描述的，后来又从更深思熟虑的视角对他进行了描述，但在20世纪中叶至末期，欧文得到了比较生物学家们的重新发现，他们重新检视了他对科学的贡献，利用、发展并明晰了同源性和同功性的概念，将欧文的努力视为比较生物学的一次重大进展。也许直到今天，欧文的贡献的重要性还没有得到完全的认识。

大卫·威廉姆斯/撰

让·路易斯·鲁道夫·阿加西斯

检查，观察，比较

（1807–1873 年）

我将一生奉献给了自然研究，然而只需一句话就能
表达我所做过的一切。我发现不同地质
时期中的鱼类和卵中不同时期的胚胎发育阶段
存在相对应的关系，——就是这样。

路易斯·阿加西斯，1862 年

路易斯·阿加西斯是美国解剖生物学、古生物学及博物学领域的先驱和革新者。他是一位杰出的解剖学家，开创了系统分类学和古生物学（特别是鱼类）的新时代，还是一个有天赋的教师。作为一个虔诚而固执的“创造论者”——他一直到去世都在反对达尔文的进化理论，阿加西斯是一个极为高效而且鼓舞人心的讲师，影响了许多忠诚又有天赋的学生继续他的研究。事实上，他的教学方法得到的关注和某种程度的坏名声是如此强烈，以至于阿加西斯死后很长时间诗人埃兹拉·庞德又在他的方法中发现了价值。

庞德在叙述阿加西斯的教学方法时引用了阿加西斯的一名学生萨缪尔·史卡德的话作为来源，后者是一位一流的昆虫学家和古昆虫学家；这个方法自此被称作“鱼的考验”。阿加西斯给了史卡德一条鱼研究。过了些日子，阿加西斯问他看到了什么。史卡德不明白阿加西斯想要什么。然后史卡德反应过来：“你是不是说，这条鱼是两侧对称，并且拥有成对的器官？”阿加西斯很高兴，然后史卡德问道：“接下来干什么？”阿加西斯答道：“看你的鱼。”于是庞德在他的《阅读入门》中总结道：“研究诗歌和好的文字的方法就是现代生物学家们的方法，即对事物进行仔细的第一手检查，在不同的样本之间进行不间断的比较。”阿加西斯代表了比较生物学研究的典范——对于他来说，所有值得知道的东西都藏在手里的标本中。

1807年5月28日，阿加西斯出生于瑞士的莫蒂埃，他是家中的第五个孩子，父亲是路易斯·鲁道夫·本杰明，一名教会牧师，母亲是罗丝·迈尔；他们之前的四个孩子都在婴儿时夭折了。阿加西斯在家接受了中学教育，然后相继进入苏黎世大学和海德堡大学学习；他在1829年得到埃朗根大学的博士学位，然后又在1830年获得慕尼黑大学的医学学位。在攻读博士学位的时候，阿加西斯得到机会检查约翰·巴蒂斯特·冯·斯皮克从亚马孙收集的鱼类，后者还没来得及自己进行研究就已经去世了。阿加西斯在1829年将他对这些鱼类的研究成果发表出版。他还开始研究瑞士境内的鱼类，并在1842年出版了《中欧淡水鱼志》。随后阿西加斯又开始研究鱼类化石，最后的成果是经典的五卷《鱼类化石研究》，出版于1833年至1844年。

1831年，阿加西斯前往巴黎，跟随乔治·居维叶（见第221页）开展研究工作，后者允许阿加西斯使用自己的鱼类化石材料。然而他们的合作关系非常短暂，因为居维叶在1832年就去世了。阿加西斯在那年9月离开了巴黎，来到瑞士纳沙泰尔大学担任博物学教授，接下来的13年他都待在那里。阿加西斯在这里发展了自己对地质学和古生物学的观点，特别是他充满争议的冰川作用理论，沿着居维叶灾变说的轨迹，阿加西斯认为地球曾在“冰期”时覆盖着大量冰川。

阿加西斯第一次来到美国是在1846年，他接受了哈佛大学的职位并在那里待了两年才返回瑞士。阿加西斯在这两年中创建了比较动物学博物馆，这座博物馆在1860年对公众开放，阿加西斯作为馆长留在了那里，一直到1873年去世。1857年，就在他的馆长任期开始之前，阿加西斯开始了另一项雄心勃勃的项目，《美利坚合众国博物学研究》这套书的出版计划停止于1862年，原本设想的十卷只出版了四卷。第一卷是他的《论分类》，这篇文章表达了他就如何对生物的多样性以及它们在全球的分布进行科学描述所持有的观点。《论分类》在两年后的1859年单独成书出版，同在这一年出版的还有达尔文的《物种起源》，这部著作完全掩盖了阿加西斯的书的光芒，使之湮没无闻。

三重平行

然而在之前，阿加西斯也做出过一些令人吃惊的发现。在《鱼类化石研究》中，阿加西斯写到了比较解剖学（系统学，即生物——包括现存的和已经灭绝的生物——之间存在的关系）、胚胎学和地质学之间的关系，从而提出“三重平行”。对于阿加西斯，三重平行有重要的意义。在他的《论分类》中，阿加西斯写道：“动物生命的现象是一一对应的，无论

7
Acará-pena
– Teffé –

我们是按照生长阶段中结构的复杂化来比较它们的等级，还是按照它们在过去的地质时期所出现的次序；无论我们将这种次序和它们的相关生长进行比较，还是将所有这些不同的关系互相比较，或是与动物在地球上的地理分布进行比较。同样的系列无处不在！”

生物在比较解剖学和胚胎发育上有着明显的相关性，这样的想法可追溯至18世纪末和19世纪初的约翰·沃尔夫冈·冯·歌德和约翰·赫尔曼·费迪南德·奥滕里特——有人甚至认为可进一步追溯到亚里士多德（见第19页）。不过，阿加西斯认为他通过增加地质记录的关系发展了这一理论，在1862年谦逊地宣称：“我发现不同地质时期中的鱼类和卵中不同时期的胚胎发育阶段存在相对应的关系，——就是这样。”

三重关系的重要性得到了进化论者的采纳，特别是恩斯特·海克尔，他早在1863年就这样写道：“……生物发育在胚胎学、系统学和古生物学之间的三重平行，这个三重阶梯，我认为是进化理论最强大的证据之一。”这样的评论让阿加西斯在自己的一本海克尔《自然创造的历史》的页边写下了“正是我得出的结果！”这样的批注。阿加西斯的努力得到了约瑟夫·勒·孔蒂更深刻的理解，后者是阿加西斯的学生和朋友。他认为，通过揭示生物胚胎发育各阶段与化石记录次序之间的关系，阿加西斯为进化理论奠定了基础。勒·孔蒂写道：“在阿加西斯的著作出版之前，没有任何一个人有资格相信物种的变化。”

先前，关于物种分布的问题，阿加西斯曾这样写道：

> 要调查生物在地球表面的分布原则，最大的障碍是它们的起源问题。有一种流行的观点，认为地球上的所有生物都来源于一个共同的起源中心，它们从这个共同的中心向外逐渐扩展，直到抵达现在的分布状态。对于大多数人，这种观点之所以较易接受，是因为环境，因为我们神圣的写作体现了这样的分配方式。

因此，虽然阿加西斯坚定的宗教信仰影响了他的观念，但争论的重点更关乎起源而不是原因——而且，无论他认为生物存在的首要原因是什么，他都在挑战《圣经》的记述。于是阿加西斯提出了一种通过证据观察世界的方法，这些证据来自比较解剖学、胚胎学、古生物学和地

左页图：雅克·布克哈特画的两条丽鱼科热带鱼，它们是在1865年至1866年的巴西泰勒探险中收集的。布克哈特是阿加西斯的私人画家，在这次探险之旅中，他完成了大约两千幅水彩画。

部分泰勒探险队成员的集体照，照片中包括坐在地上的威廉·詹姆斯（小说家亨利·詹姆斯的弟弟），坐在中间的画家雅克·布克哈特（白胡须者）以及泰勒本人（左三）。

理学。对不同来源证据之间的关系进行解释无足轻重，重要的是发现能够表明自然世界秩序的联系。

阿加西斯在世的时候就被认为是美国的一流科学家。1857年，亨利·沃兹沃思·朗费罗为庆祝阿加西斯的生日写了一首诗——《阿加西斯的50岁生日》，这首诗也许可以总结与其研究方法背道而驰的阿加西斯的信仰：

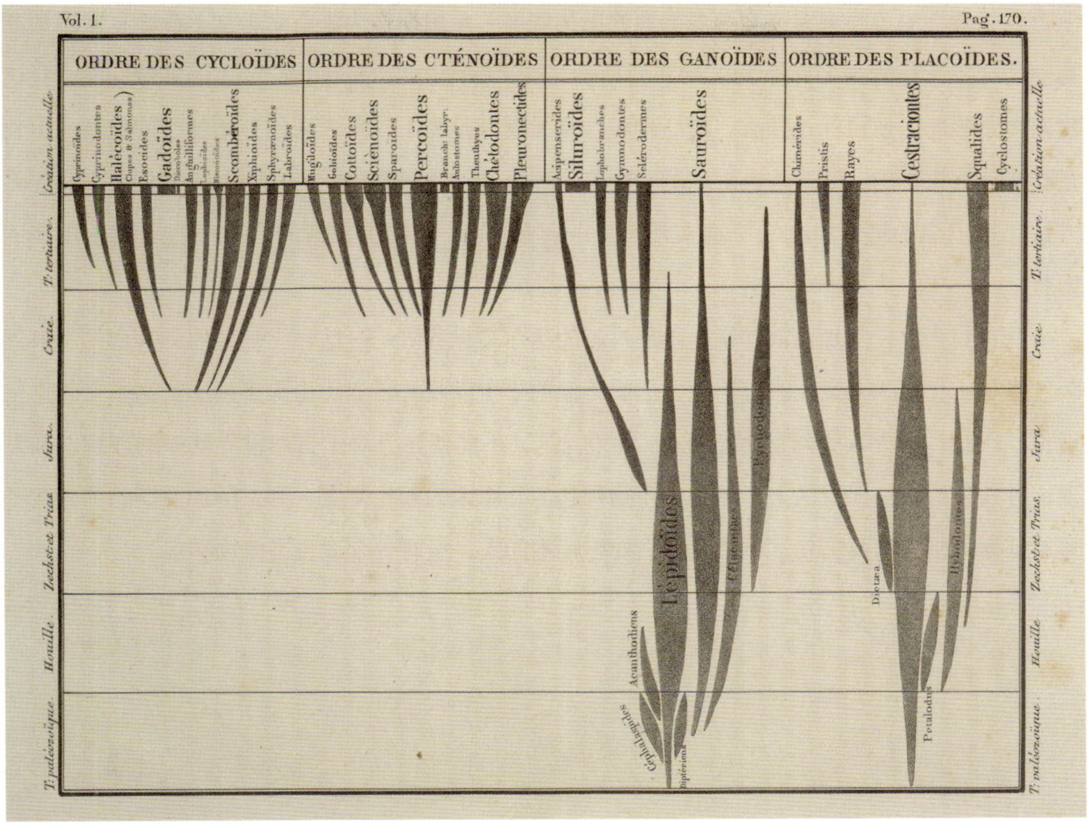

阿加西斯早年绘制的分支图，发表于1844年，这张图代表了鱼类的“家谱”。分支图将化石和现存生物的数据连在了一起。

于是，自然这位老保姆，将孩子放在自己的膝头，说道：“这本故事书是你父亲写给你的。”“来吧，跟我一起，”她说，“来到人迹罕至之地；读一读上帝的手稿中还没有被读过的地方。”

1865年，阿加西斯得到机会参加泰勒探险（以这次旅程和标本策展的投保人纳撒尼尔·泰勒命名），前往巴西收集鱼类。探险队在1865年年中从纽约出发，1866年返回，带回了大约三万四千件标本（小说家亨利·詹姆斯的弟弟威廉·詹姆斯作为志愿者参加了探险；威廉后来写出了《宗教体验的多样性》）。阿加西斯参与这次探险的目的很明确："人们常常问我，我这次南美之旅的主要目标是什么，泛泛地说，毫无疑问是为了收集未来研究所使用的材料。但真正让我无法抗拒的，是这片大陆上的动物们，那里的动物群是如此与众不同，它们会为我提供方法，指出演变理论完全缺乏事实层面上的基础。"于是阿加西斯的余生一直受到达尔文的困扰。

一直到去世，阿加西斯都坚定地反对新的达尔文世界观——这一立场让他与哈佛的同事阿萨·格雷（见第 311 页）产生不睦，但最终他的学生以及儿子亚历山大都接受了达尔文的进化理论。因此许多人认为阿加西斯是个"活化石"，不能使自己对于自然世界秩序的理解以及发现这种秩序的方法保持活力。然而，将物种起源和原因的理论暂置一旁，阿加西斯的伟大在于他对证据的坚持以及那句"不知道怎么处理标本的人，没有一个适合当博物学家"。

基思·汤姆森/撰

查尔斯·达尔文

全能博物学家

（1809－1882年）

在对动植物的生境进行长期观察后，我终于能
完全理解无处不在进行的生存竞争，突然之间，
我意识到在这些环境中，有利的变异会得到
保存，而不利的那些会被摧毁。

查尔斯·达尔文，《自传》，1887年

如果查尔斯·达尔文从未出版过他的自然选择（进化的驱动机制）理论，他在今天仍然会因为其他博物学作品而被人们铭记。第一部这样的著作是他乘坐皇家海军舰艇小猎犬号环球航行（1831－1836年）的旅行记述，它在今天仍是一本畅销书。还是学生的时候，他的叔叔就将达尔文称作“一个有大号好奇心的人”；这种好奇心让他永远地改变了诸多科学领域——如我们现在所称的进化、生态学和行为学，并为地质学做出了开创性的贡献。

达尔文不但掌握博物学所有领域共通的观察、描述和分类的技巧，他还将自己的批判力运用到了所有动植物类群中。比任何人做得都更多的是，他还对这样的工作进行了深入的理论分析。达尔文永远不满足于简单的观察，他总是需要找到解释，即使是最常见的现象也不例外。能够展现达尔文终生好奇心的范例之一是他的一本关于蚯蚓行为的精美小书，通过观察自己的花园中蚯蚓将土壤带到表面的速率这样的简单定量试验，他证实了蚯蚓在土壤形成过程（以及古代建筑遗迹的掩埋）中发挥的关键作用。

查尔斯·达尔文是生物学领域极富创意的天才，人们总是在想他的观念都是从哪里来的，表面上的事实并不令人印象深刻。他在学校时是个并不上心的学生，先在爱丁堡大学学习了两年的医学（他不喜欢），然后又来到剑桥大学（并没有更高的热情）为教会学习。毕业后不

海军皇家舰艇小猎犬号在落潮时停在沙滩上维修，圣克鲁斯河，1834 年 4 月 16 日。这幅画是随队画家康拉德·马顿斯的作品，摘自《皇家海军舰艇冒险号和小猎犬号调查远航记述》(1839 年)。海上航行只持续了一年，从 1831 年 12 月到 1832 年 2 月。达尔文在船上饱受晕船之苦，但花了许多时间在陆地上探索和采集，常常一次就是好几个星期。

久，达尔文被邀请作为博物学家参加海军水道测绘局组织的环球航行，这次远航乘坐的是海军皇家舰艇小猎犬号，指挥官是罗伯特·菲茨罗伊上校。达尔文拥有非凡的精神意志和驱动力以及作为一名野外博物学家所掌握的娴熟技能，正是这些让他得到了任命。早在孩提时，他就是一个充满热情的小博物学家："我收集所有种类的东西：贝壳、印章、邮戳、硬币、矿物。那种引领一个人成为系统博物学家、古董收藏家或守财奴的收集热情，在我身上表现得非常强烈。"他后来进行过严谨的化学试验（和哥哥伊拉斯谟斯一起），并且一直是一个专注的田径运动员。

在剑桥时，为逃避学业之苦，达尔文痴迷于收集昆虫，特别是甲虫，不过他也在这里发展出了对于逻辑、数学和哲学一生的迷恋。他的父亲，一位著名的医生，曾抱怨道：“除了打猎、狗和逮老鼠的嬉戏，你什么也不关心，你将成为自己以及整个家族的羞耻”，他担心的是达尔文找不到正经的职业，而不是儿子的智力。高水准的成就是达尔文家族的标准；毕竟，查尔斯是伟大的伊拉斯谟斯·达尔文（见第 176 页）的孙子，他的祖父不仅是世纪之交的杰出医生，还是哲学家、诗人，以及进化理论的先驱。在早年生活中对达尔文产生过影响的还有亚历山大·冯·洪堡（另一位大博物学家和理论家，见第 247 页），以及神学家威廉·佩利和天文学家约翰·赫歇尔。

对于达尔文，幸运的是他拥有来自母亲财产的充足家庭资助，达尔文的外公是陶瓷大亨乔赛亚·韦奇伍德。当他从小猎犬号之旅返航回到英国时，达尔文已经抛弃了担任乡村牧师的所有念头，决心将自己的所有时间用于研究和写作。最终他的书和投资让自己变得极为富有。但他从来都不是一个康健的人。从幼年开始，在面临带来压力的紧张情况时，达尔文就会口吃、失眠，双手和面部爆发湿疹，还会腹痛和恶心，这很可能跟他八岁时丧母有关。1831 年在普利茅斯等待登上小猎犬号的时候，他还经历了一场心悸。只有在旅途中，这位身高六英尺的魁梧运动员才能避免让他受不了的压力，在一生中的其他地方，压力常常让达尔文身心疲惫。

小猎犬号远航

皇家海军舰艇小猎犬号是一艘改装过的小型双桅横帆船，只有 27 米长。登上 74 个人之后，船上变得拥挤不堪，达尔文就这样学会了整洁！海军部安排这次远航是为了沿着地球建立一整圈经度测量刻度作为制图的标准，同时完成对南美洲海岸的调查。菲茨罗伊还想将上一次航行带走的三个土著人质（其中之一是女孩菲吉阿·巴斯凯特）送回火地岛。对于达尔文，这是一生难得的机会。他将每一段可能的时间都用来登陆探索、收集和观察。他常常毫无畏惧地一次旅行数个星期——穿过潘帕斯草原，爬上安第斯山脉。整个大陆（南美洲）的生物多样性以及火地岛人的石器文明都得到了达尔文的展示。这次旅程还有一个特别吸引达尔文的地方，他们要途经太平洋、澳大利亚和印度洋返回英国。

达尔文离开英国的时候是一个满怀热情的业余博物学家和贪婪的收藏者（这点他从未改变），回到英国的时候他已经是一个专家，怀揣着要完成的研究事项，首先聚焦于地质学。

研究中的达尔文，拍摄这张照片时他45岁。小猎犬号远航归来后达尔文就没再旅行过，从1842年起，他住在肯特郡的“唐恩小筑”，在那里的安宁与私密中发展了许多自己的思想。

给他直接鼓舞的是查尔斯·莱尔杰出的《地质学原则》，晕船的达尔文躺在吊床上阅读了它。这部书的第一卷是菲茨罗伊送给他的礼物：达尔文在剑桥的良师约翰·史蒂文斯·亨斯洛教士（植物学和矿物学教授）曾建议他阅读“但不要相信它”。小猎犬号在佛得角群岛第一次登陆时，达尔文看到了莱尔关于陆地大规模沉降和抬升的直接证据。在给父亲（他反对儿子的出行）的信中，达尔文写道：“我想，如果我能这么快地做出判断的话——我应该能在博物学方面做一些原创性的工作。”当远航结束的时候，已经对安第斯山脉地质进行大量研究的达尔文决定写作一部全南美的地质学著作（出版于1846年）。

莱尔著作的第二卷是1832年寄到达尔文手中的，他在其中读到了珊瑚环礁的形成。虽然从没见过一座环礁，他却提出了一套环礁形成的新理论，认为它们是海洋山脉的沉降，以及边缘珊瑚礁的补偿性生长造成的。当船开到基林群岛时，达尔文得以验证自己新观点的正确性。这是一个科学假设的绝好范例，因为它是可以检验的。按照达尔文的理论，珊瑚礁应该有数百米深，从被淹没的海底山脉上直直地伸出来；下锚探底的结果说明他是对的。

物种演变

我们也许永远也不知道达尔文在远航途中对进化（当时的术语是“物种演变”）问题思考到什么程度。在爱丁堡时他已经阅读了祖父的《动物法则》，其中已经提出了演变理论。他知道在小猎犬远航的时代，是法国动物学家让-巴蒂斯特·拉马克（见第209页）的思想让演变的观念变得更容易接受。

加拉帕戈斯群岛的众多地雀之一，仙人掌地雀（*Geospiza scandens*），这幅平版画是约翰和伊丽莎白·古尔德的作品，摘自《贝格尔号之旅的动物学》（1838 年）。正是约翰·古尔德告诉达尔文每个岛上的加拉帕戈斯地雀都不一样。

当然，达尔文对各种分类系统很感兴趣，这些分类系统应该能展示不同生物类群之间的相似性模式，指向有机的相关性而不是特殊的神的创造。达尔文，一位准牧师，也对有机世界是否是多次创造而成的问题很感兴趣，但它是完全偶然随机的：北极没有企鹅，非洲没有蜂鸟，不同物种的鹰隼在欧洲和美洲发挥着相同的生态作用。

化石记录揭示出地球上的生命曾经发生过广泛的、先进的变化，由此也能得出物种演变的

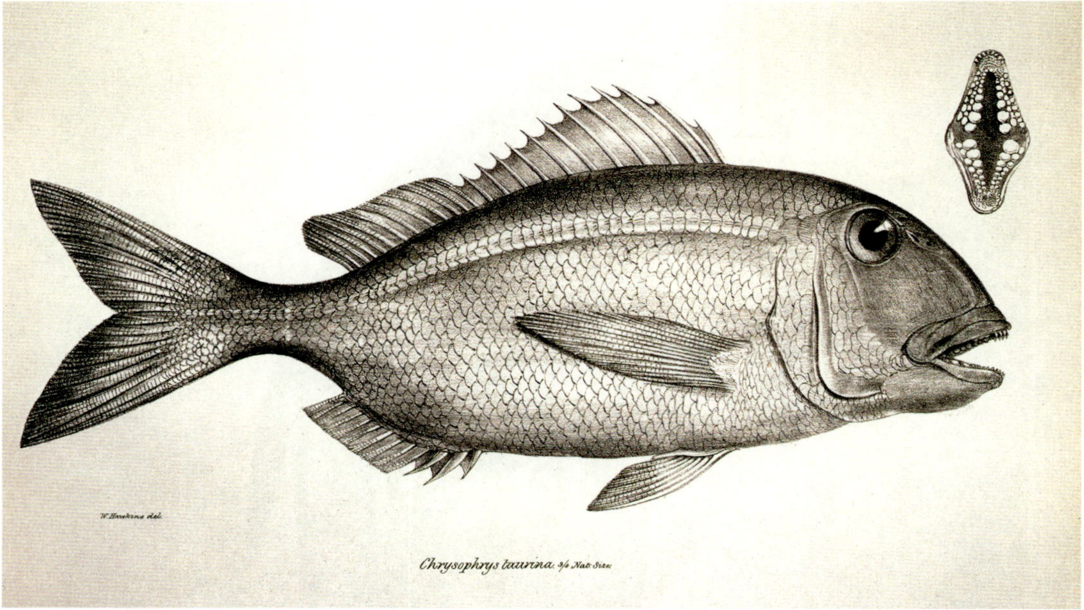

达尔文在加拉帕戈斯群岛收搜集的韧皮芦鲷（*Chrysophrys taurina*）。达尔文在这次旅行中进行了贪婪的搜集，返回英国时带回了大量标本以及成为博物学家的决心。

明显结论。达尔文在南美洲搜集了化石：更新世犰狳（*Pleistocene armadillos*）和树懒显然与现在生活在相同地点的物种有关。运用自己的判断力，达尔文很快发现化石物种随时间出现的次序以及活物种的空间分布模式——例如：美洲鸵（鸵鸟的近亲）在南美南部和北部各有一个物种——之间的类比性。

达尔文在小猎犬号远航中锤炼了自己的观察和鉴定技巧，但直到抵达加拉帕戈斯群岛后（1835 年 9 月），他才意识到不同海岛上表现出的异常生物多样性。当地一名政府官员为他指出每个岛上都有自己的陆龟和百舌鸟“种类”，当地的树形仙人掌属（*Opuntia*）植物也有这个特点。当达尔文带着自己的收藏回到英国并开始寻找专家对它们进行研究和描述的时候，鸟类学家兼画家约翰·古尔德告诉他加拉帕戈斯群岛每个岛上的地雀也都是形态各异的物种，而且都与大陆上的物种不同。达尔文小猎犬号远航收藏品的重要性表现在它们揭示了全球范围内的动植物多样性，但加拉帕戈斯群岛的鸟类、乌龟和仙人掌才给了达尔文所需要的最终经验数据，让他对物种演变的真实情况越来越怀疑。在九个月的返程途中，他开始在第一本有关物种演变的笔记本上记录；1842年，日后将成为所有生物学领域统一理论的“第一份草稿”完成。

在19世纪初，不仅“发展”和“进步”是经济学及政治哲学中广泛讨论的主题，由于托马斯·罗伯特·马尔萨斯的影响，人口控制也是关注焦点。达尔文阅读了马尔萨斯，然后得出：“在对动植物的生境进行长期观察后，我终于能完全理解无处不在进行的生存竞争，突然之间，我意识到在这些环境中，有利的变异会得到保存，而不利的那些会被摧毁。”地质学也提供了重要的理论基础。达尔文提出的物种演变是个缓慢渐进的变化过程，所以需要时间，数以百万年计的时间。地球的年龄必须比当地激进的《圣经》文本主义者们宣称的6000年长得多才行。

也许是因为尝试完成的东西太过庞大，达尔文知道自己需要安宁和私密的工作环境，于是在1842年他和妻子艾玛·韦奇伍德（他的大表姐）携新生的婴儿及自己的新理论，从伦敦搬到布罗姆利附近的肯特郡“唐恩小筑”。在那里，此后余生中，他能够避开俗世纷扰以及科学界和政界既有体制的冷眼，专心思考并写出他那危险的想法。在“唐恩之舟”上，达尔文和全世界的专家进行了大量通信，后者很愿意将各种信息告诉他，从越过海洋远距离传播的种子到水母的生活史。在自己孩子的帮助下，达尔文在自己的温室进行植物繁殖试验，还饲养了几十种不同品系的鸽子以观察其变异，他乐此不疲地观察所有生物，寻找行为学和生态学上的新洞见。

这是大尺度的博物学，为了他的理论，达尔文需要将几乎所有当代生物学的知识转化成证据。独自工作的模式持续了一生，不过虽然在公共事务上离群索居，但达尔文仍然交了一群有影响力的亲密朋友，这些人几乎成了他的门徒，如托马斯·亨利·赫胥黎。邱园园长约瑟夫·胡克会毫不犹豫地将皇家植物收藏送给达尔文当作样品研究。在唐恩的岁月里，就像曾经在剑桥郡沼泽收集昆虫那样，达尔文贪婪地收集着各种信息，并用他那独特的能力将它们转化为新的思想。至于科学发现的两个基本方法，演绎法（用一般准则解释特殊范例）或（也许是博物学家更常用的方法）归纳法（从事实中提炼一般准则），很明显达尔文会改变策略来满足自己的需要。

就这些充满争议的主题进行的深入思考给达尔文带来了巨大代价，他挚爱的妻子艾玛至死都一直是虔诚的基督徒，而他则痛苦地从不可知论走向无神论。当他在伦敦生活并专注于地质学研究时，他的身体基本上还是很强壮的，就像在小猎犬号之旅中度过那些自由岁月的时候一样（除了频繁的晕船）。年轻的达尔文可以骑着马穿过潘帕斯草原，攀爬安第斯山脉，持续数个星期的探险，后来却拖着病弱的身躯隐居，这几乎无法让人理解。他有可能在环球航行中感染了热带病（查加斯病是最可能的），但病体和精神压力之下的通信是令人震惊的。就像他告诉胡克的那样，就物种演变问题写作就像“承认谋杀的罪名”。当挚爱的女儿安妮在 1851 年去世的时候，达尔文心烦意乱到不能参加女儿的葬礼。安妮的死是让达尔文抛弃宗教信仰的最后一击。

自然选择

达尔文早在 1844 年就想过出版自然选择理论，但就在那一年罗伯特·钱伯斯出版了（匿名）他的《创造的痕迹》，书中表达了对拉马克进化观点的强烈支持。当时正是中欧社会革命的时期，虽然政治上的自由主义者对它青睐有加，但这本书却得到了科学界评述者们的猛烈抨击，政界既有体制更认为书中包含的思想是危险的。达尔文知道，在出版自己的理论之前必须慢慢地小心地取得权威人物如莱尔和赫胥黎的支持。在这个意义上，钱伯斯的作品为达尔文打了掩护。也许正是这个原因让他转而着手对藤壶的繁殖、解剖学和分类进行细致的研究，早在小猎犬号航行途中，他就对这个领域着了迷，而且从某种程度上说，这项工作让他明白了自己的理论对实践动物学的意义和影响。

达尔文还知道，要为进化现象找到原因，仅光有漂亮的理论是远远不够的。他没有一个物种演变为另一个物种的直接证据。相反地，达尔文必须使用“长长的论证”中的逻辑来说服自己的受众，并用变异、遗传和选择的海量证据来取得他们的信服。在这里他广博的博物学知识发挥了重要作用，实际上《通过自然选择或称优势种系在生存竞争中保存的方法论物种起源》（1859 年）真的只是一部长得多的证据汇编《自然选择》（达尔文未能完成）的提炼。达尔文动笔写作《物种起源》还受到了博物学家阿尔弗雷德·罗素·华莱士（见第 301 页）一封来信的逼迫，华莱士在信中宣称他也发现了自然选择的现象。沮丧的达尔文差点放弃整个研究和写作计划，幸亏朋友们将他劝了过来。

《物种起源》的前四章列出了达尔文“自然选择”理论简洁的要素。 达尔文首先记录了选择育种的力量，众所周知这种方法可以创造新的生物种系。接下来，他展示了自然群体的变

达尔文在伦敦动物学学会信纸上画的几维鸟，来自他1851年寄给希尔勋爵的信。达尔文将这种鸟描画得非常可爱："它将喙低垂下来，从大水塘中涉水奔跑，追逐着蟑螂或小虫，或者它能逮到的任何东西。"

异性以及这种变异（而不是在一次生活史中通过锻炼或意志力发生变化的特征）重要部分的可遗传性。然后他提出自然界中存在永远存在的"生存竞争"机制，以防所有的生物群体"以几何级数增长"。如果所有的生物都只有极少数量的子代能存活到成熟期，那么自然会保存那些最能适合特定条件的变异，产生的不仅是品系，而且是新的物种。"既然人类能够并且已经用人工的选择方法得到了不起的结果，自然的伟力怎么会不行呢？"在大多数情况下，自然选择只是用来去除不利的变异；而有时它会成为变化的动因。另外一种与之平行的现象是"性选择"，涉及的是最佳配偶的选择问题，它能解释复杂的雌雄二态性等现象，如雄性孔雀的尾巴。大量支撑证据来自于达尔文的生物地理分布知识，他用这些知识来驳斥生物多样性来自多个"创造中心"的旧观点。在达尔文看来，活生物和化石生物的多样性是随时间及地点而定的进化分支过程的结果。

关于《物种起源》，达尔文预料到了批评家们的反对意见并做出了回应。地质记录并不完美，但地球必须非常古老才能为进化提供充足的时间，才能创造出丰富多样的物种以及全新的结构，如眼睛（"从一根简单的视神经演化而来"）和翅膀（"从前肢演化而来"）。他甚至提供了这样一个测试："如果能够发现任何一种复杂的有机体，而它不可能是经过大量、连续、轻微的修饰形成的，我的理论将完全崩塌。但我找不到这样的例子。"

兰花和蚯蚓

终其一生，博物学不仅最能引起达尔文

智慧的兴奋，还是他不佳身体状况的良药。而且在小猎犬号远航后，他不再需要旅行去找灵感，灵感就在他的花园和令人愉悦的英国乡村中。《物种起源》出版之后，在科学界的一片赞誉声中，达尔文转过头去继续进行博物学研究并将兰花作为对象，一本巨著无可避免地诞生了。某种模式已经产生了，在写完一本像《物种起源》那样艰难的书，经历了巨大的精神折磨后，他再次投入艰苦的观察，如蚂蚁的行为模式或攀援植物的生物学。

《物种起源》并没有涉及最富争议性的话题，即人类的进化，但随后达尔文就处理了这个问题，在 1871 年出版了影响力巨大的《人类的由来》，使用的是同样的逻辑论证方法和大量博物学数据。“这部作品只有一个目的，即思考人类是否像其他物种一样是由曾经存在的物种形式演变而来的。”由于当时人类化石的记录还不完善，他的观点仍然充满争议，主要依赖于将人类与猿类和猴子进行对比。然而，达尔文马上迫不及待地将兴趣转移到人类语言、社交行为、道德系统甚至是宗教的起源和进化上。他有许多书是关于性选择学说的，达尔文认为这是人类种族差异的起源。在每个要点上，他都要阐述人类本性的所有方面都是逐渐连续有机变化的结果。无论是对作者还是对读者来说，这都是达尔文最艰难的一本书，他知道自己会被“有些人谴责为对上帝大不敬”。不过，“人类物种和单个人的诞生都是那一系列宏大事件中同样重要的部分，但我们的思维拒绝接受这是盲打误撞的结果，而宁愿相信是因为某种特殊的目的在命中注定的”。

达尔文的孩子是他最大的快乐之一。他们是他许多试验的助手，也是他开创性的著作《人类与动物的情感表达》（1872 年）中手边的研究对象。1875 年之后，达尔文更进一步退回自己在唐恩的家，并从有争议的科学领域退出，终于享受了一段心满意足的时光。但他并未远离本业，并通过一系列主题广泛的书籍展示了自己广博的兴趣，进行观察和分析的巨大能量，这些著作包括《食虫植物》（1875 年）、《攀援植物》（1875 年）、《同种植物的不同花型》（1877 年）以及《植物运动的力量》（1880 年），并最终在 1881 年将自己研究蚯蚓的著作《通过蚯蚓的作用形成腐殖土》出版。

达尔文，一个如己所言“在长期思索任何事情上都拥有无限耐心”的人，拒绝了生前授予他的大部分荣誉。不过在去世后，达尔文下葬在威斯敏斯特大教堂，跟他一起长眠在此的还有大科学家牛顿，达尔文为生物科学革命所做的就像牛顿为物理科学革命所做的一样，或者更多。

桑德拉·纳普/撰

阿尔弗雷德·罗素·华莱士

物种起源之谜

（1823–1913 年）

接下来的两天风雨交加，于是没有出去；但第三天太阳明亮地升起来了，我也开始交好运，捕获了世界上最华丽的昆虫之一，巨大的绿鸟翼凤蝶（*Ornithoptera poseidon*）。当我看到它朝我翩翩而来的时候，我兴奋得颤抖起来，甚至不敢相信自己成功地捉到了它，直到把它从网中拿出来，它那丝绒黑和亮绿色的翅膀、金黄色的身体，以及深红色的胸部让我久久凝视，沉醉不已。

阿尔弗雷德·罗素·华莱士，《马来群岛》，1869 年

作为博物学家中的博物学家，阿尔弗雷德·罗素·华莱士是一流的收集者和举世无双的自然观察者。他的名字常常与查尔斯·达尔文联系在一起，他们二人共同发表了通过自然选择实现进化的理论。华莱士常常被认为生活在达尔文的阴影之下，因为他不如达尔文那样有名，甚至受到了当时科学界既有体制的恶劣对待。华莱士对博物学的影响远远不止是对生物变化的理论进行了简洁的阐述这么简单——通过自己的实地调查和观察，通过众多成为新理论证据基础的收藏（这些藏品对今天的生物学家们仍然很重要），他彻底改变了这个学科。

华莱士是家中的第五个也是倒数第二个孩子，他的家庭本来属于中上层阶级，但由于在冒进的 19 世纪初投资失误，堕落到了相当穷困的境地。因此，华莱士从来都没能像当时的绅士阶层博物学家那样拥有不为生计发愁专心追求兴趣的奢侈。华莱士一家搬家很频繁，先从蒙茅斯郡的阿斯克搬到伦敦，又搬到哈特福郡。阿尔弗雷德只能通过教年纪更小的男孩才得以留在

上图：1848 年年轻时的华莱士，他即将启程前往亚马孙盆地探险收集。

左页图：幡羽极乐鸟（*Semioptera wallaceii*）是阿里在摩鹿加群岛北部的巴占岛搜集的，他指出“四根白色羽赋予了这种鸟独特的外形”。这些羽毛在求偶时会竖起转动，只有雄鸟身上才有。华莱士描述了这种现象，使画家能精确地描绘鸟儿的羽相。

学校，但他在学习上的表现从来没有特别出色，也从未要求进行学术生涯。华莱士在 14 岁时永远离开了学校，并和他的哥哥约翰一起生活在伦敦摄政公园附近。在这里他开始发展出了对博物学的兴趣，常常来到托特纳姆法院路边的伦敦动物园并参加“科学馆”内举办的讲座。1837 年夏天，他投奔自己的大哥威廉手下当测量员学徒工。

在与大哥一起工作的时候，华莱士对自然世界的兴趣才真正被点燃了，而且几乎不知不觉地，他锻炼了日后极其有用的技能。他和威廉一起做了六年半的测量工作，掌握了英国的地质情况，几何学和三角学的基本原则，以及维修精密仪器的技术。大多数工作都是什一税法案的结果——进行测量后土地拥有者就能缴纳正确数额的什一税供养教堂，但也有些工作和圈地总法案有关，这个法案让华莱士感到非常恶心。由于这条法案的实施，社会中最穷困的人不能再使用公共土地，这激起了华莱士心中从未离开过他的不公感。华莱士后来参加过土地国有化运动，他还充满感情地认为每个人都有分享地球财富的基本权利，这些经历和观点都源自他在威尔士当一名年轻测量员时的见闻。华莱士贪婪地进行着阅读——查尔斯·莱尔的《地质学原则》（见第 268 页），约翰·林德利的《植物学总系统》以及亚历山大·冯·洪堡和埃米·邦普朗合著的《旅行的个人记述》。不顾兄长的反对，他开始保存一个小型植物标本集。这段时间对华莱士的发展是关键性的，他认为这是自己一生中的“转折点”。

测量的工作在 19 世纪 40 年代逐渐枯竭，而当华莱士的父亲去世时，大家决定他应该利用留给他的一小笔年金走自己的道

华莱士的野外工作本，其中包括南美之旅的笔记以及动物的素描。这样的博物学家笔记以及博物馆中收藏的标本是博物学的基础。

路。华莱士在莱斯特学院获得了绘画教师的职位，还在那里遇到了一位朋友，他后来会和这位朋友踏上一场彻底改变他一生的冒险。亨利·沃尔特·贝茨是镇上针织品制造商的儿子，嗜好收集昆虫，这一点与他的新朋友阿尔弗雷德兴趣相投。两个年轻人成了可靠的朋友，在一起收集昆虫，阅读并讨论书籍——华莱士终于找到了可以与其谈论博物学和哲学的人，这对于他自己的想法和观念的形成很有帮助。不到两年后，华莱士离开莱斯特去接手威廉在尼思的测量工作，他给贝茨的信中这样写道：“我很嫉妒你，你身边就有相同追求的朋友。这个小镇上连一个研究过博物学任何分支的人都没有，所以在这方面我很孤单。”

在亚马孙的收集

这两个年轻人在一起孕育出了一个大胆的想法，他们想离开英国前往亚马孙，然后在那里收集并出售标本以资助自己的旅行，这是一种博物学生意。他们还想收集能够“解决物种起源问题”的事物，两人对这个问题进行讨论和通信已经有好几年了。1848年4月，华莱士和贝茨启程前往南美——在伦敦有一个经纪人负责处理他们的标本和英国科学界权威如邱园园长威廉·胡克爵士的介绍信，并在5月末抵达巴西北部的帕拉（现在的贝伦）。他们需要迎合市场需求才能为自己筹措资金，于是专注于收集鸟类、蝴蝶和甲虫，那些创建私人博物学收藏的富有业余爱好者对这些类群最感兴趣。

两人在一起进行了稍稍超过一年时间的收集，但随后为了最大限度地发掘这片广大地域在科学和商业上的潜力，他们决定分开各自探索。贝茨向西而去，沿着索利默伊斯河逆流而上抵达奥比多斯，在亚马孙待了11年，收集了成千上万的美妙动物标本。对于华莱士来说，事情要曲折得多。他沿着尼格罗河逆流而上，向北航行并抵达如今的委内

华莱士的书《动物的地理分布》(1876年)是一本包含两卷的专著，其中解释了动物在不同大陆和世界各地的分布情况，如何与它们的进化产生关联。这幅插图描绘了许多塔斯马尼亚的本土哺乳动物，其中有许多都是特有物种，如今已经灭绝。

瑞拉。他在这里花了四年时间在尼格罗河和乌奥佩斯河上收集标本，他以为自己积聚的标本都寄给了伦敦的经纪人塞缪尔·史蒂文斯。然而当他得了一场严重的疟疾并决定返回英国时，直到抵达亚马孙河上游的玛瑙斯时华莱士才发现，自己所有的工作成果全都躺在仓库里，被海关扣押了。他的收藏最后被海关放行，华莱士决定搭乘双桅横帆船海伦号返回英国，这又是个倒霉的决定。在大西洋航行了三周后，海伦号突然失火。当眼看这艘船无可救药的时候，华莱士

鸟翼凤蝶只产于华莱士探索的马来群岛地区，它们也是华莱士的最爱，既是因为它们的美，也是出于生物学兴趣。雄性比雌性更鲜艳，某些物种的翼展可达16厘米。金色的红鸟翼凤蝶（*Ornithoptera croesus*，本页上图）由华莱士描述，是一个生活在低地雨林的物种，如今由于生境遭到破坏，已经成为濒危物种。金绿鸟翼凤蝶（*Ornithoptera priamus*，本页下图）分布更广泛，表现为从绿色到蓝色的众多色彩。

冲回自己的客舱抢出来一个小锡盒——里面装着他画的鱼类和棕榈、几件衬衫和一些日记本，然后才和船员们一起登上救生艇。他的其他收藏——四年的艰辛工作以及回国成为科学界正式成员的唯一道路——都随海伦号一起永远地消失了。

这样的经历足以打垮任何一个人，但华莱士除外。他后来就这件事写道："现在所有东西都完蛋了，我连一件够用来展示自己曾经穿行过的未知土地的标本都没有，我也无法用这些标本来唤起自己在野外看到的美景！但我知道这样的悔恨是徒劳的，我尽量不去想事情本来可以是什么样子的，而让自己忙碌于客观存在的事物。"作为一个实用主义者，华莱士尽可能地从他的笔记中打捞一些东西加以发表，并计划下一次收集标本的旅程。要是其他人，可能会决定再也不踏入这个领域了，但华莱士在皇家地理学会主席罗德里克·默奇森爵士的帮助下，乘坐一艘蒸汽船前往马来群岛（今印度尼西亚）。这次他一走就是八年，回国时不再两手空空，而是成为了伦敦科学界的精英以自然选择进化理论的"共同发现者"。

蝴蝶和天堂鸟

华莱士来到东方的时候已经是一个富有经验的标本采集者，深知应该如何在陌生的土地上作为一个博物学家工作和生活。他依然雇用着自己的经纪人塞缪尔·史蒂文斯，并且知道美丽的天堂鸟和色彩斑斓的蝴蝶都有着稳定的市场。今天我们看到这些动物——有些物种已经濒临灭绝——的收藏标本，也许会感到可惜和浪费。但在19世纪，科学界对这些热带生物所知甚少，这些信息也都是通过运到欧洲各科学机构的少量标本才知道的。只有通过检查大量的个体，各物种的变异以及变异性才能得到清楚的了解。我们现在的知识状态就建立在华莱士这样的野外博物学家带回的标本上。他所处的土地上有太多需要学习的。

曾经差点在尼格罗河上游孤独死去的华莱士曾经发誓永远不再独自旅行。他随身带着一名英国学徒查尔斯·艾伦，并在当地招募了一个马来人助手阿里。艾伦没能坚持下全部历程，但在八年的漫游中，阿里一直跟随着华莱士，并最终用了他的姓。马来地区由许多岛屿组成，华莱士乘坐当地特产的细长帆船在这些岛之间穿行。华莱士的旅行地图就像围绕着这些岛屿的一张复杂蛛网；有许多岛他都登上过不止一次。

尽管在热带收集标本充满了艰难困苦，但华莱士从未失去看到新鲜事物和做出发现时的兴奋。在描写捉到一只雄性鸟翼凤蝶的场景时，他写道："除了博物学家，没有人能够想象我终于捉住它时的兴奋。将它从网中拿出，展开那美丽的翅膀，我的心脏开始猛烈地跳动，血涌到头顶，我感到一阵眩晕，比之前我以为自己马上就要死去的那种眩晕还要强烈。"他最终将这种迷人的昆虫命名为红鸟翼凤蝶（*Ornithoptera croesus*）——又称华莱士黄裳蝴蝶。

厌倦了依赖别人旅行的华莱士建造了自己的帆船，并启程前往新几内亚收集天堂鸟。他取得了惊人的成功，并发现了一个新物种，最终这个物种被命名为幡羽极乐鸟以表达对他的纪念。华莱士对于收集珍稀的王极乐鸟所做的评论说明他并不只是个专注于标本收集的人，他的思想也是一种自然哲学的体现，表达了对人类破坏这个星球的忧思：

> 对于博物学家，当之前只通过描述、绘画或保存不良的标本才知道的东西真实地呈现在眼前的时候，那种兴奋只有诗人的笔触才能充分地表达……让人伤感的是，一方面，这些精致优美的生物只能在这些毫不宜人的荒野才能生存和展示它们的魅力……而另一方面，文明人是否应该抵达这些遥远的地方……我们能够确定的是，通过这种方式，他会扰乱自然中生物界和非生物界之间和谐的平衡，导致那些他最能欣赏其中构造和美丽的事物渐渐消失，直至完全灭绝。这样的思考明确地告诉我们所有的生物都不是为了人类创造的。

华莱士通过观察发现马来群岛的东半部和西半部的动物种类存在极大的差异，这让他找到并描述了一条"华莱士分界线"——亚洲和澳洲动物在此分界。虽然只隔着一道狭窄的海峡，但两侧的动物却存在巨大差异。例如：凤头鹦鹉出现在龙目岛和澳大利亚，但在巴厘岛上却没有。用地质学解释，华莱士的发现其实是两个大陆板块的分界线，但当时只能从动物分布上看出来。他对收集的所有标本都做了详细的地点记录，这才能观察到别人都错过的动物分布特点。华莱士因此被称作生物地理学之父，这是一门研究动植物分布的科学。

通过自然选择实现的进化

在东南亚时，华莱士曾给朋友和认识的人写信，其中包括查尔斯·达尔文。他给自己极为仰慕的达尔文寄去了一篇名为《论变种不确定的偏离原先类型的倾向》的文章，在文中华莱士

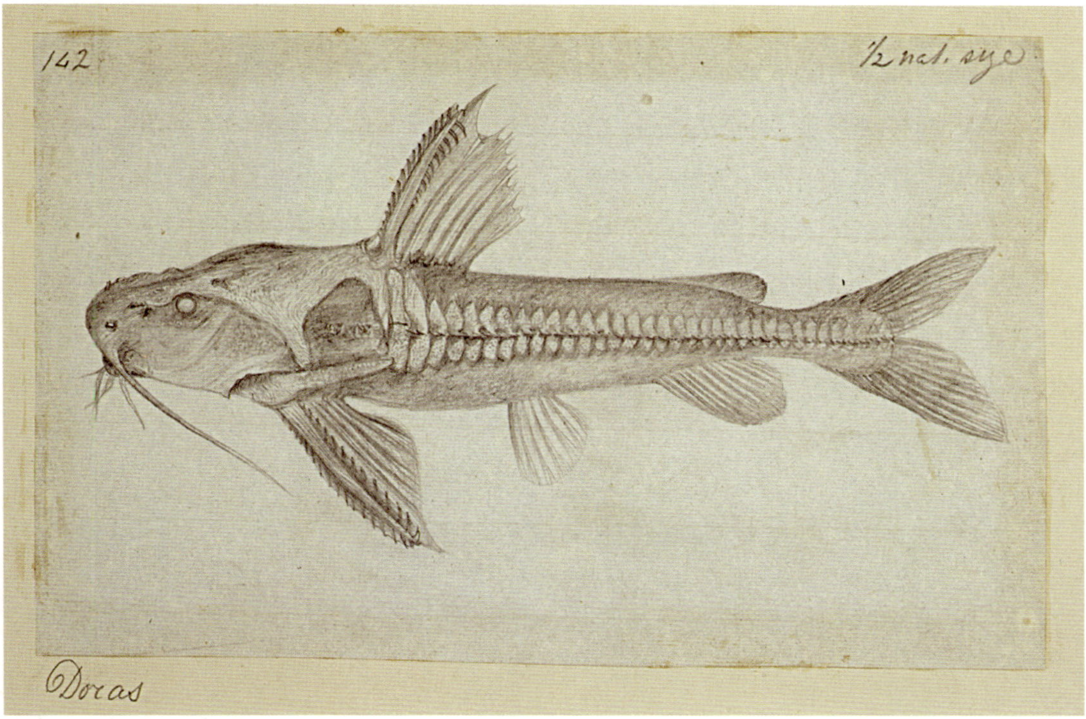

这幅精致的鱼类素描是华莱士在亚马孙数年的工作成果之一，也是海伦号海难中幸存下来的少数东西之一。这条刺陶乐鲶属（*Centrodoras sp.*）鱼类被当地人称作卡拉卡达，至今仍未被鉴定出是哪一个物种。

优美地阐释了达尔文本人也正在思考的理论——自然选择进化学说。华莱士的文章是他在野外多年仔细观察的结果，所有的一切都是为了追求第一次热带远航定下的目标——研究“物种起源问题”。达尔文是个真正的绅士，1858 年 7 月 1 日，他（在朋友们的劝说下）在伦敦林奈学会将自己的研究成果和华莱士的文章共同发表了，这时华莱士还在国外。两人是从完全不同的角度得到这同一个结论的——达尔文依靠的是大量通信以及他在唐恩小筑的花园，而华莱士靠的是他在热带进行观察和收集的经历。达尔文是与自然选择进化联系最密切的名字，这让有些人认为华莱士得到了不公正的待遇。然而华莱士本人经常称赞达尔文将这一观念表达得比自己更完整，而且他的书《达尔文主义》为传播这些理念做出了很多贡献，并将这些理念进一步与达尔文的名字联系在一起。

1862 年，从马来群岛回国的华莱士发现自己成了科学界的重要成员。他对自己收集的标本开展研究，并就从生物学到土地改革的广泛主题进行写作，但却很难获得一份持久的工作。他对于通灵术的兴趣吓走了一些更有名望的科学家如托马斯·亨利·赫胥黎，不过达尔文最终设法为华莱士争取到了一份政府津贴，他接受了这笔钱——不过他拒绝了许多其他荣誉（如皇家学会会员资格）。

作为一个重要而谦逊的 19 世纪博物学家，华莱士活到了 20 世纪初，世界的变化是如此之快，这是两个完全不同的世纪。华莱士的野外考察以及细心的标本收集工作不但为自然选择进化学说奠定了基础，它们还为野外观察和自然生境研究之间创造了紧密的联系，这正是现代生态学和博物学的理论基石。

桑德拉·纳普/撰

阿萨·格雷

美国西部的植被
（1810–1888年）

我满怀喜悦地安定下来专心工作，心中的沮丧感
却越来越强，因为材料丰富得叫人尴尬。很自然，这里
有大量北美植物的标本，所有的标本都需要检查，
但不幸的是，新的标本增加的速度比我研究和处理
它们的速度还快……我开始想，要是在拥有相对完整
植物学基础的古老国家进行研究，无疑会快乐得多，
在那里你的工作“还没做就做好了”，即使它没有被那么
快地做完，你也不用被催着日复一日地做下去，
将新标本与老标本进行比较和整理。

阿萨·格雷对爱德华·福莱爵士说，1882年2月26日

美国西部的大探险可以说是由伟大的刘易斯和克拉克远征在19世纪第一个年代揭开了序幕。时任美国总统托马斯·杰斐逊派遣梅里韦瑟·刘易斯和威廉·克拉克前往美国政府刚刚购买的路易斯安那探险并收集物产，然后一路推进抵达太平洋沿岸。刘易斯和克拉克远征使得美国对大陆西部的吸纳成为可能，于是从此开始了政府资助科学探险调查的传统。不过，阿萨·格雷才是将西部植物进行编目并置于全球化语境中的人。格雷直到垂垂老矣才亲眼看到落基山脉和北美巨杉，但对于这片狂野又美丽的土地上的植物，他所做的科学描述比任何其他植物学家都多。

阿萨·格雷是第三代北爱尔兰裔美国人，他出生在纽约州北部的一个小镇，家境贫寒，这一点和出生在小木屋的同代人亚伯拉罕·林肯很像。当医学学生的时候，格雷对植物学产生了

Brazoria truncata.

极大的兴趣并开始采集植物干燥标本，他将其中一部分寄存在了约翰·托里博士那里，后者是纽约最杰出的植物学家。两个人很快成了朋友，托里邀请格雷担任自己的植物学助手。格雷开始撰写关于北美植物的文章，而托里说："考虑到年龄，他在植物学方面无人能及，无论干什么，他都能用娴熟的手段处理……他是个不同寻常的人，将来一定能在科学界有大作为。"尽管享受着这样的溢美之词，格雷却找不到一份植物学家或博物学家的工作，但他没有躺在自己的功劳簿上，而是写出了《植物学要素》，目的是创造一本在美国使用的符合本国语境的书。和托里一起，格雷开始编纂北美的植物群，这项工作持续了一生。

然后，格雷得到机会可以作为植物学家参加美国南太平洋探险远征，一个进入野外实地观察的绝好机会。但格雷认为探险队的人员组成很有问题，争吵、嫉妒和延误让他彻底失去了与探险队共事的欲望。幸运的是，刚成立的密歇根州这时向他提供了一个教授职位。他接受了密歇根州的邀请，放弃了探险的机会，这在科学史上不多见——他从来没像自己的许多同代人如阿尔弗雷德·罗素·华莱士（见第 301 页）或约瑟夫·胡克那样体验过野外博物学考察。

由于新大学连房子还没都有建好，格雷转而去了欧洲，"决定出国参观一些大的植物标本馆"。他正在开始将北美植物置于全球化语境中。在 1838 年和 1839 年的欧洲植物标本馆之旅中，格雷走遍了伦敦、巴黎、维也纳、日内瓦和柏林，遇到许多欧洲科学界的大人物，包括查尔斯·达尔文（见第 291 页）和威廉·胡克爵士以及他的儿子约瑟夫·胡克。他特别渴望从欧洲植物标本馆中获得北美植物补充自己的收藏，格雷强烈地感觉美洲植物的标本应该保存在美国的科学机构中——这种情感在今天的《生物多样性公约》中得到了全球化的体现。当他回到美国时，由于大学仍未建好，于是他被允许停薪留职两三年，并开始认真地研究北美植物。不过在 1842 年他得到了另一个博物学教授的职位，这次是哈佛大学——此后他一直待在那里直到去世。

在哈佛，格雷继续与托里合作编纂北美植物，但他也开始研究美国西部开发送回的成捆植物。1842 年，显而易见的是，要对这些植物宝藏进行正确的归档记录，专业的收集者是必

左页图：在他的系列丛书《北美虎尾草》（从 1846 年开始出版）中，格雷对那些曾经被其他植物学家误解或配图错误的美国植物进行了描绘和解释。响尾蛇花（*Brazoria truncata*），以得克萨斯州的布拉索斯河（the Brazos River）命名，是唇形科的一种植物——曾被英国大植物学家威廉·胡克爵士配错图。格雷并不惧怕使用自己的野外收集者们得到的准确知识反驳科学权威。

The New York Botanical Garden
Solanum triflorum Nutt.
det. M. Nee, 2005
Plantae Novo-Mexicanae.
No.
No. 671
A. Fendler coll.
1847.
Solanum triflorum Nutt.

需的——“必须有人进入这片未被探索过的土地”和圣路易斯的乔治·恩格尔曼博士一起，格雷组织起了一批批收集者并为他们筹集资金，其中有些人比其他人更加成功。格雷指引着他们前进的方向：“我宁愿让奥古斯都·芬得勒前往圣菲北部和西部。新西班牙和落基山脉的植物对我们比对墨西哥人有趣得多”；还为各种诱惑伤神：“但他不会感染淘金热，在挫折中离开我们吧？……我真担心”；他还掌控所有事情。收集到的植物标本之丰富是不可思议的；美国西部的许多植物在托里和格雷手中得到了第一次描述。

格雷忙于描述如洪水般涌过来的新植物材料，撰写北美植物志的计划搁置了下来，于是他决定尝试用直白的英语而不是学者的拉丁语写一本更简单的、“科学性”更弱的野外参考书。这就是现在所称的《格雷植物学手册》——有关美国东北各州开花植物和蕨类的指南手册，至今还在使用。本书用简易的笔触和精确的描述结合格雷对该地区植被的深入了解，使其成为一本不可或缺的野外参考书，适合业余爱好者和专业人员使用。

阿萨·格雷是一个充满能量和热诚的人，他对美国植物学的热情将探险活动推向了一个新的高度。在这幅19世纪60年代中期的肖像中，格雷的决心和果敢显而易见，别人也正是因此将他视作一个真正的领导者。

格雷在《格雷植物学手册》中的工作以及他对西部植物的研究都不是在孤独中完成的，他是一个非凡的组织者，而他本人的随和个性也让人们愿意和他一起工作，但他也不是跟每个人都处得来。瑞士动物学家路易斯·阿加西斯（见第284页）刚来哈佛大学

左页图：由乔治·恩格尔曼和阿萨·格雷派遣到野外的年轻人收集的植物标本构成了我们理解美国西部植物鉴定和分布情况的基础。这件裂叶茄（*Solanum triflorum*）的标本是奥古斯都·芬得勒在新墨西哥的圣菲地区收集的，格雷对于这个区域特别感兴趣。

的时候得到了格雷的强烈支持，但格雷后来因为他的宗教观点跟他吵翻了。格雷是一个热心的观察者，已经看过成千上万件标本，所有这些都让他深信物种的可变性。

在发狂般地研究西部新植物并忙于他的《格雷植物学手册》和其他计划的同时，格雷和他的欧洲朋友们保持着频繁的通信，如跟他一样对植物分布问题着迷的约瑟夫·胡克。胡克曾和查尔斯·达尔文讨论过格雷的观点，而后达尔文将格雷看作和自己一样的经验主义者，认为他可以帮助自己获得有关美洲植物的信息。1855 年 4 月，达尔文在寄给格雷的信中写道："我收集有关变异的事实已经好几年了，当我发现任何在动物中成立的论断时，我总想在植物中进行验证。"达尔文向格雷展示了自己进行进化研究的秘密，并向他索要有关北美植物的事实。两人开始进行频繁的通信，格雷给达尔文寄去了有关植物的各种客观事实，如"北美植物统计"，以及自己对太平洋和亚洲植物与北美植物之间关系的想法，而达尔文不断询问出了格雷发展中的思想。当《物种起源》终于在 1859 年出版时，格雷成了它在美国的坚定支持者和辩护者——1859 年至 1861 年，他与阿加西斯进行了一系列辩论。格雷使用经年累月研究北美植物的过程中收集到的坚实证据支持达尔文的观念。有人这么说他："在这里（美国），他们认为格雷是世界上最伟大的科学家，甚至比胡克还伟大一点。"

阿萨·格雷是一个真正的美国植物学家，他坚持认为美国植物标本属于美利坚合众国，他为了描述和记录美国西部探险中涌现的大批新植物进行极其勤奋的工作，美国内战期间，面对欧洲朋友们的反对（不包括达尔文），他坚定地支持联邦政府。当格雷最终在 1872 年夏天来到美国西部的时候，他终于看到了自己曾经派遣收集者们涉足的这片宏伟陆地——他只收集了一点植物，说着："我想我不应该收集太多植物。但那是年轻人（比如托里，时年 75 岁）必须干的！——我要休息、闲逛，看看那些长在原地的植物。"到 19 世纪 70 年代，格雷已经是真正的美国植物学之父，所有人都寻求他的建议——他帮助建立了密苏里植物园和斯坦福大学，他的学生们在遍布全美的各个大学建立植物系。"为美利坚合众国的扩张赋予科学上的意义"，在这一点上格雷比 19 世纪的其他任何人做得都多。

右页图：萨满教巫师，这幅插图摘自斯特勒西伯利亚之旅的游记。

ein Schamann im Rücken

F. A. Krebs scu. Mog

撰稿人

罗伯特·赫胥黎是伦敦自然博物馆植物学部藏品负责人。

朱莉娅·布里顿是*Plant Names Explained*（2006）和*Plants, People and Places*（2006）两本书的作者。

史蒂夫·卡弗蒂是伦敦自然博物馆植物学部藏品项目经理。

吉尔·库克是伦敦大英博物馆旧石器时代藏品策展人，以及史前和欧洲部的史前藏品负责人。

艾伦·卡特勒是尼古拉斯·斯坦诺的传记*The Seashell on the Mountaintop*的作者。

塔尼亚·戴路德是伦敦自然博物馆植物学部的研究助理，曾经在皇家植物园邱园工作。

布莱恩·J. 福特是莱斯特大学的客座教授，卡迪夫大学理事，剑桥大学冈维尔与凯斯学院副教授。他是*The Leeuwenhoek Legacy*（1991）的作者，并发行了罗伯特·胡克的*Micrographia*的CD版（1998）。

克里斯多夫·J. 汉弗莱斯是伦敦自然博物馆的荣誉研究员，雷丁大学植物科学学院客座教授，他写作并编辑了14本书，包括*Ontogeny and Systematics*（1988）以及*Systematics and Conservation, Databases:from cottage industry to industrial networks*（1994）。

桑德拉·纳普是伦敦自然博物馆植物学部全球生物多样性荣誉研究员。

楠川幸子是剑桥大学科学史与科学哲学三一学院导师和理事。

H. 沃尔特·莱克是柏林自由大学柏林达勒姆植物园和植物学博物馆的主管。

丹尼斯·雷梅是巴黎国家自然博物馆的一名科学史学家。

朱迪思·麦基是伦敦自然博物馆馆务信息服务部的藏品项目经理，还是*The Art and Science of William Bartram*（2007）一书的作者。

约翰·L.莫顿是*Strata: The Remarkable Life Story of William Smith, 'the Father of English Geology'*（new ed. 2004）和*King of Siluria: How Roderick Murchison Changed the Face of Geology*（2004）的作者。

布莱恩·W.奥格尔维是马萨诸塞大学阿默斯特分校历史学副教授，是*The Science of Describing: Natural History in Renaissance Europe*（2006）的作者。

朱塞佩·奥尔米是博洛尼亚大学现代史教授，是*Ulisse Aldrovandi. Scienza e natura nel secondo Cinquecento*（1976）的作者。

罗伯塔·J.M.奥尔森是纽约历史学会绘画策展人，马萨诸塞州诺顿惠顿学院艺术史荣誉教授。

罗伯特·普雷斯是伦敦自然博物馆植物学合作管理人。

大卫·萨顿是伦敦自然博物馆植物学部高级植物研究员。

菲力普·塔凯是巴黎国家自然博物馆古生物学教授，还是*Georges Cuvier-Naissance d'un génie*（2006）的作者。

基思·汤姆森是牛津大学博物学荣誉教授，还是美国哲学学会的高级研究员。

克里斯宾·蒂克尔爵士现在是牛津大学詹姆斯·马丁科学与文明研究所政策前瞻项目的负责人。

R.I.维恩-赖特是伦敦自然博物馆昆虫学部的科学干事，还是英国国家科技艺术基金会理事。

大卫·威廉姆斯是伦敦自然博物馆植物学部硅藻研究员和全球生物多样性负责人。

相关阅读

古代先知

亚里士多德

Aristotle, *The Complete Works of Aristotle*, edited by J. Barnes (Princeton: Princeton University Press, 1984)

Barnes, Jonathan, *Aristotle: A Very Short Introduction* (Oxford and New York: Oxford University Press, 2000)

Barnes, Jonathan, Schofield, M. and Sorabji, R., *Articles on Aristotle*, vol. 1 *Science* (London: Duckworth, 1975)

Gillispie, C. C. (ed.), *Dictionary of Scientific Biography*, vol. 1 (New York: Charles Scribner's Sons, 1970)

Gotthelf, Allan, 'Darwin on Aristotle', *Journal of the History of Biology*, vol. 32, no. 1 (1999), 3-30

泰奥弗拉斯托斯

Sharples, R. W., *Theophrastus of Eresus, Commentary Volume 5: Sources on Biology (Human Physiology, Living Creatures, Botany: Texts 328-435)* (Leiden: Brill, 1994)

Morton, A. G., *History of Botanical Science* (London: Academic Press, 1981)

Theophrastus, *Enquiry into Plants*, trans. Sir Arthur Holt (London: W. Heinemann; New York: G. P. Putnam' s Sons, 1916)

Theophrastus, *De Causis Plantarum*, trans. Robert E. Denger (Philadelphia: Westbrook Pub. Co., 1927)

珀达尼奥斯・迪奥斯科里斯

Brubaker, L., 'The Vienna Dioskorides and Anicia Juliana', in A. Littlewood, H. Maguire and Wolschke-Bulmahn (eds), *Byzantine Garden Culture* (Washington, DC: Dumbarton Oaks Research Library and Collection, 2002)

Downs, R. B., 'First herbalist: Dioscorides (c. 40-80)' in R. B. Downs (ed.), *Landmarks in Science: Hippocrates to Carson* (Littleton: Libraries Unlimited, 1982), 52-54

Greene, E. L., *Landmarks of Botanical History* (Stanford: Stanford University Press, 1983), vol. 1,218-23

Morton, A. G., *History of Botanical Science* (London: Academic Press, 1981), 70-71

Riddle, John, *Dioscorides on Pharmacy and Medicine* (Austin: University of Texas Press, 1985)

老普林尼

Downs, R. B., The great compiler: Pliny the Elder: Natural History (23-79), in R. B. Downs (ed.), *Landmarks in Science: Hippocrates to Carson* (Littleton: Libraries Unlimited, 1982), 48-51

Morton, A. G., *History of Botanical Science* (London: Academic Press, 1981)

Green, E. L., *Landmarks of Botanical History* (Stanford:

Stanford University Press, 1983), vol. 1, 223-28

Pliny the Elder, *Natural History*, trans. and introduction by John Healy (London: Penguin, 1991)

文艺复兴

莱昂哈特·富克斯

Arber, Agnes, *Herbals: Their Origin and Evolution; a Chapter in the History of Botany, 1470-1670* (Cambridge: Cambridge University Press, 3rd ed., 1986)

Greene, E. L., *Landmarks of Botanical History*, edited by Frank N. Egerton (Stanford: Stanford University Press, 1983)

Kusukawa, Sachiko, 'Leonhart Fuchs on the importance of pictures', *Journal of the History of Ideas 58* (1997), 403-27

Meyer, Frederick G., Emmart Trueblood, Emily and Heller, John L., *The Great Herbal of Leonhart Fuchs: De histona stirpium commentarii insignes, 1542 (Notable Commentaries on the History of Plants)* (Stanford: Stanford University Press, 1999)

Ogilvie, Brian W., *The Science of Describing Natural History in Renaissance Europe* (Chicago: University of Chicago Press, 2006)

Reeds, Karen M., *Botany in Medieval and Renaissance Universities* (New York and London: Garland Publishing, Inc., 1991)

乌利塞·阿尔德罗万迪

Findlen, P., *Possessing Nature. Museums, Collecting and Scientific Culture in Early Modern Italy* (Berkeley, Los Angeles, London: University of California Press, 1994)

Il teatro della natura di Ulisse Aldrovandi, Bologna (Editrice Compositori: Bologna, 2001)

Olmi, G., 'Science-Honour-Metaphor: Italian Cabinets of the Sixteenth and Seventeenth Centuries', in O. Impey and A. MacGregor (eds), *The Origins of Museums* (Oxford, Clarendon Press, 1985),5-16

Olmi, G., *L' inventario del mondo. Catalogazione della natura e luoghi del sapere nella prima età moderna* (Bologna: Il Mulino, 1992)

Olmi, G. and Tongiorgi Tomasi, L., *De piscibus. La bottega artistica di Ulisse Aldrovandi e l'immagine naturalistica* (Rome: Edizioni dell'Elefante, 1993)

安德烈亚·切萨尔皮诺

Green, E. L., *Landmarks of Botanical History*, edited by Frank N. Egerton (Stanford: Stanford University Press, 1983), vol. 2, 807-31

Morton, A. G., *History of Botanical Science* (London: Academic Press, 1981)

Viviani, U., *Vita ed opere di Andrea Cesalpino* (Arezzo, 1923)

皮埃尔·贝隆

Cole, Francis J., *History of Comparative Anatomy* (London: Macmillan, 1944)

Gudger, E. W., 'The Five Great Naturalists of the Sixteenth Century: Belon, Rondelet, Salviani, Gesner and Aldrovandi: A Chapter in the History of Ichthyology', *Isis*, 22, No.1 (Dec., 1934), 21-40

康拉德·格斯纳

Braun, L., *Conrad Gessner* (in French) (Slatkine: Geneva, 1990)

Pinon, L., 'Conrad Gessner and the historical depth of

Renaissance natural history', in G. Pomata and N. G. Siraisi (eds), *Empiricism and Erudition in Early Modern Europe* (Cambridge, MA and London: MIT Press, 2005)

Wellisch, H. H., *Conrad Gessner: a Bio-Bibliography* (Zug: IDC, 1984)

启蒙之光

尼古拉斯・斯坦诺

Cutler, Alan, *The Seashell on the Mountaintop. A Story of Science, Sainthood, and the Humble Genius Who Discovered a New History of the Earth* (New York: Dutton; London: Heinemann, 2003)

Kardel, Troels, 'Steno: Life, Science, Philosophy', *Acta Historica Scientiarum Naturalium et Medicinalium 42*, 1949

Rudwick, Martin J. S., *The Meaning of Fossils: Episodes in the History of Palaeontology* (Chicago: University of Chicago Press, 1976)

Scherz, Gustav (ed.), *Steno: Geological Papers. Odense* (Odense: Odense University Press, 1969)

约翰・雷

Baldwin, Stuart, *John Ray (1627-1705), Essex Naturalist: A Summary of his Life, Work and Scientific Significance* (Baldwin's Books: Witham, 1986)

Keynes, Geoffrey Landgon, *John Ray: A Bibliography* (London: Faber and Faber, 1951)

Raven, Charles Earle, *John Ray Naturalist: His Life and Works* (Cambridge: Cambridge University Press, 2nd ed., 1950)

罗伯特・胡克

Hooke, Robert, *Micrographia* (1665), facsimile edition (Mineola, NY: Dover Publications, 2003)

Hooke, Robert, *Micrographia*, facsimile edition on CD-ROM, with introduction by Brian J. Ford (London:John Martyn and James Allestry; Palo Alto: Octavo)

Inwood, Stephen, *Forgotten Genius: The Biography of Robert Hooke* (New York: MacAdam Cage Publishing, 2005)

Jardine, Lisa, *The Curious Life of Robert Hooke*. (London and New York: HarperCollins, 2004)

安东尼・范・列文虎克

Dobell, Clifford, *Antony van Leeuwenhoek and his Little Animals* (original edition 1932; reprint Mineola, NY: Dover, 1962)

Ford, Brian J., *The Leeuwenhock Legacy* (Balogh Scientific Books: Champaign IL, 1991)

Ford, Brian J., *Single Lens: the Story of the Simple Microscope* (London: William Heinemann; New York: Harper & Row, 1985)

Palm, L. C. and Snelders, H. A. M. (eds), *Antoni van Leeuwenhoek, 1632-1723* (Amsterdam: Rodopi, 1982)

汉斯・斯隆爵士

Brooks, E. St John, *Sir Hans Sloane. The Great Collector and his Circle* (London: the Batchworth Press, 1954) de Beer, *Sir Gavin, Sir Hans Sloane and the British Museum* (New York: Arno Press, 1975; reprint of Oxford University Press 1953 edition)

MacGregor, Arthur, *Sir Hans Sloane: Collector, Scientist, Antiquary, Founding Father of the British Museum* (London: British Museum Press in association with Alistair McAlpine for the Trustees of the British

Museum, 1994)

Sloane, Sir Hans, *A voyage to the islands Madera, Barbados, Nieves, S. Christophers and Jamaica ...*, 2 vols (London: 1707-1725)

玛丽亚・西比拉・梅里安

Merian, Maria Sibylla, *Metamorphosis Insectorum Surinamensium* (Amsterdam 1705), facsimile (London: Pion, 1980)

Rucker, E. and Stearn, W. T., Maria Sibylla Merian in Surinam. Commentary to the Facsimile Edition of *Metamorphosis Insectorum Surinamensium* (Amsterdam 1705). Based on original watercolours in the Royal Collection, Windsor Castle (London: Pion, 1982)

Stearn, W. T., *The Wondrous Transformation of Caterpillars* (London: Scolar Press, 1978)

Wettengl, K. (ed.), *Maria Sibylla Merian. 1647-1717. Künstlerin und Naturforscherin* (Osterfildern: Hatje Cantz, 1997). Published in English as *Maria Sibylla Merian 1647-1717. Artist and Naturalist*

马克・凯茨比

Catesby, Mark, *The Natural History of Carolina, Florida, and the Bahama Islands*. Introduction by George Frick and notes by Joseph Ewan (Savannah: Beehive Press, 1974)

Desmond, R., *Great Natural History Books and their Creators* (British Library: London; New Castle: Oak Knoll, 2003)

Meyers, A. R. W. and Pritchard, B., *Empire's Nature: Mark Catesby's New World Vision* (Chapel Hill and London: University of North Carolina Press, 1998)

Elman, R., *First in the Field: America's Pioneering Naturalists* (New York: Van Nostrand Reinhold, 1977)

Jackson, Christine E., *Bird Etchings: The Illustrators and their Books*, 1655-1855 (Ithaca and London: Cornell University Press, 1985)

Frick, G. F. and Stearns, R. P., *Mark Catesby. The Colonial Audubon* (Urbana: University of Illinois Press, 1961)

McBurney, H., *Mark Catesby's Natural History of America, The Watercolours from the Royal library, Windsor Castle* (London: Merrell Holberton, 1997)

卡尔・林奈

Blunt, W., *The Compleat Naturalist: A Life of Linnaeus*, with intro. by W. T. Stearn (London: Frances Lincoln, 3rd ed., 2002)

Farber, Paul Lawrence, *Finding Order in Nature: The Naturalist Tradition from Linnaeus to E. O. Wilson* (Baltimore: Johns Hopkins University Press, 2000)

Frängsmyr, Tore, Lindroth, Sten and Eriksson, Gunnar, *Linnaeus: The Man and His Work*, Uppsala Studies in History of Science, Vol 18 (Canton, MA: Science History Publications, 1994)

Freer, Stephen (trans.), *Linnaeus' Philosophica Botanica* (Oxford: Oxford University Press: 2005)

Jackson, B. D., *Linnaeus* (London: H. F. & G. Witherby, 1923)

Jarvis, C., *Order Out of Chaos: Linnaean Plant Names and their Types* (London: Linnean Society of London and The Natural History Museum, 2007)

Koerner, Lisbet, *Linnaeus: Nature and Nation* (Cambridge, MA: Harvard University Press, 2001)

http://www.linnean.org

布封伯爵

Dujarric de la Rivière, R. *Buffon: sa vie, ses oeuvres. Pages choisies* (Paris: J. Peyronnet, 1971)

Roger, J., Buffon: A Life in Natural History, translated from the French by S. L. Bonnefoi, edited by L. P. Williams (Ithaca, NY: Cornell University Press, 1997)

http://www.buffon.cnrs.fr/ (in French; includes the works of Buffon)

格奥尔格·斯特勒

Ford, C., *Where the Sea Breaks its Back: The Epic Story of a Pioneer Naturalist and the Discovery of Alaska* (London: Victor Gollancz Ltd, 1967)

Steller, G. W. *Journal of a Voyage with Bering*, 1741-1742. Edited and with an introduction by O. W. Frost. Translated by Margritt A. Engel and O. W. Frost (Stanford: Stanford University Press, 1988)

Stejneger, L. *Georg Wilhelm Steller: The Pioneer of Alaskan Natural History* (Cambridge, MA: Harvard University Press, 1936)

米歇尔·阿当松

Adanson, M., *Histoire Naturelle du Sénégal: Coquillages. Avec la Relation d'un Voyage Fait en ce Pays, Pendant les Années 1749, 50, 51, 52, 53* (Paris, 1757)

Adanson, M., *Familles des plantes* (Paris, 1763)

Lawrence, G. H. M., *Adanson: The Bicentennial of Michel Adanson's Familles des Plantes*, 2 vols (Pittsburgh: Hunt Botanical Library, Carnegie Institute of Technology, 1963-1964)

Nicolas, J. P., 'Adanson, Michel' in *Dictionary of Scientific Biography* (New York: Charles Scribner's & Sons, 1970), 1: 58-59

伊拉斯谟斯·达尔文

Darwin, Erasmus, *The Botanic Garden*. Part 1. *The Economy of Vegetation*; Part 2. *The Loves of the Plants* (London: J.Johnson, 1791 and 1789)

Darwin, Erasmus, *Phytologia; or, the Philosphy of Agriculture and Gardening* (London: J. Johnson, 1800)

Darwin, Erasmus, *Zoonomia; or, the Laws of Organic Life*, Parts 1-3 (London: J.Johnson, 1794-1796)

Darwin, Erasmus, *The Temple of Nature; or, the Origin of Society* (London: J. Johnson, 1803)

King-Hele, D., *The Essential Writings of Erasmus Darwin* (Worcester and London: Trinity Press, 1968)

King-Hele, D., *A Life of Unequalled Achievement* (London: Giles de la Mare, 1999)

威廉·巴特拉姆

Bartram, William, *The Travels of William Bartram*, edited by Francis Harper (Athens, GA: University of Georgia Press, 1998)

Magee, Judith, *The Art and Science of William Bartram* (London and University Park: Natural History Museum and Penn State University Press, 2007)

Slaughter, Thomas, *The Nature of John & William Bartram* (New York: Alfred A Knopf, 1996)

约瑟夫·班克斯

Beaglehole, J. C., *The Endeavour Journal of Joseph Banks 1768-1771* (Sydney: The Trustees of The Public Library of New South Wales in association with Angus & Robertson, Halstead Press, 1962)

Bulletin of the British Museum (Natural History), Historical Series vols 11-13 (Complete). Catalogue of the Natural History Drawings commissioned by Joseph Banks on *the Endeavour voyage* 1768-1771 held in the British Museum (Natural History) (London, 1984)

Carter, H. B., *Sir Joseph Banks* (London: British Museum (Natural History), 1988)

Carter, H. B., Diment, Judith A., Humphries, C.J. and

Wheeler, Alwyne, 'The Banksian natural history collections of the *Endeavour voyage* and their relevance to modern taxonomy', in *History in the Service of Systematics* (Papers from the Conference to celebrate the Centenary of the British Museum, Natural History 13-16 April, 1981) (London: Society for the Bibliography of Natural History, 1981)

约翰·克里斯蒂安·法布里丘斯

Armitage, A., 'A naturalist's vacation. The London letters of J. C. Fabricius', *Annals of Science* 14(2) (1958),116-31

Hope, F. W., 'The auto-biography of John Christian Fabricius, translated from the Danish, with additional notes and observations', *Transactions of the Entomological Society of London* 4 (1845), i-xvi

Jespersen, P. H., [J. C. Fabricius as an evolutionist], *Sv. Linné-Sällsk. Årsskr.* 29 (1946), 35-56

Tuxen, S. L., 'The entomologist, J. C. Fabricius', *Annual Review of Entomology* 12 (1967), 1-14

詹姆斯·赫顿

Baxter, S., *Revolutions in the Earth. James Hutton and the True Age of the World* (London: Weidenfeld & Nicolson, 2003)

Cook, Jill, 'Rocks, fossils and the emergence of palaeontology', in K. Sloan (ed.) *Enlightenment. Discovering the World in the Eighteenth Century* (London: British Museum Press, 2003), 100-05

Hutton, James, *The Theory of the Earth* (original edition, Edinburgh, 1795; reprinted New York: Cramer, Stechert-Hafner, 1972)

Rudwick, M. J. S., 2005. *Bursting the Limits of Time. The Reconstruction of Geohistory in the Age of Revolution* (Chicago and London: The University of Chicago Press, 2005)

让-巴蒂斯特·拉马克

Burkhardt, R. W. Jr, *The Spirit of System: Lamarck and Evolutionary Biology* (Cambridge, MA and London: Harvard University Press, 2nd ed., 1995)

Corsi, P., *The Age of Lamarck: Evolutionary Theories in France 1790-1830.* Revised and updated, translated from the Italian by J. Mandelbaum (Berkeley, Los Angeles and London: University of California Press, 1988) (first published as *Oetre il mito: Lamarck e le scienze naturali del suo tempo.* Il Mulino: Bologna, 1983)

Lamarck, J.-B., *Flore Francaise or descriptions succintes de toutes les plantes qui croissent naturellment en France, disposes selon une nouvelle méthode d' analyse*, 3 vols (Paris: Imprimerie Royale, 1778)

Lamarck, J.-B., 1984. *Zoological Philosophy; An Exposition with Regard to the Natural History of Animals*, translated from the French by Hugh Elliot; originally published in 1809 as *Philosophie zoologique* (Chicago: University of Chicago Press, 1984)

Laurent, G. (ed.), *Jean-Baptiste Lamarck 1744-1829* (Paris: Éditions de CTHS, 1997)

安东尼-劳伦·德·裕苏

Jussieu, A.-L., *Genera plantarum.* With an introduction by Frans A. Stafleu (New York: Weinheim, J. Cramer, 1964)

Spary, E. C., *Utopia's Garden: French Natural History from Old Regime to Revolution* (Chicago: University of Chicago Press, 2000)

Stevens, P. F., *The Development of Biological Systematics: Antoine-Laurent de Jussieu, Nature, and the Natural system* (New York: Columbia University Press, 1994)

乔治·居维叶

Coleman, W., Georges Cuvier, Zoologist. A Study in the History of Evolution Theory (Cambridge, MA: Harvard University Press, 1964)

Pietsch, T. W., Historical Portrait of the Progress of Ichthyology from Its Origins to Our Own Time. Georges Cuvier (Baltimore: Johns Hopkins University Press, 1995)

Rudwick, M. J. S., Georges Cuvier, Fossil Bones and Geological Catastrophes. New Translations and Interpretations of the Primary Texts (Chicago and London: University of Chicago Press, 1997)

Rudwick, M. J. S., Bursting the Limits of Time. The Reconstruction of Geohistory in the Age of Revolution (Chicago and London: University of Chicago Press, 2005)

Taquet P., Georges Cuvier. Naissance d' un Génie (Paris: Odile Jacob, 2006)

十九世纪

威廉·史密斯

Morton, J. L., Strata: *The Remarkable Life Story of William Smith, 'the Father of English Geology'* (Horsham: Brocken Spectre Publishing, 2nd ed., 2004)

Phillips, J., *Memoirs of William Smith, LL.D.* (London: John Murray, 1884; reprinted 2004 by the History of Geology Group of the Geological Society, London)

Sheppard, T., *William Smith: His Maps and Memoirs* (Hull: A. Brown & Sons, 1917, *Proceedings of the Yorkshire Geological Society*, 19. 75-253; reprinted 1920)

亚历山大·冯·洪堡

Botting, Douglas, *Humboldt and the Cosmos* (London: Michael Joseph; New York: Harper & Row, 1973)

Helferich, Gerard, *Humboldt's Cosmos: Alexander von Humboldt and the Latin American Journey that Changed the Way We See the World* (New York: Gotham Books, 2004)

Humboldt, Alexander von, *Personal Narrative of a Journey to the Equinoctial Regions of the New Continent* (London: Penguin, 1995)

约翰·詹姆斯·奥杜邦

Blaugrund, Annette and Stebbins, Theodore E., Jr. (eds), *John James Audubon: The Watercolors for "The Birds of America"* (New York: Villard Books, Random House and The New-York Historical Society, 1993)

Davis, Duff Hart, *Audubon's Elephant: America's Greatest Naturalist and the Making of "The Birds of America"* (New York: H. Holt, 2004)

Ford, Alice, *John James Audubon* (Norman: University of Oklahoma Press, 1965; 2nd ed. New York: Abbeville Press, 1988)

Fries, Waldemar H., *The Double Elephant Folio: The Story of Audubon's "Birds of America"* (Chicago: American Library Association, 1973; 2nd ed. Amherst, MA: Zenaida Publishing, 2005)

Low, Suzanne M., *An Index and Guide to Audubon's "Birds of America"* (New York: Abbeville Press, 1988; 2nd ed., New Haven and New York: William Reese Company & Donald A. Heald, 2002)

Rhodes, Richard, *John James Audubon: The Making of An*

American (New York: Alfred A. Knopf, 2004)

Souder, William, *Under a Wild Sky: John James Audubon and the Making of the "Birds of America"* (New York: North Point Press, 2004)

威廉·巴克兰

Cadbury, D., *The Dinosaur Hunters* (London: Fourth Estate, 2000); *Terrible Lizard: The First Dinosaur Hunters and the Birth of a New Science* (New York: Holt, 2001)

Cook, J., 'The discovery of British antiquity', in K. Sloan (ed.) *Enlightenment. Discovering the World in the Eighteenth Century* (London: British Museum Press, 2003)

Rudwick, M. J. S., *Bursting the Limits of Time. The Reconstruction of Geohistory in the Age of Revolution* (Chicago and London: University of Chicago Press, 2005)

Rupke, N. A., *The Great Chain of History. William Buckland and the English School of Geology. (1814-1849)* (Oxford: Clarendon Press, 1983)

查尔斯·莱尔

Blundell, D. J. and Scott, D. C. (eds), *Lyell: The Past is the Key to the Present*. Geological Society Special Publication (London: Geological Society, 1998)

Lyell, C., *Principles of Geology* (London: Penguin, 1997)

Rudwick, M. J. S., *The Great Devonian Controversy: The Shaping of Scientific Knowledge among Gentlemanly Specialists* (Chicago and London: University of Chicago Press, 1985)

Rudwick, M. J. S., *The Meaning of Fossils: Episodes in the History of Paleontology* (London: Macdonald; New York: Elsevier, 1972)

玛丽·安宁

Goodhue, Thomas W., *Fossil Hunter. The Life and Times of Mary Anning* (1799-1847) (Bethesda: Academica Press, 2004)

Lang, W. D., *Proceedings of the Dorset Natural History and Archaeological Society*, vols 60, 62, 66, 68, 71, 74, 76,80 & 81

Tickell, Crispin, *Mary Anning of Lyme Regis* (Lyme Regis: Philpot Museum, 1996 and 1998)

Torrens, Hugh, 'Mary Anning (1799-1847)', Presidential address to the British Society for the History of Science, April 1993

理查德·欧文

Camardi, Giovanni, 'Richard Owen, Morphology and Evolution', *Journal of History of Biology*, 34 (2001), 481-515

MacLeod, Roy M., 'Evolution and Richard Owen', Isis, 56 (1965) 259-80

Owen, Richard S., *The Life of Richard Owen*, 2 vols (London: John Murray, 1894)

Richards, Evelleen, 'A question of property rights: Richard Owen's evolutionism reassessed', *British Journal for the History of Science*, 20 (1987) 129-71

Rupke, N. A. 1994. *Richard Owen: Victorian Naturalist* (New Haven and London: Yale University Press)

让·路易斯·鲁道夫·阿加西斯

Agassiz, Elizabeth Cary, *Louis Agassiz, His Life and Correspondence* (Boston and New York: Houghton Mifflin, 1885)

Guyot, Arnold Henry, *Memoir of Louis Agassiz, 1807- 1873* (Princeton: C. S. Robinson and Co., 1883)

Lurie, Edward, *Louis Agassiz: A Life in Science* (Chicago:

University of Chicago Press, 1960)

Marcou, Jules, *Life, Letters and Works of Louis Agassiz* (New York: MacMillan, 1895)

Thuillier, Pierre, 'Un anti-évolutionniste exemplaire: Louis Agassiz' *Revue des QE.estions Scientifiques* 145 (1974),195-215,405-24

Walcott, Charles Doolittle, Louis Agassiz *Smithsonian Miscellaneous Collections* 50 (IV) (1908), 216-18

查尔斯·达尔文

Browne, E. J., *Charles Darwin, a Biography*, 2 vols (New York: Knopf: 1995 and 2002)

Desmond, Adrian and Moore, James, *Darwin, the Life of a Tormented Evolutionist* (New York: W. W. Norton, 1991)

Keynes, Randal, *Annie's Box* (London: Fourth Estate, 2002)

Keynes, Richard Darwin, The Beagle Record (Cambridge: Cambridge University Press, 1979)

Herbert, Sandra, Charles Darwin, Geologist (Ithaca: Cornell University Press, 2005)

Hodge, Jonathan and Radick, Gregory (eds), The Cambridge Companion to Darwin (Cambridge: Cambridge University Press, 2003)

http:// darwin-online.org.uk

http://www.darwinproject.ac.uk

阿尔弗雷德·罗素·华莱士

Berry, A. (ed.), *Infinite Tropics: An Alfred Russel Wallace Anthology* (London and New York: Verso, 2002) Raby, P., *Alfred Russel Wallace: A Life* (London: Chatto & Windus, 2001)

Knapp, S., *Footsteps in the Forest: Alfred Russel Wallace in the Amazon* (London: Natural History Museum, 1999)

Van Oosterzee, P., *Where Worlds Collide: The Wallace Line* (Ithaca and London: Cornell University Press, 1997)

Wallace, A. R. 1869. *The Malay Archipelago: The Land of the Orang-utan and the Bird of Paradise, A Narrative of Travel with Studies of Man and Nature* (London: Macmillan & Co., 1869; facsimile reprint edition, New York: Dover Publications, 1962)

Wallace, A. R., *Peixes do Rio Negro/Fishes of the Rio Negro*, organized by M. de Toledo-Pizo Ragazzo (Sao Paulo: Editora da Universidade de Sao Paulo, 2000)

Wilson, J. G., *The Forgotten Naturalist: In Search of Alfred Russel Wallace* (Kew, Victoria, Australia: Arcadia, 2000)

阿萨·格雷

Dupree, A. H., Asa Gray: American Botanist, Friend of Darwin. (Baltimore and London: The Johns Hopkins University Press, 1959)

Gray, J. L. (ed.), The Letters of Asa Gray, 2 vols (London: MacMillan & Co., 1893)

插图来源

a: 上; b: 下; c: 中; l: 左; r: 右

目录 6 Natural History Museum, London; 3 Alamy/Visual Arts Library, London; 4 Alamy/David Sanger Photography; 7, 8, 9, 10, 13 Natural History Museum, London; 17ar Topkapi Palace Museum, Istanbul; 17cr Natural History Museum, London; 18 Bridgeman Art Library/Vatican Museums and Galleries, Vatican City; 21 Natural History Museum, London; 23 Bridgeman Art Library/Archives Charmet, Bibliothèque Sainte-Genevieve, Paris; 24 Bridgeman Art Library/Stapleton Collection, Private Collection; 27 Alamy /The Print Collector; 28, 31 Natural History Museum, London; 32 Freer Gallery of Art, Smithsonian Institution, Washington, D.C. Purchase, F1938.1; 34 Bridgeman Art Library / Accademia Italiana, London, Private Collection; 36 Courtesy of History of Science Collections, University of Oklahoma Libraries; 37 Alamy /Visual Arts Library London; 38 Bridgeman Art Library / Alinari, Biblioteca Estense, Modena; 42 University Library of Bologna; 45 Bibliothèque nationale de France, Paris; 47 Courtesy History of Science Collections, University of Oklahoma Libraries; 48al & ar Österreichische Nationalbibliothek, Vienna; 50, 52, 53, 54 Courtesy History of Science Collections, University of Oklahoma Libraries; 56 Österreichische Nationalbibliothek, Vienna; 59 Corbis/ Archivo Iconografico/Krause Johansen; 60a, c & b Natural History Museum, London; 61 University Library of Bologna; 63 Courtesy Sezione Botanica del Museo di Storia Naturale dell'Università di Firenze, Florence; 66, 68 1&r Natural History Museum, London; 69 Bibliothèque nationale de France, Paris; 72, 74, 76, 81 Natural History Museum, London; 82 Alamy /INTERFOTO Pressebildagentur; 83 Natural History Museum, London; 84 Courtesy The Royal Library, Copenhagen; 85 akg-images; 86, 88, 90 Natural History Museum, London; 92 Courtesy History of Science . Collections, University of Oklahoma Libraries; 93 Natural History Museum, London; 94 Courtesy the Institute of Medical Anatomy, University of Copenhagen; 98 Natural History Museum, London; 101 National Portrait Gallery, London; 103 Natural History Museum, London; 104 Wellcome Library, London; 106 Narural History Museum, London; 108 © The Royal Society, London; 110, 111 Natural History Museum, London; 114, 115© The Royal Society, London; 116 Courtesy History of Science Collections, University of Oklahoma Libraries; 120 Courtesy Museum Boerhaave, Leiden/Rijksmuseum voor de Geschiedenis van de Natuurwetenschappen en van de Geneeskunde, Leiden, Netherlands, inv. PO7252; 118 Courtesy University Museum, Utrecht; 122, 123a &b, 124, 125, 126, 128 Natural History Museum, London; 130 Staatliche Museen, Berlin Kupferstichkabinett Kd/8929; 131 Germanisches Nationalmuseum, Nünrberg, Inv, Nr Hz 3/1; 132 Staatsbibliothek, Bamberg, Inv. Nr. 1 B 90; 133, 134, 136, 138, 139, 141, 143, 144, 146, 148, 150, 151, 153, 154, 157, 159, 160 Natural History Museum, London; 161 Courtesy History of Science Collections, University of Oklahoma Libraries; 163 Natural History Museum, London; 164 Courtesy History of Science Collections, University of Oklahoma Libraries; 166 Alamy/INTERFOTO Pressebildagentur; 167 Private Collection; 168, 170, 173, 174, 177 Natural History Museum, London; 178 Alamy/Visual Arts Library, London; 180, 181, 182, 185 Natural History Museum, London; 187 Courtesy Independence National Historical Park Collection, Philadelphia; 188, 189, 191, 192, 193, 194, 198 Natural History Museum, London; 201 Natural History Museum of Denmark/Photo Geert Brovad; 202 Deutsche Gesellschaft für allgemeine und angewandte Entomologie e.V., Geschäftsstelle am DEI, Müncheberg/Photo Christian Kutzscher, Deutsches Entomologisches Institut, Müncheberg; 204, 206, 208, 210, 212a & b Natural History Museum, London; 217, 218 Wellcome Library, London; 220 Natural History Museum, London; 222 Bridgeman Art Library /Bibliothèque de l'Institut de France, Paris; 224, 225, 227, 228 Natural History Museum, London; 229 From C. E. von Baer, De ovi mammalium et hominis genesi, 1827; 233 Courtesy History of Science Collections, University of Oklahoma Libraries; 234a Natural History Museum, London; 235b Courtesy History of Science Collections, University of Oklahoma Libraries; 236, 238, 240 Natural History Museum, London; 242 Courtesy History of Science Collections, University of Oklahoma Libraries; 243, 245, 244, 246, 248 Natural History Museum, London; 250 Staatliche Museen, Berlin; 251, 252 Natural History Museum, London; 256 The Collection of The New-York Historical Society, Purchased for the Society by public subscription from Mrs. John J. Audubon, 1863.17.26; 259 The Collection of The New-York Historical Society, Purchased for the Society by public subscription from Mrs. John J. Audubon, 1863.17.311; 260 Natural History Museum, London; 262 The Collection of The New-York Historical Society, Purchased for the Society by public subscription from Mrs. John J. Audubon, 1863.17.76; 264, 265, 266-267, 269, 270, 271 1-r, 274, 279, 280, 282, Natural History Museum, London; 286, 288 Archives of the Ernst Mayr Library, Museum of Comparative Zoology, Harvard University, Cambridge; 289, 292, 294, 295, 296 Natural History Museum, London; 299 Sotheby's Picture Library, London; 302, 303, 304, 305, 306a&b, 309, 312, 314, 315, 317, 目录 1, 目录 2, 目录 5 Natural History Museum, London. Endpapers Natural History Museum, London.

索 引

斜体页码表示出现在插图中

A

Abernethy, John 约翰·阿伯内西 279

Academy of Sciences: French 科学院：法国 158, 159, 160, 164, 175, 216, 218, 223, 227; Russian 俄国 166

Academy of Natural Sciences 自然科学院（美国）189

Act of Uniformity, The 宗教统一法案 100

Adanson, Michel 米歇尔·阿当松 84, 171-175, 215, 216

Aelian伊良 77

Africa 非洲 58, 73, 171, 172, 175, 197, 295; North Africa 北非 31, 36

Agassiz, Jean Louis Rodolphe 让·路易斯·鲁道夫·阿加西斯 237, 267, 277, 284-290, 316

agriculture 农业 2, 3, 36, 178

Aiton, William威廉·艾顿 196

Alaska 阿拉斯加 8, 87, 145, 165-166

Albermarle, Duke and Duchess of 阿尔伯马尔公爵和公爵夫人 124, 127

Albert the Great 大艾伯特 77

alchemy 炼金术 43

Aldrovandi, Ulisse乌利塞·阿尔德罗万迪 5, 43-44, 58-61, 75

Aleuts 阿留申人 166, 169

Alexander the Great 亚历山大大帝 2, 3, 20

algae 藻类 117, 120

Allen, Thomas 托马斯·艾伦 277

al-Moubbachir 艾尔－孟巴基尔 3

al-Razi 艾拉－拉齐 75

Amazon 亚马孙 250, 285, 303-305; basin 盆地 226, 303

America 美洲；美国 11, 86-87, 137, 140, 185, 232, 237, 247, 253, 258, 262, 284-285, 288, 311, 316; 殖民地 140, 145, 184; 北美 6, 80, 87, 127, 137-138, 172, 183, 196, 237, 272, 313, 315, 316; South 南美 11, 194, 232, 247, 249, 254, 290, 293-294, 296, 304; West 美国西部 311-316

American Civil War 美国内战 316

American Independence 美国独立 186-189

American Philosophical Society 美国哲学学会 189

Amsterdam 阿姆斯特丹 113, 132, 154

analogy / analogues 同功/同功器官 280-281

anatomy 解剖学 48, 65, 68, 84, 88, 121, 171, 200, 263, 279, 283, 298; comparative 比较解剖学 65, 226, 278-283

Anaximander of Miletus米利都的阿那克西曼德 16

Ancien Régime 法国大革命前的旧制度 158

Andes 安第斯山脉 250, 293, 294, 298

Angers 昂热 156, 158

Animal Kingdom 动物界 221, 223, 226-227

Anning, Mary 玛丽·安宁 233, *234*, 265, 273-277

Apicius 阿比修斯 73

apothecaries 药剂师 48-49, 58-59, 67, 71
Arabia 阿拉伯半岛 67, 75
archaeology 考古学 263
archetype 原型 278, 281-283
Arctic 北极 87, 165, 295
Areios阿列依奥斯 29
Arellius Fuscus 奥里利乌斯·弗斯库斯 35
Aristotle 亚里士多德 1, *3*, 3-4, *4*, 5, 6, 16, *17*, 19-22, 25, 26, *27*, 43, 44, 58, 64, 73, 77, 80, 96, 99, 152, 205, 223, 287
Asia 亚洲 58, 145, 165
Asia Minor小亚细亚 19, 33, 67
Assam 阿萨姆邦 196
astronomy 天文学 19, 20, 25, 39
Athens 雅典 19, 25, *27*
Atkins, Anna 安娜·阿特金斯 212
Atlantic Ocean大西洋 26, 31, 305
Audubon, John James 约翰·詹姆斯·奥杜邦 11, *86*, 232, *238*, 255-262
Audubon, John Woodhouse 约翰·伍德豪斯·奥杜邦 261
Audubon, Lucy Bakewell露西·贝克韦尔·奥杜邦 260
Audubon society 奥杜邦学会 262
Audubon, Victor Gifford维克托·吉福德·奥杜邦 261
Augsburg奥格斯堡 *76*
Australia 澳大利亚 7, 85, 87, 195, 196, 197, 198, 293, 308
Austria 奥地利 202
Autenrieth, Johann Hermann Ferdinand von 约翰·赫尔曼·费迪南德·冯·奥滕里特 287
Avacha (Awatscha) Bay 阿瓦查湾 166, *166*
Averroes (Ibn Rushd) 阿威罗伊（伊本·路世德）64
Azores亚速尔群岛 194, 197

B

Bachman, Reverend John 约翰·巴克曼教士 261
Bacon, Francis 弗朗西斯·培根 5, 80, 99
bacteria 细菌 6, 113, 117
Baillon, Henri亨利·巴永 175
Bali 巴厘岛 308
Balzac, Honoré de 奥诺雷·德·巴尔扎克 226
Banks, Joseph 约瑟夫·班克斯 7, *29*, 87, 190-198, *198*, 202
Barclay, John 约翰·巴克利 279
Barry, Sir Charles 查尔斯·巴里爵士 245
Bartram, John 约翰·巴特拉姆 142, 184, *189*
Bartram, William 威廉·巴特拉姆 *9*, 9, 11, 87, 183-189, *187*, *189*, 258
Basel 巴塞尔 71
Bates, Henry Walter 亨利·沃尔特·贝茨 304
Baty巴蒂 253
Bauer, Ferdinand Lukas费迪南德·卢卡斯·鲍尔 31, 33
Bauhin, Gaspard加斯帕德·鲍欣 152
Bavaria 巴伐利亚 226
Beagle, HMS 皇家海军舰艇小猎犬号 237, 247, 291, *292*, 292, 293-294, *294*, 296, 298, 300
Beche, Henry Thomas De la 亨利·托马斯·德·拉·贝什 245
Beijing 北京 253
Belem 贝伦 304
Belgium 比利时 100
Belon, Pierre 皮埃尔·贝隆 *45*, 65-70, 71, 75
Bering Island 白令岛 166, 167, *168*
Bering, Vitus 维图斯·白令 *8*, *82*, 87, *166*, 166
Berkelse Mere 博凯尔斯梅尔湖 116
Berlin 柏林 248, 253, 254, 313
bestiaries 动物寓言集 44
Bible《圣经》6, 87, 89, 95, 96, 97, 162, 205, 206, 233, 264, 270, 274, 275, 287, 297
binomial system of nomenclature 双名命名法 147, 149, *150*, 152, 155, 175, 200; 又见 Linnaeus, Carl 卡尔·林奈
biochemistry 生物化学 152

biogeography 生物地理学 308
biology 生物学 12, 82, 109, 199, 213, 297, 310; comparative 比较生物学 284
Black Notley 布莱克诺特利 99, 101
Bligh, Captain James 詹姆斯・布莱船长 196
Bock, Hieronymus 希耶罗尼姆斯・博克 49, 51, 55
Boerhaave, Herman 赫尔曼・布尔哈夫 149
Bologna 博洛尼亚 5, 44, 52, 58, 59, *59*, 61
Bonnet, Charles 查尔斯・邦尼特 223
Bonpland, Aimé 艾梅・邦普朗 *234*, *247*, 249, 250, 251, 253, 303
Boone, Daniel 丹尼尔・布恩 257
Borel, Pierre 皮埃尔・博雷尔 109
botanical gardens 植物园 9, 12, 62; Bologna 博洛尼亚植物园 59; Calacutta 加尔各答植物园 196; Cambridge (Trinity College) 剑桥（三一学院）植物园 100; Kew 邱园 190, 196-197, 198, 297, 304; Missouri 密苏里植物园 316; Padua 帕多瓦植物园 62; Pisa 比萨植物园 62; Rome 罗马植物园 63; Uppsala 乌普萨拉植物园 147
botany 植物学 25, 26, 30, 31, *36*, 39, 44, 46, 48, 49, 57, 62, 100, 101, 102, 121, 127, 155, 159, 171, 172, 190, 216, 221, 249, 254
Botany Bay 植物学湾 85, 195, 196, 197, *198*
Bougainville, Louis-Antoine de 路易斯-安托万・德・布干维尔 248
Bowen, J. T. J. T. 鲍恩 261
Boyle, Robert 罗伯特・波义耳 97, 108, 121
Brazil 巴西 196, 247, 304
Brazos River 布拉索斯河 *313*
Breydenbach, Bernhard von 伯恩哈德・冯・布莱顿巴赫 75
Britain 英国 *11*, 100, 128, 172, 195, 196, 197, 253, 258, 293, 296, 303
British Museum 大英博物馆 86, 121, 128, 192, *193*, 229, 235, 279
British Museum (Natural History) 大英博物馆（自然）见 Natural History Museum, London
Bromley 布罗姆利 297
Brongniart, Alexandre 亚历山大・布隆尼亚尔 226
Broussonet, P. M. A. P. M. A. 布鲁索内 202
Brunfels, Otto 奥托・布伦费尔斯 30, 43, 44, 49, 51, 55
Buchan, Alexander 亚历山大・巴肯 195
Buckland, William 威廉・巴克兰 227, *233*, 233, *235*, 263-267, *265*, *266*, 268, 275
Buffon, Comte de 布封伯爵 9, 84, 89, 156-164, 178, 205, 210, 216
Burkhardt, Jacques 雅克・布克哈特 *287*, *288*

C

Caen 卡昂 221, 223
Cajambe 卡嘉姆伯山 248
Calais 加来 101
Calcutta: Botanic Garden 加尔各答：植物园 196
California 加利福尼亚 169
Calkin, Lance 兰斯・卡尔金 *260*
Cambridge 剑桥 80, 93, 99, 176, 291, 292
Cambridgeshire 剑桥郡 297
Canada 加拿大 193, 196
Canaries 加那利群岛 197
Cape St Elias 圣伊莱亚斯角 166
Cape Verde Islands 佛得角群岛 294
Caribbean 加勒比海 7
Carolina colony 卡罗来纳殖民地 6, 86, 137, 166
Caspian Sea 里海 253
CastraVetera 克桑顿 36
Catastrophism 灾变说 89, 233, 264, 285
Catesby, Mark 马克・凯茨比 6, *11*, *86*, 86, 87, 137-145, *137*, *138*, *141*, *143*, *145*, *147*, 166, 184
Celsius, Olof 奥洛夫・摄尔修斯 148
Cesalpino, Andrea 安德烈亚・切萨尔皮诺 5, 44, 62-64,

83, 101, 219
Chain of Being 存在之链 152, 223
Chalcis 哈尔基斯 20
Chambers, Robert 罗伯特·钱伯斯 298
Channel, English 英吉利海峡 241
Charles Ⅰ 查理一世 65
Charles Ⅴ 查理五世 *54*, 77
Charlottenborg Institution 夏洛特堡 203
Chatham Dockyard 查塔姆船坞 241
Chelsea Physic Garden 切尔西药用植物园 121, 192
chemistry 化学 33, 171, 212, 213, 223, 263
Cherokee people 切诺基人 184, 187
Children, John George 约翰·乔治·奇尔德伦 *212*
Chimborazo 钦博拉索山 *248*, 250, 253
China 中国 165, 198
Chirikov, Aleksei阿列克谢·奇里科夫 166, 169
circulation of blood 血液循环 62
Clark, William威廉·克拉克 311
classification, systems of 分类系统 6, 8, 11, 22, 64, 83-84, 101-102, 104, 105, 147, 149, 150, 155, 164, 171, 200, 203, 210, 211, 216, *217*, 232, 237, 248, 295; artificial 人为分类系统 149, 155, 164, 203, 211; of birds 鸟类分类系统 69; insect昆虫分类系统 199-203; natural自然分类系统 8, 64, 83, *99*, 102, 104, 105, *173*, 215-219; of plants 植物分类系统 102, *104*, 223; sexual method 性器官分类系统 6, 147, 148, *151*, 171-175
Claudius, emperor 古罗马帝国皇帝克劳迪亚斯 29
Clement Ⅷ, Pope 教皇克莱门特八世 62
climate 气候 11, 232, 249, 267
climatology气候学 247, 254
Coleridge, Samuel Taylor 塞缪尔·泰勒·柯勒律治 176, 186
Collinson, Peter 彼得·科林森 142, 184, 192
Colombia 哥伦比亚 247, 250
Colombo, Realdo 里尔多·科隆博 62
Commelin, Caspar 卡斯帕·科默兰 132
Comparative anatomy 比较解剖学 65, 221, 229, 278-283; 又见 anatomy
Condorcet, Marquis de孔多塞侯爵 164
Constantinople 君士坦丁堡 67
Cook, Captain James 詹姆斯·库克船长 7, 87, 190, 195, 203, 249
Cooper, James Fenimore詹姆斯·费尼莫尔·库柏 260
Copenhagen 哥本哈根 *84*, *201*, 202-203
Copper Island铜岛 168
Cordilleras 科迪勒拉山系 248
Cordus, Euricius欧里奇乌斯·科尔都斯 49, 55
Cordus, Valerius瓦勒留斯·科尔都斯 55, 67
Cramer, Gabriel 加布里埃尔·克拉默 158
Creek people 克里克人 184, 187
Creteuas 克里特奥斯 29, 30, 39
Cromwell, Oliver 奥利弗·克伦威尔 80
Cuba 古巴 247, 250
Cuvier, Georges 乔治·居维叶 22, 89-90, *90*, 164, *171*, 202, 214, 221-230, *221*, *222*, *224*, *225*, *229*, 233, 265, 280, 281, 285

D

Dalarna region, Sweden达拉纳地区，瑞士 149
Dale, Samuel塞缪尔·戴尔 138, 140
Dampier, William威廉·丹皮尔 85
Darien, Georgia达连湾，佐治亚 185
Darwin, Annie 安妮·达尔文 298
Darwin Charles 查尔斯·达尔文 1, 11-12, 22, 67, 85, 90, 179, 199, 209, 212, 223, 229, 232, 235, 237, 247, 254, 261, 272, 275, 278, 281-283, 285, 290, 291-300, *292*, *294*, *295*, *296*, *299*, 301, 308-310, 313, 316; Origin of Species 物种起源 278, 281, 285, 298, 316
Darwin, Erasmus伊拉斯谟斯·达尔文 12, *80*, *88*, 89, 150, 176-181, *177*, *178*, *181*, 209, 214, 293
Daubenton, Louis-Jean-Marie 路易·让-玛丽·道本顿

159
deep time 深邃时间 273, 275
Delft代尔夫特 113, 114, *114*, *116*
Democritus 德谟克利特 21
Denmark 丹麦 91, 200
Derham, William 威廉·德勒姆 108
Descartes, René勒内·笛卡尔 5, 80, 95
Desfontaines, René Louiche 勒内·卢伊什·德方丹 211
Devisme, Gerard杰勒德·德维姆 194
Dijon 第戎 156, 158
Dillenius, Johann Jakob约翰·雅各布·蒂伦尼乌斯 140, 141, *153*
dinosaurs 恐龙 235, *236*, 241, 263, 265, 266, 280
Diocles of Carystus 卡律司托斯的狄俄克勒斯 29
Dioscorides, Pedianos珀达尼奥斯·迪奥斯科里斯 4, 5, *17*, 17, *24*, 25, 29-33, *29*, *31*, *32*, 39, 43, *46*, 55, 57, 72, 73, 75
dissection 解剖 68, 91, 93, 94, 95, 221, 261, 279
Donne, B. F. B. F. 唐纳 *276*
Dorset多塞特 274
Down House 唐恩小筑 *294*, 297, 309
Drury, Dru德鲁·德鲁里 202
Dublin: Trinity College 都柏林圣三一学院 244
Dubois, Charles 查尔斯·杜布瓦 140
Ducie, Lord 迪西勋爵 245
Dürer, Albrecht 阿尔布雷希特·丢勒 *7*, 49, 75

E

Earth: age of 地球：年龄 87, 88, 89, 205-207, 232, 235, 239, 274, 275; magnetic equator 地磁赤道 247; magnetic field 磁场 247, 250
East India Company 东印度公司 120, 140, 171, 196, 203; Dutch
ecology 生态学 6, 137, 171, 189, 237, 248, 254, 264, 291, 297, 310
Ecuador 厄瓜多尔 247, 250, *252*
Edgeworth, Richard理查德·埃奇沃思 *178*
Edinburgh 爱丁堡 176, 200, *204*, 205, 258, 279, 291, 294
Edwards, George 乔治·爱德华兹 *182*
Egypt / Egyptians 埃及/埃及人 2, 26, 67, *67*
Ehret, Georg格奥尔格·埃雷特 *151*
Eltham埃尔特姆 141
embryos / embryology胚胎/胚胎学 12, 65, 68, *80*, *88*, 90, 178, 179, 237, 284, 285
Empedocles 恩培多克勒 16, 21
Endeavour 奋进号 190, 195
Engelmann, Dr George 乔治·恩格尔曼博士 *315*, 315
England英 国 6, 33, 83, 85-86, 93, 137-138, 140-142, 215, 227, 232-233, 239, 241-244, 249, 258, 278-279, 304-305
Enlightenment 启蒙运动 80-230
entomology 昆虫学 85, 129, 135, 221; foundations of 昆虫学的建立 200-203
Eocene 始新世 272
Erfurt 埃尔福特（大学）46, 49
Erlangen埃朗根（大学）285
erosion 侵蚀作用 89, 205, 267
Eskimos 爱斯基摩人 194
Essex埃塞克斯郡 99, 101, 138
ethics 伦理 19, 25
ethnography 人种学 253, 254
Euboea埃维厄岛 20
evolution 进化 11, 12, 26, 178-179, 200, 272, 281-283, 284, 287, 290, 294-298; background to 进化学说的背景 87-90;又见natural selection 自然选择
extinction 灭绝 221-230, 268

F

Fabricius, Johann Christian约翰·克里斯蒂安·法布里丘斯 85, 199-203

Fairchild, Thomas托马斯・费尔切尔德 140, 141
Fendler, Augustus 奥古斯都・芬得勒 315, *315*
Ferrara, University of 费拉拉大学 48
Fingal's Cave 芬戈尔洞 196
FitzRoy, Captain Robert 罗伯特・菲茨罗伊上校 292
Florence 佛罗伦萨 *93*, *94*
Florida 佛罗里达 183, *189*
Flower, Sir William Henry 威廉・亨利・弗劳尔爵士 280
Forster, Georg格奥尔格・福斯特 248, 249
Forster, Johann Reinhold约翰・莱因霍尔德・福斯特 249
fossils 化石 6, 12, 71, *84*, 88-89, *93*, 95-96, 104, 105, 110, 127, 221, 226, 230, *233*, 232, 333, 235, 237, 239, 241, 243, *244*, *245*, 264, 265, 266, *271*, 272, 273-277, 295
Foureau, Hugues 于格・富罗 245
France 法国 36, 65, 67, 84, 100, 101, 104, 121, 158, 159, 164, 171, 172, 177, 179, 202, 205, 210, 211, 215, 221, 223, 249
Francis Ⅰ 弗朗西斯一世 65
Frankfurt am Main美因河畔法兰克福 129, 131
Frankfurt an der Oder 奥得河畔法兰克福 248
Franklin, Benjamin 本杰明・富兰克林 189
French Revolution 法国大革命 9, 175, 177, 202, 211, 215
Fuchs, Leonhart 莱昂哈特・富克斯 5, 30, 43, 46-57
Fuegia Basket菲吉阿・巴斯凯特 293
Fugger family 富格尔家族 77
Füllmaurer, Heinrich海因里希・菲尔毛雷尔 51, *52*

G

Galapagos Islands加拉帕戈斯群岛 *295*, 296, *296*
Galen盖伦 55, 57, 63, 73
Galileo 伽利略 5, 21, 93, 95
Gambia冈比亚 171
Gambia River 冈比亚河 197
Geneva 日内瓦 313
genus, concept of 属的概念 22, 149-152, 172
Geological Society 地质学学会 *242*, 245, 263, 277
geology 地质学 12, 89, 96, 97, 102, 104, 207, 232-233, 235, 237, 239-245, 254, 263, 264, 268, 270-272, 274, 275, 285, 291, 294, 297, 303
geometry 几何学 158, 303
George Ⅲ 乔治三世 176, 195, 196, 197
Georgia 佐治亚州 183, 185
Gerard, John 约翰・杰勒德 *24*, 190
'German Fathers of Botany' "德国的植物学之父" 49
Gessner, Konrad康拉德・格斯纳 7, 44, 71-77, 80
Ghini, Luca 卢卡・吉尼 44, 62
glaciation 冰川作用 12, 267, 285
Glen Tilt格伦倾斜岩层 *270*
glossopetrae 舌石 88, *93*, 95
Goethe, Johann Wolfgang von 约翰・沃尔夫冈・冯・歌德 232, 249, 287
Goodenough, William威廉・古迪纳夫 149
Göttingen, University of 哥廷根大学 248
Gould, John 约翰・古尔德 *168*, *295*, 296
Graaf,Reinier de 雷尼尔・德・格拉夫 115
Graff, Dorothea Maria多罗西娅・玛丽亚・格拉夫 129, 132
Gray, Asa 阿萨・格雷 237, 290, 311-316
'Great Chain of Being' "存在之链" 152, 223
Great Fire of London 伦敦大火 112
Great Northern Expedition 北方大探险 165, 166
Greece / Greeks 希腊/希腊人 1, 2, 16, 17, 19, 30, 40, 67, *67*, 73
Gronovius, J. F. J. F. 赫罗诺维厄斯 149
Guayaquil, River瓜亚基尔河 *13*

H

Haeckel, Ernst 恩斯特・海克尔 287
Hannibal汉尼拔 73

Harderwijk, University of 哈尔德韦克大学 149
Harvard University 哈佛大学 237, 285, 313, 316
Harvey, William威廉・哈维 2
Havell Jr, Robert 小罗伯特・哈维尔 258
Hawaii 夏威夷 197
Hebrides赫布里底群岛 195
Heidelberg海德堡 285
Henry Ⅱ of France 法国国王亨利二世 70
Henslow, John约翰・亨斯洛 247
herbalism草药学 29, 30, 33
herbals 草本植物志 30, 43-44, 49, 51, 55, *63*, 173
herbaria 干燥标本集 44, 64, 140, 196, 237, 303, 313
Herculaneum赫库兰尼姆 39
Herschel, John 约翰・赫歇尔 293
Herwart, Johann Heinrich 约翰・海因里希・赫瓦特 *76*
Hildegard of Bingen宾根的希尔德加德 43
Hill, Lord 希尔勋爵 *299*
Hippocrates 希波克拉底 21, 30
Holland 荷兰见 Netherlands
Home, Sir Everard 埃弗哈德・霍姆爵士 279
Homology 同源 *68*, 70, 211, 278, *279*
Honduras 洪都拉斯 196
Hooke, Robert罗伯特・胡克 6, 80, 82, *85*, 107-112, 114, 115, 116, 118
Hooker, Sir William 威廉・胡克爵士 304, 313
horticulture 园艺 137, 140, 142, 145, *154*, 184
Hortus Elthamensis《埃尔特姆植物园》140, 153
Houston, William 威廉・休斯顿 197
Humboldt, Alexander von 亚历山大・冯・洪堡 1, 11, *12*, *13*, 189, 232, *234*, 247-254, 293, 303
Hunter, Captain James詹姆斯・亨特船长 195
Hunter, John 约翰・亨特 202, 279
Hunter, William 威廉・亨特 202
Hutton, James 詹姆斯・赫顿 89, 205-207, 235, 264, 268, 273, 275
Huxley, Sir Andrew 安德鲁・赫胥黎爵士 *115*
Huxley, Thomas Henry 托马斯・亨利・赫胥黎 237, 278, *282*, 297, 310

I

Iberian Peninsula 伊比利亚半岛 194, 216
Ice Age 冰期 267, 285
Iceland 冰岛 194, 195
India 印度 171, 196, 198
Indian Ocean 印度洋 31, 293
Indies印度群岛 165; East 东印度群岛 203; West西印度群岛 124, 198
Indonesia 印度尼西亚 307
Industrial Revolution 工业革命 97
Ingolstadt 因戈尔施塔特 48
inheritance of acquired characteristics 获得性性状的遗传 209-214
Inquisition宗教法庭 62, 64
invertebrates 无脊椎动物 9, 22, 211, 214
Irkutsk伊尔库茨克 167
Islamic scholars 伊斯兰学者 3, 43
Italy 意大利 35, 36, 48, 55, 58, 62, 67, *67*, 95, 100, 202, 227, *269*

J

Jamaica 牙买加 85, 124, 127, 197
James, Henry 亨利・詹姆斯 *288*, 290
James, William 威廉・詹姆斯 *288*, 290
Japan 日本 127, 152
Jardin du Roi(Jardin des Plantes) 法国皇家植物园 156, 159, 164, 171, 190, 196, 210-211, 216, 218;又见 Muséum d'Histoire naturelle
Jedburgh杰德堡 *206*
Jefferson, Thomas 托马斯・杰斐逊 87, 189, 253, 311
Jekyll, Nicholas 尼古拉斯・杰基尔 138

John Paul Ⅱ, Pope 教皇约翰・保罗二世 97
Jones, William 威廉・琼斯 202
Jussieu, Adrien de阿德里安・德・裕苏 216
Jussieu, Antoine de 安东尼・德・裕苏 216
Jussieu, Antoine-Laurent de 安东尼–劳伦・德・裕苏 85, 172, 202, 211, 215-219, 223
Jussieu, Bernard de伯纳德・德・裕苏 159, 172, 175, 216, 218, 219

K

Kamchadal people 堪察加人 167, 169
Kamchatka 堪察加半岛 8, 82, 87, *166*, 166, 167
Karlsruhe卡尔斯鲁厄 135
Kayak Island卡亚克岛 166
Keeling Islands基林群岛 294
Kent 肯特郡 *294*, 297
Kentmann, Johannes约翰内斯・肯特曼 76
Kew Gardens 邱园 190, 196-197, 198, 297, 304
Kickius, Everhard埃弗哈德・奇可丘斯 *123*, 127
Kiel 基尔 203
Kirkdale Cave柯克代尔洞 *264*, 264
Kuriles千岛群岛 167

L

La Sapienza 罗马大学 62
Labrador 拉布拉多 193, 197
Lahde, G. L. G. L. 拉哈德 *202*
Lamarck, Jean-Baptiste让–巴蒂斯特・拉马克 8, 90, 179, 209-214, *209*, *210*, *212*, 223, 229, 294, 298
Lapland 拉普兰 见 Saamiland
Lausanne 洛桑市 71
Lavoisier, Pierre 皮埃尔・拉瓦锡 212, 223
Lawson, John约翰・劳森 140
Leclerc,Georges-Louis 见 Buffon, Comte de 乔治–路易・勒克莱尔 9, 84, 89, 156-164, 178, 186, 205, 210, 211, 212, 216, 221, 257
Le Conte, Joseph 约瑟夫・勒・孔蒂 287
Leeuwarden吕伐登 129
Leeuwenhoek, Antony van安东尼・范・列文虎克 6, 82, 112, 113-120, *116*, 132
Leibniz, Gottfried戈特弗里德・莱布尼茨 97
Leicester莱斯特 304
Leiden 莱顿 149
Leoniceno, Niccolò尼科洛・莱奥尼切诺 48, 49, 55
Lesbos 莱斯博斯岛 19, 25, *27*
Lewis and Clark expedition 刘易斯和克拉克远征 311
Lewis, Meriwether梅里韦瑟・刘易斯 311
Lichfield利奇菲尔德 176, 177
Ligozzi, Francesco di Mercurio 弗朗西斯科・迪・默丘里奥・利戈齐 *61*
Lincoln, Abraham 亚伯拉罕・林肯 311
Lincolnshire 林肯郡 190
Lindley, John 约翰・林德利 33, 303
Linnaean Society 林奈学会 155, 261, 309;of Paris 巴黎林奈学会 164
Linnaeus, Carl 卡尔・林奈 6, 8, 11, 22, 33, 44, 64, 67, 83, 84, 85, 105, 127, 135, 147-155, 162, 164, 171, 175, 179, 184, *185*, 192, 199, 200, 210, 215, 216, *217*, 219, 221, 227, 232; binomial system of nomenclature 双名命名系统 147, 149, *150*, 152, 155, 175; sexual system for the classification of plants 植物分类的性系统 149, *151*, 215
Linnaeus, Carl the Younger 小卡尔・林奈 155
Lister, Martin马丁・利斯特 124
Lizars, William Home 威廉・霍姆・利扎斯 258
Locke, John 约翰・洛克 83
logic 逻辑 19, 25, 58, 293
Lombok龙目岛 308
London 伦敦 6, *36*, 114, 115, 121, 127, 140, 141, 176, *193*, 196, 200, 202, 258, 260, 277, 297, 301, 303,

304, 305, 313; Zoo 动物园 303
Longfellow, Henry Wadsworth 亨利·沃兹沃思·朗费罗 288
Louis XV 路易十五 158, 218
Louis XVI 路易十六 164
Louisiana 路易斯安那 311
Low Countries 低地国家 249
Lunar Society 月光社 177
Lund 隆德 147
Lyell, Charles查尔斯·莱尔 12, 223, 235, 268-272, 275, 294, 303
Lyme Regis莱姆里杰斯 233, 273, 274, 275, *274*, *276*
Lyons, Israel伊斯雷尔·莱昂斯 192

M

Maastricht马斯特里赫特 226
MacGillivray, William 威廉·麦季理斐 261
Maclise, Joseph约瑟夫·马克莱斯 281
Madagascar 马达加斯加 *209*
Madeira马德拉群岛 197
Magnol, Pierre 皮埃尔·马尼奥尔 121, 215, 216
Magnus, Olaus 奥劳斯·马格纳斯 75
Malay Archipelago 马来群岛 308, 310
Malaysia 马来西亚 12, 237
Malthus, Thomas Robert 托马斯·罗伯特·马尔萨斯 200, 297
mammals哺乳动物 16, 20, 68
Manaus玛瑙斯 305
Mantell, Gideon吉迪恩·曼特尔 235, 241, 265, 268, 277
Maori 毛利人 195
Marrell, Jacob 雅各布·马里尔 129
Martens, Conrad 康拉德·马顿斯 *292*
Martyr, Peter 彼得·马特尔 77
Masson, Francis 弗朗西斯·马森 197
mathematics 数学 22, 25, 58, 156, 158, 159, 293
Maurepas, Comte de 莫尔帕伯爵 158
Medici, Ferdinand de' 费迪南德·德·美第奇 95
Medici, Francesco de' 弗朗西斯科·德·美第奇 64
medicine 医学 2, 3, 20-21, 30, 46, 49, 75, *84*, 121, 216, 279, 291
Mediterranean 地中海 2, 17, 26, 29, 33, 45, 55, 67
Merian, Maria Sibylla 玛丽亚·西比拉·梅里安 *1*, 6, 129-135
metallurgy 冶金学 39
metamorphosis 变态 129-135
metaphysics 形而上学 19
meteorology 气象学 19, 25, 254
Mexico 墨西哥 196, 247, 250
Meyer, Albrecht 阿尔布雷希特·迈耶 51, *52*
Micheli, Pietro Antonio彼得罗·安东尼奥·米切利 150
Michigan 密歇根 313
microbiology 微生物学 82, 113
microscope/microscopy 显微镜/显微镜学 1, 82, 107-112, 113-120, *114*, *115*, *116*, *118*, *120*
Middle Ages 中世纪 *32*, 40, 44, 49
Middleton Hall 米德尔顿城堡 100
Mill Grove格罗夫·米尔 255
Miller, John Frederick 约翰·弗雷德里克·米勒 198
Miller, Philip 菲利普·米勒 192
mineralogy矿物学 31, 39, 62, 263
Miocene 中新世 *271*, 272
Misenum米塞努姆 37
Mississippi River 密西西比河 183
Missouri Botanical Garden 密苏里植物园 316
Moluccas islands 摩鹿加群岛 77
Monaco摩纳哥 210
Montbard 蒙巴尔 156, 158, 159
Montbéliard蒙贝莱 221
Monticello 蒙蒂塞洛 253
Montpellier 蒙彼利埃 71, 216
Montuus, Sebastian 塞巴斯蒂安·蒙特斯 51

Moore, Reverend Garrett 加勒特·穆尔教士 *123*, 124
Moraea, Sara Elisabeth萨拉·伊丽莎白·摩瑞 149
morphology 形态学 26, 46, 57, 73, 152, 283
Moscow 莫斯科 253
Motu aro Island 莫图阿鲁岛 *191*
Munich 慕尼黑 285
Munzinger, Johann Heinrich 约翰·海因里希·蒙青格尔 77
Murchison, Lady 默奇森夫人 277
Murchison, Sir Roderick 罗德里克·默奇森爵士 268, 307
Museum d' Histoire naturelle, Paris 巴黎自然博物馆 211, 216, 223

N

Naples 那不勒斯 37, *269*; Bay of 那不勒斯湾 17
Napoleon 拿破仑 213, 214, 227, 255
Napoleonic war 拿破仑战争 249
Natural History Museum, London 伦敦自然博物馆 121, *128*, 140, *191*, 197, 198, 235
natural selection 自然选择 16, 237, 272, 298, 299, 309, 310
Negro, River尼格罗河 250
Neptunists 水成论者 89, 207, 275
Nero尼禄 29, 37
Netherlands荷兰 100, 113, 114, 129, 149, 200, 227
Neuchatel, University of 纳沙泰尔大学 285
New Guinea 新几内亚 308
New Mexico新墨西哥 *315*
New York纽约 289, 311
New-York Historical Society 纽约历史学会 260
New Zealand 新西兰 7, 87, *191*, 195
Newfoundland 纽芬兰 193, 195, 197
Newton, Isaac 艾萨克·牛顿 21, 80, 93, 109, 112, 127, 158, 300
Nicholas Ⅴ, Pope教皇尼古拉斯五世 26
Nicomachus尼科马科斯 19
Nile, River尼罗河 2
Norfolk诺福克郡 241, *245*
Northeastern Passage 东北航道 165
Norway 挪威 202
Nottingham 诺丁汉 176
Nuremberg纽伦堡 131, *132*, 165

O

oceanography海洋学 247, 254
Ogle, William 威廉·奥格尔 22
Oldenburg, Henry亨利·奥尔登伯格 117
Orange State, Africa 奥兰治自由邦，非洲 197
Orinoco, River 奥里诺科河 250
Orkney Islands奥克尼群岛 195
ornithology 鸟类学 11, 87, 102, 137, 142, 260, 261
Owen, Richard 理查德·欧文 227, 235, *236*, 237, 265, 278-283
Oxford牛津大学；牛津 12, 33, 108, 140, 192, 227, *233*, 233, 237, 263, 268
Oxfordshire 牛津郡 241, 266

P

Pacific Islands 太平洋岛屿 87
Pacific Ocean 太平洋 7, 31, 87, 165, 195, 196, 197, 198, 250, 251, 293, 311, 316
Padua 帕多瓦 62
palaeontology 古生物学 221, 284, 285, 287, 288
Palestine 巴勒斯坦 67
Paley,William威廉·佩利 293
Pampas潘帕斯草原 293, 298
Pará 帕拉 304
Paramaribo帕拉马里博 132

Paris 巴黎 65, 71, 91, 93, 162, 202, 203, *209*, 210, 215, 216, 218, 219, 223, 227, 253, 280, 285, 313
Parkinson, Sydney悉尼・帕金森 195, *198*
Pasteur, Louis 路易斯・巴斯德 2
Peale, Charles Wilson 查尔斯・威尔逊・皮尔 187
Pennant, Thomas 托马斯・彭南特 194, 202
Pennsylvania 宾夕法尼亚 187, 255
Peru 秘鲁 247, 250, *252*
Peter the Great 彼得大帝 *116*, 135, 165
Petiver, James 詹姆斯・佩蒂夫 140
Petropavlovsk 彼得罗巴甫洛夫斯克 *166*
Peutinger, Conrad康拉德・波伊廷格 *74*
pharmacology 药物学 29, 31, 33, *36*, 39, 43
pharmacopoeia 药典 58
Philadelphia 费城 183,184, 185, 253, 257, 258
Philip Ⅱ of Macedonia马其顿国王腓力二世 20
Philippus 马其顿腓力国王 26
Phillips, John 约翰・菲利普斯 242
Philosophy 哲学 25, 39, 58, 62, 71, 268, 293
Phipps, Lieutenant Constantine John 康斯坦丁・约翰・菲普斯中尉 193, 197
Physics 物理学 110, 171
Pisa 比萨 62
Pizarro 皮萨罗号 250
Plants: medicinal properties/uses of 植物：医药性质/用途 44, 46, 51, 55, 57, 63
Plato 柏拉图 *4*, 16, 19, *19*, 25, *27*
Playfair, John约翰・普莱费尔 *206*, 207
Pliny the Elder 老普林尼 4, 17, 35-40, *39*, 57, 58, 73, 77
Pliny the Younger小普林尼 37, 39
Pliocene上新世 272
Plukenet,Leonard伦纳德・普拉肯内特 127
Plymouth普利茅斯 197, 293
Pompeii 庞贝古城 *35*
Portsmouth Dockyard 朴次茅斯船坞 241
Potsdam波茨坦 253
Pound, Ezra埃兹拉・庞德 284
Poverty Bay波弗蒂湾 195
pre-Columbian civilizations 前哥伦布时代的美洲文明 253
'Prime Mover' "原动力" 26
principle of continuity 连续性原则 219
printing press, invention of 印刷机的发明 30
Prussia 普鲁士 210
Ptolemy 埃及的托勒密 26
Publius Pomponius Secundus 普布利乌斯・庞波尼乌斯・塞孔都斯 35
Pyroelectricity 热电 26

R

Raphael 拉斐尔 *4*, *19*
Råshult 拉沙尔特镇 147
Ray, John约翰・雷 6, 44, 64, 83, 99-105, 121, 124, 138, 148, 215, 219, 237
Red River expedition 红河探险 189
Redi, Francesco弗朗西斯科・雷迪 199
Religion 宗教 2, 25, 49, 268; science and科学与宗教 102-105; 又见 Bible
Remmius Palaemon 勒密乌斯・帕莱蒙 35
Renaissance 文艺复兴 5, 17, 25, 26, 30, 33, 41-77, 80, 83
Revesby Abbey 里夫斯比修道院 192
Rhine, River 莱茵河 36, 249
Rio Casiquiare waterway 卡西基亚雷水道 250
Rio Negro 尼格罗河 305, 307
Rio Santa Cruz圣克鲁斯河 292
Rio Solimões索利默伊斯河 304
Robert, Nicolas 尼古拉斯・罗伯特 131
Roberts, George 乔治・罗伯茨 275
Robertson, James詹姆斯・罗伯逊 205
Rocky Mountains 落基山脉 311, 315
Roland, Jean Marie 让・玛丽・罗兰 202

Romantic Movement 浪漫主义运动 90, 184, 189, 232, 249
Rome 罗马 1, 4, 35, 39, 62, 64, 73
Rondelet, Guillaume纪尧姆・龙德莱 71, 75
Roxburgh, William威廉・罗克斯堡 196
Royal College of Surgeons 皇家外科学院 279
Royal Geographical Society 皇家地理学会 307
Royal Society of Edinburgh 爱丁堡皇家学会 205, 207
Royal Society of London 伦敦皇家学会 6, 82, 86, 101, *107*, *108*, 108, 109, 115, 117, 119, 127, 140, 142, 172, 195, 197, 205, 207, *212*, 261, 310
Rudbeck, Olof the Younger 小奥洛夫・鲁德贝克 148
Rumphius, G.E. G. E. 拉姆修斯 132
Russia 俄国 165, 169

S

Saamiland 萨米兰 *148*, 148
Saint Domingue圣多明戈 255
Saint-Hilaire, Etienne Geoffroy艾奇恩那・若弗鲁瓦・圣-蒂莱尔 223, *224*, 229, 280
St Louis 圣路易斯 315
St Mary's River 圣玛丽河 185
St Petersburg 圣彼得堡 *116*, 135, 149, 167, 202, 253
Salviani, Hippolytus 希波吕托斯・萨尔维亚尼 75
Salzburg萨尔茨堡 77
Santa Fé圣菲 315, *315*
Santo Domingo圣多明各 196
Saxony萨克森 249
Scarborough斯卡伯勒 242, 243
Schiller, Friedrich弗里德里希・席勒 249
Schott, Johann 约翰・肖特 49
Scotland 苏格兰 196, 200, *206*, 267, *270*
Scudder, Samuel 萨缪尔・史卡德 284
Sedgwick, Professor Adam 亚当・塞奇威克教授 239
Seminole people 塞米诺族人 187
Seneca the Younger 塞内卡 35
Senegal 塞内加尔 84, 171, *175*
Seth, Simeon 西米恩・赛斯 *46*
Seven Years War 七年战争 172
Seward, Anna 安娜・苏厄德 *178*
Sheen Lodge 势恩旅馆 280, 283
Sherard, William 威廉・谢拉德 140, 141
Shumagin Islands 舒马金群岛 166
Siberia 西伯利亚 11, 165, 166, 167, 226, 253
Sibthorp, John 约翰・希索普 31
Siegesbeck, Johann Georg 约翰・格奥尔格・西格斯贝克 149
Simmoneau, Charles-Louis 查尔斯-路易斯・西蒙尼 216
Sloane, Sir Hans汉斯・斯隆爵士 85, 102, 121-128, 140, 184
Smith, James Edward 詹姆斯・爱德华・史密斯 155
Smith, William 'Strata' "岩层" 史密斯 244
Snowdon斯诺登峰 242
Solander, Daniel 丹尼尔・索兰德 7, 87, *191*, 192, 195, 197, 203
Southeast Asia 东南亚 308
Spain 西班牙 36, 216
species, concept of 物种的概念 22, 102, 149, *150*, 172
Speckle, Veit Rudolf 法伊特・鲁道夫・施佩克勒 51, *52*
Spix, Johann Baptist von 约翰・巴蒂斯特・冯・斯皮克 285
Spöring, Herman 赫尔曼・斯珀林格 196
Stabiae斯塔比亚 *35*, 39
Staffa, Island of 斯塔法岛 196
Stagira 斯塔吉拉 19
Stanford University 斯坦福大学 316
Steller, Georg格奥尔格・斯特勒 *8*, *82*, 87, 165-169
Stelluti, Francesco 弗朗西斯科・斯泰卢蒂 111
Steno, Nicolaus尼古拉斯・斯坦诺 5, *84*, 88, 91-97, 104, 239; 'superposition' principle "叠覆律" 96
Stevens Henslow, Reverend John 约翰・史蒂文斯・亨斯洛教士 294

Stevens, P. F. P. F. 史蒂文斯 215, 219
Stevens, Samuel 塞缪尔・史蒂文斯 305, 307
Stoicism斯多葛学派 35
Stonesfield斯通斯菲尔德 266
Strabo 斯特拉博 75
Strasbourg 斯特拉斯堡 49, 71
stratigraphy 地层学 12
Stuttgart 斯图加特 221, *222*
subordination of charactercts 性状的从属 219, 223
Sudbury萨德伯里 138
Sumerians苏美尔人 2
Sunda Strait巽他海峡 203
superposition, principle of 叠加性原则 239
Surinam 苏里南 6, 129, *131*, 132, 134-135
Sussex苏塞克斯 265, 268
Sweden 瑞典 6, 147, 149, 215
Switzerland 瑞士 202, 267, 285

T

Tacitus塔西佗 39
Tahiti 塔希提岛 196
Tarsus塔尔苏斯 29
taxonomy 分类学 16, 69, 73, 85, 155, 172
tectonics 构造地质学 207
Tegadu Bay 特噶度湾 *191*
Temple Coffee House Botanical Club西敏寺咖啡屋植物学俱乐部 127
'terrestrial physics'"地球物理学" 212
Tertiary epoch 第三纪 *271*, 272
Texas 得克萨斯州 *313*
Thames, River 泰晤士河 190
Thayer expedition 泰勒探险 *287*, *288*, 289
Thayer, Nathaniel纳撒尼尔・泰勒 289
Theodorus of Gaza提奥多鲁斯・加沙 *22*, 26
Theophrastus 泰奥弗拉斯托斯 3, *4*, 16, 17, 20, 25-27, 30, 39, 43, 58
'théorie des analogues'"同功器官理论" 280-281
Thessaloniki塞萨洛尼基 19
Tierra del Fuego火地岛 293
Titus提图斯 37
Tiumen 秋明市 167
Tolaga Bay 托拉格湾 *191*
Tønder 岑讷 199
Topsell, Edward 爱德华・托普塞 71
Torrey, Dr John约翰・托里博士 313
Tournefort, Joseph Pitton de 约瑟夫・皮顿・德・图尔纳弗 148, 216
transformism 物种变化学说 229
transmutation of species 物种演变 272, 287, 294-298
Transylvanus, Maximilian 马克西米利安・特兰西尔瓦努 77
Trianon特里阿农 218
Tübingen 蒂宾根 48, 57
Turkey 土耳其 29
Tuscany托斯卡纳 *93*, 95, 96

U

Uberti, Fazio degli 法齐奥・德格利・乌贝蒂 *39*
Uniformitarianism均变论 272, 275
United States Exploring Expedition to the South Pacific 美国南太平洋探险远征 313
Uppsala乌普萨拉 147, 149, 199, 200
Uppsala Science Society乌普萨拉科学学会 148
Ussher, Archbishop 尤色大主教 87
Utrecht 乌得勒支 *118*, 119

V

Vaillant, Sébastien塞巴斯蒂安・瓦利恩特 216
Valenciennes, Achille阿希尔・瓦朗谢讷 227

Vancouver温哥华 196
Vandelli, Domingo多明戈·万戴利 194
Vanden Bempde Johnstone, Sir John 约翰·万登·伯姆泊德·约翰斯通爵士 243
Vatican 梵蒂冈 *19*
Venezuela 委内瑞拉 247, 250, 305
Venice 威尼斯 *22*
Venus, Transit of 金星凌日 87, 195
Verkolje, Jan 扬·维尔科齐 *120*
Vermeer, Jan 扬·弗米尔 113
Vespasian维帕芗 36, 37
Vesuvius, eruption of (AD 79) 维苏威火山的爆发（公元79年）17, *35*, 39
Victoria, Queen维多利亚女王 283
Vienna 维也纳 313
Virginia 弗吉尼亚 140, *143*, *147*
Vulcanists 火成论者 89, 275

W

Wales威尔士 241
Wallace, Alfred Russel 阿尔弗雷德·罗素·华莱士 12, 237, 298, 301-310; 'Wallace's line' "华莱士分界线" 308
Wallace, William 威廉·华莱士 303
Waltha, castle 沃尔萨城堡 129
Washington 华盛顿 253
Webb, Edward 爱德华·韦布 241
Webber, John 约翰·韦伯 197
Webster, Daniel 丹尼尔·韦伯斯特 261
Wedgwood, Emma 艾玛·韦奇伍德 297
Wedgwood, Josiah乔赛亚·韦奇伍德 293
Weiditz, Hans 汉斯·维第茨 49
Weitsch, Friedrich Georg弗里德里希·格奥尔格·魏特施 250
Wemding韦姆丁 46
Weright of Derby, Joseph 德比郡的约瑟夫·赖特 178
Werner, Abraham亚伯拉罕·沃纳 89, 205
Wilberforce, Samuel 塞缪尔·威尔伯福斯 237
Wilkins, John 约翰·威尔金斯 109
Willughby, Francis 弗朗西斯·威洛比 101-104
Wilson, Alexander亚历山大·威尔逊 257
Wren, Christopher 克里斯多夫·雷恩 109
Württemberg符腾堡 221

Y

Yorkshire 约克郡 242

Z

Zoological Society of London 伦敦动物学学会 299
Zoology 动物学 3, 19, 20, 36, 39, 67, 71, 102, 155, 195, 209, 223, 254, 298
Zurich 苏黎世 71, 285

重印说明

重印时，除字词语句的修改之外，主要修订内容如下：

依照现在主流学术的使用习惯以及对于博物学的认知，natural history一词更多的被译为博物学而非自然史。因此将原书中的“自然史”（或“自然历史”）一词依不同语境修改为“博物学”、“博物”、“自然”等；“自然历史博物馆”修改为“自然博物馆”（如伦敦自然历史博物馆改为伦敦自然博物馆），书名中的“史”修改为“志”（如《动物史》修改为《动物志》）。

此外在重版时，还对于原书中一些人名、书名及动植物的中文译名做出了修正（如“朱西厄”修改为“裕苏”，“罗伯特·虎克”修改为“罗伯特·胡克”，“《对植物历史的著名评论》”改为“《植物志图注》”，“黑纹林莺”修改为“纹胸林莺”等）。

北京大学刘华杰教授对于本书重印修订工作提出了十分详尽的宝贵意见，在此特别表示感谢！

涵芬楼文化 出品

责任编辑：龚琬洁 刘天天
装帧设计：李明轩
排版制作：杨继龙
新浪微博：http://weibo.com/u/2192150333
豆瓣小站：http://site.douban.com/167919

EX-LIBRIS

探险之旅

The Great Explorers

〔英〕罗宾·汉伯里-特里森 主编

王晨 译

创于1897
商务印书馆
The Commercial Press
2019年·北京

The Great Explorers
Edited by Robin Hanbury-Tenison
Published by arrangement with Thames and Hudson Ltd, London

This edition first published in China in 2015 by Commercial Press/Hanfenlou Culture Co., Ltd, Beijing

中译文根据伦敦泰晤士和赫德森出版有限公司 2010 年英文版翻译

涵芬楼文化 出品

目录

向地平线之外探索 / 1

第一章　海洋 / 11

克里斯托弗·哥伦布
改变了世界形状的人 / 17

瓦斯科·达·伽马
通过海路去往印度 / 25

费迪南德·麦哲伦
环球航行 / 30

路易斯－安托万·德·布干维尔
太平洋中的法国雄心 / 39

詹姆斯·库克
南太平洋的科学探险 / 46

第二章　陆地 / 59

埃尔南多·德·索托
寻觅黄金的远征 / 64

刘易斯和克拉克
进入未知的美国西部 / 69

托马斯・贝恩斯
遥远大陆的描绘者 / 79

理查德・伯顿
对探索的狂热 / 89

纳恩・辛格
测绘禁地的人 / 97

尼古拉・普热瓦利斯基
中亚的地理、政治和捕猎 / 104

内伊・爱莲斯
大博弈中的独行客 / 111

弗朗西斯・荣赫鹏
西藏的神秘英国军人 / 115

马尔克・奥莱尔・斯坦因
丝绸之路上的学者 / 120

第三章　河流 / 127

萨缪尔・德・尚普兰
开发加拿大的荒野 / 132

詹姆斯・布鲁斯
在阿比西尼亚展现魅力和勇气 / 137

亚历山大・马更些
乘独木舟穿越美洲 / 143

芒戈・帕克
揭开尼日尔河的神秘面纱 / 148

约翰·汉宁·斯皮克
寻觅尼罗河的源头 / 155

戴维·利文斯通
穿越非洲 / 162

弗朗西斯·安邺
情迷湄公河 / 175

亨利·莫顿·史丹利
大英帝国的仆人 / 180

第四章 极地冰雪 / 189

弗里乔夫·南森
北极探险家和外交官 / 194

爱德华·威尔逊
科学家、医生、博物学家、画家 / 201

罗尔德·阿蒙森
向极点进发的炽热雄心 / 208

沃利·赫伯特
最后一次北极大远征 / 217

第五章 荒漠 / 223

海因里希·巴尔特
穿越撒哈拉沙漠 / 227

查尔斯·斯特尔特
寻找澳大利亚的内陆海 / 236

格特鲁德·贝尔
中东的诗意和政治 / 242

哈利·圣约翰·费尔比
对阿拉伯半岛的热情 / 250

拉尔夫·巴格诺尔德
沙丘上奔驰的福特轿车 / 255

威尔弗雷德·塞西格
鲁卜哈利沙漠的精神 / 261

第六章　地球上的生命 / 267

亚历山大·冯·洪堡
最伟大的旅行科学家 / 270

玛丽安娜·诺斯
无畏的植物学家和画家 / 280

阿尔弗雷德·罗素·华莱士
适者生存 / 289

弗兰克·金登－沃德
远东的植物猎手 / 299

第七章　新的前沿 / 307

基诺·沃特金斯
对探险的痴迷 / 310

尤里·加加林
太空第一人 / 315

雅克－伊夫·库斯托
水底世界的先驱 / 322

安德鲁·詹姆斯·伊文斯
寻觅地下的新世界 / 328

撰稿人 / 337
相关阅读 / 343
引证来源 / 356
插图来源 / 359
索引 / 362
重印说明 / 375

向地平线之外探索

当你踏上前往伊萨卡岛的旅程时，

祈祷吧，祈祷道路漫长，充满冒险，充满新知。

C. P. 卡瓦菲，1911 年

大探险家有异于其他的男男女女。在时代的长河中，有一些人物在地理探索上取得了巨大的成就，从而改变了世界。通过他们的探索，这些人改变了我们对于周遭世界的认知。他们将地球呈现在我们面前，并打开我们的双眼，带领我们认识物质的、自然的和充满历史感的世界。这一进程开始于很久以前，如今还在继续。好奇心一直是人类的天赋，亦是诅咒——它将我们和其他物种区别开来。没有这种好奇心，我们只会待在自己的家里。至少十万年前，当我们发展出如今所拥有的大脑时，我们就开始用一种与其他生物不同的方式看待生活。我们的视线超越了与我们直接接触的周边事物，投向了新的领地上提供的各种可能性，于是我们感受到了向远方探索的渴望，这不只是为了食物、生存空间和土地，也是出自于好奇心的驱使。

我们的好奇心将我们引领到了何方，它给我们带来了怎样的新知和对世界的理解，它会怎样讲述我们对于地球的责任，对于这些问题的意识在如今比以往任何时候都更加重要。曾经，这是一片新奇而陌生的世界。如今，虽然它大部分的奇观和多样风采都保留了下来，我们却在危险的最后一刻才刚刚开始认识到世界上还有那么多我们尚未理解的事物，然而留给我们的时间却是如此之少。探索的渴望从来没有像今天这么强烈。

自从我们出现于东非大裂谷——这里已被普遍认为是智人（*Homo sapiens*）的起源地，我们就开始了探索。那些迅速四散去占领最适合居住和最易到达土地的先驱，就是人类的第

左页图：在三次史诗般的远航中，詹姆斯·库克发现的地表面积比任何一个人都大；威廉·霍奇斯一幅画作的细部展示了 1769 年库克到达塔希提岛马泰瓦伊湾的场景。

一批大探险家。没人能够再次复制他们首次踏足多样而原始的地貌的经历，从沙漠到热带雨林，从山区到肥沃的平原。然而，从那时起，去探索它们和它们当时已知世界边界的人有许许多多。其中只有少数人能够在好奇心和勇气的引领下揭示地平线之外的世界，成为出类拔萃的巨人。这些人就是大探险家，而本书描述了其中最有趣的41位。这些大探险家既有男人，也有女人，书中的人物小传不只展示了驱使他们走向极远之地的顽强野心，还揭示了他们的其他长处和弱点，他们的贪婪、勇气、权威和个性，还有最重要的，他们的探索精神。使他们在别人失败的道路上取得成功的，常常正是他们对自己和所持梦想的坚定信仰。

穿越海洋

本书以500年前的大航海时代作为开头，这也是有记录可查的大探险时代的发端。当哥伦布到达新世界的时候，他的旅行极大地改变了人类的历史。没有任何一项地理发现能够如此深刻广泛地影响这么多人，并且拥有如此持久的效应。已知的世界突然之间扩大了一倍。哥伦布向西航行之后不久，瓦斯科·达·伽马打开了通向东方的航路，他在离世时仍然保持富有和成功，这在探险家中并不多见。在那以前，胡椒、丁香等辛香料必须通过昂贵且运力有限的陆运，走过漫长的路途才能到达。突然之间，欧洲发现自己位于两处巨大财富来源的中间。从此以后，在接下来的几个世纪里，探险活动的主要精力都集中在寻找更好的方法和更快的路径，以便对这些财富实现资本化。

麦哲伦，这是又一位冷酷而坚决的人，在寻找通向香料群岛[①]的西行航线路途中证明了环球航行的可能性，虽然他本人在尚未到达旅程终点时就罹难了。此后，海洋被渐渐征服，直到其中所有适宜居住的地方都得到了探索。最开始，西班牙和葡萄牙专注于洗劫和摧毁美洲大陆上无与伦比的庞大帝国，并为香料群岛的所有权争斗不已。然后其他的重要海上力量，英国和法国，发现了新的岛屿并建立起殖民地，不断将边界向东方扩展。他们最优秀的船长，如布干维尔和库克——也许是所有时代最好的领航员——都是开明的智者，他们寻求的是知识而不是财富，从这个意义上说，他们与西班牙征服者们是截然不同的；但是对那些

① 即东印度群岛，公元15世纪前后欧洲国家对东南亚盛产辛香料的岛屿的泛名。——译者注

尚未准备好应对西方疾病和心态的文化，他们带来的变化仍然几乎是毁灭性的。

探索大陆：沿着陆地与河流

深入未知大陆的核心，到达最为深远的部分，这是探险家们在陆地上面临的挑战。在新世界，对于黄金之城的诱人幻想驱使着荷南·科尔蒂斯、弗朗西斯科·皮萨罗和埃尔南多·德·索托这样的西班牙征服者做了许多过分的事情。后来，对于可定居的新土地的需求促使杰斐逊总统派遣刘易斯和克拉克前往北美西部探索。非比寻常的是，这两个男人对一支大型探险队实现了共同领导，并没有产生不快，然而伴随着他们的成功而来的是之后的美国大迁徙，将大平原印第安人驱赶出了家园。

毫无疑问，非洲吸引了许多探险家去揭示它的神奇和秘密。在摄影技术发明之前，一些优秀的画家——例如曾和利文斯通一起旅行的托马斯·贝恩斯——记录了非洲大陆的景色，震惊了购买这些画作的伦敦人和巴黎人。一些经历复杂的人物，例如曾游历非洲和阿拉伯半岛的神秘的理查德·伯顿，成为了那个时代的名人并备受推崇。在亚洲，大博弈（沙俄帝国和大英帝国之间的霸权争斗）为许多漫长的探险活动提供了借口和掩护。俄国人拥有令人敬畏的猎人尼古拉·普热瓦利斯基，野马就是以他的名字命名的；英国人拥有弗朗西斯·荣赫鹏这样的军人和梦想家，还有固执而保守的人，例如内伊·爱莲斯和纳恩·辛格以及其他梵语学者。他们彼此竞争，为广大未知地域绘制地图，影响了历史的轨迹。在他们之中，又一次地，驱使某些人探险的动力是想要丈量和理解世界的永不满足的好奇心——例如坚决而固执的奥莱尔·斯坦因。阅读这些杰出探险家的故事，我们将会了解究竟是什么驱使这一小拨精英将旅途的界限推向未知的可能性。

戴维·利文斯通1855–1856年沿赞比西河顺流而下的第一次航行中用过的一只船用罗盘。

上图：1862 年 4 月，托马斯·贝恩斯画下了这幅自画像。画中的他正在恩加米湖附近的树上绘画，该湖位于如今的博茨瓦纳。贝恩斯是一位天生的画家和探险家，他将非洲和澳大利亚的神奇美景呈现给了待在欧洲家中的人。

右页图：西藏派遣部队的成员沿着拉萨附近的拉萨河行军，护卫着弗朗西斯·荣赫鹏 1903–1904 年的惩罚性军事入侵行动。

巨大的河流从神秘的源头奔涌而来，使人发狂地想要追溯它们的源头。河流两岸有如此多的生命，殖民者们相信只要征服并理解了河流，其余的土地就自然会落入他们手中。在北美洲和南美洲，探险者都是首先通过河流到达内陆的。一些探险家——如法国人萨缪尔·德·尚普兰——足够明智，他们观察当地土著的行为，并从中学习；最终他们繁荣兴盛起来，并为他们的殖民雇主占据了大片土地，尚普兰占据的是加拿大。当时有人认为可能有一条穿越美洲大陆的河流，这条河流能够提供一条通向远东的航道，这一想法驱使许多人走向遥远的征途，包括罗伯特·马更些，一位苏格兰移民商人，他为了追寻自己的梦想手持双

桨，沿着未知的河流逆流而上。

自有史以来，尼罗河就像一块磁石一样吸引着探险家们。第一位探险家是来自英国的詹姆斯·布鲁斯，然而当他回到英国讲述如何发现尼罗河源头（实际上是青尼罗河的源头）的过程时，并没有人相信他。随后，皇家地理学会派出许多探险队去定位并测绘尼罗河的上游源头，寻找尼罗河真正的源头成为了异常激烈的竞争、事关荣辱的大事——未能找到尼罗河源头被称之为“地理学家的耻辱”。这样的竞争和痴迷也带来了悲剧。在本来应该与理查德·伯顿辩论自己是否发现了尼罗河真正源头的那个早上[①]，约翰·汉宁·斯皮克却因惨死而未能赴约。

魅力超凡的芒戈·帕克弄清了神秘的尼日尔河的流向，在第一次旅途结束后以英雄的身份回到了伦敦，但却渴望着退休；然而，像许多其他被驱使的人一样，非洲大陆和探险经历的吸引力太过于强烈，他又回到了非洲，死在了那里。戴维·利文斯通是一名伟大的传教士兼探险家，驱使他前进的动力是宗教热情，他走过了极为遥远的路途，想要使当地居民皈依基督教并阻止奴隶贸易，而不是为了获得财富。他相信河流——尤其是赞比西河——是开发合法贸易的关键。一些人走向更远的旅途并发现了非洲还有多少地方能够进行开发，例如那位出生在威尔士的孤儿亨利·史丹利，他先后成为了美国记者、探险家和英国国会议员。探险家们探清道路，殖民者们随即而来。在远东也是同样的情况，为了寻找与中国贸易的新路线，法国人开始在印度支那建立殖民地，身材矮小但精力充沛且果敢的弗朗西斯·安邺和他的伙伴们沿着湄公河逆流而上，并穿越到了长江流域。

冰原旷野和灼热的沙漠

气候严酷的极地冰原随后激起了一些探险家极大的热情，他们想要发现并了解那里的自然世界。在这种环境中取得优异成就的是挪威人，例如后来获得诺贝尔和平奖的弗里乔夫·南森，以及第一个到达南极点和第一个乘飞艇飞过北极点的罗尔德·阿蒙森。虽然沙克尔顿和斯科特的英雄壮举获得了公众的注意，但本书却只收录了忠诚的爱德华·威尔逊的事迹，他曾与上述两人同行，

---

① 此处与后文《理查德·伯顿：对探索的狂热》、《约翰·汉宁·斯皮克：寻觅尼罗河的源头》中的时间不一致。——译者注

爱德华·威尔逊曾同斯科特上校一起参加过两次去往南极的远征，包括那次目标为南极点的悲剧性尝试。除了是一名医生，威尔逊还是一名博物学家和画家，忠实地记录了他遇到的野生动植物，如这只帝企鹅。

是一位电学家、博物学家和医生，他身上体现出的众多英雄品质足以让他作为一名伟大的探险家列入本书。沃利·赫伯特与他令人惊叹的极地穿越远征使极寒探险达到了高峰。他坚韧不拔的品质伴随着他和他的3个伙伴在低温严寒中穿行了15个月，能够与他的坚韧媲美的是他精湛的画技。极地冰雪的诱惑仍然存在于许多勇敢的男男女女心里，他们仍在不断投身于两极的探险中。

荒漠对于人类总是有一种特别的吸引力。大多数主要宗教都诞生于荒漠的寂静之中，它们也吸引了一些最坚强也最有远见的探险家。鼓舞荒漠旅行者的动力通常既有追求回报的想

月光下的北极风光——这张照片摄于1893年12月20日，弗里乔夫·南森1893-1896年进行的北极点探险活动中；照片远景中是一个捕捉北极熊的陷阱。

法，又有对浪漫情怀的向往，二者不相上下。许多人在描述自己的经历时，都写出了文笔最细腻、最富有激情的探险散文。撒哈拉大沙漠是进入非洲的一个巨大障碍，许多人尝试穿过这片无尽的荒漠，却消失在其中。海因里希·巴尔特是第一个活着完成这段漫漫旅途并一丝不苟地记录了他所看到的一切的人。他将科学原则应用到了他的探险中，这也成了19世纪探险活动的一个特征。

澳大利亚内陆是一片巨大的荒漠，但人们曾一度相信那里有一个内陆海和连绵的丰盛草原。查尔斯·斯特尔特在揭示真相方面比任何一个人做得都多：真相就是那里什么也没有。

海因里希·巴尔特是一名伟大的学者和语言学家，他对旅途上遇到的人们进行了详细的研究；这张插图来源于他在非洲北部和中部旅行时所做的记述。

阿拉伯沙漠吸引了许多人一睹它严酷的美丽，其中包括一些卓越的女性，如希丝塔·斯坦霍普夫人和安妮·布朗特夫人。然而格特鲁德·贝尔留下了最充实的遗产，包括她协助成立的伊拉克王国，虽然这一荣誉有几分晦暗。阿拉伯半岛上的“空白之地”吸引了许多志愿第一个穿越它的探险家，其中有几位可以互相抗衡的人物。哈利·圣约翰·费尔比是一个有缺点但迷人的角色，最了解这片荒漠的或许就是他。威尔弗雷德·塞西格写了一部经典著作《阿拉伯沙地》，书中附上的部分沙漠居民的黑白照片引起了人们的强烈共鸣；而且这些照片还来自一个公开声称鄙视摄影的人。他曾有句名言：“……要是我能坐在轿车里完成旅程，却还非得骑在骆驼上，那就会把冒险活动变成一个噱头。”他的同代人，拉尔夫·巴格诺尔德已经坐在轿车里对撒哈拉大沙漠进行了探险，他在机动化探险活动中研究考古遗迹和沙丘运动模式的经历直接促成了第二次世界大战中远程沙漠部队的成立。

追求知识

科学花费了很长的时间才取代宗教和征服成为探险活动的主要推手。不过一旦它做到了，主要是在 19 世纪，一类全新的专注的博学者就诞生了，他们展示了一个陌生的、无限多样化的生物圈。从不知疲倦的亚历山大·冯·洪堡——他确实是一位自我驱动的人，对他看到和听到的一切所做的一丝不苟的记录从未有人能够超越，到忧郁的阿尔弗雷德·罗素·华莱士——他在吊床上饱受热病之苦时还在构思进化论，在最严酷的环境中进行科学搜集的追求驱使一些男人和女人表现出了超人的耐力。对于玛丽安娜·诺斯这位 40 岁才开始踏上旅途——当时是探险领域尚罕见女性的维多利亚时代——的女人，以及弗兰克·金登-沃德来说，对于世上丰富多样植被的迷恋提供了旅行和探索的动力，而他们非凡的精力和献身精神使他们超然出众。

曾有一段时间，人们以为可以使用人类的技术和知识主宰并无限制地开发地球，不用考虑后果。基诺·沃特金斯将浪漫的冒险渴望和一个具体的目标结合在一起：他帮助建立了跨越格陵兰的空中航线，为今天轻松横越大西洋奠定了基础。然而就在最近的几十年中，当我们探索地球上剩下的深渊和去接近星辰时，才意识到我们对于自然造化的真正了解是多么的可怜，而还有那么多事物等待着我们去发现。那些人，像出身卑微的尤里·加加林是木匠的儿子，他被选中进行太空探险，被荣誉包围，几乎纯属偶然地成为了这些时代巨变的一部分。时至今日，仍然有人在探索地球上剩余的不为人知的地方：库斯托开创了海底研究，并将海底美景呈献给许多人；洞穴探险家安德鲁·伊文斯，他致力于探测尚未发现的 90% 地下通道的秘密。新的大探险时代或许才刚刚开始。现在去阻止威胁世界的许多痼疾或许已经太晚了，但是总有人带着专心致志的劲头去探索世界的边界并激励我们所有人。

第一章
海洋

克里斯托弗·哥伦布

瓦斯科·达·伽马

费迪南德·麦哲伦

路易斯-安托万·德·布干维尔

詹姆斯·库克

I M V M
T V M
T V M
V M
MARE ATLANTICVM
D V M
CANCRI
M V M
ISPANIA
ISPANIA BETICA
GVINE

哥伦布为探险家的资格设立了标准。他动身寻找一条从来无人走过的航线，并且没有确定的返程路线；通过他坚定的领导——虽然他对自己的发现在认知上有所偏颇，但他改变了世界。这位暴得大名的“热那亚暴发户”的故事不可避免地掺杂了谬见和传说。那是一个史诗般的时代，有远见的商人兼冒险家们共谋、合作、竞争，发现了两块全新而无从想象的大陆。

就在哥伦布向西航行五年之后，瓦斯科·达·伽马开辟了通向东方的航路，他沿着非洲航行，发现了通往印度的海上通道。1493 年教皇主持的《托德西利亚斯条约》规定了西班牙和葡萄牙在未知世界的势力范围，地图上的那条分界线将这条通向香料群岛的航路完全划给了葡萄牙。当费迪南德·麦哲伦在首次环球航行中从西方而来并穿过太平洋时，葡萄牙人已经安居于东方，尽管他能够宣称菲律宾群岛归属西班牙。

15 世纪最后一个年代的探险大浪潮产生的影响在人类历史上极为重要。从那以后，欧洲开始向外扩张，主要的国家开始建立它们的帝国。世界再也不一样了。梦想中的财富躺在那里等待掠夺，在接下来的 400 年中也的确被残忍地掠夺了。今天，当我们获得用我们的贪欲得到的可怕收成时，有必要停下来思考一下，如果当初的指导原则是和平贸易而不是暴力征服，世界将是怎样一副不同的面貌。如果探险家们遇到的形成已久的民族能够被正确认识并加以尊重，而不是被加以蔑视和轻侮，也许我们就不会为了报复而在毫无戒心的人们头上施加令人羞耻的暴行，也不会大肆破坏那么多原始的自然环境。有些人的确认识到他们发现的土地上的人也有共通的人性，尽管这种认知常常很模糊，然而他们总是受到其他人的支配，这些人拥有更直接和更贪婪的抱负。

中国人极不情愿向他们的边界之外看得太远，如果这项民族特性当初有所不同，世界的政治格局将会永久改变。这种情况只在一个短暂的时期有所改观。1405 年，外向型的永乐大帝建造了世所未见的最庞大的舰队。在大太监郑和的领导下，63 艘巨大的远洋巨舰扬帆起锚，

左页图：1519 年的一本地图集，展示了葡萄牙人对于非洲西海岸的了解程度。虽然西班牙人驶向了美洲，但葡萄牙人是第一批穿越赤道、绕过好望角并到达东方的印度和香料群岛的欧洲人。他们还“发现”并殖民了巴西，那里与葡萄牙相距 3000 千米，横卧在大西洋对面。

法国医生和植物学家菲利贝尔·肯默生参加了布干维尔 1766–1769 年的环球航行。这张插图中展示了他的一些工具，如显微镜和剃刀，以及他的书籍和压制的植物标本。

走遍已知世界，到处宣称中国的宗主国地位。在欧洲普遍使用罗盘 500 年前中国人就发明了它，他们的舰船足有哥伦布的圣玛利亚号十倍大，整个舰队共有 28 000 人，他们是无懈可击的。在接下来的六次远航中，他们造访了至少 35 个国家，甚至可能到达了南美洲，尽管这一点还存在争议。无论真相如何，这个缔造帝国的时刻被错过了，在哥伦布向西启航 50 年前，中国恢复了其传统的孤立主义，并一直延续下去，直到现在才有所改观。

在哥伦布之后的三个世纪，海洋一直为探索发现和征服侵掠提供了主要的路径。随着航海技术的进步以及海员生活条件和营养条件的改善，探险家们走过漫长的航程，到达了地球上最遥远的角落。一旦麦哲伦证明了地球真的是圆的，地图的绘制马上就加快了，许多空白之处也可以得到填补。澳大拉西亚在接下来的一百年中仍然与世隔绝，波利尼西亚的隔绝状态保持得更久，但是随着孤立岛屿上的偏僻社会渐渐一个个被发现，他们完好建立起的生活方式常被疾病和基督教的引入所摧毁。

路易斯-安托万·德·布干维尔是英国皇家学会为数不多的法籍会员。在另一方面，他也是稀少的种类：探险家们倾向于像清教徒一样生活，终生未婚娶的比例很高，但作为一个根深蒂固的好色之徒，布干维尔呈现了精彩的高卢风格，他兼具强烈的享乐精神和科学家的敏锐头脑。他是第一个环游世界的法国人，而且在不知情的情况下，他还带上了第一个完成这一壮举的女人——珍妮·巴雷特，她伪装成探险队植物学家的贴身男仆上了船。

詹姆斯·库克已经被人们公正地认为是所有探险家中最伟大的一位。作为一个真正的文艺复兴式人物，他引导了史诗般的发现之旅，并宣称澳大利亚归属英国王室。他惊人的航海技术将他和他的船员们带领到了远东及太平洋中的众多尚未知晓之地——总航行距离相当于驶向月球的距离。尽管库克一直在辛勤地寻找传说中的“南方大陆”，并到达了距南极洲 120 千米的海域，但直到公元 1779 年他死在夏威夷群岛上的土著手中之后，才有人到达南极洲；夏威夷群岛是他在公元 1778 年发现的。到这个时候，全球的许多海洋已经得到了测绘，但是大陆内部还有许多广袤的土地仍然不为人所知，尚待探索。

这只蝇掸把手是詹姆斯·库克在一次航行中从社会群岛上搜集的。这样的物品可以随便送给船员，而船员用一根铁钉就能跟塔希提女人换来一夜春宵。

上图：我们现在拥有的哥伦布肖像没有一张出自亲眼见过他的人之手，但一般认为里多尔夫·基尔兰达约的这幅作品是最准确的，虽然它作于哥伦布死后。

下图：哥伦布开始使用一些神秘的符号签署自己的名字。他在署名中把自己称为"Christo Ferens"①——就像他的另一个名字圣克里斯托弗一样，将基督带过大西洋；他相信自己是上帝选择的神器。

① 意为"披戴基督的人"。——译者注

大卫·波义耳/撰

克里斯托弗·哥伦布

改变了世界形状的人

（1451–1506 年）

现如今对我之前已经描述过的巨大差异再度加以观察，
使我开始思考世界形状的问题。我推断世界并不是像他们说的
那样是圆的，而是一个梨子的形状……或者说是一个非常圆的球，
但在其表面某一点好像放上了一个女人的乳尖；这块乳尖状的
部分是最突起的，离天空最近；而且这个部分可能
在赤道上的大洋之中，位于东方的尽头。

克里斯托弗·哥伦布如是描述其第三次远航

探险家们总是以难以捉摸的矛盾性格著称。也许只有这样，他们才能获得向未知旅途进发所必需的意志，还有说服人们一同踏上旅途的虚张声势。不过在所有的大探险家中，克里斯托弗·哥伦布绝对是性格最扑朔迷离的一位。他是一位极能干的航海家，却总是在计算和理论上出错；他是一个想方设法挤入上流社会的势利眼，却总是以救世主自居；他还是一个贪婪的执迷不悟者，同时又是一个狂热的宗教信徒。

如何将真正的事实从哥伦布的传记中提炼出来至今仍然是一个问题，这使得哥伦布性格中这些显而易见的矛盾更加迷人。我们拥有大量他的日记和自我辩解的信件，然而，世上没有与他同时代的哥伦布画像，还存在许多关于其身份的稀奇古怪的阴谋论。哥伦布曾作为意大利人、西班牙人、犹太人甚至美洲人被人称赞颂扬。距今最近的说法认为他是一个拥有贵族身份的葡萄牙间谍。但在热那亚举行的一次庆贺哥伦布诞辰 500 周年的展览中，大量文件证据将出

生于此地的哥伦布与一个自称为Cristóbal Colón[①]的人联系在一起。哥伦布出生于1451年，他的父亲是一个织布工和政治积极分子，名叫多梅尼克·哥伦布。克里斯托弗出生18个月后，君士坦丁堡落入了土耳其人手中，切断了热那亚和能够为其带来大量回报的黑海地区殖民地之间的联系。

哥伦布的童年和青少年时期的历史也很模糊。在法国人和阿拉贡人为热那亚争斗不已的时期，他甚至可能当过臭名昭著的海盗。我们确切知道的是，1476年，25岁的哥伦布在葡萄牙海岸遭遇了海难事故，他的船队当时遭到了法国海盗的袭击。最后他到达了英格兰，很可能先到了南安普顿——船队本来的目的地，然后到达了布里斯托尔。在这里他见识了15米高的巨潮——提示他面前的大西洋有多么广袤。一定是在这个时期，他进行了一次去往冰岛的远航，他本人后来曾吹嘘这次航行航线距离格陵兰岛以及已知世界的边缘非常之近，近得撩人。在冰岛，他很可能听说了古挪威人在更加遥远的Helluland、Markland和Vinland[②]定居的故事。在返航路过戈尔韦时发生了一件事，一定给了他未来计划的灵感。人们从海面上拖上来一条小船，里面有一男一女两个人，虽然在海上漂流了一段时日，但两个人都还活着，长着一副“最不同寻常的脸孔”。哥伦布认为他们是中国人。

筹划

导致哥伦布穿越大西洋的一系列事件，就如同其他有关他的众多事情一样，有着完好的记录，又被人们激烈地争论。他通过婚姻进入了葡萄牙的显赫探险家族，他在马德拉群岛附近荒僻的圣港岛上度过的时光，他与佛罗伦萨的圣徒保罗·达尔·波佐·托斯卡内利的通信（后者一直认为如果想得到东方无尽的财富，可以一直向西航行），这些都对他的行动产生了很大影响。还有他在里斯本度过的时光——他会在码头附近的酒吧里打听小道消息。

说到里斯本，这又引出了另一件有趣的事。在里斯本，哥伦布很有可能遇到了他的伙伴热那亚商人约翰·卡伯特，一个归化的威尼斯人。他们之间的关系仍然模糊不清，但从他们的故

① 克里斯托弗·哥伦布名字的西班牙文。——译者注

② 维京人在公元1000年发现并命名的三个北美洲地区。——译者注

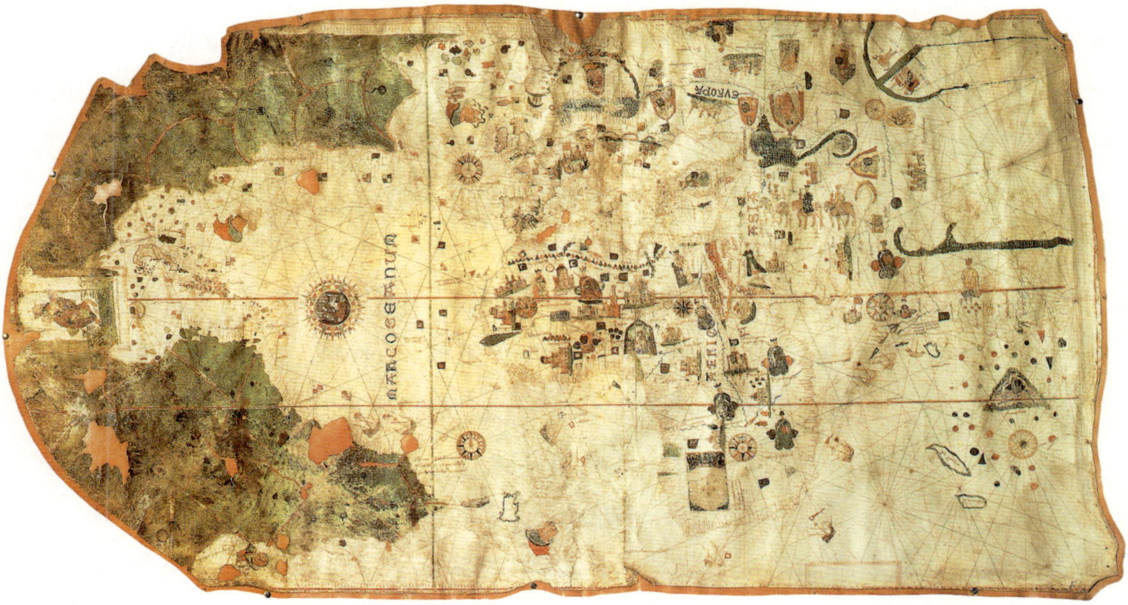

上图：胡安·德·拉·科萨的世界地图，他是圣玛利亚号的船主，跟随哥伦布进行了前两次远航。这张地图绘制于1500年左右，包含了最古老的新世界图样，见地图左侧。1831年，它被发现于巴黎塞纳河畔的一个旧货商店里。

下图：哥伦布的盾形纹章上有卡斯蒂利亚王国和莱昂王国——最终形成西班牙的四个王国中的两个——的徽章，还有他发现的岛屿以及他自己的个人象征。

事中可以推断，去往印度的计划最开始是卡伯特和哥伦布（还有克里斯托弗的哥哥巴尔托洛梅奥）的合作项目，但它后来在债务和嘲讽声中流产了。两个人都是热那亚人，很可能与同一个政治党派以及萨沃纳海港有关系。他们的年龄也几乎一样。两人都参与了南欧与布里斯托尔和伦敦的羊毛及丝绸贸易。两人都经常光顾同样的港口。在1480年代中期，两人都负债累累，不得不携家带口背井离乡地奔赴异地生活。

这桩合资项目——如果它真的是这样在里斯本发展起来的——想要解决一个关键问题：他们需要找到能让他们从自己的发现中获利的方法。在当时，有希望的探险家可以依附于有权势的君主，但在他们所发现的土地上，君主不会赋予他们任何个人权利：他们会拿到一笔赏金，到此为止。哥伦布和卡伯特所谋划的则有所不同——他们想和君主订一份协定，如果他们成功了，就能从自己发现的土地上分一杯羹，并能获得其他的权利。如果他们的计划成功了，最终又能到达中国的话，就会成为世界上最富有的人。

无论真相如何，哥伦布都放弃了和葡萄牙人合作的想法。他和他的哥哥巴尔托洛梅奥将航海计划呈给了卡斯蒂利亚、英格兰和法兰西的王室，但起初并没有成功。然而多亏卡斯蒂利亚大财主路易斯·德·桑坦赫尔的支持，哥伦布最后得到了卡斯蒂利亚国王斐迪南和女王伊莎贝拉的支持。1492年8月，圣玛利亚号、尼尼亚号和平塔号从帕洛斯港启航出发。

第一次远航

一到了海上，天生过度乐观的哥伦布就在日志中不断夸大他们的进展。但他保留了一系列类似的航海图，用来让船员相信他们通向未知世界的旅途并不是无法返回的，而实际上这些航海图描述得更为精确。即使是这样，到了10月11日晚上10点，当哥伦布以为他看见地平线上出现了某样东西“像是一根小蜡烛，忽隐忽现”时，他的船员还是开始了公开反叛。第二天凌晨两点，平塔号眺望到了陆地。哥伦布将这座小岛命名为圣萨尔瓦多，并举行了一场王家标准的盛大登陆仪式，双膝跪倒在小岛的沙滩上。然后他将注意力转向了那些盯着他看的赤身裸体的人们，并送给他们一些红色的帽子和玻璃珠以及“许多不值钱的小物件，土著居民对此非常高兴”。

在伊斯帕尼奥拉岛——当地人称为海地，哥伦布取得的成就以及他的殖民行为的悲剧性在

西奥多·德·布里想象哥伦布第一次遇到泰诺人的场景，泰诺人是哥伦布发现的岛屿上生活的加勒比海人。这幅画作于此事件发生一个世纪以后，不过画中描绘的部分场景真的发生过。一开始，哥伦布对于他遇到的这些人的简单纯朴感到十分喜悦。

于，他对当地人纯真状态的喜悦很快就因为当地黄金的缺乏转变为巨大的沮丧，随之而来的就是残忍的镇压，最终是种族灭绝。这很快成为了旧世界和新世界关系的模式，造成这种局面的原因很大程度上是因为哥伦布的远征虽说是探险，但更是一项投机买卖。它必须盈利。虽说它最终实现了盈利，但主要的问题是哥伦布在通往中国的海上航线这个问题上犯了错误。他的计算出了错。他将地球的周长少估计了四分之一，然而却始终拒绝承认这一点，即使当他的所有同代人都明白一片广袤的新大陆截断了这条航线的时候。

在圣诞节的晚上，圣玛利亚号搁浅沉没了。在当地人的帮助下，它的木材被打捞上来，建成了一个小型定居点，哥伦布把船上的海员留在这里，交给迭戈·德·阿拉纳指挥，他是哥伦布情妇的表弟。在返回欧洲的途中，哥伦布不得不赶到亚速尔群岛营救被葡萄牙人逮捕的他的船员，然后与平塔号上的马丁·平松失去了联系——几乎也失去了他的发现所带来的荣誉。他最终历尽艰辛，误闯入里斯本港，不得不面对葡萄牙国王的一场艰难而危险的审讯。

海上大将

哥伦布安全地返回卡斯蒂利亚之后，欣喜万分的斐迪南和伊莎贝拉向他授予了之前承诺过的所有头衔：“海上大将”、“总督”和“印度新发现岛屿的统治者”。在前往巴伦西亚面见他们时，哥伦布在街上前进，意气风发又一脸严肃，他身边还有带回来的 6 个俘虏，几乎全裸，披戴着他能找到的所有金子和华丽的服饰，他们每人手中提着一个鸟笼，里面装着一只颜色鲜艳的鹦鹉。卡伯特和街边的人们一起看着他走过。

哥伦布渴望着重返征途，1493 年 9 月，他从加的斯出发，率领的舰队共有 17 艘船只、1300 人，包括殖民者、骑士和修道士。伊莎贝拉命令哥伦布让当地人皈依基督教，并友好地对待他们。他的命运却在这时开始了转折。当他回到伊斯帕尼奥拉岛上时，发现他在新世界建立的第一个定居点拉纳维达德已经消失不见，定居点的居民都死了。这是由于船员们偷了岛上的金子和妇女，他们和岛民因此发生了一次小型摩擦，然后岛民对船员们发动了一场惨烈的报复。

虽然在航程中到达了古巴、特立尼达以及如今的委内瑞拉的海岸，但健康状况渐渐恶化的哥伦布仍然牢牢地抓住自己最开始的理论。他始终认为自己发现了去往印度的航线，并相信自

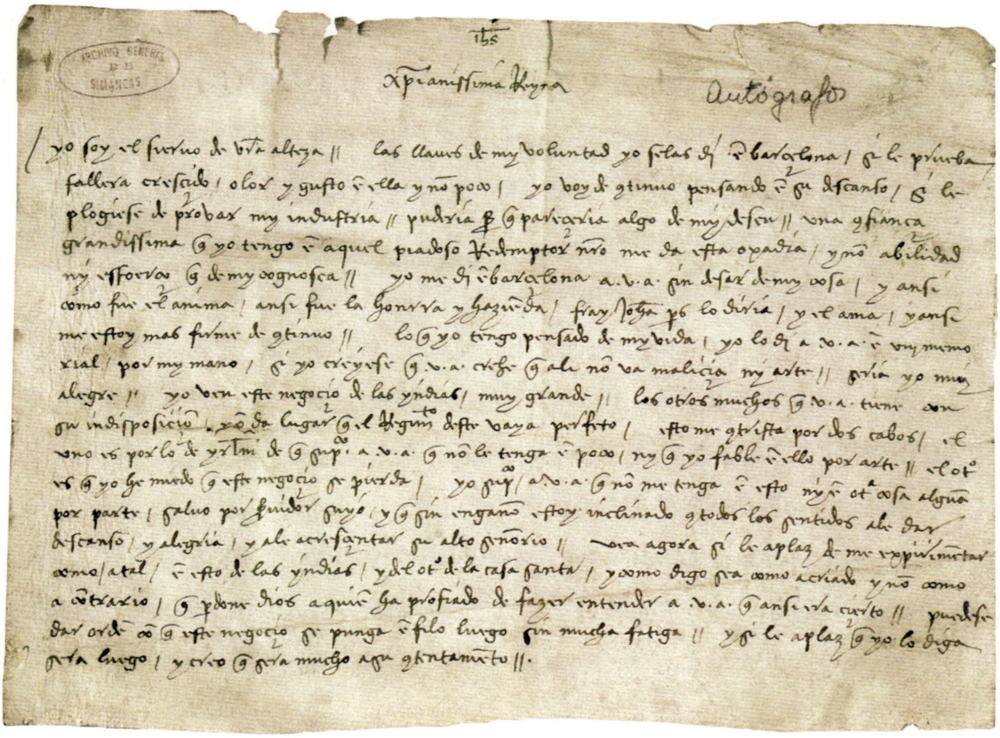

哥伦布对伊莎贝拉女王有着非同寻常的感情联系，他的许多信件都是写给她的，比如来自西班牙锡曼卡斯总档案馆的这一封。她对哥伦布持续不断的信任让他能够一次次重振旗鼓，进行新的航行。

已是上帝的神器，没有任何东西能够动摇他的这些想法。然而，他奴役伊斯帕尼奥拉岛上当地泰诺人的做法使其与一向仰慕并重视他的伊莎贝拉女王之间产生了冲突。他对待同行殖民者的残忍方式、他施加的绞刑及其他残忍的刑罚——所有这些都是女王明令禁止的，也使得舆论不断要求将他免职。在第三次航行的途中，他被押送回国。

尽管颜面尽失，但哥伦布仍然得到准许进行最后一次远航。他称之为“崇高远航”，这次远航本来是想要最终到达印度并带回足够的黄金，以恢复他失去的头衔。然而最后他却在牙买加圣安斯贝沙滩上和一半同行者发生了武装冲突并陷入孤立无援的境地，还要等待伊斯帕尼奥拉岛上他的仇敌前来营救。

就在这段时间，当本地土著拒绝为哥伦布继续提供食物的时候，哥伦布巧用月食跟当地人耍了一个著名的花招。他在历书上查到1504年2月29日将有一场月食。巴尔托洛梅奥于是召集了附近所有的酋长在那天晚上会面，等他们一到，哥伦布就告诉他们如果还不提供食物，上帝就要惩罚他们，让月亮消失不见。话音刚落，阴影开始慢慢覆盖在月亮上面，这些岛民立刻向他祈求宽恕。小心把握时机的哥伦布说，只有当地人承诺继续供应日常食物，月亮才会重新出现。第二天，中断的食物供应就恢复如常了。

在最后的岁月里，哥伦布的健康每况愈下，他总是愤恨地抱怨着西班牙君主对他的刻薄寡恩，还有他如今的贫穷。其实他一点儿也不穷。运载着他自己的金子的那艘船是从一场毁灭性飓风（hurricane，一个泰诺语单词）中逃脱的唯一一艘船只，这场飓风将他的宿敌弗朗西斯科·德·博巴迪拉的归航船队摧毁了，但他还是觉得贫穷。

1506年5月20日，年仅54岁的哥伦布在巴利亚多利德的一个小房子里去世了，照顾他的是他一直仰慕的方济会修士。他的死在当时几乎没有引起一点儿波澜。他残忍、总是判断错误却执迷不悟，但无疑仍是一位伟大的航海家——尽管他从未意识到他所看到的真相——和一位伟大的先行者。

罗纳德·沃特金斯/撰

瓦斯科·达·伽马

通过海路去往印度

(1469/1470-1524年)

上帝给了葡萄牙人一个面积很小的国家作为摇篮,

但给了全世界作为他们的坟墓。

17世纪的葡萄牙耶稣会信徒安东尼奥·维埃拉

葡萄牙人在15世纪横扫大片世界的许多发现带来的深远影响并未广泛地被感激和赏识。这样的说法并不算过分:是由于葡萄牙人,世界才变成我们熟知的这个样子——无论是变得更好还是变得更坏。葡萄牙人所获得的成就中,最关键的就是瓦斯科·达·伽马发现的通往印度的海上航道。

葡萄牙人进行的探险活动是对未知世界进行的一场持续数十年的系统探索。历史上没有别的民族扩散得如此广泛、快速和彻底。是葡萄牙人打开了通向大西洋的航路,是他们首先沿着非洲西海岸南下航行。他们是第一批从欧洲启航穿越赤道、航行于非洲东西海岸、到达印度和印度之外的亚洲的欧洲人。在美洲,他们还“发现”了巴西。

为了寻找通往印度的海上航线以便进行香料贸易从而获得暴利,葡萄牙人发明了或者采取了当时最先进的航海技术,并不断改进他们的船只。正是船身造型奇特、带有大三角帆的葡萄牙轻快帆船成就了葡萄牙人的壮举。大发现时代最让人不安的一点是将非洲黑奴引入了欧洲的经济。发明奴隶制的不是葡萄牙人,创造非洲黑奴制度的也不是葡萄牙人,但他们将这一现象扩大到了前所未见的程度,给无法数清的数百万人带来了难以言说的痛苦和伤害。

DOVASÇODAGAMA·
VISOREIE COMDE

去往印度的通道

伽马的家庭并不富有，亦非贵族，但为葡萄牙王室服务了多年。伽马的父亲是一名骑士，曾当过锡尼什港的地方长官，伽马就是在1469年或1470年出生于那里。在他成长的年代里，葡萄牙人的探索发现就已经成了传奇，在每一个新的航行季节中都有新的进展。伽马成长为一个优秀的航海家，或许是欧洲最好的航海家之一，并在葡萄牙与卡斯蒂利亚的战争中脱颖而出。1492年，当时的国王交给他一项棘手的任务，他以非比寻常的调度能力和诚信意识处理了这件事情。

值得注意的是，瓦斯科·达·伽马与那些和国王有过宿怨的家族都没有结盟关系。于是当国王曼努埃尔一世决定进行一次远征，寻找通往印度的航路时，这项光荣的任务就落在了年轻的瓦斯科身上，因为国王最不愿看见的就是他的投资给任何一个潜在的对手带来财富和名望。

这次航行极为艰险遥远，这条通往印度的航道在15世纪相当于如今奔向火星的旅途。大约175名船员和4艘舰船组成了一支规模不大的远航舰队。1497年7月8日，在喧闹的人群和曼努埃尔国王的欢送下，舰队从里斯本南部的贝伦出发。按照“偏航回归”的策略，舰队向西南航行了一大段距离，最远距陆地足有5420千米，然后在11月4日抛锚停泊于距目标地南非160千米的地方。时至今日，这段旅程仍是世界史上最非凡的航海成就之一。

除了某些特例，葡萄牙人和当地人的接触基本上比较和善，直到3月1日他们到达阿拉伯和穆斯林控制的莫桑比克为止。当地的统治者一认出来访者是基督徒就下令攻击他们。伽马招募的领航员们试图弄沉船只。伽马挫败了这种背叛行为，带领舰队在4月7日到达了蒙巴萨，这时舰队只剩下3艘船。但这里的居民对他们的态度也并不更好，葡萄牙人曾击退了一次夜袭。不过一个星期之后，伽马在马林迪遇到了一位友好的酋长，这位酋长是蒙巴萨首领的宿敌，他同意为舰队提供补给，最棒的是还提供了一位优秀的领航员。在23天内，舰队乘着印度洋的季风穿越了阿拉伯海，在5月20日到达了印度南部的马拉巴尔海岸。

左页图：瓦斯科·达·伽马是那类最稀少的探险家之一，他每次任务都取得了成功，一生都享受着名声、荣誉和巨额的财富。（来自*Livro de Lisuarte de Abreu*一书，1565年）

伽马远航的影响

印度已经有过征服者，他们中的许多人比葡萄牙人表现得更加暴力和残忍，但葡萄牙人和其他欧洲人的到来永久地改变了这片次大陆。就像穆斯林曾经阻挡欧洲人直接与印度接触一样，他们同样阻挡了印度人与欧洲发生直接接触。

与当地居民的关系开始还算友好，但当地的阿拉伯商人说服了卡利卡特港的统治者拒绝了他们签订贸易协定的请求。心有不甘的伽马无可奈何地接受了这个事实，并且在领教了更多的背叛之后，他开始向北航行，进行整修和补给。然后，在8月29日，伽马开始起航返回非洲，当时印度洋的季风尚未到来，领航员劝他等待，但他不为所动。结果在接下来仅仅3个月的航行中，葡萄牙人因坏血病损失的船员数量是整个旅途中死去船员数量的几乎一半，当剩余的两艘船到达葡萄牙的时候，起航时的船员只剩下了44个活着的。

整个航行历时两年，伽马和他的船员们航行了两万三千海里，比沿着赤道绕地球一周还要长。在数十年前，他们所取得的成就还被认为是根本做不到的。他们的远航被描画为一场民族史诗般的神圣壮举。伽马成为了所有时代最伟大的葡萄牙人。由于和东方有了规律的贸易，香料的货源变得很丰富，葡萄牙国王在供不应求的香料贸易中获得了巨额的利润。东方的香料生产量大幅提高，而欧洲的香料价格实际上上涨了三倍。自罗马帝国以后，当时曼努埃尔国王生活的奢华程度在欧洲从未出现过。

瓦斯科·达·伽马曾先后两次回到印度。他的第三次远航是在1524年进行的，那时的他54岁，即将走进生命的尽头。在那里，海军上将、印度总督和维迪奎埃拉伯爵瓦斯科·达·伽马上岸后不久染疾，几个月后平静地离开了人世。他最终安葬于贝伦的热罗尼莫斯大教堂。

瓦斯科·达·伽马的史诗远航是人类历史上意义最重大的事件之一，自亚历山大大帝以来，它首次将东西方的人们直接联系在一起，并从此带来了永久的接触和交流。从此欧洲人将自己技术和武器上的优势推向世界。它将基督教和西方文化传播到最遥远的岛屿上。由它引起的基督徒和穆斯林的再次冲突直至今天还在继续。

右页图：为了从欧洲出发航行遥远的距离到达印度，葡萄牙人发明了新的船只和新的航海技术，见于这本15世纪晚期至16世纪初期的手稿*Livro das Armadas*。

No Anno de 502 - 4

Tornou a India Dom Vasqº da gama Almirante por capitão mór, e partio a dez de fevrº co
vinte vellas, Repartidas em tres capitanias - ss - Vicente sodree tio delle dom vasquo da
gama Irmão de sua may q levava a sucessão por capitão mór de cinq vellas que avião de
figar na India em favor das feytorias de cochi e, cananor, e tambem pera e alguns mes
ses do verão. irem guardar a boca do estreyto do mar Roxo, e a capitania mór doutras
cinq vellas que não estavão prestes se deu a estevão da gama primo co Irmão de Vasquo
da gama, que depoys partio a primeyro dabril; na qual frota hião estes capitães

保罗·罗丝/撰

费迪南德·麦哲伦

环球航行

（1480–1521年）

精通航海图的麦哲伦比任何人都更了解航海的真正艺术，

能够明证这一点的是，他知道在无人提供范例的情况下

如何凭借自己的天才和勇气尝试进行环球航行，

而他也几乎亲自完成了这一旅程。

安东尼奥·皮加费塔在日记中所述

费迪南德·麦哲伦所尝试的是一场终极远航。他的航行首次证明地球的确是圆的，并且它的周长超过4万千米。他所用的海航图将地球的周长少算了1.1万千米，因为它略去了太平洋的大部分，不过麦哲伦还是用这张图完成了环球航行。

1480年，麦哲伦出生于葡萄牙，尽管9岁时双亲就已离世，但家族的关系和影响力还是将他送到了皇室服务，那时他才12岁。1505年，25岁的麦哲伦被派遣到印度帮助弗朗西斯科·德·阿尔梅达就任那里的葡萄牙总督，并沿途建立军事和海军基地。毫无疑问，麦哲伦是一名优秀的海员和一位勇敢的战士（他参加了1509年的第乌之战），但他的固执己见常常给自己带来麻烦，在刚刚被提升为船长不久，他就因为违背舰队的命令被遣返回葡萄牙。

他的下一次成功仍然充满了非议。1512年，麦哲伦航行至摩洛哥，然后他在1513年攻打摩尔人要塞的阿萨莫尔（Azamor）之战中大腿严重受伤。虽然他在战斗中又表现得十分突出，但还是被指控与信仰伊斯兰教的摩尔人进行非法贸易。指控中的几项罪名虽都查无实证，但麦哲伦最终失去了国王曼努埃尔一世的信任，国王告诉他今后不再允许他为国家服务。于是在1517年，37岁的麦哲伦背弃了葡萄牙，宣布放弃葡萄牙国籍，并到达西班牙为查理五世效力。一到西班牙，

他就把自己的葡萄牙名字费尔诺·德·马加良斯（Fernão de Magalhães）改成了西班牙文费尔南多·德·马格兰斯（Fernando de Magallanes）。

虽然麦哲伦没能在自己率领的寻找通往香料群岛的西向航线的远征中幸存下来，但正是他的冷酷的决心导致了最后的成功。

从西方到东方的航线

对当时的西班牙来说，由于葡萄牙已经主宰了东方航线，因此找到一条向西航行通往亚洲的航线是最终的战略目标。1513 年，瓦斯科·努涅斯·德·巴尔沃亚穿越了巴拿马地峡，并沿着太平洋海岸航行——成为了第一个这么做的欧洲人。麦哲伦决心创造一条通往香料群岛的通道，如果他不能为自己的祖国完成这一心愿，那么他愿意在西班牙的旗帜下领导这次远航，这就意味着向西航行。他说服查理五世相信远航一定会成功，因为他不仅有优秀的航海技术和坚定的决心，并且还带着前往南美洲末端航线的相关新信息和海图。西向航线的价值几乎无法估量，国王给予了远航全力支持。1519 年 8 月，麦哲伦的舰队从塞维利亚出发，舰队由 5 艘海船组成：维多利亚号、特立尼达号、圣安东尼奥号、康塞普西翁号和圣地亚哥号。

远航一开始的情况很困难，麦哲伦听说有些船长在威胁进行叛变。圣安东尼奥号的船长胡安·德·卡塔赫纳拒绝接受麦哲伦的命令，被解除了职务。维多利亚号的船长安东尼奥·萨拉蒙因为鸡奸了一个船上侍者而被判处死刑。由于船上供给的质量和数量都出了问题，在大西洋中间的时候船员们的口粮定额就被削减了，这就更加恶化了不满情绪。这些困难必须得到解决，尽管途中还不时出

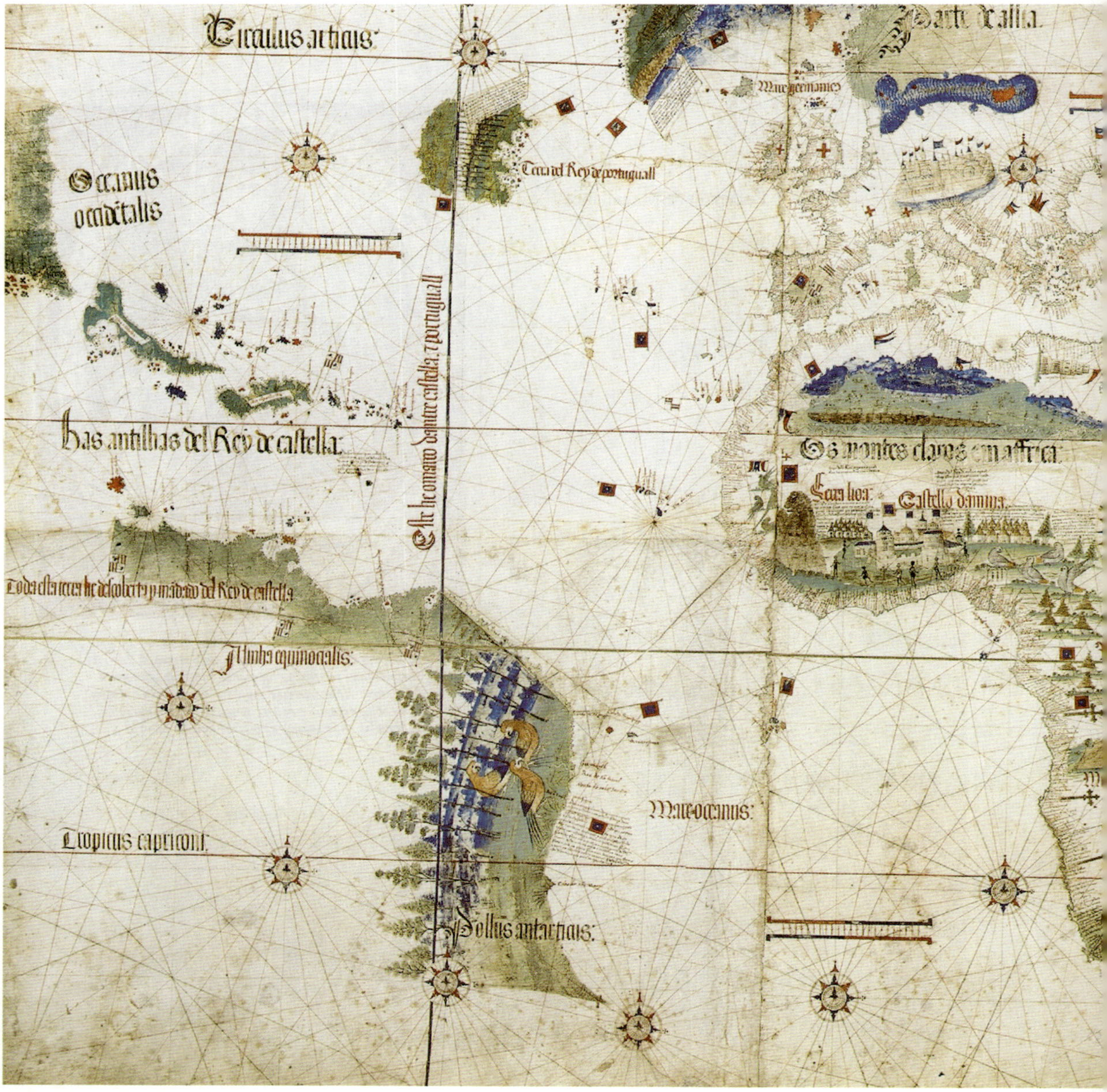

分割世界：1493 年，根据《托德西利亚斯条约》的规定，教皇亚历山大六世在大西洋佛得角群岛的西面（大约西经 46° 30′）划定了一条分割线，并将此线以西的土地划给西班牙，此线以东的土地划给葡萄牙。由于通往印度洋的已知航线是东向航线，这让那时的葡萄牙人能够轻松到达重要的香料群岛。这幅 1502 年的坎提诺地图展示的是葡萄牙人对于此线位置的理解。

Oceanus orientalis:
Tropicus cancri
Circulus capricorni:
Polus antarcticus.

菲律宾群岛宿务岛上的居民，绘于一本16世纪的博克舍抄本上。麦哲伦着手于使岛上的居民皈依基督教，并和宿务的酋长结拜为兄弟，承诺攻击附近麦克坦岛上酋长的仇敌，就是这次袭击要了麦哲伦的命。

现被迷信思想视为神迹的圣艾尔摩之火①。安东尼奥·皮加费塔，一位威尼斯学者和这次探险的记录者，这样写道："在这些风暴中，圣安塞姆的身躯好几次出现在大家面前。在其中一个漆黑的晚上，天气非常恶劣，所谓的圣徒以明亮火炬的形式现身于主桅杆顶端，在那里停留了两个半小时之后消失，我们才终于松了一口气。"

他们在12月份到达了巴西海岸临近如今里约热内卢的地方，然后麦哲伦开始寻找通过南美洲的通道。他们一路向南，调查了几乎每个深湾和河口，天气变得越来越恶劣，冬天也要来

① 圣艾尔摩之火，即雷雨天时可出现在帆船桅杆顶端的闪光，被视为不吉利的预兆。——译者注

了。给养正在慢慢耗光，加上海船在未知水域穿行的困难和偶尔的搁浅，使得一些船长要求麦哲伦下令返航回家。但麦哲伦带着一贯的决心，认为他一定能寻找到通道并继续向南航行。

到了 3 月份，情况越来越糟，毫无疑问他们要在南美洲的海岸上过冬了，于是他们停泊在大约南纬 49°的朱丽娅港。这是一个很好的锚地，有树可以提供硬木木材修补受损的船只，还有海鸟、海豹和鱼可以补充给养。但暴虐的天气拖慢了维修的速度，麦哲伦准备应对一个漫长的冬天——每个人都只配给勉强维持生存的口粮。

不满情绪又高涨起来，麦哲伦在 4 月份听说了又一场针对他的阴谋。他反应迅速，派遣一只小船登上维多利亚号，在一场奇袭中将意图谋反的带头人之一船长门多萨杀死。叛变者们成功控制了部分船只，但麦哲伦封锁了水湾出口，阻止他们离开。迅速、冷酷的行动加上足够的海员对麦哲伦保持忠诚，使他成功平息了叛乱。然后他进行了惩罚：40 人被判处死刑，后来被减刑，以服苦役代替；圣马丁，一位占星学家，遭到了拷打和折磨；包括康塞普西翁号船长加斯帕·德·克萨达在内的其余人被处决了。卡塔赫纳和佩罗·桑切斯·德·拉·雷纳，一位牧师，随后被遗弃在海岸上，陪伴他们的只有那些被刺穿的尸体。

通过海峡驶向太平洋

麦哲伦随后派遣圣地亚哥号向南继续寻找通道，但在一片很像是通道的水域航行时，圣地亚哥号被一阵狂风弄沉了，结果这片水域也只不过是另一条河。船上的两名海员通过陆路回到了其他船上，剩余的海员都被救起。到了 10 月份，剩下的 4 艘船重新整修并补充给养后，寻找西向航道的探索继续进行。最终他们在南纬 52°进入了向西的通道。在 480 公里长迷宫般的海峡中，瞅准时机的圣安东尼奥号逃跑回家了。但麦哲伦领着剩下的 3 艘船和 200 名海员继续坚持着。终于，在 1520 年 11 月底，他们离开了海峡区域，进入了太平洋。

麦哲伦的航海图是基于托勒密在公元 2 世纪的计算绘制的，而托勒密将地球的周长少算了 1.1 万千米。这意味着麦哲伦并没有想到他在太平洋上的航行会成为一场长达 96 天的史诗般的远航。食物和水都消耗殆尽，坏血病开始流行，船员们挣扎在生存的边缘。就像皮加费塔所记录的那样：“吃光好的饼干之后，我们只能吃变成粉末的旧饼干，里面全是虫子和老鼠在里面撒的尿，气味呛人……至于老鼠，已经卖到每只半个金币，不是每个人都能得到足够的数量……我相信任何人都不愿意进行这样的航行。”

3 月初，幸存者来到了关岛，在那里找到了食物；之后，还是在这个月，他们到达了霍蒙洪岛，麦哲伦宣称菲律宾群岛归属西班牙。舰队在菲律宾群岛之间航行了一个月，享受着相对轻松的贸易、当地人的友好、优质的食物和不断增加的与女性接触的机会。麦哲伦利用这个机会为尽可能多的人施行洗礼：让当地社会皈依基督教是建立西班牙据点的一部分内容。

麦哲伦之死

麦哲伦沿用的是在他长大成人的过程中葡萄牙人一直使用的方法，那就是和当地酋长交朋友，然后再帮助他打败对手，从而获得在该地区的支持。在宿务，麦哲伦成了岛上统治者胡马邦酋长的密友和“结拜兄弟”，胡马邦酋长还皈依了基督教。胡马邦的敌人是附近麦克坦岛上的拉普拉普，于是麦哲伦向他承诺袭击麦克坦，杀死拉普拉普。麦哲伦确信这将是一场轻松的胜利，只带了一小部分人登上了麦克坦岛。但这次他超凡的自信出了差错，他和他的手下发现自己面对的是 1500 个受过良好训练的凶猛战士。在战斗中，麦哲伦被杀死并撕成了碎片。他的船员也有八人丧命，其余的人逃回了船上。震惊的皮加费塔记录道：“所有这些人都冲向他，其中一人拿着一根标枪（样子像一把短弯刀，只是更厚）刺入了他的左腿，他脸朝下倒了下去。所有人立刻冲上去用铁制和竹制长矛以及标枪刺向他，他们就这样杀害了我们的榜样、我们的光、我们的安慰和我们真正的向导。”

香料群岛和返航之旅

剩下的 115 人无法驾驶 3 艘海船，于是他们弄沉了康塞普西翁号，乘着维多利亚号和特立尼达号向香料群岛的财富驶去。他们在棉兰老岛、巴拉望岛和文莱之间航行了六个月，抓来一些当地的领航员帮助寻找航路，与当地酋长战斗以夺取食物和补给，抓来妇女充当船上的妻妾，一些人开小差逃跑了，还有为数不多的人死于和当地人的冲突。在 1521 年，他们最终到达了摩鹿加群岛——香料群岛。

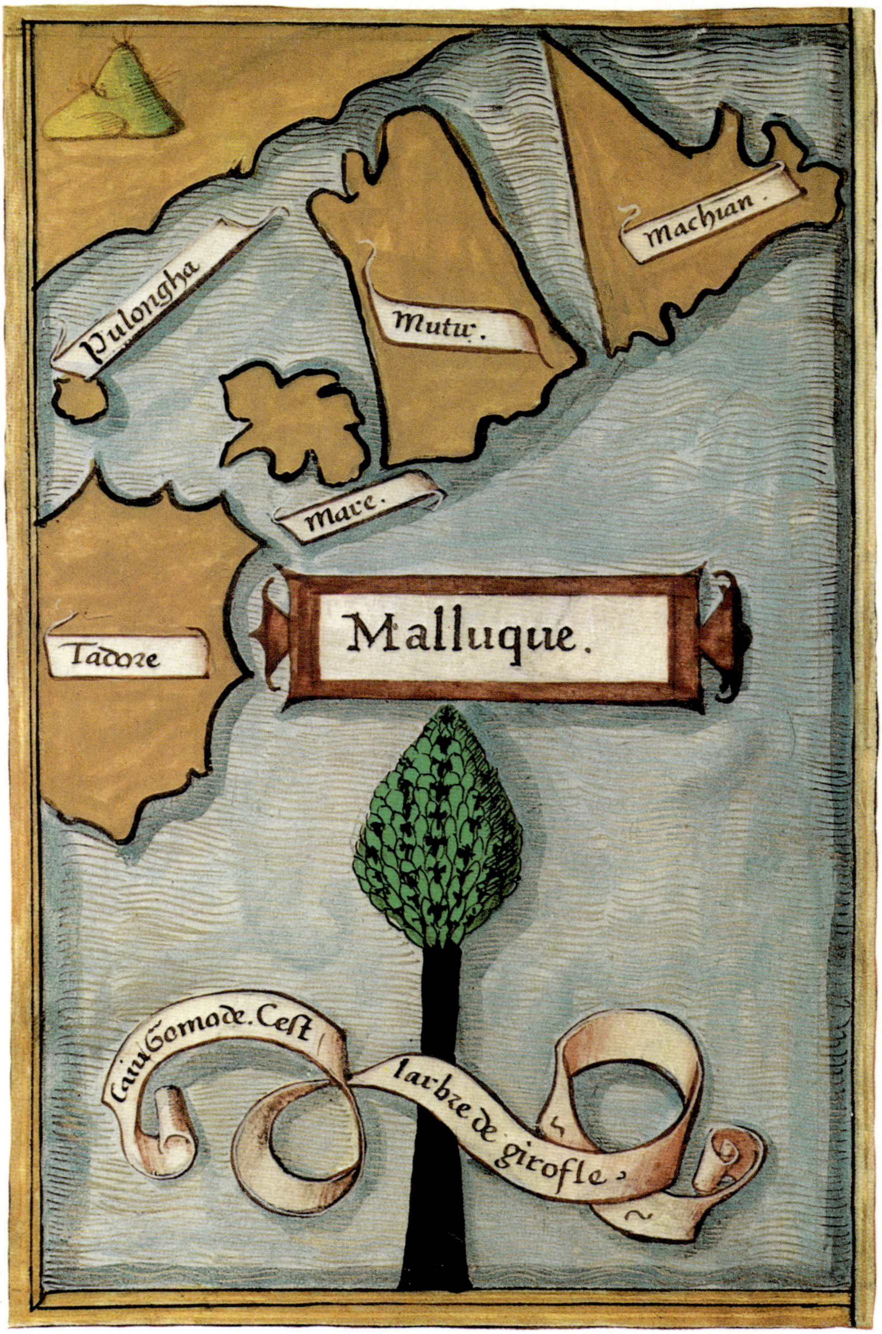

皮加费塔日记法文手稿中的一张插图，展示了摩鹿加群岛主要香料种植岛屿中的四个，还描绘了一棵概念化的丁香树。

与当地人贸易换来香料之后，他们发现特立尼达号的状况很差，决定让它向东航行返回西班牙。然而经过七个月的航行，遭受坏血病困扰的特立尼达号几乎快要沉没，又一次回到摩鹿加群岛，却发现自己到了葡萄牙人手中；船员都被关了起来。

维多利亚号上还有船长胡安·塞巴斯蒂安·埃尔卡诺和 60 名船员，并且满载着丁香。1521 年 12 月，维多利亚号踏上了向西回家的路途。这艘船需要经常维修，他们曾在帝汶岛和爪哇岛上岸，一些船员在那里逃跑了。等他们绕过好望角的时候，船上的给养只剩下大米和脏水。到了 7 月份并饿死了二十多个人之后，埃尔卡诺认识到他必须冒险登上葡萄牙人控制的佛得角群岛补充基本的供给。结果刚刚上岸得到一点儿物资，他们就被葡萄牙人攻击了，埃尔卡诺不得不起航离开，丢下了 13 个人。他们的船漏得厉害，在剩下的向北的航行途中，不得不经常抽水，而且船员实际上已经断了口粮。1522 年 9 月 10 日，维多利亚号和它的船员回到了塞维利亚，这时船员只剩下了 18 人。仅是船上带回的丁香就能清偿远航所有的开销，还获利颇丰。

虽然麦哲伦未能亲自完成环球航行的壮举，但他冷酷而固执的决心使他寻找通往香料群岛西向航线的梦想变为现实。这次航行还促进了国际日期变更线的设立，因为维多利亚号上的船员回家后发现他们的日历延迟了一天。他们发现了穿过南美洲末端的通道，并观察到距我们最近的两个星系，如今都以麦哲伦的名字得到了命名。但最重要的是，这次航行证明了我们的地球是圆的。

瓦内萨·科林格里奇/撰

路易斯－安托万·德·布干维尔

太平洋中的法国雄心

（1729－1811 年）

但地理学是一门关于事实的科学：

你不能只端坐在扶手椅中推测思索，同时还不犯错误，

而这些错误常常只能以海员作为代价才能纠正。

路易斯－安托万·德·布干维尔，《环球行纪》，1771 年

作为太平洋探险中最有趣的人物之一，路易斯－安托万·德·布干维尔于 1729 年 11 月 12 日出生在巴黎。路易斯－安托万家境富裕，作为三个孩子里最年轻的一个，先开始学习法律，但他很快意识到自己的热情在于数学，并在 25 岁的年纪出版了一部关于微积分的两卷本专著。这不但让他获得了巴黎知识精英的注意——他的哥哥马里耶－让当时也是那里一位受尊敬的学者，他还因此在 1756 年获选成为英国皇家学会会员。在同一年，查尔斯·德·布罗斯出版了关于太平洋探险历史的著作，但无论是布干维尔还是他的哥哥都不曾想到它将改变路易斯－安托万生活的轨迹。

布干维尔随后进入军队，先当了一名火枪手，然后晋升至副官，并最终在伦敦为法国大使当了一段时间的秘书之后，成为了一名海军上校。在英国和法国争夺北美控制权的七年战争开始之初，他进行了第一次重要的航行，于 1756 年 4 月和蒙特卡姆侯爵一起到达新法兰西（加拿大）。法国殖民者的生命线在于通向魁北克和蒙特利尔的圣劳伦斯河，布干维尔在那里花费了大部分时间，在出击行动之余，他阅读了大量经典著作，并在娱乐嬉戏上花费了同样多的精力。

法国人先是惨烈地丢掉了拱卫圣劳伦斯河口的路易斯堡，然后在 1759 年 9 月将魁北克拱手让给英国人，战局对法国越来越不利。被迫撤退至蒙特利尔的布干维尔参加了抵御英国人

的最后一战，结果战斗以 1760 年 9 月法国军队的最终投降而结束。他别无选择，只有回到法国，在那里被剥夺了所有战斗荣誉，并被禁止继续参与这场战争。

宣誓不再参加战斗而被释放之后，心灰意冷的布干维尔很快在女色（包括他与著名法国女演员苏菲·阿尔诺的一段关系）和赌博上找到了慰藉，并频繁参加一些附庸风雅的沙龙。等他得到允许再次为这场战争效力的时候，战争结束了：1763 年 2 月英法双方签订了《巴黎条约》。法国人丧失了大片殖民地，士气低落，政府几乎破产。

马洛于内群岛

带着特有的乐观，布干维尔早在 1763 年年初就开始野心勃勃地盘算如何重现法国的雄风并扭转自己的命运。受自己的哥哥和查尔斯·德·布罗斯的鼓励，他已经阅读了大量关于太平洋探险的文献，并希望在太平洋发现新的岛屿以重建法兰西帝国的版图，并为那些从加拿大被赶出来的殖民者提供落脚之处。布干维尔知道该从哪里开始。

在战争中，他曾听说过马洛于内群岛（福克兰群岛，又称马尔维纳斯群岛）。这在布干维尔脑中埋下了他日后想法的种子，他想把从新斯科舍省的土地上被赶出去的法国阿卡迪亚人迁移到这里生活。将这些无主荒岛变成法国属地之后，他就能镇守通向太平洋的大门，并控制从大西洋进入太平洋的通道。当时的法国政府提供了少量资金，于是布干维尔建立了自己的公司，买了两艘船——埃格勒号和斯芬克斯号。1763 年 9 月，在国王路易十五的祝福下，船队启航前往马洛于内群岛。1764 年 4 月，法国得到了这些岛屿，并留下 29 名殖民者在布干维尔表弟的监督下开创新生活。

布干维尔在 1765 年 1 月返回马洛于内群岛，发现殖民地发展得有模有样。补充了食物，装载了木材和树苗，他又一次踏上了回家的旅途，到家之后才发现西班牙要求法国放弃对这些岛屿的拥有权，而且更糟的是法国政府已经答应了。整个冬天和 1766 年春天，布干维尔为此一直屡辩屡败，但已经太晚了，虽然最后他得到了对自己损失的补偿。11 月，他出发前往这片正在发展的殖民地并把它移交给西班牙，并开始一次更伟大的探险。

环球航行

布干维尔率领着布德塞号和埃图瓦勒号开始了一次史无前例的科学远征，重燃法国海上霸主的梦想。穿过麦哲伦海峡，他最终于 1768 年 1 月底到达太平洋，开始向西北航行。三个月后，他看到、命名并占领了土阿莫土群岛——尽管实际上并没有登陆。

到了 4 月，布干维尔驶入一系列天堂般的岛屿，他将其中一个大岛称为新基西拉岛（塔希提岛）。他宣布它们归属法国，九天后再次起航，并将一位当地人阿托吕带回法国。回国后，阿托吕将进一步完善法国对“高贵的野蛮人”的理念，并印证塔希提岛作为太平洋中的乌托邦的印象，正如布干维尔所描述的：“整体的气候是如此宜人，尽管我们在这个岛上要进行繁重的劳动，尽管我们的人手不断地……暴露在正午的太阳下，尽管他们直接躺在裸露的土地上睡

在这幅 1820 年代的版画中，布干维尔在麦哲伦海峡好望角附近的一块小型岩礁上竖起法国的旗帜。经过一个进展缓慢的开头，并由于天气原因在麦哲伦海峡耽搁之后，布干维尔终于在 1768 年 1 月 16 日进入太平洋。

觉，却没有一个感到不适的。”

布干维尔穿过萨摩亚群岛、霍恩群岛，然后抵达了“圣埃斯皮里图岛”（瓦努阿图），此地于 1605 年被佩德罗·费尔南德斯·德·奎罗斯在他的探险活动中发现并命名。在这里，这位法国人第一次和太平洋上的美拉尼西亚人打交道，过程不甚愉快，最终以一场冲突收场。到了 5 月底，急于推进的布干维尔向西航行，寻找新荷兰（澳大利亚）。几天之后，有什么东西断裂的声音提醒船队海面下有危险的礁石——这里已经是澳大利亚大堡礁的外围。虽然有些海员在桅杆顶端望见了陆地，他们的船长还是拨转船头，驶向东北方向的新几内亚（将探索澳大利亚的机会留给了詹姆斯·库克），但他们又一次发现在这里登陆不安全。布干维尔又来到所罗门群岛，与当地的美拉尼西亚人起了更多冲突，随后他取道新爱尔兰回到新几内亚的北方海岸，并向香料群岛进发。

船队的供给已经不多，而埃图瓦勒号的船况也很糟糕，所以当船队于 1768 年 8 月最终到达荷兰控制的塞兰岛时，所有人都松了一口气。荷兰人不情愿地放法国人入港进行紧急整修和补给，但六天之后就离开前往巴达维亚（雅加达），海员们和两艘海船都能在那里进行充分的休整。他们从这里出发前往法兰西岛（毛里求斯）。博物学家菲利贝尔·肯默生和珍妮·巴雷特（他的“男仆”，被发现是个女人）被推选留在这里。由于埃图瓦勒号需要进一步的修理，布德塞号独自踏上去往开普敦的旅途，不过到 1769 年 4 月，两艘船都回到了法国。

尾声

布干维尔成了大名人，甚至当了国王的座上宾：他成功地进行了法国的第一次环球航行，并为法国带回了“高贵的野蛮人”阿托吕和七块新领地。40 岁的他得到了升迁，并被拮据的法国政府授予 5 万里弗的终生抚恤金。阿托吕被许诺护送回家，但在还没到达塔希提岛时，他在途中的毛里求斯得了天花并病死在那里。

布干维尔的日记于 1771 年出版并取得了大众的关注和追捧，但在学术水平上有所欠缺：

左页图：塔西提岛居民向布干维尔和他的随从赠送水果。此次远航的博物学家菲利贝尔·肯默生在塔西提岛搜集了大量植物标本；塔希提人对他的贴身“男仆”珍妮·巴雷特更感兴趣，并揭露她是一个女人。

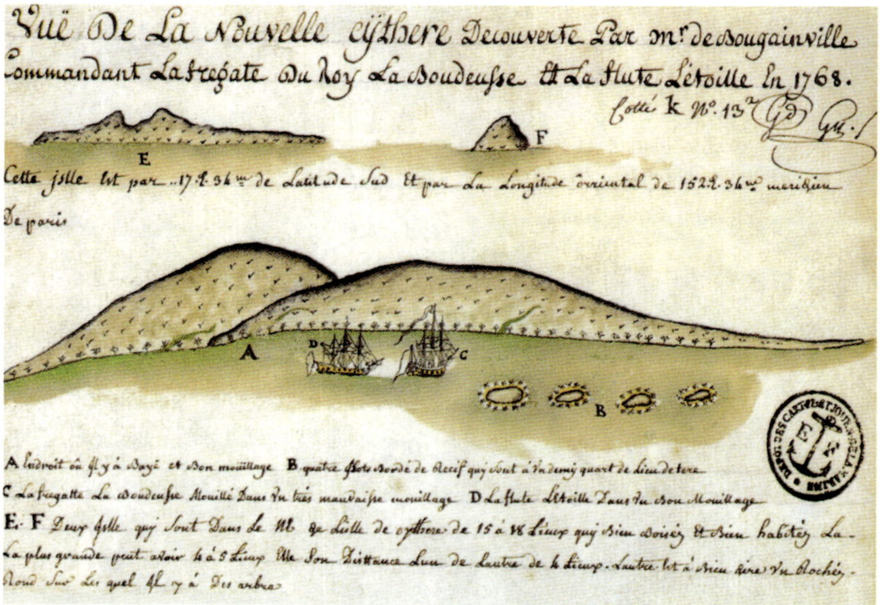

上图：塔西提岛的景色，布干维尔将它称为新基西拉岛。虽然只在这里度过了九天，但法国人的报告却将这座岛塑造成了一个乌托邦，居住着真实的“高贵的野蛮人”。

下图：布干维尔《环球行纪》的首部英译本，1772 年出版，约翰·莱因霍尔德·福斯特译。法文原书出版于 1771 年，立即获得了成功。

不但探险的时间一半都花在马洛于内群岛的移交上，而且只对萨摩亚、瓦努阿图和塔希提进行了局部的探索。此外，肯默生和天文学家贝隆带着他们所有的记录和收藏留在了毛里求斯，影响了日记的科学成就。

后来，从美国独立战争战场归来的布干维尔曾建议让-弗朗瓦索·德·加洛普·德·拉·佩鲁斯加入他自己的太平洋探险，还曾建议尼古拉斯·博丹参加他 1800 年去往澳大利亚的航行。在法国大革命中，布干维尔好几次与断头台擦肩而过，后来他认识了拿破仑·波拿巴并成为他的密友，随后被推选为参议员。1804 年，在拿破仑的支持下，他成为首批获得法国荣誉军团勋章的人之一，1808 年被提升为布干维尔伯爵。

1811 年 8 月 30 日，路易斯-安托万·德·布干维尔逝世，并被授予国葬礼遇。他的骨灰安葬于先贤祠，而心脏则埋在位于蒙马特的妻子的墓旁边。法国失去了一位最耀眼最聪明的精英——一位战士、水手、政治家和科学家：一位启蒙时代的文艺复兴式人物。

瓦内萨·科林格里奇/撰

詹姆斯·库克

南太平洋的科学探险
（1728–1779 年）

我的抱负引领着我走过的道路
不但比前人所曾走过的都更遥远，而且我认为
这是一个人所能走过的最远的旅程。

詹姆斯·库克的日记，1774 年 1 月 30 日

在三次史诗般的远航中，詹姆斯·库克船长所发现的地球表面面积比任何其他人都多。作为一位成就卓著的航海家，他还是一名优秀的制图师、天文学家和测量员，引领着航海科学探险的新时代，并填补了三分之一的世界地图。作为一名指挥官，他是海员中的海员，赢得了手下的忠诚——甚至是热爱，有些人一次次地追随他进行远航。在活着的时候，他的成就令上级长官激动得喘不过气来；身死之后，他成了大英帝国的标志，而他留下的遗产促生了一代优秀航海家的诞生，如威廉·布莱和乔治·温哥华。现在广泛认为柯勒律治的长诗《古舟子咏》就是受库克第二次远航激发灵感而作。

当詹姆斯·库克于 1728 年 10 月 27 日生于英格兰北部一座小村舍中时，没人能意识到他在将来会成为一个国家——甚至是国际——传奇。8 岁的时候，一位富有的地主托马斯·斯考特伟慧眼识珠，认为这个男孩以后会有出息，为他支付了 4 年的上学费用。这让库克得以在 1745 年拿到第一份工作，在装载转运码头当一名男店员。在这里，他爱上了海洋，并于 1746 年 7 月签订参加了受人尊敬的惠特比船主约翰和亨利·沃克的商船队，成为一名学徒。如今的库克已经 18 岁，比他的同侪年长，受过教育并有着勤奋工作的名声。同他签了三年雇工合同的约翰·沃克为库克之后的传奇打下了基础，他和库克的关系也逐渐发展成为库克所拥有的最深厚的友谊。

英国北海是一片严酷的训练场。库克有记录的首次航行是在弗里拉夫号充当雇工，这是一艘宽阔平底的惠特比运煤船——正是这种船在后来载着他进行环球航行。他签订的三年合同很快又延长了五年，所承担的责任也更大。然而当1755年即将被奖励“船长”的职位时，他却谢绝了升职，并成为了皇家海军一名最低级别的水手，对此的唯一解释是“他决心那样去碰运气”。这个决定看起来或许有些草率，但库克很快得到了回报：他服役的第一艘船是四流皇家海军舰艇老鹰号，骨干船员水平参差不齐，库克很快在这里脱颖而出；不到一个月的时间，他就恢复了在商船队时的大副职位。两年之后的1757年6月，他成为了船长，负责领航和船舰的每日运行。

詹姆斯·库克的肖像，约翰·韦伯所作。在第三次远航之前，库克已经闻名全球了，韦伯被任命为这次航行的画家。

1758年年初，正值七年战争期间，库克率领皇家海军舰艇彭布罗克号前往加拿大新斯科舍省的哈利法克斯和路易斯堡。库克曾见过军事工程师塞缪尔·霍兰德的勘测过程，他意识到他可以如法炮制，将海军航图的精准应用到这里。一个月后，库克完成了对加斯佩湾的绘制，得到了一张精美的海图。那个冬天，他都留在那里发展他的新技艺，这些成果不久之后保证了英国舰队在布满险滩急流的圣劳伦斯河的航行安全，并帮助沃尔夫将军在魁北克击败法军。

库克继续着测绘制图工作，直到七年战争结束。1762年12月，他回到了英格兰，并娶了21岁的伊丽莎白·贝茨为妻。然而，他在测绘上表现出的“天才和能力”得到了英国海军部的注意，4个月之后，他作为国王的测量员回到了纽芬兰。

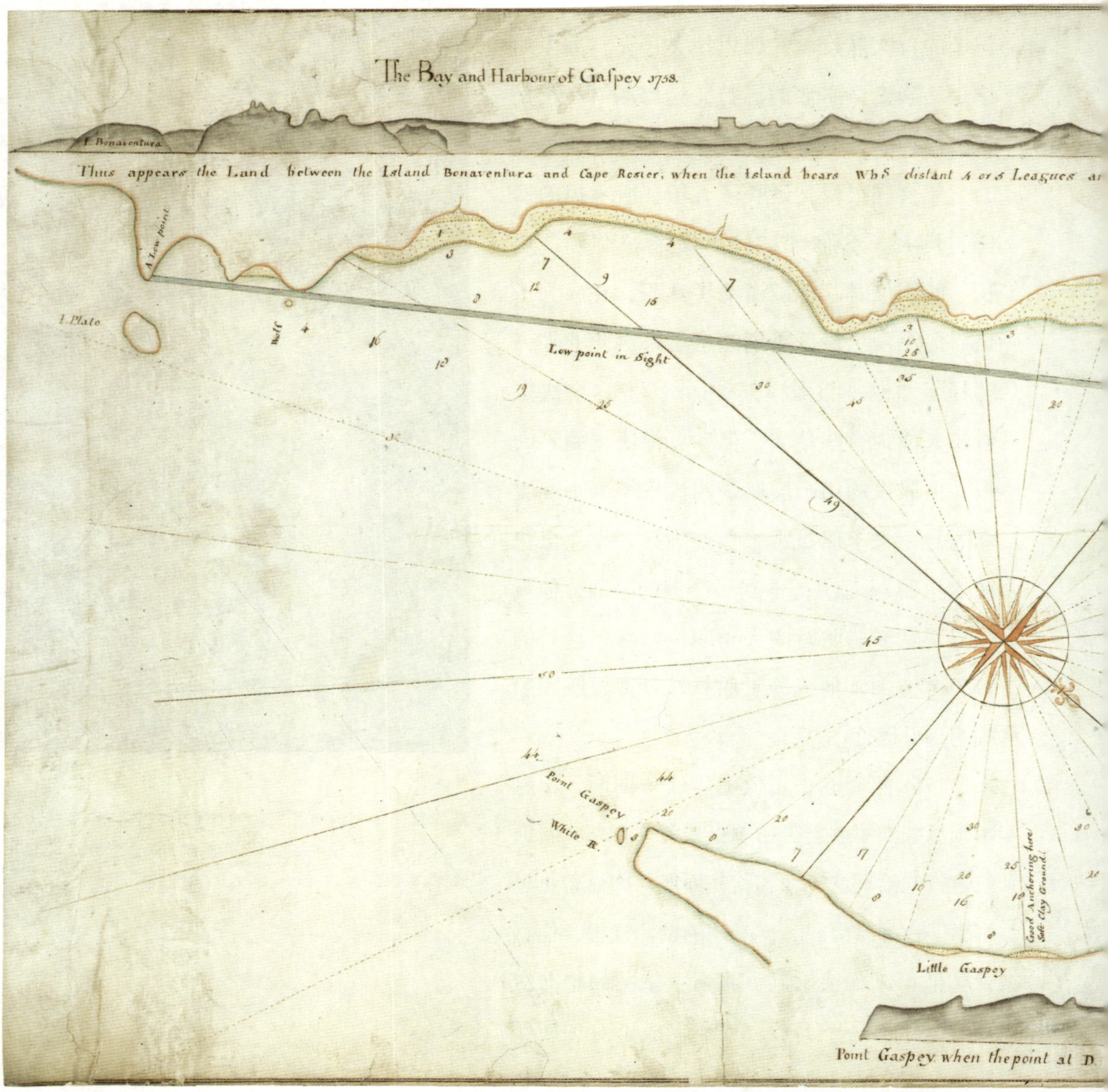

库克绘制的加斯佩湾地图，绘于1758年。这是库克首次尝试测绘制图，反映了英国试图了解加拿大地形的政治和战略企图，其时英国和法国正为争夺加拿大的控制权而进行着战争。

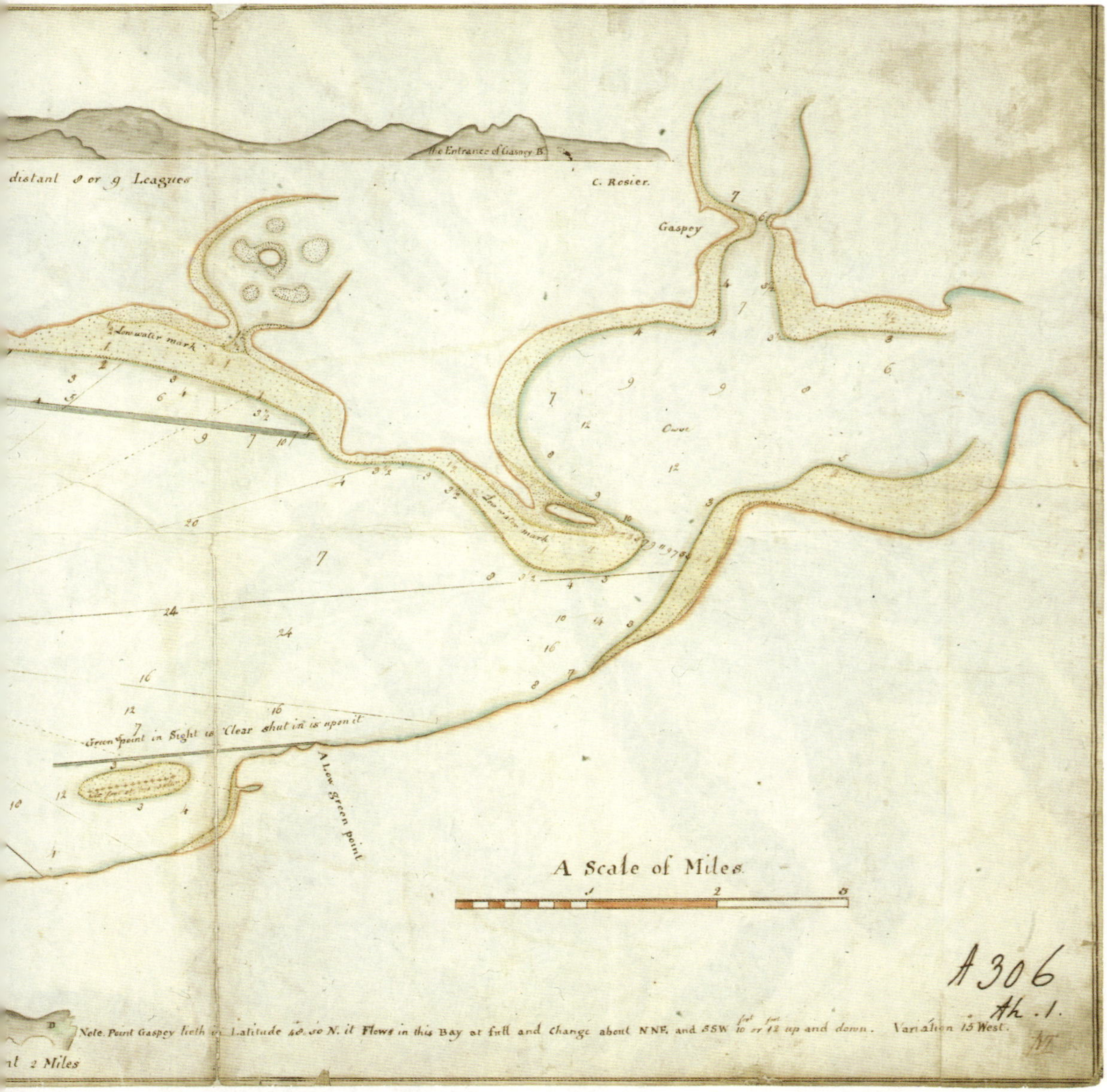

The Entrance of Gaspey B.
distant 8 or 9 Leagues
C. Rosier.
Gaspey
Low water mark
Low water mark
Green point in Sight is Clear shut in is upon it
A Low green point
A Scale of Miles
1
2
3
A 306
Ah. 1.
Note. Point Gaspey lieth in Latitude 48. 50 N. it Flows in this Bay at full and Change about NNE. and SSW 10 or 12 feet up and down. Variation 15 West.
2 Miles

326

第一次航行：环游世界

从比，库克夏季去往加拿大测量，冬季则回到伦敦麦尔安德家中，绘制海图并为海军部编写航行指南。其间，1767–1768年的那个冬天，海军部和英国皇家学会正在积极准备英国首次去往南太平洋的科学远征。这次远征有两个目的：一是观察金星凌日这种奇特的天文现象，通过对它的观测可以帮助测定地球到太阳的距离，从而促进科学和航海事业的发展；第二个目的是寻找传说中遥远的“南方大陆”，据说这是一片拥有巨大财富的土地，能让发现它的国家变成世界上最强大的力量。

上图：这幅画是悉尼·帕金森遥望新西兰而作的。帕金森的天才为库克首航的成功添色不少。这位深思熟虑又有天赋的贵格会教徒死在了返程的途中，但留下了他的日记和将近一千幅精致的素描和油画。

左页图：这幅锯齿佛塔树（*Banksia serrata*）水彩画是约翰·弗雷德里克·米勒的作品，它是根据帕金森的素描而画的。帕金森的素描被收录进了约瑟夫·班克斯的重要著作《班克斯花谱》中，这本书最终在1988年才得以出版。

这次航行的指挥官必须精通天文学、航海学和测量学——这些恰恰是詹姆斯·库克擅长的。虽然当时只是一名船长，但他还是被选中并迅速晋升为上尉。将运载库克环行世界的是皇家海军三桅帆船奋进号，又一艘惠特比运煤船，和他一起踏上甲板的有年轻的英国贵族和博物学家约瑟夫·班克斯、瑞典博物学家丹尼尔·索兰德、天文学家查尔斯·格林，以及随船画家悉尼·帕金森和亚历山大·巴肯。此外船上还有一位独臂厨子，一名年老不堪、总是醉醺醺的修帆工和一只产奶的山羊，他们已经在皇家海军舰艇海豚号上进行过环球航行。

1768年8月25日，运载着94位船员和足够支撑18个月的给养，奋进号从普利茅斯出发前往南太平洋。他们先穿过大西洋到达里约，然后绕过合恩角抵达太平洋，最后在1769年4月抵达塔希提岛马塔维湾。他们在这里的“维纳斯堡”安营扎寨，为六个星期之后的金星凌日做准备。在这段时间里，班克斯和他的同伴们去调查研究岛上的植被，而库克则带领手下在岛上探险。虽然和塔希提人的关系维持得还算不错，但偷盗情况很猖獗——而且这并不只针对当地人而言：水手们很快发现只要用一根铁钉就能换来和塔希提妇女的一夜春宵，库克不得不维持最严肃的纪律，以防奋进号被拆得散架。

1769年6月3日正是金星凌日的这一天，然而强烈阳光造成的光幻觉使得天文学观测数据并不一致，大家都很沮丧，不过这件事情很快被搁置一旁。依据海军部的秘密指令，库克现在开始了他的第二个任务：寻找“南方大陆”。他们向南而行，一路上都没有看到陆地，直到10月2日一片未知土地的东海岸出现在他们眼前。班克斯确信这就是南方大陆，而库克认为这更可能是艾贝尔·塔斯曼在1642年发现的如今称为新西兰的地方。在接下来的六个月中，奋进号细致地测绘了新西兰的北岛和南岛，证明它们并不是所谓的南方大陆的一部分。在这里，库克逐渐开始欣赏并尊重定居于这片土地的毛利人。

任务完成之后，库克决定取道新荷兰（澳大利亚）东海岸返回英国，以查明范迪门斯地（塔斯马尼亚）和新几内亚是否与大陆相连。奋进号在恶劣的天气下向北航行，直到4月19日船员们才第一次看到陆地，位于如今维多利亚州的希克斯角。仅过了一个星期，奋进号就来到了植物湾，约瑟夫·班克斯和他的“绅士哲人”们抓住机会，搜集了大量植物标本，植物湾

右页图：“新西兰一位酋长的头像，脸上按照他们的方式画着奇异的花纹”，这幅画和描述均来自帕金森的《去往南太平洋的航海日记》。库克对毛利人表现出极大的尊敬之情，而新西兰成了他在南太平洋的基地。

也正因此得名。从这里出发，库克继续北上，对于自己正在驶入危险的大堡礁一无所知。

1770 年 6 月 11 日，奋进号撞上了珊瑚礁并被紧紧地卡住了。在它被升起来的潮水冲走之前，船员们花了昼夜不眠的 24 小时把所有非必要物资都丢进了大海。最后库克设法将奋进号停靠到如今昆士兰的库克镇所在的地方，在那里进行了七个星期的临时修补。但这至少意味着船员们最终能与当地土著发展了一段友好的关系，并从他们口中得到了一种奇异的像鹿似的动物的名字——“袋鼠”。

8 月 4 日，库克驾驶着满是补丁的奋进号重新出海。凭借出色的航海技术，他躲过了暗礁并绕过了新荷兰东海岸的最北端，将其命名为新南威尔士，并以国王的名义宣称此地归属英国。库克现在已经回到了已知世界的地图上。他穿过新荷兰和新几内亚之间的海峡，最终到达巴达维亚（雅加达），奋进号在那里进行了充分的修理——但这付出了代价。库克到达巴达维亚的时候还未有人因病而死，然而等到 1771 年 7 月库克回到英国的时候，船员中已有三分之一死于痢疾和其他疾病。

第二次航行：去往遥远的南方

尽管失去了许多海员的生命，但英国首次科学远征取得的发现仍被赞为前所未有的成功，然而大多数荣誉都被班克斯获得。库克得到晋升成为上校，并计划进行一次更为艰险的南太平洋之行。在南纬 40°没能找到大陆的库克说服了海军部，同意他继续向南走到南纬 60°去寻找南方大陆。

1772 年 7 月，在家陪伴妻子和家人仅仅一年之后，库克再次从普利茅斯出发，去进行一次让人震惊的远航。这次航行的计划是大面积地扫过太平洋，系统地测绘任何新发现的陆地，并从海图上抹去谣传中的陆地留下的魅影。这次库克带了两艘船——决心号和探险号，他取道好望角并一路向南，进入一片“巨大的冰雪世界”。

右页图：这幅灰头翡翠（*Halcyon leucocephala*）水彩画是格奥尔格·福斯特在库克的第二次航行中所作。格奥尔格和他的父亲——聪明但难以相处的约翰，是两次横扫太平洋时的随船博物学家，他俩代替了对食宿条件不满愤而离去的班克斯。

Alcedo senegalensis β. S.N. XIII. 456.

1773 年 1 月，库克和他的人手成为有史以来第一批为人所知的穿越南极圈的人，并在不知情的情况下到达了距南极洲仅 120 千米的地方，然后在大雾和冰冻面前不得不返航——但还是没见到传说中的南方大陆。在海上不间断地航行了 17 700 千米，历经 122 天之后，库克终于抵达新西兰，在途中没看到任何陆地。精疲力竭的船员终于可以上岸享受新鲜的食物和充分的休息，然而出乎他们意料的是，库克很快下令准备再次出发。1773 年 6 月初，两艘船按照一条巨大的逆时针环状航线开始了航程，半途到达合恩角，向北到达皮特科恩岛，向西到达塔希提岛和社会群岛，从库克群岛去往汤加群岛，然后在 10 月初向南返回新西兰，并在库克绘制的太平洋海图上精确地增添和推演了陆地的分布状况。这次环形航行已经足够令人惊叹了，然而库克还要走得更远：在夏洛特皇后湾的船湾重新修整和补给一个月之后，已经与探险号分手的库克又一次向南航行，驶向冰雪。

12 月底库克又一次穿越了南极圈，并在 1774 年 1 月进行了第三次穿越，这一次到达了令人震惊的南纬 71° 10′——这个纪录直到 1823 年才被詹姆斯·威德尔打破。但即使是库克现在也已经到了自己的极限，不得不向北返航然后再向西，又一次横扫太平洋，这次经过了复活节岛、马克萨斯群岛、塔希提岛、新赫布里底群岛、新喀里多尼亚群岛和诺福克群岛，并在八个月后回到新西兰。这还没完：甚至在返回英国的途中向东驶向合恩角时，他又一次向南拨转船头，进入了冰冷的海域测绘了南乔治群岛和南桑威奇群岛，然后才向东北方向驶向好望角，最终到达英国。1775 年 7 月，经过“三年零十八天”的航程，决心号抛锚停泊在斯皮特黑德，完成了航海史上最伟大的探险壮举。

最后一次航行

库克回国后得到了巨大的荣誉。他被选为皇家学会的会员，晋升为上校舰长，并受到国王乔治三世的接见，赐予每年 230 英镑的养老金。年近 47 岁的库克这时已有两个正在成长的儿子和一个刚刚怀孕的妻子，在这种情况下许多人都会考虑退休——但詹姆斯·库克不会。尽管早在第二次航行途中他的身体和脾气就已经开始江河日下，但他还是同意率领最后一次航行：这次航行要把欧迈送回家，他是探险号船长带回英格兰的一个有名的塔希提人，还要寻找连接大西洋和太平洋的西北航道。

1776 年 7 月，库克率领着两艘船决心号和发现号最后一次从英格兰起航出发。前半程的进度总是落后于预定的计划，决心号还

瑞亚堤亚岛的局部风光，库克第二次航行的随船画家威廉·霍奇斯所作。在塔希提岛之后，瑞亚堤亚岛是库克命名的社会群岛中的第二大岛屿。1769 年，库克成为第一位发现这个岛屿的欧洲人，并将一位波利尼西亚祭司和一位优秀的领航员图派亚带上了自己的船，后者帮助他环游了太平洋。在这次航行中，皇家海军舰艇探险号的福尔诺船长将欧迈带上了船，他后来在英格兰成了名人。

出现了严重的漏水，他就这样绕过了好望角并向东行驶至塔斯马尼亚和新西兰。在这里，库克听说了之前土著对探险号部分船员的残杀行为，但他知道复仇并没有意义。在这里补充给养之后，他于 1777 年 2 月出发前往塔希提岛。面对着所剩不多的时间和弱到可怜的海风，以及乘载着愤恨和不满的船员，这两艘船转向了友谊群岛（汤加群岛），库克这位伟大的指挥官在那里表现得喜怒无常：困惑的船员们意识到詹姆斯·库克船长的状况不对劲儿了。

1777 年 8 月，舰队终于抵达塔希提岛，欧迈在附近的胡阿希内岛安了家。任务的第一部分完成，库克在瑞亚堤亚岛和波拉波拉岛上做了次短暂的停留，便开始了去往北极的航程。在1777年12月24日通过鲨鱼出没的圣诞环礁（基里蒂马蒂环礁）后，库克本以为在到达北美洲海岸之前不会再看到陆地了。然而不到一个月，他就看到了一系列火山岛并命名为桑威奇群岛，即今天的夏威夷群岛。他知道自己撞上了一个重大发现，但他想不到不久之后它就因为一件凶险之事而被人所知。与此同时，在继续向北寻找西北航道之前，船员们抓紧机会享用岛上丰富的食物、淡水和妇女。

过了几乎两个月，舰队终于在1778年3月底抵达温哥华岛的乔治国王湾（努特卡湾），然后再次向北进发寻找西北航道。在恶劣的天气下，舰队穿越白令海抵达西伯利亚的楚科奇半岛，并沿着该半岛北上进入北冰洋，但这样的进展是短暂的——8月中旬，库克在北纬70°的地方遇到一排冰山峭壁。别无选择的库克只好南撤，准备等冬天过去后第二年再来试试运气。

1779年1月，决心号和发现号停靠在夏威夷的凯阿拉凯夸湾，库克船长在那里受到了当地人无以复加的崇拜和欢迎，夏威夷人向他表示出极大的热情和好客：看起来他们真的要时来运转了。经过两周的补给和休整，库克下达命令再次向北方进发，然而决心号在出港不久之后折断了桅杆，他们被迫返航。但是这次岸上不再有欢迎宴会，只有生气愤恨的当地人，他们还开始偷盗船队的东西，库克大怒，决定惩罚他们。

局面在2月14日破晓达到高潮。发现号的一艘小艇在前一天晚上被偷走，于是库克命令封锁海湾并带着一些荷枪实弹的海军士兵上了岸。控制了一名当地酋长作为人质之后，他朝自己的船走回去，这时旁观的人群突然暴躁起来，并攻击他们。此时岩块、匕首和枪弹横飞，库克命令手下撤回船上，但已经太晚了：片刻之后，他脸朝下消失在海浪中。

在做了最后一次寻找西北航道的尝试之后，库克的舰队于1780年9月回到了英国。早在他们抵达英国之前，库克的死讯就已经出现在了报纸上。在举国悲痛中，库克从一个英雄化身为一个传奇——一个从此以后再也无人超越的传奇。

第二章

陆地

埃尔南多·德·索托

刘易斯和克拉克

托马斯·贝恩斯

理查德·伯顿

纳恩·辛格

尼古拉·普热瓦利斯基

内伊·爱莲斯

弗朗西斯·荣赫鹏

马尔克·奥莱尔·斯坦因

人类一旦走遍几乎所有的大洋并只剩下某些尚未发现的孤岛，就立刻将探索的目光投向了陆地。在美洲，这片新鲜的大陆为刚刚到来的欧洲人展现出无限的可能，用詹姆斯·埃尔罗伊·弗莱克的话说，“总是在更远处……在冰雪阻隔的最后一条蓝色山脉之外”。遗憾的是，西班牙征服者的动机是对黄金的疯狂渴求，这种贪欲驱使他们做了许多残忍的事情。在征服的过程中，凭着对自己生活方式和宗教优越性的绝对信仰，他们摧毁了数不清的人类文化，现在看起来这些文化的价值至少并不比他们的差。这些西班牙人中最残忍最有效率的当数埃尔南多·德·索托。他和手下 650 人（最后只剩下 311 位幸存者）打开了如今美国南部的大片土地，但在他们身后留下了一片片废墟。

1804–1805 年，梅里韦瑟·刘易斯和威廉·克拉克共同领导一支探险队伍，对未知的北美西部进行了全面的探索，他们的策略完全不同。起初出发的 48 人中只损失了一个，死于阑尾炎。值得注意的是，半途中一个肖肖尼族印第安女人加入了他们的队伍，她的名字叫萨卡加维亚。她是这个故事中真正的女英雄，要是没有她的翻译和调解，他们也许已经被不友好的印第安部落消灭干净了。

画家兼探险家托马斯·贝恩斯一面在环境恶劣、充满危险的国度旅行，一面将他看到的所有东西细致地描画下来，这种能力成就了他的名声。他的艺术作品对于非洲南部和澳大利亚的植物学、人类学和文化意识的贡献在那时无人能及。理查德·伯顿由于种种原因暴得大名，甚至是恶名。他对于探索的“狂热”引领着他常常是孤身一人并乔装打扮，走向欧洲人从未到过的地方。

19 世纪后期，英俄之间的大博弈为中亚和东亚的许多重大探险活动提供了机会。俄国人在他们遥远的领地巩固了自己的霸权，这让英国人对于印度殖民地北部的陌生地域十分紧张，担心入侵者会从那里进入印度。对于双方来说，尽快收集第一手资料非常重要，他们要了解当地统治者在干什么，当地的地形如何。这些当务之急催生了一类新的探险家，他们身兼地理学

左页图：托马斯·贝恩斯在 1859 年作此画于莫桑比克，当时他正陪同利文斯通旅行。贝恩斯对于所走过的地方进行了充满感情和共鸣的描绘，他的笔触也极其真实精准，可以根据他的画作鉴定植物种类和当地地形。

者和间谍的双重身份。为了寻找有用的信息，有些人跋涉的距离之长令人震惊。

尼古拉·普热瓦利斯基是俄国人中的佼佼者，他是一位坚强的军人，喜爱狩猎，旅行得又远又快，总是在野外。他也为了取乐而狩猎，比他需要的杀得更多。出生于英国的内伊·爱莲斯则是一位谦逊低调的人，几乎把自己隐于无形，这点对间谍很有用，他的同侪都将他视为他们之中最伟大的旅行家。

说起测绘地球上剩下的最广袤的未知土地和最难以进入的区域，神秘的西藏就横卧在喜马拉雅山脉中和山脉另一侧，欧洲人不会视而不见。对于大英帝国，自己的领地旁边有一块几乎跟印度一样大的“地理之谜”区域，这不免有些叫人不安。对印度进行测绘的托马斯·蒙哥马利提供了答案：训练印度人测绘，并让他们打扮成朝圣者进入那些充满敌意的区域。历史上某些最为危险、艰巨和有价值的探险旅程是由这些所得回报甚少或压根没有回报的人完成的，他

这幅插图来自理查德·伯顿的《走向圣城》(1855–1856 年)。虽然伯顿并不是第一个到达麦加的欧洲人，但他是第一个对朝圣者以及朝圣之旅中的戏剧性事件做出精彩描述的人。

奥莱尔·斯坦因拍摄的一张照片，照片上是喀什南部穆斯塔阿塔山脉默基山口下的一处吉尔吉斯族营地。斯坦因是第一个穿过这条道路的欧洲人，并在这些游牧民族的毛毡帐篷中住了下来。

们中的第一人是纳恩·辛格。弗朗西斯·荣赫鹏生逢其时，可以把自己炽热的欲望发挥在这个领域。他一人从北京走到斯利那加，完成了当时距离最长的独身旅程之后，又继续前进并创造一生之中的传奇，最终在英国军队不光彩地入侵西藏的行动中担任指挥。

奥莱尔·斯坦因是一名卓越的学者，在艰难的探险中，他发现了大量地中海和中国之间广大地域上逝去的人类文明的历史遗迹，这一成就可谓前无古人、后无来者。他的考古挖掘出土了数不清的手工艺品，这些工艺品如今有许多藏于大英博物馆，其中最引人注目的就是他在戈壁沙漠上的敦煌千佛洞里发现的大量早期佛教手稿。

大卫·尤因·邓肯/撰

埃尔南多·德·索托

寻觅黄金的远征

（约1500–1542年）

……走过了两天的旅程，又出现一个小镇，

名叫奥卡尔……他们说镇上贸易繁荣，满是金银和珍珠。

上帝保佑，但愿如此；对于这些印第安人所说的，非我

亲眼所见我概不相信……虽然他们知道，如果他们

对我撒谎，损失的将是他们自己的生命。

埃尔南多·德·索托寄给古巴圣地亚哥地方行政官的信，

此信写于1539年11月8日，来自佛罗里达坦帕湾

1541年5月8日，西班牙征服者埃尔南多·德·索托和他的500人探险队抵达密西西比河岸。今天人们把这条大河的发现归功于他，从华盛顿特区的美国国会大厦，到散布于美国东南部的法院大楼和博物馆，许多画作都描绘了这一时刻：佩戴着闪闪发亮盔甲的索托站在密西西比河岸边，意气风发地享受着胜利。

真实的情况远没有这样风光。发现密西西比河的并不是埃尔南多·德·索托——探险家和水手们在他到达这条大河30年前就知晓了这条河，而且他当时已经陷入狼狈和绝望的境地，而不是像画作中描绘的那样光辉灿烂。索托已经花了两年时间深入探索这片未知大陆，希望找到可与阿兹特克帝国和印加帝国相提并论的大帝国。然而等他的探险队抵达密西西比河的时候，索托已经丢失了他们大部分华丽的衣服、帐篷、盔甲、佩剑、弓弩、利矛、火绳枪和其他装备。他原来650人的队伍已经损失了五分之一——一些人被当地土著武士杀掉，还有一些则被饥饿、疲劳和疾病压垮。很多当地人被迫充当奴隶，运载探险队的装备，数千人因此死于极度的疲劳。当311名幸存者终于在1543年9月回到墨西哥的时

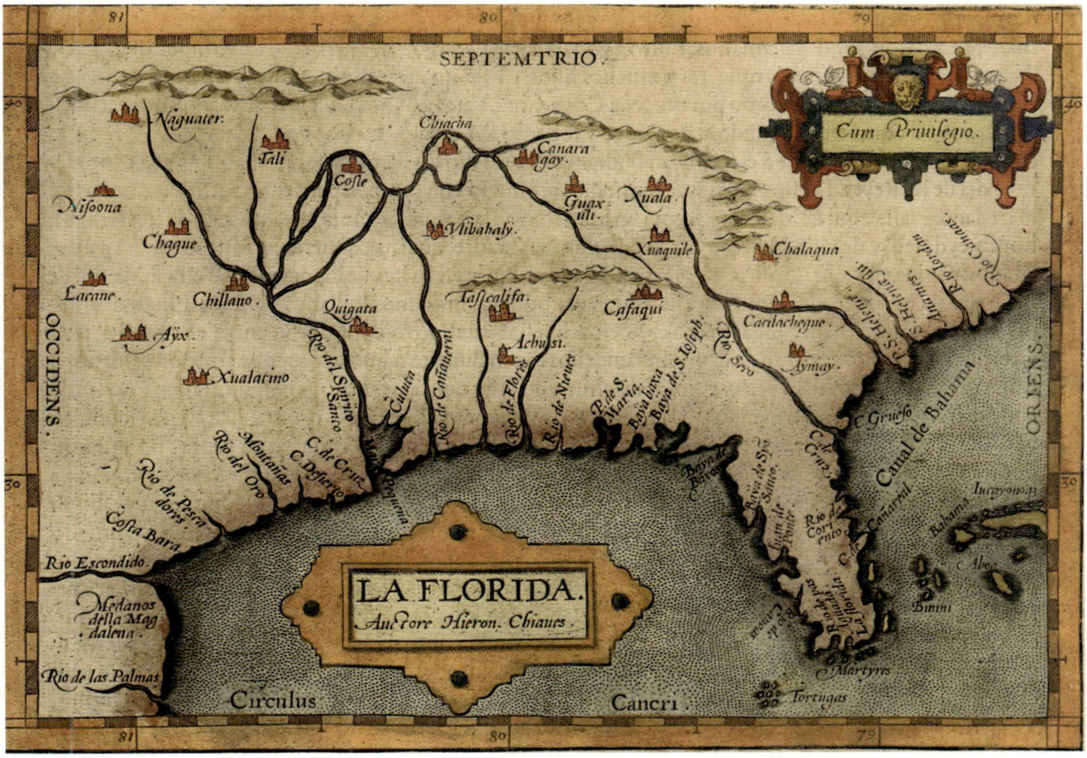

上图：佛罗里达地图，摘自亚伯拉罕·奥特利乌斯的《寰宇全图》，1584年出版于安特卫普。作为首张单独印制的佛罗里达地图，它包括从弗吉尼亚至新墨西哥的广大地区，并部分基于索托在此地区进行的探险所得到的信息绘制。

下图：埃尔南多·德·索托，西班牙征服者，探险家。虽然在征服秘鲁印加帝国的行动中他已经得到了属于自己那部分的巨额财富，他却并不满足，继续寻找传说中佛罗里达的黄金。

候，这次远征已经走过了 6440 千米，比刘易斯和克拉克 265 年之后所走的路程还多一倍（见第 69 页）。

这次惨淡收场的远征和这位 41 岁的西班牙美洲殖民地主人之前的探险活动形成了鲜明对比。索托是一个西班牙乡村小贵族的儿子，但他的童年生活几近贫穷。早在 14 岁的时候，他就离开家乡闯荡世界，并在早期西班牙巴拿马殖民地成为了一名颇有声望的船长。在那个残忍的时代，四处劫掠的征服者们地毯式地梳理着中美洲有人定居的区域，寻找黄金和奴隶，而索托率领自己的人马夺取了尼加拉瓜和它繁荣的城市。

在征服南美洲印加帝国的过程中，索托是弗朗西斯科·皮萨罗的副指挥官，他在这次征服行动中功成名就。作为先锋队的队长，他率领着骑兵横扫印加帝国的军队和城市——当时的美洲人还没见过马，他的骑兵迅猛异常，几百名西班牙人常常能击败人山人海的印加军队。他还参与了对印加帝国皇帝阿塔瓦尔帕厚颜无耻的绑架和勒索：在八万印加帝国士兵的包围下，168 名西班牙人要求用堆满一个房间的黄金和两个房间的白银来换皇帝的自由身。当皮萨罗决定无论如何还是要处决印加皇帝的时候，索托表明了反对，但他并没拒绝自己那份相当可观的赎金。

1536 年，索托需要九艘船将一万三千磅黄金和白银运回西班牙。他在西班牙买下了广厦宫殿，举行奢华的聚会，并通过婚姻进入了显贵家族。但从亚历山大大帝到拿破仑，他拥有所有征服者的弱点——对于已经得到的，他永不满足。索托一心想取得荷南·科尔蒂斯在墨西哥征服阿兹特克帝国、弗朗西斯科·皮萨罗在秘鲁征服印加帝国那样的成就。当时谣传在西班牙人称为“佛罗里达”的地方有美洲第三个黄金大帝国，1538 年，听信谣传的索托出发前往北美。

佛罗里达

为给自己的军队配备最新的文艺复兴新式武器，索托花费奢靡。他带了 250 匹马，“以及比任何一个舰队能从西班牙带出来的还要多的给养”，这是他在一封信中吹嘘的原话。1539 年春天，索托在坦帕湾上岸，不久之后他就发现了内陆的一处人类文明，这个文明在一个多世纪之后下一拨英法探险家到来之前就会灭绝。这些人被称为密西西比人，由酋长兼国王统治，并拥有复杂的宗教、礼制、游戏和军队。他们生活在各个定居点中，有几个定居点的大小接近当

佩戴着黄金或黄铜装饰的蒂姆库安酋长，约翰·怀特仿雅克·勒·穆瓦内作于1564年。蒂姆库安印第安人生活在佛罗里达东北部圣约翰河流域。

时欧洲主要城市的规模，可容纳大约三万人，定居点中的居民依靠周围大片种植着玉米、豆类、南瓜和其他蔬菜的田野养活。时至今日，这里留下的只有神秘地散布在美国东南部、北到伊利诺伊州的巨大土丘。密西西比人还有大量的珍珠以及某些金属的踪迹，如黄铜，这让对黄金痴迷的索托相信在下一个城镇还有更多的财富。

在西班牙征服者中，很少有人像埃尔南多·德·索托这样拥有残忍的效率。遇到一个新的密西西比王国，他会横扫进去并迅速制服它，要求提供食物和人手，以便将他的装备运到下一个城镇。那些拒绝的人都被残暴地征服了，首领被杀，平民沦为奴隶。有几次，受到这次外国入侵威胁的各酋长联合起来试图阻止他，然而并没能如愿。第一批努力失败了，但在阿拉巴马中部发生的一次袭击对西班牙人造成了灾难性后果。颇具讽刺性的是，对于这位绑架印加皇帝的绑匪，酋长塔斯卡路撒先诱使他带着很少的护卫进入一个四面埋伏的城镇赴宴，然后发动了攻击——这一招跟当初索托抓住阿塔瓦尔帕的方式如出一辙。最终，索托的人取得了胜利，杀掉了塔斯卡路撒，但数十名西班牙人也丧命在混战中，他们的装备也大部分被毁。

在这次袭击之后，心有不甘的索托不愿两手空空地回到西班牙，他甚至拒绝和南方莫比尔湾等待他的舰队取得联系，这震惊了他衣衫褴褛的手下。他又花了一年时间去寻找谣传中阿肯色的黄金，这种不顾一切拼命追逐财富的行为最终导致索托于 1542 年 5 月 21 日死于热病。据他手下一人的日记记载，索托领着自己越来越躁动的军队回到了密西西比河，并向当地一位强大的酋长宣称自己是神，这位酋长傲慢地回应到，如果索托能够“使密西西比河干涸，他就相信他”。不久之后，索托就死了。

索托剩余的人马花了一年时间才逃出佛罗里达。他们首先试图穿过得克萨斯到达墨西哥，但不得不因为缺少食物和水而返回。最终，他们建造了木筏并顺着密西西比河漂流而下，直至抵达墨西哥湾，一路饱受当地土著的骚扰。1543 年 9 月 10 日，当他们出现在一个西班牙前哨基地时，把那里的西班牙人吓了一跳，他们已经放弃了寻找埃尔南多·德·索托的人马，以为他们早就死了。

卡洛琳·吉尔曼/撰

刘易斯和克拉克

进入未知的美国西部
（1774–1809年& 1770–1838年）

我们即将穿越一片至少两千英里宽的地区，这是文明人
从未踏足过的土地；它为我们准备的是美好还是邪恶，
只有我们亲身试验才会知道，这些小船上运载着
所有我们赖以生活和防护自己的物品。

梅里韦瑟·刘易斯的日记，1805年4月7日

在1803年，对于北美东海岸的居民来说，这片大陆的西部仍然是一个谜。在那一年，当总统托马斯·杰斐逊请求美国政府制图师尼古拉斯·金将关于西部的所有信息汇总在一张地图上时，除了一个单词“推测”之外，金在那个区域留下的大多是空白。“谁能知道它延伸到多远？”记者海克特·圣约翰·德·克里夫库尔向西遥望时写道，“还没有一个欧洲人走过这块辽远大陆一半的宽度！”

对西部进行探索当然有它的动机和原因。它们反映了那个时代的美国梦：不是为了追求充满红宝石或黄金的城市，而是有用的东西，例如铅矿、岩和土地——连绵不断的绿色的诱人农田。当时还存在着贯穿整个大陆的水上航路这样一个旧梦。“西北航道”这个概念已经从想象中的海上航道演变为河中航道。坐在扶手椅中的空想地理学者推断北美必然有两条大河：一条流向东，一条流向西，而且两条大河的源头离得很近，近得只要走一小段陆路就能乘船穿越整个大陆到达太平洋。

杰斐逊是那些从未踏足野地的大探险家之一。他的旅行完全基于书本和他别出心裁的思维。他对于美国西部的兴趣已经有年头了，但他的动机超越了科学的好奇。对杰斐逊来说，西部将为民主政体的核心困境提供解决方法。所谓民主政体的核心困境，即它需要正直善良而警

刘易斯和克拉克保存的日记记录了两年半旅途中每一天发生的事情。当远征结束一个世纪后，日记终于得以出版，共分八卷。

醒的公民防止政府走向独裁和腐败。杰斐逊相信只要提供合适的环境，就能造就这种新的公民，这种公民将是民主制度最基本的依靠。西部就是那种合适的环境，它是一片全新的、从未被腐败侵蚀过的土地，大自然将为人性注入坚强的美好品格。

正如杰斐逊所认为的，对于他的愿景来说，最大的障碍是西班牙人和印第安人。虽然美国在 1783 年从英国手中继承了密西西比河东部的土地，但西班牙仍然宣称密西西比河以西的所有一切归属自己。但为当时大部分世人所不知的是，西班牙已经将其势力范围的北部大片地区——路易斯安那——转让给了法国；而到了1803年，杰斐逊派遣驻巴黎的外交大使和拿破仑商议购买路易斯安那的事宜。印第安人的问题更加棘手。无论哪个欧洲国家宣称西部归属自己，它仍然处于各印第安部落的实际控制之下。美国刚刚同密西西比河东部的部落进行了一场血腥的战争，而印第安人赢得了大部分战斗。杰斐逊的解决之道有所不同：派遣使者，不是为了购买土地，而是为了打开贸易和外交关系。他就是这样酝酿出了西部远征计划。

探险军团

当杰斐逊需要寻找一个人去领导后来所谓的探险军团时，他朝桌子对面望了一眼，一个合适的人选就映入眼帘：他29岁的个人秘书梅里韦瑟·刘易斯。刘易斯曾当过军官，他跟杰斐逊一样也是一名自学成才的博学者。总统和他的门徒开始共同谋划这次远征，要向世界展示美国人也能进行一流的探险活动。他们以英国皇家海军的行动作为优质标准，特别是詹姆斯·库克船长率领的远征（见第46页）。刘易斯的远征有多重目标——商业的、权力的和科学的。这次远征要对土地和土地的资源进行广泛的调查清点——包括植物、动物、矿物、人种和依据天文观测矫正的地形地貌。杰斐逊从国会那里得到的2500美元拨款实在太少，不够再派遣任何科学家，所以这些重任就要全部落在刘易斯一人肩上。

幸运的是，在出发之前刘易斯向他在军队中的老朋友威廉·克拉克写了一封至关重要的信。在信中，他邀请克拉克共同领导这次探险，至于军衔和责任“都和我丝毫不差”。这是一个非凡的邀请，同样非凡的是，共同领导的模式成功了。在共同指挥的三年中，两人之间只有最完美的友谊，没有产生过其他枝节。刘易斯和克拉克有着完全不同的个性。克拉克高个子、红头发，是一个天然的指挥官，他的家庭在美国独立战争中出了许多英雄。他的信件直率而热情，他的日记充满了实用的（虽然有拼写错误）细节。刘易斯则更加复杂，他忧郁而内省，爱孤僻就像克拉克爱交际一样。除了那些充满着兴高采烈的植物学描述的地方，他的日记比克拉克的更富有洞察力和文学性；不过他有时也会做出冲动甚至鲁莽的事情。

他们在密西西比河边安营，度过了1803-1804年的冬天，因为西班牙人拒绝他们进入路易斯安那，直到1804年3月主权正式移交美国才能动身。两个月之后，探险军团乘着一艘17米龙骨艇和两艘双桅平底船，沿着密

在刘易斯和克拉克三十年之后，画家卡尔·博德默重走他们当年的道路，密苏里河上游仍然像他们曾经描述的那样充满北美野牛和美洲赤鹿。

苏里河逆流而上，开始了宏大的探险之旅。船上约有四十八人——包括法国船主、肯塔基的拓荒者、美国军队士兵、一个来自非洲的美国黑奴。刘易斯的狗（希曼）也在船上。他们很快就发现龙骨艇太大了，在水流迅速、遍布障碍的密苏里河航行太不安全；在最初的一千英里逆流而上的路途中，大部分都是他们用绳索把它向上游拖拽过去的，然后才用独木舟替换了它。

两个月之后，呈现在他们面前的是一片之前从未看到过的景色——大平原。一片连绵不绝的草海伸展向四面八方的地平线，草海中生活着成群结队的羚羊、美洲赤鹿和北美野牛。探险家们勤奋地记录着新物种，煮着屠宰后的动物，并为博物学家保存了兽皮以供研究。他们甚至捉住了一只活的“会吠的松鼠”（草原犬鼠）。它受到船主的小心照料，一直活着并于次年回到了华盛顿，高兴的杰斐逊把它安置在了白宫的会客室。

1807年，梅里韦瑟·刘易斯穿戴着肖肖尼族酋长卡麦维特送给他的印第安服饰摆好姿势，以便画家查尔斯·B. J. F. 德·圣梅明为他画像。

大平原上的印第安人

然而，他们的外交任务却不如科学考察进行得那么顺利。大平原上最强大的军事力量是苏人，他们是高超的骑手，追逐北美野牛的足迹生活并住在牛皮做的圆锥帐篷里。刘易斯和克拉克与提顿族苏人的会面几乎以暴力收场，因为两位船长拒绝为得到通行准许向印第安人称颂致敬，反而告知这些全副武装的战士在华盛顿有一位新“父亲”，苏人必须做他顺从的“孩子”。最后，一位年长的酋长站出来调解，他们才能继续上路。

等他们抵达曼丹人和希多特萨人的联合聚居点时，天空已经飘起了雪。曼丹人和希多特萨人住在用原木和泥土建造的圆顶状小屋中，他们的村落位于如今的北达科他州。这些部落在肥沃的河谷中耕作，并和加拿大皮毛商人进行着繁荣的贸易，这些商人自从1750年代就聚集在此。探险家们在附近用原木修建了一座堡垒，以便和好客的邻居们贸易，换来食物和信息。

那里的冬天极其寒冷，他们唯一一支没

画面上从右数第三个人物被认为是萨卡加维亚的丈夫图桑特·夏博诺，当画家卡尔·博德默在1833年遇到他时，他仍然在为希多特萨人翻译。希多特萨人当时正处于全盛期；四年之后，一场天花袭击了他们。

坏掉的温度计曾记录到零下40℃的低温。在这个冬天，他们向印第安人打听了周围的地形，了解到肖肖尼族控制了他们去往太平洋海岸必经的那个山口。幸运的是，一个会说肖肖尼语的俘虏就生活在村子里——一个有孕在身的十几岁的少女，名叫萨卡加维亚（Sacagawea，这个名字被他们日记的编辑莫名其妙地错拼成了“Sacajawea”）。为了让女孩上船当翻译，他们雇用了她声名狼藉的丈夫图桑特·夏博诺，于是当他们在春天再次出发时，船上的人数缩减到31人，包括1个女人和她两个月大的孩子。爱给人起绰号的克拉克叫她“珍妮”，而把小男婴叫作“邦普”。

密苏里河如今带着他们走过一片崎岖的荒凉之地，远处常常有山脉横亘在地平线上。河流两岸有许多凶猛的灰熊，站立起来身高超过2.4米；但他们一个人的影子也没看见。到了8

月，他们已经到了自己一无所知之地，顺着不断变浅、布满卵石的河流向南而去，两岸是松树覆盖的山脉。他们对于如何找到去往大陆分水岭的山口一无所知，急切需要找到肖肖尼人来为他们指路。路易斯带着三个人上岸步行，寻找难以捉摸的肖肖尼人。实际上，肖肖尼人躲了起来。他们刚刚遭受仇敌黑脚族的袭击，损失惨重，没有心情接待来访者。当一个侦察哨兵前来报告四个陌生人正向他们的山上营地走来时，酋长卡麦维特（Cameahwait）带领60名骑手出发，去拦截这些陌生人。他们全速向刘易斯俯冲过去。

幸运的是，刘易斯在稍早些的时候遇到了三个肖肖尼族妇女，并设法让她们相信了自己友好的意图。卡麦维特被这些妇女说服，决定欢迎这些陌生人，而不是消灭他们。刘易斯使用手语说服酋长同他回去和远征队其余的人会面。酋长一到，筋疲力尽的旅行者们就立刻用他们所能拿出的所有仪式欢迎他，并叫来了翻译。接下来萨卡加维亚认出了卡麦维特，她的哥哥。“她立刻跳起来并跑过去拥抱他，把她的毯子扔在他身上，哭个不停。”克拉克稍后回忆道。

等到终于能够交谈时，两位船长立刻就发现他们有大麻烦了。刘易斯对此并不是很意外。他知道，翻过下一个山脊，那边是全景式的风光——但不是缓缓伸向太平洋的山坡，而是“绵延的高山仍然横亘在我们的西面，山顶之上白雪皑皑”。他们只不过到了山脉的起点，而夏天几乎就要过去了。而且要到达唯一可以通过的山口，他们必须沿原路向北返回240千米。卡麦维特还警告他们：“这条路很难走。”

穿越大陆分水岭

等待他们的是炼狱般的考验。弄来驮马和一名肖肖尼人向导之后，他们开始出发翻越山脉。山间小道沿着几乎垂直的山坡蜿蜒而上，路面上满是倒在地上的树木。他们风餐露宿，醒来时身上常常盖满了雪。越来越饥饿的他们开始把马杀掉充饥。没有袜子穿，他们把破布裹在脚上。9月20日，饥寒交迫的探险军团跌跌撞撞地走出群山，并闯进了内兹佩尔塞印第安人的营地。这一次又是一位妇女建议受到惊吓的当地人别去袭击远征队。她的名字是瓦特库维斯，跟她的族人不同的是，她在以前曾见过白人。于是内兹佩尔塞人欢迎了这些奇异的陌生人，给他们食物并帮助他们建造独木舟以便沿着清水河溯流而下走出这里。

探险军团第一次顺流而行，不久之后就来到了哥伦比亚河，大河两岸的草原河谷生活着许

刘易斯和克拉克收集的许多植物是当时不为科学界所知的新物种。他们带回的标本有二百多幅保存到了今天，这幅脉叶十大功劳（*Berberis nervosa*）的标本就是其中之一。

多印第安部落，他们以捕捉河中巨大的鲑鱼为生。奇努克人和云集在太平洋海岸来自英国和美国的商船打过交道，他们已经从白人那里得到了珠子、烧水壶，还学会了一些简短的英文，例如“婊子养的”。印第安人越熟悉欧洲人，他们就变得越不友好。“我们随时随地都在保持警戒。”克拉克记录道。他们仍然位于卡斯克德山脉中，不过哥伦比亚河在一个壮丽的峡谷中穿越了这条山脉，然后进入一片宽阔的河口。11 月 7 日，旅行者们终于听到了波涛的声音。“看到海洋了，”克拉克写道，“噢！高兴啊。”

他们本来希望遇到一艘来自波士顿的商船，然后搭船走海路回去。但在接下来的雨季，一艘船也没有出现。他们在俄勒冈海岸修建了一座堡垒，并在雨水的浸渍中苦苦等待，直到落基山脉的积雪开始融化，于是他们转过身去，沿着原来的足迹再次穿越大陆。

回程

1806年9月23日，探险军团的独木舟驶入圣路易斯的码头，城里的人们聚集在一起为他们欢呼三声并惊异于他们的回家。东部的人们已经有一年半的时间未曾听说过关于他们的一丁点儿音讯，美国政府早就放弃了他们，以为他们已经消失在了荒野中。现在他们返程的消息传得比他们自己还快，他们所到之处尽是前来欢迎的狂热人群。

从某些指标上说，这是一次非常成功的探险。跟刘易斯和克拉克上路的探险队员中，只有一人在旅途开始几个月后死于痢疾。他们回来时满载着标本、种子、手工艺品和成卷的日记。但他们预定的地理调查任务——寻找通向太平洋的水上通道——失败了，因为压根儿就不存在这条通道。他们在群山中的艰难跋涉给所谓的西北航道彻底判了死刑。

还有更令人失望的。刘易斯担负着写下日记并出版的任务，然而他没能将日记出版，让所有人都很沮丧。在受到英雄般欢迎归来的三年之后，他在田纳西一条小路上死于非命。于是，远征队的科学发现在一个世纪之内都没有出版。随着收集材料的散失，他们的发现陷入了模糊不清的境地。但作为一次探险，刘易斯和克拉克的故事呈现出一种崭新的生活。他们从无边无际的西部带来的消息点燃了整个民族的想象力。在数不清的讲述中，他们的旅程成了美国之旅的象征：这是一个乐观的故事，讲述的是告别过去并出发寻找新的土地和新的生活方式。西北航道或许虚无缥缈；跟印第安人的和平与贸易或许是残忍的愚弄欺骗；科学发现或许不尽人意——但刘易斯和克拉克为美国创造了统一的国家叙事，从这个意义上说，他们超越了自己最宏大的期盼。

Section of the Buffalo pear natural size
the Buffalo pear
Common in the Kerie bush - the rind 1/2 of an inch thick hard and insipid and filled with hard tasteless seeds fit only to be eaten by the animal whose name they bear - and which is said to be very fond of them - Kerie Sept 5 1849
says that if two branches cross each other they will grow together - and become firmly united

约翰·麦卡利尔/撰

托马斯·贝恩斯

遥远大陆的描绘者

（1820–1875 年）

我只是一个画家……

用我所知道的方式真实地讲述着我所看到的。

托马斯·贝恩斯，《非洲居住日记》，1842–1853 年

在 1876 年担任皇家地理学会主席的就职演说中，亨利·罗林森爵士评论托马斯·贝恩斯是“一位天生的画家和探险家，一个热爱野生生物的人，并精通探险家这个职业所需要的所有技能和智谋”。作为一位探险家和一位画家，贝恩斯永久改变了维多利亚时代人们对于遥远大陆的认知。他在非洲南部和澳大利亚的旅行中获得了大量科学数据和博物学标本，并让人们开始用鲜活的视角看待他所经过的土地上生活着的人们。在无名之地和地图上空空荡荡的地方，贝恩斯在他的画布上描绘着他在那里发现的丰富多样的生命和绚丽灿烂的色彩。其他探险家留下的是大部头的著作，而贝恩斯则把自己在探险之旅中遇到的一切都凝结在自己的画作和日记中，我们从中仍可以读出他发现探索的兴奋，以及面对自然世界时心中的敬畏。

探险精神

1820 年 11 月 27 日，托马斯·贝恩斯出生在金斯林的诺福克镇。16 岁的时候，他当了镇

左页图：贝恩斯所画的水牛梨树（buffalo pear tree）的一枝（1849 年），从中可以看出他喜欢抓住植物的植物学特征进行描绘。

上图："汉弗莱斯和我正在维多利亚河的马蹄铁浅滩猎杀一条短吻鳄，此地位于好奇峰和布罗肯山之间。"（1856 年）鳄鱼（即贝恩斯所说的短吻鳄）对参加澳大利亚北部远征的探险家们是一个真正的危险。

右页图：在他的人物画中，贝恩斯设法将他在旅途中遇到的当地人的个性和尊严都呈现出来，例如这幅《孔德，一个特特族人》（1859 年）。

上"装饰画家"威廉·凯尔的学徒。1842 年，贝恩斯启程去往南非，并在开普敦为一个马车装饰画家工作了三年。在一位懂得他作品的朋友建议下，他开始以绘画作为职业，并尝试当一名"海景和肖像画家"。他有一幅作品《塔布尔湾和群山之中的开普敦》一直很受欢迎，他把它卖给在这座海上客栈来来往往的水手、士兵和商人，靠卖画的收入生活。在他后来的职业生涯中，贝恩斯继续依靠欧洲人对非洲的兴趣支持他的探险事业。当他没在画开普敦或附近海岸线的热门旅游风景的时候，贝恩斯都把时间花在研究欧洲人探险非洲的历史上。被这些

故事打动的贝恩斯随后在1846-1847年接待了前来拜访的另一位画家兼探险家乔治·弗兰奇·安加斯，在他的鼓励下，贝恩斯承认“曾经沉睡在我身体内的冒险精神”复活了，于是他和安加斯决定进入内陆寻找曾得到报告的“大湖”。

不过，贝恩斯作为画家兼探险家的职业生涯还是在他1848年启航去往阿尔哥亚湾时才真正开始的。1848年6月至1849年8月，他曾跟随威廉·里德尔和乔治·里德尔顺着奥兰治河进入东开普内陆进行过多次打猎和商贸旅行。他在写生簿里填满了他所看到的一切，记录了该地区的动植物和地质情况。对于有趣的情景，他先画下精细的铅笔素描和水彩，标注时间、日期和地点（有时甚至标上经纬度），随后再逐步整理画成油画。1850年2月，他和约瑟夫·麦凯布一起在如今的博茨瓦纳测绘了恩加米湖。这是他首次带有明确科学目的的旅途，贝恩斯提前做好了准备，学习了如何计算距离、观测和定位。第二年，贝恩斯遇到了亨利·萨默塞特上校，上校雇用他为第八次边境战争（1850-1853年）绘画战争中的事件，这次战争是欧洲定居者和开普殖民地东部边境的科萨人进行的一系列长期冲突中的一段。虽然得到了官方战争画家的身份，他的一些素描作品也出现在了《伦敦新闻画报》上，但是贝恩斯只在战场待了一年就离开了。在格拉姆斯顿停留了一些时日之后，他于1853年5月回到英国，并花了两年时间写作、绘画和演讲自己在非洲的见闻。

1855年，在奥古斯都·格雷戈里率领的澳大利亚北部探险中，贝恩斯被任命为画家和仓库管理员，3月份时他启程前往布里斯班。他的任务完成得非常出色，因其为地理学做出的贡献，贝恩斯在1857年刚回到英国就被选为皇家地理学会的会员。他随后被介绍给戴维·利文斯通（见第162页），后者正在准备去往赞比西河的探险，利文斯通相信对赞比西河的探险有利于将贸易和基督教引入仍深受奴隶贸易之苦的非洲中部。英国国会划拨了5000英镑，让他们调查在赞比西河流域建立贸易基地的可能性。1858年1月，贝恩斯被授予一个与他在澳大利亚探险中担任的职位相似的职位，他开始按照为探险队随队画家制定的指标工作，这些指标很累人而且要求很高。他要“忠实地表现该地区的总体特点，描画野生动物和鸟类，并画下收集的……有用并稀有的植物，以及化石”。贝恩斯的作品能够捕捉自然万象的力量，例如探险队沿赞比西河逆流而上时遇到的柯布拉巴萨急流（Kebrabassa Rapids）。他还有一个任务是制作“当地人的肖像用于人种学研究”，而他的作品超越了单纯的科学研究，留下了画像中模特的个性、尊严和魅力。然而探险队中的人事关系在旅途中非常紧张，最终贝恩斯被不公正地指控偷窃探险队的材料绘制素描并卖给葡萄牙军官牟利。虽然在 1859 年 7 月就被解除了职务，并且饱受发烧和眼疾困扰，但是贝恩斯一直待到了年底，抓住一切机会进行素描和探险。

商业探险

有过和利文斯通不愉快的经历之后，贝恩斯从此避免参加政府资助的探险活动，一直参加商业探险。1860 年 4 月，他遇到了詹姆斯·查普曼，一位象牙和牲畜商人。查普曼想从非洲西海岸的沃尔维斯湾走到非洲东海岸的赞比西河河口，横穿非洲大陆，并沿线建立商业点。贝恩斯决定加入他——开支由自己的卖画所得支付。他们于 1861 年 7 月离开沃尔维斯湾，在 12 月抵达恩加米湖，并于 1862 年 7 月和 8 月在维多利亚瀑布待了三个星期。最终，他们发现前方的道路被急流阻挡，不得不按照原路返回。

贝恩斯将对这次旅行的记述整理成书《非洲西南探险》，并于 1864 年出版，紧接着他在 1865 年出版了平版画作品集，其中的平版画都来自他的油画。作为一个画家，他受到了崇高庄严的美学观念以及令人敬畏的自然力量的深刻影响，这在维多利亚瀑布上体现得十分明显。对于他来说，维多利亚瀑布的全貌呈现了“一个画家的灵魂所能想象的最可爱的场景”。他的画册是欧洲人探索非洲的历史上最精彩绝伦的记录，并深刻影响了人们后来对维多利亚瀑布的描摹。

这次探险结束之后，贝恩斯在纳米比亚待了一段时间，并于 1865 年回到英国，与 W. B. 罗德共同撰写了一部关于旅行的实用手册，出版时的名字是《露营生活指南》。1868 年，南非金矿探险公司找到了贝恩斯，他们正设法在马塔贝莱兰（在如今的津巴布韦）取得矿物开采权。从 1869 年至 1872 年，从德班起航的贝恩斯领导了两次探险，为可能的矿藏点定位并和恩德贝勒人的国王洛本古拉商讨矿物开采特许权的事宜。他测绘的该地区地图以及他的绘画和日记都在身后得到了出版。1875 年 5 月 8 日，贝恩斯在德班死于痢疾，他那时还在为第三次马塔贝莱兰之旅做准备。

上图：在这幅名为《百岁兰》(1867年)的画作中，贝恩斯本人正在描绘这种奇异的植物。通过将自己呈现在画中的方式，作为“见证者”，他保证了这个场景的准确性，他对这种植物的记录是他对植物科学最大的贡献之一。

第84–85页图：贝恩斯描画了与花园岛维多利亚瀑布相对遥望的一群水牛(1862年)，捕捉了大瀑布在背景中呈现的庄严。这幅油画贝恩斯至少画了三个版本，并选了这幅进行平版印刷出版。

“我只是一个画家”

贝恩斯曾向刚刚履任开普殖民地总督的乔治·卡斯卡特爵士保证，他的“首要目标是画下该地区最有特色和最精致的画作，描绘它的居民和动植物”。虽然表现得很谦虚，但在贝恩斯的探险生涯中，他表现出了可贵的科学洞察力。例如，在动物学方面，他的作品展示了物种最突出的特征，并将它们置于自然生境之中。对所描绘的动物列出注释，这也是他完整的描述和观察的一部分。他还顺便提到过“我在植物学上的小伎俩”，但他的风景画的特色就是对于树木和开花植物的精心描绘，既真实又生动，可以辨认出植物的种类。他和当时一些最优秀的植物学家保持着通信，如邱园的威廉·胡克和约瑟夫·胡克。在和查普曼一起旅行时，贝恩斯还做出了两个重要的植物学发现，鉴定并记录了两个新种百岁兰（*Welwitschia mirabilis*）和二歧芦荟（*Aloe dichotoma*）。就像利文斯通赞比西河探险队中的约翰·柯克博士所说的那样：“贝恩斯先生描绘的画面非常真实并尊重自然，任何一个熟悉这些植被的人都能说出他画作中植物的名字。”

除了准确翔实地呈现他遇到的人物、动物和地貌，贝恩斯的画——如这张《卢阿伯河（Luabo River）河口附近的河马》（1859 年）——也传达出这些地方的美丽和壮观。

贝恩斯还利用新技术帮助他将非洲的自然和生活之美介绍给欧洲人。例如，他利用查普曼拍摄的照片保证画作中出现的“当地人武器和装饰品”得到正确的描绘。通过天文学观测和系统测绘地形，贝恩斯将欧洲人科学调查的观念应用到非洲大陆上，而他细致生动的艺术天才帮助他描绘了遇到的地貌特征。对自然的热爱在他的作品中表露无遗。在《非洲西南探险》中，他表明自己的兴趣在于他所走过的原始环境的生态：“我承认我永远忘不了自己的那种感觉：自然的神奇美景是用来欣赏的，而不是用来破坏的。”贝恩斯的画作中常常包括他自己，向观众保证呈现在他们眼前场景的真实性。他塑造了一个新闻记者似的记录者形象——他称自己画作的唯一价值就是“尽我所能地忠实刻画该地区的特点”。

1867 年，20 幅贝恩斯的画作被选出参加巴黎世博会。他的作品频频出现在英国和欧洲的其他展览，还印在流行杂志和旅行手册上，扩大了其探险活动的影响范围和影响力。贝恩斯对探险宣传的贡献并不局限于艺术层面：他回到英国的时候还进行了大量演讲。罗德里克·默奇森爵士认为贝恩斯作品的真正受益人群是那些留在英国“注定永远不会有机会进入非洲南部大陆”并且“能够意识到那片辽阔大陆真正性格”的人。

虽然贝恩斯对维多利亚时代的帝国主义意识形态以及随后发生的对非洲的驯服和组织化管理表示认同，但他也陶醉于它的美丽和独特。他的写生簿上写满了注释，并充斥着自然的活力。这些速写本佐证了他的信仰，即“没有任何东西是不值得记录的”。他在不讨人喜欢的环境中旅行，冒着头顶横飞的子弹，一边驱赶着在画布上吃颜料的苍蝇一边作画。在这种条件下，他仍然留下了不朽画作，雄辩地证明了他对这些自然奇迹以及它们令人敬畏的庄严的迷恋。贝恩斯认为旅行、搜集数据并将这些信息传递给英国公众的意义就在于这些行为的本身，他曾说自己“将感到所做的一切都是值得的，如果通过我的努力使英国公众能够了解任何未曾有人涉足的地区，并且从前地图上的空白区域中的一小块——无论多小——仍然能够留在非洲中部的地图上”。

罗伯特·特威格/撰

理查德·伯顿

对探索的狂热

（1821–1890年）

做那些内心嘱咐你做的事，不期望他人夸赞，只为听到自己的掌声；制定自己的原则并按照它生活，这样的人活得最高贵，死得最光荣。

理查德·伯顿，*The Kasidah*，1880年

在伦敦西南郊区的莫特莱克教堂墓地中有一座外形奇特的坟墓，它由石头建成，样子像一座东方式的帐篷。在坟墓的一侧有一段短阶梯，走上去之后能够通过一面窗户看到里面并排安息的理查德爵士和伯顿夫人。在他们上方有一个装置，看起来好像生锈的电话铃。它实际上是一根螺线管，用来鸣响坟墓中安置的一个驼铃。又一件维多利亚时代的荒唐事？并不是这样。“驼铃的叮当之声”是伯顿创作的长诗*The Kasidah*中的选句。在这部长诗中，他借一位神秘的波斯作家——他称之为哈吉·阿卜杜·艾尔–耶兹迪——之口，展示了自己超凡脱俗的信仰、动机和理想：

把那个老妇人从你胸口拽走；
在灾祸中要勇敢，在幸福中要质朴；
为了行善而做好事是对的：
把天堂的贿赂和地狱的威胁一脚踢开。

这就是H. M. 史丹利曾这样评论的人，“要不是因为他该死的愤世嫉俗，他本可以成为最伟大的人”。这就是当时人们总在客厅谈论的人，说他动不动就杀人还吃人肉——虽然并没有

证据证明他干了这样的事。说起伯顿，稀奇古怪的故事和怪诞的事实总是杂糅在一起。

1821 年 3 月 19 日，理查德·弗朗西斯·伯顿生于英国托基市。在被抚养成人的过程中，他的家庭总在不断地迁居，主要是在法国和意大利，包括法国西南部的波城，当时——包括现在——英国人都很爱去那里。他曾几次在写作中责备父母没把自己送到一所“一流学校”，然而所有证据都表明伯顿忍受不了传统寄宿学校的纪律多长时间。1840 年，他回到英国进入牛津大学三一学院求学，结果就在他进入牛津的第一天，他就挑战一个同学决斗，因为对方嘲笑他浓密的小胡子。那个同学拒绝了决斗的邀请。在他年轻的时候，伯顿总以拜伦勋爵作为效仿的榜样；他比拜伦好学，但并没有拜伦那样的诗才。伯顿是个善变的人，在维多利亚时代的牛津他显得很不合时宜，他在学期期间跑去参加赛马会，把自己跑野了。实际上他几乎没有学习，只是希望干净利落地被学校开除，而不是虎头蛇尾地结束学业。

在印度和阿拉伯半岛

伯顿于 1842 年 10 月在印度巴罗达参加了孟买本地步兵第十八步兵团，并以令人惊异的速度学会了马拉地语、吉吉拉特语和印度斯坦语等本地土语以及波斯语和阿拉伯语。伯顿是一个谜，但他后来的发展轨迹在早年印度军队时就已现端倪，他在那里每天花 11 个小时学习印度斯坦语以便伪装成当地人。深色的头发和发黄的皮肤的确有所帮助，但他自己也是个善于乔装的大师。当他决心学好那时还不太为人熟知的这些语言时，他在印度遇到了 *The Kasidah* 中写到的那位伊斯兰苏菲派禁欲神秘主义教徒，后者在这部长诗中现身为真正的榜样以及伯顿常常阅读的波斯语和阿拉伯语作家。伯顿逐渐发展出自己的语言学习方法：先学一个星期的语法，然后直接将《约翰福音》翻译成所学的新语言。这个方法奏效了：等到 1890 年去世之前，他可以说 27 种不同的语言。

然而他在印度度过的岁月，用他自己后来的话说，“损坏了我的健康”。回到欧洲的五年，他常常参加击剑活动，并撰写了一本刺刀训练手册（至今仍受重视）和四本游记。但他学

左页图：这幅伯顿的肖像名为《朝圣者》，是他《走向圣城》（1855–1856 年）一书第二卷的卷首插画。出众的语言能力和乔装技术让伯顿能够到达那些未曾探明的危险或禁止之地。

伯顿于 1842 年抵达印度，并在军队里待了 7 年，大部分时间都在信德省。除了完成作为情报官员的军事任务之外，他还乔装打扮，四处旅行搜集信息。染上霍乱之后，他拖着病体离开印度回到英国：这幅插图《托达人的家庭和村子》来自《果阿和蓝色山脉》或《六个月的病假》（1851 年）。

习的苏菲派教义还在继续影响他。东方的苏菲派榜样都是成就很高的人。这种神秘主义的伊斯兰流派既鼓励它的追随者轻松地面对生活，又鼓励他们在所做的事情上取得“非凡脱俗”的成就。伯顿热切希望功成名就——先是参军，然后是写作，最后是探险。但是军旅和笔耕生涯都没能达到他的期望，于是他在 1853 年启程前往麦加，虽然他并不是第一个这么做的欧洲人，但他是第一个利用他自己充满戏剧性的诡计这样做的人。“探索几乎让我狂热。”他写道。永不满足的好奇心和功成名就的欲望驱使他伪装成一名帕坦商人，进入阿拉伯城市中最隐秘的那一座。

《走向圣城》就是这次行动的成果，和《东非第一批足迹》一样，它是伯顿可读性最强的一本书。有些自相矛盾的是，虽然伯顿是一个很棒的讲故事的人，讲得非常生动，但他却不是一个非常吸引人的作家——他的作品中有极好的材料，但这些材料却包裹着一层层冷僻的学问和语言，还充斥着奇怪的事实和更加奇怪的观点。据伯顿推测，环地中海地区存在一个“苏特迪克区”，在那里进行卖淫活动的都是男人。换句话说就是鸡奸。伯顿的性向是另一个谜。他宣称自己在印度军队被降级是因为服从命令撰写了关于卡拉奇男妓妓院的报告——这个报告从来都没人找到过。他几乎一定是在夸张自己在男妓妓院的秘密经历，很可能只是为了满足自己的窥淫欲。

在非洲引起的争论

1854年，伯顿干了一件更冒险的事：在J. H. 斯皮克（见第155页）和两位军官的陪同下，他去往索马里内陆进行探险。整个行动最困难的那部分是伯顿独自一人完成的——成为第一个进入禁地哈勒尔城的欧洲人，他甚至在那里和国王进行了对话。伯顿的探险模式开始成形。在索马里，伯顿被长矛刺穿了下巴，从此留下了后来有些吓人的面容，即使摆出他喜欢的“蛇怪凝视”表情也无济于事。（但据说孩子们总觉得他非常有趣好玩。）第二年，伯顿请求前往克里米亚战争前线。但他并没有获得任何军事荣誉；当“他的战争”结束的时候，几乎被视为一个捣乱分子的他正在达达尼尔海峡比特森将军的领导下当一名土耳其非正规军士兵。

伯顿在1856年回到了非洲，成为非洲大探险的先驱。沙克尔顿在1909年所做的努力

在索马里被长矛刺伤之后，伯顿的脸颊上留下了这道醒目的疤痕，在他的照片和肖像中都很明显。

对于后来南极探险的胜利所做的贡献，正如伯顿对于后来者对非洲的开发所做的贡献，这些后来者包括斯皮克、史丹利和利文斯通等。他是第一个发现非洲中部大湖的人，这次还是斯皮克（伯顿总是快活地调侃他语言天赋的差劲儿和对打猎的热爱）陪伴着他从桑给巴尔走到坦噶尼喀湖。被发烧困扰的伯顿决定休养，斯皮克独自继续探险并发现了维多利亚湖和一处可能的尼罗河源头。于是一个争论也就此埋下了源头，直到斯皮克朝自己开了一枪（可能是也可能不是自杀），这个争论才结束，而他原定次日与伯顿就尼罗河真正源头的问题进行辩论。对于斯皮克的死亡，伯顿没有感觉到一丝胜利。尽管他们曾争吵失和，但他最终收回了自己对斯皮克的尖锐言论，对于自己门徒的离世感到巨大的悲伤。

婚姻和外交

在伯顿刚走到人生一半路程的时候，德比勋爵说他已经浓缩了“比半打普通人一生所经历的还要多的学习、艰苦和成功的事业和探险”。而在之后的1861年，他结婚了。伊莎贝尔·阿伦德尔是伯顿生活中的又一个谜。他选择（从伊莎贝尔的记述来看倒不如说是她选择了他）了一位在传统氛围和宗教背景中成长的女性作为妻子，她在他死后立刻烧掉了他的许多私人文件，以“保护他的声誉”。换句话说，她不赞同那些淫荡的东西。虽然如此，但她是伯顿热情的仰慕者，她学习语言和击剑，试图仿效她的英雄。伯顿的生活方式没有那么简单。当他们搬家的时候，他喜欢留下简明的指示“付钱，打包，跟着我”，然后就把她丢在后面。或许她报复的方式就是把阿拉伯性爱手册《香味花园》的手稿烧掉。（但是这个行为的意图失败了，因为伯顿还有一部抄本。）他们的关系让许多认识他们的人感到困惑。他们没有子女，但当两人在一起之后，看起来双方都很忠诚。正是伯顿夫人下令建造了位于莫特莱克的那座坟墓。

左页上图：《乌萨加拉风光》，摘自伯顿对这次探险的记述《非洲中部湖区》，出版于1860年。斯皮克在伯顿之前回到伦敦，并宣称已经发现了尼罗河的源头；伯顿用这本书反驳这个观点，并攻击斯皮克。

左页下图：1857年，伯顿决心寻找白尼罗河的源头，并在约翰·斯皮克的陪伴下带领着一百个挑夫组成的探险队出发。两人在路上都得了病，即使他们发现了坦噶尼喀湖，但他们的成就最后笼罩上了争论的疑云。

作为一个已婚男士，伯顿获得了一些在他凶险的探险家生涯中所缺少的责任感。他曾获得遥远的费尔南多波岛上领事的职位，但他觉得那个地方太过偏远，和他一起待在那里对妻子的健康不利。1865 年，他调至巴西的桑托斯，过了四年之后在 1869 年去了大马士革，又在 1871 年前往意大利的里雅斯特赴任，并在那里一直生活下去直到 1890 年 10 月 20 日去世。他在外交界永远也混不出头——他已经得罪了太多人。当得到机会向索尔兹伯里勋爵就英国在摩洛哥的政策提出建议时，他草草写就了一个单词“附属建筑”。勋爵请他详细阐述，结果他写满了好几页纸，拐弯抹角地用不同的方式说着同样的事情。没人能理解他。

在他当领事的那些岁月，伯顿仍然设法进行了大量的旅行。他走遍了美国的每一个州，并采访了犹他州摩门教堂的教会首领杨百翰。当他提出想进入教堂的时候，杨冷淡地回答道：“我觉得你曾经干过这种事情。”1863 年他出版了《西非漫游》，详尽描述了他在达荷美、贝宁和黄金海岸的探险经历。在桑托斯度过的 4 年让他写下了《巴西高原》。他还去了冰岛，并在去往秘鲁的旅途中找机会报道了发生在巴拉圭的一场战争。

他最后一次冒险是在翻译《一千零一夜》时保留了原书中所有淫秽和近乎色情的故事。这本书（最终以 16 卷出版）远远超前于那个时代，但它非常畅销，直到现在仍然是图书收藏者的必备，需求巨大。就像伯顿所说，“现在我知道了英国人的口味，我们永远也不会缺钱花”。他的 *The Kasidah* 以这样一段诗句结尾：

> 现在眉头舒展地走你的路；
> 别怕讲述你粗陋的故事；——
> 沙漠中风的低语；
> 驼铃的叮当之声。

朱尔斯·斯图尔特/撰

纳恩·辛格

测绘禁地的人
（1830?–1882年）

广袤的西藏高原首次被一位受过教育的旅行者穿过，
他能够观察并描述他在这里所看到的东西。
这大大增进了我们对于西藏贫乏的了解。

克莱门茨·马卡姆爵士，印度事务大臣和皇家地理学会主席，1871年

纳恩·辛格，他的代号是"1号"。

19世纪中期，沙俄军队正在英属印度和它北边的跨喜马拉雅地区之间的山岳地带行进。英国已经完成了对旁遮普和西北边境省的吞并，几乎将英属印度的边境推到了哥萨克部队的火力范围之内。警钟在伦敦鸣响，因为没人知道帝国刚刚征服的地域那边是什么。

俄国人可能的侵略路线是什么？俄军的营地以及他们正快速铺设的铁路线离边境有多远？河流能否航行，山脉能否穿过？地图在哪里？对这最后一个问题，印度总督无力地回答到并没有任何地图。印度大三角法测量工程当时只得到了一些关于大城市方位的最模糊的概念，例如拉萨。藏布江和雅鲁藏布江是否交汇这样重要的战略问题仍然是一个谜。吉尔吉特、奇拉斯和吉德拉尔这些西北边境省的前哨地区还未有人前去探索。叶尔羌[①]距测量工程绘制的地图边界之外足有100英里。整个西藏中部地区都是一个地理之谜。

这时来了皇家工兵部队的托马斯·乔治·蒙哥马利上尉。蒙哥马利在21岁时启程前往孟买，

---

① 今莎车。——译者注

N A R I K H O R S U M P R O V I N C E
GARTOKH
Sutlej R.
Darchan 14500
Lake Lang Cho or Rakastal
Lake Chomapang or Manasarowar
Badrinath
Milum 11400
Pancha Chuli
Almorah
Pithoragarh
Shilgarhi
Jumla
Route of the 2nd Pundit
Dhoulagiri
Brahmaputra or Tamjan Khamba
Duksam (T.)
D O K T H O L
G R E
P R O
H I M A L A Y A
N E P
Boundary of the British Territory
Rawung Tin
Indus
80
81
82
83
84
85
31
30
29
28
27

这张地图显示了一位梵语学者从尼泊尔到拉萨所做的路线测量，1868 年蒙哥马利上尉将它发表在《皇家地理学会学报》上。虽然这位梵语学者的姓名并没有给出，但是这张地图的发表似乎牺牲了这些危险任务的秘密性和安全性，当时它们还在进行着。

并在一年之后加入印度的测量工程。他很快找出了存在的问题，并着手修正它。到1860年代早期，这次测量已经取得了跨喜马拉雅地区大约103 600平方千米的可靠数据。但地图上仍然还有跟印度面积一样大的空白。蒙哥马利认为可以从印度出发，穿越喜马拉雅山脉和喀喇昆仑山脉以北大约360万平方千米尚未探索的土地。而这片广大的区域也同样可能成为进入英属领地的通道。

派遣梵语学者

欧洲人从17世纪就开始进入中亚和西藏，但西藏是一个危险的地域，禁止外国人进入。许多探险家曾在这里遭遇厄运。包括葡萄牙耶稣会信徒鄂本笃、英国兽医威廉·默克罗夫特、德国探险家阿道夫·施拉格因特维特在内的许多人都死在了这片可疑的地区。蒙哥马利的计划很简单：派遣印度人，而不是欧洲人。就像之后他向皇家地理学会所说的："至于如何进行英属印度边境之外的探索行动……我总是想办法留住这些人为帝国服务：要么完全是被探索地区的本地人，要么至少是和当地人信仰同样宗教的人，以及经常去目标地区旅行和贸易的人。"

纳恩·辛格是西藏南部的博特亚人，作为库马翁地区一所学校的校长，他会说北印度语、波斯语、英语和藏语。蒙哥马利邀请他进入自己的本地调查员军团，成为第一个"梵语学者"，并交给他一个进入西藏调查的秘密任务。这是一个他不能轻易拒绝的邀请，因为他父亲的"社会犯罪行为"给他带来了沉重的债务，而只需要冒一点儿险就能帮助他清偿债务。蒙哥马利上尉就这样将纳恩·辛格招致麾下，他还设计了堪称历史上最聪明的间谍技巧。

在印度测量工程的总部台拉登，纳恩接受了将近两年的严格训练。他学会了使用六分仪测定维度，使用指南针测定方向，掌握了天文学基础以便在夜间导航，还学会了使用温度计测定海拔高度。蒙哥马利设计了一套最天才的办法记录他每天所走的距离。西藏人随身戴着的念珠上面共有108颗珠子，在诵经时珠子会被转动起来。为方便计数，蒙哥马利从中去掉8颗珠子，凑足100颗。纳恩·辛格每走100步就转动一颗珠子，于是念珠每转一圈就标记了1万步。为保证测量距离的高度精确性，纳恩·辛格和后继的梵语学者们花了几个月的时间学习如何在走路时让每一步都一样长，无论他们穿越的是怎样的地形。蒙哥马利在他们的腿上系上绳子训练，绳子的长度依据每个不同梵语学者的最理想步伐制定。至于纳恩·辛格，他的一步是

33 英尺，于是 1920 步就是 1 英里。纳恩还需要把他每天的记录藏起来——圆柱形的铜制转经筒正合适，不久之后台拉登的间谍基地开始组装还能装下指南针的转经筒。六分仪和其他大件的装备则藏在旅行箱底部的夹层中。

进入西藏

纳恩·辛格在这次测量工程中的代号是“1 号”，1865 年，他已经准备好开始进行第一次秘密西藏探险。他要先穿越尼泊尔，然后进行路线测量：从西藏的圣湖玛旁雍错开始，沿着商业重镇噶达克和西藏首府拉萨之间的道路向东进行测量。完成调查工作之后，他要向西沿着弧形路线回到玛旁雍错，再从那里回家。这次旅行总共让他的念珠记下了 250 万步，即 2400 千

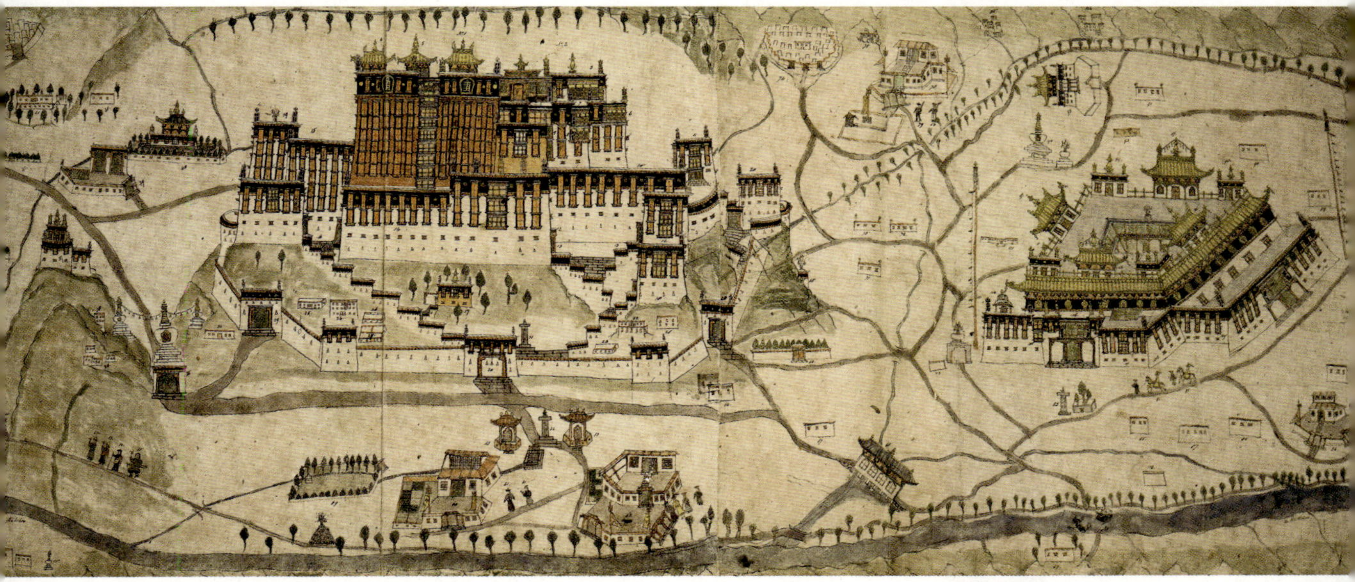

这张包括布达拉宫在内的拉萨地图几乎称得上是一张地形图，它由一位西藏喇嘛在 1859 年左右绘制，就在纳恩·辛格进行第一次秘密之旅不久之前。此时欧洲人被禁止进入西藏，西藏地区边界之内都是未知的世界。

梵语学者萨拉特·钱德拉·达斯1879年所画的一只西藏传统转经筒。经过改装之后，它可以变成藏匿测量结果的装置，以躲过边防卫兵的视线。

米。蒙哥马利希望这次任务能够找到藏布江的未知源头，当时他们错误地认为藏布江是源自玛旁雍错，再流向拉萨之外的。

启程之后，纳恩·辛格先向北来到加德满都以便从尼泊尔进入西藏。正值冬至，进入拉萨的旅途花了三个月——他走过海拔4875米积雪覆盖的山口，多次险些撞上中国的边防卫兵。他最后到达了拉萨，并在那里度过了三个月；他在那里进行了仔细观测，以令人惊叹的精准度测定了这座城市的维度和海拔，这些数据在当时都是未知的。然而，某天一个中国人被砍头的场面让他想到了西藏为不请自来的外人准备的命运，他立刻加入了一个去往玛旁雍错的商队，离开了拉萨。当他终于回到台拉登时，纳恩·辛格带回了一系列精心制作的路线结果，确定了加德满都至Tandum之间，以及全部在西藏境内的拉萨至噶达克之间的道路。他还定位了从玛旁雍错附近的源头开始至拉萨的雅鲁藏布江部分河道，并测定了33个从未测量过的山峰和山口的海拔高度。

在拉萨的时候，纳恩·辛格曾听别人说起西藏某个遥远的地区有金矿，当蒙哥马利听说这些金矿时，他立刻开始计划第二次探险。1867年纳恩·辛格和两位梵语学者出发前往西藏，并在数月后返回，确认了金矿的存在，并带回了更多令人印象深刻的结果。总共约三万千米的探险地域被添加到测量工程绘制的地图上，还有包括80座山头的路线测量结果。从西藏流向英属印度边境的萨特累季河被探明了河道，噶达克的位置也终于标注在了地图上。

纳恩·辛格的第二次探险之旅使他成为最著名的梵语学者。1873年，他又被征召参加任务，当时他已年近五十，对旅行开始感到疲倦了。这一回蒙哥马利指派这位梵语学者护送一次前往叶尔羌的任务。这是他最后一次旅行，并赢得了印度事务大臣和皇家地理学会主席克莱门茨·马卡姆爵士的赞誉："在地理发现方面，大三角测量部的梵语学者纳恩·辛格在1874年7月至1875年3月之间的旅行是所有本地探险家所做的旅行中最重要的。"为表彰他的贡献，皇家地理学会将赞助人奖章授予这位"在我们这个时代为亚洲地图增添最多有用信息的人"。

约翰·尤瑞/撰

尼古拉·普热瓦利斯基

中亚的地理、政治和捕猎

（1839—1888 年）

在这里，如果你不带上一条鞭子，你是走不动的……

那些跟你同行的人都死不悔改地厚颜无耻，这种俄国武器

是唯一一种让他们有所知觉的办法。

尼古拉·普热瓦利斯基在中亚之旅中如是说

在许多方面，尼古拉·普热瓦利斯基都是一个矛盾的人。他一生的志向是作为探险家走进西藏的拉萨；在这一点上他失败了，但他在探险上的声誉和成就在生前就已驰名，在身后也得到了许多纪念。他选择加入沙皇的军队作为自己的职业，并且晋升到少将军衔；但他从未指挥过部队，即使是对于最渴求扩张领土的沙皇来说，他在战略上的观点也太过于激进。他和俄国与中国边缘地带的人们打过交道，并和不为外界知晓的统治者接触过，如喀什的阿古柏；但他从来不曾尊重他们，他的一些观点甚至不堪重提。他以发现普氏野马（*Equus przewalskii*）而闻名；但所有人都忘记了，他遇到的第一匹样本之所以能够活下来进行分类，是因为当时它不在他步枪的射程之内，他对当地居民的不尊重只有他对自己滥杀的野生动物的不尊重能够相提并论。这位探险家远远称不上行为楷模。

他的成长经历或许能够为他难以相处的个性做出解释——或者说至少是借口。1839 年，他生于一个奇怪的俄国哥萨克和波兰贵族组合成的家庭。在很小的年纪他就被鼓励自己照料自己，他在斯摩棱斯克周围的森林打猎，并在童年时遭遇过狼、熊和其他凶猛的捕食者。他不适应学校生活，在家还欺负自己的弟弟。军队看起来是他唯一的希望，然而即使到了军队，他又因为在克里米亚战争和波兰起义中加入军事行动太晚而郁郁不得志。

I. F. 杜布罗文撰写的普热瓦利斯基传记扉页：普热瓦利斯基和斯大林的长相极相似，这已经成为了一个饱受评论和推测的话题。

探险的热情

从规律的军旅生活向探险活动转移之后，他的第一次重要探险将他带到了东西伯利亚——与中国接壤的阿穆尔河[①]流域和乌苏里江流域。圣彼得堡的帝国地理学会交给他的任务是修正现有的地图并绘制新地图。他从贝加尔湖出发，在马背上走过一个多星期后，来到了阿穆尔河的一条支流，在那里淘金和做皮货生意是当地居民全部的谋生手段。然后他继续向前并进入了

① 即黑龙江。——译者注

(3/4)

上图：藏原羚（*Procapra picticauda*），摘自普热瓦利斯基的《蒙古，西夏故国……》（1875 年）。这个物种如今面临着灭绝的危险。

左页图：虽然普热瓦利斯基的确射杀了许多野生动物，但他也留下了这幅图，并将它出版在自己的书中。

朝鲜，和那里的当局进行了一些未授权的外交活动，并通过射杀野鸭和与当地人赌博的办法维持自己的探险小队。他最后毁誉参半地回到了圣彼得堡，但他已经获得了对探险持久的热情。

后面是另外四次大的探险。紧接着的这次，他横穿了长江起源的地区。旅途中他射杀了许多野生动物，但也采集了许多新物种的标本，特别是数量众多的鸟类和植物。他把这些标本送回圣彼得堡的科学院，并因此被帝国地理学会授予了奖章。他的下一个任务充满了政治色彩：与喀什新的穆斯林统治者阿古柏建立外交关系。陪同他完成这次任务的有大约 9 名同伴、一些挑夫、24 匹骆驼和一辆相当大的行李搬运车。他们费劲儿地穿越了天山山脉，并与阿古柏建立了联系；但这次探险之后俄国人没有什么后继的动作，而且阿古柏的统治区很快就被中国人重新夺得了。所以普热瓦利斯基的政治成就无法匹及他的地志学和科学成就。

接下来又是一系列探险，分别发生在 1877 年、1879 年和 1883 年，它们都有一个明确的目标：到达拉萨。虽然普热瓦利斯基并没有实现最终的目标，但他在尝试完成这一目标的过程中还有许多其他的发现。他测绘了洪堡山脉；他首次调查了罗布泊；他造访了敦煌的千佛洞；他将中国西部阿尔金山和柴达木地区在地图上的空白填补上；他穿越了蒙古的戈壁沙漠、塔克拉玛干沙漠并进入西藏。所有这些地区都曾是未知的荒野之地，正是普热瓦利斯基用指南针将它们介绍给了西方。

所有这些探险活动的条件都很艰苦：食物非常短缺，以至于他的骆驼撕开它们的鞍，吃掉里面填充的稻草；水也常常短缺，有时他不得不从有死尸的井中取水喝；他的探险小队一次又一次地依靠普热瓦利斯基射杀的猎物充当配给的口粮。他会把步枪举在自己头顶慢慢靠近驼鹿，指望他的猎物将他头上冒出的步枪当成自己同类的角。但他并没有保护草原动物的观念，常常在早已得到足够猎物的情况下继续射杀；他每次探险几乎要消耗 1 万发子弹，在身后的山坡上留下许多动物和鸟类的尸体任其腐烂或者喂狼；他的每一次远征都有秃鹫和其他食腐动物跟随着。

个人生活

普热瓦利斯基回到俄国并短暂停留在圣彼得堡时，因其在探险活动中的勇敢而受到沙皇的宴请。沙皇甚至邀请他为自己的儿子（即未来的沙皇，亦是末代沙皇，尼古拉斯二世）讲述中亚的情况；但这并不完全是因为他的地理学和科学成就——俄国当局将他视为向东亚核心扩张的工具。

普热瓦利斯基终生未娶，他的感情生活始终围绕着探险活动的同伴。这其中有一系列英俊的年轻男子，而许多与他同时代的和后来的传记作家都认为他是一名同性恋。他在俄国森林中的家对他也很重要，他更喜欢在探险之余在家过着隐居生活，而不是在圣彼得堡的交际圈被奉为名流。且不论他在众多方面表现出的古怪和缺乏敏感，普热瓦利斯基在身后留下了真正的探险遗产：他让欧洲人大大增进了对亚洲的了解，在某种意义上可以跟马可·波罗相比——这是位于伦敦的英国皇家地理学会的看法；尽管他嗜好不分青红皂白地杀生，但他送回的源源不断的动物、鸟类和植物绝不只局限于以他的名字命名的普氏野马。

比尔・寇格列佛/撰

内伊・爱莲斯

大博弈中的独行客
（1844-1897 年）

女王陛下在亚洲的仆人中，很少有人像他那样做了那么多事，
同时对自己所做的事情又谈论得那么少。

讣告，《印度时报》，1897 年

1873 年，英国皇家地理学会共有两人在全体会员面前接受了学会颁发的金质奖章。两人都是当时最伟大的探险家，享受着同样的荣耀和地位。其中一位是亨利・莫顿・史丹利，如今在探险史上仍旧保持着英雄地位（见第 180 页）；另一位是内伊・爱莲斯，则几乎被完全遗忘了。史丹利的好运气在于，他旅行的非洲地区是英国下个世纪的利益焦点；而爱莲斯旅行的地区是中国和东亚——19 世纪中期这些地方在政治上和经济上比非洲重要得多，但后来变得相对不受重视，并且基本上对外国人封闭了。

然而爱莲斯如今的寂寂无闻还有另一个原因：作为一名探险家，他几乎没做一件事情去追求名声。比较典型的在亚洲旅行的探险家——如亚历山大・伯恩斯——会寻找引人注目的目的地，然后在到达那里之后迅速返回伦敦，宣扬自己的成就。爱莲斯则尽量避免个人的公共宣传。公众几乎不了解他，尤其是他的个人生活。和许多 19 世纪及以后的探险家一样，他之所以踏上旅途，在一定程度上是因为远离社交压力让他感觉更安全。他一生都没有娶妻，这点跟他同时代的俄国探险家尼古拉・普热瓦利斯基（见第 104 页）一样。这两个人在面对路途未卜的远方时，都表现出同样毫无畏惧的决心。他们都是各自的祖国在中亚杰出的探险家。

左页图：“英-暹罗边界委员会”的成员，1889-1890 年。最右边的站立者即是爱莲斯，这是他最后一次较大的探险活动。

爱莲斯在旅途中用过的指南针。如今它跟他的文件和笔记本一起存放于皇家地理学会的档案馆。

1844年，爱莲斯出生于英国布里斯托尔一个犹太商人家庭，后来被送到德国德累斯顿上学。家人希望他加入家族公司，于是爱莲斯后来又去了公司在上海的办事处。然而他很快就发现自己的兴趣在于探索而不是商贸。从1868年开始，他在三次旅行中对黄河进行了考察，此时正处于这条大河周期性的改道过程中，之前向东南流动的黄河开始向东北方向流去，并汇入一片不同的海域。但爱莲斯的心思还在别处，他的志向是到达“沙漠包围的文明”，即中国的突厥斯坦地区和喀什地区，天山山脉脚下的穆斯林生活区。

他的第二次探险是一次艰苦的旅程，也成就了他的名声。1872年7月，他只身一人离开北京，沿途尽可能地找人指路。他向北而去进入蒙古，穿越了蒙古西部沙漠北部的戈壁沙漠，闯入当地人的斗争，并翻越阿尔泰山脉进入俄国境内。此时他已经走过了4345千米，每天要走24-32千米，主要靠步行，有时骑马或骆驼，但是他距最终目的地仍然还有一半的路程。位于西伯利亚另一端的诺夫哥罗德市（高尔基市）是跨俄国铁路线的起点站，而他在隆冬时节抵达了那里。他一直在沿途观测和记录方位，这些记录最终都送到了邱观测台（Kew Observatory）。皇家地理学会的主席亨利·罗林森将这次探险称为“当代最非凡出众之旅，当其他的（旅行）早已被遗忘时，它仍然会长存我们的记忆之中”。

大博弈

爱莲斯到如今要么花光了钱，要么就是耗尽了家人对他的耐心，总之他需要收入。他被英属印度政府任命为外交部特别专员，开始了他作为政府代理人或间谍的职业生涯。他在政府机构中有多项职位，但这些都是为了掩饰他的真正身份——情报收集人员。在接下来的 15 年中，爱莲斯进行了 6 次大的探险和许多其他规模较小的探险，他的每次探险在表面上都是以私人身份进行，但实际上是为了大英帝国在亚洲的利益。这些探险有的是他自己的主意，但更多的情况是政府需要信息。在这种情况下，政府要么进行一次装备齐全、完全公开的任务，要么舍掉一切手续和繁文缛节，只管把它交给爱莲斯去办。英国人最担心的是俄国人觊觎印度的可能性，于是这两个帝国在中亚一带展开了对峙，即所谓的“大博弈”——这是双方派遣探险家进行的一场几乎不鸣一枪的战争。爱莲斯是英国方面投身到大博弈中的典型人物，也是其中最有经验的。

爱莲斯前两次探险的目的地是中国的突厥斯坦地区，他穿过喀喇昆仑山脉，进入喀什——那时的中亚权力、信息和政治中心。然后是 1885 年的帕米尔高原之旅，这片高原又被称为世界屋脊，他来到这里是为了寻找奥克苏斯河的源头。他从吉德拉尔进入阿富汗，成为第一个到达帕米尔高原Syr Kul湖北部的英国人。他宣称兰格库尔湖（Rang Kul）是中国佛教徒所传说的龙湖（Dragon Lake），并一边花费数月进行调查、测绘和报告，一边承受着任何一股入侵势力都可能遭遇的显而易见的困难。当时的人们都觉得帕米尔高原是一片无法进入的神秘之地，所以这次旅程更加凸显出爱莲斯的无畏精神和秘密行事的本领，特别是这次他还是只身一人，并且在后来染上了阿米巴痢疾。虽然健康状况不佳，但他不久之后就被派往锡金帮助印度政府解决政治争端，而他最后一次探险则在 1889 年把他带往缅甸，与暹罗沟通边境问题。他最终因病返回英国，并于 1897 年在英国去世。

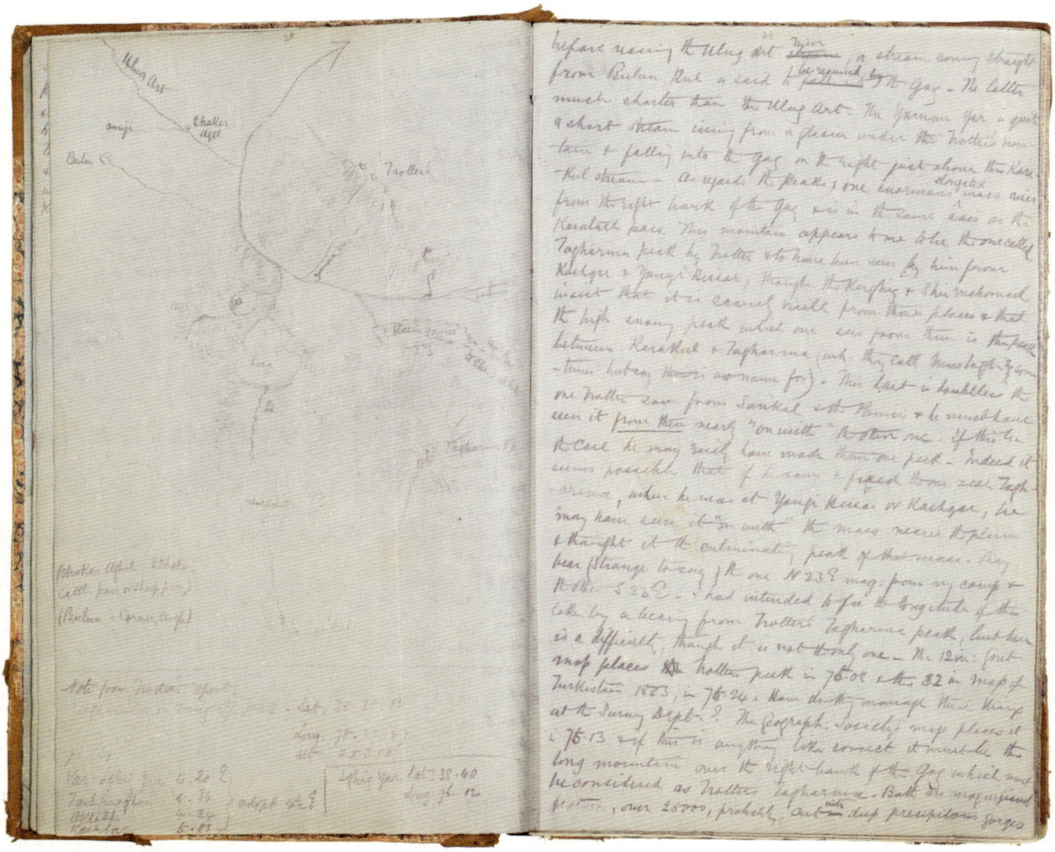

爱莲斯笔记本中的两页，上面记满了他对从卡拉克尔（Karakol，位于吉尔吉斯斯坦）看到的山脉做出的观测、绘图和描写。在所有的探险活动中，爱莲斯一直在做详尽的记录，包括调查方法以及气象和地理数据，提供了他所经地区在地形和政治局势上的重要信息。

即使是其他伟大的中亚探险家也要仰视爱莲斯，一部分原因是因为他广博的知识和丰富的经历，但也有一部分原因是对于自己的职业和令人印象深刻的成就，他始终表现得谦逊低调。

罗宾·汉伯里-特里森/撰

弗朗西斯·荣赫鹏

西藏的神秘英国军人

（1863-1942年）

我们已经带来了所有能从马具上取下来的零零碎碎的
绳索，我们把这些绳索以及男人的头巾和腰上缠的布绑在一起，
做成了一条长绳并把它绑在一个人身上，让他下到冰坡脚下第一块突出的
岩石上……当他到达那块岩石的时候，我们把长绳的上端
固定住……然后我们沿着绳索一个个地下了坡。

弗朗西斯·荣赫鹏，《一块大陆的心脏》，1896年

弗朗西斯·荣赫鹏之所以会走向旅途是受到了他舅舅罗伯特·肖的影响，罗伯特·肖是一位茶叶种植园主，是第一个进入喀什的欧洲人，并因此获得了皇家地理学会颁发的赞助人奖章。1882年7月，19岁的荣赫鹏第一次启航前往印度，那时他还是一个有着维多利亚时代也不多见的正直品行的年轻人。他加入了他的部队，位于密鲁特——曾发生那次兵变的地方——的第一骑兵近卫团，并且很快就把自己搞得很不受同辈军官的欢迎。荣赫鹏对于性的态度在某种程度上过于拘谨，但是作为一个身高只有1.65米而且很清楚这一点的人，他已经尽了自己最大的努力帮助同侪戒除这肉体的罪恶了。他梦想着用一种引人注目的方式证明自己，并且逐渐把目光锁定在满洲（中国东北旧称），因为那里是大博弈的关键区域之一；经过仔细的研究，他说服了自己的上校同意他前往那里。

1886年，他乘船前往上海，然后坐着骡子拉的大车来到了奉天（沈阳），满洲的首府。再往北走，旅途变得艰难多了，荣赫鹏在此时第一次表现出了他超凡的坚韧和勇气。他的两个英国同伴都年长得多，也更有经验，然而他们也被他毫无顾虑的胆量震惊了，同时震惊他们的还有荣赫鹏在指挥和记载他们的调查时所表现出的斯巴达式的献身

这张群像可能摄于 1891 年，荣赫鹏（右二）和其他大博弈的探险家们在一起，包括乔治·马嘎尔尼爵士、亨利·A. 伦纳德和理查德·比奇，当时他在一场失败的外交任务中被派往喀什。在完成让他功成名就的陆地之旅后，他从中国内陆抵达了那里。

精神。随着冬天降临，条件变得越来越恶劣，这时他们抵达了西伯利亚边境。在那里驻守边境的俄国人很好地招待了他们，并且允许他们翻越边境拜访阿穆尔河（黑龙江）上的驻军港口，他们在那里搜集到很多有用的战略信息。

回到北京英国大使馆的荣赫鹏开始写一部内容充实的报告，当他刚完成报告的时候，他的上校来了。让人惊讶的是，在英国大使向印度总督发了一封电报之后，这位 23 岁的骑兵军官被准许只身一人向西经过几乎不为外界所知的地区并穿行约 4000 千米。他先骑着骆驼穿越了戈壁沙漠，再沿着阿尔泰山脉脚下摸索，然后穿越了恐怖的准噶尔沙漠，进入天山山脉，最后抵达喀什以及周围存在人类文明的区域。

他接下来要向南行进，翻越喜马拉雅山脉抵达印度，这需要经过一段欧洲人从未尝试过的路线：即传说中的马兹他山口（Mustagh Pass）。他和他的同伴使用头巾、缰绳和衣服做成绳索，并使用这些绳索从成千上万面峭壁上下来，他对这些情景的描述已经成了探险史上的传奇。斯文·赫定将其称为“目前为止在这些群山之中最困难也是最危险的成就”。1887年10月30日，已经连续7个月毫无音讯的他抵达斯利那加并受到了热烈的欢迎，完成了有史以来最非凡的旅程之一。

进藏任务

作为一个功成名就的探险家，荣赫鹏又对喜马拉雅山脉进行了几次更具政治性、科学性和更冒险的远征。1890年，他被皇家地理学会授予赞助人奖章，不久之后，他又一次启程前往喀什，并在那里度过了令人沮丧的七个月，因为和俄国人的外交谈判非常不成功。接着又是无法令人满意的十年，军事职业生涯停滞不前的他开始寻找生活的意义，越来越执迷地追寻上帝。1899年，他的密友寇松勋爵就任印度总督。他和寇松都坚信俄国对英国在印度的利益构成了威胁，必须抓住一切机会打退俄国人的锋芒。于是，荣赫鹏在1903年被派遣指挥一次去往西藏首府拉萨的惩罚性军事行动。这种行动也许是历史上最后一次。除了1200名部队官兵和16 000头驼畜，还有10 000名苦力搬运着大量的装备，这些装备是用来在“无知的当地人”眼中树立起英属印度的力量和荣耀的。荣赫鹏本人仅是衬衫就打包了76件——从斜纹衬衫到礼服衬衫应有尽有，还有至少7套套装，包括面对听众需要穿的礼服。

当时的西藏还是一个相对未知的世界，这片面积跟西欧一样大的土地充满了谜团和传说。依靠拖过群山的两挺马克沁机枪和四门火炮，英国人建立了绝对的军事优势，然而整件事没有演变成他们的灾难已经是一件足够让他们庆幸的事。他们对于西藏人的生活方式完全无知，并且对于该地区保持着非常敌视的态度（约七百名西藏人在沿途一个村庄被屠杀）。1904年8月，当他们终于抵达拉萨，并跟在一队尼泊尔族士兵后面身着全套制服在街道上行进的时候，

1904年，率领大批军队的荣赫鹏进入拉萨。他超越了自己被赋予的权限，这次行动给了他巨大的名声，也毁了他的军事生涯。大英帝国从此再也没有进行过一次这样的惩罚性的军事行动，这次行动终结了西藏的命运，并导致了中国对西藏的重新接管。

所有围观的西藏人都拍起手来。英国人以为他们的表演得到了欣赏，丝毫不知道西藏人拍手的含义是为了驱除魔鬼。此外，英国政府并不想让荣赫鹏的部队去往拉萨，他这么做已经超越了自己被赋予的权限。于是，虽然这件事情又为他增添了许多名声，然而西藏的最后结果对于英国当局则是灾难性的。英国不但没能在西藏保持影响，也许反而导致了西藏的独立状态——就像后来的印度一样，然后不得不将西藏的权益交还给中国，从此西藏一直成为中国的利益所在。

异乎寻常的一生

荣赫鹏的一生异乎寻常到了极致。他的身体非常健康和强壮（在年轻的时候，他保持着300码短跑的世界纪录）；他发现了一条新的从中国到印度的陆上通道；作为皇家地理学会的主席——他还曾经是学会最年轻的会员，他组织了——事实上他几乎是编造了——攀登珠穆朗玛峰的探险；他还入侵了西藏。在一次远征中，作为一名间谍的他在帕米尔高原被误认为已经死亡，几乎引起英属印度和沙俄的战争。在他走下坡路的岁月中，自大浮夸而又备受压抑的荣赫鹏发展出了一套怪异的神秘哲学和对性的超前思维。

苏珊·怀特菲尔德/撰

马尔克·奥莱尔·斯坦因

丝绸之路上的学者

（1862—1943年）

他同代人中集学者、探险家、考古学家和地理学家于一身的

最伟大的一位人物。

欧文·拉铁摩尔对马尔克·奥莱尔·斯坦因的评价

对于斯坦因这位探险家来说，地形景观是他的向导，但过去才是他的目的地。这位大探险家有一项别人无法企及的能力，他能够根据一个地方现在的地形景观读出它在历史上扮演的角色。除了这个本事，再加上他的学识、组织能力、超凡的毅力，以及气坏许多人的固执，他在50年中走遍了欧亚大陆的大片地区，带回来的东西不只包括超过10万件发掘出的手工艺品，还有超过1万张照片、辽阔又精准的地图，以及时至今日仍然影响着学术界的大量知识。

马尔克·奥莱尔·斯坦因于1862年出生在布达佩斯的一个犹太家庭，但是出于某些实际原因，父母让他在路德教会教堂接受了基督教洗礼。他在一生中很少显露出宗教信仰的痕迹，并且只有在被请求帮助家人逃离纳粹统治区和帮助犹太裔同事逃离墨索里尼统治下的意大利时，才肯面对自己的出身。他的兴趣形成得很早：还是个男孩时，他就痴迷于亚历山大大帝的征途，这种痴迷延续了一生。很快其他探险家也引起了他的注意，其中包括马可·波罗和公元7世纪前往印度取经的中国高僧玄奘法师。

斯坦因先后在布达佩斯、德累斯顿、莱比锡和图宾根求学，并在图宾根完成了关于古波斯语和印度学的博士论文，然后开始在英国学习旁遮普语。接着在匈牙利的兵役生活教会了他调查测绘的技术。他回到伦敦之后给印度议会的议员们留下了深刻印象，并得到了拉合尔东方学院院长和旁遮普大学注册官的双职位。1888年，他启程前往印度，并打算在那里待上几年就

返回欧洲寻找一个学术职位。但是对旁遮普的岩盐矿山——他在那里学习了摄影基本技术——和其北边的斯瓦特山谷进行的考古劫掠点燃了他的激情，也决定了他从此的人生道路。他在探险闲暇进行的研究和写作并不是在象牙塔中的大学图书馆中完成的，而是在斯利那加附近的克什米尔群山中一个叫作默罕德·马格（Mohand Marg）的地方；他在这里海拔 3350 米的高山草甸上打开折叠桌开始工作，桌上放着鲜花，他的狗卧在脚边。虽然在早期发表了一些学术论文，但他很快就把精力放在了公共演讲上，以便推销自己的工作，并为下一次探险筹集资金。探险成了他永不满足的嗜好。

由于没有私人收入，斯坦因必须靠工作来维持生活，而且必须培养赞助人。除了曾在加尔各答短暂任职，他留在拉合尔度过了自己的一生。他必须保证离开的时间足够长，这既是为了满足探险本身的需要，也是为了准备他自己的报告和出版物。他的雇主们对斯坦因的高效、热情和老练提出了表扬，但是他总是不断地要求出发以及更好的条件，这让他们深感绝望。皇家地理学会的秘书曾就一次资金上的小问题如是说道：“就像往常一样，我发现尽管我已经尽了

斯坦因在自己的夏令营中用来工作的桌子，这里是克什米尔的默罕德·马格，摄于 1905 年。椅子下面的狗是陪伴斯坦因的一系列猎狐犬中的第二条，戴什二号，又由于它的探险功绩被称为“伟大的戴什”。

最大努力，却还是被斯坦因打败了。”要是没有这种坚定的决心，他的大型探险活动就不可能完成。

塔克拉玛干的宝藏

斯坦因作为考古探险家的名声是在他的第一次大型探险中获得的，这次探险的目的地是位于中国西部新疆的塔克拉玛干沙漠。1890年代，这里的考古宝藏第一次流露出让人可望而不可即的惊鸿一瞥。这些线索包括用印度字母写在纸上的手稿，但是上面的语言尚无人知晓，有可能是伊朗语。作为一名印度伊朗语系学者，斯坦因对此着了迷，并决定探索于阗古国（今和田地区），这是一个丝绸之路王国，繁盛于公元一千纪，中国的史书和玄奘法师的记载中都提到了它。斯坦因这时已经上到了最高的台阶，他得到了印度总督寇松勋爵的资助，但他仍然花了两年时间才获得上路的准许和筹措到足够的资金。当他于1900年5月出发的时候，他已经37岁了。

这片舞台——塔克拉玛干沙漠中黄沙掩埋的城镇和庙宇——让他在此流连了30年，并进行了4次探险，跋涉的距离超过了16 000千米，都是骑马和步行。他认为跟内部没有水也没有生命的塔克拉玛干沙漠比起来，撒哈拉沙漠、阿拉伯沙漠和伊朗的沙漠简直都是“温驯的”。斯坦因的准备工作常常是一丝不苟的，他从不低估这种地貌的危险性（但他常常在自己的记述中对此轻描淡写）。他对人和动物的安全都毫不妥协地在意，当他心爱的马在贫瘠的昆仑山死去时，他表现得比自己的两个脚趾被冻掉时还要不安：为了让它醒过来，他徒劳地浪费了自己的最后一瓶白兰地。

最后一件不幸的事发生在他使用刚刚得到的摄影经纬仪给周围的山脉拍照时。斯坦因热爱科技，总是喜欢测试最新的小配件、宿营装备和服装。但是导致其受伤的这次注意力松懈可不是他的典型所为：他的目标不是为了测试自己对危险的忍耐极限并体验肾上腺素的飙升，而是把自己的发现安全送回并为后来的学者做好记录。因此，他的第二次探险——包括他带回的手稿和绘画-——最为人们熟悉。它们是在对戈壁沙漠中的敦煌进行的一次劫掠中获得的。

右页图：描绘佛祖弘扬佛法场面的绢画局部，这幅公元8世纪早期的绢画发现于敦煌的藏经洞。这里展示的局部显示了一位菩萨和伴随的僧侣。

敦煌

在斯坦因到来几乎一千年前，莫高窟——又称为千佛洞——的僧侣们一直将一个小洞窟用作储藏之所，它最初是为了纪念当地一位主持而修建的。他们储藏的是数以万计用汉文、藏文和其他丝绸之路上的文字写就的纸稿——这些是世界上最早的印刷文件，以及成百上千的精美绢画。这个洞窟被密封了大约一千年并在黑暗干燥的环境中受到了很好的保护，直到 1900 年一个自封为莫高窟守护者的人偶然发现了隐藏的入口。他将其中的一些物品送给了当地的官员，但斯坦因说服他取出了更加多得多的东西，并把它们送回了伦敦。这座文库里剩余的文物后来四散至巴黎、北京、圣彼得堡和东京，正是斯坦因应该为它的分崩离析负责，此后他要么因为自己的“发现”被称赞，要么因为自己的“盗窃”而受贬低。但敦煌只是他成就的一部分：他的书、地图、照片、沙漠发掘和其他发现对于我们理解丝绸之路上东方众王国和周围邻国的历史乃至世界历史仍然具有重要的意义。

旧的和新的主题

斯坦因感兴趣的地域非常广大，从地中海到帕米尔山脉和印度北部，以及从中国到印度。他的舞台并不局限于一种地形——沙漠和高山各有各的诱惑。在他第一阶段的探险生涯中，塔克拉玛干沙漠一直是最重要的主题，但他也涉及了其他较小的问题，包括确定亚历山大大帝在印度北部和巴基斯坦的古战场，探索位于伊朗东部的全世界最靠西的佛教庙宇，还有测绘昆仑山脉荒凉的山峰。

1930 年，斯坦因对塔克拉玛干进行了第四次探险，这是令人沮丧的不成功的行动，从此中国对他关上了大门，于是他将注意力转移到了别处——位于伊朗的丝绸之路西段。1930 年代，他在这里进行了四次考古探险。在最后一次探险中，他年轻的伊朗同伴这样写道：“我们在这次危险而难以忍受的旅途中吃了许多苦头，遭受了闻所未闻的苦难，把它们复述一遍毫无用处。”75 岁的斯坦因则把这场旅行称为“愉快的行军”。

在这些规模较大的探险之余，他又增添了新的主题：伊拉克和中东。他的活动包括对叙利亚和约旦的古代防御工事进行航空测量，并继续追寻亚历山大大帝的足迹。在 79 岁高龄时，

著名佛经《金刚经》的卷首插图。这部经书发现于敦煌，并于公元868年5月使用木版印刷，使它成为了世界上现存最早的印刷书籍。它是一个名叫王玠的人为了纪念自己的双亲而委托制作的：传播佛祖的图像和文字是一种功绩，而佛教界充分利用了木版印刷的新技术。

他在印度河科希斯坦地区完成了三个月的旅行，大部分的情况是步行，走在通向海拔 4750 米山口的冰碛上。

斯坦因对于事业一心一意，但他并不是离群索居的人。虽然一生未婚，但他有许多忠诚的朋友、终其一生支持的家人以及给予他最高尊重的同事们。他在工作上的高效率和探险成就只有他的友谊能够与之相比：即使在塔克拉玛干沙漠腹地挖掘了漫长的一天之后，他还会坐下来写完自己寄给朋友的圣诞卡片。他的死可正谓死得其所。他徒劳地用了 40 年试图寻找阿富汗的考古遗址——总是被政治干扰，然而在 81 岁的时候他终于接到了美国领事的邀请。他制定了一年的计划表，打算去遍自己在孩提时阅读过亚历山大的征途后就一直梦想着到达的地方，随后在 1943 年 10 月抵达喀布尔。他在那里迅速得了一场感冒，意识到自己不久于人世的斯坦因交代起自己的葬礼，并表达了自己终于来到喀布尔的快乐。他被按照基督教的仪式下葬在那里的英国公墓里，他的坟墓至今仍然受到很好的照料。

虽然斯坦因直到相对较大的年纪才开始他的旅程，并且还有一份全职的工作，但他在探险上花了多年时间，攀爬群山，穿越沙漠，最重要的是发掘了超过 1000 处考古遗址，做出了开创性的发现。他的地图和照片直到今天还在使用。他以令人吃惊的详细程度记录了考古遗址和其中的物件，这种细心在他的同辈人中是绝无仅有的。而且和大多数同辈探险家所不同的是，他通常不和一队专家和助手一起上路。他从未严重受伤，也不和死神开玩笑。驱使他踏上旅途的是对大地和历史的热爱以及对做出学术新发现以供他人使用的欲望。

关于斯坦因探险生活的记述不应落下他的犬类伙伴，它们是一系列猎狐犬，名字都叫“戴什”。它们中的第二个获得了“伟大的戴什”的绰号，并被《每日邮报》称赞为“在血管里流着真正英国猎狐犬的血”。

第三章
河流

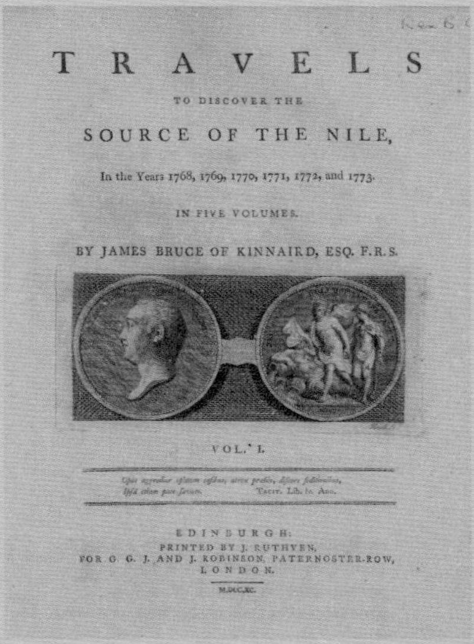
TRAVELS
TO DISCOVER THE
SOURCE OF THE NILE,
In the Years 1768, 1769, 1770, 1771, 1772, and 1773.
IN FIVE VOLUMES.
BY JAMES BRUCE OF KINNAIRD, ESQ. F.R.S.

VOL. I.

Opus aggredior opimum casibus, atrox prœliis, discors seditionibus,
Ipsa etiam pace sævum. TACIT. Lib. 1. Ann.

EDINBURGH:
PRINTED BY J. RUTHVEN,
FOR G. G. J. AND J. ROBINSON, PATERNOSTER-ROW,
LONDON.
M.DCC.XC.

萨缪尔·德·尚普兰

詹姆斯·布鲁斯

亚历山大·马更些

芒戈·帕克

约翰·汉宁·斯皮克

戴维·利文斯通

弗朗西斯·安邺

亨利·莫顿·史丹利

描绘马更些河的水彩画局部，J. 林顿·帕尔默于1868年所绘。在将近一百年前，亚历山大·马更些乘着桦树皮制作的独木舟，成为第一个穿越北美大陆的人。虽然他的确发现了一条河流航道，但它无法用于商贸。

人们在河流上投入了多得不成比例的探险努力。这些大河从未知的土地奔涌而来，挑战人们寻找它们的源头，去查明它们是否能够提供通向未知之地的路线。这种情况在北美洲尤甚突出，寻找通往西印度群岛的快速航线的冲动困扰了探险家们将近五百年。萨缪尔·德·尚普兰开发了如今加拿大的大部地区用于殖民。和他的同辈探险家不同的是，他认识到了已经生活在那里的土著部落掌握的生存技能，并努力效仿他们，向他们学习。于是，他成功地以和平方式占领了许多殖民地并避免了征服美洲印第安人时常见的流血事件。1793 年，在尚普兰的探险故事结束两百年之后，一位年轻的苏格兰人亚历山大·马更些在寻找通向俄国的商业航线时，终于成为第一个穿越北美大陆的人。加上在落基山脉分水岭上的一小段陆上运输，他证明了北美几乎真的存在一条连续不断的向西航道，但它永远也不会有任何商业价值。

在非洲，两大谜团困扰着伦敦的绅士们，让他们派出探险家四处寻访：一是传说中的廷巴克图黄金的来源；二是尼日尔河的流向。芒戈·帕克试图寻找这些问题的答案，却在自己的第二次远征中走向了死亡。然而在非洲，人们将最多的注意力放在了寻找尼罗河的源头上。1770 年，欧洲人第一次抵达尼罗河的源头，虽然这次找到的源头是青尼罗河的而不是白尼罗河的，这个人是詹姆斯·布鲁斯，一位拥有大块头和巨大魅力的令人敬畏的探险家。这些特质帮助他在大多数人都会没命的境况下仍能安然无恙。80 年之后，这个最重要也是最古老的地理之谜仍然未被解决，对它的追寻变得疯狂起来。寻找尼罗河的真正源头没有别的目的，只是为了确定它的存在，这在那个时代的重要性就像后来的珠峰登顶或将人送到月球上。进行过多次探险的理查德·伯顿（见第 89 页）决心获得这一荣誉，但是约翰·汉宁·斯皮克发现并命名了维多利亚湖，并在未加证实的情况下宣称它就是尼罗河的源头，于是探险史上最大的——也是最富悲剧性的——争执就此诞生了。

戴维·利文斯通是非洲传教士探险家的缩影，而他为了自己的宗教热情而进行的旅程——特别是沿着赞比西河进行的那些旅途——超越了任何一个在他之前或之后来到这片“黑大陆”的人。亨利·莫顿·史丹利最著名的事迹是他在路上找到了失踪的利文斯通。但不只于此，他继续向前，在整个大陆进行了一系列大型探险活动和军事开发，其中许多行动都是沿着河流进行的——包括刚果河，他高效地探明了这条河流以用于商贸开发。他从一个威尔士孤儿成长为

上图：对于 18 世纪和 19 世纪的探险家来说，发现尼罗河的源头是最大的挑战和追求之一。詹姆斯·布鲁斯在绘制了这幅锤头鲨水彩的画家路易吉·巴卢加尼的陪伴下，成功发现了白尼罗河的源头。

右页图：湄公河急流中的一艘船，这幅插图来自安邺的《印度支那探险记》(1885 年)。安邺原本的设想是开发一条能够通航的河流，可以帮助法国人将影响力渗透到一片广大的地区并和中国开展贸易，然而湄公河迅猛的急流很快就摧毁了他的所有梦想。

美国的著名报纸记者，然后当上了一名富于传奇性的探险家和军事指挥员，最终成为英国国会的一名议员并获得了王室授予的爵位，这也是探险史上最引人注目的个人经历之一。

在远东同样有关于河流的谜团需要解开。在19世纪，从喜马拉雅山脉上流下并流经印度支那的湄公河被法国人认为是一条有可能通往中国的通道，并带给法国人在沿途扩大影响力的机会。弗朗西斯·安邺痴迷于这种可能性，并且实际上领导了——虽然在技术上说他只是副指挥官——一次远征，最终沿着这条河流上溯至中国，然后沿着长江顺流而下直到海边。英国人比他自己的同胞法国人更认可他，皇家地理学会将他称为“本世纪最勇敢和最有才能的探险家”。

康拉德·海登里希 / 撰

萨缪尔·德·尚普兰

开发加拿大的荒野
（1570 年代中期–1635 年）

所有人都不适合冒险；这需要背负巨大的辛劳和疲惫，
但是没有辛劳就什么也得不到。在这些事情〔探险〕中必须得这么想；
当你使上帝满意的时候你就能得到自己想要的。至于我自己，
我将一直为那些希望在我身后继续探险的人准备好道路。

萨缪尔·德·尚普兰，1632 年

尚普兰认为，在北美大陆大西洋沿岸之外的地方进行探险必须和当地人建立良好关系，并且向他们学习那里的地形和如何依靠土地生活，他是北美第一位有如此见地的探险家。他于 1570 年代中期出生于法国大西洋沿岸的港口小城埠湖瓦日（Brouage），父亲安托万·尚普兰是一位海军上校和领航员。尚普兰的两个舅舅乔治·卡马雷和纪尧姆·阿勒纳也都是海军上校，尤其是后者深刻地影响了尚普兰的生活。在尚普兰的家乡，港口主导着整个小城的经济命脉，尚普兰家的职业给他们带来了很高的社会地位，备受人们尊敬。怪不得在回顾自己的海事背景时，尚普兰曾写到他在少年时期就开始扬帆出海。

尚普兰很有可能进入了一所曾经设立在埠湖瓦日并专供显赫家族青年子弟求学的学校。这里的毕业生可以进入军队工作或者为贵族服务。尚普兰在调查测绘上能力突出，然而他的生活方式不够优雅，他书写的法语也没有古典风格，这些都是这所学校的课程设置的反映。和尚普兰有关的最早证明文件来自于亨利四世的布列塔尼军队在宗教战争期间的支付记录。1595 年 2 月末，他以一名司务长的身份来到坎佩尔的卫戍部队，并当上了军队旅长让·哈迪的副官。作为司务长，他要负责皇家侍从人员和军官的食宿，而作为旅长的副官，他一定参与了哈迪的地图《布列塔尼公国》的测绘和调查工作。虽然司务长的职位很低，但尚普兰的报酬却相当于一

个中尉：他为国王和国王的高级将领之间传递秘密备忘录，能得到额外的酬劳。1598年复员时，他已经晋升为少尉军衔。

离开军队之后，尚普兰在布列塔尼南海岸的布拉韦河（今路易港）遇到了他的舅舅纪尧姆·阿勒纳，和亨利四世作对的“天主教同盟”盟友西班牙军队正在那里疏散撤退。阿勒纳受雇驾驶500吨的大船圣朱利安号将西班牙军队和武器装备带回加的斯。尚普兰上了这艘船，并乘着它游历了西班牙控制的加勒比海地区，历时两年半之久。正是在这段时期，他学会了基本的航海技术。一回到法国，尚普兰就向亨利四世详细汇报了自己掌握的西属西印度群岛的全部情况。

走进加拿大

1602年年末，尚普兰遇到了迪耶普市的市长艾马尔·德·沙斯特，沙斯特邀请他参加自己组织的调查加拿大实况的探险。尚普兰渴望出发，但他觉得必须要先得到国王的允许，国王已经给他发了退休金，而他感到对国王有一种“与生俱来的”义务。亨利四世决定在加拿大殖民，并通过他的国务大臣命令尚普兰参加这次远征，并考察圣劳伦斯两岸是否能够设立殖民点，以及是否可能穿过拉钦急流向西探索。尚普兰于1603年5月抵达圣劳伦斯河河边的塔都萨克（Tadoussac），他在那里见证了当地的蒙塔格尼人和亨利四世的朝臣订立的条约，条约规定蒙塔格尼人允许法国人在加拿大设立定居点，条件是法国人帮助他们对付自己的仇敌易洛魁人。

在那年夏天，尚普兰对从加斯佩至蒙特利尔岛的圣劳伦斯河河段进行了资源调查，得到了三本记述和许多地图，并从阿尔冈琴族和蒙塔格尼族的线人那里得到了流向西部的河道情况。于是，他做出了一个对之后的加拿大探险具有深刻影响的结论，尚普兰始终认为只有在当地人的帮助下，他的探险才能成功，因为他们既熟悉地形，又能依靠土地谋生，他们还有独木舟。探索并生活在加拿大意味着必须在当地居民和法国人之间建立和平友好的关系，包括互惠互利的义务，例如在战争和贸易中为彼此提供协助。当年年底回到法国后，尚普兰又向亨利四世提交了附带一张地图的完备报告，并出版了他的第一本书《野人》。

1604年至1607年，尚普兰对从布雷顿角岛至科德角半岛之间的北美大西洋海岸进行了相似的资源调查和详细测绘，而且又一次尽职地向国王进行了汇报。1608年，他回到了圣劳伦斯河河岸，按照命令在魁北克建立定居点并开始向西探索。1609年，为了履行法国在条约中的义务，他在尚普兰湖（以他的名字命名）岸边参加了当地土著盟友发

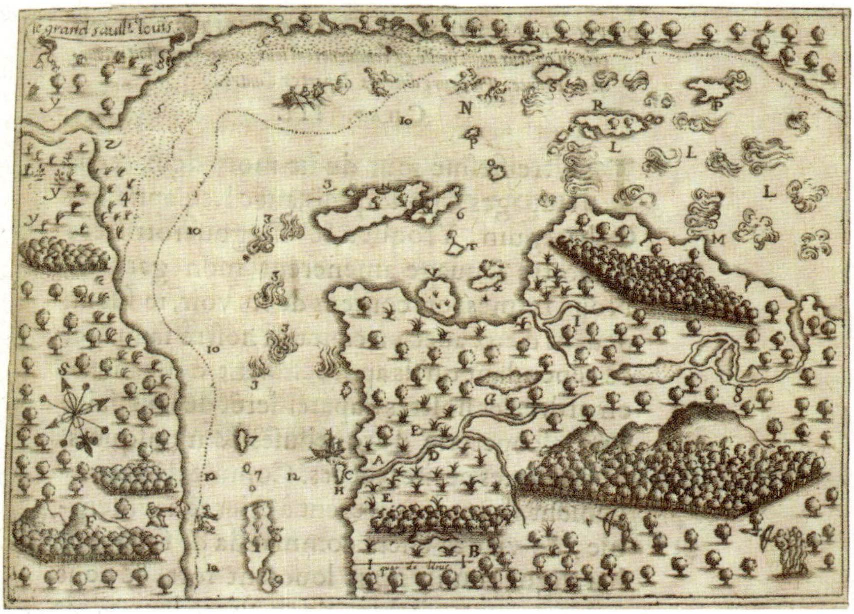

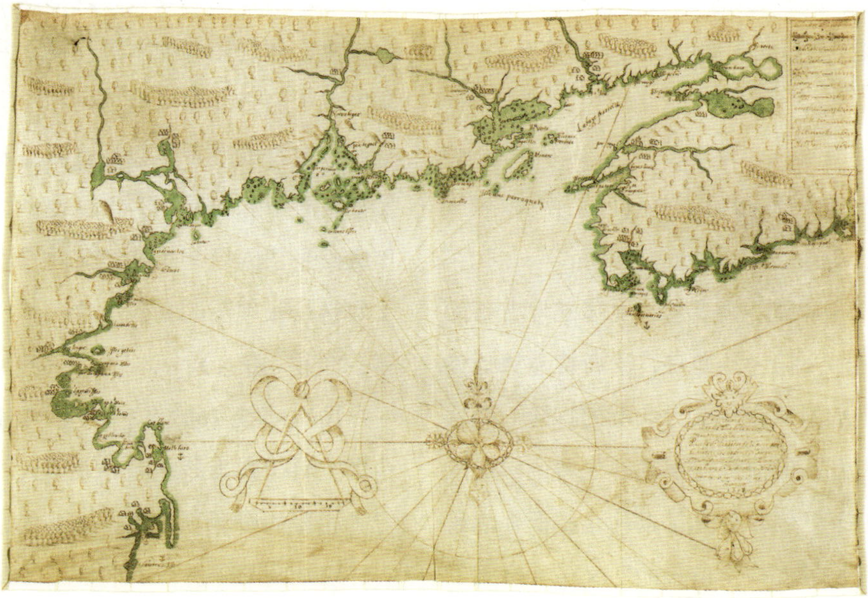

上图：尚普兰在 1611 年调查了圣路易大急流（拉钦急流）。自从 1603 年见识了这些汹涌的急流之后，他认定在这里使用欧洲技术进行探险是不可能的，只有在当地人的帮助下并使用他们的独木舟才能完成探险。

下图：尚普兰根据自己 1604 年至 1607 年进行的调查绘制的地图，它描绘了从新斯科舍的拉阿沃河到科德角半岛之间的大西洋海岸。这张地图充分展现了尚普兰的制图技术。

这幅雕刻画描绘了尚普兰在攻打易洛魁人的行动中开的第一枪。虽然历史学家们常常拿这件事嘲弄他，但他们忽略了这样一个事实：尚普兰是得到命令去履行法国对新盟友承担的义务的。

动的攻打易洛魁人的袭击。事后他提交了给亨利四世的最后一份报告，后来这位国王在1610年被暗杀。1613年，尚普兰试图在缺少当地向导的情况下探索渥太华河，结果被阿尔冈琴族阻挡了回去。1615年，他通过参加休伦人和阿尔冈琴族的联合远征队进入易洛魁人的领地，从而抵达了休伦湖和安大略湖，但他本人在易洛魁人的领地受了严重的伤。

1616年回到魁北克后，尚普兰结束了探险生活，全力投身于加拿大的殖民活动。1629年，他被除了国王之外法国最有权势的人——红衣主教黎塞留——任命为副总督。他在一生中出版了4本内容充实的书和许多文件，包括约1300页印刷页面、5张折叠地图、22张小地图和14张插图。尚普兰于1635年12月25日在魁北克去世。

这些南瓜插图来源于《废话少说》：这是一本内含许多插图的手抄本日记，共有三个不同的版本，每个版本都出自不同人之手，但没有一个版本是尚普兰所作，然而人们总认为它是尚普兰的作品。

尚普兰的遗产

尚普兰之所以取得如此成就，并不只是因为他自己的个人品质和能力——从无怨言的性格、执着、诚实、辛勤工作的能力、急于证明自己的欲望、调查测绘和描述客观事物的技能，还有他对国王的完全忠诚以及国王对他充满信任的有力支持。尚普兰能够摆脱欧洲人在技术和社会方面的优越感，这种能力对于他的探险家生涯是至关重要的。只有采纳许多当地习惯才可能在加拿大令人敬畏的野外环境生存并继续探索下去，他是第一个认识到这点的人。受到耶稣会信徒们的支持，他决定促进休伦人和法国人的通婚："这将使我们融为一体。"他的政策是如此成功，当 1685 年第一个英国-荷兰联合探险队抵达安大略湖的时候，法国人已经探索并测绘了整个五大湖地区、通向墨西哥湾的密西西比河以及通向詹姆斯湾的众多大河中的两条。

迈尔斯·布列丹/撰

詹姆斯·布鲁斯

在阿比西尼亚展现魅力和勇气
（1730-1794 年）

迄今为止，尝试走过这同一段旅程的人最终得到的都是失望、不光彩的结局，甚或死亡；对于我自己来说，虽然我经历了种种艰难困苦和危险，但这些困难并不只限于我自己。我常常在体面地受苦，并且和这个国家其余的人一道经历磨难；当阳光灿烂的日子（阳光灿烂的日子的确有，并且非常灿烂光明）到来的时候，我可以自由地分享它们。

詹姆斯·布鲁斯，《发现尼罗河源头的旅程》，1790 年

詹姆斯·布鲁斯是一位真正的探险家。他由于热爱探险而投身其中，发现了许多有价值的东西并把它们准确地记录下来。他的最大成就是解决了自己那个时代最大的谜团之一：尼罗河的源头。但这是青尼罗河源头，而不是更长但水流更弱的白尼罗河源头，而且当布鲁斯 1774 年回到英国时，只有很少的人相信他所说的，这让他显露出自己性格中所有最坏的品质。布鲁斯在非洲度过了“阳光灿烂的日子”，他扩展了人类的知识并经历了一段充满荣耀的时光，值得我们钦佩和感谢。

在他那个时代，布鲁斯被认为是非常英俊的人；这幅袖珍画是约翰·斯玛特所作（1776 年）。

如今已经不存在能够印证尼罗河源头的发现——即使是错的那一个——的地形记录。在布鲁斯那个年代，尼罗河的源头还需要寻找发现这件事被视为尴尬和失败——在某种程度上被称为“地理学家的耻辱”。

正如历史学家理查德·霍姆斯在《奇迹时代》（*The Age of Wonder*）中所写的那样，智力发现有着巨大的重要性——对新地域和新生物的发现马上会带来热忱的兴趣。布鲁斯不仅发现了青尼罗河的源头，他还测绘了红海，重新获得了佚失的《以诺书》，并学习了有关埃塞俄比亚和苏丹的大量知识，包括它们的历史和动植物等。他将要求苛刻的智力活动和极好的身体耐力以及大胆的勇气结合在了一起。颇具悲剧性色彩的是，过了一百年他的发现才被认可。

早年经历

1730年，布鲁斯生于苏格兰一个地主之家，当时的苏格兰人在政治上受到歧视，于是他被抚养成为一个英格兰绅士。他在学校表现十分出色，并且随后自学了多种语言、天文学、制图学和许多其他的学问；他后来成为一名红酒商人并结了婚，但不幸的是他的妻子在他们的蜜月期间就去世了。布鲁斯的探险事业起步较晚，当他说服乔治三世的首相哈利法克斯勋爵任命自己为阿尔及尔领事的时候，他已经32岁了。然后他启程前往非洲，并公开宣布要去寻找尼罗河的源头。

布鲁斯所拥有的土地正好出产煤，能够为詹姆斯·瓦特的改良蒸汽机提供动力，煤矿的利润让布鲁斯能够用自己口袋里的钱进行探险远征。从航海经纬仪和望远镜到马匹及武器，他买的所有东西都是最好的。而当他在利比亚海域的一次沉船事故中损失了大部分装备后，在大博物学家布封伯爵的请求下，法国国王路易十五为他置换了新的四分仪。考虑到英法两国当时正在交战，这可以说明布鲁斯拥有多么大的魅力。

在阿比西尼亚

这种魅力在阿比西尼亚（埃塞俄比亚）也帮了他的忙。历经艰险后他终于来到了这个国家，此时阿尔及尔领事的职位已由别人代替了。阿比西尼亚当时几乎处于无政府状态，年轻的皇帝被他的大臣拉斯·迈克尔操纵着，他是一位来自北方提格雷州的老谋深算的将军。南部的奥罗莫人在扩张的过程中不断进犯这个国家的基督教高地，这种扩张一直持续到现在。在阿比

柯雷萨恩克是那些“胆小懦弱的评论家”之一，他是一名漫画家和作家。他在布鲁斯回到英国以及出版了自己旅行的书后，都讽刺了这位性情暴躁的探险家。

西尼亚的朝堂上，布鲁斯得到了皇帝和拉斯·迈克尔的支持，同时还获得了寡居的皇太后以及迈克尔的妻子埃丝特的青睐。在一次次的旅途中，他和许多气味相投的人交了朋友，而那些缺乏他大胆气质的人则不喜欢他。女人纷纷拜倒在他的脚下。

被穆斯林和万物有灵论者围攻的阿比西尼亚基督教高地对于当时的现代世界还是一片未知之地，而且出于某种民族主义的偏执，这个国家切断了自己和外部基督教世界的联系。它边境上的盟国被命令不允许旅行者进入这个国家，而那些设法进入的少数人不是被杀掉就是被扣留。使用自己的魅力、夸夸其谈和治愈能力（像许多跟随他足迹的人一样，布鲁斯已经掌握了基本的医术），布鲁斯让自己在任何地方都得到了接受。他常常假装自己是乔治国王的亲戚或者正在执行一些特殊的任务，以此来抬高自己的身份。

然而仅是被朝廷接受还不够；他还是需要寻找尼罗河的源头，而他的路线上正发生着一场内战，这又为他的旅程增添了危险。经历过充满了诡计、失败尝试和相当多风流韵事的许多个月之后，他终于抵达了源头："我那时的心情可能更容易猜出来而不是描述出来——我所站着的地方在将近三千年的时间里困扰着古往今来具有天赋、勤勉和探索精神的人。"但是，最后的结果当然是令人失望的——河流的源头几乎都是一成不变的水洼："我感到意志消沉，这消沉的意志仿佛将大地向我身上压过来，我之前过于草率地编织给自己的桂冠也枯萎了。"

布鲁斯最后被允许离开也充分展现了他的天才。这是他用更多的魅力、虚张声势和光荣的事迹换来的。他在瑟波拉克奥斯（Serbraxos）之战中指挥了皇帝的重骑兵，并且在内战进一步撕裂这个国家的时候冒着极大的危险守护了一位被谋杀的皇位觊觎者的尸体。他的许多高贵的行为得到了注意，并使他能够安全地离开阿比西尼亚，先抵达喀土穆，最后来到尼罗河边的阿斯旺，再从那里回家。在经过森纳尔王国和穿越努比亚沙漠的旅途中发生了许多事件，布鲁斯躲过了饥渴、袭击、疾病和行刑者的刀剑带来的死亡威胁，然后带着大量的标本、发现、笔记和观察记录回到了欧洲，在那里法国人庆祝他的归来，而他的英国同胞则对他深表怀疑。

有缺陷的性格

前面的描述忽略了布鲁斯的缺点——他的确有缺点。布鲁斯带着画家路易吉·巴卢加尼来到了阿比西尼亚。巴卢加尼死在了那里，而布鲁斯并没有提到他陪伴自己来到青尼罗河源头并帮助自己绘画的事情。他还攻击在他之前来到青尼罗河源头的两个传教士的论断，不过他们的声明也未被当时的世界接受。当布鲁斯回到欧洲的时候——那里的人们以为他在许多年前就已经死了，他发现自己的未婚妻嫁给了一位意大利侯爵。他立刻向这位意大利人提出了决斗。在伦敦，他和塞缪尔·约翰逊（此人翻译了前文所述传教士的一部记述）、贺拉斯·沃波尔和詹姆斯·博斯韦尔结下了梁子，这些人都是另外一种完全不同类型的人，他们在他的背后对他大加抨击诽谤。布鲁斯一怒之下，气冲冲地回到了苏格兰。

由于在穿越努比亚沙漠时染上了病，他

航行中的帆船，这幅插图来自布鲁斯的《旅途》(1790年)。布鲁斯有严重的晕船反应，但他还是乘船沿着尼罗河上溯，并且测绘了红海。

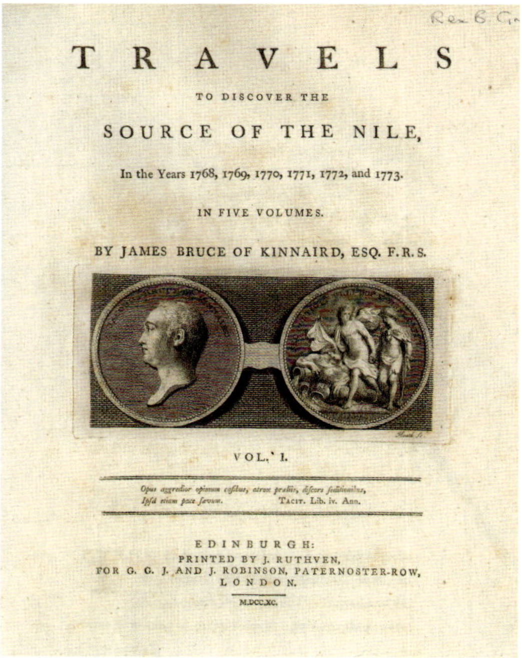
TRAVELS
TO DISCOVER THE
SOURCE OF THE NILE,
In the Years 1768, 1769, 1770, 1771, 1772, and 1773.
IN FIVE VOLUMES.
BY JAMES BRUCE OF KINNAIRD, ESQ. F.R.S.
VOL. I.
Opus aggredior opimum casibus, atrox praeliis, discors seditionibus,
Ipsa etiam pace saevum. TACIT. Lib. iv. Ann.
EDINBURGH:
PRINTED BY J. RUTHVEN,
FOR G. G. J. AND J. ROBINSON, PATERNOSTER-ROW,
LONDON.
M.DCC.XC.

布鲁斯竭尽全力保证自己的旅途记述（1790年）尽可能与出版于六年之前的库克船长的《太平洋上的航行》相似。

选择了退休并在位于金奈德的苏格兰房产中生活。他痛斥任何一个胆敢质疑自己话语的人，并因为一些琐事起诉自己的邻居。最后他终于发现自己所寻找的是什么：某个可以去爱又不会马上死去的人。经过多年不寻常的风流生活，他终于安定下来，和玛丽·邓达斯一起走入婚姻。据说他在埃塞俄比亚和拉斯·迈克尔的妻子埃丝特育有一个孩子；在尼罗河的源头，他引诱了一位当地酋长的女儿。回英国的途中，他在意大利时，有许多信件写给他，信封上的称呼是“我的布鲁斯”，而在英格兰，范妮·伯尼迷恋上了他。

1785年布鲁斯的妻子去世，他为数不多的坚定朋友鼓励他写下自己旅程的经过，并最终在1790年出版。这部书以攻击他的“胆小懦弱的评论家”开始，并以四开本东拉西扯地写了总共五卷。不过这部书仍然有价值——这些价值在他死后出版的第二版中体现得更加明显。它激励了芒戈·帕克（见第148页）踏上尼日尔河之旅，让塞缪尔·泰勒·柯勒律治得到灵感带着阿比西尼亚女仆居住在世外桃源，威尔弗雷德·塞西格在伊顿公学用第一年的零用钱购买了他的书，后来把一生奉献给了探险事业（见第261页）。而且他最后发现了尼罗河的源头——虽然白尼罗河更长，但是埃及大部分的河水都来自青尼罗河。

戴维·利文斯通（见第162页）曾给予布鲁斯这样崇高的评价，“比我们任何一个人都更伟大的探险家”。画家佐范尼在布鲁斯的全盛时期遇到过他，他对这个男人的描述十分恰当：“这个伟大的人；他那个时代的奇迹，已婚男子惧怕的人，还是一位忠贞的情人。”一个男人还能要求更好的墓志铭么？

罗伯特·特威格/撰

亚历山大·马更些

乘独木舟穿越美洲

（1762–1820 年）

没有印第安人的帮助，我继续前进的希望非常渺茫。

亚历山大·马更些在一封信中所写，1790 年

在许多情况下，使探险家踏上旅途的偶遇之人或者说指导者总是不为人知，然而对于亚历山大·马更些来说并不是这样。这个苏格兰人首次横穿北美大陆，创造了整个 18 世纪最引人瞩目的探险成就之一。他从一个贸易学徒转变成一个准探险家是在一个冬天，那时他和臭名昭著的商人、杀人嫌犯和探险家美国人皮特·庞德待在一起，两人在如今加拿大亚伯达省北部的一个小屋里熬过了整个冬天。正是庞德“根据当地人的知识”绘制了第一幅落基山脉以西的粗略地图，也正是他点燃了马更些寻找从阿萨巴斯卡内陆湖到太平洋贸易航路的欲望。

1762 年，马更些生于苏格兰赫布里底群岛的斯托诺威市，他的父亲是一位受人尊敬的军官，被当时颁布的新租赁法弄得颇为贫困；他的母语是苏格兰的盖尔语。1775 年，他的父亲和几位亲属带着他先移民去了美国，然后到了加拿大，只有 12 岁[①]的马更些当时还是个孩子，但很显然受过了良好的教育。15 岁的时候他开始在蒙特利尔的一家皮货商店当店员。17 岁时他进入了约翰·格雷戈里的公司，并在账房里继续工作了 5 年，才得到机会进行旅行。1784 年，他先前往底特律，然后格雷戈里向他提供了一份合伙契约，他又向北去往利润丰厚的海狸皮的产地。金钱才是马更些的主要动力，而不是荣誉。

在三年的时间里，他学会了如何跟印第安人贸易，当时他在英吉利里弗河的贸易站上生活，印第安人将这条河称为密西尼比河（Missinipi）或“大河”。与此同时，有关西方广袤陆

① 原文如此。——译者注

马更些的一幅浪漫主义肖像，托马斯·劳伦斯所作（约1800年）。马更些探索了加拿大东北部，然后希望寻找一条河流上的贸易航道。1793年，乘着桦树皮做的独木舟，他成为第一个穿越落基山脉并抵达太平洋海岸的欧洲人。

大奴湖北岸，乔治·巴克爵士所作，1833年。马更些在试图抵达太平洋的第一次尝试中穿越了大奴湖并发现了以他的名字命名的河流。

地的传说吸引着马更些，并让他在1787年来到庞德位于阿萨巴斯卡河岸的贸易站过冬，那里距阿萨巴斯卡湖约六十四千米。这个小伙子原来只想着跟当地人做生意发财，而庞德的梦想是把皮毛呈给当时的俄国女皇。庞德认为可以从阿萨巴斯卡湖一路抵达欧洲，从而切断控制印度洋和太平洋航路的大量贸易公司的财路。

但是庞德有仇人，他必须留下来应付谋杀的指控，这就意味着马更些将成为那个探索遥远西部的人。马更些先在阿萨巴斯卡湖岸边建立了一个堡垒——现代奇普怀恩堡市的前身，然后咨询了当地部落的酋长，并断定向北沿着奴河逆流而上就能发现太平洋。1789年，在他“伟大的朋友”契帕瓦族酋长内斯塔贝克的陪伴下，他带领着两只大独木舟组成的船队穿过了大奴湖，并顺着后来被命名为马更些河的一条河顺流而下。六周之后，他发现自己不在太平洋，而

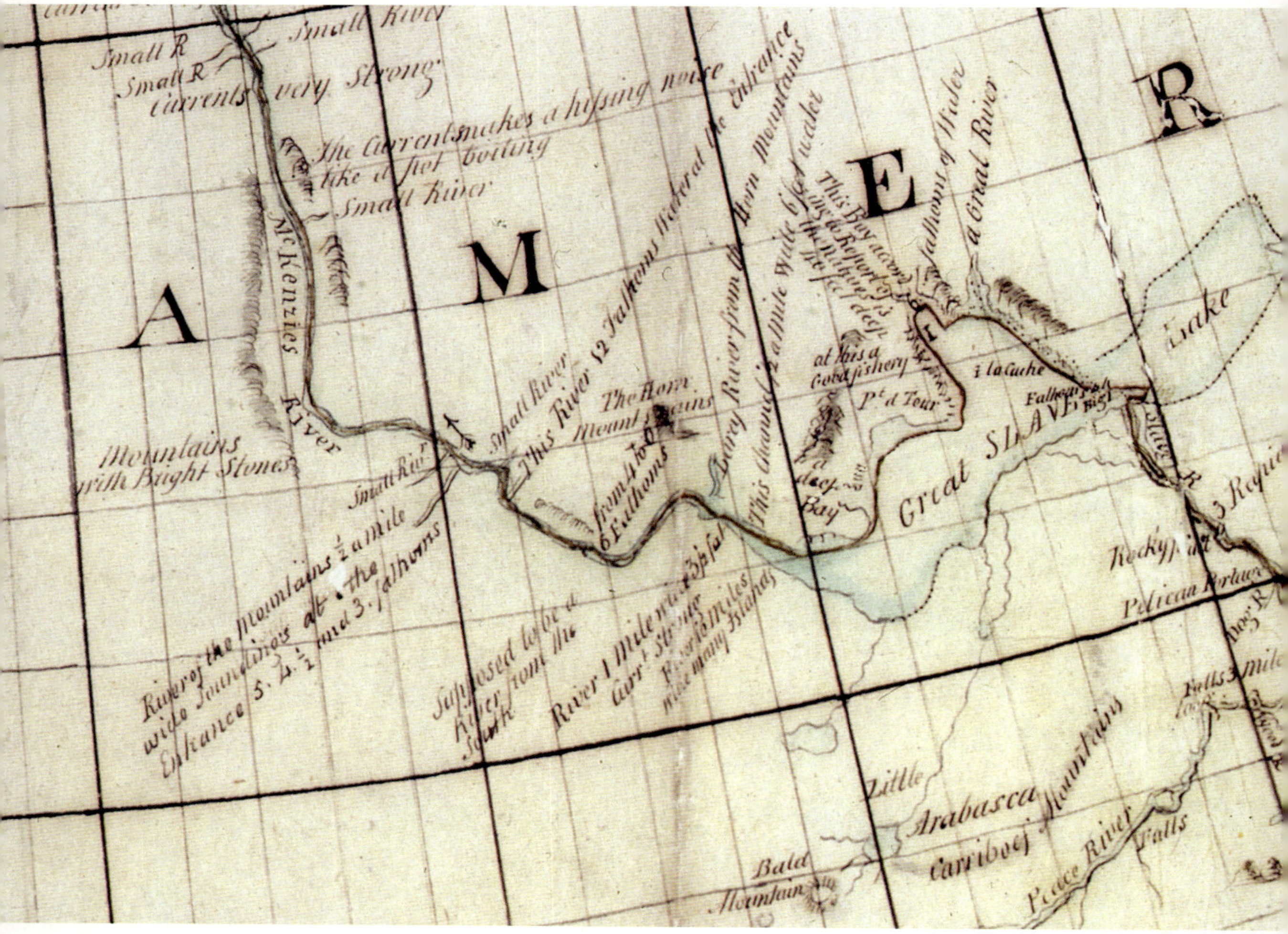

马更些在北极之旅中绘制了一幅地图，这幅地图很有可能是那张地图某副本的局部，上面还有当时做出的河流沿岸景观的标注；这部分显示的是大奴湖和马更些河。

是在北冰洋，并且为了返回必须在冬天到来之前逆水划桨而上 2415 千米。102 天之后，当他终于在 9 月份赶回去的时候，湖面上正在结冰。

马更些已经取得了一个重大发现——一条通往北冰洋的航道——许多人到这里会就此打

住。但他还没实现皮特·庞德为他点燃的梦想——横穿美洲的西行之路。马更些的笔记中处处可见对航海技术的生疏，于是他决定回到英国花一年时间学习这门他尚未掌握的技术。这意味着要沿着加拿大的水路走 4800 千米到达东海岸，再上船去往英国。在伦敦，他购置了一台新的六分仪和几个航海经纬仪，学会了它们的使用方法，然后回到了加拿大，当时的加拿大指的是我们今天所知道的加拿大的东部。

抵达加拿大后的第一个夏天是在 1792 年，他沿着皮斯河逆流而上，打算向西而行。他写到自己将要“跟俄国人做违法的买卖”——这说明庞德的梦想还活在他的心里。经过 640 千米的航程，他抵达了如今称为皮斯河镇的地方，并和 20 人组成的探险派遣队建造了一座堡垒并在那里度过了冬天。第二年冰一融化，他就乘着一只八米长的独木舟继续上路，船上还有九个男人和一条狗，船员们轮替着划桨、拖拽甚至挂上帆，迎着越来越汹涌不平的皮斯河航行。

走过把北冰洋水系分水岭和太平洋水系分水岭隔开的一小段陆路之后，剩下的都是顺坡路了——但是急流变得越来越迅猛。担心独木舟损坏的马更些听从了当地萨利希语印第安人的意见，步行走过了一条 320 千米的狭窄陆路，最终在贝拉库拉抵达太平洋。在这里的一处海边峡湾，他向上爬了 48 千米，并用红色颜料在一块岩石上写下了简明扼要的信息：“1793 年走陆路来自加拿大的亚历山大·马更些。”由于受到当地部落的强烈敌对，马更些被迫仓促撤离，并使用钢斧头和其他货物充当沿途的买路钱。他和他的人手只花了 8 天就回到了弗雷泽河边的独木舟，并在不可思议的 6 周时间里行进了 2575 千米的路程，回到了皮斯河边的堡垒。虽然马更些的确实现了找到太平洋航道的雄心壮志，但是这条航道永远也不会有商业价值。

马更些的健康在他的努力奋斗中受到了永久性的损伤。当被迫在返回蒙特利尔的途中走过一段陆路时，他曾抱怨“我的左胸像针刺一般”。从此他留在了加拿大，赚了许多钱，直到 1805 年才返回苏格兰。50 岁的时候，已经弯腰驼背且病痛缠身的马更些仍然掌控着多项商业计划并且充满控制和征服的欲望，他娶了 14 岁的葛迪思·玛格丽特·马更些，并育有 3 个孩子。8 年之后，马更些于 1820 年 3 月 11 日在邓凯尔德附近的穆尔南恩（Mulnain）去世。

安东尼·萨丁/撰

芒戈·帕克

揭开尼日尔河的神秘面纱

（1771–1806年）

他〔朋多国王〕认为，任何有理智的人都不可能只为了来看一看这个国家和它的居民而踏上如此危险的旅程。

芒戈·帕克，《非洲内陆的旅行》，1799年

对时机的把握是芒戈·帕克一生的主题。早年间的一次偶然相会为他打开了探险的大门；他在英国处于国家危机的时候带着探险成就返回英国，顺理成章地成了名人；而他最后一次真不是时候的探险让他在非洲送了命。那时他已经是那个时代最著名的探险家之一，并撰写了一部经典的叙事性著作，直到如今还在印刷出版。

1792年夏天，出生于苏格兰边远山区的芒戈·帕克毕业于爱丁堡大学医学专业。第一件恰逢其时的事情就发生在那个夏天，他的姻兄詹姆斯·迪克逊，考文特花园市场的一位种子商，邀请他加入穿越苏格兰高地的旅程。这个年轻人显然给这位植物学家留下了深刻的印象，他将帕克介绍给了自己在伦敦的赞助人，约瑟夫·班克斯爵士。

班克斯是英国当时最富有和最有影响力的人之一。他是英国政府的重要科学顾问、皇家学会主席、林奈学会的创立者，还在幕后为皇家植物园邱园出谋划策——班克斯很快意识到了这个年轻人的天赋，1793年2月，帕克以助理外科医生的身份登上了一艘去往苏门答腊的东印度公司商船。

非洲的诱惑

班克斯曾随库克船长（见第46页）周游世界，并见识了非洲部分海岸。1788年，他和一

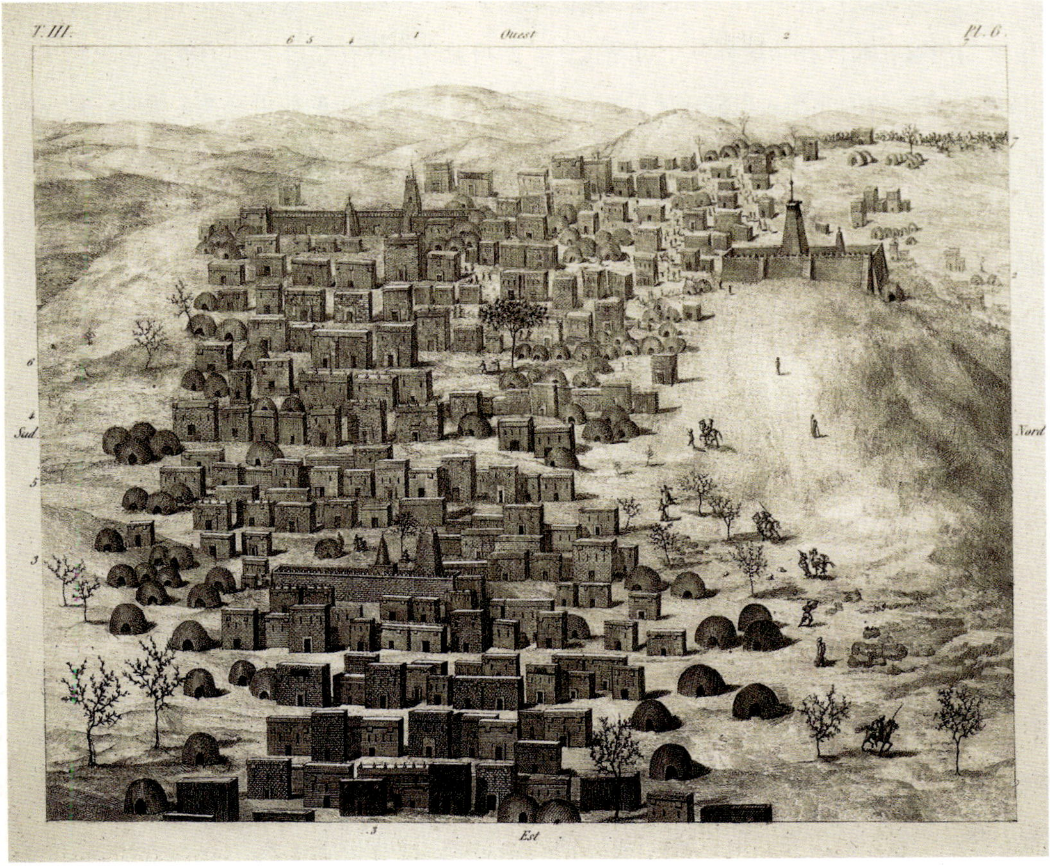

1820 年代的廷巴克图。苏格兰探险家梅杰·亚历山大·戈登·莱恩在 1826 年进入了这座城市，但他在返回海岸的途中被人谋杀了。法国人雷内·卡耶是第一个见到这座城市并活下来的欧洲人：1828 年，他揭露这座城市只不过是"许许多多的泥房子"。

些朋友建立了"了解更多的非洲内陆情况学会"——简称"非洲学会"。非洲内陆到了启蒙时代仍然几乎不为人知，意识到这种令人尴尬的情况之后，他们决定赞助"地理传教士"去填补地图上的空白。这个学会创立于英国历史的转折点上。班克斯认为海外殖民地耗费大量时间、金钱和人力。而且，就像北美殖民者十年前证明的那样，如果他们成功了，他们就会谋求独立。于是班克斯建议英国政府抑制攫取殖民地的欲望，并转而寻找贸易伙伴。他希望自己的探险家们能够在非洲找到这样一个贸易伙伴。撒哈拉以南存在富庶之地的传说由来已久，而且18世纪在伦敦的非洲人也极言他们的国王之富有，甚至国王的奴隶都披金戴银。班克斯和他的朋友们还听说了有关科学和社会学发现的其他故事，并梦想着能够找到古埃及人或古腓尼基人的后代。财富和知识好像都集中在尼日尔河沿岸，尤其是一个叫作廷巴克图的地方。这里就是非洲学会派遣探险家前往的地方，不是为了殖民，而是为了调查询问。正如学会秘书亨利·比尤弗伊所说："毫无疑问，我们有许多需要〔和非洲人〕交流的，还有一些我们必须学习的。"

第一次远征

帕克的任务是先沿着冈比亚河逆流而上，再通过陆路来到尼日尔河，然后去往廷巴克图——在这个过程中要弄清尼日尔河的流向。他得到的指令听起来很简单，但他知道并不是这样；学会已经派遣了好几位探险家执行这一任务，而上一个走这条线路的人在一片绿洲悲惨地饿死了。人们希望帕克比学会派遣的第一位旅行家做得更好，那是美国人约翰·莱德亚德，虽然他曾经从巴黎步行走到西伯利亚，但这次他没能治好自己的痢疾，并死在了开罗。帕克至少受过医学训练。他刚抵达冈比亚河就染上了疟疾，并在恢复期间自学了一些曼丁果语。然后帕克开始向内陆进发，跟随他的是一个仆人兼翻译，他们带着很多袋珠子、琥珀和烟草，他计划用这些东西来换取食物，并作为送给当地统治者的礼物。他还有一个六分仪、一个罗盘和一个经纬仪，以及一长串非洲学会提出的问题需要回答：谁生活在他经过的地区？他们种植什么，交易什么？他们如何被统治，受怎样的惩罚，他们如何教育自己的孩子？学会甚至想知道他们晚上睡在什么东西上面。

帕克的进展很快，直到当地的部族冲突将他向北驱赶，逼进了卢德玛（Ludamar），这是沙

右页上图：《波诺恩（Benown）营地中阿里的帐篷》（1799年出版的《非洲内陆之旅》中的一幅插图），1796年，帕克就是在这里被关了几个月，这段经历影响了他对第二次非洲之旅的看法。

右页下图：卡玛利亚（Kamalia）的景色，帕克在第一次非洲之旅的返程途中在此做客，招待他的是一个奴隶贸易商。他对这个贸易商的友谊和依赖关系使非洲学会的一些反奴运动人士深感愤慨。

帕克受到了伦敦社交圈的宠爱，德文郡公爵夫人乔治亚娜为他写了一首歌，并由伊丽莎白·福斯特夫人配了一幅图，描绘了帕克抵达尼日尔河前夜的情景。

漠和耕种区之间的一片灌木林地带，是半游牧的摩尔人的势力范围，他们的头领名叫阿里。帕克请求进入阿里的地盘，却被囚禁起来，并被没收了除了罗盘之外的所有货物，阿里认为它是白人的魔术。他被关押了三个月，并饱受拷打辱骂。他被关起来的唯一原因是阿里的妻子从没见过欧洲人。帕克以为自己被怀疑是基督教间谍才被抓起来的。而从某种意义上说他的确是。摩尔人在冈比亚河口和地中海沿岸垄断了尼日尔和欧洲之间利润丰厚的贸易。他们知道欧洲人急于寻找贸易伙伴，并意识到帕克是某个商业帝国派出的排头兵。就其本身而言，他的确是个威胁。

在夏天，部落冲突蔓延至北方，帕克趁乱溜走了。他向东南方朝着尼日尔河前进，成为了第一位报告尼日尔河“宽得像威斯敏斯特区的泰晤士河一样”的欧洲人，并探明了它的流向——向东流去，深入非洲大陆。他已经到了塞古，距离廷巴克图只有几天的路程，但是摩尔人没能在塞古杀了他，那么他们就会在廷巴克图等着他。帕克知道自己能够进入这座传说中的城市，但是不一定有机会走得出来。他想，最好还是带着已经搜集到的信息回家吧。

他又一次堪称完美地把握了时机。帕克走出非洲的旅程就像他走进非洲那样艰难又离奇，不过当17个月之后，在1797年的圣诞节，他终于回到了伦敦，并受到发现机会的班克斯的赞誉。和法国的战争形势正在恶化，国家需要一次精神的提振：而帕克因为解决了非洲地理的难题之一立刻被誉为民族英雄。虽然被伦敦社交圈奉为名流，自己的旅行记述也很快销售一空，他却渴望回到苏格兰。使用旅行和书带给自己的收入，他结了婚并在皮布尔斯郡当了一名乡村医生。然而，枯燥的工作和北方的阴沉天气很快让生活显得平淡乏味：他曾对自己的小说家朋友沃尔特·斯科特爵士说自己“宁肯再去非洲闯荡，面对那里的恐怖，也不愿在阴郁的山丘和冷寂的石南丛中消磨自己的一生”。1805年，他的愿望实现了。

潇洒的探险家帕克。这幅袖珍画（约1797年）是根据亨利·埃德里奇所作的肖像缩略而成，画中的他刚刚从西非回国，正是享负盛名之时。

致命的尼日尔河

非洲学会成立后的17年间，班克斯对于非洲的态度有所改变。法国人在塞内加尔河沿岸的影响力不断增长，这让他相信如果英国不控制尼日尔河以及仍然难以寻找的金矿区，法国就会控制它们。他说服英国政府派遣帕克回到廷巴克图，陪伴他的还有一队士兵，他们的任务是在尼日尔河沿岸建立英国贸易站。

这次的时机不能再坏了。帕克和他手下的43人原计划在1805年7月进入尼日尔河，但他们出发的时间有些延迟，路上也走得很慢，结果直到8月中旬才抵达尼日尔河。这时，四分之三的人马已经死于疾病，包括所有造船的木匠。他离开第一次非洲之旅的最远端塞古的时候，已经死了39个人，然而他仍然能够给伦敦写信："这次旅程只是证明了再多的货物也能从冈比亚运到尼日尔。"他已经自信地完成了此次任务的第一部分：证明冈比亚—尼日尔航道的可行性。于是帕克启程去完成第二部分：探明尼日尔河的全部河道。

关于尼日尔河在哪里结束的问题有不同意见。非洲学会的地理学家詹姆斯·伦内尔认定尼日尔河会在现今乍得湖终止。其他人认为尼日尔河也许流入了尼罗河或刚果河。帕克在一艘船上满载食物和武器，带着剩下的四名幸存者逆流而上，决定不找到河流的尽头就绝不罢休。他穿过了廷巴克图的港口，转过了尼日尔河的弯道，并忽视了别穿过布萨瀑布的警告。他是从船上跳下来的还是被人从河岸击中的已经无人知晓了，总之无论以哪种方式，芒戈·帕克死在了这条他比任何人揭开的谜团都更多的河里。

亚历山大·梅特兰/撰

约翰·汉宁·斯皮克

寻觅尼罗河的源头
（1827–1864年）

我已不再怀疑，脚下的这个湖泊就是那条迷人河流的诞生之处，
这条河的源头曾遭过多少人的推测，又是多少探险家的目标啊。

J. H. 斯皮克，《尼罗河源头发现日记》，1863年

约翰·汉宁·斯皮克是非洲探险家中最具争议性也是最神秘的一位。围绕他的争议主要集中在他依赖直觉的对白尼罗河源头的发现，以及1864年他意外或是自杀的身亡，当时他正在自己堂兄的威尔特郡庄园打山鹑。至于说神秘的谜团：斯皮克的私人生活很少为人知晓。他的书和留存至今的信件中只有几次提到自己的感受。他在喜马拉雅山脉的通信和其他文件在他死后一段时间内被毁掉了。在斯皮克37年的短短一生中，只有最后10年——献身给探险事业的10年——得到了详细的记录。

斯皮克于1827年5月4日生于德文郡比迪福德市的奥莱格庄园，他的童年是在萨默塞特郡伊尔敏斯特（Ilminster）附近一个叫作约丹斯（Jordans）的家族地产中度过的。还是男孩的时候，他就患上了眼炎，阅读对他来说非常痛苦和困难。然而他却学会了射击，并成为一名对打猎充满热情的出色猎手。1844年，17岁的斯皮克加入了孟加拉本地步兵第46团，并参加了旁遮普战争。由于在木尔坦战役中表现英勇，他在1849年得到表彰并晋升为中尉。受到上级军官的鼓励，他在喜马拉雅山脉地区旅行和打猎，并绘制了西藏部分地区的地图。1854年他来到亚丁，准备前往非洲中部进行探险。

与伯顿在非洲

斯皮克得到建议并参加了理查德·伯顿（见第89页）的桑给巴尔探险，这次探险的基地位于索马里兰。他从那里出发，探索了索马里兰东部的瓦迪诺格（Wadi Nogal），在日记中记述自己的旅程，绘制地图并搜集鸟类、哺乳动物和爬行动物的标本。当伊萨人武士袭击位于柏培拉的营地时，斯皮克受了11次伤。伯顿不但占用了斯皮克搜集的标本，还把删减之后的斯皮克日记加到了自己的书《东非第一批足迹》（1856年）中，斯皮克对此深感不满。而且斯皮克还丧失了当初他贡献给伯顿用于探险活动的钱。作为补偿，1856年伯顿邀请斯皮克参加皇家地理学会赞助的乌凯雷丰湖（Ukerewe）探险，这是一个传说中位于非洲中部的大湖——两名德国传教士雅各布·艾哈特和约翰内斯·雷布曼对它进行了测绘，如果可能的话，再去寻找白尼罗河的源头。

庞大的探险队从巴加莫约出发，沿着阿拉伯人的商路走了五个月才到达塔波拉（位于坦桑尼亚）。探险队搬运工的首领埃塞俄比亚人西迪·穆巴拉克·孟买是一个获得自由身的奴隶，他成了斯皮克的忠实伙伴。探险队的进程不太顺利，开小差、疾病和充满疑虑的部落酋长阻碍了他们的脚步。斯皮克得了沙眼，并不断出现发热、晕厥和严重的痉挛。

1858年2月，伯顿和斯皮克抵达坦噶尼喀湖边的乌吉吉（Ujiji）。但是和他们得到的信息不同的是，坦噶尼喀湖并不是白尼罗河的源头。在基维拉（Kivera）岛上，一只甲虫在暴风雨中爬进了斯皮克的耳朵。斯皮克尝试用小刀把它弄出来，结果刺穿了自己的鼓膜，这只耳朵从此永久性地失去了听力。回到塔波拉之后，斯皮克决定调查北部一个更大的湖，并催促伯顿和他一起上路。然而伯顿更愿意留在塔波拉治疗自己的疟疾，同时从当地阿拉伯商人那里搜集信息。

六个星期之后，斯皮克回来了。让伯顿感到吃惊的是，他不但宣布自己发现并命名了维多利亚湖，还宣称这座湖泊就是白尼罗河的源头。虽然两人进行了激烈的争论，但当斯皮克和伯顿结束这次探险的时候，他们还仍然是朋友，不过从此以后两人的关系就开始恶化了。

在返回英国的途中，伯顿留在亚丁进行康复；斯皮克继续返程，并向伯顿保证他在伯顿回

右页图：这幅斯皮克的油画肖像是詹姆斯·沃特尼·威尔逊1859年所作。画中有斯皮克的测绘仪器、他的步枪和他身后的维多利亚湖。

到英国之前不会独自拜访皇家地理学会。根据斯皮克的书《什么导致了尼罗河源头的发现》中未出版的一段附录，伯顿曾经想去耶路撒冷。也许斯皮克认为伯顿建议的两人分头行动是一桩诡计，或许有人说服他放弃了自己的承诺。无论如何，一回到英国，斯皮克就马上宣布自己发现了尼罗河的源头维多利亚湖，并寻求皇家地理学会的支持，以便再进行一次探险验证自己的发现。

回到湖区

1860 年，斯皮克又一次回到了非洲，这次陪伴他的是 1847 年在印度相识的詹姆斯·奥古斯都·格兰特。格兰特是一个理想的同伴。和伯顿不同的是，他跟斯皮克一样爱好打猎。他还是一个敏锐的植物学家兼优秀的制图员。格兰特从不抱怨；甚至在所有事情上都听从斯皮克。在英格兰，伯顿攻击了斯皮克的地理发现，还有他对非洲人和阿拉伯人盛气凌人的态度，以及除了打猎或记录陌生地形之外斯皮克在所有事情上明显的缺乏能力。感到厌烦的斯皮克在伯顿记述他们共同探险活动的《非洲中部湖区》出版之前就离开了英国前往非洲。在伯顿写给斯皮克的信中，语气骤然降温，对斯皮克的称呼从“亲爱的杰克”变成了“先生”。伯顿拒绝了斯皮克修复他们友谊的最后努力；对此他悔恨终生。

当斯皮克和格兰特朝着非洲内陆艰苦跋涉的时候，还有两个探险队正朝着苏丹南部的刚多卡洛（Gondokoro）进发。喀土穆的英国副领事约翰·佩瑟里克带着船只和补给，打算与斯皮克和格兰特会合。独立于政府和皇家地理学会的富有探险家萨缪尔·怀特·贝克从埃及出发，打算探索尼罗河的源头。斯皮克和格兰特在塔波拉被连绵不绝的雨水耽搁了几个月，雨水使河流暴涨，他们没法弄来粮食养活搬运工人。斯皮克的一条胳膊麻痹了，并且他由于肺部充血而呼吸困难。在卡拉格韦（Karagwe），斯皮克在罗马尼卡的王宫为国王超级肥胖的姻妹测量了尺寸——当这一幕出版在斯皮克的《日记》中后，伯顿的支持者们对此大加攻击。罗马尼卡给了斯皮克一些林羚皮，这是一个新的羚羊物种。1861 年 11 月，斯皮克见到了鲁文佐里山脉南部的维龙加火山群，即传说中的月亮山脉。

然后斯皮克来到了布干达的统治者穆特萨的王宫，在这里逗留了重要但臭名昭著的五个月；由于他天真又无拘无束的描述，他的批评者们后来对他这段经历大加贬责。斯皮克详述了

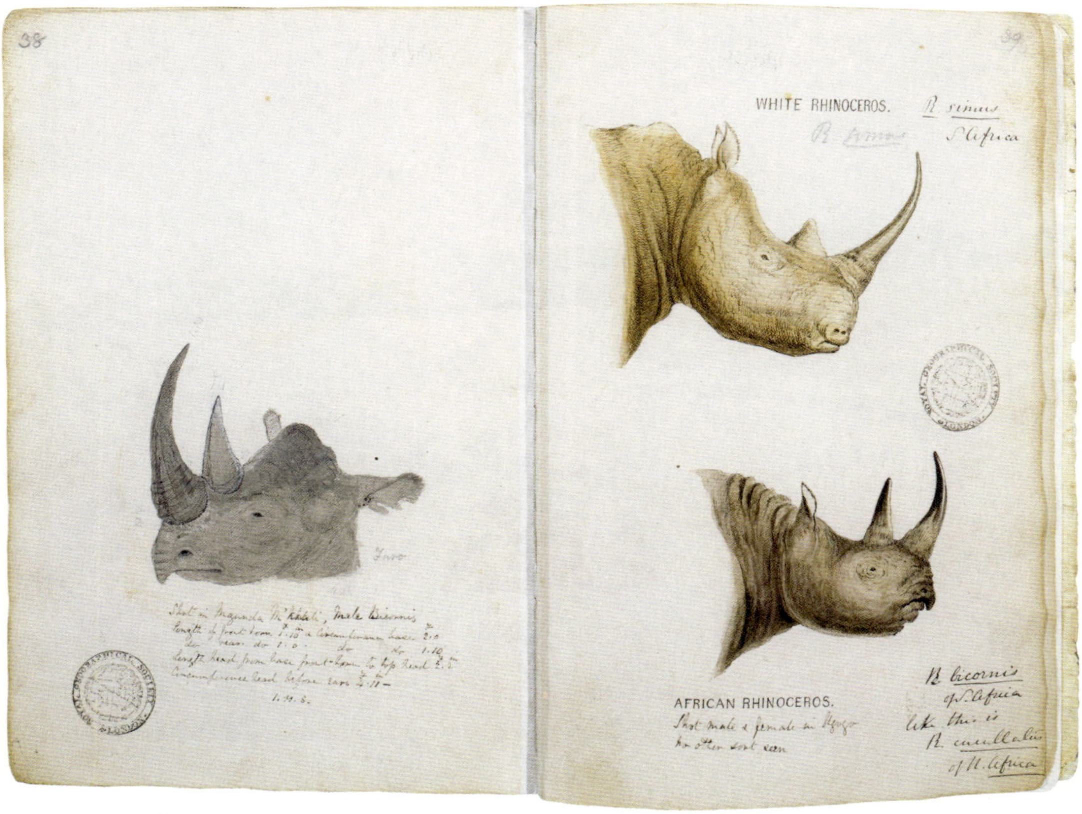

印刷的白犀牛（右上）和黑犀牛（右下）头部插图。对页上斯皮克自己绘制的黑犀牛头显示出这种动物适于抓握的上唇。

他对穆特萨母亲的身体检查，以及她的烂醉和放荡。他在宫殿中和穆特萨的妻子们公开调情，还让她们骑在自己背上。要是他花更多的时间去调查维多利亚湖的北端并且检查一下他有时粗心大意的地理计算，这些劣迹也许不会对他的名誉造成那么大的损害。实际上，这次旅行给布干达留下了积极而富有建设性的印象。不只是他的白色皮肤和丰厚礼物带来的新鲜感——这些礼物包括一只金环和若干火枪，穆特萨用这些火枪打死了四头母牛和一个朝臣；斯皮克还为布干达打开了西方文化和欧洲人的大门。这可谓恰逢其时：此时英国在非洲中部的兴趣不只是传

里彭瀑布的一幅水彩画，斯皮克作于乌干达（约 1862 年）。斯皮克宣称的维多利亚湖就是尼罗河源头的观点最终在 1875 年被 H. M. 史丹利证实。

教活动、废奴运动和自然科学，还包括在工业革命的驱动下开发潜在外国市场的需要。

1862 年 7 月 28 日，在穆特萨王宫以东 65 千米的地方，斯皮克看到了里彭瀑布，尼罗河从那里流出维多利亚湖。然而，他宣称的已经发现尼罗河源头的说法仍然是不成熟的，因为并没有决定性的证据，而他的陈述——“尼罗河安顿下来了”——虽然充满诗意，但直到亨利·莫顿·史丹利在 1875 年环游维多利亚湖之后才得到证实（见第 180 页）。

斯皮克和格兰特终于在 1863 年 2 月抵达刚多卡洛，大大落后于原计划与佩瑟里克会合的时间。与此同时，佩瑟里克和他的妻子已经在尼罗河的腹地进行了探险和贸易。在斯皮克的探险队抵达五天之后，他们也回到了刚多卡洛，却被斯皮克冷落在一旁——他后来指责佩瑟里克非法进行奴隶贸易。斯皮克和格兰特受到了贝克的欢迎，后者继续探险并发现了艾伯特湖，后来他被称为“尼罗河上的贝克”。

斯皮克之死

斯皮克的《尼罗河源头发现日记》（1863年）虽然写得很吸引人，但却充满了遗漏和事实上的错误。皇家地理学会在巴斯为斯皮克和伯顿安排了一场辩论，试图解决围绕尼罗河源头的争议。斯皮克厌恶公开演讲和任何形式的对质。经过几个月不合自己胃口的辛苦写作和个人之间的敌意对抗，斯皮克感到筋疲力尽。他已经半聋，而长期的写作压力又影响到了他本来就脆弱的视力。1864年9月16日，在辩论当天上午，皇家地理学会主席罗德里克·默奇森宣布斯皮克已经于前一天在科舍姆附近死于狩猎事故。

斯皮克到底是自杀还是意外地打中了自己，一直以来都是一个谜。不过他当时正在自己的堂兄和猎场看守人眼皮子底下爬过一面墙，很难想象他会在这种情况下自杀。除了要扩充《什么导致了尼罗河源头的发现》的第二版，斯皮克还有其他令人兴奋的计划，包括去往印度的狩猎旅行以及原定于1865年法国皇帝拿破仑三世资助的大型中非探险。处于这样一种状态的斯皮克不太可能决定自杀。

布干达国王穆卡布亚·穆特萨小山顶形的宫殿，以及穆特萨的一头母牛，斯皮克1862年所作。

1881年，伯顿终于承认了斯皮克的发现，并在快要于1890年去世时写了一封公开信，收回了自己针对斯皮克的所有尖刻的话。1866年，肯辛顿花园竖立起一座纪念斯皮克的红色花岗岩方尖碑；1995年5月4日，一块向伯顿和格兰特致谢的铭牌出现在斯皮克的纪念碑旁。

克莱尔·佩蒂特/撰

戴维·利文斯通

穿越非洲

（1813–1873 年）

非洲人一点儿也不会不可理喻。我想不可理喻更像是欧洲的遗传病，而不是这片土地。

戴维·利文斯通，《非洲日记》，1855 年

1874 年 4 月 18 日是一个星期六，戴维·利文斯通的隆重葬礼在威斯敏斯特大教堂举行，这是一场几乎拿不到入场券的葬礼，而主持这场葬礼的史丹利牧师还记得它“唤起的人心所向的感觉比我参加的任何一场葬礼都强烈”。这个“变成传教士的纺织童工”的葬礼是那一年有名的大事。蓓尔美尔街和怀特霍尔街边站满了来自各种背景和阶层的悲伤的男人和女人们。1875 年的一幕儿童剧将他描述为“一位无畏的传教士和探险家，他是第一个将耶稣基督的好消息带到最黑暗的非洲中部大片地区的白人”。事实上这个说法只是部分正确，而和传教的成功相比，利文斯通的名声更多地来自于他非凡的自我创造。

传教士和探险家

1813 年，利文斯通出生于一座名为“梭子排”的三层小楼里的只有一个房间的租户家中，这座小楼位于格拉斯哥市附近布兰太尔的蒙蒂斯棉纺织厂。利文斯通一家对宗教十分虔诚，并且都能读会写。戴维和父亲曾因为自己在科学和旅行书籍上的痴迷而争论：尼尔·利文斯通认为这些作品对神不敬。1832 年，当父子两人听说格拉斯哥的公理会教友拉尔夫·沃德洛摒弃了只有上帝指定的某些人才能得到救赎的观念，转而宣扬自由主义观点并认为所有人都有机会得到救赎时，他们两人都从苏格兰长老会转信公理会。这为利文斯通日后对非洲人的自由主义观点埋下了伏笔。1834 年，利文斯通获得了父亲带回家的一本小册子，里面讲述的是在中国的医学传教士的故事，于是他在自己成为医生的梦想和家庭的宗教信仰之间看到了一条折中调和的道路。凭着坚定的决心，他终于从格拉斯哥的安德森学院医学系毕业，并在学业期间尽可能地回纺织厂工作以交纳自己的学费。

1838 年 8 月，利文斯通第一次来到伦敦，此行的目的是参加伦敦传教会的面试，最终伦敦传教会接收了他并把他训练成一名医学传教士。1840 年他遇见了在伦敦休假的伦敦传教会传教士罗伯特・莫法特，莫法特向他谈起自己在南非北部库鲁曼设立的传教站，这让利文斯通十分兴奋。在伦敦他还听到了托马斯・福韦尔・巴克斯顿对奴隶贸易的谴责，巴克斯顿还呼吁合法化与非洲进行的贸易，从而结束这种残忍的行为。利文斯通曾希望将中国作为自己的传教目的地，但是 1839 年 9 月鸦片战争的爆发阻止了他前往中国。1840 年 12 月 8 日，刚刚被任

奴隶的锁链：利文斯通可能是从 1858–1864 年的那次旅程中把它带回来的，他在自己的演讲中用它来强调奴隶贸易的残忍。

戴维·利文斯通和他最小的女儿安娜·玛丽的肖像摄影，这幅感人的摄影作品由托马斯·安南创作。安娜·玛丽几乎不记得自己的父亲。

命为牧师的利文斯通口袋里揣着崭新的医学文凭启程前往库鲁曼。

利文斯通没在库鲁曼停留多长时间。他对这里有些失望并很快和另一个传教士罗杰斯·爱德华兹一起离开，寻找东北方向400千米之外的奎纳人。在接下来的两年中，为了给自己的传教站寻找合适的地点，利文斯通又进行了两次远距离旅行，并在准备过程中学习了当地的语言。1844年1月，利文斯通和爱德华兹终于与一位非洲教师梅巴鲁一起在玛波塔撒（Mabotsa）建立了新的传教站；一年之后，利文斯通娶了莫法特的长女玛丽为妻。然而利文斯通后来和爱德华兹发生了争吵，并在琼奴阿内（Chonuane）的奎纳人中建立了另一个传教站，奎纳人的酋长席其理成了他的学生并向他学习阅读。利文斯通一家（现在他们有了两个孩子——罗伯特和艾格尼丝）后来搬到了西面的科洛本格（Kolobeng），席其理也和他们在一起，但他很快就不再信仰基督教并转回到自己的非洲宗教了。

正是这段时期，利文斯通的兴趣开始从向非洲人传教到探索他们的美丽大陆转移。将自己的家人（现在又多了一个孩子，托马斯）送回库鲁曼后，他和一个富有的大猎物猎手威廉·柯顿·奥斯韦尔沿着博特莱特莱河前进，并抵达了恩加米湖（在如今的博茨瓦纳）。博特莱特莱河继续向北流去并汇入了其他河流之中，这让利文斯通备感兴奋，他以为非洲的河流形成了一个巨大的互相交联的网络。他认为如果能够找到通向海洋的河流通道，他就能引入合法的全球贸易并将那些虐待非洲人的奴隶贸易商驱逐出去，从而掌握实现这块碎裂状大陆现代化的钥匙。回到科洛本格之后，奥斯韦尔去寻找走得更远所需要的船，利文斯通保证会等他回来。但当奥斯韦尔带着船回来时，他发现急性子的利文斯通已经离开了，并且和他的家人重聚在一起。奥斯韦尔设法赶上了他们，但利文斯通的两个孩子病得很严重，于是他们又返回了科洛本格。

1851年，再次开始旅行的利文斯通选择了一条穿越沙漠的危险道路，沙漠差一点儿杀死了他的孩子，但他们最后抵达了乔贝河。然后利文斯通和奥斯韦尔同当地酋长塞比图阿内（Sebituane）进行了会面，并在1851年8月抵达赞比西河。利文斯通非常高兴，他终于找到了他需要的大河。迫不及待地想要继续探索它的利文斯通必须先陪同自己的家人回到开普敦；在途中诞生了他们的另一个儿子奥斯韦尔。1852年3月，玛丽和孩子们启程前往英国，并在接下来的四年中过着痛苦的贫困生活，而利文斯通开始进行他史诗般的旅程。

穿越东西海岸

利文斯通向北出发，并在 1853 年 5 月抵达乔贝河边的利尼扬蒂。他受到了塞比图阿内的儿子塞克勒图（Sekeletu）的欢迎，但是这个地区流行疟疾，不适合建立他想要的传教站，于是在塞克勒图的帮助下，利文斯通在 11 月出发并沿着赞比西河逆流而上，希望探明它是否能够提供一条向西通向海洋的航道。当雨季到来的时候情况变得糟糕起来；探险队消耗光了在沿途村落中用来贸易的货物，而且抛弃了独木舟上岸赶路。当利文斯通于 1854 年 5 月 31 日抵达海边的罗安达时，他已经患上了疟疾并且极度疲倦，但仍然拒绝登上从那里返回英国的船。

赞比西河上的维多利亚瀑布，托马斯·贝恩斯所作（1862 年）。1855 年，利文斯通成为第一个抵达这条瀑布的欧洲人，当地人称这条瀑布为莫西奥图尼亚，意思是“发出雷鸣的雨雾”。

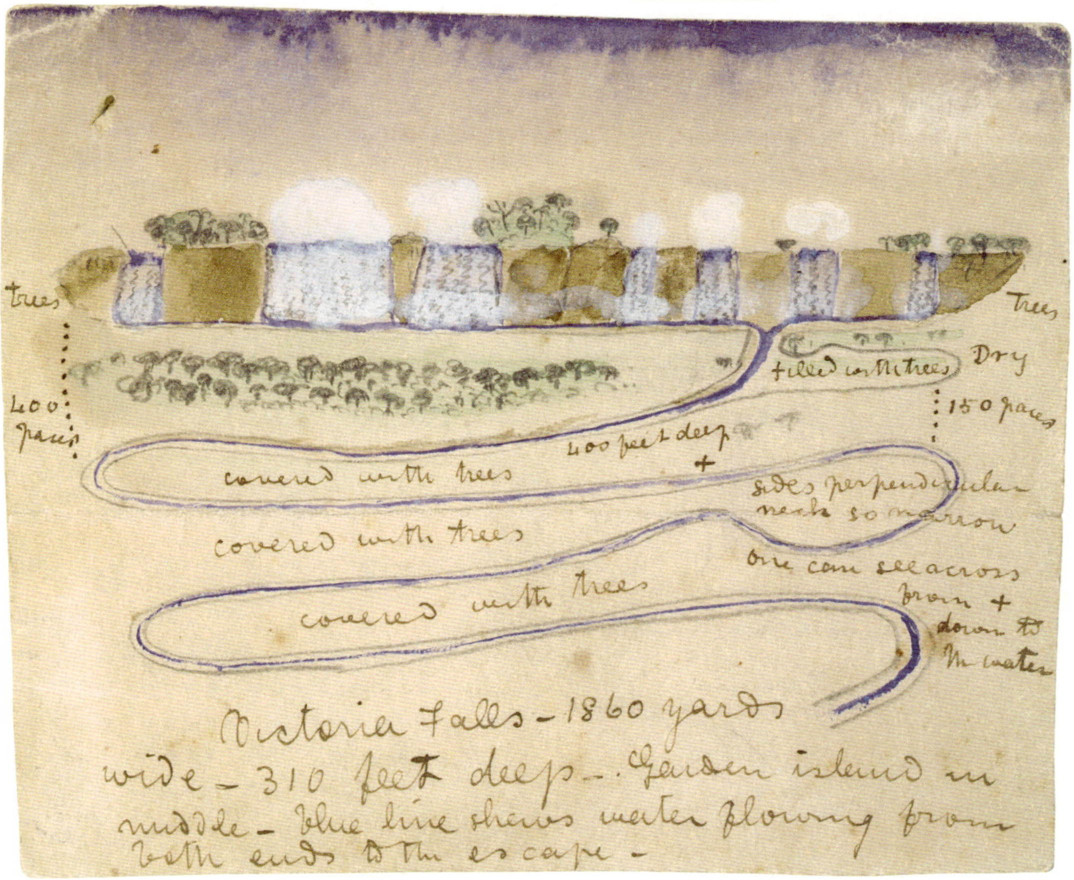

利文斯通绘制的维多利亚瀑布（可能是1860年8月所画）。这是他非洲画作的典型，通常是为了记录而画——他已经用步伐丈量了距离，并仔细地标注了这一地区的植被分布和瀑布的尺寸。

直到9月，他才把身体养好并开始沿原路返回再次穿越非洲——回到利尼扬蒂的旅程花了他将近一年的时间。1855年11月，利文斯通领导了又一次赞比西河探险，这次他希望发现一条向东的航道。不久之后，他们就来到了一片巨大的瀑布面前，当地人叫它莫西奥图尼亚，意思是“发出雷鸣的雨雾”，利文斯通后来将它重命名为维多利亚瀑布，以表达对英国女王的尊敬。他对于这个地区感到很兴奋，觉得终于找到了一块适宜的地方来建立自己持久的传教站。

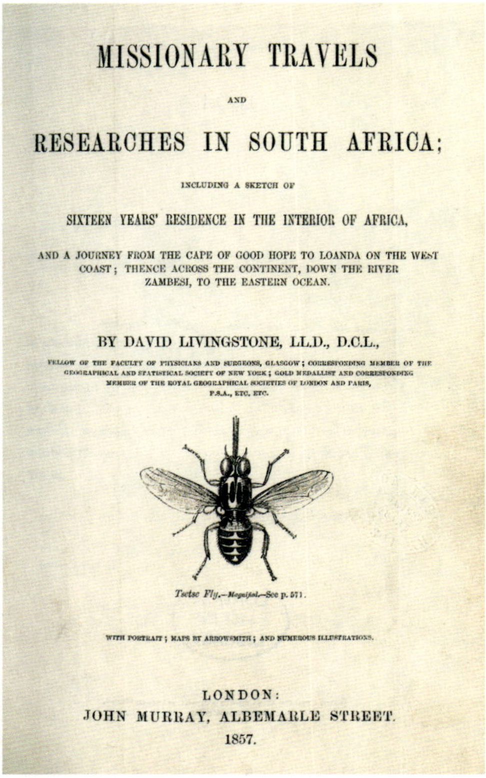
MISSIONARY TRAVELS

AND

RESEARCHES IN SOUTH AFRICA;

INCLUDING A SKETCH OF

SIXTEEN YEARS' RESIDENCE IN THE INTERIOR OF AFRICA,

AND A JOURNEY FROM THE CAPE OF GOOD HOPE TO LOANDA ON THE WEST COAST; THENCE ACROSS THE CONTINENT, DOWN THE RIVER ZAMBESI, TO THE EASTERN OCEAN.

BY DAVID LIVINGSTONE, LL.D., D.C.L.,

FELLOW OF THE FACULTY OF PHYSICIANS AND SURGEONS, GLASGOW; CORRESPONDING MEMBER OF THE GEOGRAPHICAL AND STATISTICAL SOCIETY OF NEW YORK; GOLD MEDALLIST AND CORRESPONDING MEMBER OF THE ROYAL GEOGRAPHICAL SOCIETIES OF LONDON AND PARIS, F.S.A., ETC. ETC.

Tsetse Fly.—Magnified.—See p. 571.

WITH PORTRAIT; MAPS BY ARROWSMITH; AND NUMEROUS ILLUSTRATIONS.

LONDON:
JOHN MURRAY, ALBEMARLE STREET.
1857.

利文斯通的《非洲南部传教旅行和研究》(1857年)扉页。扉页下方的插图《放大的采采蝇》说明这本书的重点在于"旅行"而不是"传教"。

12月的时候，探险队到达太特（位于莫桑比克）的葡萄牙人定居点，并在路上无意识地躲过了克布拉巴萨急流，它在日后将给利文斯通带来大麻烦。利文斯通最终抵达了东非海岸的克利马内，并在那里启程回"家"，于1856年12月12日抵达南安普顿和玛丽相聚。

英伦名人

在下船之前，利文斯通压根儿不知道自己在英国有多么出名。1855年，他被皇家地理学会授予年度创始人奖章，而他本人对此毫不知情。他从非洲寄到英国的所有信件全部被公开发表。在伦敦的寄宿之处，利文斯通以极快的速度写完了《非洲南部传教旅行和研究》。这本书

利文斯通的蒸汽船玛－罗伯特号，托马斯·贝恩斯于 1858 年 5 月 24 日所画。这艘船是为 1858 年开始的赞比西河探险所造。由于锅炉出现了大量问题，它曾被授予“哮喘病人”的称号，并在 1861 年被替换。

注定是那个世纪最热卖的畅销书之一。然后他进行了一系列反应热烈的公开演说并在 1857 年 12 月 4 日来到剑桥大学发表演讲，在这里他向观众中的青年男学生发出了充满热情的恳求，希望他们投身于非洲的传教工作。正是这次演讲催生了运气不佳的中非大学传教会（UMCA）。

利文斯通成为了皇家学会的会员，接受了许多荣誉学位，被任命为理事，还受到维多利亚女王的接见，在这些社会事务的间隙，利文斯通还计划了一次沿赞比西河顺流而下的新探险。然而伦敦传教会已经不愿支持他的下一次旅行了，他们感觉如今利文斯通的真正职业是探险家而不是传教士，在这一点上他们是正确的。这一次赞助利文斯通的是对于潜在商贸机会感兴趣的英国政府。

贝恩斯手绘的地图（1859年），记录了利文斯通乘着玛-罗伯特号在赞比西河中的探索路线。这一年晚些时候，贝恩斯和一半欧洲队员一起被开除出探险队，在这之前利文斯通和他们发生了激烈的争吵。

远征赞比西河

1858 年 3 月 10 日，赞比西河探险队离开英格兰，探险队的成员包括利文斯通的弟弟查尔斯以及随队画家托马斯·贝恩斯（见第 79 页）。他们使用的是一艘分段制造的蒸汽船，名叫“玛－罗伯特”号，这是玛丽·利文斯通的非洲名字。玛丽本人也在船上，但这次她又怀孕了，于是她留在了开普敦，并随后和她的父母一起前往库鲁曼。玛－罗伯特号的境遇很不顺利：它需要大量燃料使蒸汽机开动，而且河流的状况很危险，探险队常常需要把它拆卸成段再随队携带。但他们来到利文斯通第一次走这条路线时躲过的克布拉巴萨急流时，更多的问题出现了。他的同伴约翰·科克意识到这些急流是无法通过的，但是利文斯通就是不接受这一点。

不管怎样，利文斯通决定进入赞比西河的一条支流希雷河作为他新的路线，希望能在这里找到适合建立传教站的肥沃土地。1859 年 9 月，探险队抵达了尼亚萨湖的南端。英国政府继续支持着这次探险，并在 1861 年派来了一艘新船先驱号替换残破的玛－罗伯特号。然而这次赞比西河探险队员之间的个人关系在一开始就很紧张，而利文斯通和大部分的欧洲人同伴都发生过争吵。

1861 年 2 月，利文斯通遇到了刚刚从开普敦来到这里的中非大学传教会的传教士，并陪伴他们上溯了希雷河，和他们在希雷河上游的马格美罗（Magomero）建立了一个传教站。然后利文斯通离开这里去进一步探索尼亚萨湖。他还收到了自己购买的轻便型汽轮尼亚萨夫人号。1862 年 3 月，他听说了中非大学传教会传教站的负责人查尔斯·马更些的死讯，而 1862 年 4 月 27 日，刚刚和丈夫团聚不久的玛丽·利文斯通也不幸死去。深感震惊和悲伤的利文斯通开始进行一系列狂乱的尝试，试图驾船上溯赞比西河和鲁伍马河。然而到最后，即使是他也不得不放弃。1863 年，干旱和劫掠奴隶的活动让希雷河谷变成了人间地狱，河中漂浮着肿胀的尸体。利文斯通的探险队深受痢疾困扰，并在此时被英国政府征召回国。失望又愤怒的利文斯通启程返回英国，并在 1864 年 7 月抵达伦敦。

在谈不上成功、花费巨大且持续时间极长（持续了六年多而不是预想中的两年）的赞比西河探险过后，利文斯通的名声衰退到了低谷。他和最喜爱的女儿艾格尼丝一起来到了纽斯台德庄园和他的朋友韦布一家待在一起，他在这里写下了《赞比西河及其支流的一次探险》（1865 年），他在书中试图为自己在探险中所犯的错误开脱责任，并算在其他人头上。他急切希望重返欧洲，并开始酝酿一个新的庞大计划：探明尼罗河的源头，超越各执一词的伯顿（见第 89 页）和斯皮克（见第 155 页）。

这张照片拍摄于韦布一家的纽斯台德庄园，当时是 1874 年 6 月，在利文斯通死后，他的仆人也来到了英格兰。从左至右：阿卜杜拉·苏西、贺拉斯·沃勒、詹姆斯·楚马、艾格尼丝·利文斯通（坐者）、韦布夫人、威廉·F. 韦布和汤姆·利文斯通。

尼罗河溯源

这支探险队出发于 1866 年，队伍中没有其他欧洲人；利文斯通常常能与阿拉伯人和非洲人更好地共事。他相信坦噶尼喀湖也许隐藏了尼罗河源头的秘密，于是尽管他的测量仪器受到损坏并且失去了精准度，他还是走向了那里（或者说他认为自己在走向那里）。探险队中的一个仆人带着他的医药箱逃跑了，而通常很健壮的利文斯通这次真的病了。奴隶劫掠和暴力让探险进展非常缓慢和困难。1869 年 3 月，利文斯通设法到达了伯顿和斯皮克也曾来过的乌吉吉，却发现他预订的补给只到了很少的一点儿。探险队继续踏上艰苦的旅程，并在 1871 年 3 月抵达卢瓦拉巴河。利文斯通被奴隶商人屠杀非洲人的行径吓坏了，因此他冷冷地拒绝了阿拉伯人提供的用来继续前进的船只，并回到了乌吉吉。然而在这里，他的补给非常缺乏，甚至必须不情愿地依靠阿拉伯人的帮助维持生活，直到 1871 年 11 月亨利・莫顿・史丹利（见第 180 页）碰到了他。听到那句著名的“您是利文斯通医生吧，我猜”，利文斯通无疑非常高兴，然后他和史丹利探索了坦噶尼喀湖的北端，并没发现任何出口。1872 年 3 月 14 日，史丹利在塔波拉和利文斯通分手，并随后从海岸线上给他送来了新的补给和搬运工。

利文斯通仍然痴迷着尼罗河的源头，并继续环绕着班韦乌卢湖探索。他的病情很快就变得很严重，不得不坐上担架才能走动。1873 年 4 月 30 日，他死在了奇塔姆博村（Chitambo）。利文斯通的心脏和内脏埋在了一棵树下的旧面粉罐里，但他的仆人们对他的遗体进行了防腐处理并运到非洲海岸，最终返回英国。来自舒潘噶（Shupanga）的阿卜杜拉・苏西和尧人詹姆斯・楚马是领头的两人。他们直到 1874 年 2 月才抵达巴加莫约，英国领事在那里安排将遗体送回英国。1874 年 4 月，利文斯通安葬于威斯敏斯特大教堂。虽然利文斯通作为传教士并不成功，他对于赞比西河探险的论断也充满疑点，并且他未能找到尼罗河的源头，但他还是得到了伟大英雄般的葬礼。

戴维・利文斯通并不是那种去非洲进行探险后就回家的人，他在那里和非洲人一起生活和工作。除了两次短暂的回国，他在非洲度过了成年后的所有生活。他是一个探险传奇，也是一个移民传奇。他笔下的许多作品是带着一定的距离从非洲的视角看待欧洲和“旧的文明国家”。这让利文斯通的探险显得既独特又复杂。

约翰·凯伊/撰

弗朗西斯·安邺

情迷湄公河

（1839—1873年）

只有在印度和中国之间这个位置理想的半岛上建立一个新的印度帝国才能……保证我们国家〔法国〕的财富和地位。

弗朗西斯·安邺，1867年

出生于圣埃蒂安并注定要进入海军的安邺在年轻时有一个绰号——“波拿巴小姐”。这不是恭维和赞美，而是一种嘲讽，因为安邺有着总是变来变去的雄心壮志，他还是个又矮又瘦的小个儿。但是如果说探险家和旅行家的区别在于他们拥有一种使命感，甚至是痴迷劲儿，那么弗朗西斯·安邺则是一个不折不扣的地理巨人。人们经常拿他和利文斯通（见第162页）做对比。1871年安邺和利文斯通两人一起受到了第一届国际地理大会的赞扬和表彰；1873年两人都神秘地失踪了；1874年他们的死讯几乎同时得到了证实。利文斯通是一位富于献身精神的传教士，驱动他前进的力量是对奴隶贸易的痛恨。而安邺是一个富于献身精神的爱国者，他在意的是挽救法国的财富和命运，当时的法国看起来好像难以得到海外领土的利益。吞并印度支那将改善这一局面。如果说有人促成了未来的“珍珠帝国”的建立，那么这个人就是安邺。

就像刚果河上的史丹利（见第180页）一样，安邺也是通过探索这一地区的主要河流来追求自己的目标。流向不规则且丛林密布的刚果河大部分河道都无人知晓，安邺在它身上投入了极大的热情。它几乎杀死了他，让他昏迷了整整12天，还几乎引诱了他，当时他在下游的老挝漫不经心地考虑“土著化”。在2500千米的路程中，只有测绘出河道的每次扭曲带来的满

左页图：湄公河探险委员会进入缅甸掸邦时正赶上第二个雨季。河水暴涨，探险队被迫走森林小径，但森林也被雨水浸满了。

足感能让他继续走下去。“什么东西也打断不了我这种持续不断的全神贯注，而这种全神贯注变成了一种痴迷，”他解释道，“我为湄公河而疯狂。”

湄公河还把他折磨得发狂。就好像这条河下定决心要隐藏自己的潜力，让法国的希望落空并让安邺个人灰心丧气。成立“湄公河探险委员会”的想法从一开始就是他提出的。1859 年他参加了法国海军对越南海岸的第一次攻击。法国人拿下了西贡和一个小港口，把这一小块殖民地作为进行商业、政治和地域扩张的桥头堡，而安邺把这个任务揽在了自己肩上。1863 年从湄公河三角洲推进到柬埔寨的行动得到了成功；柬埔寨国王欢迎法国提供保护。安邺认为在上游的国家也能得到相似的反应；它们的植物和矿物产品都能让殖民地变得富有；而且虽然这条河的源头还未确定，但它可能在进入东南亚雨林之前经过云南，从而提供一条通往中国的秘密水上通道。安邺本人愿意探索这条未来的“商贸大道”。现在他只需要资金和官方的批准。

在柬埔寨——从桨船到独木舟

尽管高级官员并没有打消疑虑，但探险计划还是得到了批准。1866 年 6 月，6 名法国军官和 16 个护送者乘着两艘用桨驱动的小炮艇从西贡出发。他们吱吱嘎嘎地穿越了三角洲来到金边，接受维修后又抵达吴哥古迹测试他们的仪器，然后在雨季到来时重新上路。在旺盛的雨水中进入一片臭名昭著的雨林看起来有些不合情理。水蛭这时最为活跃，蚊子这时数量最多；痢疾和疟疾随即而来。但这怪不到安邺头上。由于他只是一个 27 岁的中尉，还不能指挥这次探险，因此官方上他只是指挥官拉格里的调查员和副手。拉格里比他年长 20 岁，非常了解柬埔寨；而且正是他断定只有在河水上涨时才能越过河流中的障碍并安全地在河中航行。

不出所料，湄公河很快就展示出它真实的一面。白浪激起的泡沫涌来，平静的水面立刻变得汹涌起伏。森林将岸边布满了热带植被。半淹在水下的树干像鱼雷一样戳破了炮艇的船身，漩涡让它们在水中打转，而在岩岛分开水流的地方，水流的力量是如此之大，就连蒸汽机驱动的桨轮都难以向前推进。刚刚离开金边两天他们就被迫放弃了。蒸汽机的力量在湄公河的急流面前无计可施。

探险队转而使用当地的狭长独木舟。一般情况下这些独木舟是用桨划动的，但是在洪水面前必须使用一端带钩的撑篙勾住树根或岩石向前移动。探险队就是用这种痛苦的移动方式在一年中情况最好的时间内挪动了接下来的1000千米。他们表现出了堪称典范的耐性，然而这种冒险可能是没有必要的。因为现在看来，安邺在调查其可通航性的这条河流显然是无法通航的。他们刚刚穿过第一片急流就遇到了孔瀑布，湄公河在这里跌落并从老挝进入柬埔寨。即使是海豚也难以越过这个障碍，更不会有船只能够这样做。探险队步行爬上了这条瀑布，并在它上方征用了新的独木舟。它“完全无法逾越”，探险队的一位军官这样记录到；因此，“蒸汽船无法像在亚马孙河上那样在湄公河上穿行，而西贡也永远没有办法被这条巨大的水道和中国西部连成一体”。这场探险必须在此宣布流产。

然而这样的事情没有发生完全是因为安邺。在之前的急流中是他找到了可以通过的航道，而他很可能在面对瀑布时也会做到这一点。但他永远也不会有这个机会，因为探险队抵达瀑布时，正赶上他12天的昏迷。直到探险队翻越了瀑布才恢复意识的安邺既没见到瀑布的大小，也没相信同事们的描述。相反的是，他出版的记述中描述的情况意味着独木舟实际上翻越了瀑布。毫无疑问，“波拿巴小姐”不会就这样因为河流上的异常情况而气馁。他的力量和他的决心一起重新回到了身上。从现在开始——他们的奥德赛之旅已经进行了三个月，安邺开始发号施令。

穿过老挝、缅甸和中国

为了前进什么事都可以做得到。拉格里认为要是没有北京方面的授权信函，向前推进就毫无意义，而这些信函正在金边等候他们回来。安邺表示自己愿意返回金边并取回这些信函。而他的确做到了这一点，并在60天内跋涉了1660千米。与此同时，还有许多支流有待探索，许多金矿和银矿有待调查，设立种植园的潜力有待评估，政治活动的前奏也有待进行。更妙的是，撤退已经不是一个选项了；据归来的安邺所说，柬埔寨正在发生叛乱。事

弗朗西斯·安邺中尉，湄公河探险的倡导者和实际领导者。

在下游的老挝，探险队在巴塞河（占巴塞）停留了很久，并在这里庆祝了这条河每年一度的送水节和烟花表演。这个地方打动了安邺，他计划在当地退休养老；随队画家路易斯·德拉波特画下了一系列呼之欲出的素描作品。重新描绘并上色后，它们成为这次探险最著名的遗产。

实上，现在中国和长江是他们逃离这里的唯一机会。

万象，老挝曾经的首都，成了一片废墟。他们穿过一片危险的瀑布急流来到了琅勃拉邦。这里终于有了文明的迹象。当地的国王看起来很友好，他的女人们看起来更友好。他们可以在此休息调养，等待他们的第二个雨季过去。安邺却坚持继续前进。资金快不够用了；而延误毫无可能。他们又一次坐上了独木舟，撑着篙冒着雨绕过了泰国北部。

当湄公河向北流去进入缅甸的掸邦时，情况变得更糟了。即使是安邺也必须承认这里的急流是无法通过的。他们雇了搬运工，开始走森林中的小径，不过这里的情况比河里也好不了多少。掸人的族长们敲诈他们——省出来的裤子换鸡，衬衫换黄瓜。安邺吃了鳄鱼蛋（“不算特别恶心”）；其他人则饿着肚子。所有六名军官都得了疟疾，有两人被水蛭咬伤的伤口发生了感染，而拉格里已经几乎说不出话来。事实上，当他们终于在1867年年底走出森林并抵达中国云南省首府昆明时，指挥官先生已经走到末路了。三个月后，他死在了去往长江的路上。

安邺当时并不在场，他回去进行了最后一次探索湄公河的失败尝试。与探险队会合之后，他正式成为了自己长期以来实际担任的指挥官。1868年6月6日，在他们离开西贡整整两年后的同一天，探险队出现在长江港口城市汉口的法国领事馆，震惊了世界。

死于非命

当他们重新出现的消息传来，皇家地理学会将“安邺探险”赞颂为“本世纪最了不起和最成功的探险之一”，并在1870年授予安邺学会的赞助人奖章；安邺本人也的确是“本世纪最勇敢和最有才能的探险家”。更多的奖章和赞美随之而来。但这些大多数来自伦敦。巴黎几乎没有什么反应，因为探险队的凯旋正撞上1870-1871年灾难性的普法战争。

安邺参加了徒劳无益的巴黎保卫战，然后在人们的厌恶中起航前往中国。在国家面临危机的时刻，殖民扩张并不受欢迎。他沿长江逆流而上，写了又一本书，并生活在那里，直到1873年被征召再次进行印度支那的“建设”。他领导了又一次探险，从西贡航行至河内，这次探险更像是一场战争，表面上的名义是营救一名法国公民。安邺的行为充分说明了这一点。他占领了河内的城堡并升起法国三色旗，宣称已经“占领了拥有两百万生灵的土地”。老挝和湄公河将形成它西侧的边界，而越南北部的红河能够提供另一条通往中国内地的“商贸大道”。

胜利是短暂的。越南的反抗力量很快集结起来，在一次报复性的袭击中将安邺包围在一片稻田里并杀死了他。安邺死时只有34岁。令人尴尬的是，法国政府随即宣布不对安邺的行动负责。但这只是延迟了他梦想的实现。在接下来的十年中，河内以及湄公河两岸的土地都正式纳入了所谓“印度帝国”的版图，而安邺为此付出了短暂的一生。

詹姆斯·L. 纽曼/撰

亨利·莫顿·史丹利

大英帝国的仆人

（1841–1904 年）

他有许多缺点，有些缺点甚至很严重，但我认为
它们主要是他品质上的缺点，而且没有这些缺点他很可能会缺少
另外一些伟大的品质，正是这些品质帮助他在从事的
每一项事业上获得成功。

亚瑟·J. 芒特尼·杰夫森如是评论史丹利

亨利·莫顿·史丹利成为一名功成名就的探险家的经历只能用了不起来形容。作为一个非婚生子女的他原名约翰·罗兰，出生于威尔士的登比，从 6 岁至 15 岁一直生活在救济院里。无法在英国找到一份长久工作的约翰登上了一艘开往新奥尔良的船，船刚抵达奥尔良他就设法逃跑并开始了新生活。他以新奥尔良一个如日中天的棉花经纪人的名字为自己取名叫亨利·史丹利。经过几次试验之后，他在中间加上了莫顿。1861 年，生活在阿肯色州赛普利斯本德（Cypress Bend）的他在美国内战中加入了南部联邦一方。在夏伊洛之战中被俘后，他被关押在芝加哥附近道格拉斯营的联邦监狱中，并在突然发作的痢疾中挺了过来。为了出狱，他同意加入北方的蓝衫军，然后很快从弗吉尼亚州哈珀菲利镇（Harper's Ferry）的一张病床上逃走了。随后他还加入了联邦海军并参加了几次任务，然后在 1865 年 2 月又一次迅速逃走了。

找不到工作的史丹利向西而行，在圣路易斯逗留期间，他和《密苏里民主党人》报社签订协议，成为了报社的一名自由记者。他遇见了另一名有抱负的记者威廉·哈洛·库克，两人决定从西向东穿越亚洲，寻找他们的运气。在纽约，他们说服了史丹利的合伙人路易斯·诺伊从海军逃跑和他们一起上路。1866 年 7 月，三人出发前往土耳其士麦那（伊兹密尔）并在 8 月底到达。然而，他们刚刚走了不远就被一伙强盗抓了起来。在当地官员的干预下，他们被释放并庆幸自己还活着，随即放弃了亚洲探险的计划。

拜访了自己在威尔士的亲属之后，史丹利又一次穿越大西洋，并很快回到《密苏里民主党人》报社，报社派他去报道政府试图消除同西部美洲土著敌对关系的努力。后来史丹利决定到纽约碰碰运气，并在幸运女神的垂青下得到了纽约《先驱报》老板和主编小詹姆斯·戈登·班尼特的面试机会。在一段简短的谈话过后，班尼特告诉史丹利他可以报道英国对阿比西尼亚的侵略。但是他必须自己承担费用，并根据新闻稿的质量接受报酬。事实证明他的报酬比花费更多。史丹利总能抢先得到新闻，把生动的记录最先呈现给读者。《先驱报》的其他任务随即而来。1869年10月28日，史丹利和班尼特在巴黎进行了一次会面，据史丹利所言，在这次会面中班尼特让他去“寻找利文斯通”。然而，首先他必须先在埃及至印度沿途写完一系列任务稿件，史丹利直到1870年10月12日才从孟买出发前往桑给巴尔。

从记者到探险家

一系列问题延误了从桑给巴尔出发前往内陆巴加莫约的行程，史丹利直到1871年3月22日才终于开始向内陆进发。史丹利并没有任何探险意图——他唯一的目标是尽快找到利文斯通并告诉全世界他的消息。然而这是一段困难的旅程，在抵达阿拉伯贸易中心塔波拉的途中，史丹利跌跌撞撞地穿过了未被测绘的贡博湖（Lake Gombo）。当年11月，史丹利在乌吉吉遇到了利文斯通，两人随后起航前往坦噶尼喀湖北岸，并结束了它是否属于白尼罗河集水区一部分的争论，因为他们发现鲁济济河（Rusizi River）流入了坦噶尼喀湖而不是从这个湖中流出来。

回到巴加莫约并向利文斯通发送了补给以便他能继续进行尼罗河源头的研究后，史丹利登上了开往英格兰的船，等待发现并救援这位好医生的荣誉。然而他却在英国受到敌对和攻击，皇家地理学会指责他不是一个真正的探险家并且伪造了利文斯通从非洲寄过来的信。史丹利的美国背景、新闻式的文体以及某些不当言论更让人们对他恶言相向。然而到了年底，他开始流行起来，他的书《我是怎么找到利文斯通的》立刻成为畅销书。

1873年年末，内心仍然是一个记者的史丹利重返非洲，报道英国人在黄金海岸和阿桑特人的战争。战争结束后，带着更多为其增添声誉的故事，他启程返回英格兰，并在途中听说了利文斯通的死讯。很显然这名医生曾经触动了他内心深处，并改变了史丹利的志向。他要继续完成利文斯通未竟的尼罗河探索，并在这一过程中为非洲打开商贸、基督教和文明的大门。这促成了《每日邮

上图：这张史丹利的照片上有他的扛枪人塞利姆和私仆卡鲁鲁，该照片在他寻找利文斯通的探险结束之后摄于1872年的桑给巴尔。

下图：史丹利探险队中部分桑给巴尔和其他非洲人，这幅水彩画是凯瑟琳·弗朗西丝·弗里尔的作品，1877年画于开普敦政府大厦。

报》和《先驱报》赞助的英美联合探险队的建立，他们在1874–1877年花了999天史诗般地穿越了非洲中部。史丹利成为第一个环游维多利亚湖的欧洲人——也许是全世界第一个这么做的人，从而证实了约翰·汉宁·斯皮克关于维多利亚湖是白尼罗河源头的论断。随后，他发现卢瓦拉巴河与刚果河交汇，从而解开了又一个长久困扰人们的地理谜团，并在非洲地图上增添了许多新的地名。

史丹利的探险吸引了比利时国王利奥波德二世的注意，他意图在非洲建立一个帝国。史丹利在1879年到1884年期间受到利奥波德的两次委托，在刚果河沿岸为所谓的“国际非洲协会”建立了一系列贸易站。这个所谓的协会就像史丹利怀疑的那样是子虚乌有的，但他相信利奥波德是一个博爱的人，于是他带着任务继续前进，并由于作风硬朗获得了一个绰号布拉马塔利（Bula Matari），意思是“打破石头的人”。留给探险的时间并不多，但史丹利还是沿着菲米河前进并测绘了利奥波德二世湖（今马伊恩东贝湖）。

史丹利的最后一次非洲探险是在1887–1889年，他领导一支探险队去营救被认为困在苏丹的艾敏·帕夏（爱德华·施尼策尔），他正在绝望地跟马赫迪军队拖延时间，他们不久前刚刚在喀土穆杀死了戈登将军。这次行动取得了成功。在进入苏丹的路上，史丹利成为了第一个描述伊图里森林和艾伯特湖以西土地的欧洲人。在返程途中，他将鲁文佐里山脉测绘在了地图上，从而定位了传说中的月亮山脉；塞姆利基河与爱德华湖也被他添加在地图上。

面目模糊的声誉

把从前未知的土地和人们呈现给世人，并在欧洲人的地图上填补“空白”，在这些领域，亨利·莫顿·史丹利是所有非洲探险家甚或是全球探险家中的佼佼者。然而对于他本人和他的方法还存在许多保留意见。史丹利常常被指责不断撒谎，非常清楚的是他伪造了自己早年生活的许多经历，虽然使用夸张的冒险故事试图吸引读者的做法或许可以得到原谅。更严重的问题在于，他对自己探险队的成员非常残忍。史丹利很容易发脾气，而在许多情况下他会下令鞭打探险队员，这是当时旅行队的首领为了保持纪律常用的惩罚手段。还有几次，他监督执行了对几个探险队员的处决，因为他认为他们做了背叛探险队的行为。史丹利的角色越来越像一名将军。

史丹利的一些个人物品：手工制作的帽子、遮阳帽和修补过的靴子，断成两截的俾格米人的箭，以及一截树木，当年他就是在乌吉吉的这棵树下第一次遇到戴维·利文斯通。

这导致了对史丹利的反复指控，人们指责他指挥着全副武装的大型军队，冷酷无情地踏过挡在路上的任何人。然而在寻找利文斯通的探险中，他的小旅行队在进入非洲和走出非洲时都没有进行过一场战斗；相似地，史丹利在刚果河沿岸建立贸易站时也没有使用暴力。史丹利只有少量听从他指挥的军人，而且他知道自己的初衷是建立自由贸易，而暴力无益于创造自由贸易的条件。在 1874-1877 年以及 1887-1889 年的两次探险中，史丹利的手下的确可以称得上是一支军队，而前者途中发生的两件事情一直在困扰他的形象。

第一件事发生在坦桑尼亚的万亚图鲁（Wanyaturu）或瓦力米（Warimi）。探险队预料这次探险会遭到敌对——考虑到之前和陌生人交流的经验，这是一个合理的推测——于是他们发动了两次袭击。成功地将本地人赶走之后，史丹利命令他的手下执行焦土政策，得到了“一片寂

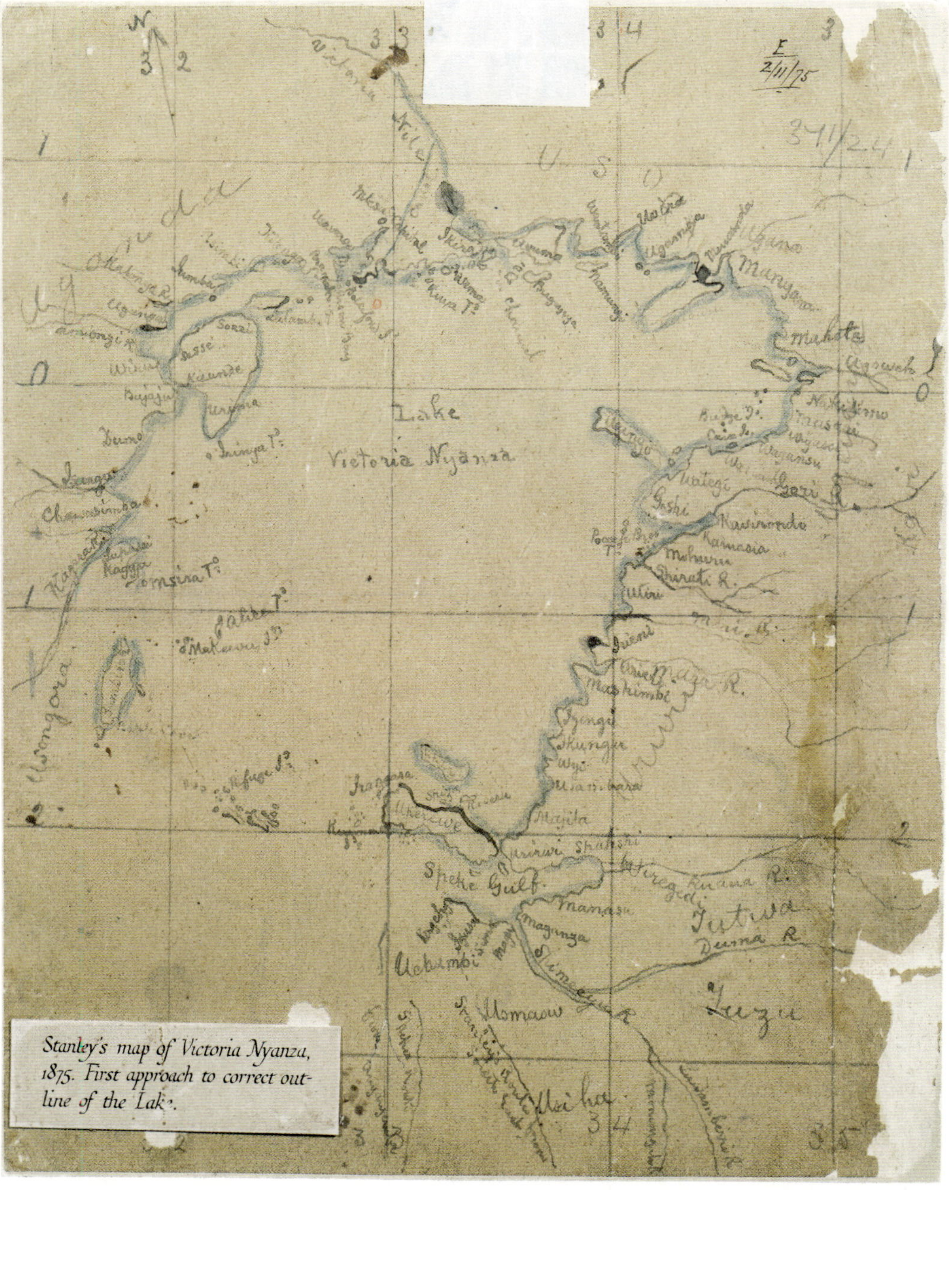

史丹利手绘的维多利亚湖地图，这幅地图是在他 1875 年环游这座大湖之后绘制的，这次环游证明它是一个单独的水体，从而证实了斯皮克的论断：它就是尼罗河源头；这是维多利亚湖第一次得到完整精确的绘图。

史丹利在乌吉吉发现利文斯通后，两人在一起待了4个月，并在坦噶尼喀湖上航行，确定了鲁济济河流入这个湖泊而不是流出它，因此它不可能是尼罗河的源头。

静黝黑的河谷”。第二件事是针对维多利亚湖中布姆别岛（Bumbire Island）居民的报复。史丹利和几个人在拜见过布干达国王穆特萨之后被扣留在那里。担心性命不保的他们设法逃脱了。后来，在回到乌干达的途中，拥有大批士兵的史丹利精心安排了一场水面上的进攻，粉碎了岛上的防御力量。虽然史丹利的确下令禁止登陆从而避免了一场很可能发生的屠杀，但是他只要平静地经过布姆别岛就能避免整个这一幕，因为岛上的居民已经没有能力威胁到他的探险队。

而且，在沿着卢瓦拉巴河和刚果河顺流而下时，史丹利记录了32场战斗。但他的部队并没有大量减员，并且没有证据表明他主动挑起了其中任何一场战斗。就像史丹利记录的那样，要么还击，要么等死。在史丹利营救艾敏·帕夏的探险行动中，当探险队穿越伊图里森林的时候发生了许多造成伤亡的小规模冲突，有时整个村子都会消失。在饥饿状态下对食物的搜寻常

1891 年，史丹利和他的妻子多萝西在美国巡回演讲途中，他们在特制的火车车厢的车窗旁。在所有探险和旅行过后，史丹利定居在英格兰并成为英国国会的一名议员。

常让探险队员挑起当地人的对立情绪。有一次寻找食物就导致了屠杀，但他们也没得到多少食物。史丹利当时并不在场，后来才听说了这一事件。当探险队带着艾敏向海岸前进的时候和瓦苏库玛人（Wasukuma）发生了战斗。瓦苏库玛人攻势凶猛，阻挡了他们好几天，直到探险队使用了马克沁机枪。然后探险队烧毁了附近的所有村庄；史丹利和其他欧洲人因此得到了“恶毒白人”的称号。

对于发生在刚果自由邦的恐怖统治，史丹利不应受到指责。虽然是他先建立了基础设施，利奥波德才能在这些基础设施的基础上建立自己的封地国家，但最终发生的事情并不是他的所作所为，而且史丹利常常警告这位国王，如果想对这片土地进行开发并使比利时人和刚果人都能受益，暴力只会损害这个目标。后来，必须承认的是，他不得不采取鸵鸟政策，对国王的干预视而不见。

今天，就像他在世时一样，亨利·莫顿·史丹利的名字会引起完全对立的反应。一些人仍旧将他视为一个在面对致命危险时展现出巨大勇气的英雄探险家。另一些人认为他代表了19世纪欧洲对非洲的侵略中品行最败坏的急先锋。人们对他的这些看法很可能一百年后也不会改变。

第四章

极地冰雪

弗里乔夫·南森

爱德华·威尔逊

罗尔德·阿蒙森

沃利·赫伯特

北极，这片冰雪之地的边缘和它丰富的海洋生物已经为人熟知了几个世纪。因纽特人和其他原住民在人类涉足的最北端生活了上千年，已经掌握了它的行为方式并学会了如何在这里打猎捕鱼。维京人也很了解它，并在它周围航行了极远的距离，寻找新的土地。18 世纪中期曾经有一个理论，认为在北极圈正中间是一片开阔的海域，如果能够到达那里，就能发现一条直接通向太平洋的航道。1773 年，康斯坦丁·菲普斯上校受命率领两艘英国皇家海军舰艇调查这条航道的可能性，虽然他们只到达了北纬 80°48′，但他们的发现帮助了后来的旅行家。

北极点在此后的一百多年仍然不为人知。大多数努力都投入到了寻找传说中的西北航道上。在众多探险中，最为悲惨的是约翰·富兰克林 1845 年进行的尝试，129 名船员以及两艘大型蒸汽船在北极的失踪非常有名。与此同时，向北极点进发的征途也开始有了一些进展。詹姆斯·罗斯在 1831 年定位了磁北极，当时它位于布西亚半岛附近的陆地上；1875-1876 年，乔治·内尔斯率领两艘舰艇进行了最后一次海军北极探险，并到达了北纬 82°29′。

直到 19 世纪末，极地探险的伟大时代才刚刚开始。两个挪威人引领着这个时代。弗里乔夫·南森意识到北极点周围存在围绕它旋转的强劲洋流，于是他设计了特殊结构的弗拉姆号船，试图随洋流漂到那里。当这一计划不奏效的时候，他和一个同伴下了船，试图乘雪橇抵达北极点，然而再一次失败了，只来到了北纬 86°13′①，而令人震惊的是他们居然徒步走了回去。南森的门徒罗尔德·阿蒙森在 1906 年乘船穿越了西北航道，他是第一个这么做的人，然后他将注意力放在了北极点上，但是弗雷德里克·A. 库克和罗伯特·彼利已经先后宣布抵达北极点，于是在最后一刻他决定掉头向南。

对于主宰地球的人类来说，荒凉的北极和南极冰原被视为身体上的终极挑战。后来的极地探险家没有贪婪的征服欲望，也不需要取得当地人的臣服，他们只和自然元素作斗争。而且无

① 原文如此。此处所提数据与后文《弗里乔夫·南森：北极探险家和外交官》中数据不一致。——译者注

左页图：1910-1913 年的英国南极探险除了要努力到达南极点之外，这次探险也有科学目的。在赫伯特·庞廷拍摄的这张照片中，探险队员正在设法乘一只小船通过浮冰，试图抵达帝企鹅的聚居区。

南森极地探险队的成员：西格德·斯科特·汉森、弗里乔夫·南森和奥托·斯维尔德鲁普在弗拉姆号的后甲板上休息，他们正试图随浮冰漂流至北极点。

论在南极还是北极，他们的目标都是确定的：极点。对于这场竞赛来说，国家荣誉成了它的核心。美国人对北极的胜利志在必得，而英国人在南极的表现非常优秀。欧内斯特·沙克尔顿和罗伯特·福尔肯·斯科特是这个时代最知名的人物，他们为抵达南极点付出了许多努力。爱德华·威尔逊和他们两人都旅行过，但最终他和斯科特的探险队却被阿蒙森先拔头筹，他本人与斯科特在返程中一起蒙难。威尔逊称得上是最伟大的探险家，因为除了是勇者中的勇者，他还是一位科学家、医生、博物学家和画家。他在去世时的帐篷中保存的一块地质标本证明，南极大陆曾一度是温暖的。

沃利·赫伯特生活和探险的年代比这些传奇人物晚了50年，他可以说是所有极地探险家中最伟大的一位。在以测量员的身份穿行探索了南极之后，他把兴趣转向了北极，并在这里进行了所有时代距离最长最为重要的极地穿越探险。在无意的情况下，而且他们当时也并不知情的是，他和他的探险队很可能成为了第一批抵达北极点确切位置的人，罗伯特·彼利1908年的成就如今受到了严重的质疑。

拉塞尔·波特/撰

弗里乔夫·南森

北极探险家和外交官
（1861–1930年）

也许他们听说了这是一桩光辉的事业；但是为什么？
最后的目标是什么？……但他们的目光完全被船所吸引，那里
仿佛出现了一场转瞬而逝的图景，呈现了一个全新而且无从想象的世界，
而这个世界只有通过追求这种他们知道毫无实际价值的事情才能到达。

弗里乔夫·南森，《最远的北方》，1898年

在所有的探险史上，弗里乔夫·南森博士的名字都是最独特的存在；和那些为了得到极地英雄的桂冠而愿意舍弃一切——他们的财富、道德良知和健全心智——的人不同的是，南森保留了所有这三样东西。如果他的探险成就不是那么非凡的话，他作为一个有高度文化和艺术修养的人、一个人道主义者和一个世界公民的名望也许完全可以超越他在北极取得的成就。

作为一个著名律师的儿子，南森本可以轻松地享受安逸舒适的生活，然而他是如何发现自己对北极广袤荒原的欲望的呢？1861年出生于弗罗恩的南森擅长科学和绘画，这两门课程他在奥斯陆大学都有学习，并最终以动物学为专业。在他职业生涯的早期，他在一艘挪威猎捕海豹船上待了四个星期并沿着格陵兰的东海岸航行；这次航行开始点燃了他对遥远北方的热情。他随后被任命为卑尔根市博物馆馆长，在那里工作了六年，并成为了一名北欧式滑雪高手。他正是在这里孕育出了史无前例的滑雪穿过格陵兰腹地的想法。1888年夏天，南森和包括奥托·斯维尔德鲁普在内的5名精心挑选的队员踏上了41天的旅程，他们穿过了覆盖着冰雪的裂缝和令人却步的山峰，到达了海拔2745米的地方。走过艰难的下山路之后，探险队最终在10月抵达阿梅拉利克峡湾，并在一致的赞扬声中回到挪威。

穿越内陆冰雪的探险——1888 年 7 月至 1889 年 5 月的格陵兰探险中拍摄的一张照片。

漂流到极点

尝到胜利滋味的南森很快得到了下一次探险需要的支持，这次探险将更加显示出南森的雄心勃勃。南森知道北极的冰盖本身是在不停移动的，他专门委托建造了一艘特殊结构的船，它要故意被围在浮冰之中并且能抗击冰块的冲击。他希望这艘船能与浮冰一起移动，而不用穿过这些冰雪，从而漂流到极点。这艘船由海军最棒的造船师科林·阿切尔设计以达到南森的要求，它就是弗拉姆号（“前进”号）；使用了厚重的橡木船壳板和大量内部支柱，它将是有史以来建造的最坚固的木船。

THE NORWEGIAN NORTH POLAR EXPEDITION 1893-96. No. 13
ROYAL GEOGRAPHICAL SOCIETY MAP ROOM 10 JUN 1907 LONDON
Pl. I.
Bathymetrical Chart
of
NORTH POLAR SEAS
By
Fridtjof Nansen.
Depths are given in Metres.
Isobaths are drawn for 200, 400, 600, 800, 1000, 1500, 2000, 2500, 3000, 3500 Metres.
At some places the 100 metres-contour and the 200 metres-contour are drawn with dotted lines.
The thick straight lines thus No 6 indicate the sections reproduced in Pls. I, III et seq. The Figures (No 6) indicate the numbers of the sections.
Metres.
2000
1000
200
Sea Level.
200
400
600
1000
2000
3000

上图：卡在冰中的弗拉姆号：南森的计划是让船被冰困住，然后被冰带着漂流至北极点。

左页图：一张记录了北极海域深度的海底地形图，南森根据 1893–1896 年的北极探险所画。

许多人对南森的计划提出了公开的批评。其中表示最强烈反对的是美国探险家阿道弗斯·W. 格里利，他声称这个计划冒险到了鲁莽的程度，他还认为北极点附近存在方圆几百英里的大片陆地；此外坚不可摧的船只这个概念本身就是胡说八道。有许多杰出人物赞同他的这一观点，如探险家和植物学家约瑟夫·胡克爵士、乔治·H. 理查兹上将和艾伦·杨爵士。作为对他们的报复，南森在描述自己航行的书中引用了他们的批评。

1893 年 6 月 24 日，弗拉姆号从挪威东北部的一个偏远小镇瓦尔德启航出发。南森发现这艘船能够从容地应对浮冰，在冰面上扭转腾挪，“好像大盘子上的一个球”，它还发现了其他船只不可能发现的通道。他们从新地岛南部经过，穿过了喀拉海；9 月 22 日，他们在诺登舍尔德海进入极地冰。就像计划中的那样，他们往西北漂流而去，然而两天之后漂流逆转了方向，然后停了下来，然后又开始漂流。极地冰并不是不间断地向西北旋转漂流，在洋流、风和地球自转的影响下，它的运动很不稳定。因此，虽然这场速度慢得折磨人的漂流整体上的方向是对的，但是他们不可能借此抵达北极点。

南森随即做了一个大胆的决定：和希尔玛·约翰森一起，他要做一次陆上冲刺，让其余的人留在船上等待冰融或救援，然而这两件事起码一年之内都不会发生。南森重读了富兰克林不幸的 1845 年探险的记述，那次探险中所有 129 人都消失在了北极的冰原中。经历过北极的严酷之后，他对这些人又有了新的敬意；虽然他们在技术水平上受到限制，但他们都是充满了勇气的人。毕竟，“出生在一个不知道如何使用雪鞋的国家并不是他们的错”，南森这样写到。

陆路跋涉和返程

1895 年 3 月 14 日，南森和约翰森离开弗拉姆号；他们带了三副雪橇、两艘竹结构橡皮船和 28 条狗。经过精心的计算后，南森带了足够 30 天的狗粮，并计划在狗粮吃完后逐渐把狗杀掉给剩下的狗当食物，这样还可以再坚持 50 天；80 天之内，他们一定能“到达什么地方”。他们乘雪橇向北疾驰而去，穿过一片冰脊迷宫，向南漂来的浮冰常常抵消他们的许多进展。4 月 8 日，约翰森说服南森相信再向前的话就不可能返回去了，南森停了下来。他们停在了北纬 86° 14′，是人类当时抵达的地球最北端——但这看起来还不是胜利的时刻。

回程之旅比任何一个人所能想象的还要漫长和艰难。它将持续七十多个星期，包括在一个未知岛屿上度过的冬天，他们在路上以海象脂肪和北极熊的肉维持生存。他们的表已经不走了，所以他们无法确定自己所在的经度。直到他们碰到了前来调查法兰士约瑟夫地群岛的英国探险家杰克逊-哈姆斯沃斯才知道自己身在何方，他们的目标斯瓦尔巴群岛还在遥远的西面。搭上杰克逊的船后，他们在 1896 年 8 月 13 日回到了探险的出发点瓦尔德，一周之后，弗拉姆号在斯维尔德鲁普的指挥下抵达谢尔沃于，全体船员安然无恙。

在北极之旅中，南森使用他特制的仪器测量深水温度。这张照片原来的标题是“深水温度。‘提出温度计！’1894 年 7 月 12 日”。

在他后来的外交官生涯中，南森在伦敦成为独立挪威的第一位大使（1905–1908 年），并同时进行了几次重要的海洋探险。第一次世界大战后，他参与了国际联盟的建立。1921 年，作为难民事务高级专员，他为无国籍人士创造了“南森护照”，并最终受到 52 个国家的承认。1922 年他被授予诺贝尔和平奖。1930 年 5 月 13 日，南森在位于挪威莱萨克的家波尔赫格达（Polhøgda，意思是“北极光”）中去世。

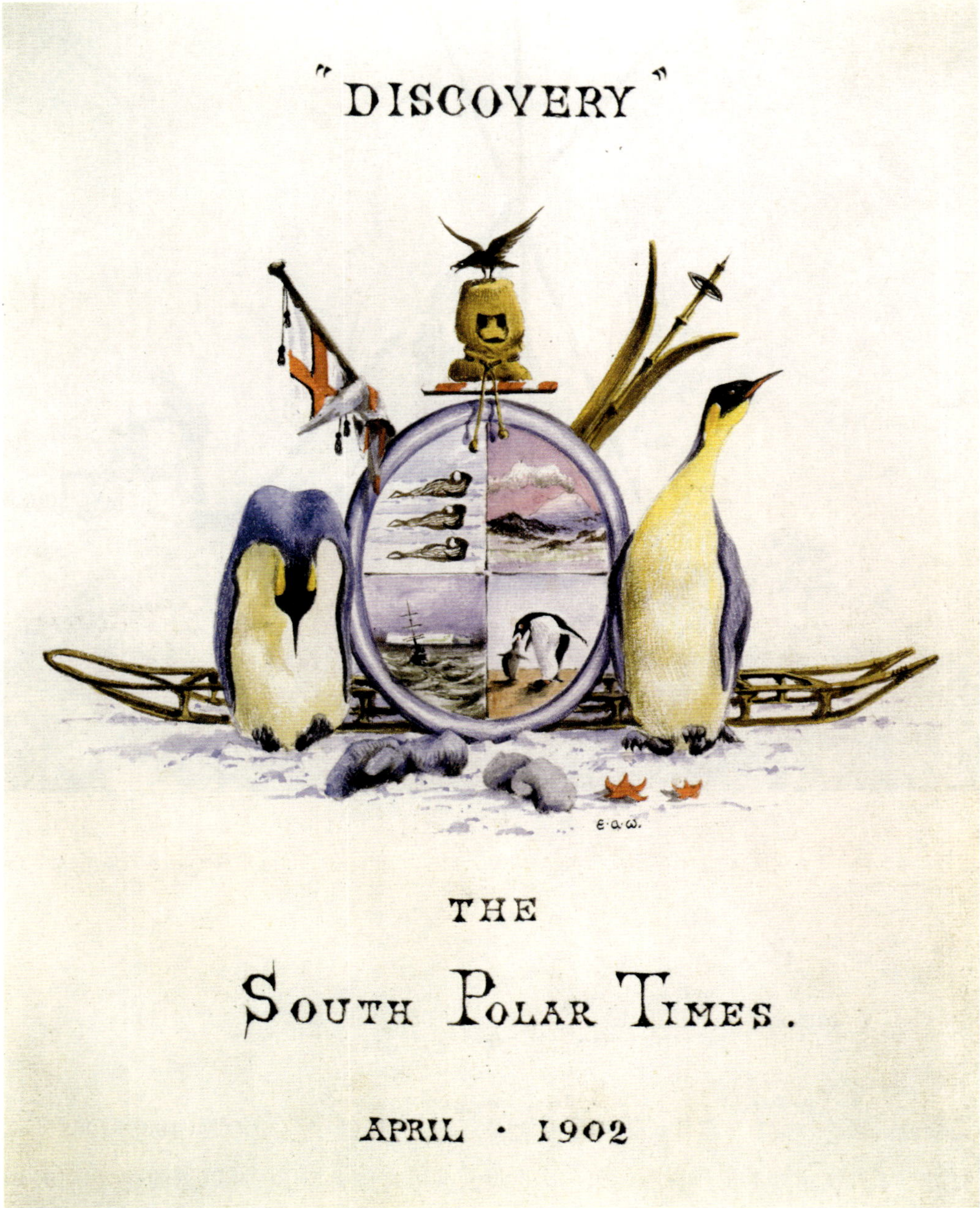

《南极时代》第一卷扉页，出版于1902年4月，由沙克尔顿编辑，威尔逊负责绘制书中的插图。所有探险队员都可以在上面投稿，这本杂志是在探险结束之后发行的，用来为探险提供资金，每本7个几尼[①]。

① 几尼，英国旧货币单位。——译者注

伊泽贝尔·威廉姆斯/撰

爱德华·威尔逊

科学家、医生、博物学家、画家

（1872–1912 年）

我无法用语言来形容比尔·威尔逊。

我相信他是我遇到过的最好的人。

罗伯特·福尔肯·斯科特，1911 年 10 月 22 日

在 20 世纪初，南极洲是唯一一片未被探索的大陆，而爱德华·威尔逊是南极探险的先驱之一。作为一名博物学家、画家和医生，他是斯科特两次南极之旅中唯一的文职专员。威尔逊参加过许多早期的旅行并发现了在极寒天气拖拽雪橇车的艰苦。1902 年 12 月，他跟随斯科特和沙克尔顿来到了“最遥远的南端”，而他对帝企鹅的迷恋让他进行了一次非凡的突袭并得到了几只蛋，这是第一次有人在南极洲的严冬这么干。1912 年，他和斯科特以及三名同伴抵达南极洲。这五名英国探险家在返程途中全部不幸罹难。

威尔逊出生于切尔滕纳姆，他的家庭充满了实干家：他的曾祖父在铁路和土地上发了财；他的母亲是一位画家和作家；他的一位叔叔少将查尔斯·威尔逊爵士指挥了从喀土穆营救戈登的行动。但年轻时候的威尔逊并不想进入商界、军队或是去探险。他先后在剑桥和伦敦的圣乔治医院学习医学，想成为一名外科医生。然而他患上了严重的呼吸系统疾病，后被诊断为肺结核，这让他必须重新考虑自己的职业目标，而这时斯科特的发现号探险队向他提出邀请，请他担任随队医生、动物学家和画家，前往南极洲探索并科学地记录这片神秘的大陆，这个职位简直是为他量身定做的。斯科特后来写到，威尔逊的加入是他最感恩的事情之一。

发现号，1901-1904 年

发现号探险队的目标是打开南极洲内陆的大门，并做出真正的科学、地理学和地志学发现。威尔逊是一个著名的肯干的人，他在船上画画，进行自己的医学和动物学研究，参与船上的工作，收集气象资料并参与探险。此外，他的调解能力也极大地促进了远征队的和谐。探险会让人们的自我意识膨胀，难以与他人相处。威尔逊是一个虔诚的教徒；他愿意为自己的伙伴服务。他扮演的从来都是促进者的角色，从未希望取得领导权。

在艺术上，威尔逊遵循的是约翰·罗斯金“事实呈现”的训诫，他认为这比文字的描述解释更加重要。在发现号探险中，他绘制了两百多幅作品，其中包括对罗斯冰障、维多利亚地以及南极洲鸟类和动物的一丝不苟的精确描绘。他是最后一位大型探险随队画家：摄影技术的发展很快就让照相机成了记录未知大陆沉静美景的实用工具。

停泊在冬季驻扎地麦克默多湾的发现号，威尔逊一幅未注明日期的水彩画。威尔逊在这次探险中画了许多画，试图努力捕捉燃烧般的橙色至柠檬色天空以及闪烁着浅蓝色光辉的冰。

威尔逊画的帝企鹅卵。这些鸟类的生活史是威尔逊在发现号探险中最感兴趣的科学问题。

罗斯冰障是南极大陆外围的一座冰架，它的面积跟法国一样大。当发现号探险队抵达南极洲的时候，它的性质还无人所知，斯科特1902年的南极之旅提供了第一个支持这一论断的证据。斯科特出乎意料地选择了威尔逊作为他的同伴去往最遥远的南端；显然，跟这个既聪明又能给人帮助和支持的人待在一起，他感到更为自在。威尔逊还想再加上一个人，他的朋友欧内斯特·沙克尔顿被选中，沙尔克顿自己日后也将成为南极探险史上的名人。由于船上的其他成员爆发了坏血病（维生素C缺乏症），他们的出发被迫延迟。这次耽搁让南极点成了遥不可及的目标，但是三人仍然希望尽可能地深入内陆。

这次南方旅行在支援队和19条狗的陪伴下开始出发，他们的进程一开始非常顺利，斯科特提前于原计划就让支援队返回了，留下三人和他们的狗以及雪橇继续穿越这片冰障。然而虽然开头充满了希望，但后来的路程很快就变成了漫长而痛苦的忍耐。他们在这片白茫茫的冰原上走了29天，每向南前进1英里就要走3英里的路程。当陆地终于在西南方向出现时，他们

威尔逊正在特拉诺瓦号探险中画一幅素描。这张照片是随队摄像师赫伯特·庞廷所摄，他拍摄了许多美丽的南极洲照片。

决定驶向它。威尔逊如释重负，不用再想着为了创造最南纪录而进行艰苦乏味的旅程了。他们最终到达了南纬 82° 12′，并且必须在此返程，因为食物补给不够了。他们也无法从罗斯冰障登上南极大陆，因为二者之间有一条巨大的峡谷分隔。威尔逊注意到了潮汐冰裂的存在，这说明罗斯冰障实际上是一座漂浮冰架。他们没能达到所期望的成就，但是已经抵达了当时“最遥远的南端”，并且记录了罗斯冰障西边维多利亚地的广阔山脉。

在发现号探险队于 1904 年回到新西兰之前，威尔逊又做了几次探险。他在南极发现了帝企鹅的蛋，说明虽然这里极度寒冷并且寒风呼号，但是帝企鹅仍然在南极洲进行繁殖。威尔逊需要刚刚产下的卵进行他的研究，但他这次没能得到新鲜的卵，这也是他后来重返南极洲的原因之一。尽管如此，他仍然取得了重要的成就。他已经探索了最遥远的南端，记录了南极洲的野生动物，揭露了罗斯冰障的真正性质，并且成为了第一个对维多利亚地内部山脉进行观测的人。

在参加发现号探险队不久之前，威尔逊娶了他的一生挚爱奥里安娜·索帕。她在新西兰等待他回来，“像从前一样美丽”，这对夫妇在新西兰度过了迟来的蜜月，他们立即爱上了这里，并希望能够再次回来。

威尔逊首先是一名科学家，他回到英国之后的工作和他仔细耐心观察的习惯完全相符。1905年，他被任命为“松鸡委员会”的现场工作人员，成立这个委员会的目的是找出导致英格兰北部和苏格兰荒野中的红松鸡大量病死的原因（猎松鸡这项运动对于苏格兰的经济非常重要）。勤劳肯干的威尔逊夜以继日地在荒野中调查，近距离地观察这些鸟类。他最终发现了病因——一种蛲虫，并提出了阻止病情蔓延的措施。1907年，他意外地接到沙克尔顿的邀请，沙克尔顿请他作为自己的副指挥官参加重回南极洲的探险。威尔逊拒绝了：他不是那种抛下未完成工作的人。他权威性的松鸡报告在1911年终于面世；而威尔逊没有机会见到它的发表。

特拉诺瓦号，1910–1913年

1910年，威尔逊参加了斯科特的特拉诺瓦号探险队，他又一次向南极进发，这一次他的身份是随队科学家的负责人。留给他画画的时间很少，但他参加了两次任务，一次是纯科学性质的——在南极洲的严冬中偷袭并获得帝企鹅的胚胎标本，第二件任务就是去往南极点。

在上一次南极之旅中，威尔逊已经意外地发现了帝企鹅是在南极洲的严冬中繁殖的。这一次，威尔逊、“小鸟”·鲍尔和阿普斯利·彻丽-加勒德三人冒着微乎其微的机会前去寻找帝企鹅的繁殖地。这场持续五个星期的探险比威尔逊所能想象的还要糟。在黑暗中，他们在沙子似的雪上冒着冷酷的严寒艰难跋涉，温度计曾记录下零下59℃的低温。威尔逊想得到刚生下来的卵，以便研究鸟类是从恐龙进化而来的理论，他相信帝企鹅的早期胚胎能够显示这种进化留下的证据。他最后只得到了三枚蛋。一场暴风雪把三个人困在了他们自己建造的俯瞰帝企鹅栖息地的小屋里，并且把他们的帆布屋顶和帐篷都卷走了。他们被埋在雪里整整两天，没有食物和饮料，但却唱起了圣歌。他们最终能重新找到帐篷并且返回基地本身就是一个奇迹。斯科特诗意地描述这次英雄壮举：这是一个当代传说。然

1911 年，完成冬季旅途的威尔逊、鲍尔和彻丽−加勒德回到了克罗泽角。他们遭受了冻伤并且筋疲力尽。

而这次探险后来遭到了批评——威尔逊没能借此找到鸟类和恐龙的联系，而且这次探险就发生在去往南极点行动的之前几个月。但威尔逊一定会坚决地为自己辩护。这是一次很可能得到重要发现的科学探险，他为了完成这次探险展示出了坚定的决心。

英国人如今知道了他们正在和罗尔德·阿蒙森（见第 208 页）领导的一支挪威探险队进行目标为南极点的竞赛。他们在 1911 年 11 月出发晚于挪威人出发，因为他们的马出现了问题。斯科特走的是沙克尔顿 1908 年的路线。他按照已经公开发表的计划进行这次行动，开始共有 16 人向极点前进，然后按照顺序将小股人员撤回。威尔逊经常给奥里安娜写信，告诉她自己多么希望被选中参加最后的极点冲刺。英国人以为挪威人走的也是沙克尔顿的路线，因此还觉得已经走在了他们前头，所以当他们终于在1912年1月16日抵达南极点时，那里已经矗立起的一面黑色旗帜残忍地粉碎了他们所有的希望和梦想。事实上挪威人早在一个月前就来到了这里。

尖顶帐篷的素描图。只有一个人可以舒服地站着，而且他们共用一个睡袋。

返程是一场名副其实的死亡之旅。营养不良、体温降低、体液流失、身体脂肪和肌肉大量消耗，他们在这种糟糕的状态下向北折回。他们最终的悲惨结果被1912年年初的异常低温封存在冰雪之中。第一个倒下的人是军士长埃文斯，他遭受了上述的所有苦痛，可能还要加上手上一个伤口造成的细菌感染，是他在操作雪橇时割伤的。“提多”[①]·奥茨是第二个死去的人。他的最后一句话是他要出去转转。威尔逊、斯科特和“小鸟”·鲍尔在他们的帐篷中慢慢地死去，那里距离下一个埋藏食物的石堆只有18千米。

1912年11月12日，在南极洲的春天，探险家们的遗体被发现了，同时被发现的还有他们向南极点进发以及死亡回程的记录。威尔逊的信平静而充满希望。这些信件肯定能为奥里安娜提供一些慰藉，她是从卖报纸小贩的吆喝声中最先得知这一残忍消息的。威尔逊期待着来生。“不要难过——所有这一切都是出于好意。我们在上帝安排的计划中扮演着属于自己的那一部分，一切安好。”起初，英国被这场悲剧震惊了，然而随着探险家们英雄行为的细节在全世界得到披露，人们受到了他们成就的鼓舞，悲伤也部分被自豪感所代替。英雄的南极探险时代的火焰熊熊升起。

① 提多，《圣经》中使徒保罗的门徒和秘书。——译者注

拉塞尔·波特/撰

罗尔德·阿蒙森

向极点进发的炽热雄心

（1872–1928 年）

奇怪的是，在约翰·富兰克林的记述中，最强烈地吸引我的部分是他和他的队伍所承受的磨难。一种奇怪的志向在我体内燃烧，我也希望承受同样的磨难。年轻人的理想主义常常演变成殉道式的自我牺牲，也许这种理想主义以北极探险的方式进驻了我的心头。

罗尔德·阿蒙森，《西北航道》，1908 年

那些在北极和南极都探险过的人中，罗尔德·阿蒙森取得了最不平凡的成就。第一个驾船走通西北航道，第一个到达南极点，而且很可能是第一个从空中俯瞰北极点的人，阿蒙森完成了他所钦佩的人的梦想，最后以一次冰雪之中的神秘失踪作为了他伟大成就的句号。然而，在他的一生中，他很少得到其他极地探险家所得到的掌声和称赞：英国人冷落他（在皇家地理学会，他抵达南极点的消息迎来了三声欢呼——为他的狗）；美国人憎恨他；而且虽然他的桂冠在挪威受到欢迎，但他从未享受过南森（见第 194 页）所得到的那种崇拜。造成这种情况的部分原因也许在于，从个人角度来讲，他是一个有些冷漠孤僻的人，他的个性带有一种骄傲的情绪，不能忍受哪怕一丁点儿不忠诚的迹象。他还很钦佩因纽特人，并向他们学习在极地生存的技巧，这极大地帮助了他的旅行，然而对于那一代的英国探险家们来说，这好像是一种侮辱，他们对于土著文化持有一种轻慢的态度，并且认为人才是前进的理想动力，而不是狗。

1872 年 7 月 16 日，罗尔德·恩格尔布雷格特·格拉夫宁·阿蒙森出生于厄斯托尔（Østold）的博尔格，当时的挪威处于瑞典的统治下。他的父亲是一个造船主，所以看起来他家庭的行业正好适合他去做一个探险家；然而他的母亲意识到了他的智力天赋，想让他成为一个医生。他向母亲承诺完成她的心愿，同时为他心目中的理想事业做秘密准备。在阿蒙森

1897–1899 年比利时北极探险中站在雪橇上的阿蒙森。当探险队开始困在冰雪中的时候，阿蒙森通过捕获新鲜肉食保证了他们的生存。

21 岁的时候，母亲的死让他能够离开大学，开始实现自己的梦想；四年之后，也就是在 1897 年，他志愿参加了比利时北极探险，并在那里为美国医生弗雷德里克·A. 库克服务。当他们的船贝尔吉卡号被冰困住的时候，他们成了第一批在南极过冬的人。这次计划外的逗留被阿蒙森充分利用了起来，他进行了一系列短程旅行，研究海冰，设计并建造帐篷，还捕猎海豹和企鹅。他让同行的船员们见识了挪威式长雪橇和雪鞋，他们都觉得这些比加拿大的雪橇雪鞋更好。阿蒙森还在伙食问题上帮了库克一个大忙，他保证了新鲜肉食的稳定供应，阿蒙森坚决要求船员们吃下它们，这些肉保住了他们的命。

西北航道

对于极地探险的兴趣被完全点燃之后，阿蒙森开始着手计划他自己的探险，希望完成穿越西北航道的儿时梦想。除了这个浪漫的原因之外，阿蒙森还急于为这个目标寻找一个可靠的科学理由，并强调这次探险的主要目的是进行磁力观测，特别是确定北磁极的位置。他得到了地磁学一流专家的支持，而且——更重要的是——已经树立起挪威第一极地探险家美名的南森也支持了他。就像大多数此类行动一样，资金是最难弄到的东西。在特罗瑟姆弄到了一艘坚固的拉网渔船格约阿号之后，阿蒙森被迫借债为这艘船提供全套装备和给养。除了自己之外，他只招募了六名船员，并带上了足够五年的给养，因为他认为北极的冬天将超过两个或三个季度。1903 年 6 月 16 日，在夜幕的掩映下，阿蒙森启航了——正赶在曾经威胁过他要在次日早上占领这艘船的债主们前面。

尽管阿蒙森穿越西北航道的行动是受到了英国海军探险，特别是约翰·富兰克林爵士探险的鼓舞，但是从许多方面来说，他的计划跟他们的完全相反。英国人派出两艘大型舰艇以防损失其中的一艘；阿蒙森只有一艘小船，船员数量也只相当于富兰克林探险的一小部分。海军船员完全依靠船上储存的给养，而阿蒙森则计划打猎，尽可能地补充新鲜肉食。最强烈的不同在于他们对因纽特人的态度。虽然在迫不得已的时候接受了因纽特人的帮助，但是英国探险家们将这些“爱斯基摩人”视为没有什么东西值得学习的原始人。尽管阿蒙森也认为欧洲文明在大多数方面更加高等，但他清楚因纽特人几千年积累下来的经验对于任何一个希望在极地地区顺利生活和旅行的人都是无价之宝。

阿蒙森沿着富兰克林的路线穿越了兰开斯特海峡，并顺道拜访了富兰克林部分船员在比奇岛（Beechey Island）上的坟墓。沿着磁力装置确定出的路线，他从那里向西南行驶，穿过了皮尔海峡，并开向威廉国王岛的东侧海域，而不是富兰克林路线中的西侧。这让他穿过了越来越浅的海水；在马蒂岛（Matty Island），格约阿号搁浅了，阿蒙森被迫扔掉了 25 箱狗肉干肉饼。富兰克林的舰艇比阿蒙森的小船吃水深度大得多，这段经历说明富兰克林不可能通过阿蒙森的这条路线。

正当他们沿着威廉国王岛的东南海岸小心航行的时候，汉森上尉在桅杆瞭望台上叫喊自己发现了“世界上最小的港湾”。阿蒙森将其命名为“格约阿哈恩”（格约阿安全港），在接下来的两个冬天，这里将成为他们的操作基地。这里距离磁北极只有 145 千米，阿蒙森认为这是一个进行磁力观测的理想地点。直到进入秋天之后他们才首次遇见因纽特人。他们和因纽特人交易得到了食物，后来又得到了驯鹿皮做的衣服；阿蒙森和他的手下每人都得到了一件从头到脚的全副套装，他很快就意识到这比欧洲人的衣服更加暖和、舒适和耐久。不过，他仍然经常称呼因纽特人为“石器时代”的人，并禁止他的手下和因纽特男人的妻子们发生个人联系，以防他文明的世界观和他们原始的世界观之间那道无形而紧要的界线被打破。

在威廉国王岛舒适的小港湾中度过的两个冬天足以进行阿蒙森计划的磁力观测，而尽管他努力让因纽特人和自己的探险保持距离，但当他和他的手下终于要向这个地方说再见的时候，他还是有些伤感。阿蒙森继续走完了西北航道，在后续航程中没有遇到任何大的阻碍，他将这

两个生活在格约阿哈恩的因纽特人，普雷德里克和他的妻子德拉加。这张 1903 年的照片拍摄于阿蒙森的西北航道探险中。

阿蒙森的手下正在炫耀他们临时自制的“专利护目镜”，他们位于南极洲基地弗拉姆海姆的餐饮区。

归功于良好的计划，然而对于追求了这个目标一百多年的英国人来说，这似乎有些不公平。当他们抵达阿拉斯加的育空堡时，旅程终于走到了终点，然而阿蒙森却发现那里没有电报，他无法把自己的胜利向世界宣告。于是他被迫乘雪橇向南走了大约三百二十千米，来到伊格尔城。不幸的是，有一个接线员把电报传给了一名新闻记者，阿蒙森卖掉自己故事独家专有权的希望破灭了。不过，新闻报道让他迅速成名；皇家地理学会在 1907 年授予了他赞助人奖章，而挪威国会经过投票决定提供 40 000 挪威克朗支付他的花销。

南极竞赛

阿蒙森从来不是安稳地躺在桂冠上的人，他迅速制定了一个去往北极点的计划，并利用刚刚获得的名声快速地进行了准备工作。南森给予了他极大的支持，贡献出弗拉姆号供他使用，而上一次那些曾经向他发出威胁的供应商则渴望把他们的名字和这次行动联系起来。然而库克

上图：阿蒙森在南极点探险中携带的挪威国旗，下图飘扬在极点帐篷顶端的就是它。

下图：1911 年 12 月 14 日，位于南极点的成功探险家们。阿蒙森本人在左边。这张照片是奥拉夫·比阿兰德拍摄的，当时的原始摄影底片只洗出了唯一一份照片。

和罗伯特很快先后宣布抵达了北极点，阿蒙森迅速改变了计划，但一直等到弗拉姆号上了路才告诉他的船员们南极点现在是他们的目标，而不是北极点。他向斯科特上校发了一封电报，后者此时已经上路进行自己同样目标的公开南极探险，但是阿蒙森没让别人知道自己的计划，甚至是自己的支持者们。

1911 年 1 月 2 日，阿蒙森和他的船员带着一个便携式庇护所和 97 条精挑细选的雪橇犬抵达鲸湾并在那里建立了一个营地，他将其命名为“弗拉姆海姆”。阿蒙森立即开始为自己在南极的跋涉囤积物资，并为迟迟不肯到来的南极洲春天焦躁万分。他最早在 9 月 8 日进行了一次不成熟的尝试，结果在零下 58℃的低温面前不得不撤退，他的狗冻死了两条，他的手下也遭受了严重的冻伤。10 月 19 日，他们进行了第二次尝试，并于 11 月 11 日抵达毛德皇后山脉。在艰难地爬上阿克塞尔・海伯格冰川之后，他们在此扎营并杀掉了二十多条狗来喂养幸存的 18 条。他们向南穿过了危险的裂缝，由于能见度极差，阿蒙森不得不依靠航位推算法来辨别方向。让他高兴的是在 12 月 8 日阳光突然出现，使他能够进行观测，显示他们已经到达了南纬 88° 16′。1911 年 12 月 14 日，他们花了不到一周的时间抵达了南极点。阿蒙森在那里待了三天，建立了一个他命名为“波尔海姆”的营地。他们在返程中的大多数时候走的是夜路，由于负载变轻了，他们走得更快，于次年 1 月 25 日抵达弗拉姆海姆。尽管第一个抵达了南极点，但是当阿蒙森听到斯科特的死讯时仍深感震惊，说“如果能够使斯科特上校免于惨死，我甘愿放弃任何荣誉或金钱”。然而，许多英国人仍然认为阿蒙森没有公平竞赛，他是在虚假的表象下秘密启程的，并且用的是狗而不是人来作为动力。

飞过北极点

阿蒙森并没花多少时间品味自己的胜利，在经过一些改动之后，他马上进行了之前的北极点探险计划，试图用毛德号从东北方向抵达北极点。虽然经过了仔细的计划，但是毛德号却困在了北极地区厚厚的冰中，阿蒙森没法把它弄出来，他被迫回到挪威并将注意力转移到了极地航空探险上。从空中抵达北极点的想法并不新鲜，但由于技术条件的限制，之前的尝试者都遭到了可怕的失败。S. A. 安德烈曾试图在 1897 年乘热气球抵达北极点，却不幸遇难身亡，而沃尔特・韦尔曼在 1907 年和 1909 年使用飞船的努力也只是代价高昂的失败。阿蒙森对航空旅

1926 年 5 月，人群欢送正在起飞的挪威号上的阿蒙森，他正要向北极点飞去。虽然之前理查德·伯德宣布自己在空中抵达了北极点，但如今阿蒙森被认为是第一个做到这一点的人。

行并不陌生，他在 1912 年就取得了挪威第一个飞行执照，这次他希望使用安装上滑雪板的飞机进行探险。

他的第一批试验很快就结束了，飞机的着陆装置在落地时完全崩溃了。后续的试验由于缺乏资金而受阻，直到阿蒙森发现了一位有能力的实业家朋友林肯·埃尔斯沃斯。埃尔斯沃斯向他提供了资金，供他买入两架经过特别改装的多尼尔沃式水上飞机，阿蒙森还招募了熟练的飞行员；他和埃尔斯沃斯将作为领航员。这两架飞机于 1925 年 5 月 21 日从斯匹次卑尔根岛出发，一路顺利地飞行至北纬 88°，这已经是当时的极地航空纪录，他们也在此时用掉了一半燃油。他们尝试着陆，结果其中一架飞机摔得很严重，无法修好了。阿蒙森监督着另一架飞机的维修，这项工作持续了几个星期；等到他们终于能起飞并返回斯匹次卑尔根岛时，才发现人们以为他们已经死了。

就像他之前的约翰·罗斯爵士一样，阿蒙森发现这种让人吃惊的“死而复返”为他带来了巨大的名声。认识到燃油限制和固定翼飞行器的脆弱性之后，阿蒙森恢复了使用飞艇的想法。他向为意大利空军设计了远距离飞艇的翁贝托·诺贝尔上校寻求帮助。以自己当飞行员且五名意大利人进入机组作为条件，诺贝尔同意了阿蒙森的请求。令人沮丧的是，就在阿蒙森的飞艇挪威号 1926 年 5 月出发之前，美国飞行员理查德·伯德进行了自己的北极点飞行。伯德的飞行是从斯匹次卑尔根岛出发的，并且只持续了 16 个小时，如今这次飞行是否真的抵达了极点广受质疑，但在当时他的说法得到了相当的信任。挪威号在伯德的飞行两天之后出发，经过了一场非常平静而波澜不惊的飞行之后，在 5 月 11 日早上 9 点 55 分抵达北极点。飞艇继续向前飞，穿过了北极冰盖，虽然当时对于北极圈外围冰层的状况有些担忧，但它还是在持续飞行超过 70 个小时之后于 5 月 14 日在阿拉斯加的特勒安全着陆。这是阿蒙森探险生涯的顶峰，但是他的胜利被诺贝尔蒙上了一层阴影，后者坚持认为这份荣誉属于自己，还有意大利。

两年之后，当阿蒙森听说诺贝尔的飞艇意大利号在第二次北极点飞行中坠毁的消息时，他将两人的过节搁置一旁并迅速采取了行动。他从法国政府那里得到了一架飞机和一名飞行员，于 1928 年 6 月 18 日在能见度很低的情况下起飞前去寻找诺贝尔。据推测，阿蒙森的飞机可能坠毁在巴伦支海上的熊岛北部，但是到目前为止搜救人员还没找到它。

拉塞尔·波特/撰

沃利·赫伯特

最后一次北极大远征
（1934–2007年）

先驱者具有一种无言的责任，他们要从旅途中带回某些有价值的东西——一张地图，一项独一无二的发现或是增进人类对地球理解的专业知识——但是这里也隐藏着一个困境：如果一个人发现了天堂，他应该把它的秘密展现给其他人么？这并不是一个简单的选择；当一个人发现了一个美丽的地方，从许多方面来说，他就为它的未来承担了责任。

沃利·赫伯特，《极地世界》，2007年

一个理想的极地探险家应该有三种能力。第一是完成探险本身必需的坚韧和理智；第二是写下生动可靠的探险记录的能力；第三是视觉感受力，用素描、照片或图画的方式描绘新奇世界的本领。能够同时具有其中两种能力的人已算少见，而沃利·赫伯特同时精通这三种能力，几乎独一无二。赫伯特领导了最后一次北极大探险，或许也是地球上最后一次伟大旅程——几个月后人类就踏上了月球。他把自己后半生的职业兴趣转向了研究、写作和绘画，留下了不同于当时其他任何一位极地探险家的持久遗产。

最为人津津乐道的是，赫伯特对极地的兴趣是被一张报纸点燃的，他当时正在长途汽车上，这张报纸从头顶的卧铺飘到了他的头上。报纸上有福克兰群岛独立调查局（FIDS，即后来的英国南极洲调查局）招募志愿者的广告。这一年是1954年，而福克兰群岛独立调查局是一个盛产极地探险家的训练场。赫伯特在那里学会了驾驶狗拉雪橇，一项远距离穿越冰雪的必备技术；当没有其他任务的时候，他还在那里开始使用自己的小美术工具盒，里面包括一个颜料盒和三支毛刷。

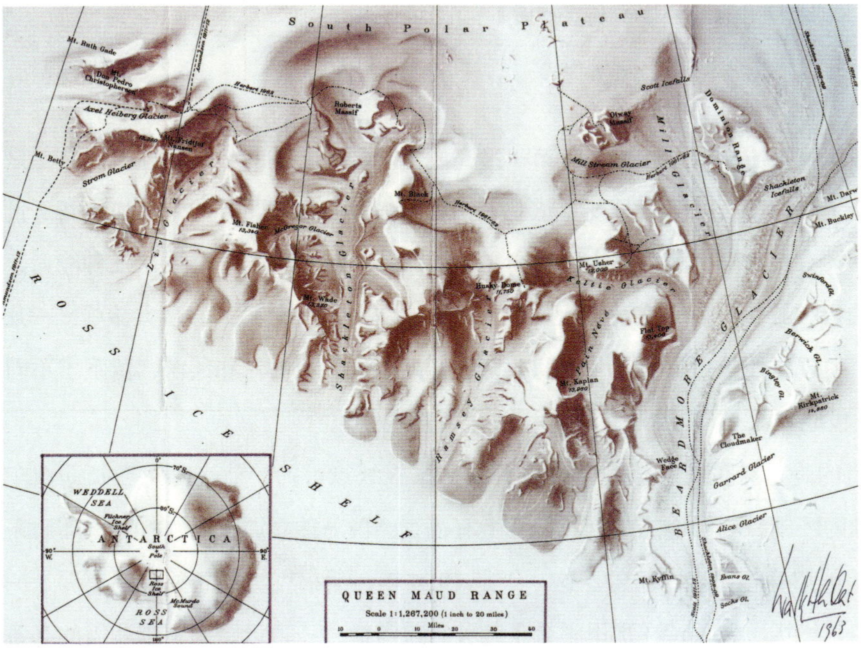

上图：赫伯特使用铅笔和手术刀创作的自画像。从他的形象中可以捕捉到极地的精神。

下图：赫伯特描绘的南极洲毛德皇后山脉地势图；他帮助绘制了这片广大未知陆地的第一批精确地图。

赫伯特有一项将艺术和科学结合起来的任务，即绘制地势图。在早期，绘制这些地势图要先准备一张薄薄地覆盖着墨的箔纸，然后使用外科手术刀以极大的耐心和专注刮去表面的墨粉，以这种方式表现出地势。赫伯特的团队绘制了毛德皇后山脉的第一批精确地图，作为团队的一份子，赫伯特熟练掌握了测量员和制图师的技能；在后来的岁月里，他把同样的绘图方法用在了绘制肖像上，充分利用了那些小心谨慎地表现光影的日子。

赫伯特在南极度过了丰富多彩且回报丰厚的学徒生活——但是为了什么呢？就像他当时痛惜的那样，南极已经没有什么好探险的了，他们的旅行线路都曾有过先例——但是北极呢？他驾驶雪橇旅行的技术可以在那里得到发挥，因纽特人的狗和当地人的技能也能帮助他。而且，虽然北极也是一片冰雪世界，但它的核心并不是一片大陆，而是一块缓慢旋转的巨大冰盖，它的兴衰变迁只得到了部分了解。

穿越北极冰盖

在当时，赫伯特坚定地相信他心目中的英雄罗伯特·彼利已经到过了北极点，但是还没有人从最长的轴线穿越北极冰盖。这样一次穿越需要比通常情况下出发得更早，只要 2 月的太阳能够提供每天两个小时的光照他们就要上路。然后他们要长途跋涉，经过危险的软塌塌的夏季冰雪，目标是成为第一批抵达所谓“不可到达之极地”的人，那是距离任何一块陆地都最远的一片海冰。然后他们要扎营过冬，并借用南森的想法顺着缓慢漂流的冰盖向东缓慢地移动。针对北极点本身，赫伯特轻描淡写地说道：“我希望我们能够抵达极点，但那只是附带事件而已。”

赫伯特带上了三个值得信任的同伴，每个人都经过了背景和个人品质的调查。这三人中最重要的是极地冰川学家罗伊·科恩纳博士，他曾在南极洲的霍普湾（Hope Bay）和赫伯特一起共事。这支队伍还包括南极地球物理学家艾伦·吉尔和军医肯·赫奇斯。1968 年 2 月 21 日，他们从巴罗角出发，但刚开始在不停移动的冰面上的进展比计划中的要慢。赫伯特不得不把旅程延长至夏天，那里的条件将是最糟糕的。在穿越北纬 80°之后，前面的冰中出现了一系列长长的空心通道，他们被迫偏离原来的线路 128 千米。1968 年 7 月 4 日，他们终于抵达了夏日营地，并发现这里非常有利于顺着冰盖漂移。的确，在整个夏天，他们以每天 2.4 海里的速度

《登陆斯瓦尔巴群岛，1969 年》：赫伯特的这幅画作描绘了英国跨北极探险队完成沿最长轴线穿越北极冰盖的壮举后最终抵达陆地的情景。

被冰带着行进——这比他们最后两周冰上旅行的速度还快。

然而一个更大的挑战在接下来的季节中等待着他们，在走出营地四天之后，吉尔不慎跌入一个雪泥坑并弄伤了自己的背。吉尔确切的伤情和严重程度难以判断；赫伯特和位于皇家地理学会的这次探险的委员会进行了一系列无线电交流，说他宁愿等吉尔自己恢复健康，也不要进行一次冒险的营救行动。但是他被否决了，经验丰富的加拿大无人区飞行员威迪·菲普斯从康

英国跨北极探险中的冬季营地，拍摄于 1969 年 1 月左右。此时探险队已经落后于原计划，但他们后来的进展非常顺利，并按照赫伯特的原计划一天不差地抵达了旅途的终点。

沃利斯岛起飞进行了一次营救飞行，却不得不掉头回来，因为起伏的冰面根本无法降落飞机。虽然这意味着他们要提前扎营过冬，但起码吉尔完全恢复了健康，命运又一次站在了赫伯特一边。

冬天结束时他们大大落后于原计划；为了弥补损失的时间，赫伯特计划在完全的极地黑暗中进行一系列急行军。4 月初他们已经接近北极点，但是冰在不停地漂流，他们必须不停地迂回绕道；就像赫伯特后来所回忆的那样，找到北极点“就像踩到头顶盘旋的飞鸟的影子”。无论如何，他们在 1969 年 4 月 6 日抵达了北极点，距离彼利宣称抵达北极点整整 60 年。他们以创纪录的速度完成了剩下的旅程，并在 5 月 29 日抵达斯瓦尔巴群岛中的塔夫勒厄于阿岛（Tavleøya Island），这一天正是赫伯特在五年前所制定的计划中旅程结束的时间。

探险后的生活

对赫伯特成就的称赞从全世界涌来；英国首相哈罗德·威尔逊称它是“一次充满耐力和勇气的壮举，可与极地史上任何一次探险相提并论”。虽然这次探险因为随后的人类第一次登月而在媒体上迅速淡出，但它仍是一场前无古人而且无与伦比的旅行。赫伯特还计划进行一次环格陵兰航行，这次行动虽然没有成功，但他对西格陵兰的文化和居民有了更深入的了解。

也许是命中注定，虽然赫伯特对于自己的抵达北极点轻描淡写了一番，但这件事带来了更多对 1909 年彼利宣称抵达北极点的质疑。美国国家地理学会找到了赫伯特并且带来了彼利的个人日记，经过深思熟虑之后，他同意检查这个证据。渐渐地，而且令赫伯特本人非常失望的是，他发现了令人信服的证据，彼利在 1909 年并没有抵达北极点，而且——可能更糟的是——彼利知道这一点。赫伯特对此事的记述《桂冠的绞索》出版于 1989 年，虽然它没能完全平息这场争论，但它有效地减弱了对彼利说法的支持。在后来的岁月中，赫伯特终于再次拿起画笔，创作了一系列反映他生活和探险家职业的重要艺术作品；2007 年，他的最后一本书《极地世界》出版于他去世后。

第五章

荒漠

海因里希·巴尔特

查尔斯·斯特尔特

格特鲁德·贝尔

哈利·圣约翰·费尔比

拉尔夫·巴格诺尔德

威尔弗雷德·塞西格

荒漠总是吸引着探险家们。在极度炎热和干燥中生存的挑战就像克服严寒和冰雪的磨炼一样诱人。海因里希·巴尔特是荒漠探险者中的佼佼者。他的同伴在他面前不断死去，但他不可征服。带着一个指南针、一块表和两支手枪，流利地说着所经过的每个区域的语言，还做着丰富的记录，巴尔特堪称探险家的模范。作为一名真正的学者，他揭开了传说中的城市廷巴克图的真相，并就他的旅行出版了一部巨著，在150年后的今天仍然是一本关于撒哈拉沙漠和它的居民的权威性著作。

拉尔夫·巴格诺尔德和他的8人探险队在他们的A型福特轿车旁扎营，这里是1932年埃及南部一个新月形沙丘的脚下。在这次探险中，他们旅行的距离超过8000千米，经过了汽车从未抵达过的地方。虽然大多数的路程“走得很糟”，但这些轿车没有发生严重的故障。

骑在马背上的格特鲁德·贝尔，这里是黎巴嫩的库波特杜瑞斯（Kubbet Duris）葬礼纪念碑，拍摄于她1900年的首次沙漠之旅。贝尔随后在中东的旅行使她成为了这个地区探险和政治上的一个传奇人物。

在澳大利亚，河流的存在让探险家们对内陆存在湖泊和肥沃土地的可能性兴奋不已，但大多数人只是逐渐消失在了无边无际的荒漠中，许多人死在了试图穿越它的途中。查尔斯·斯特尔特进行了三次史诗般的探险，徒劳地寻找澳大利亚的内陆海。虽然斯特尔特没能找到它——他怎么会找到呢？它并不存在，但斯特尔特的确揭开了澳大利亚内陆和河流网络的许多秘密。

阿拉伯沙漠吸引了许多稀奇古怪的人物，也许没人能比少校格特鲁德·贝尔小姐更加古怪，她留下了一项颇具讽刺意味的遗产，即是几乎由她一手促成的作为现代国家的伊拉克。既是探险家又是政治动物的她充满勇气地前往哈伊勒，并在那里成为第一个从内部记录伊斯兰教妻妾制度细节的人。哈利·圣约翰·费尔比宣称自己是第一个“真正”穿越鲁卜哈利沙漠的人，他也成为了一名阿拉伯半岛专家，骑在骆驼上走过遥远的路程。最后他和英国政府产生了不快，并在相对不光彩的境况下结束了自己的生命（然而跟他的叛徒间谍儿子金姆相比，这都算不了什么）。

拉尔夫·巴格诺尔德事实上开创了现代化的沙漠旅行方式。撒哈拉沙漠是地球上最大的沙漠，巴格诺尔德从1926年就开始探索这里，他驾驶着T型和A型福特轿车，开往从未有人试图驾车去过的地方。他还是一名优秀的科学家，对沙丘的运动规律做出了许多发现，同时还找到了许多考古遗址。后来，在第二次世界大战中，他帮助建立了北非的远程沙漠部队。

威尔弗雷德·塞西格热爱沙漠，并亲身穿越了非洲和亚洲的许多沙漠。他曾经短暂地加入我在婆罗洲雨林的探险，我们询问他对这次探险的看法。塞西格回答说，他“喜欢更加珍惜水的环境”。他最出名的是他的著作《阿拉伯沙地》，这本书以一种前无古人后无来者的方式捕捉了鲁卜哈利沙漠的精神。

贾斯汀·马洛奇/撰

海因里希·巴尔特

穿越撒哈拉沙漠
(1821–1865年)

在科学和人性方面,所有的民族都应该因为一个共同的利益联合起来,每个民族应根据其独特的性情和使命贡献出属于自己的那份力量。

海因里希·巴尔特,《旅行和发现》,1857–1858年

在19世纪,许多沙漠探险家在灼热的沙地上留下了他们的名字,德国人海因里希·巴尔特毫无疑问是其中最伟大的之一,他所没有的身份和他拥有的身份一样引人注目。如今将英国人引领的对世界的探索谴责为帝国主义野心已经成为时髦,无论它是否还有更高尚的动机。这些探险中有许多都是为了废止奴隶贸易进行的尝试,抱有这种动机的探险曾走过撒哈拉沙漠的大片地区,就是在这里,巴尔特在非洲探险史上留下了持久的名声。

与他同时代的某些冲劲儿十足的探险家所不同的是,巴尔特是一位成就很高的学者和语言学家;他的人类学研究在今天仍然被视为对非洲土地、居民和语言的权威性调查。他的代表作品,《非洲北部和中部的旅行和发现:1849–1855年英国政府赞助的探险日志》展示了一位具有强烈人道主义情怀的人物的内心世界,他超越了自己的时代,对在旅途中遇到的非洲人表现出极大的尊重,和许多非洲人结下了深厚的友谊,并深深痴迷于他们的历史、文化和语言。这本巨著分为五卷,共3500页,仍然是一部重要的参考资料。难怪他的巨大成就直到今天还被以他名字命名的研究所纪念着,这个位于科隆的研究所"致力于传播海因里希·巴尔特的精神,他用自己的旅行和出版物为非洲的跨学科研究奠定了基础"。

巴尔特于1821年出生在汉堡,后来在柏林大学学习古典文学,在那里他得到了许多知识大家的指导,如地理学家亚历山大·冯·洪堡(见第270页)、权威"科学"历史学家利奥波德·冯·兰克、哲学家弗里德里希·冯·谢林和语言学家雅各布·格林。这些学者和其他人

1854年出版的关于非洲中部探险的一部记述的卷首插图，画面上有这次探险的路线、四名探险家的肖像以及作为装饰图案的他们所经历的场景；左下者是巴尔特。

为年轻的巴尔特提供了知识力量，这给他之后的探险帮了大忙。他能够流利地说法语、西班牙语、意大利语和英语，后来为了准备他的非洲之旅，他又学会了阿拉伯语，因为这次旅行会让他穿过伊斯兰教控制的区域。巴尔特毕业于1844年，正是欧洲人探险非洲的高峰期，引领潮流的主要是英国人，在这个时期受人尊敬的皇家地理学会进行着自己的研究并向世界的每个角落派遣探险家。在这些1820年代的英国旅行家中，曾在一次成功的探险中测绘乍得湖湖岸的探险老手沃尔特·奥德莱博士和休·克拉珀顿探索了加特省（利比亚）的绿洲，并带回了宝贵的政治、商业和人种学信息。无论自愿与否，非洲面向世界的大门被打开了。

阿比嘎（A' bbega）和德瑞古（Dyrregu）的肖像，他们曾是奴隶，奥弗韦格解放了他们，巴尔特将他们带回了欧洲。

第一次走进非洲

巴尔特很快就加入到了这场探索中去。在伦敦学习了阿拉伯语之后，他在1845年开始了自己的第一次非洲之旅。他从摩洛哥的丹吉尔港出发，向东前进穿过了巴巴里和利比亚的明珠昔兰尼加，抵达埃及，在那里遭到强盗的袭击并受了伤，这是19世纪旅行探险途中的典型事件。他沿着尼罗河向南逆流而上，最远抵达瓦迪哈勒法，然后穿越西奈沙漠进入巴勒斯坦，继续向前，穿过了巴勒斯坦、叙利亚、土耳其和希腊，最终在1847年返回柏林，成功完成了这次重要的旅行。两年之后，他将这次探险的记录出版，书的标题相当谦虚：《漫游地中海地区》。巴尔特的初次登台给人留下了深刻印象，也给了他鼓舞，现在他已经准备好要进行更加严肃的探险事业。

在英国的非洲探险家中，有一位在巴尔特后来的职业生涯中发挥了决定性的作用。詹姆斯·理查德森是一位充满激情、固执且易怒的反对奴隶贸易运动家，他已经领导了一次开创性的北非探险，并针对这次探险写下了充满感情的记述《1845年和1846年在撒哈拉大沙漠中的旅行》。理查德森对于自己第一次任务的过早结束很不满意，他在1849年由帕默斯顿勋爵任命，进行一次“更为彻底的探险，沿着非洲北部抵达撒哈拉沙漠，并继续向南，如果可能的话抵达乍得湖，从而得到沿途这些国家的详尽信息……并鼓励这些国家和欧洲进行产品交换，从而压制非洲内陆的奴隶贸易”。简而言之，这次探险要在地中海地区和尼日尔之间建立“定期和安全”的交流——在不借助飞行器的情况下这种雄心壮志实际上无法达到。

非洲中部的探险

普鲁士大使在伦敦进行了外交斡旋，再加上亚历山大·冯·洪堡的全力支持，使得巴尔特和他的普鲁士同事天文学家阿道夫·奥弗韦格加入了理查德森的第二次探险。这次大型非洲中部探险将于1850–1855年进行，巴尔特就是在这次探险中做出了让他成名的发现。就像这次行动的官方文件中描述的那样：“理查德森先生将由两名普鲁士绅士陪伴，一位是巴尔特博士，杰出的非洲旅行家和柏林大学的成员，另一位是奥弗韦格博士，地理学家和柏林地理学会的会员。这两位德国人由普鲁士政府挑选出来陪同理查德森先生；但他们在旅途中与理查德森先生享有同等地位，并共同受到英国政府的保护。”

1850年年初，这支名号响亮的探险队从的黎波里出发向南行进。麻烦从一开始就找上门来，健康状况成了一直困扰这些探险家们的问题。探险队经过加里亚丘陵（Garian Hills）并穿越了荒凉的哈姆拉石漠（红色平原），然后抵达了迈尔祖格（Murzuk）绿洲——在很久以前这里就一直是撒哈拉奴隶贸易的中心；他们继续向南，来到了遥远的加特地区定居点，位于今天的利比亚和阿尔及利亚交界处。

在穿过阿伊尔山脉抵达阿加德兹之后，探险队产生了分歧并分成了两支，分歧产生的部分原因是由于理查德森难以捉摸并且专横独断的领导方式；圆滑从来不是他的行为方式。在分离之后，巴尔特向卡诺进发，而理查德森向东而去，然后在从乍得湖西岸的库卡瓦（Kukawa）出发行进了六天之后，于1851年3月4日在昂古鲁图瓦（Ungurutuwa）死于发热和极度疲惫。“我看待事物的方式和我这位年长的同伴并不完全一样，因此我们常常产生一些小分歧，”当巴尔特凝视着一棵无花果树下这位英国人的坟墓时，他用这种充满外交辞令的口气写道，“但我非常尊重他，他对非洲土著人的苦难表现出了深切的同情，我对他的去世深感悲痛。”巴尔特如今担任起了

1853 年 9 月，巴尔特抵达廷巴克图；和之前的旅行者不同的是，他谨慎、敏感和充满学者风度的行为保证了自己在这座传奇城市中的生存，并在这里展示了让他成为大探险家的所有技能。这幅插画是 J. M. 伯恩南兹根据巴尔特所画的素描改绘而成，出现在《旅行和发现》的第四卷（1857-1858 年）。

探险队的领导。他和奥弗韦格一起测量了乍得湖北部、西部和南部的陆地。在理查德森死后 18 个月，奥弗韦格也在乍得湖附近离开了人世。如果不是巴尔特在两名最重要的同事死后表现出的勇气和远见，这场探险就会成为一场代价高昂的失败，无论是在损失的生命还是耗费的金钱上。巴尔特就像所有最棒的探险家那样，不屈不挠地继续着旅程。

除了撒哈拉之旅外，巴尔特还调查了环乍得湖地区以及西边的巴吉尔米和廷巴克图，向南则远至喀麦隆。对当地语言非常熟悉的他还在博尔努、卡诺、索科托、甘多、努佩和廷巴克图的古苏丹王国之间流连，并痴迷于当地的历史和他正在编纂的词典。

为了抵达传说中的城市廷巴克图，他伪装成一名旅行的穆斯林，并取名叫作阿卜杜·卡里姆（“仁慈真主的仆人”）。“通过这种方式，”他写道，“我赢得了当地人的尊重，他们对于我的境况产生了如此真实的兴趣，甚至当我病重的时候，他们会说，‘阿卜杜·卡里姆不该死掉’。”巴尔特在1853年抵达廷巴克图，这场诡计没有白费。这让他证实了之前法国探险家雷内·卡耶的早期报告。他也能指出贝努埃河流入了尼日尔河，而沙里河流入乍得湖。他还对尼日尔河的中段进行了首次测量，这是非洲探险的重要谜团之一。慷慨大方、拥有无穷好奇心和人道主义光辉的巴尔特与许多非洲土著首领和学者建立了良好的关系；在廷巴克图，他和一位著名精神领袖艾哈迈德·阿尔巴凯·阿尔贡蒂的友谊救了他的命。

巴尔特还对自己的驼畜产生了强烈的感情。和许多同辈人不同的是，他从不斥骂自己的骆驼，这种在自然界最受贬低和轻视的生物之一。他对这种饱受诽谤的动物的喜爱仍然让那些曾和骆驼一起长途旅行过的人深有同感。

> 我经常害怕欧洲人用他们那种愚蠢的方式对待骆驼而让它们变傻，而我则习惯于将这种高贵的动物视为一位明白事理的同伴，它载着我或是我最重的东西从的黎波里一路走来。我给它吃剩下的橘子皮，它特别喜欢这个，或是一些海枣（它会将自己优美的脖子转过来）……它的忠诚将作为我的旅行中最让人愉快的回忆之一永远留在我的记忆中。

当巴尔特完成了又一次撒哈拉沙漠穿越，终于在1855年回到英格兰时，人们已经很久没有他的消息，英国政府以为他要么死了，要么失踪了。事实上，他沉浸在了自己的研究中。

成就和称赞

虽然这次探险在有形的方面取得了惊人的成就——巴尔特总共进行了16 000千米的陆上旅行，但是奠定他伟大探险家地位的是他取得的学术成就。巴尔特在他的研究中表现出了系统的方法学，展示出了巨大的精神毅力，足与其在险恶地形中长途跋涉所表现出的勇气相提并论。

穆斯古人（Musgu）居住所的内部，此处位于乍得湖南部，今尼日利亚境内。在他的旅途中，巴尔特目击了博尔努人袭击穆斯古人的场面——跨撒哈拉奴隶贸易的一个残忍实例。

虽然《非洲北部和中部的旅行和发现》也许没能让所有人满意——大多数公共读者认为这部出版于 1857-1858 年的著作极其无趣，而在注意力渐渐被稀释的今天它也只是作为延伸阅读——但它是一部有关历史、地理、地志学、人类学、商业和哲学研究的著作，其中附有许多华丽生动的插图，大大增加了这部著作的趣味性。在许多层面上，巴尔特带回了关于撒哈拉和苏丹的比欧洲人以往所知的更全面的信息。他对于这些地方的历史和居民的深入研究包括对苏

上图：这幅插画展示了砂岩悬崖中的石刻和岩画（位于远景中），Wadi Telsaghe (Telizzharen)，1850 年。巴尔特深深地迷上了这些“令人钦佩的”图画和雕刻。

下图：乍得湖附近的一群大象，1851 年。巴尔特环乍得湖进行的调查得到了许多有用的知识，他在探险途中送回欧洲的一幅非洲中部地图被描述为“所有非洲旅行家中最全面和完整的……”。

丹历史以及博尔努王国历史的发现和挖掘。仅是在乍得湖区，他就编纂了40种不同非洲语言的词典。皇家地理学会很快就意识到了他这次5年探险的价值，向他授予了维多利亚奖章；英国政府向他授予了巴斯勋章。

在1858年的小亚细亚之旅后，巴尔特在1860年代努力研究他收集的中非语料库。1863年他成为了柏林大学的地理学教授和柏林地理学会的主席，这是一个官方授意的选择。巴尔特死于1865年，年仅44岁。

他的事业是一座纪念碑，代表着心胸坦荡的探险中的可能性。他在自己代表作的序言中这样写道：

> 如果……我能够成功地在公众面前呈现出一片全新而生动的图景，并使这些显然较为野蛮和落后的部落和已经达到较高文明水平的种族的历史之间产生更为紧密的联系，那么我所经历的所有辛劳和危险都将得到足够的补偿。

他令人钦佩地成功了。

约翰·罗斯/撰

查尔斯·斯特尔特

寻找澳大利亚的内陆海

（1795–1869 年）

我宁愿把自己的森森白骨留在那片荒漠上，

也不愿向我花了这么大代价和力气才得到的每一寸土地屈服。

查尔斯·斯特尔特，《挺进澳大利亚内陆探险的故事》，1849 年

在 30 年中，查尔斯·斯特尔特对寻找澳大利亚内陆海的痴迷既让他作为一名政府官员的体面生活变得更加生动有趣，又是对这种生活的一种威胁。他在这 30 年中进行的三次探险都是史诗般宏大的，热浪、饥渴和疲惫将他的手下带到痛苦的死亡边缘甚或是死亡本身。但在斯特尔特的脑海中，他的成就——包括他沿着墨累河顺流而下的旅程——却因为未能发现梦想中的内陆海而蒙上了一层阴郁。

1795 年，斯特尔特出生于印度，是一位法官最大的儿子。他在英格兰接受教育，并作为一名少尉进入了第 39 团。作为一名船长，他和一支分遣队押解着一船罪犯于 1827 年 5 月抵达新南威尔士州。在澳大利亚，斯特尔特成了州长拉尔夫·达令爵士的军事秘书，不久之后他得到准许领导一支进入内陆的探险队。斯特尔特被神秘的澳大利亚地理和澳洲内部大片未知之地深深地迷住了，并想要得到解开这些谜团的荣誉。1818 年，约翰·奥克斯利曾经测绘了新南威尔士州的一系列内陆河，但在沼泽地面前不得不停下脚步。人们仍然认为在地平线之外隐藏着一个内陆海。

干渴之旅

斯特尔特得到准许沿着麦夸里河的河道查探，并于 1828 年 11 月 10 日离开悉尼。他挑选了一位富有经验的探险家汉密尔顿·休姆作为他的副手，探险队中还有三名士兵和八个罪犯。在 12 月，他们从麦夸里河的上游源头旁出发，经过被干旱和热浪烤焦了的地区，并来到了曾经挫败奥克斯利的巨大的麦夸里沼泽的北部边缘。他们没有试图穿越这片芦苇海，而是向西走去，来到了波刚河（Bogan River）边，顺着这条布满水坑的道路继续向前。1829 年 2 月 2 日，让他们深感惊奇的是，他们遇到了一条向西南方向流去的“宏伟的河流”。斯特尔特将其命名为达令河。他们冲到水中试图平息自己的干渴，结果发现河水是咸的，无法饮用。他们沿着达令河顺流而下走了 7 天，此时斯特尔特和休姆都觉得逼人的热浪、成群的苍蝇和良好饮用水的缺乏已经让他们难以继续前进了。回到哈里斯山的基地之后，他们又向西来到卡斯尔雷河，并沿着它的河道向北探查，直到发现它汇入麦夸里河为止。为了拼凑出该地区完整的面貌，他们选择从麦夸里沼泽的东侧返回。

斯特尔特已经得到了新南威尔士州北部河流系统的主要轮廓，并发现了之前未知的达令河，但他没发现任何水草丰美之地。更令他困扰的是，他没能抵达内陆海；但他认为沿着达令河寻找一定能够揭开这个秘密。州长正在寻找更加肥沃的土地，并决定斯特尔特应该调查更加靠南但仍然是内陆河流的拉克伦河－马兰比吉河系统。斯特尔特得到指示，如果马兰比吉河无法通行的话，他才能前往更靠南的达令河流域。

新的探索

1829 年 11 月 3 日，斯特尔特和他的队伍开始出发，并在投身于未知地区之前来到了殖民区的边缘，今岗德盖附近。他们抵达了马兰比吉河，周围的景色用斯特尔特的话来说就是“狂野、浪漫和美丽”；这条河宽 25 米，水流很急。斯特尔特这回带了一艘可折叠的 8 米长的捕鲸小艇，但他决定还是不用它在激流中冒险，于是他们赶着牛拉的马车沿着河岸步履艰难地行进。1830 年 1 月 6 日，斯特尔特终于在布满芦苇的马兰比吉河水中使用了这艘捕鲸小艇，并挑选了七个人陪伴他进行这次“孤注一掷的探险”。这艘小艇最终穿过了芦苇地，并进入一片急流中，小艇上方出现了凸悬的树枝，有时它们会伸到头所在的高度。

2 月 14 日，令他们震惊的是，他们被带到了一条大河上，用斯特尔特的话说这是一条“宽阔宏伟的河流”。他将这条河流命名为墨累河，以纪念当时的殖民地大臣乔治·墨累爵士。探险队舒适地沿着这条“大路”漂流而下，只是有一次被河岸上群集的全副武装且身涂彩

沙地荒漠和远处的地平线；澳大利亚的炎热和孤独带来的压迫感在S. T. 吉尔的这幅水彩画中被描绘了出来，这幅画是根据斯特尔特的素描改绘的。那幅素描用作了他关于最后一次探险的记述《挺进澳大利亚内陆探险的故事》一书的卷首插图，这本书 1849 年出版于伦敦。

绘的土著打扰。探险队员们装上枪弹，准备应对这场麻烦，这时一个斯特尔特在上游结识的土著朋友突然从丛林中出现，并说服了这个部落的首领放行他们的船只。不久之后，他们来到一处河流交汇的地方，一条河从北方流进墨累河，斯特尔特断定它就是达令河，他是对的。

顺流而下通过开阔区域的旅程越来越艰难，他们缺少新鲜的食物，并且已经难以下咽河中的所谓墨累鳕鱼了。最终，这条河消失于一个大而浅的湖泊中，他们用后来成为维多利亚女王的英国公主的名字为其命名，称之为亚历山德里娜湖。艰难地翻过与南部海洋相邻的沙岗之后，他们失望地发现通向河流的水道太浅，无法行船。他们现在不得不逆着急流驾船行进1500千米，每天只有一点儿面粉和咸肉，只有捕杀一些天鹅才能改善一下伙食。他们从黎明到黄昏轮换着划船，总共花了32天回到马兰比吉河，那里的水流速度更快，几乎无法逆着水流划船前进。

斯特尔特这样描述他的手下，“他们的胳膊好像没了力气；他们的脸憔悴消瘦；他们的精神全都垮了”。回到出发点之后，他派出两个最强壮的人去往约一百二十千米之外的最近的牧场。4月18日，当最后一盎司面粉吃光的时候，这两个人带着足以支撑他们完成旅程最后一段的补给安全归来。

在第二次探险途中，斯特尔特无意中发现了这个由一群澳大利亚中部巡游生活的土著建造的营地，并把它画成了素描。他的素描后来由S. T. 吉尔着色改绘成水彩画。斯特尔特进行的三次探险拥有许多这样的经历。

最后一次机会

找到内陆海的希望又一次变得渺茫，但还没有在他心间完全消失。斯特尔特开始了一轮令人失意的官场生活，并突然得了一场病，不得不返回英格兰治疗，疾病还造成了他短暂的失明。斯特尔特的重获健康完全归功于1834年他和夏洛特·格林的婚姻，夫妻二人后来共同返回了澳大利亚。

1843年，斯特尔特已经被降职为南澳大利亚的总登记官，他认定自己东山再起的最后一次机会在于为英国殖民政府做出新的重要发现。他仍然相信内陆海的存在，并准备了一个探索和调查整个澳洲大陆内部未知世界的计划。这个计划最后被削减成进入大陆的中心并确认一条山脉的存在，但它仍然给了斯特尔特追求荣耀和证明自己的机会。

迪波·格伦：查尔斯·斯特尔特的淡水彩画。此地位于达令河边，1844年，他和他的探险队在他的最后一次探险中被困于此。由于能够接触炎热干旱地区中的这个唯一永久性水体，他们在一个地下沙坑中生活了六个月。

1844年8月10日，斯特尔特带着15个人、6辆马车和200只绵羊离开阿德莱德。他们沿着墨累河–达令河的河道向北前进，并在迪波·格伦（Depot Glen）发现了永久性水体——这片炎热干燥区域中唯一的水体。然而他们却被天气困在了这里，并在地下沙坑里生活了六个月，“被关起来哪都不能去……我们好像在极地过冬一样”。热浪以及羊肉加面包的单调伙食给他们带来了巨大的痛苦，不断有人患上坏血病。所有人都受到了严重的影响，而副指挥官詹姆斯·普尔死了。最终，一场大雨拯救了他们；然后他们向西北方向移动，并建造了一栋他们称之为格雷堡（Fort Grey）的建筑。从这里出发，斯特尔特进行了最后一次冲刺，向内陆推进了800千米，寻找他渴求的内陆海。然而，呈现在他面前的是一波又一波的沙丘，然后是如今被称为斯特尔特石漠的一片崎岖旷野。回到墨累河之后，他还想和约翰·麦克道尔·斯图尔特（后来横穿了澳洲大陆）一起进行最后一次内陆之旅，但是被否决了。探险队开始向阿德莱德走去，斯特尔特在返程途中还遭受了坏血病的折磨，最终他们在1846年1月19日抵达那里。

斯特尔特后来的生活充满了荣誉和满足。返回英格兰之后，他被任命为殖民大臣，完成并出版了最后一次探险的记述，并接受了皇家地理学会颁发的创始人奖章。退休后，他生活在英格兰的切尔滕纳姆，尽管他曾经不成功地申请了维多利亚州和昆士兰州的州长职位。1869年，在朋友的鼓动下，他开始谋求骑士爵位，但却在走完所有手续之前就去世了。维多利亚女王准许他的遗孀使用“斯特尔特夫人”的封号。

他曾认为墨累河不适合进行航运，然而这条河的确成了澳大利亚的重要内陆航道，在长达七十年左右的江轮时代载着乘客和大批货物奔流不息。

贾斯汀·马洛奇/撰

格特鲁德·贝尔

中东的诗意和政治

（1868–1926年）

她体内的某种力量将对东方的热爱和一个具体的目标联系起来，
这个目标成为了主要的目的……她忍受着辛苦，从不因为不断的失望
而变得沮丧，并且绝不允许自己的理想主义变成苦涩的怨恨，
展示了那些在东方追逐激情的英国人中少有的坚强性格。

《泰晤士报》，1926年7月13日

皇家地理学会的翁达杰剧院也许是全伦敦最完美的礼堂和最令人心生敬畏的演讲地点之一，走入这里，墙壁上排列着的过去伟大探险家的名字让人深感自我的渺小，并传递出令人兴奋的魔力：伯顿、富兰克林、斯科特、沙克尔顿、斯皮克、史丹利。然而很少有女性在这里得到纪念，因为除了极少的例外，在英雄时代，探险是男人的世界。然而一个名字打破了这个模式：格特鲁德·贝尔，她是一位阿拉伯学者、探险家、登山家、考古学家、作家、诗人、情报专家，这还不足以描述她57年的一生，她还是作为现代国家的伊拉克的共同创始人之一。

贝尔于1868年出生在一个极为富有且门第优越的英国实业家家庭，她拿到第一名似乎成了一种习惯。她是第一个在牛津大学拿到现代史成绩第一名的女性；第一名接受皇家地理学会奖章的女性；英国军事情报部门第一名女军官；她在阿尔卑斯山还进行了第一次重要的登山。拿着这样一份在男性世界得之不易的简历，她之后对于妇女参政以及妇女投票权的坚决反对看起来有些让人吃惊。

像许多英国阿拉伯学者和沙漠探险家一样，贝尔早早就投身于东方的探险之中。32岁的时候，她在沙漠中崭露头角，骑着骆驼穿越了叙利亚。对于东方，她写道："我发觉它紧紧地攥住了我的心，没有其他任何事情或人能与之相比，我相信今后也不会有。"她并不缺少爱

1906年6月，贝尔和法图赫站在土耳其Deghile营地的一座帐篷前，他们正在走向旅程的终点。这次艰苦的旅行从阿勒颇出发，并沿着伊拉克境内的底格里斯河前进，结束于土耳其城市科尼亚。

情，但是她所爱上的人要么在她能够嫁给对方之前就死了，要么对方本身已经结婚了，有的人两种情况兼具。

于是贝尔加入了那帮英国沙漠探险家的脚步——与她同道的有她的同辈人T. E. 劳伦斯和后继者威尔弗雷德·塞西格（见第261页）——他们在沙漠中取得了伟大成就，却没有得到能够与之匹配的个人快乐。她为此付出了沉重的代价。贝尔虽然在事业上取得了成功，但终其一生都没有结婚。在感情世界，她曾经有过几次毫无希望半途而废的风流韵事，但是始终没有找到灵肉结合的理想伴侣。

“孤独中自有诗意和美。”一个朋友曾这样告诉她。自然是有，但是贝尔并不总是想要孤独。事实上，贝尔渴望拥有丈夫和孩子，她曾向内部圈子的朋友承认她不过“承载着一个存

佩特拉的大型石窟陵墓（包括国王陵墓和科斯林式陵墓），贝尔的宿营地就扎在石窟前面。贝尔既是一名坚强无畏的旅行家和探险家，也是一个杰出的不知疲倦的考古学家。

在罢了”。不过这是多么非凡的一个存在啊！这位不屈不挠的女性体内储存着惊人的能量和意志。她拥有一种在全世界鼓舞人心并结交朋友的能力，同时对于东方语言又有极为敏锐的措辞天才。“我要说，躺在波斯花园的悬铃木之间的吊床上并阅读哈菲兹的诗并不特别让人精神振作。”她在寄给朋友和家人的一千六百多封美妙信件中的一封中这样写到。学习了两年波斯语

1914年3月，贝尔的旅行队停留在沙特阿拉伯哈伊勒城墙边。在她的许多次中东探险中，对这座传说中的城市进行的探险是最危险也是最成功的一次，她在这次探险中施展了作为测量员、探险家、情报专家和外交家的本领。

之后，她开始着手翻译这位波斯最伟大作家的作品。她翻译的哈菲兹诗歌英译本被广泛认为是最好的一个版本，对许多人来说，她是当时东方学者中的佼佼者。波斯文学权威爱德华·布朗说她的作品“在所有曾被翻译成英语的波斯诗歌中很可能是最好的，也是最富含真正诗意的”。

哈伊勒街道上的市民，贝尔所摄。

去往哈伊勒

在 1913–1914 年进行的里程碑式的阿拉伯之旅中，贝尔独自一人从大马士革出发，前往内夫得沙漠中的哈伊勒大本营，这里如今属于沙特阿拉伯。她已经进行过许多次勇敢无畏的旅行，但这次探险让人生畏，贝尔进行这次探险的部分目的是为了逃离和已婚军官查尔斯·多蒂-威利之间的混乱关系，后者在1915年因为在加利波利的英勇表现得到了一枚死后追赠的维多利亚十字勋章。

路易斯·马利特是驻扎在君士坦丁堡的英国大使，还是和贝尔有20年交情的老朋友，他保持了外交部对于去往遥远地域旅行家的典型态度：拒绝承担任何责任。无畏的贝尔揣着一只三英寸的经纬仪开始了危险的旅程，她已经签署了不寻求土耳其和英国官方保护的文件。在开始探险之前，她从皇家地理学会那里学习了测量技术和地图投影法。

在向南行进的途中，她向另一位有良好社会地位的朋友，《泰晤士报》的前国际编辑瓦伦丁·伊格内修斯·凯罗尔吐露了心声。

> 在骑着骆驼跋涉的漫漫长日中，在冬季宿营的漫漫长夜里，我第一次饱尝了孤独的滋味，我的思绪从宿营地的篝火漫游到我不会有这样敏锐伤感的远方。在有的夜晚，我想要睡去，心却如此沉重，以至于我以为自己无法怀着它挨过第二天。然后黎明到来，温柔又仁慈，悄悄地弥漫在这片宽广的平原上并顺着这些小山谷的山坡洒下来，最后它潜入了我这颗黑暗的心灵……我已经竭尽所能应付孤独了，至少我还学过一些关于孤独的智慧，至少我还学过屈服，学过如何忍受痛苦而不失声痛哭。

1913年12月，贝尔来到了德鲁士山（Jebel Druse）和瑟罕干谷（Wadi Sirhan）之间的火山区并发现了一个罗马堡垒，然后她停在了阿扎克堡（Qasr al Azaq），复制公元3世纪的罗马皇帝戴克里先的一篇碑文。越过内夫得沙

Turkiyyeh——作为礼物送给穆罕默德·拉希德的切尔克斯女人。贝尔在哈伊勒遇见了她，并记录道："就像我已经知道的那样，她的价值等于和她同等重量的黄金。她是个第一流的话匣子，我在她的陪伴下度过了非常愉快的一个小时。"

伊本·沙特 1916 年造访巴士拉（从左至右：阿卜杜拉·阿齐兹·伊本·沙特、珀西·考克斯爵士和格特鲁德·贝尔）。即使有些离经叛道，但贝尔还是一位出色的公务员。

漠的重重沙丘之后，她终于抵达哈伊勒，却正赶上哈伊勒贵族家庭自相残杀的战争。她被软禁了起来。明智的举动和独特的高贵气质没让不幸的事发生在她身上。自从 1893 年以后，再也没有欧洲人见过哈伊勒的样子，而之前只有一位女性——安妮·布朗特夫人——曾经到过那里。

贝尔带着西侧的汉志铁路和东侧的瑟罕干谷与内夫得沙漠之间众多部落的大量信息返回英国，同时带回的还有她对于阿拉伯半岛上的对手拉希德部族和沙特部族之间关系的敏锐洞察力。加上她对这些地区进行的测绘，这些对于伦敦都是很有价值的情报，英国政府正在寻找让军队开进巴勒斯坦所需要的信息。皇家地理学会意识到了她的杰出成就，向她颁发了创始人奖章。

中东政治

从1915年起，贝尔负责解译所有来自阿拉伯中部的报告。两年之后，拥有丰富中东生活经验的她被任命为殖民地官员珀西·考克斯爵士的东方部秘书，并定居在巴格达。“我们应该把它建成阿拉伯文明和繁荣的中心。”贝尔向父亲这样写到，此时正值1917年3月，英国军队在莫德将军的率领下进入了这座城市。

贝尔带着巨大的热情投身于中东的政治中。她广博的智慧、语言天才和不可征服的意志以及在令人恐惧的陌生旅途中锤炼出的勇敢无畏，让她在同辈人中出类拔萃。有时候，贝尔会让阿拉伯的劳伦斯看起来像个业余的外行。

并不让人感到奇怪的是，贝尔和所有的同事都合不来。她在为伊拉克民事专员阿诺德·威尔逊工作时，曾经给所有人写了一封有损这位英国官员地位的信，这样的行为放在今天的任何一个雇主身上，都会立刻将她解雇。马克·赛克斯爵士曾作为英方代表参与制定1916年英法瓜分殖民地的臭名昭著的赛克斯-皮科协定，他在给妻子的信中气急败坏地这样描述贝尔：“那个自负的不停啰里啰唆的话篓子，大放厥词的半男半女的平胸怪人，满世界晃荡、屁股摆来摆去、满嘴胡说八道的混账，见鬼去吧！”贝尔对蠢人没有耐心。

第一次世界大战的结束预示着业已颓败的奥斯曼帝国将得到重塑，变得更加简明和有秩序。至少理念如此。伊拉克随后的独立和建国让贝尔兴奋不已，它的边界将库尔德人、逊尼派和什叶派都划在同一个国家之内，这直到今天还在带来问题。在她的办公室和家中，野心勃勃的阿拉伯酋长们络绎不绝地前来拜访。“他们都是我喜爱的人，”贝尔写道，“我认识伊拉克境内每一个有重要意义的酋长。”

的确如此，但是随着伊拉克的建国和费萨尔国王登上王位，到1920年代中期，贝尔对英国政府没有了利用价值。她感到自己的地位逐渐降低，而且没有可以依靠的属于她自己的家庭。她所创立的国家博物馆和伊拉克文物局局长的职位——又是一项第一——支撑了她一阵子。但这远远不够。她的心无法再用诗意对抗孤独。1926年7月11-12日夜间，大剂量的安眠药结束了这一切。她被安葬在巴格达的英国圣公会公墓。

1980年，为庆祝皇家地理学会建立150周年，学会计划在推出的英国大探险家系列纪念邮票中加入格特鲁德·贝尔的身影。如果贝尔知道英国外交部对这件事的答复，不知道她会做何反应：由于害怕冒犯萨达姆·侯赛因，外交部否决了这项提议。

约翰·尤瑞/撰

哈利·圣约翰·费尔比

对阿拉伯半岛的热情

（1885–1960年）

我刚才没听见你说的话，但我完全不同意你的说法。

费尔比引用他自己的乖张言行，《阿拉伯时代》，1948年

从1885年出生于锡兰到1960年死于黎巴嫩，作为一个英国人，哈利·圣约翰·费尔比在国外比在自己国家待的时间还要长，并更多地致力于外国事务而不是自己同胞的事务。他的父亲是一名种植园主和一个不称职的丈夫，丢下他的妻子一人在英格兰抚养他们的孩子。但费尔比非常聪明，他先后获得了进入威斯敏斯特中学以及进入剑桥大学三一学院的奖学金，并在剑桥大学获得现代语言学成绩第一名之后继续学习东方语言，后来进入英属印度政府工作。然而在职业生涯早期，人们就发现他缺少传统公共服务行业所要求的义务和团队精神。他被调至美索不达米亚远征军担任副手，后来又一次被调走担任副手——这次是要领导一个代表团前去拜访伊本·沙特，中亚内志王国的统治者。这时费尔比已经会流利地说阿拉伯语，并且对沙漠旅行表现出了巨大的热情，这将为他作为探险家的名声打下基础。

穿越阿拉伯半岛

1917年，费尔比说服了伊本·沙特提供护卫队伴随他穿过阿拉伯半岛去往红海边上的吉达港。这次旅程结束之后（并不包括阿拉伯半岛的“空白之地”鲁卜哈利沙漠），他完成了一次值得纪念的两侧海岸之间的阿拉伯半岛穿越，这次壮举得到了广泛的称赞。在吉达，他遇到了谢里夫·侯赛因——第一次世界大战中领导阿拉伯人反抗土耳其的领袖，阿拉伯的劳伦斯的

费尔比和随行人员，吉达，1917-1918 年。骑着骆驼从波斯湾旅行至利雅得之后，费尔比安排了一支护卫队陪同他从那里走向吉达，完成了海岸到海岸的阿拉伯半岛穿越。

联络人。“一战”结束后，费尔比又一次调任成为别人的副手，这次他来到巴格达，在新近成立的伊拉克政府工作，在那里，格特鲁德·贝尔（见第 242 页）是他的主管；但是政策分歧和个性不合让他不得不离开这里，先是去了外约旦，然后彻底离开了公务部门。

费尔比随后在吉达定居并建立了一个商贸公司，同时充当伊本·沙特的顾问。但他的注意力渐渐集中在自己最喜爱也最擅长的事情上——探索阿拉伯半岛上的沙漠。在接下来的几十年中，他进行了一系列非凡的旅程，并在 1932 年穿越鲁卜哈利沙漠时达到巅峰。费尔比宣称这次从北向南的穿越是第一次“真正”穿越鲁卜哈利沙漠，尽管伯特伦·托马斯早在两年前就从

费尔比在1917年左右拍摄的吉达街景。费尔比第一次来到这座城市是在1917年或1918年作为英国代表团的一员前来拜访伊本·沙特。后来，他在1926年定居于此，开了一家贸易公司，然而他真正的热情在于阿拉伯探险。

南向北走了一条稍短并且不那么艰苦的路穿越了它。费尔比的路线让他从哈夫哈夫（Hufhuf）出发经过奈费，然后向西，再跋涉1930千米穿过这片完全荒凉未曾探索过的沙漠，最终抵达麦加。路途中临近水井之间的距离可达644千米，而且只能通过往鼻孔里灌水的方式给骆驼喂水，因为它们身上已经没有别的地方可供饮水之用，而且即使是它们也在脱水。他的护卫队到了叛变的边缘，但他继续向前推进——此举让这些困难更加突出了，决心向世界证明他的成就要比托马斯的更高。

和托马斯相比，费尔比有很大优势。前者得到了拉希德部落的陪伴，这些人是优秀的向导，但是他们和沿途贝都因人的一些部落有着长久的敌对关系，而费尔比是在沙特阿拉伯国王（他的赞助人伊本·沙特）的祝福下上路的，于是他在一路上享受了托马斯所享受不到的保护措施。在那时，费尔比已经获得了一个更大的优势，他能够跟国王打交道，实质上是跟整个阿拉伯世界打交道：他已经从一个基督教徒变成了伊斯兰教徒。信仰问题和费尔比的皈依伊斯兰教没有多大关系，这看起来纯粹是为了个人利益。作为国王赐给他的礼物，他甚至接受了第二个妻子——比他小 45 岁并且给他生了两个儿子。就像抛弃信仰一样，他还抛弃了对英国国家利益的考虑，在 1933 年帮助沙特人和一家美国石油公司进行谈判——这对于英国在该地区的利益是一个相当大的挫折。

赞誉和疏远

虽然费尔比作为一名公务员或一个同事表现得不太称职，但他是一个拥有伟大功绩的探险家。骑着骆驼穿越阿拉伯的沙漠时，他勤奋地记录下了所有感兴趣的事物：地理位置的名称、地理特征、考古碑文、温度、海拔、天文观测结果、指南针读数、距离——没有什么东西能

虽然伯特伦·托马斯已经穿越了阿拉伯半岛的鲁卜哈利沙漠，但是费尔比仍然宣称自己从北向南并且沿途水井很少的更加困难的线路才是第一次"真正"的穿越。在这张费尔比拍摄的照片中，探险队在开始穿过干涸的鲁卜哈利沙漠之前正沿着拜尼宰南（Bani Zainan）的沙丘骑行。

费尔比在奈费水井旁洗澡，这里是1932年的鲁卜哈利沙漠——所谓的“空白之地”，厨子扎德在旁边帮忙，浴盆是晚餐用的大盘子。

够逃脱他一丝不苟的注意力或内容广泛的记录。关于自己的研究结果，费尔比还写了许多文章和几本书。

作为这些勤勉工作的结果，费尔比接受了所有重要有关机构的赞誉：皇家地理学会向他颁发了创始人奖章，皇家亚洲学会向他颁发了理查德·伯顿纪念奖章；大英博物馆和皇家植物园邱园以及许多国外学术团体都授予了他奖励和荣誉。

所有这些都不能让费尔比逃脱“二战”时被英国政府严厉制裁的命运。他早就以公然宣称和平主义而出名，并在1939年作为反战候选人参加了一场英国补缺选举，但是在战争期间，在沙特阿拉伯的庇护下，费尔比对于英国政策的抨击愈发尖锐，随后他在鲁莽地造访印度期间遭到逮捕并根据战时管理条例被押回英国坐牢。“二战”结束后，他回到了之前在阿拉伯的生活，但是新国王厌倦了费尔比对他政权的批评，于是费尔比不得不在黎巴嫩开始流亡生活。1960年，他在那里去世，陪伴他的是他的儿子金姆·费尔比。过不了多久，人们就会发现他是一个苏联双面间谍，虽然受雇于英国军情六处，却在为俄国人工作。父亲的不满和尴尬到儿子这里变成了背叛和欺骗。

费尔比曾要求在他的墓志铭中写上他是“最伟大的阿拉伯探险家”，但伯特伦·托马斯和威尔弗雷德·塞西格（见第261页）很可能会就此争论。作为一名探险家，他将自己投身于阿拉伯语言、知识和风俗中的深度可能是任何一个英国人都未曾达到的，也许以后也不会有人达到。他对于探险的贡献会被许多人记住，但很少有人喜欢他。

安德鲁·古迪/撰

拉尔夫·巴格诺尔德

沙丘上奔驰的福特轿车

（1896–1990年）

走过沙漠王国的废墟，史前部落的碎瓦和石磨；在更远处
是缓缓移动的沙丘，石化森林和沙海，人或老鼠的最后一根骨头。

R. A. 巴格诺尔德，《利比亚的沙地》，1935年

东部撒哈拉沙漠——即利比亚沙漠——的面积相当于印度。它是地球上最大的一片严重干旱之地。在它的探险史上，拉尔夫·巴格诺尔德是一位最重要的主角，他是一个瘦小结实的人，天性腼腆，跟朋友很合得来，善于发明科学仪器，还是一个登山爱好者和斯诺克选手。

1915年，巴格诺尔德在第一次世界大战期间加入了英国皇家工兵部队并被派往法国。战争结束后，他到剑桥大学学习工程学，然后在1921年返回军队。1926年，巴格诺尔德被派往埃及担任职位，就是在离开英国的这段时间，他受到了约翰·鲍尔博士等人在“一战”期间驾驶T型福特轿车进行沙漠探险的启发，发展出了用汽车进行沙漠探险的热情。

探险

1873–1874年的冬天，格哈德·罗尔夫斯曾率领一支德国探险队从达赫拉走到库夫拉穿越了这片大沙海，即东部撒哈拉沙漠。然而从那以后，没有一支能够进行仔细观察的探险队进入过这片浩瀚的沙海。一般的观点认为这里的地形太过恶劣，汽车难以通行。巴格诺尔德很想验证一下这个说法的准确性。1929年11月，他和五名同事驾驶着汽车从开罗向西南行进开入沙漠地带，然后掉转车头向东南方驶去抵达艾因达拉（Ain Dalla），并从那里返回开罗。对于想

其中一辆福特车，车的外壳被拆去并装上了容器，用来运载燃油和水。

要在沙漠中旅行的人来说，艾因达拉是一个至关重要的地方，这里是水源地。他们总共开了三辆车，这些福特旅行车的表现十分出色，以至于在这次旅程结束时巴格诺尔德对于穿越整片沙漠非常有信心。这种车还很省油，有效载重也比较合理，可以不经修理地行进 1900 千米的里程。他们找到了前进的道路。1929 年的旅行证明了可以驾驶简单的两轮驱动汽车穿越大沙海。

受到上次旅行的鼓舞，1930 年 10 月和 11 月，巴格诺尔德尝试了一次更加宏大的旅程。探险队在 10 月 13 日从开罗出发，又一次前往艾因达拉。从那里开始，他们向大沙海连绵的沙丘进发，并在四天半内走过了将近 600 千米。巴格诺尔德明显被这些沙丘迷住了：

> 我们在一个易变的世界里旅行，到处都是将岩石深埋的光秃秃的高高的沙丘。最奇怪的是这些沙丘表现出的不自然的规则性。它们在外形的细节上都极为相同，尽管非常长，但是沙丘却保持着笔直，并且彼此之间基本是平行的，即使有角度也不会超过 2°。我们总感觉它们是一个个巨大的有机体，在漫漫岁月中不停地向南慢慢蠕动爬行，吞没一切挡在路上的东西。

旅程的第二部分需要一直走到有水源的欧韦纳特山脉，然后穿过它抵达塞利马和瓦迪哈勒法，然后取道代尔卜阿巴因（Darb Al Arba'in）之路去往哈里杰、艾斯尤特和开罗。在 34 天的旅程中，他们走了几乎 5000 千米。即使是在路况最困难的沙丘区域，每天的里程数也从没低于 100 千米。

这么长距离的旅程之所以能够如此安全迅速地完成，是因为四个装置使得轿车能够深入这片沙漠的最深处：沙轨可以解救出轮

左页图：巴格诺尔德 1929 年大沙海探险的 9 号营地，这里位于 46 米高的鲸背状沙丘上，延伸出几道长长的车辙。

埃及西南部大吉勒夫高原脚下巨大的波浪状沙丘，1929−1930年。直到1938年，巴格诺尔德才找到了通向这片高原之巅的道路。

胎陷在沙子里的汽车；日光罗盘有助于在荒凉的沙漠里导航；冷凝器可以减少从沸腾的水箱中损失的水；还有更宽的轮胎。1927年引入福特A型轿车之后，他们用上了宽23厘米的所谓“空气轮胎”，非常适合柔软的路面——之前福特T型轿车的轮胎宽不到8厘米。此外，轿车经过了良好的改进，使其重量得到了最大程度的减小，于是震动和颠簸对车上货物造成损伤的风险被降低了。这款汽车还有一个特殊的箱式车体。所有东西都能紧紧地装在一起，并且卸下来也很容易。他们发现最好的包装是8加仑的木制汽油箱，里面有两个4加仑的锡罐。所有可能的货物，无论是食物、备用零件、工具或是汽油，全都装在这些尺寸和重量都很合适的箱子里。

在印度服役之后，巴格诺尔德在1931年回到英国，他和比尔·肖一起策划了一场规模浩大的旅行，计划去往苏丹西北部以及毗邻法属乍得省未经探索的边疆地区。最终他们决定组成一支包括八个人和四辆福特A型汽车的探险队。这次1932年探险的第一个目标是抵达欧韦纳特山，即埃及和利比亚的交界处。欧韦纳特山是他们这次行动的基地，他们要在那里储存大量的石油和食物，为后面旅行做准备，第一段旅程要向西进入萨拉三角（Sarra triangle，提贝斯提山脉脚下的一块说苏丹语的区域，后在1934年割让给意大利），距离为1900千米；第二段旅程稍微更长一些，要向南抵达苏丹定居点法希尔，然后途经瓦迪哈勒法返回开罗。在欧韦纳特山的时候，探险队进行了登顶，并探索了欧韦纳特山和大吉勒夫高原之间的火山口。

总的来说，这是一次超远距离、廉价而且成功的旅行。就像巴格诺尔德叙述的那样：

> 整个旅程的距离超过了六千英里，包括两次从基苏出发抵达塞利马并返回的旅程。其中超过五千英里的旅程经过的地区并没有任何道路。许多地方对于汽车的通行是很困难的，地面上要么铺满了大块岩石和卵石，要么充斥着硬泥隐藏下的水沟。除了一辆车的发动机主支架在即将抵达提贝斯提山脉时出现了裂缝——这也是我们决定不再继续向西前进的部分原因，这四辆轿车都没发生严重的故障，尽管它们在路上遭受了无情的考验。

1935年，为表彰巴格诺尔德的探险事业，曾支持过1929年、1930年和1932年探险的皇家地理学会向他颁发了创始人奖章。

作为科学家的探险家

从那时以后，巴格诺尔德就在远东服役，直到患上了“热带口炎性腹泻”（一种消化系统疾病）后从军队复员。但他并没就此退休，而是开始为伦敦的帝国理工学院进行科学调查，目标是获悉沙子和沙丘的运动规律，并在一个风洞里指导进行第一批试验。1938年，他决定在现实世界里验证风洞中得到的试验结果，并在一批考古学家和测量员的陪同下返回了这片沙漠。他们来到了欧韦纳特山、大吉勒夫高原和塞利马沙海。

在大多数情况下，巴格诺尔德的野外工作是等待沙暴的到来，他就可以现场目睹沙暴并测量沙粒，但他还想进行“一点儿早就需要做的探险”。他的目标是驾车开到大吉勒夫高原之巅。大吉勒夫高原的悬崖曾在以往挫败了这个宏愿，但巴格诺尔德和他的同事罗恩·皮尔设法找到了一条爬上去的道路。这片在1926年才被发现的砂岩高原——尽管它的面积足有瑞士那

1938 年，在大吉勒夫高原附近的一场沙暴中，巴格诺尔德正使用他的设备测量沙子的运动。

么大——得到了详尽的科学观察和记录。

当第二次世界大战开始的时候，巴格诺尔德返回了军队，并利用他独一无二的经验建立了远程沙漠部队，成为“高原沙漠上的海盗”并不时侵扰北非的轴心国军队。巴格诺尔德也许是最伟大的利比亚沙漠探险家，但他也有令人敬畏的同辈对手，如测量员约翰·鲍尔和帕特里克·克莱顿，以及最重要的,《英国病人》中的主角拉兹罗·艾马殊伯爵。

巴格诺尔德探险的一个特点是，除了探索新的地区和发明新的沙漠旅行装备外，他还给科学研究留下了时间。一些探险可能成为大男子主义者展现气概的自我放纵的噱头。但巴格诺尔德不会这样。他的探险队做出了杰出的发现，包括沙漠中大量的考古遗址以及过去巨大的气候变迁留下的证据。巴格诺尔德在 1941 年写了一部关于沙丘的经典著作，直到今天还在被人引用。不平凡的是，作为一名军人和探险家，他还成为了英国皇家学会的会员。

亚历山大·梅特兰/撰

威尔弗雷德·塞西格

鲁卜哈利沙漠的精神

（1910–2003年）

以步行速度在有些困难的条件下旅行，

我可能是保持过去传统的最后一个探险家了。

威尔弗雷德·塞西格，《我所选择的人生》，1987年

1910年6月3日，威尔弗雷德·帕特里克·塞西格出生于亚的斯亚贝巴，他的父亲在那里担任英国公使馆的公使。他在那里一直生活到接近9岁。塞西格常常坚持认为他在阿比西尼亚（他仍然这么称呼现代埃塞俄比亚）度过的童年深刻影响了他的一生，并在他体内注入了对"肤色和野性"的渴求。1919年，塞西格全家返回英格兰，第二年他的父亲在那里死于心脏病发作。塞西格在苏塞克斯的一所预备学校里接受教育，然后先后进入伊顿公学和牛津大学莫德林学院；他曾代表学校参加拳击比赛，并在1933年毕业于现代史专业。

埃塞俄比亚、苏丹和撒哈拉之旅

1930年，还在上大学的塞西格参加了海尔·塞拉西一世在亚的斯亚贝巴举行的加冕礼。他在那里遇到了英国军官罗伯特·奇斯曼，此人曾在阿拉伯半岛旅行，并在亚的斯亚贝巴鼓励塞西格探索阿瓦什河，找到它结束的地方。1933–1934年，23岁的塞西格成功地完成了这项任务。因为当时的年轻和缺少经验，再加上沿途敌对部落的威胁，塞西格将这次经过达纳基尔人（又称阿法尔人）生活区的探险视为他所经历的最危险的旅行；他还成为了第一个穿越奥萨

塞西格的探险队在第二次穿越鲁卜哈利沙漠的路上，1948 年 1 月。在这片辽阔的沙漠中，呈锁链状的沙伊巴沙丘高度足有 215 米。

（Aussa）苏丹国[①]禁地的欧洲人。

1935–1937 年，塞西格在达尔富尔北部为“苏丹文官政治事务部”服务，他在这里学会了骑骆驼，并且对待他的属下有如同伴而不是奴仆。直到 1940 年，他在伊德里斯·达乌德的陪伴下走过了许多地方，后者是一名扎格哈瓦少年和缓期执行的凶杀犯，曾有许多部落青少年追随塞西格的半游牧生活方式，他是其中的第一个。塞西格骑着骆驼来到苏丹的麦多卜山（Jabal

① 位于埃塞俄比亚的阿法尔州。——译者注

Maidob）和安卡水井（Anka wells），以及利比亚的纳特伦井（Bir Natrun），这是他第一次来到真正的沙漠。为了证明自己，他曾经在24小时之内骑骆驼走了185千米。他的坐骑是一匹漂亮的比沙林（Bisharin）骆驼，有着“迷人的魅力”，并且让他“在它身上做任何事”。这是塞西格的经典言论，他曾宣称自己家族的成就是无可比拟的，他的成长非常快乐，他的学校也是英国最好的。

1938年，塞西格从苏丹经过撒哈拉地区直达提贝斯提，走过3330千米的漫漫长路后抵达了这条由死火山构成的山脉，和之前在达纳基尔人生活的区域旅行或之后的穿越鲁卜哈利沙漠相比，这一路并没遇上多少危险和困境，但这也是一段艰苦的旅程，比他在1936年和1937年分别造访叙利亚和摩洛哥的旅程更加费力。它考验了塞西格的耐力，虽然并没有真正威胁到他的生命。在他之前，还没有欧洲人从东侧接近提贝斯提山脉；也没有英国人到过那里。“这可不容易，”塞西格就此评论道，“在如今成为第一个完成什么事情的英国人。”

阿拉伯半岛和鲁卜哈利沙漠

1945年，塞西格加入了中东地区防治蝗虫部队，寻找蝗灾在阿拉伯半岛南部的爆发中心。这直接促成了他最伟大的旅行：两次史诗般的穿越鲁卜哈利沙漠——“〔我〕一生中最重要的经历”。在这两次旅程中，拉希德族的比恩·卡比纳（Bin Kabina）和比恩·格哈贝沙（Bin Ghabaisha）陪伴着他，并在他待在阿拉伯半岛上的五年中成了他形影不离的伙伴。作为一个自我承认的浪漫主义者，塞西格以传统的方式进行着旅行。和圣约翰·费尔比（见第250页）不同的是，塞西格在旅途中从不想和外部世界有任何接触，而前者会从收音机里收听国际象棋比赛的结果。

1946−1947年，塞西格第一次穿越鲁卜哈利沙漠，佐法尔地区海岸线上的小镇塞拉莱是他这次旅程的起点和终点。在到达北方的达芙拉和利瓦绿洲之前，他的探险队和筋疲力尽的骆驼爬上了沙伊巴沙丘（Uruq al Shaiba），这是一片高达215米的连绵不绝的沙丘群。有两个星期，他们在咸水井之间挣扎求生，被迫忍受恼人的饥渴、让人麻木的疲劳、寒冷刺骨的夜晚以及烈日炙烤的白天。塞西格是第一个抵达利瓦绿洲的欧洲人，也是第一个造访传说中的乌姆萨米姆（Umm al Samim）流沙区的人。他写道：“对其他人来说，我的旅行没有什么重要性……

塞西格戴着头巾，穿着阿拉伯长袍，腰间别着一把银柄阿曼匕首，手中拿着赶骆驼用的棍子；鲁卜哈利沙漠，1948 年 3 月。

这是一种个人体验，而回报只不过是一口洁净无味的清水。我对此很满足。”

1948 年 1 月至 3 月，塞西格和包括比恩·卡比纳和比恩·格哈贝沙在内的 6 名同伴第二次穿越了鲁卜哈利沙漠。这两次鲁卜哈利沙漠穿越走过了塞西格的两位先驱伯特伦·托马斯和哈利·圣约翰·费尔比在 1931 年和 1932 年都没有走过的大片区域。在苏耶尔（Sulyail），塞西格曾被按照伊本·沙特的命令短暂拘禁，后来多亏了费尔比的个人干预才被释放。许多狂热的部落被他这个异教徒的存在激怒了，发誓要杀了他。塞西格的探险队要是没在雅布尔绿洲（Jabrin Oasis）附近的乌姆阿达瓦（Umm al Adwa）发现能够饮用的水，他们可能已经消失在沙漠中了，而雅布尔绿洲最初就是由圣约翰·费尔比和罗伯特·奇斯曼定位和绘制在地图上的。1949–1950 年，塞西格在阿曼内陆旅行，这承担了相当大的危险，因为那里有许多忠于伊玛目的部落，但是没遇到什么困境。

在试图解释进行如此危险旅行的动机以及这些旅行带给他的满足感时，塞西格承认他对未知世界的诱惑以及决心和忍耐力的挑战兴奋不已。“这些鲁卜哈利沙漠中的旅行，”他写道，“要是没有我和贝都因伙伴的友谊，对我来说就是一场毫无意义的苦行。”

摄影和写作

塞西格作为摄影家和作家的非凡天赋为他带来了不断增长的名声。不过在他第一本书《阿拉伯沙地》于 1959 年出版之前，他成就的所知范围还主要局限在外交圈和地理学术团体。作为一名探险家、旅行家、作家和摄影家，塞西格鼓舞了（并将继续鼓舞）许许多多富有冒险精神的男男女女在非洲和中东以及世界其他角落旅行。

塞西格使用照片记录自己的旅程。在埃塞俄比亚的时候，他曾给达纳基尔部落拍照；1935-1940 年在苏丹的时候，他拍摄了达尔富尔的穆斯林部落、尼罗河上游的异教徒努尔人，以及科尔多凡的努巴摔跤手。他最先使用的是一部箱式照相机，然后连续使用了四部莱卡相机。塞西格把他的书和照片都看作旅行的副产品，直到第二次世界大战之前，摄影都是他的消遣。无论是在艺术上还是在技术上，战争结束后塞西格拍摄的阿拉伯半岛照片都表现出了明显的进步。这可能是由于他学习了弗雷娅·斯塔克在 1938 年出版的《哈德拉毛省所见》一书中的照片，并意识到了特写肖像的可能性以及光影的重要性。塞西格喜欢弗雷娅，并且很仰慕她，但他却说，阅读她的一些书对于自己“就像吃一顿除了蛋糕别无他物的晚餐”。

塞西格从 12 岁就开始写日记，并将这个习惯保持了一生。日记以及他给母亲和兄弟们写的信和照片一样，是他记录旅程的载体。这些文字和影像为他提供了撰写文章、讲稿和书籍时需要的细节。虽然喜欢别人的陪伴，但塞西格却是一个喜欢将感情隐藏在心底的人，当撰写《阿拉伯沙地》的时候，塞西格遇到了巨大的苦难，除了现实体验难以传达出之外，最深处的想法和感觉“被他用坚决的意志锁在身体中，度过了最活跃的半辈子”。1964 年出版的《沼泽地的阿拉伯人》描述了塞西格 1950 年代在伊拉克南部与世隔绝的玛丹（Ma’ dan）度过的 7 年时光。

年轻的巴赫蒂亚里部落男子，伊朗，1964 年。这一年塞西格加入了巴赫蒂亚里游牧民每年一度穿过扎格罗斯山脉的迁徙。

为他划独木舟的阿玛拉、哈桑和萨贝蒂扮演的角色和苏丹的伊德里斯·达乌德以及塞西格在阿拉伯的贝都因人同伴相似。

亚洲和非洲

在1950年代，塞西格曾间断地在巴基斯坦、阿富汗、努里斯坦地区和摩洛哥的山脉之间旅行。他在1959–1960年返回埃塞俄比亚，牵着骡子步行先后穿越了这个国家的南部和北部。不久之后，他组建了第一支去往肯尼亚东非大裂谷省鲁道夫湖（今图尔卡纳湖）的骆驼旅行队，并在接下来的15年中继续对肯尼亚北部进行了深入的探索。

1977年，塞西格迈出了更大的步伐，他加入了加文·杨环印度尼西亚群岛的航行——这里是约瑟夫·康拉德东方小说的背景地。1983年，他骑着矮种马和牦牛，在六周内穿越了拉达克。这次旅行之后，塞西格和他的桑布鲁和图尔卡纳“家人”在肯尼亚的玛拉拉尔（Maralal）过上了越来越安定的生活，住在他为拉维·莱博亚里（Lawi Leboyare）、拉普塔·莱卡夸尔（Laputa Lekakwar）和“基比里蒂”（“Kibiriti”）建造的房子中的一处，他们都是他的“养子”。

1992年，塞西格的视力下降得非常厉害，他不得不放弃摄影，在无人帮助的情况下也不能写作了。当拉普塔和拉维先后死于1994年和1995年后，本来想在玛拉拉尔安度晚年的塞西格返回英格兰定居。2003年8月24日，在得了一场急病之后，他以93岁高龄死于萨里郡。塞西格赶着驮行李的牲畜和部落男子一起进行的旅行时间跨度长达50年，他走遍了非洲、阿拉伯半岛、中东以及西亚的许多偏远地区。当他89岁的时候，塞西格最后一次造访了阿拉伯联合酋长国。那时，他已经被人赞为20世纪最伟大的旅行家和最著名的探险家之一。

第六章

地球上的生命

亚历山大·冯·洪堡

玛丽安娜·诺斯

阿尔弗雷德·罗素·华莱士

弗兰克·金登－沃德

P

1.

2.

3.

4.

5.

6.

7.

8.

10.

11.

12.

9.

探险最重要的目的一定是科学研究。亚历山大·冯·洪堡男爵展示了研究所有事物的能力，在那个时代研究所有事物还是可能的。和坚忍的同伴艾梅·邦普朗一起，洪堡花了5年时间走遍了中美洲和南美洲的大片区域，收集和分析了他们所看到的所有东西，取得了现象级的研究成果。洪堡还是一个不屈不挠的登山家，在很长一段时间内人们都以为他几乎登上了世界上最高的山峰，直到最后人们发现喜马拉雅山脉的几座山峰比钦博腊索山还要高。

植物学绘画是那个时代女性参加探险的一个方式，当时探险这类事情很少有女人涉足。玛丽安娜·诺斯出发得很晚，过了40岁才上路，但她通过自己的努力和天赋弥补了这一点，并成为最坚决和最富于洞察力的植物制图师之一。在她路途遥远而艰苦的旅途中，她画遍了热带地区的植物，让我们感到庆幸的是，她的许多精品画作都在邱园得到了保存。

阿尔弗雷德·罗素·华莱士是另一位进行科学旅行的巨人。他花了四年时间在亚马孙的丛林里搜集样本，然后在远东待了八年，并在那里完成了自己部分最好的工作。躺在自己的吊床里忍受疟疾之苦时，适者生存的概念在他脑中生根发芽。他立刻给自己的良师益友查尔斯·达尔文写了一封信，后者已经在这个理论上研究了大约二十年了。最后达尔文大方地和华莱士分享了荣誉，1858年，他将华莱士的文章呈交给林奈学会。从此以后，整个进化领域，或者说整个科学领域都变得不一样了。

植物学研究还激励了另一位伟大的探险家弗兰克·金登-沃德，他在将近50年中进行了25次去往西藏和喜马拉雅山脉东部的探险。他发现了许多美丽的植物，并将它们带回了英国，现在我们的花园里还常常能见到它们，但他在旅途中遭遇的艰难险阻在安全的园艺环境中已经无迹可寻了。

左页图：在美洲，洪堡和邦普朗收集了六万多件标本，其中许多物种都是以前未知的，他们在大量的出版物中对这些物种进行了描述和绘图。

保罗·罗丝/撰

亚历山大·冯·洪堡

最伟大的旅行科学家

（1769–1859年）

你将洪堡称作有史以来最伟大的旅行科学家，

我认为这种说法是十分恰当的。

查尔斯·达尔文，给J. D. 胡克的信，1881年8月6日

亚历山大·冯·洪堡不仅是一位英勇的旅行家和富于开创性的科学家，他还被称作最后一位伟大的全才，并被视为现代生态学的奠基人。1769年9月14日，洪堡出生于启蒙时代的柏林；拿破仑、威灵顿、夏多布里昂和居维叶都出生在这一年。作为一名年轻的大学毕业生，洪堡和好友格奥尔格·福斯特来到英格兰，后者曾作为科学插图画家加入詹姆斯·库克（见第46页）的探险船队，他们两人一起拜访了约瑟夫·班克斯爵士并参观了班克斯杰出的植物标本集和植物学图书馆。

现象级的工作效率

随后，洪堡又在1791年进入弗莱贝格矿业学院学习。他将自己投身到繁重的学习任务中去，但把所有宝贵的闲暇时光都花在了自己的博物学调查上面。对于这段学习生涯，他这样写道："我这一生从来没有这么忙过。我的健康因此受到了影响，但是整体来说我非常高兴"，并以"我所从事的事业必须充满激情地追求，才能享受到其中的乐趣"这样一句话作为结论——这句话总结了他一生的生活方式。他的第一份工作是矿区检查员；通过这份工作，他旅行了许多地方，还设法将废弃的矿井转变为可以开工的场所，并开设了一家技工学校。洪堡对

洪堡是一个极具天赋的画家：这是他在1814年的自画像。

于矿井中瓦斯气体的研究让他发明了矿工呼吸装置和四种安全灯。

这时的洪堡年方26岁，受过良好的教育，家世背景优越，有着无穷的精力。他把自己的创造力用在了一些非凡的自我试验上。为了理解他称之为“动物电”的东西，洪堡曾在青蛙和植物身上做过试验。但为了证明自己的理论，他将电极用在了自己身上。

> 我在背上弄了两个水疱，每个都有一克朗硬币那么大……我将水疱割掉，并用锌和银电极接触伤口，我立刻感到一股尖利的疼痛感，这感觉是如此剧烈以至于斜方肌猛地膨胀起来，震颤感向上传递至头盖骨基部和脊椎的神经突……据观察，放置在我背上的青蛙跳了起来……这现象太不可思议了，我又重复了一遍。

洪堡的工作效率是现象级的。他所做的四千多个试验中有一个需要将电极用在他拔牙后留下的空腔里，这几乎让他发明了第一块电池。在当时，他如是记录道：“你如何能够阻止一个想要发现事物并了解周遭世界的人呢？无论如何，广博的知识对于一个旅行者来说是至关重要的。”

独立性和准备

1796年，洪堡的母亲去世并给他留下一大笔遗产；这让他能够脱离矿业，并开始为自己的科学旅行做计划。洪堡非常渴望进行探险，并在1798年4月同意加入“半个疯子半个天才”的布里斯通勋爵的尼罗河远征。然而当洪堡还在巴黎采购科研设备的时候，拿破仑突然入侵了埃及而布里斯通勋

爵在米兰被捕——于是计划就这样流产了。然后他遇到了自己儿时仰慕的英雄路易斯-安托万·德·布干维尔（见第39页），后者邀请洪堡加入自己由法国政府赞助的新的环游世界科学探险。洪堡没有浪费任何时间。两周之内他就做好了准备，并收到了启程上船的命令。然而这次探险却在最后一分钟被取消了，法国政府突然意识到自己承担不起这样一次行动的开销。

“男人不能只是坐下来开始哭，他得做点儿什么。”他这样表明了自己的态度，并决定和植物学家艾梅·邦普朗一起组织自己的北非探险。他们会成为探险史上最重要的搭档之一。但他们面临着更多的困难。洪堡的想法是他们先航行至阿尔及尔并在阿特拉斯山脉过冬，然后和一支从的黎波里去往开罗并穿越沙漠的朝圣旅行队会合。当正在寻找船只的时候，他们听说所有从法国抵达阿尔及尔的乘客刚一上岸就会被扔进地牢里。1798年12月，仍然渴望旅行的他们决定步行走到西班牙。这一次他们终于出发了，花了六周抵达马德里，并在这段旅程中进行了大量科学观察，其中之一的发现是证明了西班牙内陆是一片高原，而且当时该地区的地图已经远远过时了。

史诗般的远征

在马德里停留了很短的时间之后，洪堡很快得到了西班牙国王的接见并向国王请求支持进行一次南美洲探险，洪堡的名声和人脉关系也许会让这件事显得很简单，但这件事很不平凡。国王给了两人官方许可，并让他们带着洪堡已经得到的所有设备登上了皮萨罗号，他们在5月份从拉科鲁尼亚出发。

这个时候正是去往南美洲的高峰期。皮萨罗号上人满为患，船上还爆发了一场伤寒，但洪堡对于疾病、晕船和任何程度的不适都无动于衷。没有任何事情能够分散他对于科学的注意力，他把在船上的时间全都用来进行天文学、海洋学和气象学观测。

抵达委内瑞拉的库马纳之后，洪堡和邦普朗受到了当地总督的欢迎，并得到了总督提供的房屋和配备的人员。洪堡后来回忆道：“当我还是个孩子时，就一直梦想来到美洲，而这里是

左页图：一幅美丽鹿丹（*Rhexia speciosa*）的插图，图中精确描绘了该物种的植物学特征。洪堡认为他称之为植物地理学的学科是他对科学最大的贡献之一。

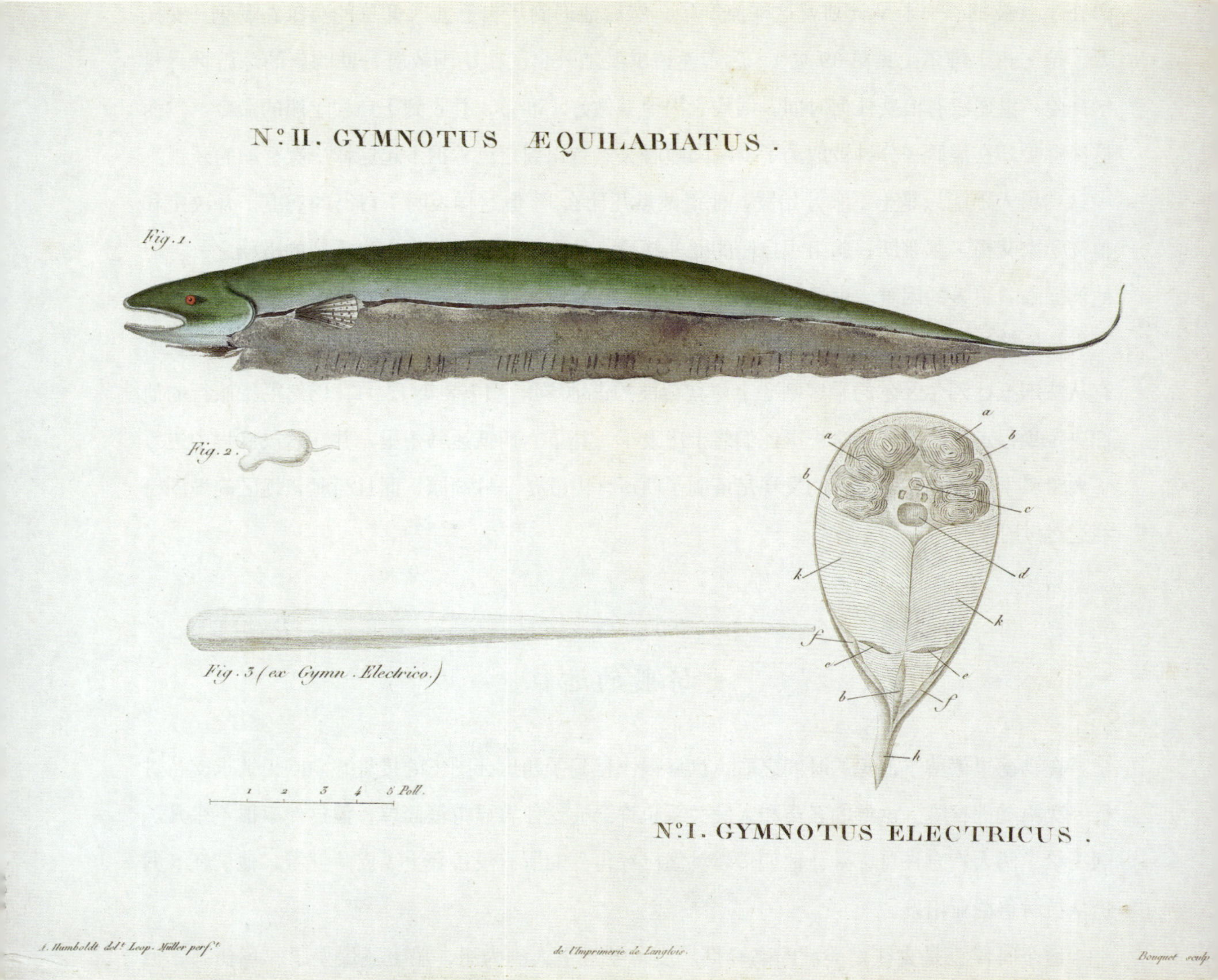

洪堡对于“动物电”的痴迷由来已久，在南美之旅中，他对电鳗进行了详尽的研究。当他无意中站在地上的一只电鳗旁边时，遭到了“可怕的电击”。

我踏足美洲的第一站。我最常回忆的并不是科迪勒拉山脉的种种美景奇观，而是尘土飞扬的库马纳。”他在这个时期的笔记显示他已经完全沉浸在新事物中了：“赤裸的印第安人，电鳗，鹦鹉，猴子，犰狳，鳄鱼，让人吃惊的植物，夜晚在金星的光芒下记录我的六分仪读数。”但他的欢欣中又掺杂着对奴隶贸易的厌恶：他的房子距离城镇广场很近，从非洲运来的奴隶就在那里被卖掉。洪堡在此后的生活中常常公开批评奴隶贸易。

七周之后，洪堡和邦普朗前往高地进行了两个月的实地考察，洪堡在那里记录了一些鸟类和昆虫的新物种，探索了一处洞穴直至当地向导不敢再前进为止，记录了当地的文化和语言，第一次经历了地震和一场难以置信的流星雨，还遭受了一个“疯狂的混血儿”的攻击。1799 年 11 月，他们航行至加拉加斯。这座城市中他们的大房子里已经安排好了工作人员，他们也很快融入了当地的上流社会。这里的天气状况不佳，无法进行天文观测，于是洪堡进行了一次登山，登上了当地最高的山峰海拔 2424 米的加拉加斯锡拉山（the Silla of Caracas），这是该山峰第一次有记录的登顶。洪堡对于奴隶贸易的厌恶并没有阻止他使用 18 名奴隶搬运登山时的行李。

1800 年 2 月，他们离开加拉加斯朝内陆进发，不久之后，洪堡就得到了继续研究动物电的机会。他曾尝试让海岸边的印第安人为他捉一条电鳗，但那里的印第安人害怕这种鱼类。在内陆，他发现卡拉沃索地区的人们会使用马当作诱饵捕捉电鳗，他们将尽可能多的马和骡子赶拢到一起，然后把它们赶进池塘并不停遭受电鳗的攻击。一些马招架不住被电死了，其他想要逃脱的马会被赶回水中，要么淹死，要么幸存，因为电鳗已经用完了它们有限的高达 650 伏的电量。在死马和奄奄一息的马匹之中，印第安人可以安全地捕获暂时耗光了电的电鳗。洪堡和邦普朗花了四个小时对电鳗进行试验和解剖并不时受到电击，这让两人“肌肉无力，关节疼痛，浑身不舒服的感觉一直持续到第二天才消失”。

穿越了这片南美大草原或称高地平原之后，他们又进行了一次长达 2400 千米的河流之旅，测绘了奥里诺科河的河道。当他们返回安戈斯图拉的时候，他们不但已经造访了通过尼格罗河连系奥里诺科河和亚马孙河两大水系的卡西基亚雷河，还对这些河流进行了精确的测绘，进行了大量的磁力观测并收集了 12 000 件标本——包括一些当时科学界还未发现的植物物种，以及一些人类骨架标本。这两个人一起体验了许多不可思议的经历——通过划桨和陆上运输，他们将船只运过了地球上最险峻和最偏远的区域，几乎饿死并被迫以蚂蚁充饥，他们被昆虫叮咬得几乎发疯，并和吃泥土和吸大麻的部落在一起生活。即使如此，满怀激情的洪堡仍然情不自禁地夸大了这次旅行，在报告中兴奋地声称他的旅行距离超过了九千六百千米，而且

钦博拉索山是位于厄瓜多尔的一座休眠火山，当洪堡和邦普朗攀登它的时候，它被认为是世界最高峰。虽然洪堡和邦普朗没能成功登顶，但他们仍然创造了人类攀登高度的世界纪录。这幅凹版印刷画是根据洪堡的素描作品改绘的。

所进入的任何一个印第安人小屋中几乎都残留着人肉宴会后留下的残羹冷炙。

1800 年 8 月，他们从安戈斯图拉出发回到了库马纳，两人都得了热病，而且他们收集的珍贵标本由于极高的湿度而损失了三分之一。已经在委内瑞拉河流水系探险上取得成功的洪堡没有时间休息，他和邦普朗在 1880 年 11 月航行至古巴；1801 年 3 月，他们回到了卡塔赫纳，并继续向利马前进，准备在安第斯山脉进行为期两年的科学探险。

在内陆的旅行又成为了另一次史诗般的河流探险——他们在河水暴涨的马格达莱纳河中行进了 805 千米，穿过了茂密的森林。他们又一次饱尝昆虫叮咬之苦，陪同他们的 20 名印第安人中有 8 人因为热带性溃疡和精疲力竭而被送回。不过洪堡和邦普朗保持着健康抵达了翁达港，准备进行去往波哥大（哥伦比亚）的高原之旅。1801年9月，他们出发前往基多。当地矿业官员使用印第安搬运工通过崎岖难行的道路：当地的印第安人身上会被装上椅子形状的装置，官员坐在上面就这样被运过去。洪堡和邦普朗拒绝了这个方法，选择步行。

1802年1月抵达基多（厄瓜多尔）之后，他们把接下来六个月的时间都花在了研究当地火山上。在当时人们还没有理解海拔对于人体的影响，而洪堡不得不放弃对皮钦查火山的首次攀登，因为他感到很不舒服并昏了过去。毫不气馁的他又做了第二次尝试，并在经过几座裂缝桥下降一些距离之后成功登顶。洪堡的身体状况极佳，他在第二天又登上了皮钦查火山进行更多的观测。他还和邦普朗一起试图登上钦博拉索山，但在海拔5878米的时候被一片覆盖着柔软冰雪的陡峭斜坡挡住了去路。在接下来的30年中，洪堡保持着人类攀登高度的纪录。在他晚年时，当对喜马拉雅山脉的调查发现钦博拉索山实际上并不是世界第一高峰的时候，洪堡表现出了不难理解的失望，他写道："我在一生中都认为自己是世界上所有人中攀登得最高的人——我指的是钦博拉索山的山坡上！"

在所到之处，洪堡常常对碰到的所有东西进行一丝不苟的观察。他在去往太平洋沿岸的特鲁希略途中所做的磁力观测在接下来50年的地磁研究中一直被用作参考资料。他还从当地农民那里了解到海鸟粪具有很强的肥力，并把这个发现带回了欧洲。

在利马逗留了一段时间之后，1802年12月洪堡和邦普朗起航前往墨西哥，中间经过瓜亚基尔。在海上洪堡当然还在进行他永不停歇的科学研究：他对于秘鲁海域海水温度的测量揭示了该洋流的存在，该洋流后来以他的名字命名（现亦称秘鲁洋流）。1803年3月，他们抵达了墨西哥的阿卡普尔科，并花了一年的时间进行去往火山的旅行、研究阿兹特克文化并造访了一些矿山。1804年3月，他们起航前往哈瓦那，然后又来到费城，洪堡在那里拜访了当时的美国总统托马斯·杰斐逊。洪堡深受杰斐逊的鼓舞，认为这次会面非常重要。两人讨论了许多事情，包括刘易斯和克拉克进行的美国西部远征（见第69页），为洪堡最伟大的探险画上了句号。1804年6月，洪堡和邦普朗起航前往波尔多。

巴黎以及那些"未必如实的岁月"

这场历时五年之久的宏大探险行动花费了洪堡所有财产的三分之一。如今他拥有六万件标

从南美洲返回后，洪堡用了接下来的30年时间撰写和出版他所有调查及观测的结果。他描述了这种新世界的小型猴类即绢毛猴，并将其命名为*Simia leonina*，但直到现在也不能完全确定它到底代表哪一个物种。

本以及浩瀚的动物学、地球物理学、天文学、地质学、海洋学和文化学数据。洪堡常常说他的目标是“收集想法而不是物品”，他花了30年时间才将南美之旅的结果提炼出来，并出版了包含多卷的大部头著作，这部著作后来又从法语翻译成英语，标题为《赤道地区之旅的个人叙述……1799–1804年》。由于这本书也基本上是他自己出资出版的，于是也给他造成了经济问题。

从南美洲回来之后，洪堡定居在巴黎，在经拿破仑批准的一笔津贴的帮助下，他在那里生活了接下来的24年。就像从前那样，他进入了巴黎科学界、社交圈和政治圈的上层，生活得风生水起。但他对巴黎的爱并不像他对旅行和发现的爱那样热烈，1805年，洪堡和法国科学家盖·吕萨克一起进行了一次为期六周的穿越阿尔卑斯山之旅，目的是进行磁力和大气观测。

他还有一个自己称之为“我一生中第二大任务”的计划——去亚洲北部进行科学探险。1811年，他希望离开巴黎前往西伯利亚、喀什和西藏，但拿破仑对俄国的侵略阻止了计划的实施。1827年，洪堡返回柏林，但他探索的动力仍然丝毫未减。为去俄国探险做前期准备，他曾几次前往伦敦，其中一次他和伊萨姆巴德·金德姆·布鲁内尔在泰晤士河里的一口潜水钟下待了一个小时；浮上水面后，洪堡胸中的血管发生了破裂，当时出现了咳血和流鼻血的症状，直到第二天才消失。

1829年4月，年届60岁的洪堡前往圣彼得堡并在6个月内返回柏林，走过了18 500千米的路程，又一次进行了大量天文学、地质学和地理学观测，并证明了俄国境内有钻石矿藏。他还在俄国境内建立起了地磁和气象观测站网络，这促使欧洲大陆、英国和美国完成了同样的工作，建立起了世界性的地磁和气象观测网。

洪堡如今重拾起了他早期的一个想法，并开始撰写一部野心勃勃的巨著《宇宙》，在这部著作中，他试图收集和记录科学及自然界已知的所有事情，并找到不同分支之间的联系——“对于宇宙的物理性描述”，他要在其中论证自然的统一性。这部书花了他25年的时间，当第一卷出版的时候他已经76岁了，第三卷出版时81岁（他称自己的这段时间为“未必如实的岁月”）；而当洪堡在90岁诞辰前夕去世时，最后的第五卷只完成了一半。

洪堡对于各种科学门类都做出了真正的开创性的贡献，大量动植物物种、地理景观、地名和大学都以他的名字命名。

至于他自己，洪堡这样说道：

> 我只完成了三项重要并且最独特的工作。植物地理学以及与之相关的对热带世界的自然描绘。等温线的理论。对地磁的观测——在我的建议下，它导致了遍及全球的地磁观测站的建立。

洪堡博得了所有他应得的掌声和称赞，他对于许多科学分支的影响在今天仍然可以感受得到。

缪伯里·波尔卡/撰

玛丽安娜·诺斯

无畏的植物学家和画家

（1830–1890年）

有一天，当我想要画画时突然感到很冷，于是我走上悬崖边又走了下来，总共走了4英里。景色很美……这里有很多浆果，但是没有鲜花；而我因此感到更加开心，因为这样可以立即欣赏风景本身。风很急，波浪拍打着岸边，像是真正的海一样……我坐下来并开始思索自己是否应该回到英格兰，见一见我在画廊里的朋友们。

玛丽安娜·诺斯，她的日记中对新西兰瓦卡蒂普湖中一个小岛的描述，1881年

玛丽安娜·诺斯直到40岁以后才开始进行她赖以成名的活动。她挚爱的父亲死后，诺斯开始进行孤身一人的求索，在世界最偏远的地区记录珍稀的植物。在一生所剩下的20年中，她为英国皇家植物园邱园收集了大量植物物种，并画了将近一千幅画作，如今这些画收藏在她在邱园修建的一个展示馆以及大英博物馆内。很少有女性像诺斯那样敢于离开家去往那么遥远的地方探险。为了完成自己设立的收集并描绘珍稀异域植物的任务，她穿过丛林，爬上高山，沿着满是泥浆的道路艰难跋涉，乘着筏子在河中漂流，并忍受着虫子、蛇和热浪的侵袭。在诺斯的发现中，总共有五个以她的名字命名。

痴迷于绘画的早年生活

诺斯出生在英格兰南部黑斯廷斯的一个富有而且文化程度很高的家庭。她的母亲继承了一大笔相当可观的财产，她的父亲弗雷德里克·诺斯是英国议会的自由党成员，活跃于当时的政

红嘴长尾蜂鸟采食荆芥叶草（*Leonotis nepetaefolia*）花蜜的情景，牙买加。诺斯将这两个物种配在画中，具有相当的预见性：这种闪闪发光的长尾蜂鸟常常出现在当地民间传说中，后来成了牙买加的国鸟，而荆芥叶草因其医疗作用在如今广为人知。

在巴西收割甘蔗的场景：诺斯深深惊讶于在巴西看到的丰富多样的自然生物，对于农田和矿山里存在的邪恶的奴隶制度，她也没有选择视而不见。

治圈和知识圈之中，并且是一些探索新科学的俱乐部的成员。诺斯没有接受多少正规教育，但她的家庭有很多画家和科学家朋友。其中之一是著名的植物学家、皇家植物园邱园园长威廉·胡克，他曾赠给年轻的玛丽安娜一些异域植物，鼓励她进行植物绘画。玛丽安娜和父亲与妹妹一样都很喜爱植物，在他们漫游欧洲期间，她跟一系列画家学习过绘画。油画是她最喜欢的种类："从此以后，我什么别的事情都没有干，画油画成了像喝小酒那样让人上瘾的癖好，我一旦开始画，就几乎无法起身离开。"

诺斯的母亲在1855年去世之后，她按照曾经承诺过的那样照顾起自己的父亲。由于没有结婚，她仍然保留着对于财产的控制权，于是才能在后来为自己的探险提供资金。在接下来的14年中，她和父亲不断在欧洲和巴勒斯坦旅行，并总是随身带着日记和写生簿。弗雷德里克在1869年的一次远足旅行中得了病，玛丽安娜把他带回黑斯廷斯的家中，他在家中去世了。诺斯对于父亲的死十分悲伤。绘画以及周游世界搜寻珍稀异域植物成了她的慰藉。

在路上

诺斯对于远距离旅行的渴望很早就开始

右页图：诺斯描绘的南非风景、植被和居民。她对于"卡菲尔兰（Kafirland）的完美新世界植被"惊叹不已，这片植物世界中偶尔出现蜂窝型的小屋，其中的居民是"穿着红色斗篷，头插羽毛，外貌最庄严美丽的人物"。

玛丽安娜·诺斯的摄影肖像，朱丽娅·玛格丽特·卡梅伦拍摄。诺斯对卡梅伦很着迷，后者的“古怪是最让人耳目一新的”。

了，威廉·胡克赠送的热带花卉激起了她对远方的兴趣，如今已经41岁的她终于开始了一系列旷日持久的旅程，这些旅程将持续她的后半生。她受到了探险家露西·达夫·戈登的鼓舞走向更远的野外，后者曾在埃及的卢克索与她会面，玛丽安娜决定走出欧洲的边界，去实现“在热带地区丰富多彩的自然环境中描绘当地奇异植物的梦想”。

1871年，她受到邀请前往美国，这次旅行为她今后的探险确定了模式。在威廉爵士的儿子约瑟夫·胡克爵士以及查尔斯·达尔文和其他朋友的引介下，她得以在所到之处见到当地最有影响力的人物。这些人为她在野外的逗留提供了便利。诺斯独自一人上路，她的第一次单身旅行开始于波士顿。她遇到了伊丽莎白·阿加西夫人，这场会面对她很重要，后者刚刚和她的丈夫博物学家路易斯从巴西之旅返回。他们收集的植物刺激了诺斯对于在热带地区旅行的期待。

随着冬天逐渐迫近，她高兴地踏上了前往牙买加的旅途。寒冷的天气会让诺斯很难挨，她患有风湿病，在炎热的气候中最开心。在金斯敦郊外，她发现了一个覆盖着植被的废弃房屋，并在这里独自一人居住了一个月，愉快地画着画。下一站是巴西，她在米纳斯吉拉斯的一个小屋中度过了“充满喜悦的”8个月。诺斯无视旅途的艰苦和漫长，她一直把注意力集中在植物上，而这些植物从不让她失望：“我的漫游非常愉快，每次探险都有新的奇妙发现。”事实上，她喜欢植物更甚于喜欢人。

诺斯的回忆录起名叫《幸福生活的回忆》并不是没有道理的。在长年累月的旅行中，为了找到想要的植物，她攀爬悬崖、穿越沼泽、乘筏渡河，从来不顾危险。她通过植物去看和体验这个世界，植物令她着迷，无论周围环境如何。当在塞舌尔群岛上画一棵海椰子树时，为了得到更好的视角，诺斯不得不站在不牢靠的岩石上，她记录自己“将画板放在一片扇形巨大叶片上，开始安心地描绘起所有的果实和芽，虽然一次小小的滑动或抽搐就会给我的画和我自己画上句号”。另一次，在群山之中穿行了一段漫长而艰苦的路途之后，她写到，自己将“不再乐意去往看不见自己脚的地方”。1876年，在锡兰（斯里兰卡）的卡卢特勒地区，当诺斯朝树下自己的画架走过去时，看到旁边的椅子上有一个绿色的东西在风中摇曳。她没有戴眼镜，以为有人为她留下了一个植物标本，当她伸出手去拿它的时候才发现这是一条毒蛇，幸亏它立刻溜走了。“从那天起，”她回忆道，“我就总是戴着眼镜。”在卡卢特勒的时候，诺斯还遇到了摄影家朱丽娅·玛格丽特·卡梅伦并和她成为了朋友。

诺斯的好心情一定很具感染力，因为她在所到之处都受到了欢迎。许多人都曾帮助过她，包括派遣马车载着她走过一段艰难而危险道路的一位总督以及在“黑河，其中的河水真是名副其实”边为她煮茶的一名警察车夫，还有一个用“他的长剑将附在我身上的水蛭削去”的军人。在婆罗洲，她被引荐给了沙捞越的白人罗阇，还成了王妃玛格丽特·布鲁克的好友和旅伴。罗阇在一片湿地旁为她安排了一座小屋，诺斯在这里住了一个月，她的厨子每天的工作就是从鸡笼里抓鸡做给她吃。她写到，自己在画画中度过了一段“美味”时光，直到她的鸡都吃光并且“面包开始变蓝”才不情愿地回去了。在沙捞越，诺斯发现了已知的最大猪笼草，即诺斯猪笼草（*Nepenthes northiana*）。这是以她名字命名的五种植物之一，其他的植物有*Northea*

世界上最大的已知猪笼草——诺斯猪笼草，它在婆罗洲被发现并以诺斯的名字命名。

seychellana，塞舌尔群岛上的一种树木；文殊兰（*Crinum northianum*），一种石蒜科植物；诺斯槟榔（*Areca northiana*），一种羽叶棕榈；还有诺斯火炬花（*Kniphofia northiana*），非洲产的一种火炬花。

1878-1879 年，她花了一年半的时间走遍了印度，寻找印度典籍中记载的植物。她画了两百多幅植物和场景，包括种在坟墓旁的鸡蛋花——它们的花瓣会落在逝者身上，印度教徒用来火化遗体的芒果木以及种在寺庙周围散发甜香气味的夜茉莉。在非凡的旅途中，她还去过日本、爪哇、东印度群岛、非洲、澳大利亚、新西兰、智利和塞舌尔群岛。

她的妹妹凯瑟琳出版了她的回忆录，凯瑟琳如此评论自己的姐姐：

> 她好像过着一种着了魔的生活。她能够坐在红树林沼泽里画上一天，却不会得上热病。她可以废寝忘食地生活，一两年后还是回到了家中，变得更瘦，疲倦的双眼中显露出饱经忧患的眼神，但已经准备好充分享受伦敦的热情接待，这座城市时刻准备着给取得各种各样成就的人以这样的欢迎。

几年之后，她决定公开展览自己的画作。她在伦敦南肯辛顿博物馆的展览大受欢迎，于是诺斯决定修建一个画廊永久展览她

右页图：红丝姜花（*Hedychium gardnerianum*）和太阳鸟，画于印度。诺斯在印度的目标之一是描绘和印度宗教有关的植物。姜花是喜马拉雅山麓的本土植物，在为期八天的因陀罗雨神节中，会有一名少女戴上姜花制成的花环，成为女神库玛丽在人间的肉身。

的作品。1879年，她联系了约瑟夫·胡克爵士，不仅提供了她的藏品，还提供了在邱园修建收藏它们的展览馆所需要的资金。当胡克同意之后，她委托另一位朋友著名建筑师詹姆斯·弗格森设计这栋建筑，其中专门设立了园丁使用的房间。她将旅途中收集的246种不同的木材做成嵌板装饰这些房间，并在门的周围亲自画上横饰带。今天邱园共收藏了诺斯的832幅作品，其中描绘了727个属和将近1000个物种。她还有几百幅在印度时的画作收藏在大英博物馆。

诺斯的最后一次探险是1884–1885年的智利之旅，从那里回来之后，她已经疲惫不堪，长年艰苦的旅行还让她疾病缠身。1890年，她在格洛斯特郡的奥尔德利去世，享年59岁。

遗产

诺斯是一位早期环保人士，她清醒地意识到自己描绘的画面正在飞快地远去。看到伐木工人在加利福尼亚壮观的红树林中砍伐出一条光秃秃的通道，她写道："拥有文明并开化的现代人在短短的时间内浪费了这么多宝贵的自然资源，而未开化的野蛮人和动物在几个世纪中也没有破坏这些宝藏，想起这个就真叫人心痛。"1892年，在诺斯画廊官方简介的序言中，邱园园长约瑟夫·胡克如此评论她描绘的对象："在斧头、森林火灾、耕地和不断发展的殖民点面前，这些物种……正在消失或者注定很快就会消失。这些场景永远也不会在自然中重现了。"

诺斯的作品在植物学记录中是很重要的一个元素，因为她在现场记录这些植物，进入画面的常常还有鸟类、昆虫，有时还有人类。她是真正幸运的人之一，发现了自己所热爱的事业，有方法也有勇气去追寻自己的热情，还有分享自己发现的天赋。她还将自己的事业和世界上最出众的各大植物资源分布中心联系了起来，因此她留下的遗产将始终熠熠生光。

皮特·雷比/撰

阿尔弗雷德·罗素·华莱士

适者生存
（1823–1913年）

……文明人是否应该抵达这些遥远的地方，然后为这些原始森林带来外部的道德、智力和物质之光呢，我们能够确定的是，通过这种方式，他会扰乱自然中生物界和非生物界之间和谐的平衡，导致那些他最能欣赏其中构造和美丽的事物渐渐消失，直至完全灭绝。

A. R. 华莱士，《马来群岛》，1869年

1823年1月8日，阿尔弗雷德·罗素·华莱士出生于英国威尔士的蒙茅斯郡。1826年，他的家庭迁往哈福德，阿尔弗雷德在那里上了语法学校，直到14岁。1837年，在伦敦和自己的一个哥哥约翰短暂生活一段时间之后，他开始了作为调查员的学徒生涯，雇主是自己的另一个哥哥威廉。他和威廉一起待了几乎7年，后来回到了威尔士执行铁路合同。户外生活很适合他，他对地质学和博物学产生了兴趣，并开始有规划地进行自我教育，同时也从技工学院学到了很多东西。华莱士只用了一年多的时间就成了莱斯特的一名小学校长，在那里他还遇到了亨利·沃尔特·贝茨，后者带他领略了捕捉甲虫的乐趣。在返回威尔士之后，有一段时间，华莱士将自己投入了忙碌的测量工作之中——铁路合同在当时还很赚钱。

但他智力上的好奇心已经生根发芽，开始茁壮成长起来。旅行游记最能吸引他，包括亚历山大·冯·洪堡的《南美之旅的个人叙述》（见第270页）以及查尔斯·达尔文根据小猎犬号之旅撰写的《航行日记》。然后他在1845年阅读了《创世的自然志遗迹》（罗伯特·钱伯斯著），并发现其中的中心思想——物种的演变——跟他自己的想法十分契合。他和贝茨每个月都交流各自捕获的“战利品”，当贝茨来到威尔士的时候，他们孕育了一个联合探险的计划。“我应该选择一个科进行深入的研究，并且要根据物种起源的观点和原则进行研究。”华莱士

在给贝茨的信中曾这样写道。他们决定前往亚马孙，并将标本卖给伦敦的一个博物学代理商萨缪尔·史蒂文斯来筹集资金。

前往亚马孙

华莱士和贝茨花了一个星期学习如何打鸟并制作标本，然后在1848年4月从利物浦起航出发。抵达巴西的帕拉（现在的贝伦）之后，他们在城外租了一处房屋，并很快开始了繁忙的工作——早上捕捉昆虫和鸟类，在白天的高温下剥皮、保存、用大头针固定标本，到晚上则写下笔记。蝴蝶等其他昆虫以及鸟类是他们收藏的主要部分。他们是勤奋工作的博物学家商人，渴望证明自己并建立起能够提供更多资金的体系，以便进行更远大的旅行计划。沿着托坎廷斯河逆流而上的一次探险是很有用的学习经历。华莱士碰到了一连串新手探险家常常遭遇的事：一次大黄蜂的猛烈攻击；和一条短吻鳄进行了搏斗，之前他还以为它是死的；他的枪卡在独木舟的木板中后走了火，给他的手留下了严重的枪伤。在说服自己的弟弟赫伯特加入自己之后，华莱士决定和贝茨分道扬镳探索不同的地区。赫伯特曾经和植物学家理查德·斯普鲁斯在帕拉旅行过，1849年8月，兄弟二人沿着亚马孙河逆流而上645千米抵达圣塔伦。华莱士对于这段旅程、这里的纯净空气和简单生活非常高兴。他在这里捕捉蝴蝶——他将蓝色茶蛱蝶（*Callithea sapphira*）称作“我曾经得到的最美丽的东西”——并对各物种在该地区的分布产生了浓厚兴趣：在河流两岸都采集了样本之后，他意识到这条河可能是某些物种的分布边界。

随着信心逐渐增长，华莱士如今想要探索更加偏僻的地区。1849年年底，他来到了亚马孙河和尼格罗河的交汇处，并在巴拉（现玛瑙斯）建立了自己的基地。赫伯特发现收集标本并不是自己的专长，于是阿尔弗雷德和当地一名商人出发前往圣加布里埃尔瀑布以及更远处尼格罗河与奥里诺科河水系连接的地方。华莱士开始系统地收集和描绘鱼类。抵达吉亚之后，他又向科巴蒂山（Serra de Cobati）转移，寻找颜色艳丽的安第斯冠伞鸟雄鸟。这场捕猎之旅非常具有启发性——华莱士没有指使印第安人为他捕捉样本，而是跟着他们的脚步亲自上阵，在旅途中他的枪老是挂在伸出来的树枝上，而且衬衫的袖子被攀援植物的刺勾得破破烂烂的，以至于他们把他视为“穿着衣服在雨林中穿行的无用性以及帮倒忙的绝佳例证”。他在亚维塔（Javíta）待了几个月，并在那里发现了某种乌托邦式的理想国——要是没有沙蝇就更完美了，然后他乘独木舟逆流而上抵达沃佩斯地区，在那里发现了“雨林中真正的居民”，这让他高兴不已。华莱士记录了这些雨林居民的习俗、舞蹈和语言，并渴望在这里多逗留些时日；他在这里漫游了一个小时就找到了30种兰花，他还意识到自己可以用便宜的货物换来活的猴子和鹦鹉样本。据传说，那里还有一种白色的伞鸟——任何一种稀有的鸟类对于华莱士都是极大的诱惑。返回巴拉寄走一批样本并购买了更多补给之后，他听说自己的弟弟在帕拉得了严重的黄热病。在说服自己离得太远帮不上什么忙之后，他再次上路并抵达圣若阿金，然后在那里得了一场严重且反复的热病；他觉得自己“几乎到了死亡的边缘”。

华莱士从来不缺少应变能力或是毅力，但他的疾病和对于弟弟的担忧的确影响了他。康复之后，他立刻重新上路并乘着独木舟走到了更远的沃佩斯地区，然后在穿过或绕过了大约五十座瀑布后抵达穆库拉（Mucura），让他感到满意的是，之前还从未有欧洲旅行者来过这里。华莱士尽其所能对该地区进行了测绘，然而他弄丢了或者弄坏了用来测量海拔高度的沸点温度计，手头只有一部便携式测绘六分仪。这里的动物并不多，他将这归咎于自己疾病导致的延误。水果成熟的季节已经过去，鱼类的数量也有所减少，而传说中的白色伞鸟貌似根本就不存在。不过他还是尽可能收集了许多样本，并踏上返程之路。

华莱士和他的朋友弗雷德里克·吉奇，这张照片拍摄于1862年的新加坡，华莱士即将返回英国前夕。

回到帕拉之后，他听说了自己弟弟的死讯，并探访了他的坟墓。

1852年7月，华莱士起航前往英格兰。三个星期过后，船只失火，所有人都必须上到救生船上去。华莱士随手抢救了一些自己的东西，包括他的鱼类和棕榈图画，然后眼睁睁地看着大船被烧掉，连着一起烧毁的还

华莱士的笔记本中一条隆头翼甲鲶（*Ancistrus gibbiceps*）的铅笔素描，这是尼格罗河中的一种鱼类。这个画着鱼类素描的笔记本是华莱士在海伦号火灾中抢救出来的为数不多的记录之一。

有他三年的日记、一大文件夹的图画，还有他收集的猴子和鸟类。随着海浪漂浮到百慕大群岛之后，这次海难的幸存者被一艘过路的海船救起，并随着这艘船抵达英国迪尔；他们终于在这里吃到了牛排和李子馅饼，与之前的饼干和水相比改善了许多。

据华莱士估计，他损失了价值 500 英镑的样本；更糟糕的是，他随身携带了 4 年的私人收藏也付之一炬了。幸运的是，他的经纪人史蒂文斯已经为这些收藏投了 200 英镑的保险，所以华莱士并未因此陷入贫困。他已经 29 岁了，是一个无可救药的乐观主义者。不久之后，他就进入了学术圈子，参加各种会议，发表论文和演讲，包括一次在皇家地理学会的讲演。华莱士整理了自己回忆中的思绪，并最大程度地利用了业已损毁的书面记录，写成了《亚马孙河和尼格罗河游记》。他作为一名收藏家的成功以及他对于动植物分布和物种进化之间联系的想法，给了他足够的自信考虑进行一次更加宏大的旅行。回到亚马孙并去往自己还从未到过的秘鲁？澳大利亚？最终他游说了罗德里克·默奇森和皇家地理学会，并获准前往东方。1854 年 4 月，他带着年轻的助手查尔斯·艾伦抵达新加坡，并开始了在马来群岛的八年漫游之旅，这是他一生中“关键的插曲”。

婆罗洲和红毛猩猩

新加坡是一个良好的基地，在通往欧洲的航线中，它处在一个关键的位置上。就像在巴西时那样，华莱士先探索附近的资源，进行试验性质的短程旅行，在马六甲待了两个月并登上了奥弗山（Mount Ophir）。婆罗洲也吸引着华莱士，那里有大片相对尚未涉足的土地，还能和沙捞越的统治者布鲁克罗阇进行价值无法衡量的接触。华莱士在 1854 年 11 月抵达婆罗洲。他在山都望山（Santubong mountain）脚下的一座小房子里耐着性子挨过雨季，并撰写了一篇重要的论文《论调控新物种出现的规律》，其中包括了颇具挑战性的论述“每个物种在出现时，都有一个关系紧密的近缘种已经存在于同一个地方”。他已经和贝茨以及斯普鲁斯讨论过这个理论，但华莱士还不清楚它最重要的部分——这种现象的机制。

当这封信件缓慢地寄往伦敦时，华莱士将自己的基地搬到了实文然河（Simunjon River）河边，那里有一个煤矿正在原始森林中进行开采。他在那里建造了一座包含两个房间的小屋并在那里住了下来，进行了九个月的样本采集。他曾在短短的一天之内捉到过 76 种不同的昆虫和甲虫，其中有 34 种是他第一次见到。其他令人愉快的发现还包括一种美丽的凤蝶，他将其命名为红领巾鸟翼凤蝶（*Ornithoptera brookeana*），现今称为翠叶红颈凤蝶（*Trogonoptera brookiana*）；还有一种新的黑蹼树蛙。最重要的是他和红毛猩猩的相遇。他和他雇用的迪雅克猎人射杀了许多红毛猩猩——在这个阶段这种事情还不会引起华莱士的不安。他得以近距离地研究它们的习性，并养了一只红毛猩猩的幼崽，华莱士抚养和描述它的方式就像对待一个人类婴儿一样。在返回沙捞越的途中，他沿着实文然河逆流而上并越过了通向沙捞越河的分水岭，路上就住在迪雅克人的长屋中歇脚。他带着大批将要运到英格兰的样本返回了新加坡，这些样本包括大约五千只昆虫以及红毛猩猩的皮毛和骨架。华莱士的思想也因为他所做的观察而得到了丰富，而和其他种族在一起花费的大量时间让他关于物种（包括人类）的想法逐渐成形。

华莱士分界线

是时候向更远的东方前进了。华莱士先后抵达巴厘岛（之前在一艘中国帆船上待了20天）和龙目岛，他注意到这里的鸟类种群出乎意料地丰富，并且“深刻阐明了东方动物的地理分布规律”。巴厘岛和龙目岛虽然相距不到28千米，但它们属于两个截然不同的动物分布区域，每个岛分别是各自分布区域的前沿。华莱士意识到自己穿过了亚洲和澳大利亚动物分布区之间的分界线，这条分界线最终得名“华莱士分界线”。这是一个让人震惊的发现，后来地理学上地壳板块的发现进一步证实了这一点。

华莱士对前往西里伯斯岛（苏拉威西岛）上的望加锡，这是他第一次来到这个岛上——这里充满了物种地理分布之谜。但他乘着当地马来人的小帆船航行了1610千米，最终将自己锁定在阿鲁群岛的最远端，希望在这里找到王极乐鸟和大极乐鸟。航行途中，他在一节稻草覆盖的船舱中给自己找了一块舒适的位置，“那是我在海上享受过的最温暖舒服的地方”，帆船上天然植物纤维散发出的气味也使人愉悦，让他想起了森林的味道。他的旅行记述中充满了狂喜：在柯群岛（Ke Islands），他发现自己处于“一个新世界”，陶醉于“完全的人类多样性”中。在阿鲁群岛，令他惊叹的事物还有极乐鸟、珍稀的蝴蝶以及美丽的岛民，这些人“极好地适应了”他们的环境。他如此描述自己捕捉到一只绿鸟翼凤蝶（*Ornithoptera poseidon*）的时刻：“当我看到它朝我翩翩而来的时候，我兴奋得颤抖起来，我甚至不敢相信自己成功地捉到了它，直到把它从网中拿出来，它那丝绒黑和亮绿色的翅膀、金黄色的身体以及深红色的胸部让我久久凝视，沉醉不已。”他带着包含1600个物种的9000件样本返回了望加锡，他的思想也变得更加充实了。

上图：“黑蹼树蛙”，这是J. G. 克鲁曼根据华莱士的画改作的版画。

右页图：大极乐鸟（*Paradisaea apoda*），约翰·古尔德的《新几内亚鸟类》（1875–1888年）中的插画。

华莱士的私人收藏，展示了蝴蝶的雌雄异型现象。左上角是一只雄性红鸟翼凤蝶（*Ornithoptera croesus*），他将其称为“世界上最精美的蝴蝶”。

自然选择和极乐鸟

华莱士先将他的基地转移至安波沙洲，他在那里和一条 3.6 米长的巨蟒一起住在小屋里，然后又转移至特尔纳特。他探访了附近的吉洛洛岛（哈马黑拉岛），并继续思索人类物种的问题；当华莱士因为一场严重的疟疾而哆嗦不止的时候，他思考起了马尔萨斯的《人口论》。

突然之间，物种如何变化这个问题的答案浮现在他的脑海：在每一代中，弱小的个体总是不可避免地被杀死而强壮的个体会存活下来——这就是所谓的“适者生存”。回到特尔纳特之后，他就这个观点写了一篇清晰的论文，并寄给了查尔斯·达尔文，当时两人一直在通信讨论科学问题。然后他准备进行下一次大型探险，目的地是新几内亚的多雷（Dorey）。

这次旅行是他众多奇妙之旅中不太顺利的一次。在新几内亚，他的两个手下病死了。他自己也忍受着疾病、暴雨以及瘟疫般的蚂蚁和绿头苍蝇。不过好消息传来，他的论文被接受了；达尔文在他的文章后面附上了自己的见解，在1858年7月1日林奈学会的会议上提交并讨论了这篇论文。自然选择的进化理论如今早已成为主流，而华莱士作为一名科学思想家的角色和名誉是无法抹杀的。他和达尔文之间继续来往书信，而达尔文寄给他的最重要的东西莫过于1859年出版的《物种起源》。华莱士深深折服于这部巨著，并平静地将自己撰写一部理论著作的计划搁置一旁，他本来想在自己的著作中完成动物在时间和空间中关系的研究。他在巴羌岛（巴占岛）发现了一种新的极乐鸟——幡羽极乐鸟（*Semioptera wallacei*），为了寻找红极乐鸟（*Paradisaea rubra*），他还去了Waigiou和Bessir，途中努力保持样本的存活，并增长了自己对于帝汶岛、爪哇岛和苏门答腊岛的了解。华莱士最终于1862年4月1日回到伦敦，并为伦敦动物学会带回了两只极乐鸟，这两只小鸟堪称活着的宝物，在路上华莱士每天都亲自用蟑螂给它们喂食。

“阿鲁人捕猎大极乐鸟”，T. W. 伍德绘制的版画，摘自《马来群岛》（1869年）。

华莱士的探险家生涯结束了。七年之

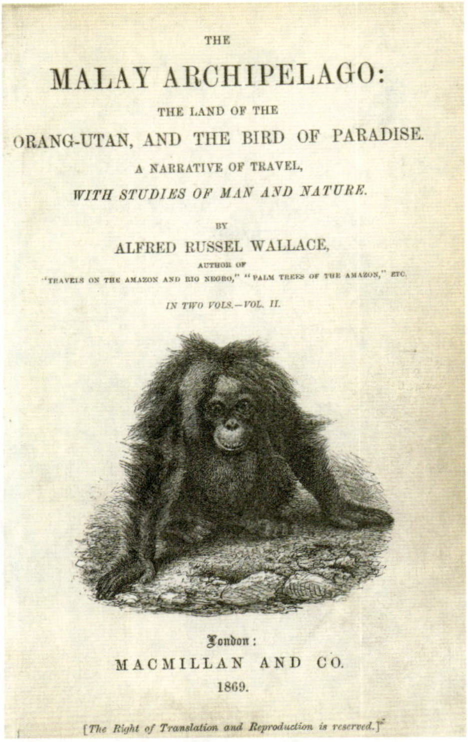

THE

MALAY ARCHIPELAGO:

THE LAND OF THE

ORANG-UTAN, AND THE BIRD OF PARADISE.

A NARRATIVE OF TRAVEL,

WITH STUDIES OF MAN AND NATURE.

BY

ALFRED RUSSEL WALLACE,

AUTHOR OF

"TRAVELS ON THE AMAZON AND RIO NEGRO," "PALM TREES OF THE AMAZON," ETC.

IN TWO VOLS.—VOL. II.

London:

MACMILLAN AND CO.

1869.

[The Right of Translation and Reproduction is reserved.]

一只雌性红毛猩猩出现在《马来群岛》(1869年)一书的扉页上。

后，他出版了《马来群岛》一书，该书逐渐得到认可，并被认为是最棒的游记之一：它清楚易懂，生动活泼，充满洞察力，并有力地传达了他对于自然的美丽及其多样性的赞叹。华莱士一直活到 1913 年，尽管他从未获得过正规的学术职位——也许是他的独立性太强，也许是因为他的社会主义倾向和对于通灵术的兴趣，但他写下了大量具有影响力的科学和大众读物，并获得了所有官方荣誉，包括一枚英国皇家功绩勋章。

不过他作为一名探险博物学家的岁月最大限度地决定了他的贡献，他在那些遥远的地区锻炼了自己观察的能力。由于常常在一个地方待上很长的时间，又由于他依赖于当地的资源，他发展出了一种不寻常的世界观，将世界看作连续的整体。华莱士质疑现代文明的价值，并预见到了鲁莽的开发对于人类和自然世界造成的危害。阅读华莱士，你不得不思考人类在自然界中的位置，并深深意识到自然世界的互相依赖以及它的脆弱。

奥利弗·托雷/撰

弗兰克·金登-沃德

远东的植物猎手
（1885-1958 年）

探险生活是一天天无聊的日子，
点缀着某些狂喜的瞬间。
弗兰克·金登-沃德

我的祖父弗兰克·金登-沃德或许没有其他探险家那么出名，但和其他著名的探险家相比，他在一个方面都胜过他们——他活了下来，虽然他只经历了几次事故。他在 1885 年出生于曼彻斯特，当他还是个上学的孩子时就开始了探险，骑了两天自行车到了牛津，皮肤被露水湿透，晚上就在星空下睡觉。他和最好的朋友组建了一个俱乐部（只有两名成员），他们经常进行冒险活动。他们觉得自己越辛苦，就说明自己的旅行越成功。金登-沃德的探险只被两次世界大战打断过，50 年的探险生涯之后，他终于在医院里去世了，享年 72 岁。

他的父亲哈利·马歇尔·沃德是剑桥大学的植物学教授，并在锡兰（斯里兰卡）咖啡枯萎病的研究上取得了很高成就。早在孩童时，弗兰克就无意中听到父亲和一位来访探险家的对话，其中有一句“沿着雅鲁藏布江上溯，还有许多地方从未有白人涉足”给他留下了最深刻的印象。父亲去世之后，弗兰克提早离开剑桥大学并在上海谋得一个教职，以便更接近雅鲁藏布江。1909 年，他受邀参加了贝德福德公爵资助的中国西部探险。这主要是一次动物学考察，但弗兰克仍然向自己的母校送回了干燥和压制的植物标本。

弗兰克·金登-沃德常常首先将自己视为一名探险家，尽管今天他最为出名的身份是植物收集者。对他来说，收集植物只是资助下一次探险的手段而已。对于英国乃至后来的美国和全世界的园艺学家来说，金登-沃德的收集为他们的花园提供了无穷无尽充满异国情调的美丽植物。传说中的“喜马拉雅蓝色罂粟”藿香叶绿绒蒿（*Meconopsis betonicifolia*）、巨伞钟报春

藿香叶绿绒蒿，即传说中的“喜马拉雅蓝色罂粟”，金登-沃德拍摄于1924年，这株植物也被他带回英国。

（*Primula florindae*）、黄杯杜鹃（*Rhododendron wardii*）和曼尼普尔百合（*Lilium mackliniae*）只不过是其中最杰出的四种而已。除了这些，他还著述颇丰。即使艰苦跋涉了最为漫长的一天，他也会坐在小桌旁写日记并向家中寄信。让人难过的是，他并没能从自己出版的许多著作和无数文章中赚到多少钱。然而这些作品仍然是他一生辛勤工作的见证，是他任何一部传记的基础。

早期探险

金登-沃德的第一次植物收集探险开始于1911年，为蜜蜂种子公司（Bees Seeds）的A. K. 布利工作；他的任务是去往中国云南省搜寻新奇有趣的植物，以便种植在英国花园中。尽管对自己的能力有所担忧，但他还是令人钦佩地接下了这项任务，并带回了大约两百个物种的植物，其中有许多是科学上新发现的物种。他曾在途中迷路并和随从走散，整整两天只吃了点儿花蜜和一些叶子，这让他得了胃绞痛。第二天他开始出现幻觉，踏上了一块幻想中的石头，却一脚踩空并跌在一块真正的石头上面。最后他终于被人发现，得以继续进行剩下的旅程，然后带着珍贵的种子返回英国。1913年，他又一次来到了云南，还是为蜜蜂种子公司工作。1914年，他前往缅甸进行自己最重要的探险

右页图：米什米什山区海拔3000米壮丽的温带雨林景色，这里位于印度东部，属于喜马拉雅山区，这里的树上有附生杜鹃。

金登-沃德于1930年代在缅甸拍摄的那加妇女照片。他对于人类学非常感兴趣，写下了大量有关当地人的论述，并且努力尊重他们的法律和风俗。

一名当地搬运工背着一箱金登-沃德的补给（日期和地点未知）；他拍摄的人物照片跟拍摄的植物与风景一样多。

行动之一，在那里他几乎被杀死的时刻不下三次：一棵树倒在了他的帐篷上；暴风雨摧毁了他的小屋；黑暗中他几乎坠下悬崖。虽然受到如此惊吓，但他仍然在该地区继续探索并搜寻植物。

在返回英国的途中，他在大英帝国最遥远的前哨之一见到了几名英国军官，并从他们那里得知欧洲正在进行战争。急于尽快征召入伍的他强行前往赫兹堡，却在半路因为疲倦晕了过去，接连病了好几天。他在战争中并没有什么杰出的表现，虽然他自己已经尽力了。他在缅甸待了两年，训练当地不情愿作战的部队，然后又去美索不达米亚（今伊拉克）待了两年，他在那里见到的唯一军事行动是猎杀鳄鱼。

在当时的时代背景下，每个人都是种族主义者，对于遥远地区的当地人鄙夷不已，动物出现就用枪捕杀，越珍稀的动物越好，而别人的国家只是用来劫掠的资源，金登-沃德可以说是一个很有同情心的旅行家。他对于某些同辈人的习惯很是厌恶，他们和当地人做生意时总爱故意少找钱，并且携带一

弗兰克与珍·金登－沃德在探险路上。他们回到营地后一天并未就此结束：跋涉了漫长的一天之后，金登－沃德会坐下来开始写信和日记，而且还有种子需要包装，植物标本需要干燥和压制。

大帮搬运工通过未知区域。与之相反的是，他总是轻装简行，付报酬时也从不要诈，捕捉珍稀动物时枪法极差，并很少无缘无故写下针对当地人的恶语。他随身带着便宜的西方货物，例如照相机和手电筒等，他知道当地的酋长和国王会索要这些东西当作礼物，而他可以把这些质量一般的货物给对方，把自己最好的装备留下来。1924 年，他进行了一场寻找“传说中的”瀑布的探险，这次行动没有成功，但 72 年之后，另一场寻找相同瀑布的探险雇用了一名当地向导，而这名向导的祖父当年曾为弗兰克工作。他是听着这位探险家寻找这座瀑布的故事长大的，他本人也对 72 年之后这次探险的成功做出了贡献。1926 年出版并于 2001 年再版的《藏布江峡谷之谜》讲述了这段完整的故事。

1923 年，金登－沃德娶了弗洛琳达·诺曼－汤普森为妻，虽然生育了两个女儿，但他在家待的时间很少。这段婚姻持续了14年，并以离婚告终。由于时代原因，弗兰克不得不假装自己有了外遇；当法庭的离婚暂准判决寄到手中时，他正在缅甸进行又一次探险。

第二次世界大战和后来的探险

“二战”期间，金登-沃德先开始在伦敦的检查员办公室工作，翻译一些中文文件，但他并不喜欢待在室内。他向上级恳求前往前线为一些军事行动做贡献，他的请求最终得到了至少部分的许可，于是他启程，取道非洲并从陆路穿过中东和亚洲的大片土地，来到了新加坡，并在日军侵略新加坡时设法逃到了印度。他几乎是最后一个逃脱的人，并从此杳无音讯长达18个月。

当他再次出现的时候，他帮助英军在丛林中寻找秘密地点储藏燃料和供给，随后他又向英

金登-沃德有严重的恐高症；他拍摄的这座桥（地点未知）已经是比较精致的一座了——有的桥甚至只是一条绳索。

国皇家空军的军官传授了丛林生存技巧。他曾被从一辆吉普车中甩出来，然后摔在那辆车前方一段距离的路面上。向妹妹口述了自己即将死去的信件之后，他昏了过去。当时他已经 60 岁了。当然他康复了而那封信永远也没有寄出去。随着战局扭转，他的技能不再有用，他也“失业”了，不过他又在一个茶叶种植园找到了工作，随后又为美国空军寻找失踪的飞行员。

1947 年他又一次结婚了。和他的第一任妻子不同的是，珍·麦克林喜爱探险，并在接下来的所有旅程中都陪伴着他。1948 年，他们在印度曼尼普尔邦收集了一千多种植物。1949 年，他们代表纽约植物学会前往米什米什，1950 年又代表英国皇家园艺学会来到阿萨姆邦和西藏之前的边界。在这次旅程中，夫妻二人经历了一场里氏 9.6–9.7 级的地震。这是当时有记录以来最强烈的一次地震，他们距离震中只有几英里远。用金登–沃德的话来说，“我们周围的群山好像要跌落到洛西特峡谷（Lohit Gorge）里去。事实上有些山峰已经仅存一半；覆盖着森林的山坡好像潮湿的纸那样被揭了下去，翠绿的高山变得雪白；荡起的大片灰尘让阳光变成了铜红色。”

穿过满目疮痍的风景，他们开始艰难地返回家中，并碰上了一些弄丢了所有补给的士兵。在这些士兵的护送下，他们最终安全返回，但这次探险是一场灾难性的失败。金登–沃德提出要返还支持者们提供的资金，但他们安慰他说只要他能安全无损地回来他们就已经很高兴了。尽管遭遇了这次惨痛的挫折，但他和珍仍然返回进行了更多探险。1952–1953 年，他们和两名年轻的缅甸植物学家待在缅甸；在他 68 岁生日那天，弗兰克登上了海拔超过 3350 米的地方；1956 年，在一位瑞士植物学家的陪伴下，他们又一次回到了缅甸。与之相称的是，1930 年，金登–沃德被皇家地理学会授予创始人奖章，表彰他的“地理探索”以及他在中国西南部以及中国西藏进行的植物收集工作。

在 1911 年，金登–沃德曾写到，自己“在雨中行进了 11 个小时之后感到疲倦”，而如今则“攀登了 5 个小时之后就筋疲力尽”。他曾在 1909 年得过疟疾，并且在接下来的岁月中不时犯热病，然而所有的暴风雨、地震、悬崖、疾病和其他无法详述的许多不幸遭遇都没能夺去他的性命。1958 年 4 月，他突然中风并陷入昏迷。两天之后，他去世了，享年 72 岁，50 年始终如一和系统的探险生涯是他的遗产，他推后了未知地域的边界，绘制了详尽的地图并进行了人类学研究；但他最为我们熟知的是他为我们的花园增添了许多多样而美丽的植物。

第七章

新的前沿

基诺·沃特金斯
尤里·加加林
雅克-伊夫·库斯托
安德鲁·詹姆斯·伊文斯

我们直到现在才意识到对于自然造化以及物种之间错综复杂的关系，我们的理解是多么肤浅，或许伟大的探险时代才刚刚开始。在大地与海洋的上面和下面，还有新的挑战等待我们前去应对。这一部分选择的探险家们通过探索截然不同的方面，极大地改变了我们对于世界以及我们和世界互相作用方式的理解。

一位年轻人在短暂的一生中改变了我们对于某种环境的看法，增加了我们掌控它的能力，他就是基诺·沃特金斯。他和同伴花费巨大努力深入格陵兰内陆建立了一个气象站，并进行了有效的气象观测，使得跨大西洋空中航线成为可能。第一个进入外太空的人是木匠的儿子。作为合适的无产阶级代表，尤里·加加林卑微的出身也许对他被信奉共产主义的上级选中有所帮助；他成了自己国家最出名的人物。一旦发现人类能够在太空存活，这场竞赛就永不停歇了。人类制造的机器正在探索太阳系的边界。有一天人类自己也将抵达那里。

我们对于海洋深处知之甚少。水肺使得探索深海成为可能，而雅克-伊夫·库斯托与这种设备的发明有着最紧密的联系。通过他的电影和书籍，库斯托将水下世界呈现在我们眼前。他还发起了充满热情的环保运动，保护这块地球上最脆弱的部分，这项事业现在由他的大儿子让-米歇尔·库斯托继续着。地球上另一块很大程度上未被探索的区域是存在于地下的巨大空间。安德鲁·伊文斯比当今任何一个人探索过的洞穴都多，他曾声称，到目前为止全世界能够进入的洞穴中只有10%得到了探索。地下令人窒息的巨大岩洞和快速奔涌的河流让在这种区域进行的探险更加激动人心。

左页图：中国重庆直辖市境内的苗坑（Miao Keng）是世界上最深的地下坑洞之一，垂直深度大约五百米；这张照片中所有的人像都是罗伯特·伊文斯。

杰里米·斯科特 / 撰

基诺·沃特金斯

对探险的痴迷
（1907–1932 年）

他们在北极所经历的是一次纯粹的突击。
在那片由残忍的美丽和真实构成的苍茫中，他们过着
英雄主义的朴素生活，从未有后来者能够与之相提并论。

杰里米·斯科特，《冰上的舞蹈》，2008 年

从伦敦飞往北美西海岸的民航飞机会在大约一万三千七百米的高空飞过格陵兰的冰盖。这是一场不受气候影响的体验，你可以一边安然用餐一边俯视下方广袤的白色旷野。但情况并不一直是这样。

1930 年，年仅 23 岁的亨利·乔治·基诺·沃特金斯率领着 14 个年轻人前往格陵兰。他们宣称自己的目标是调查是否有可能建立一条连接欧洲和美洲并跨越这片未知冰盖的空中航线，为空中客运奠定基础。但他们真正的动机更深刻、更复杂。他们太年轻，无法参加第一次世界大战，而又难以接受不景气的英国所能提供的单调乏味的生活。他们渴望冒险，渴望能够证明自己勇气的机会。用其中奥古斯特·考陶尔德的话说，他们想要“做一番大事”。他们带着两架开放式驾驶舱的双翼飞机和一部早期发条留声机，而他们进入格陵兰的第一项活动是教因纽特人跳查尔斯登舞。这是基诺的典型作风，他对于生活和北极探险都带着一种漫不经心的态度，虽然他是个追求专业主义的人。他第一次接触冒险是在剑桥大学成为一名“夜间攀爬者”，在剑桥的屋顶和塔楼之间爬上爬下，后来又把兴趣转移到阿尔卑斯山。19 岁的时候，他就引导了自己的第一次北极探险，测绘了斯瓦尔巴群岛中的埃奇岛内陆。两年之后，在皇家地理学会的赞助下，他和同行的大学生J. M. 斯科特前往加拿大拉布拉多调查该地区的边界以及汉密尔顿河的上游源头。

正是在拉布拉多的时候，基诺冒出了探索一条跨越冰盖连接欧洲和美洲空中航线的想法。这不仅是最短的显露，而且途中还有可供降落补给燃料的平台。理论上可以建立一条商用民航客运航线。

1930 年 7 月，英国北极空中航线探险队乘着探索号向东格陵兰进发，探索号是沙克尔顿的旧船，他自己就死在这艘船上。建造了一个棚屋充当营地之后，基诺在甲板上运了一架飞机继续向北前进以调查海岸地区的高度，并无意中发现了北极最高的山峰。与此同时，斯科特和其他三人带着 28 只雪橇犬从营地向内陆挺进了 225 千米，在海拔 2620 米处建立了一个气象站，在这里可以记录和监测整个冬天的气象情况。

沃特金斯是一个金发碧眼的白人，略显疲惫和瘦弱，喜欢爵士乐、跳舞和跑车，他并不太符合人们对于探险家的印象。他和探险中的年轻伙伴们都属于布莱希尔德一代。

两人被安排在气象站中，并说好按时由另外两人接替。然后在 10 月底，包括考陶尔德在内的两个人带着补给去往气象站进行交接，并且要一直待到第二年的春天。他们在途中遭到了暴雪的袭击，情况非常悲惨。当他们抵达气象站的时候，剩下的食物已经无法让两个人撑过冬天。放弃气象站意味着探险的失败。这时考陶尔德要求自己一个人留下来，直到 3 月份有人前来接替。其他人返回了营地，两天之后，他被笼罩在 24 小时的极夜之中。

在营地，暴风雪肆虐了整个冬天。营地中的人们用大餐和舞蹈迎接了圣诞节。有些人已经适应了狄更斯所说的因纽特人“对于血和鲸脂的热爱”。让其他人沮丧的是，基诺和探险队中的几名成员“娶”了因纽特女人，并且“入乡随俗”了。至少有两个探险队员当了父亲。从空中为考陶尔德提供补给的方案遭到了失败。到了 3 月，斯科特带着两名探险队员徒步出发前去解救他。但此时气象站已经被埋在了积雪下面。他们在 40 天连续

英国北极空中航线探险队的一架哈维兰“飞蛾”轻型飞机；这是一架水上飞机。这架飞机后来出了事故，在维修时使用西伯利亚松树根制成了尾部，上面覆盖着因纽特妇女用来做裤子的材料。

不断的暴风雪中寻找着气象站，在距离考陶尔德被埋的地方仅仅几米的地方步履沉重地走了过去，但没能发现他。斯科特回到营地的那个早上，基诺简直不敢相信这个悲惨的消息，他立刻带着另外两名探险队员去往考陶尔德被埋着的地方，死要见尸活要见人。考陶尔德这时已经一个人待了五个月了。3 月底的一次暴雪把他埋在了自己的帐篷里，封住了出口。困在帐篷里的他并没有多少食物，到了 4 月底的时候只剩下了一口气，躺在漫长的黑暗中。5 月 5 日，当他用普里默斯便携式汽化煤油炉加热冰雪做早饭的时候，炉子颤抖了几下，不能用了。被埋在冰雪下的他已经 149 天没有见过任何人了。不过基诺和他的小队已经接近了他。他们看到了一

1930 年营地小屋中的圣诞节（基诺位于正中）。此时已经有几名探险队员有了因纽特“老婆”，并且“入乡随俗”了，这让其他的人很沮丧。当他们庆祝圣诞的时候，考陶尔德正独自一人待在冰盖上的气象站里，那里的气温有零下 30℃。

个小黑点，于是向它冲过去。这是一面被撕破的旗子；在旗子下面，通风设备从雪中露出了尖端。基诺向下大喊，“你还好么?”一个战栗的声音从下面传了上来，是活人的声音。

探险队在冰盖上进行了更多的调查，并乘船绕着格陵兰南部海岸进行了一次旅行，然后他们带着采集的气象数据返回了英国，并受到了热烈的赞扬。但基诺急于返回格陵兰完成调查，并于第二年夏天再次动身离开英国。1932 年 9 月，当查尔斯·林德伯格和他的妻子跨越他们之前调查过的冰盖上方飞行时，探险队正在测绘一个可供起降的峡湾。但基诺再也无法和他们待在一起了。8 月 20 日，他划着因纽特人的橡皮船出去为自己的探险队捕猎海豹，从此再也没有回来；他的遗体也失踪了。这一年他才 25 岁。他的死亡有故意的因素——就在几天前他在同样的地点因为冰山突然裂开而差点溺死。斯科特在后来写到这次探险时说，对于基诺来说，回到不景气的英国，回到俗世生活并找一份朝九晚五的工作（如果他足够幸运的话）实在是令人沮丧。他已经完全被北极迷住了，他从没想过要回去。

他和他所有的伙伴都是布莱希尔德一代（Brideshead generation）的人，他们对于爵士乐、舞蹈有着同样的品位，对待性也具有同样轻率而矛盾的心理。对他们来说，探险是一场英雄主义的追寻。他们的计划非常大胆鲁莽，近乎荒唐，他们的装备按照现代标准来看非常可怜。然而，他们在一起克服了许多挫折，经历了极地专家所描述的“人类所能忍耐的边缘”，被迫吃掉他们的狗，并争论为了生存要不要吃人肉。1931 年，考陶尔德、斯科特和基诺受到了英国国王的接见并被授予极地勋章，基诺还在 1932 年获得了皇家地理学会的创始人奖章，不过他们的成就将被最好地铭记在由他们开创并使用至今的那条空中航线上。

弗朗西斯·弗兰奇/撰

尤里·加加林

太空第一人

（1934–1968年）

我们不要因为无法参加遥远的星系探险而悲伤……

我们自己的方式已经带来了巨大的快乐：首先踏入太空的快乐。

让那些后来者嫉妒我们的快乐吧。

尤里·加加林

和之前介绍的探险家们相比，尤里·加加林属于一种非常不同的类型——这么说并不只是因为他是第一个进行太空之旅的人，还因为他并不是自己旅程的煽动者。在某种意义上说，他是一名参与探险的乘客，而这场探险是通过别人的努力才得以实现的。不过，作为人类首先走出地球的亲历者，他的经历就好像他亲手打造了自己的火箭飞行器一样重要。

1934年3月9日，加加林出生于苏联的克卢希诺，他的背景一点儿也没有以后能够让他载入史册的迹象。作为一个偏僻的集体农庄上木匠的儿子，尤里成长的村庄没有自来水，没有电，除了一部收音机之外，没有任何与外部沟通的渠道。他的父母总共有四个孩子，并希望他能够学会木匠技艺，继承父亲的家庭事业。

1941年，加加林一家的生活因为纳粹的入侵苏联而永远地改变了。随着战火烧到这个地区，村庄和所有有价值的东西都被毁坏殆尽。被入侵者包围的加加林一家没能及时逃出去，被迫为纳粹做苦工，并挖了一个土坑当作栖身之所。食物少得可怜，没有学校，有的只是对于拷打和死亡无尽的恐惧。

经历了这样一段苦难的童年之后，难怪加加林会成为一个充满反叛精神的青少年。让他父亲很不高兴的是，这个男孩对于成为一个木匠并没有什么兴趣，并最终向父母坦承自己决定离开村庄。他前往莫斯科的体育学院学习体操，却发现已经没有更多的位置了。于是他被迫在一

航空俱乐部时期年轻的尤里·加加林，他在那里学习飞行技术。飞行对于他就像初恋那样，在被选中进入太空之前，他成为了一名军事飞行员。

座钢铁厂里做苦工。最终，他得以进入一所工业学院，并在那里发现了自己生活的目标。这所学院所在的城镇有一个飞行俱乐部，驾驶飞机很快成了加加林的第一个爱好。

被选中进入太空

加加林很快放弃了学业，成了一名军校见习驾驶员，并把所有时间都花在了飞行上。他最先被指派到北极圈内的摩尔曼斯克任职，那里远远不是他所渴望的富有魅力的飞行环境。然后在1960年，一些神秘的访客来到了这里：这些官员面试了几十位飞行员，却并没有说明面试的目的。随后，加加林被召唤到莫斯科进行医学检查，并终于被告知对他感兴趣的原因。他是待选成为航天员的几百名飞行员之一。

之前从未有人进入过太空，所以对于太空中到底需要什么体检官只能猜测。加加林是个飞行员，年轻，健康，体格健壮。这应该足够了。他进入了20名候选人名单，但不准告诉任何人——他的家人也不例外。加加林被转移到了莫斯科郊外一个秘密训练场中，开始进行一系列严格的训练和测试，这些训练和测试既包括精神上的也包括体质上的。

1961 年 4 月 12 日，加加林穿着宇航服进入东方号，这张照片拍摄于起飞之前。在首次试验性质的飞行中，东方号是全自动操控的，加加林并不需要接触操控装置。这次飞行在返回地球之前持续了 79 分钟。

在一开始，他和其他受训者都不许看到正在秘密准备中的火箭和航天舱。当加加林终于看到航天舱的时候，他感到很困惑。这个球形的闪闪发亮的东西怎么看也不像飞行器。但是加加林十分自信并渴望理解它的工作原理，它的设计师以及他们的训练者正在寻找能够参加第一次任务的人，他们注意到了加加林的表现。

不久之后，加加林就从竞争者中脱颖而出，和他同样出色的还有另一名飞行员——盖尔曼·蒂托夫。两个人都很合格，都渴望进行首次太空飞行。然而蒂托夫比较傲慢，还是一个教师的儿子。加加林的个性比较平和开朗，在公共关系方面占有优势，而他的家庭背景也有利于苏联的宣传。他们的上级认为木匠的儿子成为航天员能够体现出共产主义的优越性。

加加林的东方号飞船降落在苏联一片田野中的降落区内。加加林按照计划从飞船中弹射出来，用降落伞安全降落在了别的地方。

进入未知空间

在起飞一周之前，加加林才被秘密选定作为太空飞行员。蒂托夫是他的后备。1961 年 4 月 12 日早晨，两人同时被叫醒。穿上宇航服之后，他们被带到附近的哈萨克斯坦平原上的一个发射场，那里有一艘改装过的R-7 型火箭，东方号载人飞船就在火箭顶部整装待发。

加加林滑入航天舱的座椅之后，舱口在他身后用螺栓拴紧了。他盯着仪表盘，通过训练他已经对它很熟悉了。除非出现紧急情况，不然他是不能动这些装置的。加加林知道如何操控太

右页图：纪念加加林的飞行和苏联其他太空成就的明信片。加加林的个性和他的家庭背景都很符合苏联的宣传口味，他进行了一场世界巡回之旅，接受了好几个国家授予的奖章和荣誉。

12 АПРЕЛЯ 1961 г. «ВОСТОК»
4.X.1957
3.XI.1957
15.V.1958
2.I.1959
12.IX.1959
4.X.1959
15.V.1960
1.XII.1960
12.II.1961
25.III.1961

空飞行器，但是在这次试验性质的短暂飞行中，所有的动作都是被自动化控制的。到了预定时刻，火箭燃料进入引擎，点火启动。支撑架摇晃着被甩到一边，火箭徐徐升空，震颤着附近的草地和周围的观众。然而在火箭内部的加加林只感到了一点儿轻微的颤抖，几乎没听到噪声。他很难感觉到自己的旅程已经开始了，尽管他后来承认，“我当然紧张。在这种情况下只有机器人才会不紧张”。

随着火箭逐渐加速，加加林身上的震颤感和压力也随之升高，但他没感到不适。升空 9 分钟后，伴随着一阵猛烈的颠簸，他的航天舱脱离了火箭，开始缓缓飘浮在太空中。失去重力的加加林成为了第一个进入太空的人。从小小的舷窗向外望去，他看到了人类之前从未看到的景象——弯曲的地平线上是明亮的蓝色大气层，映衬在一片黑暗的太空之中。大气层拥有许多的色调，让他惊叹于它的美丽。

随着东方号缓缓地转动，加加林看到了地球上的海洋和陆地，以及城市和森林。航天舱的仪表盘显示一切正常，并不需要他操控什么。在转到地球黑暗的那面时，加加林看到了壮观的日落和令人炫目的日出。在 79 分钟的飞行中，他几乎环绕了地球一圈，已经到了返回地面的时间了。

东方号的制动火箭系统自动启动，将它推向大气层，这时候出现了问题。航空舱的两个零件没有完全脱离，加加林开始随着航天舱急速旋转起来，几乎昏过去。幸运的是，这两个零件最终脱离出去，航天舱停止了滚动，他按照计划从东方号中弹射了出去，用降落伞降落在苏联的一片田野中。

国际名人

随着这次飞行公之于众，加加林立刻成了名人。他在家乡受到了英雄般的待遇，并花了几个月进行了一次让人筋疲力尽的世界巡回之旅，他受到的欢迎和崇拜只有甲壳虫乐队能够相比。在这方面，加加林阳光和友好的个性是他最重要的优点。东方号飞船、火箭以及他那次飞行的其他细节至今仍然是一个秘密，所以加加林本人是他祖国最伟大成就的代表。用他非凡的个人魅力，他赢得了苏联冷战对手及其盟友的好感，他常常谨慎地强调，自己只不过是个平凡的人，只是足够幸运才能成为参与这次壮举的一份子。

随着最初的欢欣逐渐平淡，加加林认识到自己花了太多时间用在公共社交上，而用在训练上的时间远远不够。除非马上行动起来，不然他会远远落在自己同事的后面，也许永远都无法再次进行太空飞行了。他争取到了驾驶喷气式飞机的机会，并在一所工程学院里进行了艰苦的学习。他通过了要求苛刻的课程，并在一位极富经验的飞行员教练弗拉基米尔·谢鲁金的指导下进行了训练。1968 年 3 月 27 日，当他和教练驾驶着一架米格-15 飞机时，飞机突然出了事故，直直扎入一片森林中坠毁了；两人当场死亡。事故调查报告写得很含糊，但是排除了加加林和谢鲁金出现操作失误的可能。驾驶喷气式飞机是一项无情的事业，加加林成了又一名追寻梦想的殉难者。

加加林短暂而多彩的一生说明，人能够克服最不利的背景和环境，在历史上留下自己的印记。它还说明大探险时代还远远没有结束。探索我们的地球只是开端；还有新的地平线等待我们前去到达和理解。

让-米歇尔·库斯托/撰

雅克-伊夫·库斯托

水底世界的先驱

（1910-1997 年）

自从出生以来，人就被自己的重量牢牢地钉在地面上。

他只有沉入水下才能获得自由。在水中，他能够向任何一个方向

自由地移动——向上，向下，向两边都可以。

人在水下就变成了天使。

雅克-伊夫·库斯托

雅克·库斯托是一个现代传奇，他是第一条“人鱼”：他能够自在地在水下探索，海中的生物能够欣然接纳他，他还能用精美的照片和诗意的语言向我们报告水下的情况，从此永远地改变了我们对于地球的认识。库斯托的传奇探险得益于 1936 年的一场几乎致命的车祸，他当时是一名 26 岁的海军见习生，正在接受飞行训练。这场事故改变了他的一生。

在医院住了八个月之后，他可以走路了，然而医生对他说他们必须要截掉他的一条胳膊。库斯托拒绝了，并开始进行他自己设计的漫长的康复计划，每天都在地中海中游泳。在游泳的时候，他遇到了两个重要的人，菲利普·塔耶和弗雷德里克·杜马斯，前者让他认识了日本潜水采珠人佩戴的小型护目镜，后者是一名潜水渔猎冠军。他们成了法国里维埃拉海岸的“三个火枪手”，每天都聚在一起游泳裸潜，深深迷恋于他们所看到的海洋奇景。

灵感

在海面上，库斯托能看到下面一群鲜艳的小鱼以及其他海洋生物。当抬起头来的时候，他

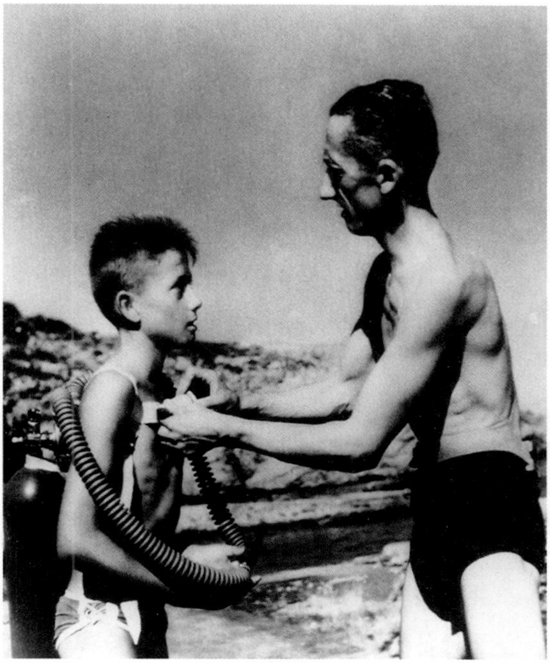

库斯托给10岁的让-米歇尔调整潜水设备，他们正准备在法国萨那里附近的地中海海域进行家庭潜水。这种水肺是库斯托参与发明的，它是斯皮罗科技公司在法国生产的第一批商业化的潜水装置。

看到了土伦市来往的车辆，据他自己形容，两个截然不同世界的并列如同电流一样穿过他的脑海，让他想要进入更深的海水中，并且能够再待得久一点。不久之后，他遇到了埃米尔·加尼安，后者曾在战时的法国发明了能将烹调燃气定量供应给汽车的断续调节器。库斯托看到了把这种装置应用于潜水的机会。库斯托（他已经被训练成一名工程师了）和加尼安一起对它进行了一系列改进和试验，并终于在1943年成功发明出水肺，常被称作SCUBA，即自携式水下呼吸装置（Self-Contained Underwater Breathing Apparatus）。

除了拥有永不满足的好奇心和智力，库斯托还是一个诗人、一名工程师和一位富于魅力的传播者。很快，他周围就聚集了一批像他一样热情的人，要去探索他已经打开的前沿。在当时，人们对于水压之下的人体生理、呼吸压缩空气、人类对于水深的忍耐极限、血管栓塞和减压病等都知之甚少，于是早期的水肺潜水海下探险都面临着许多难以预知的危险。

除了想驾驶飞机之外，雅克·库斯托早年的另一个兴趣所在是电影。他很快就开始研制能够捕捉水下美景和奇迹的防水摄像机，并将拍摄到的美景介绍给全世界的观众。这导致了《雅克·库斯托的海底世界》的面世，它是世界上第一部水下纪录系列片，1966年开始录制并持

特里·杨（左）和雅克－伊夫·库斯托正在准备潜水，他们戴着水肺，穿着早期用于冷水环境的干式潜水服。

续了30年，为全世界几百万电视观众提供了坐在沙发上参与海底探险的机会。库斯托成了一个家喻户晓的名字，成了海洋和冒险的代名词。电影事业让他能够花几十年时间探险、制片、追求科学和发起环保运动，他的大儿子让－米歇尔·库斯托继承了父亲的最后一项传统。

创新和探索

从一开始，库斯托的动力来源就是他想要看到更多、去往更深、待得更久，要做到这些，他需要改进潜水设备以应对新的挑战。1950年他获得了海中女神号，这是一艘改造过的“二战”苏联扫雷艇，姓吉尼斯的一家人将它匿名捐赠给了库斯托，每年只要他支付一个法郎。他乘着这艘船在全球旅行，并把许多科学家从实验室里拖出来，让他们看到现实世界中自己的研究对象。1950年代早期，库斯托已经帮助建立了两个开发水下设备的研究机构，并把他的探险和科学研究结合了起来。

1952年，在法国马赛市附近的大康格鲁岛，库斯托进行了首次大规模水下考古探险。几百只双耳陶罐被从海底打捞了上来，海中女神号上的船员是第一批有幸品尝来自亚里士多德时代美酒的人；他们发现这些酒距离最好的状态已经过了好几百年了。他们还做出了更多实用的发现。1954年，库斯托和海中女神号得到委托在波斯湾进行调查，结果发现了世界上第一个海中含油地层。然后在1960年，他的团队第一次对地中海中的一座盐丘进行了测绘，因为盐丘下面很可能埋藏着碳氢化合物。

库斯托对于下一项发现的热情来源于他分享自己探险经历的欲望，电影制片以及传

库斯托发明了第一批能够在水下拍摄静态或运动物体的摄像机。他在为《雅克·库斯托的海底世界》的制作而潜水，正在摄影的他像平常那样并不用取景器，水下摄像机的保护外壳也是他率先研制的。

播上的创新也随着他的旅行同时进行着。他建造了首个一体式35毫米水下静物摄像机，为它取名为“海中女神摄像头”，这是尼康诺斯水下摄像机的前身。1957年，他在马赛之外的海域进行了第一次海中电视转播，电视节目在整个欧洲得到了播映。

在将近三十年的时间里，雅克-伊夫·库斯托以及他的两个儿子菲利普和让-米歇尔一直在进行电影制片，将他们的水下探险介绍给全世界的观众。每当被问到为什么要选择下一次探险的目的地时，库斯托总是这样回答，“因为我还没去过那里”；当被问到希望发现什么时，他说，“如果我知道的话，我就不会去那里了”。不过随着时间的推移，随着调查的深入，他会变得严肃起来。

生态意识

在他刚刚开始海中职业生涯的时候，库斯托就对核废料以及石油泄漏污染持有毫不妥协的反对态度。他在保护地中海的先期努力中发挥了重要作用，对于他所看到的环境恶化发出了第一批警报，这些海洋环境的恶化是由于陆上排污、油轮泄漏以及管理不善的海岸开发所导致的。库斯托乘着海中女神号在地中海里巡游争取支持，并推进了水样检测标准程序的设立。他拉响的警报还推动了联合国环境规划署框架下区域海洋署的建立以及 1976 年 21 个国家签订《巴塞罗那协定》。伴随着影响力而来的是巨大的责任，而库斯托选择欣然接受。1973 年，他和两个儿子菲利普和让－米歇尔在美国建立了库斯托协会，并很快吸引了成千上万的追随者。他的小儿子菲利普·库斯托在 1979 年不幸死于一架水陆两用飞机的坠机事故，让－米歇尔接手了他的工作，支持并协助自己的父亲。

直到 1997 年去世，雅克－伊夫·库斯托都一直在继续着自己和海洋的故事，他陶醉于海洋的美丽，但时刻警觉于人类的傲慢和贪婪对海洋造成的伤害。在这些问题屡诉报端之前，库斯托就预警了过度捕鱼、生境破坏、污染和全球变暖等问题。虽然公众因为库斯托拉响警报而热爱他，但他们没能快速团结起来达成他的目标——保护他所钟爱的海洋世界。继续这项事业的任务部分落在了让－米歇尔的肩上，这是一件更加实际并且更加默默无闻的工作。

遗产和未来

三十多年以来，让－米歇尔·库斯托不仅继续着父亲的电影冒险并制作了八十多部影片，还传播了库斯托的启示。让－米歇尔创立了海洋未来协会和海洋探索计划，后者是一个教育性的实践探险项目，旨在邀请青少年学生和成人在他的科学家和教育家团队的指导下体验库斯托的海洋冒险。仍然位于海洋未来协会的框架下，这个项目如今叫作“环境大使”，已经向成千上万的人教授了环境保护和可持续发展的原则。

作为一名建筑师，让－米歇尔还把库斯托的理念融入了酒店和度假村的设计。斐济岛度假村（最初是父子二人争论的焦点）是他第一次尝试将珊瑚礁旅游业转变成为可持续的环境友好型产业。由于引入了“绿色”旅游业并保护了热带珊瑚，让－米歇尔在设计上的创新也得到了

席琳和法比安·库斯托和他们的父亲让-米歇尔在干龟生态保护区潜水，他们会出现在一部两个小时的电影中，影片讲述的主题是海底生物庇护所，库斯托家族在这个领域仍然首屈一指。

这个行业最高层次的奖励。

人们总是期望库斯托家族能够带来看待海洋世界的新目光，制片传统仍然在继续，最近公共广播系统赞助播出了《让-米歇尔·库斯托：海洋探险》系列片。第一集“去往吴港”反映了西北夏威夷群岛海洋环境的脆弱，它让美国的乔治·W. 布什总统决心建立当时最大的海洋保护区。“虎鲸的呼唤”针对侵入环境中的用于阻燃剂的有毒化学物质提出了警告，这些化学物质不但影响到了虎鲸，也影响了人类自身。

除了让-米歇尔这个儿子，库斯托还有四个孙辈热情地参与海洋探险和环保事业：他们是法比安和席琳，让-米歇尔的儿女；以及亚历山德拉和菲利普，菲利普的儿女。他们并不是家族团队，而是四个独立的个人，但他们的血液中有大海，目光中有未来，他们的基因中有一位传奇探险家的鼓舞。就像雅克·库斯托在他 1980 年出版的《为了后代的权利法案》中所说的那样，“如果不是为了我们的子孙，我们为什么要保护这样一个适宜居住的星球呢？”

安德鲁·詹姆斯·伊文斯/撰

安德鲁·詹姆斯·伊文斯

寻觅地下的新世界

（1948-）

洞穴探险的装备包括：备用电话、电话喇叭……绳索
和探测深度的铅垂线、卷尺、一些药、一瓶朗姆酒……刀子、
温度计、气压计、便携式指南针、用于地形制图的方纸、铅笔、补给
和一些香料或者亚美尼亚纸，万一洞穴中有腐烂的动物尸体，
可以把它们点着，驱散异味。

爱德华·阿尔弗雷德·马特尔，1898 年

我从很早就开始探险了。当我意识到在不久的将来进入外太空对于英国人并不现实，而海洋深处又太专业化了，唯一的探险机会就只剩下了洞穴。1969 年夏天，时年 21 岁的我参加了莱斯特大学组织的北极挪威探险，这次探险的目的是研究挪威北部的一座冰川，我是探险队中唯一一名研究洞穴的人。当被冰阻塞的高湖开始壮观地向外泄水并在短短几个小时就排出了一立方千米的水后，冰川下出现了一个让人震惊的洞穴，我得到了进入冰川下面的机会。

法国洞穴探险家爱德华·阿尔弗雷德·马特尔是我心目中最伟大的英雄，正是他开创了现代洞穴探险活动。马特尔在 1880 年代首创了“洞穴学”这个名词，并且是第一个探索不同国家众多洞穴的人，他在 1895 年首次下到约克郡山谷国家公园的加平·吉尔（Gaping Gill）洞穴。他还进行了最早的洞穴摄影，既让人们看到了洞穴奇观，也让他们了解洞穴应该得到保护。我这一生都是在努力仿效他。

我从莱斯特大学毕业后进入利兹大学学习研究生课程是顺理成章的事情，因为当时它拥有世界上最好的洞穴俱乐部之一。我的专业是采矿工程，并得到了英国国家煤矿局的资助。在接下来的两年中，我可能至少有一半的时间都待在地下，不是在采煤就是在研究洞穴。利兹大学

有许多狂热的洞穴探险家，包括工程师兄弟戴维和艾伦·布鲁克，他们发现的英国洞穴比当今任何一个在世的人发现的都多。

去往远方

1970年代早期，我在欧洲大陆进行了几次探险，其中最值得一提的是法国的皮埃尔·圣马丁（Pierre Saint Martin）洞。这个位于法国西部比利牛斯山脉的洞穴是当时全世界已知的最深洞穴。下到洞穴底部并不容易，超过一千米长的弯曲通道通向一系列倾斜的瀑布，在瀑布的底部，水流消失进入一条狭窄的裂缝中。我当时婚后不久，和自己的两个同事迪克·威利斯和保罗·埃弗雷特进入洞底之后，我们发现洞穴正在被水淹没，我们试图用手工钻孔机和炸药将通道扩大。迪克想要返回地面，而保罗认为最好找到一个遮蔽的地方。于是我和保罗在这片水系的一个凹室里坐了55个小时。最终洪水逐渐消退，我们被团队其他人救起。这是我众多幸运的脱险经历之一。

在这个时期，洞穴探险家们都痴迷于打破世界深度纪录；在20年前，世界最高峰珠穆朗玛峰已经被征服了。我的同事们查看地图，找到了最有希望的遍布石灰岩洞穴的地区，新几内亚的巴布亚岛。于是1975年的新几内亚之旅诞生了。戴维·布鲁克自然成为了领导者，而我作为一名新进入团队的人员，最终竟成了他的副手和组织者。虽然这次旅行没能打破深度纪录，不过24名探险队员在6个月中探索了50多千米的洞穴通道。尽管这次探险在组织上犯了所有可能犯的错误，但常言说“犯错是最好的老师”，这次经历是一场极好的训练。

在这次探险之后，皇家地理学会邀请我和其他四名洞穴探险家加入他们在沙捞越北部的姆鲁探险。皇家地理学会在进行计划的时候意识到该地区有许多充满洞穴的石灰岩，因此应该寻找洞穴探险家加入探险队中的科学家们。我在姆鲁的经历点燃了自己对洞穴科学的兴趣，从许多方面上说，它都是一次非凡的探险——我们五名洞穴探险家探索了长度超过五十千米的巨大洞穴通道。作为经验不足的洞穴探险领导者，我从这次探险的领导者奈杰尔·温瑟和罗宾·汉伯里-特里森那里学到了许多组织技巧，再加上之前的教训，让我得以继续组织前往世界各处遥远的地方——特别是东南亚——的二十多次探险。

很明显的是，该地区已经探明的洞穴远远没有还未发现的洞穴多，于是后续又进行了

皮埃尔·圣马丁洞是法国比利牛斯山脉一个著名的复杂岩洞系统，这是它的主通道：这张照片拍摄的是主通道进入一个叫作“瑞纳”的岩洞之前的情景。

两次探险，我和本·里昂共同领导了其中的第一次。1980 年这次探险搜寻的目标是找到一个封闭通道在山的另一面的入口。花了一些时间之后，荷兰水文学家汉斯·弗雷德里希发现了一个小开口。几天之后，托尼·怀特、戴夫·切克雷和我得以进入其中探索。我们先游泳再攀爬穿越了一片瀑布和急流，席德·佩鲁在开始对我们进行了摄影，然后我们三人来到了一片巨石堆顶上——在黑暗中我们能看到的唯一东西是脚下的地面。我们向期望中的岩壁走过去，并在 110 米开外找到了它——然后沿着它走了将近两千米。我们意识到自己正沿着一个岩室的边缘前进：我们发现了人类已知的最大密封空间，沙捞越岩室，它的大小相当于两个半老温布利球场。

沙捞越岩室，1984 年：远处的岩壁距离照相机七百多米远。这张照片是杰里·伍尔德里奇拍摄的，他把照相机放在三脚架上，用了至少十个非常大的无线电同步闪光灯泡才拍出这张照片。

1985 年，我、托尼·怀特以及蒂姆·福格来到了新几内亚瓦梅纳附近的山脉中探索，瓦梅纳是世界上最大的只有飞机才能到达的城市。在海拔将近五千米的时候，我们经历了严重的高原反应，并分成了两个小队，走过了大片地区。我请了许多当地人帮忙，但由于部落之间区域划分得很明显，所以每翻过一条山谷，我都不得不招募新的人手。我最落魄的境遇之一在此时发生了，天降暴雨，我却被人抛弃，独自一人携带着三个帆布背包跌跌撞撞地走着。这时我遇到了一个来自爪哇的印度尼西亚人，他能说一点儿英语；他自制了名片，在上面称自己是一名“大地园艺师”。他当时正在调查进入高地的潜在道路。他把我带回了自己的营地，并最终为我提供了新的助手，帮助我回到了城里。从那以后，我还在小型探险活动中去过几次印度尼

上图：卡尔斯巴德巨穴是新墨西哥州东南部的一个大型岩洞系统。其中的“大房间”约 1219 米长、190.5 米宽，高达 107 米，又称为“巨人厅”。

右页图：在中国的广西桂林进行考察的探险队，1985 年。这个洞是当地典型岩洞之一，中国人对这里已经很了解了，有时候会用它来储藏物资或居住，但在情况艰险的地点之外仍是未知之地。

西亚的伊里安查亚省。那里的风景棒极了——就在赤道南边的高山草地和覆盖着积雪的山峰。那里的政局很动荡，在水文地质学上，那里的洞穴还处于不成熟的阶段，但仍然有许多尚待发现的事物。

Alexandra

沿着地下河通道向上游前进，重庆市，中国洞穴探险项目，2002年。这张照片是加文·纽曼在艰难地逆流游上来后，用他并不防水的相机拍摄的。

中国的洞穴和洞穴探险前景

前往中国旅行的官方许可让人等了好一阵子，1985年，我和托尼·沃尔瑟姆终于能够率领一支队伍前往中国的贵州和广西。这两个省份的洞穴超越了我们最狂野的期待。我们很快发现洞穴中巨大的通道已经有了中国人的足迹，他们一直走到了难以继续行进的地方。从那之后这些洞穴完全是未被探索过的。

在桂林，我们和喀斯特研究所的研究人员建立了良好的关系，特别是朱学文教授，我们和他一起建立了中国洞穴探险项目。在接下来的岁月里，我领导了十几次去往中国的探险，先开始是在南方，但最近常去长江三峡地区，在那里布满了巨大的通道、雄伟的峡谷以及地下河流。瀑布从几百米高的悬崖上直泻下来，创造了世界上不多见的壮观并极富挑战性的地下环境。探险还在许多区域进行着，而且如今西方洞穴探险家开始持续地和中国人一道在中国的洞穴中工作。

1990 年和 1991 年，我组织了 20 人参加的赴中国的洞穴探险旅行，我们探索的洞穴非常之大，飞机都可以在其中飞进飞出。我们调查了数百千米的岩穴通道，进行了拍照和科学研究。1990 年代后期，我们在重庆的天坑进行了大型地下探险——这是一个 11 千米长的石灰岩峡谷，宽 30 米，深 200 米。这个露天洞穴又在地下绵延 10 千米，并在其中一处开了一个天窗，中国人说这里是世界最大的封闭峡谷。这个天窗所在的位置已经修建起了一个水力发电隧道，将这个峡谷系统中的水引到水电站里，从而使得下方的通道保持干燥。向上游前进，河流使得进展非常困难。我们向上游推进的努力只持续了 1.5 千米，然后就被一面垂直的水墙挡住了去路；我们爬了上去，但是顶端湍急的河水使得前进异常缓慢。在天坑一端沿绳子滑下去，我们得以在地下部分开始处愉快地扎营，而从另一端滑下去，下面则都是毒蛇。

从这里开始向下游探索成为了我在地下遭遇过的最具挑战性的经历。为了能够返回，必须到处安装固定绳索。泛着白沫的河水中气泡太多，无法提供足够的浮力，即使穿着厚厚的潜水服和救生衣也很难把头伸出水面——这还不算完，还有那震耳欲聋的噪声！加文·纽曼和我是向上游和下游走得最远的人，但两端距离还不超过五百米。我们曾尝试了四次，想要进入洞穴，但每次都被恶劣的天气阻止了。它将成为留给未来的挑战。

我的儿子罗伯特并没从我这里得到过什么鼓励（或许我还打击过他），但他还是走上了洞穴探险的道路。2009 年，他在克里特岛上的白山山脉领导了自己的第三次探险，希望能打破海拔负 2000 米的世界深度纪录。罗伯特和他这一代人面临着许多挑战。在我看来，在人类可以进入的洞穴中，只有 10% 得到了探索。许多石灰岩地区还根本没有接受过洞穴探险家的调查。在英国，冰川时代对洞穴入口的封锁意味着 50% 的洞穴通道仍然是未知的。2009 年春天的一次英国－越南联合探险发现了迄今为止最大的洞穴通道。也许洞穴探险的黄金时代还远远没有到来。

撰稿人

罗宾·汉伯里－特里森是一位著名的探险家、作家、电影制片人、环保主义者和环保运动人士。他已经参加了不下30次探险活动，1982年《星期日泰晤士报》称他为“过去20年中最伟大的探险家”，1991年入围该报评选的“20世纪制造者”的一千人名单。在2006年，《旁观者》周刊盛赞其为“英国探险家中的老前辈”。他是英国皇家地理学会的委员会成员、副主席和金质奖章获得者。作为报纸和杂志上的常客，他还摄制了几部关于其探险经历的电影，并撰写了大量书籍。他还是Thames & Hudson出版的另外两本书*The Oxford Book of Exploration*（1993年）和*The Seventy Great Journeys in History*（2006年）的编者。

大卫·波义耳是新经济基金会的成员，他还是一系列关于历史和金钱未来的书籍的作者。他曾写过理查德大帝的赎身（*Blondel's Song*, 2005年），还在*Towards the Setting Sun: Columbus, Cabot and Vespucci and the Race of America*（2008年）一书中描写了早期横渡大西洋的先驱在商业上的对立。

迈尔斯·布列丹在过去的20年里一直在非洲旅行并写了许多关于非洲的作品。他撰写的詹姆斯·布鲁斯传记*The Pale Abyssinian*已于2000年出版。他生活在肯尼亚，目前正在写一部背景为阿富汗的小说，2006年至2008年他曾在那里工作。

比尔·寇格列佛是一位风险投资家和出版商，他曾在中亚广泛游历。他的书*Halfway House to Heaven; Unravelling the Mystery of the Source of the Oxus*（2010年）描述了自己在帕米尔、瓦罕走廊和阿富汗的探险经历。他生活在伦敦和法国蔚蓝海岸，那里有他的一家精品酒店。

瓦内萨·科林格里奇是一名作家、广播员，并专注于海洋史及地图史的学术研究。她撰写的历史传记包括：*Captain Cook: Obsession and Betrayal in the New World*（2002年），这部书被改编成了系列纪录片，并获得了国际大奖。她和自己年轻的家庭居住在苏格兰。

让-米歇尔·库斯托是雅克-伊夫·库斯托最年长的儿子，是一名探险家、环保主义者、教育家和制片人。他已经制作了八十多部电视片，获得过艾美奖、皮博迪奖、黄金七奖和有线电视杰出奖。他组建的海洋未来协会是一个非营利性海洋保护和教育组织，目的是告知人们海洋与人类的重要关系以及明智的环境政策的重要性。作为该组织的主席，让-米歇尔是自然环境的一位尽职尽责的外交官。

大卫·尤因·邓肯是7本书的作者，这些书共有19种语言的版本，包括*Hernando de Soto: A Savage Quest in the Americas*（1995年）、世界范围内的畅销书*Calendar*（1998年）以及刚刚面世的畅销书*Experimental Man: What one man's body reveals about his future, your health, and our toxic world*（2009年）。他还为《国家地理》和《纽约时报》撰稿。在加州大学伯克利分校，他还是生命科学政策中心的主人。他赢得过许多奖项，包括美国促进科学进步协会颁发的年度杂志故事奖。

安德鲁·詹姆斯·伊文斯探索全世界的洞穴已有四十多年。为了支持他的生活方式，他和另外两个人创立了一家成功的塑胶模具企业，雇员达到七百人之多，他后来于2007年将其卖出。这段商业经历有助于他组织多次洞穴探险。他目前是英国洞穴探险协会和世界洞穴探险组织的主席。

弗朗西斯·弗兰奇是加利福尼亚州圣地亚哥空气&空间博物馆的教育中心主任。关于太空探索史，他撰写过许多书籍和文章，其中包括获得奖项的*Into That Silent Sea*（2007年）以及*In the Shadow of the Moon*（2007年），揭示了早期太空探险家们的生活和飞行。

卡洛琳·吉尔曼是一位北美拓荒史专家，她的作品包括*Lewis and Clark: Across the Divide*（2003年），*The Grand Portage Story*（1992年），*The Way to Independence*（1987年）以及*Where Two Worlds Meet: The Great Lakes Fur Trade*（1982年）。她是刘易斯和克拉克二百周年国家纪念展览的策展人，该展览于2004-2006年在美国进行了巡回展出。她为圣路易斯的密苏里历史博物馆工作，目前正在撰写一本关于美国拓荒区革命的书。

安德鲁·古迪是牛津大学的一位地理学教授和牛津大学圣十字学院院长。他曾在世界上的各个沙漠中承担地貌学家的工作。他是皇家地理学会的金质奖章获得者，还接受过皇家苏格兰地理学会颁发的芒戈·帕克奖以及美国地质学会颁发的法鲁克·埃尔-巴兹奖。他是*Great Warm*

Deserts of the World（2002 年）以及*Wheels across the Desert. Exploration of the Libyan Desert by Motorcar 1916-1942*（2008 年）。

康拉德·海登里希是多伦多约克大学的地理学荣誉退休教授。他关于加拿大早期探险、制图、当地人与欧洲人的关系等撰写了大量书籍和文章，包括*Huronia: A History and Geography of the Huron Indians*（1973 年）；他还是*Historical Atlas of Canada*第一卷（1987 年）的联合主编和撰稿人。目前他正在将尚普兰的作品编辑为新的双语版本，并即将由尚普兰学会出版。

约翰·凯伊撰写了许多关于亚洲历史的书籍，包括*The Honourable Company*（1991 年），*Last Post: The End of Empire in the Far East*（1997 年）和*The Spice Route*（2005 年）。关于探险史，他也写了很多：他是*The Royal Geographical Society History of World Exploration*（1991 年）一书的编者，还是*Mad About the Mekong : Exploration and Empire in South East Asia*（2005 年）的作者。

约翰·麦卡利尔是格林威治英国国家海洋博物馆 18 世纪帝国和海洋历史的策展人。他的研究兴趣在于大英帝国历史，特别是帝国与好望角、加勒比海以及加拿大之间的关系。他是*Representing Africa: Landscape, Exploration and Empire in Southern Africa, 1780-1870*（2010 年）的作者。

亚历山大·梅特兰撰写了大量著作，包括*Speke*（1971 年）和*A Tower in a Wall: Conversations with Dame Freya Stark*（1982 年）。他和威尔弗雷德·塞西格合著过几本书，并编辑了塞西格的选集，*My Life and Travels*（2002 年），并撰写了*Wilfred Thesiger: A Life in Pictures*（2004 年）以及塞西格的官方自传*Wilfred Thesiger: The Life of the Great Explorer*（2006 年）。他最近刚刚撰写好*Wilfred Thesiger in Africa*一书的卷首语，同时在为牛津皮特河博物馆的百年纪念展览做准备。他已婚并生活在伦敦。

贾斯汀·马洛奇是一名旅行作家、历史学家、记者以及政治风险和安全顾问。他曾在中东和伊斯兰世界广泛游历，近些年常常出现在冲突频繁的地区，如伊拉克、阿富汗和索马里。他的处女作*South from Barbary*（2001 年）记述了在利比亚撒哈拉沙漠沿着奴隶贸易路线进行的一次旅行。他最新的作品是*The Man Who Invented History: Travels with Herodotus*（2008 年）。他目前正在写一部有关巴格达的传记。

詹姆斯·L. 纽曼是锡拉库扎大学麦斯威尔学院的地理学荣誉退休教授。作为一位非洲学者，他最近的著作包括*The Peopling of Africa: A Gepgraphic Interpretation*（1995年），*Imperial Footprints: Henry Morton Stanley's African Journeys*（2004年）以及*Paths Without Glory: Richard Francis Burton in Africa*（2010年）。

克莱尔·佩蒂特是英国伦敦国王学院英语系维多利亚文学与文化教授。她的作品有*Patent Inventions: Intellectual Property and the Victorian Novel*（2004年），以及*"Dr Livingstone, I Presume?": Missionaries, Journalists, Explorers, and Empire*（2007年）。她目前正在撰写一本有关19世纪同时性装置的发明的书。

缪伯里·波尔卡是Wings WorldQuest的执行理事和共同创始人，这是一家专注于发现女性探险家的非营利组织（www.wingsworldquest.org）。她的作品包括*Women of Discovery*（与玛丽·泰格林合著；2001年）以及*The Looting of the Iraq Museum, Baghdad*（与安吉拉·舒斯特尔合编；2005年）。她是*The Explorers Journal*的特约编辑，探险家俱乐部、皇家地理学会的成员，以及加拿大皇家地理学会的荣誉成员。她的探险经历涉及中东、亚洲、北极和西藏。

拉塞尔·波特是罗德岛学院的英文教授。他就19世纪人们对于北极的狂热著述颇丰，并出现在英国第四频道2004年的电视纪录片《寻觅西北航道》中。他曾在美国、加拿大、爱尔兰和英国讲学；他最新的著作是*Arctic Spectacles: The Frozen North in Visual Culture, 1818-1875*（2007年）。

皮特·雷比是剑桥大学哈默顿学院的荣誉退休研究员和前副院长。在他的众多作品中包括*Alfred Russel Wallace: A Life*（2001年）以及对维多利亚时代科学旅行家们的研究，*Bright Paradise*（1996年）。他最近的作品是主编的*Cambridge Companion to Harold Pinter*（2009年）。

保罗·罗丝是一名电视和广博播音员、野外科学支持专家和作家。他的优秀电视作品包括：《海洋》、《发现之旅》、《博物馆》和《风》。他是英国北极调查中罗瑟拉研究站的基地指挥官，并被授予了极地勋章。由于参与了美国宇航局以及火星探测器项目在南极埃里伯斯火山的工作，他还被授予了美国极地奖章；他还得到过皇家地理学会颁发的内斯奖。

www.paulrose.org

约翰·罗斯是一名居住在墨尔本办公的记者和出版商。他是*Chronicle of the 20th Century*（澳大利亚版，1999年）和*Chronicle of Australia*（2000年）的主编，并与人合著了*200 Seasons of*

Australian Cricket（1997 年）一书。他共撰写了大约二十本书，包括*Country Towns*（1975 年），*One People, One Destiny: The Story of Federation*（2001 年）以及*Voices of the Bush*（2001 年）。

安东尼·萨丁是一名作家和广播员，他研究的专门领域是非洲和中东，他本人在那里拥有 20 多年的旅行经历。他的作品包括广受赞誉的*The Pharaoh's Shadow: Travels in Ancient and Modern Egypt*（1999 年）以及*The Gates of Africa*（2003 年），后者讲述的是芒戈·帕克的雇主——非洲学会的故事。他最近的作品是*A Winter on the Nile: Florence Nightingale, Gustave Flaubert and the Temptations of Egypt*（2010 年）。

杰里米·斯科特是探险家基诺·沃特金斯的外甥，J. M. 斯科特的儿子，空中航线探险队的另一名成员，他的书*Dancing on Ice*（2008 年）描述了这次经历。在军队服完兵役之后，他开始在电视行业工作，先后去了纽约和伦敦。他充满争议的回忆录*Fast and Louche: Confessions of a Flagrant Sinner*（2002 年）导致了一张禁令、两张有关诽谤的法院传票、一次藐视法庭的指控，还有人威胁要把他的膝盖骨打碎，不过这本书市面上仍有平装本出售。

朱尔斯·斯图尔特是总部在伦敦的一名记者，他已经出版了四本关于英国在印度的书籍。他最近的作品*Crimson Snow*（2008 年）讲述了第一次英国－阿富汗战争的悲惨故事。他之前的作品是*The Savage Border: The History of the North-West Frontier*（2007 年），*The Khyber Rifles*（2005 年）以及*Spying for the Raj*（2006 年），这些都是梵语学者的故事。他曾在皇家地理学会、詹姆斯顿基金会、亚洲事务皇家学会以及其他场所举办过讲座。

奥利弗·托雷在他的一生中小心地避免了任何形式的冒险或危险。他成为了研究自己外公的专家，因为没有别人这样做并去纠正那些关于他的错误认识。他的追求十分多样——在齐柏林飞艇的翻唱乐队中唱歌、撰写小说和非小说类作品并养家糊口。然而，自从创建了关于弗兰克·金登－沃德的网站之后，他开始想要追随外公的足迹，至少进行一次旅行，欣赏那些开在西藏山谷中的野花。

罗伯特·特威格，作家和探险家，曾被称作"困在 21 世纪作家身体里的 19 世纪冒险家"。1998 年，他在加里曼丹发现了一列史前巨石柱，他在自己的作品*Big Snake*（2001 年）一书中描述了此事。他是世界上第一个追溯亚历山大·马更些原路的人，他的书*Voyageur. Across the Rocky Mountains in a Birchbark Canoe*（2006 年）描述了这次旅行。他还撰写了其他几本书，包括*Lost Oasis: Adventures In and Out of the Egyptian Desert*（2007年）。2009–2010年，他领导了第一次徒步穿越埃及撒哈拉沙漠大沙海的探险。

约翰·尤瑞是前英国驻古巴、巴西和瑞典大使，还曾在马来亚的苏格兰步兵团当过军官（在"二战"的紧急情况时），在苏联（冷战时期）、刚果（刚果内战时期）、智利和葡萄牙（1974年革命时期）当过外交官。他曾撰写过十几本历史和旅行书籍，并被翻译成多种语言，最近的一本是*Shooting Leave: Spying Out Central Asia in the Great Game*（2009年）。他还为许多国家出版物撰写旅行文章和书评。

罗纳德·沃特金斯是*Birthright*（1993年）和*Unknown Seas: How Vasco da Gama Opened the East*（2003年）的作者。他曾在中美洲、欧洲和东亚广泛游历。他的职业是与人合著书籍，目前已经是三十多本书的作者。他是山顶谋杀系列小说的共同作者之一，这些神秘的故事都发生在世界上那些最高的山峰上。

www.ronaldjwatkins.com

苏珊·怀特菲尔德是大英博物馆国际敦煌项目的主持人，此项目的目的是将丝绸之路上的文物和手稿放到互联网上，包括奥莱尔·斯坦因获得的那些。她已经在伦敦、曼彻斯特和布鲁塞尔策划了丝绸之路展，撰写了大量书籍和文章，包括*Aurel Stein on the Silk Road*（2004年）并在这个地区进行了广泛的旅行。

伊泽贝尔·威廉姆斯是伦敦皇家医学院的一名成员。作为一名医疗顾问，她是呼吸系统药物专家，并在研究生医学教育上投入了许多精力。她对于南极洲的好奇心起初是被爱德华·威尔逊的画作点燃的，这些画就摆放在她工作的医学院中，这份迷恋始终贯穿在她的医学职业生涯里。她撰写了威尔逊的传记*With Scott in the Antarctic. Explorer, Naturalist, Artist*（2008年），并举办过多次关于南极的讲座。

相关阅读

海洋

克里斯托弗·哥伦布

Boyle, David, *Toward the Setting Sun: Columbus, Cabot and Vespucci and the Race for America* (New York: Walker Books, 2008)

Casas, Bartolomé de las, *History of the Indies*, trans. Andrée Collard (New York: Harper & Row, 1971)

Fernandez-Armesto, Felipe, *Columbus on Himself* (London: Folio Society, 1992)

Keen, Benjamin (ed. and trans.), *The Life of Admiral Christopher Columbus by his Son, Ferdinand* (London: Folio Society, 1960; 2nd ed., Brunswick, NJ: Rutgers University Press, 1992)

Morison, Samuel E., *Admiral of the Ocean Sea: A Life of Christopher Columbus* (Boston: Little Brown, 1942)

Taviani, Paolo E., *Christopher Columbus: The Grand Design* (London: Orbis, 1985)

Varela, Consuelo, *La Caída de Cristóbal Colón: El juicio de Bobadilla* (Madrid: Marcial Pons, 2006)

瓦斯科·达·伽马

Azurara, Gomez Eannes da, *The Chronicle of the Discovery and Conquest of Guinea* (London: Hakluyt Society, 1896)

Correa, Gaspar, *The Three Voyages of Vasco da Gama, and his Viceroyalty, from the Lendas da India* (London: Hakluyt Society, 1869)

Hart, Henry H., *Sea Road to the Indies: An Account of the Voyages and Exploits of the Portuguese Navigators, together with the Life and Times of Dom Vasco da Gama, Capitão-Mor, Viceroy of India and Count of Vidigueira* (New York: Macmillan, 1950)

Howe, Sonia E., *In Quest of Spices* (London: Jenkins, 1946)

Nilakanta Sastri, K. A., *A History of South India from Prehistoric Times to the Fall of Vijayanagar* (London:

Oxford University Press, 1966)

Phillips, J. K. S., *The Medieval Expansion of Europe* (Oxford: Oxford University Press, 1988)

Ravenstein, E. G. (trans. and ed.), *A Journal of the First Voyage of Vasco da Gama, 1497-1499* (London: Hakluyt Society, 1898; repr. New York: B. Franklin, 1963)

Watkins, Ronald J., *Unknown Seas: How Vasco da Gama Opened the East* (London: John Murray, 2003)

费迪南德·麦哲伦

Bergreen, Laurence, *Over the Edge of the World* (New York: Morrow, 2003)

Joyner, Tim, *Magellan* (Camden, ME: International Marine, 1992)

Pigafetta, Antonio, *Magellan's Voyage: A Narrative Account of the First Navigation,* trans. R. A. Skelton (New York: Dover, 1994)

路易斯－安托万·德·布干维尔

Bougainville, Louis-Antoine de, *The Pacific Journal of Louis-Antoine de Bougainville, 1767-1768,* trans. and ed. John Dunmore (London: Hakluyt Society, 2002)

Bougainville, Louis-Antoine de, *A Voyage Round the World.* [Translated from the French by John Reinhold Forster] (Amsterdam: N. Israel; New York: Da Capo, 1967; orig. ed. London: 1772)

Dunmore, John, *Storms and Dreams. Louis de Bougainville: Soldier, Explorer, Statesman* (Stroud: Nonsuch, 2005)

Kimbrough, Mary, *Louis-Antoine de Bougainville, 1729-1811: A Study in French Naval History and Politics* (Lewiston: E. Mellen Press, 1990)

詹姆斯·库克

Beaglehole, J. C. (ed.), *The Journals of Captain James Cook on his Voyages of Discovery,* 4 vols (Cambridge University Press for the Hakluyt Society, 1955-74)

Beaglehole, J. C., The *Life of Captain James Cook* (London: A. & C. Black; Stanford: Stanford University Press, 1974)

Collingridge, Vanessa, *Captain Cook: Obsession and Betrayal in the New World* (London: Ebury Press, 2002)

David, Andrew, *The Charts and Coastal Views of Captain Cook's Voyages, Vol. 1, The Voyage of the Endeavour 1768-1771* (London: Hakluyt Society, 1988)

Kaeppler, A. L. and others, *James Cook and the Exploration of the Pacific* (London: Thames & Hudson, 2009)

Robson, John, *The Captain Cook Encyclopaedia*

(London: Chatham Publishing, 2004)

Robson, John, *Captain Cook's World: Maps of the Life and Voyages of James Cook, R.N* (Milsons Point, NSW: Random House, 2000; London: Chatham Publishing, 2001)http://www.captaincooksociety.com

陆地

埃尔南多·德·索托

Duncan, David Ewing, *Hernando de Soto: A Savage Quest in the Americas* (New York: Crown, 1995)

Clayton, Lawrence A., Knight, Vernon Jones Jr. and Moore, Edward C. (eds), *The de Soto Chronicles: Expedition of Hernando de Soto to North America 1539-1543* (Tuscaloosa: University of Alabama Press, 1993)

Hemming, John, *The Conquest of the Incas* (London: Macmillan; New York: Harcourt Brace Jovanovich, 1970)

Hudson, Charles, *Knights of Spain, Warriors of the Sun: Hernando de Soto and the South's Ancient Chiefdoms* (Athens: University of Georgia Press, 1997)

刘易斯和克拉克

Ambrose, Stephen E., *Undaunted Courage: Meriwether Lewis, Thomas Jefferson, and the Opening of the American West* (New York: Simon & Schuster, 1996)

DeVoto, Bernard (ed.), *The Journals of Lewis and Clark* (Boston: Houghton Mifflin, 1953)

Gilman, Carolyn, *Lewis and Clark: Across the Divide* (Washington, DC and London: Smithsonian Books, 2003)

Ronda, James P., *Lewis and Clark Among the Indians* (Lincoln and London: University of Nebraska Press, 1984)

托马斯·贝恩斯

Baines, Thomas, *Explorations in South West Africa* (London: Longman & Co., 1864)

Baines, Thomas, *Journal of Residence in Africa, 1842-1853,* ed. R. F. Kennedy, 2 vols (Cape Town: 1961-64)

Braddon, Russell, *Thomas Baines and the North Australian Expedition* (Sydney: Collins, 1986)

Carruthers, Jane and Arnold, Marion, *The Life and Work of Thomas Baines* (Vlaeberg: Fernwood Press, 1995)

McAleer, J., *Representing Africa: Landscape, Exploration and Empire in Southern Africa, 1780-*

1870 (Manchester: Manchester University Press, 2010)

Stevenson, Michael (ed.), *Thomas Baines: An Artist in the Service of Science in Southern Africa* (London: Christie's, 1999)

Wallis, J. P. R, *Thomas Baines of King's Lynn, Explorer and Artist, 1820-1875* (London: Cape, 1941)

理查德・伯顿

Brodie, Fawn M., *The Devil Drives: A Life of Sir Richard Burton* (New York: W. W. Norton; London: Eyre & Spottiswoode, 1967)

Burton, Isabel, *The Life of Captain Sir Richard F. Burton KCMG, FRGS*, 2 vols (London: Chapman & Hall, 1893)

Burton, Richard, *Selected Papers on Anthropology, Travel, and Exploration*, ed. Norman M. Penzer (London: A. M. Philpot, 1924)

Fortnightly Review, "Richard Burton", article by Ouida (June 1906)

Lovell, Mary S., *A Rage to Live: A Biography of Richard and Isabel Burton* (London: Little, Brown; New York: W. W. Norton, 1998)

纳恩・辛格

Barrow, Ian J., *Making History, Drawing Territory: British Mapping in India, c. 1756-1905* (New Delhi: Oxford University Press, 2003)

Hopkirk, Peter, *Trespassers on the Roof of the World: The Race for Lhasa* (London: John Murray, 1982)

Keay, John, *Explorers of the Western Himalayas, 1820-1895* (London: John Murray, 1996)

Madan, P. L., *Tibet: Saga of Indian Explorers* (New Delhi: Manohar Publishers, 2004)

Markham, Clements R., *A Memoir on the Indian Surveys* (London: Allen & Co., 1871)

Rawat, Indra Singh, *Indian Explorers of the 19th Century* (New Delhi: Ministry of Information and Broadcasting, 1973)

Waller, Derek, *The Pundits: British Exploration of Tibet and Central Asia* (Lexington: University Press of Kentucky, 1990)

尼古拉・普热瓦利斯基

Dubrovin, I. F., *N M. Prezheval'ski* (St Petersburg, 1890)

Hopkirk, Peter, *The Great Game. The Struggle for Empire in Central Asia* (London: John Murray, 1990; New York: Kodansha, 1992)

Rayfield, Donald, *The Dream of Lhasa: the Life of Nikolay Przhevalsky (1839-88), Explorer of Central Asia* (London: Elek, 1976)

内伊・爱莲斯

Black, C. E. D., *A Memoir on the Indian Surveys, 1875-*

1890 (London: India Office, 1891)

Elias, Ney (ed.), *A History of the Moghuls of Central Asia, Being the Tarikh-i-Rashidi of Mirza Muhammad Haidar, Dughlat*, trans. E. D. Ross (London: Sampson Low & Co., 1895)

Morgan, Gerald, *Ney Elias: Explorer and Envoy Extraordinary in High Asia* (London: Allen & Unwin, 1971)

弗朗西斯·荣赫鹏

Allen, Charles, *Duel in the Snows: The True Story of the Younghusband Mission to Lhasa* (London: John Murray, 2004)

Fleming, Peter, *Bayonets to Lhasa* (London: Rupert Hart-Davis; New York: Harper, 1961)

French, Patrick, *Younghusband: The Last Great Imperial Adventurer* (London: HarperCollins, 1994)

Hopkirk, Peter, *The Great Game. The Struggle for Empire in Central Asia* (London: John Murray, 1990; New York: Kodansha, 1992)

Seaver, George, *Francis Younghusband: Explorer and Mystic* (London: John Murray, 1952)

Verrier, Anthony, *Francis Younghusband and the Great Game* (London: Cape, 1991)

Younghusband, Francis, *The Heart of a Continent: A Narrative of Travels in Manchuria, across the Gobi Desert, through the Himalayas, the Pamirs and Chitral, 1884-94* (London: John Murray, 1896)

马尔克·奥莱尔·斯坦因

Hopkirk, Peter, *Foreign Devils on the Silk Road: The Search for the Lost Cities and Treasures of Chinese Central Asia* (London: John Murray, 1980)

Mirsky, Jeanette, *Sir Aurel Stein: Archaeological Explorer* (Chicago: University of Chicago Press, 1977)

Walker, Annabel, *Aurel Stein, Pioneer of the Silk Road* (London: John Murray, 1998)

Whitfield, Susan, *Aurel Stein on the Silk Road* (London: The British Museum Press; Chicago: Serindia, 2004)

河流

萨缪尔·德·尚普兰

Biggar, H. P. (ed.), *The Works of Samuel de Champlain*, 6 vols (Toronto: Champlain Society, 1922-36)

Fischer, David Hackett, *Champlain's Dream: The Visionary Adventurer Who Made a New World in Canada* (New York: Simon & Schuster, 2008)

Heidenreich, Conrad E., "The Beginning of French Exploration out of the St Lawrence Valley:

Motives, Methods, and Changing Attitudes toward Native People", in Warkentin, G. and Podruchny, C. (eds), *Decentring the Renaissance* (Toronto: University of Toronto Press, 2001), 236-51

Heidenreich, Conrad E., "Early French Exploration in the North American Interior", in Allen, J. L. (ed.), *North American Exploration: A Continent Defined*, vol. 2 (Lincoln: University of Nebraska Press, 1997), 65-148

Litalien, Raymonde and Vaugeois, Denis (eds), *Champlain: the Birth of French America* (Montreal-Kingston: McGill Queen' s Press, 2004)

詹姆斯·布鲁斯

Bredin, Miles, *The Pale Abyssinian: A Life of James Bruce, African Explorer and Adventurer* (London: HarperCollins, 2000)

Bruce, James, *Travels to Discover the Source of the Nile*, ed. C. F. Beckingham (Edinburgh: University of Edinburgh Press, 1964; orig. ed. Edinburgh: J. Ruthven, 1790)

Moorehead, Alan, *The Blue Nile* (London: Hamish Hamilton; New York: Harper & Row, 1962)

亚历山大·马更些

Gough, Barry, *First Across the Continent* (Norman: University of Oklahoma Press, 1997)

Mackenzie, Alexander, *Voyages from Montreal* (London and Edinburgh, 1801)

Morse, Eric, *Fur Trade Canoe Routes of Canada* (Toronto: University of Toronto Press, 1979)

Twigger, Robert, *Voyageur: Across the Rocky Mountains in a Birchbark Canoe* (London: Weidenfeld & Nicolson, 2006)

Woodworth, John and Flygare, Halle, *In the Steps of Alexander Mackenzie* (Prince George, BC: AMVR Association, 1989)

芒戈·帕克

Boyle, T. C., *Water Music: A Novel* (Boston: Little, Brown; London: Gollancz, 1981)

Hunwick, John O. and Boye, Alida Jay, *The Hidden Treasures of Timbuktu* (London and New York: Thames & Hudson, 2008)

Lupton, Kenneth, *Mungo Park, The African Traveler* (Oxford: Oxford University Press, 1979)

Park, Mungo, *Travels into the Interior of Africa* (London: Eland, 2003)

Sattin, Anthony, *The Gates of Africa: Death, Discovery and the Search for Timbuktu* (London: Harper Perennial, 2004; New York: St Martin' s Press, 2005)

约翰·汉宁·斯皮克

Burton, R. F., *The Lake Regions of Central Africa*, 2 vols (London: Longmans, 1860)

Carnochan, W. B., *The Sad Story of Burton, Speke and the Nile; Or was John Hanning Speke a Cad?* (Stanford, CA: Stanford General Books, 2006)

Maitland, Alexander, *Speke and the Discovery of the Source of the Nile* (London: Constable, 1971)

Ondaatje, Christopher, *Journey to the Source of the Nile* (Toronto: HarperCollins, 1998)

Speke, John Hanning, *Journal of the Discovery of the Source of the Nile* (London: Blackwood, 1863)

Speke, John Hanning, *What Led to the Discovery of the Nile* (London: Blackwood, 1864)

戴维·利文斯通

Helly, Dorothy O., *Livingstone's Legacy: Horace Waller and Victorian Mythmaking* (Athens: Ohio University Press, 1987)

Jeal, Tim, *Livingstone* (New Haven and London: Yale University Press, 2001)

National Portrait Gallery, *David Livingstone and the Victorian Encounter with Africa* (London: NPG Publications, 1996)

Pettitt, Clare," *Dr. Livingstone, I Presume ?" : Missionaries, Journalists, Explorers, and Empire* (London: Profile Books; Cambridge MA: Harvard University Press, 2007)

Ross, Andrew C., *David Livingstone: Mission and Empire* (London and New York: Continuum, 2006)

弗朗西斯·安邺

Carné, Louis de, *Travels on the Mekong* ("The Political and Trade Report of the Mekong Exploration Commission") (repr. Bangkok: White Lotus, 2000)

Delaporte, Louis and Garnier, Francis, *A Pictorial Journey on the Old Mekong* (vol 3 of "The Mekong Exploration Commission Report") (repr. Bangkok: White Lotus, 1998)

Garnier, Francis, *Voyage d'exploration en Indo-Chine* (Paris, 1885); English translation: *Travels in Cambodia and Laos and Further Travels in Laos and Yunnan*, 2 vols (Bangkok: White Lotus, 1996)

Keay, John, *Mad about the Mekong: Exploration and Empire in South East Asia* (London: HarperCollins, 2005)

Osborne, Milton, *The Mekong: Turbulent Past, Uncertain Future* (New York: Atlantic Monthly Press, 2000)

亨利·莫顿·史丹利

Driver, Felix, *Geography Militant: Cultures of Exploration and Empire* (Oxford and Malden MA: Blackwell, 2001)

Fabian, Johannes, *Out of Our Minds: Reason and Madness in the Exploration of Central Africa* (Berkeley: University of California Press, 2000)

Hall, Richard, *Stanley: An Adventurer Explored* (Boston: Houghton Mifflin, 1975)

Jeal, Tim, *Stanley: The Impossible Life of Africa's Greatest Explorer* (London: Faber and Faber, 2007)

Newman, James L., *Imperial Footprints: Henry Morton Stanley's African Journeys* (Potomac, VA: Brassey's/Potomac, 2004)

极地冰雪

弗里乔夫·南森

Nansen, Fridtjof, *The First Crossing of Greenland*, trans. Hubert Gepp (Northampton, MA: Interlink Publishing, 2003)

Nansen, Fridtjof, *Farthest North*, intro. Roland Huntford (New York: Modern Library, 1999)

Shackleton, Edward, *Nansen: The Explorer* (London: H. F. & G. Witherby, 1959)

爱德华·威尔逊

Cherry-Garrard, A., *The Worst Journey in the World* (London: Picador, 1994)

Scott, R. F., *The Voyage of the "Discovery"*, 2 vols (London: Smith, Elder & Co., 1905)

Scott, R. F., *Scott's Last Expedition*, 2 vols (London: Smith, Elder & Co., 1913)

Williams, I., *With Scott in the Antarctic, Edward Wilson. Explorer, Naturalist, Artist* (Stroud: The History Press, 2008)

Wilson, Edward, *Diary of the "Discovery" Expedition to the Antarctic Regions 1901-1904*, ed. Ann Savours (London: Blandford Press, 1966)

Wilson, Edward, *Diary of the "Terra Nova" Expedition to the Antarctic 1910-1912*, ed. H. G. R. King (London: Blandford Press, 1972)

罗尔德·阿蒙森

Amundsen, Roald, *The North West Passage: Being the Record of a Voyage of Exploration of the Ship "Gjøa" 1903-1907* (London: Constable; New York: E. P. Dutton & Co., 1908)

Amundsen, Roald, *The South Pole: An Account of the Norwegian Antarctic Expedition in the "Fram", 1910-1912*, trans. A. G. Chater, 2 vols (London: John Murray; New York: L. Keedick, 1912)

Amundsen, Roald, *My Life as an Explorer* (London: Heinemann; New York: Doubleday, 1927)

Bomann-Larsen, Tor, *Roald Amundsen* (Stroud: Sutton, 2006)

沃利·赫伯特

Herbert, Wally, *Across the Top of the World* (London: Longmans, 1969; New York: Putnam, 1971)

Herbert, Wally, *The Noose of Laurels* (London: Hodder & Stoughton; New York: Atheneum, 1989)

Herbert, Wally, *The Polar World: The Unique Vision of Sir Wally Herbert* (Weybridge: Polarworld, 2007)

荒漠

海因里希·巴尔特

Barth, Heinrich, *Travels and Discoveries in North and Central Africa*, repr. 3 vols (London: Frank Cass, 1965)

Boahen, A. A., *Britain, the Sahara and the Western Sudan 1778-1861* (Oxford: Clarendon Press, 1964)

Diawara, Mamadou, de Moraes Farias, Paulo Fernando and Spittler, Gerd (eds), *Heinrich Barth et l'Afrique* (Cologne: Rüdiger Köppe Verlag, 2006)

Herrmann, Paul, *The Great Age of Discovery* (New York: Harper, 1958)

Kirk-Greene, A. H. M. (ed.), *Barth's Travels in Nigeria* (London: Oxford University Press, 1962)

查尔斯·斯特尔特

Blainey, Geoffrey, *The Tyranny of Distance: How Distance Shaped Australia's History* (Melbourne: Sun Books, 1966)

Cannon, Michael, *The Exploration of Australia* (Sydney: Reader's Digest, 1987)

Stokes, Edward, *To the Inland Sea: Charles Sturt's Expedition 1844-45* (Hawthorn: Hutchinson, 1986)

Sturt, C. N., *Two Expeditions into the Interior of Southern Australia, during the years 1828, 1829, 1830 and 1831*, 2 vols (London: Smith, Elder & Co., 1833)

Sturt, C. N., *Narrative of an Expedition into Central Australia during the Years 1844, 5 and 6*, 2 vols (London: T. & W. Boone, 1849)

格特鲁德·贝尔

Bell, Gertrude, *The Desert and the Sown* (London: Virago, 1985; Mineola: Dover, 2008)

Bell, Gertrude, *Amurath to Amurath* (London: Heinemann, 1911)

Howell, Georgina, *Daughter of the Desert: The Remarkable Life of Getrude Bell* (London: Macmillan, 2006); *Gertrude Bell: Queen of the Desert, Shaper of Nations* (New York: Farrar, Strauss & Giroux, 2007)

Wallach, Janet, *Desert Queen* (London: Weidenfeld & Nicolson, 1996; New York: Anchor Books, 2005)

Winstone, H. V. F., *Gertrude Bell* (London: Cape; New York: Quartet, 1978)

Gertrude Bell archive: http://www.gerty.ncl.ac.uk/

哈利・圣约翰・费尔比

Meulen, D. van der, *The Wells of Ibn Sa'ud* (London: John Murray, 1957)

Monroe, Elizabeth, *Philby of Arabia* (London: Faber, 1973)

Philby, H. St J. B., *Arabian Days* (London: Hale, 1948)

Philby, H. St J. B., *A Pilgrim in Arabia* (London: Hale, 1946)

Philby, H. St J. B., *Forty Years in the Wilderness* (London: Robert Hale, 1957)

拉尔夫・巴格诺尔德

Bagnold, R. A., *Libyan Sands: Travel in a Dead World* (London: Hodder & Stoughton, 1935)

Bagnold, R. A., *Sand, Wind and War. Memoirs of a Desert Explorer* (Tucson: University of Arizona, 1990)

Gordon, John W., *The Other Desert War. British Special Forces in North Africa, 1940-1943* (New York: Greenwood, 1987)

Goudie, Andrew, *Wheels Across the Desert. Exploration of the Libyan Desert by Motor Car 1916-1942* (London: Silphium, 2008)

Kelly, Saul, *The Hunt for Zerzura. The Lost Oasis and the Desert War* (London: John Murray, 2002)

威尔弗雷德・塞西格

Maitland, Alexander, *Wilfred Thesiger: The Life of the Great Explorer* (London: HarperPress, 2006)

Philby, H. St J. B., *The Empty Quarter* (London: Constable, 1933)

Thesiger, Wilfred, *Arabian Sands* (London: Longmans Green, 1959)

Thesiger, Wilfred, *The Marsh Arabs* (London: Longmans, 1964)

Thesiger, Wilfred, *The Life of My Choice* (London: Collins, 1987)

Thomas, Bertram J., *Arabia Felix: Across the Empty Quarter of Arabia* (London: Jonathan Cape, 1932)

地球上的生命

亚历山大・冯・洪堡

Botting, Douglas, *Humboldt and the Cosmos* (London: Jospeh; New York: Harper & Row, 1973)

Hein, Wolfgang-Hagen (ed.), *Alexander von Humboldt: Life and Work*, trans. John Cumming (Ingelheim am Rhein: C. H. Boehringer Sohn, 1987)

Humboldt, Alexander von, *Personal Narrative of a Journey to the Equinoctial Regions of the New Continent*, abridged and trans. Jason Wilson (London: Penguin, 1995)

Kellner, L., *Alexander von Humboldt* (London and New York: Oxford University Press; 1963)

玛丽安娜・诺斯

Birkett, Dea, *Spinsters Abroad: Victorian Lady Travellers* (Oxford: Basil Blackwell, 1989)

Lees-Milne, A., "Marianne North", *Journal of the Royal Horticultural Society*, 98 (6), June 1964, 231-40

North, Marianne, *Recollections of a Happy Life*, ed. and intro. Susan Morgan (Charlottesville: University of Virginia Press, 1993; orig. ed. London: Macmillan, 1892)

North, Marianne, *Some Further Recollections of a Happy Life* (London: Macmillan, 1893)

North, Marianne, *A Vision of Eden*, ed. G. Bateman, 4th ed. (London: Royal Botanic Gardens, Kew and HMSO,1993)

Polk, Milbry and Tiegreen, Mary, *Women of Discovery* (New York: Clarkson Potter, 2001)

Ponsonby, L., *Marianne North at Kew Gardens* (London: Webb and Bower, 1990)

阿尔弗雷德・罗素・华莱士

Berry, Andrew (ed.), *Infinite Tropics: An Alfred Russel Wallace Anthology* (London and New York: Verso, 2002)

Knapp, Sandra, *Footsteps in the Forest: Alfred Russel Wallace in the Amazon* (London: Natural History Museum, 1999)

Raby, Peter, *Alfred Russel Wallace, A Life* (London: Chatto & Windus; Princeton: Princeton University Press, 2001)

Wallace, Alfred Russel, *Travels on the Amazon and Rio Negro*, 2nd ed. (London: Ward Lock, 1889)

Wallace, Alfred Russel, *The Malay Archipelago: The Land of the Orang-utan and the Bird of Paradise*, ed. John Bastin (Oxford: Oxford University Press, 1989)

Wilson, J. G., *The Forgotten Naturalist: In Search of Alfred Russel Wallace* (Kew, Victoria: Arcadia, 2000)

弗兰克・金登 – 沃德

Kingdon-Ward, Frank, *Frank Kingdon-Ward's Riddle of the Tsangpo Gorges: Retracing the Epic Journey of 1924-25 in South-East Tibet*, ed. Kenneth Cox (Woodbridge: Antique Collectors' Club, 1999)

Kingdon-Ward, Frank, *The Land of the Blue Poppy. Travels of a Naturalist in Tibet* (Cambridge:

Cambridge University Press, 2009)
Kingdon-Ward, Frank, *A Plant Hunter in Tibet* (Bangkok: White Orchid, 2006)
Kingdon-Ward, Frank, *Burma's Icy Mountains* (Bangkok: White Orchid, 2006)
Lyte, Charles, *Frank Kingdon-Ward. The Last of the Great Plant Hunters* (London: John Murray, 1989)

新的前沿

基诺・沃特金斯

Chapman, F. Spencer, *Watkins' Last Expedition* (London: Chatto and Windus, 1934)
Chapman, F. Spencer, *Northern Lights: The Official Account of the British Arctic Air-Route Expedition, 1930-1931* (London: Chatto and Windus, 1932)
Lindsay, Martin, *Those Greenland Days* (London: Blackwood, 1932)
Scott, J. M., *Gino Watkins* (London: Hodder & Stoughton, 1935)
Scott, Jeremy, *Dancing on Ice* (London: Old Street Publishing, 2008)

尤里・加加林

Burchett, Wilfred and Purdy, Anthony, *Cosmonaut Yuri Gagarin, First Man in Space* (London: Gibbs & Phillips, 1961)
Burgess, Colin and Hall, Rex, *The First Soviet Cosmonaut Team: Their Lives, Legacy and Historical Impact* (New York: Springer, 2009)
French, Francis and Burgess, Colin, *Into That Silent Sea: Trailblazers of the Space Era 1961-1965* (Lincoln: University of Nebraska Press, 2007)
Hall, Rex and Shayler, David, *The Rocket Men: Vostok and Voskhod, The First Soviet Manned Spaceflights* (New York and Chichester: Springer, 2001)

雅克－伊夫・库斯托

Cousteau, Jacques-Yves, *The Silent World*, with Frédéric Dumas (New York: Harper; London: Hamish Hamilton, 1952)
Cousteau, Jacques-Yves, *The Living Sea*, with James Dugan (New York: Harper & Row; London: Hamish Hamilton, 1963)
Cousteau, Jacques-Yves, *World Without Sun*, ed. James Dugan (New York: Harper & Row; London: Heinemann, 1965)
Cousteau, Jacques-Yves and Cousteau, Phillipe, *The Shark: Splendid Savage of the Sea* (Garden City, NY: Doubleday; London: Cassell, 1970)
Cousteau, Jacques-Yves and Richards, Mose, *Jacques Cousteau's Amazon Journey* (New York: Abrams,

1984)

Cousteau, Jacques-Yves and Schiefelbein, Susan, *The Human, the Orchid and the Octopus* (New York: Bloomsbury, 2007)

安德鲁・詹姆斯・伊文斯

Brook D. B. (ed.), "The British New Guinea Speleological Expedition, 1975", *Transactions of the British Cave Research Association*, 3, 1976

Brook, D. B., *Caves of Mulu* (London: Royal Geographical Society, 1978)

Howes, Chris, *To Photograph Darkness* (Gloucester: Alan Sutton, 1989)

Shaw, Trevor R., *History of Cave Science: The Exploration and Study of Limestone Caves, to 1900* (Sydney Speleological Society, 1992)

http://www.chinacaves.org.uk/

http://www.mulucaves.org/

引证来源

p. 1 C. P. Cavafy, "Ithaca" , from *Collected Poems*, trans. Edmund Keeley and Philip Sherrard (London: Hogarth Press, 1975); p. 17 quoted in F. Fernández -Armesto, *Columbus on Himself* (London: Folio Society, 1992), p. 158; p. 25 quoted in M. Kaplan, *The Portuguese: The Land and Its People* (New York: viking, 1991), p. 29; p. 30 Antonio Pigafetta, *The First Voyage Round the World, by Magellan. Translated from the accounts of Pigafetta, and other contemporary writers*, trans., with notes and introduction, Lord Stanley of Alderley (London: Hakluyt Society, 1874), p.101; pp. 34, 35, 36 Antonio Pigafetta, *Magellan's Voyage: A Narrative Account of the First Circumnavigation,* trans. R. A. Skelton (New Haven: Yale UP, 1969); pp. 39, 41 Louis-Antoine de Bougainville, *A Voyage Around the World*, trans. J. R. Forster (London, 1772); p. 46 J. C. Beaglehole (ed.), *The Journals of Captain James Cook on His Voyages of Discovery*, 4 vols (London: CUP, 1955-74), vol. II, p. 322; p. 61 James Elroy Flecker, "The Golden Journey to Samarkand" , 1913, *Collected Poems* (London: Seeker & Warburg, 1916); p. 64 E. G. Bourne (ed.), *Narratives of the Career of Hernando de Soto in the Conquest of Florida as Told by a Knight of Elvas ...* , trans. Buckingham Smith (New York: A. S. Barnes & Co., 1904), Vol. 2, p. 162, www.americanjourneys.org/aj-024/; pp. 69, 75, 76 Bernard DeVoto (ed.), *The Journals of Lewis and Clark* (Boston: Houghton Mifflin, 1953); p. 79 quoted in J. P. R. Wallis, *Thomas Baines of King's Lynn, Explorer and Artist, 1820-1875* (London: Cape, 1941), p. 158; p. 79 Roderick Murchison, quoted in J. P. R. Wallis, *Thomas Baines of Kings̓ Lynn, Explorer and Artist, 1820-1875* (London: Cape,1941), p. xvii; p. 80 Thomas Baines, *Journal of Residence in Africa, 1842-53*, ed. R. F. Kennedy, 2 vols (Cape Town, 1961-64), vol. 1, p. 9; p. 82 Thomas Baines, *Journal of Residence in Africa, 1842-53*, ed. R. F. Kennedy, 2 vols (Cape Town, 1961-64), vol. 1, p. 10; p. 82 Quoted in Jane Carruthers and Marion Arnold, *The Life and Work of Thomas Baines* (Vlaeberg: Fernwood Press, 1995), p. 50 and p. 171; p. 83 Thomas Baines, *The Victoria Falls, Zambesi River ...* (London: Day & Son, 1865), p. 3; p. 83 RGS, JMS/2/35/a, Thomas Baines to Sir George Cathcart, 13 April 1853; p. 86 RGS, CB5/ 33, "Victoria Falls of the Zambesi: A series of oil paintings" ; p. 87 Thomas Baines, *Explorations in South West Africa* (London: Longmans & Co., 1864), p. 34; p. 88 Thomas Baines, *Journal of Residence in Africa, 1842-53*, ed. R. F. Kennedy, 2 vols (Cape Town, 1961-64), vol. 1, p. 1; p. 88 Murchison: RGS, CB5/33, "Victoria Falls of the Zambesi: A series of oil paintings" ; p. 88 Baines, quote in J. P. R. Wallis, *Thomas Baines of King' s Lynn, Explorer and Artist, 1820-1875* (London: Cape, 1941), p. 188; p. 88 RGS, JMS/2/35/a, Thomas Baines to Sir George Cathcart, 13 April 1853; p. 89 Richard F. Burton *The Kasîdah Of Hâjî Abdû El-Yezdî (1880)*; p. 92 "Discovery ... " Richard F. Burton, *The Carmina of Caius Valerius Catullus* (London, 1894); p. 95 Lord Derby, quoted in *The New York Times*, 21 August 1921; p. 95 "Pay, pack, and follow" , Isabel Burton, *The Life of Captain Sir Richard F. Burton KCMG, FRGS* (London: Chapman & Hall, 1893), Vol. 2, p. 569; p. 96 "Now that I know ... " Isabel Burton, *The Life of Captain Sir Richard F. Burton KCMG, FRGS* (London: Chapman & Hall, 1893), Vol. 2, p. 442; pp. 97, 103 Sir Clements Markham, *A Memoir of the Indian Survey* (London: Allen & Co., 1871); p. 115 Francis Younghusband, *The Heart of a Continent* (London:John Murray, 1896); p. 120 quoted in Peter Hopkirk, *Foreign Devils on the Silk Road: The Search for the Lost Cities and Treasures of Chinese Central Asia* (London: John Murray, 1980); p. 132 H. P. Biggar (ed.), *The Works of Samuel de Champlain* (Toronto: Champlain Society, 1922-36); pp. 137, 140 James Bruce, *Travels to Discover the Source of the Nile* (Edinburgh: J. Ruthven, 1790); p. 148 Mungo Park, *Travels in the Interior Districts of Africa* (London, 1799); p. 155 J. H. Speke, *Journal of the Discovery of the Source of the Nile* (London: Blackwood, 1863); p. 162 David Livingstone, *Livingstone's African Journal, 1853-1856*, ed. I. Schapera (London: Chatto & Windus, 1963); p. 175 Francis Garnier, *Voyage d' exploration en Indo-Chine* (Paris, 1885); English translation 2 vols: *Travels in Cambodia and Laos and Further Travels in Laos and Yunnan* (Bangkok: White Lotus, 1996); p. 180 A. J. Mounteney Jephson, *The Diary of A. J Mounteney Jephson: Emin Pasha Relief Expedition, 1887-1889*, ed. Dorothy Middleton (Cambridge: CUP, 1969); p. 194 Fridtjof Nansen, *Farthest North* (London: Newnes, 1898), p. 58; p. 201 R. F. Scott, *Scott's Last Expedition, Vol. I, Journals of Captain R. F. Scott* (London: Smith, Elder & Co., 1913); p. 217 Wally Herbert, *The Polar World* (Weybridge: Polarworld, 2007); pp. 227, 230, 232, 235 Heinrich Barth, *Travels and Discoveries in North and Central Africa* (London: Longman, Brown, Green, Longmans & Roberts, 1857-58); p. 236 C. N. Sturt, *Narrative of an Expedition into Central Australia during the Years 1844, 5 and 6* (London: T. & W. Boone, 1849); pp. 237, 238, 239 C. N. Sturt, *Two Expeditions into the Interior of Southern Australia, during the years 1828, 1829, 1830 and 1831* (London: Smith, Elder & Co., 1833); p. 241 C. N. Sturt, *Narrative of an Expedition into Central Australia during the Years 1844, 5 and 6* (London: T. & W. Boone, 1849); p. 242 Gertrude Bell, Diary, 21/1/1902: Gertrude Bell Archive, Newcastle University, www.gerty.ncl.ac.uk/; p. 247 "I have known ... " quoted in Georgina Howell, *Gertrude Bell: Queen of the Desert, Shaper of Nations* (New York: Farrar, Strauss & Giroux, 2007); p. 248 caption, Getrude Bell, letter, 7/3/1914: Gertrude Bell Archive, Newcastle University, www.gerty.ncl.ac.uk/; p. 249 "Confound ... " quoted in Georgina Howell, *Gertrude Bell: Queen of the Desert, Shaper of Nations* (New York: Farrar, Strauss & Giroux, 2007); p. 249 "They are ... " Gertrude Bell, letter, 16/8/1922: Gertrude Bell Archive, Newcastle University, www.gerty.ncl.ac.uk/ ; p. 250 Harry St J. Philby, *Arabian Days* (London: Hale, 1948); p. 255 R. A. Bagnold, *Libyan Sands* (London: Hodder & Stoughton, 1935); p. 257 *The Times*, 3 January 1931; p. 259 *Geographical Journal* 82, p. 120; p. 261 Wilfred Thesiger, *The Life of My Choice* (London: Collins, 1987); p. 263 Wilfred Thesiger, *Arabian Sands* (London: Longmans Green, 1959); p. 270 Francis Darwin (ed.) *The Life and Letters of Charles Darwin*, vol. 2 (New York: Basic Books, 1959), p. 422; p. 271 letter of Alexander von Humboldt to J. F. Blumenbach, June 1795; pp. 273, 275, 277, 279 Alexander von Humboldt, *Personal Narrative of a Journey to the Equinoctial Regions of the New Continent* (London: Penguin, 1995); pp. 280, 285 Marianne North, *Recollections of a Happy Life* (London: Macmillan & Co., 1892); p. 286 Marianne North, *Some Further Recollections of a Happy Life* (London: Macmillan & Co., 1893); p. 289 "should civilized man ... " A. R. Wallace, *The Malay Archipelago* (London: Macmillan & Co., 1869); p. 289, 290 "I should like ... " A. R. Wallace, *My Life* (London: Chapman & Hall, 1908), p. 248; p. 290 letter of A. R. Wallace to Samuel Stevens, first published in *Annals and Magazine of Natural History*, 5 February 1850; p. 290 "a good ... " A. R.Wallace, *Travels on the Amazon and Rio Negro* (London: Ward Lock, 1889), p. 145; p. 291 "almost at ... " letter of Richard Spruce to John Smith, 25 December 25 (R.B.G. Kew), quoted in Peter Raby, *Alfred Russel Wallace* (London: Chatto & Windus, 2001), p. 77; p. 293 A. R. Wallace, *Contributions to the Theory of Natural Selection* (London: Macmillan & Co., 1871); p. 294 A. R. Wallace to Samuel Stevens, 21 August 1856 (Cambridge University Library), quoted in Peter Raby, *Alfred Russel Wallace* (London: Chatto & Windus, 2001), p. 113; p. 294 A. R. Wallace, *The Malay Archipelago* (London: Macmillan & Co., 1869), p. 411; p. 294 A. R. Wallace, *The Malay Archipelago* (London: Macmillan & Co., 1869), p. 434; p. 305 F. Kingdon-Ward, "The Assam Earthquake of 1950" , *The Geographical Journal*, Vol. 119, No.2 (1953), pp. 169-82; p. 310 Jeremy Scott, *Dancing on Ice* (London: Old Street Publishing, 2008); p. 311 Charles Dickens, "The Lost Arctic Voyagers", *Household Words*, 9 December 1854, p. 392; pp. 315, 320 quoted in Kevin W Kelley (ed.), *The Home Planet* (Reading, MA: Addison Wesley, 1988); p. 322 quoted in Ross R. Olney *Men Against the Sea* (New York: Grosset & Dunlap, 1969); p. 328 quoted in Trevor R. Shaw, *History of Cave Science: The Exploration and Study of Limestone Caves, to 1900* (Sydney Speleological Society, 1992)

插图来源

a: 上; b: 下

前 衬 Courtesy of the American Philosophical Society; 扉 页 British Library, London; 目 录 6 National Maritime Museum, Greenwich, London (BHC 1932); 3, 4, 5 © Royal Geographical Society, London; 7 Scott Polar Research Institute, University of Cambridge; 8 Fridtjof Nansen/National Library of Norway, Oslo, The Picture Collection; 9 from Heinrich Barth, *Travels and Discoveries in North and Central Africa* ... (London: Longman, Brown, Green, Longmans & Roberts, 1858); 12 Bibliothèque nationale de France, Paris; 14 akg-images/Gilles Mermet; 15 Georg-August-Universität Göttingen, Ethnographic Collection. Photo Harry Haase; 16a Museo Navale di Pegli, Genoa; 16b, 19b Agosto, Courtesy Palazzo Tursi, Genoa; 19a Museo Naval, Madrid; 21 British Library, London; 23 © AISA; 26 akg-images; 29 The Art Archive/ Science Academy Lisbon/Gianni Dagli Orti; 32-33 Biblioteca Estense, Modena; 34 Courtesy Lilly Library, Indiana University, Bloomington, Indiana; 37 Bibliothèque nationale de France, Paris; 41 National Library of Australia, Canberra (9454368); 42 National Library of Australia, Canberra (6045157);

44a Bibliothèque nationale de France, Paris; 44b Courtesy of Hordern House Rare Books; 47 Museum of New Zealand, Te Papa Tongarewa, Wellington; 48-49 © Crown Copyright and/or database rights. Reproduced by permission of the Controller of Her Majesty's Stationery Office and the UK Hydrographic Office (www.ukho.gov.uk); 50 Natural History Museum, London; 51 Peter Mazell (after S. Parkinson), "View of the great peak & the adjacent country on the west coast of New Zealand". National Library of Australia, Canberra (8391515); 53 National Library of Australia, Canberra (8391494); 55 Natural History Museum, London; 57 National Maritime Museum, Greenwich, London (BHC2375); 60 Reproduced with the kind permission of the Director and the Board of Trustees, Royal Botanic Gardens, Kew; 62 from Richard F. Burton, *Personal Narrative of a Pilgrimage to el-Medinah & Meccah* (London: Longman, Green, Longman, and Roberts, 1855); 63 © Royal Geographical Society, London; 65a Library of Congress, Geography and Map Division, Washington, D.C.; 65b Library of Congress, Washington, D.C.; 67 British Museum, London; 70 Courtesy of the American Philosophical Society; 72 Joslyn Art Museum, Omaha, Nebraska, 1986.49.214. Gift of Enron Art Foundation; 73 Collection of the New-York Historical

Society, 1971. 125. Gift of the Heirs of Hall Park McCullough; 74 Joslyn Art Museum, Omaha, Nebraska. Gift of Enron Art Foundation; 76 Missouri Historical Society, St Louis, William Clark Papers, Voorhis #2. Gift of Julia Clark Voorhis in memory of Eleanor Glasgow Voorhis; 78, 80, 81, 84-85 © Royal Geographical Society, London; 86 Reproduced with the kind permission of the Director and the Board of Trustees, Royal Botanic Gardens, Kew; 87 © Royal Geographical Society, London; 90 from Richard F. Burton, *Personal Narrative of a Pilgrimage to al-Madinah & Meccah* (London: Tylston & Edwards, 1893); 92 from Richard F. Burton, *Goa, and the Blue Mountains; or Six Months of Sick Leave* (London: Richard Bentley, 1851); 93 National Portrait Gallery, London; 94a, 94b from Richard F. Burton, *The Lake Regions of Central Africa: A Picture of Exploration* (London: Longman, Green, Longman, and Roberts, 1860); 97, 98-99 © Royal Geographical Society, London; 101 © The British Library Board, London (Add: Or. 3013); 102, 105 © Royal Geographical Society, London; 106, 107 from Nikolai Przhevalsky, *Mongolia i strana tangutov* (*Mongolia and the Land of the Tanguts*) (St. Petersburg: 1875); 112, 114 © Royal Geographical Society, London; 116 © The British Library Board, London (Mss Eur F197/674(1)); 118 © Royal Geographical Society, London; 121 The British Library, London (Stein Photo 392/23(12)); 123 © The Trustees of the British Museum, London; 125 © The British Library Board, London (Or.8210/ P.2); 128 © Royal Geographical Society, London; 130 Yale Center for British Art, Paul Mellon Collection, USA/The Bridgeman Art Library; 131 from Francis Garnier, *Voyage d' Exploration en Indo-Chine* (Paris: Hachette, 1885); 134a Library and Archives Canada (NL 15316); 134b Library of Congress, Geography and Map Division, Washington, D.C.; 135 Library and Archives Canada (NL 6643); 136 John Carter Brown Library at Brown University, Providence, Rhode Island; 137 National Portrait Gallery, London; 139 Courtesy of the Lewis Walpole Library, Yale University, New Haven; 141, 142 Cushing Memorial Library and Archives, Texas A&M University; 144 National Gallery of Canada, Ottawa; 145 © Royal Geographical Society, London; 146 The National Archives, UK; 149 R. Caillé, *Travels through Central Africa to Timbuctoo*, 1830; 151a, 151b, 152 Courtesy Anthony Sattin; 153 National Portrait Gallery, London; 157, 159, 160, 161, 163, 164, 166, 167 © Royal Geographical Society, London; 168 from David Livingstone, *Missionary Travels and Researches in South Africa* (London: John Murray, 1857); 169, 170, 172 © Royal Geographical Society, London; 174, 177from Francis Garnier, *Voyage d' Exploration en Indo-Chine* (Paris: Hachette, 1885); 178 Bibliothèque nationale de France, Paris; 182a Stanley Archives, collection King Baudouin Foundation, under trust of RMCA Tervuren, Belgium; 182b, 184, 185 © Royal Geographical Society, London; 186 from Henry Morton Stanley, *How I found Livingstone; travels, adventures, and discoveries in central Africa; including four months' residence with Dr. Livingstone* (London: S. Low, Marston, Low, and Searle, 1872); 187 Stanley Archives, collection King Baudouin Foundation, under trust of RMCA Tervuren, Belgium; 190 © Royal Geographical Society, London; 192, 195 Fridtjof Nansen/ National Library of Norway, Oslo, The Picture Collection; 196 © Royal Geographical Society, London; 197, 199 Fridtjof Nansen/National Library of Norway, Oslo, The

Picture Collection; 200 © Royal Geographical Society, London; 202, 203 Scott Polar Research Institute, University of Cambridge; 204, 206 © Royal Geographical Society, London; 207 Scott Polar Research Institute, University of Cambridge; 209, 211, 212 Photographer unknown/National Library of Norway, Oslo, The Picture Collection; 213a Fram Museum, Oslo; 213b National Library of Australia, Canberra (23814300); 215 © Bettmann/Corbis; 218a, 218b, 220, 221 Courtesy Herbert Collection; 225 Gertrude Bell Archive, Newcastle University; 224, 228 © Royal Geographical Society, London; 229, 231, 233, 234a, 234b from Heinrich Barth, *Travels and Discoveries in North and Central Africa* ... (London: Longman, Brown, Green, Longmans & Roberts, 1858); 238 National Library of Australia, Canberra (2377285); 239 National Library of Australia, Canberra (2377287); 240 National Library of Australia, Canberra (5263644); 243, 244, 245, 246, 247, 248 Gertrude Bell Archive, Newcastle University; 251, 252, 253, 254, 256, 257, 258© Royal Geographical Society, London; 262 Pitt Rivers Museum, University of Oxford (2004.130.12990.1); 264 Pitt Rivers Museum, University of Oxford (2004.130.1 7285.1); 265 Pitt Rivers Museum, University of Oxford (2004.130.19462.1); 268 © Royal Geographical Society, London; 272 Natural History Museum, London; 274 © Royal Geographical Society, London; 276 akg-images; 278 © Royal Geographical Society, London; 281, 282, 283 Reproduced with the kind permission of the Director and the Board of Trustees, Royal Botanic Gardens, Kew; 284 Private collection; 286, 287 Reproduced with the kind permission of the Director and the Board of Trustees, Royal Botanic Gardens, Kew; 291 Private collection. © A. R. Wallace Memorial Fund; 292 Natural History Museum, London; 294 from A. R. Wallace, *The Malay Archipelago, land of the Orang-Utan and the Bird of Paradise: a narrative of travel, with studies of Man and Nature* (London: Macmillan & Co., 1869); 295, 296 Natural History Museum, London; 297, 298 from A. R. Wallace, *The Malay Archipelago, land of the Orang-Utan and the Bird of Paradise: a narrative of travel, with studies of Man and Nature* (London; Macmillan & Co., 1869); 300, 301, 302, 303, 304 © Royal Geographical Society, London; 308 Robbie Shone; 311 Private collection; 312, 313 Scott Polar Research Institute, University of Cambridge; 316, 317, 318 RIA Novosti/aviation-images.com; 319 © Rykoff Collection/Corbis; 323 Private collection; 324 Popperfoto/Getty Images; 325 Kobal Collection; 327 © Carrie Vonderhaar, Ocean Futures Society /KQED; 330 Andy Eavis; 331 Jerry Wooldridge; 332, 333 Andy Eavis; 334 Gavin Newman

索　引

斜体页码表示出现在插图中

A

Aborigines 澳大利亚土著居民 54, 238, *239*

Abyssinia 阿比西尼亚 见 Ethiopia

Addis Ababa 亚的斯亚贝巴 261

aeroplanes 飞机 见 aviation, early

Afghanistan 阿富汗 113, 125, 266

Africa 非洲 1, *4*, 8-9, *9*, 79, 184, 227, 229, *233*, *234*; British presence in 英国势力的存在 3, 6, 93, *95*, 111, 129, 137, 138, 148-154, 156, 158, 159, 163, 165, 167, 171, 183, 266; Central 非洲中部 93, 95, *95*, 159, 181 ; French presence in 法国势力的存在 160; Portugese presence in 葡萄牙势力的存在 13, *13*, 25, 28; southern 非洲南部 61, 79, 83, 87, 88; 又见 Sahara desert, South Africa

African Association 非洲学会 149, 150, 153, 154

Agassiz, Louis and Elizabeth 路易斯·阿加西和伊丽莎白·阿加西夫妇 285

Ahu-Toru 阿托吕 41, 43

air travel 航空旅行 214, 216, 316; 又见 aviation, early

Albert, Lake 艾伯特湖 161, 183

Alexander the Great 亚历山大大帝 28, 66, 120, 124

Algonqiun 阿尔冈琴族 133, 135

Allen, Charles 查尔斯·艾伦 293

Almásy, Count László 拉兹罗·艾马殊伯爵 260

Almeida, Francisco de 弗朗西斯科·德·阿尔梅达 30

Altai Mountains 阿尔泰山脉 112, 117

Amazon 亚马孙 269, 275, 290-293

Americas, early exploration of 早期美洲探险 2, 4, 13, 18, 20-24, 41; 又见 North America, South America

Amundsen, Roald 罗尔德·阿蒙森 6, 191, 206, 208-216, *209*, *211-213*

Amur River 阿穆尔河（黑龙江）105, 116

Andes 安第斯山脉 276

Andrée, S. A. S. A. 安德烈 214

Angas, George French 乔治·弗兰奇·安加斯 82

Angkor 吴哥 176

Anglo-Siamese Boundary Commission 英－暹罗边界委员会 *111*

Antarctica 南极洲 7, 15, 56, *191*, 192, 201, 209, 219; 又见 South Pole

Aqualung 水肺 309, 323, *323*, *324*

Arabia 阿拉伯半岛 3, 9, 91, 225, 229, 246-249, 250-253, 254, 261, 263; 又见 Empty Quarter, the

Arana, Diego de 迭戈·德·阿拉纳 22

Archer, Colin 科林·阿切尔 195

Arctic 北极 *8*, 145, 146, 191, 192, 193, 194, 195, 217,

219-222, *220*, *221*; 又见 Greenland, North Pole
Aru Islands 阿鲁群岛 294, *297*
astronomy 天文学 52, 71, 88, 100, 138, 275, 279
Athabasca, Lake 阿萨巴斯卡湖 143, 145
Atlantic Ocean 大西洋 18, 25, 40, 52
Australia 澳大利亚 8, 15, 41-43, 45, 52, 61, 79, 82, 225, 236-241, 286
aviation, early 早期飞行 214-216, *215*, *312*
Aztecs 阿兹特克 64, 66, 277

B

Baghdad 巴格达 249, 251
Bagnold, Ralph 拉尔夫・巴格诺尔德 10, *224*, 226, 255-260, *257*, *258*, *260*
Baikal, Lake 贝加尔湖 105
Baines, Tomas 托马斯・贝恩斯 3, *4*, 61, *61*, 79-88, *79*, *80*, *86*, *87*, *166*, *169*, *170*, 171
Baker, Samuel White 萨缪尔・怀特・贝克 158, 161
Balboa, Vasco Núñez de 瓦斯科・努涅斯・德・巴尔沃亚 31
Bali 巴厘岛 294
Balugani, Luigi 路易吉・巴卢加尼 *130*, 140
Banks, Joseph 约瑟夫・班克斯 *51*, 52, 54, 148, 153, 270
Baret, Jeanne 珍妮・巴雷特 15, 43, *43*
Barth, Heinrich 海因里希・巴尔特 8, *9*, 224, 227-235, *228*, *231*, *233*, *234*
Basrah 巴士拉 *248*
Batavia 巴达维亚 见 Jakarta
Bates, Henry Walter 亨利・沃尔特・贝茨 289, 290
Baudin, Nicolas 尼古拉斯・博丹 45
Bedouin 贝都因人 252, 266
Beech, Richard 理查德・比奇 *116*
Beijing 北京 112, 116, 177
Belgian Antarctic Expedition (1897-99) 比利时北极探险（1897—1899 年）209, *209*
Bell, Gertrude 格特鲁德・贝尔 9, 225, *225*, 242-249, *243*, *244*, *245*, *246*, *247*, *248*, 251
Bering Sea 白令海 58
Berlin Geographical Society 柏林地理学会 235
Bjaaland, Olav 奥拉夫・比阿兰德 *213*
Blackfeet 黑脚族 75
Bligh, William 威廉・布莱 46
Blue Nile 青尼罗河 6, 129, 137, 142
Blunt, Lady Anne 安妮・布朗特夫人 9, 248
Bobadilla, Francisco de 弗朗西斯科・德・博巴迪拉 24
Bodmer, Karl 卡尔・博德默 *72*, *74*
Bombay, Sidi Mubarak 西迪・穆巴拉克・孟买 156
Bonaparte, Napoleon 拿破仑・波拿巴 见 Napoleon Bonaparte
Bonpland, Aimé 艾梅・邦普朗 269, 273, 275, 276, 277
Borneo 婆罗洲 226, 285, *286*, 293
Boswell, James 詹姆斯•博斯韦尔 140
botanical studies 植物学研究 71, *76*, *79*, *84-85*, *87*, 269, *273*, 280-282, *281*, *282*, 285, 286, *286*, 288, 299
Botany Bay 植物湾 52
Botswana 博茨瓦纳 *4*, 82, 165
Bougainville, Louis-Antoine de 路易斯-安托万・德・布干维尔 2, *14*, 15, 39-45, *41*, *43*, *44*, 273
Bowers, Henry Robertson "Birdie" 亨利・罗伯逊・"小鸟"・鲍尔 205, *206*, 207
Brahmaputra River 雅鲁藏布江 97, 103
Brazil 巴西 25, 34, 96, *282*, 285, 290
Bristol 布里斯托尔 18, 20
Britain 英国 2, 227; as a colonial power 殖民力量 47, *48*, 54, 62-63, 70, 148-149, 150, 153, 154, 240, 302; 又见 London, Royal Geographical Society

British Arctic Air-Route Expedition (1930-31) 英国北极空中航线探险队（1930−1931 年）311, *312*
British Museum 大英博物馆 63, 280, 288
British Trans-Arctic Expedition (1968-69) 英国跨北极探险（1968−1969 年）219-222, *220*, *221*
Brooke, Rajah 布鲁克罗阇 293
Brosses, Charles de 查尔斯・德・布罗斯 39, 40
Bruce, James 詹姆斯・布鲁斯 6, 129, *130*, 137-142, *137*, 141, *142*
Brunel, Isambard Kingdom 伊萨姆巴德・金德姆・布鲁内尔 279
Bry, Theodor de 西奥多・德・布里 *21*
Buchan, Alexander 亚历山大・巴肯 52
Buffon, Comte de 布封伯爵 138
Buma 缅甸 113, *175*, 177, 179, 300, 302, *302*, 305
Burnes, Alexander "Bokhara" 亚历山大・"布哈拉"・伯恩斯 111
Burton, Isabel 伊莎贝尔・伯顿 89, 95
Burton, Richard 理查德・伯顿 3, 6, 61, 89-96, *91*, *92*, *93*, *95*, 129, 156-158, 161, 171, 242; publications 出版物 *62*, 92, 96, 158
Byrd, Richard 理查德・伯德 216

C

Cabot, John 约翰・卡伯特 18, 20, 22
Caillié, René 雷内・卡耶 *149*, 232
Calicut 卡利卡特 28
Calypso 海中女神号 324, 326
Cambodia 柬埔寨 176-177
camels 骆驼 108, 112, 232, 252, 253, 263
Cameron, Julia Margaret 朱丽娅・玛格丽特・卡梅伦 *284*, 285
Canada 加拿大 4, 39, 40, 47, *48*, 51, 73, 129, 133, *134*, 135, 143, 144, 147
Cantino map 坎提诺地图 *32*
Cape Colony 开普殖民地 82
Cape Town 开普敦 43, 80, 165, 171, *182*
Caracas 加拉加斯 275
Caribbean Islands 加勒比群岛 *21*, 23; 又见 Hispaniola, Jamaica
Carlsbad Caverns, New Mexico 卡尔斯巴德巨穴，新墨西哥 *332*
cars 轿车 9, *224*, 226, 255-258, *257*
Cartagena, Juan de 胡安・德・卡塔赫纳 31
cartography 制图 见 map-making
Castile 卡斯蒂利亚 20, 22, 27
cave exploration 洞穴探险 328, 329-335
Caves of the Thousand Buddhas, Dunhuang 千佛洞，敦煌 63, 108, 122-124, *122*
Cebú 宿务岛 *34*, 36
Central African Expedicion(1850-55) 中非探险 (1850−1855 年) 230-232
Central Asia 中亚 61, 100, 109, 111-114, *114*
Ceylon 锡兰 285, 299
Chad, Lake 乍得湖 229, 230, 231, 232, 233, *233*, *234*
Champlain, Samuel de 萨缪尔・德・尚普兰 4, 129, 132-136, *134*
Chapman, James 詹姆斯・查普曼 83, 87
Charbonneau, Toussaint 图桑特・夏博诺 74, *74*
Charles V, King of Spain 查理五世，西班牙国王 30, 31
charts, ocean 海洋测绘 15, 47, *48*, 54, *199*, 324
Cheesman, Robert 罗伯特・奇斯曼 261, 264
Cherry-Garrard, Apsley 阿普斯利・彻丽−加勒德 205, *206*
Chimborazo 钦博拉索山 *276*, 277

China 中国 6, 14, 20, 22, 63, 104, 108, 111, 117, *118*, 119, 122, 124, *130*, 131, 163, 176, 179, 299, 300, 305, *309*, 332-335, *334*
China Caves Project 中国洞穴探险项目 332-335, *334*
Chipewyan 契帕瓦族印第安人 145
Chong Ching Province 重庆直辖市 *334*, 335
Christianity 基督教义 28, 36, 82, 153, 165, 183, 252; 又见 missionaries
Chuma, James 詹姆斯・楚马 *172*, 173
Clapperton, Hugh 休・克拉珀顿 229
Clark, William 威廉・克拉克 扉页, 3, 61, 66, *70*, 71-77, *76*
Coleridge, Samuel Taylor 塞缪尔・泰勒・柯勒律治 46, 142
collections 收藏 *15*, 77; entomological 昆虫学的 *269*, 290, 293, *296*; natural history 博物学 156, 269, 291-292; plant 植物 *14*, *76*, 275, 280, 284-285, 299-300
colonialism 殖民主义 2, 4, 6, 18, 39, 129, 133, 149-150, 176, 179, 249; 又见 imperialism
Columbia River 哥伦比亚河 扉页, 75, 76
Columbus, Bartholomew 巴尔托洛梅奥・哥伦布 20, 24
Columbus, Christopher 克里斯托夫・哥伦布 2, 13, 14, *16*, 17-24, *19*, *21*, *23*
Commerson, Philibert 菲利贝尔・肯默生 *14*, 43, *43*, 45
compass 罗盘，指南针 *3*, 14, 100, *112*, 150, 152, 224, 253, 258
Congo 刚果 129, 187
Congo River 刚果河 154, 183, 184
conquistadors 征服者 2-3, 14, 64-68
conservation 保护 288, 326-327
Cook, Frederick A. 弗雷德里克・A. 库克 191, 209, 214
Cook, James 詹姆斯・库克 *1*, 2, 15, *15*, 43, 46-58, *47*, 71, 148, 270
Cook Islands 库克群岛 56
Cortés, Hernan 荷南・科尔蒂斯 3, 66
Cosa, Juan de la 胡安・德・拉・科萨 *19*
Courtauld, August 奥古斯特・考陶尔德 310, 311-312, 314
Cousteau, Jacques-Yves 雅克-伊夫・库斯托 10, 309, 322-327, *323*, *324*, *325*
Cousteau, Jean-Michel 让-米歇尔・库斯托 309, *323*, 324, 325, 326, 327, *327*
Cousteau, Philippe 菲利普・库斯托 325, 326
Cox, Sir Percy 珀西・考克斯爵士 *248*, 249
Cuba 古巴 22, 276
Cumaná 库马纳 273, 275
Curzon, Lord 寇松勋爵 117, 122

D

Danakil 达纳基尔人 261, 263
Darling River 达令河 237-238, *240*, 241
Darwin, Charles 查尔斯・达尔文 269, 284, 297; publications 出版物 289, 297
Dehra Dun 台拉登 100, 103
Delaporte, Louis 路易斯・德拉波特 *178*
Depot Glen 迪波・格伦 *240*, 241
Diamond Sutra《金刚经》*125*
Discovery expedition (1901-04) 发现号探险（1901–1904 年）202-205, *200*, *202*, *203*
dog sledges 狗拉雪橇 198, 203, 214, 217, *220*
Doughty-Wylie, Charles 查尔斯・多蒂-威利 245
Dunhuang 敦煌 63, 122-124, *122*, *125*

E

Easter Island 复活节岛 56

Eavis, Andrew James 安德鲁·詹姆斯·伊文斯 10, 309, 328-335

Eavis, Robert 罗伯特·伊文斯 *309*

eclipse 月食 24

ecology 生态学 88, 270

Edwards, Rogers 罗杰斯·爱德华兹 165

Egypt 埃及 229, 255, *258*, 271

Elcano, Juan Sebastián 胡安·塞巴斯蒂安·埃尔卡诺 38

Elias, Ney 内伊·爱莲斯 3, 62, 111-114, *111, 112, 114*

Ellsworth, Lincoln 林肯·埃尔斯沃斯 216

Emin Pasha Relief Expedition 艾敏·帕夏营救行动 183, 186

Emptry Quarter, the 空白之地（鲁卜哈利沙漠）9, 225, 226, 250, 251, *254*, *262*, 263-264, *264*

equator 赤道 25, 28

espionage 间谍 62, 113; 又见 Pundits

Ethiopia 埃塞俄比亚 138, 142, 261, 265, 266

Evans, Edgar 埃德加·埃文斯 207

Everest, Mount 珠穆朗玛峰 119, 329

Everett, Paul 保罗·埃弗雷特 329

evolution, theory of 进化论 10, 269, 292, 297

F

Falkland Islands 福克兰群岛 40

Ferdinand, King of Castile 斐迪南，卡斯蒂利亚国王 20, 22

First World War 第一次世界大战 199, 249, 250, 255, 310

Forster, Georg 格奥尔格·福斯特 *54*, 270

Forster, Johann 约翰·福斯特 *54*

Fram 弗拉姆号 191, *192*, 195, 197, *197*, 198, 212, 214

France 法国 2, 161; as colonial power 作为殖民力量 6, 39-40, 41, *41*, 70, 153

Franco-Prussian war 普法战争 179

Franklin, Sir John 约翰·富兰克林爵士 191, 198, 210, 242

Friendly Islands 友谊群岛 见 Tonga

fur trade 皮毛贸易 73, 143, 145

G

Gagarin, Yuri 尤里·加加林 10, 309, 315-321, *316-318*

Gama, Vasco da 瓦斯科·达·伽马 2, 13, 25-29, *27*

Gambia River 冈比亚河 150, 153, 154

Garnier, Francis 弗朗西斯·安邺 6, *130*, 131, 175-179, *177*

Gaspé, Bay of 加斯佩湾 47, *48*, 133

Geach, Frederick 弗雷德里克·吉奇 *291*

Genoa 热那亚 17, 18, 20

George III, King of England 乔治三世，英国国王 56, 138

Ghat 加特省 229

Gilf Kebir 大吉勒夫高原 *258*, 259

Gjøa 格约阿号 210

Gjøahavn 格约阿哈恩 210

Gobi Desert 戈壁沙漠 63, 108, 112, 117, 122

gold 黄金 3, 22, 23, 61, 64, 66, 67, 68, 69, 83, 129

Gondokoro 刚多卡洛 158, 160

Gordon, Lucie Duff 露西·达夫·戈登 284

Gould, John 约翰·古尔德 *294*

Grant, James Augustus 詹姆斯·奥古都斯·格兰特 158, 160, 161

Great Barrier Reef 大堡礁 43, 54

Great Game, the 大博弈 3, 61, 113-114, 115, *116*
Great Sand Sea 大沙海 255, 257
Great Slave Lake 大奴湖 145, *145*, *146*
Great Southern Continent 南方大陆 15, 51, 52
Great Trigonometrial Survey of India 印度大三角测量工程 62, 63, 97-100, 103
Greece 希腊 229
Greely, Adolphus W. 阿道弗斯·W. 格里利 197
Green, Charles 查尔斯·格林 52
Greenland 格陵兰 10, 18, 194, *195*, 222, 309, 310, 311, 313
Gregory, Augustus 奥古斯都·格雷戈里 82
Grimm, Jakob 雅各布·格林 227
Guilin, Guangxi Province 桂林，广西壮族自治区 *334*, 334, *335*

H

Hail 哈伊勒 225, 245, *245*, *246*, 247
Harar 哈勒尔 93
Hawaii 夏威夷 15, 58, 327
Hedin, Sven 斯文·赫定 117
Henri IV of France 法国国王亨利四世 132, 133, 135
Herbert, Wally 沃利·赫伯特 7, 193, 217-222, *218*, *220*, *221*
Hidatsa希多特萨人 73
Himalayas 喜马拉雅山脉 62, 97-103, 155, 269, *300*
Hispaniola 伊斯帕尼奥拉岛 20, 22, 23
Hodges, William 威廉·霍奇斯 *1*, *57*
Hooker, Joseph 约瑟夫·胡克 87, 197, 284, 288
Hooker, William 威廉·胡克 87, 282, 284
Hoorn Islands 霍恩群岛 43
Humboldt, Alexander von 亚历山大·冯·洪堡 *扉页*, 10, 227, 230, 269, 270-279, *276*, 289; publications 出版物 *269*, *273*, *274*, 277-279, *278*, 289
Humboldt current 洪堡洋流 277
Humboldt Mountains 洪堡山脉 108
Hume, Hamilton 汉密尔顿·休姆 237
Hungary 匈牙利 120

I

Ibn Saud 伊本·沙特 *248*, 250, 251, 252, 264
Iceland 冰岛 18, 96
Île de France 法兰西岛 见 Mauritius
imperialism 帝国主义 13-15, 88, 227
Incas 印加人 64, 66, 68
India 印度 13, 25, 27, 30, 91-93, *92*, 120, 258, 286, *286*, 305; British presence in 英国势力的存在 61-63, 97, *99*, 113, 115, 119; 又见 Great Trigonometrial Survey of India
Indo-China 印度支那 6, 131, 175, 179
Inuit 因纽特人 191, 208, 210, 211, *211*, 219, 310，311
Iran 伊朗 124
Iraq 伊拉克 9, 124, 225, 242, 249, 265, 302
Iroquois 易洛魁人 133, 135
Isabella, Queen of Castile 伊莎贝拉，卡斯蒂利亚女王 20, 22, 23, *23*
Islam 伊斯兰教 27, 30, 92, 252
Italy意大利 20, 142, 216, 259

J

Jackson-Harmsworth expedition 杰克逊-哈姆斯沃斯探险 198
Jakarta 雅加达 43, 54
Jamaica 牙买加 23, *281*, 285

Jefferson, Thomas 托马斯·杰斐逊 3, 69-71, 277
Jiddah 吉达 250, *251*, *252*
Johansen, Hjalmar 希尔玛·约翰森 198
Johnson, Samuel 塞缪尔·约翰逊 140
Jordan 约旦 124

K

Kabul 喀布尔 126
Karakoram mountain range 喀喇昆仑山脉 100, 113
Kashgar 喀什 104, 113, 115, 117, 279
Kashmir 克什米尔 121
Kathmandu 加德满都 101, 103
Kenya 肯尼亚 266
Kew, Royal Botanic Gardens 英国皇家植物园邱园 148, 254, 269, 282, 288
Khotan 于阗 122
King, Nicholas 尼古拉斯·金 69
Kingdon-Ward, Frank 弗兰克·金登-沃德 10, 269, 299-305; photographs 照片 300, 301, 302, 303, 304; publications 出版物 303
King William Island 威廉国王岛 210, 211
Kirk, John 约翰·科克 117
Koerner, Dr Roy "Fritz" 罗伊·"弗里茨"·科恩纳博士 219
Korea 朝鲜 107

L

Lachine rapids 拉钦急流 133, *134*
"La Florida" 佛罗里达 *65*, 66-68, *67*
Lagrée, Doudart de 拉格里 176, 177, 179
La Navidad 拉纳维达德 22
Laos 老挝 175, 177, *178*, 179
Lawrence, T. E. T. E. 劳伦斯 243, 249, 250
Lebanon 黎巴嫩 *225*, 250, 254
Ledyard, John 约翰·莱德亚德 150
Lennard, Henry A. 亨利·A. 伦纳德 *116*
Leopold II, King of Belgium 利奥波德二世，比利时国王 183, 187
Lewis, Meriwether 梅里韦瑟·刘易斯 3, 61, 66, 69-77, *70*, *73*, *76*
Lewis and Clark expedition 刘易斯和克拉克远征 3, 61, 66, 69-77, 277
Lhasa 拉萨 *4*, 97, *99*, 101, 103, 104, 108, 117, *118*, 119
Libya 利比亚 229, *234*, 263
Libyan desert 利比亚沙漠 255-257, *257*, 260
Liddle, William and George 威廉·里德尔和乔治·里德尔 82
Lima 利马 276
Lindbergh, Charles 查尔斯·林德伯格 313
Linnaean Society 林奈学会 269, 297
Lisbon 里斯本 18, 20, 22, 27
Livingstone, Agnes 艾格尼丝·利文斯通 165, 171, *172*
Livingstone, Charles 查尔斯·利文斯通 171
Livingstone, David 戴维·利文斯通 3, *3*, 6, *61*, 82, 83, 87, 129, 142, 162-173, *164*, *167*, 175, 181, 184, *186*; publications 出版物 *168*, 171
Livingstone, Mary 玛丽·利文斯通 165, 167, 171
Lombok 龙目岛 294
London 伦敦 6, 20, 51, 89, 120, 140, 147, 148, 150, 153, 163, 229, 230, 248, 279, 288, 297
London Missionary Society (LMS) 伦敦传教会（LMS） 163, 169
Long Range Desert Group 远程沙漠部队 10, 226, 260
Lop Nor 罗布泊 108

Louis XV of France 法国国王路易十五 40
Louisiana 路易斯安那 71
Luabo River 卢阿伯河 *87*
Lualaba River 卢瓦拉巴河 173, 186
Luang Prabang 琅勃拉邦 178

M

Macartney, Sir George 乔治・马嘎尔尼爵士 *116*
McCabe, Joseph 约瑟夫・麦凯布 82
Mackenzie, Alexander 亚历山大・马更些 4, 129, 143-147, *146*
Mackenzie River 马更些河 *128*, 145, *146*
Macklin, Jean 珍・麦克林 *303*, 305
Macquarie River 麦夸里河 236, 237
Magellan, Ferdinand 费迪南德・麦哲伦 2, 13, 15, 30-38, *31*
Magellan, Strait of 麦哲伦海峡 41, *41*
magnetic observations 磁力观测 210, 275, 277
Mai(Omai) 欧迈 56, 57
Malay Archipelago 马来群岛 293, *298*; 又见 Borneo
Mandan 曼丹人 73
Mansarowar, Lake 玛旁雍错湖 101, 103
Manuel I, King of Portugal 曼努埃尔一世，葡萄牙国王 27, 30
Maori 毛利人 52, *52*
map-making, maps 制图，地图 3, *19*, *32*, 62, 82, 105, 132, *134*, 138, 185; 又见 charts, ocean; surveying
Markham, Sir Clements 克莱门茨・马卡姆爵士 97, 103
Martel, Édouard Alfred 爱德华・阿尔弗雷德・马特尔 328
Matabeleland 马塔贝莱兰 见 Zimababwe
Mauritius 毛里求斯 43, 45
Mecca 麦加 *62*, *91*, 92, 252
Mediterranean Sea 地中海 93, 153, 229, 322, *323*, 324, 326
Mekong River 湄公河 6, *130*, 131, 175-177, 179
Mexico 墨西哥 64, 66, 68, 277
missionaries 传教士 6, 82, 159, 162-163, 171
Mississippi River 密西西比河 64, 68, 70, 71, 136
Mississippians 密西西比人 66-67
Missouri River 密苏里河 *72*, 72, 74
Moffat, Robert 罗伯特・莫法特 163
Mohand Marg 默罕德・马格 121, *121*
Moluccas 摩鹿加群岛 见 Spice Islands
Mombasa 蒙巴萨 27
Mongolia 蒙古 *107*, 108, 112
monsoon 季风 27, 28
Montagnais 蒙塔格尼人 133
Montgomerie, Thomas George 托马斯・乔治・蒙哥马利 62, 97, *99*, 100, 103
Mozambique 莫桑比克 27, 168
Mulu Expedition, Sarawak 沙捞越姆鲁探险 329
Murchison, Sir Roderick 罗德里克・默奇森爵士 88, 161, 293
Murray River 墨累河 236, 237, 238, 241
Murrumbidgee River 马兰比吉河 237, 239
Mustagh Pass 马兹他山口 117
Mutesa, King of Buganda 穆特萨，布干达国王 158-159, 160, *161*, 186
Myanmar 缅甸 见 Burma

N

Nafud desert 内夫得沙漠 246, 248
Nansen, Fridtjof 弗里乔夫・南森 6, *8*, 191, *192*, 194-199,

196, *197*, *199*, 210, 219
Napoleon III, Emperor of France 拿破仑三世，法国皇帝 161
Napoleon Bonaparte 拿破仑・波拿巴 45, 71, 271, 278
Nares, George 乔治・内尔斯 191
native Americans 美国土著居民 66-68, *67*, 70-71, 73-77, 74;又见各部落
natural history 博物学 见 botanical studies; collections; zoological studies
navigation 航海 14, 15, 27, 31-35, 45, 146 又见 compass; sextant
Nejd 内志王国 250
Nepal 尼泊尔 *99*, 101
New Guinea 新几内亚 43, 52, *294*, 297, 329, 331
New Holland 新荷兰 见 Australia
New World, the 新世界 见 Americas, early exploration of
Newstead Abbey 纽斯台德庄园 171, *172*
New Zealand 新西兰 *51*, 52, *52*, 56, 204, 205, 286
Nez Perce内兹佩尔塞人 75
Ngami, Lake 恩加米湖 *4*, 82, 83, 165
Nicaragua 尼加拉瓜 66
Niger, River 尼日尔河 6, 129, 150, *152*, 153, 154, 232
Nigeria 尼日利亚 *233*
Nile, River 尼罗河 6, 154, 181, 229, 271; Source of 源头 6, 95, 129, 137, 138, 124, 158, 160, 161, 171-173, 181;又见 Blue Nile, White Nile
Nobile, Umberto 翁贝托・诺贝尔 216
"Noble Savage" "高贵的野蛮人" 41, 43
Norge airship 挪威飞艇 *215*, 216
North, Marianne 玛丽安娜・诺斯 10, 269, 280-288, *282*, *284*, 286
North America 北美洲 扉页, 4, 61, 66-68, 69-77, 129, 143, 284-285; 又见 Canada
North Pole 北极点 6, *8*, 191, *192*, 193, 195, *197*, 198, *199*, 208, 210, 212, 214-216, 219, 222
North-West Frontier 西北边境省 97, 120
Northwest Passage 西北航道 56, 58, 69, 77, 191, 208, 201-212, *211*
Norway 挪威 194, 198, 328
Nouvelle Cythère 新基西拉岛 见 Tahiti
Nubian desert 努比亚沙漠 140
Nyasa, Lake 尼亚萨湖 171

O

Oates, Lawrence "Titus" 劳伦斯・"提多"・奥茨 207
Ocean Futures Society 海洋未来协会 326
Omai 欧迈 见 Mai
Ontario, Lake 安大略湖 136
Orinoco River 奥里诺科河 275, 290
Oswell, William Cotton 威廉・柯顿・奥斯韦尔 165
Oudney, Dr Walter 沃尔特・奥德莱博士 229
Overweg, Dr Adolf 阿道夫・奥弗韦格博士 *229*, 230, 231
Oxley, John 约翰・奥克斯利 236, 237

P

Pacific Ocean 太平洋 13, 15, 35, 41, 54, 75, 143, 147, 191, 277
Palestine 巴勒斯坦 229
Pamir Mountains 帕米尔山脉 113, 119, 124
Panama 巴拿马 31, 66
Pará帕拉 290, 291
Paris 巴黎 39, 71, 88, 150, 179, 181, 278
Park, Mungo 芒戈・帕克 6, 129, 142, 148-154, *150*, *152*,

153

Parkinson, Sydeny 悉尼·帕金森 *51*, 52, *52*

Peace River 皮斯河 147

Peary, Robert 罗伯特·彼利 191, 193, 219, 222

Peking 北京 见 Beijing

Penguin, Emperor 帝企鹅 *7*, 201, *203*, 204, 205

Pérouse, Jean-François de Galaup de la 让-弗朗瓦索·德·加洛普·德·拉·佩鲁斯 45

Petherick, John 约翰·佩瑟里克 158, 160-161

Petra佩特拉 *244*

Philby, Harry St John 哈利·圣约翰·费尔比 9, 225, 250-254, *251-254*, 263, 264

Philippines 菲律宾 13, 36

Phipps, Captain Constantine 康斯坦丁·菲普斯上校 191

Phnom Penh 金边 176

photography 摄影 3, 9, 88, 121, 122, 202, 264-266, *284*, *325*

Pierre Saint Martin 皮埃尔·圣马丁洞 329, *330*

Pigafetta, Antonio 安东尼奥·皮加费塔 34, 35, 36, *37*

pilgrimage 朝圣 62, *62*, *91*, 273

Pitcairn Island 皮特科恩岛 56

Pizarro, Francisco 弗朗西斯科·皮萨罗 3, 66

Plymouth 普利茅斯 52, 54

Poles, the 极点 见 North Pole, South Pole

Polynesia 波利尼西亚 15

Pond, Peter 皮特·庞德 143, 145, 147

Ponting, Herbert 赫伯特·庞廷 *191*, *204*

Portugal 葡萄牙 2, 17; as an imperial power 帝国势力 13, *13*, 27, 30, *32*

Potala Palace 布达拉宫 *101*, *118*

Przhevalsky, Nikolai 尼古拉·普热瓦利斯基 3, 62, 104-109, *105*, *107*, 111

Pundits 梵语学者 3, 62, *99*, 100, *102*, 103

Q

Quebec 魁北克 39, 133

Queen Maud mountain range, Antarctica 毛德皇后山脉，南极洲 214, *218*, 219

Quirós, Pedro Fernández de 佩德罗·费尔南德斯·德·奎罗斯 43

Quito 基多 277

R

Raiatea 瑞亚堤亚岛 *57*, 58

Rang Kul 兰格库尔湖 113

Ranke, Leopold von 利奥波德·冯·兰克 227

Rawlinson, Sir Henry 亨利·罗林森爵士 79, 113

Rennell, James 詹姆斯·伦内尔 154

Richards, Admiral Sir George H. 乔治·H. 理查兹上将 197

Richardson, James 詹姆斯·理查德森 *228*, 230, 231

Rio Negro 尼格罗河 275, 290, 292, *292*

Ripon Falls 里彭瀑布 160

Rocky Mountains 落基山脉 129, 143

Rohlfs, Gerhard 格哈德·罗尔夫斯 255

Ross, James 詹姆斯·罗斯 191

Ross, Sir John 约翰·罗斯爵士 216

Ross Barrier 罗斯冰障 202, 204, 205

Royal Geographical Society, London 皇家地理学会，伦敦 6, 79, 82, 100, 109, 113, 119, 121, 156, 158, 161, 179, 181, 208, 220, 242, 247, 249, 292; expeditions 探险 6, 156, 158, 220, 229, 310, 329; medal winners 奖章获得者 103, 111, 115, 117, 168, 179, 212, 235, 241, 248, 254, 259, 305, 314

Royal Society, the 皇家学会 15, 39, 51, 169, 260

Russia, Russians 俄国，俄国人 3, 62, 97, 104, 108, 109, 112, 116, 117, 129, 147, 279; 又见 Soviet Union
Ruwenzori 鲁文佐里山脉 158, 183

S

Sacagawea 萨卡加维亚 61, 74, 75
Sahara desert 撒哈拉沙漠 8, 10, 122, 224, 226, 227, 230, 232, 233, 263; 又见 Libyan desert
Saigon 西贡 176, 177, 179
St Lawrence River 圣劳伦斯河 39, 47, 133
St Petersburg 圣彼得堡 105, 108, 124, 279; Imperial Geographical Society 帝国地理学会 105, 108
Salamón, Antonio 安东尼奥・萨拉蒙 31
sand dune development 沙丘运动 226, *258*, 259, *260*
Sandwich Islands 桑威奇群岛 56, 58; 又见 Hawaii
Santa Maria 圣玛利亚号 *19*, 20
Sarawak 沙捞越 285, 293, 329-330, *331*; 又见 Borneo
Saudi Arabia 沙特阿拉伯 245, 252, 254
Schelling, Friedrich von 弗里德里希・冯・谢林 227
Scott, J. M. J. M. 斯科特 310, 311, 312, 314
Scott, Robert Falcon 罗伯特・福尔肯・斯科特 6, 192, 201, 203, 205, 206, 207, 214, 242
SCUBA equipment 自携式水下呼吸装置 见 Aqualung
scurvy 坏血病 28, 35, 203
Second World War 第二次世界大战 10, 226, 254, 260, 304, 315, 324
Ségou 塞古 153, 154
Seven Years War 七年战争 39, 47
sextant 六分仪 100, 147, 150, 291
Shackleton, Ernest 欧内斯特・沙克尔顿 6, 192, 203, 206, 242, 311
ship design 船只设计 25
Shoshone 肖肖尼人 74-75
Silk Road 丝绸之路 122, 124
Sinai desert 西奈沙漠 229
Singapore 新加坡 *291*, 293, 304
Singh, Nain 纳恩・辛格 3, 63, 97-103, *97*
Sioux 苏人 73
slave trade 奴隶贸易 82, 163, *163*, 165, 173, 175, 227, 230, *233*, 275
slavery, slaves 奴隶制度，奴隶 6, 25, 66, *150*, 161, 163, *163*, 165, 171, 173, *229*, 230, *282*
Society Islands, the 社会群岛 *15*, 56, *57*
Solander, Daniel 丹尼尔・索兰德 52
Solomon Islands 所罗门群岛 43
Somalia 索马里 93, 156
Somerset, Col. Henry 亨利・萨默塞特上校 82
Soto, Hernando de 埃尔南多・德・索托 3, 61, 64-68, *65*
South Africa 南非 61, 80, 83, 88, 165, 168, *168*, *282*
South America 南美洲 4, 14, 31, 38, 269, 273-277; 又见 Brazil
South Pole 南极点 6, *191*, 192, 203, 205-206, 207, 212-214, *213*
Soviet Union 苏联 315, *318*, 320, 321; 又见 Russia
space exploration 太空探险 10, 309, 315, 318-320, *318*
Spain 西班牙 2, 30, 273; as an imperial power 帝国势力 13, 31, *32*, 35-36, 61, 64-66, 70
Speke, John Hanning 约翰・汉宁・斯皮克 6, 93, 95, 129, 155-161, *156*, *159*, *160*, 171, 183, 242
Spice Islands 香料群岛 2, 13, 31, 36, *37*, 38, 43
spice trade 香料贸易 2, 25, 28, 36-38, *37*
Spitsbergen 斯匹次卑尔根岛 *215*, 216
Spruce, Richard 理查德・斯普鲁斯 290
Srinagar 斯利那加 63, 117, 121
Stanhope, Lady Hester 希丝塔・斯坦霍普夫人 9

Stanley, Henry Morton 亨利・莫顿・史丹利 6, 89, 111, 129, 160, 173, 180-188, *182*, *184*, 185, *186*, *187*, 242; publications 出版物 181

Stark, Freya 弗雷娅・斯塔克 265

Stein, Aurel 奥莱尔・斯坦因 3, 63, *63*, 120-126, *121*

Stuart, John McDouall 约翰・麦克道尔・斯图尔特 241

Sturt, Charles 查尔斯・斯特尔特 8, 225, 236-241, *238*, *239*, *240*

Sudan 苏丹 232, 259, 261, 262, 263

Sufism 苏非派神秘主义 91

surveying 调查测量 47, 52, 56, 62-63, 82, 108, 120, 124, 133, *134*, *218*, 219, 231-232, *245*, 246, 289, 313, 330-331; 又 见 charts, ocean; Great Trigonometrial Survey of India

Susi, Abdullah 阿卜杜拉・苏西 *172*, 173

Swat Valley 斯瓦特山谷 121

Sverdrup, Otto 奥托・斯维尔德鲁普 *192*, 194, 198

Syria 叙利亚 124, 229, 242, 263

T

Tahiti 塔希提岛 *1*, 41, 43, *43*, *44*, 45, 52, 56, 57

Tainos 泰诺人 *21*, 23

Taklamakan desert 塔克拉玛干沙漠 108, 122, 124

Tanganyika, Lake 坦噶尼喀湖 156, 173, 181

Tangier 丹吉尔港 229

Tasman, Abel 艾贝尔・塔斯曼 52

Tasmania 塔斯马尼亚 52, 57

Terra Nova expedition(1910-13) 特拉诺瓦号探险（1910-1913 年）*204*, 205-207

Thailand 泰国 179

Thesiger, Wilfred 威尔弗雷德・塞西格 9, 142, 226, 243, 254, 261-266, *262*, *264*, *265*; photography 摄影 264-265; publications 出版物 264-265

Thomas, Bertram 伯特伦・托马斯 252, 254, 264

Tibet 西藏 *4*, 62-63, 97, 100, 101, *101*, 103, 108, 117, 269, 279; 又见 Lhasa

Tien Shan Mountains 天山山脉 108, 112, 117

Timbuktu 廷巴克图 129, *149*, 150, 153, 154, *231*, 232

Titov, Gherman 盖尔曼・蒂托夫 317-318

Tonga 汤加 56, 57

Tordesillas, Papal Treaty of《托德西利亚斯条约》13, *32*

Toscanelli, Paolo del Pozzo 保罗・达尔・波佐・托斯卡内利 18

trade routes: in Africa 贸易路线：在非洲 149-150, 153-154, 171; American 美洲 70-71, 73, 77, 143; to the Far East 去往远东 3-6, 129; to India 去往印度 13, 27; 又见 spice trade

Tsangpo River 雅鲁藏布江 97, 103, 299

Turkey 土耳其 229, *243*

U

Uganda 乌干达 158-159, *160*

Ujiji 乌吉吉 156, 173, 181

United Arab Emirates 阿拉伯联合酋长国 266

Universities' Mission to Central Africa (UMCA) 中非大学传教会 (UMCA) 169, 171

Uweinat 欧韦纳特山 257, 259

V

Vancouver, George 乔治・温哥华 46

Van Diemen's Land 范迪门斯地 见 Tasmania

Vanuatu 瓦努阿图 43, 45

Venezuela 委内瑞拉 22, 273

Venus, Transit of 金星凌日 51, 52
Victoria, Lake 维多利亚湖 95, 129, 156, 158, 159, 160, 183, *185*
Victoria, Queen of England 维多利亚，英国女王 169
Victoria Falls 维多利亚瀑布 83, *86*, *166*, 167, *167*
Vostok spacecraft 东方号飞船 *318*, 320

W

Walker, John 约翰・沃克 46
Wallace, Alfred Russel 阿尔弗雷德・罗素・华莱士 10, 269, 289-298, *291*, *296*; drawings 绘画 291, 292, *292*, *294*; publications 出版物 292, 293, *294*, 296, 297, *297*, 298, *298*
Wallace, Herbert 赫伯特・华莱士 290-291
"Wallace' s Line" "华莱士分界线" 294
Walpole, Horace 贺拉斯・沃波尔 140
Watkins, Henry George "Gino" 亨利・乔治・"基诺"・沃特金斯 10, 309, 310-314, *311*, *313*
Webb, William F. 威廉・F. 韦布 171, *172*
Webber, John 约翰・韦伯 *47*
Weddell, James 詹姆斯・威德尔 56
Wellman, Walter 沃尔特・韦尔曼 214
White, John 约翰・怀特 *67*
White Nile 白尼罗河 129, 137, 142, 156, 183
Willis, Dick 迪克・威利斯 329
Wilson, Edward 爱德华・威尔逊 6, *7*, 192, 193, *200*, 201-207, *202-204*, *206*

X

Xuanzang 玄奘 120, 122

Y

Yakub Beg 阿古柏 104, 108
Yangtze Gorge 三峡 334
Yangtze River 长江 6, 108, 131, 178, 179
Yellow River 黄河 112
Young, Brigham 杨百翰 96
Young, Gavin 加文・杨 266
Young, Sir Allen 艾伦・杨爵士 197
Young, Terry 特里・杨 *324*
Younghusband, Francis 弗朗西斯・荣赫鹏 3, *4*, 63, 115-119, *116*

Z

Zambezi River 赞比西河 *3*, 6, 82, 83, 129, 165-166, *166*, *170*, 171
Zanzibar 桑给巴尔 95, 156, 181, *182*
Zheng He 郑和 13
Zimbabwe 津巴布韦 83
zoological studies 动物学研究 86, *107*, 108, 202, *203*, 205, 271, 273, *274*, 275, 276, 277, 290, 293, *294*

重印说明

重印时，除字词语句的修改之外，主要修订内容如下：

依照现在主流学术的使用习惯以及对于博物学的认知，natural history一词更多的被译为博物学而非自然史。因此将原书中的“自然史”（或“自然历史”）一词依不同语境修改为“博物学”、“博物”、“自然”等；“自然历史博物馆”修改为“自然博物馆”（如伦敦自然历史博物馆改为伦敦自然博物馆）。

此外在重版时，还对于原书中一些人名及动植物的中文译名做出了修正（如“麦肯齐”修改为“马更些”，“罗伯特·虎克”修改为“罗伯特·胡克”，“沟鲶”修改为“隆头翼甲鲶”等）。

涵芬楼文化 出品
责任编辑：李红燕　刘天天
装帧设计：李明轩
排版制作：杨继龙
新浪微博：http://weibo.com/u/2192150333
豆瓣小站：http://site.douban.com/167919

图书在版编目（CIP）数据

发现之旅·博物之旅·探险之旅 /（英）托尼·赖斯,（英）罗伯特·赫胥黎,（英）罗宾·汉伯里-特里森编著 ;林洁盈, 王晨译. —北京 : 商务印书馆, 2018
ISBN 978 - 7 - 100 - 17411 - 4

Ⅰ. ①发…　Ⅱ. ①托…　②罗…　③罗…　④林…　⑤王…　Ⅲ. ①科学知识 — 普及读物　Ⅳ. ①Z228

中国版本图书馆 CIP 数据核字（2019）第076866号

发现之旅·博物之旅·探险之旅
（全三册）
托　尼·赖　斯
〔英〕罗伯特·赫胥黎　编著
罗　宾·汉伯里
林洁盈
王　晨　译

商　务　印　书　馆　出　版
（北京王府井大街36号　邮政编码 100710）
商　务　印　书　馆　发　行
山东临沂新华印刷物流
集团有限责任公司印刷
ISBN　978 - 7 - 100 - 17411 - 4

2019年5月第1版　　开本　787×1092　1/16
2019年5月第1次印刷　　印张　68½

定价：580.00元